MONUMENTA GERMANIAE HISTORICA

HILFSMITTEL

25, 1

Eduard Hlawitschka
Die Ahnen der hochmittelalterlichen deutschen Könige, Kaiser und ihrer Gemahlinnen

Ein kommentiertes Tafelwerk

Band I: 911–1137

Hannover 2006
Hahnsche Buchhandlung

Eduard Hlawitschka

Die Ahnen der hochmittelalterlichen deutschen Könige, Kaiser und ihrer Gemahlinnen

Ein kommentiertes Tafelwerk

Band I: 911–1137

Teil 1

Hannover 2006
Hahnsche Buchhandlung

Bibliographische Information der Deutschen Bibliothek

Die Deutsche Bibliothek verzeichnet diese Publikation in der Deutschen Nationalbibliographie; detaillierte bibliographische Daten sind im Internet unter <http://dnb.ddb.de> abrufbar.

Satz: Dr. Anton Thanner, Weihungszell
Herstellung Buch: STRAUSS GmbH, Mörlenbach
Printed in Germany
ISBN 978-3-7752-1132-1
ISSN 0343-1266

Für
meine liebe Frau,
unsere Kinder, Schwiegerkinder
und Enkel

Inhalt

Für Bd. II – Fertigstellung etwa 2008 – vorgesehen:

XXXIII: Kg. Konrad III. (1138–1152)

XXXIV: Gertrud (v. Sulzbach), Gemahlin Kg. Konrads III.

XXXV: Kg. Heinrich, Sohn Kg. Konrads III. (1147–1150)

XXXVI: Kg. u. Ks. Friedrich I. (Barbarossa) (1152 bzw. 1155–1190)

XXXVII: Adela (v. Vohburg), 1. Gemahlin Kg. Friedrichs I. (Barbarossa)

XXXVIII: Beatrix (v. Burgund), 2. Gemahlin Kg. u. Ks. Friedrichs I. (Barbarossa)

XXXIX: Kg. u. Ks. Heinrich VI. (1169 bzw. 1191–1197)

XL: Konstanze (v. Sizilien), Gemahlin Kg. u. Ks. Heinrichs VI.

XLI: Kg. Philipp (v. Schwaben) (1198–1208)

XLII: Irene / Maria (v. Byzanz), Gemahlin Kg. Philipps (v. Schwaben)

XLIII: Kg. u. Ks. Otto IV. (1198 bzw. 1209–1218)

XLIV: Beatrix (v. Hohenstaufen), 1. Gemahlin Kg. u. Ks. Ottos IV.

XLV: Maria (v. Brabant), 2. Gemahlin Kg. u. Ks. Ottos IV.

XLVI: Kg. u. Ks. Friedrich II. (1212 bzw. 1220–1250)

XLVII: Konstanze (von Aragon), 1. Gemahlin Kg. u. Ks. Friedrichs II.

XLVIII: Isabella / Jolanthe (v. Brienne), 2. Gemahlin Kg. u. Ks. Friedrichs II.

XLIX: Bianca Lancia (Konkubine Ks. Friedrichs II., beim Tode als Ehefrau legalisiert)

L: Isabella / Elisabeth (v. England), 3. Gemahlin Kg. u. Ks. Friedrichs II.

Teil 1

Einleitung
Benutzungshinweise
Quellen- und Literaturverzeichnis
Ahnentafeln
Orts- und Personenregister

1) Einleitung
(mit Erläuterung der Zielsetzung und der Arbeitsweise)

Ein kommentiertes Tafelwerk zu den Ahnen der hochmittelalterlichen deutschen Könige, Kaiser und ihrer Gemahlinnen ist bis heute ein Desiderat geblieben. Obwohl im Hochmittelalter die Feststellung der Vorfahren und die Ermittlungen zur Gradnähe einer Verwandtschaft bei allen Erbrechtsfällen eine wichtige Rolle spielten, bei Königskandidaturen (bis in die Investiturstreitszeit hinein) und bei Lehensansprüchen unabdingbar waren, für die Beachtung der im weltlichen und geistlichen Recht verankerten Ehehindernisse eine Notwendigkeit darstellten, auch für sogenannte 'Ahnenproben zu 8 oder auch 16 vollbürtigen adligen Ahnen' zur Aufnahme in manche Domkapitel, Kanoniker- bzw. Kanonissenstifte wie auch später für die Akzeptanz in adligen Rittergesellschaften betrieben werden mußten, hat doch in der heutigen Mediävistik die Erstellung von Ahnentafeln und die wissenschaftliche Beschäftigung mit den daraus erstehenden Problemfeldern keine Konjunktur. Gewiß: Immer wieder einmal gab es – und gibt es – in Handbüchern und Gesamtdarstellungen historischer Epochen Anläufe, die verwandtschaftlichen Verflechtungen in den mittelalterlichen Adelsfamilien – als den Führungseliten des mittelalterlichen Reiches – in Form genealogischer Tafeln sichtbar und durchschaubar zu machen, um auf diese Weise der Forschung und ebenso dem besseren Verständnis bei der Darbietung der mittelalterlichen Geschichte zu dienen. So hat z.B. W. Trillmich seiner Darstellung über „Kaiser Konrad II. und seine Zeit" allein 54 Stammtafeln beigegeben. Auch ist vor einigen Jahren von A. Thiele der Versuch unternommen worden, durch Hinzufügen von Lebensdaten und wichtigen biographischen Hinweisen zu den aufgelisteten Personen gleichsam „Erzählende genealogische Stammtafeln zur europäischen Geschichte" zu schaffen und dadurch Geschichte und Genealogie enger zusammenzuführen. Es handelt sich dabei aber durchweg um sogenannte Deszendenztafeln, d.h. um Auflistungen der Nachkommen von Geschlechts-, Haus- und Dynastiegründern. Man braucht sich zur Gewinnung dieses Eindrucks nur die erstmals 1935 von W. K. Prinz von Isenburg in einem Band vorgelegten, 1936 um einen zusätzlichen Band ergänzten und 1955 und 1957 von F. Baron Freytag von Loringhoven mit zwei weiteren Bänden versehenen „Stammtafeln zur Geschichte der Europäischen Staaten", die nunmehr durch D. Schwennicke als „Europäische Stammtafeln" auf 21 Bände angewachsen sind, vor Augen zu halten. Dagegen sind Vorfahren- bzw. Ahnentafeln, d.h. Nachschlagewerke zur Aszendenz der mittelalterlichen Herrscherfamilien und führenden Geschlechter seit einem Dreivierteljahrhundert, nämlich seit dem Erscheinen von W. K. Prinz von Isenburgs Werk „Die Ahnen der deutschen Könige, Kaiser und ihrer Gemahlinnen" im Jahre 1935 nicht mehr vorgelegt worden. Und auch schon vorher waren nur ausnahmsweise für einzelne Herrscher Ahnenaufstellungen entstanden, wie z.B. 1921 die „Zwei Ahnentafeln" von F. Curschmann für Friedrich Barbarossa und Heinrich den Löwen, die aber kaum Beachtung gefunden haben.

Die bisher vorliegenden Tafelwerke bieten zumeist auch keine leicht überprüfbaren Hinweise auf die Quellenbasis, auf der sie fußen. Arbeiten, die solche Nachweise liefern – wie etwa E. Brandenburgs „Die Nachkommen Karls des Großen, 1.–14. Generation" vom Jahre 1935 und deren Neubearbeitung für die 1.–10. Generation von K. F. Werner vom Jahre 1967 und W. Glockers „Die Verwandten der Ottonen und ihre Bedeutung in der Politik" von 1989 – sind im Bereich der Deszendenztafeln die rühmlichen Ausnahmen; bei den Aszendenztafeln sind ihnen meine Nachweise zu den „Vorfahren Karls des Großen" von 1965 und die bereits genannten „Zwei Ahnentafeln" F. Curschmanns zur Seite zu stellen. Aus den allermeisten Tafelwerken kann der Benutzer also nicht ersehen, ob die mitgeteilten Filiationsangaben quellenmäßig beweisbar sind, ob sie lediglich auf Rückschlüssen und mehr oder weniger plausiblen Argumenten beruhen oder gar nur unbewiesene ältere Hypothesen, die vielleicht längst von der jüngeren Forschung widerlegt sind, widerspiegeln und fortschreiben. Bestenfalls findet er ein Verzeichnis der für die Tafelerstellung herangezogenen Literatur vor. Er ist also gutgläubig den gemachten Angaben bzw. dem Forschungs- und Wissensstand des jeweiligen Tafelwerkkompilators ausgeliefert.

Diesem Zustand soll – hinsichtlich der Aszendenz der hochmittelalterlichen deutschen Herrscher – mit diesem „kommentierten Tafelwerk" entgegengewirkt werden. Der Benutzer soll wissen, wie es um die Filiationsnachweise bestellt ist, die einer Tafel zugrunde liegen. Deshalb wurde für jede Vorfahrentafel ein Kommentar erstellt. An ihm kann sich jedermann selbst über die Tragfähigkeit einer Tafelangabe orientieren, er kann die Quellengrundlage prüfen, die zusätzlichen Argumente im Falle der Quellenunsicherheit kennenlernen und auch die beim gänzlichen Fehlen echter Quellennachweise verschiedentlich vorgetragenen Hypothesen, die man in der Literatur findet und die hier verzeichnet sind, abwägen. Der Umfang der Kommentare hängt dabei von der jeweiligen Quellen- und der Problemlage ab. Gut bezeugte Filiationen brauchten nur mit Zitaten aus den Hauptquellen dokumentiert zu werden. Zumeist war es beim Zitieren von zwei, drei oder vier solchen Quellenstücken zu belassen, ohne die ganze Fülle der Überlieferung zu berücksichtigen.

Daß zu solchen 'Hauptquellen' Königsurkunden und ebenso Privaturkunden zählen, zumal sie Rechtsdokumente darstellten und nicht bloß Privatmeinungen festhielten, versteht sich von selbst. Aber auch Werke aus der Geschichtsschreibung, erzählende Quellen, gehören dazu, weil sie zumeist für ein breiteres Publikum verfaßt waren, das seinerseits gewisse Grundfakten kannte und bei falschen personenbezogenen Angaben Widerspruch eingelegt hätte, den ein Geschichtsschreiber vermeiden mußte. So ist eine doch relativ hohe Sicherheit gegeben, daß die meisten von den Geschichtsschreibern mitgeteilten Verwandtschaftsangaben zuverlässig sind und daß bezüglich dieser Verwandtschaftsangaben weniger mit Falschaussagen – verglichen mit dem weiten Feld der in der Historiographie oftmals tendenziell eingefärbten Faktenbegründungen und -verknüpfungen, ja auch Faktenverschweigungen, -verschleierungen und -bewertungen – zu rechnen ist. Freilich gab es auch immer wieder – vor allem wenn es sich um Aufzeichnungen aus großem zeitlichen Abstand handelt – Fehlüberlieferungen, wie sich z. B. schon bei den späten Nachrichten zum Vater König Konrads I. oder zur Abstammung König Heinrichs I. feststellen läßt. Wo indessen die Quellenangaben spärlich werden oder gar ganz versiegen, dafür umso mehr Thesen interessierter gegenwärtiger oder auch schon älterer Historiker und Genealogen die Literaturspalten füllen, und wo genealogische Konstrukte zur Begründung und Erklärung dieser oder jener historisch-politischen Situation wie auch zur Untermauerung rechts- und verfassungshistorischer Thesen (etwa zur Erklärung von Thronkandidaturen oder zur Entstehung des Kurfürstenkollegs) entworfen bzw. lanciert werden, sind intensivere Betrachtungen notwendig geworden. Die Ungleichheit im Umfang der Kommentare ist also sach- und problembedingt. Manchmal schien es freilich auch ratsam, die Begründungen für diesen oder jenen Filiationsschritt nicht mit komplizierten und notwendigerweise weit ausholenden Darlegungen zu belasten, die ich andernorts – so etwa in meinen „Untersuchungen zu den Thronwechseln der ersten Hälfte des 11. Jahrhunderts und zur Adelsgeschichte Süddeutschlands" oder, auf 25 Jahre Forschungsdisput zurückblickend, im MGH-Band „Konradiner-Genealogie, unstatthafte Verwandtenehen und spätottonisch-frühsalische Thronbesetzungspraxis" – schon ausführlich publiziert habe, dafür aber auf diese Ausführungen zu verweisen und dabei nur die wichtigsten Argumentationsschritte zu nennen.

Eine gewisse Rolle beim Anschwellen von Kommentaren spielt gewißlich auch das bei der Erstellung der Filiationsnachweise zugrunde gelegte Bemühen, das bei manchen gegenwärtigen Historikern und Genealogen feststellbare einfache Argumentieren mit sogenannten „Nachbenennungen" zu vermeiden, also das Bestreben, nicht mit lediglich aus der Namengebung innerhalb einer Adelssippe gezogenen Filiationsschlüssen zu operieren. Es sollten nur unbestreitbare Argumente dargelegt werden, zu denen bloße Hinweise auf die Wiederkehr von Namen nicht gehören. So mußten manchmal umständlichere andere Argumentationen eingebracht werden. Die Gewohnheit, Namen der älteren Generation an jüngere Familienangehörige weiterzugeben, ließ sich zwar immer wieder feststellen; und das Wissen um diesen seinerzeitigen Usus ist sicherlich als ein brauchbarer erster Fingerzeig bei der Suche nach eventuellen Filiationsanschlüssen wertvoll; und zur Bekräftigung von anderweitig gewonnenen Argumentationsergebnissen lassen sich erkennbare „Nachbenennungen" durchaus heranziehen; aber allein für sich genommen stellen „Nachbenennungen" einen sicheren Beleg nicht dar. Namen konnten nämlich auch andere Einflüsse – neben der Verankerung in einer Sippe – widerspiegeln; bei der Namengebung konnte man einen Taufpaten, einen Freund, einen Tagesheiligen, einen Kirchenpatron, einen politischen Bundesgenossen usw. berücksichtigen – also auch familienfremde Namensträger einbeziehen; der Name gesellschaftlich Höherstehender konnte von Abhängigen übernommen werden (weshalb man in Ministerialenfamilien oftmals das Namengut der Lehnsherrn-Familie wiederfinden kann); auch Modeströmungen in der Namengebung scheint es gegeben zu haben (wie die rasante Ausbreitung des im 9. Jahrhundert noch relativ seltenen Namens Heinrich zeigen dürfte). Gerade an neu aufkommenden Namen – wie etwa dem durch Kaiserin Theophanu in die Gebiete nördlich der Alpen gekommenen Namen ihrer Mutter Sophie – läßt sich die nicht nur über Verwandtschaftszusammenhänge laufende Ausbreitung von Namen nachweisen. (Das habe ich in zwei 2001 und 2004 erschienenen Studien aufgezeigt). Lediglich aus „Nachbenennungen" gefolgerte

Filiationshinweise waren also nur im Kommentar anzuzeigen, nicht jedoch als vertretbare Ergebnisse in die Tafeln aufzunehmen. Und Gleiches gilt für Schlüsse aus sogenannten „Namensvariationen" (bei zweigliedrigen Namen), also für Folgerungen aus vermuteten Namensteilzusammensetzungen, die aus dem Namensreservoir der Familien der beiden Elternteile einer Person stammen sollen. Zu unkontrollierbar sind in diesem Bereich die Grenzen einer vertretbaren Methode; und außerdem ist die „Namensvariation" seit dem 9. Jahrhundert kaum noch als bewußtes Namengebungselement belegbar.

Auch manche der von neueren Historikern über die sogenannte „besitzgeschichtliche Methode" gewonnenen Schlüsse bzw. Ergebnisse waren nicht zu den sicheren Filiationsergebnissen zu rechnen. Das Auftauchen von Besitztum einer bestimmten Person bei einer später lebenden muß ja nicht immer auf einem Erbfall bzw. auf einer Erbauseinandersetzung in der Verwandtschaft beruhen; auch Kauf und Verkauf, Tausch, Neuverleihung durch einen Lehensgeber oder Besitzübergang in andere Hände nach Konfiskationsmaßnahmen können Gründe solcher Besitzveränderungen gewesen sein. Argumente aus diesem Bereich – so solche in der Literatur vorgetragen wurden und nicht mit weiteren Stützhinweisen abgesichert werden können – waren also ebenfalls nur im Kommentar zu vermerken.

Noch weniger zu berücksichtigen waren die Versuche mancher Historiker, die in Urkunden mitgenannten Zeugen für die Bestimmung von Verwandtschaften heranzuziehen bzw. diese zu Brüdern, Vettern, Neffen etc. des Urkundenaustellers zu erklären und so Filiationen zu konstruieren. Die Heranziehung von Verwandten zu Rechtsakten geschah gewiß nicht selten, doch lassen sich hierfür keinerlei Regeln exakt aufzeigen. Ergiebiger für die Genealogie sind hingegen die neueren Forschungen zu Aufzeichnungen aus dem mittelalterlichen Gedenkwesen. Das Gebetsgedenken wollten mittelalterliche Menschen in Klöstern und anderen kirchlichen Einrichtungen zumeist nicht nur für sich erreichen, sondern auch für ihre engsten Angehörigen; insofern zeigen Gedenkeinträge in den Libri memoriales oft die Strukturen von Familien auf und können somit oftmals bei der Klärung von Verwandtschaften helfen. Auf solche Einträge und deren schon wiederholt gelungene Aufschlüsselung war deshalb hier durchaus hinzuweisen.

Beachtet wurden indes nicht nur die Filiationen, sondern auch die ermittelbaren bzw. vielmals nur auf Grund von Argumenten erschließbaren Geburts-, Heirats- und Sterbedaten der in die Tafeln und Kommentare aufgenommenen Personen. Die Sterbedaten sind zum überwiegenden Teil aus der großen Zahl von Nekrologien geschöpft, die in den mittelalterlichen Kirchen und Klöstern geführt wurden, um die Memoria der diesen Institutionen eng verbundenen Menschen pflegen zu können. Solche Daten helfen oft, chronologische Probleme anzusprechen; sie bewahren vor der Konstruktion unwahrscheinlicher, ja unmöglicher Lebensverläufe. Auch lediglich geschätzte Geburtsdaten – sie sind an der Beifügung von „ca." als ungesichert kenntlich gemacht – haben dabei sicherlich einen gewissen Wert, da sie Kontrollmöglichkeiten im Hinblick auf die anthropologischen Grundgegebenheiten innerhalb einer Familiengruppe erleichtern. – Auf das Einsetzen oder Beachten lediglich durchschnittlicher Lebensalterzahlen konnte es dabei natürlich nicht ankommen; denn nicht Durchschnittsannahmen, sondern „nur das Sichere und das Unmögliche gelten in der Genealogie" (A. Hofmeister). Das Durchschnittsalter der Menschen war im Hochmittelalter gewiß geringer als heutzutage. Ob man es auf 50 oder 60 Jahre oder noch anders veranschlagt, kann hier ganz unbeachtet bleiben. Es gab ja auch damals Männer und Frauen – wie uns z.B. durch Hrotsvitha von Gandersheim für Ottos d. Gr. Urgroßmutter Oda bezeugt ist –, die über 100 Jahre alt wurden. Und zu dem, was heutigen Normen nicht entspricht, aber hier einzukalkulieren ist, gehörte es, daß Mädchen oftmals schon mit 13–15 Jahren verheiratet wurden; berichtet doch z.B. der Geschichtsschreiber Bischof Thietmar von Merseburg in seiner Chronik, daß seine Tante Godila in ihrem 13. Lebensjahr ihren ersten Sohn gebar und nach ihrem Vater Werner benannte. Und oftmals kam es sogar zur Verheiratung von Kindern, wie es für Heinrich IV. und seine Frau Berta bekannt ist. Ja auch Friedrich Barbarossas Großvater Friedrich erhielt 1079 zugleich mit dem Herzogtum Schwaben von König Heinrich IV. seine bestenfalls siebenjährige Tochter Agnes als Ehefrau zugesprochen. Desgleichen haben sich Männer nicht stets im Alter von 17–20 Jahren vermählt; Kaiser Heinrich V. war z.B. bei seiner Verheiratung mindestens 28 Jahre. Und Spätehen sind nicht nur für Graf Siegfried I. von Luxemburg und seinen Bruder Herzog Friedrich I. von Oberlothringen erkennbar, sondern beispielsweise ebenso für Herzog Friedrich II. von Schwaben und seinen Bruder König Konrad III., der schon die 42 überschritten hatte, als er Gertrud von Sulzbach ehelichte. Beim Blick auf die in den Tafeln beigegebenen Geburts- und Heiratsdaten muß man sich also auch solche Normabweichungen vergegenwärtigen.

Auf den Tafeln und in den Kommentaren sind die Personen oft mit Zusätzen – Geschlechternamen, Benennung nach Herrschersitzen oder Herrschaftsbereichen etc. – versehen, die indessen zumeist gar nicht zeitgenössisch bezeugt sind. Das ist gewiß ein an sich unzulässiger Eingriff. Eine solche Kennzeichnung bzw. eine einfache Zuordnung zu erst später bezeugten Familien dürfte aber dennoch manchem Benutzer dieses kommentierten Tafelwerkes eine Orientierung erleichtern; und deshalb ist auf solche Zusätze nicht verzichtet worden.

Weitere Angaben zum Leben der in den Tafeln und den Kommentaren auftauchenden Personen wurden unterlassen. Lexikonartige Kurzbiographien den Kommentaren einzufügen, lag nicht im Arbeitsplan dieser Publikation. Gewiß würden es manche Benutzer als nützlich empfinden, das genealogisch Ermittelte zugleich mit historischem Leben und mit dem seinerzeitigen Handlungshintergrund, also mit den 'Taten', den Erfolgen und Mißgeschicken wie auch mit der geschichtlichen Bedeutung der ermittelten Personen angereichert dargeboten zu erhalten; doch hätte dies den Charakter eines genealogischen Hilfsmittels gesprengt; das Abwägen, was bedeutsam im Leben eines Menschen bzw. für die Nachwelt war, hätte gewiß zu Unausgewogenheiten (in der Sicht des Benutzers) geführt: je nachdem, für welchen Aspekt sich ein Benutzer gerade interessiert. So schien es sinnvoller, die genealogische Zielsetzung nicht zu überschreiten.

Die hier vorgelegten Tafeln weisen indessen nicht nur – im Unterschied etwa zum vergleichbaren Vorgängerwerk von W.K. Prinz von Isenburg zu den „Ahnen der deutschen Könige, Kaiser und ihrer Gemahlinnen" – eine notwendige, abgesicherte Quellengrundlage auf und berichtigen dabei viele Fehlangaben dieser älteren Publikation; sie bieten auch einige neue Tafeln, da Isenburgs Werk zum einen erst mit Otto III. einsetzte, die Ahnen der ersten deutschen Herrscher von Konrad I. bis Otto II. und ihrer Gemahlinnen also übergangen waren bzw. nur im Rückschritt von Otto III. her erkennbar waren, und da zum anderen auch Regenten wie z.B. Konrad (III.), der älteste Sohn Kaiser Heinrichs IV., ausgelassen worden sind und dessen Gemahlin Maximilla vor einigen Jahrzehnten noch nicht einmal dem Namen nach bekannt war bzw. da auch über die Gemahlin des Gegenkönigs Hermann von Luxemburg/Salm, Sophie, seinerzeit noch nichts Näheres ermittelt war.

Bei den Quellennachweisen in den Kommentaren sind oftmals nicht nur die neuesten Editionen zitiert, sondern – wenn keine Textabweichungen gegeben sind – auch ältere bzw. andere geläufige Drucke (z. B. MGH SS; Migne, PL; M. Bouquet, Recueil des Historiens etc.). Damit soll für alle Benutzer, denen nicht alle moderneren Hilfsmittel sogleich zur Verfügung stehen, eine Verifizierung und Überprüfung gefundener älterer Zitate und vor allem auch die Benutzbarkeit der Textstellen im Hinblick auf deren Einordnung in den Kontext erleichtert werden.

Auf die Wiedergabe der in modernen Editionen verwendeten e-caudata-Letter ist hier verzichtet worden, da technische Gründe bei der über viele Jahre betriebenen Materialaufnahme deren Berücksichtigung nicht ermöglichten, was sich nachträglich nicht einfach korrigieren ließ. Aus dem gleichen Grunde erfolgt auch die Zitierung altenglicher / angelsächsischer Texte (z. B. Anglo-Saxon Chronicle) vorwiegend in englischer Übersetzung und die Wiedergabe russischer Quellentexte (z. B. Nestorchronik) in deutscher Übersetzung.

Nicht allzu sehr sollte es überdies diesen oder jenen Sachkenner bei der Betrachtung der Kommentare verwundern oder auch verdrießen, wenn er vielleicht die neuesten in seinem Bereich einschlägigen genealogischen Spezialabhandlungen oder Literaturmeinungen nicht berücksichtigt findet. Bei einer räumlichen Ausdehnung der Herkunftsbereiche der Ahnen der hochmittelalterlichen deutschen Könige und Kaiser über ganz Europa hinweg – und zwar von Aquitanien über Frankreich und England samt Schottland, Deutschland, Böhmen und Polen bis nach Rußland und von Italien und Sizilien über Ungarn und Byzanz bis nach Schweden und Norwegen – liegt es in der Natur der menschlichen Unvollkommenheit, daß nicht alles lückenlos erfaßt werden konnte.

Sicherlich hängt manche Unvollkommenheit aber auch etwas mit der Länge der Bearbeitungszeit dieses Bandes zusammen, der mein wissenschaftliches Leben über drei Jahrzehnte begleitet hat, – mal mehr, mal weniger: wie es eben das Leben eines Universitätsprofessors neben seinen vielfältigen Amts-, Ausbildungs-, Prüfungs- und anderweitigen Forschungsverpflichtungen, die allesamt ernst genommen wurden, zuließ. Auch jahrelange, entsagungsvolle Zuwendung zu genealogischen Problemkreisen ist ja doch kein Garant dafür, daß in der ständig im Fluß befindlichen Forschung stets alles Wichtige erfaßt worden ist.

Aber vielleicht vermag dieses Tafelwerk dennoch – trotz aller mir bewußten Unvollkommenheit – der mediävistischen Forschung neue Impulse zu geben, und sei es auch nur, um im schwierigen Feld der

Genealogie weiterzuarbeiten und Grundlagen bereitzustellen, die mancher (oftmals nur geistreiche Thesen schmiedende) Mediävist zwar zunächst abschätzig belächeln mag, aber dann doch für die Untermauerung seiner Sichtweisen benötigt. Es bleibt ja doch unbestreitbar: wenn Genealogie ernsthaft und vorurteilsfrei betrieben wird, d.h. ohne lediglich die Bestätigung für eine vorgeprägte Meinung zu suchen, ist sie eine Grundlagenwissenschaft ersten Ranges.

Die vorgelegten Tafeln und Kommentare sollen die Zeit von 911–1250 umfassen. Hier wird zunächst der erste Teil für die Zeit von Konrad I. bis zum Tode Lothars von Süpplingenburg und seiner Gemahlin Richenza geboten. Der zweite Teil, die Zeit von Konrad III. bis zum Tod Friedrichs II. umfassend, soll in etwa zwei Jahren folgen. Eine Ausdehnung des Tafelwerkes in das Spätmittelalter hinein konnte, da sie die Kraft eines Einzelnen überschritten hätte, von vornherein nicht ins Auge gefaßt werden. Vielleicht findet sich indessen doch bald ein Bearbeiter (oder ein Team) für die Tafeln aus jenen stärker quellengesättigten Zeiten nach 1250, bei deren Bearbeitung dann gewiß – schon wegen des größeren Quellenreichtums – auch weniger problembeladene Fälle zu behandeln sein dürften. Ein „Glück auf" diesem Bearbeiter und seiner Arbeitskraft!

Zu danken habe ich beim Abschluß dieses ersten Arbeitsteiles vielen:
– allen voran meiner Frau und meiner Familie, die mich immer wieder in meinem genealogischen Nachspüreifer ermutigten. Mein Dank gilt hier auch der VW-Stiftung, die mir 1988 ein Universitäts-Freijahr für die Klärung von Verwandtschaftszusammenhängen im mittelalterlichen Hochadel gewährte. Zu danken habe ich besonders dem Präsidenten der Monumenta Germaniae Historica, Herrn Professor Dr. Rudolf Schieffer, für die Aufnahme des Bandes als ein hilfreiches Nachschlagewerk in die Reihe der MGH – Hilfsmittel und Herrn Professor Dr. Gerhard Schmitz, MGH, für seine aufmerksame Druckbetreuung sowie Herrn Dr. Anton Thanner, Weihungszell, für die Druckeinrichtung meines Computer-Typoskripts und der beigegebenen Tafeln.

Herrsching, im Mai 2006

Eduard Hlawitschka

2) Hinweise zur Benutzung der Tafeln und der Kommentare und zu den in den Tafeln verwendeten Zeichen und Abkürzungen

Die Tafeln enthalten – soweit dies möglich ist – zu den einzelnen „Probanden", die jeweils als Generation I am Anfang stehen, die Ahnen in den Generationen II – VI. Dies sind – gemäß dem Faktum, daß jeder Mensch zwei Eltern (d.h. ein Elternpaar) hat – bei vollständiger Nachweisbarkeit in allen betrachteten Generationen 62 Personen; und es ergibt sich somit die Zählung 1 + 2 + 4 + 8 + 16 + 32 = 63.

In den Tafeln sind die entsprechenden Nummern dieses Systems jeweils vor die Namen der Ahnen gesetzt. Wenn kein Name auf eine Nummer in der Tafel folgt, besagt dies, daß keine Person an dieser Stelle präzise oder auch nur mit großer Wahrscheinlichkeit genannt werden kann, daß aber zu dieser Vorfahrenstelle eine Vermutung vorliegt und im Kommentar mitgeteilt wird oder daß eine solche Vermutung als irrelevant aufzuzeigen war, der Sachverhalt jedenfalls im Kommentar behandelt ist. Wo sowohl Namen als auch Nummern in diesem Grundschema fehlen, ist über entsprechende Vorfahren nichts bekannt.

Die Tafeln enthalten Eintragungen in Normalschrift und gelegentlich auch solche in *Kursiv*schrift. Eintragungen der letzteren Art besagen, daß die dergestalt gekennzeichneten Angaben nicht hundertprozentig gesichert sind, aber doch mit hoher Wahrscheinlichkeit gemacht werden können.

Wenig einsichtige Thesen, lediglich lancierte Hypothesen bzw. Betrachtungsvorschläge sind also nicht in die Tafeln aufgenommen und nur über die Nummerneinsetzung im Kommentar berücksichtigt.

Folgende Zeichen und Abkürzungen werden in den Tafeln, im Quellen und Literaturverzeichnis und im Kommentar verwendet:

*	= geboren	→	= siehe bei
†	= verstorben	bez.	= bezeugt
∞	= verheiratet	Bisch.	= Bischof
□	= begraben	Erzbisch.	= Erzbischof

Gf./Gfn.	= Graf	Mgf.	= Markgraf
Hzg./Hzgn.	= Herzog/Herzogin	Pfgf.	= Pfalzgraf
Jh.	= Jahrhundert	s. o.	= siehe oben
Kg./Kgn.	= König/Königin	UB	= Urkundenbuch
Ks.	= Kaiser	vgl.	= vergleiche

In den Kommentaren sind die Quellen- und Literaturangaben stets abgekürzt vermerkt; die vollständigen Buch- oder Aufsatztitel können in den beiden Verzeichnissen der benutzten Quellen und der zitierten Literatur nachgeschlagen werden. Bei Urkundenpublikationen sind die Seitenzahlen und die Urkundennummern angegeben; lediglich bei den Urkunden der deutschen Könige und Kaiser wird im Zitat der MGH-Diplomata in allgemein üblicher Weise nur die Diplom-Nummer vermerkt. – Die lateinischen und mittelhochdeutschen Quellenzitate erfolgen zur stärkeren Hervorhebung in Kursivschrift.

3) Quellen- und Literaturverzeichnis

a) Verwendete Abkürzungen

AfD	Archiv für Diplomatik
AHVN	Archiv des Historischen Vereins für den Niederrhein
AKG	Archiv für Kulturgeschichte
BA	J.F. BÖHMER, Regesta Imperii III/1: ... vgl. bei Quellen
BECH	Bibliothèque de l'École des Chartes
BEHE	Bibliothèque de l'École des Hautes-Etudes. Sciences historiques et philologiques
BG	J.F. BÖHMER, Regesta Imperii II/4: ... vgl. bei Quellen
BH	J.F. BÖHMER, Regesta Imperii I/4,2:1 ... vgl. bei Quellen
BldLG	Blätter für deutsche Landesgeschichte
BM²	J.F. BÖHMER, Regesta Imperii I: ... vgl. bei Quellen
BMik	J.F. BÖHMER, Regesta Imperii II/2: ... vgl. bei Quellen
BO	J.F. BÖHMER, Regesta Imperii II/1: ... vgl. bei Quellen
BrJb	Braunschweigisches Jahrbuch
BSSS	Bibliotheca della Società storica subalpina. Pinerolo – Turin
BSt	J.F. BÖHMER, Regesta Imperii III/2,2: ... vgl. bei Quellen
BU	J.F. BÖHMER, Regesta Imperii II/3: ... vgl. bei Quellen
BZ	J.F. BÖHMER, Regesta Imperii I/3: ... vgl. bei Quellen
DA	Deutsches Archiv für Erforschung des Mittelalters
Diss. (masch.)	maschinenschriftliche Dissertation
Ed., ed.	Edition, ediert (von)
EHD	English Historical Documents
EHR	English Historical Review
Ergbd.	Ergänzungsband
FmSt	Frühmittelalterliche Studien
GWU	Geschichte in Wissenschaft und Unterricht. Zeitschrift des Verbandes der Geschichtslehrer Deutschlands
Hg., hg.	Herausgeber, herausgegeben
HJb	Historisches Jahrbuch der Görres-Gesellschaft
HZ	Historische Zeitschrift
JfLF	Jahrbuch für fränkische Landesforschung
JL	Regesta pontificum Romanorum ..., vgl. bei Quellen
JWLG	Jahrbuch für westdeutsche Landesgeschichte
LexMA	Lexikon des Mittelalters
LThK	Lexikon für Theologie und Kirche
MGH	Monumenta Germaniae Historica
Conc.	Concilia
Const.	Constitutiones
Dt. Chron.	Deutsche Chroniken

DD (bzw. D mit nachfolgender Herrschersigle u. Urkundennummer)	Diplomata regum et imperatorum
LdL	Libelli de lite
Lib. mem.	Libri memoriales
Lib. mem. et necrol. NS	Libri memoriales et necrologia, Nova Series
Necrol.	Necrologia Germaniae
Poetae Lat.	Poetae Latini medii aevi
SS	Scriptores (in Folio)
SS rer. Germ.	Scriptores rerum Germanicarum in usum scholarum
SS rer. Merov.	Scriptores rerum Merovingicarum
MIGNE, PL	Jacques Paul MIGNE, Patrologiae cursus completus, Series Latina
MIÖG	Mitteilungen des Instituts für österreichische Geschichtsforschung
MMS	Münstersche Mittelalter-Schriften
NA	Neues Archiv der Gesellschaft für ältere deutsche Geschichtskunde
ND	Nachdruck, Neudruck
NDB	Neue Deutsche Biographie
NF	Neue Folge
NS	Nova Series
NsJLG	Niedersächsisches Jahrbuch für Landesgeschichte
QFIAB	Quellen und Forschungen aus italienischen Archiven und Bibliotheken
RhVjbl	Rheinische Vierteljahrsblätter
VuF	Vorträge und Forschungen (hg. vom Konstanzer Arbeitskreis für Geschichte)
WaG	Die Welt als Geschichte
ZBLG	Zeitschrift für bayerische Landesgeschichte
ZGO	Zeitschrift für die Geschichte des Oberrheins
ZRG	Zeitschrift der Savigny-Stiftung für Rechtsgeschichte,
germ. Abt.	germanistische Abteilung
kan. Abt.	kanonistische Abteilung
ZWLG	Zeitschrift für Württembergische Landesgeschichte

b) Quellen (mit Regestenwerken)

Abbo, De bello Parisiaco libri III, ed. Georg Heinrich PERTZ, MGH SS rer. Germ. [1], Hannover 1871.

Accessiones Roberti de Monte (= Robert v. Torigni) ad Sigebertum, in: Martin BOUQUET, Recueil des Historiens des Gaules et de la France X, Paris 1874, S. 269–270.

ACHERY, Lucas d', Spicilegium sive collectio veterum aliquot scriptorum III, Paris 1723.

ACHT, Peter, Die Traditionen des Klosters Tegernsee 1003–1242, (= Quellen und Erörterungen zur Bayerischen Geschichte NF 9), München 1952.

Adalbold v. Utrecht, Vita Heinrici II. imperatoris, ed. Georg WAITZ, in: MGH SS 4 , Hannover 1841, S. 787–811; neue Ed. von Hans VAN RIJ, De Vita Heinrici II imperatoris van bisschop Adelbold van Utrecht, in: Nederlandse Historische Bronnen 3, Amsterdam 1983, S. 7–95, Indices S. 307–309.

Adam v. Bremen, Gesta Hammaburgensis ecclesiae pontificum, ed. Bernhard SCHMEIDLER, MGH SS rer. Germ. [2], 3. Aufl. Hannover 1917; auch ed. in: Werner TRILLMICH, Quellen des 9. und 11. Jahrhunderts zur Geschichte der Hamburgischen Kirche und des Reiches, (= Freiherr vom Stein-Gedächtnisausgabe XI), Darmstadt 1961, S. 135–503.

Adelbert, Vita sancti Heinrici, ed. Georg WAITZ, in: MGH SS 4, Hannover 1841, S. 792–814; neue Ed.: Die Vita sancti Heinrici regis et confessoris und ihre Bearbeitung durch den Bamberger Diakon Adelbert, ed. Markus STUMPF, MGH SS rer. Germ. [69], Hannover 1999.

Adémar de Chabannes, Chronique, ed. Jules CHAVANON, (= Collection de textes), Paris 1858.

Aelred v. Rievaulx, Genealogia regum Anglorum, in: J.P. MIGNE, PL 195, Paris 1855, Sp. 711–738.

– Vita sancti Edwardi regis et confessoris, ed. J.P. MIGNE, PL 195, Paris 1855, Sp. 738–790.

Aethelweard, Brief an Äbtissin Mathilde von Essen, ed. in: Alistair CAMPBELL, Chronicle of Aethelweard S. 2f.; ältere Ed.: Georg WAITZ, in: MGH SS 10, Hannover 1852, S. 459f.

AFFÒ, Ireneo, Storia della città di Parma I, Parma 1792.

Agius, Vita et obitus Hathumodae, ed. Georg Heinrich PERTZ, in: MGH SS 4, Hannover 1841, S. 165–189. (Vita S. 166–175; Obitus S. 176–189).

Aimoin v. Fleury, Miracula sancti Benedicti, ed. Eugène de CERTAIN, Les miracles de Saint Benoît, (= Société d'Histoire de France), Paris 1858; Exzerpt auch ed. Georg WAITZ, in: MGH SS 9, Hannover 1851, S. 374–376.

Alberich v. Troisfontaines, Chronica, a monacho novi monasterii Hoiensis interpolata, ed. Paul SCHEFFER-BOICHORST, in: MGH SS 23, Hannover 1874, S. 631–950.

Albert v. Stade, vgl. bei Annales Stadenses.

ANDERSON, Allan Orr, Early sources of Scottish History a. d. 500 to 1286, 2 Bde., Edinburgh 1922.

– Scottish Annals from English Chroniclers a. d. 500 to 1286, London 1908.

ANDERSON, Marjorie O[gilvie], Kings and Kingship in Early Scotland, Edinburgh und London 1973.

Anglo-Saxon Chronicle, ed. Reinhold PAULI, in: MGH SS 13, Hannover 1881, S. 92–120; vgl. auch bei D. WHITELOCK, auch bei EHD I (D. WHITELOCK) und EHD II (D.C. DOUGLAS – G.W. GREENAWAY), und bei Ch. PLUMMER sowie bei G.P. CUBBIN.

(The) Anglo-Saxon Chronicle (Peterborough manuscipt E), translated and edited by Michael J. SWANTON, London 1996; vgl. auch bei C. CLARK.

Annalen v. Caen = Annales sancti Stephani Cadomensis.

Annalen v. St. Evroul = Annales Uticenses.

Annales Alamannici, ed. Georg Heinrich PERTZ, in: MGH SS 1, Hannover 1826, S. 22–30; 40–44; 47–56; neue Ed. in: Walter LENDI, Untersuchungen zur frühalemannischen Annalistik. Die Murbacher Annalen mit Edition, (= Scrinium Friburgense 1), Freiburg/Schw. 1971, S. 146–193.

Annales Altahenses maiores, ed. Edmund v. OEFELE, MGH SS rer. Germ. [4], 2. Aufl. Hannover 1898.

Annales Anglosaxonici breves auctoribus monachis ecclesiae Christi Cantuariensis; cum continuatione Latina, ed. Felix LIEBERMANN, Ungedruckte anglonormannische Geschichtsquellen, Straßburg 1879, S. 1–8.

Annales ex annalibus Iuvavensibus antiquis excerpti (Annales Iuvavenses maximi), ed. Harry BRESSLAU, in: MGH SS 30/2, Leipzig 1934, S. 727 (732) – 744.

Annales Augustani, ed. Georg Heinrich PERTZ, in: MGH SS 3, Hannover 1839, S. 123–136.

Annales Bertiniani, ed. Georg WAITZ, MGH SS rer. Germ. [5], Hannover 1883; neuere Ed.: Felix GRAT, Jeanne VIELLIARD et Suzanne CLÉMENCET, Introduction et notes: Léon LEVILLAIN, (= Société de l'Histoire de France. Série anterieure à 1789), Paris 1964.

Annales Bertholdi, vgl. bei Bernold v. Konstanz.

Annales Blandinienses, ed. Ludwig C. BETHMANN, in: MGH SS 5, Hannover 1844, S. 20–34; neuere Ed. in: Philip GRIERSON, Les Annales de Saint-Pierre de Gand et de Saint-Amand, Brüssel 1937, S. 1–73.

Annales Brunwilarenses, ed. Georg Heinrich PERTZ, in: MGH SS 16, Hannover 1859, S. 724–728.

Annales Cambriae, ed. John WILLIAMS AB ITHEL, London 1860.

Annales Cameracenses, ed. Georg Heinrich PERTZ, in: MGH SS 16, Hannover 1859, S. 509–554.

Annales Casinates, ed. Georg Heinrich PERTZ, in: MGH SS 3, Hannover 1839, S. 171 f.

Annales Casinenses, ed. Georg Heinrich PERTZ, in: MGH SS 19, Hannover 1866, S. 303–320.

Annales Cavenses, ed. Georg Heinrich PERTZ, in: MGH SS 3, Hannover 1839, S. 185–187.
Annales Colonienses, ed. Georg Heinrich PERTZ, in: MGH SS 1, Hannover 1826, S. 97 f.
Annales Corbeienses, ed. Joseph PRINZ, Die Corveyer Annalen. Textbearbeitung und Kommentar, (= Abhandlungen zur Corveyer Geschichtsschreibung 7), Münster 1982.
Annales Dorenses, ed. Reinhold PAULI, in: MGH SS 27, Hannover 1885, S. 514–531.
Annales Dunelmenses (a. 995–1199), ed. Georg Heinrich PERTZ, in: MGH SS 19, Hannover 1866, S. 507–508.
Annales Egmundani, ed. Georg Heinrich PERTZ, in: MGH SS 16, Hannover 1859, S. 442–479.
Annales Einhardi, vgl. bei Annales regni Francorum.
Annales Einsidlenses, ed. Georg Heinrich PERTZ, in: MGH SS 3, Hannover 1839, S. 137–149.
Annales Elmarenses, ed. in: Philip GRIERSON, Les Annales de Saint-Pierre de Gand et de Saint-Amand, Brüssel 1937, S. 74–115.
Annales Elnonenses, ed. in: Philip GRIERSON, Les Annales de Saint-Pierre de Gand et de Saint-Amand, Brüssel 1937, S. 132–175; ältere Ed. von Ludwig C. BETHMANN, in: MGH SS 5, Hannover 1844, S. 10–20.
Annales Flaviniacenses et Lausonenses, ed. Georg Heinrich PERTZ, in: MGH SS 3, Hannover 1839, S. 149–152.
Annales Floriacenses, ed. Georg Heinrich PERTZ, in: MGH SS 2, Hannover 1829, S. 254–255.
Annales Formoselenses, ed. in: Philip GRIERSON, Les Annales de Saint-Pierre de Gand et de Saint-Amand, Brüssel 1937, S. 116–131.
Annales Fuldenses sive Annales regni Francorum orientalis, ed. Friedrich KURZE, MGH SS rer. Germ. [7], Hannover 1891.
Annales Gemmeticenses, vgl. bei J. LAPORTE.
Annales Hildesheimenses, ed. Georg WAITZ, MGH SS rer. Germ. [8], Hannover 1878.
Annales Iuvavenses maximi, vgl. bei Annales ex annalibus Iuvavensibus antiquis excerpti.
Annales Lausannenses, ed. Georg WAITZ, in: MGH SS 24, Hannover 1879, S. 778–781.
Annales Lindisfarnenses (a. 532–993), ed. Georg Heinrich PERTZ, in: MGH SS 19, Hannover 1866, S. 502–507.
Annales Lobienses, ed. Georg WAITZ, in: MGH SS 13, Hannover 1881, S. 224–235.
Annales Magdeburgenses, ed. Georg Heinrich PERTZ, in: MGH SS 16, Hannover 1859, S. 105–196.
Annales Mellicenses, ed. Wilhelm WATTENBACH, in: MGH SS 9, Hannover 1851, S. 480–501.

Annales Melrosenses (Exzerpte), ed. Reinhold PAULI, in: MGH SS 27, Hannover 1885, S. 432–442; vgl. auch Chronicle of Melrose.
Annales Mettenses priores, ed. Bernhard v. SIMSON, MGH SS rer. Germ. [10], Hannover u. Leipzig 1905.
Annales necrologici Fuldenses, ed. Georg WAITZ, in: MGH SS 13, Hannover 1881, S. 161–218; vgl. auch K. SCHMID, Klostergemeinschaft.
Annales et notae sanctae Mariae Ultraiectenses, ed. Ludwig WEILAND, in: MGH SS 15/2, Hannover 1888, S. 1298–1303.
Annales Palidenses auctore Theodoro monacho, ed. Georg Heinrich PERTZ, in: MGH SS 16, Hannover 1859, S. 48–98.
Annales Patherbrunnenses (Yburgenses), ed. Georg Heinrich PERTZ, in: MGH SS 16, Hannover 1859, S. 434–438; bessere Ed.: Paul SCHEFFER-BOICHORST, Annales Patherbrunnenses. Eine verlorene Quellenschrift des 12. Jahrhunderts, Innsbruck 1870.
Annales Petaviani, ed. Georg Heinrich PERTZ, in: MGH SS 1, Hannover 1826, S. 7–18.
Annales Quedlinburgenses, ed. Georg Heinrich PERTZ, in: MGH SS 3, Hannover 1839, S. 18–90; neue Ed. von Martina GIESE, MGH SS rer. Germ. [72], Hannover 2003.
Annales Radingenses, ed. in: Felix LIEBERMANN, Ungedruckte anglo-normannische Geschichtsquellen, Straßburg 1879, S. 9–12.
Annales regni Francorum inde ab a. 741 usque ad a. 829, qui dicuntur Annales Laurissenses maiores, et Einhardi, ed. Friedrich KURZE, MGH SS rer. Germ. [6], Hannover 1895.
Annales Rotomagenses, ed. in: Felix LIEBERMANN, Ungedruckte anglo-normannische Geschichtsquellen, Straßburg 1879, S. 31–49; Exzerpte ed. Oswald HOLDER-EGGER, in: MGH SS 26, Hannover 1882, S. 488–500.
Annales de Saint-Denis, vgl. bei E. BERGER.
Annales sanctae Columbae Senonensis, ed. Georg Heinrich PERTZ, in: MGH SS 1, Hannover 1826, S. 102–109; ed. auch Louis-Maximilien DURU, in: Bibliothèque historique de l'Yonne I, Auxerre 1850, S. 200–216.
Annales sancti Albani, vgl. G. BUCHHOLZ, Die Würzburger Chronik S. 66–78: Restitution der Annales Scti Albani 1102–1119.
Annales sancti Benigni Divionensis, ed. Georg WAITZ, in: MGH SS 5, Hannover 1844, S. 37–50.
Annales sancti Blasii et Engelbergenses, ed. Georg Heinrich PERTZ, in: MGH SS 17, Hannover 1861, S. 276–278 (s. Blasii) u. S. 278–282 (Engelbergenses).
Annales sancti Disibodi, ed. Georg WAITZ, in: MGH SS 17, Hannover 1861, S. 4–30.
Annales sancti Edmundi, ed. in: Felix LIEBERMANN, Ungedruckte anglo-normannische Geschichtsquellen, Straßburg 1879.
Annales sancti Jacobi Leodiensis, ed. Georg Heinrich PERTZ, in: MGH 16, Hannover 1859, S. 632–645.

Annales sancti Martini Tornacensis, ed. Oswald HOLDER-EGGER, in: MGH SS 15/2, Hannover 1888, S. 1295–1297.

Annales sancti Neoti, ed. in: David DUMVILLE and Michael LAPIDGE, The Anglo-Saxon Chronicle. A collaborative Edition, vol. 17: The Annals of St Neots with Vita prima sancti Neoti, Cambridge 1984.

Annales sancti Petri Erphesfurtenses antiqui, ed. Oswald HOLDER-EGGER, in: Monumenta Erphesfurtensia saeculi XII. XIII. XIV., MGH SS rer. Germ. [42], Hannover u. Leipzig 1899, S. 3–20; veraltete Ed. von Georg Heinrich PERTZ, in: MGH SS 16, Hannover 1859, S. 15–22.

Annales sancti Rudberti Salisburgenses, ed. Georg Heinrich PERTZ, in: MGH SS 9, Hannover 1851, S. 758–810.

Annales sancti Stephani Cadomensis, ed. in: André DUCHESNE, Historiae Normannorum Scriptores, Paris 1619, S. 1015–1021; Exzerpte ed. Oswald HOLDER-EGGER, in: MGH SS 26, Hannover 1882, S. 491, 493, 495, 497, 499, 511–512.

Annales Sangallenses maiores, ed. Ildefons v. ARX, in: MGH SS 1, Hannover 1826, S. 73–85; ed. auch in: C. HENKING, Die annalistischen Aufzeichnungen.

Annales Siculi, ed. Ernesto PONTIERI, in: Ludovico Antonio MURATORI, Scriptores rerum Italicarum NS V/1, Bologna 1927, S. 109–120; auch ed. Georg Heinrich PERTZ, in: MGH SS 19, Hannover 1866, S. 494–500.

Annales de Southwark, ed. Reinhold PAULI, in: MGH SS 27, Hannover 1885, S. 430–432.

Annales Stadenses, auctore M. Alberto, ed. Johann Martin LAPPENBERG, in: MGH SS 16, Hannover 1859, S. 271–379.

Annales Uticenses, ed. in: Augustus LE PRÉVOST, Ordericus Vitalis, Historiae ecclesiasticae libri tredecim V, Paris 1855, Appendix I, S. 139–173; Exzerpte ed. Oswald HOLDER-EGGER, in: MGH SS 26, Hannover 1882, S. 488–500.

Annales Vedastini, vgl. bei Annales Xantenses.

Annales Wintonienses, ed. Reinhold PAULI, in: MGH SS 27, Hannover 1885, S. 452–458; auch ed. Henry Richard LUARD, in: Rerum Britannicarum Scriptores (Rolls Series) 36/2, London 1865, S. 1–125.

Annales Weissenburgenses, ed. Oswald HOLDER-EGGER, in: Lamperti opera, MGH SS rer. Germ. [38], Hannover – Leipzig 1894, S. 9–57.

Annales Wirziburgenses, ed. Georg Heinrich PERTZ, in: MGH SS 2, Hannover 1829, S. 238–247.

Annales Xantenses et Annales Vedastini, ed. Bernhard von SIMSON, MGH SS rer. Germ. [12], Hannover – Leipzig 1909.

Annalista Saxo, ed. Georg WAITZ, in: MGH SS 6, Hannover 1844, S. 542 (553)–777; neue Ed. von Klaus NASS, Die Reichschronik des Annalista Saxo, MGH SS 37, Hannover 2006.

Annalium Angliae excerpta, ed. Georg Heinrich PERTZ, in: MGH SS 16, Hannover 1859, S. 480–484.

Annalium sancti Aegidii Brunsvicensium excerpta, ed. Lothar HEINEMANN, in: MGH SS 30/1, Hannover 1896, S. 6–15.

Annalium sancti Blasii Brunsvicensium maiorum fragmenta, ed. Oswald HOLDER-EGGER, in: MGH SS 30/1, Hannover 1896, S. 16–19.

Anonyme Kaiserchronik für Heinrich V., in: Franz-Josef SCHMALE und Irene SCHMALE-OTT, Frutolfs und Ekkehards Chroniken und die Anonyme Kaiserchronik, (= Freiherr vom Stein – Gedächtnisausgabe XV), Darmstadt 1972.

Anonymus Haserensis, De episcopis Eichstetensibus, ed. Ludwig C. BETHMANN, in: MGH SS 7, Hannover 1846, S. 253–266; vgl. auch bei St. WEINFURTER, Geschichte der Eichstätter Bischöfe.

Anselm v. Besate, vgl. bei E. DÜMMLER und bei M. MANITIUS.

Arnold v. St. Emmeram, Libri II de s. Emmeramo, ed. Georg WAITZ, in: MGH SS 4, Hannover 1841, S. 543–574.

ARNOLDI, Domenico, D.C. FACCIO, F. GABOTTO e G. ROCCHI, Le carte dell'archio capitolare di Vercelli, (= BSSS 70), Pinerolo 1912.

Arnulf v. Lisieux, Epitaphia Matildis imperatricis, in: Arnulfi Lexoviensis episcopi carmina, nr. XI / XII, in: J.P. MIGNE, PL 201, Paris 1855, Sp. 199; jetzt auch: Die Gedichte Arnulfs von Lisieux († 1184), hg. und übersetzt von Ewald KÖNSGEN, (= Editiones Heidelbergenses 32), Heidelberg 2002.

Asser, De rebus gestis Aelfredi, in: Asser's Life of King Alfred, together with the Annals of Saint Neots, hg. von William Henry STEVENSON, Oxford 1904, ND (mit Bericht über jüngere Asser-Studien) von Dorothy WHITELOCK, Oxford 1959.

(Astronomus), Vita Hludowici imperatoris, ed. Georg Heinrich PERTZ, in: MGH SS 2, Hannover 1829, S. 604–648; neue Ed. von E. TREMP, vgl. bei Thegan.

Auctarium Affligemense, ed. Ludwig C. BETHMANN, in: MGH SS 6, Hannover 1844, S. 398–405.

Auctarium Garstense, ed. Georg Heinrich PERTZ, in: MGH SS 9, Hannover 1851, S. 561–569.

Aventinus, Annales ducum Boiorum, ed. Sigmund RIEZLER, Bd. 1, München 1881.

BAUDI DI VESME, Benedetto, Edoardo DURANDO e Ferdinando GABOTTO, Cartario dell'abbazia di Cavour fino all'anno 1300, (= BSSS 3,1), Pinerolo 1900.

– Carte inedite e sparse dei signori e luoghi del Pinerolese, (= BSSS 3,2), Pinerolo 1909.

BAUER, Albert u. Reinhold RAU, vgl. bei Quellen zur Geschichte der Sächsischen Kaiserzeit.

BAUTIER, Robert-Henri, Les origines de l'abbaye de Bouxières-aux-Dames au diocèse de Toul. Reconstitution du chartrier et édition critique des chartes antérieures à 1200, Nancy 1987.

BAUTIER, Robert-Henri, et Monique GILLES, Chronique de Saint-Pierre-le-Vif de Sens, dite de Clarius. (Chronicon sancti Petri Vivi Senonensis), Paris 1979; ältere Ed.: Louis-Maximilien DURU, in: Bibliothèque historique de l'Yonne 2, Auxerre / Paris 1863, S. 451–550.

Benedikt vom Monte Soracte, Chronicon, ed. Georg Heinrich PERTZ, in: MGH SS 3, Hannover 1839, S. 695–719; neue Ed.: Giuseppe ZUCCHETTI, Il Chronicon di Benedetto monaco di S. Andrea del Soratte ed il 'Libellus de imperatoria potestate in Urbe Roma', (= Fonti per la storia d'Italia 55), Rom 1920.

Benzo v. Alba, Ad Heinricum IV. imperatorem libri VII, ed. Hans SEYFFERT, MGH SS rer. Germ. [65], Hannover 1996; ältere Ed. von Georg Heinrich PERTZ, in: MGH SS 11, Hannover 1854, S. 591–681.

BERGER, Elie, Annales de Saint-Denis, généralement connues sous le titre de 'Chronicon S. Dionysii ad cyclos paschales', in: BECH 40, 1879, S. 261–295.

BERNARD, Auguste – BRUEL, Alexandre, vgl. bei Recueil des chartes de Cluny.

Bernold v. Konstanz, Chronicon, ed. Ian S. ROBINSON, Die Chroniken Bertholds von Reichenau und Bernolds von Konstanz. 1054–1100, MGH SS. rer. Germ. NS 14, Hannover 2003; ältere Ed. Georg Heinrich PERTZ, in: MGH SS 5, Hannover 1844, S. 385–467.

– vgl. auch bei Necrologium Bernoldi.

Bertha, vgl. bei Vita Adelheidis.

Berthold v. Reichenau, (Annalen bzw. Chronik), vgl. bei Bernold v. Konstanz; ältere Ed. Georg Heinrich PERTZ, in: MGH SS 5, Hannover 1884, S. 263–326.

BESLY, Jean, Histoire des comtes de Poictou et ducs de Guyenne, (811 – Louis le Jeune), Paris 1647.

BEYER, Heinrich, Urkundenbuch zur Geschichte der (jetzt die Preußischen Regierungsbezirke Coblenz und Trier bildenden) mittelrheinischen Territorien, Bd. 1: Von den ältesten Zeiten bis zum Jahre 1169, Coblenz 1860, (ND Hildesheim u. New York 1974).

BIRCH, Walter de Gray, Cartularium Saxonicum. A Collection of Charters relating to Anglo-Saxon History, Bd. II, London 1887.

BLOCH, Hermann, Die älteren Urkunden des Klosters S. Vanne zu Verdun, in: Jahrbuch der Gesellschaft für lothringische Geschichte und Altertumskunde 10, 1898, S. 338–449.

BÖHMER, Johann Friedrich, Fontes rerum Germanicarum, Bd. III und IV, Stuttgart 1853 und 1868.

– Regesta Imperii I^2: Die Regesten des Kaiserreichs unter den Karolingern 751–918, nach Johann Friedrich BÖHMER neubearbeitet von Engelbert MÜHLBACHER, ...vollendet von Johann LECHNER, Innsbruck 1908; ND ... mit Ergänzungen von Carlrichard BRÜHL und Hans H. KAMINSKY, Hildesheim 1966.

– Regesta Imperii I/3: Die Regesten des Kaiserreichs unter den Karolingern 751–918 (926/962), Bd. 3: Die Regesten des Regnum Italiae und der Burgundischen Regna; Teil 2: Das Regnum Italiae in der Zeit der Thronkämpfe und Reichsteilungen 888 (850) – 926, bearb. von Herbert ZIELINSKI, Köln – Weimar – 1998.

– Regesta Imperii I/4: Die Regesten des Kaiserreiches unter den Karolingern 751–918 (926/962), Bd. 4: Papstregesten 800–911, Teil 2: 844–872, Lieferung 1: 844–858, bearb. von Klaus HERBERS, Köln – Weimar – Wien 1999.

– Regesta Imperii II/1: Sächsisches Haus 919–1024, 1. Abt.: Die Regesten des Kaiserreichs unter Heinrich I. und Otto I. 919–973, nach Johann Friedrich BÖHMER neubearbeitet von Emil von OTTENTHAL, mit Ergänzungen von Hans H. KAMINSKY, Hildesheim 1967.

– Regesta Imperii II/2: Sächsisches Haus 919–1024, 2. Abt.: Die Regesten des Kaiserreiches unter Otto II. 955 (973) – 983, nach Johann Friedrich BÖHMER neubearbeitet von Hanns Leo MIKOLETZKY, Graz 1950.
– Regesta Imperii II/3: Sächsisches Haus 919–1024, 3. Abt.: Die Regesten des Kaiserreiches unter Otto III. 980 (983) – 1002, nach Johann Friedrich BÖHMER neubearbeitet von Mathilde UHLIRZ, Graz – Köln 1956.
– Regesta Imperii II/4: Sächsisches Haus 919–1024, 4. Abt.: Die Regesten des Kaiserreiches unter Heinrich II. 1002–1024, nach Johann Friedrich BÖHMER neubearbeitet von Theodor GRAFF, Wien – Köln – Graz 1971.
– Regesta Imperii III/1: Salisches Haus 1024–1125. Erster Teil: 1024–1056. 1. Abt: Die Regesten des Kaiserreiches unter Konrad II. 1024–1039, neubearbeitet von Heinrich APPELT, Graz 1951.
– Regesta Imperii III/2: Salisches Haus 1024–1125. Zweiter Teil: 1056–1125. 3. Abt.: Die Regesten des Kaiserreiches unter Heinrich IV. (1056 [1050] – 1106), neubearbeitet von Tilman STRUVE, Lfg. 1, Köln – Wien 1984.
– Regesta Imperii IV/1: Erste Abt.: Die Regesten des Kaiserreiches unter Lothar III. und Konrad III. Erster Teil: Lothar III. 1125 (1075) – 1137, neubearbeitet von Wolfgang PETKE, Köln – Weimar – Wien 1994.

Bonizo v. Sutri, Liber ad amicum, ed. Ernst DÜMMLER, in: MGH LdL 1, Hannover 1891, S. 568–620.

BORTOLOTTI, Pietro, Antiche vite di S. Geminiano vescovo e protettore di Modena, (= Monumenti di storia patria delle provincie Modenesi XIV,1), Modena 1886.

BOUGAUD, E. et J. GARNIER, vgl. bei Chronicon s. Benigni.

BOUQUET, Martin, Recueil des Historiens des Gaules et de la France, Nouvelle Edition par Léopold DELISLE, Bde. VIII, IX, X, XI, XII, XV, XXIII, Paris 1871, 1874, 1874, 1876, 1877, 1878, 1894.

BRANDI, Karl, Die Chronik des Gallus Öhem, (= Quellen und Forschungen zur Geschichte der Abtei Reichenau, Bd. 2), Heidelberg 1893.

Braunschweigische Reimchronik, ed. Ludwig WEILAND, in: MGH Dt. Chron. 2, Berlin 1877, (ND 2001), S. 430–574.

Brauweiler Geschichtsquellen, vgl. bei Fundacio monasterii Brunwilarensis.

BRESSLAU, Harry, Aus Archiven und Bibliotheken, in: NA 11, 1886, S. 93–108.
– Handschriftliches aus Italien, in: NA 5, 1880, S. 438–451.

BROWER, Christoph, und Jacob MASEN, Antiquitatum et annalium Trevirensium libri XXV, Köln 1626, 2. Aufl. Lüttich 1670.

Bruno, De bello Saxonico (Brunonis Saxonicum bellum), ed. Franz-Josef SCHMALE, in: Quellen zur Geschichte Kaiser Heinrichs IV., (= Freiherr vom Stein-Gedächtnisausgabe XII), Darmstadt 1963, S. 28–34, 191–405.

BUCHHOLZ, Gustav, Die Würzburger Chronik, eine quellenkritische Untersuchung, Leipzig 1879.

BUGNYON, Philibert, Chronicon urbis Matissanae, Lyon 1559.

BUJNOCH, Josef, Polens Anfänge. Gallus Anonymus: Chronik und Taten der Herzöge und Fürsten von Polen, übersetzt, eingeleitet und erklärt, (= Slavische Geschichtsschreiber, Bd. X), Graz – Wien – Köln 1978.

BULST, Walther, Die ältere Wormser Briefsammlung, (= MGH Die Briefe der deutschen Kaiserzeit 3), Weimar 1949.

Burchard v. Ursberg, Chronicon, 2. Aufl. ed. Oswald HOLDER-EGGER und Bernhard von SIMSON, in: MGH SS rer. Germ. [16], Hannover u. Leipzig 1916.

Burchard v. Worms, Decretorum libri XX, in: J.P. MIGNE, PL 140, Paris 1880, Sp. 537–1058.

CALMET, Dom Augustin, Histoire ecclésiastique et civile de Lorraine, 1. Aufl. (in 3 Bdn.) Nancy 1728, 2. Aufl. (in 7 Bdn.) Nancy 1745–1757.

CAMPBELL, Alistair, The Chronicle of Aethelweard, Edinburgh 1962.

Caradoc v. Liancarvan, vgl. bei P.G. HÜBNER.

Cartulaire de l'abbaye de Gorze, vgl. bei A. D'HERBOMEZ.

Cartulaire de l'abbaye de Saint-André-le-Bas de Vienne, ordre de Saint-Bénoît, suivie d'un appendice de chartes inédites sur le diocèse de Vienne (IXe–XIIe siècles), ed. C(yr)-U(lysse)-J(oseph) CHEVALIER, (= Collection de cartulaires dauphinois I), Vienne u. Lyon 1869.

Cartulaire du chapitre de Notre-Dame de Lausanne. Edition critique par Charles ROTH. Partie 1: Texte, (= Mémoires et documents publiés par la Société d'histoire de la Suisse Romande. Sér. 3, Tom. 3), Lausanne 1948.

Cartularium Saxonicum, ed. Walter de Gray BIRCH, 3 Bde., London 1885–1893.

CARUTTI, Dominico, Regesta comitum Sabaudiae marchionum in Italia ab ultima stirpis origine ad annum MDCCLIII, (= Biblioteca storica Italiana 5), Turin 1889.

CASPAR, Erich, Das Register Gregors VII., MGH Epistolae selectae 2, 2 Bde., Berlin 1920.

Casus monasterii Petrishusensis, ed. Otto ABEL – Ludwig WEILAND, in: MGH SS 20, Hannover 1885, S. 621–683; neuere Ed. von Otto FEGER, Die Chronik des Klosters Petershausen, (= Schwäbische Chroniken der Stauferzeit 3), Lindau – Konstanz 1956.

Catalogi abbatum S. Eugendi Jurensis, ed. Georg WAITZ, in: MGH SS 13, Hannover 1878, S. 743–746.

Catalogus donatorum Corbeiensium, vgl. bei Notitiae fundationis monasterii Corbeiensis.

Catalogus regum Ambrosianus, ed. Georg Heinrich PERTZ, in: MGH SS 3, Hannover 1839, S. 216f.

Catalogus regum et imperatorum, ed. Rudolf KOEPKE, in: MGH SS 10, Hannover 1852, S. 135–140 (ex codice Monacensi S. 136).

CATUREGLI, Natale, Regesto della chiesa di Pisa (Regestum Pisanum), (= Regesta Chartarum Italiae 24), Rom 1938.

CHARMASSE, Anatole de, Cartulaire de l'église d'Autun I, Autun – Paris 1865.

CHAUVIN, Yves, et Georges PON (sous la direction d'Edmond-René LABANDE), La fondation de l'abbaye de Maillezais. Récit du moine Pierre, La Roche-sur-Yon 2001.

CHEVALIER, Ulysse, Cartulaire de l'abbaye de Saint-Barnard de Romans, 2. Aufl. Romans 1898.

– Cartulaire du prieuré de Paray-le-Monial, (= Collection des cartulaires dauphinois VIII, 2), Paris 1890.

– vgl. auch bei Cartulaire de l'abbaye de Saint-André-le-Bas de Vienne.

CHEVRIER, Georges, – Maurice CHAUME, Chartes et documents de Saint-Bénigne de Dijon, Bd. 2: (990–1124), Dijon 1943.

CHIFFLET, Pierre-François, Histoire de l'abbaye royale et de la ville de Tournus, Dijon 1664. (Anhang: Preuves).

Chounradi Schirensis Chronicon, Catalogi, Annales, ed. Philipp JAFFÉ, in: MGH SS 17, Hannover 1861, S. 613–633.

CHRAMBACH, Eva, Die Traditionen des Klosters Formbach, Diss. LMU München 1983 / 1987.

C(h)ronica ducum de Brunswick, ed. Ludwig WEILAND, in: MGH Dt. Chron. 2, Hannover 1877, S. 574–585.

Chronica de gestis consulum Andegavorum, vgl. bei Gesta consulum Andegavorum.

Chronica praesulum Spirensis civitatis, vgl. bei Johannes Seffried de Mutterstadt.

C(h)ronica regum Francorum, ed. Georg Heinrich PERTZ, in: MGH SS 3, Hannover 1839, S. 214.

Chronica S. Petri Erfordensis moderna (a. 1072–1335), in: Monumenta Erphesfurtensia saeculi XII. XIII. XIV., ed. Oswald HOLDER-EGGER, MGH SS rer. Germ. [42], Hannover u. Leipzig 1899, S. 117–369.

Chronicae principum Brunsvicensium fragmentum, ed. Oswald HOLDER-EGGER, in: MGH SS 30/1, Hannover 1896, S. 21–27.

Chronicle of the Canons of Huntingdon, übersetzte Exzerpte in: Alan Orr ANDERSON, Early sources of Scottish history a. d. 500 to 1286, Bd. 2, Edinburgh 1922, S. 27–30.

Chronicle of the Kings of Scotland, übersetzte Exzerpte in: Alan Orr ANDERSON, Early sources of Scottish history a. d. 500 to 1286, Bd. 1 und Bd. 2, Edinburgh 1922.

Chronicle of Melrose, übersetzte Exzerpte in: Alan Orr ANDERSON, Early sources of Scottish history a. d. 500 to 1286, Bd. 1 und Bd. 2, Edinburgh 1922.

Chronicon alterum Montis sancti Michaelis in periculo maris, Exzerpt in: Martin BOUQUET, Recueil des Historiens des Gaules et de la France XI, Paris 1876, S. 255 f.

Chronicon Fani sancti Neoti sive annales, qui dicuntur, Asseri, ed. W.H. STEVENSON, vgl. bei Asser, auch bei Annales sancti Neoti.

Chronicon Malleacense, vgl. bei Chronique de Saint-Maixent.

Chronicon [Montis] sancti Michaelis in periculo maris, Exzerpte in: Martin BOUQUET, Recueil des Historiens des Gaules et de la France X, Paris 1874, S. 175 f., 247; XI, Paris 1876, S. 29.

Chronicon Namnetense, vgl. bei R. MERLET, Chronique de Nantes.

Chronicon Novaliciense, ed. Carlo CIPOLLA, in: Monumenta Novaliciensia vetustiora, Bd. II, (= Fonti per la storia d'Italia 32), Rom 1901.

Chronicon sancti Benigni Divionensis, ed. Émile BOUGAUD et Joseph GARNIER, Chronique de l'abbaye de Saint-Bénigne de Dijon suivie de la chronique de Saint-Pierre de Bèze, (= Analecta Divionensia V), Dijon 1875; ältere Ed. (Teile) von Georg WAITZ, in: MGH SS 7, Hannover 1846, S. 235–238.

Chronicon sancti Dionysii ad cyclos paschales, vgl. bei E. BERGER.

(Breve) Chronicon sancti Florentii Salmurensis, ed. in: Paul MARCHEGAY et Émile MABILLE, Chroniques des églises d'Anjou, Paris 1869, S. 181–195.

Chronicon sancti Maxentii, quod vulgo dicitur Malleacense, ed. Jean VERDON, Chronique de Saint-Maixent, 751–1140, (= Les classiques de l'histoire de France au Moyen Age 33), Paris 1979; ältere Ed. in: Martin BOUQUET, Recueil des Historiens VII S. 228–229, IX S. 8–9, X S. 231–233, XI S. 216–221 u. 644, XII S. 400–408.

Chronicon sancti Petri Vivi Senonensis, vgl. bei R.-H. BAUTIER – M. GILLES.

Chronicon Suevicum universale, ed. Harry BRESSLAU, in: MGH SS 13, Hannover 1881, S. 61–72.

Chronicon Turonense, Exzerpte in: Martin BOUQUET, Recueil des Historiens des Gaules et de la France IX, Paris 1874, S. 45–55; X, Paris 1874, S. 280–284; XI, Paris 1876, S. 346–349.

Chronicon Wirziburgense auctore, ut videtur, Ekkehardo, ed. Georg WAITZ, in: MGH SS 6, Hannover 1844, S. 17- 32.

Chronique des comtes d'Anjou (Gesta consulum Andegavorum et dominorum Ambaziensium), vgl. bei P. MARCHEGAY et A. SALMON.

Chronique des comtes d'Anjou et des seigneurs d'Amboise, ed. Louis HALPHEN et René POUPARDIN, (= Collection de textes), Paris 1913.

Chronique de Maillezais, vgl. bei Chronicon s. Maxentii.

Chronique de Saint-Maixent, vgl. bei Chronicon s. Maxentii.

CIBRARIO, Luigi, vgl. bei Documenti, sigille e monete.

CIPOLLA, Carlo, Il gruppo dei diplomi Adelaidini a favore dell'abbazia di Pinerolo, (= BSSS 2,2) Pinerolo 1899.

– Monumneta Novaliciensia vetustiora, 2 Bde, (= Fonti per la storia d'Italia 31/32), Rom 1898/1901.

– Le più antiche carte diplomatiche del monastero di S. Giusto di Susa (1024–1212), in: Bullettino dell'Istituto storico Italiano 18, 1896.

Clarius (?), Chronicon Sancti Petri Vivi Senonensis, vgl. bei R.-H. BAUTIER et M. GILLES.

CLARK, Cecily, The Peterborough Chronicle 1070–1154, 2. Aufl. Oxford 1970.

Cnutonis regis Gesta sive Encomium Emmae reginae, auctore monacho Sancti Bertini, ed. Georg Heinrich PERTZ, MGH SS rer. Germ. [22], Hannover 1865; neuere Ed. (mit engl. Übersetzung): Encomium Emmae reginae, ed. Alistair CAMPBELL, London 1949.

Codex Carolinus, ed. Wilhelm GUNDLACH, in: MGH Epp. 3, Berlin 1892, S. 469–657.
Codex diplomaticus Fuldensis, vgl. bei E.F.J. DRONKE.
Codex diplomaticus Langobardiae, (= Historiae patriae monumenta edita iussu regis Caroli Alberti, Bd. XIII), Turin 1873.
Codex Laureshamensis, vgl. bei K. GLÖCKNER.
COLLINO, Giovanni, Le carte della prevostura d'Oulx fino al 1300, (= BSSS 45), Pinerolo – Turin 1908.
CONSTABLE, Giles, The letters of Peter the Venerable I, Cambridge/Mass. 1967.
Constantin, vgl. bei Vita Adalberonis II. Mettensis episcopi.
Continuatio casuum S. Galli, ed. Ildephons von ARX, in: MGH SS 2, Hannover 1829, Contin. I (auctore Ekkehardo IV.) S. 75–147, Contin. II (anonym.) S. 148–163.
Continuatio Ercanberti, vgl. bei Ercanbert.
Continuatio Reginonis, vgl. bei Regino.
Continuatio I und II zur Chronik des Marianus Scottus, vgl. bei Marianus Scottus, Chronicon.
Corpus chronicorum Bononiensium, ed. Albano SORBELLI, (= Ludovico Antonio Muratori, Rerum Italicarum Scriptores, Nuova Edizione tom. XVIII/1), Rom 1906.
Cosmas v. Prag, Chronica Boemorum, ed. Bertold BRETHOLZ, Die Chronik der Böhmen des Cosmas von Prag, MGH SS rer. Germ. NS 2, Berlin 1923.
COUSSEMAKER, Ignace de, Cartulaire de l'abbaye de Cysoing et de ses dépendences, Lille 1884.
CUBBIN, Geoffry Peter, The Anglo-Saxon Chronicle. A collaborative Edition, vol. 6 (Ms. D), Cambridge 1996.
(Defensio libertatis ecclesiae Hasteriensis), ed. Georg WAITZ, in: MGH SS 14, Hannover 1883, S. 541–542.
De genere comitum Flandrensium notae Parisienses, ed. Georg WAITZ, in: MGH SS 13, Hannover 1881, S. 256–259.
DÉLÉAGE, André, Recueil des actes du prieuré de Saint-Symphorien d'Autun de 696 à 1300, Autun 1936.
DELISLE, Leopold, Chronique de Robert de Torigni, 2 Bde., Paris 1873.
DESPY, Georges, Les chartes de l'abbaye de Waulsort. Étude diplomatique et l'édition critique, tom. Ier (946–1199), Brüssel 1957.
DOBNER, Gelasius, Monumenta historiae Boemiae, Bd. 2 und 3, Prag 1768/74.
Documenti, sigille e monete appartenenti alla storia della monarchia di Savoia raccolti in Savoia, in Isvizzera ed in Francia per ordine del Re Carlo Alberto da Luigi CIBRARIO e da Domenico Casimiro PROMIS, Turin 1833.
Donizo, Vita Mathildis, ed. Ludwig C. BETHMANN, in: MGH SS 12, Hannover 1856, S. 348–409; neuere Ed. von Luigi SIMEONI, in: Ludovico Antonio MURATORI, Rerum Italicarum Scriptores, Nuova Edizione Tom. V/2, Bologna 1931–1940.
DOUGLAS, David C. and George W. GREENAWAY, vgl. bei English Historical Documents II.

Draco Normannicus, vgl. bei Stephan v. Rouen.
DREI, Giovanni, Le carte degli archivi Parmensi dei secoli X–XI, 2 Bde., Parma 1924–1928.
DRONKE, Ernst Friedrich Johann, Codex diplomaticus Fuldensis, Cassel 1850.
– Traditiones et antiquitates Fuldenses, Fulda 1844.
DUCHESNE, André, Historiae Francorum Scriptores, 2 Bde., Paris 1619–1636.
Dudo v. St. Quentin, De moribus et actis primorum Normanniae ducum, ed. Jules LAIR, (= Mémoires de la Société des antiquaires de Normandie 23, = 3e série, tom. 3e), Caen 1865; ältere Ed. in: J.P. MIGNE, PL 141, Paris 1880, Sp. 605–758.
DÜMMLER, Ernst, Anselm der Peripatetiker nebst anderen Beiträgen zur Literaturgeschichte Italiens im 11. Jahrhundert, Halle 1872.
– und Hermann WARTMANN (Hg.), St. Galler Todtenbuch und Verbrüderungen, (= Mitteilungen zur vaterländischen Geschichte 11, NF 1), St. Gallen 1869, S. 1–124.
– vgl. auch bei Necrologium Merseburgense.
DÜRRE, Hermann, Das Register der Memorien und Feste des Blasiusstiftes in Braunschweig, in: Zeitschrift des Historischen Vereins für Niedersachsen, Jahrgang 1886, Hannover 1886, S. 1–104.
DURU, Louis-Maximilien, Bibliothèque historique de l'Yonne, 2 Bde., Auxerre / Paris 1850/63.
DUVERNOY, Émile, Catalogue des actes des ducs de Lorraine de 1048 à 1139 et de 1176 à 1220, Nancy 1915.
Eberhards Reimchronik von Gandersheim, ed. Ludwig WEILAND, in: MGH Dt. Chron. 2, Berlin 1877, (ND 1964), S. 385–429.
Einhard, Vita Karoli Magni, ed. Oswald HOLDER-EGGER, MGH SS rer. Germ. [25], Hannover 1911.
Ekkehard v. Aura, Chronica, in: Franz-Josef SCHMALE und Irene SCHMALE-OTT, Frutolfs und Ekkehards Chroniken und die Anonyme Kaiserchronik, (= Freiherr vom Stein – Gedächtnisausgabe XV), Darmstadt 1972; ältere Ed. von Georg WAITZ, in: MGH SS 6, Hannover 1844, S. 1–267. [Frutolf v. Michelsberg S. 33–211; Ekkehard S. 208–267].
Ekkehard IV. v. St. Gallen, Casus sancti Galli, ed. Hans F. HAEFELE, (= Freiherr vom Stein-Gedächtnisausgabe X), Darmstadt 1980; ältere Ed. von Ildefons v. ARX, in: MGH SS 2, Hannover 1829, S. 77–147.
Encomium Emmae reginae, vgl. bei Cnutonis regis Gesta.
English Historical Documents I (c. 500–1042), ed. Dorothy WHITELOCK, 2. Aufl. London – New York 1979, II (1042–1189), ed. David C. DOUGLAS and George W. GREENAWAY, 2. Aufl. London – New York 1981.
Ercanberti Breviarium regum Francorum, ed. Georg Heinrich PERTZ, in: MGH SS 2, Hannover 1829, S. 327–330.
ERDMANN (†), Carl, und Norbert FICKERMANN, Briefsammlungen der Zeit Heinrichs IV., (= MGH Die Briefe der deutschen Kaiserzeit 4), Weimar 1950.
ESCHER, Johann, vgl. bei Urkundenbuch … Zürich.

FALKE, Johann Friedrich, Codex traditionum Corbeiensium, Leipzig und Wolfenbüttel 1752.
FAUROUX, Marie, Recueil des actes des ducs de Normandie de 911 à 1066, Caen 1961.
FEGER, Otto, Die Chronik des Klosters Petershausen, (= Schwäbische Chroniken der Stauferzeit 3), Lindau und Konstanz 1956.
Flodoard, Annales, ed. Philippe LAUER, (= Collection de textes), Paris 1905.
– Historia Remensis ecclesiae, ed. Martina STRATMANN, MGH SS 36, Hannover 1998; ältere Ed. von Johannes HELLER und Georg WAITZ, in: MGH SS 13, Hannover 1881, S. 405–599.
Florence v. Worcester, Chronicon ex Chronicis, ed. Benjamin THORPE, 2 Bde., London 1848/49; Auszüge ed. Reinhold PAULI, in: MGH SS 13, Hannover 1881, S. 124–130.
Folcuin, Gesta abbatum Lobbiensium, ed. Georg Heinrich PERTZ, in: MGH SS 4, Hannover 1841, S. 52–74.
Folcuin, Gesta abbatum Sancti Bertini Sithiensium, ed. Oswald HOLDER-EGGER, in: MGH SS 13, Hannover 1885, S. 600–635.
Fragmenta incerta (necrologii Einsiedlensis ?), ed. Franz Ludwig BAUMANN, in: MGH Necrol. 1, Berlin 1888, S. 660–664.
Fragmenta libri anniversariorum (Einsiedlensis), ed. Franz Ludwig BAUMANN, in: MGH Necrol. 1, Berlin 1888, S. 361–363.
Fragmenta necrologii et annales necrologici monasterii Sancti Blasii Nigrae Silvae, ed. Franz Ludwig BAUMANN, in: MGH Necrol. 1, Berlin 1888, S. 323–333.
Fragmenta necrologii Marchtalensis, ed. Franz Ludwig BAUMANN, in: MGH Necrol. 1, Berlin 1888, S. 201–202.
Fragmentum de Arnulfo duce Bavariae, ed. Philipp JAFFÉ, in: MGH SS 17, Hannover 1861, S. 570.
Fragmentum veteris historiae Sancti Florentii Salmuriensis, in: Chroniques des églises d'Anjou, ed. Paul MARCHEGAY et Émile MABILLE, Paris 1869, S. 207–216.
Francorum imperatorum Historia brevissima (ex codice Admuntensi), ed. Rudolf KOEPKE, in: MGH SS 10, Hannover 1852, S. 136–138.
FRISI, Antonio Francesco, Memorie storiche di Monza e sua corte, 3 Bde., Mailand 1794 ff.
(Froumund): Die Tegernseer Briefsammlung (Froumund), hg. von Karl STRECKER, MGH Epp. selectae 3, Berlin 1925.
Frutolf v. Michelsberg, Chronica, ed. Georg WAITZ, in: MGH SS 6, Hannover 1844, S. 33–211; neue Ed. von Franz-Josef SCHMALE u. Irene SCHMALE-OTT, Frutolfs und Ekkehards Chroniken und die anonyme Kaiserchronik, (= Freiherr vom Stein – Gedächtnisausgabe XV), Darmstadt 1972.
FUCHS, Adalbert Fr., Die Traditionsbücher des Benediktinerstiftes Göttweig, (= Fontes rerum Austriacarum, 2. Abt. 69), Wien – Leipzig 1931.
Fundacio ecclesie collegiate Quernfurtensis, ed. Stefan PÄTZOLD, Die Querfurter Fundacio. Überlieferung und Edition, in: Sachsen und Anhalt 22, 1999/2000,

S. 135–146; auch ed. in: Helmut LÖTZKE, Die Burggrafen von Magdeburg aus dem Querfurter Hause, (Diss. masch.) Greifswald 1950, S. 282–287.

Fundatio monasterii Brunwilarensis, ed. Hermann PABST, Die Brauweiler Geschichtsquellen, in: Archiv d. Gesellschaft für ältere deutsche Geschichtskunde, ed. Georg Heinrich PERTZ, Bd. 12, 1874, S. 80–200, bes. S. 147–192.

GABOTTO, Ferdinando, Cartario di Pinerolo fino all'anno 1300, (= BSSS 2,1), Pinerolo 1899.

– Le più antiche carte dell'archivio capitolare di Asti, (= BSSS 28), Pinerolo 1904.

GABOTTO, Ferdinando, A. LIZIER, A. LEONE, G.B. MORANDI, O. SCARZELLO, G. BASSO, Le carte dell'archivio capitolare di S. Maria di Novara, (= BSSS 78), Pinerolo 1913.

GÄDEKE, Nora, Ausgewählte Quellen zur Zähringergeschichte, in: Die Zähringer. Anstoß und Wirkung, hg. von Hans SCHADEK und Karl SCHMID, (= Veröffentlichungen zur Zähringer-Ausstellung II: Katalog zur Ausstellung), Sigmaringen 1986, S. 443–465.

Gallia Christiana in provincias ecclesiasticas distributa, Bd. I–XVI, Paris 1715–1865, 2. Aufl. 1870 ff.

Gallus Anonymus, Chronicae et gesta ducum sive principum Polonorum, ed. Karol MALECZYŃSKI, (= Pomniki dziejowe Polski [Monumenta Poloniae Historica], NS 2), Krakau 1952, ältere Ed. von J.K. SZLACHTOWSKI / Rudolf KÖPKE, in: MGH SS 9, Hannover 1851, S. 418–478; vgl. auch bei J. BUJNOCH.

Gallus Öhem, vgl. bei K. Brandi.

Gaufredus Malaterra, De rebus gestis Rogerii Calabriae et Siciliae comitis et Roberti Guiskardi ducis fratris eius, ed. Ernesto PONTIERI, in: Ludovico Antonio MURATORI, Rerum Italicarum Scriptores, Nuova edizione Tom. V/1, Bologna 1927.

Geffrei Gaimar: Lestorie des Engles solum la translacion maistre Geffrei Gaimar, ed. Thomas Duffus HARDY and Charles Trice MARTIN, Rerum Britannicarum medii aevi scriptores (= Rolls Series) 91/1–2; neuere Ed. von Alexander BELL, L'Estoire des Engleis, (= Anglo-Norman Texts 14–16), Oxford 1960.

Genealogiae comitum Andegavensium, in: Louis HALPHEN et René POUPARDIN, Chronique des comtes d'Anjou et des seigneurs d'Amboise, (= Collection de textes 48), Paris 1913, S. 247–250.

Genealogia comitum Flandriae Bertiniana, ed. Ludwig C. BETHMANN, in: MGH SS 9, Hannover 1851, S. 305–308.

Genealogia comitum Flandriae (Flandria generosa), ed. Ludwig C. BETHMANN, in: MGH SS 9, Hannover 1851, S. 313–334.

Genealogia comitum Neuburgensium sive Formbacensium, ed. Georg WAITZ, in: MGH SS 24, Hannover 1879, S. 76 f.

Genealogia ducum Northmannorum, ed. in: Martin BOUQUET, Recueil des Historiens des Gaules et de la France X, Paris 1874, S. 192.

Genealogia ex stirpe sancti Arnulfi descendentium Mettensis, ed. Johannes HELLER, in: MGH SS 25, Hannover 1880, S. 381–384.

Genealogia Welforum, ed. Erich KÖNIG, in: Historia Welforum (s. unten).

Genealogiae scriptoris Fusniacensis, ed. Georg WAITZ, in: MGH SS 13, Hannover 1881, S. 251–256.

Gerbert v. Reims, Acta concilii Remensis ad Sanctum Basolum, ed. Georg Heinrich PERTZ, in: MGH SS 3, Hannover 1839, S. 658–686.

– vgl. auch bei F. WEIGLE, Briefsammlung Gerberts.

Gerhard, vgl. bei Vita sancti Oudalrici.

Gesta antecessorum comitis Waldevi, vgl. bei Vita Waltheof comitis.

Gesta archiepiscoporum Magdeburgensium, ed. Wilhelm SCHUM, in: MGH SS 14, Hannover 1883, S. 361–486.

Gesta consulum Andegavorum, ed. in: Louis HALPHEN – René POUPARDIN, Chroniques des comtes d'Anjou et des seigneurs d'Amboise, Paris 1913, S. 25–73; auch ed. in: Paul MARCHEGAY – André SALMON, Chroniques des comtes d'Anjou, Paris 1856–1871, S. 34–363.

Gesta episcoporum Cameracensium, ed. Ludwig C. BETHMANN, in: MGH SS 7, Hannover 1846, S. 393–525.

Gesta episcoporum Virdunensium, ed. Georg WAITZ, in: MGH SS 4, Hannover 1841, S. 36–51.

Gesta Henrici II. et Ricardi I., ed. Felix LIEBERMANN, in: MGH SS 27, Hannover 1885, S. 81–132.

Gesta Ludovici VII. regis, filii Ludovici Grossi, ed. in: André DUCHESNE, Historiae Francorum Scriptores coetanei IV, Paris 1641, S. 390–411; Auszug bei Walter BÖHME, Die deutsche Königserhebung im 10.–12. Jahrhundert, Heft 2, (= Historische Texte / Mittelalter, Heft 15, hg. von Arno BORST und Josef FLECKENSTEIN), Göttingen 1970, S. 18 f.

Gesta pontificum Autissiodorensium, ed. Louis-Maximilien DURU, in: Bibliothèque Historique de l'Yonne I, Auxerre 1850, S. 309–520; neue Ed.: Les gestes des évêques d'Auxerre, ed. sous la direction de Michel SOT ... par Guy LOBRICHON et Monique GOULLET, (= Les classiques de l'histoire de France au Moyen Âge), Paris 2002.

Gesta Treverorum, ed. Georg WAITZ, in: MGH SS 8, Hannover 1848, S. 11–174; mit: Additamentum et Continuatio prima S. 175–200.

GLÖCKNER, Karl (Hg.), Codex Laureshamensis, (= Arbeiten der historischen Kommission für den Volksstaat Hessen), 3 Bde., Darmstadt 1929–1936.

GLORIA, Andrea, Codice diplomatico Padovano dal secolo sesto a tutto l'undecimo, (= Monumenti storici pubbl. dalla deputazione Veneta di storia patria, vol. II, serie prima: Documenti vol. II), Venedig 1877.

Gregorii VII. Registrum, vgl. bei E. CASPAR.

GREMAUD, Jean, Chartes Sédunoises, in: Mémoires et Documents publ. par la Société d'histoire de la Suisse Romande XVIII, Lausanne 1863.

GUÉRARD, Benjamin, Cartulaire de l'abbaye de Saint-Père de Chartres, (= Collection de documents inédits), Paris 1840.

GUICHENON, Samuel, Histoire généalogique de la royale maison de Savoie, Lyon 1660, 2. Aufl. Turin 1778.

HAMANN, Manfred, vgl. bei Urkundenbuch des Klosters Reinhausen.

Hariulf, Chronique de l'abbaye de Saint-Riquier (V[e] siecle – 1104), (= Chronicon Centulense), ed. Ferdinand LOT, (= Collection de textes 17), Paris 1894.

Hartmann, Vita sanctae Wiboradae, ed. Georg Heinrich PERTZ, MGH SS 4, Hannover 1841, S. 452–457.

HAUTHALER, Willibald, Salzburger Urkundenbuch I: Traditionscodices, Salzburg 1910.

Heimskringla. Nóregs konunga soguur, ed. Finnur JÓNSSON, Reykjavik u. Kopenhagen 1911; vgl. auch bei Snorris Königsbuch.

Heinrich v. Huntingdon, vgl. bei Henry of Huntingdon.

Heiricus, Miracula Sancti Germani, ed. Georg WAITZ, in: MGH SS 13, Hannover 1881, S. 401–404 (Auszug); ältere Ed. von Louis-Maximilien DURU, in: Bibliothèque historique de l'Yonne II, Auxerre 1863, S. 114–183.

Helgaud v. Fleury, Vie de Robert le Pieux. Epitoma vitae regis Roberti Pii, ed. Robert-Henri BAUTIER et Gillette LABORY, (= Sources d'histoire médiévale 1), Paris 1965; ältere Ed. in: Martin BOUQUET, Recueil des Historiens des Gaules et de la France X, Paris 1874, S. 98–117.

Helmold v. Bosau, Cronica Slavorum, ed. Bernhard SCHMEIDLER, MGH SS rer. Germ. [32], Berlin 1937; auch ed. Heinz STOOB, Helmold von Bosau, Slawenchronik, (= Freiherr vom Stein-Gedächtnisausgabe XIX), Darmstadt 1963.

HENKING, Carl (Hg.), Die annalistischen Aufzeichnungen des Klosters St. Gallen, (= Mittheilungen zur vaterländischen Geschichte, hg. vom Historischen Verein in St. Gallen XIX, NF 9), St. Gallen 1884.

Henry of Huntingdon, Historia Anglorum, ed. Thomas ARNOLD, Rerum Britannicarum medii aevi Scriptores (= Rolls Series) 74, London 1879.

HERBOMEZ, A(rmand) d', Cartulaire de l'abbaye de Gorze. Ms. 826 de la Bibliothèque de Metz, (= Mettensia II), Paris 1898.

Hermann v. Niederaltaich, Series advocatorum monasterii Niederaltacensis, ed. Philipp JAFFÉ, in: MGH SS 17, Hannover 1861, S. 373–375.

Hermann v. Reichenau, Chronicon, ed. Georg Heinrich PERTZ, in: MGH SS 5, Hannover 1844, S. 67–133; auch ed. Werner TRILLMICH, in: Quellen des 9. und 11. Jahrhunderts zur Geschichte der Hamburgischen Kirche und des Reiches, (= Freiherr vom Stein-Gedächtnisausgabe XI), Darmstadt 1961, S. 615–707.

HEUSGEN, Paul, Das älteste Memorienbuch des Kölner Gereonstiftes, in: Jahrbuch des Kölnischen Geschichtsvereins 13, Köln 1931, S. 1–28.

HEUWIESER, Max, Die Traditionen des Hochstifts Passau, (= Quellen und Erörterungen zur Bayerischen Geschichte NF 6), München 1930.

HILGARD, Alfred, Urkunden zur Geschichte der Stadt Speyer, Straßburg 1885.

Hinkmar v. Reims, De divortio Lotharii regis et Theutbergae reginae, ed. Letha BÖHRINGER, MGH Concilia 4, Suppl. 1, Hannover 1992.

Historia Francorum Senonensis, ed. Georg WAITZ, in: MGH SS 9, Hannover 1851, S. 364–369.

Historia fundationis monasterii Mellicensis, ed. Hieronymus PEZ, Scriptores rerum Austriacarum I, Leipzig 1721.

Historia gloriosi regis Ludovici, filii Ludovici Grossi, ed. André DUCHESNE, Historiae Francorum Scriptores coetanei IV, Paris 1641, S. 412–419; neuere Ed. in: Vie de Louis le Gros par Suger, suivie de L'Histoire du roi Louis VII, ed. Auguste MOLINIER, (= Collection de textes 4), Paris 1887.

Historia monasterii Marchtelanensis, vgl. bei Walter.

Historia sancti Florentii Salmurensis, ed. in: Paul MARCHEGAY et Émile MABILLE, Chronique des églises d'Anjou, Paris 1869, S. 217–328.

Historia Walciodorensis monasterii, ed. Georg WAITZ, in: MGH SS 14, Hannover 1883, S. 503–542.

Historia Welforum, (= Schwäbische Chroniken der Stauferzeit 1), hg. von Erich KÖNIG, Sigmaringen 1978.

HONSELMANN, Klemens, Die alten Mönchslisten und die Traditionen von Corvey I, (= Veröffentlichungen der Historischen Kommission für Westfalen X), Paderborn 1982.

HOUTS, Elisabeth M(aria) C(ornelia) van, The Gesta Normannorum ducum of William of Jumièges, Orderic Vitalis and Robert of Torigni, Ed. and Translat., 2 Bde., Oxford – New York 1992–1995.

Hrabanus Maurus, De Universo libri viginti duo, in: J.P. MIGNE, PL 111, Paris 1852, Sp. 9–614.

Hrotsvithae (v. Gandersheim) opera (Gesta Ottonis, Primordia coenobii Gandeshemensis etc.), ed. Paul v. WINTERFELD, MGH SS rer. Germ. [34], Berlin 1902.

HÜBNER, P.G., Die Historie von Walles, in sich haltend derer Printzen von Walles Leben und Thaten, von Cadwalader dem letzten Könige an biß auf Lhewilinum, den letzten Printzen Brittannischen Geblüthes, vormals geschrieben in Brittischer Sprache von Caradoco Lhancarvanensi, nachmals von D. Powel in Englischer publiciret und von Mr. Wynne vermehret, ietzo aber aus dieser ins Teutsche gebracht, Coburg 1725.

Hugo v. Flavigny, Chronicon, ed. Georg Heinrich PERTZ, in: MGH SS 8, Hannover 1848, S. 280–503.

Hugo v. Fleury, Modernorum regum Francorum actus, ed. Georg WAITZ, in: MGH SS 9, Hannover 1851, S. 376–395; ältere Ed. in: Martin BOUQUET, Recueil des Historiens des Gaules et de la France VIII, Paris 1871, S. 317–321; XII, Paris 1877, S. 9f., 792–799.

Hypathios-Chronik, vgl. bei Vollständige Sammlung Russischer Chroniken.

Ivo v. Chartres, Epistolae, in: J.P. MIGNE, PL 162, Paris 1854; auch in: Martin BOUQUET, Recueil des Historiens des Gaules et de la France XV, Paris 1878, S. 69–177.

Jahrzeitbuch der Kirche zu Schwarzenbach, Ktn. Luzern, hg. von Joseph SCHNELLER, in: Der Geschichtsfreund. Mitteilungen des Historischen Vereins der fünf Orte Lucern, Uri, Schwyz, Unterwalden und Zug III, Einsiedeln 1846, S. 195–213.

JOERRES, Peter, Urkundenbuch des Stiftes St. Gereon zu Köln, Bonn 1893.

Johannes v. St. Arnulf zu Metz, Vita Iohannis abbatis Gorziensis, ed. Georg Heinrich PERTZ, in: MGH SS 4, Hannover 1841, S. 335–377.

Johannis Seffried de Mutterstadt Chronica praesulum Spirensis civitatis, ed. in: Johann Friedrich BÖHMER, Fontes rerum Germanicarum IV, Stuttgart 1868, S. 327–351.

John of Fordun, Chronica Gentis Scotorum, ed. William Forbes SKENE, Edinburgh 1871.

JUÉNIN, Pierre, Nouvelle Histoire de l'abbaye royale et collégiale de Saint-Filibert et de la ville de Tournus, Bd. 2 (Urkunden), Dijon 1733.

Kalendarium necrologicum canonicorum Babenbergensium, ed. in: Johann Friedrich BOEHMER, Fontes rerum Germanicarum IV, Stuttgart 1868, S. 505–507.

Kalendarium necrologicum Laureshamense, ed. in: Johann Friedrich BOEHMER, Fontes rerum Germanicarum III, Stuttgart 1853, S. 144–152.

Kalendarium necrologicum monasterii sancti Michaelis in Babenberg, ed. in: Johann Friedrich BOEHMER, Fontes rerum Germanicarum IV, Stuttgart 1868, S. 500–504.

Kalendarium necrologicum monasterii Visbeccensis, ed. in: Johann Friedrich BOEHMER, Fontes rerum Germanicarum IV, Stuttgart 1868, S. 495–500.

Kaisergeschichte des Admonter Kodex, vgl. bei Francorum imperatorum Historia brevissima.

KLÄUI, Paul, Stift Einsiedeln. Traditionsnotizen des 10. bis 14. Jahrhunderts, in: Quellenwerk zur Entstehung der Schweizerischen Eidgenossenschaft, Abteilung II: Urbare und Rödel bis zum Jahr 1400, Bd. 3, Aarau 1951, S. 363–378.

KEMBLE, John M(itchel), Codex diplomaticus aevi Saxonici V, London 1847.

KIEM, Martin (Hg.), Das Kloster Muri im Kanton Argau, in: Quellen zur Schweizer Geschichte, hg. von der Allgemeinen geschichtforschenden Gesellschaft der Schweiz, Bd. III/2, Basel 1883.

Knytlinga Saga. The History of the Kings of Denmark, translated by Hermann PÁLSSON and Paul EDWARDS, Odense 1986; auch in: Die Geschichten von den Orkaden, Dänemark und der Jomsburg, übertragen von Walter BAETKE, (= Thule. Altnordische Dichtung und Prosa 19), Düsseldorf – Köln 1966.

KÖNSGEN, E., vgl. bei Arnulf v. Lisieux.

Konrad v. Scheyern, vgl. bei Chounradi Schirensis Chronicon.

KRAUS, Franz Xaver, Necrologium von St. Maximin [in Trier], in: Jahrbücher des Vereins von Alterthumsfreunden im Rheinland 57, Bonn 1876, S. 108–119.

KREMER, Johann Martin, Originum Nassoicarum pars altera diplomatica, Wiesbaden 1779.

KUITHAN, Rolf, vgl. bei Necrologium Bernoldi.

LACOMBLET, Theodor Josef, Urkundenbuch für die Geschichte des Niederrheins 1, Düsseldorf 1840.

Lambert, Genealogia comitum Flandriae, ed. Ludwig C. BETHMANN, in: MGH SS 9, Hannover 1851, S. 308–313.

Lampert v. Hersfeld, Annales, ed. in: Oswald HOLDER-EGGER, Lamperti monachi Hersfeldensis opera, MGH SS rer. Germ. [38], Hannover – Leipzig 1894.

LAPORTE, Jean, Les Annales de l'abbaye Saint-Pierre de Jumièges. Chronique universelle des origines au XIIIe siècle, Saint-Wandrille 1954.

LAUER, Philippe, vgl. bei Flodoard und bei Recueil des actes de Charles III le Simple.

LAURENT, Jacques, – Pierre GRAS, Obituaires de la Province de Lyon 2: Diocèse de Lyon, 2. part., Diocèse de Mâcon et de Chalon-sur-Saône, (= Recueil des historiens de la France, Obituaires 6), Paris 1965.

Laurentius-Chronik, vgl. bei Vollständige Sammlung Russischer Chroniken.

Leges Edwardi confessoris, ed. in: Felix LIEBERMANN, Die Gesetze der Angelsachsen I, Halle 1903, S. 627–672.

LEIBNIZ, Gottfried Wilhelm, Scriptores rerum Brunsvicensium illustrationi inservientes antiqui omnes et religionis reformatione priores I, Hannover 1707.

LÉPINOIS, Eugène de, et Lucien MERLET, Cartulaire de Notre-Dame de Chartres I, Chartres 1862.

LESPINASSE, René de, Cartulaire de Saint-Cyr de Nevers, (= Publication de la Société Nivernaise des Lettres ... Annexe au XXVe vol. du Bulletin), Nevers / Paris 1916.

LEUCKFELDT, Johann Georg, Antiquitates Bursfeldenses, Leipzig u. Wolfenbüttel 1713.

Liber aureus Epternacensis, vgl. bei Monumenta Epternacensia.

Liber Pontificalis. Texte, Introduction et Commentaire, ed. Leopold DUCHESNE, Bd. II, Paris 1955.

Liber de unitate ecclesiae conservanda, ed. Irene SCHMALE-OTT, in: Quellen zum Investiturstreit II (= Freiherr vom Stein-Gedächtnisausgabe XII b), Darmstadt 1984, S. 272–579; ältere Ed. von Wilhelm SCHWENKENBECHER in: MGH LdL 2, Hannover 1892, S. 173–284.

Liber vitae abbatiae New Minster a. Hyde, ed. William de GRAY, London 1892.

LICHAČEV, D.S. und V.P. ADRIANOVA-PERETC, vgl. bei Povest' vremennych let und bei Vollständige Sammlung Russischer Quellen.

LIEBERMANN, Felix, Die Gesetze der Angelsachsen I, Halle 1903.

– Ungedruckte anglo-normannische Geschichtsquellen, Straßburg 1879.

Liudprand, Opera (Antapodosis, Historia Ottonis, Legatio), hg. von Joseph BECKER, MGH SS rer. Germ. [41], Hannover – Leipzig 1915.

LOKEREN, Auguste van, Chartes et documents de l'abbaye de Saint-Pierre au Mont-Blandin à Gand, Gent 1868.

LONGNON, Auguste, vgl. bei Obituaires de la Province de Sens.

Lupus protospatarius, Chronicon, ed. Georg Heinrich PERTZ, in: MGH SS 5, Hannover 1844, S. 51–63.

MABILLE, Émile, La Pancart noire de S.-Martin de Tours, brûlée en 1793, et restituée d'après les textes imprimés et manuscrits, in: Mémoires de la Société archéologique de Touraine 17, Tours 1865, S. 318–542.

MABILLON, Jean, Vetera analecta, 1. Aufl. Paris 1675, 2. Aufl. Paris 1723.

MANARESI, Cesare, Le pergamene, vgl. bei Literatur.

– I placiti del 'Regnum Italiae', 3 Bde., (= Fonti per la storia d'Italia 92/96/97; (Bd. 96 u. 97 jeweils in 2 Halbbänden), Rom 1955, 1957, 1960.

MANITIUS, Max, Gunzo, Epistola ad Augienses. Anselm von Besate, Rhetorimachia, MGH Quellen zur Geistesgeschichte des Mittelalters 2, Weimar 1958.

MANSI, Johannes Dominicus, Sanctorum conciliorum et decretorum collectio, vol. XV, Venedig 1770.

MARCHEGAY, Paul, et André SALMON, Chroniques des comtes d'Anjou, (avec une Introduction par Émile MABILLE), Paris 1856–1871.

MARCHEGAY, Paul, et Émile MABILLE, Chroniques des églises d'Anjou, Paris 1869.

Marianus Scottus, Chronicon, hg. von Georg WAITZ, in: MGH SS 5, Hannover 1844, S. 481–562; Continuatio I und II S. 562–564.

MARLOT, Dom. Guilelmus, Metropolis Remensis Historia I, Insulis (= Lille) 1666; II, Reims 1679.

MARTÈNE, Edmundus, et Ursinus DURAND, Thesaurus novus anecdotorum I, Paris 1717.

MERLET, René, La Chronique de Nantes (570 environ – 1049), (= Collection de textes), Paris 1896.

Merseburger Totenbuch, vgl. bei Necrologium Merseburgense.

METZ, Wolfgang, Das älteste Nekrolog des Speyerer Domstifts und die Todesdaten salischer Königskinder, in: AfD 29, 1983, S. 193–208.

MGH vgl. auch bei Abkürzungen.

MICHEL, Francisque, Chroniques Anglo-Normandes, Bd. 2, Rouen 1836–1840.

MIGNE, Jacques Paul, Patrologiae cursus completus. Series Latina (verschiedene Bände).

Miracula sanctae Cunegundis, ed. Georg WAITZ, in: MGH SS 4, Hannover 1841, S. 824–828.

Miracula sanctae Verenae, ed. Georg WAITZ, in: MGH SS 4, Hannover 1841, S. 457–460.

Miracula sancti Adalhardi, ed. Martin BOUQUET, Recueil des Historiens des Gaules et de la France XI, Paris 1876, S. 480.

Miracula sancti Gorgonii, ed. Georg Heinrich PERTZ, in: MGH SS 4, Hannover 1841, S. 239–247.

Miracula sancti Wulframni. Vollständige Ed.: Jean MABILLON, Acta Sanctorum ordinis sancti Benedicti III, Venedig 1734, S. 340–364 (Vita S. Vulframni episcopi Senonensis, mit App.: De sancti Vulframni reliquiis et miraculis); Exzerpt aus den Miracula in: Charles Homer HASKINS, Norman Institutions, Cambridge (Mass.) 1918, (ND 1960), S. 266.

MOLINIER, Auguste, Obituaires de la province de Sens I,1 und II, (= Recueil des Historiens de la France, Obituaires, tom. I,1 und II), Paris 1902 und 1906; vgl. auch bei Obituaires.

– vgl. auch bei Historia gloriosi regis Ludovici.

MONSABERT, Pierre Goislard de, Chartes de l'abbaye de Nouaillé de 678 à 1200, (= Archives historiques du Poitou 49), Poitiers 1936.

Monumenta Boica, hg. von der Bayerischen Akademie der Wissenschaften, Bd. 29/2, München 1831, Bd. 37, München 1864.

Monumenta Epternacensia, ed. Ludwig WEILAND, in: MGH SS 23, Hannover 1874, S. 11–72.

Monumenta Erphesfurtensia saec. XII. XIII. XIV., ed. Oswald HOLDER-EGGER, MGH SS. rer. Germ. [42], Hannover und Leipzig 1899.

Monumenta Germaniae Historica

– Briefe der deutschen Kaiserzeit 1: vgl. bei Fritz WEIGLE, Die Briefe des Bischofs Rather von Verona.
– Briefe der deutschen Kaiserzeit 2: vgl. bei Fritz WEIGLE, Die Briefsammlung Gerberts von Reims.
– Briefe der deutschen Kaiserzeit 3: vgl. bei Walther BULST, Die ältere Wormser Briefsammlung.
– Briefe der deutschen Kaiserzeit 4: vgl. bei Kurt REINDEL, Die Briefe des Petrus Damiani.
– Briefe der deutschen Kaiserzeit 5: vgl. bei Carl ERDMANN (†) und Norbert FICKERMANN, Die Briefsammlungen der Zeit Heinrichs IV.
– Capitularia regum Francorum (= Legum sectio II), 2 Bde., ed. Alfred BORETIUS, (Bd. 2 mit Viktor KRAUSE), Hannover 1883–1890.
– Concilia Bd. 4, Supplementum I: Hinkmar v. Reims, De Divortio Lotharii regis et Theutbergae reginae, ed. Letha BÖHRINGER, Hannover 1992.
– Constitutiones et acta publica imperatorum et regum I, ed. Ludwig WEILAND, Hannover 1893.
– Deutsche Chroniken, Bd. 2: Sächsische Weltchronik. Eberhards Reimchronik von Gandersheim, Braunschweigische Reimchronik, usw., hg. von Ludwig WEILAND, Berlin 1877.
– Die Urkunden der Karolinger. (Diplomata Karolinorum).
  1: Die Urkunden Pippins, Karlmanns und Karls des Großen (Pippini, Carlomanni, Caroli Magni Diplomata), ed. Engelbert MÜHLBACHER, Hannover 1906.
  3: Die Urkunden Lothars I. und Lothars II. (Lotharii I. et Lotharii II. Diplomata), ed. Theodor SCHIEFFER, Berlin 1966.
– Die Urkunden der Burgundischen Rudolfinger (Regum Burgundiae e stirpe Rudolfina Diplomata et Acta), ed. Theodor SCHIEFFER, Berlin 1977.
– Die Urkunden der deutschen Karolinger (Diplomata regum Germaniae ex stirpe Karolinorum).
  1: Die Urkunden Ludwigs des Deutschen, Karlmanns und Ludwigs des Jüngeren (Ludowici Germanici, Karlomanni, Ludowici Iunioris Diplomata), ed. Paul KEHR, Berlin 1932–1934.
  2: Die Urkunden Karls III. (Karoli III. Diplomata), ed. Paul KEHR, Berlin 1936–1937.
  3: Die Urkunden Arnolfs (Arnolfi Diplomata), ed. Paul KEHR, Berlin 1940.
  4: Die Urkunden Zwentibolds und Ludwigs des Kindes (Zwentiboldi et Ludowici Infantis Diplomata), ed. Theodor SCHIEFFER, Berlin 1960.

– Die Urkunden der deutschen Könige und Kaiser (Diplomata regum et imperatorum Germaniae)
  1: Die Urkunden Konrads I., Heinrichs I. und Ottos I. (Conradi I., Heinrici I. et Ottonis I. Diplomata), ed. Theodor SICKEL, Hannover 1879–1884.
  2/1: Die Urkunden Ottos des II. (Ottonis II. Diplomata), ed. Theodor SICKEL, Hannover 1888.
  2/2: Die Urkunden Ottos des III. (Ottonis III. Diplomata), ed. Theodor SICKEL, Hannover 1893.
  3: Die Urkunden Heinrichs II. und Arduins (Heinrici II. et Arduini Diplomata), ed. Harry BRESSLAU, Hermann BLOCH, Robert HOLTZMANN u. a., Berlin 1900–1903.
  4: Die Urkunden Konrads II. (Conradi II. Diplomata), ed. Harry BRESSLAU, Berlin 1909.
  5: Die Urkunden Heinrichs III. (Heinrici III. Diplomata), ed. Harry BRESSLAU (†) u. Paul KEHR, Berlin 1926–1931.
  6: Die Urkunden Heinrichs IV. (Heinrici IV. Diplomata), 3 Teile, ed. Dietrich v. GLADISS u. Alfred GAWLIK, Hannover 1941–1978.
  8: Die Urkunden Lothars III. und der Kaiserin Richenza (Lotharii III. Diplomata nec non Richenzae imperatricis Placita), ed. Emil v. OTTENTHAL u. Hans HIRSCH, Berlin 1927.
  10: Die Urkunden Friedrichs I. (Friderici I. Diplomata), 5 Teile, ed. Heinrich APPELT unter Mitwirkung von Rainer Maria HERKENRATH, Walter KOCH u. a., Hannover 1975–1990.
– Epistolae
  3: Epistolae Merowingici et Karolini aevi (I), ed. Wilhelm GUNDLACH, Ernst DÜMMLER u. a., Berlin 1892.
  5: Epistolae Karolini aevi (III), ed. Ernst DÜMMLER, Karl HAMPE u. a., Berlin 1898–1899.
  7: Epistolae Karolini aevi (V), ed. Erich CASPAR, Gerhard LAEHR u.a., Berlin 1912–1928.
– Libelli de Lite imperatorum et pontificum saeculis XI. et XII. conscripti
  Bd. 1, ed. Ernst DÜMMLER, Lothar v. HEINEMANN, Friedrich THANER u. a., Hannover 1891.
  Bd. 2, ed. Ernst DÜMMLER, Friedrich THANER, Ernst SACKUR u.a., Hannover 1892.
– Libri confraternitatum Sancti Galli, Augiensis, Fabariensis, ed. Paul PIPER, Berlin 1884.
– Libri memoriales 1: Liber memorialis von Remiremont, ed. Eduard HLAWITSCHKA, Karl SCHMID u. Gerd TELLENBACH, Berlin 1981.
– Libri memoriales et Necrologia, Nova Series
  1: Das Verbrüderungsbuch der Abtei Reichenau, ed. Johanne AUTENRIETH, Dieter GEUENICH u. Karl SCHMID, Hannover 1979.
  2: Die Totenbücher von Merseburg, Magdeburg und Lüneburg, ed. Gerd ALTHOFF u. Joachim WOLLASCH, Hannover 1983.

3: Das Martyrolog-Necrolog von St. Emmeram zu Regensburg, ed. Eckhard FREISE, Dieter GEUENICH u. Joachim WOLLASCH, Hannover 1986.
4: Der Memorial- und Liturgiecodex von San Salvatore / Santa Giulia in Brescia, ed. Dieter GEUENICH u. Uwe LUDWIG, Hannover 2000.
6: Das Necrolog des Klosters Michelsberg in Bamberg, hg. von Johannes NOSPICKEL, mit Beiträgen von Dieter GEUENICH, Elmar HOCHHOLZER u. Joachim WOLLASCH, Hannover 2004.
– Necrologia Germaniae
1: Dioeceses Augustensis, Constantiensis, Curiensis, ed. Franz Ludwig BAUMANN, Berlin 1866–1888.
2: Dioecesis Salisburgensis, ed. Sigismund HERZBERG-FRÄNKEL, Berlin 1890–1904.
3: Dioeceses Brixinensis, Frisingensis, Ratisbonensis, ed. Franz Ludwig BAUMANN, Berlin 1905.
4: Dioecesis Pataviensis (Regio Bavarica. Regio Austriaca nunc Lentiensis), ed. Maximilian FASTLINGER u. Josef STURM, Berlin 1920.
5: Dioecesis Pataviensis (Austria inferior), ed. Adalbert Franz FUCHS, Berlin 1913.
– Poetae Latini medii aevi
2: Poetae Latini aevi Carolini, ed. Ernst DÜMMLER, Berlin 1884.
3: Poetae Latini aevi Carolini, ed. Ludwig TRAUBE, Berlin 1886–1896.
5: Die Ottonenzeit, fasc. I/II: hg. von Karl STRECKER, Berlin 1937–39, fasc. III, hg. von Gabriel SILAGI, München 1979.
– Quellen zur Geistesgeschichte des Mittelalters
2: Gunzo, Epistola ad Augienses. Anselm von Besate, Rhetorimachia, hg. von Karl MANITIUS, Weimar 1958.
– Scriptores und Scriptores rerum Germanicarum (Angaben bei den einzelnen Autoren).

Monumenta historiae patriae edita iussu regis Caroli Alberti. Chartae, 2 Bde., Turin 1836 / 1853.

Monumenta historiae patriae edita iussu regis Caroli Alberti. Scriptores III, Turin 1848.

Monumenta historiae patriae, vgl. auch bei Codex diplomaticus Langobardiae.

MULETTI, Delfino, Memorie storico-diplomatiche appartenenti alla città e ai marchesi di Saluzzo I, Saluzzo 1829.

MURATORI, Ludovicus Antonius, Antiquitates Italicae medii aevi ... post declinationem Romani Imperii ad annum usque MD, 6 Bde., Mailand 1738–1742.
– Delle antichità Estensi ed Italiane. Trattato I, Modena 1717.

MUSSET, Georges, Cartulaire de l'abbaye royale de Saint-Jean d'Angély, 2 Bde., (= Archives historiques de la Saintonge et de l'Aunis 30), Paris 1901/04.

Necrologia Panormitana, ed. Eduard WINKELMANN, Reisefrüchte aus Italien und anderes zur deutsch-italienischen Geschichte, in: Forschungen zur deutschen Geschichte 18, 1878, S. 471–475.

Necrologium Augiae divitis, ed. Franz Ludwig BAUMANN, in: MGH Necrol. 1, Berlin 1888, S. 271–282.
Necrologium beatae Mariae virginis Aquensis, vgl. bei Chr. QUIX.
Necrologium Bernoldi, ed. Georg Heinrich PERTZ, in: MGH SS 5, Hannover 1844, S. 391–393; neue Ed. von Rolf KUITHAN und Joachim WOLLASCH, Der Kalender des Chronisten Bernold, in: DA 40, 1984, S. 478–531.
Necrologium Bohemicum, ed. František GRAUS, Necrologium Bohemicum – Martyrologium Pragense. A stopy nekosmovského pojetí českých dějin, in: Československý časopis historický XV, Heft 6, 1967, S. 789–810.
Necrologium Cassinense, in: Ludovico Antonio MURATORI, Rerum Italicarum Scriptores V, Mailand 1724, Sp. 75–76.
Necrologium von Chartres, ed. in: Eugène de LÉPINOIS et Lucien MERLET, Cartulaire de Notre-Dame de Chartres III, Chartres 1865, S. 1–226.
Necrologium ecclesiae beatae Mariae virginis Aquensis, vgl. bei Chr. QUIX.
Necrologium von Essen, vgl. bei K. RIBBECK.
Necrologium genealogicum Ranshofense, ed. Maximilian FASTLINGER und Josef STURM, in: MGH Necrol. 4, Berlin 1920, S. 424 f.
Necrologium Hildesheimense, ed. in: Gottfried Wilhelm LEIBNIZ, Scriptores rerum Brunsvicensium I, Hannover 1707, S. 765 f.
Necrologium Isnense, ed. Franz Ludwig BAUMANN, in: MGH Necrol. 1, Berlin 1888, S. 177–179.
Necrologium von Mainz, vgl. bei C. WILL.
Necrologium Marchtalense, vgl. bei Fragmenta.
Necrologium Merseburgense, ed. Ernst DÜMMLER, Das alte Merseburger Todtenbuch, in: Neue Mittheilungen aus dem Gebiet historisch-antiquarischer Forschungen XI, hg. vom Thüringisch-Sächsischen Verein, 1867, S. 223–264, auch Sonderausgabe (42 S.); neue Ed. (Faksimile): MGH Lib. mem. et necrol. NS 2, Hannover 1983.
Necrologium minus monasterii S. Petri Nigrae Silvae, ed. Franz Ludwig BAUMANN, in: MGH Necrol. 1, Berlin 1888, S. 334–338.
Necrologium monasterii Altahae Inferioris, ed. Maximilian FASTLINGER und Josef STURM, in: MGH Necrol. 4, Berlin 1920, S. 27–72.
Necrologium monasterii inferioris Ratisponensis, ed. Franz Ludwig BAUMANN, in: MGH Necrol. 3, Berlin 1905, S. 273–289.
Necrologium monasterii sancti Blasii, vgl. bei Fragmenta.
Necrologium monasterii sancti Emmerammi Ratisbonensis, ed. Franz Ludwig BAUMANN, in: MGH Necrol. 3, Berlin 1905, S. 301–334.
Necrologium monasterii S. Michaelis Luneburgensis, vgl. bei A. Chr. WEDEKIND.
Necrologium monasterii SS. Solutoris, Adventoris et Octavii (Turin), ed. in: Ferdinando GABOTTO, Cartario di Pinerolo / Carlo CIPOLLA, Il gruppo dei diplomi Adelaidini a favore dell'abbazia di Pinerolo (= BSSS 2), Pinerolo 1899.
Necrologium von Mont Saint-Michel, vgl. bei Notae monasterii S. Michaelis.

Necrologium prioratus sancti Andreae Taurinensis, ed. in: Monumenta historiae patriae, Scriptores III, Turin 1848, S. 194–207; auch Auszüge in: MGH SS 7, Hannover 1846, S. 131–132.

Necrologium von Rouen, ed. in: Martin BOUQUET, Recueil des Historiens des Gaules et de la France XXIII, Paris 1894, S. 357–370.

Necrologium von Saint-Evroul (= Uticensis monasterium), ed. in: Martin BOUQUET, Recueil des Historiens des Gaules et de la France XXIII, Paris 1894, S. 484–491.

Necrologium Sangallense = Libri anniversariorum et Necrologium monasterii Sancti Galli, ed. Franz Ludwig BAUMANN, in: MGH Necrol. 1, Berlin 1888, S. 462–487.

Necrologium von Sankt Maximin [in Trier], vgl. bei Franz Xaver KRAUS.

Necrologium sancti Rudberti Salisburgensis, ed. Sigismund HERZBERG-FRÄNKEL, in: MGH Necrol. 2, Berlin 1890–1904, S. 91–198.

Necrologium sancti Sabini Placentini, ed. Harry BRESSLAU, Handschriftliches aus Italien, in: NA 5, 1880, S. 438–442; neue Ed. von Franz NEISKE, Das ältere Necrolog des Klosters S. Savino in Piacenza, (= MMS 36), München 1979.

Necrologium Turicense, ed. Franz Ludwig BAUMANN, in: MGH Necrol. 1, Berlin 1888, S. 549–551.

Necrologium Zwifaltense, ed. Franz Ludwig BAUMANN, in: MGH Necrol. 1, Berlin 1888, S. 240–268.

Nekrologium des Klosters Weißenburg, hg. von Ernst Friedrich MOOYER, in: Archiv des Historischen Vereins für Unterfranken 13, 1855, S. 1–67; auch in: J.F. BÖHMER, Fontes rerum Germanicarum IV, Stuttgart 1868, S. 310–314.

Necrologium ..., vgl. auch bei Fragmenta necrologii ..., bei Kalendarium necrologicum, bei Notae necrologicae, bei Totenbuch und bei Obituaire.

NEISKE, Franz, vgl. bei Necrologium S. Sabini Placentini.

Nestor-Chronik, vgl. bei R. TRAUTMANN.

Nicholas I, Patriarch of Constantinople, Letters. Greek Text and English Translation by Romilly J.H. JENKINS – Leendert G. WESTERINK, (= Corpus Fontium Historiae Byzantinae VI), Washington 1973.

NIEDNER, Felix, vgl. bei Snorri [Sturluson].

Nithard, Historiarum libri IIII, ed. Ernst MÜLLER, MGH SS rer. Germ. [44], Hannover u. Leipzig 1907.

Notae monasterii montis Sancti Michaelis (Mont Saint-Michel), ed. in: Martin BOUQUET, Recueil des Historiens des Gaules et de la France XXIII, Paris 1894, S. 576–582.

Notae necrologicae Einsiedlenses, ed. Franz Ludwig BAUMANN, in: MGH Necrol. 1, Berlin 1888, S. 359–361.

Notae necrologicae Lambacenses, in: MGH Necrol. 4, ed. Maximilian FASTLINGER und Josef STURM, Berlin 1920, S. 405–406.

Notae necrologicae et liber anniversariorum praepositurae Turicensis, ed. Franz Ludwig BAUMANN, in: MGH Necrol. 1, Berlin 1888, S. 547–588.

Notae necrologicae monasterii inferioris Ratisbonensis, ed. Franz Ludwig BAUMANN, in: MGH Necrol. 3, Berlin 1905, S. 289–293.

Notae Parisienses, vgl. bei De genere comitum Flandrensium notae Parisienses.

Notitiae fundationis monasterii Corbeiensis, ed. Oswald HOLDER-EGGER, in: MGH SS 15/2, Hannover 1888, S. 1043–1045.

Notker Balbulus, Gesta Karoli Magni Imperatoris, ed. Hans F. HAEFELE, MGH SS rer. Germ. NS 12, Berlin 1959.

Obituaires de la Province de Sens I: Diocèses de Sens et de Paris, ed. Auguste MOLINIER (sous la direction et avec une préface de Auguste LONGNON), Première partie, Paris 1902, Deuxième partie, Paris 1902.

Obituaires de la Province de Sens II: Diocèse de Chartres, ed. Auguste MOLINIER (sous la direction et avec une préface de Auguste LONGNON), Paris 1906.

Obituaires de la Province de Sens III: Diocèses d'Orléans, d'Auxerre et de Nevers, ed. Alexandre VIDIER et Léon MIROT (sous la direction et avec une préface de Auguste LONGNON), Paris 1909.

Obituario dei SS. Solutore, Avventore ed Ottaviano, vgl. bei Necrologium monasterii SS. Solutoris.

Obituarium Montis Sancti Michaelis (= Mont Saint Michel), in: Martin BOUQUET, Recueil des Historiens des Gaules et de la France XXIII, Paris 1894, S. 576–582.

Obituarium Gemmeticense (= Jumièges), in: Martin BOUQUET, Recueil des Historiens des Gaules et de la France XXIII, Paris 1894, S. 417–423.

Odilo v. Cluny, Epitaphium dominae Adelheidae augustae, ed. Georg Heinrich PERTZ, in: MGH SS 4, Hannover 1841, S. 636–649; neue Ed. von Herbert PAULHART, Die Lebensbeschreibung der Kaiserin Adelheid von Abt Odilo von Cluny, MIÖG Ergbd. XX, Heft 2, Graz – Köln 1962.

OEDIGER, Friedrich Wilhelm, Die Regesten der Erzbischöfe von Köln im Mittelalter, Bd. I, Bonn 1954–61.

– Die Stiftskirche des Hl. Viktor zu Xanten. Das älteste Totenbuch des Stiftes Xanten, Kevelaer 1958.

Oorkondenboek der graafschappen Gelre en Zutfen – 1288 door Mr. L(udolf) A(nne) J.W. Baron SLOET, s'Gravenhage 1872–76.

Ordericus Vitalis, Historiae ecclesiasticae libri tredecim, ed. Marjorie CHIBNALL, 6 Bde., Oxford 1964–1978; ältere Ed. Augustus LE PREVOST, Orderici Vitalis Angligenae Coenobii Uticensis Monachi Historiae Ecclesiasticae Libri Tredecim, (= Société de l'Histoire de France), 5 Bde., Paris 1838–1855; auch ed. J.P. MIGNE, PL 188, Paris 1890, Sp. 15–984.; vgl. auch bei E. van HOUTS.

Origines Guelficae quibus potentissimae gentis primordia, magnitudo variaque fortuna ... exhibentur. Opus praeeunte Godofredo Guilielmo LEIBNITIO stilo Joh. Georgii ECCARDI litteris consignatum ... emissum a Christiano Ludovico SCHEIDIO, tom. III, Hannover 1752.

Ortlieb, Chronicon Zwifaltense, ed. Erich KÖNIG – Karl Otto MÜLLER, (= Schwäbische Chroniken der Stauferzeit 2), 2. Aufl. Sigmaringen 1978.

Otloh, Vita sancti Wolfkangi episcopi, ed. Georg WAITZ, in: MGH SS 4, Hannover 1841, S. 521–542.

Otto v. Freising, Chronica sive Historia de duabus civitatibus, ed. Adolf HOFMEISTER, MGH SS rer. Germ. [45], 2. Aufl. Hannover u. Leipzig 1912.

– Gesta Frederici seu rectius Cronica, ed. Franz-Josef SCHMALE, (= Freiherr vom Stein-Gedächtnisausgabe XVII), Darmstadt 1965; ältere Ed. von Georg WAITZ u. Bernhard v. SIMSON, MGH SS rer. Germ. [46], 3. Aufl. Hannover 1912.

Passio Friderici episcopi Traiectensis auctore Odberto, ed. Oswald HOLDER-EGGER, in: MGH SS 15/1, Hannover 1887, S. 342–356.

PETKE, Wolfgang, Die Regesten des Kaiserreiches unter Lothar III. und Konrad III., Erster Teil: Lothar III. 1125 (1075)–1137, (= J.F. BÖHMER, Regesta Imperii IV, 1), Köln – Weimar – Wien 1994.

Petrus Damiani, vgl. bei K. REINDEL.

Petrus Malleacensis monachus, Relatio ad Goderannum abbatem (libri duo), ed. Philippe LABBÉ, Nova Bibliotheca manuscriptorum, Bd. 2, Paris 1657, S. 222–238; Auszüge bei Martin BOUQUET, Recueil des Historiens des Gaules et de la France X, Paris 1874, S. 178–184; neue vollständige Ed. vgl. bei Y. CHAUVIN.

PLUMMER, Charles, (on the Basis of an edition by John EARLE), Two of the Saxon Chronicles parallel, 2 Bde., Oxford 1892–1898, 2. Aufl. von Dorothy WHITELOCK, 1952.

Polnoje sobranie russkich letopisej, vgl. bei Vollständige Sammlung russischer Quellen.

Povest' vremennich let, vgl. bei R. TRAUTMANN.

PROMIS, Domenico Casimiro, vgl. bei Documenti, sigilli e monete.

Quellen zur Geschichte der Sächsischen Kaiserzeit. Widukinds Sachsengeschichte, Adalberts Fortsetzung der Chronik Reginos, Liudprands Werke, bearb. von Albert BAUER und Reinhold RAU, (= Ausgewählte Quellen zur Deutschen Geschichte des Mittelalters, Freiherr vom Stein-Gedächtnisausgabe VIII), Darmstadt 1971.

Quellenwerk zur Entstehung der Schweizer Eidgenossenschaft, Abt. I: Urkunden, Bd. 1, bearbeitet von Traugott SCHIESS, Aarau 1933.

Quellenwerk zur Entstehung der Schweizer Eidgenossenschaft, Abt. II: Urbare und Rödel bis zum Jahr 1400, Bd. 3, bearbeitet von Paul KLÄUI, Aarau 1951.

Querimonia Egilmari, ed. Gerhard LAEHR, in: MGH Epp. 7, Berlin 1912–1928, S. 359–363.

QUIX, Christian, Necrologium beatae Mariae virginis Aquensis, Aachen 1830.

Radulfus de Diceto, Imagines Historiarum (dabei: Abbreviationes Chronicorum), ed. William STUBBS, Rerum Britannicarum medii aevi Scriptores (= Rolls Series) 68, London 1876.

RAGUT, M.-Camille, Cartulaire de Saint-Vincent de Mâcon, connu sous le nom de Livre Enchaîné, (= Collection de documents inédits), Mâcon 1864.

Rather v. Verona, vgl. bei F. WEIGLE.

RAU, Reinhold, vgl. bei Quellen zur Geschichte der Sächsischen Kaiserzeit.

Recueil des actes de Charles II le Chauve, roi de France, ed. Georges TESSIER, Bd. I: 840–860, Bd. II: 861–877, Bd. III: Introduction et Index, Paris 1943–1955.

Recueil des actes de Charles III le Simple, roi de France (893–923), ed. Philippe LAUER, 2 Bde., Paris 1940–1949.

Recueil des actes d'Eudes, roi de France (888–897), ed. Georges TESSIER – Robert-Henri BAUTIER, Paris 1967.

Recueil des actes de Lothaire et de Louis V, rois de France (954–987), ed. Louis HALPHEN – Ferdinand LOT, Paris 1908.

Recueil des actes de Louis II le Bègue, Louis III et Carloman II, rois de France, ed. Robert-Henri BAUTIER, Paris 1978.

Recueil des actes de Louis IV, roi de France (936–954), ed. Philippe LAUER, Paris 1914.

Recueil des actes de Robert Ier et de Raoul de Bourgogne, rois de France (922–936), ed. Robert-Henri BAUTIER – Jean DUFOUR, Paris 1978.

Recueil des actes des rois de Provence (855–928), ed. René POUPARDIN, Paris 1920.

Recueil d'annales Angevines et Vendômoises, ed. Louis Halphen, (= Collection de textes), Paris 1903.

Recueil des chartes de l'abbaye de Cluny formé par Auguste BERNARD, complété et publié par Alexandre BRUEL, Bd. I–III, Paris 1876–1884.

Recueil des Historiens, vgl. bei M. BOUQUET.

RÉDET, Louis, Cartulaire de l'abbaye de Saint-Cyprien de Poitiers, (= Archives historiques du Poitou 3), Poitiers 1874.

– Documents pour l'histoire de l'église de Saint-Hilaire de Poitiers, 2 Bde., (= Mémoires de la Société des Antiquaires de l'Ouest, Année 1847 u. 1852), Poitiers 1848 u. 1857.

Regesta Imperii, vgl. bei J.F. BÖHMER.

Regesta pontificum Romanorum ab condita ecclesia ad annum post Christum natum MCXCVIII, ed. Philippus JAFFÉ, 2. Aufl. durch S[amuel] LOEWENFELD, F[ERDINAND] KALTENBRUNNER, P[AUL] EWALD, 2 Bde., Leipzig 1885–1888.

Regino v. Prüm, Chronicon cum Continuatione Treverensi, ed. Friedrich KURZE, MGH SS rer. Germ. [50], Hannover 1890.

REIMER, Heinrich, Urkundenbuch zur Geschichte der Herren von Hanau und der ehemaligen Provinz Hanau, (= Hessisches Urkundenbuch, 2. Abt.), Bd. I, Leipzig 1891.

REINDEL, Kurt, Die Briefe des Petrus Damiani, (= MGH Die Briefe der deutschen Kaiserzeit 4), Teil 1 (Nr. 1–40), München 1983.

Rheinisches Urkundenbuch. Ältere Urkunden bis 1100, Bd. 1: Aachen-Deutz, bearb. von Erich WISPLINGHOFF, Bonn 1972.

REMLING, Franz Xaver, Urkundenbuch zur Geschichte der Bischöfe zu Speyer, Bd. I, Mainz 1852.

RIBBECK, Konrad (Hg.), Ein Essener Necrologium aus dem 13. und 14. Jahrhundert, in: Beiträge zur Geschichte von Stift und Stadt Essen 20, 1900, S. 31–135.

RICHARD, Alfred, Chartes et documents pour servir à l'histoire de l'abbaye de Saint-Maixent, 2 Bde., (= Archives historiques du Poitou XVI), Poitiers 1886/1887.

Richard v. Hexham: Ricardi Haugustaldensis ecclesiae De gestis regis Stephani et de bello Standardii, ed. Richard HOWLETT, Rerum Britannicarum medii aevi Scriptores (= Rolls Series) 82,3, London 1886.

Richer v. Reims, Historiae, ed. et trad. par Robert LATOUCHE, Histoire de France (888–995), 2 Bde., (= Les Classiques de l'histoire de France au moyen âge 12 u. 17), Paris 1930 u. 1937 ; neue Ed. von Hartmut HOFFMANN, MGH SS 38, Hannover 2000.

Robert v. Torigni, vgl. bei E.M.C. van HOUTS und bei L. DELISLE.

Robertus de Monte (= v. Torigni), Cronica, ed. Ludwig C. BETHMANN, in: MGH SS 6, Hannover 1844, S. 475–535.

Rodulfus Glaber, Historiarum libri quinque, ed. Maurice PROU, Raoul Glaber, Les cinq livres de ses histoires (900–1044), (= Collection de textes), Paris 1886; ältere Ed. von Georg WAITZ, in: MGH SS 7, Hannover 1846, S. 51–72.

Roger v. Hoveden, Chronica, ed. Felix LIEBERMANN, in: MGH SS 27, Hannover 1885, S. 133–183.

Roger v. Wendover, Flores Historiarum, ed. Felix LIEBERMANN, in: MGH SS 28, Hannover 1888, S. 3–73.

Romuald v. Salerno, Annales, ed. Wilhelm ARNDT, in: MGH SS 19, Hannover 1866, S. 387–461.

ROSEROT, Alphonse, Chartes inédites des neuvième et dixième siècles appartenant aux archives de la Haute-Marne (851–973), in: Bulletin de la Société des sciences historiques et naturelles de l'Yonne 51, Auxerre 1897, S. 162–207.

ROTH, Charles, Cartulaire du chapitre de Notre-Dame de Lausanne [rédigé par le prévot Conon d'Estavayer (1228–1242)], Edition critique, Partie 1: Texte, (= Mémoires et documents publiés par la Société d'histoire de la Suisse Romande, Sér. 3, tom. 3), Lausanne 1948.

Sächsische Weltchronik, ed. Ludwig WEILAND, in: MGH Dt. Chron. 2, Hannover 1877, S. 1–279.

Saxo Grammaticus, Gesta Danorum, ed. Alfred HOLDER, Straßburg 1886; vgl. auch bei H.-J. HUBE (bei Literatur).

SCHEFFER-BOICHORST, Paul, vgl. bei Annales Patherbrunnenses.

SCHEIDT, Christian Ludwig, vgl. bei Origines Guelficae.

SCHIAPARELLI, Luigi, Le carte del monastero di S. Maria in Firenze, Florenz 1913.

– I Diplomi di Berengario I, (= Fonti per la storia d'Italia 35), Rom 1903.

– I Diplomi di Guido e di Lamberto, (= Fonti per la storia d'Italia 36), Rom 1906.

– I Diplomi italiani di Ludovico III e di Rodolfo II, (= Fonti per la storia d'Italia 37), Rom 1910.

– I Diplomi di Ugo e di Lotario, di Berengario II e di Adalberto, (= Fonti per la storia d'Italia 38), Rom 1924.

SCHIESS, Traugott, Urkunden, vgl. bei Quellenwerk Abt. I Bd. 1.

SCHMID, Karl (Hg.), Die Klostergemeinschaft von Fulda im früheren Mittelalter, Bd. I: Grundlegung und Edition der Fuldischen Gedenküberlieferung; Bd. II, 1–3: Kommentiertes Parallelregister und Untersuchungen, (= MMS 8/I; 8 /II, 1–3), München 1978.

SCHMIDT, Gustav, vgl. bei Urkundenbuch des Hochstifts Halberstadt.

SCHNELLER, Joseph, vgl. bei Jahrzeitbuch der Kirche zu Schwarzenbach.

SCHNÜRER, Gustav, Das Necrologium des Cluniacenser-Priorates Münchenwiler (Villars-les-Moines), Freiburg/Schw. 1909.

Series abbatum S. Michaelis Luneburgensis, ed. Oswald HOLDER-EGGER, in: MGH SS 13, Hannover 1881, S. 344.

Sigebert v. Gembloux, Chronica, ed. Ludwig C. BETHMANN, in: MGH SS 6, Hannover 1844, S. 268–374; Continuatio Gemblacensis, ebd. S. 385–390; Continuatio Aquicinctina, ebd. S. 405–438.

– Vita Deoderici episcopi Mettensis, ed. Georg Heinrich PERTZ, in: MGH SS 4, Hannover 1841, S. 461–483.

Sigehard, Miracula sancti Maximini, ed. Georg Heinrich PERTZ, in: MGH SS 4, Hannover 1841, S. 228–234.

SKENE, William Forbes, Celtic Scotland: A History of Ancient Alban, 3 Bde., Edinburgh 1876–1880.

SLOET, Baron L.A.J.W., vgl. bei Oorkondenboek.

SMET, Joseph-Jean de, Corpus chronicorum Flandriae I, Brüssel 1837.

Snorri [Sturluson]s Königsbuch (Heimskringla), übertragen von Felix NIEDNER, 3 Bde., (= Thule. Altnordische Dichtung und Prosa, Bde. 14–16), ND Düsseldorf – Köln 1965; Originalausgabe von Finnur JÓNSSON, vgl. bei Heimskringla.

STENGEL, Edmund E., Urkundenbuch des Klosters Fulda I: Die Zeit der Äbte Sturmi und Baugulf, (= Veröffentlichungen der Historischen Kommission für Hessen und Waldeck 10,1), Marburg 1958.

Stephan v. Rouen, Draco Normannicus, ed. Richard HOWLETT, Rerum Britannicarum medii aevi Scriptores (= Rolls Series) Bd. 82,2, London 1885.

STIENE, Heinz Erich, Carmina Brauweilerensia. Lateinische Dichtung in der Benediktinerabtei Brauweiler vom 11. bis 18. Jahrhundert. Edition, Übersetzung, Kommentar, (= Pulheimer Beiträge zur Geschichte und Heimatkunde, 18. Sonderveröffentlichung), Pulheim 1997.

STIMMING, Manfred, Mainzer Urkundenbuch, Bd. I, Darmstadt 1932.

Successio comitum Matiscensium, ed. in: M.-C. RAGUT, Cartulaire de Saint-Vincent de Mâcon, Mâcon 1864, S. 6.

SWANTON, Michael J., The Anglo-Saxon Chronicle (Translation and edition), London 1996.

Symeon v. Durham, Historia Dunelmensis ecclesiae, ed. Thomas ARNOLD, Symeonis monachi opera omnia, 2 Bde., in: Rerum Britannicarum medii aevi Scriptores (= Rolls Series) 75/1–2 (Bd. 1), London 1882–1885.

– Historia regum, ed. Thomas ARNOLD, (wie vorhergehend Bd. 2); Exzerpte auch ed. Reinhold PAULI, in: MGH SS 13, Hannover 1881, S. 157–160.

Tabulae ex codice Steynveltensi, ed. Georg Heinrich PERTZ, in: MGH SS 3, Hannover 1839, S. 215.

Tabulae ex codice Trevirensi, ed. Georg Heinrich PERTZ, in: MGH SS 6, Hannover 1844, S. 32.

Tegernseer Briefsammlung, vgl. bei Froumund.

TERRANEO, Giantommaso, La principessa Adelaide contessa di Torino, con nuovi documenti, 2 Teile, Turin 1759.

Thangmar (?), vgl. bei Vita Bernwardi.

Thegan, Vita Hludowici imperatoris, ed. Georg Heinrich PERTZ, MGH SS 2, Hannover 1829, S. 585–604; neue Ed. von Ernst TREMP, Thegan, Die Taten Kaiser Ludwigs (Gesta Hludowici imperatoris). Astronomus. Das Leben Kaiser Ludwigs (Vita Hludowici imperatoris), MGH SS rer. Germ. [64], Hannover 1995.

Thietmar v. Merseburg, Chronicon, ed. Robert HOLTZMANN, MGH SS rer. Germ. NS 9, Berlin 1935.

Thiofrid, vgl. bei Vita s. Willibrordi.

TIRABOSCHI, Girolamo, Memorie storiche Modenesi col codice diplomatico, 4 Bde., Modena 1793.

Totenannalen von Fulda, vgl. bei Annales necrologici Fuldenses und bei K. SCHMID, Klostergemeinschaft.

Totenbuch des Stiftes Xanten, vgl. bei F.W. OEDIGER.

Traditiones Corbeienses, vgl. bei K. HONSELMANN und bei K.A. ECKHARDT, Studia Corbeiensia (Lit.).

Translatio sanctae Baltechildis, ed. Oswald HOLDER-EGGER, in: MGH SS 15/1, Hannover 1887, S. 284–285.

Translatio sanctae Pusinnae, ed. Georg Heinrich PERTZ, in: MGH SS 2, Hannover 1829, S. 681–683; bessere Ed. von Roger WILMANS (Hg.), Die Kaiserurkunden der Provinz Westfalen 777–1313, Bd.1, Münster 1867, S. 541–546.

Translatio sancti Auctoris, ed. Philipp JAFFÉ, in: MGH SS 12, Hannover 1856, S. 315–316.

Translatio sancti Viti, ed. Georg Heinrich PERTZ, in: MGH SS 2, Hannover 1829, S. 576–585; neue Ed. von Irene SCHMALE-OTT, Translatio sancti Viti martyris, (= Fontes minores 1; Veröffentlichungen der Historischen Kommission für Westfalen 41), Münster 1979.

TRAUTMANN, Reinhold, Die altrussische Nestorchronik Povest' vremennych let [= Erzählung der vergangenen Jahre], in Übersetzung hg. von R. TRAUTMANN, Leipzig 1931.

Triumphus sancti Remacli, ed. Wilhelm WATTENBACH, in: MGH SS 11, Hannover 1854, S. 433–461.

Turgot, Vita sanctae Margaritae reginae Scotiae, ed. in: Acta Sanctorum, Juni II, Paris – Rom 1867, S. 316–335; engl. Übersetzung bei: Alan Orr ANDERSON, Early sources of Scottish History a. d. 500 to 1286, Bd. 2, Edinburgh 1922, S. 59–88, auch bei Lois L. HUNEYCUTT, Matilda of Scotland: A Study in Medieval Queenship, Woodbridge 2003, S. 161–178.

Urkundenbuch des Hochstifts Halberstadt und seiner Bischöfe, hg. von Gustav SCHMIDT, Bd. 1, Leipzig 1883.

Urkundenbuch des Klosters Reinhausen, (Göttingen-Grubenhagener Urkundenbuch, 3. Abt.), bearb. von Manfred HAMANN, (= Veröffentlichungen der Historischen Kommission für Niedersachsen und Bremen 37), Hannover 1991.

Urkundenbuch des Landes ob der Enns, hg. vom Verwaltungs-Ausschuß des Museums Francisco-Carolinum zu Linz, Bd. I, Wien 1852.

Urkundenbuch der Stadt und Landschaft Zürich, bearb. von Johann ESCHER und Paul SCHWEIZER, Bd. 1, Zürich 1888.

Urkundenbuch vgl. auch bei Oorkondenboek.

VARIN, Pierre, Archives administratives de la ville de Reims, Collection de pièces inédites I, Paris 1839.

– Archives législatives de la ville de Reims, Collection de pièces inédits ... 2e partie: Statuts, 1er vol., Paris 1844.

VIDIER, Alexandre, et Léon MIROT, vgl. bei Obituaires de la Province de Sens III.

Vita Adalberonis II. Mettensis episcopi auctore Constantino, ed. Georg Heinrich PERTZ, in: MGH SS 4, Hannover 1841, S. 658–672.

Vita Adelheidis abbatissae Vilicensis auctore Bertha, ed. Oswald HOLDER-EGGER, in: MGH SS 15/2, Hannover 1888, S. 754–763.

Vita Bernwardi episcopi Hildesheimensis auctore Thangmaro, ed. Georg Heinrich PERTZ, in: MGH SS 4, Hannover 1841, S. 754–782.

Vita Bertulfi Renticensis, ed. Oswald HOLDER-EGGER, in: MGH SS 15/2, Hannover 1888, S. 631–641.

Vita Burchardi Wormatiensis episcopi, ed. Georg WAITZ, in: MGH SS 4, Hannover 1841, S. 829–846.

Vita Godehardi episcopi Hildenesheimensis auctore Wolfherio, ed. Georg Heinrich PERTZ, in: MGH SS 11, Hannover 1854, S. 162–221.

Vitae Gregorii abbatis Porcetensis prior et posterior, ed. Oswald HOLDER-EGGER, in: MGH SS 15/2, Hannover 1888, S. 1185–1199.

Vita Hadriani (772–795), in: Louis DUCHESNE, Le Liber Pontificalis ecclesiae Romanae, (= Bibliothèque des Écoles françaises d'Athènes et de Rome), Bd. 1, Paris 1886, S. 486–499.

Vita Hathumodae, vgl. bei Agius.

Vita Heinrici IV. imperatoris, ed. Wilhelm WATTENBACH – Wilhelm EBERHARD, MGH SS rer. Germ. [58], 3. Aufl. Hannover 1899.

Vita Johannis Gorziensis, vgl. bei Johannes von St. Arnulf zu Metz.

Vita Karoli Magni, vgl. bei Einhard.

Vita Leonis IX. papae, ed. Johann Matthias WATTERICH, Pontificum Romanorum qui fuerunt inde ab exeunte saeculo IX. usque ad finem saeculi XIII. vitae I, Leipzig 1862, S. 127–170.

Vita Mahthildis reginae antiquior, ed. Rudolf KÖPKE, in: MGH SS 10, Hannover 1852, S. 573–582; neue Ed.: Die Lebensbeschreibungen der Königin Mathilde (Vita Mathildis reginae antiquior – Vita Mathildis posterior), hg. von Bernd SCHÜTTE, MGH SS rer. Germ. [66], Hannover 1994.

Vita Mahthildis reginae (posterior), ed. Georg Heinrich PERTZ, MGH SS 4, Hannover 1841, S. 282–302; neue Ed.: vgl. bei Vita Mahthildis antiquior.

Vita Meinwerci episcopi Patherbrunnensis, ed. Franz TENCKHOFF, MGH SS rer. Germ. [59], Hannover 1921.

Vita sanctae Cunegundis, ed. Georg WAITZ, in: MGH SS 4, Hannover 1841, S. 821–824.

Vita sanctae Idae, ed. Georg Heinrich PERTZ, in: MGH SS 2, Hannover 1829, S. 569–576; bessere Ed. in: Roger WILMANS, Die Kaiserurkunden der Provinz Westfalen 777–1313, Bd. 1, Münster 1867, S. 469–488.

Vita sanctae Margaritae reginae Scotiae, vgl. bei Turgot.

Vita sancti Galli auctore Walahfrido, ed. Bruno KRUSCH, in: MGH SS rer. Merov. 4, Hannover u. Leipzig 1902, S. 280–337.

Vita sancti Otmari, ed. Ildefons v. ARX, in: MGH SS 2, Hannover 1829, S. 41–47.

Vita sancti Oudalrici episcopi Augustani auctore Gerhardo, ed. Georg WAITZ, in: MGH SS 4, Hannover 1841, S. 377–428.

Vita sancti Willibrordi auctore Thiofrido abbate, ed. Ludwig WEILAND, in: MGH SS 23, Hannover 1874, S. 23–30.

Vita Udalrici, vgl. bei Vita s. Oudalrici.

Vita Waltheof comitis, ed. in: Francisque MICHEL, Chroniques Anglo-Normandes II, Rouen 1836, S. 111–120 (Vita et passio Waldevi), S. 104–111 (Gesta antecessorum comitis Waldevi).

Vollständige Sammlung Russischer Quellen [= Polnoje Sobranie Russkich Letopisej], Bd. 1 (Laurentius-Chronik), Bd. 2 (Hypathios-Chronik), St. Petersburg 1841 f.; neuere Ed. von Bd. 1 von A.A. ŠACHMATOV (1926–28) und von Bd. 2 von A.A. ŠACHMATOV (1908); zweibändige Ausgabe von D.S. LICHAČEV und V.P. ADRIANOVA-PERETC (1950).

Wace, Roman de Rou, ed. Hugo ANDRESEN, Maistre Wace's Roman de Rou et des ducs de Normandie, Bd. 1, Heilbronn 1877.

Walter, Historia monasterii Marchtelanensis, ed. Georg WAITZ, in: MGH SS 24, Hannover 1879, S. 660–678.

WAMPACH, Camillo, Geschichte der Grundherrschaft Echternach im Frühmittelalter, I/1: Textband, I/2: Quellenband, Luxemburg 1929/30.

– Urkunden- und Quellenbuch zur Geschichte der altluxemburgischen Territorien bis zur burgundischen Zeit, Bd. 1 (bis zum Friedensvertrag von Dinant 1199), Luxemburg 1935.

WARTMANN, Hermann, Urkundenbuch der Abtei Sanct Gallen, Teile I und II, Zürich 1863–1866.

WEDEKIND, Anton Christian, Noten zu einigen Geschichtsschreibern des deutschen Mittelalters, 3 Bde., Braunschweig 1823–1836. (Necrologium monasterii S. Michaelis in Bd. 3, S. 1–98).

WEIGLE, Fritz, Die Briefe des Bischofs Rather von Verona, (= MGH Die Briefe der deutschen Kaiserzeit 1), Weimar 1949.

– Die Briefsammlung Gerberts von Reims, (= MGH Die Briefe der deutschen Kaiserzeit 2), Weimar 1966.

WEINFURTER, Stefan, Die Geschichte der Eichstätter Bischöfe des Anonymus Haserensis. Edition, Übersetzung, Kommentar, (= Eichstätter Studien NF 24), Regensburg 1987.

WENTZCKE, Paul, Regesten der Bischöfe von Straßburg, Bd. I, Innsbruck 1908.

WHITELOCK, Dorothy, (with David C. DOUGLAS and Susie I. TUCKER), The Anglo-Saxon Chronicle, A revised translation, 1. Aufl. London 1961, 2. Aufl. London 1965.

– Anglo-Saxon Wills, Ed. and Transl., Cambridge 1930.

– vgl. auch bei English Historical Documents I.

WIDEMANN, Josef, Die Traditionen des Hochstifts Regensburg und des Klosters St. Emmeram, (= Quellen und Erörterungen zur Bayerischen Geschichte NF 8), München 1943.

Widukind v. Corvey, Rerum gestarum Saxonicarum libri tres, 5. Aufl., ed. Paul HIRSCH – Hans-Eberhard LOHMANN, MGH SS rer. Germ. [60], Hannover 1935.

Wilhelm v. Andrenne, Chronica, ed. Johannes HELLER, in: MGH SS 24, Hannover 1879, S. 690–773.

Wilhelm v. Jumièges, Gesta Normannorum ducum, ed. Jean MARX, (= Société de l'histoire de Normandie 66), Rouen – Paris 1914; ältere Ed. in: J.P. MIGNE, PL 149, Paris 1882, Sp. 779–914; vgl. auch bei E. van HOUTS.

Wilhelm v. Malmesbury, De gestis regum Anglorum, ed. William STUBBS, in: Rerum Britannicarum medii aevi Scriptores (= Rolls Series) 90/1–2, London 1887–1889; auch ed. Roger A.B. MYNORS, compl. by Rodney M. THOMSON and M. WINTERBOTTOM, 3 Bde., Oxford 1998/99; (Exzerpte) ed. Georg WAITZ, in: MGH SS 10, Hannover 1852, S. 452–484.

– Historia Novella, ed. William STUBBS, in: Rerum Britannicarum medii aevi Scriptores (= Rolls Series) 90/2, London 1889.

Wilhelm v. Newborough, Historia Anglicana, ed. Reinhold PAULI, in: MGH SS 27, Hannover 1885, S. 221–248.

WILL, Cornelius, Drei Mainzer Necrologien, in: Correspondenzblatt des Gesamtvereins der deutschen Geschichts- und Altertumsvereine 26, 1878, S. 57–67.

WILMANS, Roger, Die Kaiserurkunden der Provinz Westfalen 717–1313, Bd. I, Münster 1867.

WINKELMANN, Eduard, vgl. bei Necrologia Panormitana.

Wipo, Opera (Gesta Chuonradi imperatoris, Tetralogus etc.), ed. Harry BRESSLAU, MGH SS rer. Germ. [61], 3. Aufl., Hannover u. Leipzig 1915.

Wirtembergisches Urkundenbuch, hg. vom königl. Staatsarchiv in Stuttgart, Bd. 1, Stuttgart 1849.

WISPLINGHOFF, Erich, Rheinisches Urkundenbuch. Ältere Urkunden bis 1100, (= Publikationen der Gesellschaft für Rheinische Geschichte 57), Bd. 1: Aachen – Deutz, Bonn 1972.

Witger, Genealogia Arnulfi comitis, ed. Ludwig C. BETHMANN, in: MGH SS 9, Hannover 1851, S. 302–304.

Wolfheri, vgl. bei Vita Godehardi.

WOLLASCH, Joachim, u. a., Synopse der cluniacensischen Necrologien, München 1982.

Wormser Briefsammlung, vgl. bei W. BULST.

Wynne, vgl. bei P.G. HÜBNER.

c) Literatur

ACHTER, Irmingard, Die Baugeschichte der Vilicher Kirchen, in: 1000 Jahre Stift Vilich 978–1978. Beiträge zur Geschichte und Gegenwart von Stift und Ort Vilich, hg. von Dietrich HÖROLDT, Bonn 1978, S. 98–133.

ADIGARD DES GAUTRIES, Jean, Le noms de personnes scandinaves en Normandie, (= Nomina Germanica 11), Lund 1954.

ADONTZ, Nic(h)olas, L'âge et l'origine de l'empereur Basile I., in: Byzantion 8, 1933, S. 475–550, und 9, 1934, S. 223–260.

ALTHOFF, Gerd, Adels- und Königsfamilien im Spiegel ihrer Memorialüberlieferung. Studien zum Totengedenken der Billunger und Ottonen, (= MMS 47), München 1984.

– Amicitiae und Pacta. Bündnis, Einung, Politik und Gebetsgedenken im beginnenden 10. Jahrhundert, (= MGH Schriften 37), Hannover 1992.

– Gandersheim und Quedlinburg. Ottonische Frauenklöster als Herrschafts- und Überlieferungszentren, in: FmSt 25, 1991, S. 123–144.

– Heinrich V. (1106–1125), in: Die deutschen Herrscher des Mittelalters. Historische Portraits von Heinrich I. bis Maximilian I. (919–1519), hg. von Bernd SCHNEIDMÜLLER und Stefan WEINFURTER, München 2003, S. 181–200.

– Der Sachsenherzog Widukind als Mönch auf der Reichenau. Ein Beitrag zur Kritik des Widukind-Mythos, in: FmSt 17, 1983, S. 251–279.

– Unerforschte Quellen aus quellenarmer Zeit (III). Necrologabschriften aus Sachsen im Reichenauer Verbrüderungsbuch, in: ZGO 131 (NF 92), 1983, S. 91–108.

– Unerkannte Zeugnisse vom Totengedenken der Liudolfinger, in: DA 32, 1976, S. 370–404.

ANDENNA, Giancarlo, Grandi patrimoni, funzioni pubbliche e famiglie su di un territorio: il 'comitatus Plumbiensis' e suoi conti del IX all'XI secolo, in: Formazione e strutture dei ceti dominanti nel medioevo: marchesi conti e visconti nel regno Italico (secc. IX–XII), (= Istituto Storico Italiano per il Medio evo, Nuovi studi storici 1), Rom 1988, S. 201–228.

ARBOIS DE JUBAINVILLE, Henri d', Histoire des ducs et des comtes de Champagne, 6 Bde., Paris 1859–1866.

Art (L') de vérifier les dates des faits historiques, des inscriptions, des chroniques et autres anciens monuments, 2 Bde., 3. Aufl. Paris 1784.

ARNALDI, Girolamo, Adalbert, Kg. v. Italien, in: LexMA I, München – Zürich 1980, Sp. 95 f.

ARRIGNON, Jean-Pierre, Les relations internationales de la Russie au milieu du Xe siècle et la baptême de la princesse Olga, in: Occident et orient au Xe siècle. Actes du IXe congrès de la Société des historiens médiévistes de l'enseignement supérieur public, Dijon 2–4 juin 1978, Paris 1979, S. 167–184.

AUBER, Chan. Charles-Auguste, Histoire générale civile, religieuse et littéraire du Poitou, Bd. 6, Fontenay-le-Comte et Poitiers 1889.

AUER, Leopold, Geburtsjahr und Herkunft Kaiser Heinrichs II., in: DA 28, 1972, S. 223–228.

AUFGEBAUER, Peter, Der tote König. Grablegen und Bestattungen mittelalterlicher Herrscher (10.–12. Jahrhundert), in: GWU 45, Heft 11, 1994, S. 690–693.

AUZIAS, Léonce, L'Aquitaine carolingienne (778–987), (= Bibliothèque méridionale, 2e série, tom. XXVIII), Toulouse / Paris 1937.

AXNÄS, Karl, Slavisch-Baltisches in altnordischen Beinamen, in: Nomina Germanica Nr. 2, Upsala 1937, S. 44–61.

BALDES, Heinrich, Die Salier und ihre Untergrafen in den Gauen des Mittelrheins, Diss. Marburg 1913.

BALZER, Oswald, Genealogia Piastów [Genealogie der Piasten], Krakau 1895.

BANNIZA V. BAZAN, Heinrich, und Richard MÜLLER, Deutsche Geschichte in Ahnentafeln Bd. 1, 2. Aufl. Berlin 1940, Bd. 2, Berlin 1942.

BARTH, Rüdiger E., Der Herzog in Lothringen im 10. Jahrhundert, Sigmaringen 1990.

BATES, David R., Notes sur l'aristocratie Normande II: Herluin de Conteville et sa famille, in: Annales de Normandie 23, 1973, S. 21–38.

BAUMANN, Franz Ludwig, Über die Abstammung der sog. Kammerboten Erchanger und Berchtold, in: Württembergische Jahrbücher für Statistik u. Landeskunde 1, Heft IV, 1878, S. 25–33; ND in: DERS., Forschungen zur Schwäbischen Geschichte, Kempten 1899, S. 262–276.

BAUMGARTEN, Nicolas de, Le dernier mariage de Saint-Vladimir, in: Orientalia Christiana XVIII, Nr. 61, Rom 1930, S. 165–168.

– Généalogies et mariages occidentaux des Rurikides russes du Xe au XIIIe siècle, in: Orientalia Christiana IX, Nr. 35, Rom 1927, S. 1–95.

– Saint Vladimir et la conversion de la Russie, in: Orientalia Christiana XXVII/1, Nr. 79, Rom 1932, S. 1–136.

BAUTIER, Robert-Henri, Anne, reine de France et la politique royale au XIIe siècle, in: Revue des études slaves 57, 1985, S. 539–564; ND in: DERS., Recherches sur l'histoire de la France médiévale. Des Mérovingiens aux premiers Capétiens, Aldershot 1991.

– Les origines de Bouxières-aux-Dames, vgl. bei Quellen.

BEAVEN, Murray L.R., The Regnal Dates of Alfred, Edward the Elder, and Athelstan, in: EHR 32, 1917, S. 517–531.

BECKERMANN, Wolfgang, Das Grabmal Kaiser Heinrichs III. in Goslar, in: Goslar im Mittelalter. Vorträge beim Geschichtsverein, hg. von Hansgeorg ENGELKE, Bielefeld 2003, S. 87–174.

BEHR, Camill v., Genealogie der in Europa regierenden Fürstenhäuser, Leipzig 1870, Supplement zur 2. Aufl. 1890.

BENRATH, Henry (= Albert Heinrich RAUSCH), Vorarbeiten zu 'Die Kaiserin Theophano', Stuttgart – Berlin 1941.

BERNHARDI, Wilhelm, Konrad III., (= Jahrbücher der Deutschen Geschichte), Leipzig 1883.

– Lothar von Supplinburg, (= Jahrbücher der Deutschen Geschichte), Leipzig 1879.

BERTHOLD, Georg, Speierer Geschichtsbeiträge I, 2 (Zum Ursprung der Salier) und I, 4 (Kaiser Konrads II. Jugend), in: Mitteilungen des Historischen Vereins der Pfalz 31, 1911, S. 71–74 und S. 79–82; Sonderausgabe: Speyer 1910, S. 8–11 und S. 16–19.

BERTOLINI, Margherita Giuliana, Adalberto Azzo di Canossa, in: Dizionario biografico degli Italiani 1, Rom 1960, S. 221–223.

– Alberto Azzo (II.), in: Dizionario biografico degli Italiani 1, Rom 1960, S. 753–758.

– Arduino, in: Dizionario biografico degli Italiani IV, Rom 1962, S. 49–52.

– Note di genealogia e di storia canossiana, in: I ceti dirigenti in Toscana nell'età precomunale, ed. Associazione toscana della nobiltà italiana ... (Atti del 1° convegno: Firenze, 2 dicembre 1978), Pisa 1981, S. 111–149.

BETHMANN, Ludwig C., Das Grab der Gräfin Gertrud in der Burgkirche, in: Braunschweigisches Magazin 1860, S. 133–136.

BEUCKERS, Klaus Gereon, Die Ezzonen und ihre Stiftungen. Eine Untersuchung zur Stiftungstätigkeit im 11. Jahrhundert, (= Kunstgeschichte Bd. 42), Münster 1993.

BEUMANN, Helmut, Die sakrale Legitimierung des Herrschers im Denken der ottonischen Zeit, in: ZRG germ. Abt. 66, 1948, S. 1–45; ND in: Königswahl und Thronfolge in ottonisch-frühdeutscher Zeit, hg. von Eduard HLAWITSCHKA, (= Wege der Forschung 178), Darmstadt 1971, S. 148–198.

BIDAULT, Georges, Architophel, conseiller de la dissidence, in: Revue du Moyen Age latin 1, 1945, S. 57–60.

BILGERI, Benedikt, Geschichte Vorarlbergs I: Vom freien Rätien zum Staat der Montforter, Wien – Köln – Graz 1971.

BLACK, Mechthild, Die Töchter Kaiser Heinrichs III. und der Kaiserin Agnes, in: Vinculum Societatis. Joachim Wollasch zum 60. Geburtstag, hg. von Franz NEISKE, Dietrich POECK und Mechthild SANDMANN, Sigmaringendorf 1991, S. 36–57.

BLACK-VELDTRUP, Mechthild, Kaiserin Agnes (1043–1077). Quellenkritische Studien, (= Münstersche Historische Forschungen 7), Köln u. a. 1995.

BLOCH, Raissa, Verwandtschaftliche Beziehungen des sächsischen Adels zum russischen Fürstenhause im XI. Jahrhundert, in: Festschrift Albert Brackmann, hg. von Leo SANTIFALLER, Weimar 1931, S. 185–206.

BOEHM, Laetitia, Geschichte Burgunds. Politik – Staatsbildungen – Kultur, (= Urban-Taschenbücher 134), Stuttgart – Berlin u. a. 1971.

– Rechtsformen und Rechtstitel der burgundischen Königserhebungen im 9. Jahrhundert. Zur Krise der karolingischen Dynastie, in: HJb 80, 1960, S. 1–59.

BÖTTGER, Heinrich, Die Brunonen, Vorfahren und Nachkommen des Herzogs Ludolf von Sachsen, von 775 bis zum 9. December 1117, Hannover 1865.

– Geschichte der Brunonen = Welfen, Hannover 1880.

BOGYAY, Thomas von, Grundzüge der Geschichte Ungarns, Darmstadt 1977.

BOLLNOW, Hermann, Die Grafen von Werl. Genealogische Untersuchungen zur Geschichte des 10. bis 12. Jahrhunderts, Diss. Greifswald 1930.

BORCHERT, Sabine, Herzog Otto von Northeim (um 1025–1083). Reichspolitik und persönliches Umfeld, (= Veröffentlichungen der Historischen Kommission für Niedersachsen u. Bremen 227), Hannover 2005.

BORDERIE, vgl. bei La Borderie.

BORGOLTE, Michael, Die Alaholfingerurkunden. Zeugnisse vom Selbstverständnis einer adligen Verwandtengemeinschaft des frühen Mittelalters, in: Subsidia Sangallensia I. Materialien und Untersuchungen zu den Verbrüderungsbüchern und zu den älteren Urkunden des Stiftsarchivs St. Gallen, hg. von Michael BORGOLTE, Dieter GEUENICH und Karl SCHMID, (= St. Galler Kultur und Geschichte 16), St. Gallen 1986, S. 287–322.

– Geschichte der Grafengewalt im Elsaß von Dagobert I. bis Otto dem Großen, in: ZGO 131, 1983, S. 3–54.

– Die Grafen Alemanniens in merowingischer und karolingischer Zeit. Eine Prosopographie, (= Archäologie und Geschichte. Freiburger Forschungen zum ersten Jahrtausend in Südwestdeutschland, Bd. 2), Sigmaringen 1986.

– Karl III. und Neudingen, Zum Problem der Nachfolgeregelung Ludwigs des Deutschen, in: ZGO 125 (NF 86), 1977, S. 21–55.

BORK, Ruth, Die Billunger – mit Beiträgen zur Geschichte des deutsch-wendischen Grenzraumes im 10. und 11. Jahrhundert, Diss. masch. Greifswald 1951.

BORST, Arno, Der überlieferte Geburtstag, in: MGH Schriften 42: Mittelalterliche Texte. Überlieferung – Befunde – Deutungen, hg. von Rudolf SCHIEFFER, Hannover 1996, S. 1–91.

BOSHOF, Egon, Die Salier, (= Urban-Taschenbücher 387), Stuttgart u.a. 1987.

BOSL, Karl, Günther FRANZ, Hans Hubert HOFFMANN, Biographisches Wörterbuch zur deutschen Geschichte, Bd. 1, München 1973.

BOUCHARD, Constance Brittain, Laymen and church reform around the year 1000: the case of Otto-William, count of Burgundy, in: Journal of Medieval History 5, 1979, S. 1–10.

– Patterns of women's names in royal lineages, ninth – eleventh centuries, in: Medieval Prosopography 9, 1988, S. 1–32.

– Sword, Miter, and Cloister. Nobility and the Church in Burgundy (980–1198), Ithaca and London 1987.

– Those of my Blood. Constructing Noble Families in Medieval Francia, Philadelphia 2001.

BOUCHET, Jean du, La véritable origine de la seconde et de la troisième lignée de la maison royale de France justifiée par plusieurs chroniques, Paris 1646.

BOUSSARD, Jacques, Le comté de Mortain au XIe siècle, in: Le Moyen Age 58, 1952, S. 253–279.

– L'origine des familles seigneuriales dans la region de la Loire moyenne, in: Cahiers de civilisation médiévale 5, 1962, S. 303–322.

BOUVRIS, Jean-Michel, Mortain, in: LexMA VI, München – Zürich 1993, Sp. 846f.

BRANDENBURG, Erich, Die Nachkommen Karls des Großen. I.–XIV. Generation, (= Stamm- und Ahnentafelwerk der Zentralstelle für Deutsche Personen- und Familiengeschichte e. V., Bd. XI), Leipzig 1935; ND mit Korrekturen und Ergänzungen von Manfred DREISS und Lupold v. LEHSTEN, Neustadt a.d. Aisch 1995.

BRENNER, S(iegfried) Otto, Nachkommen Gorms des Alten (König von Dänemark – 936 –), I.–XVI. Generation, Kopenhagen 1964.

BRESSLAU, Harry, Jahrbücher des Deutschen Reichs unter Konrad II., (= Jahrbücher der Deutschen Geschichte), 2 Bde., Leipzig 1879/84, (ND Berlin 1967).

– Otto von Hammerstein und sein Haus, in: Forschungen zur deutschen Geschichte 21, 1881, S. 401–406.

BRIÈRE, Pierre, Les origines de la première maison de Luxembourg, in: Publications de la section historique de l'Institut G.-D. de Luxembourg 79, 1962, S. 8–22.

BRÖMMEL, Friedrich, Genealogische Tabellen zur Geschichte des Mittelalters bis 1273, Basel 1846.

BRÜGGEMANN, Karsten, Rogvolod (altnord. Ragnvaldr), in: LexMA VII, München 1995, Sp. 947 f.

– Vsevolod Jaroslavič, in: LexMA VIII, München 1997, Sp. 1876 f.

BRÜHL, Carlrichard, Hinkmariana II: Hinkmar im Widerstreit von kanonischem Recht und Politik in Ehefragen, in: DA 20, 1964, S. 55–77.

– Karolingische Miszellen I: Die Vorgänge in Westfranken beim Thronwechsel des Jahres 877, in: DA 44, 1988, S. 355–370.

BRÜSCH, Tania, Die Brunonen, ihre Grafschaften und die sächsische Geschichte. Herrschaftsbildung und Adelsbewußtsein im 11. Jahrhundert, Lübeck 2001.

BRUNHOFER, Ursula, Arduin von Ivrea. Untersuchungen zum letzten italienischen Königtum des Mittelalters, Augsburg 1999.

BRUNTERC'H, Jean-Pierre, Le Duché du Maine et la Marche de Bretagne, in: La Neustrie. Le pays au nord de la Loire de 650 à 850, ed. Hartmut ATSMA, (= Beihefte der Francia 16/1), Sigmaringen 1989, S. 29–127.

BÜHLER, Arnold, Kaiser Heinrich IV. und Bertha von Turin. Eine schwierige Ehe im Spiegel der Urkunden, in: AKG 83, 2001, S. 37–61.

BÜHLER, Heinz, Adel, Klöster und Burgherren im alten Herzogtum Schwaben. Gesammelte Aufsätze, hg. von Walter ZIEGLER, Weißenhorn 1997.

– Die 'Duria-Orte' Suntheim und Navua. Ein Beitrag zur Geschichte des 'pagus Duria', in: Das obere Schwaben vom Illertal zum Mindeltal 8, Neu-Ulm 1971, S. 1–44; ND in: DERS., Adel, Klöster u. Burgherren S. 105–150.

– Die frühen Staufer im Ries, in: Früh- und hochmittelalterlicher Adel in Schwaben und Bayern, hg. von Immo EBERL, Wolfgang HARTUNG und Joachim JAHN, (= REGIO. Forschungen zur schwäbischen Regionalgeschichte 1), Sigmaringendorf 1988, S. 270–294; ND in: DERS., Adel, Klöster und Burgherren S. 899–923.

– Studien zur Geschichte der Grafen von Achalm und ihrer Verwandten, in: ZWLG 43, 1984, S. 7–87; ND in: DERS., Adel, Klöster und Burgherren S. 735–823.

BÜSING, Albrecht, Mathilde, Gemahlin Heinrichs I., Diss. Halle-Wittenberg 1910.

BÜTTNER, Heinrich, Heinrichs I. Südwest- und Westpolitik, Konstanz 1964.

– Die Widonen, in: Saarbrücker Hefte 3, 1956, S. 33–39.

BÜTTNER, Heinrich, und Irmgard DIETRICH, Weserland und Hessen im Kräftespiel der karolingischen und frühen ottonischen Politik, in: Westfalen 30, 1952, S. 133–149.

BULST, Neithard, Untersuchungen zu den Klosterreformen Wilhelms von Dijon (962–1031), (= Pariser Historische Studien 11), Bonn 1973.

BULST-THIELE, Marie Luise, Agnes (v. Poitou), in: LexMA I, München – Zürich 1980, Sp. 1212.

– Kaiserin Agnes, (= Beiträge zur Kulturgeschichte des Mittelalters und der Renaissance 52), Leipzig – Berlin 1933.

– Das Reich vor dem Investiturstreit, in: Bruno GEBHARDT, Handbuch der deutschen Geschichte, 9. Aufl. hg. von Herbert GRUNDMANN, Stuttgart 1970, S. 210–241.

BUR, Michel, La formation du comté de Champagne. Vers 950 – vers 1150, Nancy 1977.

CAMPBELL, Miles W., Queen Emma and Aelfgifu of Northampton: Canute the Great's Women, in: Mediaeval Scandinavia 4, 1971, S. 66–79.

CARUTTI, Domenico, Il conte Umberto I (Biancomano) e il re Ardoino. Ricerche e documenti, Florenz 1878, (= Separatabdruck aus: Archivio storico Italiano, ser. IV, Teil 1 und 2, 1878; Ergänzungen und Berichtigungen in Archivio storico Italiano, ser. IV, Teil 10); 2. Aufl. Rom 1884.

CASPAR, Erich, Roger II. (1101–1154) und die Gründung der normannisch-sizilischen Monarchie, Innsbruck 1904.

CHAUME, Maurice, Les Origines du Duché de Bourgogne, vol. I: Histoire politique, Dijon 1925.

– Le problème des origines de la maison de Savoie, in: Annales de Bourgogne 3, 1931, S. 120–161; ND in: DERS., Recherches d'Histoire chrétienne et médiévale, Dijon 1947, S. 228–259.

CHEYNET, Jean-Claude, Les Phocas, in: Le traité sur la guérilla (De velitatione) de l'Empereur Nicéphore Phocas (963–969), ed. Gilbert DAGRON et Haralambie MIHÁESCU, Paris 1986, S. 289–320.

CHIBNALL, Marjorie, The Empress Matilda, Oxford – Cambridge/Mass. 1991.

CHIZELLE, Henri de, Aperçu sur le comté de Chalon-sur-Saône au Xe siècle: À propos de la comtesse Aélis, in: Annales de Bourgogne 58, 1986, S. 45–69.

CHORIER, Nicolas, Histoire générale de Dauphiné I, Grenoble 1661; ND Valence 1878.

CLAUDE, Dietrich, Geschichte des Erzbistums Magdeburg bis in das 12. Jahrhundert, 2 Bde., Köln – Wien 1972/75.

CLAVADETSCHER, Otto Paul, Wolfinus Cozperti palatini comitis filius. Eine neuentdeckte Quelle zur Geschichte des beginnenden 10. Jahrhunderts, in: Florilegium Sangallense. Festschrift für Johannes Duft, hg. von Otto P. CLAVA-

DETSCHER, Helmut MAURER und Stefan SONDEREGGER, St. Gallen – Sigmaringen 1980, S. 149–163.

COGNASSO, Francesco, Adelaide (v. Turin), in: Dizionario biografico degli Italiani, Bd. 1, Rom 1960, S. 249–251.

– Umberto Biancomano, (= Collana storica sabauda), Turin 1929.

COHN, (Ludwig) Adolf, Beiträge zur älteren deutschen Geschlechtskunde I: Zur Geschichte der Grafen von Reinhausen und Winzenburg, in: Forschungen zur deutschen Geschichte 6, 1866, S. 527–584.

– Stammtafeln zur Geschichte der deutschen Staaten und der Niederlande, Braunschweig 1871.

CONTAMINE, Philippe, Des Robertiens aux Capétiens, in: Ville d'Orléans (Hg.), 987–1987. Orléans, Les premiers Capétiens, Orléans 1987, S. 17–23.

CORBET, Patrick, Autour de Burchard de Worms. L'Église allemande et les interdits de parenté (IXème–XIIème siècle), (= Ius commune, Sonderheft 142), Frankfurt/Main 2001.

– Interdits de parenté, hagiographie et politique. La passio Friderici episcopi Traiectensis (ca. 1024), in: Ius commune. Zeitschrift für Europäische Rechtsgeschichte XXII, 1996, S. 1–98.

CORSTEN, Severin, Megingoz und Gerberga, Gründer des Stiftes Vilich, in: Bonner Geschichtsblätter 30, 1978, S. 7–25.

CURSCHMANN, Fritz, Stammtafeln der Herzöge von Schwaben und Bayern, in: Vierteljahrsschrift für Wappen-, Siegel- und Familienkunde des Vereins „Herold"-Berlin, Heft 2, 1920, S. 55–58.

– Wann wurde Lothar von Supplinburg geboren?, in: Zeitschrift des Historischen Vereins für Niedersachsen 85, 1920, S. 83–96.

– Zwei Ahnentafeln. Ahnentafeln Kaiser Friedrichs I. und Heinrichs des Löwen zu 64 Ahnen, (= Mitteilungen der Zentralstelle für Deutsche Personen- und Familiengeschichte e.V., Heft 27). Leipzig 1921.

CURSENTE, Benoît, Wilhelm III. Werghaupt, Wilhelm IV. Fierabras, Wilhelm V. d. Gr. (Herzöge v. Aquitanien), in: LexMA IX, München 1998, Sp. 136–138.

DARLINGTON, Reginald, and Patrick MCGURK, The Chronicon ex Chronicis of Florence of Worcester and its use of sources for English history before 1066, in: Anglo-Norman Studies V (Proceedings of the Battle Conference 1982), Woodbridge 1983, S. 185–196.

DECKER-HAUFF, Hansmartin, Der Öhringer Stiftungsbrief II, in: Württembergisch Franken 42, 1958, S. 3–32.

– Die Ottonen und Schwaben, in: ZWLG 14, 1955, S. 233–371.

DECKER-HEUER, Andrea, Studien zur Memorialüberlieferung im frühmittelalterlichen Paris, (= Beihefte der Francia 40), Sigmaringen 1998.

DELAVILLE LE ROULX, Joseph, Notice sur les chartes originales relatives à la Touraine antérieures à l'an mil, Tours 1879.

DELOGU, Paolo, Berengario II, in: Dizionario biographico degli Italiani IX, Rom 1967, S. 26–35.

DELUMEAU, Jean Paul, Dal conte Suppone il Nero ai marchesi di Monte Sancta Maria, in: Formazione e strutture dei ceti dominanti nel Medioevo: Marchesi

conti e visconti nel regno Italico (secc. IX–XII), Rom 1996, (= Istituto storico italiano per il medio evo, Nuovi studi storici 39), S. 265–286.
– Equilibri di potere ad Arezzo dal periodo tardo carolingio al primo periodo comunale, in: Arezzo e il suo territorio nell'Alto Medioevo, Arezzo – Cortona 1985, S. 87–110.
DEPOIN, Joseph, Études sur le Luxembourg à l'époque carolingienne I: Le domaine de Mersch et ses possesseurs, in: Ons Hémecht XI–XIII, 1905–1907, hier XI, 1905; auch Sonderausgabe Luxembourg 1908.
– Études préparatoires à l'histoire des familles palatines III: Thibaud le Tricheur, fut-il bâtard et mourut-il presque centenaire?, in: Revue des Études historiques 74, 1908, S. 553–602.
– Sifroi Kunuz, comte de Mosellane, tige de la maison de Luxembourg, Luxembourg 1904.
DEPREUX, Philippe, Prosopographie de l'entourage de Louis le Pieux (781–840), Sigmaringen 1997.
DESPY, Georges, Waulsort, in: LexMA VIII, München 1997, Sp. 2079.
DEUTINGER, Roman, Die ältesten mittelrheinischen Zehntterminationen, in: Archiv für mittelrheinische Kirchengeschichte 54, 2002, S. 11–36.
– 'Königswahl' und Herzogserhebung Arnulfs von Bayern. Das Zeugnis der älteren Salzburger Annalen zum Jahr 920, in: DA 58, 2002, S. 17–68.
– Das ostfränkische Reich und das *regnum Baioariorum*, in: HZ 276, 2003, S. 581–611.
DHONDT, Jean, Sept femmes et un trio des rois, in: Contributions à l'histoire économique et sociale 3, 1964/65, S. 36–70.
– Une crise du pouvoir Capétien 1032–1034, in: Miscellanea Medievalia in memoriam Jan Frederick Niermeyer, Groningen 1967, S. 137–148.
(The) Dictionary of National Biographie, 22 Bde., Oxford 1917 ff.
DIENER, Ernst, Könige von Burgund aus dem Hause der Welfen, in: Genealogisches Handbuch zur Schweizer Geschichte, hg. von der Schweizerischen Heraldischen Gesellschaft, Bd. I: Hoher Adel, Zürich 1900–1908, S. 74–82 (mit einer Tafel).
DIETRICH, Irmgard, Das Haus der Konradiner. Untersuchungen zur Verfassungsgeschichte der späten Karolingerzeit, Diss. phil. masch. Marburg 1952.
DJURIĆ, Ivan, 'Porodica Foka' (mit französ. Resümee: La famille des Phocas), in: Zbornik Radova Vizantoloskog Instituta 17, 1976, S. 189–296.
DOBBERTIN, Hans, Auch Kaiserin Gisela war eine Öhningerin, in: BrJb 62, 1981, S. 157–161.
– Bruno d. Ä. von Braunschweig und die Königswahl von 1002, in: BrJb 63, 1982, S. 111–119.
– War Herzog Konrad von Schwaben der Stiefvater Ekberts von Stade?, in: BrJb 69, 1988, S. 147–151.
DÖLGER, Franz, Forschungen zur byzantinischen Geschichte, Literatur und Sprache 1938–1950, in: Franz DÖLGER u. Alphons Maria SCHNEIDER, Wissenschaftliche Forschungsberichte, geisteswissenschaftliche Reihe, Bd. 5: Byzanz, Bern 1952, S. 7–252.

– Wer war Theophano?, in: HJb 62–69, 1949, S. 646–658.
– Nochmals: Wer war Theophano?, in: Byzantinische Zeitschrift 43, 1950, S. 338–339.
DÖLL, Ernst, Die Kollegiatstifte St. Blasius und St. Cyriacus zu Braunschweig, (= Braunschweiger Werkstücke 36), Braunschweig 1967.
DOLL, Anton, Zur Frühgeschichte der Stadt Speyer. Eine topographische Untersuchung zum Prozeß der Stadtwerdung Speyers vom 10. bis 13. Jahrhundert, in: Mitteilungen des Historischen Vereins der Pfalz 52, 1954, S. 133–200.
– Das Pirminskloster Hornbach, in: Archiv für mittelrheinische Kirchengeschichte 5, 1953, S. 108–142; ND in: DERS., Ubi maxima vis regni esse noscitur. Ausgewählte Abhandlungen zur pfälzischen Geschichte, hg. von Hartmut HARTHAUSEN, (= Quellen und Abhandlungen zur mittelrheinischen Kirchengeschichte 96), Mainz 1999, S. 181–218.
– Die Salier in rheinisch-pfälzischen Landen, in: DERS., Ubi maxima vis (s. o.) S. 165–179.
– vgl. auch bei Palatia sacra.
DOPSCH, Heinz, Die Aribonen. Ein führendes Adelsgeschlecht in Bayern und Kärnten während des Hochmittelalters, (= Staatsprüfungsarbeit am Institut für Österreichische Geschichtsforschung Wien; masch.), Wien 1968.
DOUGLAS, David C., The earliest Norman Counts, in: EHR 61, 1946, S. 129–156.
– Rollo of Normandy, in: EHR 57, 1942, S. 417–436.
– Some Problems of Early Norman Chronology, in: EHR 65, 1950, S. 289–303.
– William the Conquerer, London 1964; deutsch: Wilhelm der Eroberer, übersetzt von Edwin ORTMANN, Kreuzlingen / München 2004.
DRAGONI, Bianca, Ancora su i conti palatini di Lomello, in: Bollettino della Società Pavese di storia patria 56 (NS 8), 1956, S. 155–170.
– I conti di Lomello, conti di Pavia e conti di Palazzo, in: Bollettino della Società Pavese di storia patria 47/48 (NS 2), 1948, S. 32–49.
DRECHSLER, Heike, Zur Grablege Heinrichs I. in Quedlinburg, in: AfD 46, 2000, S. 155–179.
DU BOUCHET, Jean, La véritable origine de la seconde et troisiesme lignée de la maison royale de France justifiée par plusiers chroniques, Paris 1647.
DUBY, Georges, La société aux XIe et XIIe siècles dans la région mâconnaise, Paris 1953, ND 1971.
DU CANGE, Charles du Fresne Sieur, Glossarium mediae et infimae latinitatis, Editio nova bearb. von Léopold FAVRE, Bd. VII, Niort 1883–87, ND Graz 1954.
DUCHET-SUCHAUX, Gaston, Guillaume III d'Aquitaine, in: Dictionnaire de Biographie Française, Bd. 17, Paris 1989, Sp. 142 f.
– Guillaume IV d'Aquitaine, in: Dictionnaire de Biographie Française, Bd. 17, Paris 1989, Sp. 143.
DÜMMLER, Ernst, Zur Abstammung Heinrichs I. von den Karolingern, in: (Quiddes) Zeitschrift für Geschichtswissenschaft 9, 1893, S. 319–321.
– Ein Brief an König Heinrich IV., in: NA 25, 1900, S. 205 f.

– Geschichte des Ostfränkischen Reiches, 3 Bde., 2. Aufl. Leipzig 1888, ND Darmstadt 1960.
– vgl. auch bei R. KÖPKE, Otto d. Gr.
– u. Hermann WARTMANN, vgl. bei Quellen: DÜMMLER, E. u. H. WARTMANN, St. Galler Todtenbuch.
DUMVILLE, David N., The Anglian Collection of Royal Genealogies and Regnal Lists, in: Anglo-Saxon England 5, 1976, S. 23–50; ND in: DERS., Histories and Pseudo-Histories of the Insular Middle Ages, (= Variorum Reprints), Aldershot 1990, Nr. V.
– The West Saxon Genealogical Regnal List and the chronology of early Wessex, in: Peritia 4, Cork 1985, S. 21–66; ND in: DERS., Britons and Anglo-Saxons in the Early Middle Ages, (= Variorum Reprints), Aldershot 1993, Nr. VIII.
– The West Saxon Genealogical Regnal List: Manuscripts and Texts, in: Anglia 104, 1986, S. 1–32 (mit Edition S. 21 ff.).
DUNGERN, Otto Frh. v., Thronfolgerecht und Blutsverwandtschaft der deutschen Kaiser seit Karl dem Großen, 2. Aufl. Papiermühle 1910; ND Darmstadt 1966.
– Wie Baiern das Österreich verlor. Geschichte einer staatsrechtlichen Fälschung, Graz 1930.
DWORZACZEK, Wlodzimierz, Genealogia, Bd. 2: Tablice, Warschau 1959.
ECCARD, Johann Georg, Historia genealogica principum Saxoniae superioris, Leipzig 1722, (mit S. 491–572: Origines serenissimae familiae Anhaltinae).
ECKEL, Auguste, Charles le Simple, (= BEHE 124), Paris 1899.
ECKHARDT, Karl August, Eschwege als Brennpunkt thüringisch-hessischer Geschichte, Marburg/Lahn u. Witzenhausen 1964.
– Genealogische Funde zur allgemeinen Geschichte, (= Germanenrechte NF, Deutschrechtliches Archiv, Heft 9), 2. Aufl. Witzenhausen 1963.
– Studia Corbeiensia, 2 Bde., (= Bibliotheca rerum Historicarum), Aalen 1970.
ECKHART, Johann Georg, Commentarii de rebus Franciae orientalis et episcopatus Wirceburgensis, tom. II, Würzburg 1729.
– Veterum monumentorum quaternio, Leipzig 1720.
– vgl. auch bei ECCARD, J.G.
EDIGER, Theodor, Rußlands älteste Beziehungen zu Deutschland, Frankreich und der römischen Kurie, Diss. Halle-Wittenberg 1911.
EGGER, Bonaventura, Geschichte der Cluniazenser-Klöster in der Westschweiz bis zum Auftreten der Cisterzienser, (= Freiburger Historische Studien 3), Freiburg/Schweiz 1907.
EGGERT, Wolfgang, Agnes von Poitou. Ein Leben in Sorge und Frömmigkeit, in: Herrscherinnen und Nonnen. Frauengestalten von der Ottonenzeit bis zu den Staufern, hg. von Erika UITZ, Barbara PÄTZOLD, Gerald BEYREUTHER, Berlin 1990, S. 148–169.
EHLERS, Capar, Brun und Dankward – Brunswik und Dankwarderode, in: BrJb 79, 1998, S. 9–45.
EHLERS, Joachim, Die Königin aus England. Ottos des Großen erste Gemahlin, Magdeburg und das Reich, in: Sachsen und Anhalt 22, 1999/2000, S. 27–55.

EHRHARDT, Harald, Gorm der Alte, in: LexMA IV, München – Zürich 1989, Sp. 1561.

– Olaf Eriksson 'Schoßkönig', in: LexMA VI, München-Zürich 1993, Sp. 1386 f.

EHRHARDT, Sophie, Hochadelsgräber in der Stiftskirche Öhringen, in: Zeitschrift für Morphologie und Anthropologie 50, 1960, S. 57–77.

EICKHOFF, Ekkehard, Theophanu und der König. Otto III. und seine Welt, Stuttgart 1996.

Enciclopaedia Italiana, Bd. IV, Rom 1949.

ENGELS, Renate, vgl. bei Palatia sacra.

ENRIGHT, Michael J., Charles the Bald and Aethelwulf of Wessex: the alliance of 856 and the strategies of royal succession, in: Journal of Medieval History 5, 1979, S. 291–302.

ERDMANN, Carl, Das Grab Heinrichs I., in: DA 4, 1940, S. 76–97.

ERLANDE-BRANDENBURG, Alain, Le roi est mort. Études sur les funérailles, les sépultures et les tombeaux des rois de France jusqu'à la fin du XIIIe siècle, (= Bibliothèque de la Société française d'archéologie 7), Paris – Genève 1975.

ERNOUT, Alfred / A. MEILLET, Dictionnaire étymologique de la langue latine, 4. Aufl. Paris 1959.

EUW, Anton von, und Peter SCHREINER (Hg.), Kaiserin Theophanu. Begegnung des Ostens und Westens um die Wende des ersten Jahrtausends. Gedenkschrift des Kölner Schnütgen-Museums zum 1000. Todesjahr der Kaiserin, 2 Bde., Köln 1991.

FABRE, Claudiane, Deux Planctus rythmiques en latin vulgaire du IXe siècle, II: Sur le meurtre du sénéchal Alard (878), in: La Chanson de Geste et le mythe carolingien, Mélanges René Louis I, Saint-Père-sous-Vézelay 1982, S. 228–252.

FALKENHAUSEN, Vera v., 'Maximilla regina, soror Rogerius rex', in: Italia et Germania. Liber Amicorum Arnoldi Esch, hg. von Hagen KELLER, Werner PARAVICINI und Wolfgang SCHIEDER, Tübingen 2001, S. 361–377.

FASOLI, Gina, Adalberto d'Ivrea, in: Dizionario biografico degli Italiani I, Rom 1960, S. 217.

FAUSSNER, Hans Constantin, Königliches Designationsrecht und herzogliches Geblütsrecht. Zum Königtum und Herzogtum in Baiern im Hochmittelalter, (= Sitzungsberichte der Österreichischen Akademie der Wissenschaften, phil.-hist. Klasse, 429. Bd.), Wien 1984.

– Kuno von Öhningen und seine Sippe in ottonisch-salischer Zeit, in: DA 37, 1981, S. 20–139.

– Die Rechtsgrundlage des passiven Königswahlrechtes in ottonisch-salischer Zeit, in: Festschrift für Louis Carlen, hg. von Louis C. MORSAK / Markus ESCHER, Zürich 1989, S. 133–156.

– Zum Regnum Bavariae Herzog Arnulfs (907–938), (= Sitzungsberichte der Österreichischen Akademie der Wissenschaften, phil.-hist. Klasse, 426. Bd.), Wien 1984.

– Die Thronerhebung des deutschen Königs im Hochmittelalter und die Entstehung des Kurfürstentums, in: ZGR germ. Abt. 108, 1991, S. 1–60.

– Die Verfügungsgewalt des deutschen Königs über weltliches Reichsgut im Hochmittelalter, in: DA 29, 1973, S. 345–449.

FEGER, Otto, Geschichte des Bodenseeraumes, Bd. 1, Konstanz 1956.

FENSKE, Lutz, Adelsopposition und kirchliche Reformbewegung im östlichen Sachsen. Entstehung und Wirkung des sächsischen Widerstandes gegen das salische Königtum während des Investiturstreits, (= Veröffentlichungen des Max-Planck-Instituts für Geschichte 47), Göttingen 1977.

FIETZ, Christoph, Geschichte Berengars II. von Ivrea, Königs von Italien, Diss. Leipzig 1870.

FLECKENSTEIN, Josef, Über die Herkunft der Welfen und ihre Anfänge in Süddeutschland, in: Studien und Vorarbeiten zur Geschichte des großfränkischen und frühdeutschen Adels, hg. v. Gerd TELLENBACH, (= Forschungen zur oberrheinischen Landesgeschichte 4), Freiburg/Br. 1957, S. 71–136.

FORMENTINI, Ubaldo, Adalberto (Obertengo), in: Dizionario biografico degli Italiani I, Rom 1960, S. 212 f.

FORSSMAN, Julius, Die Beziehungen altrussischer Fürstengeschlechter zu Westeuropa, Bern 1970.

F(REEMAN), E(dward) A., Aelfred, king of the West-Saxons, in: The Dictionary of National Biography, vol. I, Oxford 1917, S. 152–161.

– The History of the Norman Conquest of England, Bd. 1 u. 2, 3. Aufl. Oxford 1877.

FREISE, Eckhard, Die Genealogia Arnulfi comitis des Priesters Witger, in: FmSt 23, 1989, S. 203–243 (mit 2 Tafeln).

FREYTAG, Hans-Joachim, Die Herrschaft der Billunger in Sachsen, (= Studien und Vorarbeiten zum Historischen Atlas Niedersachsens 20), Göttingen 1951.

FRIED, Johannes, Prolepsis oder Tod? Methodische und andere Bemerkungen zur Konradiner-Genealogie im 10. und frühen 11. Jahrhundert, in: Papstgeschichte und Landesgeschichte. Festschrift für Hermann Jakobs, hg. von Joachim DAHLHAUS und Armin KOHNLE, Köln – Weimar – Wien 1995, S. 69–119.

– Der Weg in die Geschichte. Die Ursprünge Deutschlands. Bis 1024, (= Propyläen Weltgeschichte Deutschlands I), Berlin 1994.

FRIEDMANN, Andreas Urban, Die Beziehungen der Bistümer Worms und Speyer zu den ottonischen und salischen Königen, (= Quellen und Abhandlungen zur mittelrheinischen Kirchengeschichte 72), Mainz 1994.

FRIESE, Alfred, Studien zur Herrschaftsgeschichte des fränkischen Adels. Der mainländisch-thüringische Raum vom 7. bis 11. Jahrhundert, (= Geschichte und Gesellschaft, Bochumer Historische Studien 18), Stuttgart 1979.

FUSSBROICH, Helmut, Das Grab der Kaiserin Theophanu in St. Pantaleon zu Köln, in: Gunther WOLF (Hg.), Kaiserin Theophanu, (s. dort) S. 295–300.

– Metamorphosen eines Grabes. Grabstätten der Theophanu in der ehemaligen Benediktinerabtei Sankt Pantaleon, in: Anton von EUW u. Peter SCHREINER (Hg.), Kaiserin Theophanu, (s. dort) S. 231–243.

FUMAGALLI, Vito, Le origini di una grande dinastia feudale: Adalberto-Atto di Canossa, (= Bibliothek des Deutschen Historischen Instituts in Rom 35), Tübingen 1971.

GABOTTO, Ferdinando, I marchesi Obertenghi (conti di Tortona) fino alla pace di Luni (945–1124), in: Giornale storico della Lunigiana IX, 1918, S. 3–46 (mit Stammtafel); ND in: BSSS 96, 1922, S. 149–190.

GAEDEKE, Nora, Zeugnisse bildlicher Darstellung der Nachkommenschaft Heinrichs I., (= Arbeiten zur Frühmittelalterforschung 2), Berlin – New York 1992.

GAETTENS, Richard, Das Geburtsjahr Heinrichs V. 1081 oder 1086? Rechtsgeschichtliche und numismatische Erörterungen, in: ZRG germ. Abt. 79, 1962, S. 52–71.

GARNIER, Édouard, Tableaux généalogiques des Souverains de la France et de ses grands feudataires, Paris 1863.

GAUTRIES, vgl. bei Adigard de Gautries, Jean.

GEBHARDI, Johann Ludwig Levin, Historisch-genealogische Abhandlungen I, Lüneburg 1747.

GELDNER, Ferdinand, Zum Babenberger-Problem, in: HJb 81, 1962, S. 1–21.

– Geburtsort, Geburtsjahr und Jugendzeit Kaiser Heinrichs II., in: DA 34, 1978, S. 520–538.

– Zur Genealogie der „alten Babenberger“, in: HJb 84, 1964, S. 257–270.

– Neue Beiträge zur Geschichte der „alten Babenberger“, (= Bamberger Studien zur fränkischen und deutschen Geschichte 1), Bamberg 1971.

– Tatsachen und Probleme der Vor- und Frühgeschichte des Hochstifts Bamberg, (= Bamberger Studien zur fränkischen und deutschen Geschichte 2), Bamberg 1973.

GELPKE, Ernst Friedrich, Kirchengeschichte der Schweiz, Bd. II, Bern 1861.

GENSICKE, Hellmuth, Landesgeschichte des Westerwaldes, (= Veröffentlichungen der Historischen Kommission für Nassau 13), Wiesbaden 1958.

GEORGE, Hereford B., Genealogical Tables illustrative of Modern History, 6. Aufl. Oxford 1930.

GERCHOW, Jan, Die Gedenküberlieferung der Angelsachsen. Mit einem Katalog der Libri vitae und Necrologien, Berlin – New York 1988.

GEORGI, Wolfgang, Bischof Keonwald von Worcester und die Heirat Ottos I. mit Edgitha im Jahre 929, in: HJb 115, 1995, S. 1–40.

GERSTNER, Ruth, Die Geschichte der lothringischen und rheinischen Pfalzgrafschaft von ihren Anfängen bis zur Ausbildung des Kurterritoriums Pfalz, (= Rheinisches Archiv 40), Bonn 1941.

GEWIN, Justinus Pedro Johannes, Die Verwandtschaften und politischen Beziehungen zwischen den westeuropäischen Fürstenhäusern im Frühmittelalter, 'S-Gravenhage 1964.

GIESEBRECHT, Wilhelm v., Geschichte der deutschen Kaiserzeit, Bd. II und III,2, 4. Aufl. Braunschweig 1875 und 1877, 5. Aufl. Leipzig 1885.

GINGINS-LA-SARRA, F(rédéric-Jean-Charles), Mémoires pour servir à l'histoire des royaumes de Provence et de Bourgogne jurane I: Les Bosonides, Lausanne 1851.

GISI, Wilhelm, Die Mutter von Burchard II., Erzbischof von Lyon. Die Familie Anselms, des Stifters von Lutry, in: Anzeiger für Schweizerische Geschichte 16, 1885, S. 375–381.

– Der Ursprung des Hauses Rheinfelden, in: Anzeiger für Schweizerische Geschichte 18, 1887, S. 25–40.
– Der Ursprung des Hauses Savoyen, in: Anzeiger für Schweizerische Geschichte 18, 1887, S. 121–155.

GLOCKER, Winfrid, Die Verwandten der Ottonen und ihre Bedeutung in der Politik. Studien zur Familienpolitik und zur Genealogie des sächsischen Kaiserhauses, (= Böhlau. Dissertationen zur mittelalterlichen Geschichte 5), Köln – Wien 1989.

GOCKEL, Michael, Nordhausen, in: Die deutschen Königspfalzen. Repertorium der Pfalzen, Königshöfe und übrigen Aufenthaltsorte der Könige im deutschen Reich des Mittelalters, hg. vom Max-Planck-Institut für Geschichte, Bd. II, Lieferung 3–4, Göttingen 1986 und 1991, S. 319–385.

GOETTING, Hans, Die Anfänge des Reichsstifts Gandersheim, in: BrJb 31, 1950, S. 5–52.
– Das Bistum Hildesheim 1: Das reichsunmittelbare Kanonissenstift Gandersheim, (= Germania Sacra NF 7), Berlin – New York 1973.

GOETZ, Hans-Werner, 'Dux' und 'Ducatus'. Begriffs- und verfassungsgeschichtliche Untersuchungen zur Entstehung des sogenannten 'jüngeren' Stammesherzogtums an der Wende vom neunten zum zehnten Jahrhundert, Bochum 1977.
– Hugo Capet 987–996, in: Die französischen Könige des Mittelalters. Von Odo bis Karl VIII., 888–1498, hg. von Joachim EHLERS, Heribert MÜLLER und Bernd SCHNEIDMÜLLER, München 1996, S. 75–86.
– Hugo Capet, in: LexMA V, München – Zürich 1991, Sp. 157 f.

GOEZ, Elke, Der Thronerbe als Rivale: König Konrad, Kaiser Heinrichs IV. älterer Sohn, in: HJb 116, 1996, S. 1–49.

GRAFEN, Hansjörg, Forschungen zur älteren Speyerer Totenbuchüberlieferung. Mit einer Textwiedergabe der Necrologanlage von 1273, (= Quellen und Abhandlungen zur mittelrheinischen Kirchengeschichte 74), Mainz 1996.
– Spuren der ältesten Speyerer Necrologüberlieferung. Ein verlorenes Totenbuch aus dem 11. Jahrhundert, in: FmSt 19, 1985, S. 379–431.

GRAUERT, Hermann, Die Kaisergräber im Dom zu Speyer. Bericht über ihre Öffnung im August 1900, in: Sitzungsberichte der Bayerischen Akademie der Wissenschaften, phil.-hist. Kl. 1900, (1901), S. 539–617.

GRÉGOIRE, Henri, An Armenian Dynastie on the Byzantine Throne, in: Armenian Quarterly 1, 1946, S. 4–21.
– La carrière du premier Nicephore Phocas, in: Mélanges St. Kyriakidès, Hellènika Suppl. 4, Thessalonika 1953, S. 232–254.

GREINER, Walter, Richlind von Öhningen und die Heiratspolitik des Hochadels vom 8. bis zum 12. Jahrhundert, Sonthofen 2001.

GRESSER, Georg, Das Bistum Speyer bis zum Ende des 11. Jahrhunderts, (= Quellen und Abhandlungen zur mittelrheinischen Kirchengeschichte 89), Mainz 1998.

GRONEUER, Wilfried, Die weltlichen Gewalten in Reichsitalien unter Konrad II. und Heinrich III. (1024–1056), Diss. masch. FU Berlin 1964.

GROTEFEND, Hermann, Taschenbuch der Zeitrechnung, 9. Aufl. Hannover 1948. (Auch spätere Auflagen).

GROSSE-(Wernigerode), Walther, Lothar von Süpplingenburg und seine Beziehungen zum Harzgebiet, in: Zeitschrift des Harz-Vereins für Geschichte und Altertumskunde 27, 1937, S. 81–99.

GUILLOT, Olivier, Agnes (v. Burgund), in: LexMA I, München – Zürich 1980, Sp. 213.

– Le comte d'Anjou et son entourage au XIe siècle, 2 Bde., Paris 1972.

GUSSONE, Nikolaus, Trauung und Krönung. Zur Hochzeit der byzantinischen Prinzessin Theophanu mit Kaiser Otto II., in: Kaiserin Theophanu. Begegnung des Ostens und des Westens um die Wende des ersten Jahrtausends, hg. von Anton van EUW und Peter SCHREINER, Köln 1991, S. 161–174.

HAAG, Victor, Les origines de la première maison comtale luxembourgeoise, 1. Teil in: T'Hémecht. Zeitschrift für Luxemburger Geschichte, 4. Jahrgang Heft 3, 1951, S. 16–32; 2. Teil in: T'Hémecht 4. Jahrg. Heft 4, 1951, S. 3–26; 3. Teil in: T'Hémecht, 5. Jahrg. Heft 1, 1952, S. 48–59 mit Stammtafel.

– A propos d'une nouvelle version sur les origines de la première maison comtale de Luxembourg, in: T'Hémecht 15, 1963, S. 511–516.

HAGN, Hans, Illegitimität und Thronfolge. Zur Thronfolgeproblematik illegitimer Merowinger, Karolinger und Ottonen, Neuried (b. München) 2006.

HAHN, Wolfgang, Blagota coniunx und Emma Regina – einige Randbemerkungen zu den ältesten böhmischen Herzogsmünzen, in: Jahrbuch für Numismatik und Geldgeschichte 28/29, 1978/79, S. 65–81.

HALPHEN, Louis, Le Comté d'Anjou au XIe siècle, Paris 1906.

HAMMER, Kathrin, Die Babenberger, Diss. masch. Münster/Westf. 1945.

HARE, Michael, Cnut and Lotharingia: two notes, in: Anglo-Saxon England 29, Cambridge 2000, S. 261–278.

HARTUNG, Wolfgang, Die Herkunft der Welfen aus Alemannien, in: Die Welfen. Landesgeschichtliche Aspekte ihrer Herrschaft, hg. von Karl-Ludwig AY, Lorenz MAIER, Joachim JAHN, (= Forum Suevicum 2), Konstanz 1998, S. 23–55.

HAUBRICHS, Wolfgang, Der Prestarievertrag des Bischofs Theotelach von Worms mit dem Grafen Erinfrid vom Jahre 891. Edition und Untersuchungen zur Onomastik und Siedlungsgeschichte, in: JWLG 16, 1990, S. 1–83.

HAUCK, Albert, Kirchengeschichte Deutschlands, Bd. 2, 8. Aufl. Berlin – Leipzig 1954.

HECHBERGER, Werner, Graphische Darstellungen des Welfenstammbaums. Zum 'welfischen Selbstverständnis' im 12. Jahrhundert, in: AKG 79, 1997, S. 269–297.

HEINEMEYER, Karl, Der Prozeß Heinrichs des Löwen, in: Der Reichstag von Gelnhausen. Ein Markstein in der deutschen Geschichte 1180–1980, hg. von Hans PATZE, Marburg – Köln 1981, S. 1–60.

Heinrich der Löwe und seine Zeit. Herrschaft und Repräsentation der Welfen 1125–1235. Katalog der Ausstellung Braunschweig 1995, Bd. 2: Essays, hg. von Jochen LUCKHARDT und Franz NIEHOFF, München 1995.

HEINZELMANN, Josef, Der Name Sophia als genealogisches Indiz und Problem. Teil II: Sophia von Salm und von Spanheim, in: Archiv für Familiengeschichtsforschung 6, Heft 4, 2002, S. 285–305.

– Spanheimer-Späne: Schachwappen und Konradinererbe, in: JWLG 25, 1999, S. 7–65.

HELLMANN, Manfred, Die Heiratspolitik Jaroslavs des Weisen, in: Forschungen zur osteuropäischen Geschichte 8, 1962, S. 7–25; ND in: DERS., Beiträge zur Geschichte des östlichen Europa im Mittelalter. Gesammelte Aufsätze, Amsterdam 1988, S. 157–175.

HELLMANN, Siegmund, Die Grafen von Savoyen und das Reich bis zum Ende der staufischen Periode, Innsbruck 1900.

– Das Reich und die Grafen von Savoyen bis zum Tode der Gräfin Adelheid (1091). Habilitationsschrift München 1899.

HENRICH, Günther Steffen, Theophanu oder Theophano? Zur Geschichte eines 'gespaltenen' griechischen Frauennamensuffixes, in: Kaiserin Theophanu. Begegnung des Ostens und des Westens um die Wende des ersten Jahrtausends, hg. von Anton van EUW und Peter SCHREINER, Bd. II, Köln 1991, S. 89–100.

HERRMANN, Hans-Walter, Arlon, in: LexMA I, München – Zürich 1980, Sp. 958 f.

HEYEN, Franz-Josef, Simeon und Burchard-Poppo. Aus den Anfängen des Stiftes St. Simeon in Trier, in: Institutionen, Kultur und Gesellschaft im Mittelalter, Festschrift für Josef Fleckenstein, hg. von Lutz FENSKE u. a., Sigmaringen 1984, S. 195–205.

HIELSCHER, Birgit, Gisela, Königin von Ungarn und Äbtissin von Passau-Niedernburg, in: Ostbairische Grenzmarken, Passauer Jahrbuch für Geschichte, Kunst und Volkskunde, Passau 1968, S. 265–289.

HIESTAND, Rudolf, Byzanz und das Regnum Italicum im 10. Jahrhundert, (= Geist und Werk der Zeiten 9), Zürich 1964.

HILS, Kurt, Die Grafen von Nellenburg im 11. Jahrhundert. Ihre Stellung zum Adel, zum Reich und zur Kirche, (= Forschungen zur oberrheinischen Landesgeschichte 19), Freiburg/Br. 1967.

HILSCH, Peter, Regenbach und die Schenkung der Kaiserin Gisela, in: ZWLG 42, 1983, S. 52–81.

HINDTE, Hartmut von, Otto, Graf von Northeim, in: LexMA VI, München – Zürich 1993, Sp. 1578.

HIRSCH, Paul, Die Erhebung Berengars I. von Friaul zum König in Italien, Diss. Straßburg 1910.

HIRSCH, Siegfried – PABST, Hermann – BRESSLAU, Harry, Jahrbücher des Deutschen Reiches unter Heinrich II., (= Jahrbücher der Deutschen Geschichte), 3 Bde., Berlin 1862–1875.

HLAWITSCHKA, Eduard, Zur Abstammung Richwaras, der Gemahlin Herzog Bertholds I. von Zähringen, in: ZGO 154, 2006, S. 1–20.
– Die Anfänge des Hauses Habsburg-Lothringen. Genealogische Untersuchungen zur Geschichte Lothringens und des Reiches im 9., 10. und 11. Jahrhundert, (= Veröffentlichungen der Kommission für saarländische Landesgeschichte und Volksforschung IV), Saarbrücken 1969.
– Beiträge zur Genealogie der Burchardinger und Liutpoldinger, in: Herrschaft, Kirche, Kultur. Beiträge zur Geschichte des Mittelalters. Festschrift für Friedrich Prinz, hg. von Georg JENAL und Stephanie HAARLÄNDER, Stuttgart 1993, S. 203–217.
– Zur Bleitafelinschrift aus dem Grab der Kaiserin Gisela, in: HJb 97/98, 1978, S. 439–445.
– Die familiären Verbindungen der Brunonen, in: Auxilia historica. Festschrift für Peter Acht zum 90. Geburtstag, hg. von Walter KOCH, Alois SCHMID und Wilhelm VOLKERT, München 2001, S. 133–162.
– Franken, Alemannen, Bayern und Burgunder in Oberitalien (774–962), (= Forschungen zur oberrheinischen Landesgeschichte 8), Freiburg/Br. 1960.
– Zum Geburtsdatum Kaiser Heinrichs V., in: HJb 110, 1990, S. 471–475.
– Zu den Grundlagen der staufischen Stellung im Elsaß: Die Herkunft Hildegards von Schlettstadt, Sitzungsberichte der Sudetendeutschen Akademie der Wissenschaften und Künste, geisteswissenschaftl. Klasse, Jahrgang 1991, Heft 9, München 1991; auch in: Schriften der Sudetendeutschen Akademie der Wissenschaften und Künste, Bd. 13, München 1991, S. 31–102.
– (mit Hartwig CLEVE), Zur Herkunft der Herzogin Judith von Bayern († 1094), in: Festschrift für Andreas Kraus, hg. von Pankraz FRIED und Walter ZIEGLER, (= Münchener Historische Studien, Abt. Bayerische Geschichte, Bd. 10), Kallmünz/Opf. 1982, S. 15–32; ND in: DERS., Stirps regia (s.u.) S. 511–528.
– Zur Herkunft der Liudolfinger und zu einigen Corveyer Geschichtsquellen, in: RhVjbl. 38, 1974, S. 92–165; ND in: DERS., Stirps regia (s.u.) S. 313–354.
– Zur Herkunft und zum Namen Sophies von Bar und Mousson. Der Widerhall auf eine ‘Resonanz’, in: ZGO 152, 2004, S. 23–52.
– Zur Herkunft und zu den Seitenverwandten des Gegenkönigs Rudolf von Rheinfelden. Genealogische und politisch-historische Untersuchungen, in: Die Salier und das Reich, Bd. 1: Salier, Adel und Reichsverfassung, hg. von Stefan WEINFURTER unter Mitarbeit von Helmuth KLUGER, Sigmaringen 1991, S. 175–220.
– Herzog Giselbert von Lothringen und das Kloster Remiremont, in: ZGO 108, 1960, S. 422–465; ND in: DERS., Stirps regia (s. u.) S. 377–420.
– Herzogin Hemma von Böhmen († 1005/06): – war sie eine burgundische oder eine englische Königstochter oder identisch mit Königin Hemma von Frankreich?, in: Schriften der Sudetendeutschen Akademie der Wissenschaften und Künste, Bd. 17, München 1996, S. 67–98.
– Hildegard von Schlettstadt. Ihre Bedeutung für die Stellung der Staufer im Elsaß, in: Frauen der Staufer, (= Schriften zur staufischen Geschichte und Kunst,

Bd. 25), hg. von der Gesellschaft für staufische Geschichte e.V. (Redaktion Karl-Heinz RUESS), Göppingen 2006, S. 12–27.
– Kaiser Heinrich II. (als Teil von 'Der König einer Übergangsphase und die Herrscher der frühdeutschen Zeit: Konrad I. und die Liudolfinger / Ottonen'), in: Mittelalterliche Herrscher in Lebensbildern. Von den Karolingern zu den Staufern, hg. von Karl R. SCHNITH, Graz – Wien – Köln 1990, S. 166–179.
– Königin Mathilde, in: Karl SCHNITH (Hg.), Frauen des Mittelalters in Lebensbildern, Graz – Wien – Köln 1997, S. 9–26.
– Königin Richeza von Polen – Enkelin Herzog Konrads von Schwaben, nicht Kaiser Ottos II. ?, in: Institutionen, Kultur und Gesellschaft im Mittelalter. Festschrift für Josef Fleckenstein, hg. von Lutz FENSKE u. a., Sigmaringen 1984, S. 221–244; ND in: DERS., Stirps regia (s. u.) S. 471–494.
– Die Königsherrschaft der burgundischen Rudolfinger. Zum Erscheinen eines neuen MGH-Diplomata-Bandes, in: HJb 100, 1980, S. 444–456; ND in: DERS., Stirps regia (s.u.) S. 299–311.
– Konradiner-Genealogie, unstatthafte Verwandtenehen und spätottonisch-frühsalische Thronbesetzungspraxis. Ein Rückblick auf 25 Jahre Forschungsdisput, (= MGH Studien und Texte 32), Hannover 2003.
– Kontroverses aus dem Umfeld von König Heinrichs I. Gemahlin Mathilde, in: Deus qui mutat tempora. Menschen und Institutionen im Wandel des Mittelalters. Festschrift für Alfons Becker, hg. von Ernst-Dieter HEHL, Hubertus SEIBERT und Franz STAAB, Sigmaringen 1987, S. 33–54; ND in: DERS., Stirps regia (s. u.) S. 355–376.
– Zur Lebensgeschichte Erzbischof Odelrichs von Reims, in: ZGO 109 (NF 70), 1961, S. 1–20.
– Der Lebensweg des englischen Prinzen Eduard des Exilierten und die Ahnen der Hl. Margarete von Schottland, in: Von Sachsen bis Jerusalem. Menschen und Institutionen im Wandel der Zeit. Festschrift für Wolfgang Giese, hg. von Hubertus SEIBERT und Gertrud THOMA, München 2004, S. 185–206.
– Lotharingien und das Reich an der Schwelle der deutschen Geschichte, (= MGH Schriften 21), Stuttgart 1968.
– Zum Nachruhm König Bernhards von Italien, in: Sine ira et studio. Militärhistorische Studien zur Erinnerung an Hans Schmidt, hg. von Uta LINDGREN, Karl SCHNITH, Jakob SEIBERT, (= Münchener Historische Studien, Abt. Mittelalterliche Geschichte 7), Kallmünz/Opf. 2001, S. 23–40.
– Northeimer und Luxemburger. Nochmals zur angeblichen Abstammungsgemeinschaft der beiden Adelsgeschlechter, in: Festschrift für Walter Koch (voraussichtl. 2007).
– Zur Otbertinergenealogie am Ausgang des 10. Jahrhunderts: Markgraf Adalbert und seine Frau Bertrada, in: Società, istituzioni, spiritualità. Studi in onore di Cinzio Violante, Bd. 1, Spoleto 1994, S. 459–475.
– Die Ottonen-Einträge der Lausanner Annalen, in: Roma renascens. Beiträge zur Spätantike und Rezeptionsgeschichte, Festschrift für Ilona Opelt, hg. von Michael WISSEMANN, Frankfurt a. M., Bern u. a. 1988, S. 125–148.

– Die Rechtsgrundlagen und Verhaltensweisen bei der Überwindung der Thronbesetzungskrise im Jahre 1002, in: Schriften der Sudetendeutschen Akademie der Wissenschaften und Künste, Bd. 26, München 2005, S. 43–70.
– Stammten die Grafen von Northeim aus dem Hause Luxemburg?, in: RhVjbl 63, 1999, S. 276–289.
– Stirps regia. Forschungen zu Königtum und Führungsschichten im früheren Mittelalter. Ausgewählte Aufsätze. Festgabe zu seinem 60. Geburtstag, hg. von Gertrud THOMA und Wolfgang GIESE, Frankfurt a. M., Bern u. a. 1988.
– Textkritisches zur Series abbatum Flaviniacensium, in: Landschaft und Geschichte, Festschrift für Franz Petri, hg. von Georg DROEGE, Peter SCHÖLLER, Rudolf SCHÜTZEICHEL und Matthias ZENDER, Bonn 1970, S. 250–265.
– Die Thronkandidaturen von 1002 und 1024. Gründeten sie im Verwandtenanspruch oder in Vorstellungen von Freier Wahl?, in: Reich und Kirche vor dem Investiturstreit, hg. von Karl SCHMID, Sigmaringen 1985, S. 49–64; ND in: DERS., Stirps regia (wie oben) S. 495–510.
– Der Thronwechsel des Jahres 1002 und die Konradiner. Eine Auseinandersetzung mit zwei Arbeiten von Armin Wolf und Donald C. Jackman, in: ZRG germ. Abt. 110, 1993, S. 149–248.
– Untersuchungen zu den Thronwechseln der ersten Hälfte des 11. Jahrhunderts und zur Adelsgeschichte Süddeutschlands. Zugleich klärende Forschungen um 'Kuno von Öhningen', (= VuF Sonderband 35), Sigmaringen 1987.
– Die Verbreitung des Namens Zwentibold in frühdeutscher Zeit. Personengeschichtliche Beobachtungen und Erwägungen, in: Festschrift für Herbert Kolb, hg. von Klaus MATZEL und Hans-Gert ROLOFF, Bern – Frankfurt/M. u. a. 1989, S. 264–292.
– Die 'Verwandtenehe' des Gegenkönigs Hermann von Salm und seiner Frau Sophie. Ein Beitrag zu den Familienbeziehungen der rheinischen Ezzonen/Hezeliniden und des Grafenhauses von Formbach/Vornbach, in: Bayern vom Stamm zum Staat, Festschrift für Andreas Kraus, hg. von Konrad ACKERMANN, Alois SCHMID, Wilhelm VOLKERT, Bd. 1, München 2002, S. 19–51.
– Die verwandtschaftlichen Verbindungen zwischen dem hochburgundischen und dem niederburgundischen Königshaus. Zugleich ein Beitrag zur Geschichte Burgunds in der 1. Hälfte des 10. Jahrhunderts, in: Grundwissenschaften und Geschichte. Festschrift für Peter Acht, (= Münchener Historische Studien, Abt. Geschichtliche Hilfswissenschaften 15), Kallmünz 1976, S. 28–57; ND in: DERS., Stirps regia (s.o.) S. 269–298.
– Die Vorfahren Karls des Großen, in: Karl der Große I: Persönlichkeit und Geschichte, hg. von Helmut BEUMANN, Düsseldorf 1965, 3. Aufl.1967, S. 51–82.
– War Graf Siegfried I. von Luxemburg ein Sohn Herzog Giselberts von Lothringen?, in: Schriften der Sudetendeutschen Akademie der Wissenschaften und Künste, Bd. 23, München 2002, S. 53–67.
– War die oberlothringische Herzogstochter Sophie von Bar und Mousson eine Nachkommin der Kaiserin Theophanu? Ein Beitrag zum Thema 'Mittelalterliche Namengebung und moderne Ahnenforschung', in: Schriften der Sude-

tendeutschen Akademie der Wissenschaften und Künste, Bd. 23, München 2002, S. 83–102.
– Waren die Kaiser Wido und Lambert Nachkommen Karls des Großen?, in: QFIAB 49, 1969, S. 366–386; ND in: DERS., Stirps regia (s.o.) S. 227–246.
– Wer waren Kuno und Richlind von Öhningen? Kritische Überlegungen zu einem neuen Identifizierungsvorschlag, in: ZGO 128, 1980, S. 1–49; ND in: DERS., Stirps regia (s. o.) S. 421–469.
– Die Widonen im Dukat von Spoleto, in: QFIAB 63, 1983, S. 20–92; ND in: DERS., Stirps regia (s. o.) S. 155–226.
HÖMBERG, Albert K., Geschichte der Comitate des Werler Grafenhauses, in: Westfälische Zeitschrift 100, 1950, S. 9–133.
HÖSCH, Edgar, Vladimir der Heilige, in: Exempla historica. Epochen der Weltgeschichte in Biographien, Bd. 13: Mittelalter, (= Fischer-Taschenbuch 17013), 1984, S. 79–89.
HOFFMANN, Hartmut, Mönchskönig und rex idiota. Studien zur Kirchenpolitik Heinrichs II. und Konrads II., (= MGH Studien und Texte 8), Hannover 1993.
HOFMEISTER, Adolf, Die Ahnentafeln der Markgrafen von Brandenburg, in: Forschungen zur Brandenburgischen und Preußischen Geschichte, Bd. 33, 1921, S. 1–87, 409–412; Bd. 34, 1922, S. 86–92.
– Deutschland und Burgund im früheren Mittelalter. Eine Studie über die Entstehung des arelatensischen Reiches und seine politische Bedeutung, 2. Aufl. Darmstadt 1963.
– Markgrafen und Markgrafschaften im Italischen Königreich in der Zeit von Karl dem Großen bis auf Otto den Großen (774–962), in: MIÖG Ergbd. 7, 1907, S. 215–435.
– Puer, iuvenis, senex. Zum Verständnis der mittelalterlichen Altersbezeichnungen, in: Papsttum und Kaisertum, Festschrift für Paul Kehr, München 1926, S. 287–316.
– Rezension von F. CURSCHMANN, Zwei Ahnentafeln, in: ZGO 75 (NF 36), 1921, S. 482.
– Studien zu Theophano, in: Festschrift Edmund E. Stengel zum 70. Geburtstag, dargebracht von Freunden, Fachgenossen und Schülern, Münster 1952, S. 223–262.
– Wipos Verse über die Abstammung der Kaiserin Gisela von Karl dem Großen, in: Historische Vierteljahrschrift 19, 1919, S. 386–392.
HOHL, Claude, Le comte Landri de Nevers dans l'histoire et dans la Geste de Girart de Roussillon, in: La Chanson de Geste et le mythe Carolingien, Mélanges René Louis, tom. II, Saint-Père-sous-Vézelay 1982, S. 791–806.
HOLTZMANN, Robert, Geschichte der Sächsischen Kaiserzeit (900–1024), 6. Aufl. München 1979.
– Das Laurentius-Kloster zu Calbe. Ein Beitrag zur Erläuterung Thietmars von Merseburg, in: DERS., Aufsätze zur deutschen Geschichte im Mittelelberaum, hg. von Albrecht TIMM, Darmstadt 1962, S. 163–192.
HOLTZMANN, Walther, Maximilla regina, soror Rogerii regis, in: DA 19, 1963, S. 149–167.

HOLZFURTNER, Ludwig, Gloriosus Dux. Studien zu Herzog Arnulf von Bayern (907–937), (= ZBLG Beiheft 25, Reihe B), München 2003.

HONSELMANN, Klemens, Eine Teilabschrift der Corveyer Traditionen, Falkes Druckausgabe und ihre Quellen, in: Zeitschrift 'Westfalen' Bd. 51, S. 6–21.

HOUBEN, Hubert, Adelaide 'del Vasto' nella storia del regno di Sicilia, in: DERS., Mezzogiorno normanno-svevo. Monasteri e castelli, ebrei e muselmani, (= Nuovo Medioevo 52), Neapel 1996, S. 81–113. (Nicht benutzter Erstdruck in: Itinerari di ricerca storica IV, Lecce 1990, S. 9–40).

– Il 'Libro del capitolo' del monastero della SS. Trinità di Venosa (Cod. Casin. 334): una testimonianza del Mezzogiorno normanno, Galatina 1984.

HOUTS, Elisabeth M(aria) C(ornelia) van, Countess Gunnor of Normandy (ca. 950–1031), in: Collegium Mediaevale 12, 1999, S. 7–24.

– The origines of Herleva, mother of William the Conquerer, in: EHR 101, 1986, S. 399–404.

– Quelques remarques sur les interpolations attribuées à Orderic Vital dans les Gesta Normannorum Ducum de Guillaume de Jumièges, in: Revue d'Histoire des Textes 8, 1978, S. 215–222.

– Robert of Torigni as Genealogist, in: Studies of Medieval History presented to R. Allen Brown, ed. C. HARPER-BILL, C. HOLDSWORTH and J.L. NELSON, Woodbridge 1989, S. 215–233; ND in: DIES., History and Family Traditions in England and the Continent, 1000–1200, (= Ashgate Variorum Collected Studies Series), Nr. XII, Aldershot u. a. 1999.

HOWARD, Jan, Swein Forkbeard's invasions and the Danish Conquest of England 991–1017, Woodbridge 2003.

HUBE, Hans-Jürgen, Saxo Grammaticus, Gesta Danorum. Mythen und Legenden des berühmten mittelalterlichen Geschichtsschreibers, übersetzt, nacherzählt und kommentiert, Wiesbaden 2004.

HUCKE, Richard G., Die Grafen von Stade 940–1144. Genealogie, politische Stellung, Comitat und Allodialbesitz der sächsischen Udonen, Stade 1956.

HUDSON, Benjamin T., Kings of Celtic Scotland, Westport u. London 1994.

– From Senchus to Histore. Traditions of King Duncan I, in: Scottish Literature 25, 1990, S. 100–120.

HÜCKEL, G.-A., Les poèmes satiriques d'Adalbéron, in: Mélanges d'histoire du moyen âge, ed. Achille LUCHAIRE, (= Bibliothèque de la Faculté des Lettres de Paris, fasc. 13), Paris 1901, S. 49–184.

HUNEYCUTT, Lois L., Matilda of Scotland: A Study in Medieval Queenship, Woodbridge 2003.

HUNT, William, Edmund or Eadmund, in: The Dictionary of National Biography VI, Oxford 1917 ff., S. 403–405.

ISENBURG, Wilhelm Karl Prinz von, Die Ahnen der deutschen Könige, Kaiser und ihrer Gemahlinnen, Görlitz 1932.

– Stammtafeln zur Geschichte der europäischen Staaten. (Europäische Stammtafeln), Bd. I und II, Berlin 1936; durch Frank Baron FREYTAG VON LORINGHOVEN berichtigte und ergänzte 2. Aufl. Marburg 1955 u. 1956; Bd. III u. IV von Frank Baron FREYTAG VON LORINGHOVEN, Marburg 1956 u. 1957.

JACKMAN, Donald C., Criticism and Critique. Sidelights on the Konradiner, (= Prosopographica et Genealogica 1), Oxford 1997.
- Das Eherecht und der frühdeutsche Adel, in: ZRG germ. Abt. 112, 1995, S. 158–201.
- A Greco-Roman Onomastic Fund, in: Onomastique et parenté dans l'Occident médiévale, hg. von Katherine S.B. KEATS-ROHAN und Christian SETTIPANI, (= Prosopographica et genealogica 3), Oxford 2000, S. 14–56.
- The Konradiner. A Study in Genealogical Methodology, (= Ius commune, Sonderhefte: Studien zur Europäischen Rechtsgeschichte 47), Frankfurt a. M. 1990.
- The Position of the Counts of Sponheim as Heirs of the Konradiner, in: Archiv für Familiengeschichtsforschung 6, Heft 4, 2002, S. 266–284.
- Rezension von Eleanor SEARLE, Predatory Kinship and the Creation of Norman Power, 840–1066, Berkeley 1988, in: Ius commune, Zeitschrift für Europäische Rechtsgeschichte 18, 1991, S. 275 f.
- Rorgonid Right – Two Scenarios, in: Francia 26/1, 1999, S. 129–153.

JACOB, Georg, Arabische Berichte von Gesandten an germanische Fürstenhöfe aus dem 9. und 10. Jahrhundert, (= Quellen zur deutschen Volkskunde, hg. von V. v. CRAMB und L. MACKENSEN, Heft 1), Berlin – Leipzig 1927.

JACOBSON, Lis / Erik MOLTKE, Danmarks Runeindskrifter, Bd. 1 (Atlasband) Kopenhagen 1941, Bd. 2 (Textband), Kopenhagen 1942.

JAEKEL, Hugo, Die Grafen von Mittelfriesland aus dem Geschlecht König Ratbods, Gotha 1895.

JÄNICHEN, Hans, Baar und Huntari, in: Grundfragen der alemannischen Geschichte, (= VuF 1), hg. von Theodor MAYER, Lindau – Konstanz 1955, S. 83–148 (und 3 Tafeln).

JÄSCHKE, Kurt-Ulrich, Material zur Geschichte Kaiser Heinrichs II. Ein neuer Band der Regesta Imperii und seine Leistungsfähigkeit, in: NsJLG 44, 1972, S. 304–315.
- Notwendige Gefährtinnen. Königinnen der Salierzeit als Herrscherinnen und Ehefrauen im römisch-deutschen Reich des 11. und beginnenden 12. Jahrhunderts, Saarbrücken-Scheidt 1991.

JAFFÉ, Philipp, Geschichte des Deutschen Reiches unter Lothar dem Sachsen, Berlin 1843.

JAKOBI, Franz-Josef, Zur Frage der Nachkommen der heiligen Ida und der Neuorientierung des sächsischen Adels in der Karolingerzeit, in: Heilige Ida von Herzfeld 980–1980, Festschrift zur tausendjährigen Wiederkehr ihrer Heiligsprechung, hg. von Géza JÁSZAI, Münster 1980, S. 53–63.
- Die Liudolfinger / Ottonen und Westfalen, in: Der weite Blick des Historikers. Festschrift für Peter Johanek, hg. von Wilfried EHBRECHT u.a., Köln – Weimar – Wien 2002, S. 283–299.

JAKOBS, Hermann, Der Adel in der Klosterreform von St. Blasien, (= Kölner Historische Abhandlungen 16) Köln – Graz 1968.

JESCH, Judith, Women in the Viking age, Woodbridge 1991.

JESSEE, W. Scott, A missing Capetian Princess: Advisa daughter of King Robert II of France, in: Medieval Prosopography 11/2, 1990, S. 1–16.

JOHANEK, Peter, Margarete, hl., in: LThK Bd. 6, 3. Aufl. Freiburg/Br. 1997, Sp. 1315 f.

JOHNSON, Penelope Delafield, Agnes of Burgundy, an Eleventh-Century Woman as Monastic Patron, in: Journal of Medieval History 15, 1989, S. 93–104.

JUNGMANN-STADLER, Franziska, Hedwig von Windberg, in: ZBLG 46, 1983, S. 235–300.

KAHL, Hans-Dietrich, Die Angliederung Burgunds an das mittelalterliche Imperium, in: Schweizerische Numismatische Rundschau 48, 1969, S. 13–105.

KAISER, Reinhold, Bischofsherrschaft zwischen Königtum und Fürstenmacht. Studien zur bischöflichen Stadtherrschaft im westfränkisch-französischen Reich im frühen und hohen Mittelalter, (= Pariser Historische Studien 17), Bonn 1981.

KALCKSTEIN, Carl v., Abt Hugo aus dem Hause der Welfen, in: Forschungen zur deutschen Geschichte 14, 1874, S. 37–128.

– Geschichte des französischen Königthums unter den ersten Capetingern, Bd. 1, Leipzig 1877.

KARAMSIN, Nikolai M., Geschichte des russischen Reiches, nach der zweiten Original-Ausgabe übersetzt von Fr. von HAUENSCHILD, 12 Bde., Leipzig 1820–1835.

KASTEN, Brigitte, Adalhard von Corbie. Die Biographie eines karolingischen Politikers und Klostervorstehers, Düsseldorf 1986.

KELLER, Hagen, Adelsherrschaft und städtische Gesellschaft in Oberitalien (9.–12. Jahrhundert), (= Bibliothek des Deutschen Historischen Instituts in Rom 52), Tübingen 1979.

– Bosone di Toscana, in: Dizionario biografico degli Italiani 13, Rom 1971, S. 277–279.

– Kloster Einsiedeln im ottonischen Schwaben, (= Forschungen zur oberrheinischen Landesgeschichte 13), Freiburg/Br. 1964.

KELLER, S., Theophano von Byzanz, in: 10. Nachrichtenblatt des Familienverbandes der Keller aus Schwaben, Tübingen 1938, S. 9–12.

KEYNES, Simon, The Crowland Psalter and the sons of King Edmund Ironside, in: Bodleian Library Record 11, 1985, S. 359–370.

– The cult of King Alfred the Great, in: Anglo-Saxon England 28, 1999, S. 225–356.

– The power of the written word: Alfredian England 871–899, in: Timothy REUTER (Hg.), Alfred the Great. Papers from the Eleventh-Centenary Conferences, Aldershot 2003, S. 175–197.

KIENAST, Walther, Der Herzogstitel in Frankreich und Deutschland (9. bis 12. Jahrhundert). Mit Listen der ältesten deutschen Herzogsurkunden, München – Wien 1968.

KIMPEN, Emil, Die Abstammung Konrads I. und Heinrichs I. von Karl dem Großen, in: Historische Vierteljahrsschrift 29, 1935, S. 722–767.

– Ezzonen und Hezeliniden in der rheinischen Pfalzgrafschaft, in: MIÖG Ergbd. 12, 1933, S. 1–91.
– Die ezzonische Verwandtschaft der rheinischen Pfalzgrafen, in: Coburg mitten im Reich. Festgabe zum 900. Gedenkjahr der ersten Erwähnung der Ur-Coburg und ihres Umlandes, hg. von Friedrich SCHILLING, Kallmünz / Opf. 1956, S. 184–216.
– Zur Genealogie der bayrischen Herzöge von 908 – 1070, in: JfLF 13, 1953, S. 55–83.
– Zur Herkunft Siegfrieds von Luxemburg, in: Eifelkalender 1955, hg. vom Eifelverein, S. 111–114; auch in: T'Hémecht 7, Heft 3/4, 1954, S. 316–319.
– Zur Königsgenealogie der Karolinger- bis Stauferzeit, in: ZGO 103, 1955, S. 35–115.

KIRBY, Daniel Peter, The earliest English Kings, Cambridge 1991.

KIRCHNER, Max, Die deutschen Kaiserinnen in der Zeit von Konrad I. bis zum Tode Lothars von Supplinburg, (= Eberings Historische Studien 78), Berlin 1910.

KLÄUI, Paul, Hochmittelalterliche Adelsherrschaften im Zürichgau, Zürich 1960.

KLAUSER, Renate, Der Heinrichs- und Kunigundenkult im mittelalterlichen Bamberg, (= 95. Bericht des Historischen Vereins Bamberg, Festgabe '950 Jahre Bistum Bamberg'), Bamberg 1957.

KLEBEL, Ernst, Alemannischer Hochadel im Investiturstreit, in: Grundfragen der Alemannischen Geschichte, hg. von Theodor MAYER, (= VuF 1), Lindau – Konstanz 1955, S. 209–242 und Tafeln I–IV.

KLEIN, René, Wer waren die Eltern des Grafen Sigfrid? Eine neue Hypothese zum Ursprung des ersten Luxemburger Grafenhauses, in: Annuaire / Jahrbuch 1998, hg. von der Association Luxembourgeoise de Généalogie et d'Héraldique – Luxemburgische Gesellschaft für Genealogie und Heraldik, Mersch (Luxembourg) 1998, S. 8–27.

KLEWITZ, Hans Walter, Germanisches Erbe im fränkischen und deutschen Königtum, in: WaG 7, 1941, S. 201–216.

KLUGE, Bernd, Conspectus Nummorum Germaniae Medii Aevi. Kommentierter Typenkatalog der deutschen Münzen des Mittelalters – von den Anfängen bis zur Ausbildung der regionalen Pfennigmünze, von 800 bis um 1140. Teil 5: Oberlothringen (4). Das Erzbistum Trier, Geldgeschichtliche Nachrichten 35, 2000, S. 184–198.

KLUGER, Helmuth, Propter claritatem generis. Genealogisches zur Familie der Ezzonen, in: Köln. Stadt und Bistum in Kirche und Reich des Mittelalters. Festschrift für Odilo Engels, hg. von Hanna VOLLRATH und Stefan WEINFURTER, Köln – Weimar – Wien 1993, S. 223–258.

KNETSCH, Carl, Das Haus Brabant. Genealogie der Herzöge von Brabant und der Landgrafen von Hessen, Bd. I, Darmstadt 1917.

KOCH, Armin, Kaiserin Judith. Eine politische Biographie, (= Historische Studien 486), Husum 2005.

KØNIGSFELDT, Johann Peter Frederik, Genealogiske-historiske tabeller over de nordiske rigers kongeslaegter, Kopenhagen 1856.

KÖNSGEN, Ewald, Zwei unbekannte Briefe zu den Gesta Regum Anglorum des Wilhelm von Malmesbury, in: DA 31, 1975, S. 204–214.

KÖPKE, Rudolf – Ernst DÜMMLER, Kaiser Otto der Große, (= Jahrbücher der Deutschen Geschichte), Leipzig 1876; ND Darmstadt 1962.

KORPELA, Jukka, Beiträge zur Bevölkerungsgeschichte und Prosopographie der Kiever Rus' bis zum Tode von Vladimir Monomach, (= Studia historica Jyväskyläensia 54), Jyväskylä 1995.

KRAH, Adelheid, Absetzungsverfahren als Spiegelbild von Königsmacht, (= Untersuchungen zur deutschen Staats- und Rechtsgeschichte NF 26), Aalen 1987.

KREMER, Johann Martin, Originum Nassoicarum pars prima historica, Wiesbaden 1779.

KRESTEN, Otto, Zur angeblichen Heirat Annas, der Tochter Kaiser Leons VI., mit Ludwig III. 'dem Blinden', in: Römische Historische Mitteilungen 42, Wien 2000, S. 171–211.

– Byzantinische Epilegomena zur Frage: Wer war Theophano?, in: Kaiserin Theophanu. Begegnung des Ostens und Westens um die Wende des ersten Jahrtausends, hg. von Anton van EUW und Peter SCHREINER, Bd. II, Köln 1991, S. 403–410.

KROGH, Knud J., Jelling, in: LexMA V, München – Zürich 1991, Sp. 348.

KRÜGER, Erich, Die Abstammung Heinrichs I., in: (Quiddes) Deutsche Zeitschrift fur Geschichtswissenschaft IX, 1893, S. 28–61, 319–322.

– Zur Herkunft der Zähringer I, in: ZGO 45 (NF 6), 1891, S. 553–635; II in: ZGO 46 (NF 7), 1892, S. 478–541.

KRÜGER, Hans-Jürgen, Der lothringische Adel im Hochmittelalter. (Zum Buch von Michel Parisse), in: JWLG 6, 1980, S. 25–42.

KRÜGER, Johannes, Grundsätze und Anschauungen bei den Erhebungen der deutschen Könige in der Zeit von 911–1056, Breslau 1911.

KRÜGER, Sabine, Studien zur Sächsischen Grafschaftsverfassung im 9. Jahrhundert, (= Studien und Vorarbeiten zum Historischen Atlas Niedersachsens 19), Göttingen 1950.

KRUG, Philipp, Eupraxia, Tochter des Großfürsten Vsevolod, Gemahlin des Kaisers Heinrich IV., in: DERS., Forschungen in der älteren Geschichte Rußlands, Bd. 2, St. Petersburg 1848, S. 579–618.

KRUGGEL, Otto, Wann starb Kaiser Lothar III.?, in: MIÖG 97, 1989, S. 427–434.

KRUMWIEDE, Hans-Walter, Das Stift Fischbeck an der Weser. Untersuchungen zur Frühgeschichte 955–1158, (= Studien zur Kirchengeschichte Niedersachsens 9), Göttingen 1955.

LABANDE, Edmond-René, (Hg.), Histoire du Poitou, du Limousin et des pays Charentais, Vendée, Aunis, Saintonge, Angoumois, Toulouse 1976.

LA BORDERIE, Arthur de, La chronologie du Cartulaire de Redon, Rennes 1901.

– Examen chronologique des chartes du Cartulaire de Redon antérieures au XIe siècle, in: BECH 25, 1864, S. 259–282, 393–434.

– Histoire de Bretagne, Bd. 2 (753–995), Paris – Rennes 1898.

LABUDA, Gerard, Swietoslawa (Sygryda Storrada, Syritha), in: Slownik starozytności slowiańskich [= Wörterbuch der slavischen Altertümer], Bd. 5, Breslau – Warschau – Krakau – Danzig 1975, S. 588 f.

– Tofa, in: Slownik starozytności slowiańskich, Bd. 6, Breslau – Warschau – Krakau – Danzig 1977, S. 99.

LAEHR, Gerhard, Die Anfänge des russischen Reiches. Politische Geschichte im 9. und 10. Jahrhundert, (= [Eberings] Historische Studien 189), Berlin 1930.

LAIR, Jules, Étude sur la vie et la mort de Guillaume Longue-Épée, duc de Normandie, Paris 1893.

LANGE, Karl-Heinz, Die Grafen von Northeim 950–1144. Politische Stellung, Genealogie und Herrschaftsbereich. Beiträge zur Geschichte des sächsischen Adels im Hochmittelalter, Diss. (masch.) Kiel 1958.

– Der Herrschaftsbereich der Grafen von Northeim 950 bis 1144, (= Studien und Vorarbeiten zum Historischen Atlas Niedersachsens 24), Göttingen 1969.

– Die Stellung der Grafen von Northeim in der Reichsgeschichte des 11. und frühen 12. Jahrhunderts, in: NsJLG 33, 1961, S. 1–107.

LAPPENBERG, Johann Martin, Geschichte von England, Bd. 1, Hamburg 1834.

LASHOFER, Clemens, Die Formbacher als Vögte des Stiftes Göttweig, in: Studien und Mitteilungen zur Geschichte des Benediktinerordens 106, Heft 2, 1995, S. 221–246.

LAUDAGE, Johannes, Das Problem der Vormundschaft über Otto III., in: A. v. EUW u. P. SCHREINER (Hg.), Kaiserin Theophanu (s. dort) S. 261–275.

LAUER, Philippe, Le règne de Louis IV d'Outremer, (= BEHE 127), Paris 1900.

– Robert Ier et Raoul de Bourgogne, (= BEHE 188), Paris 1910.

LAURANSON-ROSAZ, Christian, L'Auvergne et ses marges du VIIIe au XIe siècle, Le Puy-en-Velay 1987.

LAWSON, Michael Kenneth, Cnut. The Danes in England in the early eleventh century, London – New York 1993.

LECHNER, Karl, Beiträge zur Genealogie der älteren österreichischen Markgrafen, in: MIÖG 71, 1963, S. 246–280.

LEGL, Frank, Studien zur Geschichte der Grafen von Dagsburg-Egisheim, (= Veröffentlichungen der Kommission für Saarländische Landesgeschichte und Volksforschung 31), Saarbrücken 1998.

LEIDINGER, Paul, Untersuchungen zur Geschichte der Grafen von Werl. Ein Beitrag zur Geschichte des Hochmittelalters, (= Quellen und Studien zur westfälischen Geschichte 5), Paderborn 1965.

LE JAN, Régine, Famille et pouvoir dans le monde franc (VIIe-Xe siècle). Essai d'anthropologie sociale, Paris 1995.

LE LONG, Nicolas, Histoire ecclésiastique et civile du diocèse de Laon, Laon 1783.

LENDI, Walter, Untersuchungen zur frühalemannischen Annalistik. Die Murbacher Annalen. Mit Edition, (= Scrinium Friburgense 1), Freiburg/Schweiz 1971.

LERCHE, Ludwig Alfred, Die politische Bedeutung der Eheverbindungen in den bayrischen Herzogshäusern von Arnulf bis Heinrich den Löwen (907–1180), Langensalza 1915.

LESUEUR, Frédéric, Thibaud le Tricheur, comte de Blois, de Tours et de Chartres au Xe siècle, in: Mémoires de la Société des sciences et lettres de Loire-et-Cher 33, Blois 1963, S. 5–242.

LEWALD, Ursula, Die Ezzonen. Das Schicksal eines rheinischen Fürstengeschlechtes, in: RhVjbl. 43, 1979, S. 120–168.

LEYSER, Karl J., Rule and Conflict in an Early Medieval Society. Ottonian Saxony, London 1979.

LEX, Léonce, Eudes, comte de Blois, de Tours, de Chartres, de Troyes et de Meaux (995–1037) et Thibaud, son frère (995–1004), in: Mémoires de la Société académique d'agriculture, des sciences, arts et belles-lettres du département de l'Aube, 3e série, 28, Troyes 1891, S. 191–383.

LINTZEL, Martin, Heinrich I. und die fränkische Königssalbung, in: DERS., Ausgewählte Schriften, Bd. II, Berlin 1961, S. 583–612.

– Königin Mathilde, in: Westfälische Lebensbilder 5, Münster 1937, S. 161–175.

LIPPERT, Woldemar, Geschichte des westfränkischen Reiches unter König Rudolf, Diss. Leipzig 1885.

LIST, Karl, Zur Frage der Stifter des Klosters Sulzburg im Breisgau, in: Schau-ins-Land 84/85, 1966/67, S. 268–283.

LOHRMANN, Dietrich, Der Tod König Heinrichs I. von England in der mittellateinischen Literatur Englands und der Normandie, in: Mittellateinisches Jahrbuch 8, 1973, S. 90–107.

LOIBL, Richard, Der Herrschaftsraum der Grafen von Vornbach und ihrer Nachfolger. Studien zur Herrschaftsgeschichte Ostbayerns im Hohen Mittelalter, (= Historischer Atlas von Bayern, Altbayern Reihe II Heft 5), München 1997, (mit Kartenband).

LONGNON, Auguste, Nouvelles recherches sur Raoul de Cambrai, in: Romania 38, 1909, S. 219–251.

LORENZ, Hans, Bertha und Praxedis, die beiden Gemahlinnen Heinrichs IV., Diss. Halle-Wittenberg 1911.

LOT, Ferdinand, La date de naissance du roi Robert II et le siège de Melun, in: Mélanges Julien Havet, Paris 1895, S. 149–156.

– Les derniers Carolingiens. Lothaire – Louis V – Charles de Lorraine (951–991), (= BEHE 87), Paris 1891.

– Études sur le règne de Hugues Capet et la fin du Xe siècle, (= BEHE 147), Paris 1903.

– Fidèles ou vassaux? Essai sur la nature juridique du lien qui unissait les grandes vassaux à la royauté depuis le milieu du IXe jusqu'a la fin du XIIe siècle, Paris 1904.

– L'origine de Thibaud le Tricheur, in: Le Moyen Age 20, 1907, S. 169–189; ND in: DERS., Recueil des Travaux historiques de Ferdinand Lot, tom. III, Genève – Paris 1973, S. 103–123.

LUDAT, Herbert, An Elbe und Oder um das Jahr 1000. Skizzen zur Politik des Ottonenreiches und der slavischen Mächte in Mitteleuropa, Köln 1971.

LUDWIG, Uwe, Transalpine Beziehungen der Karolingerzeit im Spiegel der Memorialüberlieferung, (= MGH Studien und Texte 25), Hannover 1999.

LÜBKE, Christian, Mstivoj, in: LexMA VI, München – Zürich 1993, Sp. 884.

– Mstislav, in: LexMA VI, München – Zürich 1993, Sp. 882 f.

– Nakon, Fürst der Abodriten bis ca. 966, in: LexMA VI, München – Zürich 1993, Sp. 1009.

– Regesten zur Geschichte der Slaven an Elbe und Oder, Teile II und III, Berlin 1985 und 1986.

LÜPKE, Siegfried, Die Markgrafen der Sächsischen Ostmarken in der Zeit von Gero bis zum Beginn des Investiturstreites (940–1075), Diss. Halle 1937.

MABILLE, Émile, Introduction zu: P. MARCHEGAY et A. SALMON, Chronique des comtes d'Anjou, (s. dort), S. I–LXXXVII.

MANARESI, Cesare, Le pergamene di San Bartolomeo in Strada di Pavia, in: Archivio storico Lombardo 51, 1924, S. 295–339.

MANITIUS, Max, Geschichte der lateinischen Literatur des Mittelalters, Bd. III, (= Handbuch der Altertumswissenschaft IX, 2, Bd. 3), München 1931.

MANN, Golo, und August NITSCHKE (Hg.), Propyläen-Weltgeschichte, Bd. V, Berlin – Frankfurt – Wien 1963.

MANTEYER, Georges de, Les origines de la maison de Savoie en Bourgogne (910–1060), in: Mélanges d'archéologie et d'histoire publ. par l'École française de Rome 19, 1899, S. 369–539.

– Les origines de la maison de Savoie en Bourgogne (910–1060). Notes additionelles, in: Le Moyen Age 14, 1901, S. 257–314, 437–505.

– Les origines de la maison de Savoie en Bourgogne (910–1060). La paix en Viennois (Anse [17. juin?] 1025) et les additions à la bible de Vienne, in: Bulletin de la Société de statistique, des sciences naturelles et des arts industriels du Département de l'Isère 33 (Sér. IV, tom. 7), 1904, S. 87–189.

– La Provence du Ier au XIIe siècle. Études d'histoire et de géographie politique, (= Mémoires et documents publiés par la Société de l'École des Chartes 8), Paris 1908.

MARGUE, Michel, Sigefroid, in: Nouvelle Biographie Nationale, Bd. 3, ed. Académie Royale des sciences, des lettres et des beaux-arts de Belgique, Brüssel 1994, S. 295–300.

MARGUE, Paul, Les biens du comte Sigefroid, in: Publications de la section historique de l'Institut G.-D. de Luxembourg XCV, Luxembourg 1981, S. 299–310.

MASCHKE, Erich, Das Geschlecht der Staufer, München 1943.

MAURER, Helmut, Der Herzog von Schwaben. Grundlagen, Wirkungen und Wesen seiner Herrschaft in ottonischer, salischer und staufischer Zeit, Sigmaringen 1978.

MAY, Karl Hermann, Die Grafschaft an der mittleren Lahn (Gießen – Wetzlar) und die Erben ihrer aussterbenden Grafen von Limburg-Gleiberg im 12. Jahrhundert, in: Hessisches Jahrbuch für Landesgeschichte 25, 1975, S. 1–64 (mit Stammtafel S. 62).

MAYER, Hans Eberhard, Die Peterlinger Urkundenfälschungen und die Anfänge von Kloster und Stadt Peterlingen, in: DA 19, 1963, S. 30–129.

MAYER, Theodor, Das Schwäbische Herzogtum und der Hohentwiel, in: Hohentwiel, hg. von Herbert BERNER, Konstanz 1957, S. 88–113; ND in: DERS., Mittelalterliche Studien. Gesammelte Aufsätze, Lindau u. Konstanz 1959, S. 325–349.

MCKITTERICK, Rosamond, The Frankish Kingdoms under the Carolingians, London and New York 1983.

MENADIER, Julius, Der Denarfund von Peisterwitz, in: Zeitschrift für Numismatik 15, 1887, S. 100–168.

MÉNAGER, Léon-Robert, Inventaire des familles normandes et franques emigrées en Italie meridionale et in Sicile (XIe–XIIe siècles), in: Roberto il Guiscardo e il suo tempo, Rom 1975, S. 259–390.

MERLONE, Rinaldo, Gli Aleramici. Una dinastia dalle strutture pubbliche ai nuovi orientamenti territoriali (secoli IX–XI), (= Deputazione subalpina di storia patria. Biblioteca storica subalpina CCXII), Turin 1995.

MERTENS, Dieter, Vom Rhein zur Rems. Aspekte salisch-schwäbischer Geschichte, in: Die Salier und das Reich I: Salier, Adel und Reichsverfassung, hg. von Stefan WEINFURTER u.a., Sigmaringen 1991, S. 221–252.

METZ, Wolfgang, Die Abstammung König Heinrichs I., in: HJb 84, 1964, S. 271–287.

– Das älteste Nekrolog des Speyrer Domstifts und die Todesdaten salischer Königskinder. Mit einem Exkurs: Das älteste Osnabrücker Domnekrolog und die Zehnturkunden Heinrichs IV., in: AfD 29, 1983, S. 193–208.

– Genealogisch-verfassungsgeschichtliche Probleme vornehmlich im Deutschen Reich des 10. und frühen 11. Jahrhunderts, in: HJb 110, 1990, S. 76–109.

– Heinrich 'mit dem goldenen Wagen', in: BldLG 107, 1971, S. 136–161.

– Miszellen zur Geschichte der Widonen und Salier, vornehmlich in Deutschland, in: HJb 85, 1965, S. 1–27.

– Nekrologische Quellen zum 'Wirkungsbereich' des deutschen Königtums (919–1250), in: HJb 107, 1987, S. 254–295.

– Das Problem der Babenberger in landesgeschichtlicher Sicht, in: BldLG 99, 1963, S. 59–81.

METZNER, Ernst Erich, Vil wol gelanc von Tenemarke Fruoten. – Fruote/Waldemar I. von Dänemark in der mittelhochdeutschen Totenklage Hergers und sein früher christlicher Vorgänger Frode/Cnuto neben König Gorm, in: Papir vnde black – bläk och papper. Kontakte im deutsch-skandinavischen Sprachraum. Kurt Erich Schöndorf zum 70. Geburtstag, hg. von R. Steinar NYBOLE, Frode LUNDEMO und Heinz-Peter PRELL, Bern u. a. 2004, S. 107–133.

MEYER V. KNONAU, Gerold, Jahrbücher des Deutschen Reiches unter Heinrich IV. und Heinrich V., 7 Bde., (= Jahrbücher der Deutschen Geschichte), Leipzig 1890–1909.

MEYER-MARTHALER, Elisabeth, Rätien im frühen Mittelalter. Eine verfassungsgeschichtliche Studie, Zürich 1948, (= Zeitschrift für Schweizerische Geschichte, Beiheft 7).

MITIS, Oskar, Eine Gedenkstiftung für Babenberger im Verbrüderungsbuch des Klosters Reichenau, in: MIÖG 57, 1949, S. 257–278.
MITTERAUER, Michael, Karolingische Markgrafen im Südosten, (= Archiv für österreichische Geschichte 123), Graz – Wien – Köln 1963.
– Liutpoldinger, Babenberger und Popponen, in: Adler. Zeitschrift für Genealogie und Heraldik, Bd. 4, Heft 1–2, 1956, S. 20–23.
MOEGLIN, Jean-Marie, Les ancêtres du Prince. Propagande politique et naissance d'une histoire nationale en Bavière au Moyen age (1180–1500), Genève 1985.
MOLTMANN, Johannes, Theophano, die Gemahlin Ottos II., in ihrer Bedeutung für die Politik Ottos I. und Ottos II., Diss. Göttingen 1878.
MORANVILLÉ, Henri, Origine de la maison de Roucy, in: BECH 83, 1922, S. 11–42.
MORAW, Peter, Das Stift St. Philipp zu Zell in der Pfalz, (= Heidelberger Veröffentlichungen zur Landesgeschichte und Landeskunde 9), 1964.
MORITZ, H(einrich), Die Herkunft der Theophanu, der Gemahlin des Kaisers Otto II., in: Byzantinische Zeitschrift 39, 1939, S. 386–392.
MÜLLER, Hugo, Hermann von Luxemburg, Gegenkönig Heinrichs IV., Diss. Halle 1888.
MUSSET, Lucien, Autour des origines de Mortain, de son comté et de ses églises, in: Annuaire des cinq départements de la Normandie, Congrès de Granville, Caen 1988, S. 99–102.
– Les sépultures des Souverains normands: Un aspect de l'idéologie du Pouvoir, in: Lucien MUSSET, Jean Michel BOUVRIS, Jean-Marie MAILLEFER, Autour du Pouvoir Ducal Normand. X^e^–XIIe siècles, (= Cahier des Annales de Normandie 17), Caen 1985, S. 19–44.
MYSTAKIDES, Basileios A., Byzantinisch-deutsche Beziehungen zur Zeit der Ottonen, Stuttgart 1891.
NAEGLE, August, Einführung des Christentums in Böhmen, (= Kirchengeschichte Böhmens), 2 Bde., Wien u. Leipzig 1915 / 1918.
NAZARENKO, Alexander, Svjatoslav Igorovič, in: LexMA VIII, München 1997, Sp. 347 f.
– Tafel 'Rjurikiden', in: LexMA IX (Anhang), München 1998.
NEUMEISTER, Peter, Daten und Deutungen. Wann wurde Kaiser Heinrich V. geboren?, in: Turbata per aequora mundi. Dankesgabe an Eckhard Müller-Mertens, hg. unter Mitarbeit von Mathias LAWO von Olaf B. RADER, (= MGH Studien und Texte 29), Hannover 2001, S. 89–97.
NEVEUX, François, La Normandie des ducs aux rois. X^e^-XIIe siècle, Rennes 1998.
NIEMEYER, Wilhelm, Castellum und Curtis Chasella. Studien über den Ursprung und die Anfänge Kassels, in: Zeitschrift des Vereins für hessische Geschichte u. Landeskunde 75/76, 1964/65, S. 13–59.
NITSCHKE, August, Adelheid (Eupraxia, Praxedis), in: NDB 1, Berlin 1953, S. 58.
– Bertha von Turin (u. Susa), Gemahlin Heinrichs IV., in: NDB 2, Berlin 1955, S. 150.
– vgl. auch bei Golo MANN.

NOBILI, Mario, Alcune considerazioni circa l'estensione, la distribuzione territoriale e il significato del patrimonio degli Obertenghi, in: Formazione e strutture dei ceti dominanti nel medioevo: Marchesi conti e visconti nel regno Italico (secc. IX–XII), (= Istituto Storico Italiano per il medio evo, Nuovi studi storici 1), Rom 1988, S. 71–81.

NONN, Ulrich, Die gefälschte Urkunde des Grafen Widerich für das Kloster Hastière und die Vorfahren der Grafen von Luxemburg, in: RhVjbl. 42, 1978, S. 52–62.

– Pagus und Comitatus in Niederlothringen. Untersuchungen zur politischen Raumgliederung im früheren Mittelalter, (= Bonner Historische Forschungen 49), Bonn 1983.

NOSPICKEL, Johannes, Graf Leotald von Mâcon als Förderer des Klosters Cluny, in: Vinculum Societatis. Joachim Wollasch zum 60. Geburtstag, hg. von Franz NEISKE, Dietrich POECK und Mechthild SANDMANN, Sigmaringendorf 1991, S. 157–174.

OEDIGER, Friedrich Wilhelm, Adelas Kampf um Elten (996–1002), in: AHVN 155/156, 1954, S. 67–85; ND in: DERS., Vom Leben am Niederrhein. Aufsätze aus dem Bereich des alten Erzbistums Köln, Düsseldorf 1973, S. 217–235.

OEFELE, Edmund Frh. v., Urkundliches zur Genealogie der Herzogin Judith von Bayern, in: Archivalische Zeitschrift NF 2, 1891, S. 27–32.

OELSNER, Ludwig, Jahrbücher des fränkischen Reiches unter König Pippin, (= Jahrbücher der Deutschen Geschichte), Leipzig 1871.

OHNSORGE, Werner, Die Heirat Kaiser Ottos II. mit der Byzantinerin Theophano (972), in: BrJb 54, 1973, S. 24–60; ND in: DERS., Ostrom und der Westen, Gesammelte Aufsätze zur Geschichte der byzantinisch-abendländischen Beziehungen und des Kaisertums, Darmstadt 1983, S. 128–172.

– Waren die Salier Sachsenkaiser?, in: NsJLG 30, 1958, S. 28–53; auch in: DERS., Konstantinopel und der Okzident. Gesammelte Aufsätze zur Geschichte der byzantinisch-abendländischen Beziehungen und des Kaisertums, Darmstadt 1966, S. 227–251.

OSTROGORSKY, Georg, Geschichte des byzantinischen Staates, (= Byzantinisches Handbuch im Rahmen des Handbuchs der Altertumswissenschaft), 2. Aufl. München 1952, 3. Aufl. München 1963.

– (mit Ernst STEIN), Die Krönungsordnungen des Zeremonienbuches, in: Byzantion 7, Brüssel 1932, S. 185–233.

Palatia sacra. Kirchen- und Pfründebeschreibung der Pfalz in vorreformatorischer Zeit, hg. von L. Anton DOLL, Teil I: Bistum Speyer. Der Archidiakonat des Dompropstes von Speyer, Bd. 5: Der Landdekanat Böhl, bearb. von Renate ENGELS, (= Quellen und Abhandlungen zur mittelrheinischen Kirchengeschichte 61,5), Mainz 1992.

PALLAVICINO, Alessandro, Le parentele del marchese Almerico II (945–954). Intrecci parentali, strategie patrimoniali e vicende politiche dei ceti dominanti del Regno Italico tra i secoli IX e XI, in: Formazione e strutture dei ceti dominanti nel medioevo: Marchesi conti e visconti nel regno Italiaco (secc. IX–XII), ed. Amleto SPICCIANI, (= Istituto storico Italiano per il medio evo, Nuovi studi storici 56), Rom 2003, S. 233–320.

– Politica, alleanze matrimoniali e genealogia dei primi marchesi Obertenghi nei secoli X e XI, in: Quaderni Obertenghi nr. 1 (secoli X–XI), ed. Associazione Culturale Obertenga, Rom 2005, S. 11–60 (mit Albero Genealogico).

PARISOT, Robert, Les origines de la Haute-Lorraine et sa première maison ducale (959–1033), Paris 1909.

– Le royaume de Lorraine sous les Carolingiens (843–923), Paris 1899.

PARISSE, Michel, Généalogie de la Maison d'Ardenne, in: Publications de la Section Historique de l'Institut G.-D. de Luxembourg XCV, Luxembourg 1981, S. 9–40 (mit Stammtafel).

– La Lorraine du IXe au XIe siècle, in: Annales de l'Est 23, 1971, S. 95–115.

– Les notices de tradition de Remiremont, in: Person und Gemeinschaft im Mittelalter. Karl Schmid zum 65. Geburtstag, hg. von Gerd ALTHOFF, Dieter GEUENICH, Otto Gerhard OEXLE und Joachim WOLLASCH, Sigmaringen 1988, S. 211–235.

PATZE, Hans, Die Entstehung der Landesherrschaft in Thüringen, 1. Teil, (= Mitteldeutsche Forschungen 22), Köln – Graz 1962.

PAULER, Roland, I conti di Lomello, in: Formazione e strutture dei ceti dominanti nel medioevo: marchesi conti e visconti nel regno Italico (secc. IX–XII), (= Istituto Storico Italiano per il medio evo, Nuovi studi storici 1), Rom 1988, S. 187–199.

PEKAŘ, Josef, Die Wenzels- und Ludmilalegenden, Prag 1906.

PERST, Otto, Zur Reihenfolge der Kinder Ottos II. und der Theophanu, in: DA 14, 1958, S. 230–236.

PETKE, Wolfgang, Haldensleben, in: LexMA IV, München – Zürich 1989, Sp. 1873.

– Zur Herzogserhebung Lothars von Süpplingenburg im Jahre 1106, in: DA 46, 1990, S. 60–84.

– Lothar III., Stifter der Abtei Königslutter, in: Königslutter und Oberitalien. Kunst des 12. Jahrhunderts in Sachsen, hg. von Martin GOSEBRUCH und Hans-Henning GROTE, Braunschweig 1980, S. 13–27.

PFISTER, Christian, Études sur le règne de Robert le Pieux (996–1031), (= BEHE 64), Paris 1885.

PFLEFKA, Sven, Heilige und Herrscherin – Heilige oder Herrscherin? Rekonstruktionsversuche zu Kaiserin Kunigunde, in: Historischer Verein Bamberg, Bericht 137, Bamberg 2001, S. 35–52.

(PICART), Père Benoit, L'origine de la très illustre maison de Lorraine, Toul 1704.

PISCHKE, Gudrun, Brunonen und Welfen als Königskandidaten und Königswähler vom 11. bis 14. Jahrhundert, in: Armin WOLF (Hg.), Königliche Tochterstämme, Königswähler und Kurfürsten, (= Studien zur Europäischen Rechtsgeschichte, Bd. 152), Frankfurt a.M. 2002, S. 107–161.

– Die Grafen von Northeim im 'Land an der Werra' (1015–1144) und deren Nachfolger bis zur Entstehung der Landgrafschaft Hessen (1292), in: Zeitschrift für Hessische Geschichte und Landeskunde 103, 1998, S. 3–18.

PODSKALSKY, Gerhard, Christentum und theologische Literatur in der Kiever Rus' (988–1237), München 1982, (mit Anhang „Die Metropoliten und Fürsten der Kiever Rus'“ von Andrzej POPPE, Warschau).

POPPE, Andrzej, Jaroslav I. der Weise, in: LexMA V, München – Zürich 1991, Sp. 306.

– Vladimir, prince chrétien, in: Le origini e lo sviluppo della cristianità slavo-bizantina, ed. S.W. SWIERKOSZ-LENART, (= Nuovi studi storici 17), Rom 1992, S. 43–58.

– vgl. auch bei G. PODSKALSKY.

POULL, Georges, La Maison Ducale de Lorraine. Étude historique, biographique et généalogique des Branches ainée, cadettes et illégitimes de cette Maison, Rupt-sur-Moselle (Vosges) 1968; Neubearbeitung unter dem Titel: La Maison ducale de Lorraine devenue La Maison impériale et royale d'Autriche, de Hongrie et de Bohême, Nancy 1991.

POUPARDIN, René, Le royaume de Bourgogne (888–1038). Étude sur les origines du royaume d'Arles, (= BEHE 163), Paris 1907.

– Le royaume de Provence sous les Carolingiens (855–933 ?), (= BEHE 131), Paris 1901.

PRENTOUT, Henri, Étude critique sur Dudon de Saint-Quentin et son Histoire des premiers Ducs Normands, Paris 1916.

– Études sur quelques points d'histoire de Normandie, Paris 1926.

– Quelques chartes de Richard II et de Richard III, in: Bulletin de la Société des Antiquaires de Normandie 33, 1918, S. 208–255.

PREVITÉ-ORTON, Charles William, The Early History of the House of Savoy (1000–1233), Cambridge 1912.

PRITSAK, Omeljan, The Origin of Rus', Bd. I : Old Scandinavian Sources other than the Sagas, Cambridge/Massachusetts 1981.

Prosopographie der mittelbyzantinischen Zeit, 1. Abt. (641–867), Bd. 1, Berlin – New York 1999.

RAACH, Theo, Kloster Mettlach/Saar und sein Grundbesitz. Untersuchungen zur Frühgeschichte und zur Grundherrschaft der ehemaligen Benediktinerabtei im Mittelalter, (= Quellen und Abhandlungen zur mittelrheinischen Kirchengeschichte 19), Mainz 1974.

RAMEAU, Barthélemy, Les comtes héréditaires de Mâcon, in: Annales de l'Academie de Mâcon, 3. sér., tom. 6, 1901, S. 121–209.

RAPPMANN, Roland, Das Totengedenken der Abtei: Necrologien und kommemorierte Personen, in: Roland RAPPMANN und Alfons ZETTLER, Die Reichenauer Mönchsgemeinschaft und ihr Totengedenken im frühen Mittelalter, (= Archäologie und Geschichte. Freiburger Forschungen zum 1. Jahrtausend in Südwestdeutschland 5), Sigmaringen 1998, S. 279–524.

RAPPMANN, Roland, und Alfons ZETTLER, Die Reichenauer Mönchsgemeinschaft und ihr Totengedenken im frühen Mittelalter, (= Archäologie und Geschichte 5), Sigmaringen 1998.

REINDEL, Kurt, Die bayerischen Luitpoldinger 893–989. Sammlung und Erläuterung der Quellen, (= Quellen und Erörterungen zur bayerischen Geschichte NF XI), München 1953.

– Herzog Arnulf und das Regnum Bavariae, in: ZBLG 17, 1954, S. 187–252; ND in: Hellmut KÄMPF, Die Entstehung des Deutschen Reiches. Deutschland um 900, (= Wege der Forschung 1), Darmstadt 1956, S. 213–288.

RENN, Heinz, Das erste Luxemburger Grafenhaus (963–1136), (= Rheinisches Archiv 39), Bonn 1941.

– Die Luxemburger in der lothringischen Pfalzgrafschaft, in: RhVjbl. 11, 1941, S. 102–118.

RENOUX, Annie, Richard II., Hzg. v. Normandie, in: LexMA VII, München 1995, Sp. 815 f.

– Rollo, Gründer der Dynastie der Herzöge von der Normandie (ca. 911-ca. 925/32), in: LexMA VII, München 1995, Sp. 966 f.

REUTER, Timothy, Codex Udalrici, in: LexMA I, München – Zürich 1980, Sp. 2209.

REYMOND, Maxime, Les origines de la maison de Savoie, in: Anzeiger für Schweizerische Geschichte NF 17, 1919, S. 87–111.

RICHARD, Alfred, Histoire des comtes de Poitou 778 à 1204, 2 Bde., Paris 1903.

RICHARD, Jean, Les ducs de Bourgogne et la formation du duché du XIe au XIVe siècle, Paris 1954.

– Leutald v. Mâcon, in: LexMA V, München – Zürich 1991, Sp. 1920.

– Rudolf I., König v. Hochburgund, in: LexMA VII, München 1995, Sp. 1075 f.

RIEMER, Dieter, Harsefeld im Mittelalter (Harsefelder Regesten), in: Geschichte und Gegenwart – 2005, hg. vom Verein für Kloster- und Heimatgeschichte Harsefeld e.V., Harsefeld 2005, S. 38–55.

RIEZLER, Sigmund, Über die Abstammung des Hauses Scheiern von den Huosiern, in: Forschungen zur deutschen Geschichte 18, 1878, S. 529–532.

– Geschichte Baierns, Bd. I/1, 2. Aufl. Stuttgart – Gotha 1927.

RITCHIE, R(obert) L(indsay) Graeme, The Normans in Scotland, Edinburgh 1954.

RITTER, Emmeran, Studien zur Frage des Geburtsjahres und Geburtsortes Kaiser Heinrichs II., in: Auf den Spuren des heiligen Wolfgang, Festgabe des Bistums Regensburg zum 70. Geburtstag von Bischof Rudolf Graber, hg. von Paul MAI, Kallmünz 1973, S. 149–168.

ROESDAHL, Else, Harald Blauzahn – ein dänischer Wikingerkönig aus archäologischer Sicht, in: Europa im 10. Jahrhundert. Archäologie einer Aufbruchszeit. Internationale Tagung in Vorbereitung der Ausstellung 'Otto der Große, Magdeburg und Europa', hg. von Joachim HENNING, Mainz 2002, S. 95–108.

– Trelleborg, in: LexMA VIII, München 1997, Sp. 969 f.

RÖSSLER, Oskar, Kaiserin Mathilde, Mutter Heinrichs von Anjou, und das Zeitalter der Anarchie in England, (= [Eberings] Historische Studien 7), Berlin 1897.

RONAY, Gabriel, The Lost King of England. The east European adventures of Edward the Exil, Woodbridge 1989.

ROTH, Heinrich, Die Gründer des Klosters Waldkirch, in: Freiburger Diözesan-Archiv 72, 1952, S. 54–73.

ROZANOV, S.P., Evpraksija-Adel'gejda Vsevolodovna (1071–1109), in: Izvestija Akademii Nauk SSSR VII, Serija Otd. gumanitarnyck nauk, [= Eupraxia-Adelheid, Tochter Vsevolods (1071–1109), in: Bulletin der Akademie der Wissenschaften der UdSSR, Geisteswiss. Klasse], Leningrad 1929, S. 617–646.

RUDT COLLENBERG, W.H. (= Weyprecht Hugo Graf RÜDT V. COLLENBERG), Maximilla et Mathilda reginae, in: Annali della Facoltà di Magistero dell'Università di Palermo 1969, S. 5–49, (auch gesondert: 48 S. u. 1 Stammtafel).

– Wer war Theophano?, in: Genealogisches Jahrbuch 4, 1964, S. 49–71.

RÜSS, Hartmut, Igor, in: LexMA V, München – Zürich 1991, Sp. 368.

– Olga, in: LexMA VI, München – Zürich 1993, Sp. 1395 f.

– Vladimir I. Svjatoslavič d. Hl., in: LexMA VIII, München 1997, Sp. 1792 f.

SACKUR, Ernst, Die Cluniacenser in ihrer kirchlichen und allgemeingeschichtlichen Wirksamkeit bis zur Mitte des 11. Jahrhunderts, 2 Bde., Halle a. S. 1892 / 1894.

SAINT-PIERRE, Louis de, Rollon devant l'histoire, Paris 1949.

SALIS-MARSCHLINS, Meta v., Agnes von Poitou, Kaiserin von Deutschland, Diss. Zürich 1887.

SALVINI, Joseph, Agnès de Bourgogne, in: Dictionnaire de Biographie Française, Bd. 1, Paris 1932, Sp. 741–745.

SARNOWSKY, Jürgen, England im Mittelalter, Darmstadt 2002.

SASSIER, Yves, Thibaud le Tricheur et Hugues le Grand, in: Pays de Loire et Aquitaine de Robert le Fort aux premiers Capétiens. Actes du colloque scientifique international tenu à Angers en septembre 1987, (= Mémoires de la Société des antiquaires de l'Ouest et des musées de Poitiers, 5e série, tom. IV, 1996), Poitiers 1997, S. 145–157.

SAWYER, Peter H., Knut d. Gr., König v. England, Dänemark u. Norwegen, in: LexMA V, München – Zürich 1991, Sp. 1238 f.

SCHADEK, Hans, und Karl SCHMID, Die Zähringer. Anstoß und Wirkung, (= Veröffentlichungen zur Zähringer-Ausstellung II, Katalog zur Ausstellung der Stadt und der Universität Freiburg i. Br. vom 31. Mai bis 31. August 1986), Sigmaringen 1986.

SCHAMPER, Barbara, S. Benigne de Dijon. Untersuchungen zum Necrolog der Handschrift Bibl. mun. de Dijon, ms. 634, (= MMS 63), München 1989.

SCHARER, Anton, König Alfreds Hof und die Geschichtsschreibung. Einige Überlegungen zur Angelsachsenchronik und zu Assers De rebus gestis Aelfredi, in: Historiographie im frühen Mittelalter, hg. von Anton SCHARER und Georg SCHEIBELREITER, Wien – München 1994, S. 443–458.

SCHEIBER, Artur Maria, Baba – Tatsache oder Sage?, in: Adler. Zeitschrift für Genealogie und Heraldik, Bd. II, Heft 15, Wien 1952, S. 225 f.

SCHENK ZU SCHWEINSBERG, Gustav Freiherr von, Alt-Gießen, in: Archiv für hessische Geschichte und Altertumskunde NF 5, 1907, S. 219–254.

SCHIEFFER, Rudolf, Das Familienbild der Karolinger, in: Helmut ALTRICHTER (Hg.), Bilder erzählen Geschichte, (= Rombach Historiae 6), Freiburg/Br. 1994, S. 29–45.

– Karolingische Töchter, in: Herrschaft, Kirche, Kultur. Beiträge zur Geschichte des Mittelalters, Festschrift für Friedrich Prinz, hg. von Georg JENAL unter Mitarbeit von Stephanie HAARLÄNDER, (= Monographien zur Geschichte des Mittelalters 37), Stuttgart 1993, S. 125–139.

– Über die Ehe, die Kinder und die Ermordung Kaiser Ottos III. Ein Beispiel für die Dynamik historischer Phantasie, in: Von Sachsen bis Jerusalem. Menschen und Institutionen im Wandel der Zeit. Festschrift für Wolfgang Giese, hg. von Hubertus SEIBERT und Gertrud THOMA, München 2004, S. 111–121.

SCHIEFFER, Theodor, Adnotationes zur Germania Pontificia und zur Echtheitskritik überhaupt, Teile 1 u. 2, in: AfD 32, 1986, S. 503–545, u. 34, 1988, S. 231–277.

– Heinrich V., Kaiser, in: NDB 8, Berlin 1969, S. 320–323.

SCHILLING, Beate, Guido von Vienne – Papst Calixt II., (= MGH Schriften 45), Hannover 1998.

SCHLESINGER, Walter, Agnes v. Poitou, in: NDB I, Berlin 1953, Sp. 95–96.

– Die Entstehung der Landesherrschaft. Untersuchungen vorwiegend nach mitteldeutschen Quellen, (= Sächsische Forschungen zur Geschichte 1), Dresden 1941, ND Darmstadt 1964.

SCHLUMBERGER, Gustave, L'épopée byzantine à la fin du Xe siècle, 3 Bde., Paris 1896.

– Un empereur byzantine au Xe siècle: Nicéphore Phocas, Paris 1890.

SCHMALE, Franz-Josef, Zur Abfassungszeit von Frutolfs Weltchronik, in: 102. Bericht des Historischen Vereins Bamberg, (= Festschrift Otto Meyer), Bamberg 1966, S. 81–87.

– vgl. auch bei W. WATTENBACH.

SCHMEIDLER, Bernhard, Die Briefsammlung Froumunds von Tegernsee. Bemerkungen zur Beschaffenheit frühmittelalterlicher Briefsammlungen überhaupt, in: HJb 62–69, 1942–1949, S. 220–238.

– Hamburg-Bremen und Nordost-Europa vom 9. bis 11. Jahrhundert, Leipzig 1918.

SCHMID, Alois, Das Bild des Bayernherzogs Arnulf (907–937) in der deutschen Geschichtsschreibung von seinen Zeitgenossen bis zu Wilhelm von Giesebrecht, Kallmünz 1976.

– Die Fundationes monasteriorum Bavariae, in: Geschichtsschreibung und Geschichtsbewußtsein im späten Mittelalter, hg. von Hans PATZE, (= VuF 31), Sigmaringen 1987, S. 581–646.

– Die Herrschergräber in St. Emmeram zu Regensburg, in: DA 32, 1976, S. 333–369.

SCHMID, Karl, De regia stirpe Waiblingensium. Bemerkungen zum Selbstverständnis der Staufer, in: ZGO 124, 1976, S. 63–73; ND in: DERS., Gebetsgedenken (s. unten) S. 454–466.

– Erchanger, in: NDB 4, Berlin 1959, S. 566 f.
– Gebetsgedenken und adliges Selbstverständnis im Mittelalter. Ausgewählte Beiträge. Festgabe zu seinem 60. Geburtstag, Sigmaringen 1983.
– Die Nachfahren Widukinds, in: DA 20, 1964, S. 1–47; ND in: DERS., Gebetsgedenken (s.o.) S. 59–105.
– Neue Quellen zum Verständnis des Adels im 10. Jahrhundert, in: ZGO 108 (NF 69), 1960, S. 185–232; ND in: Königswahl und Thronfolge in ottonisch-frühdeutscher Zeit, hg. von Eduard HLAWITSCHKA, (= Wege der Forschung 178), Darmstadt 1971, S. 389–416.
– Zur Problematik von Familie, Sippe und Geschlecht, Haus und Dynastie beim mittelalterlichen Adel. Vorfragen zum Thema 'Adel und Herrschaft im Mittelalter', in: ZGO 105 (NF 66), 1957, S. 1–62; ND in: DERS., Gebetsgedenken (s.o.) S. 183–244.
– Probleme um den 'Grafen Kuno von Öhningen'. Ein Beitrag zur Entstehung der welfischen Hausüberlieferung und zu den Anfängen der staufischen Territorialpolitik im Bodenseegebiet, in: Dorf und Stift Öhningen, hg. von Herbert BERNER, Singen/Hohentwiel 1966, S. 43–94; ND in: DERS., Gebetsgedenken (s.o.) S. 127–179.
– Die Sorge der Salier um ihre Memoria. Zeugnisse, Erwägungen und Fragen, in: Memoria. Der geschichtliche Zeugniswert des liturgischen Gedenkens im Mittelalter, hg. von Karl SCHMID und Joachim WOLLASCH, München 1984, S. 666–726.
– Die Thronfolge Ottos des Großen, in: ZRG germ. Abt. 81, 1964, S. 80–163; ND in: Königswahl und Thronfolge in ottonisch-frühdeutscher Zeit, hg. von Eduard HLAWITSCHKA, (= Wege der Forschung 178), Darmstadt 1971, S. 417–508.
– Unerforschte Quellen aus quellenarmer Zeit: Zur amicitia zwischen Heinrich I. und dem westfränkischen König Robert im Jahre 923, in: Francia 12, 1984, S. 119–147.
– Ein verlorenes Stemma Regum Franciae. Zugleich ein Beitrag zur Entstehung und Funktion karolingischer (Bild-)Genealogien in salisch-staufischer Zeit, in: FmSt 28, 1994, S. 196–225 (mit 14 Tafeln).
– vgl. auch bei H. SCHADEK.

SCHMIDT, Tilmann, Kaiser Konrads II. Jugend und Familie, in: Geschichtsschreibung und geistiges Leben im Mittelalter, Festschrift für Heinz Löwe zum 65. Geburtstag, hg. von Karl HAUCK und Hubert MORDEK, Köln – Wien 1978, S. 312–324.

SCHMIDT, Ulrich, Die Wahl Hermanns von Salm zum Gegenkönig 1081, in: Ex ipsis rerum documentis. Beiträge zur Mediävistik. Festschrift für Harald Zimmermann, hg. von Klaus HERBERS, Hans Henning KORTÜM und Carlo SERVATIUS, Sigmaringen 1991, S. 477–491.

SCHNEIDER, Wilhelm, Stammen die Welfen wirklich von Graf Ruthard ab?, in: DERS., Arbeiten zur Alamannischen Frühgeschichte, Heft III/IV: Arbeiten zur Allgemeinen Geschichte, Tübingen 1976, S. 395–420.

SCHNEIDMÜLLER, Bernd, Kaiserin Kunigunde. Bamberger Wege zur Heiligkeit, Weiblichkeit und Vergangenheit, in: Historischer Verein Bamberg, Bericht 137, Bamberg 2001, S. 13–34.
– Konstanze v. Arles, in: LexMA V, München – Zürich 1991, Sp. 1407 f.
– Otto III. – Heinrich II. Wende der Königsherrschaft oder Wende der Mediävistik?, in: Otto III. – Heinrich II. Eine Wende?, hg. von Bernd SCHNEIDMÜLLER und Stefan WEINFURTER, Sigmaringen 1997, S. 9–46.
– Philipp I., König v. Frankreich, in: LexMA VI, München – Zürich 1993, Sp. 2057 f.
– Die Welfen. Herrschaft und Erinnerung, (= Urban Taschenbücher 465), Stuttgart 2000.
– Widukind, westfälischer Adliger, in: LexMA IX, München 1998, Sp. 74–76.
SCHNITH, Karl Rudolf, Kaiser Heinrich IV. (1056–1106), in: DERS. (Hg.), Mittelalterliche Herrscher in Lebensbildern. Von den Karolingern zu den Staufern, Graz – Wien – Köln 1990, S. 206–231.
– Kaiser Heinrich V. (1106–1125), in: Mittelalterliche Herrscher in Lebensbildern (wie oben), S. 232–248.
– Kaiserin Mathilde, in: Frauen des Mittelalters in Lebensbildern, hg. von Karl Rudolf SCHNITH, Graz – Wien – Köln 1997, S. 189–213.
– Wilhelm I. der Eroberer, in: LexMA IX, München 1998, Sp. 127–129.
SCHÖLKOPF, Ruth, Die Sächsischen Grafen (919–1024), (= Studien u. Vorarbeiten zum Historischen Atlas Niedersachsens 22), Göttingen 1957.
SCHOLLINER, Hermann, Vollständige Reihe der Voráltern Ottos des Großen und gemeinschaftlichen Stammvaters des durchlauchtigsten Churhauses Baiern und Pfalz, sammt 26 genealogischen und chronologischen Tafeln, in: Historische Abhandlungen der churfürstlichen baierischen Akademie der Wissenschaften III, 1791, S. 1–288.
SCHOOS, Jean, Die Familie der Luxemburger. Geschichte einer Dynastie, in: Balduin von Luxemburg, Erzbischof von Trier, Kurfürst des Reiches 1285–1354, Festschrift aus Anlaß des 700. Geburtsjahres, hg. von Franz-Josef HEYEN, Mainz 1985, S. 119–149.
SCHRAMM, Percy Ernst, Die Abstammung der Kaiserin Theophanu, in: DERS., Kaiser, Könige und Päpste. Gesammelte Aufsätze zur Geschichte des Mittelalters, Bd. III, Stuttgart 1969, S. 240–243.
– Kaiser, Basileus und Papst in der Zeit der Ottonen, in: HZ 129, 1924, S. 424–475; ND in: DERS., Kaiser, Könige und Päpste (s. o.), Bd. III, S. 200–240.
SCHREIBMÜLLER, Hermann, Die Ahnen Kaiser Konrads II. und Bischof Brunos von Würzburg, in: Würzburger Diözesangeschichtsblätter 14/15, (= Herbipolis jubilans. 1200 Jahre Bistum Würzburg), Würzburg 1952, S. 173–233.
SCHREINER, Peter, Byzanz, München 1986.
SCHUBERT, Ernst, Sächsische Weltchronik, in: LexMA VII, München 1995, Sp. 1242 f.
SCHUBERT, Ernst, und Uwe LOBBEDEY, Das Grab Ottos des Großen im Magdeburger Dom, in: Otto der Große, Magdeburg und Europa, hg. von Matthias PUHLE, Bd. I: Essays, Mainz 2001, S. 381–390.

SCHÜTTE, Bernd, Mathilde, Königin, in: LThK 6, 3. Aufl. Freiburg/Br. 1997, Sp. 1472.

SCHÜTZ, Alois, Die Grafen von Dießen und Andechs, Herzöge von Meranien, in: Armin WOLF (Hg.), Königliche Tochterstämme, Königswähler und Kurfürsten, Frankfurt a. M. 2002, S. 225–315.

SCHULZE, Hans K., Die Grafschaftsverfassung der Karolingerzeit in den Gebieten östlich des Rheins, (= Schriften zur Verfassungsgeschichte 19), Berlin 1973.

SCHUMM, Marianne, Adelheid von Öhringen, etwa 970–1041, in: Württembergisch Franken 73, Schwäbisch Hall 1989, S. 7–16.

SCHWAGER, Helmut, Graf Heribert II. von Soissons, Omois, Meaux, Madrie sowie Vermandois (900/06–943) und die Francia (Nordfrankreich) in der 1. Hälfte des 10. Jahrhunderts, (= Münchener Historische Studien, Abt. Mittelalterliche Geschichte 6), Kallmünz/Opf. 1994.

SCHWARZ, Klaus, Die Ausgrabungen im Niedermünster zu Regensburg. Grablegen der Bischöfe Erhard und Albert, des Bayernherzogs Heinrich I. und seiner Frau Judith. Fundamente profaner und kirchlicher Bauwerke aus römischer, merowingischer, karolingischer und ottonischer Zeit, (= Führer zu archäologischen Denkmälern in Bayern 1), Kallmünz/Opf. 1971.

SCHWARZMAIER, Hansmartin, Lucca und das Reich bis zum Ende des 11. Jahrhunderts, (= Bibliothek des Deutschen Historischen Instituts in Rom 41), Tübingen 1972.

– Mathilde von Tuszien und ihre Besitzungen in Deidesheim, in: Palatia Historica, Festschrift für Ludwig Anton Doll, hg. von Pirmin SPIESS, (= Quellen und Abhandlungen zur mittelrheinischen Kirchengeschichte 75), Mainz 1994, S. 49–71.

– Von Speyer nach Rom. Wegstationen und Lebensspuren der Salier, Sigmaringen 1991.

SCHWENNICKE, Detlev, Europäische Stammtafeln (im Anschluß an W.K. Prinz v. ISENBURG und Frank Baron FREYTAG V. LORINGHOVEN), Neue Folge. Bd. I–XXI, Marburg (bis Bd. XVI), dann Frankfurt/M. 1978–2002.

SEARLE, William George, Onomasticon Anglo-Saxonicum, Cambridge 1897.

SECRETAN, Edouard, Observations sur les chartes relatives à la famille du comte Humbert aux Blanches maines, in: Mémoires et documents publ. par la Société d'histoire et d'archéologie de Genève 16, 1867, S. 325–329.

SEEMANN, Fritz, Boso von Niederburgund, Diss. Halle 1911.

SEIBT, Werner, Die Skleroi. Eine prosopographisch-sigillographische Studie, (= Byzantina Vindobonensia 9), Wien 1976.

SEMMLER, Josef, Corvey und Herford in der benediktinischen Reformbewegung des 9. Jahrhunderts, in: FmSt 4, 1970, S. 289–319.

SEPP, Bernhard, Stammbaum der Welfen, München 1915.

SERGI, Giuseppe, Adelheid, Gräfin v. Turin, in: LexMA 1, München – Zürich 1980, Sp. 147.

– Lungo la via Francigena da Chambéry a Torino alla fine dell'XI secolo. Sul problema dei poteri regionali di strada nel medioevo, in: Bollettino storico-bibliografico subalpino 76, 1978, S. 397–433.

– Una grande circoscrizione del regno italico: la marca arduinica di Torino, in: Studi Medievali, ser. III, Jahrg. 12, Fasc. 2, Spoleto 1971, S. 637–712.

SERVATIUS, Carlo, Heinrich V., 1106–1125, in: Kaisergestalten des Mittelalters, hg. von Helmut BEUMANN, München 1984, S. 135–154.

SETTIPANI, Christian, Les comtes d'Anjou et leurs alliances aux Xe et XIe siècles, in: Family Trees and the Roots of Politics. The prosopography of Britain and France from the tenth to the twelfth century, ed. Katharine S.B. KEATS-ROHAN, Woodbridge 1997, S. 211–267.

– Nos ancêtres de l'Antiquité. Études des possibilités de liens généalogiques entre les familles de l'Antiquité et celles du haut Moyen-Age européen, Paris 1991.

– Les origines maternelles du comte de Bourgogne Otte-Guillaume, in: Annales de Bourgogne 66, 1994, S. 5–63.

– (avec la collaboration de Patrick Van KERREBROUCK), La préhistoire des Capétiens 481–987, Bd. I: Mérovingiens, Carolingiens et Robertiens, Villeneuve d'Ascqu 1993; (Bd. II: angekündigt).

SETTIPANI, Christian – Jean-Pierre POLY, Les Conradiens: un débat toujours ouvert, in: Francia 23/I, 1996 (ersch. 1997) S. 135–166.

SEVERT, Jacques, Chronologia historica reverendorum episcoporum diocesis Matisconensis in archiepiscopatu Lugdunensi, Lyon 1628.

SIEGWART, Josef, Zur Frage des alemannischen Herzogsgutes um Zürich. Beitrag zur Genealogie des alemannisch-bayerischen Herzogshauses, in: Schweizerische Zeitschrift für Geschichte 8, 1958, S. 145–192; ND in: Wolfgang MÜLLER (Hg.), Zur Geschichte der Alemannen, (= Wege der Forschung 100), Darmstadt 1975, S. 223–287.

SIMSON, Bernhard, Jahrbücher des Fränkischen Reiches unter Ludwig dem Frommen, (= Jahrbücher der Deutschen Geschichte), 2 Bde., Leipzig 1874/76.

SISAM, Kenneth, Anglo-Saxon Royal Genealogies, in: Proceedings of the British Academy 1953, S. 287–348.

SKAANING, Poul, Harald Blåtands sidste kamp. Trelleborgene og brydningerne i dansk vikingetid 979–983, Lyngby 1992.

SKOVGAARD-PETERSEN, Inge, Harald Blauzahn, in: LexMA IV, München – Zürich 1989, Sp. 1929.

SMYTH, Alfred P., King Alfred the Great, Oxford 1995.

SOULARD-BERGER, Isabelle, Agnès de Bourgogne, duchesse d'Aquitaine puis comtesse d'Anjou. Oeuvre politique et activité religieuse (1019 – v. 1068), in: Bulletin de la Société des Antiquaires de l'Ouest et des musées de Poitiers, 5e sér., tom. VI, 1992, S. 45–56.

SPRATER, Friedrich, Das Grab der Königin Gunhild auf der Limburg, in: Unsere Heimat. Blätter für das saarpfälzische Volkstum (1938/39), S. 364–369.

SPROEMBERG, Heinrich, Die lothringische Politik Ottos des Großen, in: RhVjbl. 11, 1941, S. 1–101; ND (mit Nachwort) in: DERS., Beiträge zur belgisch-niederländischen Geschichte, Berlin 1959, S. 111–223.

STAAB, Franz, Reform und Reformgruppen im Erzbistum Mainz. Vom 'Libellus de Willigisi consuetudinibus' zur 'Vita domnae Juttae inclusae', in: Reformidee

und Reformpolitik im spätsalisch-frühstaufischen Reich, hg. von Stefan WEINFURTER unter Mitarbeit von Hubertus SEIBERT, (= Quellen und Abhandlungen zur mittelrheinischen Kirchengeschichte 68), Mainz 1992, S. 119–187.
– Reich und Mittelrhein um 1000, in: 1000 Jahre St. Stephan in Mainz, Festschrift, hg. von Helmut HINKEL, Mainz 1990, S. 59–100.
STÄLIN, Christoph Friedrich, Wirtembergische Geschichte, Teil 1, Tübingen – Stuttgart 1841.
STAFFORD, Pauline, Charles the Bald, Judith and England, in: Margaret GIBSON and Janet NELSON (Hg.), Charles the Bald: court and country, (= BAR International Series 101), Oxford 1981, S. 137–151.
– Queen Emma and Queen Edith. Queenship and Women's Power in Eleventh-Century England, Oxford 1997.
– Queens, Concubines and Dowagers. The Kings wife in the early middle ages, London 1983.
STASSER, Thierry, Adélaide d'Anjou, sa famille, ses unions, sa descendance. Etat de la question, in: Le Moyen Age 103, 1997, S. 9–52.
STAUBER, Adolf, Kloster und Dorf Lambrecht, in: Mitteilungen des Historischen Vereins der Pfalz 9, 1888, S. 49–227.
STEIDLE, Hans, Die mittelrheinische Herkunft der älteren Babenberger, in: 114. Bericht des Historischen Vereins ... Bamberg, Bamberg 1978, S. 311–341.
STEIN, Friedrich, Geschichte Frankens, 2 Bde., Schweinfurt 1883/86.
– Geschichte des Königs Konrad I. von Franken und seines Hauses, Nördlingen 1872.
STEINDORFF, Ernst, Jahrbücher des Deutschen Reiches unter Heinrich III., (= Jahrbücher der Deutschen Geschichte), 2 Bde., Leipzig 1874–1881.
STENTON, Frank Merry, Anglo-Saxon England, 3. Aufl. Oxford 1971.
STEVENSON, William Henry, The date of King Alfred's death, in: EHR 13, 1898, S. 71–77.
STÖRMER, Wilhelm, Adelsgruppen im früh- und hochmittelalterlichen Bayern, (= Studien zur bayerischen Verfassungs- und Sozialgeschichte 4), München 1972.
– Alaholfinger, in: LexMA I, München – Zürich 1980, Sp. 263.
– Die süddeutschen Welfen unter besonderer Berücksichtigung ihrer Herrschaftspolitik im bayerisch-schwäbischen Grenzraum, in: Die Welfen. Landesgeschichtliche Aspekte ihrer Herrschaft, hg. von Karl-Ludwig AY, Lorenz MAIER, Joachim JAHN, (= Forum Suevicum 2), Konstanz 1998, S. 57–96.
STOOB, Heinz, Die sächsische Herzogswahl des Jahres 1106, in: Landschaft und Geschichte, Festschrift für Franz Petri, hg. von Georg DROEGE, Peter SCHÖLLER, Rudolf SCHÜTZEICHEL u. Matthias ZENDER, Bonn 1970, S. 499–517.
– Zur Königswahl Lothars von Sachsen im Jahre 1125, in: Historische Forschungen für Walter Schlesinger, hg. von Helmut BEUMANN, Köln – Wien 1974, S. 438–461.
STRECKER, Karl, Die Grabschrift der Stifter des Klosters Vilich, in: NA 50, 1935, S. 439–445.

STRUVE, Tilman, Heinrich V., in: LexMA IV, München – Zürich 1989, Sp. 2043 ff.

– Konrad (5), Kg., in: LexMA V, München – Zürich 1991, Sp. 1341.

Subsidia Sangallensia 1 : Materialien und Untersuchungen zu den Verbrüderungsbüchern und zu den älteren Urkunden des Stiftsarchivs St. Gallen, hg. von Michael BORGOLTE, Dieter GEUENICH u. Karl SCHMID, (= St. Galler Kultur und Geschichte 16), St. Gallen 1986.

SUCHODOLSKI, Stanislav, Zur Frage der Anfänge der böhmischen Münzprägung, in: Numismatický Sbornik XII, 1973/74, S. 75–84.

TATIŠČEV, Vasilij N., Istorija Rossijskaja s samych drevnejšich vremën [= Die russische Geschichte von den ältesten Zeiten an], 2 Bde., Moskau 1768–73.

TELLENBACH, Gerd, Die Frage nach dem Charakter Kaiser Heinrichs V. Eine personengeschichtliche Studie, in: DERS., Ausgewählte Abhandlungen und Aufsätze, Bd. 5, Stuttgart 1996, S. 135–155.

– Vom karolingischen Reichsadel zum deutschen Reichsfürstenstand, in: Adel und Bauern im deutschen Staat des Mittelalters, hg. von Theodor MAYER, Leipzig 1943, S. 22–73.

– Königtum und Stämme in der Werdezeit des Deutschen Reiches, (= Quellen und Studien zur Verfassungsgeschichte des Deutschen Reiches in Mittelalter u. Neuzeit VII/4), Weimar 1939.

– Kritische Studien zur großfränkischen und alemannischen Adelsgeschichte, in: ZWLG 15, 1956, S. 169–190.

– La questione del carattere dell'imperatore Enrico V: uno studio di storia della personalità, in: Società, Istituzioni, Spiritualità. Studi in onore di Cinzio Violante, Bd. 2, Spoleto 1994, S. 943–973; deutsche Fassung: Die Frage nach dem Charakter Kaiser Heinrichs V. (s. oben).

– Über die ältesten Welfen im West- und Ostfrankenreich, in: DERS. (Hg.), Studien und Vorarbeiten zur Geschichte des großfränkischen und frühdeutschen Adels, (= Forschungen zur oberrheinischen Landesgeschichte 4), Freiburg/Br. 1957, S. 335–340.

– Widonen und Salier, Protokoll des Konstanzer Arbeitskreises für mittelalterliche Geschichte e.V. Nr. 78 vom 21. V. 1960, S. 2–20.

THIELE, Andreas, Erzählende genealogische Stammtafeln zur europäischen Geschichte, Bd. I–IV (in 6 Teilen), Frankfurt/M. 1991–1996.

THOMA, Gertrud, Kaiserin Agnes, in: Karl Rudolf SCHNITH (Hg.), Frauen des Mittelalters in Lebensbildern, Graz – Wien – Köln 1997, S. 121–152, 471 f.

– Namensänderungen in Herrscherfamilien des mittelalterlichen Europa, (= Münchener Historische Studien, Abt. Mittelalterliche Geschichte 3), Kallmünz/Opf. 1985.

THOMAS, Heinz, Zur Kritik an der Ehe Heinrichs III. mit Agnes von Poitou, in: Festschrift für Helmut Beumann zum 65. Geburtstag, hg. von Kurt-Ulrich JÄSCHKE u. Reinhard WENSKUS, Sigmaringen 1977, S. 224–235.

TINNEFELD, Franz, Die Braut aus Byzanz. Fragen zu Theophanos Umfeld und gesellschaftlicher Stellung vor ihrer abendländischen Heirat, in: Gunther WOLF, Kaiserin Theophanu (vgl. dort) S. 247–261.

TRAMONTANA, Salvatore, Roger I. von Sizilien, in: LexMA VII, München 1995, Sp. 936 f.

TRAWKOWSKI, Stanislaw, Dobrawa, in: LexMA III, München – Zürich 1986, Sp. 1149.

TREFFORT, Cécile, Le comte de Poitiers, duc d'Aquitaine, et l'Église aux alentours de l'an mil (970–1030), in: Cahiers de civilisation médiévale 43, 2000, S. 395–445.

TRILLMICH, Werner, Kaiser Konrad II. und seine Zeit, hg. von Otto BARDONG, Bonn 1991.

TROG, Hans, Rudolf I. und Rudolf II. von Hochburgund, Diss. Basel 1887.

TROTTER, Kamillo, Die Grafen von 'Lambach' und 'Formbach', in: Genealogisches Handbuch zur bairisch-österreichischen Geschichte, hg. von Otto v. DUNGERN, Graz 1931, S. 37–51.

TUREK, Rudolf, Boleslav I. v. Böhmen, in: LexMA II, München – Zürich 1983, Sp. 357 f.

TWELLENKAMP, Markus, Das Haus der Luxemburger, in: Die Salier und das Reich, Bd. 1: Salier, Adel und Reichsverfassung, hg. von Stefan WEINFURTER unter Mitwirkung von Helmuth KLUGER, Sigmaringen 1991, S. 475–502.

TYROLLER, Franz, Die Ahnen der Wittelsbacher, Beilage zum Jahresbericht des Wittelsbacher Gymnasiums in München für das Schuljahr 1950/51.

– Die Ahnen der Wittelsbacher zum anderen Male, in: JfLF 15, 1955, S. 129–156.

– Genealogie des altbayerischen Adels im Hochmittelalter, in: Genealogische Tafeln zur mitteleuropäischen Geschichte, hg. von Wilhelm WEGENER, Göttingen 1962–1969, S. 45–524.

– Zur Herkunft der Babenberger, in: Senftenegger Monatsblatt für Genealogie und Heraldik, Bd. IV / Heft 1, Nov. 1956, Sp. 1–12.

UHLIRZ, Karl, Über die Herkunft der Theophanu, Gemahlin Kaiser Ottos II., in: Byzantinische Zeitschrift 4, 1895, S. 467–477.

– Jahrbücher des Deutschen Reiches unter Otto II., (= Jahrbücher der Deutschen Geschichte), Leipzig 1902.

UHLIRZ, Mathilde, 'Domnus Sicco, imperatorius f(rate)r d(ucat) XX', in: DA 10, 1953, S. 166–169.

– Die ersten Grafen von Luxemburg, in: DA 12, 1956, S. 36–51.

– Jahrbücher des Deutschen Reiches unter Otto II. und Otto III., Teil II: Otto III. 983–1002, (= Jahrbücher der Deutschen Geschichte), Berlin 1954.

– Studien über Theophano (I): Die Herkunft der Kaiserin Theophano, in: DA 6, 1943, S. 442–462.

– Studien über Theophano (II): Die beiden Lebensbeschreibungen des Abtes Gregor von Burtscheid, in: DA 6, 1943, S. 462–474.

– Studien über Theophano (III): Die Interventionen der Kaiserin Theophano zugunsten der Nonnenklöster während der Regierungszeit Ottos II. und ihre Bedeutung, in: DA 9, 1951, S. 122–135.

– Studien über Theophano (IV): Zur Frage der Herkunft der Kaiserin Theophano und der Brautwerbung ihres Sohnes, Kaiser Ottos III., in Byzanz, in: DA 13, 1957, S. 369–385.

– Waren Kaiser Konrad II. und dessen Sohn, Kaiser Heinrich III., Nachkommen Theophanus?, in: ZGO 105, 1957, S. 328–333.

USLAR-GLEICHEN, Edmund Freiherr v., Die Abstammung der Grafen von Northeim und Katlenburg von den Grafen von Stade, nebst biographischen Nachrichten über die älteren Glieder dieser Häuser, (= Veröffentlichungen zur niedersächsischen Geschichte, Heft 3), Hannover 1900.

– Geschichte der Grafen von Winzenburg, Hannover 1895.

– Das Geschlecht Wittekinds des Großen und die Immedinger, Hannover 1902.

VAJAY, Szabolcs de, Agatha, mother of saint Margaret, queen of Scotland, in: Duquesne Review VII,2, Pittsburgh/Pennsylvania 1962, S. 71–87 (mit 4 Tafeln).

– Großfürst Geysa von Ungarn, Familie und Verwandtschaft, in: Südost-Forschungen, Bd. 21, 1962, S. 45–101.

– A propos de la 'Guerre de Bourgogne'. Note sur les successions de Bourgogne et de Mâcon aux Xe et XIe siècles, in: Annales de Bourgogne 34, 1962, S. 153–169.

VANDERKINDERE, Léon, La formation territoriale des principautés belges au Moyen Age, 2 Bde., Brüssel 1902.

VANNERUS, Jules, La première dynastie luxembourgeoise. A propos de l'étude de Heinz Renn: Das erste Luxemburger Grafenhaus (963–1136), in: Revue belge de Philologie et d'Histoire 25, 1946–1947, S. 801–858.

VASILIEV, A(leksandr) A., Hugh Capet of France and Byzantium, in: Dumbarton Oaks Papers 6, Cambridge/Massachusetts 1951, S. 227–251.

VERDONK, H(enk), De familie-inschrijving van Wichman van Elten in het Gedenkboek van Reichenau, (Brochure 6), 2. Aufl. Lelystad 2001.

VESZPRÉMY, László, Königin Gisela von Ungarn, in: Alfried WIECZOREK und Hans-Martin HINZ (Hg.), Europas Mitte um 1000. Handbuch zur gleichnamigen Ausstellung, Stuttgart 2000, S. 608–612.

VIANELLO, Francesco, Gli Unruochingi e la famiglia di Beggo conte di Parigi, in: Bolletino dell'Istituto storico italiano per il medio evo e Archivio Muratoriano 91, 1984, S. 336–369.

VIDIER, Alexandre, Notices sur des actes d'affranchissement et de précaire concernant Saint-Aignan d'Orléans, in: Le Moyen Age 20, 1907, S. 289–317.

VIGNIERIUS (VIGNIER), Nicolaus, Rerum Burgundionum chronicon, Basel 1575.

VIOLANTE, Cinzio, Alcune caratteristiche delle strutture familiari in Lombardia, Emilia e Toscana durante i secoli IX–XII, in: Famiglia e parentela nell'Italia medievale, ed. Georges DUBY e Jacques LE GOFF, Bologna 1981, S. 19–82.

VOGEL, Albrecht, Ratherius von Verona und das 10. Jahrhundert, 2 Bde., Jena 1854.

VOGT, Herbert W., Das Herzogtum Lothars von Süpplingenburg 1106–1125, (= Quellen und Darstellungen zur Geschichte Niedersachsens 57), Hildesheim 1959.

VOLK, Paulus (OSB), Der Stifter von Maria Laach (Pfalzgraf Heinrich II.) aus dem Hause Luxemburg-Salm, in: Revue bénédictine 36, 1924, S. 255–267.

VOLLMER, Franz, Die Etichonen. Ein Beitrag zur Frage der Kontinuität früher Adelsfamilien, in: Studien und Vorarbeiten zur Geschichte des großfränkischen und frühdeutschen Adels, hg. von Gerd TELLENBACH, (= Forschungen zur oberrheinischen Landesgeschichte 4), Freiburg/Br. 1957, S. 137–184.

VRÉGILLE, Bernard de, Le royaume de Bourgogne (888–1032), in: Histoire de Besançon, publiée sous la Direction de Claude FOHLEN, Nouvelle Édition, vol. I: Des origines à la fin du XVIe siècle, Besançon 1981, S. 221–238.

WAGNER, Franz, Das Geschlecht der Grafen von Burgund, vom Ende des 10. Jahrhunderts bis zum Jahre 1102. Ein Beitrag zur politischen und kirchlichen Geschichte Burgunds sowie des Kreuzzuges 1101/1102, 1. Teil, Diss. phil. Breslau 1878.

WAITZ, Georg, Jahrbücher des Deutschen Reichs unter König Heinrich I., 3. Aufl. Leipzig 1885; ND (= 4. mit 2 Beiträgen von Rudolf BUCHNER und Martin LINTZEL ergänzte Aufl.), Darmstadt 1963.

WAMPACH, Camillo, Grundherrschaft Echternach, vgl. bei Quellen.

WANDERWITZ, Heinrich, Die Reichsstifte Nieder- und Obermünster bis ins 11. Jahrhundert. Quellenkritische Studien insbesondere zum ältesten Nekrolog aus Niedermünster, in: Aus Bayerns Geschichte. Forschungen als Festgabe … für Andreas Kraus, hg. von Egon Johannes GREIPL, Alois SCHMID, Walter ZIEGLER, St. Ottilien 1992, S. 51–88.

WATTENBACH, Wilhelm, und Robert HOLTZMANN, Deutschlands Geschichtsquellen im Mittelalter. Deutsche Kaiserzeit, Teile I–II (Hefte 1–4), Tübingen 1948.

WATTENBACH, Wilhelm – Robert HOLTZMANN – Franz-Josef SCHMALE, Deutschlands Geschichtsquellen im Mittelalter. Die Zeit der Sachsen und Salier, Teil III, Darmstadt 1971.

WATTENBACH, Wilhelm – Franz-Josef SCHMALE, Deutschlands Geschichtsquellen im Mittelalter. Vom Tode Kaiser Heinrichs V. bis zum Ende des Interregnum, Bd. 1, bearb. von Franz-Josef SCHMALE unter Mitarbeit von Irene SCHMALE-OTT und Dieter BERG, Darmstadt 1976.

WEGENER, Wilhelm, Die Přemysliden, Stammtafel des nationalen böhmischen Herzogshauses, ca. 850–1306, mit einer Einführung, in: DERS., Genealogische Tafeln zur mitteleuropäischen Geschichte, Lfg. 1, 3. Aufl. Göttingen 1964, S. 1–12 und 12 a.

WEIBULL, Lauritz, Kritiska Undersökningar i Nordens Historia omkring år 1000, Lund 1911.

WEIGLE, Fritz, Zur Geschichte des Bischofs Rather von Verona. Analekten zur Ausgabe seiner Briefe, in: DA 5, 1942, S. 347–386.

WEILLER, Raymond, Die Münzen von Trier, Teil I, 1. Abschnitt: Beschreibung der Münzen: 6. Jahrhundert – 1307 (mit 24 Tafeln), (= Publikationen der Gesellschaft für Rheinische Geschichtskunde 30), Bonn 1988.

WEINFURTER, Stefan, Heinrich II. (1002–1024). Herrscher am Ende der Zeiten, Regensburg 1999.

– Heinrich II. (1002–1024), in: Bernd SCHNEIDMÜLLER u. Stefan WEINFURTER, Die deutschen Herrscher des Mittelalters. Historische Portraits von Heinrich I. bis Maximilian I. (919–1519), München 2003, S. 97–118, 570 f.

– Herrschaftslegitimation und Königsautorität im Wandel: Die Salier und ihr Dom zu Speyer, in: Die Salier und das Reich I: Salier, Adel und Reichsverfassung, hg. von Stefan WEINFURTER u. a., Sigmaringen 1991, S. 55–96.
– Kunigunde, das Reich und Europa, in: Kunigunde – consors regni. Vortragsreihe zum tausendjährigen Jubiläum der Krönung Kunigundes in Paderborn (1002–2002), hg. von Stefanie DICK, Jörg JARNUT, Matthias WEMHOFF, (= Mittelalterstudien des Instituts zur interdisziplinären Erforschung des Mittelalters und seines Nachwirkens, Paderborn, Bd. 5), München 2004, S. 9–27.
– Reformidee und Königtum im spätsalischen Reich. Überlegungen zu einer Neubewertung Kaiser Heinrichs V., in: Reformidee und Reformpolitik im spätsalisch-frühstaufischen Reich. Vorträge der Tagung der Gesellschaft für mittelrheinische Kirchengeschichte vom 11. – 13. September 1991 in Trier, hg. von Stefan WEINFURTER unter Mitarbei von Hubertus SEIBERT, (= Quellen und Abhandlungen zur mittelrheinischen Kirchengeschichte 68), Mainz 1992, S. 1–45.
– Die Zentralisierung der Herrschaftsgewalt im Reich durch Kaiser Heinrich II., in: HJb 106, 1986, S. 241–297.
WEINRICH, Lorenz, Wala. Graf, Mönch und Rebell. Die Biographie eines Karolingers, (= Historische Studien 386), Lübeck u. Hamburg 1963.
WEIS, Herbert, Die Grafen von Lenzburg in ihren Beziehungen zum Reich und zur adligen Umwelt, Diss. masch. Freiburg/Br. 1959.
WELLER, Tobias, Tafel „Hauteville Altavilla“, in: LexMA IX (Anhang), München 1998.
WENSKUS, Reinhard, Sächsischer Stammesadel und fränkischer Reichsadel, (= Abhandlungen der Akademie der Wissenschaften in Göttingen, phil.-hist. Kl., 3. Folge Nr. 93), Göttingen 1976.
WERKMANN, Lorenz, Beiträge zur Geschichte des Frauenstiftes Waldkirch, in: Freiburger Diözesan-Archiv 3, 1868, S. 123–163.
WERLE, Hans, Das Erbe des salischen Hauses, Diss. (masch.) Mainz 1952.
– Münster-Dreisen. Ein Beitrag zur Geschichte des Benediktinerinnenklosters und Prämonstratenserstiftes, in: Archiv für mittelrheinische Kirchengeschichte 8, 1956, S. 323–332.
– Staufische Hausmachtpolitik am Rhein im 12. Jahrhundert, in: ZGO 110, 1962, S. 241–370.
– Titelherzogtum und Herzogsherrschaft, in: ZRG germ. Abt. 73, 1956, S. 225–299.
WERNER, Karl Ferdinand, Ademar von Chabannes und die Historia pontificum et comitum Engolismensium, in: DA 19, 1963, S. 297–326.
– L'aquisition par la Maison de Blois des comtés de Chartres et de Châteaudun, in: Mélanges de Numismatique, d'Archéologie et d'Histoire offerts à Jean Lafaurie, Paris 1980, S. 265–272.
– Bedeutende Adelsfamilien im Reich Karls d. Gr., in: Karl der Große, Bd. I: Persönlichkeit und Geschichte, hg. von Helmut BEUMANN, Düsseldorf 1965, S. 83–142.
– Die Nachkommen Karls des Großen bis um das Jahr 1000 (1.–8. Generation), in: Karl der Große, Bd. IV: Das Nachleben, hg. von Wolfgang BRAUNFELS u. Percy Ernst SCHRAMM, Düsseldorf 1967, S. 403–482 (mit Falttafel).

– Untersuchungen zur Frühzeit des französischen Fürstentums (9.–10. Jahrhundert) (in 3 Teilen), in: WaG 18, 1958, S. 256–289; 19, 1959, S. 146–193; 20, 1960, S. 87–119.
– Westfranken-Frankreich unter den Spätkarolingern und frühen Kapetingern (888–1060), in: Handbuch der Europäischen Geschichte, hg. von Theodor SCHIEDER, Bd. 1, hg. von Theodor SCHIEFFER, Stuttgart 1976, S. 731–783.
WHITE, Geoffrey H., The Sisters and Nieces of Gunnor, Duchess of Normandy, in: Genealogist, NS 37, (New York) 1920, S. 57–65, 128–132.
WIBEL, Johann Christian, Hohenlohische Kyrchen- und Reformations-Historie, aus bewährten Urkunden und Schriften verfaßt und ... ans Licht gerückt, Bd. 2, Onolzbach 1753.
WILLIAMS, Ann, Alfred P. SMYTH and David P. KIRBY, A biographical dictionary of Dark age Britain. England, Scotland and Wales c. 500 – c. 1050, London 1991.
WILSON, Alan J., St. Margaret. Queen of Scotland, Edinburgh 1993.
WINKHAUS, Eberhard, Ahnen zu Karl dem Großen und Widukind in 765 (773) Ahnenstämmen, Ennepetal 1950.
WINTER, Johanna Maria van, Ansfried en Dirk, twee namen uit de Nederlandse geschiedenis van de 10e en 11e eeuw, in: Naamkunde, 13. Jg. 1981, S. 39–74.
– Die Hamaländer Grafen als Angehörige der Reichsaristokratie im 10. Jahrhundert, in: RhVjbl. 44, 1980, S. 16–46.
WISPLINGHOFF, Erich, Untersuchungen zur frühen Geschichte der Abtei S. Maximin bei Trier von den Anfangen bis etwa 1150, (= Quellen u. Abhandlungen zur mittelrheinischen Kirchengeschichte 12), Mainz 1970.
WITTE, Heinrich, Genealogische Untersuchungen zur Reichsgeschichte unter den salischen Kaisern, in: MIÖG Ergbd. 5, 1896–1903, S. 309–474 mit 4 Tafeln.
WOLF, Armin, Die Herkunft der Grafen von Northeim aus dem Hause Luxemburg und der Mord am Königskandidaten Ekkehard von Meißen 1002, in: NsJLG 79, 1997, S. 427–440.
– Ein Kampf um Genf: Das Geblütsrecht König Rudolfs von Rheinfelden, Herzogs von Schwaben, in: Rechtsgeschichte & Interdisziplinarität. Festschrift für Claudieter Schott, hg. von Marcel SENN und Claudio SOLIVA, Bern, Berlin u. a. 2001, S. 63–74.
– Königskandidatur und Königsverwandtschaft. Hermann von Schwaben als Prüfstein für das 'Prinzip der freien Wahl', in: DA 47, 1991, S. 45–117.
– Zur Königswahl Heinrichs II. im Jahre 1002; vgl. bei DERS., Quasi hereditatem.
– Zur Kontroverse um die Herkunft der Grafen von Northeim aus dem Hause Luxemburg, in: RhVjbl 65, 2001, S. 400–406.
– Quasi hereditatem inter filios. Zur Kontroverse über das Königswahlrecht im Jahre 1002 und die Genealogie der Konradiner, in: ZRG germ. Abt. 112, 1995, S. 64–157. Ein an einigen Stellen überarbeiteter und ergänzter Neudruck unter dem Titel 'Zur Königswahl Heinrichs II. im Jahre 1002. Verwandtschaftliche Bedingungen des Königswahlrechts' in: Genealogisches Jahrbuch 42, 2002, S. 5–91.

– Rezension von: Die Salier und das Reich, 3 Bde., hg. von Stefan WEINFURTER, in: Genealogie Heft 5–6, 1994, S. 179–182.
– Wer war Kuno von 'Öhningen'? Überlegungen zum Herzogtum Konrads von Schwaben († 997) und zur Königswahl vom Jahre 1002, in: DA 36, 1980, S. 25–83; ND in: Genealogisches Jahrbuch 39, 1999, S. 5–49; mit (S. 49–56) Nachwort 1999: Zur Diskussion über Konrad von Öhningen und die Konradiner-Genealogie 1980–1998.
WOLF, Gunther, Aethelfled von Mercia und ottonische 'dominae'. Zum Rechtscharakter frühmittelalterlicher Frauenherrschaft, in: ZRG germ. Abt. 111, 1994, S. 525–535.
– Über die Hintergründe der Erhebung Liudolfs von Schwaben, in: ZRG germ. Abt. 80, 1963, S. 315–325; ND in: Otto der Große, hg. von Harald ZIMMERMANN, (= Wege der Forschung 450), Darmstadt 1976, S. 56–69.
– Das Itinerar der Prinzessin Theophano / Kaiserin Theophanu (972–991), in: AfD 35, 1989, S. 237–254; ND in: DERS., Kaiserin Theophanu (s. u.) S. 5–18.
– (Hg.), Kaiserin Theophanu, Prinzessin aus der Fremde – des Westreichs Große Kaiserin, Köln – Weimar – Wien 1991.
– Kleine Beiträge zur Geschichte der Könige und Kaiser aus liudolfingisch-ottonischem Haus, in: AfD 46, 2000, S. 181–196.
– Könige und Kaiser als leibliche Nachkommenschaft der Kaiserin Theophanu, in: DERS., Kaiserin Theophanu (s. o.), S. 180–211.
– Königinnen-Krönungen des frühen Mittelalters bis zum Beginn des Investiturstreits, in: ZRG kan. Abt. 107, 1990, S. 62–88.
– Zum 'lokalen' Datum des DO II Nr. 21 vom 14. April 972, in: AfD 43, 1997, S. 11–14.
– Nochmals zur Frage nach dem rex Francorum et Langobardorum und dem regnum Italiae, in: AfD 35, 1989, S. 171–236.
– Nochmals zur Frage: Wer war Theophano?, in: Byzantinische Zeitschrift 81, 1988, S. 272–283; ND (ergänzt) in: DERS., Kaiserin Theophanu (s. o.) S. 59–78.
– Die Seelgiftdotationen Kaiser Ottos III. für seine Mutter, Kaiserin Theophanu, und Verwandtes, in: AfD 39, 1993, S. 1–8.
– Wer war Kaiser Friedrich I. Barbarossa ?, in: AfD 38, 1992, S. 77–111.
WOLFRAM, G(eorg), Kritische Bemerkungen zu den Urkunden des Arnulfklosters, in: Jahrbuch der Gesellschaft für lothringische Geschichte und Altertumskunde I, 1888/89, S. 40–80.
WOLL, Carsten, Die Königinnen des hochmittelalterlichen Frankreich 987–1237/38, (= Historische Forschungen 24), Stuttgart 2002.
WOLLASCH, Joachim, Mönchtum des Mittelalters zwischen Kirche und Welt, (= MMS 7), München 1973.
– Das Patrimonium beati Germani in Auxerre. Ein Beitrag zur Frage der bayrisch-westfränkischen Beziehungen der Karolingerzeit, in: Studien und Vorarbeiten zur Geschichte des großfränkischen und frühdeutschen Adels, hg. von Gerd TELLENBACH, (= Forschungen zur oberrheinischen Landesgeschichte 4), Freiburg/Br. 1957, S. 185–224.
– vgl. auch bei Necrologium Bernoldi.

WOLTER, Heinz, Das Privileg Leos IX. für die Kölner Kirche vom 7. Mai 1052 (JL 4271), in: Egon BOSHOF – Heinz WOLTER, Rechtsgeschichtlich-diplomatische Studien zu frühmittelalterlichen Papsturkunden, (= Studien und Vorarbeiten zur Germania pontificia 6), Köln 1976, S. 101–151.

– Die Synoden im Reichsgebiet von 916 bis 1056, Paderborn u. a. 1988.

WORMALD, C. Patrick, Alfred der Große, in: LexMA I, München – Zürich 1980, Sp. 409.

– Ethelred II., in: LexMA IV, München – Zürich 1989, Sp. 53 f.

WÜHRER, Karl, Die skandinavischen Königreiche, in: Handbuch der europäischen Geschichte, hg. von Theodor SCHIEDER, Bd. 1, hg. von Theodor SCHIEFFER, (= dort Abschnitt XII B), Stuttgart 1976, S. 951–964.

WUNDER, Gerd, Die letzten Prinzen des angelsächsischen Königshauses, in: Genealogisches Jahrbuch 15, 1975, S. 81–89.

WYSS, Georg v., Herzog Rudolf, der Sohn König Rudolfs II. von Burgund und der Königin Berta, in: Anzeiger für Schweizerische Geschichte 23 (NF 6), 1892, S. 357–362.

ZETTEL, Horst, Das Bild der Normannen und der Normanneneinfälle in westfränkischen, ostfränkischen und angelsächsischen Quellen des 8. bis 11. Jahrhunderts, München 1977.

ZETTLER, Alfons, Sulzburg im früheren Mittelalter, in: Geschichte der Stadt Sulzburg, Bd. 1: Von den Anfängen bis zum ausgehenden Mittelalter. Der Bergbau, hg. im Auftrag der Stadt Sulzburg von der Anna Hugo Bloch-Stiftung. Redaktion: Anneliese MÜLLER und Jost GROSSPIETSCH, Freiburg / Br. 1993, S. 277–333.

– vgl. auch bei R. RAPPMANN.

ZEY, Claudia, 'Scheidung' zu Recht? Die Trennungsabsicht Heinrichs IV. im Jahr 1069, in: Von Sachsen bis Jerusalem. Menschen und Institutionen im Wandel der Zeit. Festschrift für Wolfgang Giese, hg. von Hubertus SEIBERT und Gertrud THOMA, München 2004, S. 163–183.

ZIEHEN, Eduard, Konrad I. 911–918, in: Nassauische Lebensbilder, hg. von F.A. SCHMIDT, Bd. II, Wiesbaden 1943, S. 1–18.

ZIMMERMANN, Fritz, Der Ursprung der Babenberger und das Burgenland, in: Adler. Zeitschrift für Genealogie und Heraldik II, 18. Heft, 1952, S. 261–263.

ZOTZ, Thomas, Der Breisgau und das alemannische Herzogtum. Zur Verfassungs- und Besitzgeschichte im 10. und beginnenden 11. Jahrhundert, (= VuF Sonderband 15), Sigmaringen 1975.

– Die frühen Welfen: Familienformation und Herrschaftsaufbau, in: Rainer LOOSE und Sönke LORENZ (Hg.), König – Kirche – Adel. Herrschaftsstrukturen im mittleren Alpenraum und angrenzenden Gebieten (6.–13. Jahrhundert), Lana 1999, S. 189–205.

4) Die Ahnentafeln

I: Kg. Konrad I.
(911–918)

1. Kg. Konrad I.
* ca. 880/85
ꝏ 913
† 23.XII.918
□ Fulda

2. Gf. Konrad
d.Ä.
* ca. 855
† 27.II.906
□ Weilburg

3. Glismuoda
† 26.IV.924

4. *Gf. Udo*
(v. Lahngau)
** ca. 825/30*
† n. 879

5. *Judith (?)*
Welfin
** ca. 830*

6.

7.

8. *Gf. Gebhard*
(v. Lahngau)
** ca. 790*
† n. 845

9.

10. *Gf. Rudolf*
** ca. 800/10*
† 6.I.866

11. *Roduna*
** ca. 800/10*
† n. 867

16.

17.

20. *Gf. Welf I.*
† 3.IX. (ca. 825?)

21. *Heilwig*
† 5.XI. n. 833

22.

40. *Gf. Ruthard*
bez. 749–777, † 28.I. v. 790

41. *Irminsinde*

42.

43.

II: Kgn. Kunigunde, Gemahlin Kg. Konrads I.

4.

2. *Pfgf. Berthold*
bez. 880–897

5.

1. Kunigunde
* v. 878
ꝏ 913
† 7.II.(v. 932)
□ Lorsch

3.

III: Kg. Heinrich I. (919–936)

1. Kg. Heinrich I.
* ca. 876
∞ 1) ca. 906/08
2) 909
† 2.VII.936
□ Quedlinburg

∞ ca. 865/70

2. Gf./Hzg. Otto d. Erl. v. Sachsen
* ca. 835/45
† 30.XI.912
□ Gandersheim

3. Hadwig
* ca. 850
† 24.XII.(903)

∞ ca. 825/30

4. Gf./Hzg. Liudolf
* ca. 805
† 12.III.866
□ Gandersheim

5. Oda
* ca. 806
† 17.V.913
□ Gandersheim

6. *Gf./Hzg. Heinrich*
** ca. 830*
† 28.VIII.886
□ Soissons

7. NN

8. *Brun (?)*

9.

10. Gf. Billung

11. Aeda

12. *Gf. Poppo (I.) v. Grabfeld*
† n. 840/41

13.

14. *Gf. Cobbo d. Ä. (bez. v. 840–850)*

15.

16.

20.

21.

22.

23.

24.

28. *Egbertus dux (bez. z.Zt. Karls d. Gr.)*
□ Herzfeld

29. *(Hl.) Ida*
□ Herzfeld

58. *Kg. Karlmann*
** 751, † 4.XII.771*

59. *Gerberga*

IV: Hatheburg
1. Gemahlin
Kg. Heinrichs I.

4.

2. Erwin
„senior“
v. Merseburg

1. Hatheburg
* ca. 876?
∞ ca. 906/08
† 21.VI. v.
932/35
?

3. NN (Schwester d. Ehefrau Gf. Thietmars, Tante Gf. Siegfrieds u. Mgf. Geros)

V: Kgn. Mathilde
2. Gemahlin
Kg. Heinrichs I.

1. Mathilde
* ca. 895
∞ 909
† 14.III.968
□ Quedlinburg

2. Gf. Dietrich
(Theodericus)
in Westfalen
† n. 929

3. Reinhild
† 11.V. n. 929
(evtl. n. 932/35)

4. NN

5. Mathilde
† n. 909

6.

7.

8.

9.

10.

11.

12.

13.

VI: Kg. u. Ks. Otto I. (936 bzw. 962–973)

1. Kg. u. Ks. Otto I.
   * 22.XI.912
   ∞ 1) 2. Hälfte Sept. 929
   2) (9.X.) 951
   † 7.V.973
   □ Dom Magdeburg

2. Kg. Heinrich I.
   * ca. 876
   † 2.VII.936
   □ Quedlinburg

∞ 909

3. Mathilde
   * ca. 895
   † 14.III.968
   □ Quedlinburg

4. Gf./Hzg. Otto d. Erl. v. Sachsen
   * ca. 835/45
   † 30.XI.912
   □ Gandersheim

∞ ca. 865/70

5. Hadwig
   * ca. 850
   † 24.XII.(903)

6. Gf. Dietrich (Theodericus) in Westfalen
   † n. 929

7. Reinhild
   † 11.V. n. 929
   evtl. n. 932/35

8. Gf,/Hzg. Liudolf v. Sachsen,
   * ca. 805
   † 12.III.866
   □ Gandersheim

∞ ca. 825/30

9. Oda
   * ca. 806
   † 17.V.913
   □ Gandersheim

10. *Gf./Hzg. Heinrich (Babenberger)*
    ** ca. 830*
    † 28.VIII.886
    □ Soissons

11. NN

12. NN

13. Mathilde
    † n. 909

14.

15.

16. *Brun (?)*

17.

18. Gf. Billung

19. Aeda

20. *Gf. Poppo (I.) v. Grabfeld*
    † n. 840/41

21.

22. *Gf. Cobbo d. Ä. (bez. v. 840–850)*

23.

26.

27.

36.

37.

38.

39.

44. *Egbertus dux (bez. z.Zt. Karls d. Gr.)*
    □ Herzfeld

45. *(Hl.) Ida*
    □ Herzfeld

VII: Kgn. Edgitha (v. England) 1. Gemahlin Kg. Ottos I.

1. Edgitha
* ca. 912
ꝏ 2. Hälfte September 929
† 26.I.946
□ Dom Magdeburg

2. Kg. Edward (Eadweard) d. Ä. v. Wessex
* ca. 870/71
† 17.VII.924
□ Winchester

3. Aelfleda
† 917

4. Kg. Alfred v. Wessex
* 848 od. 849
† 26.X.899 (od. 900?)
□ Winchester

ꝏ 868

5. Ealhswith
† 5.XII.903
□ Winchester

6. Gf. Ethelm
† 13.VI.897

8. Kg. Aethelwulf v. Wessex
* ca. 805
† 13.I.858
□ Winchester

9. Osburh
† (v. 855)

10. Gf. Aethelred (Mucill)

11. Eadburh de regali genere Merciorum regis

12. *Aefelin*

16. Kg. Egbert v. Wessex, bez. 802–839

17. Redburga

18. Oslac pincerna regis

20.

22.

32. Kg. Ealhmund (v. Kent)

33.

34.

VIII: Kgn. u. Ksn. Adelheid (v. Burgund), 2. Gemahlin Ks. Ottos I.

1. Adelheid
* ca. 931/32
ꝏ (9.X.)951
† 16./17.XII.999
□ Selz

2. Kg. Rudolf II. v. Hochburgund
* ca. 880/85
† 11.VII.937
□ S. Maurice d'Agaune

ꝏ 921/Anfang 922

3. Berta (v. Schwaben)
* ca. 907/08
† 2.I.961
□ Peterlingen/Payerne

4. Kg. Rudolf I. v. Hochburgund
* ca. 860
† 25.X.912

ꝏ ca. 880

5. Willa
† v. 925
□ Vienne

6. Hzg. Burchard (II.) v. Schwaben
† 29.IV.926

ꝏ ca. 907

7. Reginlind
* ca. 892/93
† 18./19.VIII. (958 od. später)
□ Einsiedeln

8. Gf. Konrad v. Auxerre
† zwischen 863 u. 877

9. Waldrada

10. *Kg. Boso v. d. Provence*
** v. 845/50*
† 11.I.887
□ Vienne

11. *NN*
† v. 876

12. Gf. Burchard (I.)
† 5.XI.911
(hingerichtet)

13.

14. *Gf. Waltfred v. Verona*
† 896 (v. 30.IV.)

15. Gisela
* ca. 860
† 26.X. n. 918
□ Waldkirch?

16. Gf. Konrad d. Ä. (bez. 830–862)
† (21.IX.)? n. 862

17. Adelheid (v. Tours)
† 18.VIII. (v. 862)

18.

19.

20. *Gf. Bivin*

21. *NN (Richilde)?*

24. Gf. Adalbert d. Erl.
† 8.I.894

25. *Rotlind*

30. *Mgf. Unruoch (v. Friaul) (oder Liuto?)*

31. *Ava (oder Judith)?*

32. Gf. Welf I.
† 3.IX. (ca. 825)

33. Heilwig
† 5.XI. n. 833

34. Gf. Hugo v. Tour
† 20.X. 837

35. Ava, † 4.IX.839

42. *Gf. Boso, † v. 855*

48. *Gf. Adalbert (I.) v Thurgau (bez. 836–83*

49. *NN (aus Rheinauer Stifterfamilie)*

60. *Mgf. Eberhard v. Friaul (oder Gf. Liut*

61. *Gisela, Tochter K Ludwigs d. Fr. (oder*

62. *Gf. Liutfried (od Mgf. Eberhard v. Fri*

63. *NN (od. Gisela, Tochter Ks. Ludwigs d. Fr.)*

IX: Kg. u. Ks. Otto II. (961 bzw. 967–983)

1. Kg. u. Ks. Otto II.
* Ende 955
ꝏ 14.IV.972
† 7.XII.983
□ Rom (St. Peter)

2. Ks. Otto I.
* 22.XI.912
† 7.V.973
□ Magdeburg Dom

ꝏ (9.X.)951

3. Adelheid
* ca. 931/32
† 16./17.XII.999
□ Selz

4. Kg. Heinrich I.
* ca. 876
† 2.VII.936
□ Quedlinburg

ꝏ 909

5. Mathilde
* ca. 895
† 14.III.968
□ Quedlinburg

6. Kg. Rudolf II. v. Hochburgund
* ca. 880/85
† 11.VII.937
□ S. Maurice d'Agaune

ꝏ 921/ Anfang 922

7. Berta (v. Schwaben)
* ca. 907/08
† 2.I.961
□ Peterlingen/ Payerne

8. Gf./Hzg. Otto d. Erl. v. Sachsen
* ca. 835/45
† 30.XI.912
□ Gandersheim

ꝏ ca. 865/70

9. Hadwig
* ca. 850
† 24.XII.(903)

10. Gf. Dietrich (Theodericus) i. Westfalen
† n. 929

11. Reinhild
† 11.V. n. 929
evtl. n. 932/35

12. Kg. Rudolf I. v. Hochburgund
* ca. 860
† 25.X.912

ꝏ ca. 880

13. Willa
† v. 925
□ Vienne

14. Hzg. Burchard (II.) v. Schwaben
† 29.IV.926

ꝏ ca. 907

15. Reginlind
* ca. 892/93
† 18./19.VIII. (958 od. später)
□ Einsiedeln

16. Gf./Hzg. Liudolf v. Sachsen
* ca. 805, † 12.III.866
□ Gandersheim
ꝏ ca. 825/30

17. Oda, * ca. 806
† 17.V.913
□ Gandersheim

18. *Gf. Heinrich*
** ca. 830*
† 28.VIII.886
□ Soissons

19. *NN*

20. NN

21. Mathilde
† n. 909

22.

23.

24. Gf. Konrad v. Auxerre
† zwischen 863 u. 877

25. Waldrada

26. *Kg. Boso v.d. Provence*
** v. 845/50*
† 11.I.887
□ Vienne

27. *NN, † v. 876*

28. Gf. Burchard (I.)
† 5.XI.911
(hingerichtet)

29.

30. *Gf. Waltfred v. Verona*
† 896 (v. 30.IV.)

31. Gisela
* ca. 860, † 26.X. n. 918, Waldkirch ?

32. *Brun (?)*

33.

34. Gf. Billung

35. Aeda

36. *Gf. Poppo (I.) v. Grabfeld, † n. 840/41*

37.

38. *Gf. Cobbo d.Ä. (bez. 840–850)*

39.

42.

43.

48. Gf. Konrad d. Ä. (bez. 830–862), † (21.IX.)? n. 862

49. Adelheid (v. Tours)
† 18.VIII. (v. 862)

50.

51.

52. *Gf. Bivin*

53. *NN (Richilde)?*

56. Gf. Adalbert d. Erl.
† 8.I.894

57. *Rotlind*

62. *Mgf. Unruoch v. Friaul (oder Liuto)?*

63. *Ava (oder Judith)?*

X: Ksn. Theophanu (v. Byzanz) Gemahlin Ks. Ottos II.

1. Ksn. Theophanu
* ca. 959/60
ꝏ 14.IV.972
† 15.VI.991
□ Köln
S. Pantaleon

2. *Konstantinos Skleros*
** ca. 930*
† 11.III.991

3. *Sophia Phokaina*

4. *Munīr (= Photeinos)? Skleros*

5. *Gregoria*

6. *Leon Phokas, Kuropalates*
** ca. 915*
971 geblendet

7. *NN*

8.

10. *Bardas*

12. *Bardas Phokas d. Ä., General*
** ca. 879*
† Anfang 969

13. *NN (Schwester d. Michael Maléinos u. d. Constantin Maléinos)*

20. *Basileios rector*

24. *Nikephoros Phokas d. Ä., General*
** ca. 855, bez. ab 872*
† 896/97

25.

26. *Eudokimos Maléinos*

27. *Anastasó*

40. *Bardas, Bruder d. Ks. Basileios I.*

48. *Phokas, bez. 872*

52. *Eustatios Maléino*

54. *Adralestos bez. 920/921*

XI: Kg. u. Ks. Otto III. (983 bzw. 996–1002)

1. Kg. u. Ks. Otto III. * Ende Juni/Anfang Juli 980 † 24.I.1002 □ Aachen Münster

2. Ks. Otto II. * Ende 955 † 7.XII.983 □ Rom (St. Peter)
∞ 14.IV.972
3. Ksn. Theophanu * ca. 959/60 † 15.VI.991 □ St. Pantaleon in Köln

4. Ks. Otto I. * 22.XI.912 † 7.V.973 □ Magdeburg Dom
∞ (9.X.)951
5. Adelheid * ca. 931/32 † 16./17.XII.999 □ Selz
6. *Konstantinos Skleros * ca. 930 † 11.III.991*
7. *Sophia Phokaina*

8. Kg. Heinrich I. * ca. 876 † 2.VII.936 □ Quedlinburg
∞ 909
9. Mathilde * ca. 895 † 14.III.968 □ Quedlinburg
10. Kg. Rudolf II. v. Hochburgund * ca. 880/85 † 11.VII.937 □ S. Maurice d'Agaune
∞ 921/Anfang 922
11. Berta (v. Schwaben) * ca. 907/08 † 2.I.961 □ Peterlingen
12. *Munīr (= Photeinos)? Skleros*
13. *Gregoria*
14. *Leon Phokas, Kuropalates * ca. 915 971 geblendet*
15. *NN*

16. Gf./Hzg. Otto d. Erl. v. Sachsen, * ca. 835/45, † 30.XI.912 □ Gandersheim
∞ ca. 865/70
17. Hadwig, * ca. 850, † 24.XII.(903)
18. Gf. Dietrich in Westfalen † n. 929
19. Reinhild † 11.V. n. 929 (evtl. n. 932/35)
20. Kg. Rudolf I. v. Hochburgund * ca. 860, † 25.X.912
∞ ca. 880
21. Willa, † v. 925 □ Vienne
22. Hzg. Burchard (II.) v. Schwaben † 29.IV.926
∞ ca. 907
23. Reginlind, * ca. 892/93, † 18./19.VIII. (958 od. später) □ Einsiedeln
24.
26. *Bardas*
28. *Bardas Phokas d. Ä., General * ca. 879, † Anfang 969*
29. *NN (aus der Familie der Maléinos)*

32. Gf./Hzg. Liudolf v. Sachsen, * ca. 805, † 12.III.866, □ Gandersheim
∞ ca. 825/30
33. Oda, * ca. 806, † 17.V.913, □ Gandersheim
34. *Gf. Heinrich * ca. 830, † 28.VIII.886 □ Soissons*
35. *NN*
36. NN
37. Mathilde, † n. 909
38.
39.
40. Gf. Konrad v. Auxerre, † 863/877
41. Waldrada
42. *Kg. Boso v.d. Provence * v. 845/50, † 11.I.887 □ Vienne*
43. *NN, v. 876*
44. Gf. Burchard (I.), † 5.XI.911, (hingerichtet)
45.
46. *Gf. Waltfred v. Verona, † 896 (v. 30.IV.)*
47. Gisela
52. *Basileios rector*
56. *Nikephoros Phokas d. Ä., General, * ca. 855 bez. ab 872, † 896/97*
57.
58. *Eudokimos Maléinos*
59. *Anastasó*

XII: Kg. u. Ks. Heinrich II.
(1002 bzw. 1014–1024)

1. Kg. u. Ks. Heinrich II.
* 6.V.978 (od. 973)
ꝏ Frühsommer 1000?
† 13.VII.1024
□ Bamberg

ꝏ ca. 970–973 (?)

2. Hzg. Heinrich II. (d. Zänker) v. Bayern
* 951
† 27./28.VIII.995
□ Gandersheim

4. Hzg. Heinrich I. v. Bayern
* ca. 919–922
† 1. XI.955
□ Regensburg Niedermünster

ꝏ ca. 937/40

5. Judith (v. Bayern)
† 29.VI. n. 980
□ Regensburg Niedermünster

8. Kg. Heinrich I.
* ca. 876
† 2.VII.936
□ Quedlinburg

ꝏ 909

9. Mathilde
* ca. 895
† 14.III.968
□ Quedlinburg

10. Hzg. Arnulf v. Bayern
* v. 892
† 14.VII.937

ꝏ ca. 908/10

11. NN
* ca. 890

16. Gf./Hzg. Otto d. Erl.
* ca. 835/45
† 30.XI.912
□ Gandersheim

ꝏ 865/70

17. Hadwig, * ca. 850
† 24.XII.(903)

18. Gf. Dietrich in Westfalen
† n. 929

19. Reinhild
† 11.V. n. 929
(evtl. n. 932/35)

20. Mgf. Liutpold (v. Bayern)
* ca. 870/72
† 4./5.VII.907

ꝏ ca. 890

21. Kunigunde
* ca. 875/78, † 7.II. (v. 932)
□ Lorsch

22.

23.

32. Gf./Hzg. Liudolf v. Sachsen
* ca. 805, † 12.III.866, □ Gandersheim

ꝏ 825/30

33. Oda, * ca. 806, † 17.V.913

34. *Gf./Hzg. Heinrich, * ca. 830*
† 28.VIII.886, □ Soissons

35. *NN*

36.

37. Mathilde

38.

39.

40.

41.

42. *Pfgf. Berthold*

43.

3. Gisela
(v. Burgund)
* ca. 955
† 21.VII.1007
□ Regensburg Niedermünster

6. Kg. Konrad v. Burgund
* ca. 926/27
† 19.X.993
□ Vienne

ꝏ ca. 945/46(?)

7. Adela (Adelane)
† zwischen 963 u. 966

12. Kg. Rudolf II. v. Hochburgund
* ca. 880/85
† 11.VII.937
□ S. Maurice d'Agaune

ꝏ 921/Anfang 922

13. Berta
(v. Schwaben)
* ca. 907/08
† 2.I.961
□ Peterlingen

14.

15.

burgund
* ca. 860
† 25.X.912

ꝏ ca. 880

25. Willa, † v. 925
□ Vienne

26. Hzg. Burchard (II.) v. Schwaben
† 29.IV.926

ꝏ ca. 907

27. Reginlind
* ca. 892/93, † 18./19.VIII. (958 od. später)
□ Einsiedeln

† zwischen 863 u. 877

49. Waldrada

50. *Kg. Boso v.d. Provence*
** ca. 845/50, † 11.I.887, □ Vienne*

51. *NN, † v. 876*

52. Gf. Burchard (I.), † 5.XI.911
(hingerichtet)

53.

54. *Gf. Waltfred v. Veona*
† 896 (v. 30.IV.)

55. Gisela, * ca. 860, † 26.X. n. 918
□ Waldkirch?

XIII: Kgn. u. Ksn. Kunigunde (v. Luxemburg) Gemahlin Ks. Heinrichs II.

1. Kunigunde
* ca. 975/80
ꝏ Frühsommer 1000?
† 3.III.1033
□ Bamberg

2. Gf. Siegfried v. Luxemburg
* ca. 918/21
† 27./28.X.997 (998)
□ Trier St. Maximin

ꝏ ca. 950

3. Hadwig
† 13.XII. n. 993
□ Trier St. Maximin

4. Gf./Pfgf. Wigerich
* ca. 870/75
† ca. 918/21
□ Hastière

ꝏ ca. 903/05

5. Kunigunde
* ca. 890
† 2.X. n. 923

6.

7.

8.

9.

10. *Gf. Reginar I. (Langhals)*
** ca. 855/65*
† 915 (letztes Drittel)

ꝏ ca. 888

11. Ermentrud
* ca. 872/75
† ca. 892

20. *Gf. Giselbert v. Maasgau*
(bez. 840–877[885?])

21.

22. Kg. Ludwig d. St.,
* 1.XI.846
† 10.IV.879
□ Compiègne

ꝏ wohl 871

23. Adelheid
† 18.XI.(901)
□ Compiègne

44. Ks. Karl d. K.
* 13.VI.823, † 6.X.87
□ Nantua, dann S. D
ꝏ 13.XII.842
45. Ermentrud
* 27.IX. ca. 830, † 6.

46. Gf. Adalhard, So
Gf. Wulfhards, † n. 8

XIV: Kg. u. Ks. Konrad II. (1024 bzw. 1027–1039)

1. Kg. u. Ks. Konrad II.
* 12.VII.990(?)
ꝏ Ende 1016
† 4.VI.1039
□ Speyer

2. Heinrich (v. Speyer)
* ca. 970
† 28.III.990/1000
□ Worms

ꝏ ca. 988

3. Adelheid (v. Metz)
* ca. 970/75
† 19.V. (wohl 1046)
□ Öhringen

4. Hzg. Otto v. Kärnten
* ca. 948/50
† 4.XI.1004

5. Judith
□ Worms

6. Gf. Richard v. Metz
(bez. 970–986)

7.

8. Hzg. Konrad d. Rote v. Lothringen
* ca. 917/18
† 10.VIII.955
□ Worms

ꝏ 947 (949)

9. Liutgard
* 931(?)
† 18.XI.953
□ Mainz

10.

11.

12. Gf. Gerhard (v. Metz)
(bez. 965–970)

16. Gf. Wern(h)er (v. Speyer-, Nahe- u. Wormsgau), * v. 876
† n. 917/18

17. *Konradinerin?*

18. Ks. Otto I.
* 22.XI.912, † 7.V.973
□ Magedeburg

ꝏ 929 (2. Hälfte Sept.)

19. Edgitha (v. England), * ca. 912, † 26.I. 946, □ Magdeburg

24. Pfgf. Gottfried
(bez. 930–950)

25. Ermentrud
* ca. 908/09, † n. 950

32. *Gf. Wern(h)er*
† ca. 906?

34.

35.

36. Kg. Heinrich I., * ca. 876, † 2.VII.936, □ Quedlinburg
ꝏ 909

37. Mathilde, * ca. 895
† 14.III.968, □ Quedlinburg

38. Kg. Edward d.Ä., * ca. 870/71, † 17.VII.924, □ Winchester

39. Aelfleda

48. Gf. Gerhard (Matfriedinger), † 22.VI.910
ꝏ 900

49. Oda (Liudolfingerin)
† 2.VII. 959/60

50. Kg. Karl d. Einf., * 17.IX. 879, † 7.X.929, □ Péronne
ꝏ 19.IV.907

51. Frederuna, † 10.II.917

XV: Kgn. u. Ksn. Gisela (v. Schwaben) Gemahlin Ks. Konrads II.

1. Gisela
* 11.XI.989(?)
ꝏ Ende 1016
† 15.II.1043
□ Speyer

ꝏ 986 (987)

2. Hzg. Hermann II. v. Schwaben
* ca. 945/55
† 2. (od. 3./4.) V. 1003

4. Hzg. Konrad v. Schwaben
* ca. 925/30
† 20.VIII.997

ꝏ ca. 945

5. Judith
† 25.XII. (zwischen 980 u. 1000)

8. Gf. Udo v. Wetterau u. Rheingau
* ca. 895/900
† (Juli/August) 949

ꝏ ca. 917

9. NN
* v. 900/06

10. *Gf. Adalbert (v. Marchtal)*
† 13.II.954
□ Augsburg

11. *NN*

16. Hzg. Gebhard v. Lothringen
* ca. 865
† 22.VI.910

17. Ida/Hidda
† 19.XI. (v. 920)

18. Gf. Heribert I. v. Vermandois
* ca. 850
† ca. 900/06 (evtl. 16.II.)

19.

20. *Gf. Berthold*
† 21.I.917

21.

22. *Gf. Ulrich (VI.)*
† 30.IX.924

23. *Wendilgart*
† 21.II. (v. 924)

32. *Gf. Udo v. Lahngau*
** ca. 825/30, † n. 879*

33. *(Judith?/Welfin)*

36. Gf. Pippin, † n. 840

37.

40. *Pfgf. Berthold, bez. 880–897*

41.

44. *Gf. Ulrich (IV.)*
† 13./14.IV. (zwischen 896 u. 900)

45.

46.

Bruder od. Schwester Kg. Heinrichs I.

3. Gerberga (v. Burgund)
* ca. 965/66
† 7.VII.1018/19

6. Kg. Konrad v. Burgund
* ca. 926/27
† 19.X.993
□ Vienne

ꝏ ca. 964/65

7. Mathilde (v. Frankreich)
* Ende 943 (od. Mitte 948)
† 25./26.XI. (zwischen 981 u. 990)
□ Vienne

12. Kg. Rudolf II. v. Hochburgund
* ca. 880/85
† 11.VII.937
□ S. Maurice d'Agaune

ꝏ 921/Anfang 922

13. Berta (v. Schwaben)
* ca. 907/08
† 2.I.961
□ Peterlingen

14. Kg. Ludwig IV. v. Frankreich
* 921/Sommer
† 10.IX.954
□ Reims

ꝏ Ende 939

15. Gerberga
* ca. 913/14
† 5.V.(969?)
□ Reims

24. Kg. Rudolf I. v. Hochburgund
* ca. 860
† 25.X.912

ꝏ ca. 880

25. Willa, † v. 925
□ Vienne

26. Hzg. Burchard (II.) v. Schwaben
† 29.IV.926

ꝏ ca. 907

27. Reginlind
* ca. 892/93, † 18./19.VIII. (958 od. später
□ Einsiedeln

28. Kg. Karl d. Einf.
* 17.IX.879, † 7.X.929
□ Péronne

ꝏ 918/19

29. Edgiva (v. Engl.)
† 26.XII. (n. 951)
□ Soissons

30. Kg. Heinrich I.
* ca. 876, † 2.VII.936
□ Quedlinburg

ꝏ 909

31. Mathilde, * ca. 890
† 14.III.968
□ Quedlinburg

† zwischen 863 u. 877

49. Waldrada

50. *Kg. Boso v. d. Provence*
** v. 845/50, † 11.I.887, □ Vienne*

51. *NN, † v. 876*

52. Gf. Burchard (I.), † 5.XI.911 (hingerichtet)

53.

54. *Gf. Waltfred v. Verona*
† 896 (v. 30.IV.)

55. Gisela, * ca. 860, † 26.X. n. 918
□ Waldkirch?

56. Kg. Ludwig d. St., * 1.XI.846
† 10.IV.879, □ Compiègne

ꝏ wohl 871

57. Adelheid, † 18.XI.(901), □ Compiègne

58. Kg. Edward d.Ä. v. Wessex
* ca. 870/71, † 17.VII.924, □ Winchester

59. Aelfleda

60. Gf./Hzg. Otto d. Erl., * ca. 835/45
† 30.XI.912, □ Gandersheim

ꝏ 865/70

61. Hadwig, * ca. 850, † 24.XII.(903)

62. Gf. Dietrich in Westfalen
† n. 929

63. Reinhild, † 11.V. n. 929 (evtl. n. 932/35)

XVI: Kg. u. Ks. Heinrich III. (1039 bzw. 1046–1056)

1. Kg. u. Ks. Heinrich III.
* 28.X.1017
ꝏ 1) (29).VI. 1036
2) (22.?) XI. 1043
† 5.X.1056
□ Speyer

2. Ks. Konrad II.
* 12.VII.990?
† 4.VI.1039
□ Speyer

ꝏ Ende 1016

4. Heinrich (v. Speyer)
* ca. 970
† 28.III.990/1000
□ Worms

ꝏ ca. 988

5. Adelheid (v. Metz)
* ca. 970/75
† 19.V. (wohl 1046)
□ Öhringen

8. Hzg. Otto v. Kärnten
* ca. 948/50
† 4.XI.1004

9. Judith
□ Worms

10. Gf. Richard v. Metz (bez. 970–986)

11.

16. Hzg. Konrad d. Rote v. Lothringen
* ca. 917/18, † 10.VIII.955
□ Worms

ꝏ 947 (949)

17. Liutgard, * 931(?)
† 18.XI.953, □ Mainz

18.

19.

20. Gf. Gerhard v. Metz (bez. 965–970)

32. Gf. Wern(h)er (v. Speyer-, Nahe- u. Wormsgau)
* v. 876, † n. 917/18

33. *Konradinerin?*

34. Ks. Otto I., * 22.XI.912, † 7.V.973
□ Magdeburg
ꝏ 929 (2. Hälfte September)

35. Edgitha (v. England), * ca. 912
† 26.I.946, □ Magdeburg

40. Pfgf. Gottfried (bez. 930–950)

41. Ermentrud, * ca. 908/09, † n. 950

* ca. 865, † 22.VI.910

49. Ida/Hidda, † 19.XI. (v. 920)

50. Gf. Heribert I. v. Vermandois
* ca. 850, † ca. 900/06 (evt. 16.II.)

51.

52. *Gf. Berthold, † 21.I.917*

53.

54. *Gf. Ulrich (VI.), † 30.IX.924*

55. *Wendilgart, † 21.II. (v. 924)*

56. Kg. Rudolf I. v. Hochburgund
* ca. 860, † 25.X.912
∞ ca. 880

57. Willa, † v. 925, □ Vienne

58. Hzg. Burchard (II.) v. Schwaben
† 29.IV.926
∞ ca. 907

59. Reginlind, * ca. 892/93, † 18./19.VIII. (958 od. später), □ Einsiedeln

60. Kg. Karl d. Einf., * 17.IX.879, † 7.X.929
□ Péronne
∞ 918/19

61. Edgiva (v. Engl.), † 26.XII. (n. 951)
□ Soissons

62. Kg. Heinrich I., * ca. 876, † 2.VII.936
□ Quedlinburg
∞ 909

63. Mathilde, * ca. 890, † 14.III.968
□ Quedlinburg

24. Gf. Udo v. Wetterau u. Rheingau, * ca. 895/900
† 949 (Juli–August)
∞ ca. 917

25. NN, * v. 900/06

26. *Gf. Adalbert (v. Marchtal)*
† 13.II.954
□ *Augsburg*

27. *NN*

28. Kg. Rudolf II. v. Hochburgund
* ca. 880/85, † 11.VII.937
□ S. Maurice d'Agaune
∞ 921/Anfang 922

29. Berta (v. Schwaben)
* ca. 907/08, † 2.I.961
□ Peterlingen

30. Kg. Ludwig IV. v. Frankreich
* Sommer 921, † 10.IX.954
□ Reims
∞ Ende 939

31. Gerberga
* ca. 913/14, † 5.V. (969?)
□ Reims

12. Hzg. Konrad v. Schwaben
* ca. 925/30
† 20.VIII.997

∞ ca. 945

13. Judith
† 25.XII. (zwischen 980 u. 1000)

14. Kg. Konrad v. Burgund
* ca. 926/27
† 19.X.993
□ Vienne

∞ ca. 964/65

15. Mathilde (v. Frankreich)
* Ende 943 (od. Mitte 948)
† 25./26.XI. (zwischen 981 u. 990)
□ Vienne

6. Hzg. Hermann II. v. Schwaben
* ca. 945/55
† 2. (od. 3./4.) V.1003

∞ 986 (987)

7. Gerberga (v. Burgund)
* ca. 965/66
† 7.VII.1018/19

3. Gisela (v. Schwaben)
* 11.XI.989(?)
† 15.II.1043
□ Speyer

XVII: Kgn. Gunhild/Kunigunde (v. Dänemark) 1. Gemahlin Kg. Heinrichs III.

1. Gunhild/Kunigunde
* ca. 1020
∞ (29).VI.1036
† 18.VII.1038
□ Limburg a.d. Haardt

2. Kg. Knut v. Dänemark, England u. Norwegen
* ca. 995/96
† 12.XI.1035
□ Winchester

∞ Juli 1017

4. Kg. Swen Gabelbart v. Dänemark
* ca. 960/65
† 3.II.1014
□ Roskilde

∞ ca. 995

5. Sygrida (Czyrada) v. Polen
† n. 1015

8. Kg. Harald Blauzahn v. Dänemark
* ca. 910
† 1.XI.(986/87)
□ Roskilde

9. Gunhild

10. Mieszko I. Polenfürst
* ca. 922
† 25.V.992

∞ 963

11. Dobrava/Dubravka (v. Böhmen)

16. Kg. Gorm d.A. v. Dänemark
† 958/59

17. Thorwi/Thyre

18. Mistui/Mstivoy, Obodritenfürst
ca. 967–990/95

20. Ziemomysl

22. Hzg. Boleslav I. v. Böhmen
† 15.VII.967 (od. 973)

23. *Biagota (?)*

32. *Swen?*

34.

36. *Nakon, Obodritenfürst*
† v. 967

40. Leszek

44. Hzg. Wratislav I. v. Böhmen
† 13.II.(921)
∞ ca. 906/07

45. Drahomir(a) v. Stodor

24. Rollo, Normannenfürst/
Hzg. (Gang-Hrolf)
† ca. 932
□ Rouen

49. *Hilda, Tochter d. Rolf Nevja*

ꝏ ca. 910

50. Gf. Berengar (v. Rennes)
(bez. 889–931)

12. Hzg. Wilhelm I.
Langschwert v.d.
Normandie
* ca. 910/11
† 17.XII.942
□ Rouen

6. Hzg. Richard I.
v.d. Normandie
* ca. 932
† 20./21.XI.996
□ Fécamp

25. Popa (v. Bayeux)

51. NN, Tochter d. Bretonenfürsten
Gurvand

13. Sprota (aus der
Bretagne)
† n. 950

ꝏ ca. 975/80

3. Emma/Aelfgivu
(v.d. Normandie)
* ca. 985
† 6.III.1052
□ Winchester

14.

7. Gunnor (Dänin)
† 4. od. 8.I.1031

XVIII: Kgn. u. Ksn. Agnes (v. Poitou) 2. Gemahlin Ks. Heinrichs III.

1. Agnes (v. Poitou)
* ca. 1020/25
ꝏ Ende (22.?) XI.1043
† 14.XII.1077
□ Rom

2. Hzg. Wilhelm V. (d.Gr.) v. Aquitanien
* ca. 969
† 31.I.1030
□ Maillezais

ꝏ 1016

4. Hzg. Wilhelm IV. (Eisenarm) v. Aquitanien
* 936 (oder bald danach)
† n. Mai 995 (evtl. 996)
□ S. Maixent

ꝏ 968 (oder kurz vorher)

5. Emma (v. Blois)
* ca. 953(?)
† 1.VIII.1004(?)

8. Hzg. Wilhelm III. (Wergkopf) v. Aquitanien
* ca. 905/10
† (3./10.IV.)964
□ Poitiers (S. Cyprian)

ꝏ 935

9. Adela (Gerloc) (v.d. Normandie)
† 28.X. n. 982
□ Poitiers (S. Trinité)

10. Gf. Tetbald (Tricator) v. Chartres
* ca. 915/20
† 17.I.(975/77)

ꝏ ca. 943/45

11. Liutgard (v. Vermandois)
* ca. 915/20
† 14.XI. (n. 955)

16. Ebolus (Manzer) Gf. v. Poitou
* ca. 875/77
† 934/35

ꝏ ca. 905/10

17. Emillana

18. Rollo, Wikingerfürst Hzg. d. Normandie
† ca. 932, □ Rouen

ꝏ ca. 910

19. Popa (v. Bayeux)

20. Vicegf./Gf. Tetbald v. Tours
* ca. 885/90
† n. 941/43

21. Richilde, * ca. 887/88
† 955/69

22. Gf. Heribert II. v. Vermandois, * ca. 880
† 23.II.943
□ S. Quentin
ꝏ ca. 910

23. NN *(Liutgard?)*
* ca. 890/95, † (26.V.)931/43

32. Gf. Ramnulf II. v. Poitiers nach 888 Hzg. v. Aquitanien
* ca. 845/50, † 5.VIII.890

33.

36. *Jarl Rögnvald aus Möre*

37. *Hilda, Tochter von Rolf Nevja*

38. *Gf. Berengar v. Rennes bez. 889–931*

39. *NN, Tochter d. Bretonenfürsten Gurvand*

40.

42. *Gf. Rotger v. Maine*
† v. 31.X.900
ꝏ ca. 884

43. *Rothild, Tochter Ks. Karls d. K.*
** ca. 870, † 22.III.928*

44. Gf. Heribert I. v. Vermandois
* ca. 850, † ca. 900/906

45.

46. Kg. Robert I. v. Frankreich
* ca. 855/60, † 15.VI.923, □ Sens
ꝏ ca. 885/90

3. Agnes
(v. Burgund)
* ca. 995
† 9.XI.1068
□ Poitiers
(S. Nicolas)

6. Gf. Otto-Wilhelm
v. Burgund
* ca. 958/59
† 21.IX.1026
□ Dijon (S. Bénigne)

⚭ spätestens 975/76

7. Ermentrud
(v. Reims u. Roucy)
* ca. 955/60
† 4./5.III.
ca. 1003/04

12. Kg. Adalbert
v. Italien
* ca. 932/36
† ca. 972/73

⚭ ca. 957/58

13. Gerberga
* ca. 940
† 11.XII.986/91

14. Gf. Ragenold
(Rainald) v. Reims u.
Roucy
† (1.IV. od. 10.V.) 967
□ Reims

⚭ 948?

15. Albrada
* ca. 934/35
† 22.I. …
□ Reims

24. Kg. Berengar II. v. Italien
* ca. 900, † 4.VIII.966
□ Bamberg

⚭ ca. 931

25. Willa (d.J.)
† n. 966

26. *Leotald, Gf. v. Mâcon,*
bez. ab 930
† 3.XI. (od. 17.XI.) 961
□ Cluny

⚭ v. 935

27. *Ermengard*
† v. März 943

28.

30. Hzg. Giselbert
v. Lothringen
* ca. 893/94
† 2.X.939

⚭ Sommer 928

31. Gerberga, * ca. 913/14
† 5.V.(969?)
□ Reims

† 923 (evtl. 1. Hälfte 924)
⚭ wohl v. 900

49. Gisela, Tochter Ks. Berengars I.
* ca. 880/85, † v. 908/09

50. Mgf. Boso v. Tuszien
* ca. 885, † n. 936

51. Willa, † n. 936

52. *Gf. Alberich I. v. Mâcon*
† 943/44

⚭ ca. 910

53. *Attala, † n. 28.III.943*

54. *Gf. Manasse d.Ä.*
† 2.VI.918, □ Vergy

55. *Ermengard, † n. 30.X.920*

60. Gf. Reginar I. (Langhals)
* ca. 855/65, † 2. Jahreshälfte 915
⚭ ca. 893

61. Albrada

62. Kg. Heinrich I., * ca. 876
† 2.VII.936, Quedlinburg
⚭ 909

63. Mathilde, * ca. 890
† 14.III.968, □ Quedlinburg

XIX: Kg. u. Ks. Heinrich IV. (1056 bzw. 1084–1105, † 1106)

1. Kg. u. Ks. Heinrich IV.
* 11.XI.1050
⚭ 1) Aug./Sept. 1066
2) Sommer 1089
† 7.VIII.1106
□ Speyer

2. Ks. Heinrich III.
* 28.X.1017
† 5.X.1056
□ Speyer

⚭ (22.?)XI.1043

4. Ks. Konrad II.
* 12.VII.990?
† 4.VI.1039
□ Speyer

⚭ Ende 1016

5. Gisela
(v. Schwaben)
* 11.XI.989(?)
† 15.II.1043
□ Speyer

8. Heinrich
(v. Speyer)
* ca. 970
† 28.III.990/1000
□ Worms

⚭ ca. 988

9. Adelheid
(v. Metz)
* ca. 970/75
† 19.V.(1046)?
□ Öhringen

10. Hzg. Hermann II. v. Schwaben
* ca. 945/55
† 2.(od. 3./4.)V.1003

⚭ 986 (987)

11. Gerberga
(v. Burgund)
* ca. 965/66

16. Hzg. Otto v. Kärnten
* ca. 948/50
† 4.XI.1004

17. Judith
□ Worms

18. Gf. Richard v. Metz
(bez. 970–985)

19.

20. Hzg. Konrad v. Schwaben
* ca. 925/30
† 20.VIII.997
⚭ ca. 945

21. Judith, † 25.XII.
(zwischen 980 u. 1000)

22. Kg. Konrad v. Burgund
* ca. 926/27, † 19.X.993
□ Vienne
⚭ ca. 964/65

23. Mathilde (v. Frankreich)
* Ende 943 (od. Mitte 948)
† 25./26.XI.
(zwischen 981 u. 990)

32. Hzg. Konrad d. Rote v. Lothringen
* ca. 917/18, † 10.VIII.955, □ Worms
⚭ 947(949)

33. Liutgard, * 931(?), † 18.XI.953
□ Mainz

34.

35.

36. Gf. Gerhard v. Metz
(bez. 965–970)

40. Gf. Udo v. Wetterau u. Rheingau
* ca. 895/900, † 949 (Juli–August)
⚭ ca. 917

41. NN, * v. 900/06

42. *Gf. Adalbert (v. Marchtal)*
† 13.II.954, □ Augsburg

43. *NN, Tochter Gf. Ulrichs u. Wendilgarts*

44. Kg. Rudolf II. v. Hochburgund
* ca. 880/85, † 11.VII.937, □ S. Maurice
⚭ 921/Anfang 922

45. Berta (v. Schw.), * ca. 907/08, † 2.I.961
□ Peterlingen

46. Kg. Ludwig IV. v. Frankreich,
* Sommer 921, † 10.IX.954, □ Reims
⚭ Ende 939

47. Gerberga, * ca. 913/14, † 5.V.(969?)

3. Agnes (v. Poitou)
* ca. 1020/25
† 14.XII.1077
□ Rom

6. Hzg. Wilhelm V. (d. Gr.) v. Aquitanien
* ca. 969
† 31.I.1030
□ Maillezais

∞ 1016

7. Agnes (v. Burgund)
* ca. 995
† 9.XI. (od. 29.X.) 1068
□ Poitiers (S. Nicolas)

12. Hzg. Wilhelm IV. (Eisenarm) v. Aquitanien
* 936 (od. danach)
† n. Mai 995 (evtl. 996)
□ S. Maixent

∞ 968 (od. kurz vorher)

13. Emma (v. Blois)
* ca. 953(?)
† 1.VIII.1004

14. Gf. Otto-Wilhelm v. Burgund
* ca. 958/59
† 21.IX.1026
□ Dijon (S. Bénigne)

∞ spätestens 975/76

15. Ermentrud (v. Reims u. Roucy
* ca. 955/60
† 4./5.III. ca. 1003/04

kopf) v. Aquitanien
* ca. 905/10, † (9./10.IV.)964
□ Poitiers

∞ 935

25. Adela (Gerloc) (v.d. Normandie)
† 28.X. n. 982
□ Poitiers

26. Gf. Tetbald v. Chartres
* ca. 915/20
† 17.I.(975/77)

∞ ca. 943/45

27. Liutgard (v. Vermandois),
* ca. 915/20, † 14.XI. (n. 955)
□ Chartres

28. Kg. Adalbert v. Italien
* ca. 932/36
† ca. 972/73

∞ ca. 957/58

29. Gerberga
* ca. 940, † 11.XII.986/91

30. Gf. Ragenold (v. Reims u. Roucy)
† (1.IV. od. 10.V.)967
□ Reims

∞ 948?

31. Albrada
* ca. 934/35, † 22.I. …
□ Reims

* ca. 875/77, † 934/35
∞ v. 911

49. Emillana

50. Rollo, Wikingerfürst u. Hzg. d. Normandie, † ca. 932, □ Rouen
∞ ca. 910

51. Popa (v. Bayeux)

52. Vicegf./Gf. Tetbald v. Tours
* ca. 885/90, † n. 941/43

53. Richilde, * ca. 887/88, † 955/69

54. Gf. Heribert II. v. Vermandois
* ca. 880, † 23.II.943, □ S. Quentin
∞ ca. 910

55. NN *(Liutgard?)*, * ca. 890/95
† (26.V.) 931/43

56. Kg. Berengar II. v. Italien
* ca. 900, † 4.VIII.966, □ Bamberg
∞ ca. 931

57. Willa d.J., † n. 966

58. *Gf. Leotald v. Mâcon, (bez. ab 930)*
† 3.XI. (od. 17.XI.) 961, □ *Cluny*
∞ *ca. 935*

59. *Ermengard, † v. März 943*

60.

62. Hzg. Giselbert v. Lothringen
* ca. 893/94, † 2.X.939
∞ Sommer 928

63. Gerberga, * ca. 913/14, † 5.V.(969?)
□ Reims

XX: Kgn. u. Ksn. Berta (v. Turin) 1. Gemahlin Ks. Heinrichs IV.

1. Berta
* ca. 1053/54
∞ 1066 (Aug.–Sept.)
† 27.XII.1087
□ Speyer

2. Gf. u. Mgf. Otto v. Savoyen u. Turin
† 1058/59/60

∞ ca. 1045/46

3. Adelheid (v. Turin)
* ca. 1015/18
† 19. (od. 25.) XII.1091

4. Gf. Humbert I. v. Savoyen
† 1.VII.(1048?)
□ Maurienne

∞ v. 1023

5. Ancilia

6. Mgf. Odelrich-Manfred II. v. Turin
† 29.X.1035
□ Turin

∞ v. 1014

7. Berta
† n. 29.XII.1037

8.

10. Gf. Anselm v. Equestergau

11. Alduit

12. Mgf. Manfred I. v. Turin
† zwischen 991 u. 1001

∞ v. Herbst 951(?)

13. Prangarda (v. Canossa)

14. Mgf. Otbert II. im östl. Ligurien
* ca. 950/960
† v. 24.IX.996

15.

20.

24. Mgf. Arduin III. Glabrio v. Turin
† n. April 976

25. NN

26. Gf. Adalbert-Atto (v. Canosa) v. Reggio/Em., Modena, Mantua, (bez. 958–988)
† 13.II.988, □ Canossa

27. Ildegarda
† 11.II.982(?)
□ Canossa

28. Mgf. Adalbert im östl. Ligurien
* ca. 925/30
† v. 1002 (997?)

29. Bertrada

30.

31.

48. Gf. Roger I. v. Auriate
∞ ca. 905

49. NN, Witwe Gf. R

50. *Gf. Maginfred (v. Mosezzo), † 955/5*

51. *Guntilda*

52. Sigefred de comitatu Lucense
† v. 951 (?)

54. *Bertald*

56. Pfgf. Otbert I., Mgf. im östl. Ligurier (bez. 945–972), † 975

57.

58. (Gf.?) Rudolf (n. l gobard. Recht lebend

59.

XXI: Kgn. Eupraxia/Praxedis (v. Kiew), 2. Gemahlin Ks. Heinrichs IV.

1. Eupraxia/Praxedis
* ca. 1070/71
⚭ 1089 (Sommer)
† 10.VII.1009
□ Kiew

2. Vsevolod I. Großfürst v. Kiew
* 1030
† 13.IV.1093
□ Kiew

⚭ 1068

3. NN *(Anna?)*
† 7.X.1111

4. Jaroslav (d. Weise) Großfürst v. Kiew
* ca. 978
† 20.II.1054
□ Kiew

⚭ ca. 1019

5. Ingegerd (v. Schweden)
† 1050

8. Wladimir (d. Heilige), Großfürst v. Kiew
* ca. 955/60
† 15.VII.1015
□ Kiew

9. Rogneda (v. Polock)
† 1000, □ Kiew

10. Kg. Olaf (Schoßkönig) v. Schweden (bez. 980/85–1021/22)

⚭ v. Sommer 1000

11. Estrid (Obodritin)

16. Svjatoslav, Fürst v. Kiew
† Frühjahr 972

17. Maluša
† 1000?

18. Rogvolod Fürst v. Polock
† 980?

19. *Ingeborg?*

20. Kg. Erich (Segersäll, d. Siegreiche) v. Schweden
† ca. 994/95
⚭ ca. 980/85

21. Sygrida (Czirada)
† n. 1015

22. *Mistui (?), Obodritenfürst ca. 967–990/95*

32. Igor, Fürst v. Kiew, † 945, □ Iskorost'

33. Olga (aus Pskov), † 11.VII. (od. 15.II.) 969, □ Kiew

34. Malko aus Ljubeč

40. *Emund (II. Eriksson), † ca. 980*

42. Mieszko I., Polenfürst
* ca. 922, † 25.V.992
⚭ 963

43. Dobrova (v. Böhmen), † 977

44. *Nacco/Nakon, Obodritenfürst, † v. 967*

XXII: (Gegen)kg. Rudolf (v. Rheinfelden/Schwaben) (1077–1080)

1. (Gegen)Kg. Rudolf
* ca. 1025/30
ꝏ
1) 1059/(60)
2) ca. 1062/63
† 15./16.X. 1080
□ Merseburg

2. Gf. Kuno
(v. Rheinfelden)
* ca. 995/1000
† n. 1052?

4. *Pfgf. Kuno*
(in Burgund)
bez. ca. 1000
** ca. 960/65*

ꝏ ca. 992

5. *Liutgard*
** ca. 960/65*

8. *Rudolf dux*
** ca. 936/37*
† n. 962

9.

16. *Kg. Rudolf II.*
v. Hochburgund
** ca. 880/85*
† 11.VII.937
□ S. Maurice d'Agaune

ꝏ 921/Anfang 922

17. *Berta (v. Schwaben)*
** ca. 907/08*
† 2.I.961, □ Peterlingen

32. *Kg. Rudolf I. v. Hochburgund*
** ca. 860, † 25.X.912*

ꝏ ca. 880

33. *Willa, † v. 925, □ Vienne*

34. *Hzg. Burchard (II.) v. Schwaben*
† 29.IV.926

35. *Reginlind, * ca. 892/93, † 18./19.VIII.*
(958 od. später), □ Einsiedeln

3.

XXIII: Mathilde
1. Gemahlin des (Gegen)kgs. Rudolf

1. Mathilde
* (Okt.)1048
ꝏ 1059/(60)
† 12.V.1060

2. Ks. Heinrich III.
* 28.X.1017
† 5.X.1056
□ Speyer

ꝏ (22.?)XI.1043

4. Ks. Konrad II.
* 12.VII.990?
† 4.VI.1039
□ Speyer

ꝏ Ende 1016

5. Gisela
(v. Schwaben)
* 11.XI.989(?)
† 15.II.1043
□ Speyer

8. Heinrich
(v. Speyer)
* ca. 970
† 28.III.990/1000
□ Worms

ꝏ ca. 988

9. Adelheid
(v. Metz)
* ca. 970/75
† 19.V.(1046)?
□ Öhringen

10. Hzg. Hermann II. v. Schwaben
* c. 945/55
† 2. (od. 3./4.) V. 1003

ꝏ 986 (987)

11. Gerberga
(v. Burgund)
* ca. 965/66
† 7.VII.1018/19

16. Hzg. Otto v. Kärnten
* ca. 948/50
† 4.XI.1004

17. Judith
□ Worms

18. Gf. Richard v. Metz
(bez. 970–986)

19.

20. Hzg. Konrad v. Schwaben
* ca. 925/30
† 20.VIII.997

ꝏ ca. 945

21. Judith, † 25.XII. (zwischen 980 u. 1000)

22. Kg. Konrad v. Burgund, * ca. 926/27, † 19.X.993
□ Vienne

ꝏ ca. 964/65

23. Mathilde (v. Frankreich) * Ende 943 (od. Mitte 948), † 25./26.XI. (zwischen 981 u. 990)

32. Hzg. Konrad d. Rote v. Lothringen
* ca. 917/18, † 10.VIII.955, □ Worms
ꝏ 947 (949)

33. Liutgard, * 931(?), † 18.XI.953
□ Mainz

34.

35.

36. Gf. Gerhard v. Metz
(bez. 965–970)

40. Gf. Udo v. Wetterau u. Rheingau
* ca. 895/900, † 949 (Juli–August)
ꝏ ca. 917

41. NN, * v. 900/06

42. *Gf. Adalbert (v. Marchtal)*
† 13.II.954, □ Augsburg

43. *NN, Tochter Gf. Ulrichs u. Wendilgarts*

44. Kg. Rudolf II. v. Hochburgund
* ca. 880/85, † 11.VII.937, □ S. Maurice
ꝏ 921/Anfang 922

45. Berta (v. Schw.), * ca. 907/08, † 2.I.961
□ Peterlingen

46. Kg. Ludwig IV. v. Frankreich,
* Sommer 921, † 10.IX.954, □ Reims
ꝏ Ende 939

47. Gerberga, * ca. 913/14, † 5.V.(968?)

3. Agnes (v. Poitou)
* ca. 1020/25
† 14.XII.1077
□ Rom

6. Hzg. Wilhelm V. (d.Gr.) v. Aquitanien
* ca. 969
† 31.I.1030
□ Maillezais

∞ 1016

7. Agnes (v. Burgund)
* ca. 995
† 9.XI. (od. 29.X.) 1068
□ Poitiers (S. Nicolas)

12. Hzg. Wilhelm IV. (Eisenarm) v. Aquitanien
* 936 (od. danach)
† n. Mai 995 (evtl. 996)
□ S. Maixent

∞ 968 (od. kurz vorher)

13. Emma (v. Blois)
* ca. 953(?)
† 1.VIII.1004

14. Gf. Otto-Wilhelm v. Burgund
* ca. 958/59
† 21.IX.1026
□ Dijon (S. Bénigne)

∞ spätestens 975/76

15. Ermentrud (v. Reims u. Roucy
* ca. 955/60, † 4./5. III. ca. 1003/1004

kopf) v. Aquitanien, * ca. 905/10, † (9./10.IV.)964
□ Poitiers

∞ 935

25. Adela (Gerloc) (v.d. Normandie)
† 28.X. n. 982
□ Poitiers

26. Gf. Tetbald v. Chartres
* ca. 915/20
† 17.I.(975/77)

∞ ca. 943/45

27. Liutgard (v. Vermandois), * ca. 915/20, † 14.XI. (n. 955)
□ Chartres

28. Kg. Adalbert v. Italien
* ca. 932/36
† ca. 972/73

∞ ca. 957/58

29. Gerberga
* ca. 940, † 11.XII.986/91

30. Gf. Ragenold (v. Reims u. Roucy)
† (1.IV. od. 10.V.) 967
□ Reims

∞ 948?

31. Albrada
* ca. 934/35, † 22.I. …
□ Reims

ca. 875/77, † 934/35

∞ v. 911

49. Emillana

50. Rollo, Wikingerfürst u. Hzg. d. Normandie, † ca. 932, □ Rouen

∞ ca. 910

51. Popa (v. Bayeux)

52. Vicegf./Gf. Tetbald v. Tours
* ca. 885/90, † n. 941/43

53. Richilde, * ca. 887/88, † 955/69

54. Gf. Heribert II. v. Vermandois
* ca. 880, † 23.II.943, □ S. Quentin
∞ ca. 910

55. NN *(Liutgard?)*, * ca. 890/95
† (26.V.) 931/43

56. Kg. Berengar II. v. Italien
* ca. 900, † 4.VIII.966, □ Bamberg

∞ ca. 931

57. Willa d.J., † n. 966

58. *Gf. Leotald v. Mâcon (bez. ab 930)*
† 3.XI. (od. 17.XI.) 961, □ *Cluny*
∞ *ca. 935*

59. *Ermengard, † v. März 943*

60.

62. Hzg. Giselbert v. Lothringen
* ca. 893/94, † 2.X.939
∞ Sommer 928

63. Gerberga, * ca. 913/14, † 5.V.(969?)
□ Reims

XXIV: Kgn. Adelheid (v. Turin) 2. Gemahlin des (Gegen)kgs. Rudolf

1. Adelheid
* ca. 1050
⚭ ca. 1062/63
† 19.II.1079
□ St. Blasien

2. Gf. u. Mgf. Otto v. Savoyen u. Turin
† 1058/59/60

⚭ ca. 1045/46

3. Adelheid (v. Turin)
* ca. 1015/18
† 19. (od. 25.) XII.1091

4. Gf. Humbert I. v. Savoyen
† 1.VII.(1048?)
□ Maurienne

⚭ v. 1023

5. Ancilia

6. Mgf. Odelrich-Manfred II. v. Turin
† 29.X.1035
□ Turin

⚭ v. 1014

7. Berta
† n. 29.XII.1037

8.

10. Gf. Anselm v. Equestergau

11. Alduit

12. Mgf. Manfred I. v. Turin
† zwischen 991 u. 1001

⚭ v. Herbst 951(?)

13. Prangarda (v. Canossa)

14. Mgf. Otbert II. im östl. Ligurien
* ca. 950/960
† v. 24.IX.996

15.

20.

24. Mgf. Arduin III. Glabrio v. Turin
† n. April 976

25. NN

26. Gf. Adalbert-Atto (v. Canossa) v. Reggio/Em., Modena, Mantua (bez. 958–988), † 13.II.988
□ Canossa

27. Ildegarda
† 11.II.982(?)
□ Canossa

28. Mgf. Adalbert im östl. Ligurien
* ca. 925/30
† v. 1002 (997?)

29. Bertrada

30.

31.

48. Gf. Roger I. v. Auriate
⚭ ca. 905

49. NN, Witwe Gf. R

50. *Gf. Maginfred (v. Mosezzo), † 955/5*

51. *Guntilda*

52. Sigefred de comita Lucense, † v. 951(?)

54. *Bertald*

56. Pfgf. Otbert I., M im östl. Ligurien (bez. 945–972), † 975

57.

58. (Gf.?) Rudolf (n. gobard. Recht lebend

59.

XXV: (Gegen)kg. Hermann (v. Luxemburg/Salm) (1081–1088)

1. (Gegen)kg. Hermann, * ca. 1035, ꝏ ca. 1065/70, † 28.IX.1088, □ Metz
   - 2. Gf. Giselbert v. Luxemburg u. Salm, * ca. 995/1000, † 14.VIII. n. 1056
     - 4. Gf. Friedrich v. Moselgau, * ca. 965, † 6.X.1019, □ Stablo
       - 8. Gf. Siegfried I. v. Luxemburg, * ca. 918/21, † 27./28.X.997 (998), □ St. Maximin, Trier
         - 16. Pfgf. Wigerich, * ca. 870/75, † 918/21, □ Hastière
           - 32.
           - 33.
         - ꝏ ca. 903/05
         - 17. Kunigunde, * ca. 890, † 2.X. n. 923
           - 34. *Gf. Reginar I. (Langhals), * ca. 855/65, † 915 (letztes Drittel)*
           - *ꝏ ca. 888*
           - 35. Ermentrud, Tochter Kg. Ludwigs d. St., * ca. 872/75, † ca. 892
       - ꝏ ca. 950
       - 9. Hadwig, † 13.XII. n. 993, □ St. Maximin, Trier
         - 18.
         - 19.
     - ꝏ ca. 985/90
     - 5. NN, * ca. 970
       - 10. Gf. Heribert v. Wetterau, * ca. 925/30, † 992(?)
         - 20. Gf. Udo I. v. Rheinfranken u. Wetterau, * ca. 895/900, † 949 (Sommer), ꝏ ca. 915
           - 40. Hzg. Gebhard v. Lothringen, * ca. 865, † 22.VI.910
           - 41. Ida/Hidda, † 19.XI.(v. 920)
         - 21. NN, * v. 900/06
           - 42. Gf. Heribert I. v. Vermandois, * ca. 850, † ca. 900/06 (evtl. 16.II.)
       - 11. Irmintrud/Imiza, * ca. 950, † n. 1000?, □ Vilich
         - 22. Gf. Megingoz, * ca. 920, † 14.I.997/98, □ Vilich
           - 44.
         - 23. Gerberga, † 994/95, □ Vilich
           - 46. Gf./Pfgf. Gottfried in Lothringen, † n. 949
           - 47. Ermentrud, Tochter Kg. Karls d. Einf., * ca. 908/09
   - 3. NN
     - 6. *Gf. Hezelin, * ca. 970, † 20./21.XI. n. 1033*
       - 12. *Pfgf. Hermann I. (Pusillus), † 16.VII.996(?)*
         - 24. *Gf. Erenfried (bez. 942–966?)*
           - 48.
         - 25. *Richwara, † v. 963*
       - 13. *Heilwig, † 12.XI. …*
         - 26.
         - 27.
     - 7. *NN (Salierin)*
       - 14. *Heinrich (v. Speyer), * ca. 970, † 28.III.990/1000, □ Worms*
         - 28. *Gf./Hzg. Otto v. Kärnten u. Worms, * ca. 948/50, † 4.XI.1004*
           - 56. *Hzg. Konrad d. Rote v. Lothringen, * ca. 917/18, † 10.VIII.955, □ Worms*
           - *ꝏ 947 (949)*
           - 57. *Liutgard, Tochter Ks. Ottos I., * ca. 931(?), † 18.XI.953, □ Mainz*
         - 29. *Judith, □ Worms*
           - 58.
           - 59.
       - *ꝏ ca. 988*
       - 15. *Adelheid (v. Metz), * ca. 870/75, † 19.V.(1046?), □ Öhringen*
         - 30. *Gf. Richard v. Metz (bez. 970–986)*
           - 60. *Gf. Gerhard v. Metz (bez. 965–970)*
         - 31.

XXVI: Kgn. Sophie (v. Formbach) Gemahlin des (Gegen)kgs. Hermann

1. Sophie
* ca. 1050/52
∞ ca. 1065/70
† n. 1088/90

2. *Gf. Meginhard (V.) (v. Formbach)*
** ca. 1010/20*
† n. Sommer 1066

4. *Gf. Tiemo I. (v. Formbach)*
** ca. 985*
† 19.V. ca. 1049/50

5.

8. *Gf. Berthold (v. Schweinachgau) (bez. 985/91–1000/05)*
† 8.VIII. (evtl. ca. 1020)

16. *Gf. Udalrich (an der Donau)*

17. *Kunigunde*

32.

34.

3. *Mathilde (v. Reinhausen)*
* *ca. 1028/30*
† *n. 1079/80*

6. *Gf. Elle (v. Reinhausen)*
* *ca. 990/95*
† *ca. 1033*

ꝏ *ca. 1015*

7. *Mathilde*
* *ca. 1000*

12.

14. *Pfgf. Erenfried/Ezzo,* * *ca. 955*
† *21.V.1034*
□ *Brauweiler*

ꝏ *991*

15. *Mathilde*
* *Sommer 978*
† *20.XI.1025*
□ *Brauweiler*

28. *Pfgf. Hermann I. (Pusillus) v. Lothringen*
† *16.VII.996(?)*

29. *Heilwig*
† *12.XI. …*

30. *Ks. Otto II.*
* *Ende 955,* † *7.XII.983*
□ *Rom*

ꝏ *14.IV.972*

31. *Theophanu*
* *ca. 959/60,* † *15.VI.991*
□ *Köln (St. Pantaleon)*

56. *Gf. Erenfried (bez. 942–966?)*

57. *Richwara*

58.

59.

60. *Ks. Otto I.,* * *22.XI.912,* † *7.V.973*
□ *Magdeburg*
ꝏ *(9.X.)951*

61. *Adelheid,* * *ca. 931/32, , 16./17.XII.999*
□ *Selz*

62. *Konstantinos Skleros*
* *ca. 930,* † *11.III.991*

63. *Sophia Phokaina*

XXVII: Kg. Konrad (III.) Sohn Ks. Heinrichs IV. (1087–1093, † 1101))

1. Kg. Konrad (III.)
* 12.II.1074
⚭ 1095/Frühsommer
† 27.VII.1101
□ Florenz

2. Ks. Heinrich IV.
* 11.XI.1050
† 7.VIII.1106
□ Speyer

⚭ Aug.–Sept. 1066

4. Ks. Heinrich III.
* 28.X.1017
† 5.X.1056
□ Speyer

⚭ (22.?)XI.1043

5. Agnes (v. Poitou)
* ca. 1020/25
† 14.XII.1077
□ Rom

8. Ks. Konrad II.
* 12.VII.990(?)
† 4.VI.1039
□ Speyer

⚭ Ende 1016

9. Gisela (v. Schw.)
* 11.XI.989(?)
† 15.II.1043
□ Speyer

10. Hzg. Wilhelm V. (d.Gr.) v. Aquitanien
* ca. 969
† 31.I.1030
□ Maillezais

⚭ 1016

11. Agnes (v. Burgund)
* ca. 995
† 9.XI. (od. 29.X.) 1068

16.Heinrich (v. Speyer)
* ca. 970, † 28.III.990/1000
□ Worms

⚭ ca. 988

17. Adelheid (v. Metz)
* ca. 970/75
† 19.V.(1046?)
□ Öhringen

18. Hzg. Hermann II. v. Schwaben, * ca. 945/55
† 2. (od. 3./4.) V.1003

⚭ 986 (987)

19. Gerberga (v. Burgund)
* ca. 965/66, † 7.VII.1018/19

20. Hzg. Wilhelm IV. (Eisenarm) v. Aquitanien
* 936 (od. danach)
† n. Mai 995 (evtl. 996)
□ S. Maixent

⚭ 968 (od. vorher)

21. Emma (v. Blois)
* ca. 953(?), † 11.VIII.1004

22. Gf. Otto-Wilhelm v. Burgund, * ca. 958/59
† 21.IX.1026, □ Dijon

⚭ spätestens 975/76

23. Ermentrud (v. Reims u. Roucy)
* ca. 955/60
† 4./5.III.1003/04

32. Hzg. Otto v. Kärnten u. Worms
* ca. 948/50, † 4.XI.1004

33. Judith, □ Worms

34. Gf. Richard v. Metz
(bez. 970–986)

35.

36. Hzg. Konrad v. Schwaben
* ca. 925/30, † 20.VIII.997

⚭ ca. 945

37. Judith, † 25.XII. (zw. 980 u. 1000)

38. Kg. Konrad v. Bgd., * ca. 926/27
† 19.X.993, □ Vienne
⚭ ca. 964/65

39. Mathilde (v. Frkr.), * Ende 943 (od. Mitte 948), † 25./26.XI.981/90, □ Vienne

40. Hzg. Wilhelm III. (Wergkopf) v. Aquit.
* ca. 905/10, † (9./10.IV.)964, □ Poitiers
⚭ 935

41. Adela (Gerloc) (v.d. Normandie)
† 28.X. n. 982, □ Poitiers

42. Gf. Tetbald v. Chartres
* ca. 915/20, † 17.I.(975/77)
⚭ ca. 943/45

43. Liutgard (v. Vermandois)
* ca. 915/20, † 14.XI. (n. 955), □ Chartres

44. Kg. Adalbert v. Italien
* ca. 932/36, † 972/73
⚭ ca. 957/58

45. Gerberga, * ca. 940, † 11.XII.986/91

46. Gf. Ragenold (v. Reims u. Roucy)
† (1.IV. od. 10.V.)967, □ Reims
⚭ 948?

47. Albrada (v. Lothringen)

3. Berta (v. Turin)
* ca. 1054
† 27.XII.1087
□ Speyer

- 6. Gf. u. Mgf. Otto v. Savoyen u. Turin, † 1058/59/60
  - 12. Gf. Humbert I. v. Savoyen, † 1.VII.(1048?), □ Maurienne
    - 24.
  - ∞ v. 1023
  - 13. Ancilia
    - 26. Gf. Anselm (v. Equestergau)
    - 27. Alduid
- ∞ ca. 1045/46
- 7. Adelheid (v. Turin), * ca. 1015/18, † 19. (od. 25.) XII.1091
  - 14. Mgf. Odelrich-Manfred II. v. Turin, † 29.X.1035, □ Turin
    - 28. Mgf. Manfred I. v. Turin, † 991/1001
      - 56. Mgf. Arduin III. Glabrio v. Turin, † n. April 976
      - 57. NN
    - ∞ v. Herbst 951(?)
    - 29. Prangarda (v. Canossa)
      - 58. Gf. Adalbert-Atto (v. Canossa) (bez. 958–988), † 13.II.988, □ Canossa
      - 59. Ildegarda, † 11.II.982(?), □ Canossa
  - ∞ v. 1014
  - 15. Berta, † n. 29.XII.1037
    - 30. Mgf. Otbert II. im östl. Ligurien, * ca. 950/60, † v. 24.IX.996
      - 60. Mgf. Adalbert im östl. Ligurien, * ca. 925/30, † v. 1002 (997?)
      - 61. Bertrada
    - 31.

XXVIII: Maximilla (v. Calabrien)
Gemahlin
Kg. Konrads (III.)

1. Maximilla
* ca. 1085
∞ Frühsommer 1095
† nach April 1138

2. Großgraf Roger I. v. Calabrien u. Sizilien
* ca. 1030/40
† 22.VI.1101
□ Mileto/Calabrien

4. Tankred v. Hauteville

5. Fredesende

3. *Eremburga*
† v. 1089/90

6. *Gf. Wilhelm (Werlenc) v. Mortain*

7.

12. *Gf. Malger (v. Corbeil)*
† zwischen Juli 1031 u. 1040

24. *Hzg. Richard I. v.d. Normandie*
** ca. 932, † 20./21.XI.996*
□ Fécamp
∞ 975/80

25. *Gunnor (Dänin)*
† 4. od. 8.I.1031

*mandie, * ca. 910/11, † 17.XII.942*
□ Rouen

49. *Sprota (aus d. Bretagne)*
† n. 950

XXIX: Kg. u. Ks. Heinrich V. (1099/1106 bzw. 1111–1125)

1. Kg. u. Ks. Heinrich V.
* 1086
ꝏ 7.I.1114
† 23.V.1125
□ Speyer

2. Ks. Heinrich IV.
* 11.XI.1050
† 7.VIII.1106
□ Speyer

ꝏ Aug.–Sept. 1066

3. —

4. Ks. Heinrich III.
* 28.X.1017
† 5.X.1056
□ Speyer

ꝏ (22.?)XI.1043

5. Agnes (v. Poitou)
* ca. 1020/25
† 14.XII.1077
□ Rom

8. Ks. Konrad II.
* 12.VII.990(?)
† 4.VI.1039
□ Speyer

ꝏ Ende 1016

9. Gisela (v. Schw.)
* 11.XI.989(?)
† 15.II.1043
□ Speyer

10. Hzg. Wilhelm V. (d.Gr.) v. Aquitanien
* ca. 969
† 31.I.1030
□ Maillezais

ꝏ 1016

11. Agnes (v. Burgund)
* ca. 995
† 9.XI. (od. 29.X.) 1068

16. Heinrich (v. Speyer)
* ca. 970, † 28.III.990/1000,
□ Worms

ꝏ ca. 988

17. Adelheid (v. Metz)
* ca. 970/75
† 19.V.(1046?)
□ Öhringen

18. Hzg. Hermann II. v. Schwaben, * ca. 945/55
† 2. (od. 3./4.) V.1003

ꝏ 986 (987)

19. Gerberga (v. Burgund)
* ca. 965/66, † 7.VII.1018/19

20. Hzg. Wilhelm IV. (Eisenarm) v. Aquitanien
* 936 (od. danach)
† n. Mai 995 (evtl. 996)
□ S. Maixent

ꝏ 968 (od. vorher)

21. Emma (v. Blois)
* ca. 953(?), † 11.VIII.1004

22. Gf. Otto-Wilhelm v. Burgund, * ca. 958/59
† 21.IX.1026, □ Dijon

ꝏ spätestens 975/76

23. Ermentrud (v. Reims u. Roucy)
* ca. 955/60

32. Hzg. Otto v. Kärnten u. Worms
* ca. 948/50, † 4.XI.1004

33. Judith, □ Worms

34. Gf. Richard v. Metz
(bez. 970–986)

35.

36. Hzg. Konrad v. Schwaben
* ca. 925/30, † 20.VIII.997

ꝏ ca. 945

37. Judith, † 25.XII. (zw. 980 u. 1000)

38. Kg. Konrad v. Bgd., * ca. 926/27
† 19.X.993, □ Vienne
ꝏ ca. 964/65

39. Mathilde (v. Frkr.), * Ende 943 (od. Mitte 948), † 25./26.XI.981/90, □ Vienne

40. Hzg. Wilhelm III. (Wergkopf) v. Aquit.,
* ca. 905/10, † (9./10.IV.)964, □ Poitiers
ꝏ 935

41. Adela (Gerloc) (v.d. Normandie)
† 28.X. n. 982, □ Poitiers

42. Gf. Tetbald v. Chartres, * ca. 915/20
† 17.I.(975/77)
ꝏ ca. 943/45

43. Liutgard (v. Vermandois), * ca. 915/20
† 14.XI. (n. 955), □ Chartres

44. Kg. Adalbert v. Italien, * ca. 932/36
† 972/73
ꝏ ca. 957/58

45. Gerberga, * ca. 940, † 11.XII.986/91

46. Gf. Ragenold (v. Reims u. Roucy)
† (1.IV. od. 10.V.) 967, □ Reims
ꝏ 948?

47. Albrada (v. Lothringen)

3. Berta (v. Turin)
* ca. 1054
† 27.XII.1087
□ Speyer

6. Gf. u. Mgf. Otto
v. Savoyen u. Turin
† 1058/59/60

ꝏ ca. 1045/46

7. Adelheid
(v. Turin)
* ca. 1015/18
† 19. (od. 25.)
XII.1091

12. Gf. Humbert I.
v. Savoyen
† 1.VII.(1048?)
□ Maurienne

ꝏ v. 1023

13. Ancilia

14. Mgf. Odelrich-
Manfred II. v. Turin
† 29.X.1035
□ Turin

ꝏ v. 1014

15. Berta
† n. 29.XII.1037

24.

26. Gf. Anselm
(v. Equestergau)

27. Alduid

28. Mgf. Manfred I. v. Turin
† 991/1001

ꝏ v. Herbst 951(?)

29. Prangarda (v. Canossa)

30. Mgf. Otbert II. im östl.
Ligurien
* ca. 950/60
† v. 24.IX.996

31.

56. Mgf. Arduin III. Glabrio v. Turin
† n. April 976

57. NN

58. Gf. Adalbert-Atto (v. Canossa)
(bez. 958–988), † 13.II.988, □ Canossa

59. Ildegarda, † 11.II.982(?), □ Canossa

60. Mgf. Adalbert im östl. Ligurien
* ca. 925/30, † v. 1002 (997?)

61. Bertrada

XXX: Kgn. u. Ksn. Mathilde (v. England) Gemahlin Ks. Heinrichs V.

1. Mathilde
* 7.II.1102,
ꝏ 7.I.1114,
† 10.IX.1167
□ Abtei Bec
(Normandie)

2. Kg. Heinrich I.
v. England
* 1068
† 1.XII.1135
□ Abtei Reading

ꝏ 11.XI.1100

4. Kg. Wilhelm I.
(d. Eroberer)
v. England, * 1027/28,
† 9.IX.1087, □ Rouen

ꝏ ca. 1052

5. Mathilde
(v. Flandern)
* ca. 1032
† 2./3.XI.1083
□ Caen

8. Hzg. Robert I.
v.d. Normandie
† 1./2./3.VII.1035
□ Nicaea

9. Herleva
(Konkubine)

10. Gf. Balduin V.
(Insulanus)
* ca. 1015
† 1.IX.1067, □ Lille

ꝏ 1028

11. Adela (Adelheid)
(v. Frkr.); * ca. 1015
† 8.I.1079
□ Messines

16. Hzg. Richard II. v.d.
Normandie
† 23.VIII.1026, □ Fécamp,

ꝏ 996

17. Judith (v.d. Bretagne)
† 28.VI.1017
□ Bernay od. Fécamp

18. Fulbert (aus Fallaise)

19.

20. Gf. Balduin IV. (Barbatus)
v. Flandern, * ca. 980,
† 29./30.V.1035, □ Gent

ꝏ ca. 1005/1010

21. Otgiva (v. Luxemburg)
* n. 985, † 21.II.1030, □ Gent

22. Kg. Robert II. v. Frkr.,
* ca. 973, † 20.VII.1031
□ S. Denis,

ꝏ 1004/07

23. Constanze (v. Arles u.
Provence); * ca. 986,
† 25.VII.1034, □ S. Denis

32. Hzg. Richard I. v.d. Normandie,
* ca. 932, † 20./21.XI.996, □ Fécamp
ꝏ ca. 975/80

33. Gunnor (Dänin), † 4. od. 8.I.1031

34. Gf. Conan v. Rennes, Hzg. d. Bretagne,
† 27.VI.992,
ꝏ ca. 975/80

35. Ermengard, Tochter Gf. Gottfrieds
v. Anjou

40. Gf. Arnulf II. v. Flandern
† (30.III.) 987, □ Gent,
ꝏ ca. 968

41. Rozala/Susanna, † 13.XII.1003, □ Gent

42. Gf. Friedrich v. Luxemburg
* ca. 965, † 6.X.1019, □ Stablo,
ꝏ ca. 985/90

43. NN, Tochter Gf. Heriberts, * ca. 970

44. Kg. Hugo (Capet) v. Frankreich
* ca. 940, † 24.X.996, □ S. Denis,
ꝏ ca. 970

45. Adelheid (v. Poitou)
* ca. 950/55, † 15.VI.1006

46. Gf. Wilhelm II. v. Arles u. Provence
* ca. 950, † 993/94, □ Sarrians
ꝏ 983

47. Adelheid/Blanca (v. Anjou)

3. Mathilde (Edith)
(v. Schottland)
* Aug./Sept. 1080
† 1.V.1118
□ Westminster/
London

6. Kg. Malcolm III.
(Canmore)
v. Schottland
* v. 1040
† 13.XI.1093
□ Tynemouth, später
Dunfermline

∞ 1070/71

7. (Hl.) Margarete
* ca. 1044
† 16.XI.1093
□ Dunfermline

12. Kg. Duncan I.
v. Schottland
† 14.VIII.1040
□ Yona

13. Suthen

14. Prinz Eduard
(d. Exilierte); * 1016
† 19.IV.1057

∞ evt. 1043/44

15. Agatha
† n. 1067/68

24. Crinan v. Dunkeld
† 1045

∞ ca. 1000

25. Bethoc (v. Schottland)

26.

27.

28. Kg. Edmund II.
(Eisenseite) v. England
† 30.XI.1016, □ Glastonbury

∞ Sommer 1015

29. Aldgitha

30. *Großfürst Jaroslav I.*
(d. Weise) v. Kiew
** ca. 879/80, † 20.II.1054*
□ Kiew,

∞ ca. 1019

31. *Ingegerd (?)*
(v. Schweden); † 1050

50. Kg. Malcolm II. v. Schottland
† 25.XI.1034, □ Yona

52.

53.

54.

56. Kg. Aethelred II. v. England
* ca. 968, † 23.IV. 1016, □ London

57. *Aelfgifu (?), Tochter Thoreds*

58.

59.

60. *Großfürst Wladimir I. (d.Hl.) v. Kiew*
** ca. 955/60, † 15.VII.1015, □ Kiew*

61. *Rogneda, † 1000, □ Kiew*

62. *Kg. Olaf (Schoßkönig) v. Schweden*
(bez. 980/85–1021/22),
∞ v. Sommer 1000

63. *Estrid (Obodritin)*

XXXI: Kg. u. Ks. Lothar III. (v. Süpplingenburg) (1125 bzw. 1133–1137)

1. Kg. u. Ks. Lothar III.
* Anfang Juni 1075
ꝏ ca. 1100
† 4.XII.1137
□ Königslutter

2. Gf. Gebhard v. Süpplingenburg
† 9.VI.1075

3. Hedwig (v. Formbach)
* ca. 1050/55
† ca. 1090/95

4. Gf. Bernhard i. Harzgau
† 1062/69

5. Ida (v. Querfurt)

6. Gf. Friedrich (v. Formbach)
† ca. 1050/58
□ Formbach

7. Gertrud (v. Haldensleben)
* ca. 1030/35
† 1116

8. *Gf. Liutger (bez. 1013–1031)*

9.

10. Gf. Gebhard v. Querfurt
* ca. 975/76

12. Gf. Tiemo I. (v. Formbach)
* ca. 985
† 19.V. ca. 1049/50

13.

14. Gf. Konrad
† v. 1056

15.

16.

20. Gf. Brun v. Querfurt
† 19.X.1009/14

21. Ida, † wohl v. 1009

24. Gf. Berthold (v. Schweinachgau) (bez. 985/91–1000/05)

28. Mgf. Bernhard II. v.d. sächs. Nordmark
† (9.IX. ca. 1044/48)

29.

40. *Brun (?)*

41.

42.

48. Gf. Udalrich (an d. Donau)

49. Kunigunde

56. Mgf. Bernhard I. v.d. sächs. Nordmark
† ca. 1025(?)

57.

XXXII: Kgn. u. Ksn. Richenza (v. Northeim) Gemahlin Ks. Lothars III.

1. Richenza
* ca. 1087/89
∞ ca. 1000
† 10./(11.) VI.1141
□ Königslutter

2. Gf. Heinrich (d. Fette) v. Northeim
* ca. 1055
† Mitte–Ende Februar 1101
□ Bursfelde

∞ ca. 1085/86

3. Gertrud (v. Braunschweig)
* ca. 1060/65
† 9.XII.1117
□ Braunschweig

4. Gf. Otto v. Northeim, Hzg. v. Bayern
* ca. 1020/25
† 11.I.1083
□ Northeim

∞ ca. 1050

5. Richenza (Witwe Gf. Hermanns III. v. Werl)
* ca. 1025/30
† v. 1082
□ Harsefeld?

6. Gf. Ekbert I. (v. Braunschweig), Mgf. v. Meißen
* ca. 1022/24
† 10./11.I.1068

∞ ca. 1058/60

7. Irmgard/Immula (v. Turin)
† 21.I.1078

8. Gf. Benno v. Northeim
* ca. 978
† 1047/49

9. Eilica

10.

11.

12. Gf. Liudolf (v. Braunschweig)
* ca. 1005
† (15. od. 23.) IV.1038

∞ ca. 1022

13. Gertrud
† 21.VII.1077
□ Braunschweig

14. Mgf. Odelrich-Manfred II. v. Turin
† 29.X.1035
□ Turin

∞ v. 1014

15. Berta
† n. 29.XII.1037

16. Gf. Siegfried I. v. Northeim, * etwas v. 950, † 1004

∞ ca. 969/70

17. Mathilde
† v. 1001

18.

19.

24. Gf. Brun v. Braunschweig
† ca. 1008

∞ ca. 1003/04

25. Gisela (v. Schw.)
* 11.XI.989(?)
† 15.II.1043, □ Speyer

26. *Gf. Ekbert (bez. 1001 u. 1019)*

27.

28. Mgf. Manfred I. v. Turin, † 991/1001

∞ v. Herbst 951(?)

29. Prangarda (v. Canossa)

30. Mgf. Otbert II. im östl. Ligurien
* ca. 950–960
† v. 24.IX.996

31.

32.

33.

48.

50. Hzg. Hermann II. v. Schw.
* ca. 945/55, † 2.(od. 3./4.)V.1003
∞ ca. 986 (987)

51. Gerberga (v. Bgd.), * ca. 965/66, † 7.VII.1018/19

52. *Gf. Ekbert d. Einäugige, * ca. (930)/35, † 5.IV.994*

56. Mgf. Arduin III. Glabrio v. Turin
† n. April 976

57.

58. Gf. Adalbert-Atto (v. Canossa) v. Reggio/Em., Modena etc., † 13.II.988, □ Canossa

59. Ildegarda, † 11.II.982(?)
□ Canossa

60. Mgf. Adalbert im östl. Ligurien, * ca. 925/30, † v. 1002 (997?)

61. Bertrada

5) Register der Orts- und Personennamen
(in Teil 1 und Teil 2)

Vorbemerkung:
Die wenigen in der „Einleitung" genannten Personen sind im Personennamenregister – entsprechend der Paginierung der Einleitung – in „römischen Zahlen", jedoch mit eckigen Klammern umschlossen (also etwa: [XVIII]), an den Anfang gestellt. Die „römischen Zahlen" mit nachfolgender hochgestellter arabischer Nummer verweisen auf Nennungen von Orten bzw. Personen in den „Ahnentafeln" des Teils I, (also etwa: XVII^9 = Tafel XVII nr. 9). Die bloßen arabischen Ziffern geben die Seitenzahlen bei Nennungen der Orte bzw. Personen in den Kommentaren im Teil II an.
Um dem Benutzer das Auffinden genannter Orte und vor allem gesuchter Personen zu erleichtern, sind den Namen oft kurze Kennzeichnungen (bei Personen: Titel, Amtszeiten, das Sterbejahr bzw. Verwandtschaftshinweise, bei Orten, wo erforderlich, eine kurze Lageangabe) beigefügt.
Die alphabetische Anordnung ist im Personennamenteil – wegen der orthographischen Vielfalt der Schreibung ein- und desselben Namens in den Quellen und der benutzten Literatur (z. B. Ermengard / Irmingard / Irmgard bzw. Dietrich / Theoderich / Thiedrich oder Berthold / Perchtold etc.) – gelegentlich durch Hinzufügung der Schreibvarianten ergänzt. Oftmals wird auf die Namen gleichen Wortstammes, aber unterschiedlicher (geläufiger) Schreibung, mit Verweisen aufmerksam gemacht. Mehrfach vorkommende Namen sind im wesentlichen nach internen Gruppenzusammenhängen oder auch nach den ungefähren Lebenszeiten ihrer Träger angeordnet, wobei freilich Hohe Geistliche und Kaiser bzw. Könige jeweils an die Spitze gestellt sind.
Zusätzlich zu den auf S. XXIII f. angegebenen Abkürzungen werden hier im Personennamenregister noch folgende Siglen verwendet:

Br.	= Bruder	Schw.	= Schwester
Gem.	= Gemahl/in	T.	= Tochter
M.	= Mutter	V.	= Vater
S.	= Sohn	Verw.	= Verwandte/r

Ortsnamen

Personennamen

MONUMENTA GERMANIAE HISTORICA

HILFSMITTEL

25, 2

Eduard Hlawitschka

Die Ahnen der hochmittelalterlichen deutschen Könige, Kaiser und ihrer Gemahlinnen

Ein kommentiertes Tafelwerk

Band I: 911–1137

Hannover 2006
Hahnsche Buchhandlung

Eduard Hlawitschka

Die Ahnen der hochmittelalterlichen deutschen Könige, Kaiser und ihrer Gemahlinnen

Ein kommentiertes Tafelwerk

Band I: 911–1137

Teil 2

Hannover 2006
Hahnsche Buchhandlung

Bibliographische Information der Deutschen Bibliothek

Die Deutsche Bibliothek verzeichnet diese Publikation in der Deutschen Nationalbibliographie; detaillierte bibliographische Daten sind im Internet unter <http://dnb.ddb.de> abrufbar.

Satz: Dr. Anton Thanner, Weihungszell
Herstellung Buch: STRAUSS GmbH, Mörlenbach
Printed in Germany
ISBN 978-3-7752-1132-1
ISSN 0343-1266

Inhalt

Teil 1

Teil 2

Teil 2

Die Quellenbasis der Ahnentafeln

(= Kommentare)

6) Die Quellenbasis der Ahnentafeln (= Kommentare)

Quellennachweise zu den Filiationen und zu Geburts-, Heirats- und Sterbedaten

I : Kg. Konrad I. (911–918)

1: Kg. Konrad I.

Die ungefähre Geburtszeit Konrads I. – ca. 880/85 – läßt sich nur aus dem Gesamtzusammenhang der Konradinergenealogie erschließen; vgl. dazu E. HLAWITSCHKA, Konradiner-Genealogie S. 16f.; DERS., Kuno u. Richlind S. 36ff., ND in: DERS., Stirps regia S. 457ff. – R. PARISOT, Lorraine S. 622: „Le 23 decembre 918 Conrad etait mort, jeune encore, il n'avait peut-être pas quarante ans".

Zur Zeit seiner Verehelichung – 913 – vgl. bei **II : Kgn. Kunigunde** nr. **1**.

Die Todeszeit Kg. Konrads ist mehrfach überliefert. Zum Todesjahr vgl. Ann. necrol. Fuld. ad 918 (letzter Jahreseintrag), MGH SS 13 S. 191: *Ob(iit) Cuonradus rex*; ed. auch K. SCHMID, Klostergemeinschaft v. Fulda I S. 321; Ann. Alamannici ad 918, MGH SS 1 S. 56: *Chuonradus obiit*; auch ed. bei W. LENDI, Untersuchungen S. 190; Ann. Sangallenses maior. ad 918, MGH SS 1 S. 78: *Chuonradus rex obiit ante natale Domini*; ed. auch C. HENKING, Aufzeichnungen S. 280; Contin. Reginonis ad 919 (erste Jahresmeldung, da Jahresbeginn zu Weihnachten; richtig 918), MGH SS rer. Germ. S. 156: *Cuonradus rex obiit*. – Zum Todestag vgl. Necrol. Sangallense zum 23. XII., MGH Necrol 1. S. 487: *X Kal. [ian.] ... Obitus ... et Chuonradi regis*; Nekrol. Weißenburg. S. 42, zum 23. XII.: *X Kl. [ian.] ... Cuonradus rex obiit*. – Weitere Zeugnisse zu Todesjahr und -tag bei G. WAITZ, Jahrb. Heinrichs I. S. 201f., und BM^2 S. 838 nr. 2108 b.

Bestattet wurde Konrad I. im Kloster Fulda. Vgl. Contin. Reginonis ad 919, MGH SS rer. Germ. S. 156: *Ipse [= Cuonradus rex] vero huic vitae decedens in Fulda monasterio honorificata est sepultura tumulatus*. – Marianus Scottus, Chron. ad 940 (= 918), MGH SS 5 S. 553: *... sepultusque est in Fulda monasterio iuxta altare sanctae crucis*. Vgl. auch E. DÜMMLER, Ostfränk. Reich III^2 S. 616 Anm. 2. Die Angabe bei Widukind, Rer. gest. Saxon. lib I cap. 25, MGH SS rer. Germ. S. 38, Konrad sei in Weilburg bestattet worden, ist unglaubwürdig.

2 : Gf. Konrad d. Ä. im Ober-Lahngau als Vater Kg. Konrads I.

Zur Filiation vgl. Contin. Reginonis ad 911, MGH SS rer. Germ. S. 155: *Ludowicus rex filius Arnolfi imperatoris obiit; cui Cuonradus filius Cuonradi ab Adalberto occisi regali stirpe deficiente in regno successit.* – Regino, Chron. ad 906, MGH SS rer. Germ. S. 150f.: *Cuonradus comes filium suum Cuonradum misit cum armatorum non modica manu, ut irruerent super Gerardum et fratrem eius Matfridum, eo quod honores suos et Gebehardi fratris ... invasissent.* – Widukind, Rer. gest. Saxon. lib. I cap. 22, MGH SS rer. Germ. S. 31: *Nam cum bellum esset Cuonrado, regis Cuonradi patri, et Adelberto, Heinrici ex sorore nepoti, primum interfectus est frater Adalberti, postea in ultionem fratris Cuonradus quoque occisus est ab Adalberto.* – Vgl. auch Annalista Saxo ad 910, MGH SS 6 S. 591, neue Ed. MGH SS 37 S. 128; Ann. Alamannici ad 912, MGH SS 1 S. 55, ed. W. LENDI S. 188.

Die ungefähre Geburtszeit – ca. 855 – ist nur aus dem Gesamtzusammenhang der Konradinergenealogie erschließbar; vgl. E. HLAWITSCHKA, Konradiner-Genealogie S. 16f.; DERS., Kuno u. Richlind S. 36f.; ND in: DERS., Stirps regia S. 457ff.

Zu Konrads Amtsbereich vgl. E. DÜMMLER, Ostfränk. Reich III² S. 489.

Den Todestag, die Todesumstände und den Bestattungsort überliefert Regino, Chron. ad 906, MGH SS rer. Germ. S. 151f.: Kampf gegen Graf Adalbert (v. Babenberg). *Cuonradus senior in Hessia in loco, qui dicitur Frideslar, cum multa turba peditum et equitum residebat, crebras incursiones Adalberti suspectas habens; ... sed mox in ipso primo impetu multis vulneribus confossus extinctus est. ... Peracta est autem haec cedes III. Kal. Mart.* (= 27. II.); *venientes filii cum matre levaverunt corpus Cuonradi et sepelierunt in castello, quod Wilineburch* (= Weilburg) *vocatur.* Vgl. auch Ann. necrol. Fuld. ad 906, MGH SS 13 S. 189: *Kuonrat comes cum aliis ibidem necatis / Obiit Cuonrat comes*, ed. auch K. SCHMID, Klostergemeinschaft v. Fulda I S. 316, II/1 S. 385; Hermann v. Reichenau, Chron. ad 906, MGH SS 5 S. 111: *Adalpertus ...commissa cum aemulo suo Counrado pugna vicit eumque cum multis aliis peremit.* – Weitere Quellenbelege bei E. DÜMMLER, Ostfränk. Reich III² S. 540 Anm. 1.

Nur der Kuriosität halber sei hier vermerkt, daß einige späte Quellen Kg. Konrad I. als Neffen Kg. Ludwigs d. K. bzw. seinen Vater Konrad d. Ä. als Bruder Ludwigs, d.h. als Sohn Ks. Arnulfs, angeben: so etwa die Ann. Wirziburg. ad 907 (MGH SS 2 S. 241) und Frutolf / Ekkehard v. Aura in ihrer Weltchronik (MGH SS 6 S. 176); danach Annalista Saxo ad 910, MGH SS 6 S. 592, neue Ed. MGH SS 37 S. 128; Otto v. Freising, Chron. lib. VI cap. 15 und 16, MGH SS rer. Germ. S. 274, 276. Ähnlich auch die Genealogia S. Arnulfi descend. Mett. (MGH SS 25 S. 382). An diesen Beispielen läßt sich besonders gut verdeutlichen, wie wichtig es ist, den Blick zunächst auf die zeitgenössischen Quellen und auf die Selbstaussagen zu lenken.

3 : Glismuoda als Mutter Kg. Konrads I.

Kg. Konrad I. nennt seine Mutter in einem Diplom vom 1. Juli 912, MGH D K I 8: Schenkung an Kloster Fulda *per intercessionem venerandae ac dilectae genitricis nostrae Glismuodae*; ebd. D K I 38 (undatiert): *ut predicti Fuldensis monasterii fratres … pro anime nostre matrisque nostre Glismude liberatione preces iugiter deo fundant.*

Glismuod verstarb am 26. IV. 924; vgl. Ann. necrol. Fuld. ad 924, MGH SS 13 S. 192: *VI. Kal. Mai obiit Glismuot cometissa*; ed. K. Schmid, Klostergemeinschaft v. Fulda I S. 323, II/1 S. 390.

4 : Gf. Udo (v. Lahngau) als wahrscheinlicher Vater Gf. Konrads d. Ä.

Über den Vater Konrads d. Ä. gibt es keine direkte Quellenaussage. Nach älteren Versuchen des 18. und 19. Jhs., die Konradiner zu direkten Nachfahren der Widonen zu machen oder sie als Einwanderer aus der Ile-de-France aufzuweisen und mit den westfränkischen Welfen in Verbindung zu bringen (vgl. dazu I. Dietrich, Konradiner S. 8 ff.), hat sich die Meinung durchgesetzt, daß einer der vier (in der im Jahre 1779 aufgefundenen Gründungsurkunde des St. Severus-Stiftes Gemünden vom 9. XI. 879 genannten) Söhne des Lahngaugrafen und Gründers des Stiftes Gemünden Gebhard – namens Udo, Berengar und Bertholf sowie Abt Waldo – der Vater Gf. Konrads d. Ä. gewesen sein müsse; J.M. Kremer, Origines Nassoicae II S. 14 ff. nr. 8: *Ego comes Gebehardus … me propria voluntate Deo devovi et clericalem tonsuram suscepi atque elegi mihi locum circumvallatum tribus rivulis, qui dicitur Gemunden, in quo aedificavi ecclesiam a novo fundamento … Venerabilem Trevericae sedis antistitem Bertholfum* [869–883] *gratia consecrandi ecclesiam … adduxi, qui … venit et … dedicavit, quam quidem praediis, quae jure haereditario obtinui, spontanea voluntate mea atque cum consensu filiorum meorum Udonis, Bertholfi et Beringarii sine ulla contradictione in usum canonicorum … subscripto prae-*

dio ... legitima traditione dotavi. ... Daß der bei der Urkundenausfertigung als Zeuge genannte *Waldo coenobii S. Maximini abbas* (ebenso wie Udo, Bertholf und Berengar) ein Sohn Gf. Gebhards war, zeigen die Ann. Fuldens. ad 861, MGH SS rer. Germ. S. 55: Anklage Kg. Ludwigs d. D. wegen Infidelität des Grafen Ernst und Lehensentzug. *Utonem quoque et Berengarium fratrem eius atque Sigihartum comites Waldonemque abbatem cum aliis nonnullis quasi conplices infidelitatis eius similiter exauctoravit; e quibus Uto et Berengarius cum Waldone fratre suo in Gallias ad Karlum regem secesserunt*. Vgl. ebd. auch ad 866, S. 64f. – Von diesen 4 Brüdern dürfte Waldo als Abt von St. Maximin in Trier am ehesten als Vater Konrads d. Ä. auszuschließen sein. Von den anderen drei Brüdern läßt sich mit hoher Wahrscheinlichkeit „eine Brücke schlagen zu dem bereits 7 Jahre später an gleichen Orten [wie Gf. Gebhard in der Urkunde von 879] begüterten und in gleicher Funktion bezeugten ältesten Konradiner", nämlich zu Konrad d. Ä. „Ausgehend von der Annahme, daß die Grafschaft im Lahngau zu Ende des 9. Jhs. weitgehend ihres Amtscharakters entkleidet und im Zuge der allgemeinen Entwicklung erblich geworden war, ergab sich die Folgerung, daß Konrad d. Ä. und seine Brüder [Eberhard, Gf. im Nieder-Lahngau, † 902; Gebhard, Gf. in der Wetterau u. Hzg. v. Lothringen, † 910; Rudolf, Bisch. v. Würzburg (892–908)] ihre Grafschaften, ihre Allodial- und Benefizialgüter in diesem Raum als Verwandte, ja als Enkel Gebhards übernommen hätten. Für die Wahrscheinlichkeit dieser Annahme sprach dann noch ... die Vererbung der Namen Udo und Gebhard an jüngere Glieder unserer Familie"; so I. DIETRICH, Konradiner S. 12f. Vor allem die Weitergabe des Namens Udo an die späteren Konradiner (vgl. dazu E. HLAWITSCHKA, Konradiner-Genealogie S. 16f.; DERS., Kuno u. Richlind S. 36ff., ND S. 457ff.), während die Namen Berengar, Berthold und Waldo verschwinden, spricht – so meint man – dafür, daß Udo als Vater Konrads d. Ä. anzusehen ist. – Diese im wesentlichen bereits 1779 von J.M. KREMER, Origines Nassoicae I S. 36ff., entwickelte Sicht wurde übernommen von F. STEIN, Konrad I. S. 28ff.; E. DÜMMLER, Ostfränk. Reich III^2 S. 489 Anm. 1; G. TELLENBACH, Königtum u. Stämme S. 48; E. ZIEHEN, Konrad I. S. 1–18; K. SCHMID, Kuno v. Öhningen S. 87f.; W. NIEMEYER, Chasella S. 31; E. HLAWITSCHKA, Kuno u. Richlind S. 37ff., ND S. 457ff.; D.C. JACKMAN, Konradiner S. 70ff. u.ö. – Die bei allem im Mittelpunkt stehende Gemündener Gründungsurkunde dürfte indessen eine Fälschung aus der Zeit um 1221 sein, für die jedoch splitterhafte Vorlagen vorauszusetzen sind; vgl.

dazu jetzt R. DEUTINGER, Zehntterminationen S. 20–29. Die genealogischen Angaben sind freilich durch die Fuldaer Annalen weitgehend gesichert; vgl. aber auch bei nr. **8** betreffs der Geburtszeit Gf. Gebhards; zu Waldo vgl. E. WISPLINGHOFF, S. Maximin S. 25–27 (gegen I. DIETRICH, Konradiner S. 285–291).

Die Geburts- und Todesdaten Udos und seiner Brüder sind nicht überliefert. Da alle vier im Jahre 861 großjährig waren und zu 879 genannt werden, wird man eine Geburtszeit Udos um 825/30 anzunehmen haben.

Ohne jeden wissenschaftlichen Wert ist das, was J.P.J. GEWIN, Verwandtschaften S. 89–98, über die Vorfahren der Konradiner vor Konrad d. Ä. (nr. **2**) darlegt; er geht von „festen Regeln bei der Namengebung" im Mittelalter aus (S. 3) und läßt urkundliche und erzählende Quellen völlig beiseite.

5 : Iudith (Welfin) als vermutbare Mutter Gf. Konrads d. Ä.

Über die Mutter Gf. Konrads d. Ä. liegen keine Quellenaussagen vor. Einige Anhaltspunkte haben aber schon wiederholt dazu geführt, sie als Mittlerin einer Verwandtschaft zu den Karolingern anzusehen. So z. B. ist für Kg. Ludwig d. K. der spätere Kg. Konrad I. ein *dilectus et propinquus noster* (MGH D LdK 35, 64, 67, 73 von 904–910) bzw. ein *egregius dux et nepos noster* (D LdK 72 u. 77 von 910 u. 911), so wie auch schon Ks. Arnulf dessen Vater Gf. Konrad d. Ä. als seinen *nepos* bezeichnete (MGH D A 89 von 891: *ammonitione Chuonradi dilecti comitis et nepotis nostri*); und Kg. Konrad I. sprach 912 von seinem Amtsvorgänger als *bone memorie pius consanguineus noster Hludowicus* (MGH D K I 3). Während man die *propinquitas* bzw. die *consanguinitas* Ludwigs d. K. mit Konrad I. noch dadurch erklären könnte, daß Ota, die Gemahlin Arnulfs v. K. und Mutter Ludwigs d. K., mit höchster Wahrscheinlichkeit eine Konradinerin war – vgl. F. STEIN, Konrad I. S. 83 ff.; E. HLAWITSCHKA, Kuno u. Richlind S. 36 ff., ND S. 457–460 –, reicht diese Erklärung jedoch nicht mehr für die *nepos*-Nennung Konrads d. Ä. durch Arnulf v. K. (Oder ist hier doch bereits Konrad d. J. gemeint?). Dazu kommt, daß die Namen Konrad und Rudolf (so hieß ja doch ein 908 als Bisch. v. Würzburg verstorbener Bruder Konrads d. Ä., vgl. Regino, Chron. ad 892, 897, 902, MGH SS rer. Germ. S. 140, 145, 149) bei den Welfen geläufig waren (vgl. G. TELLENBACH, Über die ältesten Welfen S. 335 ff.) und daß Kg. Ludwig d. D. die Welfin Hemma geheiratet hatte (BM^2 nr. 1338 f.);

das läßt es sehr wahrscheinlich werden, daß die Verwandtschaft mit den Karolingern durch den beiderseitigen welfischen Blutsanteil bedingt ist.

Zusammenhänge von Konradinern und Welfen werden zudem noch anderweitig deutlich. Als nämlich Kg. Konrad I. im Dezember 911 St. Gallen besuchte und das Kloster reich beschenkte, da sei dies als Sühneleistung geschehen, weil seine Vorfahren – Ruthard und Warin – den Hl. Otmar verfolgt hätten und er sich dadurch mitschuldig gefühlt habe, wie Ekkehard v. St. Gallen, Casus S. Galli c. 16, ed. H.F. HAEFELE S. 44, berichtet: *Ingreditur tandem oratorium beati Otmari ... – nam parentes eius erant, qui eum vexaverant – seque reum, quasi ipse interfuerit factis, ad eius aram reddidit*; dazu cap. 12, S. 36: *sicut Werinhere et Ruodhart domnum Otmarum, sic ipsi* (= Erchanger u. Berthold) *insequi sunt et ipsum*; und cap. 21, S. 52: *Rex vero castellum illud odiosum* (= Stammheim, Kant. Zürich) *sancto Otmaro, causa mali tanti, tradidit diruendum. Omnique anno ille, dum vixit, censum capitis sui in cera ad sepulcrum eius, uti filius carnificorum illorum* (= Ruthard u. Warin), *pro reatu in eum quasi proprio misit*. (Zu Otmars Verfolgung durch Ruthard und Warin vgl. auch Vita S. Otmari cap. 4, MGH SS 2 S. 43, und die Vita S. Galli lib. II cap. 14, MGH SS rer. Merov. 4 S. 322f., sowie in Kenntnis letzterer und Ekkehards auch den erst 1229/30 schreibenden Burchard v. Ursberg, Chron., MGH SS rer. Germ. S. 8f., bei dem es unter der Überschrift *De generatione Welfonum* heißt: *Licet autem eiusdem generis tyranni et nobiles in genealogia precesserint, utpote Warinus et Ruothardus, qui beatum Othmarum in insulam Reni relegarunt ...*). Aber auch der Welfe Rudolf hat, wie wiederum Ekkehard cap. 21, S. 52f., überliefert, später Konrads Sühneleistung fortgeführt, weil er dessen Geschlechtes gewesen sei: *Quod et Ruodolfus postea, Welfhardi comitis pater, cum eiusdem quidem prosapiae fuerit, in censu calibum de metallo Faucium Iuliarum* (= Füssen) *fecit*. Das bindet Welfen und Konradiner in einen Abstammungszusammenhang ein, und zwar in den von Ruthard, da Warin, der andere bedeutende Statthalter Kg. Pippins in Alemannien, mit guten Gründen aus diesem Zusammenhang auszuscheiden ist; vgl. dazu J. FLECKENSTEIN, Herkunft der Welfen S. 95–107, bes. S. 97f. (Gegen Fleckensteins These, Gf Ruthard sei ein Vorfahre Welfs I. gewesen, wendet sich allein W. SCHNEIDER, Stammen die Welfen S. 395–420, indem er die Glaubwürdigkeit Ekkehards bestreitet).

Wie aber soll man die namentlich unbekannte Mutter Gf. Konrads d. Ä., über die das welfische Namengut in die Konradinerfamilie gelangt sein dürfte, in die Welfenfamilie einordnen? Einen Anhaltspunkt kann evtl. die Ermittlung der ungefähren Lebenszeit dieser Dame ergeben. Nimmt man sie als etwa gleichaltrig bzw. wenig jünger als ihren Gemahl (Udo ?, nr. **4**) an, dürfte sie um 830 geboren sein. – Blickt man auf die Familie der Welfen (Stammbaum s. unten übernächste Seite) und versucht man, dort die Lebenszeiten der Mitglieder in etwa festzulegen, so dürfte die im Februar 819 zu Ks. Ludwigs d. Fr. zweiter Gemahlin auserkorene Judith, Tochter Graf Welfs I. und Heilwigs (vgl. BM^2 nr. 683 a), auf alle Fälle vor 807, wahrscheinlich um 800, geboren sein (so auch A. KOCH, Ksn. Judith S. 35 mit Anm. 18), ihre 827 von Kg. Ludwig d. D. geehelichte Schwester Hemma (BM^2 nr. 1338 f) hingegen, die am 31. I. 876 verstarb, vielleicht erst um 809/10. Judiths und Hemmas Brüder Konrad und Rudolf (zu ihnen vgl. B. V. SIMSON, Jahrb. Ludwigs d. Fr., Register; E. DÜMMLER, Ostfränk. Reich I^2–II^2, Register) dürften etwa kurz vor 800 oder zwischen 800 und 810 zur Welt gekommen sein; 830 treten sie jedenfalls schon in der fränkischen Staatskrise hervor (BM^2 nr. 874 a). Eine knappe Zusammenfassung zur Verankerung der Welfenfamilie im Osten und im Westen des großen Karolingerreiches und zu den Geschicken der einzelnen Zweige dieser Familie bietet auch G. ALTHOFF, Amicitiae u. Pacta S. 283 ff.

Von dieser Basis aus kann die ca. 830 geborene Mutter Konrads d. Ä. doch wohl nicht mehr der Generation Judiths, Hemmas, Konrads und Rudolfs angehören. (Nach J. FLECKENSTEIN, Herkunft der Welfen S. 114 Anm. 238, war deren Vater Welf I. ja auch schon „vor 825 verstorben"). Sie kann also nur in die Generation von deren Kindern eingereiht werden. Und da sie dann weder zu Judiths noch zu Hemmas Kindern gehören kann, die man ja alle namentlich kennt und über deren Schicksale man genügend unterrichtet ist (vgl. K.F. WERNER, Nachkommen Tafel), bleibt wohl nur die Möglichkeit, sie als eine Tochter Gf. Konrads und seiner Frau Adelheid oder als Tochter Gf. Rudolfs und seiner Frau Roduna anzusprechen. (Zu Adelheid als Gemahlin Gf. Konrads vgl. Heirici Miracula S. Germani lib. II cap. 2, MGH SS 13 S. 401, ed. L.-M. DURU S. 158: *Chuonradus princeps famosissimus, collega regum et inter primates aulicos adprime inclytus, per id temporis regia munificentia maximis et sua condignis nobilitate fulgebat honoribus. Coniunx illi erat Adheleid nomine, primorum et ipsa natalium perinde titulis gloriosa; quippe quae avita antiquorum procerum oriunda propagine, splendorem generis augustissimae aequiparabat stemmate dignitatis*; vgl. auch E. DÜMMLER, Ostfränk. Reich I² S. 181 Anm. 2. Zum Nachweis, daß Rudolf mit einer gewissen Roduna vermählt war, die nach Rudolfs Tod [† 6. I. 866] ins Kloster eintrat und schließlich *abbatissa* wurde, vgl. G. TELLENBACH, Über die ältesten Welfen S. 335–340). Beide genannten Möglichkeiten wurden bisher schon vertreten; die erste z.B. von E. KRÜGER, Abstammung Heinrichs I. S. 54–59; D.C. JACKMAN, Konradiner S. 131f. Anm. 205, 137f.; die zweite von F. STEIN, Konrad I. S. 64; auch E. KIMPEN, Abstammung Konrads I. u. Heinrichs I. S. 728ff. (zu seinen weitergehenden Thesen s. u.).

Wenn man beachtet, daß in einem Reichenauer Gedenkeintrag der Familie Rudolfs und Rodunas (MGH Lib. confrat. S. 244 col. 309 bzw. Lib. mem. et necrol. NS I Tafel 80: *Ruad[u]lfo, Ruodun, Chonrat, Huc, Welf, Liutfrid, Ruadolf, Judit*), den G. TELLENBACH, Über die ältesten Welfen S. 336, heranzieht, am Ende der Aufzählung ihrer Kinder eine *Judit* erscheint, von der man bislang nichts Näheres weiß, und wenn man den Namen Judith bei einer Enkelin des Herzogs Gebhard v. Lothringen († 910), des Bruders Konrads d. Ä., wiederkehren sieht (= Judith, Gemahlin des Gf. Heinrich v. Stade; vgl. E. HLAWITSCHKA, Konradiner-Genealogie S. 17, und Belege bei DERS., Habsburg-Lothringen S. 46f., auch DERS., Kuno u. Richlind S. 37–44, ND S. 457–464), so darf die Vermutung geäußert werden, daß die Mutter Konrads d. Ä. Judith hieß und eine Tochter Rudolfs und Rodunas war. Sicherheit ist freilich nicht erreichbar. (Weitere Gedenkeinträge zu welfischen Verwandtengruppen aus den Klöstern Reichenau und Pfäfers, die Rudolf und Roduna als Ehepaar erkennen lassen, verzeichnet G. ALTHOFF, Amicitiae u. Pacta S. 285ff.). – Demnach ergäbe sich folgende Verbindung der frühen Konradiner mit den Welfen, wobei die bei G. TELLENBACH, a.a.O. S. 339, entwickelte Stammtafel der älteren Welfen zugrunde gelegt wird:

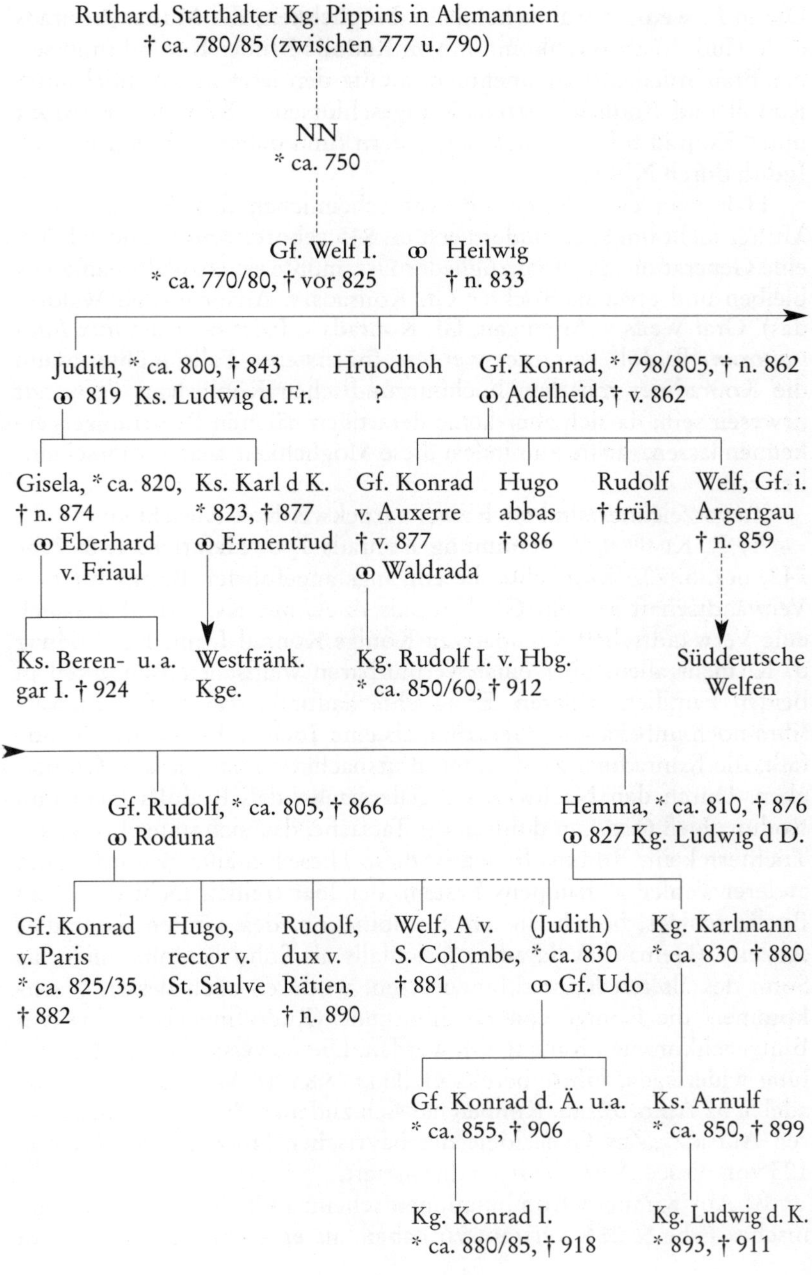
Ruthard, Statthalter Kg. Pippins in Alemannien
† ca. 780/85 (zwischen 777 u. 790)
NN
* ca. 750
Gf. Welf I. ∞ Heilwig
* ca. 770/80, † vor 825
† n. 833
Judith, * ca. 800, † 843
∞ 819 Ks. Ludwig d. Fr.
Hruodhoh
?
Gf. Konrad, * 798/805, † n. 862
∞ Adelheid, † v. 862
Gisela, * ca. 820,
† n. 874
∞ Eberhard
v. Friaul
Ks. Karl d K.
* 823, † 877
∞ Ermentrud
Gf. Konrad
v. Auxerre
† v. 877
∞ Waldrada
Hugo
abbas
† 886
Rudolf
† früh
Welf, Gf. i.
Argengau
† n. 859
Ks. Beren-
gar I. † 924
u. a.
Westfränk.
Kge.
Kg. Rudolf I. v. Hbg.
* ca. 850/60, † 912
Süddeutsche
Welfen
Gf. Rudolf, * ca. 805, † 866
∞ Roduna
Hemma, * ca. 810, † 876
∞ 827 Kg. Ludwig d D.
Gf. Konrad
v. Paris
* ca. 825/35,
† 882
Hugo,
rector v.
St. Saulve
Rudolf,
dux v.
Rätien,
† n. 890
Welf, A v.
S. Colombe,
† 881
(Judith)
* ca. 830
∞ Gf. Udo
Kg. Karlmann
* ca. 830 † 880
Gf. Konrad d. Ä. u.a.
* ca. 855, † 906
Ks. Arnulf
* ca. 850, † 899
Kg. Konrad I.
* ca. 880/85, † 918
Kg. Ludwig d. K.
* 893, † 911

Die m.E. weniger wahrscheinliche Möglichkeit, die Mutter Konrads d. Ä. (Judith) als Nachkommin von Rudolfs Bruder Konrad (und seiner Frau Adelheid) anzunehmen, müßte den jetzt in der Tafel unter Rudolf und Roduna gestrichelt angeschlossenen Komplex im Block unter Konrad und Adelheid angliedern (und dabei auch den Namen Judith durch NN ersetzen).

Hält man es indessen für wahrscheinlicher, daß Konrads d. Ä. Mutter nicht um 830, sondern erst ca. 845 geboren wurde und folglich eine Generation später einzugliedern ist, müßte sie ebenfalls namenlos bleiben und etwa als Tochter Gf. Konrads v. Auxerre (und Waldradas), Graf Welfs v. Argengau, Gf. Konrads v. Paris oder des *dux Raetianorum* Rudolf vermutet werden. Im ersteren Falle müßten dann die Konradiner mit dem hochburgundischen Königshaus verwandt gewesen sein; da sich aber keine derartigen näheren Beziehungen erkennen lassen, dürfte zumindest diese Möglichkeit wenig wahrscheinlich sein.

Zu verzeichnen sind noch zwei zurückweisbare Ansichten:

A) E. Kimpen, Abstammung Konrads I. u. Heinrichs I. S. 725-742, bes. S. 730ff., möchte die eingangs angeführten Belege für eine Verwandtschaft sowohl Gf. Konrads d. Ä. mit Ks. Arnulf als auch eine Verwandtschaft des späteren Königs Konrad I. mit Kg. Ludwig d. K. nicht allein über einen vermutbaren welfischen Blutsanteil in beiden Familien erklären. Er möchte dadurch, daß er Gf. Rudolfs (ihm noch unbekannte) Gemahlin als eine Tochter Ks. Lothars I. auffaßt, die Konradiner zu direkten Blutsnachkommen Karls d. Gr. machen. Durch den Nachweis G. Tellenbachs, daß Rudolfs Gemahlin Roduna hieß (s. o.), und durch die Tatsache, daß sich unter Lothars I. Töchtern keine Roduna findet, ist diese These hinfällig geworden. Ein anderer Fehler in Kimpens System, der hier freilich nicht direkt zu Buche schlägt, besteht in der Kombination, den Grafen Konrad v. Auxerre (Gemahl Waldradas) gleichfalls als Sohn Rudolfs, nicht als Sohn des älteren Konrad, anzusetzen, wodurch auch dessen Nachkommen, die Könige von Hochburgund (Rudolfinger), zu direkten Blutsnachkommen Karls d. Gr. werden. Die Beweise, die jene Koppelung widerlegen, führte bereits G. Tellenbach, Vom karol. Reichsadel S. 32 Anm. 32, an. Kimpen hat sich zudem selbst in seinem späteren Aufsatz „Zur Genealogie der bayrischen Herzöge“ S. 73 Anm. 123 von diesen Ausführungen distanziert.

B) Auf Kimpens Kombinationen scheint H.W. Klewitz, Germanisches Erbe S. 214, vertraut zu haben, als er – ohne Quellen- bzw.

Literaturhinweis – schrieb, „daß Konrad I. als Träger karolingischen Blutes erhoben ist, das ihm durch die Verbindung seines Großvaters mit einer Enkelin Lothars I. zugeflossen zu sein scheint". Ihm wiederum folgte H. BEUMANN, Sakrale Legitimierung S. 2, ND S. 149. Gegen diese und eine andere Kombinationsmöglichkeit, Karolingerblut bei den Konradinern nachzuweisen, vgl. schon I. DIETRICH, Konradiner S. 11 und S. 322 ff. Anm. 47.

6 / 7 : Vermutungen zur Abstammung Glismuodas

E. DÜMMLER, Ostfränk. Reich III² S. 576, weist auf ältere Autoren des frühen 19. Jhs. (L. Häußer, H. Leo) hin, die Glismuoda als eine (uneheliche) Tochter Ks. Arnulfs v. Kärnten auffassen wollten, was aber schon von J.M. KREMER, Origines Nassoicae I S. 65, hinlänglich widerlegt worden sei. Auch bei É. GARNIER, Tableaux généalogiques Tafel 40, ist Glismod als Tochter Ks. Arnulfs verzeichnet. Diese älteren Autoren scheinen ihrerseits auf den 1747 erschienenen Historisch-genealogischen Abhandlungen von J.L.L. GEBHARDI, Bd. I S. 192 ff., zu fußen, der diese These – gestützt auf das 1728 bei A. CALMET, Hist. de Lorraine I, Pr. col. 331, gedruckte Diplom Kg. Ludwigs d. K. vom 31. X. 900 für die Kirche von Toul (= MGH D LdK 7) – vertrat. Calmet druckte *consultu fratrum nostrorum Athonis venerabilis archiepiscopi et Conradi dilectissimi comitis* fälschlich statt *consultu fidelium nostrorum Athonis* ... Wäre der hier erwähnte *Conradus comes* nicht Konrad d. Ä., sondern der spätere Kg. Konrad I., so wäre letzterer ein Bruder Ludwigs d.K. gewesen; und es müßte in der Tat Glismuod eine (uneheliche) Tochter Ks. Arnulfs gewesen sein. Aber so, wie die Basis für diese These falsch ist, so widerstrebt dem ganzen auch die Chronologie. Dennoch findet man auf den der Propyläen-Weltgeschichte Bd. V, hg. von G. MANN u. A. NITSCHKE, 1963, S. 294 u. 327, beigegebenen Tafeln (verantwortlich für diese zeichnet der Verlag) Glismuoda als Tochter Arnulfs v. K. verzeichnet.

In neuerer Zeit vermutete O. v. DUNGERN, Thronfolgerecht S. 58 ff., in Glismuoda die Mittlerin zum Blute Karls d. Gr.; jedoch gibt es dafür – wie er selbst sieht – keinerlei Anhaltspunkte.

E. KIMPEN, Genealogie d. bayr. Herzöge S. 73 f., möchte daraus, daß der Bischof Meinwerk v. Paderborn (1009–1036) eine Schwester Glismoda hatte, folgern, daß Konrads d. Ä. Gemahlin Glismuoda aus derselben Familie hervorgegangen sei wie Meinwerk. Dieser war nun der Enkel Gf. Wichmanns vom Hamaland, der seinerseits wiederum der Urenkel des in den 80er Jahren des 9. Jhs. gestorbenen Gf. Meginhard und seiner Frau Evesa gewesen sei. (Zu dieser Familie vgl. K. SCHMID, Neue Quellen S. 203 ff.; F.W. OEDIGER, Adelas Kampf S. 67 ff., ND S. 217 ff.; J.M. VAN WINTER, Hamaländer Grafen S. 16 ff.; H. VERDONK, De familie-inschrijving). Konrads d. Ä. Gemahlin Glismuoda müsse, wenn sie richtig eingeordnet werden solle, also eine Tochter Meginhards und Evesas gewesen sein. Da dieses Paar auch noch einen Sohn Eberhard hatte (vgl. Regino, Chron. ad 881, MGH SS rer. Germ. S. 117), der 898 aber ums Leben kam (ebd. ad 898, S. 146), ließe sich für diese Einreihung auch noch das Auftauchen des Namens Eberhard beim Bruder Kg. Konrads I. bestätigend anführen. Aber dieses Bestätigungsargument überzeugt nicht, da bereits Konrad d. Ä. einen Bruder Eberhard hatte (vgl. Regino, Chron. ad 902, S. 149). So ist über eine bloße Annahme nicht hinauszukommen. Und überdies ist der Name Glismuoda nicht so selten, daß er nur hier eingereiht werden könnte. Vgl. etwa MGH Lib. confrat., Register bei Glismod und Clismuot; auch MGH Lib. mem. I: Remiremont, Register. – Kimpen betrachtet darüber hinaus Evesa als eine Enkelin Ks. Lothars I. (durch dessen Tochter Heletrude und ihren Gemahl Gf. Berengar), womit sich ein Zugang zum Karolingerblut ergeben soll. Jedoch ist diese Herleitung völlig hypothetisch und ohne jede Absicherung. (Auch K.F. WERNER, Nachkommen S. 449 und Tafel, kennt keine Kinder Heletruds). Vgl. hierzu außerdem bei **III : Kg. Heinrich I.** nr. **7** [D]. Kimpen hält seine These freilich in seiner jüngeren Arbeit „Zur Königsgenealogie“ S. 36 aufrecht.

8 : Gf. Gebhard (v. Lahngau) als Vater Gf. Udos

Daß Gf. Gebhard, der das Stift Gemünden begründet haben soll, der Vater Gf. Udos (v. Lahngau) und seiner Brüder Berengar, Berthold und Waldo war, wird allein in der Gemündener Urkunde von 879 angegeben. Doch ist dieses Stück vor kurzem als Fälschung aus der Zeit um 1221 erwiesen worden; vgl. dazu bei nr. **4**. Freilich wurde bei diesem Nachweis auch vermerkt, daß sich der Fälscher „anscheinend alter Vorlagen bediente, die als einzelne echte Elemente in eine im großen und ganzen gefälschte Urkunde eingefügt sind“; R. DEUTINGER, Zehntterminationen S. 24. So dürfte, trotz des Vorliegens einer formalen Fälschung, kaum an der Richtigkeit der Filiationsangabe zu zweifeln sein, zumal auch mit der Urkunde Kg. Ludwigs d. D. vom 31. März 845 (?) für das vom *vir venerabilis fidelisque noster Gebehardus* im Lahngau gegründete Kloster Kettenbach (MGH D LdD 40), das entsprechend der genannten Urkunde von 879 später nach Gemünden verlegt wurde, ein sicheres Zeugnis für diesen Mann und für die Gründungszusammenhänge um das Stift Gemünden vorliegt.

Gebhard ist schon 832 im Lahngau bezeugt; vgl. BM^2 nr. 903; J.M. KREMER, Origines Nassoicae II S. 11f. nr. 6. Er spielte in den beiden folgenden Jahren eine wichtige Rolle als Vermittler beim Sturz und dann bei der Wiedereinsetzung Ks. Ludwigs d. Fr. Nach 845 existieren keine Zeugnisse mehr für ihn; vgl. die Zusammenstellung aller Nachrichten zu seinem Leben bei Ph. DEPREUX, Prosopographie S. 208. Da er bei seinen Vermittlungen schon ein erwachsener Mann mit großer Autorität gewesen sein dürfte, ist es – nach R. DEUTINGER, Zehntterminationen S. 27 – unwahrscheinlich, daß er 879 noch lebte und urkundete. Er werde eher „bald nach 845" verstorben sein; und die Stiftsverlegung von Kettenbach nach Gemünden werde man wohl erst der Generation seiner Söhne zuzuschreiben haben.

Wenn es in der auf das Jahr 879 gefälschten Urkunde von Gebhard heißt, er habe seinen *spiritualem patrem, Trevericae urbis archiepiscopum Hetti*, vor seinem Eintritt in den Klerikerstand um Rat gefragt, so muß dies nicht so gedeutet werden, daß Erzbisch. Hetti (816–847) sein Taufpate war, er also erst um 810/15 geboren sein werde. *Pater spiritualis* kann ebenso als Beichtvater / geistlicher Betreuer gedeutet werden. Gebhard dürfte also wohl schon um 790/(800) geboren sein.

9 : NN als Gemahlin Gf. Gebhards (v. Lahngau)

Bei der Ermittlung der Gemahlin Gf. Gebhards könnte eine Rolle spielen, daß Gebhards Söhne Udo, Berengar und Waldo in einen Infidelitätsprozeß eines Hocharistokraten am Hofe Ludwigs d. D., nämlich des Mgf. Ernst, verwickelt waren, daß sie die *nepotes* Ernsts waren und daß Ernst der Schwiegervater Kg. Karlmanns (Sohn Ludwigs d. D.) gewesen ist; vgl. Ann. Fuldens. ad 861, MGH SS rer. Germ. S. 55: *Hludowicus rex … Ernustum, summatem inter omnes optimates suos, quasi infidelitatis reum publicis privavit honoribus. Utonem quoque et Berengarium fratrem eius atque Sigihartum comites Waldonemque abbatem cum aliis nonnullis quasi conplices infidelitatis eius similiter exauctoravit; e quibus Uto et Berengarius cum Waldone fratre suo in Gallias ad Karlum regem* (= Karl d. K.) *secesserunt*; Ann. Hildesheim. ad 861, MGH SS rer. Germ. S. 18: *Udo, Ernust, Bernger comites et Walda abba honoribus depositi*; Ann. Bertin. ad 861, MGH SS rer. Germ. S. 55, ed. F. GRAT S. 85: *Hludowicus socerum Karlomanni filii sui Arnustum honoribus privat et nepotes ipsius a regno suo expellit*. Hierbei ist *nepos* weder mit „Enkel" zu übersetzen (da der erst ca. 830 geborene Kg. Karlmann zwischen 850 und 860 eine Tochter Ernsts geheiratet hat, woraus sich auch für die übrigen Kinder Ernsts, von denen eines die Mutter der genannten Brüder gewesen sein müßte, eine Geburtszeit um 825/35 ergeben dürfte, was aber wiederum als Geburtszeit Udos und seiner Brüder selbst zu erschließen war) noch mit „Vetter" wiederzugeben (denn zu 857 begegnet uns in den Ann. Fuldens. S. 47 ein erwachsener und bereits als Heerführer tätiger Sohn Mgf. Ernsts, gleichen Namens, was Mgf. Ernst nochmals als einen ca. 830 bereits erwachsenen Mann ausweist, so daß Ernst also etwa 20–25 Jahre, d.h. eine Generation, älter gewesen sein dürfte als Udo, Berengar und Waldo). So bleibt nur die Übersetzung „Neffe" übrig, für die sich bereits E. DÜMMLER, Ostfränk. Reich II^2 S. 21, entschied. Neffen Ernsts können Udo, Berengar und Waldo dadurch gewesen sein, daß (a) eine Schwester Ernsts ihre Mutter und damit auch Gemahlin Gebhards gewesen ist oder daß (b) Ernst selbst mit einer Schwester Gebhards verheiratet war:

(a)
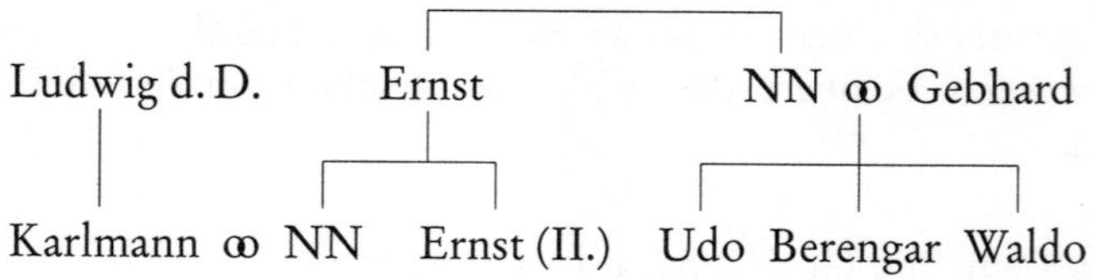

(b)
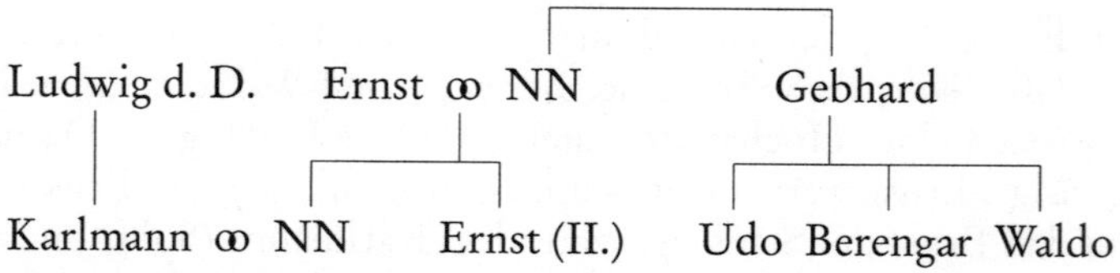

Davon ist die Lösung (a), die in letzter Zeit von M. MITTERAUER, Markgrafen S. 132f., 137, vertreten wurde, wohl auszuscheiden, weil der gleichnamige Sohn Mgf. Ernsts 879 zur Dotierung des Stiftes Gemünden – ebenso wie Udo und Berengar – offenbar seine Zustimmung erteilen mußte (J. M. KREMER, Origines Nassoicae II S. 18 nr. 8: *Signum Ernesti comitis †, Signum Udonis comitis †, Signum Berengarii comitis †*), was kaum recht zu erklären wäre, wenn Gebhard eine

Schwester Ernsts I. zur Frau gehabt hätte (so schon F. STEIN, Konrad I. S. 47; A. KRAH, Absetzungsverfahren S. 197 Anm. 17). So bleibt die Lösung (b) als die wahrscheinlichere, die indessen für die hier anstehende Frage nichts abwirft. Eine zusätzliche Möglichkeit (c), daß Gebhard und Ernst Brüder waren, dürfte doch wohl deshalb ausscheiden, weil der Name Ernst bei den späteren Konradinern nicht festzustellen ist, er also wohl nicht zum Namengut der Konradiner gehörte:

(c)

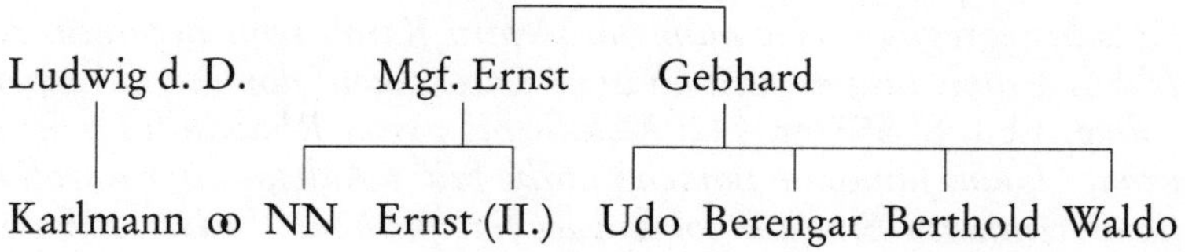

Leider sind diese Fragen bei I. DIETRICH, Konradiner, nicht beachtet worden. Vielleicht liegt dies auch daran, daß dort die in den Ann. Bertin. genannten Bezüge verwechselt sind und Ernst als *nepos* von Udo, Berengar und Waldo aufgefaßt wird, statt umgekehrt; vgl. ebd. S. 68, 151.

Die an dieser Stelle leicht aufkeimende Vermutung, die zwischen Ks. Arnulf v. Kärnten, dem Sohne Kg. Karlmanns, und Gf. Konrad d. Ä. (nr. **2**) bezeugte Verwandtschaft (vgl. oben bei nr. **5**) lasse sich aus diesen Tafeln gut erklären, scheitert daran, daß Arnulf nicht Kind der Ehe Karlmanns mit der Tochter Mgf. Ernsts d. Ä. war, sondern als Sohn Karlmanns von einer adeligen Dame namens Liutswind (außerehelich) geboren wurde; vgl. BM^2 nr. 1765 d; K.F. WERNER, Nachkommen S. 451 (Gen. IV, 18) und Tafel.

10 / 11 : Gf. Rudolf (Welfe) und Roduna als vermutliche Eltern Judiths

Zur Herleitung Judiths von Gf. Rudolf und Roduna vgl. die Argumente bei nr. **5**; ebd. auch die Anhaltspunkte für die Annahme der Geburtszeit Rudolfs und seiner Gemahlin um 800–810.

Bezeugt ist Rudolf oftmals in der Zeit zwischen 830 und 866; vgl. Ph. DEPREUX, Prosopographie S. 358; J. WOLLASCH, Patrimonium S. 209–212.

Verstorben ist Rudolf am 6. I. 866; bestattet wurde er in St. Riquier. Vgl. Ann. Bertin. ad 866 (zum Jahresanfang), MGH SS rer. Germ. S. 80; ed. F. GRAT S. 125: *Rodulfus, Karoli regis avunculus, pas-*

sione collerica moritur; Ann. Floriac. ad 866, MGH SS 2 S. 254: *Avunculus quoque eius* [= Karls d. K.] *Rhodulfus, consiliarius primasque palatii, hominem exiit*; Hariulf, Chron. Centul. lib. III cap. 9, S. 117: *Obiit itaque apud nos domnus Hruodulfus comes, abbasque simul noster, VIII Idus Januarii.* Den genauen Todestag überliefern auch die Carmina Centulensia, MGH Poetae Lat. 3 S. 352f. nr. 141: *Hic retinet corpus Ruodulfi tellus humatum, / Cuius percelebre nomen in orbe cluit. / Tempore sub magno Hludowici vixit honore / Ipsius auletis Caesaris egregiis. / Nec minus in sceptro Karoli regis decoratus /... / Idibus octonis Iani decessit ab ista / Luce: potens domine, cui superam tribue.* Ebd. S. 353 nr. 142: *Nobilis hic parva Rhuodulfus pausat in urna, / Cuius famosum nomen in orbe fuit. / Auletas inter Karoli nullique secundus / Extitit in solida pace fideque bona. / Idus octavo mortem gustavit amaram / Iani: cui veniam det dominus placidam.*

Roduna stiftete ihrem verstorbenen Gemahl in St. Riquier (Centula) ein ewiges Licht; ebd. S. 353 nr. 143: *Haec iugiter lampas niteat tumulum ante Rhodulfi, / Quam Hruodon fieri iussit amore sui.* Hariulf, Chron. Centul. III cap. 14, S. 126, nennt sie zu 867 eine *Centulensium casta dilectrix.*

Roduna wird von Hariulf zu 867 als *Hruodun abatissa* gekennzeichnet. Offenbar war sie in das Kloster Saint-Saulve de Valenciennes eingetreten; vgl. Hariulf, Chron. Centul. S. 328 (zu S. 126) und S. 123.

16 / 17 : Hypothesen zur Herkunft Gf. Gebhards (v. Lahngau)

I. DIETRICH, Konradiner S. 299ff., weist auf drei Argumente hin, die für die Ermittlung der Vorfahren Gf. Gebhards Beachtung zu verdienen scheinen. 1) In den 20er Jahren des 9. Jhs. wird im Mittelrheingebiet, in dem später die Konradiner hervortreten, ein Gf. Udo angetroffen, und zwar sei er 821 und 824 zusammen mit einer gewissen Waltrat als Grundbesitzer im Nahetal, im Bereich des Fiskus Boppard und im Goldenen Grund hervorgetreten, „womit er sich hier besitzgeschichtlich unmittelbar an Gf. Gebhard und die jüngeren Konradiner anschloß“, d. h. vorlagert. 826 sei dieser auch als Oberschenk des kaiserlichen Hofes in Ingelheim nachzuweisen; Belege: E.F.J. DRONKE, Cod. dipl. Fuldens. S. 178 nr. 395, S. 192 nr. 429; MGH Poet. Lat. II S. 71 v. 465. „Dieser Udo verschwindet mit dem Jahre 826 spurlos aus der Rheinlandschaft, so daß der Vermutung nichts im Wege steht, daß er derjenige Graf Udo war, der 828 an der unteren Loire begegnet“ und als Gf. Odo v. Orléans in die Geschichte eingegangen ist. Er fand 834 bei den innerfränkischen Auseinandersetzungen den Tod; vgl. B. SIMSON, Jahrb. Ludwigs d. Fr. II S. 102–105. – 2) Der Name Udo kehre später bei Gf. Gebhards Sohn Udo wie auch bei vielen Konradinern des 10. Jhs. wieder. – 3) Gf. Odo v. Orléans war zudem der Vater von Karls d. K. Gemahlin Ermentrud, die ihrerseits den berühmten Seneschal Adalhard, einen konradinischen *propinquus*, zum Onkel hatte (vgl. Nithard, Hist. lib. IV cap. 6, MGH SS rer. Germ. S. 49: *Accepit quidem Karolus … in coniugio Hirmentrudem, Uodonis et Ingeltrudis filiam et neptem Adelardi*; Ann. Bertin. ad 842, 861, MGH SS rer. Germ. S. 29, 55 f., ed. F. GRAT S. 43, 85, 87); und zwar waren Adalhard und Odos Gemahlin Ingeltrud Geschwister (vgl. hierzu E. HLAWITSCHKA, Habsburg-Lothringen S. 164 ff.). Daß Adalhard ein *propinquus* der Konradiner Udo, Berengar und Waldo war, bezeugen die Ann. Bertin. ad 861 (*Hludowicus socerum Karlomanni filii sui Arnustum honoribus privat et nepotes ipsius* (= Udo, Berengar, Waldo) *a regno suo expellit. Qui cum Adalardo, Yrmintrudis reginae avunculo, suo autem propinquo, … Karolum adeunt*). Daraus folgert I. DIETRICH, a.a.O. S. 301: „Die im Namensgut, in dem Verwandtschaftsverhältnis zu Adalard und im Besitz um den Mittelrhein sichtbar gewordene dreifache Verbindung Graf Udos (v. Orléans) mit den Konradinern gestattet es, in ihm das Glied einer nochmals älteren Generation aus dem konradinischen Verwandtenkreis zu erblicken“; vgl. auch ebd. S. 141 f. So ergibt sich folgende Tafel:

Odo ∞ Ingeltrud — Seneschal Adalhard

Gf. Wilhelm, † 866 (vgl. Ann. Bertin.) — Ermentrud ∞ Karl d. K. — Gf. Gebhard (v. Lahngau)

Udo — Berengar — Bertholf — Waldo

Gegen diese Sicht erheben sich jedoch gravierende Bedenken: a) Odos und Ingeltruds Tochter Ermentrud, die am 13. XII. 842 von Karl d. K. geheiratet wurde, ist am „27. IX. (ca. 830)“ geboren; K.F. WERNER, Nachkommen S. 447 (Gen. III, 16, Tafel Gen. III, 16). Gebhard hingegen muß bereits ca. 790/(800) zur Welt gekommen sein; vgl. bei nr. 8. Es liegt also eine doch wohl zu große Differenz in der Geburtszeit der beiden vermuteten Geschwister vor. b) Udo, Berengar und Waldo flüchteten 861 zu Adalhard und mit ihm zu Karl d. K. ins Westreich (s. o.). Während Adalhard – in dieser Anordnung der Großonkel der 3 Brüder – dabei als *propinquus* erwähnt wird, werden Karl d. K. und Ermentrud (Tante und ihr Gemahl), die hiernach viel näher Verwandten der flüchtigen Ostfranken, nicht als solche gekennzeichnet, was zumindest sehr merkwürdig anmutet. c) Es fehlt das Namengut der Familie Odos v. Orléans bei den späteren Konradinern; so z. B. die Namen Wilhelm (so hießen ein Sohn und ein Bruder Odos v. Orléans; vgl. Ann. Bertin. ad 834 u. 866, MGH SS rer. Germ. S. 9 u. 84, ed. F. GRAT S. 13 u. 130), Ingeltrud (Gemahlin Odos v. Orléans), Ermentrud (Tochter Odos v. Orléans), Leuthard (Vater Ingeltruds), Grimhild (Mutter Ingeltruds), Gerhard (Bruder Ingeltruds) etc.; (Literatur zur Vorfahrenschaft Ingeltruds bei E. HLAWITSCHKA, Habsburg-Lothringen S. 164 ff.).

Die *propinquitas* zwischen Udo, Berengar und Waldo einerseits und Adalhard andererseits läßt sich zudem auch in ganz anderer Weise erklären. So etwa könnten der Vater der genannten Brüder, Gf. Gebhard v. Lahngau, und Adalhard Vettern gewesen sein. Im Kommentar von L. LEVILLAIN zu den Ann. Bertin. in der Ed. von F. GRAT, S. 85 Anm. 4, heißt es da auch z. B.: „Nous croyons pouvoir établir que le comte Gebhard, père d'Udo, de Bérenger et de Waldo, et Adalhard, oncle maternel de la reine Hirmintrude, étaient nés de deux cousines germaines". – Aber auch Gf. Gebhard v. Lahngau und Odo v. Orléans könnten Vettern 1. oder 2. Grades gewesen sein, so daß sich dann 861 Udo, Berengar und Waldo an Adalhard als den Bruder der Gemahlin ihres Onkels (d.h. an den Bruder ihrer Tante) wandten.

Die Argumente von I. Dietrich zur Rekonstruktion der Vorfahrenschaft Gf. Gebhards reichen also nicht aus und sind nicht zwingend. Sie wurden indessen im wesentlichen akzeptiert von M. MITTERAUER, Markgrafen S. 15 u. Tafel S. 25; D.C. JACKMAN, Konradiner S. 71 f., 78 f., 110, 132; A. THIELE, Stammtafeln I,1 Tafel 9 (Konradiner).

20 : Gf. Welf (I.) als Vater Gf. Rudolfs

Die Eltern des Grafen Rudolf lassen sich dadurch bestimmen, daß Rudolfs Schwester Judith, die 2. Gemahlin Ks. Ludwigs d. Fr., als Tochter des Gf. Welf und seiner Frau Heilwig einwandfrei bezeugt ist. Als Bruder Judiths ist Rudolf genannt: Ann. Bertin. ad 830, MGH SS rer. Germ. S. 2, ed. F. GRAT S. 2: *cuius (= imperatricis Judithae) et-*

iam fratres, Conradum videlicet atque Rodulfum, tonsorantes, per monasteria retruserunt; ebd. ad 866 S. 80, ed. F. GRAT S. 125: *Rodulfus, Karoli regis* (= Karl d. K., Sohn Ludwigs d. Fr. und Judiths) *avunculus, passione collerica moritur*; Thegan, Vita Hludow. cap. 36, MGH SS 2 S. 597, ed. E. TREMP S. 222: *suscipientes reginam Iudith, eamque vi velantes et in monasterium mittentes, et fratres eius Chuonradum et Ruodolfum tondentes et in monasterium mittentes*; Astronomus, Vita Hludow. cap. 46, MGH SS 2 S. 634, ed. E. TREMP S. 464: *coniugemque (imperator Hludowicus) revocavit fratresque illius Chonradum et Rodulfum iamdudum attonsos*; Nithard, Histor. lib. I cap. 3, MGH SS rer. Germ. S. 3: *reginam (Iudith) velaverunt, fratres eius Cunradum et Rodulfum totonderunt atque in Aquitaniam servandos Pippino commiserunt*. – Als Tochter Welfs und Heilwigs ist Judith nachgewiesen bei: Thegan, Vita Hludow. cap. 26, MGH SS 2 S. 596, ed. E. TREMP S. 214: *accepit (Hludowicus imperator) filiam Hwelfi ducis sui, qui erat de nobilissima progenie Bawariorum, et nomen virginis Iudith, quae erat ex parte matris, cuius nomen Eigilwi, nobilissimi generis Saxonici, eamque reginam constituit*; Astronomus, Vita Hludow. cap. 32, MGH SS 2 S. 624, ed. E. TREMP S. 392: *Judith, filiam Welponis nobilissimi comitis, in matrimonium iunxit*; Ann. regni Franc. ad 819, MGH SS rer. Germ. S. 150: *Quo peracto imperator … Huelpi comitis filiam nomine Iudith duxit uxorem* .

Zu Welf vgl. die Datenzusammenstellung bei M. BORGOLTE, Grafen S. 288 f.; lediglich zusammenfassend und ohne neue genealogische Impulse zur Frage der Welfenherkunft sind B. SCHNEIDMÜLLER, Welfen S. 40 ff., und A. KOCH, Ksn. Judith S. 26 ff.

Weil seine Gemahlin Heilwig 833 Äbtissin des Klosters Chelles (b. Paris) war (vgl. nr. **21**), ist wiederholt gefolgert worden, daß Welf damals bereits verstorben war; so etwa J. FLECKENSTEIN, Herkunft der Welfen S. 114 mit Anm. 238: „818 war Welf bereits ein älterer Mann; vor 825 ist er gestorben“, mit Verweis auf B. SEPP, Stammbaum Nr. 1, wo angegeben ist, daß Heilwig 825 als Äbtissin in Chelles tätig wurde. (Das Jahr 825 scheint auf B. SIMSON, Jahrb. Ludwigs d. Fr. I S. 148 Anm. 2, zurückzugehen, der ohne Quellenbeleg sagt: „Eigilwi muß jene Abtei seit 825 oder Anfang 826 besessen haben“). Doch kann Heilwigs Auftreten in Chelles auch andere Gründe haben; vgl. M. BORGOLTE, Grafen S. 289. Bleibt so Welfs Todesjahr (ca. 825) ganz unsicher, steht aber doch der genaue Todestag fest. Eine Brüsseler Handschrift des Martyrologium Wandalberti weist zum 3. September am Rande – außer weiteren auf die frühe Welfenfamilie bezüglichen

Einträgen – den Vermerk *Deposicio Uelphonis* aus, der sich auf ihn beziehen dürfte; vgl. G. TELLENBACH, Über die ältesten Welfen S. 337f.; MGH Poet. Lat. 2 S. 593 Anm. zu v. 534.

21 : Heilwig (Eigilwi) als Mutter Gf. Rudolfs

Zur Filiation vgl. bei nr. **20** den Beleg aus Thegan, Vita Hludow. cap. 26. Auch einige Gedenkeinträge aus den Klöstern Reichenau und Pfäfers lassen Heilwig als Gemahlin Welfs erscheinen; vgl. G. TELLENBACH, Über die ältesten Welfen S. 336–338; M. BORGOLTE, Grafen S. 169, 227, 288f.

833 lebte Heilwig als Äbtissin im Kloster Chelles; vgl. Translatio S. Baltechildis, in: MGH SS 15/1 S. 284: *Anno vigesimo imperante cum magna felicitate Hludowico serenissimo augusto in regno Francorum venit Kala monasterium, ubi venerabilis abbatissa Hegilwich, genetrix Iudith imperatricis, magno gregi sanctimonialium preerat ...*; BM^{2} nr. 917 a. Ihr Todestag (5. XI.) ist überliefert in einer Marginalnotiz zu einer Brüsseler Handschrift des Martyrologium Wandalberts v. Prüm; zu 5. XI.: *Terrens his finis Heilwic Nonis memoratur*; G. TELLENBACH, Über die ältesten Welfen S. 338; MGH Poet. Lat. 2 S. 598 Anm. zu v. 719. – Die Angabe bei B. SCHNEIDMÜLLER, Welfen S. 43, daß Heilwig „als Äbtissin des bedeutenden Königsklosters Chelles 825/26 verstarb", ist unzutreffend; richtig dort in der Stammtafel S. 41: „Heilwig, Sächsin, († nach 833 als Äbtissin v. Chelles)".

22 : Vermutungen zur Herkunft Rodunas

M. CHAUME, Origines I S. 553, gibt in seiner Tafel XIII als Gemahlin des 866 verstorbenen Grafen Rudolf (nr. **10**) an: „ép. un fille de Pépin IV roi d'Italie". Eine Roduna sucht man jedoch vergeblich unter den 5 Töchtern Kg. Pippins v. Italien, von denen Einhard, Vita Karoli cap. 19, MGH SS rer. Germ. S. 24, berichtet: *Pippinus unum filium suum Bernhardum, filias autem quinque, Adalhaidem, Atulam, Gundradam, Berhtheidem ac Theoderadam, superstites reliquit.*

Unergiebig sind die Versuche von W. METZ, Heinrich 'mit dem goldenen Wagen' S. 139–142, eine Herkunft Rodunas aus den Gebieten am Main plausibel zu machen.

40 / 41 : Gf. Ruthard und seine Frau Irmensinde (oder eines ihrer Kinder?) als vermutbare Vorfahren Gf. Welfs I.

Über Welf I. reichte das um 1170 sich formierende und in der Historia Welforum niederschlagende welfische Familienbewußtsein (bzw. das damals bei Quellenstudien eruierte Wissen) nicht zurück; vgl. dazu zuletzt W. HECHBERGER, Graphische Darstellungen S. 269–297.

J. FLECKENSTEIN, Herkunft der Welfen S. 97–115, versucht aus der sonstigen Überlieferung zu zeigen, daß Welf I. ein Nachkomme des von König Pippin zur Verwaltung Alemanniens eingesetzten Grafen Ruthard war. (Zum Widerspruch von W. SCHNEIDER vgl. bei nr. **5**). Ebd. S. 102: „Eindeutig sagen die Quellen nur, daß Ruthard ein Vorfahre der Welfen war, und unsere zusätzlichen Argumente zeigen, daß er es im Mannesstamm gewesen sein kann". S. 114: Es ist nur möglich, „in Welf, dem Vater der Kaiserin Judith, einen Nachkommen Ruthards zu sehen. Ob er sein Sohn, sein Enkel, vielleicht auch nur sein Neffe gewesen ist, ist nicht bezeugt und muß daher offen bleiben". Daß Welf vor 825 gestorben sei (vgl. dazu jedoch oben bei nr. **20**), spreche allerdings „dafür, daß er der Sohnes- und nicht der Enkelgeneration Ruthards angehört hat". In dieser Auffassung steht die „Stammtafel der älteren Welfen", die im Zusammenhang der Ausstellung „Heinrich d. Löwe u. seine Zeit" (Bd. 2, S. 48) präsentiert wurde; danach bei Th. ZOTZ, Frühe Welfen S. 191.– Indessen ist auch – gerade wegen des Nichtauftauchens des Namens Ruthard bei den Welfen – ebensosehr in Erwägung zu ziehen, daß die Welfen nicht agnatisch, sondern kognatisch mit Ruthard verbunden waren. Dann hätte man eine Tochter Ruthards als Mutter Welfs einzufügen (vgl. etwa die Tafel oben bei nr. **5**). Als „wohl in kognatischer Linie ... Ahnherr der Welfen" wird Ruthard neuerdings auch in der Literatur geführt; so z.B. bei J. FRIED, Weg S. 242, 353; B. SCHNEIDMÜLLER, Welfen S. 47ff.

Ruthard verstarb zwischen 777 und 790; vgl. J. FLECKENSTEIN, a.a.O. S. 114f., bes. aber die exzellente Zusammenstellung aller Quellenzeugnisse zu Ruthard und seiner Frau Irmensinde bei M. BORGOLTE, Grafen S. 229–236. Die Bezeugungen reichen von 749 bis 769 (evtl. 777). Eine Urkunde Karls d. Gr. (MGH D Karol. 1 166) von 790 erwähnt Ruthard bereits als verstorben. In einem Gengenbacher Kalendar aus dem 12. Jh. heißt es zum 28. Januar, daß *Ruathardus dux obiit qui fundauit Genginbach*; und in einem Totenbuch der Abtei Schuttern wird zum 28. I. vermerkt: *Ruthardus illustris dux et funda-*

tor multarum ecclesiarum; M. BORGOLTE, a.a.O. S. 231 f. Im Ortenaukloster Gengenbach sollen Ruthard und seine Frau Irminsind – nach einer weiteren Gengenbacher nekrologischen Notiz, deren chronologische Einordnung allerdings nicht feststeht – auch beerdigt worden sein; ebd. S. 231.

J. FLECKENSTEIN hat in seinem oben zitierten Aufsatz (bes. S. 103–107) versucht, Ruthard als einen aus dem lothringischen Charpaignegau stammenden Franken zu erweisen. Dagegen wird in letzter Zeit mit besitzgeschichtlichen und namenkundlichen Argumenten opponiert und für eine alemannische Herkunft plädiert; vgl. W. HARTUNG, Herkunft der Welfen S. 23–55; tendenziell auch W. STÖRMER, Süddeutsche Welfen S. 57–96.

42 / 43 : Vermutungen zur Herkunft Heilwigs

Durch Thegan ist Heilwichs Abstammung als *nobilissimi generis Saxonici* überliefert; vgl. bei nr. **20**. Ihre Eltern sind nicht bekannt.

1925 schrieb M. CHAUME, Origines S. 523 f. Anm. 2, bei einer zusammenfassenden Betrachtung der Ehegewohnheiten des hohen Adels: „Ainsi Louis le Pieux est le cousin germain de la mère de sa seconde femme, l'imperatrice Judith" (freilich ohne eine quellenmäßige Begründung beizugeben), womit Heilwig als Verwandte Ludwigs d. Fr. apostrophiert wurde. Kannte er vielleicht – obgleich er sie in seinem Quellenverzeichnis nicht vermerkt – die um 1024 entstandene Passio Friderici episcopi Traiectensis, eine ganz offensichtlich gegen die weitläufige Verwandtenehe Ks. Konrads II. und Giselas gerichtete Tendenzschrift (vgl. P. CORBET, Interdits S. 1–98), in der – nachweislich unter Verwendung echter historischer Quellen zur Staatskrise der Spätzeit Ludwigs d. Fr. – nach außen hin Ks. Ludwig d. Fr. und seine 2. Frau Judith als in einer Nahehe Verbundene gegeißelt werden und die Staatskrise dem *connubium illicitum* bzw. der *consanguinitas uxoris* angelastet ist? Bisch. Friedrich habe Ks. Ludwig angeklagt: *Habes enim in coniugio Iudith, neptem tuam, Welpi Bawariorum ducis videlicet filiam*; MGH SS 15/1 S. 347 ff. (cap. 9, vgl. auch cap. 6, 15–17). Eine Nahehenbeschuldigung des Kaiserpaares ist zeitgenössischen Quellen freilich nicht zu entnehmen.

1957 meinte dann J. FLECKENSTEIN, Herkunft der Welfen S. 115 Anm. 244, weil die Kaiserin Judith und ihre Schwester Hemma die unter dem bestimmenden Einfluß der Egbertiner / Kobbonen stehenden Klöster Corvey und Herford gefördert hätten, liege „die Vermutung nahe, daß [deren Mutter] Heilwig selbst eine Kobbonin gewesen sei". Aufgegriffen wird dies bei W. METZ, Heinrich 'mit dem goldenen Wagen' S. 143 ff., wo auch die Beziehungen der beiden genannten Damen zu Corvey und Herford nachgewiesen sind. Bei R. WENSKUS, Sächs. Stammesadel S. 253, ist dies zur Hypothese erweitert, „daß die Gattin Welfs [= Heilwig / Eigilwi] eine Mutterschwester Ekberts gewesen sein dürfte". Da die Zeugnisse für diese Familie aber erst mit dem in der Spätzeit Karls d. Gr. erstmals bezeugten Egbert I. einsetzen (vgl. S. KRÜGER, Studien S. 71–79), bleibt hierbei alles im Vagen.

Ohne jeden Quellenbeleg und ohne jedes Argument lancierte dann 1958 J. SIEGWART, Zur Frage S. 157, ND S. 234 f., in einem (der Identifizierung der in einer Luzerner Traditionsnotiz genannten Brüder und Königsverwandten Rupert und Wichart gewidmeten) Aufsatz die Ansicht, Welfs I. Gemahlin Heilwig entstamme der Ehe des Grafen Isanbart (Sohn des für Kg. Pippin in Alemannien tätigen 'Administrators' Warin) und Thiedradas (Tochter Gf. Bernhards, des Sohnes Karl Martells); damit ergibt sich für Ludwig d. Fr. und Judith eine Nahehe 3:4 (nämlich einerseits Ludwig / Karl d. Gr. / Pippin / Karl Martell; andererseits Karl Martell / Bernhard / Thiedrada / Heilwig / Judith). Übernommen ist die Tafel von W. STÖRMER, Adelsgruppen S. 40; zurückgewiesen wurde sie von B. KASTEN, Adalhard S. 200 f. Möglicherweise ging Siegwart von der oben zitierten Angabe Chaumes aus, in dessen Stammtafelteil er auf S. 543 Gf. Bernhards Tochter Thiedrada und S. 154 f. Anm. 2 eine Thiedrada als Gemahlin Isanbarts im Jahre 771 finden konnte. Aber chronologisch paßt die Konstruktion nicht zusammen, da Gf. Bernhards Tochter Theodrada / Thiedrada erst um 780 geboren wurde. Zudem hatte Theodrada in einer kurzen Ehe mit einem unbekannten Franken nur eine Tochter Imma; zwischen 810 und 814 wurde sie als Witwe Äbtissin im Marien-Kloster zu Soissons; vgl. L. WEINRICH, Wala S. 14.

P. CORBET, a.a.O. S. 36 f., möchte, auch wenn sich z.Zt. eine exakte Verwandtschaft zwischen Ludwig und Judith nicht nachweisen lasse, es dennoch für möglich halten, daß sich der Verfasser der Passio Friderici (s. oben) vielleicht auch 200 Jahre nach den angeblichen Ereignissen noch auf irgendeine Tradition stützen konnte. Indessen: Ein zweckbestimmtes Elaborat aus dem Kampf gegen Verwandtenehen kann m.E. nicht guten Gewissens zur Grundlage einer genealogischen Rekonstruktion herangezogen werden.

II : Kgn. Kunigunde, Gemahlin Kg. Konrads I.

1 : Kgn. Kunigunde

Eine Vorfrage: War Kg. Konrad I., bevor er 913 Kunigunde heiratete, schon einmal verheiratet? Diese Frage stellt sich, da Konrad damals schon an die 30 Jahre alt oder darüber war, Ehen im Adel indessen während des Früh- und Hochmittelalters zumeist schon in früheren Lebensjahren geschlossen wurden. Aus zwei Nachrichten läßt sich evtl. auf eine frühere Ehe Konrads I. schließen:

a) Bei Widukind v. Corvey, Rer. gest. Saxon. lib. I cap. 22, MGH SS rer. Germ. S. 35, heißt es, daß der Sachse Heinrich, der spätere Kg. Heinrich I., 913 einen Mordanschlag Erzb. Hattos v. Mainz abwehrte und *Burchardum quoque et Bardonem, quorum alter gener regis [sc. Cuonradi] erat*, mit Krieg überzog. Dabei ist freilich nicht sicher, ob *gener* mit 'Schwiegersohn' (was zu 913 eine bereits verheiratete Tochter Konrads I. voraussetzte) oder nicht doch eher mit 'Schwager' wiederzugeben ist. War Konrad I. aber ca. 880/85 geboren (vgl. **I : Konrad I.** nr. **1**), ist für ihn jedenfalls eine bereits 913 verheiratete Tochter und ein Schwiegersohn zwar nicht unmöglich, jedoch nur schwer vorstellbar.

b) Nach der C(h)ronica regum Franc., MGH SS 3 S. 214, war Ks. Konrads II. Urgroßvater Konrad d. Rote, Hzg. v. Lothringen, *ex progenie Conradi regis praedicti*. Das könnte den Schluß nahelegen, daß Konrads d. R. Vater Wernher mit einer Tochter Kg. Konrads I. vermählt gewesen ist. Sagt ja doch auch Ekkehard v. St. Gallen, Casus S. Galli cap. 49, MGH SS 2 S. 104, ed. H.F. HAEFELE S. 110, daß *Chuonradus rex virili prole carens* gestorben sei, was das Vorhandensein von weiblichen Nachkommen erwägbar sein läßt. Und verlautet ja doch auch im Catal. reg. et imp. (Cod. Monac.), MGH SS 10 S. 136, Konrad sei als König *post septem annos sine filiis defunctus*, was gleichfalls weibliche Nachkommenschaft nicht unbedingt ausschließt. – Aus Konrads I. 913 mit Kunigunde geschlossener Ehe könnte freilich eine Tochter kaum gestammt haben, da Wernhers Sohn Konrad d. R. seit 940 als Graf auftritt (vgl. R. KÖPKE – E. DÜMMLER, Otto d. Gr. S. 101 Anm. 5 und S. 107 Anm. 6) und demnach doch wohl mindestens bereits um 925 geboren sein muß, als eine Tochter aus einer 913 geschlossenen Ehe noch keinen Sohn haben konnte. Andererseits weist aber der Name Konrad, der seitdem bei den Saliern auftritt, auf eine Verbindung mit den Konradinern hin.

Eine erste Ehe Konrads I. vor der mit Kunigunde halten daher für möglich F. STEIN, Konrad I. S. 282f.; H. BALDES, Die Salier S. 37 Anm. 1; G. TELLENBACH, Vom karol. Reichsadel S. 35f. Anm. 42.

Da *ex progenie* zwar konkret 'aus der Nachkommenschaft' bedeutet, aber u. U. auch 'aus der Sippe' meinen könnte, ist freilich der Beleg aus der C(h)ron. regum Franc. nicht sehr tragfähig. Deshalb tritt E. KIMPEN, Genealogie d. bayr. Herzöge S. 79, dafür ein, die *progenies*-Wendung nicht zu eng zu nehmen und in Hzg. Konrad d. R. einen „Schwestersohn Kg. Konrads I." zu erblicken. Vor allem wegen der Bezeugung Gf. Wernhers ab 891 (vgl. H. BALDES, a.a.O. S. 26f.) – wobei zu beachten ist, daß Kg. Konrad I. selbst ca. 880/85 geboren ist – wird man sich für diesen Erklärungsweg der *progenies*-Stelle entscheiden müssen. – So jetzt E. HLAWITSCHKA, Kuno u. Richlind S. 36f., 40, ND S. 457, 460; DERS., Konradiner-Genealogie S. 16.

So ist eine erste Ehe Konrads I. mit einer unbekannten Dame NN zwar nicht völlig auszuschließen, aber zumindest nicht sehr wahrscheinlich.

Zur Eheschließung Kg. Konrads I. mit der Schwester Gf. Erchangers im Jahre 913 vgl. Ann. Alamannici ad 913, MGH SS 1 S. 56, ed. W. LENDI S. 190: *Ipso anno Erchanger cum rege pacificatus est, cuius sororem, Liupoldi relictam, rex (= Chuonradus) quasi pacis obsidem in matrimonium accepit*. Indem Konrad I. die Witwe des 907 gegen die Ungarn gefallenen bayerischen Markgrafen Liutpold heiratete, wurde er gleichzeitig Stiefvater Hzg. Arnulfs (des sogn. Bösen). Daß Erchanger einen Bruder Berthold hatte und Hzg. Arnulf v. Bayern beider Neffe war, geht auch aus den Ann. Sangall. maiores ad 913, MGH SS 1 S. 77, hervor: *Agareni Alamanniam intraverunt. Erchanger et Perehtolt frater eius et Udalricus comes, auxiliante illis nepote eorum Arnolfo optimo duce Baioariorum, totum exercitum eorum iuxta Ine fluvium penitus occiderunt*; ad 916 S. 78: *Erchanger et frater eius Perehtolt et Liutfrid capti et occisi sunt.*

Der Name der Schwester Erchangers und Bertholds ergibt sich aus MGH D K I 23 vom 7. VI. 914: *propter ... interventum dilecte coniugis nostre Chunigunde regine*; auch D K I 25 vom 8. II. 915: *dilecta nobilisque coniux nostra Chunigund nuncupata una cum nostre auctoritatis manu quendam proprietatis sue locum Ginga appellatum ... pro eterne remunerationis augmento nec non et corporis eius sepultura ad monasterium quod est in loco Lauresham dicto ... tradendo concessit.*

Über die Geburtszeit Kunigundes ist nichts Sicheres bekannt. Lediglich aus der Tatsache, daß ihr aus der Ehe mit Liutpold v. Bayern stammender Sohn Hzg. Arnulf (d. sogn. Böse) gleich nach dem Tode seines Vaters (907) in der (zu einer späteren Herzogsherrschaft hintendierenden) bayerischen Machtstellung nachfolgen konnte (vgl. E. DÜMMLER, Ostfränk. Reich III^2 S. 549; K. REINDEL, Luitpoldinger S. 71 f., 76 ff.; R. DEUTINGER, Königswahl S. 37 ff.), also damals schon volljährig war, läßt sich erschließen, daß Kunigunde (907/08) mindestens 30-jährig gewesen sein dürfte und somit vor 878 geboren zu sein scheint; vgl. auch bei **XII : Ks. Heinrich II.** nr. **21**.

Der 7. Februar als Kunigundes Todestag ergibt sich aus dem Kalendarium necrol. Laureshamense; ed. J.F. BOEHMER, Fontes III S. 145: *VII Id. Febr. Cunegundis reginae, haec dedit Gingen ex integro*. Vgl. dazu oben MGH D K I 25 mit der Angabe des gewünschten Bestattungsortes Lorsch. – Das Todesjahr ist unbekannt. G. ALTHOFF, Unbekannte Zeugnisse S. 400, kann Kunegunde in einem zwischen 931 und 936 – wohl 932 – als Eintrag im St. Galler Verbrüderungsbuch gefertigten Nekrologauszug als Verstorbene nachweisen; zuletzt dazu G. ALTHOFF, Amicitiae u. Pacta S. 116 f. Vgl. hierzu auch schon E. DÜMMLER, Ostfränk. Reich III^2 S. 578, 592, 594, 616.

Daß Kunigunde in ihrer Ehe mit Mgf. Liutpold nur den späteren Hzg. Berthold v. Bayern (938–947) zur Welt gebracht hätte und daß dessen Amtsvorgänger Hzg. Arnulf (d. sogn. Böse, 907–937) zwar ein Sohn Liutpolds, nicht aber auch ein Sohn Kunigundes gewesen sei, behauptete 1981 H.C. FAUSSNER, Kuno v. Öhningen S. 43 ff.; auch DERS., Königl. Designationsrecht S. 7 f. Daß dies nicht zutrifft, zeigt E. HLAWITSCHKA, Beiträge z. Genealogie d. Burchardinger S. 215 ff. – Unhaltbar ist auch die weitere These Faußners (ebd. S. 37 ff. bzw. S. 7 f. und Tafeln S. 67–72), daß Kunigunde sich nach Kg. Konrads Tod mit einem Grafen Heinrich, einem Babenberger, wiederverheiratet und noch 5 Kindern (darunter Kuno v. Öhningen = Hzg. Konrad v. Schwaben) das Leben geschenkt haben soll. Zur Widerlegung dieses Geschichtskonstrukts vgl. E. HLAWITSCHKA, Königin Richeza S. 471–494.

2 : Pfgf. Berthold als vermutbarer Vater Kunigundes

Der Name des Vaters Kunigundes ist nicht überliefert. Auch für ihre Brüder Erchanger und Berthold (vgl. bei nr. **1**) ist kein Vatersname bekannt. Da jedoch Erchanger, der bei allen Nennungen des Geschwisterpaares in den Quellen voransteht (vgl. F.L. BAUMANN, Kammerboten S. 27 ff., ND S. 266 ff.) und folglich der ältere der beiden gewesen sein dürfte, in einer Urkunde Kg. Konrads I. (MGH D K I 11) vom 25. IX. 912 *comes palatii* genannt wird, dazu auch Ekkehard IV. in seinen Casus S. Galli cap. 11/12 (ed. H.F. HAEFELE S. 36 ff.; MGH 2 S. 83) die beiden Brüder *nuntii camerae* nennt, sie also in Königsboten- und Pfalzgrafenfunktionen tätig zeigt, liegt es seit langem nahe, den Vater in einer Familie zu suchen, die bereits Pfalzgrafen stellte. Da weiterhin der Name Berthold auch von Kunigunde an ihren zweiten Sohn aus der 1. Ehe mit Mgf. Liutpold v. Bayern gegeben wurde (vgl. K. REINDEL, Luitpoldinger S. 157, 176, 184 f., 196, 201; zum Versuch von H.C. FAUSSNER, nur Hzg. Berthold v. Kärnten, nicht auch dessen Bruder Hzg. Arnulf, als Sohn Kunigundes gelten zu lassen, vgl. bei nr. **1**), sie also eine gewisse Vorliebe für diesen Namen hegte, hält man den 880 und 892 nachweisbaren Pfalzgrafen Berthold (MGH D Karl III 16 vom 8. I. 880; H. WARTMANN, UB St. Gallen II S. 286 nr. 684 vom 17. III. 892), der auch noch 897 als Graf nachweisbar ist (MGH D Arn 156), mit gutem Grund für den Vater der 3 Geschwister. (Belegzusammenstellung für ihn bei M. BORGOLTE, Grafen S. 79 f.).

Diese vom genannten Aufsatz F.L. Baumanns ausgehende Auffassung wird vertreten u.a. von E. DÜMMLER, Ostfränk. Reich III² S. 578 f.; E. KIMPEN, Genealogie d. bayr. Herzöge S. 55 f.; H. JÄNICHEN, Baar u. Huntari S. 115 u. Tafel 2 nach S. 148; K. SCHMID, Erchanger, in: NDB 4, 1959, S. 566 f.; M. MITTERAUER, Markgrafen S. 238 f., 245; F. TYROLLER, Genealogie S. 72; W. STÖRMER, Alaholfinger S. 263; H.C. FAUSSNER, Kuno v. Öhningen S. 28 f.; O.P. CLAVADETSCHER, Wolfinus S. 155; M. BORGOLTE, Grafen S. 80, 82; R. RAPPMANN, Reichenauer Mönchsgemeinschaft S. 442; W. HARTUNG, Herkunft der Welfen S. 44.

3 : NN, Mutter Kunigundes

Kunigundes Mutter wird in den Quellen ebensowenig wie ihr Vater ausdrücklich genannt. Zu ihrer Ermittlung gibt es indessen verschiedene Vorschläge und Hypothesen.

A) E. KIMPEN, Genealogie d. bayr. Herzöge S. 55 f., geht davon aus, daß Kunigundes erstehelicher Sohn Hzg. Arnulf (d. sogn. Böse) v. Bayern im Fragmentum de Arnulfo duce (MGH SS 17 S. 570) als *de progenie imperatorum et regum est ortus* genannt wird. Und er sucht diese karolingischen Beziehungen nicht über Liutpold, Kunigundes 1.

Gemahl, sondern über Kunigunde aufzuklären: „Da der Name ... Kunigunde im Karolingergeschlecht als der der Gattin des 818 bei seiner Blendung ums Leben gekommenen Königs Bernhard, des Sohnes Kg. Pippins v. Italien und Enkel Karls d. Gr., vorkommt, liegt der Gedanke einer Herleitung Hzg. Erchangers (sowie Bertholds und Kunigundes, der Geschwister Erchangers) von dieser Fürstin äußerst nahe". Und da Kimpen den Pfgf. Berthold (nr. **2**) als Vater der Kgn. Kunigunde ansieht, dessen Name auf Abkunft aus der Alaholfinger/Berthold-Familie hinzuweisen scheint, bleibt nur Kunigundes Mutter übrig, um die Brücke zu Kg. Bernhard zu schlagen. „Als Mutter Kunigundes läßt sich die am 7. Mai 893 erwähnte Äbtissin Kunigunde des Züricher Frauenstiftes St. Felix und Regula in Anspruch nehmen, die dortselbst die Nachfolgerin von Richardis, der Gemahlin Ks. Karls III., gewesen war". Diese Kunigunde möchte Kimpen „als eine Schwester des um 840 geborenen Gf. Heribert I. v. Vermandois ansehen, der durch seinen Vater Pippin ein bezeugter Enkel Kg. Bernhards v. Italien war". – Alles beruht hier allein auf dem Namensargument (Kunigunde), das für so weittragende Schlüsse ohne zusätzliche Sicherungen und Stützen gewiß überstrapaziert ist. Zudem bietet Kimpen noch die Möglichkeit an, die ältere Kunigunde (Äbtissin in Zürich) nicht als Schwester Heriberts I. v. Vermandois, sondern als Kind „eines mit einer Schwester Heriberts I. v. Vermandois vermählten Bruders der Kaiserin Richardis" zu betrachten. Auch dafür gibt es keine überzeugenden Hinweise. Diese Konstruktion läßt sich also in einer kritischen Historie kaum vertreten, zumal ja doch auch die Aussage des Fragmentum de Arnulfo duce zur Abstammung Hzg. Arnulfs über die von Kimpen übergangene Vatersseite, d.h. über die Herkunft Mgf. Liutpolds, sinnvoll erklärbar ist (vgl. bei **XII : Ks. Heinrich II.** nr. **40/41**). – Aufgegriffen – wenngleich ohne die präzisierenden Zwischenglieder zwischen Kg. Pippin v. Italien und seiner Frau Kunigunde einerseits und Mgf. Liutpolds Gemahlin Kunigunde andererseits – wurde diese These von G. Wolf, Hintergründe Tafel nach S. 320, ND Tafel nach S. 58; Ders., Nochmals zur Frage S. 179. – H.C. Faussner, Kuno v. Öhningen S. 32, spricht – mit Verweis auf E. Kimpen, Königsgenealogie S. 47, wo die Züricher Äbtissin Kunigunde allerdings nur locker als „zu Erchangers Familie in Beziehung stehend" bezeichnet wird – von Äbtissin „Kunigunde, der Gemahlin Pfalzgraf Bertholds".

B) K.F. Werner, Nachkommen Karls d. Gr. S. 451 (zu Gen. IV, 20), möchte aus der oben zitierten Stelle im Fragmentum de Arnulfo duce und wegen der in der Nachkommenschaft Mgf. Liutpolds v. Bayern und Kunigundes vorkommenden Namen Arnulf, Ludwig, Judith und Gisela folgern, daß Kunigundes Mutter eine Karolingerin mit welfischem Blutseinschlag (Judith!) war; er stellt deshalb zur Erwägung, ob diese Mutter Kunigundes nicht Gisela, die Tochter Kg. Ludwigs d. D. und der Welfin Hemma, gewesen sein könnte. Doch ist dies wenig wahrscheinlich, weil Erchanger und Berthold (die Brüder der Königin Kunigunde) – trotz mehrfacher Nennung in den Quellen – nie als Karolingerverwandte bezeichnet werden. Die Textstelle des Fragmentum ist vielmehr über Hzg. Arnulfs Vater, Kunigundes 1. Gemahl Mgf. Liutpold, erklärbar, denn für diesen liegen mehrere Zeugnisse für eine karolingische Versippung vor (vgl. bei **XII : Ks. Heinrich II.** nr. **40/41**).

C) Erwägbar ist hingegen die These, daß der Name von Kgn. Kunigundes Bruder Erchanger auf eine Verbindung von Kunigundes Vater (vermutlich Pfgf. Berthold, nr. **2**) „mit einer Frau aus der Nachkommenschaft des Breisgaugrafen Erchanger I." hindeuten dürfte und so „ins Geschlecht der Alaholfinger [Bertholde] gekommen sein" wird; so M. Borgolte, Grafen S. 80 (mit weiteren Literaturhinweisen); vgl. ebd. auch S. 108f. – Bereits F.L. Baumann, Kammerboten S. 32, ND S. 273, hatte dies angedeutet: „Ihre [= Erchangers, Bertholds und Kunigundes] Mutter war, wie der auffallende Name Erchangers nahelegt, vermutlich eine Tochter oder Enkelin des angesehenen, 866 in hohem Alter verstorbenen Erchanger, der zwischen 816 und 828 die Grafschaft im Breisgau und Albgau verwaltete". Daß Pfgf. Berthold „mit einer Tochter oder einer Enkelin eines Grafen Erchanger" vermählt war, nimmt auch H. Decker-Hauff, Ottonen S. 245, an. – Zur Familie der im Breisgau wie auch im Elsaß tätigen Familie der „Erchangare" vgl. M. Borgolte, Grafengewalt im Elsaß S. 25–35; Ders., Karl III. S. 36–39.

4 / 5 : Vermutungen zu den Eltern des Pfgf. Berthold

Das Autauchen des Namens Erchanger bei einem Bruder der Kgn. Kunigunde hat schon oft dazu geführt (vgl. bei nr. **3** [C]), den 866 verstorbenen *regni princeps Erchanker* (Ann. Alamannici ad 864, MGH SS 1 S. 50; ed. W. Lendi S. 180: *Ebarhart, Liutolf, Erchanker, Liutfrid, Rudolf, regni principes obierunt*; zur Datumskorrektur in 866 vgl. G. Waitz, Jahrb. Heinrichs I. S. 10, auch bei **I : Kg. Konrad I.** nr. **10** und bei **III : Kg. Heinrich I.** nr. **4**), der im Elsaß reich begütert war und zugleich auch der Schwiegervater Ks. Karls III. gewesen ist (Belege zur Ehe Karls III. mit Richardis, der Tochter Erchangers, bei E. DÜMMLER, Ostfränk. Reich III^2 S. 36), als Vater des Pfgf. Berthold (nr. **2**) anzusehen. Präzisere Nachweise lassen sich für diese Sicht freilich nicht erbringen. Sie ist sogar dann als ganz unmöglich beiseite zu lassen, wenn man die Mutter (nr. **3**) der Königin Kunigunde für eine Tochter dieses Gf. Erchanger hält. Diese Ansicht ist zu finden bei Th. MAYER, Schwäb. Herzogtum S. 91, ND S. 328; E. KIMPEN, Genealogie d. bayr. Herzöge S. 56.

F.L. BAUMANN, Kammerboten S. 39f., ND S. 270–272, hat dagegen die These aufgestellt, daß die Pfalzgrafenwürde im Geschlecht der Alaholfinger / Bertholde erblich war, daß folglich der zwischen 854 und 857 im alemannischen Affagau nachweisbare *Ruadoltus comes palatii* der Vater des Pfgf. Berthold gewesen sein werde und dieser in die Alaholfinger-Familie einzugliedern wäre. Aufgegriffen wurde dies von H. JÄNICHEN, Baar Tafel 2 nach S. 148; O.P. CLAVADETSCHER, Wolfinus S. 155f.; H.C. FAUSSNER, Kuno v. Öhningen S. 29. – Skeptisch hierzu M. BORGOLTE, Grafen S. 255: „nicht ausreichend begründet".

Wie die genaue Vorfahrenschaft des Pfgf. Berthold innerhalb der großen Alaholfinger / Berthold-Familie strukturiert war, muß also offenbleiben. Eine verläßliche Stammtafel der älteren Angehörigen dieser Familie (bis in die 20er Jahre des 9. Jhs.) gibt M. BORGOLTE, Die Alaholfingerurkunden S. 305.

III : Kg. Heinrich I. (919–936)

1 : Kg. Heinrich I.

Heinrichs I. ungefähre Geburtszeit – um 876 – läßt sich aus der Angabe Widukinds v. Corvey folgern, daß Heinrich etwa 60 Jahre alt wurde; Widukind, Rer. gest. Saxon. lib. I cap. 41, MGH SS rer. Germ. S. 60: *Erant autem dies quibus regnavit XVI* [richtig: XVII] *anni, vitae autem fere LX*. Danach Thietmar v. Merseburg, Chron. lib. I cap. 18, MGH SS rer. Germ. NS 9 S. 24 f.: *sextodecimo regni, aetatis autem suae sexagesimo anno, sexta Non. Iulii Miminlevo moritur, et in Quidilingaburch, quam ipse a fundamento construxit, sepultus, a cunctis optimatibus merito defletur*. – Vgl. auch BO nr. a; W. GLOKKER, Studien S. 263; G. WOLF, Kleine Beiträge S. 181.

Zu seinen beiden Ehen und deren Abschlußzeiten vgl. bei **IV : Hatheburg** nr. **1** und **V : Mathilde** nr. **1**.

Heinrich verstarb am 2. Juli 936 in Memleben und wurde in Quedlinburg beigesetzt. Vgl. Contin. Reginonis ad 936, MGH SS rer. Germ. S. 159: *Heinricus rex ... VI. Non. Iul. diem clausit extremum, cui filius suus Otto consensu primorum regni successor eligitur*. Ann. necrol. Fuldens. ad 936, MGH SS 13 S. 195, ed. K. SCHMID, Klostergemeinschaft v. Fulda I S. 327: *(6. Non. iul.) ... Heinrih rex*. Zum Jahr vgl. auch Flodoard, Ann. ad 936, ed. Ph. LAUER S. 64: *Heinrico rege sub iisdem diebus obeunte*. Aus der großen Zahl der den genauen Todestag Heinrichs I. verzeichnenden Nekrologien seien hier nur genannt: Nekrol. Weißenburg. zum 2. Juli, ed. E.F. MOOYER S. 24: *Heinricus rex pater magni Ottonis obiit*; Necrol. Merseburg. zum 2. VII., ed. E. DÜMMLER S. 236, bzw. MGH Lib. mem. et necrol. NS 2 Tafel 8: *Heinricus rex pater magni Oddonis*. – Erschöpfende Zusammenstellung bei G. WAITZ, Jahrb. Heinrichs I. S. 174 f. und 282; BO nr. 55 b.

Zum Tod in Memleben und zur Bestattung in Quedlinburg vgl. – neben dem eingangs angeführten Thietmar-Zitat – Liudprand, Antapod. lib. IV cap. 15, MGH SS rer. Germ. S. 112: *Eo in tempestate rex Heinricus in castello, quod est in Turingiorum et Saxonum confinio et dicitur Himemleve, gravissima valetudine correptus migravit ad Dominum. Cuius corpus in Saxoniam deportatum in nobilissimarum et religiosarum monasterio puellarum, quod in ipsius regis praedio vocabulo Quitelingburg situm liquet, intra ecclesiam ... repositum*. Vgl. auch Widukind, Rer. gest. Saxon. lib. I cap. 41, S. 60 f.: *Translatum est autem corpus eius a filiis suis in civitatem quae dicitur Quidilingaburg et sepultum in basilica sancti Petri ante altare cum planctu et lacrimis plurimarum gentium.* Dabei handelt es sich um das spätere Damenstift St. Servatius auf dem heutigen Schloßberg; vgl. auch C. ERDMANN, Grab Heinrichs I. S. 76–97; zuletzt H. DRECHSLER, Grablege Heinrichs I. S. 155–179.

Ganz wertlose spätmittelalterliche und frühneuzeitliche Angaben über Heinrichs Abstammung von seinem Vorgänger Kg. Konrad I. bzw. seiner Mutter von Ks. Arnulf v. Kärnten verzeichnet G. WAITZ, Jahrb. Heinrichs I. S. 206–208.

2 : (Hzg.) Otto d. Erl. als Vater Kg. Heinrichs I.

Die Abstammung Kg. Heinrichs I. von Otto dem Erlauchten berichtet Widukind, Rer. gest. Saxon. lib. I cap. 16/17, MGH SS rer. Germ. S. 26f.: Nach dem Tode Kg. Ludwigs d. K. *omnis populus Francorum atque Saxonum quaerebat Oddoni diadema inponere regni.* Ablehnung und Hinweis auf Konrad I., der zum König erhoben wird. *Penes Oddonem tamen summum semper et ubique fiebat imperium. Natus est autem ei filius toto mundo necessarius, regum maximus optimus, Heinricus, qui primus libera potestate regnavit in Saxonia*; ebd. cap. 21, S. 30: *Igitur patre patriae et magno duce Oddone defuncto, illustri et magnifico filio Heinrico totius Saxoniae (ipse) reliquit ducatum.* – Contin. Reginonis ad 919, MGH SS rer. Germ. S. 156: *Heinricum Saxonum ducem, filium Ottonis, virum strenuum … ut eligerent, [Cuonradus I.] iussit.* – Liudprand, Antapod. lib. I cap. 24, MGH SS rer. Germ. S. 21: Ks. Arnulf *Ottonem itaque, Saxonum potentissimum ducem – huius gloriosissimi atque invictissimi regis Ottonis, qui nunc superest et feliciter regnat, avus – Mediolanum defensionis gratia dirigit.* – Vgl. auch MGH D O I 180.

Otto muß spätestens in den 40er Jahren des 9. Jhs. geboren sein, da seine Mutter Oda 806 geboren wurde (vgl. bei nr. **5**). Zum Vergleich: Ottos d. Erl. älteste Schwester Hathumod, Äbtissin v. Gandersheim, wurde 840 geboren; so H. Götting, Bistum Hildesheim I S. 289f. – W.K. Prinz v. ISENBURG, Ahnen Tafel I (nr. 16), gibt als Geburtszeit Ottos „um 836“ an, wobei er offenbar auf O. V. DUNGERN, Thronfolgerecht S. 61, fußt, der vermutet, Otto d. Erl. sei „911 etwa 75 Jahre alt“ gewesen. W. GLOCKER, Studien S. 258, meint hingegen: „* ca. 830/40“.

Das Todesdatum Ottos – 30. XI. 912 – ist bei G. WAITZ, Jahrb. Heinrichs I. S. 195 f., ausführlich abgeklärt. Verwiesen sei hier nur auf Contin. Reginonis ad 912, MGH SS rer. Germ. S. 155: *Otto dux Saxonum obiit*; Ann. necrol. Fuldens. ad 912, MGH SS 13 S. 190, ed. K. SCHMID, Klostergemeinschaft I S. 319: *Otto comes*; Ann. Corbeiens. ad 912, ed. J. PRINZ S. 110 und Tafel 6: *Oddo comes Saxonicus obiit*; Necrol. Merseburg. (zum 30. XI.), ed. E. DÜMMLER S. 245, Sonderausgabe S. 23, ed. MGH Lib. mem. et necrol. NS 2 Tafel 16: *Oddo comes pater Heinrici regis Saxonum*; Nekrol. Weißenburg. (zum 30. XI.), ed. E.F. MOOYER S. 40: *Otto comes pater Heinrici regis*. Vgl. auch G. ALTHOFF, Unerkannte Zeugnisse S. 395, 404.

Bestattet wurde Otto d. Erl. in Gandersheim, wie aus v. 1078 der freilich erst 1216 entstandenen Reimchronik v. Gandersheim des Pfaffen Eberhard (MGH Dt. Chron. 2 S. 412: *to Gandersem an der klucht licht der here begraven*) hervorgeht.

3 : Hadwig als Mutter Kg. Heinrichs I.

In der Vita Mahthildis ant. cap. 1, MGH SS 10 S. 575, neuere Ed. MGH SS rer. Germ. S. 111, heißt es: *Temporibus quondam regis Francorum Conradi, dux in tota Germania princeps extiterat nomine Otto, genere secundum seculi dignitatem nobilissimus, ... cuius coniugium veneranda matrona Haduwich subierat moribus non dissimilis. His filiae procreantur et tres filii, ... horum unum nomine Heinricum maiori sustulit excellentia*. Die Vita Mahthildis post. cap. 1, MGH SS 4 S. 284, neuere Ed. S. 147, überliefert, unter Verwendung der älteren Vita: *extitit in partibus Germaniae dux quidam Otto nomine ... cui Hathuwic, matrona venerabilis, coniugali copulabatur vinculo. Quibus duo gignebantur filii ... Maior natu vocabatur Thancmarus, et alter Heinricus ...* – Thietmar, Chron. lib. I cap. 3, MGH SS rer. Germ. NS 9 S. 6, schreibt: *Hic* [= Heinrich I.] *nobilissimo Ottonis et Hathui stemmate editus*.

Geboren dürfte Hadwig um 850 sein; und als Verheiratungszeit vermutet W.K. Prinz von ISENBURG, Ahnen Tafel 1 (nr. 16/17), „um 869".

Hadwig verstarb an einem 24. XII.; vgl. Necrol. Merseburg. (zu 24. XII.), ed. E. DÜMMLER S. 246, Sonderausgabe S. 24, ed. MGH Lib. mem. et necrol. NS 2 Tafel 17: *Hathuuui mater Heinrici regis*. Als Todesjahr ist wahrscheinlich 903 anzunehmen; zu diesem Jahr verzeichnen die Ann. necrol. Fuldens., MGH SS 13 S. 189, ed. K. SCHMID,

Klostergemeinschaft v. Fulda I S. 315 (dazu Bd. II/1 S. 385 nr. G 17): *Haduuih comitissa*. Vgl. dazu auch G. WAITZ, Jahrb. Heinrichs I. S. 13 Anm. 1; G. ALTHOFF, Unerkannte Zeugnisse S. 385, 404.

4 : Gf. (Hzg.) Liudolf als Vater (Hzg.) Ottos v. Sachsen

Widukind v. Corvey, Rer. gest. Saxon. lib. I cap. 16, MGH SS rer. Germ. S. 26, berichtet, daß Kg. Ludwig d. J. (869) *Liudgardam, sororem Brunonis ac magni ducis Oddonis* zur Frau nahm. *Horum pater erat Liudulfus, qui Romam profectus transtulit reliquias beati Innocentii papae* (zur Ausstattung seiner Klostergründung Gandersheim). Vgl. dazu auch MGH D O I 180 vom 21. IV. 956: *Liutolfus proavus noster dux Saxonum quoddam monasterium in loco Ganderesheim noncupato construxit cum venerabili eius coniuge Ota. … Postquam autem memoratus dux migravit a seculo eiusque venerabilis coniunx viduata remansit, filii eorum duces Brun et Otto adierunt Ludouuicum venerabilem regem, qui sororem eorum ab eis in matrimonium acceperat …* ; auch MGH D LdJ 3: *Brun et Otto nostri fideles comites … tradiderunt nobis quoddam monasterium quod dicitur Gandesheim, quod Liutolf genitor eorum inprimis aedificare coepit.* – Hrotsvitha v. Gandersheim, Primordia v. 4 ff., MGH SS rer. Germ. S. 229: Gandersheim … *Construxere duces Saxonum iure potentes, / Liudulfus magnus, clarus quoque filius eius / Oddo, qui coeptum perfecit opus memoratum.*

Die Geburtszeit Liudolfs möchte A.K. HÖMBERG, Werler Grafenhaus S. 122 Anm. 353, auf „um 815" festlegen. Wahrscheinlich lag sie aber doch wohl 10 Jahre früher, bedenkt man das Geburtsjahr seiner Frau (vgl. bei nr. **5**). W.K. Prinz von ISENBURG, Ahnen Tafel 1 (nr. 32) gibt an: „* um 806", was wohl die gleiche Beachtung widerspiegelt. Wenn er als Verheiratungszeit „um 836" vermerkt, dürfte dies indessen um 10 Jahre zu spät liegen.

Liudolf verstarb am 12. März 866. – Das Todesjahr überliefern die Ann. Xantenses ad 866, MGH SS rer. Germ. S. 23: *Liudolfus comes a septentrione et in Italia Everwinus* [= richtig Eberhardus v. Friaul], *gener Ludowici regis, magnifici viri, de hac luce subtracti sunt*. Wenn die Ann. Alamannici, MGH SS 1 S. 50, ed. W. LENDI S. 180, zu 864 überliefern: *Ebarhart, Liutolf, Erchanker, Liutfrid, Rudolf regni principes obierunt*, so ist dies gleichfalls zu 866 zu setzen, da für den Welfen Rudolf – wie hier für Liudolf – noch eine andere zu 866 lautende Todesnachricht bekannt ist (vgl. bei **I : Kg. Konrad I.** nr. **10** und bei

II : Kunigunde nr. **4/5**). – Den zutreffenden Todestag überliefert eine Gandersheimer Nekrolognotiz zum 12. III., auf die G. ALTHOFF, Unerkannte Zeugnisse S. 377, 401, aufmerksam machte: *Ludolphus dux Saxoniae fundator ecclesiae nostrae*. Ebenfalls enthält das Nekrol. Weißenburg. zum 12. III. *(= IV. Id.): Luitolfus dux obiit.* Der in den Ann. necrol. Fuldenses ad 866 zu *10. Kal. Mai. obiit Liutolf* (ohne Titel!) stehende Eintrag (MGH SS 13 S. 180, ed. K. SCHMID, Klostergemeinschaft v. Fulda I S. 300) kann deshalb ebenso wenig den 'Stammvater der Liudolfinger' betreffen wie die drei folgenden Einträge (ohne Jahreshinweise) im Necrol. Merseburg.: zu 24. VI.: *Liudulf …*; 17. VII.: *Liudulfus comes obiit*; 30. XII.: *Liudulfus comes* und der Eintrag *Liudulfus dux* zum 6. IX., der den 957 in Oberitalien verstorbenen Alemannenherzog und Sohn Ottos d.Gr. meint (ed. E. DÜMMLER S. 235, 237, 247 und 240, Sonderausgabe S. 13, 15, 25 und 18; ed. MGH Lib. mem. et necrol. NS 2 Tafeln 8, 9, 17 und 11). – Der bei W.K. Prinz v. ISENBURG, Ahnen Tafel 1 (nr. 32), und bei S. KRÜGER, Sächs. Grafschaftsverfassung S. 67, für Liudolf mitgeteilte Todestag „29. November" ist irrig; vermutlich liegt eine Verwechslung mit Liudolfs Tochter Hathumod zugrunde, die nach Agius, Vita Hathumodae (MGH SS 4 S. 175) am 29. XI. 874 verstarb.

Nach Eberhards 1216 verfaßter Reimchronik von Gandersheim (MGH Dt. Chron. 2 S. 403 v. 491) wurde Liudolf in seiner Stiftung Gandersheim bestattet: *in dem munstere to Gandersem lid he begraven / dat he mit vlite hadde begunnen*. Da Thangmar (?) in der Vita Bernwardi cap. 12, MGH SS 4 S. 763, berichtet, daß *defuncti itaque sunt ante consummatam fabricam Gandenesheimensis aecclesiae et dux* [= Liudolf] *ac domna Hathumod* [= Tochter Liudolfs als 1. Äbtissin v. Brunshausen / Gandersheim], *sepultique in antiqua aecclesia Brunesteshusen*, muß nach der Fertigstellung der Kirche in Gandersheim die Überführung der Gebeine Liudolfs wie auch Hathumods dorthin erfolgt sein (vgl. auch bei nr. **5**).

5 : Oda als Mutter (Hzg.) Ottos d. Erl.

Hrothsvita, Primordia v. 4ff., MGH SS rer. Germ. S. 229f., berichtet über die Gründung Gandersheims: *Construxere duces Saxonum iure potentes, / Liudulfus magnus, clarus quoque filius eius / Oddo, qui coeptum perfecit opus memoratum*; und v. 21–24 heißt es weiter: *Cui coniunx ergo fuerat praenobilis Oda / edita Francorurn clara de stirpe potentum, / filia Billungi, cuiusdam principis almi, / atque bonae fa-*

mae generosae scilicet Aedae. – Wolfhere, Vita Godehardi, MGH SS 11 S. 180: *anno dominicae incarnationis 852 … quidam dux Saxonicus Liudolfus et sua contectalis Ouda …* – Vgl. auch oben bei nr. **4** das Exzerpt aus MGH D O I 180. – Weiterhin Thangmar(?), Vita Bernwardi cap. 12, MGH SS 4 S. 762, über die Anfänge Gandersheims: *Liudolfus dux cum religiosa contectali sua Oda … Romam perrexit … coenobium virginum Dei primo Brunesteshusen adunaverunt …*

Zu Odas Verheiratungszeit vgl. bei nr. **4**.

Zu Geburts- und Todeszeit Odas vgl. Hrothsvita, Primordia v. 561 ff., MGH SS rer. Germ. S. 245, wo zunächst der Tod (Hzg.) Ottos d. Erl. (nr. **2**, gest. 30. XI. 912) acht Tage nach der Geburt seines Enkels Otto d. Gr., dann der Tod Odas ein halbes Jahr später und schließlich das von Oda erreichte Lebensalter von 107 Jahren mitgeteilt wird: *Scilicet ante dies octo, totidem quoque noctes, / quam ducis occasus miserabilis accidit huius, / ipsius nato, regi quandoque futuro, / nascitur Henrico famosus filius Oddo, / qui fuit electus regis pietate perennis / primus Saxonum rex post patrem strenuorum, / augustus Romanorum pariterque potentum. / Mensibus hinc senis cursu volitante peractis, / dum decus hoc tanti clarum generis fuit ortum, / … / Oda nimis felix, nostri spes et dominatrix, / cum decies denos septem quoque vixerat annos, / vitam fine bono consummans transit ad astra. / … / Iuxta natarum requiescit busta suarum.* – Bei Thangmar (?), Vita Bernwardi cap. 12, MGH SS 4 S. 763, heißt es, daß Äbtissin Gerburga v. Gandersheim – nach der Klosterverlegung von Brunshausen nach Gandersheim – *in nova ecclesia, iuxta domnam Hathumodam* (= Tochter Liudolfs und Odas, 1. Äbt. von Brunshausen / Gandersheim) beigesetzt wurde. *Domna quoque Oda centesimo septimo aetatis anno … decessit, … positaque est iuxta filias suas.* – Die Ann. Quedlinburg. ad 913, MGH SS 3 S. 52, ed. M. GIESE S. 454, überliefern: *Domina Oda, mater scilicet ipsius* (= Ottos d. Erl.), *obiit anno CVII. vitae suae.* – Verstarb Oda ein halbes Jahr nach dem am 30. XI. 912 verschiedenen (Hzg.) Otto d. Erl., so verstarb sie im Mai 913; und ist sie 107 Jahre alt geworden, so muß sie 806 geboren sein. – Daß Oda am 17. Mai verstarb, erweist eine Gandersheimer Nekrolognotiz: zum 17. V.: *Memoria venerabilis Domini [!] Ode fundatoris et peragetur sicut memoria Ludolphi fundatoris*; vgl. G. ALTHOFF, Unerkannte Zeugnisse S. 377, 402.

6 : Gf. (Hzg.) Heinrich als wahrscheinlicher Vater Hadwigs

Obgleich für die Abstammung Hadwigs keine präzisen Quellenaussagen vorliegen, was ausdrücklich u.a. M. LINTZEL, Königssalbung S. 605 Anm. 84, betont, hat man seit langem versucht, ihre Herkunft zu klären. Seit der erstmals von J.G. ECKHART, Veterum monumentorum quaternio, Leipzig 1720, S. 39, (auch DERS., Commentarii II S. 609), lancierten These, daß man Hadwig mit Heilwig, der Tochter des 866 verstorbenen Mgf. Eberhard v. Friaul, identifizieren könnte, ist eine solche Sicht öfters vorgetragen worden; so z.B. von E. KRÜGER, Abstammung Heinrichs I. S. 38–41, 58. Sie scheitert aber schon daran, daß die Namen Hadwig und Heilwig zwei verschiedenen Wortstämmen (*hadu... / hail...*) angehören. Darauf verwies bereits E. DÜMMLER, Abstammung Heinrichs I. S. 320; DERS., Ostfränk. Reich III^2 S. 584 Anm. 3. Zudem zeigte P. HIRSCH, Berengar I. S. 81 ff., daß Heilwig v. Friaul ganz offensichtlich nach Flandern verheiratet wurde.

Hingegen läßt sich wahrscheinlich machen, daß der am 28. VIII. 886 vor Paris durch einen Hinterhalt ums Leben gekommene Heerführer (*dux*) Ks. Karls III., Gf. Heinrich, der Vater Hadwigs war. Hierfür hat K.A. ECKHARDT, Genealog. Funde S. 8–22, die Argumente zusammengestellt; hierzu auch E. HLAWITSCHKA, Herkunft der Liudolfinger S. 93 f., 140–145; ND S. 314 f., 329–334; danach W. GLOCKER, Studien S. 259. Fünf Argumente lassen sich anführen:

1) Widukind, Rer. gest. Saxon. lib. I cap. 22, MGH SS rer. Germ. S. 31, bezeugt ausdrücklich eine Verwandtschaft zwischen Kg. Heinrich I. und dem 906 hingerichteten Babenberger Gf. Adalbert, der durch Regino v. Prüm, Chron. ad 897, MGH SS rer. Germ. S. 145, als Sohn des Gf./Hzg. Heinrich ausgewiesen wird. Widukind: *Nam cum bellum esset Cuonrado, regis Cuonradi patri, et Adelberto, Heinrici ex sorore nepoti, primum interfectus est frater Adelberti, postea in ultionem fratris Cuonradus quoque occisus est ab Adelberto.* Regino: *Ea tempestate inter Ruodolfum episcopum Wirziburgensem et filios Heinrici ducis Adalbertum, Adalardum et Heinricum magna discordiarum lis ... oritur.* Widukinds Text kann nun nicht – wie üblich (so etwa von A. BAUER u. R. RAU, Quellen z. Gesch. d. Sächs. Kaiserzeit S. 51) – mit „Während einer Fehde zwischen Konrad, Kg. Konrads Vater, und Adalbert, (Kg.) Heinrichs Schwestersohn, wurde zuerst der Bruder Adalberts getötet ...“ übersetzt werden, da es – wie K.A. ECKHARDT, a.a.O. S. 14, zurecht sagt – „von vornherein widersinnig“ erscheint, daß „eine Fehde zwischen dem Vater des ersten deutschen

Königs Konrad I." einerseits „und dem Neffen seines Nachfolgers, des zweiten deutschen Königs Heinrich I.", andererseits stattgefunden haben könnte. Um der offensichtlichen Ungleichheit der Generationen der Fehdepartner zu entgehen, wird man die oft wenig präzise gebrauchte Bezeichnung *nepos* wohl einfach mit Verwandter wiederzugeben haben und übersetzen müssen: „Als eine kriegerische Auseinandersetzung (Fehde) zwischen Konrad, Kg. Konrads Vater, und Adalbert, der durch eine Schwester ein Verwandter Heinrichs war, bestand, wurde zuerst der Bruder Adalberts getötet". ECKHARDT, a.a.O. S. 15, möchte zudem *nepos* als lateinische Übersetzung eines zugrundeliegenden deutschen *neve* ansehen, das seinerseits auch den Oheim, Mutterbruder, bezeichnen konnte, und kommt daher zur präzisen Übersetzung „Adalbert, [Kg.] Heinrichs [I.] Oheim durch (Adalberts) Schwester". Daß *nepos* in der Tat einen weitläufigeren Verwandten bezeichnen konnte, zeigt E. HLAWITSCHKA, Kuno u. Richlind S. 48f., ND S. 468f.

2) Durch die Ann. Fuldens. ad 882 und 883, MGH SS rer. Germ. S. 109f., ist der 886 vor Paris ums Leben gekommene Gf. Heinrich als Bruder Gf. Poppos, des Befehlshabers in der Sorbischen Mark, erweisbar; ad 882: *Civile bellum inter Saxonibus et Thuringis exoritur, machinantibus Poppone fratre Heimrici et Eginone comitibus*; ad 883: *Iterum inter Popponem et Eginonem discordia cum crudeli bello concrepat. ... Heimricus, frater Popponis scilicet, cum Nordmannorum manum validam Prumiam venire cognoscit, usque eos ... ad internitionem delevit*. Während nun Heinrichs Kinder in der sogn. Babenberger Fehde (902–906) ausgerottet wurden, hören wir indessen nichts von Nachkommen Poppos, die in die Fehde verwickelt waren. Poppo hatte ja auch – nach Regino, Chron. ad 892, a.a.O. S. 140 – sein Auskommen mit den Konradinern gefunden (*Boppo dux Thuringorum dignitatibus expoliatur; ducatus, quem tenuerat, Cuonrado commendatur: quem pauco tempore tenuit et sua sponte eum reddidit*). Von Poppo sind nun zwei Söhne – Adalbert und Poppo – bezeugt (E.F.J. DRONKE, Cod. dipl. Fuld. S. 286 nr. 628: Urkunde von ca. 887 mit den Zeugen *Bobbo comes, Adalbraht, Bobbo filii eius*; E. DÜMMLER, Ostfränk. Reich III^2 S. 356 Anm. 2; E. FRIESE, Herrschaftsgeschichte S. 119, 124). Wenn nun im östlichen Franken, im Gebiet der Babenberger-Popponen, zwischen 912 und 934 in 7 Urkunden ein Gf. Heinrich auftritt (MGH D K I 9, 17, 35, 36, D H I 2, 29, 36), den Kg. Heinrich I. am 18. X. 927 als *propinquus noster* bezeichnete (MGH D H I 14), so könnte es sich – zumindest in den meisten, das Gebiet von

Würzburg betreffenden Fällen – sowohl um einen 3. Sohn des zuerst genannten Poppo handeln, es könnte aber auch ein Sohn des 906 hingerichteten Adalbert v. Babenberg (oder eines seiner beiden Brüder) gemeint sein. – (W. METZ, Heinrich 'mit dem goldenen Wagen' S. 136ff., bes. S. 155f., möchte diesen Gf. Heinrich freilich – wie vorher schon einmal H. DECKER-HAUFF, Ottonen u. Schwaben S. 315ff., 321- mit dem Welfen 'Heinrich mit dem goldenen Wagen' identifizieren, der in der Geschichte der Welfen um 900 und kurz nachher eine bedeutsame Rolle spielte; vgl. J. FLECKENSTEIN, Herkunft der Welfen S. 128ff. Doch ist diese Identifizierung nicht zwingend und gewiß nicht für die das Würzburger Gebiet betreffenden Belege zutreffend). – Daß die 902–906 ums Leben gekommenen drei Babenberger Brüder (Adalbert, Adalhard, Heinrich) keine Nachkommen gehabt haben sollen, läßt sich zumindest für Adalbert mit einigem Recht bestreiten. Heißt es doch bei Otto v. Freising, Chron. lib. VI cap. 15, MGH SS rer. Germ. S. 275, daß *ex huius Alberti* [= Adalberts v. Babenberg] *sanguine Albertus, qui postmodum marchiam orientalem … Romano imperio adiecit* [= der Ururgroßvater Ottos v. Freising], *originem duxisse traditur*. Otto gibt hier die Familientradition wieder. (Von Otto abhängig ist die erst in der Mitte des 14. Jhs. verfaßte Historia fundationis mon. Mellicensis, ed. H. PEZ, Script. rer. Austr. I S. 296f.: *Leopoldus primus originem duxisse fertur a quodam nobilissimo comite Babenbergensi de genere Francorum*; und ebd. S. 572f.: *ex Alberti nobilissimi comitis Babenbergensis sanguine ortus*). – Sieht man den von Kg. Heinrich I. als *propinquus* bezeichneten Gf. Heinrich – besonders wegen seines Auftretens im ehemaligen Babenbergergebiet als Babenbergernachkommen an – und zwar einerlei ob mit K.A. ECKHARDT, Genealog. Funde S. 21, als Sohn eines der drei 902–906 umgekommenen Brüder oder mit F. GELDNER, Babenberger-Problem S. 10ff., bzw. DERS., Neue Beiträge S. 34f. u. Tafel, als Sohn des 906 hingerichteten Adalbert oder evtl. auch nur als Sohn des bis zum Ende des 9. Jhs. tätigen Gf. Poppo (II.), Bruder des 886 umgekommenen Gf. / Hzg. Heinrich –, so stützt dies die hier behandelte Herleitung Kg. Heinrichs I. von einem babenbergischen Vorfahren.

3) In den gleichen Zusammenhang dürfte gehören, daß der Erzbisch. Heinrich v. Trier (956–964) nach Flodoard, Annales ad 956, ed. Ph. LAUER S. 143, *regis Othonis propinquus* gewesen ist. Erzbisch. Heinrich war nämlich nach Otlohs Vita Wolfkangi cap. 4, MGH SS 4 S. 528, ein Bruder des Bisch. Poppo (I.) von Würzburg (941–961), welchem 961 *proximus suus Poppo* (II.) *in episcopatu successit* (Contin.

Reginonis ad 961, MGH SS rer. Germ. S. 170), der wiederum von Ks. Otto II. (MGH D O II 132) als sein *nepos* bezeichnet wurde. Jene Verwandtschaftsverhältnisse werden erklärbar, wenn man diese Bischöfe, die wegen ihrer Namen schon seit langem als Angehörige der Babenberger-Popponen-Familie angesehen werden (z.B. W. SCHLESINGER, Landesherrschaft S. 160ff.), tatsächlich als Babenberger-Popponen gelten läßt und die oben angegebene Verbindung zwischen Liudolfingem und Babenbergern voraussetzt.

4) Als ergänzendes Argument kommt dazu, daß der Name Heinrich bei den väterlichen Vorfahren Kg. Heinrichs I. nicht auftaucht (vgl. die Zusammenstellung zu den „Liudolfingern“ bei S. KRÜGER, Sächs. Grafschaftsverfassung S. 64ff.), daß er im 9. Jh. noch recht selten war (vgl. K.A. Eckhardt, Genealog. Funde S. 10ff.) und folglich über die Mutter Heinrichs I., Hadwig (nr. **3**), in die Familie gebracht worden sein dürfte. Achtet man hierauf, so wird auch nochmals die Unwahrscheinlichkeit deutlich, Widukinds eingangs betrachtete Wendung *Adelbertus, Heinrici ex sorore nepos* mit „Adalbert, Heinrichs I. Schwestersohn“ wiedergeben zu wollen; denn dann könnte Heinrichs I. Name nicht mehr von dem 886 umgekommenen babenbergischen Vorfahren Gf. / Hzg. Heinrich hergeleitet sein; Kg. Heinrich I. und der Babenberger Heinrich wären dann nur Schwäger gewesen!

Kg. Heinrich I. — soror ∞ Gf. / Hzg. Heinrich (v. Babenberg)

Gf. Adalbert (v. Babenberg)

5) Zu beachten ist ferner, daß Kg. Heinrich I. bei seiner Politik in der Tradition der Babenberger / Popponen zu stehen scheint (vgl. K.A. ECKHARDT, Genealog. Funde S. 12f.), ja daß er sich – nach Widukind, Rer. gest. Saxon. lib. I cap. 22, MGH SS rer. Germ. S. 34 – selbst in einen Schicksalszusammenhang mit Gf. Adalbert (v. Babenberg) gestellt haben soll. Einem Boten, des Erzbisch. Hatto v. Mainz, der einen Mordauftrag gegen ihn mit einer goldenen Kette ausführen sollte, habe er entgegnet: *Vade, dic Hathoni, quia durius collum non gerit Heinricus quam Adelbertus.*

Die von K.A. ECKHARDT, a.a.O. S. 17f., als weiteres Argument angeführte Aufnahme des 906 enthaupteten Gf. Adalbert in das Necrol. Merseburg. (zum 9. IX.: *Adelbertus comes*, ed. E. DÜMMLER S. 240, Sonderausgabe S. 18, ed. MGH Lib. mem. et necrol. NS 2 Tafel

12), das er als eine „Art liudolfingische Hausbibel“ (S. 15) auffaßte, läßt sich hier nicht zusätzlich bestärkend anführen, da dieser Name – wie G. ALTHOFF, Adels- u. Königsfamilien S. 413, gezeigt hat, nicht zum Komplex des in das Merseburger Totenbuch eingegangenen ottonischen Familiengedenkens gehört.

Diese hier vorgelegten Argumente für die Annahme Hadwigs als Tochter Gf./ Hzg. Heinrichs (v. Babenberg) werden akzeptiert u.a. von O. MITIS, Gedenkstiftung S. 267f.; F. GELDNER, Babenberger-Problem S. 4–6 u.ö.; DERS., Neue Beiträge S. 7ff.; E. KIMPEN, Abstammung Konrads I. u. Heinrichs I. S. 742ff.; DERS., Genealogie d. bayr. Herzöge S. 55–83, bes. S. 67ff.; H. BÜTTNER u. I. DIETRICH, Weserland S. 140; F. TYROLLER, Ahnen d. Wittelbacher z. anderen Male S. 153, 156; DERS., Herkunft d. Babenberger Sp. 10; K.F. WERNER, Adelsfamilien S. 121 Anm. 139: „Der erste König des Namens Heinrich trug bekanntlich den Namen seines Großvaters, des fränkischen *dux* Heinrich aus dem Haus der ‘älteren Babenberger’“. – Zurückhaltend, aber nicht ablehnend: G. TELLENBACH, Vom karol. Reichsadel S. 32 Anm. 32; DERS., Kritische Studien S. 179–181; W. METZ, Abstammung Kg. Heinrichs I. S. 282–285.

Das Todesdatum für Gf. / Hzg. Heinrich (v. Babenberg) ergibt sich aus den Ann. necrol. Fuldens. ad 886: *5. Kal. Sept. obiit Heimrih comes*, MGH SS 13 S. 186, ed. K. SCHMID, Klostergemeinschaft v. Fulda I S. 309; Ann. Alamannici ad 886, MGH SS 1 S. 52, ed. W. LENDI S. 182: *Heimrihcus dux a Nordmannis occisus est*; Ann. Fuldens. ad 886, MGH SS rer. Germ. S. 105: *Heimrih comes a suis desertus et ab hostibus circumdatus occiditur*; ebd. ad 886 S. 114: *Occiso ibi Heimrico marchensi Francorum, qui in id tempus Niustriam tenuit*; Regino, Chron. ad 887 (richtig 886), MGH SS rer. Germ. S. 126f., berichtet, daß der Leichnam Heinrichs *a suis usque Suessionis deportatum in basilica sancti Medardi sepelitur*.

Heinrich ist von 866 an nachweisbar; vgl. Ann. Fuldens. ad 866, MGH SS rer. Germ. S. 65: *Heimricus princeps militiae*. Wenn Regino schildert, wie Heinrich 886 als Feldherr auf Erkundung ausritt und – dabei von den Feinden gereizt – (wie ein Heißsporn) *super eos irruit*, so kann er damals wohl kaum die 50 Jahre wesentlich überschritten gehabt haben. Eine Geburtszeit „um 830/35“ nimmt F. GELDNER, Neue Beiträge S. 12 und 15, an. Ähnlich W. METZ, Problem der Babenberger S. 72, der Heinrich „um 830“ geboren sein läßt.

7 : NN, die Mutter Hadwigs

Der Corveyer Mönch Agius schrieb in seiner Vita Hathumodae, der Lebensbeschreibung einer Tochter des 866 verstorbenen Gf./Hzg. Liudolf und seiner Frau Oda (nrn. **4** und **5**), daß *frater eius [= Hathumodae] regum neptem in matrimonio habet*; MGH SS 4 S. 167. Während früher – auf der Basis einer Vermutung des Editors der Vita – angenommen wurde, daß jener mit einer *neptis regum* vermählte Sohn Liudolfs und Odas der zunächst zur Nachfolge in der sächsischen Führungsstellung ausersehene, dann aber 880 im Kampf gegen die Normannen gefallene älteste Bruder Hathumods namens Brun gewesen sei, neigt man jetzt eher dazu, in ihm Hzg. Bruns jüngeren Bruder Otto d. Erl. (oben nr. **2**) zu sehen. Zur Abstützung dieser Sicht weisen E. KIMPEN, Abstammung Konrads I. u. Heinrichs I. S. 743, und K.A. ECKHARDT, Genealog. Funde S. 41, auf Thietmar v. Merseburg, Chron. lib. I cap. 23, MGH SS rer. Germ. NS 9 S. 30, hin, wo Heinrich I. als *nepos* des Karolingers Karl d. Einf. bezeichnet ist (*Hic* [= Karl d. Einf.] *Heinrici regis nostri, nepotis autem sui, inplorans auxilium*), was nur erklärbar werde, wenn auf der Basis der Vita-Hathumod-Stelle nicht Brun, sondern Heinrichs I. Vater Otto d. Erl. als der mit der *neptis regum* Vermählte angesehen wird. So auch E. HLAWITSCHKA, Herkunft der Liudolfinger S. 140f., ND S. 329f. War aber somit Ottos d. Erl. Gemahlin Hadwig (nr. **3**) eine *neptis regum*, so kann diese Karolingerverwandtschaft (nur um eine solche, nicht um eine mit Merowingern oder Ottonen, kann es sich hier gehandelt haben, wie K.A. ECKHARDT, a.a.O. S. 42, zeigt) nur über Hadwigs Mutter gelaufen sein, denn Hadwigs (sehr wahrscheinlicher) Vater, der 886 vor Paris gefallene Gf./ Hzg. Heinrich (nr. **6**), ist trotz vielfacher Nennung in den Quellen nie als karolingerblütig erwähnt worden.

Zur Aufdeckung dieser Karolingerverwandtschaft der Mutter Hadwigs gibt es folgende Lösungsvorschläge:

A) F. GELDNER, Neue Beiträge S. 12, geht von der Feststellung aus, daß einer der Söhne Gf. Heinrichs († 886) Adalhard hieß, und folgert daraus, daß Heinrichs Gemahlin NN eine Tochter jenes westfränkischen „Pfalzgrafen Adalhard“ (ca. 871 – nach 890) gewesen sein könnte, welcher von K.F. WERNER, Nachkommen S. 429ff., als Vater der westfränkischen Königin Adelheid (2. Gemahlin Kg. Ludwigs d. Stammlers) plausibel gemacht worden sei. Da – nach Werner – jener Pfgf. Adalhard der Enkel einer (unehelichen) Tochter Ks. Ludwigs d. Fr. (Alpais) gewesen ist, habe auch dessen Tochter als *neptis regum* bezeichnet werden können. In der Deduktion Werners ergibt sich aber eine Nahehe 2:4, weswegen schon an anderer Stelle (E. HLAWITSCHKA, Habsburg-Lothringen S. 166 ff.) der Herleitung Adalhards aus der Ehe des Grafen Bego v. Paris (Großvater Adalhards) mit der unehelichen Kaisertochter Alpais widersprochen werden mußte. Dieser Weg ist also nicht gangbar.

B) K.A. ECKHARDT, Genealog. Funde S. 38–54, möchte Engeltrud, die Tochter Mgf. Eberhards v. Friaul und Giselas (Tochter Ks. Ludwigs d. Fr.), als Gemahlin Gf. / Hzg. Heinrichs (nr. **6**) und Mutter Hadwigs (nr. **3**) ansehen. Das erkläre sowohl die *neptis-regum*-Aussage wie auch das Auftreten des Adalhard-Namens bei den Babenbergern; denn das Friauler Paar hatte ja auch einen Sohn Adalhard. (Nicht erklärt wird dabei aber der Name Hadwig, denn dieser Name erscheint bei den Friaulern nicht). Aber direkte Belege oder nähere Anhaltspunkte für die Richtigkeit der These gibt es nicht. Die herangezogenen Gedenkbucheinträge bilden keine tragfähige Ergänzung oder Bestätigung. Ablehnend zu Eckhardts These bereits W. METZ, Abstammung Heinrichs I. S. 286, vor allem weil „die unruochingischen Namen Eberhard, Unruoch, Berengar, Rudolf, Engeltrud, Heilwich, Judith und Gisela unter den Kindern Heinrichs I." fehlen. Weiterhin ist anzufügen, daß Gisela v. Friaul 870 für sich und ihre Tochter Engeltrud in Cysoing (b. Lille) eine Grabstätte erbat – *ad quietem meam vel filiae meae Ingeltrudis*; I. DE COUSSEMAKER, Cartulaire de Cysoing S. 11 nr. 6 –, daß also 870 Engeltrud noch bei ihrer Mutter gelebt hat, nicht etwa bei Mgf. Heinrich in Ostfranken.

Ergänzend sei hierzu vermerkt, daß H. DECKER-HAUFF, Ottonen u. Schwaben S. 293, 300, 306–309, 337, 367–369, versuchte, Engeltruds Schwester Judith als Mutter Hadwigs aufzuzeigen. Hiergegen spricht indessen nicht nur das soeben von W. Metz zitierte Argument; vor allem hat G. TELLENBACH, Kritische Studien, die ganze Unhaltbarkeit der Konstruktion Decker-Hauffs aufgezeigt.

C) E. KRÜGER, Abstammung Heinrichs I. S. 29 f., identifizierte Hadwig (nr. **2**) mit Heilwig, einer Tochter Eberhards und Giselas v. Friaul; ebenso O. Frh. V. DUNGERN, Thronfolgerecht S. 62 ff.; vor ihnen schon J.G. ECKHART, Commentarii II S. 717, und J.F. FALKE, Cod. trad. Corbeiensium S. 284; zuletzt wieder K. HAMMER, Babenberger. – Diese Meinung ist bereits (bei nr. **6**) berechtigterweise zurückgewiesen worden. Außerdem wäre dann die Ehe der Hadwig / Heilwig-Tochter Oda mit Kg. Zwentibold v. Lothringen (vgl. die Belege zu dieser Ehe bei E. HLAWITSCHKA, Habsburg-Lothringen S. 58 ff.) eine unstatthafte Nahehe 4:3 gewesen.

Ks. Ludwig d.Fr.

Kg. Ludwig d. D. — Gisela

Karlmann

Heilwig / Hadwig

Ks. Arnulf v. K.

Kg. Zwentibold ⚭ Oda

D) E. KIMPEN, Abstammung Konrads I. u. Heinrichs I. S. 742–759 (danach DERS., Genealogie d. bayr. Herzöge S. 62), hielt sich – wie er angibt – an die erstmals in einem (bis 1056 geführten) Catalogus regum et imperatorum auftretende Nachricht, daß der Sachsenherzog Otto d. Erl. einen Sohn Kg. Heinrich I. und eine Tochter Baba hatte, welche die Mutter des 906 hingerichteten Babenbergers Adalbert gewesen sei; MGH SS 10 S. 137: *Hic* [= Otto d. Erl.] *habuit filium, qui vocabatur Heinricus humilis, et filiam Babam nomine, matrem Adalberti, de cuius nomine idem mons Babenberc dictus est.* Von hier sei die Nachricht in den Stammbaum des Chron. Wirziburg. (MGH SS 6 S. 28) und zum Annalista Saxo ad 902 (MGH SS 6 S. 590, neue Ed. MGH SS 37 S. 123: *Adelbertus magnus heros, cuius pater Heinricus dux, mater Baba dicebatur, idemque sororis filius Heinrici postea regis, nepos vero Ottonis Saxonum ducis*) gekommen. Indessen ist dieses Zitat nicht im angegebenen und bis 1056 geführten Catalogus regum, sondern in der unmittelbar anschließend publizierten Francorum imperatorum Historia brevissima eines Admonter Codex zu finden, die aus dem Chron. Wirziburg. gespeist ist. Letzteres ist indessen „nach 1075 … in Bamberg, wahrscheinlich im Kloster auf dem Michelsberg entstanden“ (W. WATTENBACH – R. HOLTZMANN – F.-J. SCHMALE, Deutschlands Geschichtsquellen III S. 143*f.), so daß der zur Ausschmückung der ‘Reichenauer Kaiserchronik’ dienende Bamberger Lokalhintergrund erkennbar wird. Ein solider, vor 1075 zurückreichender Quellenhintergrund ist also nicht gegeben. Schon K.A. ECKHARDT, Genealog. Funde S. 44, betonte: „Es sieht entschieden so aus, als sei diese Baba frei erfunden und nach Adalberts Burg Babenberg getauft worden“. Ablehnung auch schon bei G. WAITZ, Jahrb. Heinrichs I. S. 208. – Kimpen meinte nun, um die Verbindung zu den Karolingern herzustellen, daß jene Bava – als Gemahlin des Babenbergers Heinrich (nr. **6**) – eine Tochter Helletrudes (Tochter Ks. Lothars I.) und Gf. Berengars v. Spoleto war. (Zu Helletrude als Tochter Lothars I. und (ca. 865/66) Witwe Gf. Berengars, die freilich im von Normannen bedrohten Gebiet Kg. Lothars II. und nicht in Spoleto lebte, vgl. J.P. MIGNE, PL 119 S. 1115f.; J.D. MANSI, Conc. coll. 15 S. 470–472. Bei Gf. Berengar dürfte es sich kaum um einen Amtsträger aus Spoleto, sondern um einen Mann aus Lotharingien gehandelt haben; vgl. R. PARISOT, Lorraine S. 67 Anm. 5, 764f.). Doch widersprechen dem gerade die herangezogenen Quellen, die ja Otto d. Erl. (und seine Frau Hadwig) als Eltern Babas nennen. (Ganz unergiebig für die Baba-Frage ist A.M. SCHREIBER, Baba – Tatsache oder Sage ? S. 225f.). Aber hält man sich – mit KIMPEN (S. 752) – nur an den Namen Baba und betrachtet man die Nennung Hzg. Ottos d. Erl. als späte Verdrehung, so bleibt weiterhin als Stein des Anstoßes, daß dann in einer Spanne von kaum mehr als 30 Jahren drei Generationen unterzubringen sind! Da nämlich einerseits Ks. Lothar im Oktober 821 heiratete (BM^2 nr. 740 d), andererseits der um 876 geborene Kg. Heinrich I. für seine Mutter Hadwig bereits der jüngste von 3 Söhnen (neben Töchtern) war (vgl. BO nr. a), sie also doch zu seiner Geburt etwa 20/25 Jahre wenn nicht älter gewesen sein wird und somit selbst ca. 850 geboren sein dürfte, drängt sich in die verbleibende Zwischenspanne (822–850) die Geburt Helletrudes wie auch die ihrer Tochter (Bava). Sowohl Helletrude wie Bava wie auch Hadwig müßten dann doch jeweils die ersten Kinder in den Ehen ihrer Eltern gewesen sein und sich auch stets in ganz jungen Jahren verehelicht haben. Völlig unmöglich ist dies alles nicht, aber doch höchst unwahrscheinlich. Dennoch ist diese Kombination übernommen von H. BANNIZA V. BAZAN u. R. MÜLLER, Deutsche Geschichte in Ahnentafeln I S. 27f.; auch bei H. FRIN, Herkunft Adalberts S. 34f. u. Tafel.

E) W. METZ, Heinrich ‘mit dem goldenen Wagen’ S. 143ff. (auch DERS., Abstammung Kg. Heinrichs I. S. 276ff.) kombiniert die eingangs genannte Agius-Stelle, nach welcher der 866 verstorbene *dux* Liudolf einen mit einer *neptis regum* vermählten Sohn hatte, mit einer Nachricht aus der Translatio S. Pusinnae cap. 3 (MGH SS 2 S. 682; ed. R. WILMANS S. 542); nach dieser sei die Äbtissin Haduwy v. Herford (858–887) die Nichte des Abtes Warin v. Corvey gewesen (*Horum* [= Warins und seiner Brüder] *ergo neptis, utpote ex eorum sorore genita … ad regimen Herifordensis monasterii venerabilis Haduini divino nutu promota est*); und sie sei *tertio quartoque cognationis gradu* mit Ks. Karl d. K., an dessen Hof sie auch zusammen mit ihrem Bruder

Cobbo aufgewachsen sei, verwandt gewesen. Da nun Haduwys Mutter die Schwester des Abtes Warin v. Corvey (826–856) und auch eines älteren Grafen Cobbo war (*frater eius* [= Haduwys] *Cobbo, avunculum suum aetate sua virum summa prudentia praestantissimum nomine referens, in palatio quotidianis eius adherebat obsequiis*; der eingeschobene Nebensatz fehlt in MGH SS 2) und Abt Warin – nach cap. 2 derselben Quelle – ein Sohn des in der Zeit Karls d. Gr. lebenden *dux* Egbert und seiner Frau Ida gewesen ist (*Warinus, nobilissimo genere propagatus: fuit enim genitus Echberto clarissimo comite et duce, matre splendidissima nomine Ida*), ergibt sich für Kg. Heinrich I. folgendes Abstammungssystem:

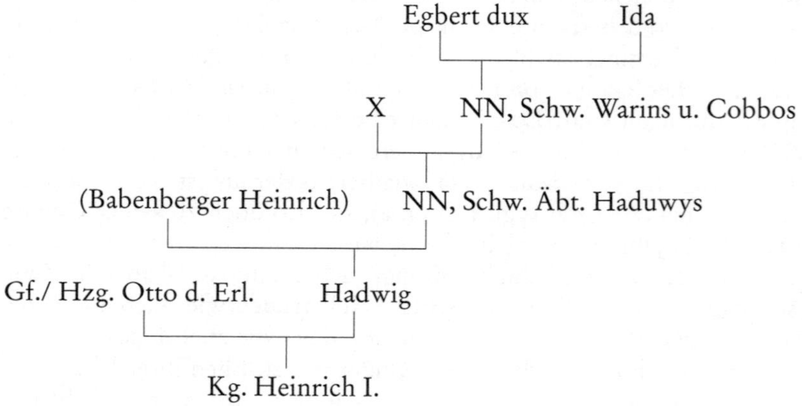

Die Verwandtschaft mit den Karolingern wird hierbei über den in Sachsen tätigen *dux* Egbert einerseits und die Mutter der mit Ks. Ludwig d. Fr. (Vater Karls d.K.) vermählten Welfin Judith, Eigilwi / Heilwig, andererseits gesucht, welche nach Thegans Vita Hludowici cap. 26 (MGH SS 2 S. 596; ed. E. TREMP S. 214) eine Sächsin war. Nimmt man dabei – wegen der gleichen Lebenszeit – Egbert und Eigilwi als Geschwister (oder auch als Cousin und Cousine) an, so wird aber nicht die angegebene Verwandtschaft Haduwys mit Karl d. K. *tertio quartoque cognationis gradu* erfüllt: Die Linien auf der einen Seite von Haduwy aufwärts über 1) NN (Schwester des Abtes Warin) und 2) Egbert *dux* zu 3) den Eltern des *dux* Egbert und auf der anderen Seite von Karl d. K. aufwärts über 1) Judith, 2) Eigilwi zu 3) den Eltern des *dux* Egbert und Eigilwis weisen nämlich jeweils nur drei Grade auf, nicht aber auf der einen Seite drei und auf der anderen Seite vier !

NN

Egbert dux	Eigilwi (Heilwig)
NN (Schw. Abt Warins)	Ksn. Judith
Haduwy , Äbt. v. Herford	Ks. Karl d. K.

Freilich würde sich hierbei das Auftauchen des Namens Hadwig bei der Gemahlin Ottos d. Erl. trefflich erklären. Aber das Faktum, daß die „Verwandtschaft im 3. und 4. Grad" zwischen Äbtissin Haduwy und Karl d. K. nicht gegeben ist, zwingt zu einer Variation dieses Erklärungsschemas.

F) Ausgehend von der von W. Metz vorgenommenen Koppelung der Nachrichten der Vita Hathumodae und der Translatio S. Pusinnae und nach der Übernahme des unter E) darlegten Grundschemas bietet sich uns – weil die Zusammenführung der Verwandtenstränge über Egbert einerseits und Eigilwi (Heilwig) andererseits wegen des nicht stimmigen Gradverhältnisses Bedenken zurückließ – der Versuch an, eine Verbindung über Ida zu suchen. Dies wird ausgeführt bei E. Hlawitschka, Herkunft der Liudolfinger S. 146–165, ND S. 335–354, und zwar in folgender Weise: Zumal die Hl. Ida, die Gemahlin des *dux* Egbert, als *de Galliis* stammend (Vita S. Idae lib. I cap. 8, MGH SS 2 S. 572 f., ed. R. Wilmans S. 471 ff.) und als *ex regali scilicet indole sanctarum virginum Odiliae et Gertrudis filiae sancti Pippini* hervorgegangen bezeichnet wird (ebd. S. 570, Prolog, ed. R. Wilmans S. 470), kann man versucht sein, Ida direkt mit dem Karolingergeschlecht in Verbindung zu bringen. Bei dieser Lage zwingt die Angabe der „Verwandtschaft 3. und 4. Grades" von Äbtissin Haduwy und Karl d. K. dazu, 3 Generationen vor Karl d.K. zurückzugehen; denn auf seiner Seite wird man ja doch – weil er die Äbtissin Haduwy samt Bruder Cobbo an seinem Hof erziehen ließ und somit älter gewesen sein muß als diese beiden Geschwister – die kürzere Linie voraussetzen dürfen. Das aber führt uns auf Kg. Pippin als den vermutbaren gemeinsamen Ahnen, was wiederum heißt, daß Ida eines der Geschwister Karls d. Gr. als einen Elternteil hatte. Karls d. Gr. Geschwister hießen Kg. Karlmann, Gisela, Pippin, Rothaid und Adelheid; vgl. E. Hlawitschka, Vorfahren Karls d. Gr., Tafel bei S. 73 und S. 81 f. Davon verstarben Pippin, Rothaid und Adelheid im Kindesalter, Gisela hingegen – in ihrer Kindheit von zwei Herrscherhäusern (Byzanz u. Pavia) umfreit – wählte noch in jugendlichen Jahren (*a puellaribus annis*; Einhard, Vita Karoli cap. 18, MGH SS rer. Germ. S. 23) den Schleier und wurde Äbtissin des Klosters Chelles b. Paris; vgl. L. Oelsner, Jahrb. Pippins S. 425 f. Somit verbleibt nur Karlmann, der am 4. XII. 771 verstarb, von dem wir aber auch wissen, daß er mit einer gewissen Gerberga verheiratet war und (mindestens) zwei Kinder zurückließ (Ann. Mettenses priores ad 771, MGH SS rer. Germ. S. 58: *Gerberga vero uxor Carolomanni cum duobus parvulis et paucis principibus de parte coniugis sui Carolomanni Italiam petiit*; auch Einhard, Vita Karoli cap. 3, MGH SS rer. Germ. S. 6: *defuncto Karlomanno uxor eius et filii cum quibusdam … Italiam fuga petiit*; Ann. Einhardi ad 771, MGH SS rer. Germ. S. 33: *uxor eius et filii cum parte optimatum in Italiam profecti sunt*; ebenso Cod. Carol. nr. 47, MGH Epp. 3 S. 565 f.: Bitte Papst Stephans III. 770/771 an Kg. Karlmann betreffs des neugeborenen Königssprosses, *ut … ex fonte sacri baptismatis aut etiam per … unctionem spiritalem suscipere valeamus filium. … Deus … vos … sospites in solio regni pariter cum excellentissima … vestra coniuge et amantissimis natis conservare … dignetur*; Vita Hadriani, ed. L. Duchesne S. 488 f.: *In ipsis vero diebus contigit uxorem et filios quondam Carulomanni regis Francorum ad eundem regem Langobardorum fugam arripuisse. … Desiderius … decertabat, quatenus ipsi filii eiusdem Carulomanni regnum Francorum adsumpsissent. … Sanctissimum praesulem … seducere conabatur, ut ipsos antefati quondam Carulomanni filios reges ungueret, cupiens divisionem in regno Francorum inmittere*). Von diesen beiden für künftige politische Funktionen wichtigen Söhnen ist bisher – durch die Ann. Petaviani ad 770 (MGH SS 1 S. 13: *Nativitas Pipini filii Karlomanni*) – nur einer (mit Namen Pippin) bekannt. Nach den vorangegangenen Überlegungen darf man wohl nunmehr noch Ida, die als Mädchen keine Thronansprüche hatte und deshalb auch nicht mit nach Italien vor Karl d. Gr. in Sicherheit zu bringen war, zu diesen Kindern hinzufügen. – Diese Sicht könnte auch die Erklärung dafür bieten, von wem Ottos d. Erl. Gemahlin Hadwig ihren Namen bezog und woher der später bei den Liudolfingern / Ottonen so häufige Name Gerberga in die Familie gekommen ist. Ja, es wird dann auch verständlich, warum Idas Sohn Warin (vgl. Translatio S. Pusinnae cap. 2, MGH SS 2 S. 681 f.; ed. R. Wilmans S. 542) in der Translatio S. Viti cap. 12 (MGH SS 2 S. 580, ed. I. Schmale-Ott S. 44) als *ex nobilissimo Francorum atque Saxonum genere fuerat ortus* bezeichnet wird und weshalb er bei Ks. Ludwig d. Fr. trotz seines noch jugendlichen Alters (*cum esset iuvenis*) bereits *inter primos palatii consisteret*. Es ergäbe sich somit folgende Herkunftstafel für Heinrichs I. Mutter Hadwig:

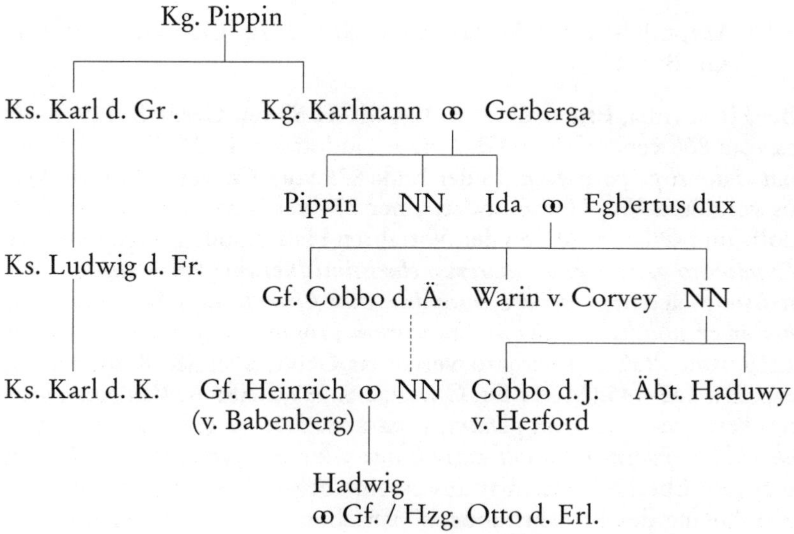

Die hier in die Argumentation mit einbezogene Vita S. Idae ist freilich erst um 980 entstanden, und auf ihre Angaben wird man folglich nicht allzu viel bauen dürfen; so z. B. ist – nach der hier dargebotenen Interpretation – die Angabe, Ida sei die einzige Tochter eines bei Karl d. Gr. hochangesehenen „Grafen" gewesen, der auch zum Eheschluß mit Egbert – neben Ks. Karl – seine Zustimmung gab, unzutreffend; indessen ist zu beachten, daß der als Vater Idas ermittelte Kg. Karlmann bei Idas Verheiratung längst verstorben war und daß sie als Kind offenbar zur Erziehung zu (gräflichen) Verwandten gekommen sein dürfte, während ihre beiden Brüder von ihrer Mutter nach Italien geflüchtet wurden. (Über deren späteres Schicksal – evtl. früher Tod – ist nichts überliefert). Der „Graf" als Vater könnte also auf einer mißverstandenen Überlieferung zum Aufwachsen Idas in einer Grafenfamilie beruhen. Auffällig ist ja immerhin der auch von Karl d. Gr. – neben dem des (erziehenden) Grafen – gewährte *assensus*, der sinnlos wäre, hätte es sich bei Ida nicht um eine Waise und um eine ganz nahe Verwandte Karls gehandelt. – Vorsichtig zustimmend zu den hier kurz vorgestellten, im oben genannten Aufsatz zur Herkunft der Liudolfinger breiter ausgeführten Überlegungen F.-J. JAKOBI, Nachkommen der hl. Ida S. 53–63; DERS., Liudolfinger / Ottonen u. Westfalen S. 286 ff.

8 / 9 : Hypothesen zur Abstammung Gf. / Hzg. Liudolfs, (evtl. von Gf. Brun)

Bei Hrotsvitha, Primordia v. 6 (12), MGH SS rer. Germ. S. 229, heißt es vom 866 verstorbenen Gf. / Hzg. Liudolf (nr. **4**): *Hic praenobilium natus de stirpe parentum*. In der Ende 876 vom Corveyer Mönch Agius verfaßten Vita Hathumodae, einer 874 verstorbenen Tochter Liudolfs und Odas, wird von den Vorfahren Hathumods gesagt: *omnes et ex paterno genere et ex materno clarissimi fuerunt. Pater eius ex illustrissimo Saxonum genere oriundus, dux Orientalium Saxonum fuit; mater ex nobilissima aeque Francorum prosapia descendens*. – In der 1216 vom Pfaffen Eberhard verfaßten Gandersheimer Reimchronik cap. 2 v. 142–145 (MGH Dt. Chron. 2 S. 399) heißt es: *Von einen groten heren, de was Brun genant, / wart ein hertoge geborn, / von dem ek sede hiervorn. / Ludolf was ok der sulve here genant*. Sein Wissen schöpfte Eberhard offenbar aus einem „gegen Ende des 11. oder gegen Anfang des 12. Jahrhunderts" verfaßten, heute verlorenen Opusculum 'De fundatione Gandersheimensis ecclesiae' (ebd. S. 388 f.). Ob er dort bereits den Hinweis auf einen 'Herrn Brun' als Vater Hzg. Liudolfs fand, ob er hierbei auf mündlicher Tradition fußte oder ob er diese Verse, wegen des häufig bei den Liudolfingern vorkommenden Namens Brun – in Verbindung mit dem Ortsnamen Brunshausen, wo die ursprüngliche und später in das nahe Gandersheim verlegte Klostergründung lag – aus seiner eigenen Geschichtsvorstellung schuf, muß leider offen bleiben. – Auf der Gandersheimer Reimchronik basiert wiederum die Braunschweiger Reimchronik (MGH Dt. Chron. 2 S. 464) v. 405 ff: *Van Gandersem uns dhe kronika seyt, / Wie daz von dhisses herren gar gemeyt / Herzogen Widekindes kunne / Eyn vurste sint dhen lib ghewunne, / Dher was Brun genant. / Ouch tut se uns me bekannt, / Daz von dhissem Brune wurte geboren / Eyn hoher herre uzirkoren, / Lutolph dher vurste was genant, / Herzoge zu Saxenlant*. – Deshalb findet man in der Literatur folgende Hinweise auf Liudolfs Herkunft:

A) Nach E. Frh. v. USLAR-GLEICHEN, Geschlecht Wittekinds S. 29–33, war Liudolf ein Sohn des in der Zeit Karls d. Gr. bezeugten *dux* Egbert und seiner Frau, der hl. Ida. Er stützt sich dabei auf eine

Corveyer Traditionsnotiz (ed. K. HONSELMANN S. 106 nr. 140), nach der *Bardo comes pro remedio anime Liudulfi* 18 Hörigenfamilien im Bardengau an Corvey tradierte, *quas ipse* [= Liudolf] *suo germano Cobboni … reliquerat,* wobei also Liudolf ein Bruder Cobbos war und Cobbo wiederum – entsprechend der Querimonia Egilmari (MGH Epp. 7 S. 360) – den Abt Warin v. Corvey, einen nachweislichen Sohn Egberts und Idas, zum Bruder hatte. Da Bardo indessen am 23. I. 857 gegen die Elbslawen gefallen ist und die Notiz von Honselmann auf „um 840“ datiert wird, kann jener *Liudulf*, für dessen Seelenheil hier gesorgt wurde, nicht mit dem erst 866 verstorbenen (Hzg.) Liudolf identisch sein. Vgl. dazu auch schon G. WAITZ, Jahrb. Heinrichs I. S. 185ff.; zur Verwendung dieser Notiz vgl. auch unten bei D.

B) Daß Liudolf ein Nachkomme des zum Jahre 775 genannten Engernführers Brun (Ann. regni Franc. ad 775, MGH SS rer. Germ. S. 42: *venerunt Angrarii … una cum Brunone et reliquis obtimatibus eorum*) oder des um 796/97–813 als Schenker an das Kloster Fulda bezeugten *Liutolf comes de Saxonia* (E.F.J. DRONKE, Tradit. Fuldens. cap. 41 nr. 14, S. 96; ed. E.E. STENGEL, UB Fulda I S. 237 nr. 159) war, wozu auch noch *Uffo et Eggibraht* ergänzt sind (ebd. cap. 41 nr. 24, S. 97), vermutet S. KRÜGER, Sächs. Grafschaftsverfassung S. 64ff., wegen der Wiederkehr der Namen Brun und Liudolf bei den sogn. Liudolfingern / Ottonen.

C) A.K. HÖMBERG, Werler Grafenhaus S. 119ff., möchte über die Geschichte des vom *dux* Egbert und seiner Frau Ida ausgebauten Hofes Herzfeld a.d. Lippe, welchen Hzg. Otto d. Erl. (Liudolfs und Odas Sohn) z. Zt. Kaiser Arnulfs innehatte (Vita S. Idae lib. II cap. 1, MGH SS 2 S. 574, ed. R. WILMANS S. 482: *locus ille* [= Herzfeld] *iure fuit addictus excellentissimi ducis Oddonis, qui huius serenissimi augusti Ottonis extitit proavus*), zur Ansicht gelangen, daß Egbert und Ida zu den agnatischen Vorfahren Liudolfs gehörten. Und zwar sei Liudolf ein Enkel Egberts und Idas gewesen, nämlich „der Sohn des Haupterben Egberts“ (S. 123). Nach lib. I cap. 9 der Vita S. Idae (MGH SS 2 S. 572, ed. WILMANS S. 475) sei ja doch *ipse locus* (= Herzfeld) nach Egberts und Idas Tod *ab aliis haereditaria successione possideretur*; und dort hatte auch ein *praeclarus comes Liudolf* ein Söhnlein begraben lassen. Man habe hier also Erbgänge vor sich. Dieser schon bei G. WAITZ, Jahrb. Heinrichs I. S. 186, angedeutete Gedankengang wurde aber – weil nicht beweisbar ist, daß Hzg. Otto d. Erl. diesen Hof (*ipsam regiam curtem*!) im Erbgang erhielt, und weil die Identität des genannten „berühmten Grafen Liudolf" mit dem 866 verstorbenen Gf./Hzg. Liudolf nicht zu sichern ist – zurückgewiesen von: H. KRUMWIEDE, Fischbeck S. 58 ff.; W. METZ, Abstammung Heinrichs I. S. 272 ff., E. HLAWITSCHKA, Herkunft der Liudolfinger S. 156 ff., ND S. 345 ff.; F.-J. JAKOBI, Nachkommen der hl. Ida S. 60. – Den „Haupterben" Egberts und Idas sucht Hömberg über die Corveyer Tradition § 253 (ed. K. HONSELMANN S. 89 nr. 36: *Tradidit Cumbro in vice Odonis comitis quidquid ille habuit in villa nuncupante Suntstede in pago Derlingo. Testes Cobbo, Esic, Immed …)* zu ermitteln, die er „um 825" ansetzt und die einen Grafen Odo im Derlingau aufweist, wo später Otto d. Erl. agierte. Sein Fazit: „Wohl aber dürfen wir in dem Grafen Odo vielleicht den Vater Liudolfs und Großvater des Herzogs Otto vermuten". Doch führt dieses ganze System Hömbergs – ob mit Gf. Odo oder ohne ihn – in eine Nahehenfalle, die es verfehlt erscheinen läßt:

Egbert dux ∞ Ida

Gf. Odo — Gf. Cobbo

Hzg. Liudolf, † 866 — NN

Hzg. Otto d. Erl. ∞ Hadwig, neptis regum (vgl. bei nr. 7)

D) Einen neuen Anlauf zur Lösung des Problems unternahm K.A. ECKHARDT, Studia Corbeiensia I S. 140–155. Beim Bemühen um eine Neuedition der Corveyer Traditionsnotizen stieß er auf einen bisher stets vernachlässigten Hinweis, daß das seit längerem verlorene ursprüngliche Corveyer Traditionsregister eine Textwiederholung enthielt. Und zwar heißt es da in einer der erhaltenen Abschriften u.a., daß der Benutzer „nach der Notiz über die Tradition, die ein gewisser Bardo anstelle eines gewissen Asic für dieses Asics Sohn vornahm", diese Doubletten wiederfinden werde (… *post traditionem, quam Bardo quidam fecit vice cuiusdam nomine Asic pro filio eiusdem Asici iterum reperietis easdem traditiones*). Da unter den überlieferten Corveyer Traditionsnotizen eine solche Schenkung eines Bardo anstelle Asics für Asics Sohn nicht zu finden ist, jedoch die Notiz *Tradidit Bardo comes pro remedio anime Liudulfi familias XVIII in pago Bardengo … quidquid ipse Ludolfus habuit in pago Bardengo … exceptis seorsum denominatis familiis, quas ipse suo germano Cobboni atque suo propinquo Fresgario ad redimendum reliquerat,* auftaucht, in der es weiter heißt: *omnia Bardo comes tradidit ... hac ei potestate contradita ab uxore Ludolfi atque a suis propinquis* (ed. K. HONSELMANN S. 106 nr. 140), gelangt Eckhardt (freilich noch unter Behandlung verschiedener anderer hier nicht zu erwähnender Gesichtspunkte) zur Überzeugung, daß die zitierte Passage des Doublettenhinweises eben jene Bardo-Traditio meine, die dieser für das Seelenheil Liudolfs und gleichsam als Testamentsvollstrecker Liudolfs vorgenommen habe. Das *pro filio Asici* entspreche dem *pro remedio anime Liudulfi*. Der Hinweisschreiber habe sich dabei nicht auf das Traditionsregister selbst, sondern auf den Wortlaut des dem Register zugrundeliegenden Chartulars gestützt. Und demnach ergibt sich für Eckhardt – nach der Gleichsetzung des hier genannten Liudolf mit dem Vater Ottos d. Erl. – der folgende Stammbaum, mit dem er allerdings eigene andere Kombinationen (vgl. bei nr. **22/23**) umstößt:

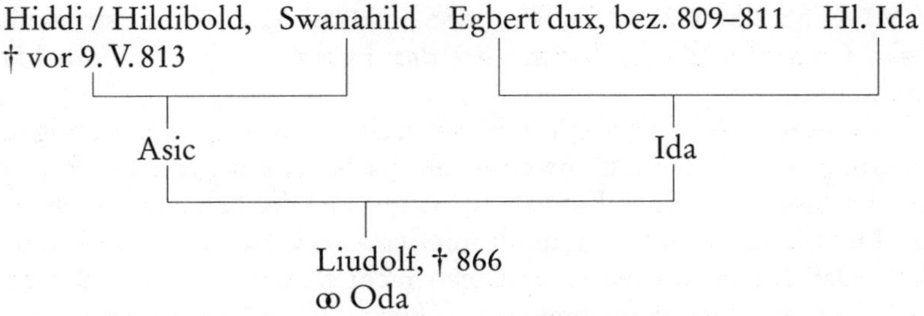

In diesem System ergibt sich Asics (zweite) Gemahlin Ida u.a. aus dem Catalogus donatorum Corbeiensium (MGH SS 15/2 S. 1044 = K.A. ECKHARDT, Studia Corbeiensia I S. 260), in welchem es heißt: *Esic comes (tradidit) vineas in Kastinaco; Bilidrud sua coniux Budinaveldan* (= Bodenfelde); *Ida, secunda coniux eius, Imminchusan et Helmensketben*. Asics Vater Hiddi ergibt sich aus MGH D KdG 218: *... quia Asig, qui et Adalricus, fidelis noster innotuit serenitati nostrae, eo quod pater illius Hiddi mallens fidem suam servare ...* . Asic, der auch in MGH D Lo I 70 bezeugt ist, hatte offenbar ererbten Besitz in Bodenfelde (*Budinifelde*); vgl. Trad. Corb. § 23, ed. K.A. ECKHARDT, Stud. Corb. I S. 190, ed. K. HONSELMANN S. 87 nr. 29. Ebendort wie auch in Emerke tradierte ja gleichfalls *Folcbold pro patre suo Hildiboldo*; vgl. § 33, ed. K.A. ECKHARDT S. 196, ed. K. HONSELMANN

S. 89 nr. 40. Hiddi ist also die Kurzform von Hildibold, und Folcbold war Asics miterbender Bruder. In Bodenfelde und Emerke schenkte schließlich auch Adalbold *pro remedio animae matris suae Suuanahild*; vgl. § 152, ed. K.A. ECKHARDT S. 249, ed. K. HONSELMANN S. 111 nr. 166. Weiteres zur Familie vgl. bei S. KRÜGER, Sächs. Grafschaftsverfassung S. 73f. – Von Asics Gemahlin Ida gibt es indessen keine echte Herkunftsangabe. Da aber jener Liudolf, für dessen Angedenken der Graf Bardo eine Schenkung an Corvey vornahm (s.o.) und den K.A. Eckhardt mit dem 866 verstorbenen *dux* Liudolf identifiziert, einen Bruder Cobbo hatte (s.o.), andererseits der 809–811 bezeugte *dux* Egbert (Belege bei S. KRÜGER, a.a.O. S. 71) mit der Hl. Ida vermählt war und einen Sohn Warin, den Abt des Klosters Corvey, hatte (vgl. oben bei nr. 7 [E]) und da nach der Querimonia Egilmari (MGH Epp. 7 S. 360; zu deren gesicherter Echtheit zuletzt Th. SCHIEFFER, Adnotationes II S. 231–277) Abt Warin einen Bruder Cobbo hatte, ja da der Name Cobbo in der sonstigen Nachkommenschaft Egberts und Idas auftaucht (vgl. Translatio S. Pusinnae cap. 3, MGH SS 2 S. 682, ed. R. WILMANS S. 542f.), erscheint es sinnvoll, Asics Gemahlin Ida als Tochter des *dux* Egbert und seiner Frau Ida aufzufassen.

Bei dieser Rekonstruktion hängt freilich alles an der richtigen Deutung des Doublettenhinweises mit der Schenkung, die Gf. Bardo für das Seelenheil eines Liudolf vornahm, und freilich auch noch an der Identifizierung dieses Liudolf mit dem 866 verstorbenen *dux* Liudolf. Daß für beides die Grundlagen nicht bestehen, ist ausführlich dargelegt, was hier aber ohne großen Platzaufwand nicht zusammengefaßt werden kann, bei E. HLAWITSCHKA, Herkunft der Liudolfinger S. 95–124. Zudem hat K. HONSELMANN, Eine Teilabschrift S. 6–21, aufgezeigt, daß die von K.A. Eckhardt seinen Darlegungen zugrunde gelegte Corveyer Quellensituation unzutreffend ist; vgl. auch K. HONSELMANN, Mönchslisten I S. 60ff., 106 (nr. 140), 112 (nr. 171). Dieser Weg bei der Suche nach den Vorfahren Hzg. Liudolfs ist also völlig abwegig. Er würde zudem zu einer unstatthaften Nahehe 3:3 bei Otto d. Erl. und seiner Frau Hadwig führen; denn wäre Liudolf – nach Eckhardts System – ein Enkel Hzg. Egberts und der Hl. Ida gewesen (s.o.), so hätte sein Sohn Otto d. Erl. auch damals Hadwig, die ihrerseits auch eine Urenkelin Egberts und Idas gewesen zu sein scheint (vgl. bei nr. 7 [Ende]), nicht heiraten dürfen. (Vgl. auch schon bei C). Von Schwierigkeiten dieser Art ist indessen nichts bekannt, was nochmals gegen Eckhardts Rekonstruktion spricht.

E) W. METZ, Heinrich 'mit dem goldenen Wagen' S. 143 Anm. 54, akzeptierte Eckhardts System, meinte jedoch, daß der 866 verstorbene dux Liudolf „schwerlich ein Sohn der zweiten Gattin Asiks, der 'Egbertinerin' Ida, gewesen" sei, „sondern doch wohl ein solcher der um 826 noch lebenden ersten Frau Bilitrud". Mit Eckhardts Basis ist aber auch dieser (die verbotene Verwandtenehe vermeidende) Vorschlag hinfällig.

F) Durch die Forschungen von H. GOETTING, Anfänge des Reichsstifts S. 17ff., 22ff., ist deutlich geworden, daß schon Liudolfs Großvater und Vater eine Klostergründung in Brunshausen (östl. Gandersheim) vornahmen. Namen sind indessen nicht zu ermitteln. Goetting macht freilich auf zwei Güterschenkungen aus Gandersheim an das Kloster Fulda aufmerksam, die ca. 780–802 und ca. 802–817 von einem gewissen Adolf bzw. einem B[r]uno vorgenommen wurden; E.F.J. DRONKE, Tradit. Fuldens. cap. 41 nr. 17 und 28, S. 96f.; ed. E.E. STENGEL, UB Fulda I S. 497 nr. 505: *Adolf de Saxonia trad. Deo et sco. Bonifatio in pago Flenide et in marcha Gandesheim XV mansos …; Ego Buno de Saxonia trado ad scm. Bonifatium predia mea in loco Gandesheim* … Gerade die Besitzverankerung beider in Gandersheim, wo Liudolf bald nach der Mitte des 9. Jhs. seine Klosterstiftung vornahm, macht es wahrscheinlich, daß wir hier ältere Mitglieder der Liudolfsippe vor uns haben. Insofern erhält dann auch die eingangs erwähnte Mitteilung des Pfaffen Eberhard in seiner Gandersheimer Reimchronik über einen Brun als Vater Hzg. Liudolfs neuen Wert.

G) R. WENSKUS, Sächs. Stammesadel S. 111, 236, möchte diesen Brun nicht nur als Vater Liudolfs betrachten, sondern auch noch weitere Vorfahren und Verwandte – vornehmlich aus Fuldischen, Corveyer und Lorscher Traditionsnotizen – auf der Basis von Namensgleichheiten und -ähnlichkeiten rekonstruieren. Jedoch ist mit lediglich vermutbaren Identifizierungsmöglichkeiten kein sicherer genealogisch verwertbarer Gewinn zu erzielen. Kritische Genealogie kann hier nicht folgen.

10 / 11 : Gf. Billung und Aeda als Eltern Odas

Zum Beleg für die Abstammung Odas von Gf. Billung und seiner Frau Aeda vgl. bei nr. **5**. – Zu möglicherweise auf Gf. Billung beziehbaren Bezeugungen eines Billing in Fuldaer Urkunden aus den Jahren 837 und 863 vgl. R. WENSKUS, Sächs. Stammesadel S. 195; S. KRÜGER, Sächs. Grafschaftsverfassung S. 80 und 82 Anm. 5.

12 : Gf. Poppo (I.) v. Grabfeld als Vater Gf. / Hzg. Heinrichs (v. Babenberg)

Nach den Ann. Fuldens. ad 883, MGH SS rer. Germ. S. 110, war Gf. Heinrich (nr. **6**) der Bruder des von ca. 878–892 in der Sorbischen Mark tätigen *marchio* bzw. *dux* Poppo (II.): *Iterum inter Popponem et Eginonem discordia. ... Heimricus, frater Popponis scilicet, cum Nordmannorum manum validam Prumiam venire cognoscit, ...* (Zu *Boppo comes et dux Sorabici limitis* vgl. ebd. ad 880, 883, 892, S. 95, 100, 122); ebd. ad 882 S. 109: *Civile bellum inter Saxonibus et Thuringis exoritur, machinantibus Poppone fratre Heimrici et Eginone comitibus.* – Der Name Poppo, die Ausübung der Grafenfunktion im Grabfeld und die Besitzlage am mittleren Main, im Grabfeld und in der Buchonia, haben – obgleich direkte Filiationsbelege fehlen – zuerst J.G. ECKHART, Commentarii II S. 731, zu der Vermutung geführt, daß die Brüder Heinrich und Poppo (II.) Söhne eines von 819–839 in der Fuldaer Gegend, im Grabfeld und in den mittleren Mainlanden wie auch im Saalegau reich begüterten Grafen Poppo (I.) gewesen seien. Diese Annahme auf besitzgeschichtlicher und namenkundlicher Basis gilt seither recht unbestritten. Vgl. etwa F. STEIN, Gesch. Frankens I S. 77; E. DÜMMLER, Ostfränk. Reich III^2 S. 168; W. SCHLESINGER, Landesherrschaft S. 59; S. KRÜGER, Sächs. Grafschaftsverfassung S. 89 Anm. 1; E. KIMPEN, Abstammung Konrads I. u. Heinrichs I. S. 749; DERS., Genealogie d. bayr. Herzöge S. 61; F. GELDNER, Zur Genealogie S. 257ff.; W. METZ, Problem der Babenberger S. 67; H.K. SCHULZE, Grafschaftsverfassung S. 223ff.; R. WENSKUS, Sächs. Stammesadel S. 248ff.; A. FRIESE, Herrschaftsgeschichte, Register; H. STEIDLE, Mittelrhein. Herkunft S. 313.

Wegen des größeren zeitlichen Abstands – Poppo (I.) ist von 819 an bezeugt und verstarb bald nach 840/41 (H.K. SCHULZE, a.a.O. S. 220f.; A. FRIESE, a.a.O. S. 101–105; H. STEIDLE, a.a.O. S. 313, 329ff.), während Heinrich und Poppo (II.) erst seit 866 bzw. 880 in den Quellen genannt werden – ist es freilich auch möglich, daß Poppo (I.) nicht der Vater, sondern bereits der Großvater Heinrichs und Poppos (II.) war; vgl. zu solchen Erwägungen bei F. GELDNER, Zur Genealogie S. 257ff.; R. WENSKUS, a.a.O. S. 250.

13 : Hypothesen zur Herkunft der Mutter Gf. / Hzg. Heinrichs (v. Babenberg)

F. GELDNER, Neue Beiträge S. 11, möchte die *Blitrud comitissa*, die um die Mitte des 9. Jhs. reiche, im Radenzgau gelegene Besitzungen an das Kloster Fulda schenkte (E.F.J. DRONKE, Trad. Fuldens. cap. 4 nrn. 83 u. 84, S. 20), als Witwe Gf. Poppos (I.) auffassen, da einerseits freundschaftliche Beziehungen zwischen dem Geschichtsschreiber Einhard und Poppo (I.) bestanden (MGH Epp. 5 S. 112) und andererseits Einhards Gemahlin Imma einen Brief an eine „geliebte Schwester Blidthrut" schrieb, in dem sie um Gnade für Blidtruds *servus de Makesbach*, namens Wenilo, bat, wobei *Makesbach* mit dem im Einflußbereich Poppos (I.) gelegenen Maßbach (Lkr. Kissingen) oder Mosbach (b. Großostheim) identifizierbar sei. – Beweiskräftig sind diese Andeutungen freilich nicht.

K.A. ECKHARDT, Genealog. Funde S. 12 u. Tafel S. 53, möchte als Gemahlin Poppos (I.) eine namentlich unbekannte Tochter des zwischen 750 und 802 Güter in der Wetterau an Fulda schenkenden Paares *Heimerich et uxor eius Hadaburch* (E.E. STENGEL, UB Fulda I S. 443 nr. 353, Datierung ebd. S. 435) annehmen und von da Fäden zu den mittelrheinischen Rupertinern, den Gründern des Klosters Lorsch, spannen, in deren Familie der Name *Heimerich* gängig war. Vgl. dazu auch noch Hinweise bei W. METZ, Abstammung Kg. Heinrichs I. S. 285f., und DERS., Problem der Babenberger S. 62–67. – Mehr als eine ganz unverbindliche Hypothese ist auch dieser Vorschlag nicht.

14 / 15 : Gf. Cobbo d. Ä. und seine Frau NN als vermutbare Eltern der Ehefrau Gf. / Hzg. Heinrichs

Da die bei nr. **7** besprochenen Vorschläge A – E zur Bestimmung der Ehefrau Gf. / Hzg. Heinrichs als nicht akzeptabel zurückgewiesen werden mußten, bleibt nur noch die weitere Zurückverfolgung des Lösungswegs F angezeigt. Dieser weist uns Gf. Cobbo d. Ä., der in der Spätzeit Ks. Ludwigs d. Fr. und bis um 850 bezeugt ist (vgl. E. DÜMMLER, Ostfränk. Reich I^2 S. 146, 181, 185, 284, 347, 367; S. KRÜGER, Sächs. Grafschaftsverfassung S. 72), als denjenigen auf, über den sich die in der Vita Hathumodae des Agius und in der Translatio S. Pusinnae angedeuteten Verwandtschaftsbeziehungen Hadwigs (nr. **3**) zu den Karolingern erklären lassen.

Über Cobbos d. Ä. Frau ist nichts bekannt.

Zu älteren Auffassungen zur Familie der Egbertiner / Cobbonen vgl. G. WAITZ, Jahrb. Heinrichs I. S. 181–189.

16 : Nachrichten zur Abstammung Gf. Bruns

Zu einigen erst seit dem fortgeschrittenen Hochmittelalter aufkommenden Nachrichten, daß die Liudolfinger vom Sachsenherzog Widukind abstammen sollen, vgl. G. WAITZ, Jahrb. Heinrichs I. S. 180 ff.; zur Aufnahme eines Widukind-Mythos in die Geschichtssicht am Braunschweiger Hof vgl. E. HLAWITSCHKA, Brunonen S. 143 f., 158 ff.

20 / 21 : Vermutungen zu den Eltern Gf. Billungs

R. WENSKUS, Sächs. Stammesadel S. 195 f., möchte, weil der 866 verstorbene *dux* Liudolf und seine Frau Oda eine Tochter Christina hatten (Hrotsvitha, Primordia v. 485 u. 581, MGH SS rer. Germ. S. 243, 246), auf der Basis von zwei Fuldaer Traditionsnotizen (E.F.J. DRONKE, Tradit. Fuldens. cap. 41 nrn. 61 und 62, S. 98 f.), die einen *Bernhardus comes* mit seiner Frau Christina aufweisen, „annehmen, daß Bernhard und Christina die Eltern des fränkischen [Adligen] Billung und Großeltern Odas sind".

22 / 23 : Vermutungen zu den Eltern Aedas

A) S. KRÜGER, Sächs. Grafschaftsverfassung S. 72- 79, hält Aeda für eine Egbertinerin, und zwar für eine Tochter des *dux* Egbert und seiner Gemahlin Ida. Sie setzt nämlich Aeda mit der durch den lang andauernden Osnabrücker Zehntstreit bekannten, im gefälschten Diplom Ludwigs d. D. (MGH D LdD † 178) wie auch in Ks. Heinrichs IV. Urkunde (MGH D H IV 309, zur Echtheit S. XXII Anm. 5) genannten Äbtissin Addila bzw. Adela von Herford (= Vorgängerin der von 858–887 nachweisbaren Äbtissin Haduwy) gleich, welche in der Querimonia Egilmari (MGH Epp. 7 S. 360 nr. 3; zur lange angezweifelten, nun gesicherten Echtheit dieser Quelle vgl. Th. SCHIEFFER, Adnotationes II S. 231–277) ohne Namensnennung als Herforder Äbtissin und als Schwester Abt Warins von Corvey und Gf. Cobbos auftritt. Da die letzteren wiederum die Äbtissin Haduwy von Herford zur Nichte hatten, ergibt sich folgender Zusammenhang:

Egbertus dux ∞ Ida

Gf. Cobbo d. Ä. | A. Warin v. Corvey | Addila = Aeda ∞ Gf. Billung

Äbt. Haduwy v. Herford 858–887 | Gf. Cobbo d. J. | Oda † 913 ∞ Gf. Liudolf † 866

B) Übernommen wurde diese Gleichsetzung von H. GOETTING, Anfänge des Reichsstifts S. 28, 31; J. SEMMLER, Corvey u. Herford S. 306 Anm. 156, 310; K.A. ECKHARDT, Genealog. Funde S. 33ff. Letzterer hat auf dieser Basis den Versuch unternommen, die Angaben der Translatio S. Pusinnae cap. 3 (MGH SS 2 S. 682, ed. R. WILMANS S. 542; Zitat auch schon in nr. 7 [E]), Äbtissin Haduwy sei *tertio quartoque cognationis gradu* mit Ks. Karl d. K. verwandt gewesen, aufzuhellen. Er hält Ida für eine Tochter Kg. Karlmanns, des 771 verstorbenen Bruders Karls d. Gr., und Gerbergas, wodurch sich ergäbe, daß Haduwy im 4. Grade, Karl d. K. im 3. Grade von Kg. Pippin abstammten und wodurch sich das Auftauchen des Namens Gerberga bei einer Schwester Ottos d. Erl. (der 2. Äbtissin v. Gandersheim, † 897), dann bei Kg. Heinrichs I. Tochter Gerberga (Gemahlin zuerst Hzg. Giselberts v. Lothringen, dann Kg. Ludwigs IV. v. Frankreich) etc. erklären ließe. (Vgl. auch schon oben bei nr. 7 [F]).

Kg. Pippin, † 768

Ks. Karl d. Gr., † 814 | Kg. Karlmann † 771 ∞ Gerberga

Ida ∞ Egbert dux

Ks. Ludwig d. Fr., † 840

Äbt. Addila = Aeda ∞ Billung

Ks. Karl d. K., † 877 | Äbt. Haduwy v. Herford | Oda ∞ Liudolf

Hierbei hängt alles an der Gleichsetzung Aeda = Äbt. Addila/Adela. Ihr ist indessen bereits mehrfach widersprochen worden; so z.B. von A.K. HÖMBERG, Werler Grafenhaus S. 120f. Anm. 340, 347; W. METZ, Abstammung Kg. Heinrichs I. S. 273f., wo bes. auf das Fehlen aller Egbertiner-Namen wie etwa Egbert, Ida, Warin, Cobbo, Hadwig und Bovo bei den Liudolfingern, den Nachfahren Aedas, hingewiesen wird. (Metz meint überdies, daß die Vorfahren Odas [nr. **5**] in verwandtschaftlichen Verbindungen mit den frühen Konradinern gestanden haben müßten). Zudem müßte in diesem System Aeda eine Sächsin (gemäß ihrem Vater!) gewesen sein; jedoch war sie nach der Vita Hathumodae *nobilissima Francorum prosapia descendens* (vgl. bei nr. **8 / 9**). Das diskreditiert diese Anordnung gänzlich. Deshalb hat K.A. ECKHARDT, Studia Corbeiensia I S. 150f., diese Gleichsetzung auch selbst aufgegeben und eine neue Erklärung für diesen ganzen Problemkreis gesucht (vgl. bei nr. **8 / 9** [D]); doch kann auch seine neue Lösung nicht überzeugen; vgl. bei nr. **8 / 9** [D].

C) Im Zusammenhang mit seiner erwähnten neuen Sicht der Vorfahrenschaft der Liudolfinger (vgl. bei nr. **8 / 9** [D]) hat K.A. ECKHARDT, Studia Corbeiensia I S. 170ff., die Ansicht vertreten, Aeda sei niemand anders gewesen als Adelheid, die älteste Tochter Kg. Pippins von Italien († 810). Er stützt sich dabei auf die Fasti Corbeienses und deren Nachricht zum Jahre 885: *Oda comitissa, Pipini regis Italiae ex filia neptis, Hliudolfi ducis vidua, in Calve ad flumen Milde fundat sanctimonialium ecclesiam in honorem S. Laurentii*, dazu außerdem auf eine Halberstädter Urkunde vom 18. X. 1121, in der es heißt, das Frauenkloster in *Calvo* sei von der *felicis memorie Oda comitissa, regia stirpe orta*, einst eingerichtet worden (G. SCHMIDT, UB Halberstadt I S. 122ff. nr. 151). Nun sind aber die Fasti Corbeienses (Wiederabdruck bei K.A. ECKHARDT, a.a.O. II S. 477ff.), trotz des von Eckhardt versuchten Nachweises, daß es sich um eine brauchbare Quelle handele, nach wie vor als eine Fälschung J.Chr. Harenbergs von ca. 1753/55 zu werten (vgl. E. HLAWITSCHKA, Herkunft der Liudolfinger S. 128–139, ND S. 317–328). Kg. Pippins Tochter Adelheid war zudem 807 noch *in infancia* und unverheiratet, und sie hatte damals den Gf. Alpkar als *baiolus* um sich (vgl. E. HLAWITSCHKA, a.a.O. S. 137f., ND S. 326f.), so daß sie doch wohl kaum die Mutter der 806 geborenen Oda (vgl. bei nr. **5**) gewesen sein kann. Die Nachricht der Halberstädter Urkunde von 1121 ist mit R. HOLTZMANN, Laurentiuskloster S. 185–191, zwar auf Hzg. Liudolfs Gemahlin Oda zu beziehen, das *regia stirpe orta* aber lediglich als Bekundung des Tatbestandes, daß Oda dem Liudolfingergeschlecht angehörte (das ja im 12. Jh. als das Königsgeschlecht galt), zu verstehen. – So bleibt Aedas Herkunft nach wie vor ungeklärt.

24 : Vermutungen über den Vater Gf. Poppos (I.) (v. Grabfeld)

R. WENSKUS, Sächs. Stammesadel S. 260f., 262f., 272, 289, 294, schlägt als Eltern Gf. Poppos (I.) das in Lorscher Traditionen bezeugte Paar Walah und Eggiwiz vor; doch sind dies pure Spekulationen ohne jede Überzeugungskraft.

A. FRIESE, Herrschaftsgeschichte S. 65, 79, 101, (danach H. FRIN, Herkunft Adalberts, Tafel), möchte das Ehepaar Heimerich und Hadaburg, das in den 70er und 80er Jahren des 8. Jhs. Besitz in und um Hammelburg sowie in der Wettereiba an Fulda tradierte und auch den Ort Gössenheim in Unterfranken an Echternach schenkte, wobei Heimerich / Heinrich evtl. bis 812 bezeugt ist, als Stammeltern „der im Grabfeld und Thüringen im 9. Jh. so mächtigen Popponen“ ansehen. Zudem seien die Popponen ein Zweig der „Robertiner“. Daran ist manches erwägenswert, doch stringente Verbindungen fehlen.

H. STEIDLE, Mittelrhein. Herkunft S. 329f. u. 340, kommt abwägend zum Ergebnis, daß „Graf Poppo (I.) wohl der mittelrheinischen Adelsgesellschaft entstammte“, ohne eine präzisere Festlegung auszusprechen.

28 / 29 : Dux Egbert und die (Hl.) Ida als Eltern Gf. Cobbos d. Ä.

Zu den Belegen für die Abstammung Gf. Cobbos d. Ä. vom *dux Egbertus*, einem Sachsen, und seiner Frau Ida vgl. bei nr. **7** [E und F]; auch E. HLAWITSCHKA, Herkunft der Liudolfinger S. 147–165, ND S. 336–354. – Beide gehören der Zeit Karls d. Gr. an. Über Geburts-, Heirats- und Todeszeit Egberts ist nichts Näheres bekannt. Ida muß – als Tochter Kg. Karlmanns (vgl. bei nr. **58 / 59**) – vor 771 geboren sein. Nach ihrer Vita (lib. I cap. 5, MGH SS 2 S. 571; ed. R. WILMANS S. 473) hat sie ihren bis 811 (Ann. regni Franc. ad 811, MGH SS rer. Germ. S. 134; BM^2 nrn. 450 d und 460 a) bezeugten Gatten überlebt.

Daß Egbert wie auch Ida in Herzfeld/Lippe verstorben sind und dort begraben wurden, läßt sich der Vita S. Idae lib. I cap. 5–7, MGH SS 2 S. 571f., entnehmen. In der Vita wird sodann von zahlreichen durch Ida bewirkten Wundern berichtet.

58 / 59 : Kg. Karlmann und Gerberga als Eltern der (Hl.) Ida

Zur Abstammung der Hl. Ida von Kg. Karlmann und Gerberga vgl. bei nr. **7** [E und F]. Zu Karlmanns Lebensdaten – geboren 751, gestorben am 4. XII. 771 – vgl. die Belege bei BM^2 nr. 115 b–130 a, 142 a (Gerberga); E. HLAWITSCHKA, Vorfahren Karls d. Gr. S. 81 nr. 57.

Ergänzend sei freilich auch noch darauf hingewiesen, daß R. WENSKUS, Sächs. Stammesadel S. 106, von der Nachbenennungssitte her folgendermaßen argumentiert: „Die Tatsache, daß die Namen Theodolf (Tiadulf) und Liudolf bei den Erben Idas, den Esikonen, später zu finden sind, läßt die Vermutung zu, daß die Frau Ekberts, die einziges Kind war, eine Enkelin jenes am ‘fränkischen’ Mittelrhein beheimateten Theodolf und seiner Frau Ida gewesen ist, als deren Söhne Liudolf († 785?), Folcleich und Nandolf begegnet sind“. Mehr als eine ganz unverbindliche Spekulation wird dabei nicht geboten.

Früher hatte A.C. WEDEKIND, Noten I S. 141–149 (Note XI), gemeint, Ida als Tochter Gf. Bernhards, des Sohnes Karl Martells, auffassen zu dürfen, wobei er sich auf das Chronicon Corbeiense beruft. Dieses ist indessen eine eklatante Fälschung des 1755 verstorbenen J.F. Falke, wodurch sich diese Sicht erledigt.

IV : Hatheburg, 1. Gemahlin Kg. Heinrichs I.

1: Hatheburg

Thietmar v. Merseburg, Chron. lib. I cap. 5, MGH SS rer. Germ. NS 9 S. 8, berichtet über Heinrichs I. Jugendzeit: *Interim cuiusdam matronae famam, quae Hatheburch dicebatur, Heinricus comperiens, qualiter eam sibi sociaret, iuvenili exarsit amore … Internuntios Heinricus quam propere misit, et quamvis hanc esse viduam et sciret velatam, suae tamen ut satis faceret voluntati, eam fide promissa petivit … Nuptiis ex more peractis, sponsus cum contectali ad Merseburch venit.* – Hatheburg war demnach, bevor Heinrich sie heiratete, bereits einmal verheiratet gewesen und hatte als Witwe den Schleier genommen.

Diese Ehe Heinrichs I. ist – nach Thietmars Erzählabfolge (cap. 5/6) – zwischen 906 und 912 zustande gekommen; durch cap. 6 wird sie sogar erst der Zeit Kg. Konrads I. zugewiesen, was aber nicht stimmen kann (s. unten). – Heinrichs Scheidung von Hatheburg und seine 2. Verehelichung – mit Mathilde – hingegen sind bei Thietmar in lib. I cap. 9 (S. 14) erst in Heinrichs Königszeit gesetzt, was ebenfalls unrichtig ist. Denn dem widerspricht schon die Vita Mahthildis antiquior cap. 4 (MGH SS 10 S. 576, ed. B. Schütte S. 116), indem dort zu finden ist, daß Heinrichs I. Vater, Hzg. Otto d. Erl. († 912), die Brautwerbung um Mathilde durchführen ließ und erst drei Jahre nach dem Abschluß dieser Angelegenheit verstorben sei: *Praefatus vero dux Otto, pater Heinrici, tres post haec vivens annos mortem subiit.* Damit ist Heinrichs 2. Ehe auf 909 datiert. Daß sie noch vor dem Tode Hzg. Ottos d. Erl. zustande kam, geht auch aus den Nachrichten über die Geburt Ottos d. Gr., des ältesten Sohnes Heinrichs I. und Mathildes, hervor. So wissen wir aus den Primordia coenobii Gandeshem. Hrotsvithas v. Gandersheim v. 561–564 (MGH SS rer. Germ. S. 245) von Ottos d. Gr. Geburt *ante dies octo totidem quoque noctes* vor dem Tode des Großvaters, d.h. Ottos d. Erl. († 30.XI.912). Und dies wird auch durch andere Nachrichten bestätigt; vgl. BO nr. 55 c. – Wurde Heinrichs I. 2. Ehe also im Jahre 909 geschlossen, so muß – da die 1. Ehe z. Zt. der Geburt und Taufe Thankmars, des Sohnes dieser 1. Ehe (vgl. Thietmar, Chron. lib. I cap. 9, MGH SS rer. Germ. NS 9 S. 14; Widukind, Rer. gest. Saxon. lib. II cap. 9, MGH SS rer. Germ. S. 73), noch bestanden haben muß, weil ja Thankmar den Namen eines Bruders Heinrichs (vgl. Widukind, a.a.O. lib. I cap. 21, S. 30) erhielt – die 1. Verehelichung Heinrichs I. doch wohl mindestens schon in die Jahre 906/08 fallen. Eventuell fand sie auch schon einige Jahre früher statt.

Über die Geburts- und Todeszeit Hatheburgs gibt es keine Quellenzeugnisse. W. GLOCKER, Studien S. 263, vermerkt: „* vielleicht ca. (876)", was sich an der Geburtszeit Kg. Heinrichs I. orientiert. Zu den Scheidungsgründen – neue Liebe zur schönen und vor allem reichen Mathilde und Vorschieben der Einsicht, mit einer *velata* habe er keine Ehe eingehen dürfen – vgl. Thietmar, Chron. lib. I cap. 9, S. 14, und G. WAITZ, Jahrb. Heinrichs I. S. 15 f.; hierzu jedoch skeptisch W. GLOCKER, Studien S. 9.

Die Nennung einer *Hadaburg* in einem etwa 932 gefertigten, im Reichenauer Verbrüderungsbuch (pag. 20) überlieferten Nekrologexzerpt, das aus dem Umkreis Mgf. Geros zu stammen scheint, wobei diese *Hadaburg* – entsprechend der Stellung im rekonstruierbaren kalendarischen Gefüge der Vorlage – zwischen einem 17. X. und 4. XI. verstorben sein muß, erwog G. ALTHOFF, Unerforschte Quellen (III) S. 99 und 102, auf Heinrichs I. verstoßene 1. Gemahlin zu beziehen. Das ist freilich unsicher, wenngleich Heinrichs I. 1. Frau dem weiteren Verwandtenkreis Mgf. Geros angehörte; vgl. dazu bei nr. **3**. Andererseits ist jedoch auch eine *Hadeburc abbatissa* im Merseburger Totenbuch, in das 1017/18 das Totengedenken der Familie der Ottonen eingegangen ist (vgl. G. ALTHOFF, Adels- u. Königsfamilien S. 156 ff.), zum 21. VI. als verstorben verzeichnet (ed. E. DÜMMLER, S. 236, Sonderausgabe S. 14; MGH Lib. mem. et necrol. 2 Tafel 7), die wiederum mit einer im Juni verstorbenen *Hedepurg* einer St. Galler Gedenkliste, welche auf einem um 932/35 gefertigten Nekrologauszug aus dem Umfeld der Familie Kg. Heinrichs I. beruht, identisch sein dürfte (G. ALTHOFF, Unerkannte Zeugnisse S. 402). Ist Hatheburg nach der Trennung ihrer Ehe wieder in eine geistliche Frauengemeinschaft zurückgegangen, in der sie schon einmal den Schleier genommen hatte – so vermuteten bereits G. WAITZ, Jahrb. Heinrichs I. S. 15, und K.A. ECKHARDT, Geneal. Funde S. 15 –, konnte sie dort wohl auch zur Äbtissinnenwürde gelangen. Während so der 21. VI. als Hatheburgs Todestag wahrscheinlich ist, könnte sich als Todesjahr die Zeit vor 932/35 ergeben. Sicherheit ist freilich nicht zu erlangen.

2 : (Gf. ?) Erwin als Vater Hatheburgs

Durch Thietmar v. Merseburg, Chron. lib. I cap. 5, MGH SS rer. Germ. NS 9 S. 8, erfahren wir: *Hatheburg … erat filia Ervini senioris, qui in urbe predicta* (= Merseburg) *maximam tenuit partem*. Von diesem Manne gibt es keine weiteren Bezeugungen; vgl. R. SCHÖLKOPF, Sächs. Grafen S. 35. Ob er Graf war, ist unsicher; auf alle Fälle war er aber sehr reich und adelig (vgl. Thietmar, a.a.O.), denn Heinrich heiratete ja doch die Erwin-Tochter Hatheburg *ob huius pulchritudinem et hereditatis divitiarumque utilitatem*. Auch Widukind v. Corvey, Rer. gest. Saxon. lib. II cap. 11, MGH SS rer. Germ. S. 76, sagt, daß Thankmar, Heinrichs I. und Hatheburgs Sohn, *natus erat ex matre nobili. … erat autem mater eius multam habens possessionem*. Wenn der Contin. Reginonis, Chron. ad 939, MGH SS rer. Germ. S. 161, Thankmar als *frater regis* (= Ottos I.) *ex concubina* bezeichnet, so ist dies eine bewußte Herabsetzung Thankmars wie auch der 1. Ehe Heinrichs I.

3 : NN, die Mutter Hatheburgs

Widukind v. Corvey, Rer. gest. Saxon. lib. II cap. 9, MGH SS rer. Germ. S. 73, schreibt, daß sich Kg. Heinrichs I. und Hatheburgs Sohn Thankmar (937) das Amt des soeben verstorbenen Grafen Siegfried anmaßte, weil er mit diesem verwandt gewesen sei; und zwar sei seine Mutter (Hatheburg) die Tochter von Siegfrieds Mutterschwester gewesen: *Illo quoque tempore defunctus est Sigifridus comes; cuius legationem cum sibi vendicasset Thancmarus, eo quod propinquus ei esset – nam mater eius filia erat materterae Sigifridi, de qua genuit rex Heinricus Thancmarum –, et regali dono cessisset Geroni comiti, afflictus est Thancmarus tristitia magna*. Nun hat K. SCHMID, Neue Quellen S. 211 ff., auf der Basis von alemannischen Gedenkbucheinträgen klargestellt, daß Gf. Siegfried ein Bruder des Mgf. Gero gewesen ist und daß beider Vater der 932 verstorbene Gf. Thietmar gewesen ist. Demnach stellt sich das, was sich über Hatheburgs Mutter sagen läßt, folgendermaßen dar:

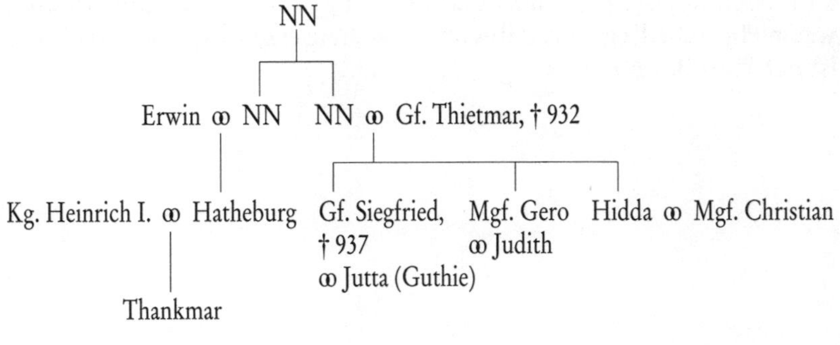

Widukind, a.a.O. lib. II cap. 2, S. 67, spricht in seinem Bericht über Ottos I. Aachener Krönungsmahl im August 936 von Siegfried aber auch als *Sigifridus vero, Saxonum optimus et a rege secundus, gener quondam regis, tunc vero affinitate coniunctus*. Offensichtlich ist hier im letzten Satzteil eine Umschreibung des soeben dargelegten Verwandtschaftsverhältnisses gegeben, in dem Siegfried über Hatheburg als verwandtschaftlich mit Heinrich I. verbunden erscheint. Das *gener quondam regis* des ersten Satzteils könnte hingegen andeuten, daß Siegfried vor seiner Ehe mit Jutta (Guthie) eine bald verstorbene Schwester (oder Halbschwester) Heinrichs I. zur Gemahlin hatte. Die Übersetzung bei A. BAUER und R. RAU, Quellen S. 89: „Schwager des einstigen Königs, jetzt auch dem neuen König verschwägert", ist demnach im letzten Satzteil in „danach ihm verwandtschaftlich verbunden" zu verbessern. Und auch der erste Satzteil muß wohl mit „einst Schwager des Königs" (Heinrich I.) gedeutet werden. – Der Bezug auf Heinrichs I. Vorgänger Kg. Konrad I., den G. ALTHOFF, Thronbewerber S. 457, vorschlug, ist nicht haltbar; vgl. dazu E. HLAWITSCHKA, Nochmals zu den Thronbewerbern S. 464.

4 : Vermutungen zum Vater (Gf.?) Erwins

Über Erwins Vorfahren ist nichts bekannt. R. WENSKUS, Sächs. Stammesadel S. 110, meint, von der Fixierung auf die Zweitsilbe *-win* herkommend, es sei – da um 786 ein Albwin an das Kloster Lorsch und wohl zur gleichen Zeit ebenso im thüringisch-sächsischen Grenzgebiet an Fulda tradiert habe (K. GLÖCKNER, Cod. Lauresham. III S. 112 nr. 3268; E.F.J. DRONKE, Trad. Fuldens. cap. 38 nr. 224, S. 75) – „vielleicht nicht abwegig, in Erwin den Sohn Albwins zu sehen", welcher auch noch um 865 „für *Leodulfus comes* in Sachsen zeugt" (K. HONSELMANN, Mönchslisten S. 125 nr. 250). Nun heißt der Schenker an Lorsch indessen *Altuinus* und der Zeuge für Gf. Leodulf *Aluuini*, was nicht unbedingt mit Albwinus gleichzusetzen ist. Schon dadurch ist der Wert des Hinweises gering.

V : Kgn. Mathilde, 2. Gemahlin Kg. Heinrichs I.

1 : Kgn. Mathilde

Als Gemahlin Kg. Heinrichs I. ist Mathilde in mehreren Quellen bezeugt. So z.B. in MGH D H I 3: *rogatu coniugis nostrae (= Heinrici regis) domnae reginae Mahthildis*; dazu D H I 13, 18, 20, 24, 38, 41. Aus der Menge der erzählenden Quellen sei lediglich hingewiesen auf Widukind v. Corvey, Rer. gest. Saxon. lib. I cap. 31 (*Genuit quoque ei (= Heinrico regi) et alios filios clara et nobilissima ac singularis prudentiae regina nomine Mahthilda, primogenitum mundi amorem nomine Oddonem, secundum patris nomine insignitum, virum fortem et industrium Heinricum, tertium quoque nomine Brunonem* ...) und lib. III cap. 74, MGH SS rer. Germ. S. 43 und 150; Contin. Reginonis ad 965, MGH SS rer. Germ. S. 175; Liudprand, Antapod. lib. IV cap. 15, MGH SS rer. Germ. S. 112f.; Vita Mahthildis ant. cap. 1 u. 2, MGH SS 10 S. 575f., und Vita Mahthildis (post.) cap. 1, MGH SS 4 S. 284, beide neu ed. von B. SCHÜTTE in: MGH SS rer. Germ. S. 113–116 und 150ff.; vgl. auch Thietmar v. Merseburg, Chron. lib. I cap. 9, MGH SS rer. Germ. NS 9 S. 14.

Als Geburtszeit Mathildes erwägt W.K. Prinz v. ISENBURG, Ahnen Tafel 1, „um 890"; dies offenbar nach einer Vermutung bei H. JAEKEL, Grafen v. Mittelfriesland S. 67. M. LINTZEL, Mathilde S. 162, schreibt: „Das Geburtsjahr Mathildes ist nicht überliefert. Es dürfte indessen um 895 liegen"; S. 163: „Heinrich war, als er sich mit der jungen, etwa 14-jährigen Mathilde vermählte, keineswegs mehr ein Jüngling". A. BÜSING, Mathilde S. 29f.: „Die jüngere Vita gebraucht nun kurz vor der Erzählung der Vermählung ... der Mathilde den Ausdruck *aetate tenera* (cap. 3). Hieraus ergibt sich, daß das Geburtsjahr gegen Ende des 9. Jhs. zu suchen ist". W. GLOCKER, Studien S. 264, meint, Mathilde werde beim Eheschluß „13 – 15 Jahre alt" gewesen, also wohl ca. 994–996 geboren sein. Der letzte Editor der Mathilden-Viten, B. SCHÜTTE, vermerkt in LThK 6, 3. Aufl. 1997, Sp. 1472: „*894/897".

Zum Datum des Eheschlusses Mathildes mit Heinrich I. – 909 in Wallhausen a. d. Helme (westl. Sangerhausen) – vgl. bei **IV : Hatheburg** nr. **1**; auch G. WAITZ, Jahrb. Heinrichs I. S. 18; M. LINTZEL, Mathilde S. 162; A. BÜSING, Mathilde S. 32; E. HLAWITSCHKA, Kgn. Mathilde S. 10; BO nr. e.

Mathilde verstarb am 14. III. 968 in Quedlinburg. Das Todesdatum überliefern die Ann. necrol. Fuld. ad 968, MGH SS 13 S. 201; ed.

K. SCHMID, Klostergemeinschaft v. Fulda I S. 337: *2. Id. Mar. obiit Mahthild regina*; Widukind, Rer. gest. Saxon. lib. III cap. 74, MGH SS rer. Germ. S. 151: *secundo Idus Martias animam Christo reddidit*; Thietmar v. Merseburg, Chron. lib. II cap. 18, MGH SS rer. Germ. NS 9 S. 60: *Post haec sancta Mahtildis II. Id. Marcii migravit ab hoc exilio*; Ann. Corbeiens. ad 967, ed. J. PRINZ S. 118: *Anno dominice incarnationis DCCCCLXVII, II idus martii obiit Mahthildis regina ...* (zur Berichtigung der Jahreszahl vgl. dort Anm. h); weitere Belege bei R. KÖPKE – E. DÜMMLER, Otto d. Gr. S. 440 Anm. 1.

Bestattet wurde Mathilde vor dem Altar der damaligen St. Peterskirche, späteren Stiftskirche St. Servatius zu Quedlinburg neben ihrem Gemahl Kg. Heinrich I.; vgl. C. ERDMANN, Grab Heinrichs I. S. 77 (mit Belegen).

2 : Gf. Dietrich (im westlichen Sachsen / Westfalen) als Vater der Kgn. Mathilde

Gf. Dietrich wird bei Widukind v. Corvey, Rer. gest. Saxon. lib. I cap. 31, MGH SS rer. Germ. S. 44, als Mathildes Vater bezeugt: *Erat namque ipsa domina regina (Mahthilda) filia Thiadrici, cuius fratres erant Widukind, Immed et Reginbern. ... Et hi erant stirpis magni ducis Widukindi, qui bellum potens gessit contra Magnum Karolum per triginta ferme annos*. Auch die Vita Mahthildis ant. cap. 2 bzw. 1, MGH SS 10 S. 576 bzw. neue Ed. MGH SS rer. Germ. S. 114, vermeldet: *Ab huius (= Widekindi) quoque posteris ... praedictae pater puellae prodiit nomine Tiedericus, cui nobilissima juncta erat uxor Reinhild a Fresonum Danorumque genere progrediens*. Ähnlich die Vita Mahthildis post. cap. 2, MGH SS 4 S. 285; neue Ed. MGH SS rer. Germ. S. 149. Überdies schreibt Thietmar, Chron. lib. I cap. 9, MGH SS rer. Germ. NS 9 S. 14: *mens regis (= Heinrici) ab amore uxoris* (= Hatheburg) *decrescens, ob pulcritudinem et rem cuiusdam virginis, nomine Mathildis, secreto flagravit ...; per affines legatosque suos filiam Theodrici et Reinildae, ex Vidicinni regis tribu exortam, interpellat, ut sibi voluisset satisfacere*. Zu späteren Filiationsbelegen, die indes lediglich von Widukind v. Corvey abhängen, vgl. E. HLAWITSCHKA, Kontroverses S. 36 ff.

Zum Amtsbereich Gf. Dietrichs vgl. Vita Mahthildis post. cap. 2, MGH SS 4 S. 285, neue Ed. MGH SS rer. Germ. S. 149: *in occidentali regione comes fuerat gloriosus*; vgl. auch G. WAITZ, Jahrb. Heinrichs I. S. 17.

Für die Geburtszeitangabe „um 872“ und das Todesjahr „† 916“ scheint W.K. Prinz v. ISENBURG, Ahnen Tafel 1, offensichtlich auf E. Frh. v. USLAR-GLEICHEN, Geschlecht Wittekinds S. 45 ff., zu fußen, der Gf. Dietrich mit dem gleichnamigen Bischof v. Paderborn († 8. XII. 917; vgl. A. HAUCK, Kirchengesch. II S. 809) unter Verweis auf die Ann. necrol. Fuldens. ad 917 (MGH SS 13 S. 191; ed. K. SCHMID, Klostergemeinschaft v. Fulda I S. 321, II/1 S. 341) identifiziert; vgl. K. SCHMID, Nachfahren Widukinds S. 12. Die Belege hierfür sind in keiner Weise zwingend oder auch nur ausreichend. Wertet man zudem die (offensichtlich im Herbst 929 entstandenen) Reichenauer und St. Galler Einträge der Familie Heinrichs I. – sie sind zusammengestellt bei K. SCHMID, Neue Quellen S. 186 f., ND S. 391 f.; E. HLAWITSCHKA, Untersuchungen zu den Thronwechseln S. 88; G. ALTHOFF, Amicitiae u. Pacta S. 111, 114 –, in denen *Theotirih* und *Reginhild* genannt sind, als Lebendeneinträge, so müßten die Eltern Mathildes 929 noch gelebt haben. (Zur Deutung der Listen und der in ihnen genannten Personen vgl. E. HLAWITSCHKA, Untersuchungen zu den Thronwechseln S. 88–98, und G. ALTHOFF, Amicitiae u. Pacta S. 110–115).

3 : Reinhild als Mutter der Kgn. Mathilde

Zu den Belegen für die Abstammung Mathildes von Reinhild, die die Mathilden-Viten und Thietmar v. Merseburg liefern, vgl. bei nr. **2**.

Als Geburtszeit Reinhilds vermerkt W.K. Prinz v. ISENBURG, Ahnen Tafel 1: „* um 860“. Dabei scheint er sich auf H. JAEKEL, Grafen v. Mittelfriesland S. 67, zu stützen; vgl. dazu nr. **6 / 7**. Das harmoniert indessen wenig mit der angenommenen Geburtszeit für ihren Gemahl Dietrich: „* um 872“.

Den 11. Mai als Todestag Reinhilds überliefert das Merseburger Totenbuch, ed. E. DÜMMLER S. 234, Sonderausgabe S. 12; Lib. mem. et necrol. NS 2 Tafel 5, zu *V Id. Mai: Reinhild mater regine Mahtildis obiit*. Auch im Diptychon Trevirense, ed. Chr. BROWER, Annales Trevirenses I S. 577: *V. Id. Maii Reinhild mater reg. Mahtildis*. Das Todesjahr ist unbekannt. G. ALTHOFF, Adels- u. Königsfamilien S. 364, vermutet, daß Reinhild „wohl erst nach 931/32“ starb, weil ihr Name in einem von ihm behandelten Nekrologexzerpt aus dem Umfeld der Familie Kg. Heinrichs I. (G. ALTHOFF, Unerkannte Zeugnisse) fehlt, das sich im St. Galler Verbrüderungsbuch als Gedenkeintrag erhalten hat und auf ca. 932/35 datiert werden kann. Auch ist sie noch in den

Einträgen der Königsfamilie Heinrichs I. vom Herbst 929, die die Eingetragenen als Lebende darbieten, genannt; vgl. bei nr. **2**.

4 / 5: NN und Mathilde als Eltern Gf. Dietrichs (in Westfalen)

Von den Eltern Gf. Dietrichs ist nur die Mutter, Mathilde, namentlich bekannt. In der Vita Mahthildis ant. cap. 2, MGH SS 10 S. 576, neue Ed. MGH SS rer. Germ. S. 114, heißt es über die Jugendzeit der Kgn. Mathilde: *Hanc eandem … virginem, Herevordensi quae inerat monasterio, non inter sanctimoniales numeranda, sed ad quaeque utilia libris operibusque nutrienda cum sui matre genitoris, quae in viduitate bonis eo usque profecerat actibus, ut princeps et abbatissa constitueretur sanctimonialium, nobilitas simul et probitatis favor prodidit*. In der Vita Mahthildis post. cap. 2, MGH SS 4 S. 285; neue Ed. MGH SS rer. Germ. S. 150, findet man: *Cum ergo illustris parvula* [= Mathilde, nr. **1**] *esset ablactata, desideravit abbatissa Mahthild, mater Thietrici comitis, quae in Herivordinense sedem possedit abbatiae, praefatam puellam nutriendam suscipere*.

R. Wilmans, Kaiserurkunden I S. 436 ff., hat die These aufgestellt, die ältere Mathilde (nr. **5**) sei mit einem namentlich ungenannten Sohne des Gf. Waltbert († n. 872) und seiner Frau Altburg vermählt gewesen, wobei Gf. Waltbert ein Bruder des Bischofs Wikbert v. Verden (874–908) war. Und über Waltberts Vater Wicbert, den Sohn des Herzogs Widukind, sei so die mehrmals bezeugte Verbindung der Kgn. Mathilde mit dem Sachsenherzog Widukind (vgl. bei nr. **2**) gegeben. Dieser These schlossen sich u. a. an: L.A.J.W. Sloet, Oorkondenboek S. 91 f.; H. Banniza v. Bazan u. R. Müller, Ahnentafeln I S. 27; E. Winkhaus, Ahnen S. 193; S. Krüger, Sächs. Grafschaftsverfassung S. 90 ff.; R. Schölkopf, Sächs. Grafen (Anhang: Stammtafel zur Genealogie der Immedinger); H.-J. Freytag, Herrschaft d. Billunger S. 75 u. Ahnentafel. – Andere, wie etwa E. Kimpen, Genealogie d. bayr. Herzöge S. 63, sehen die ältere Mathilde, die nach dem Tode ihres Gemahls NN Äbtissin in Herford wurde (s. oben), nicht als Gemahlin eines ungenannten Waltbertsohnes, sondern „als eine Tochter Waltberts, des Sohnes von Hzg. Wittekinds Sohn Wicbert“ an.

E. Frh. v. Uslar-Gleichen, Geschlecht Wittekinds S. 44 ff., versuchte, die von R. Wilmans vorgetragene Sicht zu präzisieren, indem er den in der Verwandtschaft der Kgn. Mathilde auftretenden Namen Immed – so hieß ja der Bruder von Kgn. Mathildes Vater Dietrich (vgl. Beleg bei nr. **2**) in seine Überlegungen einbezog: „Ich glaube nun, aus den Zeugen einer Schenkung, welche ein gewisser Cumbro in Vertretung des Grafen (Herzogs) Otto des Erlauchten durch Überweisung seines Eigenthums in Sunstedt (*Suntstede*) im Derlingo an die Mönche von Corvey machte [Ed. dieser Tradition bei K. HONSELMANN, Trad. v. Corvey S. 89 nr. 36: *Tradidit Cumbro in vice Odonis comitis* ...], den Beweis dafür herleiten zu können, daß der Gemahl der Mathilde [nr. **5**] Immed (I.) hieß. An der Spitze der Zeugenreihe dieser Tradition stehen nämlich die Namen Cobbo, Esic und Immed, deren Träger ohne Zweifel ihre bzw. ihrer Gemahlinnen Interessen bei der Übergabe des Gutes wahrzunehmen oder die erforderliche Bürgschaft für die Rechtmäßigkeit der Herleitung ihres Neffen Otto zu leisten hatten. Cobbo, der anscheinend schon Wittwer war, erschien dabei persönlich, während seine Schwester Ida sich durch ihren Gemahl, den Grafen Esic I., und Mathilde [nr. **5**] ebenfalls durch ihren Gemahl sich vertreten ließ, der somit Immed (I.) geheißen haben muß". Indem Immed (I.) als Sohn des nachweislichen Widukind-Enkels Waltbert aufgefaßt wird, läßt sich die gut bezeugte Herkunft der Kgn. Mathilde aus dem Geschlecht des alten Sachsenherzogs Widukind erklären. Jedoch scheitert dieses Unterfangen daran, daß die Cumbro-Notiz nicht nur der Gruppe der von 822–877 an das Kloster Corvey gelangten Traditionen, sondern offenbar sogar bereits der Zeit des von 822–826 amtierenden Abtes Adalhard angehört (vgl. K. HONSELMANN, a.a.O. S. 75 ff.), als Otto d. Erl., der Sohn Hzg. Liudolfs, wohl noch gar nicht einmal geboren war (vgl. bei **III : Kg. Heinrich I.** nr. **2**; dort auch nr. **8/9** [C] zur Cumbro-Notiz). – Übernommen ist diese Sicht von W.K. Prinz v. ISENBURG, Ahnen Tafel 1; H. BANNIZA V. BAZAN u. R. MÜLLER, Ahnentafeln S. 27 f.

Diesen Thesen hat K. SCHMID, Nachfahren Widukinds S. 11–18, durch kritische Interpretation der Wildeshausener Überlieferung, auf die man sich bei diesen Thesen stützte, den Boden entzogen. Auf seine Darlegungen sei hier – ohne sie ausführlich zu resümmieren – verwiesen. Die präzise Filiation von Hzg. Widukind bis zu Kgn. Mathilde ist also nicht mehr festzustellen. Ähnlich vorsichtig bereits M. LINTZEL, Mathilde S. 162. – Zu einer möglichen Schwachstelle in der Argumentation Schmids vgl. jetzt E. HLAWITSCHKA, Kontroverses S. 44 f., ND S. 366 f.

R. WENSKUS, Sächs. Stammesadel S. 131 f., möchte einen anderen Waltbert, einen „Sohn oder eher einen Enkel Alfrik/Abbos, des Schwiegersohnes von Widukind", als „Gemahl jener Mathilde, die wir als Großmutter der gleichnamigen Königin und [als] Äbtissin von

Herford kennen", benennen. „Ob er ein Sohn des *comes Immed* gewesen ist, bleibt unsicher". – Alles ist hier bloße Kombination, die auf der Trennung des Gründers von Wildeshausen und Vreden, namens Waltbert, in zwei verschiedene Personen beruht, und ist ohne zwingenden Beweis.

Zum unbekannten Vater Gf. Dietrichs meint R. WENSKUS, Sächs. Stammesadel S. 116ff., außerdem: „Der Vater [Kgn.] Mathildes trug den Namen Theoderichs des Großen. Daß mit diesem Leitnamen der Immedingersippe der Amaler gemeint war, gewährleisten Namen wie der Amalradas, der Schwester der Königin ...". Auf dieser Basis werden seitenlang die verschiedensten genealogischen Namenskombinationen ausgebreitet, die vornehmlich aus den Corveyer Traditionsnotizen geschöpft sind, ohne daß diese aber zu einem schlüssigen Ergebnis führen.

Nach H. FRIN, Herkunft Adalberts, Tafel, soll ein Gf. Sigbert, Sohn des Widukind-Enkels Waltbert und seiner Ehefrau Altburg, der Gemahl Mathildes d. Ä. und Vater Gf. Dietrichs gewesen sein. Diese Angaben erledigen sich vollständig durch die zitierten Untersuchungen von K. Schmid.

Über Geburts-, Heirats- und Todeszeiten der älteren Mathilde und ihres unbekannten Gemahls ist nichts speziell überliefert. Die ältere Mathilde lebte z.Zt. der Verehelichung ihrer Enkelin (909) noch als Äbtissin in Herford, wie aus den beiden Mathildenviten zu entnehmen ist. In der älteren Vita cap. 3 (S. 576, neue Ed. S. 116) wird ausdrücklich betont, daß die Eheschließung Heinrichs mit Mathilde nach seinem Besuch in Herford rasch und *ceteris parentum ignorantibus, sola ava eius conscia, quae ibi erat abbatissa,* erfolgte. Wenn die ältere Mathilde ihre 894/97 geborene Enkelin noch im Kleinkindalter nach Herford holte (vgl. bei nr. **1**), so war ihr Gemahl NN gewiß schon vor 995 verstorben.

6 / 7 : Vermutungen zu den Eltern Reinhilds

H. JAEKEL, Grafen v. Mittelfriesland S. 64–69, möchte aus der im 13. Jh. im Kloster Pöhlde auf den Namen Ottos d. Gr. gefälschten Urkunde MGH D O I 439 und der Pöhlder Interpolation in die Abschrift des Diploms Ottos II. MGH D O II 259 schließen, daß Reinhild der „Ostergauer (Tennaarder) Linie des mittelfriesischen Grafengeschlechtes" entstammte. In diesen beiden gefälschten Quellen wird nämlich auch Pöhlder Klosterbesitz *in Frisia* genannt, u. a. in *Colmer-*

horn und *Thunewerdt* (= Tennaard); und dieser Besitz wird teilweise als Gründungsausstattung Ottos I. für Pöhlde bezeichnet. Erbgüter Reinhilds seien doch wohl über ihre Tochter Kgn. Mathilde auf Otto I. und von diesem an Pöhlde gelangt. Aus der erschlossenen Geburtszeit der Kgn. Mathilde „um 890“ wird von Jaekel dann die Geburtszeit Re(g)inhildes „spätestens in den 60er Jahren des 9. Jahrhunderts“ gefolgert; und dies passe in die Zeit der Normannen- und Däneneinfälle, wobei jene Eindringlinge sich auch Frauen suchten und damals bereits teilweise Christen geworden seien, was aus den Ann. Fuldens. ad 873 (MGH SS rer. Germ. S. 80) zu ersehen sei. Die Angabe der Vita Mahthildis ant. cap. 2, daß *Reinhilda Fresonum Danorumque genere progrediens* gewesen sei (vgl. bei nr. **2**), erkläre sich also am besten so, daß Reinhilds „Vater ein Normanne, ihre Mutter eine Friesin“ aus der Tennaarder Linie des mittelfriesischen Grafengeschlechtes gewesen sei. (Bei E.Frh. v. USLAR-GLEICHEN, Geschlecht Wittekinds S. 46, wie auch bei Baron SLOET, Oorkondenboek S. 91, wird demgegenüber – wohl weil die Herkunft des Vaters zumeist vor der der Mutter angegeben werde – die umgekehrte Meinung vertreten, der Vater sei ein Friese, die Mutter eine Normannin gewesen. Die Tennaarder [= Ostergauer] Linie wird dabei nicht direkt auf den Friesenkönig Ratbod zurückgeführt; Ratbod stehe in einer anderen Linie: – der Hieslumer [= Westergauer]).

An dieser Konstruktion ist mißlich, daß sie nur auf Fälschungen des 13. Jhs. beruht. Zudem ist in diesen nicht einmal ausdrücklich gesagt, daß die genannten *in Frisia* gelegenen Orte an Otto I. als Erbe seiner Mutter gekommen sind, und darüber hinaus nicht einmal, daß sie wirklich von Otto I. an Pöhlde gelangten. Heißt es doch nach der Aufzählung der Orte nur: *hec omnia vel per nos vel per alios quosque fideles Palidensi ecclesie tradita (sunt).* Zudem sind die Mitglieder des von Jaekel rekonstruierten mittelfriesischen Grafengeschlechtes um die Mitte des 9. Jhs. so unsicher, daß sich nicht einmal Namen mit einiger Wahrscheinlichkeit nennen lassen. Hier ist das besitzgeschichtliche Argument, auf dem Jaekels Argumentation allein beruht, zu dünn und zu unsicher.

W.K. Prinz v. ISENBURG, Ahnen Tafel 1, gibt „Gottfried, Gf. in Friesland, † 885“, als Vater Reinhilds an. Hierbei handelt es sich um den in den Ann. Fuldens., bei Regino v. Prüm etc. genannten Normannenkönig, den Karl III. 882 mit Grafschaften in Friesland belehnt hatte, ja, der 883 Kg. Lothars II. Tochter Gisela (* ca. 860/65; vgl. K.F. WERNER, Nachkommen, Tafel Gen. V, 14) geehelicht hatte und im

Juni 885 durch einen Hinterhalt des Gf. Heinrich ums Leben kam. – Diese Konjektur ist ganz willkürlich und ohne jeden Anhaltspunkt in den Quellen, zudem unwahrscheinlich, da Gottfried erst 881 in jene friesischen Bereiche kam, damals noch Heide war und sich 883 eben mit der (fränkischen) Lothar-Tochter Gisela, nicht mit einer friesischen Grafentochter, vermählte. – Isenburgs Angaben sind unkritisch übernommen und ausgebreitet bei H. BANNIZA V. BAZAN u. R. MÖLLER, Ahnentafeln I S. 27ff.; H. FRIN, Herkunft Adalberts Tafel. – Gänzlich falsch ist auch das, was E. WINKHAUS, Ahnen S. 82, über die These von Jaekel sagt, die er nur noch ausschmückt.

8 / 9 : Vermutungen zu den väterlichen Großeltern des Gf. Dietrich (v. Westfalen)

Über diese hier nicht mehr ermittelbaren Personen dürfte die von Widukind v. Corvey, den beiden Mathilden-Viten und Thietmar v. Merseburg überlieferte Abstammung Gf. Dietrichs vom Sachsenherzog Widukind (vgl. bei nr. **2**) gelaufen sein. Zu dessen Lebensdaten vgl. G. ALTHOFF, Der Sachsenherzog Widukind S. 251–279, bes. S. 271f.; B. SCHNEIDMÜLLER, Widukind, in: LexMA IX Sp. 74ff.

10 / 11 : Vermutungen zur Herkunft der (älteren) Mathilde

Nach E. WINKHAUS, Ahnen S. 193, sei die Äbtissin Mathilde v. Herford (nr. **5**) eine „Tochter Ekberts des Getreuen und Idas von Ripuarien" gewesen. Hierbei handelt es sich um den 811 letztmals bezeugten Anhänger Karls d. Gr. und seine Frau, die Hl. Ida. Dies scheint übernommen aus E. Frh. v. USLAR-GLEICHEN, Geschlecht Wittekinds S. 25f., 28, 30, 44f., 98f. und Tafel, wo freilich keine Belege für die Filiation beigebracht werden. Wie unglaubwürdig solche Angaben sind, zeigt schon ein Blick auf die Lebensdaten, die E. Frh. v. Uslar-Gleichen seiner Stammtafel beigegeben hat: „Ecbert, geb. um 756, † nach 811 – Ida v. Herzfeld, geb. um 766, † 4. Sept. nach 815 – Mathilde, † nach 911, wahrsch. 915. Als Wittwe 4. Äbtissin des Klosters Herford 892 oder kurz nachher". Die um 766 geborene und ca. 815 gestorbene Hl. Ida müßte also eine bis 915 lebende Tochter gehabt haben! Lebensdaten, die über 100 Jahre hinausgehen, sollte man doch wohl nur dann glauben, wenn sie ausdrücklich bezeugt sind. Zumal überdies Kg. Heinrichs I. Großvater Liudolf – nach Uslar-Gleichen – ebenso wie Mathilde ein Sohn Egberts gewesen sein soll, müßte Kg. Heinrich I. zudem in Mathilde eine Verwandte der verbotenen Grade 3:3 geheiratet haben; Heinrich I. wäre also der Cousin 2. Grades seiner Frau gewesen. Davon und von kirchenrechtlichen Angriffen gegen diese Ehe ist nirgendwo etwas überliefert. Kanonische Bedenken wurden nur gegen die 1. Ehe Heinrichs I. mit Hatheburg vorgebracht; denn Hatheburg hatte bereits den Schleier genommen; vgl. bei **IV : Hatheburg** nr.**1**.

Zur These von E. KIMPEN, Genealogie der bayr. Herzöge S. 63, man könne in Mathildes Vater jenen Waltbert, der als Sohn Wicberts und Enkel des Sachsenherzogs Widukind bekannt ist, erkennen, vgl. bereits oben bei nr. **4**. Durch die dort genannte Arbeit von K. Schmid erübrigt sich auch eine Prüfung der Auffassung Kimpens, Wicberts Gemahlin Odrada sei Theodrada, die Tochter des 810 verstorbenen karolingischen Königs Pippin v. Italien, gewesen.

12 / 13 : Vermutungen zu den väterlichen Großeltern Reinhilds

Auf der Basis der Angabe bei W.K. Prinz v. ISENBURG, Ahnen Tafel 1, daß der Normannenkönig Gottfried († 885) der Vater Reinhilds gewesen wäre (vgl. bei nr. **6/7**), geben H. BANNIZA V. BAZAN u. R. MÜLLER, Ahnentafeln I S. 27 ff., den dänischen Seekönig Harold und eine namentlich unbekannte „Häuptlingstochter der Ostergauer Friesen (nach Jaekel)“ als Großeltern der Reinhild an. – Ganz abgesehen davon, daß Isenburgs Zuschreibung des 885 umgebrachten Dänenkönigs Gottfried als Vater Reinhilds völlig ungesichert ist (vgl. bei nr. **6 / 7**), war jener *Godefridus, Herioldi Dani filius*, der zu den Jahren 852–855 in den Ann. Bertin. (MGH SS rer. Germ. S. 42–46; ed. F. GRAT S. 65–71) genannt wird, keinesfalls identisch mit dem ab 880 in den Quellen hervortretenden, 883 mit Kg. Lothars II. Tochter Gisela verheirateten und 885 erschlagenen Dänenkönig Gottfried, Harald also gar nicht des letzteren Vater; vgl. schon E. DÜMMLER, Ostfränk. Reich III^2 S. 696 (Register), wo diese beiden Gottfriede bereits auseinander gehalten werden. So erübrigt sich diese Vorfahrenbestimmung in doppelter Weise.

Auch J.M. VAN WINTER, Ansfried en Dirk S. 66 ff. und Tafel S. 73, meint – da Reinhild in der Vita Mahthildis ant. als *nobilissima uxor* gekennzeichnet ist (vgl. oben nr. **2**) –, daß der 885 erschlagene Normannenkönig Gottfried und seine 883 geheiratete Frau, Kg. Lothars II. Tochter Gisela, die Eltern Reinhilds gewesen sein könnten. Wenn Reinhild zu Ende 883 geboren wäre, ließe sich die Zeit bis zur Geburt

Ottos d. Gr. am 23. XI. 912 so gliedern, daß Reinhild ihre Tochter Mathilde vielleicht mit 15 Jahren – also 898 – gebar und Mathilde wiederum ihren Sohn Otto d. Gr. 912 mit 14 Jahren zur Welt brachte. Biologisch ist dies wohl möglich, wenngleich diese enge Geburtenfolge nicht gerade überzeugend wirkt. Gravierendere Bedenken gegen diese Sicht ergeben sich aber doch wohl daraus, daß Otto d. Gr. dann karolingerblütig gewesen wäre, wovon aber keine einzige Quelle etwas weiß. Im Gegenteil: Die seit dem Beginn des 11. Jhs. nachweisbaren Bildzeugnisse zu karolingischen und ottonischen Genealogien (vgl. N. GAEDIKE, Zeugnisse bildlicher Darstellung; auch schon MGH SS 2 S. 314 [= Tabula genealogica ex Codice reg. Bibl. Monac.]; MGH SS 3 S. 215 [Tabulae ex Codice Steynveldensi]; MGH SS 6 S. 32 [e cod. Trevirensi / Prumiensi]; bes. K. SCHMID, Verlorenes Stemma S. 196–225 mit 14 Tafeln) hätten gewiß mit Freuden eine solche Karolingerabkunft Ottos d. Gr. und seiner Nachfolger aufgegriffen, wäre irgendetwas dieser Art bekannt gewesen. Stammen die Anfänge des Bemühens um solche Tafeln doch vom Hofe Ks. Heinrichs II. und seiner karolingerblütigen Frau Kunigunde, wie K. Schmid zeigen konnte. Und konnte doch Wipo, Gesta Chuonradi cap. 4 und Tetralogus v. 158 ff., MGH SS rer. Germ. S. 24 f. u. 80) nur die Ksn. Gisela, nicht aber schon ihren Gemahl, den von den Ottonen abstammenden Ks. Konrad II., mit einer Abstammung von Karl d. Gr. rühmend hervorheben! Dieses Argumentum ex silentio in einer seinerzeit so stark beachteten Frage dürfte schwer wiegen. Auch steht diese Sicht im Widerspruch zur Mitteilung der älteren Mathildenvita (vgl. bei nr. **2**), daß Reinhild *Fresonum Danorumque* [nicht *Francorum Fresonumque*] *genere* gewesen sei.

VI : Kg. u. Ks. Otto d. Gr. (936 bzw. 962 – 973)

1 : Kg. u. Ks. Otto I.

Geboren ist Otto d. Gr. *ante dies octo totidem quoque noctes* vor dem Tode (Hzg.) Ottos d. Erl. (30. XI. 912), seines Großvaters; vgl. Hrotsvitha v. Gandersheim, Primordia v. 561ff., MGH SS rer. Germ. S. 245; auch BO nr. 55 c, S. 33, wo freilich versehentlich der „23. Oktober 912" als Ottos I. Geburtstag angegeben ist; dazu R. KÖPKE – E. DÜMMLER, Otto d. Gr. S. 6f.: „23. November 912", indem mit „acht Tagen" offenbar – entsprechend moderner Ausdrucksweise – „eine Woche" angesetzt ist. (Danach R. HOLTZMANN, Sächs. Kaiserzeit S. 110; W. GLOCKER, Ottonen S. 270; G. WOLF, Kleine Beiträge S. 182; etc.). Genau genommen führen „acht Tage" indessen auf den 22. November zurück; so schon A. HOFMEISTER, Studien zu Theophanu S. 235f. Anm. 2. – Daß Otto in der Diözese Hildesheim geboren sein könnte, versucht K.-U. JÄSCHKE, Material S. 309ff., plausibel zu machen.

Zur Zeit seiner Verheiratung mit Edgitha (v. England) – 2. Septemberhälfte 929 – vgl. bei **VII : Edgitha** nr. **1**, zum Zeitpunkt seiner Verehelichung mit Adelheid (v. Burgund) – wohl Oktober 951 – vgl. bei **VIII : Adelheid** nr. **1**.

Daß Otto I. vor seiner 1. Ehe mit Edgith einen Sohn namens Wilhelm, später Erzbisch. v. Mainz (954–968), mit einer slawischen Kriegsgefangenen edler Abkunft zeugte, dokumentiert die Quellenzusammenstellung bei R. KÖPKE – E. DÜMMLER, a.a.O. S. 8 mit Anm. 2. Nach den Kombinationen von H. LUDAT, An Elbe u. Oder S. 12, war Wilhelms Mutter eine Tochter des in Brandenburg residierenden Hevellerfürsten Baçqlābič und Schwester des Hevellerfürsten Tugumir.

Otto I. verstarb am 7. V. 973 in Memleben. Bestattet wurde er neben seiner ersten Gemahlin Edgith im Dom zu Magdeburg. Sein Todestag ist vielfach überliefert; vgl. etwa Widukind v. Corvey, Rer. gest. Saxon. lib. III cap. 75 u. 76, MGH SS rer. Germ. S. 153f.: *Tertia autem feria ante pentecosten locum devenit qui dicitur Miminlevu. … defunctus est Nonis Maii, quarta feria ante pentecosten, imperator Romanorum …* Otto II. *transtulit corpus patris in civitatem, quam ipse magnifice construxit, vocabulo Magathaburg*; Ann. necrol. Fuldens. ad 973, MGH SS 13 S. 202, ed. K. SCHMID, Klostergemeinschaft v. Fulda I S. 339: *Non. Mai. ob. OTTO IMP.*; weitere Nachweise bei R.

Köpke – E. Dümmler, a.a.O. S. 510f.; BO nr. 574 c. – Zu Ottos I. Magdeburger Grab vgl. E. Schubert u. U. Lobedey, Grab Ottos d. Gr. S. 381–390.

2 / 3 : Kg. Heinrich I. und Mathilde als Eltern Ottos I.

Belege für die Abstammung Ks. Ottos d. Gr. von Kg. Heinrich I. und seiner Frau Mathilde gibt es in großer Zahl. Hingewiesen sei lediglich auf Widukind v. Corvey, Rer. gest. Saxon. lib. I cap. 31, MGH SS rer. Germ. S. 43 (Zitat bei **V : Kgn. Mathilde** nr. **1**), ebd. lib. I cap. 37 u. cap. 41 (S. 54 u. 60) etc.; Contin. Reginonis ad 930, MGH SS rer. Germ. S. 158, ebd. ad 936 (S. 159) etc.; Liudprand v. Cremona, Antapod. lib. I cap. 24, MGH SS rer. Germ. S. 21, ebd. lib. IV cap. 16 (S. 113) etc. Auch in vielen Urkunden nennt Otto I. den Kg. Heinrich I. seinen Vater: MGH D O I 1, 2, 6, 7 etc.; seine Mutter Mathilde nennt er in MGH D O I 18, 75, 91, 123 etc.

Zu den Lebensdaten der Eltern Ottos I. vgl. **III : Kg. Heinrich I.** nr. **1** und **V : Kgn. Mathilde** nr. **1**.

4 : Gf./ (Hzg.) Otto d. Erl. als Vater Kg. Heinrichs I.
→ **III : Kg. Heinrich I.** nr. **2**

5 : Hadwig als Mutter Kg. Heinrichs I.
→ **III : Kg. Heinrich I.** nr. **3**

6 : Gf. Dietrich (v. Westfalen) als Vater Mathildes
→ **V : Kgn. Mathilde** nr. **2**

7 : Reinhild als Mutter Mathildes
→ **V : Kgn. Mathilde** nr. **3**

8 : Gf. Liudolf als Vater Gf./ (Hzg.) Ottos d. Erl.
→ **III : Kg. Heinrich I.** nr. **4**

9 : Oda als Mutter Gf./ (Hzg.) Ottos d. Erl.
→ **III : Kg. Heinrich I.** nr. **5**

10 : Gf. Heinrich als wahrscheinlicher Vater Hadwigs
→ **III : Kg. Heinrich I.** nr. **6**

11 : NN als Mutter Hadwigs
→ **III : Kg. Heinrich I.** nr. **7**

12 : Vermutungen zum Vater Gf. Dietrichs
→ **V : Kgn. Mathilde** nr. **4**

13 : Mathilde (Äbt. v. Herford) als Mutter Gf. Dietrichs
→ **V : Kgn. Mathilde** nr. **5**

14 : Vermutungen zum Vater Reinhilds
→ **V : Kgn. Mathilde** nr. **6**

15 : Vermutungen zur Mutter Reinhilds
→ **V : Kgn. Mathilde** nr. **7**

16 : Vermutungen zum Vater Gf. Liudolfs (evtl. Gf. Brun)
→ **III : Kg. Heinrich I.** nr. **8**

17 : Vermutungen zur Mutter Gf. Liudolfs
→ **III : Kg. Heinrich I.** nr. **9**

18 : Gf. Billung als Vater Odas
→ **III : Kg. Heinrich I.** nr. **10**

19 : Aeda als Mutter Odas
→ **III : Kg. Heinrich I.** nr. **11**

20 : Gf. Poppo (I.) als vermutlicher Vater Gf. Heinrichs
→ **III : Kg. Heinrich I.** nr. **12**

21 : Vermutungen zur Mutter Gf. Heinrichs
→ **III : Kg. Heinrich I.** nr. **13**

22 : Gf. Cobbo d. Ä. als vermutlicher Großvater Hadwigs
→ **III : Kg. Heinrich I.** nr. **14**

23 : Vermutungen zur Großmutter Hadwigs
→ **III : Kg. Heinrich I.** nr. **15**

26 : Vermutungen zum Vater Äbt. Mathildes
→ **V : Kgn. Mathilde** nr. 10

27 : Vermutungen zur Mutter Äbt. Mathildes
→ **V : Kgn. Mathilde** nr. 11

36 : Vermutungen zum Vater Gf. Billungs
→ **III : Kg. Heinrich I.** nr. 20

37 : Vermutungen zur Mutter Gf. Billungs
→ **III : Kg. Heinrich I.** nr. 21

38 : Vermutungen zum Vater Aedas
→ **III : Kg. Heinrich I.** nr. 22

39 : Vermutungen zur Mutter Aedas
→ **III : Kg. Heinrich I.** nr. 23

44 : Gf. Egbert (i. Sachsen) als Vater Gf. Cobbos d. Ä.
→ **III : Kg. Heinrich I.** nr. 28

45 : Ida (Tochter Kg. Karlmanns) als Mutter Gf. Cobbos d. Ä.
→ **III : Kg. Heinrich I.** nr. 29

VII : Kgn. Edgitha (v. England), 1. Gemahlin Kg. Ottos I.

1 : Kgn. Edgitha

Als Gemahlin Kg. Ottos I. ist Edgitha oft bezeugt; so etwa in Ottos Urkunde MGH D O I 3 vom 17. X. 936: *interventu coniugis nostrae reginae Eadiht*; ähnlich D O I 6 (*Edgida*), 7 (*Eadgida*), 13, 24, 50 (*Aedgid*), 69 (*Aetgid*), 74, 75, 88 etc. – Ausführlich berichtet Hrotsvith v. Gandersheim, Gesta Ottonis v. 68–79, MGH SS rer. Germ. S. 206 f., über die Anbahnung der Ehe: *Heinrico placuit ... ut ... / ipse suo primogenito regique futuro / Oddoni dignam iam disponsaret amicam, / quae propriae proli digne posset sociari. / Hanc non in proprio voluit conquirere regno; / trans mare legatos sed transmisit bene cautos / gentis ad Anglorum terram sat deliciosam, / demandans, ut continuo cum munere misso / Aedwardi regis natam peterent Eaditham, / quae patre defuncto iam tunc residebat in aula, / fratre suo regni sceptrum gestante paterni*. – Auch Widukind, Rer. gest. Saxon. lib. I cap. 37, MGH SS rer. Germ. S. 54: *rex [Heinricus] dedit filio suo Oddoni coniugem filiam Ethmundi [recte: Ethwardi] regis Anglorum, sororem Adalstani*; Liudprand, Antapod. lib. IV cap. 17, MGH SS rer. Germ. S. 114, vermeldet: *Duxerat idem rex Otto ante regni susceptionem ex Anglorum gente nobilissima ... sibi uxorem nomine Otgith*. – Weitere Belege bei G. WAITZ, Jahrb. Heinrichs I. S. 133 f.; R. KÖPKE – E. DÜMMLER, Otto d. Gr. S. 9 f.; BO nr. 23 h. Zu den Zusammenhängen der Hochzeitswerbung vgl. zuletzt E. HLAWITSCHKA, Verwandtschaftliche Verbindungen S. 50–57, ND S. 291–298; W. GEORGI, Keonwald S. 1–40.

Die Geburtszeit Edgithas ist unbekannt. Da aber nach Hrotsvith, Gesta Ottonis v. 112–117, S. 207 f., Edgitha von ihrer jüngeren, aber gleichfals schon im heiratsfähigen Alter stehenden Schwester Adiva / Edgiva begleitet wurde, dürfte Edgitha damals doch wohl mindestens 16–17 Jahre alt gewesen sein. (Otto I. stand bei der Verheiratung wohl gerade vor dem Beginn des 17. Lebensjahrs; nach R. KÖPKE – E. DÜMMLER, a.a.O. S. 11 f., läßt sich sogar erwägen, daß Edgitha geringfügig älter als Otto I. war; hiernach ebenso J. EHLERS, Königin aus England S. 42). Ohne Begründung spricht G. WOLF, Aethelfled S. 528, von der „etwa 915/17 geborenen Eadgyth (Edith)“; er läßt Edgith somit bei ihrer Verheiratung gerade erst 12–14 Jahre alt sein.

Zur Zeit der Verehelichung – im Zusammenhang der „Hausordnung“ Heinrichs I. in der 2. Hälfte des September 929 in Quedlinburg

– vgl. K. Schmid, Neue Quellen S. 186–203, bes. S. 194, ND S. 391–413, bes. S. 402 f. (Hochzeit: „wenn nicht mehr im Jahr 929, dann jedenfalls in den ersten Monaten des Jahres 930"); Ders., Thronfolge Ottos d. Gr. S. 109 ff., bes. S. 118 f., ND S. 447 ff., bes. S. 457 f. (Eheschluß Januar – Februar 930). – Zur Datierung der Hochzeit auf die 2. Septemberhälfte 929 vgl. E. Hlawitschka, Untersuchungen zu den Thronwechseln S. 88–93; Ders., Ottonen-Einträge der Lausanner Annalen S. 128–131 mit Anm. 23 und 31 auf S. 143 f.; akzeptiert bei G. Althoff, Amicitiae u. Pacta S. 37 f. Anm. 105; W. Georgi, Keonwald S. 34 („um den 16. September").

Verstorben ist Edgitha am 26. I. 946; vgl. Ann. necrol. Fuldens., MGH SS 13 S. 197, ed. K. Schmid, Klostergemeinschaft v. Fulda I S. 330: *Annus Domini 946. 7. Kal. Febr. ob. Etgith regina*; Flodoard, Annales ad 946, ed. Ph. Lauer S. 101: *Edmundus rex transmarinus defungitur, uxor quoque regis Othonis, soror ipsius Edmundi, decessit*; Widukind v. Corvey, a.a.O. lib. II cap. 41: *Ille annus notabilis … de morte scilicet beatae memoriae Edidis reginae, cuius dies extrema VII. Kalend. Februar. celebrata est. … Decem annorum regni consortia tenuit, XI. obiit; Saxoniam vero XVIIII annis inhabitavit*. Zum Datum und zu weiteren Belegen vgl. R. Köpke – E. Dümmler, a.a.O. S. 146 ff. – Bestattet wurde Edgith im Dom zu Magdeburg; vgl. Widukind, Rer. gest. Saxon. lib. II cap. 41, S. 100: *Sepulta est autem in civitate Magathaburg in basilica nova, latere acquilonali ad orientem*; Contin. Reginonis ad 947, MGH SS rer. Germ. S. 163: *Domna Edgid obiit, quae maximo regis omniumque suorum planctu Magedeburg sepelitur*; Thietmar v. Merseburg, Chron. lib. II cap. 3, MGH SS rer. Germ. NS 9 S. 40 ff.: *Fuit haec cum viro suo X et VIIII annos, ordinationis suaeque obiit XI° anno, VII. Kal. Febr., … sepultaque est in civitate prefata in maiori aecclesia, in oratorio aquilonari*; vgl. auch lib. II cap. 11, S. 50: *statuit rex abbaciam in Magadaburgiensi civitate, incipiens aecclesiam mirum in loco, ubi sancta requiescit Aedith et iuxta quam post obitum suimet pausare desideraverat ipse*. – Zum Grab vgl. auch bei **VI : Ks. Otto I.** nr. **1**.

2 : Kg. Edward d. Ä. v. Wessex als Vater Edgithas

Edgithas Abstammung ist ersichtlich – außer aus der bei nr. **1** zitierten Quellennachricht Hrothsviths v. Gandersheim – vor allem auch aus einem Schreiben Aethelweards (Ethelwerds), Ealdorman von Wessex († 998), an seine *consobrina* Mathilde, Äbtissin des Klosters Essen

(974–1011), die ihrerseits eine Enkelin Ottos d.Gr. (durch ihren Vater Hzg. Liudolf v. Schwaben, † 957) gewesen ist. Bei der Erläuterung ihrer gegenseitigen Verwandtschaft heißt es: *Eadgyfu nominata est Eadwerdi regis filia, filii Aelfredi suprascripti regis, quae … in matrimonium Galliarum ad partes minori Karulo* (= Karl d. Einf.) *mittitur regi. Eadhild etiam in coniugium mittitur Hugoni filio Hrodbyrhti* (= Hugo d. Gr. v. Francien, Sohn Kg. Roberts I.). *Alias vero duas Aedeftanus rex tali ratione misit ad Oddonem, ut quae ab eis placuisset, sibi in matrimonium elegisset; cui visa melior Eadgyde, ex qua tu* [= Äbt. Mathilde] *principium tenes nativitatis*; MGH SS 10 S. 459 Anm. 32; neue Ed. A. CAMPBELL, Chronicle S. 2. (Zu Aethelweard als Geschichtsschreiber vgl. W. WATTENBACH – R. HOLTZMANN – F.-J. SCHMALE, Geschichtsquellen III S. 961 f.). Vgl. auch The Anglo-Saxon Chronicle ad 983, ed. D. WHITELOCK S. 81 bzw. EHD S. 233, über Ottos d. Gr. und Edgiths Sohn Liudolf: „This Leodulf was the son of the old Odda and of King Edwards daughter"; altengl. Text in: Two Saxon Chronicles parallel, ed. Ch. PLUMMER S. 124.

Da Edward d.Ä. der älteste Sohn seiner Eltern war, aber noch eine ältere Schwester hatte, also das zweite Kind der 868 geschlossenen Ehe seiner Eltern war (vgl. nr. **4 / 5**), dürfte er ca. 870/71 geboren sein.

Über die Verehelichungszeit Kg. Edwards d. Ä. ist nichts bekannt. Ca. 918/19 heiratete jedenfalls Eadgifu / Ogiva, die älteste Tochter Kg. Edwards, bereits den westfränkisch-französischen Kg. Karl d. Einf. (vgl. K.F. WERNER, Nachkommen, Tafel Gen. V, 38); deshalb dürfte die Hochzeit ihrer Eltern wohl zwischen 895 und 905 liegen.

Den Tod Kg. Edwards d. Ä. vermeldet das Anglo-Saxon Chronicle zu 924, ed. D. WHITELOCK S. 68: „In this year King Edward died"; ebd. das Mercian Register: „In this year Edward died at Farndon in Mercia, and his son Aelfweard died very soon after at Oxford, and their bodies are buried at Winchester". Zum genauen Tagesdatum – 17. Juli 924 – vgl. ebd. Anm. 6; auch EHD I S. 218 mit Anm. 5. Altengl. Text in: Two Saxon Chronicles parallel, ed. Ch. PLUMMER S. 104 f. Nach den Abwägungen bei M.L.R. BEAVON, The regnal Dates S. 517–531, verstarb Edward d. Ä. am 17. Juli 925.

3 : Aelfleda als Mutter Edgithas

Bei Hrotsvith v. Gandersheim, Gesta Ottonis v. 80 f., MGH SS rer. Germ. S. 207, wird Edgithas Mutter als *genetrix clarissima* bezeichnet, während die Mutter ihres königlichen Stiefbruders Aethelstan, der nach dem Tode des Vaters zur Zeit der Hochzeitswerbung bereits auf dem Thron nachgefolgt war (vgl. bei nr. **1**), als „nicht die erlauchte Genossin des Reiches, sondern ein anderes Weib aus viel geringerem Geschlecht" gewertet wird: *Quem* [= Aethelstan] *peperit regi consors non inclita regni, / istius egregiae genetrix clarissima domnae, / altera sed generis mulier satis inferioris.* In v. 85 ff. heißt es dabei über Edgiths Herkunft weiter: *Nobilitate potens, primis meritis quoque pollens, / Edita magnorum summo de germine regum.* Und v. 94 ff.: *Germen sanctorum quam producebat avorum: / Hanc tradunt ergo natam de stirpe beata / Oswaldi regis, laudem cuius canit orbis, / Se quia subdiderat morti pro nomine Christi.* Daß die hier angegebene Abstammung Edgiths von dem 300 Jahre vorher im Kampf gegen die heidnischen Mercier gefallenen Kg. Oswald von Bernicia über ihre Mutter zu verifizieren sei, vermuten R. KÖPKE – E. DÜMMLER, Otto d. Gr. S. 11, und andere.

Den Namen von Edgiths Mutter und weitere Hinweise erfahren wir nur durch angelsächsische Quellen. Wilhelm v. Malmesbury, Gesta regum Anglorum cap. 126, ed. W. STUBBS I S. 136 f., berichtet: *Primogenitum Ethelstanum habuit [rex Edwardus] ex Egwinna illustri femina ... Secundus filius Edwardi fuit Ethelwardus ex Elfleda filia Ethelmi comitis, litteris apprime institutus ..., sed cita post genitorem morte subtractus. Ex eadem uxore habuit Edwinum ... Tulit quoque ex illa sex filias, Edfledam, Edgivam, Ethelhildam, Ethildam, Edgitham, Elfgivam ...; Edgitham et Elfgivam idem germanus misit Henrico Alamannorum imperatori, quarum secundam Othoni filio ille locavit ...* – Zu Wilhelm, der sein Werk um 1130 niederschrieb und ältere Quellen verwendete, hierbei freilich Kg. Heinrich I. fälschlich zum *imperator* macht und ebenso fälschlich die jüngere, statt die ältere der beiden an den deutschen Hof geschickten Schwestern mit Otto d. Gr. vermählt betrachtet, vgl. W. WATTENBACH – R. HOLTZMANN – F-J. SCHMALE, Geschichtsquellen Teil III S. 987 ff., bes. S. 989. Aus Wilhelms Bericht und teilweise auch aus dem Chronicon des Florence von Worchester abgeleitet ist die Angabe bei dem um 1200 schreibenden Radulfus de Diceto, Abbreviationes Chronicorum ad 900, ed. W. STUBBS S. 140 f.: *Edwardus rex Anglorum est consecratus in regem a Pleemundo Dorobernensi archiepiscopo apud Kingestune. Huic etiam regina sua Alfleda duos filios peperit, Hathelstanum et Aedwinum, et sex filias, quarum Eadfleda et Aethelhilda sanctimoniales apud Wiltonam requiescunt; Eadivam vero habuit conjugem Otto Romanorum imperator; Eadhildam autem Karolus simplex rex Francorum; sanctam*

Eadchidam Sithricus rex Northanhymbrorum; Hugo magnus filius Roberti ducis Parisiensium duxit quartam, id est Ealfgifam. Einige Verwechslungen liegen dabei auf der Hand. – Aus Radulfus wiederum schöpfen die Ann. S. Edmundi, ed. F. LIEBERMANN S. 124. Diese bringen zum Jahre 902: *Regina Aelfleda peperit duos filios Aedwardo …*

Das Todesjahr Aelfledas ist in den spät kompilierten Ann. Cambriae, ed. J. WILLIAMS AB ITHEL S. 17, zum Jahre 917 verzeichnet: *Aelfled regina obiit.* In der Literatur – z.B. bei A.P. SMYTH, King Alfred S. 513 – wird hingegen 916 als Todesjahr Aelfledas angegeben.

Nach Florence v. Worcester, Chron. (ad 901), ed. B. THORPE I S. 117, bzw. The Chronicle of John of Worcester II, ed. R.R. DARLINGTON u. P. MCGURK S. 354, hat Kg. Edwards d. Ä. Gemahlin *Eadgiva* geheißen. Hierbei handelt es sich offensichtlich um eine Fehlüberlieferung.

4 : Kg. Alfred v. Wessex als Vater Kg. Edwards d. Ä.

Als Vater Kg. Edwards d. Ä. ist Kg. Alfred bereits im Schreiben des Ealdorman Aethelweard bei nr. 2 erkennbar. Bei Asser, De rebus gestis Aelfredi cap. 75, ed. W.H. STEVENSON S. 57, heißt es über Kg. Alfreds Kinder: *Nati sunt ergo ei [= Aelfredo regi] filii et filiae de supradicta coniuge sua: Aethelflaed primogenita, post quam Eadwerd, deinde Aethelgeofu, postea Aelfthryth, deinde Aethelweard natus est. …* Edward war also der älteste Sohn. – Symeon v. Durham, Hist. Dunelmens. eccl. lib. II cap. 15, ed. Th. ARNOLD, Opera I S. 71, schreibt: *Anno ab incarnatione Domini DCCCXCIX idem piissimus rex Anglorum Elfredus … defunctus est, Edwardo filio in regnum patri succedente.* Eine weitere Filiationsangabe enthält das unten zum Todesdatum zitierte Anglo-Saxon Chronicle.

Zur Geburtszeit und zum Geburtsort überliefert Asser, De reb. gest. Aelfredi cap. 1 S. 1: *Anno Dominicae incarnationis DCCCXLIX natus est Aelfred, Angul-Saxonum rex, in villa regia, quae dicitur Uuanating* (= Wantage), *in illa paga, quae nominatur Berrocscire.* Danach gleichlautend Florence v. Worcester, Chron., ed. B. THORPE I S. 70. Vgl. auch unten.

Als Alfred sich verheiratete, stand er – nach Asser, De reb. gest. Aelfredi cap. 74, S. 54 – im 20. Lebensjahr. In cap. 29 (S. 23 f.) heißt es: *Anno Dominicae Incarnationis DCCCLXVIII, nativitatis Aelfredi regis vigesimo, idem ipse praefatus ac venerabilis Aelfredus rex … uxorem de Maercia, nobilem scilicet genere, filiam Aethelredi, Gaino-*

rum comitis, qui cognominabatur Mucill, subarravit et duxit. Cuius feminae mater Eadburh nominabatur, de regali genere Merciorum regis. Aus Asser schöpften die Ann. S. Neoti ad 868, ed. D. DUMVILLE u. M. LAPIDGE S. 54 f.; wörtlich davon abhängig auch Florence v. Worcester, Chron., ed. B. THORPE I S. 81.

Der Todestag Kg. Alfreds – 26. X. – ist in mehreren englischen Nekrologien überliefert; vgl. J. GERCHOW, Gedenküberlieferung S. 219–221.

Das Todesjahr Kg. Alfreds ist (außer bei Symeon v. Durham, wie oben, Florence v. Worcester etc.) in den 6 unterschiedlichen Versionen des Anglo-Saxon Chronicle (innerhalb eines größeren um 1 Jahr verschobenen Blocks) zum Jahre 901 überliefert; Anglo-Saxon Chron., trad. D. WHITELOCK S. 58; auch EHD I S. 207: „In this year Alfred the son of Aethelwulf died, six days before All Saint's day ... and then his son Edward succeeded to the kingdom". Andere Handschriften ebd.: „In this year King Alfred died on 26 October; and he had held the kingdom 28 years and half a year; and then his son Edward succeeded to the kingdom". Altengl. Originaltext bei Ch. PLUMMER, Two Saxon Chronicles parallel I S. 91 ff. – Die Ann. S. Neoti, a.a.O. S. 99, bringen: *Anno DCCCC. Alfredus ueridicus ... rex Occidentalium Saxonum nobilissimus ... hoc anno cum magno suorum dolore uiam uniuersitatis adiit die VII. kal. Nouembris anno regni sui XXIX et dimidio, anno uero etatis sue LI., indictione III. Qui apud Wintoniam ciuitatem regalem decenter et regali honore est sepultus in ecclesia sancti Petri apostolorum principis; mausoleum quoque ipsius constat factum de marmore porfirico pretiosissimo.* Auch die Ann. Cambriae, ed. J. WILLIAMS AB ITHEL S. 16, überliefern zum Jahre 900: *Albrit* (bzw. *Alwryt) rex Giuoys moritur.* Bei Florence v. Worcester, Chron., ed. B. THORPE I S. 70, ist die Chronicle-Angabe der 28 ½ Regierungsjahre – wie in den Ann. S. Neoti – zu 29 ½ Jahren geändert. Andere, hier nicht einzeln auszubreitende Beobachtungen führten W.H. STEVENSON, The date of King Alfred's death S. 71–77, dazu, den 26. Oktober 899 als Todestag Kg. Alfreds anzusehen. Vertieft und ergänzt wurden sie bei M.L.R. BEAVEN, The regnal dates S. 517–531. Die Editoren der Anglo-Saxon Chronicle sind ihnen jedoch nicht gefolgt. In ihrer Ausgabe erscheint Alfreds Tod zum Jahre 900; vgl. die Chronicle-Edition von D. WHITELOCK (wie oben). – Gleichwohl gilt in der modernen Literatur weiterhin 899 als Alfreds Todesjahr. Vgl. S. KEYNES, Cult of King Alfred S. 226 (unter Verweis auf Stevensons bereits 1898 vorgelegte Untersuchung); DERS., Power of the written word S. 175; F.M. STENTON, Anglo-Saxon England S. 266; A.P. SMYTH, King Alfred S. 146; A. WILLIAMS u.a., Dictionary S. 58; J. GERCHOW, Gedenküberlieferung S. 219; J. SARNOWSKY, England S. 39, 274; C.P. WORMALD, Alfred d. Gr., in: LexMA I Sp. 409: „* 848 in Wantage, † 26. Okt. 899"; usw. Und sogar das auf Florence v. Worcester zurückgehende Datum 901 wird weiterhin für möglich gehalten; vgl. Chronicle of John of Worcester, ed. R.R. DARLINGTON u. P. MCGURK S. 352f. mit Anm. 13.

Bestattet wurden Kg. Alfred und seine Gemahlin Ealhswith im Altmünster zu Winchester, später wurden sie in das Neumünster transferiert; Belege dazu bei J. GERCHOW, Gedenküberlieferung S. 219f. mit Anm. 13.

5 : Ealhswith als Mutter Kg. Edwards d. Ä.

Bei Asser, De rebus gestis Aelfredi cap. 73, ed. W.H. STEVENSON S. 54, heißt es: *res gestas domini mei Aelfredi, Angulsaxonum regis, postquam praefatam ac venerabilem de Merciorum nobilium genere coniugem duxerit, Deo annuente … expedire procurabo*. Vgl. auch bei nr. **4** aus cap. 74. Den Namen der Gemahlin gibt die Anglo-Saxon Chronicle ad 901 und ad 903, trad. D. WHITELOCK S. 59f.; EHD I S. 207 u. 209. Zu 901: „In this year Ealdorman Aethelwulf, the brother of Ealhswith, King Edward's mother, died"; zu 903: „And Ealhswith died in that same year". Altengl. Originaltext bei Ch. PLUMMER, Two Saxon Chronicles parallel I S. 92ff.; zur Chronologie vgl. ebd. II S. 116. Das Chronicon Fani S. Neoti ad 904, ed. in der oben zitierten Ausgabe Assers S. 144, bzw. ed. D. DUMVILLE u. M. LAPIDGE S. 105, vermerkt: *Eodem etiam anno Alchsuuytha regina, mater regis Eadwardi, decessit.*

Florence v. Worcester, Chronicon, ed. B. THORPE Bd. 1 S. 273f., überliefert in einer eingeschobenen Genealogia regum West-Saxonum: … *Aelfredus regnare coepit. … cui regina sua Ealhswitha duos filios, Eadwardum et Aegelwardum, et tres filias … peperit*. Bei Wilhelm v. Malmesbury, Gesta regum Anglorum lib. II cap. 121, ed. W. STUBBS I S. 129, wird Kg. Alfreds Gemahlin *Egelswitha, filia Egelredi comitis*, genannt. Bei Symeon v. Durham, Historia regum cap. 95, ed. Th. ARNOLD S. 109, findet man: *Cui (= Elfredo regi) regina sua Elfswitha duos filios, Eadwardum et Egewardum, et tres filias, Egelfledam Mercianorum dominam, Ethelgeovam sanctimonialem, et Ethelftritham peperit*. – Zu weiteren namentlichen Erwähnungen Ealhswiths vgl. die Einleitung zur Edition von Asser' Life of King Alfred, ed. W.H. STEVENSON, 2. Aufl. von D. WHITELOCK S. LX f. Anm. 7, und S. 154.

Als Todestag wird der 5. Dezember 903 überliefert; vgl. The Anglo-Saxon Chronicle, ed. D. WHITELOCK S. 59 Anm. 13 und 11; EHD I S. 208 Anm. 7; auch Ch. PLUMMER in seinen Notes zu Two Saxon Chronicles parallel, Bd. II S. 117.; Nachweise auch bei J. GERCHOW, Gedenküberlieferung S. 219, 220, 221.

6 : Gf. Ethelm als Vater von Aelfled

Die Filiation ist bezeugt bei Wilhelm v. Malmesbury; vgl. bei nr. **3**.

Ethelm / Aethelhelm ealdorman of Wiltshire verstarb – nach der Anglo-Saxon Chronicle, ed. D. WHITELOCK S. 58; EHD S. 206 – im Jahre 897: „In this year, nine days before midsummer, Aethelhelm, ealdorman of Wiltshire, died". Der Todestag ist somit der 13. Juni 897. Vgl. dazu auch A.P. SMYTH, King Alfred S. 146, 252, 315 f., 375.

8 : Kg. Aethelwulf v. Wessex als Vater Kg. Alfreds

Asser's Life of King Alfred cap. 1, ed. W.H. STEVENSON S. 1 f., bringt zur Herkunft Kg. Alfreds folgende Angaben: *Cuius genealogia tali serie contexitur: Aelfred rex, filius Aethelwulfi regis; qui fuit Ecgberhti; qui fuit Ealhmundi; qui fuit Eafa; qui fuit Eoppa; qui fuit Ingild; Ingild et Ine, ille famosus Occidentalium rex Saxonum, germani duo fuerunt, qui Ine Romam perrexit*. – Danach ebenso Florence v. Worcester, Chron., ed. B. THORPE I S. 70. Für die Angaben, daß Aethelwulf ein Sohn Egberts, dieser ein Sohn Ealhmunds etc. war, stützt sich Asser auf die Angelsächs. Chronik ad 855–858; vgl. dazu unten und bei nr. **16**. Die Anglo-Saxon Chronicle, trad. D. WHITELOCK, überliefert diese Filiation sogar mehrmals, so z.B. zum Jahre 871 (S. 47): „And afterwards, after Easter, King Ethelred died, and he had reigned five years, and his body is buried at Wimborne (andere Hs.: Sherborne) minster. Then his brother Alfred, the son of Aethelwulf, succeeded to the kingdom of the West Saxons"; auch EHD I S. 193. Altengl. Text bei Ch. PLUMMER, Two Saxon Chronicles parallel I S. 72. Vgl. außerdem das (altenglische) Testament Kg. Alfreds von ca. 880–885 in W. de GRAY BIRCH, Cartularium Saxonicum II S. 176 nr. 553 und S. 180 nr. 554. Lateinische Fassung in: J.M. KEMBLE, Cod. dipl. aevi Saxonici V S. 127: *pater meus Aethewulfus rex*. Die Ann.

S. Neoti, ed. D. DUMVILLE u. M. LAPIDGE S. 44, vermelden gemäß der Angabe bei Asser: *Anno DCCCLIII rex Adheluulfus filium suum Alfredum ... honorifice Romam transmisit.*

Zur Geburtszeit (ca. 805) vgl. die Überlegungen von W.H. STEVENSON im Kommentar zur Edition von Asser's Life of King Alfred S. 195.

Zum Todestag Kg. Aethelwulfs – 13. I. 858 – vgl. The Anglo-Saxon Chronicle, trad. D. WHITELOCK S. 43f., auch EHD I S. 189, zu 855–858: Bericht über Aethelwulfs Romreise und Rückkehr: „And two years after he had come from France, he died, and his body is buried in Winchester, and he had reigned 18 years and a half. And Aethelwulf was the son of Egbert, the son of Ealhmund ...". Vgl. auch Ann. Bertin. ad 858, MGH SS rer. Germ. S. 49, ed. F. GRAT S. 76: *Edilvulf rex occidentalium Saxonum moritur.* Ebenso Ann. S. Neoti ad 855, ed. D. DUMVILLE u. M. LAPIDGE S. 49: *Vixit ergo Adheluulfus rex duobus annis postquam a Roma uenit*; und zu 857 (S. 51) steht: *Anno DCCCLVII Adheluulfus sepe memoratus rex Occidentalium Saxonum uiam uniuersitatis adiit; quieuit in pace sepultusque est apud Steningam* (= Steyning, Sussex). Das genaue Tagesdatum überliefert Florence v. Worcester, Chron., ed. B. THORPE I S. 77: *Vixit ergo Aethelwlfus rex duobus annis postquam a Roma rediit.* – S. 78: *Defuncto autem illo idibus Januarii* [= 13. Jan.], *et apud Wintoniam sepulto*; vgl. Anglo-Saxon Chronicle (wie oben) S. 43 Anm. 2 und 3; auch EHD I S. 189: *And two years after he had come from France, he died, and his body is buried in Winchester.*

Für Steyning als Bestattungsort zuletzt: A. WILLIAMS, A.P. SMYTH and D.P. KIRBY, Biographical Dictionary S. 36.

Vgl. zu Kg. Aethelwulf auch M.J. ENRIGHT, Charles the Bald S. 291–302; P. STAFFORD, Charles the Bald S. 137–151; D.P. KIRBY, Earliest english kings S. 198–204.

9 : Osburh als Mutter Kg. Alfreds

Asser's Life of King Alfred cap. 2, ed. W.H. STEVENSON S. 4, sagt zur Herkunft der Mutter Kg. Alfreds: *Mater quoque eiusdem Osburh nominabatur, religiosa nimium femina, nobilis ingenio, nobilis et genere; quae erat filia Oslac, famosi pincernae Aethelwulfi regis. Qui Oslac Gothus erat natione; ortus enim erat de Gothis et Iutis, de semine scilicet Stuf et Wihtgar, duorum fratrum et etiam comitum, qui accepta potestate Uectae insulae ab avunculo suo Cerdic rege et Cynric filio suo, consobrino eorum, paucos Britones eiusdem insulae accolas ... occiderunt*. Zur Erklärung von Gothis et Iutis und von Stuf et Wihtgar vgl. die Notes ebd. S. 166ff. – Aus Asser fast wörtlich Florence v. Worcester, Chron., ed. B. THORPE I S. 71.

Über Osburhs Todeszeit ist nichts überliefert. Daß sie schon verstorben war, als Aethelwulf bei seiner Rückkehr von einer Pilgerreise aus Rom Karls d. K. Tochter Judith heiratete, ist – so meint E.A. F(REEMAN), Aelfred, king of the West-Saxons, in: Dictonary of National Biography I S. 153 – wenig wahrscheinlich: „We are driven, however unwillingly, to suppose that Osburh, the mother of Aethelwulf's children, was put away to make room [für seine neue Frau Judith, Tochter Karls d.K.]. .... In no other way can we understand the well-known story told by Asser [aus Asser auch bei Florence v. Worcester, Chron., ed. B. THORPE I S. 86], how Aelfred's mother showed him and his brothers a book of poems with a beautiful initial letter, and promised to give it to the one who should first learn to read it. Aelfred found a master, and was soon able to read. The story is placed in Aelfred's twelfth year, about 861. ... But in no case could we put the story before the return of Aethelwulf in 856. It follows therefore that Osburh must have outlived her husband's second marriage". – Da Assers Glaubwürdigkeit nicht mehr unbestritten gilt und die Anfänge von Kg. Alfreds literarischer Bildung durch seine Mutter ins Reich der Fabelei verwiesen werden können, gilt auch die obige Schlußfolgerung nicht mehr. Bei A.P. SMYTH, King Alfred S. 11, heißt es dann auch: „The mother of Aethelred and Alfred had died by 855, since Aethelwulf acquired yet another wife while visiting the Carolingian court on his way home from Rome in the autumn of 856. This was the 13-year-old Judith, daughter of Charles the Bald, king of the Western Franks, who was married to Aethelwulf at the palace of Verberie on 1 October 856". – Chr. SETTIPANI, Préhistoirer des Capétiens S. 308, gibt ohne nähere Erörterung an: „Osburgh, morte en 846".

10 / 11 : Gf. Aethelred (Mucill) und Eadburh als Eltern der Ealhswith

Die Quellen zur Filiation sind zitiert bei nr. **4**. Vgl. außerdem auch das Zitat aus Wilhelm v. Malmesbury bei nr. **5**. – Die *Gaini* des in nr. **4** zitierten Asser hat man früher mit den Bewohnern von Gainsborough in Verbindung gebracht; dies wird aber abgelehnt; vgl. Ch. PLUMMER in seinen Notes in: Two Saxon Chronicles parallel II S. 117, bes. auch die Notes in: Asser's Life of King Alfred von W.H. STEVENSON S. 227ff.

12 : (Aefelin ?) als Vater von Gf. Ethelm

J.M. LAPPENBERG, Gesch. v. England I, Hamburg 1834, schreibt auf Tafel C (am Bandende, Rückseite) zu Kg. Edwards d. Ä. (nr. **2**) Lebensdaten und Eheverhältnissen: „geb. 869, reg. 901, † 924; heiratet 1) Ecgvine; 2) Älflede, T(ochter) Athelms, S(ohn) Äfelins; 3) Eadgife". Eine Quelle für die Abstammung Gf. Ethelms / Athelms von einem Äfelin ist mir unbekannt geblieben.

16 : Kg. Egbert v. Wessex als Vater Kg. Aethelwulfs

The Anglo-Saxon Chronicle, trad. D. WHITELOCK S. 41, auch EHD I S. 187, berichtet zum Jahre 839: „In this year King Egbert died ... Egbert reigned 37 years and 7 month, and then Aethelwulf, son of Egbert, succeeded to the kingdom of the West Saxons". Altengl. Text bei Ch. PLUMMER, Two Saxon Chronicles parallel S. 62f. (ad 836). Vgl. auch The Anglo-Saxon chronicle ad 825 S. 40, auch EHD I S. 185: „and Egbert ... sent from the army his son Aethelwulf"; (Altengl. Text ad 823 S. 60f.). – Zum Jahre 855–858 (S. 44 bzw. EHD I S. 189) wird u.a. folgende Genealogie dargeboten: „And Aethelwulf was the son of Egbert, the son of Ealhmund, the son of Eafa, the son of Eoppa, the son of Ingild. Ingild was the brother of Ine ... (Altengl. Text S. 66). – Florence v. Worcester, Chron., ed. B. THORPE I S. 273, bringt innerhalb einer Genealogia regum West-Saxonum: *Ecgbertus, filius Alhmundi subreguli, pronepotis regis Ini, successit, et anno regni XXXVII° decessit; cui filius suus Athulfus successit. ... Quo mortuo et Wintoniae sepulto, filius eius Aethelbaldus regnum suscepit ... cui germanus suus Aethelberhtus successit; ... post quem frater illius Aethelredus VIII annis regnavit. ... Defuncto Aethelredo, germanus suus Aelfredus regnare coepit*. – Zu einem weiteren Beleg vgl. bei nr. **8**. – In den aus einer Version der Anglo-Saxon Chronicle schöpfenden Ann. S. Neoti , ed. D. DUMVILLE u. M. LAPIDGE S. 40, ist zum Jahre 802 angegeben: *Ecgbrychtus rex Occidentalium Saxonum regnauit annis XXXVII, mensibus VI*; und zum Jahre 839 (S. 42) findet man: *mortuo Ecgbrychto rege nobili, regnauit Adheluulfus rex Occidentalium Saxonum filius eius pro eo, regnauitque annos XVII et dimidium.* – Zu den zitierten Genealogien, die bis auf Adam zurückverfolgt werden, deren Entstehungszeit im ausgehenden 9. Jh. und deren vor Ealhmund sehr mythologischen Charakter vgl. die Notes von Ch. PLUMMER, Two Saxon Chronicles parallel II S. 1ff. und 81f.; G.H.

WHEELER, Genealogy of Early West Saxon Kings S. 161- 171; K. SISAM, Anglo-Saxon Royal Genealogies S. 287–348; grundlegend D.N. DUMVILLE, West Saxon Genealogical Regnal List: Manuscripts and Text S. 1–32 (mit Ed. S. 21 ff.); DERS., The Anglian Collection of Royal Genealogies and Regnal Lists S. 23–50; ND Nr. V; DERS., The West Saxon Genealogical Regnal List and the Chronology S. 21–66; ND Nr. VIII. – Eine Tafel hierzu bei D. WHITELOCK, Anglo-Saxon Chronicle S. 206 f.

Zu den Lebensdaten Kg. Egberts vgl. auch D.P. KIRBY, Earliest english kings S. 186–195.

17 : Redburga (?) als Mutter Kg. Aethelwulfs

Über die Mutter Kg. Aethelwulfs bzw. die Gemahlin Kg. Egberts ist aus zeitgenössischen Quellen nichts zu erfahren; vgl. die zusammenfassenden Behandlungen Egberts und Aethelwulfs (von W. HUNT) im Dictionnary of National Biography Bd. VI (S. 566–569) bzw. Bd. I (S. 904–906). Ihren Namen erfahren wir – worauf J.M. LAPPENBERG, Gesch. v. England I, in einer Anmerkung zur genealogischen Tafel C (am Bandende), hinwies – lediglich aus einer späten Quelle, einer einst in bretonischer Sprache von einem Caradoc wohl um 1135 geschriebenen Geschichte von Wales. Vgl. 'Die Historie von Walles, in sich haltend derer Printzen von Walles Leben und Thaten, von Cadwalader dem letzten Könige an biß auf Lhewilinum, den letzten Printzen Brittannischen Geblüthes, vormals geschrieben in Brittischer Sprache von Caradoco Lhancarvanensi, nachmahls von D. Powel in Englischer publiciret und von Mr. Wynne vermehret, ietzo aber aus dieser ins Teutsche gebracht [von P.G. HÜBNER], Coburg 1725, S. 149. Dort heißt es von Kg. Egbert: „Er ließ auch durch Veranlassung seiner Gemahlin Redburga, welche einen beständigen Haß gegen die Welschen trug, ein Edict publiciren, krafft welches er geboth, daß alle und jede, so vom Brittannischen Geblüt wären, sich innerhalb sechs Monathen bey Vermeydung ihres Lebens aus seinem Königreich packen sollten". – Über den Quellenwert des Werkes Caradocs von Liancarvan, eines Zeitgenossen des 1136/39 schreibenden Galfred v. Monmouth (vgl. M. MANITIUS, Gesch. d. latein. Literatur III S. 478), ist nichts Genaues zu ermitteln; vgl. bes. T.F.T., Caradog of Llancarvan, in: The Dictionary of National Biography III, Oxford 1917, S. 939.

Chr. SETTIPANI, Préhistoire des Capétiens I S. 308 Anm. 791, vermerkt zur Gemahlin Kg. Egberts: „Aucun document d'époque ne cite son épouse. C'est un manuscrit tardif d'Oxford qui nous livre son nom et sa parenté: *Anno regis Egbricti secundo consors ejus regina Redburga, regis francorum sororia …* (W.G. SEARLE, 1897, p. 393, s.v. Readburh)". Da Kg. Egbert von 799–802 am Hofe Karls d. Gr. im Exil lebte, vermutet Settipani, daß Redburga eine Verwandte („belle-soeur ?") eines Frankenkönigs (Karls d. Gr. ?) gewesen sein könnte.

18 : Oslac pincerna als Vater Osburhs

Vgl. hierzu den Filiationsbeleg aus Asser, De rebus gestis Aelfredi cap. 2, bei nr. **9**. – Die Glaubwürdigkeit der Nachrichten Assers zur Herkunftsfamilie der Mutter Kg. Alfreds wird neuerdings bezweifelt von A.P. SMYTH, King Alfred S. 196 f. Bereits auf S. 9 f. heißt es: „The autor of the Life of Alfred names his mother as Osburh, supposedly the daughter of Oslac the 'famous' (*famosi*) butler in King Aethelwulf's household. The same author traces the descent of Oslac from Stuf and Wihtgar, two early sixth-century chieftains who ruled in the Isle of Wight. The details of Oslac's descent however were based on a garbled version of the Anglo-Saxon Chronicle for the years 530–4. Oslac may or may not be the same as the magnate of that name who witnessed a contemporary charter of Alfred's older brother, King Aethelberht, in 858, but we know nothing about this man or his daughter, Osburh, apart from this passing reference to them in the Life of Alfred".

20 : NN, Vater von Aethelred-Mucill

W.H. STEVENSON, Asser's Life of King Alfred S. 229 f., vermutet einen öfter in mercischen Urkunden nachweisbaren *Mucel dux* – der Namengleichheit wegen – als Vater Aethelreds. Exakte Zeugnisse fehlen. Ausgiebige Behandlung der Identifizierungsfrage bei A.P. SMYTH, King Alfred S. 24–28.

22 : NN, Vater von Eadburh

Die bei nr. **5** – gemäß Asser, De rebus gestis Aelfredi cap. 29 – angedeutete Herkunft Eadburhs aus dem Haus der Könige von Mercia ist ungeklärt. Immerhin sei angemerkt, daß eine Tochter Kg. Offas von Mercia den Namen Eadburh trug. Sie heiratete 789 Kg. Beorhtric von Wessex; zu diesen Personen vgl. A. WILLIAMS u. a., A biographical dictionary S. 117, 188f., 111. Verbindungen sind also evident, wenn auch nicht näher bestimmbar.

32 / 33 : Kg. Ealhmund (v. Kent) und NN als Eltern Kg. Egberts

The Anglo-Saxon Chronicle, trad. von D. WHITELOCK S. 34, auch EHD I S. 179, enthält zu 784 (Ms. F mit dem Eintrag von späteren Schreiberhänden): „At this time King Ealhmund reigned in Kent. This King Ealhmund was Egbert's father. Egbert was Aethelwulf's father". Altengl. Originaltext bei Ch. PLUMMER, Two Saxon Chronicles parallel S. 52. – Vgl. auch bei nrn. **8** und **16**.

A. SCHARER, Kg. Alfreds Hof S. 451–453, macht über verschiedene Chronicle-Einträge eine „kentische" Herkunft Kg. Egberts – und zwar durch seine Mutter, die Gemahlin Ealhmunds – wahrscheinlich. Sein Fazit: „Ecgberht hat sich also wahrscheinlich an die Dynastie Cerdics angesippt. Die Voraussetzung dafür könnte Verwandtschaft über die weibliche Seite, die Mutter etwa, geboten haben".

34 : Hinweis zur Herkunft Redburgas

Der bei nr. **17** zitierte Hinweis zur Herkunft Redburgas verweist auf Karls d. Gr. Schwestern Gisela, Rothaid und Adelheid (vgl. E. HLAWITSCHKA, Vorfahren Karls d. Gr. S. 82 nrn. 58 u. 60), von denen indessen Gisela, die in jungen Jahren in das Kloster Chelles eintrat und dort 810 als Äbtissin verstarb, kaum als Mutter einer mit einem englischen Prinzen verheirateten Tochter in Frage kommen dürfte. Da aber auch die beiden anderen Schwestern Karls d. Gr. recht jung verstorben zu sein scheinen (vgl. L. OELSNER, Jahrb. Kg. Pippins S. 425 Anm. 3), darf man den *sororia*-Hinweis wohl nicht zu eng auslegen. Zu *sororius* / *sororia* vgl. auch bei **XXII : (Gegen)kg. Rudolf** nr. **3** [Ende].

VIII : Kgn. u. Ksn. Adelheid (v. Burgund), 2. Gemahlin Kg. u. Ks. Ottos I.

1: Kgn. u. Ksn. Adelheid (v. Burgund)

Adelheid wird von Otto I. laufend in seinen zwischen 952 und 973 ausgestellten Diplomen als seine (zweite) Gemahlin bezeichnet; z.B. MGH D O I 141 (vom 6. II. 952): *Hadeleida dilecta coniunx nostra*; 145 (vom 15. II. 952): *petitione dilecte coniugis nostre Adelegide*; 146 (vom 1. III. 952): *dilecta coniunx nostra Hadelehida deprecata est*; etc. – Von den erzählenden Quellen sei hier lediglich verwiesen auf Contin. Reginonis ad 951, MGH SS rer. Germ. S. 164f.: *DCCCCLI. rex Otto in Italiam ire volens multo se ad hoc iter apparatu prestruxit, quoniam Adalheidam viduam Lotharii regis Italici, filiam Ruodolfi regis, a vinculis et custodia, qua a Berengario tenebatur, liberare sibique eam in matrimonium assumere regnumque cum ea simul Italicum adquirere deliberavit. … Sed et domna Adalheidis, Deo amabilis regina, sua ipsius prudentia a custodia est Deo propitio liberata et Ottoni regi felici Deo auspicante copula coniuncta.* – Dazu Liudprand, Legatio praef., MGH SS rer. Germ. S. 175: *Ottones Romanorum invictissimos imperatores augustos gloriosissimamque Adelheidem imperatricem augustam Liudprandus … semper valere, prosperari … optat.*

Adelheid dürfte ca. 931/32 geboren sein. Heißt es doch in Odilos Epitaphium Adalheidae cap. 2, MGH SS 4 S. 638, neuere Ed. bei H. PAULHART, Lebensbeschreibung S 29: *Haec … cum adhuc esset iuvencula et sextum decimum aetatis suae ageret annum … adepta est regale matrimonium, iuncta scilicet regi Lothario, Hugonis ditissimi regis Italici filio*. Das Jahr der Verheiratung Adelheids mit Kg. Lothar (947) ergibt sich wiederum aus der Bemerkung im gleichen cap. 2: *Supradicto vero Lothario ante annum circiter tercium, postquam domnam Adalheidam duxerat, defuncto, remansit ipsa viduata viro*. Kg. Lothar v. Italien verstarb am 22. XI. 950; vgl. Quellen hierzu bei R. KÖPKE – E. DÜMMLER, Otto d. Gr. S. 184 Anm. 2. Den Zeitpunkt dieser ersten Verheiratung Adelheids (= spätestens Frühsommer 947) bezeugt auch eine Urkunde Kg. Lothars vom 27. Juni 947 (L. SCHIAPARELLI, Diplomi di Ugo e di Lothario S. 255f. nr. 3: Besitzschenkung zu Corana *reginae Adeleidae nostraeque amabili coniugi*. Wenn Adelheid deshalb im Frühsommer 947 bei ihrer Verheiratung mit Kg. Lothar im 16. Lebensjahr stand, müßte sie 931/32 geboren sein. Die Berechnungen bei H. TROG, Rudolf S. 52, die auf 922 führen sollen, sind verfehlt.

Adelheids Vermählung mit Otto I. in Pavia wird von R. Köpke – E. Dümmler, Otto d. Gr. S. 198 Anm. 2, auf „Oktober oder November" 951 datiert; nach BO S. 95 nr. 201a, wo auch eine Zusammenstellung aller verfügbaren Quellen hierzu geliefert wird, sei sie nach dem 15. Oktober und vor Dezember 951 geschehen. Zuletzt hat G. Wolf, Nochmals zur Frage S. 209–221 und S. 224, den Versuch unternommen, aus Erwägungen zu Reisegeschwindigkeiten, der Intitulatio in einigen Urkunden Ottos I. und Festtagsusancen der Ottonen den 9. Oktober 951 als Hochzeitstag festzulegen, wobei vieles für seine Darlegungen spricht.

Zu Adelheids Todestag (16./17. XII. 999) und ihrer Beerdigung im elsässischen Kloster Selz vgl. Thietmar v. Merseburg, Chron. lib. IV cap. 43, MGH SS rer. Germ. NS 9 S. 180: *Aethelheidis autem imperatrix urbem, quae Celsa vocatur, interim edificans, ... in eodem anno* [= 999] *XVI. Kal. Ianuarii gaudens appeciit, de quibus orta fuit*; Ann. Quedlinburg. ad 999, MGH SS 3 S. 76, neue Ed. MGH SS rer. Germ. S. 508 ff.: *Adelheida ... inclita Romanorum imperatrix augusta ... XVII. Cal. Ian. laborum suorum centuplicatam receptura mercedem angelico stipata coetu gloriosa migravit, atque in basilica Salisensi, quam ipsa in honore sancti Petri principis apostolorum pio labore construxerat, honorifice tumulatur;* Odilo, Epitaphium Adalheidae cap. 21, MGH SS 4 S. 644, neue Ed. bei H. Paulhart, Lebensbeschreibung S. 44: *cum sextum decimum diem solveret December felix, et ipsa feliciter deposito carnis onere evolavit ad purum purissimi etheris fulgorem.* – Eine umfassende Quellenzusammenstellung bei BU nr. 1337 a.

2 : Kg. Rudolf II. v. Hochburgund als Vater Ksn. Adelheids

Zur Filiation vgl. das Zitat aus Contin. Reginonis ad 951 bei nr. **1**; außerdem Liudprand v. Cremona, Antapod. lib. IV cap. 13, MGH SS rer. Germ. S. 111: *Burgundionum praeterea rex Rodulfus mortem obiit, cuius viduam nomine Bertam rex Hugo* [v. Italien] ... *maritali sibi coniugio sotiaverat. Sed et filio suo, regi Lothario, Rodulfi et ipsius Bertae natam nomine Adelegidam cum forma honestissimam tum morum probitate gratiosam coniugem tulit.* – Im kurz nach 1000 entstandenen Epitaphium Adalheidae des Abtes Odilo v. Cluny cap. 9, MGH SS 4 S. 641 f., neuere Ed. bei H. Paulhart S. 36, heißt es von Adelheid: *In patris vero Ruodulfi, videlicet nobilissimi regis, et domini Conradi fratris regno, loco videlicet Paterniaco* (= Peterlingen / Payerne, schweiz. Kt. Waadt), *ubi matrem reginam vocabulo Bertam Deo* *in omni bonitate devotam sepulture tradidit, in honorem dei genitricis monasterium condidit.* In einer Schenkungsurkunde Adelheids für das S. Salvatorkloster in Pavia vom 12. IV. 999 (L.A. MURATORI, Antiquitates Italicae II S. 171) heißt es: *Adaleida imperatris, filia bone memorie domni Rodulfi regis et relicta bone memorie domni Ottonis imperatoris ...*

Über die Geburtszeit Kg. Rudolfs II. ist nichts Präzises überliefert. Aus einer Privaturkunde vom 21. XII. 888, in der Kg. Rudolfs I. – zusammen mit seinen Söhnen und Töchtern – gedacht wird (Gallia Christiana XV, Instr. col. 126; Cartul. de Lausanne, ed. Ch. ROTH, S. 132f. nr. 100: *propter remedium ... Ruodolfi serenissimi regis necnon eciam uxoris sue, insuper filiorum filiarumque suarum ...*), darf man schließen, daß Rudolf II., obgleich die Namen der Kinder nicht extra genannt sind, damals (als ältester Sohn und künftiger Nachfolger) gewiß schon am Leben war. So liegt eine Geburtszeit um 880/85 nahe. Vgl. hierzu auch schon R. POUPARDIN, Royaume de Bourgogne S. 29 Anm. 1; E. HLAWITSCHKA, Königsherrschaft S. 447 Anm. 5.

Zum Datum der Verehelichung Rudolfs II. mit Berta v. Schwaben vgl. Ann. Sangall. maiores ad 922, MGH SS 1 S. 78: *922. Ruodolfus rex filiam Purchardi ducis accepit.* Da Rudolf aber bereits am 4. II. 922 in Pavia urkundete (L. SCHIAPARELLI, Dipl. ital. di Lodovico III e di Rodolfo II S. 95 nr. 1) und das ganze Jahr über in Italien verblieb (vgl. ebd.), nach Liudprand, Antapod. lib. II cap. 60, MGH SS rer. Germ. S. 64, die Ehe aber schon vor Antritt des Italienunternehmens Rudolfs zustandegekommen war, wird man doch wohl 921 dafür ins Auge fassen dürfen. Vgl. schon H. TROG, Rudolf S. 51f. – Th. SCHIEFFER, Einleitung zu MGH DD Burg. S. 9, gibt „wohl 922“ an, freilich ohne ausführlichere Erörterung der Zusammenhänge. H. BÜTTNER, Heinrichs I. Südwest- u. Westpolitik S. 21f., plädiert angesichts des Italienaufenthaltes Rudolfs II. im Jahre 922 für „das Weihnachtsfest 921, welches ja damals den Beginn des Jahres 922 bedeutete“, oder auch für Epiphanias (6. I.) 922. Leichte Zweifel daran bei K. SCHMID, Zur amicitia S. 139f. mit Anm. 83, der jedoch die durch Liudprand vorgegebene Chronologie nicht berücksichtigte.

Zum Todesjahr vgl. Flodoard, Annales ad 937, ed. Ph. LAUER S. 68: *Rodulfus Jurensis ac Cisalpinae Galliae rex obiit, cui filius parvus Chonradus in regno succedit*; danach Hugo v. Fleury, Modernorum regum Franc. actus, MGH SS 9 S. 382. Hermann v. Reichenau, Chron. ad 937, MGH SS 5 S. 113: *Ipso anno Roudolfus Burgundiae rex defunctus, Agauni apud Sanctum Mauricium sepultus est filiusque eius Counradus regnum pro eo suscepit*. Ann. necrol. Fuldens. ad 937, MGH SS 13 S. 195, ed. K. SCHMID, Klostergemeinschaft v. Fulda I S. 328: *Obiit Ruodolf rex*. – Den 11. Juli als Todestag überliefern des Necrol. Merseburg., ed. E. DÜMMLER S. 237 (Sonderausgabe S. 15), MGH Libri mem. et necrol. NS 2 Tafel 9: *Rodulfus rex obiit*; vgl. dazu G. ALTHOFF, Adels- u. Königsfamilien S. 163 f., 368, mit dem Nachweis, daß diese Nachricht zu den persönlichen Gedenknotizen Adelheids gehörte. Auch das Necrol. Turicense, MGH Necrol. 1 S. 550, hat: *V id. [Jul.] Ruodolfus rex obiit*; das Necrol. Augiense, MGH SS Necrol. 1 S. 277, verzeichnet dagen den *Ruodolfus rex* unter dem 13. VII. – Zum Bestattungsort – S. Maurice d'Agaune – vgl. die bereits zitierte Todesnachricht Hermanns v. Reichenau.

3 : Berta v. Schwaben als Mutter Ksn. Adelheids

Zur Filiation vgl. die Zitate aus Liudprand, Antapod. lib. IV cap. 13, sowie dem Epitaphium Adalheidae Abt Odilos v. Cluny cap. 9 bei nr. **2**. – Ks. Heinrich III. bestätigte am 4. XII. 1049 dem Kloster Cluny *monasterium in loco Paterniaco* [= Peterlingen / Payerne] *in honore dei genitricis consecratum et a regina Berta, matre videlicet Conradi regis et imperatricis Adelaidis, [inchoatum et ab ipsa Adelaide] post mortem matris ditatum, constructum et nobilitatum*; MGH D H III 244; ergänzt nach einem Vorschlag von Th. SCHIEFFER in MGH D Burg. S. 193 [Vorbemerkung zu D 55]. Bereits am 8. IV. 961 hatte Kg. Konrad v. Burgund, Adelheids Bruder, eine frühere Schenkung an die Marienkirche in Peterlingen bestätigt und dabei gesagt: *nos una cum matre nostra Berta ac fratre nostro Ruodulfo ... donavimus*; MGH D Burg. nr. 35. Zur gefälschten „Gründungsurkunde" Bertas von angeblich 1. IV. 961 (MGH D Burg. 55) vgl. auch H.E. MAYER, Die Peterlinger Urkundenfälschungen S. 30 ff.

Bertas Geburtszeit ist quellenmäßig nicht überliefert; sie kann indessen aus dem Gesamtzusammenhang ihres Familienverbandes mit „um 907/08" erschlossen werden; vgl. E. HLAWITSCHKA, Beiträge z. Genealogie der Burchardinger S. 214.

Zur Verheiratungszeit Bertas – 921 (922) – vgl. bei nr. **2**. – Nach Kg. Rudolfs II. Tode wurde Berta von Kg. Hugo v. Italien geheiratet; vgl. Liudprand, Antapod. lib. IV cap. 13, MGH SS rer. Germ. S. 111: *Burgundionum praeterea rex Rodulfus mortem obiit, cuius viduam nomine Bertam rex Hugo – Alda, Lotharii regis filii sui matre, defuncta – maritali sibi coniugio sotiarat.*

Bertas Todestag dürfte der 2. Januar 961 gewesen sein; vgl. das Jahrzeitbuch v. Schwarzenbach, ed. J. SCHNELLER S. 195: *Berchte regine Burgundie* zum 2. I.; im Merseburger Totenbuch, in das die Memorialüberlieferung der Kaiserin Adelheid einging – vgl. G. ALTHOFF, Adels- u. Königsfamilien S. 158f. –, ist Bertas Todestag nicht zu finden, weil die ersten beiden Blätter dieses Nekrologs (für die Zeit vom 1. I. bis 16. III.) nicht mehr existieren; B. EGGER, Cluniazenserklöster S. 27 Anm. 1, plädiert für eine spätere Translation der Leiche nach Peterlingen an einem 8. März (zu diesem Datum G. SCHNÜRER, Necrologium Münchenwiler S. 19: 9. III.). In der Urkunde Kg. Konrads v. Burgund vom 8. IV. 961 (s. oben) wird bereits von der Schenkung *ad illum altarem, ubi nostrae matris corpus requiescit*, gesprochen. Da es dort nur wenige Zeilen vorher heißt, daß Kg. Konrad *una cum matre nostra Berta ac fratre nostro Ruodolfo inspirante* der Kirche von Peterlingen ein *alodium* schenkte und *dehinc per interventum prelibatae matris nostrae ac fratris* dies *per hoc nostrum preceptum* bestätigt, kann der Tod Bertas gewiß nicht längere Zeit vor der Urkundenausstellung zurückliegen; er wird also zu Anfang des Jahres 961 eingetreten sein. Vgl. auch Th. SCHIEFFER in MGH DD Burg. S. 193 (Vorbemerkung zu D 55) und S. 148 (Vorbemerkung zu D 35). Die Angabe bei E. DIENER, Könige v. Burgund Tafel XIII und S. 76, Berta sei an einem 2. I. „nach 962“ verstorben, geht von der noch nicht als Fälschung erkannten Berta-Urkunde MGH D Burg. 55 aus und ist somit hinfällig.

4 : Kg. Rudolf I. v. Hochburgund als Vater Kg. Rudolfs II.

Die Ann. Lausannenses ad 937, MGH SS 24 S. 780, berichten: *Hoc anno hobiit Rodulfus rex, filius Ruodolfi regis*. Die Ann. Alamannici ad 912, MGH SS 1 S. 55, neue Ed. bei W. LENDI S. 188, vermelden: *Ruodulfus rex obiit felici exitu, filiusque eius rex nomine patris elevatus*. – Diese Filiation ist auch den Angaben einiger burgundischer Privaturkunden zu entnehmen, so z.B. im Cartul. de Lausanne, ed. Ch. ROTH S. 79f. nr. 31 vom 22. IX. 921 (?): *die sabbati, X. kalendas octobris, anno VIII. post obitum Ruoldulfi regis, regnante filio suo domino Ruoldulfo rege*; S. 242f. nr. 265 vom 4. III. 929: *die mercuris, IIII nonas martii, anno XVII regnante domno rege nostro Ruodulfo, filio Ruodulfi regis*; S. 377 nr. 436 vom 24. IV. 912 (?): *Die sabbato, VII kal. maii regnante post obitum Ruodulfi regis filio suo Ruodulfo rege*; A. BERNARD – A. BRUEL, Rec. des chartes de Cluny I S. 406f. nr. 419

vom 7. VI. 934: *die sabati, VII idus iunii, anno XXII regnante Rodulfo filio Rodulfo rege.*

Über die Geburtszeit Kg. Rudolfs I. ist nichts bekannt. Da er am 21. XII. 888 schon „Söhne und Töchter" hatte (vgl. bei nr. **2**), dürfte er um 860, evtl. auch schon etwas früher, geboren sein.

Verheiratet hatte sich Rudolf I. – wie die gleiche Urkunde zeigt – bereits längere Zeit vor dem 21. XII. 888, wahrscheinlich schon um (oder vor) 880.

Verstorben ist Kg. Rudolf I. offenbar am 25. X. 912. Die Ann. Flaviniacenses et Lausonenses, MGH SS 3 S. 152, geben zu 911 an: *Hoc anno obiit Roudolfus rex, die dominico, 8 Kal. Nov.;* daraus gleiche Angabe im Cartul. de Lausanne, ed. Ch. ROTH S. 8. Wie schon E. DÜMMLER, Ostfränk. Reich III[2] S. 581 f. Anm. 5, bemerkte, verweist die Sonntagsangabe im Zusammenhang mit *8. Kal. Nov.* auf das Jahr 912. Die Ann. Alamannici (s. oben) und Hermann v. Reichenau, Chron., MGH SS 5 S. 112, u.a. geben ebenfalls 912 als Todesjahr an. Das Necrol. Augiense, MGH Necrol. 1 S. 280, verzeichnet zum 27. X. einen *Ruodolfus rex*; das Merseburger Totenbuch, ed. E. DÜMMLER S. 242 (Sonderausgabe S. 21), MGH Lib. mem. et necrol. 2 Tafel 14, liefert zum 26. X.: *VII. [Kal. Nov.] … Ruodulf obiit*, was sich – obgleich der Königstitel fehlt – auch auf Kg. Rudolf I. beziehen dürfte, da der Eintrag von der Ergänzungshand stammt, die die aus Ksn. Adelheids Memorialverpflichtungen resultierenden Namen eintrug; vgl. G. ALTHOFF, Adels- u. Königsfamilien S. 164 Anm. 108. Zur überzeugend auf den 25. X. 912 führenden Klärung des genauen Datums vgl. R. POUPARDIN, Royaume de Bourgogne S. 365–370; ihm folgen Th. SCHIEFFER, Einleitung zu MGH DD Burg. S. 8; J. RICHARD, Kg. Rudolf I., in: LexMA VII Sp. 1075. – H. TROG, Rudolf S. 80 ff., möchte einen Überlieferungsfehler (*VIII. Kal. Nov.* statt *XIII. Kal. Nov.)* in den Ann. Flavin. et Lauson. und im Cartul. v. Lausanne annehmen, womit sich als Todestag Kg. Rudolfs I. Sonntag, der 20. Oktober 911, ergibt. Da indessen der Merseburger Eintrag aus dem persönlichen Gedenken der Ksn. Adelheid stammt, ist der Lösung Poupardins der Vorzug zu geben. Unentschieden zwischen beiden Lösungen R. RAPPMANN, Reichenauer Mönchgemeinschaft S. 434.

5 : Kgn. Willa als Mutter Kg. Rudolfs II. v. Hochburgund

Den Namen der Mutter Kg. Rudolfs II. bzw. der Gemahlin Kg. Rudolfs I. überliefert kein Quellentext ausdrücklich. Doch nennt uns eine undatierte, zu 912–926 zu setzende Urkunde aus Vienne (Cartul. de Saint-André le Bas S. 223 nr. 14*) eine *Villa regina* als verstorbene Gemahlin eines Grafen Hugo: *ego in Dei nomine domnus Ugo, venerabilis comes et marchio, pro amore et bona voluntate mea et pro remedio anime mee et pro remedio anime uxoris mee nomine Ville regine, que in atrio Sancti Petri sepelita fuit, propterea dono ad partem Sancti Petri* … Den Königinnentitel kann diese Dame nur durch eine frühere Ehe mit einem König erworben haben. Nun wird einer Königin *Vuilla* u.a. auch in der Urkunde Adelheids, der Witwe des Herzogs Richard v. d. Bourgogne und Schwester des 912 verstorbenen Königs Rudolf I. v. Hochburgund, anläßlich der Schenkung des Klosters Romainmoutier an die Abtei Cluny am 24. Juni 929 gedacht; A. BERNARD – A. BRUEL, Rec. des chartes de Cluny I S. 358 ff. nr. 379; auch M. BOUQUET, Rec. des Historiens IX S. 693 ff. nr. (IV.). Adelheid ließ nämlich für sämtliche Familienangehörige beten: für ihren Bruder Kg. Rudolf I. v. Hochburgund, ihren verstorbenen Gemahl Hzg. Richard (Justitiarius) v. d. Bourgogne, *ac pro Vuilla regina*, dann läßt sie beten für sich selbst und ihren Sohn Kg. Rudolf (Raoul) v. Westfranken, für ihren Neffen (*nepos*) Kg. Rudolf II. v. Hochburgund, für ihre weiteren Söhne Hzg. Hugo d. Schw. v. d. Bourgogne und Graf Boso (Graf im Grenzgebiet zu Lothringen) sowie für ihren *nepos* Ludwig (Bruder Kg. Rudolfs II. v. Hochburgund; vgl. MGH Lib. mem. v. Remiremont fol. 5 v nr. 2; nicht – wie meist vermutet – Ks. Ludwig d.Bl., † 928, der in die Reihe der Lebenden nicht paßt), *sed et pro ceteris consanguineis nostris*, zudem auch *pro genitore etiam ac genitrice mea et domno Hugone insigni abbate seu ceteris nostris utriusque sexus propinquis.* Diese enge Einbettung der Königin Willa in die Familie Adelheids v. d. Bourgogne und ihres Bruders Kg. Rudolf I. zeigt, daß die *Vuilla regina* die Gemahlin Kg. Rudolfs I. v. Hochburgund gewesen sein muß. (Gestützt wird dieser Schluß wohl auch noch dadurch, daß Waldrada, eine in Italien mit Mgf. Bonifaz verheiratete Schwester Kg. Rudolfs II. bzw. Tochter Kg. Rudolfs I. und Willas, ihrer Tochter wiederum den Namen Willa gab; vgl. E. HLAWITSCHKA, Franken S. 158 und 203). Offensichtlich hat Willa sich nach dem Tod ihres Gemahls mit Gf. Hugo v. d. Provence wiederverheiratet. Vgl. dazu schon R. POUPARDIN, Royaume de Bourgogne

S. 28 Anm. 2; DERS., Royaume de Provence S. 208, 224 Anm. 6; E. HLAWITSCHKA, Verwandtschaftliche Verbindungen S. 30f., 34–38, ND S. 271f., 275–279.

Über die Geburtszeit Willas steht nichts fest, ebenso nichts Sicheres über den Zeitpunkt ihrer Vermählung mit Rudolf I.; vgl. hierzu bei nr. **4**.

Verstorben war Willa bereits vor 926; vgl. die oben zitierte undatierte Urkunde Hugos, des späteren Königs von Italien (ab 926), in der dieser noch als *comes et marchio* erscheint; außerdem M. BOUQUET, Rec. des Historiens IX S. 690 nr. 1 (undatiert): *Ego Hugo humilis comes et marchio … Insuper etiam adjicientes memoriale patris mei Teutbaldi et matris meae Berthae* [hiernach handelt es sich eindeutig um den ab 926 in Italien regierenden Kg. Hugo], *simul et uxoris quondam meae Willae, necnon et praesentis coniugis meae Hildae* (= Alda, die auch bei Liudprand, Antapod. lib. III cap. 20 und lib. IV cap. 13, MGH SS rer. Germ. S. 82 und 111, als Kg. Hugos Gemahlin genannt wird), *atque fratrum et sororum mearum.* Danach wird man sagen dürfen, daß Willa sogar schon vor 925 verstorben sein wird. – Zur Bestattung Willas in Vienne vgl. oben.

6 : Hzg. Burchard (II.) v. Schwaben als Vater Kgn. Bertas (v. Schwaben)

(Die Zählung als Burchard II. bzw. nachfolgend Burchard III. oder Burchard I. gibt die Stellung des Genannten in der Familie der sogn. Burchardinger an, nicht eine solche in der Herzogswürde).

Liudprand v. Cremona, Antapod. lib. II cap. 60, MGH SS rer. Germ. S. 64, sagt bei der Darlegung von Ereignissen der Jahre 921/22: *Quo tempore Rodulfus rex* (= Kg. Rudolf II. v. Hochburgund) *superbissimis Burgundionibus imperabat. Cui in augmentum potentiae hoc accessit, ut potentissimi Suevorum ducis Bruchardi filiam nomine Bertam sibi coniugio copularet*. Ebd. lib. III cap. 12, S. 79: *Rodulfus … in Burgundiam profectus Bruchardo Suevorum duci, cuius sibi filiam coniugio copularet, denuntiat, ut sui in auxilium veniat.* – Ann. Sangall. maiores ad 922, MGH SS 1 S. 78: *Ruodolfus rex filiam Purchardi ducis accepit.*

Über die Geburtszeit Hzg. Burchards II. ist nichts überliefert; zur Zeit seiner Verehelichung vgl. bei nr. **7** (vorletzter Abschnitt).

Seinen Tod fand Hzg. Burchard II. am 29. IV. 926 vor Novara; Liudprand, Antapod. lib. III cap. 15, S. 80: *Factum est igitur, ut Bru-*

chardo Mediolanio discedente Novariam die perveniret eadem ... in fossam, quae muros circuit civitatis, equus decidens eum proiecit. Quo et ab irruentibus Ausoniis lanceis confossus vitam morte commutavit. Das Todesjahr verzeichnen die Ann. Alamannici, MGH SS 1 S. 56, ed. W. LENDI S. 192: *926. Purchardus in Italia fugiens Langobardos de equo lapsus brevi momento vitam finivit. Quarto post hec die, id est VI. non. Mai, feria II, Ungarii monasterium S. Galli ... invadunt.* Auch Contin. Reginonis ad 926, MGH SS rer. Germ. S. 158: *Purchardus dux Alamanniae in Italia occiditur.* Das genaue Todesdatum überliefert vor allem eine Gedenknotiz aus St. Gallen, MGH Libri confrat., ed. P. PIPER S. 136: *Anno ab incarnatione Domini nongentesimo XXVI., indict. XIIII, III. kal. mai Purchardus fortissimus dux Alamannorum Italia dolose occiditur.* Das Merseburger Totenbuch, ed. E. DÜMMLER S. 233 (Sonderausgabe S. 11), MGH Lib. mem. et necrol. NS 2 Tafel 5, verzeichnet *Burcard dux* zum 28. IV.; ebenso das Necrol. Augiense, MGH Necrol. 1 S. 275: *Purhardus dux.* Weitere Quellennachweise bei G. WAITZ, Jahrb. Heinrichs I. S. 84 Anm. 3. – Nach R. RAPPMANN, Reichenauer Mönchsgemeinschaft S. 443, dürfte Burchard II. in seine Heimat überführt und am 11. V. 926 bestattet worden sein.

7 : Reginlind als Mutter Kgn. Bertas (v. Schwaben)

Reginlind läßt sich dadurch als Mutter Bertas annehmen, daß sie mehrfach als Gemahlin Hzg. Burchards II. v. Schwaben, des Vaters Bertas, bezeugt ist. So z.B. heißt es beim Contin. Reginonis ad 926, MGH SS rer. Germ. S. 158, im Anschluß an die Meldung vom Tode Hzg. Burchards in Italien: *Herimanno ducatus Alamanniae committitur, qui viduam Burchardi duxit uxorem.* Die Miracula S. Verenae cap. 5, MGH SS 4 S. 458, liefern den Namen dazu: *Herimannus dux Reginlindam nobilissimam matronam accepit in uxorem.* – Als Burchards Gemahlin wird Reginlind auch bei Hartmann, Vita S. Wiboradae cap. 25 u. 27, MGH SS 4 S. 453 u. 454, genannt: *Burchardus, non dux sed predator et desolator illius provinciae ... Non post multum temporis idem dux iter suum dirigens ad Italiam, Reginlindae matronae sibimet in coniugium sociatae omnia ... narravit.* Auch zeigt eine zu Anfang des 12. Jhs. hergestellte Fälschung für das Kloster Waldkirch i. Br., die indes alte Vorlagen verwertete, dieses Paar: *terrestris dominus Burchardus valde sublevatus est per potentiam huius mundi ... Tradidit itaque cum manu uxoris suae Reginlindae ad monasteri-*

um, quod dicitur Waldechircha, colonias duas ...; ed. H. ROTH, Gründer des Klosters Waldkirch S. 71 ff.

Nach dem Tode ihres 2. Gemahls Hzg. Hermann v. Schwaben (949) zog sich Reginlind in das Kloster St. Felix und Regula in Zürich zurück; vgl. R. KÖPKE – E. DÜMMLER, Otto d. Gr. S. 177–179, 203, 296; H. MAURER, Herzog v. Schwaben S. 73 ff.; zu weiteren Nennungen Reginlinds H. KELLER, Einsiedeln S. 21–25, 41, 43, 63, etc.

Zu Reginlinds erschließbarer Geburtszeit (ca. 892/93) und der Zeit ihrer Verheiratung (ca. 907) vgl. unten (vorletzter Abschnitt).

Gestorben ist Reginlind an einem 19. VIII. (vgl. Notae necrol. Einsiedlens., MGH Necrol. 1 S. 360: *Domna Reginlinda obiit*; Einsiedler Traditionsnotizen aus dem Liber Heremi, ed. P. KLÄUI, Quellenwerk II/3 S. 369, in der Monatsspalte August: *D[omna] Regelinda cum filio suo Burcardo duce dederunt Steveia, Kaltbrunnen et Lindowa*; dazu die Neubearbeitung des Einsiedler Nekrologs und der Traditionsnotizen bei H. KELLER, Einsiedeln S. 161 u. 167) nach dem 29. IV. 958; denn an letzterem Tage erhielt sie von Otto d. Gr. noch das MGH D O I 193. Den gleichen Todestag überliefert das Merseburger Totenbuch, ed. E. DÜMMLER S. 239 (Sonderausgabe S. 17); MGH Lib. mem. et necrol. NS 2 Tafel 11: *Domna Reingild obiit*. Ebenso das Essener Nekrolog, ed. K. RIBBECK S. 105: *O[biit] Regelendis comitissa*, während das Reichenauer Nekrolog, MGH Necrol. 1 S. 278, den bloßen Namen *Reginlind* zum 20. August überliefert. Ein altes Waldkircher Psalterbuch soll zum 18. VIII. folgenden Eintrag enthalten haben: *XV. kalend. Septembr. obiit Reinlindis ducissa, fundatrix monasterii huius*; H. ROTH (s. oben) S. 57, nach L. WERKMANN, Beiträge S. 123. – Als Todesjahr wird zumeist 958 angenommen, obwohl auch spätere Jahre nicht auszuschließen sind; so P. KLÄUI, Traditionsnotizen (s. oben) S. 369 Anm. 1; H. MAURER, Herzog v. Schwaben S. 75. Weitere Nekrolognennungen bei R. RAPPMANN, Reichenauer Mönchsgemeinschaft S. 448 f., der unentschieden sagt: „† 18./19./20. VIII. 958 oder später".

Bestattet wurde Reginlind in Einsiedeln; vgl. H. KELLER, Einsiedeln S. 21 mit Anm. 53.

In älterer Zeit wurde die Meinung vertreten, Reginlind sei „unfruchtbar" und gänzlich kinderlos gewesen; so G. WAITZ, Jahrb. Heinrichs I. S. 91, der freilich die Einsiedler Traditionsnotizen noch nicht kannte. Darauf beruht G. TELLENBACH, Vom karol. Reichsadel S. 39 Anm. 70, mit seiner Bemerkung zu Burchard III.: „Wie dieser mit Burchard

II. zusammenhängt, ist unbekannt". Dieser Ansicht widersprechen jedoch die oben zitierte Einsiedler Traditionsnotiz und eine Züricher Urkunde (s. unten); auch ist Ida v. Schwaben nicht nur als Tochter Hzg. Hermanns I., (die dieser in seine Ehe mit Reginlind eingebracht haben könnte), sondern auch als Tochter Reginlinds bezeugt. In den Miracula S. Verenae cap. 5, MGH SS 4 S. 458, heißt es, daß *Hermannus Alamannorum dux Reginlindam nobilissimam matronam accepit in uxorem. Cumque filios non haberent*, seien sie nach Zurzach zur Hl. Verena gezogen und hätten dort um Nachkommenschaft gebetet. *Praedicta autem matrona ... concepit et peperit filiam* [= Ida]. *Ipsa autem eorum filia innumeris honoribus crescebat in saeculo.*

Angesichts der schlechten Quellenlage bezüglich der Filiation von Reginlind zu Berta ist weiterhin auch die Meinung vertreten worden, Berta sei gar nicht aus der Ehe Hzg. Burchards II. mit Reginlind, sondern aus einer älteren Eheverbindung Burchards hervorgegangen; vgl. etwa H.C. FAUSSNER, Verfügungsgewalt S. 409: „... als der Herzog (Burchard) Ende April 926 bei Novara ums Leben kam und aus seiner Ehe mit Reginlind keine Nachkommen hinterließ. Seine Tochter Berta aus einer früheren Ehe, verheiratet mit Kg. Rudolf II. v. Burgund, war Erbin nur seines Hausbesitzes, den er beim Tod ihrer Mutter besessen hatte ...". Vgl. auch dort S. 441 Anm. 25. Wiederholt ist diese Sicht bei H.C. FAUSSNER, Kuno v. Öhningen S. 34f. Eine Begründung für sie hat er nicht geboten; doch dürfte sie davon ausgehen, daß Berta bereits 921/22 verheiratet wurde (vgl. oben bei nr. **2**), ihre Mutter damals also mindestens 26 Jahre alt gewesen und somit mindestens um 895 geboren sein müßte, während Reginlind – nachdem sie sich gegen Jahresende 926 mit dem Konradiner Hermann in 2. Ehe wiederverheiratet hatte (vgl. oben) – ihrem 2. Gemahl noch etwa 934 (zum Jahr vgl. unten) die Tochter Ida gebar, welche 940 dem jungen Liudolf, Sohn Ottos d.Gr. und Edgiths, als Kind anverlobt und schließlich 947 (vgl. R. KÖPKE – E. DÜMMLER, Otto d. Gr. S. 100 mit Anm. 4 und S. 159) angetraut wurde. Offensichtlich hält Faußner dies nicht für möglich. Zwingend ist jedoch eine solche Argumentation nicht, da Reginlind bei der Geburt Idas das 40. Lebensjahr nicht wesentlich überschritten zu haben braucht. Und selbst das in dieser Überlegung wichtige Geburtsjahr Idas ist nicht einmal sicher. Dieses Datum 934 ergibt sich aus der Rückrechnung des Eheschlusses um 13 Jahre; doch ist es auch möglich, daß Ida bei der Verheiratung schon 15 Jahre alt war, sie also schon 932 geboren wurde. Die Verheiratung mußte ja nicht nur auf das Alter der Braut, sondern auch auf das des

Bräutigams Rücksicht nehmen; und 947 wurde ja Liudolf – da er selbst erst gegen Jahresende 930 oder bis zur 1. Januarhälfte 931 geboren sein kann (W. GLOCKER, Verwandte der Ottonen S. 278) – gerade erst 17 Jahre, d.h. er kam 947 gerade erst in das Alter, in der Königssöhne verheiratet zu werden pflegten (vgl. das Heiratsalter Ottos I. und Ottos II.). Ida könnte, wenn man dies bedenkt, sogar gleichaltrig mit Liudolf gewesen, also auch schon 930 geboren sein. Zudem ist auch Faußners Angabe, aus der Ehe Burchards und Reginlinds seien keine Kinder hervorgegangen, falsch: es wird Hzg. Burchard III. (954–973) dabei übergangen (zu Reginlind und ihrem Sohn Burchard III. vgl. oben die herangezogene Einsiedler Traditionsnotiz). Bei H.C. FAUSSNER, Kuno v. Öhningen S. 32ff., wird dann Burchard III. als Sohn allein Reginlinds, den sie in die Ehe mit Hzg. Burchard II. († 926) eingebracht habe, angesehen. Aber schon der Name Burchard spricht dafür, daß Burchard III. nicht nur ein in die Ehe mit Burchard II. eingebrachter Sohn Reginlinds, sondern auch ein Sohn Burchards II. selbst war. Dazu kommt, daß Burchard III., der nicht nur durch die Einsiedler Traditionsnotiz, sondern auch durch eine Züricher Urkunde vom 22. XI. 955 (T. SCHIESS, Quellenwerk I/1 S. 21f. nr. 34; J. ESCHER – P. SCHWEIZER, UB Zürich I S. 96 nr. 203: *advocatum Purchardum cum manu venerabilis domne sue Reginlinde ... Actum in Uronia. Purchardo duce, regnante rege Ottone*) als Reginlinds Sohn eindeutig ausgewiesen ist, am 25. V. 929 als *comes* neben Reginlind genannt wurde (J. ESCHER – P. SCHWEIZER, UB Zürich I S. 83f. nr. 192); d.h. daß er damals schon erwachsen war, während er das 926 beim Tode Burchards II. noch nicht war, weshalb ja auch das Herzogtum Schwaben damals mit der Hand der Witwe an den Franken Hermann I. kommen konnte. Burchard III. dürfte also um 914 geboren sein. Und da die 921/22 mit Kg. Rudolf II. v. Hochburgund verheiratete Berta als Tochter Hzg. Burchards II. und Reginlinds um 907/08 geboren sein dürfte (vgl. bei nr. **3**), kann Burchard III., ist er um 914 geboren, auch nur ein Sohn Burchards II. und Reginlinds gewesen sein. Zur glatten Widerlegung der These Faußners vgl. E. HLAWITSCHKA, Beiträge z. Genealogie d. Burchardinger S. 207–215.

Daraus ergibt sich auch noch eine weitere Folgerung: Hat Reginlind Berta als ihr ältestes Kind etwa um 907/08 und Burchard III. um 914 geboren, schließlich dann noch um 930/31 (oder auch 1–2 Jahre später) Ida zur Welt gebracht, so dürfte sie selbst ca. 892/93 geboren sein.

Daß Berta (nr. **3**) keine Tochter Reginlinds gewesen sei, haben jüngst auch A. WOLF, Quasi hereditatem S. 135, DERS., Königswahl

Heinrichs II. S. 69, 71 ff., und J. FRIED, Prolepsis S. 116 f., zur Rettung der von A. Wolf 1980 ins Leben gesetzten sogn. „Richlind-These" angenommen. Die Lebensalterfrage und die Zeugungsphase bei Reginlind spielen – wie schon bei Faußner – hierbei die Hauptrolle. Gegen alle angebotenen und soeben schon einmal entkräfteten Wahrscheinlichkeitsrechnungen, die Reginlind als Mutter Bertas ausschließen sollen, spricht indes auch noch ein bislang nicht beachtetes Faktum: daß nämlich Bertas Tochter, die Ksn. Adelheid, Reginlind in ihr privates Gebetsgedenken, das in das Merseburger Totenbuch einging, aufnahm, und zwar ebenso wie ihren Großvater Hzg. Burchard II. und ihren Vater Kg. Rudolf II. und ihre Geschwister Kg. Konrad v. Burgund und *dux* Rudolf. (Die am 2. I. 961 gestorbene Mutter Berta fehlt dort, weil der bis zum 16. III. reichende Teil des Merseburger Totenbuches nicht mehr existiert); vgl. dazu G. ALTHOFF, Adels- u. Königsfamilien S. 381 f., 163 ff. Wäre Reginlind nicht Adelheids Großmutter gewesen, hätte für die Kaiserin kein Grund bestanden, sie in das private Gedenken einzuschließen; vgl. zu diesem mit der „Richlind-These" Wolfs verbundenen Argumentationsbereich jetzt E. HLAWITSCHKA, Konradiner-Genealogie S. 61 f. und S. 148 f.

8 : Gf. Konrad v. Auxerre als Vater Kg. Rudolfs I. v. Hochburgund

Die Filiation ergibt sich aus Regino v. Prüm, Chron. ad 888, MGH SS rer. Germ. S. 130: *Per idem tempus Ruodolfus filius Cuonradi, nepos Hugonis abbatis, ... provintiam inter Iurum et Alpes Penninas occupat et apud sanctum Mauritium ... coronam sibi imposuit regemque se appellari iussit*. Die Ann. Fuldens. (Contin. Ratispon.) ad 888, MGH SS rer. Germ. S. 116, berichten: *Ruodolfus vero filius Chuonradi superiorem Burgundiam apud se statuit regaliter retenere.* Beim Annalista Saxo ad 888, MGH SS 6 S. 587, neue Ed. MGH SS 37 S. 110, heißt es schließlich – nach Regino –: *In regno Lotharii Rodolfus, Conradi filius, ducis Hugonis abbatis nepos, apud Sanctum Mauricium coronam sibi imposuit ...* Und für das im hochburgundischen Jura gelegene Eugenduskloster in St. Claude hatte ein *Layfinus pro anima senioris nostri Rodulfi regis seu Conradi genitoris sui et Hugonis avunculi sui* geurkundet; Catal. abb. S. Eugendi Jur., MGH SS 13 S. 745. Die Ann. Vedastini ad 888, MGH SS rer. Germ. S. 64 f., vermelden: *At hi qui ultra Iurum atque circa Alpes consistunt, Tullo adunati Hrodulfum nepotem Hugonis abbatis ... benedici in regem petierunt.*

Über Gf. Konrads Geburtszeit ist nichts Näheres überliefert, desgleichen nichts über die Zeit seiner Verehelichung. Zu seinem Amtsbereich – Alemannien und Auxerre –, wo er 860–863 nachweisbar ist, vgl. R. POUPARDIN, Royaume de Bourgogne S. 361–363; J. WOLLASCH, Patrimonium S. 208–212; Ph. DEPREUX, Prosopographie S. 59, 156f.

Die Todeszeit Konrads muß nach 863 (vgl. bei nr. **9**) und vor dem Jahre 878 liegen, da am 25. III. 878 bereits sein Sohn Laienabt von St. Maurice d'Agaune ist; MGH D Burg. 1: *Rhodulfus humilis comes nec non et monasterii Sancti Mauricii Agaunensis abba*. Konrad dürfte sogar noch vor 876 / 877 verstorben sein, da Heiricus, Miracula S. Germani Aut. lib. II cap. 5, MGH SS 13 S. 404, ed. L.-M. DURU S. 158–161, der sein Opus zusammen mit einer metrischen Germanus-Vita an Karl d. K. († 6. X. 877) richtete, nur noch Hugo abbas als lebenden Sohn Gf. Konrads d. Ä., des Vaters Konrads v. Auxerre, nennt.

9 : Waldrada als Mutter Kg. Rudolfs I. v. Hochburgund

Die Filiation ist nur dadurch zu bestimmen, daß Waldrada als Gemahlin Gf. Konrads (v. Auxerre) feststeht. Mit Diplom vom 2. XII. 863 bestätigte nämlich Kg. Karl d. K. einen Tausch, den die Mönche von S. Germain d'Auxerre über ein Gut (Môlay am Serein) mit Gf. Konrad abgeschlossen hatten; Rec. des actes de Charles le Chauve, ed. G. TESSIER, Bd. II S. 91 nr. 261; ältere Ed. bei M. BOUQUET, Rec. des Historiens VIII S. 589 nr. 184. Dieses Gut hatten die Mönche *a Conrado comite propinquo nostro in pago Autisiodorense* (= Auxerre) erhalten, der es seinerseits von Karl d. K. empfangen hatte, und Konrad hatte es zunächst *coniugi suae Valdrade in dotalicium* überlassen. – Indem aus dieser Ehe Kg. Rudolf I. (nr. **4**) hervorging, der nicht nur einen Sohn Kg. Rudolf II. (nr. **2**), sondern auch eine Tochter Waldrada hatte, die somit nach ihrer Großmutter benannt wurde, findet diese Nachricht eine gewisse Bestätigung. Bei Liudprand v. Cremona, Antapod. lib. II cap. 66, MGH SS rer. Germ. S. 67, heißt es ausdrücklich: *Dederat rex Rodulfus* (= Kg. Rudolf II.) *Waldradam sororem suam ... coniugem Bonefatio comiti potentissimo* (v. Bologna / Modena), *qui nostro post tempore Camerinorum et Spoletinorum extitit marchio*. Zu dieser jüngeren Waldrada und ihrem Gemahl vgl. E. HLAWITSCHKA, Franken S. 83, 156–158.

Über Geburts-, Verehelichungs- und Todeszeit Waldradas ist nichts bekannt.

10 / 11 : Kg. Boso v. d. Provence und NN als wahrscheinliche Eltern Willas

Die Eltern Willas sind in keiner Quelle ausdrücklich genannt. Einen ersten Anhaltspunkt scheint Ekkehard, Casus S. Galli cap. 31 (MGH SS 2 S. 93; neuere Ed. H.F. HAEFELE S. 74), zu liefern, wonach der Abt Hartmuot v. St. Gallen ein *cognatus* Kg. Rudolfs I. v. Hochburgund gewesen sein soll. Das könnte immerhin darauf schließen lassen, daß Willa den alemannischen Bereichen entstammte; so R. POUPARDIN, Royaume de Bourgogne S. 28 Anm. 2. Aber auch wenn zudem der in Windisch (im Aargau) mit Erbbesitz ausgestattete Bisch. Landoloh v. Treviso als *cognatus* des Abtes Hartmuot nachzuweisen ist (ebd. cap. 9, MGH SS 2 S. 82, neue Ed. S. 32) und hiermit das Verwandtschaftsgeflecht faßbar wird, aus dem Kg. Rudolfs I. Ehefrau gekommen sein dürfte, hilft dies bei der Klärung der Herkunftsfrage für Willa nicht weiter.

Eine Erklärung zur Herkunft Willas wurde zunächst mittels Schlußfolgerungen aus dem Namenbestand im hochburgundischen wie auch im niederburgundischen Königshaus versucht. M. CHAUME, Origines I S. 382, meinte, Kg. Rudolf I. habe in Willa eine Schwester Ks. Ludwigs d. Bl. v. d. Provence geheiratet, wodurch der Name Ludwig von der niederburgundisch-provenzalischen Königsfamilie in die hochburgundische gelangt sei; und er begründete dies folgendermaßen: a) Ein Bruder Kg. Rudolfs II. (nr. **2**), d.h. ein Sohn Kg. Rudolfs I. (nr. **4**), hieß Ludwig (vgl. MGH Lib. mem. von Remiremont S. 7 nr. 5v 2: *Oremus pro Rodulfo rege cum Ludouuico fratre suo*). b) Kg. Konrad v. Burgund, der Enkel Kg. Rudolfs I. und Willas (durch ihren Sohn Kg. Rudolf II.), hat Karl Konstantin, den Sohn Ks. Ludwigs d. Bl. v.d. Provence / Niederburgund (Sohn Kg. Bosos v. d. Provence) zweimal als seinen *consanguineus* bezeichnet; MGH D Burg. 29 und 30 (vom 27. VI. 943 und 18. V. 946): *Carolus comes consanguineusque noster*. c) Der Name Willa kommt im 10. Jh. in der Nachkommenschaft Karl Konstantins v. Vienne vor (wobei es sich freilich nur um einen hypothetischen Anschluß Chaumes handelt; zum gesicherten Wissen über Nachkommen Karl Konstantins vgl. K.F. WERNER, Nachkommen, Tafel). Das ergibt bei CHAUME, a.a.O. S. 545 (dazu S. 553) folgende Tafel:

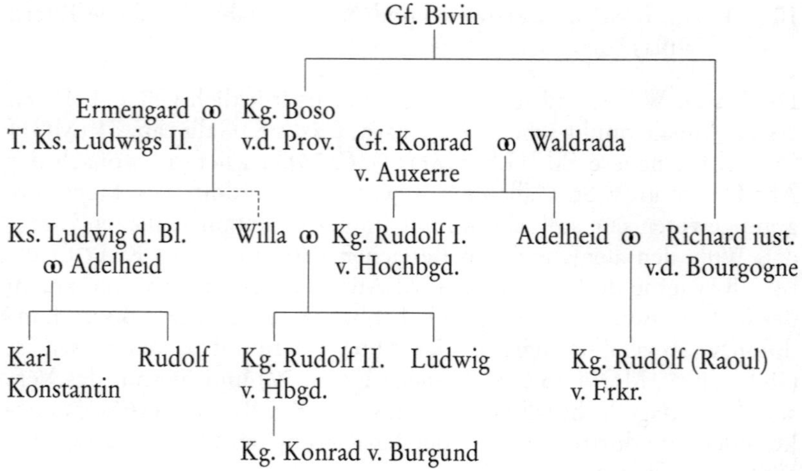

Demnach wäre Kg. Boso v. d. Provence als Vater Willas anzusehen. Die ältere Forschung, die vornehmlich die *consanguinitas* zwischen Kg. Konrad v. Bgd. und Karl Konstantin im Blick hatte und gleichfalls auf das Nachbenennungsargument achtete – und zwar bes. auf den bei einem Sohn Ludwigs d. Bl. vorkommenden Namen Rudolf (A. BERNARD – A. BRUEL, Rec. des chartes de Cluny I S. 358ff. nr. 379 vom 14. VI. 929) und den für eine Schwester Kg. Rudolfs I. nachweisbaren Namen Adelheid (ebd.) –, sah die Zusammenhänge etwas anders; und zwar sei die Gemahlin Ks. Ludwigs d. Bl., Adelheid (sie ist zum 18. I. 914 bezeugt; vgl. Rec. des actes des Rois de Provence, ed. R. POUPARDIN, S. 100 nr. 54 vom 18. I. 914) wohl eine Tochter Kg. Rudolfs I. (und damit auch Willas) gewesen; und über sie erkläre sich die genannte *consanguinitas*. Vertreten wird diese Sicht u.a. von F. de GINGINS-LA-SARRA, Mémoires I S. 185; R. POUPARDIN, Royaume de Provence S. 207–212; E. DIENER, Könige v. Burgund S. 76 und Tafel XIII; K.F. WERNER, Nachkommen S. 459. Damit ergibt sich folgende Tafel:

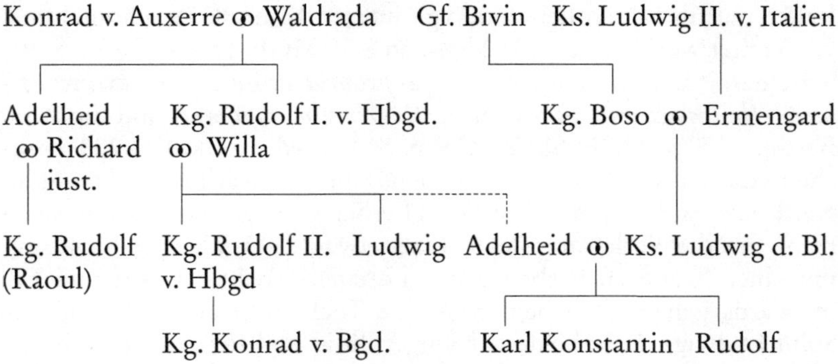

Beide Thesen können nicht zu gleicher Zeit vertreten werden, da sonst Ks. Ludwig d. Bl. in Adelheid die Tochter seiner eigenen Schwester (das ist sie nach These 1) geheiratet haben müßte, was kirchenrechtlich unmöglich war. Ist einer von beiden Sichtweisen der Vorzug zu geben? Gegen Chaumes These (1) scheint zu sprechen, daß der Name Willa in der Familie der Bosoniden nicht nachweisbar ist (vgl. Angaben bei R. POUPARDIN, Royaume de Provence S. 41–47; Tafel bei L. BOEHM, Rechtsformen S. 59). Vor allem aber erweist sich diese Sicht dadurch als unmöglich, daß Willa als Tochter Kg. Bosos und Ermengards frühestens 877 geboren sein könnte (die Ehe Bosos und Ermengards kam im März / April 876 [so K.F. WERNER, Nachkommen, Tafel, ohne nähere Begründung] oder zu Ende 876 [so BZ nr. 807], wenn nicht gar erst nach März 877 [so E. DÜMMLER, Ostfränk. Reich III^2 S. 78 Anm. 3] zustande, während Kg. Rudolf I. bereits am 21. XII. 888 mit „Söhnen und Töchtern" bezeugt ist (vgl. bei nr. **2**), als also eine damals höchstens 11-jährige Willa gewiß noch nicht mindestens 4 Kinder zur Welt gebracht haben konnte. Zudem wäre eine Ehe einer Boso-Ermengard-Tochter Willa mit Kg. Rudolf I. eine unstatthafte Nahehe im kanonischen Verhältnis 3:4 gewesen, da doch Rudolfs I. Großmutter Adelheid (unten nr. **17**, die Mutter Gf. Konrads v. Auxerre) und Willas hierbei sich ergebende Urgroßmutter Ermengard (Mutter Ks. Ludwigs II.) Schwestern waren (vgl. zu diesem Sachverhalt F. VOLLMER, Etichonen S. 168f.). Diesen entscheidenden Gegenargumenten läßt sich nur entgehen, wenn man eine frühere Ehe Bosos, vor der mit der Kaisertochter Ermengard, annimmt und Willa aus dieser früheren Ehe hervorgegangen ansieht. Und eine solche ältere Eheverbindnung Bosos ist nicht nur erschließbar. Es ist uns ja doch ausdrücklich bezeugt, daß Boso, bevor er Ermengard aus

Italien entführte und heiratete (vgl. hierzu BZ nr. 807), schon einmal verheiratet war. Die Ann. Fuldens. ad 878, MGH SS rer. Germ. S. 91, berichten ja von *Buosone comite, qui propria uxore veneno extincta filiam Hludowici imperatoris de Italia per vim rapuerat*; und die Ann. Bertin. ad 878, MGH SS rer. Germ. S. 144, ed. F. GRAT S. 229, sprechen von der Verlobung einer *filia Bosonis* mit Karlmann, dem Sohn Kg. Ludwigs d. St., im Jahre 878. Hierbei kann es sich schon deshalb nicht um die Verlobung des damals etwa 12–13-jährigen Karlmann mit einer (wenn auch eben erst geborenen) Tochter Bosos und Ermengards gehandelt haben, weil eine Tochter Ermengards und der Sohn Ludwigs d. St. beide karolingerblütig und für eine spätere Ehe zu eng miteinander verwandt waren (3:3; Ermengard war die Urenkelin Ludwigs d. Fr., Karlmann desgleichen ein Urenkel Ludwigs d.Fr.). So ist also eine ältere Ehe Bosos völlig gesichert. Beachtet man dies und zieht man daraus die Konsequenz, daß man Ermengard und deren Vater Ks. Ludwig II. v. Italien keinesfalls zu den Vorfahren Willas zählen darf, streicht man somit jene beiden Namen aus Chaumes Tafel und ersetzt sie durch NN, so ist dieses System sogar offensichtlich dem an 2. Stelle genannten überlegen. In ihm erklärt sich der Ludwig-Name bei Willas und Rudolfs I. Sohn als nach Willas Stiefbruder (Ludwig d. Bl.) vergeben; den Rudolf-Namen bei Ludwigs d. Bl. Sohn kann man als Nachbenennung nach dem Gemahl von Ludwigs (Halb)schwester Willa, also nach Kg. Rudolf I. verstehen; und auch die Konsanguinität zwischen Kg. Konrad v. Burgund und Karl Konstantin liegt vor. Das an 2. Stelle genannte (ältere) Erklärungsmuster vermag dagegen zumindest den Ludwig-Namen bei Rudolfs I. und Willas Sohn nicht hinreichend zu erklären. Zudem darf man darauf aufmerksam machen, daß die Gedenkstiftung Adelheids, der Schwester Kg. Rudolfs I. und Witwe des Richardus (justiciarius) v. d. Bourgogne vom 24. VI. 929 (vgl. bei nr. **5**) zwar u.a. Rudolf I. und Willa und beider Söhne Kg. Rudolf II. und Ludwig einschließt, nicht aber deren im System 2 angenommene Schwester Adelheid erwähnt, die zudem als Witwe des 928 verstorbenen Kaisers Ludwig d. Bl. das Ensemble illustrer Verwandter vermehrt hätte. Ihr Fehlen dürfte somit ebenfalls gegen das System 2 sprechen.

Eine Randfrage in diesen Zusammenhang ist, ob der als Sohn Ks. Ludwigs d. Bl. gut bezeugte Gf. Karl Konstantin von Vienne (vgl. Flodoard, Annales ad 931, ed. Ph. LAUER S. 46: *Karlo Constantino Ludovici Orbi filio*; Rec. des actes des rois de Provence, ed. R. POUPARDIN, S. 112 nr. 62 vom 3. VI. 924: *dilectissimus filius noster Karolus nostram supliciter expetiit excellentiam*; ähnlich S. 120 nr. 68 vom 25. XII. 927 und S. 124 nr. 70 ohne Datum) auch ein Sohn aus der Ehe Ludwigs d. Bl. mit der zum Jahre 914 bezeugten *dilecta ac benemerita conjux nostra Adaleida augusta* (Rec. des actes des rois de Provence S. 100 nr. 54) war. Denn Richer v. Reims, Hist. lib. II cap. 98, ed. R. LATOUCHE S. 288, ed. H. HOFFMANN S. 167f., sagt, daß Karl Konstantin zwar „aus königlichem Geschlecht gewesen sei, doch sei sein Adel durch uneheliche Abstammung bis zum Urgroßvater zurück mit Makel behaftet gewesen“: *occurrit ei* (= Kg. Ludwig IV. v. Frkr.) *Karolus Constantinus, Viennae civitatis princeps … Hic ex regio quidem genere natus erat, sed concubinali stemmate usque ad tritavum sordebat, vir grandevus.* Und überdies ist aus einem Brief des Konstantinopeler Patriarchen Nikolaos Mysticos an den Papst Anastasius III. (911–913) bekannt, daß um 900 eine Verlobung Annas, der Tochter Ks. Leons VI. von Byzanz mit einem „Franken, dem Neffen Bertas“ v. Tuszien (worunter Ludwig v. d. Provence zu verstehen ist), in Aussicht genommen war und deshalb mit einer Abreise Annas aus Konstantinopel gerechnet werden mußte (vgl. Nicholas I, Letters S. 218–220), weshalb Ludwig d. Bl. zunächst einmal mit einer Byzantinerin verheiratet gewesen sein könnte. Darüber, ob das Projekt verwirklicht wurde und der Konstantins-Beiname des Sohnes Ludwigs d. Bl. durch eine byzantinische Mutter bedingt ist, bestehen indes unterschiedliche Auffassungen. Vgl. dazu bejahend R. HIESTAND, Regnum Italicum S. 92–98; E. HLAWITSCHKA, Verwandtschaftliche Beziehungen S. 28–38, ND S. 269–279; Chr. SETTIPANI, Nos ancêtres S. 6–9; DERS., Préhistoire des Capétiens I S. 378f.; dagegen jetzt O. KRESTEN, Zur angeblichen Heirat Annas S. 171–211. Sein Ergebnis (S. 201): „Karl v. Vienne selbst war ein Friedelkind, der Bastardsohn einer Konkubine seines Vaters“ bzw. (S. 207) „Die tatsächliche Mutter dieses Karolus Constantinus wird sich wohl nie bestimmen lassen – sie war nichts anderes als eine (namenlos bleibende) Kebse (vielleicht eine Art 'Jugendsünde') Ludwigs v. d. Provence“. Diese Sicht braucht hier nicht kritisch untersucht zu werden, obwohl die Namen Karl und Konstantin für ein Kebsenkind recht ungewöhnlich anmuten angesichts der Feststellung, daß kein Karolinger einem illegitim gezeugten Sproß je den Namen Karl gab. Diese Frage bedarf weiterer Klärung. Wichtig bei der Ermittlung der *consanguinitas* Karl Konstantins mit Kg. Konrad v. Burgund ist lediglich die Abstammung von Ludwig d. Bl., nicht auch die von dessen Frau. Deshalb kann bei der Darstellung des modifizierten Systems Chaumes (1), das mehr Argumente für sich hat als das ältere System (2) und in dem der Name Willas aus der Vorfahrenschaft von Bosos unbekannter erster Gemahlin NN herrühren dürfte, die Angabe der Ehefrau Ludwigs d. Bl. unterbleiben.

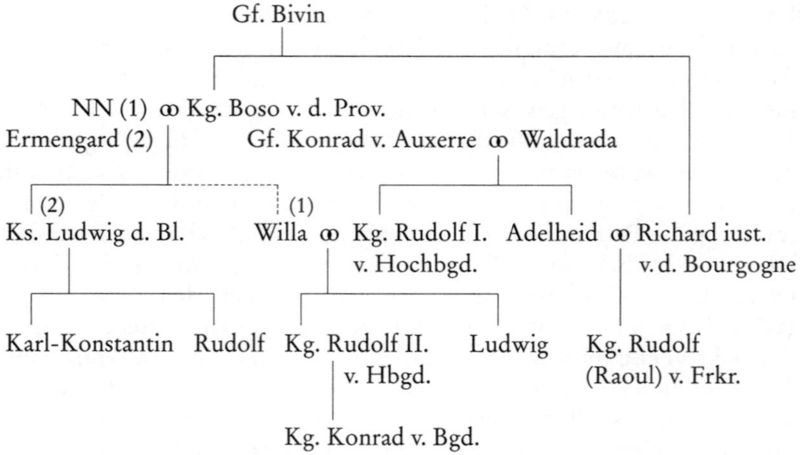

Diese Problemlösung ist akzeptiert u. a. bei Chr. SETTIPANI, Préhistoire des Capétiens I S. 372–375.

Die Geburtszeit Kg. Bosos läßt sich nur grob schätzen. In den Quellen sieht man ihn zum ersten Mal im Oktober 869 aktiv, als er dem soeben verwitweten Kg. Karl d. K. seine Schwester Richilde als Konkubine zuführte. Hinkmar v. Reims berichtet in den Ann. Bertin. ad 869, MGH SS rer. Germ. S. 107, ed. F. GRAT S. 167: *Karolus in villa Duciaco* (= Douzy) *7. Idus Octobris certo nuntio comperiens, obisse Hyrmentrudem uxorem suam ..., exsequente Bosone, filio Buvini quondam comitis, hoc missaticum apud matrem et materteram suam Teutbergam, Hlotharii* (II.) *regis relictam, sororem ipsius Bosonis nomine Richildem mox sibi adduci fecit et in concubinam accepit.* Da Boso sich indessen vor 876 seiner ersten Gemahlin (durch Giftmord, so die Ann. Fuldens.) entledigte und 878 eine Tochter an Karls d. K. damals etwa 12–13-jährigen Sohn Karlmann verloben konnte (vgl. oben), dürfte er selbst doch wohl einige Zeit vor 845/50 geboren sein.

Zu Bosos Lebensgang vgl. die Belege bei R. POUPARDIN, Royaume de Provence, Reg.; F. SEEMANN, Boso von Niederburgund, Diss. Halle 1911; L. BOEHM, Gesch. Burgunds S. 96ff.; Chr. SETTIPANI, Préhistoire des Capétiens I S. 369–376.

Bosos Todestag – 11. I. 887 – ist festgehalten in einem Totenbuch der Kirche von Vienne; Auszüge in R. POUPARDIN, Royaume de Provence S. 363: *III° idus januarii obiit Boso rex ...*; auch Abdruck seines Epitaphs ebd. S. 362 sowie MGH Poetae Lat. 4/3 S. 1027f. nr. 3: *† Regis in hoc tumulo requiescunt membra Bosonis /.../ obiit tertio idus ianuarii, octavo anno regni sui.* (Das 8. Regierungsjahr Bosos umfaßt die Zeit vom 15. X. 886 bis 15. X. 887). Ebd. S. 140 Anm. 3 auch Hinweis auf ein Nekrolog von Saint-Maurice de Vienne mit gleichem Datum. Daß Boso im Mai 887 bereits verstorben war, zeigen die Ann. Fuldens. ad 887, MGH SS rer. Germ. S. 115: *Mortuo itaque Buosone parvulus erat ei filius de filia Hludowici Italici regis; obviam quem imperator* (= Karl III.) *ad Hrenum villa Chirihheim veniens honorifice ad hominem sibi quasi adoptivum filium eum iniunxit*; zum Hoftag vom Ende Mai dieses Jahres in Kirchen a. Rhein vgl. BM² nr. 1749 a.

Bestattet wurde Boso in der Kathedrale von Vienne, wie zwei Diplome seines Sohnes Ludwig d. Bl. für diese Kirche bezeugen (Rec. des actes des rois de Provence, ed. R. POUPARDIN, S. 88 nr. 47 vom 26. X. 905: *matri ecclesiae sancti Mauricii Viennensium urbis ... pro levamine et memoria genitorum nostrorum, quorum corpora in eadem matre ecclesia fore noscuntur humata*; und S. 118 nr. 60 vom 27. XI. 927: *ut in eadem sancta matre ecclesia, ubi tumulata habentur patris vel matris meae ossa, omni tempore illorum et mea habeatur memoria*) und auch sein Epitaph zeigt; vgl. dazu R. POUPARDIN, Royaume de Provence S. 139ff.

12 : Mgf. Burchard (I.) v. Rätien als Vater Hzg. Burchards (II.) v. Schwaben

In den Ann. Alamannici ad 911, MGH SS 1 S. 55, neue Ed. bei W. LENDI, Untersuchungen S. 188, heißt es: *Purghart comes et princeps Alamannorum iniusto iudicio ab Anshelmo censura inequitatis occisus, omnibus vidue illius addemptis, filiisque ipsius Purchardo et Vodalricho extra patriam eiectis, prediumque atque beneficium eius inter illos distribuerunt. Frater vero ipsius Adalbertus nobilissimus atque iustissimus comes nutu episcopi Salomonis* (v. Konstanz) *et quorundam aliorum interemptus est. Gisle nempe socrui Purchardi iunioris limina beati Petri principis apostolorum irreptanti ibique veniam facinorum suorum efflagitanti proprium peculiumve et omnia que habebat spreto iu-*

vante Domino ac ... sancto Petro suorum nutibus dispertierunt. ... Vgl. dazu E. DÜMMLER, Ostfränk. Reich III[2] S. 569f. – Diese Familie spiegelt sich auch in den bei H. KELLER, Kloster Einsiedeln S. 22f., zusammengestellten Gedenkeinträgen wider. Behandlung dieser Einträge auch bei G. ALTHOFF, Amicitiae u. Pacta S. 276ff. Zusammenstellung aller Belege für Burchard (I.) jetzt bei M. BORGOLTE, Grafen Alemanniens S. 85ff.

Als Todestag Burchards hatte E. DÜMMLER, Ostfränk. Reich III[2] S. 570 Anm. 1, den 22./23. XI. 911 auf der Basis eines Reichenauer Nekrologeintrags (MGH Necrol. 1 S. 281: *X kal. Nov. Purchardus dux ob.* mit Wiederholung unter *IX kal. Nov.)* angenommen. Daß dies nicht zutrifft und der Eintrag erst nach 1088 entstand, zeigt R. RAPPMANN, Reichenauer Mönchsgemeinschaft S. 444f.; er weist statt dessen auf den Eintrag *Burghartus com. occisus est* zum 5. XI. im Necrol. Weißenburg., ed. E.F. MOOYER S. 38, hin, auf den auch schon BM[2] nr. 2071 b und E. DÜMMLER, a.a.O., zusätzlich aufmerksam gemacht hatten.

13 : NN, Mutter Hzg. Burchards (II.) v. Schwaben

Der Name der Gemahlin des 911 hingerichteten Mgf. Burchard (I.) dürfte sich in einem der vier Frauennamen innerhalb eines Gedenkeintrags der Burchard-Familie im Liber vitae des Klosters S. Giulia in Brescia verbergen, den H. KELLER, Kloster Einsiedeln S. 22f., (ebenso wie einen anderen Eintrag aus dem Remiremonter Gedenkbuch) auf die Familie Burchards I./II. bezog; MGH Lib. mem. et necrol. 4 S. 175 (fol. 34v/1 ..... *Adelbertus com., Odelricus, Manegoldus, Adelbertus, Ropertus, Albericus, Burchardus, Adelinda, Rodlinda, Rumilda, Rodlinda ...;* vgl. dazu ebd. S. 104f.; U. LUDWIG, Transalpine Beziehungen S. 49ff.; auch G. ALTHOFF, Amicitiae u. Pacta S. 279f.

H. DECKER-HAUFF, Ottonen u. Schwaben S. 272–278 u. Tafel nach S. 280, hatte gemeint, aus einem Reichenauer Gedenkeintrag eine *Liutcart* als Mutter Hzg. Burchards (II.) erschließen zu können. Bei ihr habe es sich um die Schwester Hzg. Ottos d. Erl. gehandelt, die den 882 verstorbenen karolingischen Ostfrankenkönig Ludwig d. J. geheiratet hatte, sich dann jedoch nach dessen Tode mit Mgf. Burchard (I.) verehelicht hätte. Daß dies völlig mißlungen ist, zeigt G. TELLENBACH, Kritische Studien S. 177f.

14 : Gf. Waltfred v. Verona als vermutbarer Vater Reginlinds

Der Vater Reginlinds bzw. Gemahl der 911 zur Bußfahrt nach Rom aufgebrochenen Gisela (= Schwiegermutter [*socrus*] Burchards II.; vgl. Zitat bei nr. **12**) ist nicht bekannt. Man sucht ihn gelegentlich in einem Grafen Eberhard, der um 889 im Thurgau und Zürichgau Amt und Besitz hatte und der zu den Vorfahren des Nellenburger Geschlechtes gehört haben soll; vgl. Chr. F. STÄLIN, Wirtemberg. Geschichte I S. 553; W.K. Prinz v. ISENBURG, Ahnen Tafel 1; O. FEGER, Bodenseeraum S. 236. Verwandtschaftliche Beziehungen zwischen den Burchardingern, zu denen Reginlind während ihrer ersten Ehe gehörte, und den Nellenburgern, erwägt auch K. HILS, Nellenburg S. 18. Bei den Familiengedenkeinträgen Reginlinds und Burchards, auf die H. KELLER, Kloster Einsiedeln S. 22f., bes. Anm. 57, aufmerksam macht, erscheint allerdings kein Eberhard! Skeptisch dazu auch M. BORGOLTE, Grafen Alemanniens S. 99.

Diese Einträge stellt jetzt auch G. ALTHOFF, Amicitiae u. Pacta S. 276f., zusammen; und aus ihnen zieht er den Schluß, daß die im St. Galler Verbrüderungsbuch (MGH Lib. confrat. S. 108 col. 366; Abbildung in Subsidia Sangallensia I S. 190) an der Spitze des Eintrags *Uualtfrit, Kysala, Reginlind* … vor Reginlind stehenden beiden Personen „als die Eltern Reginlinds anzusehen“ sind. Hieß Giselas Gemahl – in Ausdeutung dieses Eintrags – aber Waltfried und zeichnet sich für Gisela selbst – wie bei nr. **15** dargelegt wird – die Möglichkeit ab, sie als Nachkommin aus dem oberitalienischen Markgrafenhaus Eberhards v. Friaul und seiner Frau Gisela (Tochter Ks. Ludwigs d. Fr.) anzusehen, so ist es gewiß beachtenswert, daß der im Frühjahr 896 in Verona ums Leben gekommene Graf dieser Stadt namens Waltfred offenbar mit einer Dame namens *Gisela comitissa* verheiratet war; vgl. E. HLAWITSCHKA, Franken S. 281f. Anm. 16. Zu Gf. Waltfred sind dort (S. 279–282) alle verfügbaren Belege zusammengestellt. Zudem sollte in diesem Zusammenhang nicht ganz unbeachtet bleiben, daß jene Ereignisse des Jahres 911, bei denen Gf. Burchard I. (nr. **12**) und sein Bruder Adalbert hingerichtet wurden und in deren Folge Burchards I. Söhne Burchard II. (nr. **6**) und Udalrich ins Exil gehen mußten sowie die zu einer Bußwallfahrt nach Rom aufgebrochene Gisela (nr. **15**, d.h. Burchards II. Schwiegermutter) aller ihrer Besitzungen beraubt wurde, ja während der die aus Rom Heimgekehrte als Hochverräterin abgeurteilt worden ist, nur in einem einst Veroneser Codex (seit 1826 in Monza verwahrt) der Ann. Alamannici überliefert sind, nicht jedoch im Züricher (Haupt)codex! Der Schreiber dieses Überlieferungszweiges der Ann. Alamannici hatte nicht nur spezifisch alemannische, sondern auch nach Burgund und Italien reichende Interessen. (Vgl. dazu W. LENDI, Untersuchungen S. 132 ff.). Gerade eine mit Verona in Zusammenhang stehende Familie konnte so seine Beachtung finden. Zu Gf. Walfred vgl. auch bei nr. **15**.

E. KIMPEN, Zur Königsgenealogie S. 46–52, wollte hingegen Reginlinds Mutter Gisela (nr. **15**) zuerst mit einem Grafen Megingaud v. Mayenfeldgau (ermordet 892), danach mit einem Grafen Burchard, Sohn Walahos, verheiratet erweisen; vgl. bei nr. **15**. Welcher von beiden der Vater Reginlinds gewesen sein soll, wurde von Kimpen allerdings nicht gesagt.

15 : Gisela als Mutter Reginlinds

Zur Filiation vgl. das Zitat aus den Ann. Alamannici bei nr. **12**, wo Gisela als Schwiegermutter (*socrus*) Burchards II., des Ehemanns Reginlinds, bezeichnet ist.

Daß Gisela eine Tochter des Mgf. Unruoch v. Friaul (eines Sohnes Mgf. Eberhards v. Friaul und der karolingerblütigen Gisela) gewesen sei und nacheinander mit dem 892 ermordeten Mayenfeldgaugrafen Megingaud, dann mit Burghard, einem Sohn des Grafen Walaho, und schließlich mit dem alemannischen Grafen Burchard (I.) verheiratet gewesen sei, versucht E. KIMPEN, Zur Königsgenealogie S. 46–52, zu erweisen. Dabei bleibt freilich alles sehr hypothetisch. Eine Gisela als Tochter Unruochs v. Friaul ist uns nirgendwo bezeugt; man könnte sie allenfalls hinter der von Bisch. Liutward v. Vercelli aus dem Kloster Brescia entführten und einem (alemannischen) Verwandten (*nepos*) zur Ehe übergebenen *filia Unruochi comitis propinqua imperatoris* Ks. Karls III. (Ann. Fuldens. ad 887, MGH SS rer. Germ. S. 105 f.; zu 886 gehörig, vgl. ebd. S. 114), deren Name aber nicht bekannt ist, vermuten. (Da freilich zugleich gesagt wird, daß jener *nepos* Liutwards, dem die Unruoch-Tochter zugedacht war, in der Hochzeitsnacht starb und das Mädchen unberührt blieb, was einer anderen Brescianer Nonne geoffenbart und von ihr den anderen Mitschwestern angezeigt worden sei, erinnert doch manches in diesem Bericht an ein On-dit. Allerdings ist auch nicht mitgeteilt, daß die Entführte ins Kloster zurückkehrte, so daß das Schicksal der Unruoch-Tochter und des *nepos* Liutwards letztlich ungeklärt bleibt). – Aufgenommen wurde Kimpens These von G. WOLF, Hintergründe S. 315–325, ND S. 56–69, bes. Tafel S. 320 bzw. ND S. 59 [mit Fehler in der genealogischen Übersicht in Anm. 24, wo Gisela nicht als Tochter Mgf. Unruochs, sondern als Gemahlin Unruochs erscheint]. Kimpens Genealogie dient ihm zur Erklärung politischer Ereignisse, die freilich auch ganz anders begründet werden können. Seine Sicht hat G. WOLF wieder aufgegriffen in seiner Arbeit 'Nochmals zur Frage nach dem rex Francorum' S. 180 und in einer Übersichtstafel 'Die Abkunft Kaiser Ottos II.' in: DERS., Kaiserin Theophanu S. 76.

Als eine Stütze für diese Ansicht, daß Reginlinds Mutter Gisela (als Enkelin Mgf. Eberhards v. Friaul und seiner Frau Gisela) karolingerblütig war, könnte man freilich geltend machen – worauf indessen noch niemand hingewiesen hat –, daß Wipo, Gesta Chuonradi cap. 4, MGH SS rer. Germ. S. 24, über die Kaiserin Gisela, Gemahlin Ks. Konrads II., schreibt: *Cui pater erat Herimannus dux Alamanniae, mater eius Kerbirga, filia Chuonradi regis de Burgundia, fuit, cuius parentes de Caroli Magni stirpe processerant*. Verfolgt man nämlich die Ahnen Kg. Konrads v. Burgund (des Bruders der Ksn. Adelheid) und damit auch Adelheids zurück und läßt man außer acht (was freilich zur Erklärung ebenso herangezogen werden kann), daß die Tochter Kg. Konrads v. Burgund (*Kerbirga* / Gerberga) natürlich über ihre Mutter Mathilde v. Frankreich (vgl. bei **XV : Ksn. Gisela** nr. **7**) karolingerblütig war, so stößt man ja doch – wie die Tafel **VIII** zeigt – über Reginlinds Mutter Gisela auf die Möglichkeit eines Anschlusses an Blut Karls d. Gr. Und das könnte hier beachtenswert sein.

Ein weiteres Indiz für eine karolingische Abkunft von Reginlinds Mutter Gisela könnte sein – wobei beachtenswerterweise der soeben erwähnte zusätzliche Erklärungsweg über Kg. Konrads Gemahlin, die karolingerblütige Mathilde v. Frankreich, ausgeschlossen ist –, daß es in Adalbolds v. Utrecht Vita Heinrici II. cap. 1, MGH SS 4 S. 684, ed. H. VAN RIJ S. 46f., heißt, Heinrich II. stamme nicht nur *ex parte patris*, sondern auch *ex parte matris* – also über seine Mutter Gisela (und d.h. doch wohl über deren Eltern Kg. Konrad v. Burgund und Adela; vgl. bei **XII : Ks. Heinrich II.** nrn. **3**, **6** und **7**) von Karl d. Gr. ab, und zwar so, daß man *decimam sextam lineam propagationis* (also offenbar in einer Zählung von Heinrich II. in zweifacher Linie, d.h. auf Karl d. Gr. und zurück, mit dem Ergebnis 8 : 8) zählen könne. (Die Zählmöglichkeit über Giselas Mutter Adela kann man dabei aber wohl beiseite lassen, da Adela auch den Zeitgenossen nicht sehr bekannt gewesen zu sein scheint und sie dann auch bei Adalbolds Zählung nicht berücksichtigt worden sein kann; vgl. auch bei **XII : Ks. Heinrich II.** nr. **14 / 15**).

Zudem läßt sich als 3. Indiz darauf verweisen, daß die Kaiserin Adelheid, Ottos I. zweite Gemahlin, in den Ann. Quedlinburg. ad 951, MGH SS 3 S. 58, bzw. MGH SS rer. Germ. S. 465f., als *regali avorum atavorumque prosapia orta* gekennzeichnet ist, was gerade hinsichtlich der *atavi* eine andere als über die Könige Rudolf II. und Rudolf I. v. Hochburgund zurückreichende Verbindung zum Karolingerhaus markieren könnte. Es könnte eben ein Anschluß zum Karolingerblut über Adelheids Mutter Berta, dann deren Mutter Reginlind und weiter über Reginlinds Mutter Gisela, um die es hier geht, vorliegen. Als Tochter Mgf. Unruochs v. Friaul und Enkelin Mgf. Eberhards v. Friaul und seiner Frau Gisela (Tochter Ks. Ludwigs d. Fr.) hätte Ksn. Adelheids alemannische Urgroßmutter Gisela dann gewiß königliche *atavi* vermittelt.

Es weisen also doch immerhin drei (wenn vielleicht auch nicht sehr starke) Indizien auf eine karolingische Abstammung Giselas hin. Aber bedeutet das auch, daß sie eine Tochter Mgf. Unruochs v. Friaul gewesen sein dürfte? Gibt es andere Möglichkeiten für eine Erklärung der königlichen *avi et atavi*? Sieht man sich bei K.F. Werner, Nachkommen, nach bekannten (und nicht erst zu erschließenden) Karolingerangehörigen namens Gisela um, so stößt man auf eine Gisela, Tochter aus der 1. Ehe Karls d. K., die um 865/68 geboren sein müßte und über deren Lebensschicksale – außer der Erwähnung in der Genealogia Witgers, MGH SS 9 S. 303 – bislang nichts bekannt ist. 911 könnte diese, als etwa Mitvierzigerin, Schwiegermutter Hzg. Burchards (II.) und auch noch rüstig für eine Romfahrt gewesen sein.

Aber eher als eine Verheiratung von Reginlinds wohl alemannischem und mit Italieninteressen ausgestatteten Vater (nr. **14**) mit einer westfränkischen Prinzessin „Gisela" könnte eine solche mit einer gleichnamigen Karolingerin im ostfränkischen Raum in Frage kommen. Auch Ludwig d. D. scheint nämlich eine Tochter Gisela gehabt zu haben; vgl. MGH Lib. confrat. S. 11 col. 12 (Eintrag aus der Kaiserzeit Karls III. in St. Gallen); Abb. in: Subsidia Sangallensia I S. 111. Weiteres scheint über diese Dame nicht bekannt zu sein. Daß sie – wie E. Brandenburg, Nachkommen Tafel I (Gen. IV, 21), meint, „wohl jung verstorben" sei, überzeugt nicht, da sie zur Einschreibungszeit des Eintrags ca. 881, d.h. 5 Jahre nach dem Tod des Vaters, offenbar noch lebte. Schon K.F. Werner, Nachkommen S. 451 (Gen. IV, 20), hat darauf hingewiesen, daß sie verheiratet gewesen sein könnte. Freilich meinte er – um nur eine Möglichkeit anzudeuten –, sie könne evtl. die Mutter Erchangers, Bertholds und Kunigundes (vgl. **II : Kgn. Kunigunde** nr. **1**) gewesen sein, und über Kunigunde würden so die späteren Liutpoldinger von den Karolingern herzuleiten sein. Das aber ist wenig wahrscheinlich, weil Erchanger und Berthold trotz vieler Nennungen in den Quellen nie als Karolingerverwandte bezeichnet wurden. H. Decker-Hauff hat danach versucht, Reginlinds Mutter Gisela direkt mit Gisela, der Tochter Ludwigs d. D. zu identifizieren; vgl. H. BÜHLER, Frühe Staufer im Ries S. 283 Anm. 73, ND S. 912 Anm. 73. Das würde nun die Burchardinger zu direkten karolingischen Blutsträgern und recht nahen Verwandten der ostfränkischen Karolinger machen, wofür es aber ebenfalls keine Anhaltspunkte in den Quellen gibt.

Deswegen darf man wohl die hier zunächst angedeutete und offen gelassene Identifizierungsmöglichkeit, Gisela als Nachkommin Mgf. Eberhards v. Friaul (und damit zugleich als nicht ganz nahe Verwandte der ostfränkischen Karolinger) aufzufassen, am ehesten favorisieren; und dies nicht nur deshalb, weil sich bei ihr der Name der Gemahlin Eberhards v. Friaul wiederholen würde, sondern weil der als ihr Gemahl erkennbare Graf Waltfred v. Verona (nr. **14**) lange Zeit zu den getreuesten Anhängern Berengars I., des seit 888 zum Königtum in Italien gelangten Sohnes Eberhards und Giselas v. Friaul und Bruders Mgf. Unrochs, gehörte. Eine Glosse zu den Gesta Berengarii sagt von ihm: *Hic precipuus erat amicorum Berengarii.* Und erst nach dem zweiten Eingreifen Arnulfs v. Kärnten in Italien, das ihm am 22. II. 896 die Kaiserkrone einbringen sollte, ist er – nachdem Berengar von Arnulf abgefallen war – weiterhin auf der Seite des neuen Kaisers Arnulf zu finden, dessen Oberhoheit Berengar bereits 888 anerkannt hatte. Im Loyalitätskonflikt zwischen Berengar und Arnulf entschied er sich für den Kaiser; vgl. E. HLAWITSCHKA, Franken S. 279–282. – Eine unruochingisch / friaulische Herkunft Giselas, die von E. Kimpen ins Gespräch gebracht wurde, von G. Wolf aufgegriffen worden ist und also noch mit weiteren Argumenten gestärkt werden kann, wurde auch von H. Bühler vertreten; allerdings bekennt er sich zu der Variante, daß Gisela nicht eine Tochter Unruochs, sondern eine Tochter von Unruochs Schwester Judith gewesen sein dürfte, welche nach dem Testament ihres Vaters Mgf. Eberhard Besitztum im alemannischen *Balginga* (= Balingen ?) erhielt; H. BÜHLER, Duria-Orte S. 15 f. und Tafel, ND S. 121 und S. 144 f.; DERS., Frühe Staufer im Ries S. 283 Anm. 73, ND S. 912 Anm. 73; DERS., Grafen von Achalm S. 29–33, ND S. 761–765, wo zugleich ein „Angehöriger der Gründersippe des Klosters Rheinau, … vermutlich der Rheinauer Vogt

Liuto" (878) bzw. der „Scherragraf Liutold 846–861", als Gemahl Judiths erwogen wird. Über das Stadium bloßer Erwägungen hinaus, die lediglich Besitzvererbungsmöglichkeiten und das 'Namensgut der Unruochinger' zur Grundlage haben, gedeihen diese Darlegungen aber nicht zu ernstzunehmenden Thesen. Bei M. BORGOLTE, Grafen Alemanniens S. 66, sind sie mit Skepsis registriert.

Über die Geburts- und die Verehelichungszeit Giselas lassen sich nur Vermutungen äußern. War sie nämlich eine Tochter Mgf. Unruochs und Enkelin Mgf. Eberhards v. Fraiul, so könnte sie um 860 geboren sein. Und war Gf. Waltfred, der seit 880 als Graf v. Verona feststellbar ist und jahrelang ein tüchtiger Helfer Kg. Berengars I., des Bruders Mgf. Unrochs, war, der auch schon im Januar 880 als *insignis dapifer* und *dilectissimus fidelis* Kg. Karls III. neben Berengar fungierte und mit diesem zusammen auch zu den *dilecti fideles et consiliarii* Karls III. zählte (Belege bei E. HLAWITSCHKA, Franken S. 279–282), Giselas Gemahl, so könnte dieses langanhaltende Zusammenwirken in der Tat für engere Familienbindungen sprechen. Und war Waltfred evtl. auch der von Karls III. Erzkanzler Liutward v. Vercelli durch Entführung der Unruoch-Tochter aus dem Kloster Brescia begünstigte Liutward-Verwandte, so käme als Hochzeitsjahr 877 in Frage.

Gisela verstarb offenbar – wenn es sich beim nachfolgend zitierten Waldkircher Eintrag um sie (nicht um eine sonst nicht bezeugte Tochter Reginlinds und Burchards) handelt – an einem 26. Oktober nach 918 in dem von ihr um 918 mitbegründeten Kloster Waldkirch im Breisgau. Ein altes Waldkircher Psalterbuch enthielt jedenfalls neben dem Todestag der Klostermitgründerin Reginlind auch den Eintrag *VII kalend. Novembr. obiit Gisila ducissa, fundatrix*; L. WERKMANN, Beiträge S. 125f.; H. ROTH, Gründer des Klosters Waldkirch S. 57. Dann dürfte sie auch in Waldkirch bestattet worden sein. Zum Gesamtzusammenhang vgl. E. HLAWITSCHKA, Beiträge zur Genealogie der Burchardinger S. 211.

16 : Gf. Konrad d. Ä. als Vater Gf. Konrads (v. Auxerre)

Daß Gf. Konrad v. Auxerre, der 864 den Laienabt Gf. Hucbert v. St. Maurice getötet hat und damit die hochburgundische Paßstellung seines Sohnes um St. Maurice und den Mont-Cenis begründete, einen Grafen Konrad zum Vater hatte, ergibt sich aus der Koppelung der beiden folgenden Quellenstellen: Regino, Chron. ad 866 (betr. 864), MGH SS rer. Germ. S. 91: *Hucbertus novissime a Conrado comite peremptus est iuxta castrum, quod Urba* (= Orbe) *dicitur*. Ann. Xantenses ad 866, MGH SS rer. Germ. S. 23: *Eodem tempore Hubertus clericus … a filiis Cuonradi, fratris quondam Iudith reginae, in bello occiditur*. – Abgesichert wird dieser Schluß dadurch, daß Konrads (v. Auxerre) Sohn, Kg. Rudolf I. v. Hochburgund, in den Ann. Vedastini, bei Regino und beim Annalista Saxo (vgl. oben bei nr. **8**) als *nepos* des Hugo abbas bezeichnet wird und daß Hugo abbas seinerseits in den Ann. Xantenses ad 866, MGH SS rer. Germ. S. 24, als *Hugo nomine, filius predicti comitis Cuonradi,* auftritt; zum gleichen Zusammenhang und zum Nachweis, daß es sich bei diesem Hugo um Hugo abbas handelt, vgl. Ann. Bertin. ad 864, MGH SS rer. Germ. S. 71, ed. F. GRAT S. 111.

Diese Bezeugungen resultieren also aus folgendem verwandtschaftlichen Zusammenhang:

Ksn. Judith   Gf. Konrad d. Ä. ∞ Adelheid

Konrad d. J. (v. Auxerre)   Hugo abbas
∞ Waldrada

Kg. Rudolf I. v. Hbgd.

Diese Zusammenhänge versuchte E. KIMPEN, Abstammung Konrads I. S. 735–738, zu relativieren, um einen Blutszusammenhang der Welfen mit den Karolingern konstruieren zu können. Das *a filiis Cuonradi* der Xantener Annalen sei nur als eine willkürlich vom Annalisten herausgegriffene Teilgruppe sämtlicher Welfen, die am Sturze Hukberts mitgewirkt hätten, zu verstehen, und die *nepos*-Bezeichnung für Hugo abbas müsse nicht als Neffe, sondern könne auch als Vetter bzw. nur als „überhaupt Verwandter" übersetzt werden. Es gäbe ja zudem die Nachricht der Ann. S. Columbae Senon. ad 882, MGH SS 1 S. 103f., die Konrad und Hugo abbas als Vettern ausweise: *Erat autem abbas ipsius monasterii Guelpho ex prosapia regali, qui eodem anno transiens e mundo in basilica sanctae Columbae est humatus. Cui successit Chounradus christianissimus comes, germanus eius. Qui etiam ipso anno diem claudens extremum cum magno moerore … in stillicidio beatae Columbae ad pedes sancti Lupi confessoris honorifice est sepultus. Cui successit Hugo consobrinus eius, qui monarchiam cle-*

ricatus in palatio optinens, ducatum etiam regni post regem nobiliter amministrabat. Auf dieser Basis, daß Konrad d. J. (v. Auxerre) und Hugo abbas Vettern, nicht Brüder, gewesen seien (zu Vorläufern dieser Sichtweise vgl. schon E. DÜMMLER, Ostfränk. Reich I^2 S. 442 Anm. 1), komme nur Konrads d. Ä. Bruder Rudolf als Vater Konrads d. J. in Frage. Und als dessen ihm noch unbekannte Gattin, die einen Karolinger-Blutsanteil an die mit Rudolf I. v. Hochburgund zum Königtum aufgestiegenen Welfen vermittelt haben dürfte, möchte Kimpen (S. 739) „eine ersteheliche Tochter Ludwigs d. Fr. oder eine Tochter Lothars I." vermuten; auf S. 740 konzentriert er sich ganz auf eine Tochter Lothars I. – Nun ist aber dieses System Kimpens in dreifacher Weise brüchig. 1) handelt es sich bei Konrad, dem Bruder Welphs, nicht um Gf. Konrad d. J. (v. Auxerre), sondern – wie L. TRAUBE bei der Herausgabe von MGH Poetae Lat. 3 auf S. 267–269 für Welph gezeigt hat – um einen Sohn Gf. Rudolfs, des Bruders der Ksn. Judith und Konrads d. Ä.; 2) ist die für Kimpen noch unbekannte Gemahlin Gf. Rudolfs inzwischen ermittelt: sie hieß Roduna (vgl. bei **I : Kg. Konrad I.** nr. **10 / 11**); eine Tochter Ludwigs d. Fr. wie auch Lothars I. namens Roduna ist aber gänzlich unbekannt; 3) hat E. DÜMMLER, Ostfränk. Reich III^2 S. 133 Anm. 1, aufgezeigt, daß jener mit S. Colombe in Sens in Verbindung stehende und 882 verstorbene Konrad (als Gf. von Paris) offenbar kinderlos war und somit weder mit Gf. Konrad d. Ä. noch mit Konrad d. J. (v. Auxerre) identifiziert werden kann. So ist diese These ad acta zu legen.

Zur Lebenszeit Konrads d. Ä. (bez. 830–862) vgl. G. TELLENBACH, Über die ältesten Welfen S. 338; E. DÜMMLER, Ostfränk. Reich Reg.; R. POUPARDIN, Royaume de Bourgogne S. 359–361; Ph. DEPREUX, Prosopographie S. 156f.; alle Bezeugungen Konrads im süddeutschen Raum bei M. BORGOLTE, Grafen Alemanniens S. 165–170. – Während als Todesjahr durch die Nennung Konrads zum November 862 in den Ann. Bertin., MGH SS rer. Germ. S. 60, ed. F. GRAT S. 95 , als „† nach 862" feststeht, ist es ungewiß, ob der in einem St. Galler Nekrolog des 10./11. Jhs. zum 21. IX. erfolgte Eintrag *Obitus Chuonradi comitis* (MGH Necrol. 1 S. 481) auf ihn zu beziehen ist; E. DÜMMLER – H. WARTMANN, St. Galler Todtenbuch S. 68, halten das für möglich. In E. DÜMMLER, Ostfränk. Reich, wird das nicht mehr erwähnt.

17 : Adelheid (v. Tours) als Mutter Gf. Konrads d. J. (v. Auxerre)

Bei Heiricus, Miracula S. Germani lib. II cap. 2, MGH SS 13 S. 401, wird Gf. Konrad d. Ä. (nr. **16**), der Bruder der Ksn. Judith, charakterisiert; dabei wird auch seine Frau genannt: *Chuonradus princeps famosissimus, collega regum et inter primates aulicos adprime inclytus, per id temporis regia munificentia maximis et sua condignis nobilitate fulgebat honoribus. Coniunx illi erat Adheleidh nomine, primorum et ipsa natalium perinde titulis gloriosa, quippe quae avita antiquorum procerum oriunda propagine, splendorem generis augustissimae aequiparabat stemmate dignitatis*; auch in L.-M. DURU, Bibliothèque de l'Yonne II S. 158 (als lib. II cap. 1 nr. 84).

Adelheid verstarb an einem 18. VIII. vor 862; vgl. dazu G. TELLENBACH, Über die ältesten Welfen S. 337f., auf der Basis einer Interpretation von Marginalnotizen in einer Brüsseler Handschrift des Martyrologiums Wandalberts v. Prüm. Dort auch (S. 338 Anm. 16) Zurückweisung der auf M. CHAUME, Origines de Bourgogne S. 237 Anm. 2, basierenden Theorie, Adelheid hätte sich in einer 2. Ehe mit dem Kapetinger Robert d. Tapferen verbunden.

18 / 19 : Vermutungen zu den Eltern Waldradas

Über die Herkunft Waldradas gibt es keine Quellennachricht, jedoch mehrere Mutmaßungen:

A) R. PARISOT, Royaume de Lorraine S. 251, verzeichnet die These von C.v. KALCKSTEIN, Abt Hugo S. 47, nach der – wegen der Namensgleichheit mit Kg. Lothars II. Friedelfrau – eine Verwandtschaft mit deren Familie bestanden haben könnte. Weitere Argumente – neben der Namensgleichheit – kennt er nicht.

B) M. CHAUME, Origines de Bourgogne S. 217 Anm. 2, hält eine Verwandtschaft Waldradas mit Gf. Ermenold v. Auxerre für denkbar, der seinerseits verwandtschaftliche Beziehungen mit Abt Fulrad v. St. Denis gehabt haben soll, in dessen Familie der Name Waldrada wiederum bezeugt ist. Weiter konkretisierbar ist hierbei nichts. Auf S. 224 spricht Chaume indessen davon, daß „Conrad II d'Auxerre, fils du conseilleur de Louis et de Lothaire, est l'époux de l'Etichonide Vaudrée, cousine de la reine Vaudrée". Auch hierbei liegt wiederum nur ein ganz ungesicherter Schluß aus der Namensgleichheit vor.

C) E. KIMPEN, Zur Königsgenealogie S. 41ff., möchte Waldrada als Tochter Gf. Lamberts v. Nantes (Widone) ansehen, der seinerseits mit einer Tochter Kg. Pippins v. Italien († 810, Sohn Karls d. Gr.) vermählt gewesen sein soll. Argumente sind ihm eine Urkunde der Kaiser Wido und Lambert v. Italien, die 892 Gf. Konrad v. Lecco als ihren *patruus et patruelis* vermerkten (L. SCHIAPARELLI, Dipl. di Guido e di Lamberto S. 34 nr. 13): „Die Verwandtschaftsangaben können hier nur einen Vetter ersten Grades Widos bezeichnen, der als solcher der ältere, d.h. Großvetter auch Lamberts war". Die *patruus*-Bezeichnung zeige, daß die Verwandtschaft über einen Mann, nämlich Mgf. / Hzg. Wido I. v. Spoleto, den Sohn Gf. Lamberts v. Nantes, gelaufen sei. Wenn der burgundische Welfenname Konrad bei den Widonen auftauche, lege das eine Verbindung der beiden Familien nahe. „Der Zeit nach war Konrad ein Bruder Kg. Rudolfs I. v. Hochburgund. Konrad v. Auxerre und Waldrada waren also die Eltern Konrads v. Lecco und der Welfe Konrad und seine Gattin Adelheid v. Tours seine väterlichen Großeltern. Da Ks. Wido ein Enkel Lamberts v. Nantes war, kann die Verwandtschaft … allein durch Waldrada, die Gemahlin Konrads v. Auxerre, gelaufen sein, die demnach eine Tochter Lamberts v. Nantes war". Kimpen sieht die Zusammenhänge also folgendermaßen:

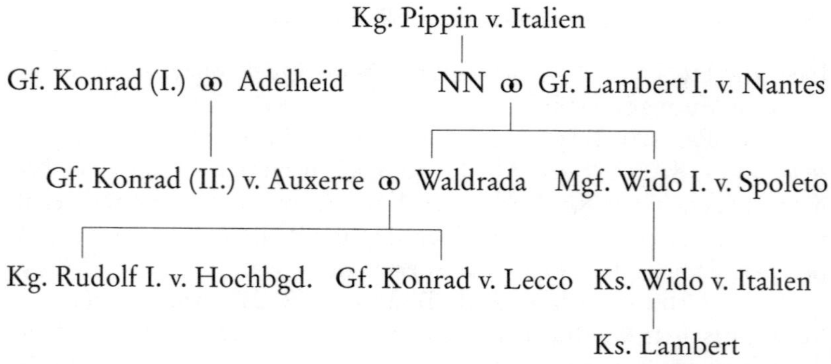

Kimpen geht dabei von der Übersetzung 'Vetter' und 'Großvetter' (für *patruus* / väterlicher Onkel) und *patruelis* (Vetter durch des Vaters Bruder oder Schwester) aus, verschiebt also die Verwandtschaftsverhältnisse um eine Generation, was sein System als bloße Zweckkonstruktion erweist. Geht es ihm doch letztlich nur um die Gewinnung eines Blutsanschlusses für die Widonenkaiser und die Burgunderkönige an Karl d. Gr.! Aber schon der Ausgangspunkt, daß Lambert I. v. Nantes eine Tochter Kg. Pippins v. Italien geheiratet hätte, beruht auf nicht tragfähigen Argumenten; vgl. dazu E. HLAWITSCHKA, Wido u. Lambert S. 366–386, bes. S. 380ff., ND S. 227–246, bes. S. 241ff.; dort wird außerdem nachgewiesen, daß Lamberts I. Sohn, Lambert II. v. Nantes, Ks. Lothars I. Tochter Rotrud zur Frau hatte, was – wegen der Nahehenverbote – ausschließt, daß schon sein Vater eine Tochter Kg. Pippins zur Frau gehabt haben kann (Nahehe 3:3). Wie die Verwandtschaft Gf. Konrads v. Lecco mit Ks. Wido und seinem Sohn Ks. Lambert zu erklären ist, wird gezeigt bei E. HLAWITSCHKA, Widonen im Dukat v. Spoleto S. 30f. Anm. 33, ND S. 165f. Anm. 33; dort S. 33f. Anm. 40, ND S. 168f. Anm. 40, auch weitere Argumente gegen die Karolingerblütigkeit der beiden Widonenkaiser.

Kritiklos ist Kimpens These übernommen bei G. WOLF, Hintergründe Tafel nach S. 320, ND Tafel nach S. 58; DERS., Nochmals zur Frage S. 179; DERS., Nochmals: Wer war Theophanu S. 179.

20 : Gf. Bivin als Vater Kg. Bosos v. d. Provence

Hinkmar v. Reims vermerkt in den Ann. Bertin. ad 869, MGH SS rer. Germ. S. 107, ed. F. GRAT S. 167, daß Karl d. K. nach dem Tod seiner ersten Gemahlin Ermentrud *exsequente Bosone, filio Bivini quondam comitis, hoc missaticum apud matrem et materteram suam Teutbergam, Hlotharii regis* (= Kg. Lothars II.) *relictam, sororem ipsius Bosonis nomine Richildem mox sibi adduci fecit et in concubinam accepit.*

Gf. Bivin war Laienabt des Klosters Gorze und hatte den berühmten Richardus, den *ostiarius* Ks. Ludwigs d. Fr., zum Bruder; vgl. hierzu MGH D Lo I 68; D Lo II 23, 40; R. POUPARDIN, Royaume de Provence S. 41ff., 307ff. Indem man noch Hzg. Richard (iustitiarius) v. d. Bourgogne, den Bruder Kg. Bosos, beachtet, ergeben sich folgende Zusammenhänge:

Richardus ost.   Gf. Bivin ∞ NN   Theutberga ∞ Kg. Lothar II.

Hzg. Richard iustic.   Gf. (Kg.) Boso   Richilde ∞ Kg. (Ks.) Karl d. K.

Zu weiteren Seitenverwandten im lothringischen Raum vgl. E. HLAWITSCHKA, Habsburg-Lothringen S. 20–24, 40f.

Im Jahre 869 war Gf. Bivin bereits verstorben; s. o.

21 : NN (Richilde ?) als Gemahlin Gf. Bivins und Mutter Kg. Bosos v. d. Provence

Da aus den Ann. Bertin. bekannt ist (vgl. nr. **20**), daß Boso v. d. Provence, der Sohn Gf. Bivins, eine *matertera* (= Tante, Schwester der Mutter) in Kg. Lothars II. angetrauter Gemahlin Teutberga hatte und daß Teutberga die Schwester des Laienabtes Hukbert v. St. Maurice war (vgl. Ann. Bertin. ad 860, MGH SS rer. Germ. S. 53, ed. F. GRAT S. 82: *Lotharius reginam suam Teutbergam inrevocabili odio habitam … compulit, ut ipsa coram episcopis confiteretur, fratrem suum Hucbertum sibi sodomitico scelere commixtum*; ebd. ad 860 S. 54, F. GRAT S. 84: *Uxor Lotharii timens odium viri sui atque insidias, ad fratrem suum Hucbertum in regno Karli aufugit*, u.ö.), und dadurch, daß wir Teutberga und Hucbert jeweils als Kinder eines Grafen Boso bezeugt finden – so z. B. nannte Papst Benedikt III. (857) Hukbert *quondam Bosonis filium*, und Papst Nikolaus I. bezeichnete Teutberga als *filia Bosonis*; vgl. J.P. MIGNE, PL 115 S. 691 (= BH nr. 408) u. PL 119 S. 801; JL nrn. 2669 u. 2702; E. DÜMMLER, Ostfränk. Reich II^2 S. 5 –, muß die Gemahlin Bivins die Tochter eines Grafen Boso gewesen sein. Nach dem bei nr. **20** angeführten Hinkmar-Zitat müßte sie 869 noch gelebt haben.

R. PARISOT, Royaume de Lorraine S. 83, schloß aus dem Faktum, daß Kg. Boso eine mit Karl d. K. (in dessen 2. Ehe) vermählte Schwester Richilde hatte (vgl. bei nr. **10 / 11** u. **20**), Bivins Gemahlin könnte Richilde geheißen haben. Seiner Vermutung sind gefolgt: R. POUPARDIN, Royaume de Provence S. 46 Anm. 1; L. BOEHM, Gesch. Burgunds S. 104.

24 : Gf. Adalbert 'd. Erlauchte' als Vater Gf. Burchards (I.)

Die Filiation ist der Urkunde über einen Gerichtstag im Jahre 889 *in pago qui dicitur Para in villa nuncupata Durroheim* (= Dürrheim) *coram Burghardo comite filio Adalberti illustris* zu entnehmen; H. WARTMANN, UB St. Gallen II S. 275 nr. 673.

Gf. Adalbert ist von 854 – 894 (?) in Urkunden des süddeutschen und nordschweizer Raumes, bes. im Thurgau, nachweisbar; vgl. die Quellenzusammenstellung bei M. BORGOLTE, Grafen Alemanniens S. 21–28.

Der Todestag Adalberts ist im St. Galler Nekrolog (MGH Necrol. 1 S. 464) verzeichnet: zum 8. I.: *Obit(us) … Adalberti ducis Alaman-*

norum. Das gleiche Datum nennt eine Eintragung im Gedenkbuch von Remiremont (MGH Lib. mem. 1 S. 5 (f. 4r nr. 3): *VI. id. ian. obitus Adalberti*. Daß es sich hierbei um den Vater Burchards I. handelt, macht ein Vergleich des gesamten Remiremonter Eintrags mit Familieneinträgen aus S. Salvatore e S. Giulia di Brescia deutlich; vgl. dazu H. KELLER, Kloster Einsiedeln S. 22f.; G. ALTHOFF, Amicitiae u. Pacta S. 273–282; R. RAPPMANN, Reichenauer Mönchsgemeinschaft S. 483. Das Todesjahr 894 ergibt sich daraus, daß eine auf den Thurgau bezügliche Urkunde vom 27. Januar 894 bereits *sub comite Hadalberto iuniore* ausgestellt ist; H. WARTMANN, UB St. Gallen I S. 294 nr. 692. So schon E. DÜMMLER, Ostfränk. Reich III^2 S. 569 Anm. 2; M. BORGOLTE, Grafen Alemanniens S. 27f.

25 : Rotlind als vermutbare Mutter Gf. Burchards (I.)

Diese Filiation ist nicht ausdrücklich bezeugt, doch aus einigen Gedenkeinträgen der Burchardinger-Familie mit großer Sicherheit erschließbar. Vgl. dazu H. KELLER, Kloster Ensiedeln S. 22f. und S. 25 Anm. 76; G. ALTHOFF, Amicitiae u. Pacta S. 273–282, bes. S. 279f.; U. LUDWIG, Transalpine Beziehungen S. 49–53.

30 / 31 : Vermutungen zu den Eltern Giselas

Für den Fall, daß die bei nr. **15** für wahrscheinlich gehaltene Abstammung Giselas aus dem Markgrafenhaus v. Friaul weiter verfolgt werden soll, müssen hier zwei Varianten betrachtet werden: Giselas Eltern waren a) Mgf. Unruoch und seine Frau Ava oder b) Unruochs Schwester Judith mit Gemahl NN.

a) Die Nachweise zur Abstammung Mgf. Unruochs, des Sohnes Mgf. Eberhards v. Friaul und seiner Frau Gisela, und zu seiner Ehe mit Ava, einer Tochter Gf. Liutfrieds aus der Familie der Etichonen, sind zu finden bei P. HIRSCH, Erhebung Berengars I. S. 61ff., 85–88; vgl. auch E. HLAWITSCHKA, Franken S. 276f., 221–223.

Unruoch dürfte – betrachtet man die Reihung der Kinder Eberhards v. Friaul und Giselas in Eberhards Testament – „ca. 840“ geboren sein; vgl. K.F. WERNER, Nachkommen Tafel (Gen. IV, 26). Seine Ehe mit Ava „kann nicht viel später als 865 geschlossen worden sein“, da ihre Tochter (vgl. bei nr. **15**) 886 im Verheiratungsalter stand (so P. HIRSCH, a.a.O. S. 87f.). Letztmalig ist er im Sommer 872 bezeugt, doch kennzeichnete ihn seine Mutter Gisela in einer Urkunde vom

1. VII. 874, in der sie die Überführung der Gebeine ihres 866 verstorbenen Gemahls Eberhard nach Cysoing (bei Lille) durch ihren Sohn Unruoch erwähnt, noch nicht als *quondam* oder *bonae memoriae*; vgl. E. HLAWITSCHKA, Franken S. 276 mit Anm. 4. Da ab Spätsommer 875 sein jüngerer Bruder Berengar bereits in Unruochs Amt nachgefolgt ist (vgl. P. HIRSCH, a.a.O. S. 92f.; BZ nr. 800), wird man Unruochs Tod in die Spanne zwischen Herbst 874 und Sommer 875 setzen dürfen. Über Avas Lebensdaten ist nichts bekannt.

b) Zu den Belegen für Mgf. Eberhards Tochter Judith vgl. P. HIRSCH, a.a.O. S. 61f., 67f. Anm. 3, 75. – Als Gemahl Judiths ist von O. Frh. v. DUNGERN, Thronfolgerecht S. 70, und anderen (vgl. bei P. HIRSCH, a.a.O. S. 67 Anm. 3) der Gf. Adalbert d. Erl. (oben nr. **24**) angesehen worden. Daß hierfür „jede positive Grundlage“ fehlt, betonte bereits E. BRANDENBURG, Nachkommen S. 86 (Gen. IV, 31). Diese Meinung ist indessen gänzlich abweisbar, weil Gf. Adalberts Frau Rotlind geheißen haben dürfte (vgl. bei nr. **25**). Schließlich fällt auch die These von H. DECKER-HAUFF, Ottonen u. Schwaben S. 293, 300, 306–309, 337, 367–369, daß Judith die Gemahlin des Gf. (Hzg.) Heinrich v. Ostfranken (vgl. bei **III** : **Kg. Heinrich I.** nr. **6 / 7**) gewesen sein soll, mit dem Nachweis der völligen Unbrauchbarkeit dieser Darlegungen bei G. TELLENBACH, Kritische Studien S. 169–190, in sich zusammen. – Beachtlicher ist hingegen die Ansicht von H. BÜHLER, Grafen v. Achalm S. 7–87, ND S. 735–823, Judith habe sich in Alemannien verheiratet; ihr Gemahl sei der Rheinauer Vogt Liuto gewesen (vgl. bei nr. **15**, wo aber bereits betont wird, daß hierfür nur Namens- und Besitzvererbungsargumente vorgebracht werden können). Zusätzlich sei hier aber noch auf das Faktum hingewiesen, daß sich Kg. Berengar v. Italien, der Bruder Mgf. Unruochs und Judiths, 888 beim Kampf gegen seinen Thronrivalen Wido v. Spoleto Hilfe aus den Gebieten nördlich der Alpen holte, wobei ein *Leutho* (!) 600 *Teutonico ritu* kämpfende Männer heranführte, und daß sich Berengar 905 zur Vertreibung Ks. Ludwigs d. Bl. wiederum um Hilfe in die Gebiete nördlich der Alpen wandte, wonach Ludwig *a Perengario et Bauguaoriis* in Verona gefangengesetzt und geblendet werden konnte (vgl. die Belege hierfür bei E. HLAWITSCHKA, Franken S. 77 und 81). Diese Beziehungen aus der Nachkommenschaft Mgf. Eberhards v. Friaul und Giselas in die Gebiete des sich damals langsam formierenden deutschen Reiches könnten evtl. einen verwandtschaftsbedingten Hintergrund gehabt haben. – Zu größerer Sicherheit über die Eltern Giselas sind diese Vermutungen aber nicht zu führen.

32 / 33 : Graf Welf und Heilwig als Eltern Gf. Konrads d. Ä.

Da direkte Zeugnisse für die Abstammung Gf. Konrads d. Ä. von Gf. Welf und seiner Frau Heilwig fehlen, ist diese nur auf einem Umweg aufzuzeigen, und zwar dadurch, daß Gf. Konrad d. Ä. (der Vater Konrads v. Auxerre) als Bruder der Ksn. Judith, die eine Tochter Welfs und Heilwigs war, nachgewiesen wird. So heißt es in den Ann. Bertin. ad 830, MGH SS rer. Germ. S. 1, ed. F. GRAT S. 2, zur Entmachtung Ludwigs d. Fr. und der Einweisung seiner Frau Judith in das Radegundekloster in Poitiers: *cuius etiam fratres, Conradum videlicet atque Rodulfum, tonsorantes, per monasteria retruserunt*; ähnlich Thegan, Vita Hludov. cap. 36, MGH SS 2 S. 597, ed. E. TREMP S. 222: *suscipientes reginam Iudith, eamque vi velantes et in monasterium mittentes, et fratres eius Chounradum et Ruodolfum tondentes et in monasterium mittentes*; ähnlich auch Astronomus, Vita Hludov. cap. 46, MGH SS 2 S. 634, ed. E. TREMP S. 464; Nithard, Histor. lib. I cap. 3, MGH SS rer. Germ. S. 3: *reginam* (= Judith) *velaverunt, fratres eius Cunradum et Rodulfum totonderunt*. – Bezüglich der Abstammung Judiths wiederum vgl. etwa Ann. regni Franc. ad 819, MGH SS rer. Germ. S. 150: *Quo peracto imperator* (= Ludwig d. Fr.) *inspectis plerisque nobilium filiabus Huelpi comitis filiam nomine Iudith duxit uxorem*; Thegan, Vita Hludov. cap. 26, MGH SS 2 S. 596, ed. E. TREMP S. 214: *Sequenti vero anno (imperator) accepit filiam Huuelfi ducis sui, qui erat de nobilissima progenie Baioariorum, et nomen virginis Iudith, quae erat ex parte matris, cuius nomen Eigiluui, nobilissimi generis Saxonici, eamque reginam constituit*. Ähnlich auch Astronomus, Vita Hludov. cap. 32, MGH SS 2 S. 624, ed. E. TREMP S. 392 – Zu Gf. Welf und Heilwig / Eigilwi vgl. auch schon bei **I : Kg. Konrad I.** nrn. **20** und **21**. Dort auch alles Weitere zu den Lebensdaten beider.

34 : Gf. Hugo v. Tours als Vater Adelheids

Die Abstammung Adelheids von Gf. Hugo v. Tours ist nirgends ausdrücklich bezeugt, doch läßt sie sich leicht erschließen; denn Hugo abbas war einerseits der Sohn Gf. Konrads d. Ä. (vgl. dazu bei nr. **16**) und Adelheids (nr. **17**), einer *matertera* (= Muttersschwester) Kg. Lothars II. (s. unten), und andererseits hatte Ks. Lothar I., Lothars II. Vater, in Ermengard eine Tochter Gf. Hugos von Tours zur Frau genommen. Vgl. hierzu einerseits Ann. Bertin. ad 864, MGH SS rer. Germ. S. 71, ed. F. GRAT S. 111: *Episcopatum (Coloniensem) ... Hlot-*

harius (= Kg. Lothar II.) ... *Hugoni, Chuonradi, Karoli regis* (= Kg. Karl d. K.) *avunculi, et materterae suae filio, tonsura clerico et ordinatione tantummodo subdiacono, moribus autem et vita a fideli laico discrepanti, donavit*. Andererseits ist den Ann. regni Franc. ad 821, MGH SS rer. Germ. S. 156, zu entnehmen: *Medio mense Octobrio conventus generalis apud Theodonis villam* (= Diedenhofen) ... *celebratur, in qua domnus Hlotharius, primogenitus domni imperatoris Hludowici* [= Ludwigs d. Fr.], *Irmingardam Hugonis comitis filiam solemni more duxit uxorem*. Ebd. ad 811, S. 133, ist Hugo als *Hug comes Turonicus* bezeichnet. Vgl. auch Thegan, Vita Hludov. cap. 28, MGH SS 2 S. 597, ed. E. TREMP S. 216: *Sequenti anno habuit placitum suum generale, et ibi Hlutharius, filius suus primogenitus ex regina (Ermengarda), suscepit in coniugium filiam Hugi comitis, qui erat de stirpe cuiusdam ducis nomine Etih* ...; vgl. auch Astronomus, Vita Hludov. cap. 34, MGH SS 2 S. 626, ed. E. TREMP S. 404. – Diese Belege ergeben das folgende genealogische Bild:

Gf. Hugo v. Tours

Ks. Lothar I. ∞ Ermengard — Adelheid ∞ Gf. Konrad d. Ä.

Kg. Lothar II. — Hugo abbas

Zur weiteren Herleitung Gf. Hugos v. Tours und zu seinen Lebensschicksalen vgl. F. VOLLMER, Etichonen S. 137–184.

Gf. Hugo verstarb am 20. X. 837; zum Jahr vgl. Ann. Bertin. ad 837, MGH SS rer. Germ. S. 14, ed. F. GRAT S. 22: *Et Hugo, socer illius* (= Ks. Lothars I.), *defunctus est*. Vgl. auch BM[2] nr. 931 d und 968 b. Das Tagesdatum wird im Nekrolog von Monza überliefert; vgl. E. HLAWITSCHKA, Franken S. 224f.; A.F. FRISI, Memorie storiche di Monza III S. 136: *XIII. Kal. Novemb. o(biit) Hugo dux*; dazu eine spätere Hand: *Obiit Dns. Vgo dux, qui dimisit huic eccle(siae) omnes possessiones de Locate* (= Locate b. Monza) *pro remedio anime sue; cuius corpus requiescit in coro capelle sce. Marie*. – Nach den Marginalnotizen einer Brüsseler Handschrift des 12. Jhs. (Martyrologium des Wandalbert v. Prüm) ist Hugo an einem 18. IX. (= *XIV. Kal. Oct.*) verstorben; vgl. G. TELLENBACH, Über die ältesten Welfen S. 338; MGH Poetae Lat. 2 S. 594 (zu v. 576: *Hugo comes rebus est exutus humanis*). Offensichtlich hat sich der Marginalienschreiber des 12. Jhs. beim Monat geirrt.

35 : Ava als Mutter Adelheids

Die Filiation ergibt sich lediglich daraus, daß Ava / Abba als Gemahlin Gf. Hugos v. Tours (nr. **34**) bezeugt ist. Dazu vgl. MGH D Lo I 29 vom 10. VIII. 836: *cognoscat sollertia, quia nos devotissime nobis Auae, coniugis videlicet Ugonis obtimatis nostri, concessimus quandam curtem ex fisco nostro vocatam Locadam* (= Locate b. Mailand); außerdem die Grabinschrift in Monza, A.F. FRISI, Memorie di Monza I S. 81: *Dux jacet hic Ugo coniux simul Abba sepulcro / templum Baptistae ditarunt uxor et iste.*

Zum Todesdatum – 4. IX. 839 – vgl. das Nekrolog von Monza bei A.F. FRISI, a.a.O. III S. 135; auch bei E. HLAWITSCHKA, Franken S. 225 Anm. 7: *II. Nonas Sept. ... o(biit) Aba coniux Hugonis Ducis de Locate*. Dazu eine spätere Hand: *O(biit) D(om)na Aba coniux D(om)ni Ugonis ducis de Locate, et socrus Domni Lotharii Imperatoris; supervixit viro pene annis duobus religiosissimam ducens vitam. Obiit pridie nonas Septembris anno ab incarnatione Dni. ....* – Nach den Marginaleinträgen zu einer Brüsseler Handschrift des 12. Jhs. ist Ava einen Tag später (= 5. IX.) verstorben; vgl. G. TELLENBACH, Über die ältesten Welfen S. 338; MGH Poetae Lat. 2 S. 593 (zu v. 541): *Deposicio Abae*. Das Jahr ergibt sich aus der in Monza überlieferten Frist von knapp zwei Jahren nach dem Tode ihres Gemahls.

Zur Herkunft Avas vgl. eine These bei F. VOLLMER, Etichonen S. 167 Anm. 219.

42 : Gf. Boso als Schwiegervater Gf. Bivins

Zwei Nachweise für diese Angabe sind zitiert bei nr. **21**. Daß Gf. Boso schon vor 855 verstorben war, ergibt sich daraus, daß Hukbert v. St. Maurice 855 *parentum loco* seine Schwester Teutberga *legaliter* an Kg. Lothar II. übergab, wie Hinkmar v. Reims, De devortio Lotharii, responsio 12 (J.P. MIGNE, PL 125 col. 697; ed. L. BÖHRINGER, MGH Conc. 4 Suppl. 1 S. 184: *... sicut audivimus, parentum loco ipse eam legaliter marito tradiderit*; BM[2] nr. 1277 a), bezeugt. Auch ist Boso dann zu 857 als *quondam* bezeichnet (vgl. bei nr. **21**).

Zur Person dieses Boso vgl. R. POUPARDIN, Royaume de Provence S. 46f.

48 / 49 : Gf. Adalbert (I.) v. Thurgau und NN (aus der Rheinauer Stiftersippe) als erschließbare Eltern Gf. Adalberts d. Erl.

Die ältere Auffassung, daß der 836–838 (858?) im Thurgau bezeugte Graf Adalbert der Vater Gf. Adalberts d. Erl. gewesen sei – zu finden etwa bei E. MEYER-MARTHALER, Rätien S. 75ff.; H.-W. GÖTZ, Dux S. 307 –, ist quellenmäßig nicht direkt belegt, ebensowenig seine Gleichsetzung mit dem gleichnamigen Sohn Mgf. Hunfrieds v. Rätien; dies betont – wie vorher schon K. SCHMID, Zur Problematik S. 8 Anm. 12, ND S. 190 Anm. Anm. 12 – M. BORGOLTE, Grafen Alemanniens S. 27. Doch konnte über einen neuen Urkundenfund – in ihm wird ein *Wolfinus* als Sohn des Rheinauer Laienabtes und 910 gegen die Ungarn gefallenen Gf. / Pfgf. Gozbert ausgewiesen, wobei dieser Wolfinus den Grafen Adalbert III. v. Thurgau (Sohn Gf. Adalberts II. d. Erl., nr. **24**) als seinen *cognatus* betrachtete – und durch eine Rheinauer Urkunde von 892, in der Gf. Gozbert den Gf. Adalbert II. d. Erl. als seinen *consobrinus* bezeichnete, die Abstammung Gf. Adalberts II. d. Erl. von Gf. Adalbert I. unabweisbar gemacht werden; vgl. dazu ausführlich E. HLAWITSCHKA, Untersuchungen zu den Thronwechseln S. 163–165. Dabei ergibt sich auch, daß Adalberts I. Gemahlin aus der Rheinauer Gründerfamilie hervorgegangen ist. Zur Absicherung des Beweisgangs vgl. E. HLAWITSCHKA, Konradiner-Genealogie S. 66f.

60 / 61 : Mgf. Eberhard v. Friaul und Gisela als Eltern Mgf. Unruochs bzw. Gf. Liutold und NN als Eltern Liutos

Hält man – wie bei nr. **30 / 31** unter a) gezeigt – die Abkunft Giselas (nr. **15**) von Mgf. Unruoch v. Friaul für wahrscheinlich, so ist hier auf dessen Eltern Mgf. Eberhard und Gisela zu verweisen. – Zu den Lebensdaten Mgf. Eberhards v. Friaul und seiner Frau Gisela vgl. E. HLAWITSCHKA, Franken S. 169–172; P. HIRSCH, Erhebung Berengars I. S. 38–73; K.F. WERNER, Nachkommen Tafel (Gen. III, 15).

Neigt man der bei nr. **30 / 31** unter b) angezeigten Sicht H. Bühlers zu, daß Unruochs Schwester Judith die Mutter Giselas (nr. **15**) gewesen sein dürfte und sie mit einem Rheinauer Vogt Liuto vermählt gewesen zu sein scheine, so ist hier Liutos wiederum nur vermuteter Vater Gf. Liutold zu verzeichnen. Zu diesem vgl. die Belege bei M. BORGOLTE, Grafen Alemanniens S. 181–183; zu Bühlers Hypothese auch schon E. HLAWITSCHKA, Untersuchungen zu den Thronwechseln S. 61 u. 65.

62 / 63 : Gf. Liutfried und NN als Eltern Avas bzw. Mgf. Eberhard v. Friaul und Gisela als Eltern Judiths

Vgl. hierzu bei nr. **30 / 31**. Nach Vorschlag a), der Ava als Mutter Giselas (nr. **15**) in Erwägung zieht, ist hier Avas Vater Gf. Liutfried zu verzeichnen; zu diesem vgl. E. HLAWITSCHKA, Franken S. 221–223. Mit wem Liutfried verheiratet war, ist unbekannt. – Nach Vorschlag b), der Judith als Mutter Giselas (nr. **15**) für möglich hält, sind hier deren Eltern Mgf. Eberhard v. Friaul und seine Frau Gisela anzuführen; zu diesen vgl. bei nr. **60 / 61**.

IX : Kg. u. Ks. Otto II. (961 bzw. 967–983)

1 : Kg. u. Ks. Otto II.

Geboren wurde Otto II. zu Ende 955; vgl. dazu die Zeitbestimmung bei BMik nr. 574 d. Das Geburtsjahr ergibt sich aus Contin. Regin. ad 955, MGH SS rer. Germ. S. 168 (als letzter Jahreseintrag nach der Meldung über den Tod Hzg. Heinrichs v. Bayern [1. XI. 955]): *Otto filius regis nascitur.* Dazu Ann. Lobiens. ad 961, MGH SS 13 S. 234: *961 dominus noster Otto, aequivocus patris, consors paterni regni asciscitur et septiformi gratia spiritus sancti in palatio Aquensi, septem hebdomadibus a pascha transactis, die pentecosten et hora, qua Spiritus sanctus super discipulos venit, VII. kalend. iun., luna VII., anno aetatis suae VII.* – Vgl. auch G. Wolf, Kleine Beiträge S. 182.

Zur Verheiratung am 14. April 972 in Rom vgl. die Quellenzusammenstellung bei BMik nr. 597 e und nr. 598 (= Heiratsurkunde MGH D O II 21 vom 14. IV. 972: *ego Otto … consultu … genitoris nostri Ottonis … Theophanu, Iohannis Constantinopolitani imperatoris neptim clarissimam, in maxima Romulea urbe … in copulam legitimi matrimonii consortiumque imperii despondere … decrevi*). Vgl. auch bei **X : Ksn. Theophanu** nr. 1.

Zum Todesdatum Ottos II. – 7. XII. 983 – und zu seiner Bestattung in der Vorhalle von St. Peter in Rom vgl. die erschöpfende Quellenauflistung bei BMik nr. 919 e. Die geschehensnächsten bzw. bestunterrichteten Quellen nennen *VII. id. dec.*; so z. B. Merseburger Totenbuch, ed. E. Dümmler S. 245 (Sonderausgabe S. 23), Lib. mem. et necrol. NS 2 Tafel 16; Ann. necrol. Fuldens. ad 983, MGH SS 13 S. 205, ed. K. Schmid, Klostergemeinschaft v. Fulda I S. 343 f.; Grabschrift MGH Poetae Lat. 5 S. 474 nr. 5: *Otto decus divum, caesar clarissime, nobis / Immeritis rapuit te lux septena Decembris*; Thietmar v. Merseburg, Chron. lib. III cap. 24 / 25, MGH SS rer. Germ. NS 9 S. 128 f.: *Anno dominicae incarnationis DCCCCLXXXIII. imperator Verone placitum habuit … Post paucos dies discedebant …; namque inperator, cum Romam veniret … VII. Id. Decemb. ex hac luce subtractus est; terreque commendatur, ubi introitus orientalis paradisi domus sancti Petri cunctis patet fidelibus.* Andere Quellen geben *VI. id. Decembr.* an; vgl. bei BMik nr. 919 e.

2 / 3 : Ks. Otto I. und Adelheid als Eltern Ks. Ottos II.

Die Filiation ist vielmals bezeugt. Nur beispielhaft seien genannt: MGH D O I 222 vom 23. IV. 961: *pro salute nostra ac stabilitate regni remedioque anime nostre dilecteque nostre coniugis Adalheidae atque amantissime prolis et aequivoci nostri Ottonis ad sanctum Mauricium in Magadaburg donavimus …*; ebd. nr. 237 vom 21. II. 962: … *pro nobis coniugeque nostra Adelheida filioque nostro rege Ottone*; etc. ebd. Register. – MGH D O II 2 vom Jahre 961: … *per interventum piorum progenitorum nostrorum, scilicet Mahtilde mitissime avie nostre matrisque nostre Adalheithe, ac iussu serenissimi imperatoris progenitoris nostri Ottonis.* – Von den erzählenden Quellen seien lediglich genannt Widukind, Rer. gest. Saxon. lib. III cap. 12, MGH SS rer. Germ. S. 110f.; Contin. Regin. ad 955, MGH SS rer. Germ. S. 168; Thietmar v. Merseburg, Chron. lib. II cap. 15, MGH SS rer. Germ. NS 9 S. 54 u. ö.

Zu den Lebensdaten der Eltern Ks. Ottos II. vgl. bei **VI : Kg. u. Ks. Otto I.** nr. **1** und **VIII : Ksn. Adelheid** nr. **1**.

4 : Kg. Heinrich I. als Vater Ks. Ottos I.
→ **VI : Ks. Otto I.** nr. **2**

5 : Kgn. Mathilde als Mutter Ks. Ottos I.
→ **VI : Ks. Otto I.** nr. **3**

6 : Kg. Rudolf II. v. Hochburgund als Vater Ksn. Adelheids
→ **VIII : Ksn. Adelheid** nr. **2**

7 : Berta (v. Schwaben) als Mutter Ksn. Adelheids
→ **VIII : Ksn. Adelheid** nr. **3**

8 : Gf. / (Hzg.) Otto d. Erl. als Vater Kg. Heinrichs I.
→ **III : Kg. Heinrich I.** nr. **2**

9 : Hadwig als Mutter Kg. Heinrichs I.
→ **III : Kg. Heinrich I.** nr. **3**

10 : Gf. Dietrich (in Westfalen) als Vater Kgn. Mathildes
→ **V : Kgn. Mathilde** nr. **2**

11 : Re(g)inhild als Mutter Kgn. Mathildes
→ **V : Kgn. Mathilde** nr. **3**

12 : Kg. Rudolf I. v. Hochburgund als Vater Kg. Rudolfs II.
→ **VIII : Ksn. Adelheid** nr. **4**

13 : Kgn. Willa als Mutter Kg. Rudolfs II.
→ **VIII : Ksn. Adelheid** nr. **5**

14 : Hzg. Burchard (II.) v. Schwaben als Vater Bertas (v. Schwaben)
→ **VIII : Ksn. Adelheid** nr. **6**

15 : Reginlind als Mutter Bertas (v. Schwaben)
→ **VIII : Ksn. Adelheid** nr. **7**

16 : Gf. / (Hzg.) Liudolf v. Sachsen als Vater (Hzg.) Ottos d. Erl.
→ **III : Kg. Heinrich I.** nr. **4**

17 : Oda als Mutter (Hzg.) Ottos d. Erl.
→ **III : Kg. Heinrich I.** nr. **5**

18 : Gf. / (Hzg.) Heinrich als wahrscheinlicher Vater Hadwigs
→ **III : Kg. Heinrich I.** nr. **6**

19 : NN als Mutter Hadwigs
→ **III : Kg. Heinrich I.** nr. **7**

20 : NN als Vater Gf. Dietrichs (in Westfalen)
→ **V : Kgn. Mathilde** nr. **4**

21 : Mathilde als Mutter Gf. Dietrichs (v. Westfalen)
→ **V : Kgn. Mathilde** nr. **5**

22 : NN als Vater Re(g)inhilds
→ **V : Kgn. Mathilde** nr. **6**

23 : NN als Mutter Re(g)inhilds
→ **V : Kgn. Mathilde** nr. **7**

24 : Gf. Konrad (v. Auxerre) als Vater Kg. Rudolfs I. v. Hochburgund
→ **VIII : Ksn. Adelheid** nr. **8**

25 : Waldrada als Mutter Kg. Rudolfs I. v. Hochburgund
→ **VIII : Ksn. Adelheid** nr. **9**

26 : Kg. Boso v. d. Provence als wahrscheinlicher Vater Willas
→ **VIII : Ksn. Adelheid** nr. **10**

27 : NN als Mutter Willas
→ **VIII : Ksn. Adelheid** nr. **11**

28 : Gf. Burchard (I.) als Vater Hzg. Burchards (II.) v. Schwaben
→ **VIII : Ksn. Adelheid** nr. **12**

29 : NN als Mutter Hzg. Burchards (II.) v. Schwaben
→ **VIII : Ksn. Adelheid** nr. **13**

30 : Gf. Waltfred v. Verona als vermutbarer Vater Reginlinds
→ **VIII : Ksn. Adelheid** nr. **14**

31 : Gisela als Mutter Reginlinds
→ **VIII : Ksn. Adelheid** nr. **15**

32 : Gf. Brun (?) als möglicher Vater Gf. Liudolfs
→ **III : Kg. Heinrich I.** nr. **8**

33 : Vermutungen zur Mutter Gf. Liudolfs
→ **III : Kg. Heinrich I.** nr. **9**

34 : Gf. Billung als Vater Odas
→ **III : Kg. Heinrich I.** nr. **10**

35 : Aeda als Mutter Odas
→ **III : Kg. Heinrich I.** nr. **11**

36 : Gf. Poppo als wahrscheinlicher Vater Gf. Heinrichs
→ **III : Kg. Heinrich I.** nr. **12**

37 : NN als Mutter Gf. Heinrichs
→ **III : Kg. Heinrich I.** nr. **13**

38 : Gf. Cobbo d. Ä. als wahrscheinlicher Schwiegervater Gf. Heinrichs
→ **III : Kg. Heinrich I.** nr. **14**

39 : NN als Schwiegermutter Gf. Heinrichs
→ **III : Kg. Heinrich I.** nr. **15**

42: Vermutungen zum Vater Mathildes
→ **IV : Kgn. Mathilde** nr. **10**

43 : Vermutungen zur Mutter Mathildes
→ **IV : Kgn. Mathilde** nr. **11**

48 : Gf. Konrad d. Ä. als Vater Gf. Konrads (v. Auxerre)
→ **VIII : Ksn. Adelheid** nr. **16**

49 : Adelheid (v. Tours) als Mutter Gf. Konrads (v. Auxerre)
→ **VIII : Ksn. Adelheid** nr. **17**

50: Vermutungen zum Vater Waldradas
→ **VIII : Ksn. Adelheid** nr. **18**

51: Vermutungen zur Mutter Waldradas
→ **VIII : Ksn. Adelheid** nr. **19**

52 : Gf. Bivin als Vater Kg. Bosos v. d. Provence
→ **VIII : Ksn. Adelheid** nr. **20**

53 : NN (Richilde ?), Tochter Gf. Bosos, als Mutter Kg. Bosos
→ **VIII : Ksn. Adelheid** nr. **21**

56 : Gf. Adalbert d. Erl. als Vater Gf. Burchards (I.)
→ **VIII : Ksn. Adelheid** nr. **24**

57 : Rotlind als Mutter Gf. Burchards (I.)
→ **VIII : Ksn. Adelheid** nr. **25**

62 : Mgf. Unruoch v. Friaul (oder Liuto ?) als vermutbarer Vater von Gisela
→ **VIII : Ksn. Adelheid** nr. **30**

63 : Ava (oder Judith v. Friaul) als vermutbare Mutter Giselas
→ **VIII : Ksn. Adelheid** nr. **31**

X : Kgn. u. Ksn. Theophanu (v. Byzanz), Gemahlin Kg. u. Ks. Ottos II.

1 : Kgn. u. Ksn. Theophanu

(Zur griechischen Namensform Theophano, die im Westen zum lateinischen indeklinablen Namen Theophanu geworden ist, vgl. W. OHNSORGE, Heirat Ks. Ottos II. S. 24 Anm. 1, ND S. 128 Anm. 1; G. St. HENRICH, Theophanu oder Theophano S. 89–11).

Nachdem Ks. Otto I. 967 vergeblich bei Ks. Nikephoros Phokas um die Hand Annas, der Tochter Ks. Romanos II., für seinen Sohn Otto II. geworben hatte (vgl. BO nr. 536 b; BMik nr. 589 a; Contin. Reginonis ad 967, MGH SS rer. Germ. S. 178; Liudprand v. Cremona, Legatio cap. 7, 15, 53, 57, MGH SS rer. Germ. S. 180, 184, 204, 207), war 972 eine erneute Werbung beim Kaiser Johannes Tzimiskes, der Nikephoros ermordet hatte und auf dem Thron nachgefolgt war, erfolgreich. Dieser schickte *magnificis muneribus comitatuque egreio non virginem desideratam* (= Anna, s. o.), *sed neptem suam, Theophanu vocatam, imperatori nostro trans mare … Fuere nonnulli, qui hanc fieri coniuncionem apud imperatorem inpedire studerent eandemque remitti consulerent. Quos idem non audivit, sed eandem dedit tunc filio suimet in uxorem …*; Thietmar v. Merseburg, Chron. lib. II cap. 15, MGH SS rer. Germ. NS 9 S. 56. – Vgl. auch die Dotationsurkunde für Theophanu vom 14. IV. 972 anläßlich des Eheschlusses in Rom, MGH D O II 21: *Unde et ego Otto superno numine imperator augustus … consultu … genitoris nostri Ottonis piissimi imperatoris augusti … Theophanu, Iohannis Constantinopolitani imperatoris neptim clarissimam … in copulam legitimi matrimonii consortiumque imperii despondere ac … coniugem decrevi assumere*. Außerdem Ann. Casinat. ad 969, MGH SS 3 S. 172: *magnus Otto* (= Otto I.) … *accepit coniugem filio suo Ottoni neptem Iohanni Constantinopolitani imperatori qui cognominatus est Cimiski.* Schließlich berichtet auch Ordericus Vitalis um 1130 in seiner Historia ecclesiastica lib. V, ed. M. CHIBNALL, Bd. 3 S. 82: *Iohannes [Tzimiskes] occiso Niceforo per uxorem eius regnavit. Cuius neptis Theophanu Ottoni imperatori nupsit.* Ähnlich die Ann. Uticenses, MGH SS 26 S. 498; ed. A. LE PREVOST S. 156.

Zum Vollzug der Ehe am 17. IV. 972 in Rom vgl. Ann. Altah. maior. ad 972, MGH SS rer. Germ. S. 11: … *ac post tercia nocte* [nach der Hochzeit] *cum divino timore naturaliter illi coniuncta.* (Die dort voranstehende Kennzeichnung Theophanus als *filia imperatoris de*

Graecia ist unrichtig). Vgl. auch N. GUSSONE, Trauung u. Krönung S. 161–174; G. WOLF, Zum lokalen Datum S. 11–14.

Die Geburtszeit Theophanus ist nur aus verschiedenen Anhaltspunkten erschließbar: Vom ganz zeitgenössischen Widukind v. Corvey, Rer. gest. Saxon. lib. III cap. 73, MGH SS rer. Germ. S. 149, wird betont, daß Ks. Johannes Tzimiskes *puellam cum magno exercitu et claris muneribus ad imperatorem* (= Otto I.) *destinavit. Quam ipse statim filio* (= Otto II.) *tradidit, celebratisque magnifice nuptiis omnem Italiam super hoc et Germaniam laetiores reddidit.* Die Bezeichnung *puella* scheint ein sehr jugendliches Alter der Braut bei ihrer Ankunft in Italien auszudrücken; denn sie dürfte in der auf Isidor v. Sevilla zurückreichenden und bes. von Hrabanus Maurus verbreiteten früh- und hochmittelalterlichen Altersstufenlehre – gleich wie *puer* und *pueritia* – ein Mädchen bis zum Ende des 14. Lebensjahres bezeichnet haben; vgl. A. HOFMEISTER, Puer, iuvenis, senex S. 289f.; E. HLAWITSCHKA, Kontroverses S. 53 bzw. ND S. 375. Beachtenswert ist, daß Benedikt v. Monte Soracte (MGH SS 3 S. 718; ed. G. ZUCCHETTI S. 183) Theophanu gleichfalls als *puella* kennzeichnet. Andererseits ist die Ehe Ottos II. und Theophanus am 17. IV. 972, drei Tage nach dem Empfang der Braut und der Vermählung (14. IV. 972), vollzogen worden (vgl. oben und bei **IX : Ks. Otto II.** nr. **1**), was zeigt, daß Theophanu damals doch wohl 12–13 Jahre alt gewesen sein muß. Da Kinder Ottos II. und Theophanus offenbar erst seit Sommer 975 geboren wurden (vgl. O. PERST, Reihenfolge S. 230–236; W. GLOCKER, Verwandte der Ottonen S. 294ff.), dürfte Theophanu am Beginn ihrer Ehe aber noch nicht voll gebärfähig gewesen sein. So liegt eine Geburtszeit ca. 959/60 nahe.

Die älteren Arbeiten zur Reihenfolge der Kinder Theophanus und die daraus gezogenen Schlüsse auf Theophanus Lebensalter dürften hinfällig sein; so etwa A. HOFMEISTER, Studien zu Theophano S. 223ff., bes. S. 234, wo aus der Geburtszeit der Kinder auf die Spanne zwischen 945/46 und 959/60 und besonders auf die Jahre um 950/55 als wahrscheinlichste Geburtszeit Theophanus geschlossen wurde; M. UHLIRZ, Studien über Theophano (III) S. 122–135, wo aus Interventionen Theophanus für Nonnenklöster auf Entbindungsorte und die Jahre 977–980 als Geburtszeit ihrer 5 Kinder geschlossen wird, was in Studien über Theophano (V) S. 385–393, gegen A. Hofmeister, verteidigt wurde; auch die Verteilung der Geburtsjahre der Theophanu-Kinder auf die Jahre 977–980 durch G. WOLF, Nochmals: Wer war Theophano S. 272–283, bes. S. 281ff., ist nicht überzeugend. Bei ihm spielt die Vorstellung eine wesentliche Rolle, daß die Namengebung bei den Töchtern konsequent nach folgender Reihenfolge geschah: zuerst Name des „nächsten weiblichen Verwandten aufsteigender Linie mütterlicherseits“, hernach Benennung „nach der zweitnächsten weiblichen Verwandten aufsteigender Linie väterlicherseits“ etc. Die Gültigkeit eines solchen Axioms kann man gewiß gelegentlich feststellen, aber sicherlich nicht stets voraussetzen.

Für die Bestimmung der Geburtszeit Theophanus könnte hingegen noch interessant sein, daß sie am 15. Juni 991 „vorzeitig“ verstarb (Ann. Quedlinburg. ad 991, MGH SS 3 S. 68; ed. M. GIESE S. 478: *Theophanu imperatrix consummato in bonis vitae suae cursu ... immatura dissolvitur morte XVII. Kal. Julii*). Für eine 32-Jährige würde das gut zutreffen. – Wenn man mit P.E. SCHRAMM, Abstammung der Kaiserin Theophanu S. 243 Anm. 13, annimmt, daß Theophanu ihren Namen als Patenkind von der Gemahlin des (Kaisers) Romanos II., Theophanu, erhielt, die dieser ca. 956 heiratete (vgl. dazu zuletzt O. KRESTEN, Byzantin. Epilegomena S. 407 Anm. 47), dann ergäbe sich ebenfalls ein Hinweis auf eine Geburtszeit „nach 956“, ja sogar, da Romanos II. erst 959 Kaiser wurde, wohl auf „nach 959“. – Diesen Zeitansatz, „etwa 959/60 Geburt Theophanos“, gibt jetzt auch G. WOLF, Itinerar S. 237, ND S. 5, an.

Das Todesdatum ist vielfach bezeugt: vgl. etwa – neben dem oben angeführten Zitat aus den Ann. Quedlinburg. – Thietmar v. Merseburg, Chron. lib. IV cap. 15, MGH SS rer. Germ. NS 9 S. 148 f.: *Et sequenti anno* (= 991) *consummato in bonis vitae suimet cursu in Niumagun* (= Nimwegen) *infirmatur imperatrix atque ab hac vita XVII° Kal. Iulii discedens sepulta est ab Ewergero sanctae Coloniensis aecclesiae archiepiscopo in monasterio sancti Pantaleonis* (Köln). – Weitere Quellenbelege bei M. UHLIRZ, Jahrb. Ottos III. S. 138 Anm. 37; BU nr. 1035 b. – Zur Bestattung in Köln vgl. auch die Ann. Quedlinburg. ad 991, MGH SS 3 S. 68, bzw. ed. M. GIESE S. 479: ... *ad urbem defertur Agrippinam inque ecclesia sancti Pantaleonis martyris ... tumulatur*. Zum Grab in St. Pantaleon in Köln: H. FUSSBROICH, Metamorphosen S. 231–243; DERS., Das Grab S. 295–300.

2 / 3 : Konstantinos Skleros u. Sophia Phokaina als wahrscheinliche Eltern Theophanus

So wie keine einzige byzantinische oder arabische Quelle Theophanu und ihre Ehe mit Ks. Otto II. erwähnt, so fehlen auch alle direkten

Nachrichten über ihre Eltern. Wir sind auf ganz spärliche Hinweise in okzidentalen Quellen verwiesen und müssen diese mit anderen Überlieferungen aus Byzanz kombinieren. Wichtig ist, daß Theophanu eine *neptis* des Kaisers Johannes Tzimiskes war (vgl. bei nr. **1**). Dazu kommt, daß die Vita Mahthildis ant. cap. 16, MGH SS 10 S. 581, ed. B. SCHÜTTE S. 141, Theophanu als *augusti de palatio* bezeichnet und daß die im 12. Jh. verfaßten Ann. Magdeburg. ad 972, MGH SS 16 S. 152, sie als *Grecam illustrem imperatoriae stirpi proximam, ingenio facundam* kennzeichnen. – Viele späte Quellen stehen dazu im Widerspruch: das zwischen 1027 und 1050 verfaßte Chron. Novalic. App. cap. 15, ed. C. CIPOLLA, Mon. Novalic. vet. II S. 302, enthält das älteste Zeugnis, das Theophanu als Tochter eines byzantinischen Kaisers angibt: *Otto in regno eligitur, cui in coniugium quendam sumens Grecam, filiam Constantinopolitani imperatoris.* Gleiches findet man in der in den 50er Jahren des 11. Jhs. geschriebenen Vita Deoderici Mett. des Sigebert v. Gembloux, MGH SS 4 S. 470: Otto *desponsavit filio suo Theophanu filiam imperatoris Constantinopolitani, eique Romae nuptias celebravit magnificencia imperiali.* Als *filia imperatoris de Grecia* erscheint Theophanu zudem in den Ableitungen der verlorenen Hersfelder Annalen (Ann. Weißenburg., Ann. Altahens., Ann. Ottenbur.), während die um 1077/90 entstandene Gründungsgeschichte von Brauweiler sogar zu berichten weiß, daß dem jungen Otto II. *pater adhuc vivens filiam Ioannis Grecorum regis Theophanu nomine in coniugium desponsaverat, simulque cum ipso nuptias eius Papiae celebraverat*; Fundatio mon. Brunwilar. cap. 5, ed. H. PABST S. 156. (Ebd. heißt es auch: Otto *fit certus a Graecia, Ioannem imperatricis Theophanu patrem defunctum aliumque eius in loco regem esse constitutum).*

Die Geschichtswissenschaft hat Theophanu zunächst als Tochter des Kaisers Romanos II. und seiner Frau Theophanu und als Nichte des 972 regierenden Kaisers Johannes Tzimiskes angesehen, sie also als eine „Purpurgeborene“ betrachtet; R. KÖPKE – E. DÜMMLER, Otto d. Gr. S. 479f.; auch Kommentar zum Todestag Theophanus von E.F. MOOYER, Nekrol. Weißenburg. S. 21f. Schienen doch damit alle wichtigen genealogischen Hinweise – so etwa das *neptis*-Verhältnis zu Ks. Johannes Tzimiskes, die Herkunft aus dem Kaiserpalast, Tochter eines Kaisers in Griechenland (wenn auch nicht Tochter des Johannes Tzimiskes selbst) – berücksichtigt und zudem mit den Angaben Liudprands v. Cremona (Legatio cap. 7; s. bei nr. **1**) über die 967 erbetene Romanos-Tochter (*misit me* [= Liudprand] *dominus meus ad te* [=

Nikephoros Phokas], *ut, si filiam Romani imperatoris et Theophanae imperatricis domino meo, filio suo, Ottoni imperatori augusto in coniugium tradere volueris, iuramento mihi affirmes ...*) verbunden. Indes ist diese Auffassung von J. MOLTMANN, Theophano, 1878 erschüttert worden. Die ausdrückliche Nennung Theophanus nur als Nichte des Kaisers Johannes Tzimiskes und das Verschweigen der Elternnamen in ihrer Dotationsurkunde (MGH D O II 21) sowie die Nachricht Thietmars, daß sie eine *virgo non desiderata* war, die viele wieder zurückzuschicken rieten, bewogen ihn, Theophanu nicht mehr als Tochter des Kaisers Romanos II. zu betrachten; ihre Eltern habe man in der armenischen Verwandtschaft des Johannes Tzimiskes zu suchen. Er fand dabei Anhänger (z.B. BO nr. 536 b; B.A. MYSTAKIDES, Byzantinisch-deutsche Beziehungen), aber auch Gegner, so vor allem in K. UHLIRZ, Herkunft der Theophanu S. 467–477; DERS., Jahrb. Ottos II. S. 24f. Uhlirz erklärte Thietmars Äußerung *virgo non desiderata* als „Fabelei" und die bloße Nennung als Nichte des Ks. Johannes Tzimiskes in D O II 21 als Höflichkeitsfloskel der kaiserlichen Kanzlei gegenüber dem regierenden Ostkaiser, die zugleich die Schwierigkeit umging, die damals schon ins Kloster eingewiesene Kaiserin Theophanu, Witwe Romanos' II. und danach des ermordeten Nikephoros Phokas, nennen zu müssen.

So dominierte die alte Lehre weiter, bis P.E. SCHRAMM, Kaiser, Basileus und Papst S. 429ff., ND S. 209ff., darauf hinwies, daß Ks. Otto III. 995 unmöglich um eine byzantinische Kaisertochter (d.h. Tochter Konstantins VIII. oder seines Bruders Basileios II., die beide Söhne Kaiser Romanos' II. waren) hätte werben können (vgl. die Belege hierfür bei BU nr. 1450/IV e), falls seine Mutter Theophanu eine Tochter Ks. Romanos' II. gewesen wäre. Die kirchlichen Bestimmungen gegen die Heirat so naher Blutsverwandter hätten dies gänzlich ausgeschlossen. Johannes Tzimiskes dürfte sich auch kaum bereitgefunden haben, ein vollwertiges Mitglied der entmachteten Romanos-Familie ins Ausland zu schicken. Die Moltmann-These wurde dadurch neu gefestigt.

Einen echten Fortschritt brachte der unter dem Pseudonym Henry BENRATH publizierende Literat Albert Heinrich RAUSCH; vgl. H. B., Vorarbeiten, 1941. Von Schramms Einsicht ausgehend und die Namen der Kinder Theophanus als Hinweis nehmend, unter denen er eine Sophie fand, (die er als Zweitgeborene nach ihrer Schwester Adelheid betrachtete), vermutete er eine Sophie als Großmutter (mütterlicherseits) dieses Kindes, (so wie ja der Name Adelheid den Namen der Großmutter väterlicherseits widerspiegelt). (Zur richtigen Reihenfolge der Theophanu-Kinder vgl. O. PORST, Reihenfolge). Als Mutter Theophanus kam für Rausch (Benrath) somit Sophia Phokaina, eine Tochter des Kuropalates Leon Phokas, die mit dem Patrikios Konstantinos Skleros verheiratet war, in Frage; denn Ks. Johannes Tzimiskes war ja in erster Ehe (vor der 971 mit Theodora, der Schwester Ks. Romanos' II., die dem Johannes Tzimiskes eine gewisse Legitimität verleihen sollte) mit Maria Skleraina, der Schwester des Patrikios Konstantinos Skleros, vermählt, und Theophanu war somit auch die (angeheiratete) Nichte des Johannes Tzimiskes.

Da Rauch (Benrath) seine Darlegungen ohne eine entsprechende kritische Dokumentation vorgetragen hatte, verfielen sie bald der Ablehnung. H. MORITZ, Herkunft der Theophano S. 386–392, und S. KELLER, Theophano S. 9–12, schlugen vor, da Ks. Romanos II. keine quellenmäßig belegte Tochter, jedoch eine Schwester Theophanu hatte, Theophanu mit jener Romanos-Schwester zu identifizieren, konnten damit aber nicht überzeugen, da das von Schramm in die Diskussion gebrachte Argument des impedimentum consanguinitatis ebenso für eine Schwester des Kaisers Romanos II. anzuführen ist wie für eine Tochter. Außerdem scheitert der Vorschlag an der Lebenschronologie der vorgesehenen Eltern Theophanus, d.h. des Kaisers Konstantin VII. und seiner schon 919 geheirateten Frau Helena aus dem Hause Lakapenos. Vgl. dazu M. UHLIRZ, Studien über Theophanu (I) S. 448f.

M. Uhlirz wollte nun – ihrerseits an der (doch späten) Version, Theophanu sei eine *filia imperatoris* gewesen, festhaltend – Ottos II. Gemahlin als Tochter des 944 von Ks. Konstantin VII. ins Kloster verwiesenen und 963 vergifteten byzantinischen Mitkaisers Stephanos (Sohn Ks. Romanos I. Lakapenos) und seiner 933 heimgeführten Frau Anna Gabalas auffassen. Hierfür berief sie sich zusätzlich auf eine aus dem 15. Jh. stammende Bologneser Chronik (Corpus chronicorum Bononiensium, ed. A. SORBELLI S. 436), in der es heißt, daß Otto I. seinem gleichnamigen Sohne *filiam imperatoris Constantinopolis de Romano sanguine procreatam in coniugem dedit.* Das *de Romano sanguine procreata* bedeute Abstammung aus dem Geschlecht des Romanos I. Lakapenos. In der Vita poster. des Abtes Gregor v. Burtscheid (aus dem letzten Jahrzehnt des 12. Jhs.), die Gregor als Bruder Theophanus ausgibt, während die Vita prior aus der 1. Hälfte des 11. Jhs. einen Licastos vom Grenzgebiet zwischen Kalabrien und Apulien als Vater Gregors nennt, sucht sie hierfür eine Stütze zu finden.

Ihrer These wurde besonders, was die Verwendung der Vita poster. Gregors v. Burtscheid betrifft, von A. HOFMEISTER, Studien zu Theophano S. 238 ff., die Stützung genommen, während F. DÖLGER, Wer war Theophano S. 646–658, – neben einer gleichen Zurückweisung der jüngeren Gregorsvita als historisch glaubwürdiger Quelle – auch betonte, daß der Ausdruck *de Romano sanguine* nur besage, die Kaiserin sei „aus rhomäischem (= griechischem) Blute" gewesen, keinesfalls aber eine Deutung „aus dem Hause des Romanos" zulasse. Die Bezeichnung *filia imperatoris* komme erst viel später auf und sei überhaupt eine späte Standeserhöhung.

Damit war die Forschung auf die von Schramm vertiefte Moltmann-These zurückverwiesen, daß man von Theophanu eben nur sagen könne, sie sei eine Nichte (oder Großnichte) des Johannes Tzimiskes gewesen. Daran änderte auch nichts, daß A.A. VASILIEV, Hugh Capet S. 227–251, eine Feststellung G. OSTROGORSKYS und E. STEINS innerhalb ihrer Forschungen zu den byzantinischen Krönungsordnungen (S. 185–233) aufgriff, nach der (aufgrund einer Stelle des Zeremonienbuches des Kaisers Konstantin VII. Porphyrogennetos) der Kaiser Romanos II. († 963) neben seinen drei bekannten Kindern (Baseilios * 958, Konstantin * 960/61, und Anna * 13. III. 963) bereits im Jahre 957 ein weiteres Kind gehabt haben muß, das beim Empfang der Großfürstin Olga v. Kiew schon „sitzen" konnte, also etwa 3–4 Jahre alt war und demnach ca. 953/54 geboren war, und das Vasiliev als die 968 für Otto II. erbetene und 972 erhaltene byzantinische Prinzessin, nämlich Theophanu, betrachtete. Diese These scheitert nämlich – wie einige frühere – an dem erstmals von Schramm bemerkten Argument des bei Ottos III. Brautwerbung nicht vorhandenen impedimentum consanguinitatis, wie auch daran, daß Theophanu dann 972 keine *puella* mehr gewesen sein könnte. Vgl. auch F. DÖLGER, Nochmals: Wer war Theophano S. 338 f.; auch DERS. in: F. DÖLGER u. A.M. SCHNEIDER, Byzanz S. 79 f.

Einen neuen Anlauf zum Erweis einer kaiserlich-lakapenischen Herkunft Theophanus unternahm dann nochmals M. UHLIRZ, Studien zu Theophanu (IV) S. 369–385. Durch den Hinweis, daß die abgelehnte späte Bologneser Chronik (s.o.) nur eine Stelle im Liber ad amicum des 1080/90 schreibenden Bischofs Bonizo v. Sutri (MGH LdL 1 S. 581: *Cui (= Ottoni II.) Romani sanguinis dedit uxorem, Constantinopolitani scilicet imperatoris filiam*) variierte, vermag sie, Dölgers Kritik entgegenzutreten und seine Deutung des *de Romano sanguine* als „aus rhomäischem = griechischem Blut" anzugreifen, weil die Gleichsetzung doch erst seit dem 12. Jh. nachweisbar sei. Auf dieser Basis, daß für Theophanu doch eine Abkunft von Ks. Romanos I. Lakapenos gegeben sei, verwies sie auf die Einleitung II des um 1190 verfaßten Liber aureus Epternacensis (MGH SS 23 S. 48), wo es heißt, daß Otto II. *genuit de Theophanu filia Constantini Greci imperatoris Ottonem tercium*; Abdruck auch bei C. WAMPACH, Grundherrschaft Echternach I,2 S. 9; dort auch die Denkschrift des Mönches Theoderich zur Verteidigung seines Klosters vor Ansprüchen des Erzbischofs von Trier mit langer wörtlicher Wiederholung aus der Einleitung II, dabei ... *genuit de Theophanu, filia Constantini imperatoris Constantinopolitani, Ottonem tercium* ... – Hieraus möchte M. Uhlirz auf Konstantin Lakapenos, den Sohn Ks. Romanos' I. Lakapenos, und dessen zweite, 940 geheiratete Frau Theophano Mamas (Mamikonian) als Eltern der Ksn. Theophanu schließen. Da dieser Konstantin aber schon 946 bei einem Fluchtversuch im Zusammenhang des Sturzes der Lakapenos-Familie ums Leben kam, müßte Theophanu spätestens 946 geboren und 972 bei ihrer Verheiratung mindestens 25 Jahre alt und mindestens 8 Jahre älter als Otto II. gewesen sein. Das aber ist mit der überlieferten *puella*-Bezeichnung für die Zeit ihrer Verehelichung nicht vereinbar. Auch wäre das so sicher bezeugte *neptis*-Verhältnis der Theophanu zu Ks. Johannes Tzimiskes nicht mehr gegeben; sie wäre die Cousine der Gemahlin dieses Kaisers gewesen (vgl. Genealog. Tafel bei P. SCHREINER, Byzanz, und bei A. v. EUW u. P. SCHREINER (Hg.), Kaiserin Theophanu S. 424). Als *filia* eines Ks. Konstantin wäre sie auch nicht mit *imperatoriae stirpi proxima* (Ann. Magdeburg., s. o. im 1. Absatz) richtig eingestuft worden. Wenn die Ann. Sangallens. maior. ad 983, MGH SS 1 S. 80, ed. C. HENKING S. 298, sagen: *Theophanu, quam sibi pater ex nobilibus Grecorum suscepit uxorem*, so wäre das ebenfalls nicht für eine richtige Kaisertochter angemessen gewesen.

In dieser Situation hat dann W.H. Graf RÜDT V. COLLENBERG, Wer war Theophano S. 49–71, eine Zusammenfassung des Forschungsstandes gegeben, dem auch Stammtafeln aller wichtigen byzantinischen Adelsfamilien, aus denen Theophanu hervorgegangen sein könnte, beigegeben sind; und P.E. SCHRAMM, Die Abstammung S. 240–243, hat das Resümee gezogen, daß alle bisher vorgetragenen Thesen zu Theophanus Herkunft „entweder nicht beweisbar [damit meinte er die Sicht Rauschs / Benraths] oder nachweislich falsch" sind. Übrig geblieben seien die *neptis*-Bezeichnung im Verhältnis zu Johannes Tzimiskes, die Angabe *de palatio* in der Vita Mathildis, das Argument bezüglich des nicht vorhandenen impedimentum consanguinitatis bei Ottos III. Brautwerbung und die Tatsache, daß in der Dotationsurkunde für Theophanu die in der Vorlage vorgesehene Vaternennung in eine Nennung des Onkels gewandelt wurde.

Nachdem so allein die These Rauschs / Benraths nicht verworfen und als möglicher weiterer Forschungsansatz übriggeblieben war, dem Schramm freilich nicht mehr selbst nachging, griff 1988 G. WOLF, Nochmals: Wer war Theophano S. 272–283, diesen auf. Freilich ohne Kenntnis der Diskussion über die Geburtszeit der Kinder der Kaiserin Theophanu (vgl. vor allem O. PERST, Reihenfolge) postulierte er deren Reihenfolge mit Adelheid, Sophie, Mathilde, Otto III. und leitete daraus das Axiom her, da Adelheid nach ihrer Großmutter väterlicherseits und Mathilde nach ihrer Urgroßmutter väterlicherseits benannt seien, müsse die dazwischenliegende Sophie den Namen ihrer Großmutter mütterlicherseits tragen. (So übrigens schon BMik nr. 771 c). Und wenn Theophanus Mutter somit Sophie geheißen habe, Theophanu eine Nichte des Johannes Tzimiskes war, dann müsse – da eine Sophia aus dem Hause Phokas mit dem Patrikios Konstantinos Skleros verheiratet gewesen sei und des letzteren leibliche Schwester Maria die erste Ehefrau des Johannes Tzimiskes gewesen war – Theophanu eben als Tochter dieses Paares Konstantinos Skleros und Sophia Phokaina betrachtet werden. In der Tat fügen sich in dieser schon von Rausch / Benrath entwickelten Sicht, für die G. Wolf freilich bezüglich der Ehe des Konstantinos Skleros und der Sophia Phokaina keine Quellenbelege bringt und die er nur aus Rauschs / Benraths unbelegten „Vorarbeiten" zu kennen scheint, alle bekannten Zeugnisse (mit Ausnahme natürlich der späten Nachrichten mit der *filia imperatoris*) bestens zusammen. Daß das „Leitnamenprinzip" auf eine Großmutter Sophia hinweisen könnte, auch wenn die Reihenfolge der Theophanu-Kinder nicht in der von Wolf angenommenen axiomatischen Weise stimmt, sei dabei betont. (Mit einem Nachtrag „Hyper-Epilegomena" als Reaktion auf die nachfolgend zu nennende Arbeit von O. Kresten und mit 4 Stammtafeln als Anhang III ergänzter ND dieser Arbeit bei G. WOLF, Kaiserin Theophanu, Prinzessin aus der Fremde S. 59–78).

Zuletzt hat dann O. KRESTEN, Byzantinische Epilegomena S. 403–410, die nötigen Quellenbelege, vor allem die für die Ehe des Konstantinos Skleros und der Sophia Phokaina – sie sind bei den byzantinischen Geschichtsschreibern Leon Diakonos und Joannes Skylitzes zu finden – nachgeliefert, womit die Diskussion um Theophanus Eltern zur größtmöglichen Plausibilität geführt sein dürfte.

Somit ergibt sich für die Zusammenhänge um Theophanu das nachfolgende, von mir nur in der Reihenfolge der Theophanu-Kinder berichtigte und mit Lebensalterangaben aus der byzantinistischen Literatur bereicherte Bild Krestens. Von dieser Literatur seien besonders hervorgehoben: W. SEIBT, Skleroi S. 58–60; I. DJURIĆ, Porodica Foca S. 189–296; G. OSTROGORSKY, Gesch. d. byzantin. Staates; J.-C. CHEYNET, Les Phocas S. 289–320; F. TINNEFELD, Braut aus Byzanz S. 247–261.

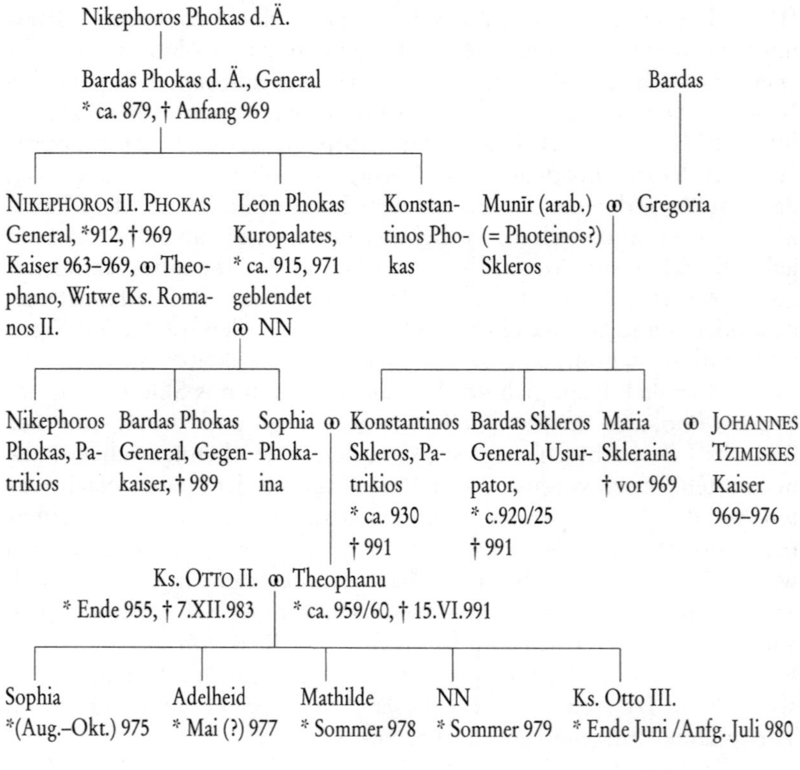

Diese Sicht scheint sich in der jetzt gängigen Literatur durchzusetzen; vgl. etwa E. EICKHOFF, Theophanu S. 30 ff. und S. 530 f.

Daß aus der Ehe des Konstantinos Skleros mit Sophia Phokaina Kinder hervorgingen, ist den byzantinischen Quellen nicht zu entnehmen, was aber den obigen Beweisgang nicht gravierend beeinträchtigt. Quellen zu dieser Ehe bei W. SEIBT, Skleroi S. 58.

Zur Geburtszeit des Konstantinos Skleros „um 930" vgl. ebd. S. 58 nr. 11 (Überschrift), zum Todesdatum „ 11. III. 991" ebd. S. 57 mit Anm. 199 und S. 60 mit Anm. 208.

4 / 5 : Munīr (arab.; = Photeinos?) Skleros und Gregoria als Eltern des Konstantinos Skleros

Zur Filiation, die lediglich aus arabischen Quellen erkennbar ist, vgl. die Zitate bei W. SEIBT, Skleroi S. 27f. nr. 8; ebd. S. 28 zu der aus Theodoros Skutariotes als Gattin des Munīr erkennbaren Gregoria.

W.H. Graf RÜDT V. COLLENBERG, Wer war Theophano S. 53, gab in seiner Tafel der Skleroi den Strategos Niketas (Skleros) als Vater und eine Georgia als Mutter des Konstantinos Skleros an. Er fußte dabei offenbar auf G. SCHLUMBERGER, L'Epopée Byzantine S. 47 Anm. 2, dessen Hypothese aber W. SEIBT, a.a.O. S. 28 Anm. 43, auf der Basis der arabischen Quellen verwerfen kann.

6 / 7 : Leon Phokas und seine Frau NN als Eltern der Sophia Phokaina

Hierzu vgl. I. DJURIĆ, Porodica Foca; G. SCHLUMBERGER, Un empereur; H. GREGOIRE, An Armenian Dynastie S. 4–21; J.-C. CHEYNET, Les Phocas S. 301–306.

8 : Vermutungen zur Herkunft des Vaters des Konstantinos Skleros

W.H. Graf RÜDT V. COLLENBERG, Wer war Theophano S. 53, nennt den Strategos Leon Skleros als Vater des Niketas, den er für nr. **4** vorschlägt. Diese Angabe ist jedoch abzulehnen; vgl. bei nr. **4 / 5**.

10 : Bardas als Vater Gregorias

Diese Filiation wird bei Theodoros Skutariotes überliefert; vgl. W. SEIBT, Skleroi S. 28 Anm. 44. – W.H. Graf RÜDT V. COLLENBERG, Wer war Theophano S. 53, benannte – ohne Beleg – den Rektor Basileios als Vater der von ihm für nr. **5** benannten Georgia. Gegen die Voraussetzung hierfür vgl. bei nr. **4 / 5**.

12 : Bardas Phokas d. Ä. als Vater des Kuropalaten Leon Phokas

Vgl. hierzu G. SCHLUMBERGER, Un empereur; H. GREGOIRE, La carrière; J.-C. CHEYNET, Les Phocas S. 296–299.

13 : NN (aus dem Hause der Maléinoi) als Gemahlin des Bardas Phokas und Mutter des Kuropalaten Leon Phokas

Die erforderlichen Angaben hierzu vgl. bei J.-C. CHEYNET, Les Phokas S. 309 und Tafel nach S. 315.

20 : Basileios, Rektor, als Vater des Bardas

G. WOLF, Nochmals: Wer war Theophano, ergänzter ND in DERS., Kaiserin Theophanu S. 75, gibt als Großvater Gregorias (nr. **5**) bzw. als Vater des Bardas (nr. **10**) in seinen erläuternden Tafeln einen Basileios an. Offenbar stützt er sich hierfür auf W. SEIBT, Skleroi S. 28, wo Belege dafür zitiert werden, daß Basileios rector ein Neffe (Bruderskind) des Ks. Basileios I. (867–886) gewesen sei und daß der General und Usurpator Bardas Skleros (vgl. oben die Tafel bei nr. **2 / 3**) mütterlicherseits mit der makedonischen Dynastie verwandt war. Hieraus ergibt sich mit einiger Sicherheit die Einsetzung des Basileios rector, Sohn des Bardas (eines Bruders des Ks. Basileios I.), als Großvater Gregorias (nr. **5**) und Vater des Bardas (nr. **10**).

24 : Nikephoros Phokas d. Ä. als Vater des Bardas Phokas

Zu den Abstammungsbelegen und den Lebensdaten vgl. bei J.-C. CHEYNET, Les Phokas S. 291–296. Vgl. auch I. DJURIĆ, Porodica Foka S. 228–237; H. GRÉGOIRE, La carrière S. 232–254.

25 : Vermutungen zur Gemahlin des Nikephoros Phokas d. Ä.

W.H. Graf RÜDT V. COLLENBERG, Wer war Theophano S. 52, gibt in seiner Übersichtstafel der Familie „Phocas" als Gemahlin des Nikephoros Phokas (nr. **24**) an: „… (T. v. Bardas)". Vgl. auch J.-C. CHEYNET, Les Phocas S. 295 f.

26 / 27 : Eudokimos Maléinos und Anastasó als Eltern von NN (Gemahlin des Bardas Phokas)

Vgl. hierzu die Tafel bei J.-C. CHEYNET, Les Phocas (nach S. 315).

40 : Bardas, Bruder des Ks. Basileios I. (867–886) als Vater des Basileios rector

Vgl. hierzu W. SEIBT, Skleroi S. 28 Anm. 44. Zur Herkunftsfamilie des Ks. Basileios I. vgl. N. ADONTZ, L'âge S. 223–260.

48 : Phokas als Vater des Nikephoros Phokas d. Ä.

Vgl. hierzu die Belege bei J.-C. CHEYNET, Les Phocas S. 290f.

52 : Eustatios Maléinos als Vater des Eudokimos Maléinos

Vgl. hierzu die Tafel bei J.-C. CHEYNET, Les Phocas (nach S. 315); auch Prosopographie d. mittelbyz. Zeit I,1 S. 562f. nr. 1788, mit der Geburtszeitangabe „ca. 845“ für Eustatios Maléinos.

54 : Adralestos, Domestikos der Scholen (= Heeresoberbefehlshaber) als Vater der Anastasó

Vgl. hierzu J.-C. CHEYNET, Les Phocas S. 312 und Tafel (nach S. 315); auch Prosopographie d. mittelbyz. Zeit I,1 S. 28 nr. 87.

XI : Kg. u. Ks. Otto III. (983 bzw. 996–1002)

1 : Kg. u. Ks. Otto III.

Otto III. wurde Ende Juni / Anfang Juli 980 im Reichswald Ketil (b. Nimwegen) geboren; vgl. Thietmar v. Merseburg, Chron. lib. III cap. 26, MGH SS rer. Germ. NS 9 S. 130f.: *huius* (= Ottos II.) *inclita proles nata sibi in silva, quae Ketil vocatur*; Annalista Saxo ad 980, MGH SS 6 S. 627, neue Ed. MGH SS 37 S. 228: *Otto tercius inperator futurus hoc anno natus est*; vgl. auch Ann. Colon. ad 980, MGH SS 1 S. 98, und Ann. Magdeburg. ad 980, MGH SS 16 S. 155. Zur näheren Zeitbestimmung vgl. BMik nr. 815 a; BU nr. 956 a; M. Uhlirz, Jahrb. Ottos III. S. 425: Die Geburtsstätte Ottos III.; bes. O. Perst, Reihenfolge S. 230ff.; W. Glocker, Verwandte der Ottonen S. 294ff.

Zuletzt haben J. Laudage, Vormundschaft S. 274f., und G. Wolf, Seelgiftdotationen S. 7, auch Ders., Kleine Beiträge S. 183f., aus Ottos III. Diplom MGH D O III 146 vom 6. Juli 994 geschlossen, daß Otto III. die mit dieser Urkunde durchgeführte Schenkung Eschweges an seine Schwester Sophie, welche auf Bitten der bereits am 15. Juni 991 verstorbenen Mutter Theophanu erfolgte und eine Ausführung eines letzten Wunsches Theophanus war (*quomodo nos … dominae matris nostrae Theophanu … in die hominem exeuntis interventu rogati … Sophiae sorori nostrae paterno solamine maternoque substitutae ac nostrae post Deum sustentationi relictae predium Eskiniuuag nominatum … contradidimus*), am Tage seines Volljährigwerdens, d.h. an seinem 14. Geburtstag, vornahm. Demnach müßte Otto III. am 6. VII. 980 geboren sein. Aber es ist nicht gesichert, daß die Vollendung des 14. Lebensjahres (und der Eintritt in das 15.) die Volljährigkeit brachte und dem jungen Otto III. erstmals die Möglichkeit eröffnete, eine ihm früher nicht mögliche Handlung vorzunehmen. Der normale Termin für die Volljährigkeit war damals offenbar der 15. Geburtstag (vgl. E. Hlawitschka, Untersuchungen zu den Thronwechseln S. 135–138), und Ausnahmen bei früherer Reife konnten getroffen werden, wie gerade die Beendigung der Vormundschaftsregierung für Otto III. in der letzten Septemberhälfte 994 beim Reichstag in Sohlingen zeigt (BU nr. 1117 a), als der 14. Geburtstag mindestens 2 ½ Monate vorüber war und der 15. Geburtstag noch ein Dreivierteljahr auf sich warten ließ. Somit ist dieser Vorschlag Laudages und Wolfs zwar beachtenswert, entbehrt aber letztlich doch der vollen Überzeugungskraft.

Zur Brautwerbung Ottos III. in Byzanz vgl. zuletzt G. WOLF, Kleine Beiträge S. 192–196.

Gestorben ist Otto III. am 24. (23.) Januar 1002 in Paterno (nördl. Rom); vgl. aus vielen Quellennachrichten nur Thietmar v. Merseburg, Chron. lib. IV cap. 49, MGH SS rer. Germ. NS 9 S. 188: *Inperator … in Paterna urbe pustellis interiora prementibus … infirmatur. Qui facie clarus ac fide precipuus VIIII. kal. Febr. Romani corona inperii exivit ab hoc seculo*; Ann. Quedlinburg. ad 1002, MGH SS 3 S. 77, ed. M. GIESE S. 515: … *vitae huius caduca IX. Kalend. Febr. exemptus*; Ann. necrol. Fuldens. ad 1002, MGH SS 13 S. 208, ed. K. SCHMID, Klostergemeinschaft v. Fulda I S. 350: *9. Kal. Feb. obiit OTTO imperator aug.* – Andere Quellen geben *X. kal. Febr.* als Todestag an: so etwa Thangmar, Vita Bernwardi cap. 37, MGH SS 4 S. 775: *Ingravescente ergo cottidie morbo … X. kalendas Februarii mitissimus ac humillimus imperator … spiritum efflavit.* Eine ausführliche Quellenzusammenstellung bei BU nr. 1450/IV a und bei M. UHLIRZ, Jahrb. Ottos III. S. 391 ff., 589–595.

Zur Beisetzung Ottos III. im Chor des Aachener Marienmünsters am Ostersonntag, 5. April 1002 vgl. BU nr. 1450/IV l und M. UHLIRZ, Jahrb. Ottos III. S. 396.

Zu den schon ein halbes Jahrhundert nach Ottos III. Tod einsetzenden Gerüchten und Meldungen, daß Otto III. verheiratet gewesen sei und Kinder gehabt habe, was natürlich alles ins Reich der historischen Fabeleien gehört, vgl. jetzt R. SCHIEFFER, Über die Ehe, Kinder und Ermordnung Ottos III. S. 111–121.

2 / 3 : Ks. Otto II. und Ksn. Theophanu als Eltern Ks. Ottos III.

In einer großen Zahl von Geschichtsquellem ist diese Filiation bezeugt. Nur beispielsweise sei hier verwiesen auf die Urkunden Ottos III.; so etwa MGH D O III 4 vom 27. X. 984 für das Kloster Einsiedeln: Vorlage der *precepta beatae memorie Ottonis augusti imperatoris avi nostri ac pie commemorationis filii et aequivoci illius, genitoris nostri imperatoris similiter augusti* zur Bestätigung, welche u.a. *petitione dilecte matris nostrae Theophanu scilicet imperatricis augustae* erfolgt. D O III 40 vom 16. III. 988 für die Hamburger Kirche nach Vorlage der *precepta beate memorie avi nostri Ottonis et eius equivoci genitoris nostri, imperatorum videlicet augustorum … ob interventum dilecte genitricis nostre Theophanu videlicet imperatricis auguste.* – Aus der Menge der erzählenden Quellen sei hingewiesen auf Thietmar v. Merseburg, Chron. lib. III cap. 26 (zit. in nr. **1**) und lib. IV cap. 1, MGH SS rer. Germ. NS 9 S. 130: *Anno dominicae incarnacionis DCCCCLXXXIIII° domna inperatrix Theuphano, tercii mater Ottonis, ... ad Ethelheidam inperatricem Papiam civitatem veniens.*

Zu den Geburtstagen, Todestagen und zum Hochzeitstag Ottos II. und Theophanus vgl. bei **IX : Ks. Otto II.** nr. **1** und **X : Ksn. Theophanu** nr. **1**.

4 : Ks. Otto I. als Vater Ks. Ottos II.
→ **IX : Ks. Otto II.** nr. **2 / 3**

5 : Ksn. Adelheid als Mutter Ks. Ottos II.
→ **IX : Ks. Otto II.** nr. **2 / 3**

6 : Konstantinos Skleros als wahrscheinlicher Vater Theophanus
→ **X : Ksn. Theophanu** nr. **2 / 3**

7 : Sophia Phokaina als wahrscheinliche Mutter Theophanus
→ **X : Ksn. Theophanu** nr. **2 / 3**

8 : Kg. Heinrich I. als Vater Ks. Ottos I.
→ **VI : Ks. Otto I.** nr. **2 / 3**

9 : Kgn. Mathilde als Mutter Ks. Ottos I.
→ **VI : Ks. Otto I.** nr. **2 / 3**

10 : Kg. Rudolf II. v. Hochburgund als Vater Ksn. Adelheids
→ **VIII : Ksn. Adelheid** nr. **2**

11 : Berta (v. Schwaben) als Mutter Ksn. Adelheids
→ **VIII : Ksn. Adelheid** nr. **3**

12 : Munīr (arab.; = Photeinos ?) Skleros als Vater des Konstantinos Skleros
→ **X : Ksn. Theophanu** nr. **4 / 5**

13 : Gregoria als Mutter des Konstantinos Skleros
→ **X : Ksn. Theophanu** nr. **4 / 5**

14 : Leon Phokas als Vater der Sophia Phokaina
→ **X : Ksn. Theophanu** nr. **6 / 7**

15 : NN als Mutter der Sophia Phokaina
→ **X : Ksn. Theophanu** nr. **6 / 7**

16 : Gf. / Hzg. Otto d. Erl. als Vater Kg. Heinrichs I.
→ **III : Kg. Heinrich I.** nr. **2**

17 : Hadwig als Mutter Kg. Heinrichs I.
→ **III : Kg. Heinrich I.** nr. **3**

18 : Gf. Dietrich (in Westfalen) als Vater Kgn. Mathildes
→ **V : Kgn. Mathilde** nr. **2**

19 : Re(g)inhild als Mutter Kgn. Mathildes
→ **V : Kgn. Mathilde** nr. **3**

20 : Kg. Rudolf I. v. Hochburgund als Vater Kg. Rudolfs II.
→ **VIII : Ksn. Adelheid** nr. **4**

21 : Willa als Mutter Kg. Rudolfs II.
→ **VIII : Ksn. Adelheid** nr. **5**

22 : Hzg. Burchard (II.) v. Schwaben als Vater Bertas
→ **VIII : Ksn. Adelheid** nr. **6**

23 : Reginlind als Mutter Bertas (v. Schwaben)
→ **VIII : Ksn. Adelheid** nr. **7**

24 : Vermutungen zur Herkunft des Vaters des Konstantinos Skleros
→ **X : Ksn. Theopanu** nr. **8**

26 : Bardas als Vater Gregorias
→ **X : Ksn. Theophanu** nr. **10**

28 : Bardas Phokas als Vater des Leon Phokas
→ **X : Ksn. Theophanu** nr. **12**

29 : NN als Mutter des Leon Phokas
→ **X : Ksn. Theophanu** nr. **13**

32 : Gf. / (Hzg.) Liudolf als Vater Gf. / Hzg. Ottos d. Erl.
→ **III : Kg. Heinrich I.** nr. **4**

33 : Oda als Mutter Gf. / Hzg. Ottos d. Erl.
→ **III : Kg. Heinrich I.** nr. **5**

34 : Gf. Heinrich als vermutlicher Vater Hadwigs
→ **III : Kg. Heinrich I.** nr. **6**

35 : Vermutungen zur Herkunft der Muter Hadwigs
→ **III : Kg. Heinrich I.** nr. **7**

36 : Vermutungen zur Herkunft Gf. Dietrichs (in Westfalen)
→ **V : Kgn. Mathilde** nr. **4**

37 : Mathilde als Mutter Gf. Dietrichs (in Westfalen)
→ **V : Kgn. Mathilde** nr. **5**

38 / 39 : Vermutungen zu den Eltern Re(g)inhilds
→ **V : Kgn. Mathilde** nr. **6 / 7**

40 : Gf. Konrad (v. Auxerre) als Vater Kg. Rudolfs I. v. Hochburgund
→ **VIII : Ksn. Adelheid** nr. **8**

41 : Waldrada als Mutter Kg. Rudolfs I. v. Hochburgund
→ **VIII : Ksn. Adelheid** nr. **9**

42 : Kg. Boso als wahrscheinlicher Vater Willas
→ **VIII : Ksn. Adelheid** nr. **10**

43 : NN, Mutter Willas
→ **VIII: Ksn. Adelheid** nr. **11**

44 : Gf. Burchard (I.) als Vater Hzg. Burchards (II.) v. Schwaben
→ **VIII : Ksn. Adelheid** nr. **12**

45 : NN als Mutter Hzg. Burchards (II.) v. Schwaben
→ **VIII : Ksn. Adelheid** nr. **13**

46 : Gf. Waltfred v. Verona als vermutbarer Vater Reginlinds
→ **VIII : Ksn. Adelheid** nr. **14**

47 : Gisela als Mutter Reginlinds
→ **VIII : Ksn. Adelheid** nr. **15**

52 : Basileios rector als Vater des Bardas
→ **X : Ksn. Theophanu** nr. **20**

56 : Nikephoros Phokas d. Ä. als Vater des Bardas Phokas d. Ä.
→ **X : Ksn. Theophanu** nr. **24**

57 : Vermutungen zur Gemahlin des Nikephoros Phokas d. Ä.
→ **X : Ksn. Theophanu** nr. **25**

58 / 59 : Eudokimos Maléinos u. Anastasó als Eltern von NN
→ **X : Ksn. Theophanu** nrn. **26 / 27**

XII : Kg. u. Ks. Heinrich II. (1002 bzw. 1014–1024)

1 : Kg. u. Ks. Heinrich II.

Zu Heinrichs II. Geburtszeit gibt es differierende Quellenzeugnisse. Thietmar v. Merseburg, Chron. lib. VI cap. 60, MGH SS rer. Germ. NS 9 S. 348, schreibt: *Peracta in civitate Bavenbergensi aecclesia maiore, cum natalicius regis dies esset et XXXV. iam inciperet annus, II. Non. Mai omnis primatus ad dedicationem istius aulae* (d. h. zur Bamberger Domweihe im Jahre 1012) *ibidem congregatur.* (Die Angabe *et XXXV. iam inciperet annus* ist dabei eigenhändiger Nachtrag Thietmars). Daraus folgert der 6. Mai 978 als Heinrichs II. Geburtstag. (Vgl. dazu den ebenfalls eigenhändigen Eintrag Thietmars im Necrol. Merseburg. zum 6. Mai, ed. E. DÜMMLER, Merseburger Todtenbuch S. 233, Sonderausgabe S. 11; ed. MGH Lib. mem. et necrol. NS 2 Tafel 5: über der Zeile *Natalis dies Heinrici imperatoris*, unter welchem Datum auch *Dedicatio Babenbergensis ecclesie* vermerkt ist. – Hingegen vermeldet die erst 1099 bei Frutolf v. Michelsberg faßbare Bamberger Tradition (vgl. Frutolf, Chron. [ad 1001], MGH SS 6 S. 192f., ed. F.-J. SCHMALE S. 50: *Rex autem Heinricus … Deo reddidit animam feliciter, ut credimus, III. Idus Iulii, anno regni sui XXIIII., imperii autem XI., vite vero LII., sepultusque est Babenberg in epyscopio a se facto in sancti Petri apostoli monasterio*), die – was Todestag und Bestattungsort betrifft – auf dem älteren Chron. Wirziburgense (MGH SS 6 S. 30) beruht und – was die Lebensalterangabe angeht – sich auch in einer (auf Frutolf beruhenden) Erweiterung des Epitaphs Heinrichs II. wiederfindet. (Zur Datierung der Frutolfchronik vgl. F.-J. SCHMALE, Zur Abfassungszeit S. 81f.; zum Epitaph und seiner Überlieferung im 1125 entstandenen Codex Udalrici vgl. K. STRECKER in: MGH Poetae Lat. 5 S. 285f. nr. 4 mit Hinweis auf die Ergänzung zur Überschrift des eigentlichen Epitaphs, das den Lebensalterhinweis nicht enthält; zur Datierung des Codex Udalrici vgl. T. REUTER, Codex Udalrici, in: LexMA I Sp. 2209). Die Bamberger Tradition, die auch in einige spätere Quellen einging (vgl. L. AUER, Geburtsjahr S. 223 Anm. 7; F. GELDNER, Geburtsort S. 521 Anm. 4), ergibt also 973 als Heinrichs II. Geburtsjahr.

Eine Entscheidung darüber, welche Quelle recht hat, ist kaum zu treffen. Für die Richtigkeit der Thietmar-Angabe plädierte 1972 vor allem L. AUER, Geburtsjahr S. 223–228, für die Bamberger Tradition danach E. RITTER, Studien S. 149–168, und F. GELDNER, Geburtsort

S. 520–538. Die Bamberger Sicht war schon seit S. HIRSCH, Jahrb. Heinrichs II., Bd. 1 S. 88f., vor allem durch R. HOLTZMANN, Sächs. Kaiserzeit S. 395, und den Beitrag von M.L. BULST-THIELE über 'Das Reich vor dem Investiturstreit' in Gebhardts Handbuch der deutschen Geschichte allgemein gängig und hatte auch in BG nr. 1483 a ihren Platz gefunden. Nur R. KLAUSER, Heinrichs- u. Kunigundenkult S. 24, hatte diskussionslos Thietmars Nachricht den Vorzug gegeben. – Beachtenswert ist bei aller Abwägung nach Kriterien von 'zeitgenössisch' und 'ortsnah', daß Frutolf seine Angaben mit *ut credimus* relativierte und daß die Ergänzung im Bamberger Epitaph auch folgende Fehler enthält: *indictione V* (statt richtig *VII*), *anno regni sui vicesimo IIII°* (statt *vicesimo III°*) und bei den Amtsjahren des damals in Bamberg residierenden Bischofs Eberhard *anno XVII°* (statt *XVI°*). Ist dann auch die Lebensalterangabe voll glaubwürdig? Gegen Thietmar kann andererseits gewiß eingewandt werden, daß seine eigenhändigen Angaben auf falscher Unterrichtung beruhen könnten, daß nämlich Heinrich II. möglicherweise bei der ersten Planung der Bamberger Bistumsgründung am 6. Mai 1007, nicht erst bei der endgültigen Domweihe am 6. Mai 1012, sein 35. Lebensjahr begann. So ist man auf Zusatzargumente verwiesen.

1) Für Heinrichs II. Vater, Hzg. Heinrich d. Z., waren die Jahre von 974–978 eine turbulente Zeit: 974 (Ende Juni) wegen Verwicklung in einen Aufstand gegen Ks. Otto II. inhaftiert, gelang ihm Anfang 976 die Flucht aus Ingelheim (BMik nr. 667 b und nr. 711 a); im Juli 976 wurde er von Otto II. in Regensburg belagert und mußte rasch aus der Stadt nach Böhmen (*degit cum Sclavis*) entfliehen (BMik. nr. 717 b). Wann 'der Zänker' wieder nach Bayern zurückkehren konnte, ist nicht sicher. Im August 977 jedoch vermochte er schon wieder von Bayern aus den sogn. 'Aufstand der drei Heinriche' gegen Otto II. zu inszenieren; (daß er dies von Böhmen aus zu organisieren vermochte, ist schon wegen der damaligen Kommunikationsmöglichkeiten über weite Entfernungen hinweg auszuschließen). Doch brach der Aufstand schon kurz vor Ende September 977 zusammen; er endete mit der Kapitulation und der Mitnahme Heinrichs d. Z. in Ottos Gefolge nach Sachsen, wonach der 'Zänker' Anfang April 978 bei einem Gerichtstag in Magdeburg zu ritterlicher Haft beim Bischof v. Utrecht verurteilt wurde (BMik nr. 750 b, nrn. 751–753 [im Lager vor Passau bzw. in der Stadt Passau] und nr. 763 c). Läßt dieser Lebensgang eine Zeugung Heinrichs II. im August 977 – bei vorausgesetzter Geburt am 6. Mai 978 – zu? Trotz aller gegen sie angeführten Turbu-

lenzen in Heinrichs d. Z. Lebensgang: ja. Heinrich d. Z. kann durchaus im August 977 Kontakt mit seiner Gemahlin (auch wenn sie nicht mit nach Böhmen geflüchtet war) gehabt haben.

2) Am 22. Juli 976 verlieh Ks. Otto II. der Bischofskirche von Passau einen Teil des in der Stadt einzuziehenden Zolles, den Bischof Adalbert zu seinen Lebzeiten zu Lehen *et postmodum Bruno nepos noster in proprium habere videbantur*; MGH D O II 138. Wenn es sich bei jenem Brun um Heinrichs II. jüngeren Bruder – wie argumentiert wird – gehandelt hat, müßte Heinrich II. selbst vor 976 geboren sein, so daß 978 als sein Geburtsjahr ausschiede. Jedoch dürfte es sich bei jenem *nepos* Ottos II. um einen Bruder Heinrichs d. Z. gehandelt haben, der durchaus bezeugt ist; vgl. K. REINDEL, Luitpoldinger S. 252 nr. 131: Undatierte *Traditio Heinrici Ducis et matris eius Judite* in Beutelhausen an das Regensburger Kloster Niedermünster: *... qualiter nobilissimus dux nomine Henricus cum manu matris sue domine Judite tradidit ad aram sancte Marie tale predium quale frater eius nomine Brun habere visus est.* Daß man – mit REINDEL, a.a.O. S. 253 Anm. 194 – *matris* in *aviae* zu verbessern habe und daß die Tradition bereits dem späteren Ks. Heinrich II., nicht mehr Heinrich d. Z., zuzuweisen sei, ist willkürlich und unangebracht; vgl. schon E. Frh. v. OEFELE, Urkundliches S. 30 und 32; auch F. TYROLLER, Ahnen zum anderen Male S. 123f. Anm. 32. (K.F. WERNER, Nachkommen S. 474, möchte indessen diese Traditionsnotiz als unecht beiseite lassen). Da Ottos II. *nepos Bruno* den Passauer Zoll in der Nachfolge des am 15. VI. 971 verstorbenen Bischofs Adalbert v. Passau innehatte, müßte der Zoll – will man Bruno mit Ks. Heinrichs II. jüngerem Bruder identifizieren – jahrelang (mindestens bis 974) unerhoben geblieben und dann das Zollrecht dem Wickelkind in die Wiege gelegt worden sein, was nur schwer vorstellbar ist. Auch scheint jener *nepos* Bruno Ks. Ottos II., da der Zoll nun der Passauer Kirche gegeben wurde, am 22. VII. 976 schon verstorben gewesen zu sein; ansonsten wäre ja eine Erklärung über die Aberkennung bzw. Brunos Unwürdigkeit – und das bei einem Kleinkind – nötig gewesen. So läßt sich also auch mit der Geburtszeit eines Bruders Ks. Heinrichs II. nicht für die Bamberger Tradition argumentieren.

3) Und Gleiches gilt für ein Argumentieren mit der Geburtszeit von Ks. Heinrichs II. Schwester Gisela, die (997) mit Kg. Stephan v. Ungarn verheiratet wurde. Denn wir wissen ja nicht, wann Gisela geboren wurde und ob sie älter oder jünger als Heinrich II. war. Heinrich d. Z. könnte um 972/73 Gisela v. Burgund (vgl. nr. **3**) geheiratet

haben, die ihm zunächst (evtl. 974) die um 997 mit Stephan v. Ungarn vermählte Tochter Gisela gebar; und der älteste Sohn dieser Ehe, Ks. Heinrich II., kann dann 978 zur Welt gekommen sein. Wenn Kgn. Gisela v. Ungarn bald nach 1054 verstarb (der 1054 verstorbene Hermann v. Reichenau kennt sie offenbar als noch Lebende: MGH SS 5 S. 117f.: *consenuit*), würde sie etwa 80 Jahre alt geworden sein, was dem anthropologischen Befund der Untersuchung ihres Skelettes („wenigstens 60 bis 70 Jahre alt"; B. HIELSCHER, Gisela S. 282) nicht unbedingt widerspricht. Doch kann Gisela – was noch wahrscheinlicher ist – auch erst nach 978 geboren und um 997 als Sechzehn- bis Achzehnjährige mit Stephan v. Ungarn verheiratet worden sein; dann wäre sie bei ihrem Tode (nach 1054) etwa 75 Jahre alt gewesen. Ja, auch eine Geburt Giselas erst „um 980" ist möglich. (Vgl. L. VESZPRÉMY, Königin Gisela S. 608ff.). Auswertbare Argumente entfallen somit. – Selbst aus den ermittel- bzw. erschließbaren Geburts- und Hochzeitszeiten der Eltern Ks. Heinrichs II. (vgl. bei nrn. **2** und **3**) sind keine Schlüsse für die hier anstehende Frage zu ziehen.

4) Ks. Heinrichs II. Bruder Bruno wurde 1006 auf den Augsburger Bischofsstuhl erhoben. Da Heinrich II. 1014 – so wird argumentiert – unter Bannandrohung die alte kanonische Bestimmung erneuern ließ, daß Bischöfe bei ihrer Weihe 30 Jahre alt sein müßten (MGH Const. 1 S. 61f. nr. 30: *Si quis episcopus ante XXX. annum presbiterum consecraverit, vel diaconum ante XXV. annum, anathema sit …*; dazu Thietmar, Chron. lib. VII cap. 2, S. 398 (zur Römischen Synode vom Februar 1014): *In Ravenna duos [episcopos] … papa deposuit. … Sanctorum instituta patrum in sacris ordinibus ibidem et apud nos diu, pro dolor! neglecta cum excommunicatione redintegrata renovavit. Prohibent namque canones, ut ante XXV annos diaconus, presbiter autem et episcopus ante XXX annos nequaquam ordinetur*), werde man „kaum annehmen können, daß er diese Regel bei der Erhebung seines eigenen Bruders nicht beachtet hätte"; und wenn Bruno als Zweitgeborener „nicht später als 976 zur Welt" gekommen sein könne, müsse Ks. Heinrich II. vorher, also, wie die Bamberger Tradition besagt, 973 geboren sein; so St. WEINFURTER, Heinrich II. S. 23. Jedoch enthält Heinrichs II. Constitutio – wie obiges Zitat zeigt – die 30-Jahresregel zwar für Presbyter, aber nicht ausdrücklich auch für Bischöfe! Für Bischöfe gilt sie selbstverständlich auch in den Augen Thietmars, doch beteuert er zugleich, daß sie in Italien wie auch „bei uns leider langezeit außer acht gelassen" worden sei; und er fügt hinzu: *Hoc quia non servavimus, miseri prevaricatores sumus …* Auch

war Bruno beim Erlaß der Constitutio bereits 8 Jahre Bischof und also zu jener Zeit erhoben worden, als die Regeln unbeachtet geblieben waren. Insofern greift auch dieses Argument für eine Datierung der Geburt Heinrichs II. ins Jahr 973 nicht.

5) Auch der Hinweis von G. ALTHOFF, Adels- u. Königsfamilien S. 194, daß der 6. Mai 973 doch der Tag vor dem Tode Ottos d. Gr. war und daß diese „symbolträchtige Überschneidung" für Heinrich II. Anlaß geboten haben dürfte, „die Vorstellung von der eigenen Auserwähltheit zur Königsherrschaft zu bestärken", vermag keine Klärung zu schaffen. Denn ein solcher Gedanke Heinrichs II. ist in den Quellen nicht nachzuweisen, während er für das Zusammentreffen des Todes Hzg. Ottos d. Erl. und der Geburt Ottos d. Gr. durchaus feststellbar ist (vgl. R. KÖPKE – E. DÜMMLER, Otto d. Gr. S. 6f. mit Anm. 3). So läßt sich wohl eher argumentieren: Gerade das Fehlen solcher Assoziationen in den Quellen könnte gegen das Jahr 973 angeführt werden.

6) Der künftige Ks. Heinrichs II. ist am 23. XI. 994 in einem Diplom Ottos III. bei der Einrichtung eines Marktes in Quedlinburg als „Mitherzog" (*condux*) neben seinem Vater Hzg. Heinrich d. Z. bezeugt; MGH D O III 155: *placuit Heinrico videlicet duce et consanguineo nostro suoque aequivoco filio et conduce.* Das setzt nicht ein Alter von 21, sondern nach der damals gültigen Großjährigkeitsgrenze ein Alter von 15 Jahren voraus (vgl. E. HLAWITSCHKA, Untersuchungen zu den Thronwechseln S. 135ff. mit Anm. 94; auch oben bei **XI : Ks. Otto III.** nr. 1). Sollte mit der Heranziehung des Zänkersohnes dessen erreichte Großjährigkeit demonstriert werden, so könnte das eher für 978 als Geburtsjahr Heinrichs II. sprechen.

So muß diese Frage hier offenbleiben: – vielleicht mit einer kleinen Präferenz für 978. (Einer solchen scheint jetzt auch B. SCHNEIDMÜLLER, Otto III. – Heinrich II. S. 12 Anm. 12, zuzuneigen). Für eher 973 hat sich in letzter Zeit entschieden W. GLOCKER, Verwandte der Ottonen S. 303; auch St. WEINFURTER, Heinrich II. S. 22ff.; ganz ohne Einschränkung für 973 zuletzt DERS., Heinrich II., in: Deutsche Herrscher S. 100: „am 6. Mai 973 geboren". – Ganz unentschieden lassen die Frage H. HOFFMANN, Mönchskönig S. 117f.; A. BORST, Geburtstag S. 41f.

Zum Geburtsort – sehr wahrscheinlich Hildesheim – vgl. BG nr. 1483 a; K.-U. JÄSCHKE, Material S. 309f.; anders (Bamberg) F. GELDNER, Tatsachen S. 21–27.

Zur Zeit seiner Verehelichung vgl. bei **XIII : Ksn. Kunigunde** nr. 1.

Die Quellen für das Todesdatum – 13. VII. 1024 –, den Sterbeort – Grone – und die Beisetzung Heinrichs II. in Bamberg verzeichnet ausführlich BG nr. 2063 a. Verwiesen sei hier lediglich auf Ann. necrol. Fuldens. ad 1024: *3. Id. Iul. obiit HEINRICHUS imperator augustus*; ed. MGH SS 13 S. 211, ed. K. SCHMID, Klostergemeinschaft v. Fulda I S. 354; Wipo, Gesta Chuonradi cap. 1, MGH SS rer. Germ. S. 8 f.: *Anno ab incarnatione Domini MXXIIII. imperator Heinricus secundus bene compositis rebus ... mente sana, corporis correptus est infirmitate, qua invalescente III. idus Iulii hanc vitam decessit. Cuius corpus de Saxonia ad sepeliendum ducitur ad locum qui dicitur Pabenberc*; Ann. Hildesheim. ad 1024, MGH SS rer. Germ. S. 34: *Heinrichus imperator ... postea Gruna venit, et ibi languore correptus decubuit; et cum tocius regni merore ... 3. Idus Iulii hominem deposuit.*

2 : Hzg. Heinrich II. v. Bayern (d. Zänker) als Vater Ks. Heinrichs II.

Zur Filiation vgl. Thietmar v. Merseburg, Chron. lib. V Prolog, MGH SS rer. Germ. NS 9 S. 220: *Heinricus scandit, postquam puerilia vicit, / ardua virtutum cretus de stemmate regum. / Huic pater Heinricus dux et genetrix erat eius / Gisla, suis meritis aequans vestigia regis / Conradi patris, Burgundia regna tenentis.* Vgl. weiterhin Thietmar, a.a.O. lib. IV cap. 20 (S. 154), lib. IV cap. 49 (S. 188); dazu Hermann v. Reichenau, Chron. ad 995, MGH SS 5 S. 117: *Heinricus dux Baioariae obiit; et filius eius ex Gisela, Counradi regis Burgundiae filia, itidem Heinricus, imperator postea futurus, ducatum interim obtinuit.* Vgl. auch die Selbstaussagen Ks. Heinrichs II. in seinen Diplomen; MGH D H II 60, 88, 444.

Das Geburtsjahr Hzg. Heinrichs d. Z. ergibt sich aus den Ann. Quedlinburg. ad 951, MGH SS 3 S. 58; MGH SS rer. Germ. S. 466: *Eodem anno Heinricus, filius Heinrici ducis, natus est.*

Der Zeitpunkt seiner Verehelichung ist uns nicht überliefert. Was S. RIEZLER, Geschichte Baierns I,1 S. 555, über die frühe Verheiratung Heinrichs d. Z. schreibt, ist nur aus dem frühen Ansatz der Geburt Ks. Heinrichs II. (973) gefolgert. Argumente für eine Verehelichungszeit im „(Früh)sommer 972“ sucht auch F. GELDNER, Geburtsort S. 524 ff., (zum Erweis des Geburtsjahres Ks. Heinrichs II. 973) beizubringen. Zutreffend ist es dabei gewiß, daß es dem ‘Zänker’ nach Ausbruch seines Konfliktes mit Ks. Otto II. im Jahre 974 „wohl unmöglich gewesen wäre, um die Hand einer Königstochter (= Gisela v. Burgund) zu werben“. Das Ehedatum des ‘Zänkers’ ist indessen nicht zwingend für die Klärung des Geburtsjahres Ks. Heinrichs II. Es kann um 970–973 liegen, ohne daß davon die Frage des Geburtsjahres Ks. Heinrichs II. tangiert wird, vor allem, wenn – was aber nicht bezeugt ist, aber gelegentlich für wahrscheinlich gehalten wird – schon im Juni 965 beim großen Familientreffen der Ottonen in Köln (vgl. BO nr. 386 b) eine Verlobungsabsprache getroffen worden sein sollte.

Das Todesdatum des 'Zänkers' verzeichnet Thietmar, Chron. lib. IV cap. 20, MGH SS rer. Germ. NS 9 S. 154, innerhalb der Berichte für das Jahr 995: *Heinricus Bawariorum dux ... pergens ad Gondesem* [= Gandersheim] ... *migravit ad Christum V. Kal. Sept., sepultus ibidem in medio aecclesiae coram sanctae crucis altari.* Vgl. auch Necrol. Merseburg., ed. E. DÜMMLER S. 240, Sonderausgabe S. 18, zu *V Kal. Sept.* (= 28. August): ... *Heinricus dux obiit*; auch Ann. Quedlinburg. ad 995, MGH SS 3 S. 73; neue Ed. MGH SS rer. Germ. S. 487f.: *Hoc etiam anno Baioariae regionis dux Heinricus secundus immatura morte obivit ... Quo mortuo, filius suus Heinricus, rex futurus, Baioaricum ducatum, rege Ottone tertio donante, suscepit.* Ann. necrol. Fuldens. ad 995, MGH SS 13 S. 207, ed. K. SCHMID, Klostergemeinschaft v. Fulda I S. 348 und S. 258: *6. Kal. Sept. obiit Heinrih dux.*

Zur Bestattung Heinrichs d. Z. im Kloster Gandersheim vgl. auch MGH D H II 444 vom 28. VII. 1021 für Gandersheim (*pro recordatione atque requie patris nostri Heinrici magni Bauuariorum ducis animae, cuius ossa in eodem requiescunt monasterio*) und ein Gandersheimer Nekrologfragment bei A. SCHMID, Fundationes mon. Bav. S. 620 Anm. 249: zum 27. August: *obiit Henricus dux, vigilans diem in medio monasterio.* Zu den erst seit dem 14. Jh. feststellbaren Regensburger Bemühungen, das Grab Heinrichs d. Z. für das dortige St. Emmerams-Kloster zu reklamieren, vgl. A. SCHMID, Herrschergräber S. 365f.

3 : Gisela (v. Burgund) als Mutter Ks. Heinrichs II.

Ks. Heinrich II. nennt seine Mutter in MGH D H II 33 vom 24. XI. 1002 anläßlich der Schenkung eines Gutes an die Salzburger Kirche: *id est quicquid dilecta mater nostra Gisila hactenus ibi possidere et potestative visa est continere.*- Vgl. außerdem den bei nr. **2** zitierten Beleg aus der Chronik Thietmars v. Merseburg, lib. IV cap. 7 (S. 138), wo Gisela als Gemahlin Hzg. Heinrichs d. Z. (nr. **2**) genannt ist; darüberhinaus auch das bei nr. **2** angeführte Zitat aus der Chronik Hermanns v. Reichenau.

Über das Geburtsjahr Giselas ist nichts überliefert. Da jedoch ihr Vater Kg. Konrad v. Burgund am 10. August 966 bereits in 2. Ehe lebte, Gisela aber aus Konrads 1. Ehe stammen muß (vgl. bei nr. 7), Kg. Konrad seinerseits bereits 943 seine Großjährigkeit erlangt hatte (vgl. bei nr. 6) und ein gleichnamiger Sohn Kg. Konrads am 17. April 967 schon als Beisitzer in einem Königsgericht im Gefolge Ks. Ottos d. Gr. in Ravenna teilnehmen konnte, läßt sich nur soviel sagen, daß eine Geburtszeit Giselas zwischen 950/55 und 960 möglich erscheint.

Zur Zeit ihrer Verehelichung mit Hzg. Heinrich d. Z. vgl. bei nr. 2.

Verstorben ist Gisela am 21. VII. 1007. Das Datum überliefert Thietmar, Chron. lib. VI cap. 29, MGH SS rer. Germ. NS 9 S. 310, inmitten seines Berichtes über das Jahr 1007: *Mense Iulio et XII° Kal. Aug. Gisla, venerabilis matrona et mater regis nostri inclita, obiit et Ratisbone sepelitur.* Vgl. auch Necrol. Merseburg., ed. E. Dümmler S. 237, Sonderausgabe S. 15; MGH Lib. mem. et necrol. NS 2 Tafel 9: zu *XII. Kal. Aug.: Domna Gisela, mater Heinrici imperatoris.* Im Magdeburger Nekrolog (MGH Lib. mem. et necrol. NS 2 Tafel 53) findet man Gisela zum 21. VII. mit der ungewöhnlichen, aber zutreffenden Charakterisierung *obiit Gisla filia Chuonradi regis.* Im Nekrolog des Regensburger Niedermünster-Klosters (MGH Necrol. 3 S. 281) wurde sie zum 21. VII. als *Gisila regina, in monasterio sepulta* vermerkt; im Nekrolog des dortigen St. Emmeramklosters (MGH Lib. mem. et necrol. NS 3 Tafel 38v) findet man *Gisala* (mit danach getilgtem Titel *regina*?) zum 21.VII.

Wenn man in Kaufungen bzw. Ranshofen mit dem Eintrag zu *XV. Kal. Martii Gisila imperatrix, mater sancti Heinrici imperatoris, obiit* (MGH SS 4 S. 791; auch MGH Necrol. 4 S. 424) meinte, den Todestag der Mutter Ks. Heinrichs II. festzuhalten, so irrte man; es handelte sich – wie schon der *imperatrix*-Titel zeigt, um die Kaiserin Gisela, die Mutter Ks. Heinrichs III.

S. Hirsch, Jahrb. Heinrichs II., Bd. 1 S. 411 Anm. 4, und Bd. 2, S. 5 mit Anm. 1, versuchte ohne triftigen Grund, Giselas Todesjahr auf 1006 vorzuverlegen. Ihm folgen gelegentlich noch immer Historiker, z. B. G. Althoff, Adels- u. Königsfamilien S. 368; mit Fragezeichen E. Freise im Kommentar zum Todestag Giselas in MGH Lib. mem. et necrol. NS 3 S. 195 u. 204.

Bestattet wurde Gisela im Regensburger Niedermünster (s. o.).

4 : Hzg. Heinrich I. v. Bayern als Vater Hzg. Heinrichs II. (des Zänkers)

Die Filiation ist vielmals bezeugt; so z.B. bei Contin. Reginonis ad 955, MGH SS rer. Germ. S. 168: *Heinricus frater regis* (= Ottos I.) *desperatis rebus recuperatis receptoque Bawariae ducatu obiit. Cuius filio Heinrico pius rex ducatum et marcam dedit.* – Vita S. Oudalrici cap. 28, MGH SS 4 S. 416: *His vero temporibus ... Heinricus, filius Heinrici fratris eiusdem imperatoris* (= Ottos I.), *dux Bawariorum erat.* – Hermann v. Reichenau, Chron. ad 955, MGH SS 5 S. 115: *Heinricus quoque, frater regis* (= Ottos I.), *Baioariae dux moriens, filium aequivocum successorem reliquit.* – Ann. Sangall. maior. ad 995 (anläßlich des Todes Hzg. Heinrichs d. Z.), MGH SS 1 S. 81: *Heinricus dux Baioariorum, filius Heinrici, defunctus est.*

Geboren ist Hzg. Heinrich I. v. Bayern zwischen Mai 919, dem Zeitpunkt der Wahl seines Vaters Heinrich I. zum König (BO nr. p), und dem 22. April 922, an welchem Tage ihn sein Vater in einem Diplom für das Kloster Corvey (MGH D H I 3) zum 1. Male nannte. – Liudprand v. Cremona, Antapod. lib. IV cap. 15, MGH SS rer. Germ. S. 113, berichtet: *Haec* (= Kgn. Mathilde) *ante regni susceptionem viro suo filium peperit, quem vocavit Ottonem* (= Ks. Otto I.). ... *Post regiam autem dignitatem duas peperit, unum, quem patris nomine vocavit Heinricum ... tertium deinde Bruno nomine.* Ebd. lib. IV cap. 18, S. 114: *regia in dignitate genitus.* Catal. regum et imp., cod. Monac. saec. X., MGH SS 10 S. 136: *In regno genuit Heinricum.* – Vita Mahthildis post. cap. 6, MGH SS 4 S. 287, MGH SS rer. Germ. S. 155f.: *Heinricus autem, in regali solio natus, iunior fuit annis*; ebd. cap. 9 S. 289 bzw. S. 161: *natus esset in aula regali*; und zwar – nach cap. 21 S. 297 bzw. S. 187 – in Nordhausen: *Tunc etiam (regina Mahthildis) construxit monasterium in civitate Northusuanensi ... pro anima regis Heinrici et sui carissimi filii, cui patris nomen imposuerat et quem in prefata civitate procreaverat*; vgl. ebd. auch cap. 22 S. 298 bzw. S. 191: *In hac civitate fratrem vestrum Heinricum procreavimus, quem propter paternum nomen nimium dileximus.*

G. Althoff, Gandersheim u. Quedlinburg S. 129 mit Anm. 22, schließt aus der ersten Erwähnung Heinrichs in MGH D H I 3 (aus Quedlinburg vom 22. IV. 922), daß Heinrich eben damals in Quedlinburg das Licht der Welt erblickt hätte. So zuvor bereits J. Krüger, Grundsätze S. 51f. Anm. 12. Zwingend ist das indessen nicht, allenfalls möglich; es steht jedoch im Widerspruch mit der Bezeugung

Nordhausens als Geburtsort. – Ob man in diesem Zusammenhang auch Thietmars (Chron. lib. I cap. 23, MGH SS rer. Germ. NS 9 S. 30) – freilich in großem zeitlichen Abstand gemachte – Bemerkung beachten soll, daß Kg. Heinrich I. seiner Gemahlin in der Nacht vom Gründonnerstag auf Karfreitag betrunken und unerlaubterweise beigewohnt hätte und daß das so gezeugte Kind und dessen Sohn durch späteres Zwietrachtsäen weiterhin gekennzeichnet blieben – was bei einer Zeugung am 30. III. (921) zu einer Geburtszeit Hzg. Heinrichs v. Bayern auf Ende 921 führen würde –, bleibe dahingestellt. – Für Nordhausen (wie in der Vita Mahthildis post. vermerkt) als Geburtsort Hzg. Heinrichs I. dagegen weiterhin M. GOCKEL, Nordhausen S. 330.

Zum Zeitpunkt der Vermählung Heinrichs mit Judith v. Bayern vgl. R. KÖPKE – E. DÜMMLER, Otto d. Gr. S. 80, wo das Jahr 938 aus der spärlichen Überlieferung wahrscheinlich gemacht wird. Im Anschluß an die dort gelieferten Argumente setzte sich K. REINDEL, Luitpoldinger S. 173f., für 936/37 ein. Demgegenüber machte dann K.F. WERNER, Nachkommen S. 474, auf einige Beobachtungen aufmerksam, die eine spätere Eheschließung nahelegen; er gibt nunmehr „938/47" an. Mit einer weiteren plausiblen Überlegung grenzt jetzt W. GLOCKER, Verwandte der Ottonen S. 273f. und S. 286, die Zeit der Verheiratung Hzg. Heinrichs I. v. Bayern wieder auf „937/40" ein.

Die Quellen zum Todesdatum Hzg. Heinrichs I. v. Bayern (1. XI. 955) und zu seinem Bestattungsort, dem Niedermünster in Regensburg, sind verzeichnet bei R. KÖPKE – E. DÜMMLER, Otto d. Gr. S. 267, sowie bei K. REINDEL, Luitpoldinger S. 220f. Verwiesen sei hier lediglich auf Ann. necrol. Fuldens. ad 955, MGH SS 13 S. 198, ed. auch K. SCHMID, Klostergemeinschaft v. Fulda I S. 333: *Kal. Nov. obiit Heinrichus dux*; zum Jahr vgl. auch Contin. Regin. ad 955 (s. o.); auch Ann. Sangall. maior. ad 955, MGH SS 1 S. 79, ed. C. HENKING S. 289: *In ipso anno Heinricus dux Baioariorum defunctus est.* Zum Todestag vgl. auch Necrol. Merseburg., ed. E. DÜMMLER S. 244, Sonderausgabe S. 22; MGH Lib. mem. et necrol. NS 2 Tafel 14: *Heinricus dux auus imperatoris Heinrici obiit.* – Daß Hzg. Heinrich im Regensburger Niedermünster bestattet wurde – obgleich es im Necrol. S. Emmerami Ratisbon., MGH Necrol. 3 S. 329, zum 1. Nov. heißt: *Henricus dux Baioarie hic sepultus* –, überliefert Thietmar v. Merseburg, Chron. lib. II cap. 40, MGH SS rer. Germ. NS 9 S. 88f.: *Huius* (= Hzg. Heinrichs I. v. Bayern) *coniunx Iuthitta nomine … corpus eiusdem in aecclesia, quam ipse in honorem sanctae Mariae semper virginis construcxit, cum magno merore deposuit.* Hzg. Heinrichs I.

Grab ist im Regensburger Niedermünster bei Ausgrabungen aufgefunden worden; vgl. Kl. SCHWARZ, Ausgrabungen im Niedermünster S. 42.

5 : Judith v. Bayern als Mutter Hzg. Heinrichs II. (d. Zänkers)

Zur Filiation vgl. bei nr. **4** (Ende); dazu MGH D O I 221 vom 13. II. 961: Schenkung *per interventum Heinrici ducis matrisque suae Iudite;* D O I 202 vom 8. VI. 959 : *cuncta redeant in potestatem domne Iudite et filii eius Heinrici ducis*; D O I 203 vom 9. VI. 959: *redeant in ius et potestatem domine Iudite et filii eius Heinrici ducis.*

Über die Geburtszeit Judiths ist nichts bekannt. – Zum Datum ihrer Ehe mit Hzg. Heinrich I. v. Bayern vgl. bei nr. **4**.

Das Todesdatum Judiths ist umstritten. Den Todestag (29. VI.) verzeichnen die Nekrologien des Regensburger Niedermünsterklosters (MGH Necrol. 3 S. 280: *III. kal. Ievta ducissa, fundatrix Inferioris Monasterii*; ebd. S. 291 zu *III. kal. Domna Iudita obiit*), in dem Judith ihre letzte Lebenszeit verbrachte und auch beerdigt wurde; vgl. K. REINDEL, Luitpoldinger S. 233–235. Das Martyrolog-Necrolog von St. Emmeram (MGH Lib. mem. et necrol. NS 3 Tafel 34r) verzeichnet *Judita ducissa* bereits zum 28. VI., aber ebenso auch zum 29. VI. (Tafel 34v): *Iudita uidualis nonna*; vgl. dazu ebd. S. 77f., 195 und 205. Im Necrol. Merseburg., ed. E. DÜMMLER S. 236, Sonderausgabe S. 14; MGH Lib. mem. et necrol. NS 2 Tafel 8, ist sie zum 29. VI. als *Iudith ductrix* zu finden.

Sicherer Terminus post quem für ihren Tod ist das Jahr 973, in welchem sie (am 27. April) bei Ks. Otto I. zwei Schenkungen an das Kloster Niedermünster erbat (MGH D O I 432 u. 433: *ob interventum dilectissimae coniugis nostrae Adalheidae nec non venerabilis domnae Iuditae salubrem petitionem*). 974 ist Judith dann in das Niedermünsterkloster eingetreten; K. REINDEL, a.a.O. S. 235. Auf S. 252f. möchte Reindel eine undatierte Niedermünsterer Traditionsnotiz, der zufolge der *nobilissimus dux nomine Henricus cum manu matris sue domine Judite* jenes Besitztum in Beutelhausen an das Kloster Niedermünster schenkte, welches *frater eius nomine Brun habere visus est,* in die Zeit „nach 985" datieren, womit sich für Judith ein Todesjahr nach 985 ergäbe. Jedoch ist dieser Bruder Hzg. Heinrichs II. (d. Z.) namens Brun, den Reindel dabei zu einem „jüngeren Sohne Heinrichs des Zänkers" korrigieren muß, bereits im Juli 976 verstorben gewesen (vgl. bei nr. **1**), weshalb diese Notiz bereits um 975/76 entstanden sein dürfte. Ein letztes Lebenszeichen Judiths könnte evtl.

im D O II 230 vom 11. X. 980 vorliegen, in dem Judith genannt ist; allerdings ist der Text wörtlich nach D O I 203 (s. o.) gestaltet und könnte somit ohne Beachtung der damaligen Realität entstanden sein. – O. MITIS, Gedenkstiftung S. 271, meinte, Judith sei mit jener *Iudida ancilla Christi* zu identifizieren, die zum Jahre 979 unmittelbar vor einem am 12. VII. verstorbenen Presbyter Meginold in die Fuldaer Totenannalen eingeschrieben wurde; MGH SS 13 S. 204, auch K. SCHMID, Klostergemeinschaft v. Fulda I S. 341 f.; überzeugende Argumente hierfür gibt es nicht. – Die unzutreffende Datierung Reindels „† nach 985" ist aufgenommen bei G. ALTHOFF, Adels- u. Königsfamilien S. 200 Anm. 248 und S. 380; desgleichen von E. FREISE in MGH Lib. mem. et necrol. NS 3 S. 195, 205.

6 : Kg. Konrad v. Burgund als Vater Giselas

Zur Abstammung Giselas vgl. die bereits bei nr. **2** zitierten Belege aus der Chronik Thietmars v. Merseburg und aus der Chronik Hermanns v. Reichenau, dazu bei nr. **3** den Eintrag aus dem Magdeburger Nekrolog; auch Annalista Saxo ad 1002, MGH SS 6 S. 647, neue Ed. MGH SS 37 S. 282: *Mater autem eius* (= Ks. Heinrichs II.) *erat filia Conradi Burgundionum regis, fratris Athelheidhe inperatricis* (dies z.T. aus Adalbold v. Utrecht, Vita Heinrici II. imp. cap. 1, MGH SS 4 S. 684; ed. H. VAN RIJ S. 46 f.); auch ebd. ad 984 S. 632 bzw. S. 241: *His etiam presertim iustam causam tuentibus Conradus rex Burgundie, frater Athelheidhe inperatricis, adnitebatur, quamvis sepedictus Heinricus filie ipsius Gisle matrimonio coniunctus fuisset, ex qua etiam illustrem virum Heinricum inperatorem genuit.*

Über die Geburtszeit Kg. Konrads lassen sich nur Vermutungen anstellen. Beim Tode seines Vaters Kg. Rudolf II. († 11. VII. 937) war er offenbar noch minderjährig; vgl. Flodoard, Annales ad 937, ed. Ph. LAUER S. 68: *Rodulfus Jurensis ac Cisalpinae Galliae rex obiit, cui filius parvus Chonradus in regno succedit.* Lauer schließt (S. 68 Anm. 3) aus dieser Angabe, daß Konrad damals wohl 8–9 Jahre alt war. Auf Konrads Minderjährigkeit lassen auch die Ereignisse schließen, die in Burgund nach Rudolfs II. Tod eintraten. Konrad wurde offenbar von burgundischen Großen zu Otto d. Gr. gebracht, während seine Mutter und die Schwester Adelheid in die Hand Kg. Hugos v. Italien gerieten (vgl. dazu R. POUPARDIN, Royaume de Bourgogne S. 65–75; E. HLAWITSCHKA, Verwandtschaftliche Verbindungen S. 50 f., ND in DERS., Stirps regia S. 291 f.). Da Konrad sich noch 940 in Ottos d. Gr.

Gefolge und Abhängigkeit befand – vgl. Flodoard, Annales ad 940 S. 78: *Otho rex … in Burgundiam proficiscitur, habens secum Conradum, filium Rodulfi regis Jurensis, quem jamdudum dolo captum sibique adductum retinebat* – d.h. da er 940 noch minderjährig war und weil eigenständige Urkunden Konrads erst ab 943 bekannt sind (MGH D Burg. 27 vom 23. IV. 943; vgl. aber auch schon die in dieser Frage nicht ganz sichere, nur aus bruchstückhaften Angaben rekonstruierte nr. 56 vom März 943 und die Konsensakte nrn. 64 und 65 vom 3. VII. 942 bzw. 28. III. 943), spricht doch in Anbetracht der damaligen Mündigkeitsgrenze von 15 Jahren einiges dafür, daß er zwischen 925 und 928, also etwa 926/27, geboren ist. Vgl. hierzu auch A. HOFMEISTER, Deutschland u. Burgund S. 66f.

Bezüglich des Zeitpunktes des 1. Eheschlusses Kg. Konrads mit Adela /Adelane ist nichts Genaues bekannt. Wenn sein Sohn *Chuono* am 10. VIII. 966 in einem Diplom Kg. Konrads als Mithandelnder erwähnt wird (MGH D Burg. 39) und als *Conradus filius Conradus rex* (!) am 17. IV. 967 in Ravenna am Kaiserhof auftritt (MGH D O I 340), d.h. 966/67 über 15 Jahre alt war, dann muß Kg. Konrads Ehe mit Adela vor 951 geschlossen worden sein. Beachtet man die aus dem Anfang des 12. Jhs. stammende Fälschung der Urkunde der Kgn. Berta, der Mutter Kg. Konrads, mit dem Datum 1. IV. 961, in der – nach dem Signum Kg. Konrads und seines Bruders Rudolf – auch das *Signum Conradi filii regis* zu finden ist [MGH D Burg. 55], so müßte die Ehe Konrads mit Adela sogar schon um 945/46 geschlossen worden sein, als Konrad etwa 18/19 Jahre alt war. Doch ist nicht sicher, aus welchem Jahr die bei der Fälschung benutzte Vorurkunde stammte, der die Namen der Zeugen entnommen sein dürften. Daß eine Vorurkunde benutzt wurde (vgl. die Vorbemerkungen von Th. SCHIEFFER zu D Burg. 55 S. 195f. und 58 S. 203), ist sicher. Wer sollte auch im 12. Jh. auf den offenbar schon als Jüngling verstorbenen, gleichnamigen Sohn König Konrads kommen?

Das Todesjahr Kg. Konrads überliefern die Ann. necrol. Fuldens., MGH SS 13 S. 207, ed. K. SCHMID, Klostergemeinschaft v. Fulda I S. 347: *Annus 993 … Ob. Cuonradus rex.* Auch die Ann. Lausann., MGH SS 24 S. 780, bessere Ed. Ch. ROTH, Cartulaire de Lausanne S. 8, geben dieses Jahr an: *Chuonradus rex obiit anno 993.* – Den Todestag (19. X.) nennt u.a. das Necrol. Merseburg., ed. E. DÜMMLER S. 243, Sonderausgabe S. 21; auch MGH Lib. mem. et necrol. NS 2 Tafel 14: *XIIII. Kal Nov. … Chuonradus rex Burgundiorum obiit.* Das Nekrolog der Kirche von Vienne nennt (wohl versehentlich)

XIV. kal. decemb. als Konrads Todestag; vgl. R. POUPARDIN, Royaume de Provence S. 365 nr. 7. Zu weiteren Quellen und zum Bestattungsort – Saint-André-le-Bas de Vienne – vgl. R. POUPARDIN, Royaume de Bourgogne S. 85f. Anm. 4 (irrig: St. André-le-Haut); auch E. DIENER, Könige v. Burgund S. 76 (irrig: St. Maurice, gemäß Hermann v. Reichenau, Chron. ad 994, MGH SS 5 S. 117: *Counrado rege Burgundiae mortuo et apud Sanctum Mauricium sepulto* ...). Die Frage klärte Th. SCHIEFFER (MGH D Burg. S. 19 mit Anm. 17) mit dem Hinweis auf das aus der Kirche S. André-le-Bas de Vienne stammende Epitaph Kg. Konrads; MGH Poetae Lat. 5 S. 333f.: ... / *Gonradus iacet hic; qui tot castella, tot urbes / possedit, tumulo clauditur iste brevi. / ... / Is rex Gonradus monacos stabilivit ibidem, / Corpore qui fertur dudum tumulatus ibidem.*

7 : Adela (Adelana) als Mutter Giselas v. Burgund

Keine Quelle bezeugt direkt, daß Adela die Mutter Giselas war. Da wir aber wissen, a) daß Kg. Konrad v. Bgd. zweimal verheiratet war (vgl. dazu unten den Brief Abt Siegfrieds v. Gorze) und b) daß Hzg. Heinrich d. Z. (nr. **2**) mit Gisela v. Bgd. (nr. **3**) in einer kanonisch unzulässigen Nahehe 2 : 3 verbunden gewesen sein müßte, wäre Gisela aus Kg. Konrads 2. Ehe mit Mathilde v. Frkr. hervorgegangen, worüber aber nirgendwo eine Klage zu finden ist, c) daß Kg. Konrad v. Bgd. seine Ehe mit Mathilde v. Frkr. erst ca. 964/65 schloß (vgl. bei **XV : Ksn. Gisela** nr. **7**), Ks. Heinrichs II. Mutter Gisela sich aber schon ca. 970–973 verheiratete (vgl. bei nr. **3**), und d) da Gisela auch niemals unter Kg. Konrads und Mathildes Kindern erwähnt wird (vgl. dazu unten die Genealogia ex stirpe S. Arnulfi und auch die mittelalterlichen Nachkommentafeln der Ottonen bei N. GÄDEKE, Zeugnisse), liegt es nahe, Kg. Konrads erste Gemahlin Adela als Giselas Mutter anzusehen. – Den Namen dieser 1. Gemahlin und vor allem die Tatsache, daß aus dieser Ehe tatsächliche mindestens zwei Kinder hervorgegangen sind, können wir einer Urkunde aus Cluny entnehmen. Kg. Konrad schenkte nämlich am 23. III. 963 an Cluny *pro Dei amore ac pro remedio nostrae anime, Adelane videlicet regine et infantum nostrorum*; MGH D Burg. 38; A. BERNARD – A. BRUEL, Rec. des chartes de Cluny II S. 242 nr. 1152. (Diese beiden Kinder waren ein Konrad [vgl. dazu bei nr. **6**] und eben Gisela). Oftmals hat man aus dieser Erwähnung den Schluß gezogen, daß Adela „était sans doute morte avant le 23 mars 963"; so z.B. R. POUPARDIN, Royaume de

Bourgogne S. 384; und um diesen Eindruck zu verstärken, wurde zwischen *nostrae* und *anime* das Wort *coniugis* ergänzt; so z.B. bei R. KÖPKE – E. DÜMMLER, Otto d. Gr. S. 376 Anm. 1; F. LOT, Les derniers Carolingiens S. 37 Anm. 3; ihnen folgte noch K.F. WERNER, Nachkommen S. 472 (Gen. VII, 70). Von anderen wurde diese Auslegung – m.E. zu Recht – bestritten; vgl. z.B. H. BOLLNOW, Grafen v. Werl S. 28: „Adelania, die nach dem 23. März 963 gestorben ist". Unentschieden ließ die Frage zuletzt L. AUER, Geburtsjahr S. 227, während Th. SCHIEFFER, Einleitung zu MGH D Burg. 38, betont, daß hier keinesfalls die Königin als verstorben erwähnt werde. Das erste sichere Zeugnis dafür, daß Kg. Konrad in zweiter Ehe mit Mathilde (v. Frkr.) verheiratet und Adela folglich schon verstorben war, stammt vom 10. VIII. 966; MGH D Burg. 39: *Chuondradus piissimus rex et uxor sua Mattilt regina et filius eius* (!) *Cuono.*

Die Tatsache einer ersten Ehe Kg. Konrads vor derjenigen mit Mathilde (v. Frkr.) ist – wie einleitend schon angedeutet – auch einem Brief des Abtes Siegfried v. Gorze an Abt Poppo v. Stablo vom Spätsommer 1043 zu entnehmen. Dort heißt es: *Audivi autem dictum esse regi* (= Heinrich III.), *aviam suam Gepam* (= Heinrichs III. Großmutter [durch seine Mutter Gisela] Gerberga) *non ex Mathilde sed ex priore Cuonradi regis uxore fuisse progenitam*; ed. in W. GIESEBRECHT, Geschichte II, 4. Aufl. S. 703, 5. Aufl. S. 715. Daß Kg. Konrads 2. Gemahlin Mathilde keine Tochter Gisela hatte, zeigt vor allem die Genealogia ex stirpe S. Arnulfi cap. 5, MGH SS 25 S. 383: *Mathildis, soror Lotharii regis Francie et Karoli ducis, genuit Rodulphum regem Burgundie, Bertham, Guepam et Mathildam.*

Zu korrigieren ist hier also die vielbenutzte Stammtafel des Sächsischen Kaiserhauses bei R. HOLTZMANN, Sächs. Kaiserzeit (Bandende), wo Gisela als Tochter Kg. Konrads und Mathildes figuriert. Und übertrieben ist die Skepsis bei B. SCHNEIDMÜLLER, Otto III. – Heinrich II. S. 12 f. Anm. 12 (der übrigens den Brief Siegfrieds v. Gorze und die Genealogia S. Arnulfi bei seinen Erwägungen nicht berücksichtigt), gegenüber Adela(na) als erster Gemahlin Kg. Konrads und als Mutter Giselas.

8 / 9 : Kg. Heinrich I. und Mathilde als Eltern Hzg. Heinrichs I. v. Bayern

Hrotsvitha v. Gandersheim, Gesta Ottonis v. 46, MGH SS rer. Germ. S. 206, erwähnt bei der Behandlung der Familie Kg. Heinrichs I. zunächst die Geburt des ältesten Sohnes Otto, dann: *Post hunc Henricus fuerat feliciter ortus, / inpositoque patris famosus nomine regis; provida quem domini pariter sapientia Christi / dignatur servare ducem populo bene fortem.* Dann heißt es ebd. v. 153ff. (S. 209) nach dem Bericht über den Tod Kg. Heinrichs I. und die Nachfolge Ottos I.: *At dux Henricus, frater regis venerandus / princeps in regno fuerat tunc nempe quieto / post regem, plebi merito venerabilis omni. / Qui sibi condigne legali iunxit amore / Arnulfi natam, ducis egregii, generosam, / nomine Iudittam, vultus splendore coruscam.* – Auch bei Widukind, Rer. gest. Saxon. lib. I cap. 39, MGH SS rer. Germ. S. 43, ist die Filiation erwähnt: *Genuit quoque ei (= Heinrico regi) et alios filios clara et nobilissima ac singularis prudentiae regina nomine Mahthilda, primogenitum mundi amorem nomine Oddonem, secundum patris nomine insignitum, virum fortem et industrium Heinricum, tertium quoque nomine Brunonem …* In lib. II cap. 36 (S. 95) heißt es dann von Otto d. Gr.: *recordatus est multis laboribus fatigati fratris prefecitque eum regno Baioariorum … Erat autem ipse dominus Heinricus copulatus matrimonio filiae ducis Arnulfi, feminae egregiae formae mirabilisque prudentiae.* – Viele weitere Filiationsbelege bei Liudprand v. Cremona, Antapod., Contin. Reginonis etc.

Zu den Nachweisen für die Geburtszeit, Verehelichungszeit und die Todesdaten der Eltern Hzg. Heinrichs I. v. Bayern vgl. bei **III : Kg. Heinrich I.** nr. **1** und **V : Kgn. Mathilde** nr. **1**.

10 : Hzg. Arnulf ('der Böse') v. Bayern als Vater Judiths

Zu den aus Hrotsviths Gesta Ottonis und Widukinds Rer. gest. Saxon. stammenden Belegen für die Herkunft Judiths, der Gemahlin Hzg. Heinrichs I. v. Bayern, von Hzg. Arnulf (v. Bayern) vgl. bei nr. **8 / 9**.

Über die Geburtszeit Arnulfs und den Zeitpunkt seiner Verehelichung ist nichts überliefert. Da er 907 beim Tode seines Vaters Liutpold sogleich in dessen errungene Vormachtstellung in Bayern nachfolgen konnte (vgl. Zitat aus Contin. Reginon. ad 907 bei nr. **20**), auch wenn diese noch keine allgemein anerkannte 'Herzogsposition' bedeutete (vgl. dazu R. Deutinger, Königswahl S. 55–66), und somit 907 doch wohl schon großjährig war, da er weiterhin auch 908 im bayerischen Nordgau – in der Nachfolge des dort 903 und 905 als *comes* fungierenden Vaters – als Graf anerkannt worden ist (vgl. MGH D LdK 19, 42, 58: *in pago Nordcovue in comitatu Arnolfi*), und da er schließlich 914 schon *cum uxore et filiis ad Hungarios fugit* (Liudprand, Antapod. lib. II cap. 19, MGH SS rer. Germ. S. 46), ist er sicherlich vor 892 geboren worden und ca. 910 auch schon verheiratet gewesen. Vor 885/90 dürfte er freilich kaum geboren sein, da sich seine Mutter Kunigunde 913 noch ein zweites Mal, und zwar mit Kg. Konrad I., verehelichte; vgl. dazu bei **II : Kgn. Kunigunde** nr. **1** und unten nr. **21**.

Hzg. Arnulf verstarb am 14. VII. 937. Vgl. Ann. necrol. Fuld. ad 937, MGH SS 13 S. 195; auch ed. K. SCHMID, Klostergemeinschaft v. Fulda I S. 328: *Arnolt dux.*; Contin. Reginon. ad 937, MGH SS rer. Germ. S. 159: *Ruodolfus rex Burgundionum et Arnolfus dux Bawariorum obierunt*; Ann. Sangall. maior. ad 937, MGH SS 1 S. 78, ed. C. HENKING S. 283: *Et Arnolfus dux Baioariorum defunctus est.* – Den genauen Todestag – 14. VII. – überliefern das Necrol. Altahae Infer., MGH Necrol. 4 S. 51 (*Arnolfus dux Baioarie*), das Necrol. S. Galli, MGH Necrol. 1 S. 477 (*Ob. Arnolfi ducis Baioariorum)*; weitere Hinweise bei R. KÖPKE – E. DÜMMLER, Otto d. Gr. S. 68 Anm. 1, und bei K. REINDEL, Luitpoldinger S. 175 ff.

Daß Hzg. Arnulf im Regensburger St. Emmeram-Kloster bestattet worden sei, findet sich erstmals – um 1160 – in den Quirinalien des Metellus v. Tegernsee erwähnt; diese Angabe ist – wie A. SCHMID, Herrschergräber in St. Emmeram S. 356–364, aufzeigt, dem Scheyerner Sagenzyklus vom 'bösen' Ende Hzg. Arnulfs zuzurechnen; ihr ist keine Glaubwürdigkeit zuzusprechen. Eher könnte Hzg. Arnulf – nach A. Schmid S. 363 – sein Grab in Niederaltaich gefunden haben.

11 : NN, die Mutter Judiths v. Bayern

Über die Mutter der Hzgn. Judith v. Bayern bzw. die Gemahlin Hzg. Arnulfs 'd. Bösen' gibt es keine sicheren Quellenbelege. In der Literatur sind deshalb verschiedene Hypothesen über ihren Namen und ihre Herkunft zu finden.

A) Ausgehend von der sehr späten (13. Jh.) Nachricht Konrads v. Scheyern (Chuonradi Chronicon Schirense cap. 16, MGH SS 17 S. 620), Hzg. Arnulf v. Bayern und sein Bruder Berthold (dort allerdings schon *Warnherus* geheißen) hätten zwei ungarische Prinzessinnen, Agnes und Beatrix, geheiratet (*His duobus fratribus coniuncte erant in matrimonio filie regis Ungarie, Agnes videlicet et Beatrix sorores, nondum baptismo ablute, sicut et omnes Ungari, sed a sancto Oudalrico baptizate*), wird in der älteren Literatur gelegentlich von einer ungarischen Ehe Hzg. Arnulfs gesprochen. Abgestützt wird dabei diese Ansicht mit der Tatsache, daß Arnulf 914 zu den Ungarn floh und daß die Ungarn 917, 919 und 935 bei ihren Plünderungszügen Bayern friedlich durchzogen. So z.B. H. SCHOLLINER, Voreltern S. 94 ff., wo diese Ehe freilich als bereits Arnulfs zweite angesehen wird; vgl. auch S. RIEZLER, Gesch. Bayerns I,1 S. 509, und L.A. LERCHE, Eheverbindungen S. 10 u. 99 Anm. 36. Glaubwürdigkeit verdient die Nachricht Konrads v. Scheyern wohl kaum; vgl. K. REINDEL, Hzg. Arnulf S. 220 f., ND S. 251. Die Verwechslungen in dieser Quelle sind zu grotesk; so heißt es da z.B.: *Anno Domini nongentesimo, temporibus Formosi pape quidam dux Noricorum Arnolfus nomine, filius Karolomanni, in imperium a Teutonicis electus est et ab Formoso papa, quia consanguineus ipsius erat, consecratus, imperialem accepit benedictionem ... Huic matrimonio copulata fuerat filia regis Grecie Agnes nomine, per quam duos filios habuit, Arnolfum ducem Noricorum, filium perdicionis, et Warnherum comitem et ducem Noricorum post Arnolfum ...* Die davon abhängigen spätmittelalterlichen und frühneuzeitlichen bayerischen Geschichtskompilationen vgl. bei K. REINDEL, Luitpoldinger S. 71 ff.; auch J.-M. MOEGLIN, Les ancêtres.

B) H. SCHOLLINER, a.a.O. S. 94 ff., hatte auch eine erste Ehe Arnulfs mit einer Dame „konradinischer Herkunft" postuliert. Diese sei eine Tochter Hzg. Eberhards v. Franken († 939), des Bruders Kg. Konrads I., gewesen. Hierfür spielten die Namen Eberhard und Hermann, die bei den Konradinern vorkommen und auch unter Hzg. Arnulfs Nachkommen auftreten, sich dann bei den Liutpoldingern weiter verbreiten, eine gewisse Rolle. Doch ist diese Ansicht schon dadurch illusorisch, daß Hzg. Eberhard v. Franken offensichtlich kinderlos war.

C) Dieser Ansicht von einer konradinischen Herkunft der Gemahlin Hzg. Arnulfs pflichtete zuletzt H. DECKER-HAUFF, Ottonen u. Schwaben S. 263 mit Anm. 102, bei, allerdings nicht – und zwar wegen der augenscheinlich nicht zueinander passenden Lebenszeiten –, ohne eine Umstellung vorzunehmen: „Arnulfs Schwiegervater war jedoch der Zeit nach nicht Eberhard v. Franken, sondern dessen Oheim Eberhard". Auch hierbei beruht alles auf dem wenig sicheren Argument der Namensvererbung.

D) W.K. Prinz v. ISENBURG, Ahnen, vermerkte 1932 als Mutter Judiths v. Bayern: „Salischer Graf Rudolf". Unter seinen „Quellen" für diese Angabe (S. 142) verwies er auf F. CURSCHMANN, Stammtafeln, und auf S. RIEZLER, Gesch. Baierns I, wobei sich allerdings an beiden Orten diese Angabe nicht findet. Er scheint vielmehr auf C. v. BEHR,

Genealogie der in Europa regierenden Fürstenhäuser, Suppl.bd. S. 19, zu basieren. Behr geht von einer zweimaligen Verehelichung Arnulfs aus und schreibt: „1. Gerberg, Tochter des fränkischen Grafen und späteren Bischofs v. Würzburg Rudolph. 2. Agnes (wohl nicht Zoltans, sondern Tochter Arpads) v. Ungarn“. Der Verweis auf Bischof Rudolf v. Würzburg als Vater der Gemahlin Hzg. Arnulfs scheint auf einer Nachricht des späten Aventin (Ann. duc. Boior. lib. IV cap. 22, ed. S. Riezler, Bd. 1 S. 671; etwas andere Erklärung bei A. Schmid, Bild des Bayernherzogs S. 99–102) zu beruhen. Daß aber Rudolf v. Würzburg vor seiner Bischofszeit Graf gewesen sein soll und eine Tochter Gerberga hatte, ist ohne jede Quellengrundlage. Und das Auftauchen des Namens Agnes als Tochter eines Ungarnfürsten erinnert wieder an die oben bei A) aufgeführten späten bayerischen Quellen, für die es nicht die geringste Glaubwürdigkeit gibt.

E) M. Mitterauer, Liutpoldinger S. 20–23, vermutet als erste Gemahlin Hzg. Arnulfs ebenfalls eine Konradinerin, als zweite eine Tochter des 906 hingerichteten Popponen (Babenbergers) Adalbert (zu diesem vgl. bei **III : Kg. Heinrich I**. nr. **6**). Judith entstamme dabei der ersten Ehe. Argument ist ihm außer den bei ihren Kindern auftretenden Namen Eberhard und Hermann, die auf konradinisches Blutserbe deuten könnten, noch der Name Heinrich, den bereits ein 953 am Liudolf-Aufstand beteiligter Sohn Hzg. Arnulfs trug (MGH D O I 171) und der sich nicht gut durch die erst 937/40 geschlossene Ehe der Arnulf-Tochter Judith mit Heinrich, dem Bruder Ottos d. Gr., erklären läßt, aber aus einer 2. Ehe Hzg. Arnulfs mit einer Popponin erklärbar wäre. – Gegen diese Arbeit hat K. Lechner, Beiträge zur Genealogie S. 257 ff., verschiedene Argumente geltend gemacht und die Verbindung zwischen Liutpoldingern und Popponen in noch frühere Zeit verlegt. Die Mutter oder Großmutter Mgf. Liutpolds († 907), des Vaters Hzg. Arnulfs, sei wohl eine Popponin gewesen.

F) F. Tyroller, Genealogie d. altbayer. Adels S. 72, rechnet – auf der Basis der Notiz des Liudprand v. Cremona, daß Hzg. Arnulf 914 bereits mit Frau und Kindern zu den Ungarn floh (Zitat bei nr. **10**) – mit einer Verheiratung Arnulfs um 908/09. Der Gemahlin „Herkunft und ihr Name sind“ – ihm nach – „aus den Namen ihrer Kinder Eberhard, Hermann, Judith und Ludwig zu erschließen. Sie entstammte dem Geschlechte der Unruochinger und war allem Anschein nach eine Tochter des Grafen Eberhard, der sich 888 mit (seinem Bruder) Berengar in die Grafschaft über Dußlingen teilte (MGH D Arn. 37). Beide können mit großer Gewißheit als Söhne des Unruoch,

Markgrafen von Friaul (zuletzt bezeugt 872), des älteren Sohnes des Markgrafen Eberhard († 864/66) gelten, der bekanntlich mit Gisela, einer Tochter Ludwigs d. Fr. und der Welfin Judith, vermählt war. Hermann aber [– diesen Namen trug auch ein Sohn Hzg. Arnulfs v. Bayern, vgl. ebd. S. 77 –] hieß 938 der Graf des Pfullichgaues, den im 11. Jh. die von den Unruochingern stammenden Grafen von Achalm [vgl. MGH Necrol. 1 S. 265, zum 18. XI. im Nekrolog des von den Achalmern 1089 gegründeten Klosters Zwiefalten: *Unruoch proavus Liutoldi comitis*] besaßen. Er wird wie die Gattin des Herzogs Arnulf den Grafen Eberhard von 888 zum Vater gehabt haben. Der Name der Gattin [Hzg. Arnulfs v.B.] war offenbar Judith, da dieser Name nicht nur der einer Tochter Arnulfs war, sondern auch bei den Nachkommen der Markgrafen Berthold und Liutpold erscheint, die ebenfalls zu Arnulfs Kindern gehören". (Die letztgenannte Zuordnung ist erstmals von Tyroller vorgenommen und wohl kaum überzeugend). Einen besonderen Beweis für seine Verwandtschaftsrekonstruktion sieht Tyroller in den Ereignissen in Italien während der Jahre 933/34; damals – und zwar nach einer Aufforderung aus Italien an Hzg. Arnulf, den dortigen Kg. Hugo zu stürzen und zu vertreiben – erschien Arnulf in Verona, und *Longobardi Eparhardum filium Arnolfi ducis in dominum acceperunt* (Ann. Iuvavens. maximi ad 934, MGH SS 30/2 S. 743; weitere Quellen hierzu bei K. REINDEL, Luitpoldinger S. 163–170 nr. 86). Wie Tyroller meint, taten dies die *Longobardi* „mit Rücksicht auf dessen Abkunft von den Unruochingern". Auch die Ausstattung des mit Judith, der Schwester Eberhards, vermählten Königbruders Heinrich (nr. 4) mit der Mark Verona durch Otto d. Gr. im Jahre 952 sieht Tyroller in diesem Zusammenhang, da Hzg. Heinrich in ererbte Rechte Judiths habe eintreten können.

Diese These ist gewiß interessant. Aber so wie sie eine Korrektur eines älteren Ansatzes Tyrollers darstellt (vgl. F. TYROLLER, Die Ahnen der Wittelsbacher S. 6 und 21 ff., wo die für Dußlingen 888 zuständigen Grafen Berengar und Eberhard als der 888 zum König in Italien erhobene Berengar I. und Eberhard als Sohn von Berengars Bruder Unruoch [welchem gemäß dem Testament Mgf. Eberhards v. Friaul Erbbesitz in Alemannien zugefallen war] dargestellt sind), für den u.a. bereits K. REINDEL, Hzg. Arnulf u. das Regnum Bavariae S. 220 f, ND S. 251, kein großes Vertrauen aufgebracht hatte (vgl. daraufhin wieder F. TYROLLER, Die Ahnen zum anderen Male S. 129 ff.), so fehlt doch noch die letzte Überzeugungskraft. So z.B. läßt sich dagegen anführen, daß Unruoch v. Friaul mit Ava, einer Tochter des

Hzgs. Liutfried, vermählt war; das Namengut der Liutfried-Familie taucht aber bei Arnulfs 'd. Bösen' Nachkommen nicht auf. Die Namen Judith und Ludwig sind eventuell ebenso gut erklärbar, wenn man sie – so wie den Karolingernamen Arnulf – über Kunigunde, die Mutter Hzg. Arnulfs, oder über Mgf. Liutpolds (nr. 20), des Vaters Hzg. Arnulfs, Verbindungen mit den Karolingern eingeflossen erachtet; vgl. dazu **II : Ksn. Kunigunde** nr. **3** (b) und unten nr. 20. – Trotz solcher naheliegender Angriffspunkte hat diese Auffassung von der mütterlichen Herkunft Judiths Zuspruch gefunden, wenngleich man – wohl wegen der genannten Bedenken – sich auf eine genaue Filiation nicht festlegen möchte, aber die Grundrichtung (Herkunft letztlich von den Unruochingern, speziell von Eberhard und Gisela v. Friaul) akzeptiert. So z.B. G. WOLF, Hintergründe S. 318f., ND S. 67f.; G. ALTHOFF, Adels- u. Königsfamilien S. 199.

G) H.C. FAUSSNER, Regnum Bavariae S. 26, erklärt, daß Hzg. Arnulf v. Bayern „mit einer Tochter König, seit Ende 915 Kaiser Berengars verheiratet war. Zwar gibt es dafür keinen unmittelbaren Beleg, aber schon die Namen von Arnulfs Kindern – Eberhard und Judith und Enkel Ludwig – sprechen dafür, ebenso die Erbansprüche, die Sohn Eberhard 933/34 auf die langobardische Königskrone erhob, und die spätere Übertragung des alten langobardischen Herzogtums Friaul an Tochter Judiths Gemahl". Hierzu erfolgt in Anm. 103 der Verweis Faußners auf die soeben (unter F) vermerkten Arbeiten Tyrollers, die er freilich insofern abändert, als er eine Generation in Tyrollers Rekonstruktion ausläßt, so daß der noch als Knäblein gestorbene Sohn Eberhards mit gleichem Namen Eberhard (vgl. K.F. WERNER, Nachkommen, Tafel Gen. III, 24) als Vater der Arnulf-Gemahlin erscheint. Und Faußner fährt fort: „Diese letztere Annahme steht aber mit dem Erbanspruch auf die langobardische Königskrone von Arnulfs Sohn Eberhard im Widerspruch; denn 'Ersterwerber' der Krone war Berengar". Zudem verweist Faußner auf die Flucht Hzg. Arnulfs zu den Ungarn (s.o. bei nr. 10), die verständlich sei, wenn er eine Tochter Berengars v. Friaul zur Frau gehabt habe, weil Berengar zu den Ungarn „seit einem Jahrzehnt gute Beziehungen unterhielt, ja mit ihnen wohl sogar verbündet war". – Hier ist also Tyrollers These auch insofern modifiziert, als das Argument des Verwandtschaftshintergrundes für die versuchte Thronerhebung Eberhards, des Sohnes Hzg. Arnulfs v. B., in Italien zum Axiom gesteigert ist, daß nur direkte Nachkommen eines Thronersterwerbers Nachfolgeansprüche hatten; doch ist ein solches Prinzip pure Behauptung; vgl. E. HLA-

WITSCHKA, Untersuchungen zu den Thronwechseln S. 75f. mit Anm. 252. Und das Faktum, daß eine solche von Faußner postulierte Königstochter Berengars nirgendwo bezeugt ist, wiegt schwer, spricht gegen seine These.

H) Die (unter F) dargelegten Argumente Tyrollers, die Hzg. Arnulfs Sohn Eberhard als einen Träger von Ansprüchen auf die italienische Herrschaft herausstellen, was auf die Gemahlin Arnulfs als Vermittlerin dieser Ansprüche verweist, lassen sich indessen noch vertiefen durch die Beachtung eines Briefes Bisch. Rathers v. Verona (ed. F. WEIGLE, MGH Briefe d. dt. Kaiserzeit I S. 13ff. nr. 1). Rather schildert, wie die von Kg. Hugo bereits zum Rückzug gezwungenen Bayern noch Verona der Plünderung überantworteten, ihn selbst aber schonten *propter consanguinitatem, quam cum illorum habebam primoribus ipsoque, ut dicebat, principe.* (Zur Deutung des ganzen Briefes vgl. F. WEIGLE, Zur Geschichte Rathers S. 378ff.; Weigles Ansicht allerdings, mit *consanguinitas* sei „lediglich die gemeinsame Zugehörigkeit zu den nördlich der Alpen sitzenden germanischen Stämmen im Gegensatz zu den Italienern gemeint", erübrigt sich schon dadurch, daß eine solche „gemeinsame Zusammengehörigkeit" ja mit dem gesamten bayerischen Heer, nicht nur mit dessen *princeps*, bestanden hat). Bischof Rather war demnach ein *consanguineus* des Anführers der Bayern, d.h. Hzg. Arnulfs, oder noch eher Eberhards, den die *Longobardi ... in dominum acceperunt* (s.o. bei F). Da nun einerseits Rather aus der Lütticher Gegend stammte und (als ein Illegitimus) aus edler Familie hervorgegangen war (vgl. die Quellenhinweise bei A. VOGEL, Ratherius v. Verona S. 17ff.) und andererseits bekannt ist, daß Kinder Mgf. Eberhards v. Friaul nach dem Tode ihres Vaters in die Stammlande des Geschlechtes, den belgisch-niederländischen Raum, zurückkehrten und dort auch Nachkommen hatten (hierzu vgl. P. HIRSCH, Erhebung Berengars S. 61ff., 72–84), wird diese *consanguinitas* dann erklärbar, wenn Hzg. Arnulfs Gemahlin diesem eberhardisch-unruochingischen Verwandtenkreis entstammte. Beachtlich ist in diesem Zusammenhang weiter, daß sich Hzg. Arnulfs Tochter bzw. Eberhards Schwester Judith noch um 965/66 mehrmals für den damals in Verona bedrängten Bischof Rather einsetzte (vgl. die Belege bei K. REINDEL, Luitpoldinger S. 225f. nr. 112). – Auch wenn die Erstellung einer genauen Filiation nicht möglich ist, dürfte aber doch der Umkreis der Nachkommen Eberhards v. Friaul als der Boden feststehen, aus dem Hzg. Arnulfs Gemahlin hervorging. Und war diese um 890 geboren (da 908/10 bereits verheiratet und 914 mit

Kindern ausgestattet, vgl. bei nr. **10**), gehörte sie möglicherweise noch der Generation der (bis etwa bis 890 geborenen) Enkel Mgf. Eberhards und Giselas (durch ihre zwischen 837 und 855 zur Welt gekommenen Kinder) an. Sie könnte aber auch bereits – was sogar wahrscheinlicher sein dürfte (vgl. dazu die Tafel unten bei nr. **40 / 41** [Ende] – eine Urenkelin Mgf. Eberhards und Giselas gewesen sein. (In diesem Zusammenhang vgl. auch bei **VIII : Ksn. Adelheid** nrn. **15, 30 / 31**).

12 : Kg. Rudolf II. v. Hochburgund als Vater Kg. Konrads v. Burgund

Die Filiation ist u.a. bezeugt bei Flodoard, Annales ad 937, ed. Ph. LAUER S. 68: *Rodulfus Jurensis ac Cisalpinae Galliae rex obiit, cui filius parvus Chonradus in regno succedit.* Danach Hugo v. Fleury, Modern. reg. Franc. actus, MGH SS 9 S. 382. Vgl. auch Hermann v. Reichenau, Chron. ad 937, MGH SS 5 S. 113: *Ipso anno Roudolfus Burgundiae rex defunctus, Agauni apud Sanctum Mauricium sepultus est filiusque eius Counradus regnum pro eo suscepit*. Vgl. auch bei nr. **6**.

Zur Geburtszeit, Verheiratungszeit, zum Todesdatum und zum Bestattungsort Kg. Rudolfs II. vgl. bei **VIII : Ksn. Adelheid** nr. **2**.

13 : Berta (v. Schwaben) als Mutter Kg. Konrads v. Burgund

Kg. Konrad und seine Schwester, Ks. Ottos d. Gr. zweite Gemahlin Adelheid, sind im Epitaphium Adalheidae des Abtes Odilo v. Cluny und in Ks. Heinrichs III. Bestätigungsurkunde der Unterstellung des Klosters Peterlingen / Payerne unter Cluny sowie durch Urkunden Kg. Konrads für Peterlingen als Kinder Kg. Rudolfs II. und seiner Frau Berta bezeugt; vgl. dazu bei **VIII : Ksn. Adelheid** nrn. **2** u. **3**.

Zur Geburtszeit, Verheiratungszeit, zum Sterbedatum und Bestattungsort Bertas vgl. bei **VIII : Ksn. Adelheid** nr. **3**.

14 / 15 : NN, Eltern Kgn. Adelas (Adelanas)

Über die Herkunft Adelas ist überhaupt nichts bekannt. Öfter zitiert bzw. übernommen wird eine Vermutung von D. CARUTTI, Umberto I S. 13, 124, 301 ff. bzw. Arch. stor. Ital., ser. IV/1 (1878) S. 467 ff., nach der Adela eine Schwester Humberts v. Savoyen-Belley gewesen sein könnte. So heißt sie bei F. CURSCHMANN, Stammtafeln d. Herzöge Tafel 1: „Adelania (v. Savoyen)“. O. Frh. v. DUNGERN, Thronfolgerecht S. 71, nannte sie „Adelanie (von Savoyen-Belley) 937–944", und er fügte in einer Anm. hinzu: „Nach anderen war Adelanie eine Tochter Karls im Viennois – Enkelin Ks. Ludwigs III. aus dem Hause Burgund". Aber schon E. BRANDENBURG, Nachkommen S. 93 (zu Gen. III, 26), gibt folgenden Hinweis bei der Behandlung der Söhne Karl Konstantins v. Vienne, des Sohnes Ks. Ludwigs d. Bl.: „s. G. de MANTEYER, Les origines de la maison de Savoye 910–1060, 1899, S. 429f., wo auch die verschiedenen Versuche, das Haus Savoyen von einem der Söhne Karl Constantins herzuleiten, besprochen und eingehend widerlegt worden sind". Zur Herleitung Adelas aus dem Haus Savoyen durch D. Carutti hat hingegen H. BRESSLAU, Jahrb. Konrads II., Bd. 2, S. 62f. Anm. 4, schon bemerkt: „Die Gründe, welche für diese Annahme [= Einbeziehung Adelanias in den savoyischen Stammbaum] beigebracht werden können, sind ganz unzureichend, und Carutti hätte, nachdem er selbst die Grundlage, von der er eigentlich ausgegangen war, als hinfällig erkannt hat (Arch. stor. Ital., ser. IV/10, S. 303), daran nicht festhalten sollen". – Insofern wird man wohl weder die Herkunftsbezeichnung „von Savoyen" noch die „von Vienne" (so W.K. Prinz v. ISENBURG, Ahnen Tafel 2) vertreten können.

E. KIMPEN, Königsgenealogie S. 59–63, möchte Adela „als Urenkelin von Kg. Bosos Gemahlin Irmgard" (Tochter Ks. Ludwigs II.) ansehen. Hier bleibt alles pure Hypothese, die letztlich auch wieder auf der soeben angezeigten Herleitung „von Vienne" beruht.

F. GELDNER, Tatsachen u. Probleme S. 19f., fordert dazu auf, „die karolingische Abstammung Adelanias, der mütterlichen Großmutter Ks. Heinrichs, nachzuweisen", um die Angaben Adalbolds v. Utrecht cap. 1, MGH SS 4 S. 684, ed. H. VAN RIJ S. 46ff., zu verifizieren, in denen es über Heinrich II. heißt: *Ut ab his, qui genealogias computare noverant, audivimus, a Carolo Magno ex parte patris decimam septimam, ex parte matris decimam sextam lineam propagationis tenebat.* Ist hier evtl. auch eine Verbindung zu Wipos Zitat über die Herkunft Giselas, der Gemahlin Ks. Konrads II., zu ziehen, wo es heißt: *Quando post decimam numeratur linea quarta, / De Carolo Magno procedit Gisela prudens*? Vgl. Wipo, Gesta Chuonradi cap. 4, MGH SS rer. Germ. S. 25; dort auch S. 80 im Tetralogus v. 158–160. Läge hier eine gemeinsame Quelle (Tafel o.ä.) zugrunde, so würde dies den Weg über Adela ausschließen, da Ksn. Gisela keine Nachkommin der 1. Ehe Kg. Konrads v. Burgund mit Adela war. Zu den vergeblichen Versuchen, solche Abstammungsangaben zu verifizieren, vgl. schon A. HOFMEISTER, Wipos Verse S. 386–392.

D.C. JACKMAN, Konradiner S. 63ff., 144, möchte Adela dem Konradinergeschlecht zuweisen, da ihr Name in diesem vorkomme. Der lediglich auf einen Reichenauer Gedenkeintrag gestützte Vorschlag ist pure Hypothese! Zu Jackmans Arbeit vgl. E. HLAWITSCHKA, Thronwechsel des Jahres 1002 , bes. S. 246f.; vgl. auch G. ALTHOFF, Amicitiae u. Pacta S. 253–256, wo der zugrundeliegende Reichenauer Gedenkeintrag zudem in die Jahre 912 / 913 datiert wird, er somit keinesfalls schon die Gemahlin Kg. Konrads v. Bgd. erfassen konnte.

Somit gibt es keine Möglichkeit, die Eltern und weiteren Ahnen Adelas zu ermitteln.

16 : Hzg. Otto d. Erl. als Vater Kg. Heinrichs I.
→ **III : Kg. Heinrich I.** nr. **2**

17 : Hadwig als Mutter Kg. Heinrichs I.
→ **III : Kg. Heinrich I.** nr. **3**

18 : Gf. Dietrich (in Westfalen) als Vater Kgn. Mathildes
→ **V : Kgn. Mathilde** nr. **2**

19 : Re(g)inhild als Mutter Kgn. Mathildes
→ **V : Kgn. Mathilde** nr. **3**

20 : Mgf. Liutpold als Vater Hzg. Arnulfs ('des Bösen') v. Bayern

Die Contin. Reginonis ad 907, MGH SS rer. Germ. S. 154, überliefert: *Bawarii cum Ungariis congressi multa cede prostrati sunt* (= Schlacht bei Preßburg); *in qua congressione Liutbaldus dux occisus est, cui filius suus Arnolfus in ducatum successit.* – Ann. S. Rudberti Salisburg. ad 907, MGH SS 9 S. 771: *Bawari ab Ungaris occiduntur, et Liupoldus dux, pater Arnolfi ducis*; auch Auctarium Garstense ad 908, MGH SS 9 S. 565: *Bawarii ab Ungaris occiduntur, et Liupoldus pater Arnolfi ducis ab eis occiditur*; Ann. Einsidl. ad 907, MGH SS 3 S. 141: *Baiovarii cum Ungaris congressi multa cede prostrati sunt, … interemptis multis episcopis et Liutpaldo duce, cui filius Arnolfus successit.* Otto v. Freising, Chron. lib. VI cap. 15, MGH SS rer. Germ. S. 276: *Non multo post Ungari commisso cum Baioariis bello ducem eorum Leopaldum, Arnolfi ducis patrem, occidunt.* Weitere Quellenbelege bei K. REINDEL, Luitpoldinger S. 62ff. nr. 45 u. 46.

Quellen zu Geburtszeit und Eheschlußdatum Liutpolds gibt es nicht. Daraus indessen, daß Liutpolds Sohn Arnulf beim Tode seines Vaters bereits mündig war und in die Machtstellung seines Vaters eintreten konnte, also 907 wohl mindestens 15 Jahre alt war (vgl. bei nr. 10), läßt sich schließen, daß Liutpolds Ehe mindestens seit 891 bestand. Und Liutpold selbst dürfte dann wohl um 870/72 geboren sein; seine Frau dann evtl. 875/78.

Zu den Quellen über Liutpolds Tod vgl. oben und K. REINDEL, Luitpoldinger S. 62 ff. nr. 45. Den Todestag Liutpolds – 4. oder 5. Juli 907 – überliefern (als zeitnächste Quellen) die Ann. Iuvavens. maximi ad 907, MGH SS 30/2 S. 742: *Bellum pessimum ad Brezalauspurg IIII nonas Iulii,* und die Notae necrol. Frising., MGH Necrol. 3 S. 80 zum 5. Juli: *Bellum Baioariorum cum Ungariis in oriente.* Zu anderen Versuchen, das Datum der Schlacht von Preßburg festzulegen, vgl. K. REINDEL, Luitpoldinger S. 69.

21 : Kunigunde als Mutter Hzg. Arnulfs ('des Bösen') v. Bayern

Kunigunde ist in den Quellen nicht ausdrücklich als Mutter Hzg. Arnulfs genannt. Da aber in den Ann. Alamannici ad 913, MGH SS 1 S. 56, ed. W. LENDI S. 190, die Schwester der schwäbischen Grafen Erchanger und Berthold als Witwe Liutpolds genannt ist, die Kg. Konrad I. damals zur Herstellung des Friedens im Reichsinnern heiratete (*Ungri in Alemanniam, quibus per Bauariam redeuntibus Arnolfus filius Liupoldi et Erchangerus cum Perahtoldo et Oadalrico cum eis pugnaverunt et eos superaverunt. Ipso anno Erchanger cum rege pacificatus est, cuius sororem Liupoldi relictam rex* (= Kg. Konrad I.) *quasi pacis obsidem in matrimonium accepit*), und da in den Ann. Sangall. maior. ad 913, MGH SS 1 S. 77 f., ed. C. HENKING S. 280, der *dux Baioariorum Arnolfus* als *nepos* Erchangers und Bertholds erscheint und schließlich 914 und 915 *Cunegundis* als Gemahlin Kg. Konrads I. nachweisbar ist (MGH D K I 23 u. 25), ist die Bestimmung der Mutter Hzg. Arnulfs sicher.

Daß Kunigunde um 875/78 geboren sein dürfte, läßt sich erschließen; vgl. bei nr. 20. Zu den weiteren ermittelbaren Daten vgl. bei **II : Kgn. Kunigunde** nr. 1. Dort auch die Literatur zur Zurückweisung der These von H.C. Faußner, daß Kunigunde gar nicht die Mutter Hzg. Arnulfs gewesen sei.

22 / 23 : NN, Eltern der Gemahlin Hzg. Arnulfs ('d. Bösen') v. Bayern

Vgl. hierzu die Erwägungen bei nr. **11**.

24 : Kg. Rudolf I. v. Hochburgund als Vater Kg. Rudolfs II.
→ **VIII : Kgn. Adelheid** nr. **4**

25 : Willa als Mutter Kg. Rudolfs II.
→ **VIII : Kgn. Adelheid** nr. **5**

26 : Hzg. Burchard (II.) als Vater Bertas (v. Schwaben)
→ **VIII : Kgn. Adelheid** nr. **6**

27 : Reginlind als Mutter Bertas (v. Schwaben)
→ **VIII : Kgn. Adelheid** nr. **7**

32 : Gf. (Hzg.) Liudolf als Vater Hzg. Ottos d. Erl.
→ **III : Kg. Heinrich I.** nr. **4**

33 : Oda als Mutter Hzg. Ottos d. Erl.
→ **III : Kg. Heinrich I.** nr. **5**

34 : Gf. Heinrich als wahrscheinlicher Vater Hadwigs
→ **III : Kg. Heinrich I.** nr. **6**

35 : NN als wahrscheinliche Mutter Hadwigs
→ **III : Kg. Heinrich I.** nr. **7**

36 : NN als Vater Gf. Dietrichs
→ **V : Kgn. Mathilde** nr. **4**

37 : Mathilde als Mutter Gf. Dietrichs
→ **V : Kgn. Mathilde** nr. **5**

38 / 39 : Vermutungen zu den Eltern Re(g)inhilds
→ **V : Kgn. Mathilde** nr. **6 / 7**

40 / 41 : Vermutungen zu den Eltern Mgf. Liutpolds

Zur väterlichen und mütterlichen Abstammung des 907 gefallenen Mgf. Liutpold gibt es keine Quellenaussagen. Hier können nur einige Hypothesen verzeichnet werden, die in der jüngeren Forschung vorgetragen worden sind. (In der Humanistenzeit hatte man einen 891 bei Löwen gegen die Normannen gefallenen Grafen Arnulf als Vater Mgf. Liutpolds benannt, der bei Regino v. Prüm, Chron. ad 891, MGH SS rer. Germ. S. 137, erwähnt, aber ohne jeden Verwandtschaftszusatz belassen ist; vgl. A. SCHMID, Bild des Bayernherzogs S. 97–102). Dabei werden folgende Hinweise herangezogen: 1) das Fragmentum de Arnulfo duce (MGH SS 17 S. 570) mit der Aussage: *Post hec et alia gloriosus dux noster Arnulfus, virtute ex alto indutus, fortitudine clarus et victoria enituit eximius, quia de progenie imperatorum et regum est ortus;* 2) wiederholte Nennungen Liutpolds in den Urkunden Ks. Arnulfs und Kg. Ludwigs d. K. als Verwandter, und zwar in MGH D Arn. 138 (vom 29. IX. 895) und D LdK 12 (vom 13. IX. 901) als *nepos noster*, sodann in D Arn. 162 (vom 31. VIII. 898), D LdK 9 (vom 19. I. 901), D LdK 19 (vom 14. II. 903), D LdK 27 (vom 26. IX. 903), D LdK 28 (vom 30. XI. 903) sowie D LdK 42 (vom 16. V. 905) als *carissimus, carus* bzw. *dilectus propinquus noster,* im genannten D Arn. 162 auch noch als *consanguineus noster;* und auch in den Ann. Fuldens. ad 895, MGH SS rer. Germ. S. 125, wird vom *Liutpoldus nepos regis* (= Arnulfs v. K.) gesprochen; und 3) die Karolingernamen Arnulf, Ludwig und Judith in Liutpolds Nachkommenschaft (Sohn bzw. Enkelkinder), die ebenfalls auf karolingische Ahnen Mgf. Liutpolds hinweisen dürften.

A) E. KIMPEN, Genealogie d. bayr. Herzöge S. 58 ff., versucht, Liutpolds Vater in einem 896 erschlagenen rheinischen Grafen Alberich zu erkennen. Auch die Grafen Alberich v. Spoleto (bez. 892 – um 925) und Alberich v. Mailand (bez. 846–880) werden in Erwägung gezogen. Auf alle Fälle soll dieser Alberich mit einer Tochter Mgf. Eberhards v. Friaul und seiner karolingerblütigen Gemahlin Gisela (Tochter Ks. Ludwigs d. Fr.) verheiratet gewesen sein, was die Angaben des Fragmentum de Arnulfo duce, Liutpolds Sohn Hzg. Arnulf sei *de progenie imperatorum et regum … ortus* gewesen, am besten erkläre und weil das Italienunternehmen Hzg. Arnulfs und seines Sohnes Eberhard, des Sohnes und Enkels Liutpolds, von 933/34 (vgl. dazu die Belege bei K. REINDEL, Luitpoldinger S. 163–171 nr. 86, vgl. auch oben bei nr. **11** [F-H]) die italienischen Herkunftsverbindungen gänzlich offenbare. Auf den Namen Alberich kommt Kimpen folgendermaßen: Zuerst zeigt er an Belegen aus dem Elsaß, Alemannien, dem Umfeld von Fulda etc., daß Personen namens Alberich und Sigehard öfter nebeneinander in Urkunden als Zeugen genannt sind; und daraus folgert er, „daß die Alberiche und Siegharde in der Vergangenheit stets auf das innigste verwandt waren". Da weiter ein an der Wende vom 9. zum 10. Jh. wiederholt im bayerischen Gebiet genannter Graf Sigehard gleichfalls – wie Mgf. Liutpold – als Verwandter Ks. Arnulfs erscheint und in einer Salzburger Urkunde vom 27. VI. 931 ein Alberich als Vetter Hzg. Arnulfs (d.h. des Sohnes Mgf. Liutpolds) auftritt, werden Sigeharde, Alberiche und Liutpoldinger als ein enger Verwandtenkreis zusammengeschlossen und Gf. Sigehard als Bruder Mgf. Liutpolds erklärt, ja diesem postulierten Brüderpaar ein passender Alberich als Vater gesucht. – Bewiesen wird bei diesen Kombinationen überhaupt nichts, alles bleibt unverbindliche Spielerei mit Namen; zudem ist – wie aus der genannten Salzburger Urkunde von 931 (W. HAUTHALER, Salzburger UB I S. 79 nr. 13) hervorgeht, gar nicht Sigehard der Vater des Herzogvetters Alberich, sondern ein gewisser Herolt (*ipse Alpricus fuit Arnulfi ducis patruelis filius, Herolt nuncupatus*). Bei näherer Nachprüfung zerfällt also die ganze Konstruktion in ihre Einzelteile.

B) F. ZIMMERMANN, Ursprung der Babenberger S. 216, macht Liutpold zum Sohn eines Gf. Berthold und versucht, die sogn. Wilhelminer als Vorfahren Liutpolds herauszustellen. Übersehen wird aber, daß der Name Berthold erst durch Liutpolds Heirat mit Kunigunde (nr. **21**) in das Geschlecht kam.

C) M. MITTERAUER, Karoling. Markgrafen S. 227–246, bes. S. 242, möchte in Liutpolds Mutter eine uns namentlich unbekannte Tochter des in der frühen Welfengeschichte bekannten Paares Gf. Rudolf und Roduna (vgl. bei **I : Kg. Konrad I.** nr. **10 / 11**) erblicken. Hauptstütze ist ihm dabei der St. Galler Gedenkeintrag in MGH Libri confrat. S. 94 col. 306: *Liutpold, Erchanger, Peractolt, Arnolf, Peractold, Peractold, Chunigund, Liutkart, Ruodun, Ruodolf, Erchanger, Adalhart, Kerbirich, Chunigund, Irmingart, Rickart, Hiltigart, Chunigund, Kerbirich, Perecta, Egilolf, Engildheo, Zundibold, Peractolt, Kerbirich, Peractolt, Perenhart, Ratolt, Lanthilt, Pereckart, Perecsind, Reginlind, Osterhilt*; Abbildung in Subsidia Sangallensia 1 S. 230. Gewiß scheint es sich hier um einen Gedenkeintrag aus dem liutpoldingischen Umkreis zu handeln, doch ob Mitterauers spezifische Interpretation der Namen zutrifft, ist völlig unsicher; vgl. jetzt G. ALT-

HOFF, Amicitiae u. Pacta S. 329–338, bes. S. 333 und S. 285 ff. Auf S. 333 betont Althoff, es sei „nicht zu erkennen, ob diese Welfen auf Grund verwandtschaftlicher oder sonstiger Beziehungen" zu den an der Spitze des Eintrags erkennbaren Personen – Mgf. Liutpold, den schwäbischen 'Kammerboten' Erchanger und Berthold und Liutpolds Söhnen Arnulf und Berthold – in diesen Eintrag aufgenommen wurden. Bei Ruodun könne es sich um die Mutter des 890 bezeugten *dux Retianorum Rudolf* gehandelt haben. Wäre aber Liutpolds Mutter eine Tochter des 866 verstorbenen Gf. Rudolf und seiner Frau Roduna gewesen, so müßten doch wohl welfische Beziehungen Liutpolds in den Quellen deutlicher sein. Wahrscheinlich waren Roduna und Rudolf nur weitläufige Verwandte. Mit Sicherheit läßt sich als ein solcher wahrscheinlich weitläufiger Verwandter Mgf. Liutpolds jener an 23. Stelle stehende *Zundibold* ansprechen, der als Vasall Mgf. Liutpolds von Ks. Arnulf am 31. VIII. 898 den Hof Gurk und weitere Lehen im Gurktal geschenkt erhielt (MGH D Arn. 162: *cuidam viro progenie bonae nobilitatis exorto Zuentibolch videlicet nominato, Liutbaldi carissimi propinqui ac illustris nostri marchionis vasallo, quasdam res ... donavimus*; (zu diesem 'Vasallen' vgl. E. HLAWITSCHKA, Verbreitung des Namens Zwentibold S. 278–289, bes. S. 283 f. [bei der Wiedergabe der St. Galler Namengruppe ist dort im Druck leider eine Manuskriptzeile mit 8 Namen ausgefallen], und ergänzend U. LUDWIG, Transalpine Beziehungen S. 215–217). – Die väterliche Linie versucht Mitterauer (S. 243 ff.) von einem 806–827 um Freising nachweisbaren Grafen Liutpald herzuleiten; Filiationen können dabei indessen nicht geboten werden.

D) Lediglich von Regeln der Namensvererbung herkommend und ohne alle Quellenbelege und Begründungen, daher auch gänzlich wertlos sind die Aufstellungen über Mgf. Liutpolds Vorfahren bei J.P.J. GEWIN, Verwandtschaften S. 66 ff.

E) Im 19. Jahrhundert vermutete S. RIEZLER, Gesch. Baierns I,1 S. 561 f. und I,2 S. 571, die Herkunft Liutpolds von den Aribonen. Vgl. auch DERS., Abstammung des Hauses Scheiern S. 529–532. Zur Aribonenfamilie vgl. indessen jetzt H. DOPSCH, Aribonen.

F) Zur Ansicht, daß die Mutter oder die Großmutter Mgf. Liutpolds eine Popponin gewesen sei, neigt K. LECHNER, Beiträge zur Genealogie S. 257 ff. (vgl. auch schon oben bei nr. **11** [E]). Hierbei bleibt alles im Hypothetischen.

G) Ausgehend von den einleitend genannten Hinweisen auf die Karolingerverwandtschaft Liutpolds hat K. REINDEL, Luitpoldinger

Tafel auf S. VIII – zumal G. TELLENBACH, Königtum u. Stämme S. 54, bereits Liutpolds Verwandtschaft mit Ks. Arnulf „wohl durch dessen Mutter Liutswinda" bedingt vermutet hatte, was wiederum auf E. DÜMMLER, Ostfränk. Reich III² S. 394, beruhte –, die folgende Deutung der Karolingerbezüge Liutpolds dargeboten:

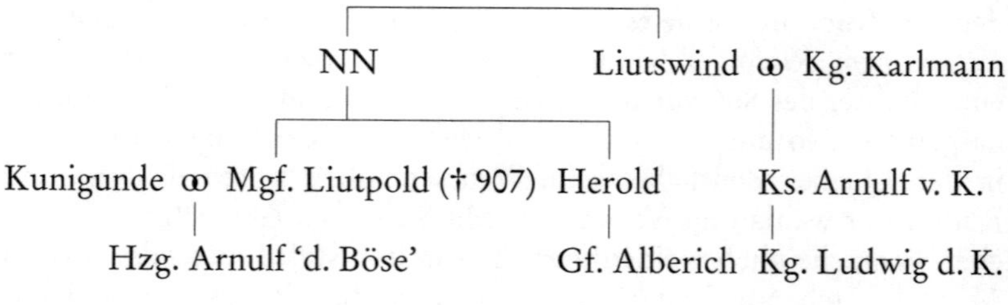

Auch F. TYROLLER, Genealogie des altbayer. Adels S. 71, meint, „daß Liutpold zu der Familie der Liutswind, Nebenfrau des Königs Karlmann, gehörte". Vgl. auch schon S. RIEZLER, Gesch. Baierns I S. 418f. – Diese Anordnung führt gewiß in die Irre, da durch das Fragmentum de Arnulfo duce die Abstammung Hzg. Arnulfs, des Sohnes Liutpolds, von Königen und Kaisern (s. o.) feststeht, worauf ja auch schon Arnulfs Karolingername hinweist, was aber hierbei nicht erreicht wird. Außerdem hätte Kg. Ludwig d. K. den Mgf. Liutpold – in dieser Auffassung seinen Onkel 2. Grades – doch wohl nicht gut als seinen *nepos* bezeichnen können.

H) Zuletzt hat L. HOLZFURTNER, Gloriosus dux S. 13, gemeint, es sei nirgends ausgesagt, „daß [Kg.] Karlmann mit der Mutter Kaiser Arnulfs, Liutswind, nur dieses eine Kind hatte, wobei es unerheblich ist, ob es sich dabei um einen Sohn oder eine Tochter handelte. Es erscheint also durchaus denkbar, daß Luitpold ein Sohn eines potentiellen zweiten Nachkommen Karlmanns und Liutswindes gewesen ist, weit eher jedenfalls als der Sohn eines Geschwisters Liutswindes". Für ihn ergibt sich also folgende Anordnung:

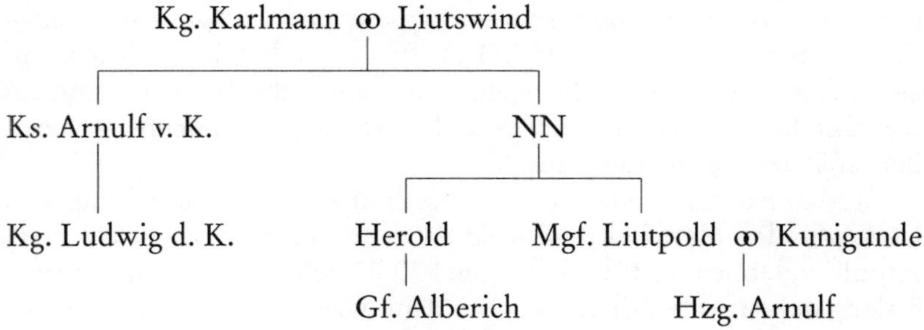

Bei dieser Sicht ist sowohl eine Abstammung Hzg. Arnulfs von Königen und Kaisern gegeben als auch die Kennzeichnung Mgf. Liutpolds als *nepos* Ks. Arnulfs (= dessen Neffe) wie ebenso auch als *nepos* Kg. Ludwigs d. K. (= dessen Vetter) berechtigt; und für die weitere Kennzeichnung als *propinquus* und *consanguineus* sind gleichfalls alle Faktoren zutreffend; zudem erklärt sich der Name Hzg. Arnulfs als Wiederholung des Namens seines kaiserlichen Großonkels. Dennoch ist diese Problemlösung abzulehnen. Denn Regino v. Prüm, Chron. ad 880, MGH SS rer. Germ S. 116, teilt folgendes zur Frage weiterer Nachkommen Kg. Karlmanns mit: *Huic ex legitimo matrimonio non est nata soboles propter infecunditatem coniugis, sed ex quadam nobili femina filium elegantissimae speciei suscepit, quem Arnolfum nominari iussit ob recordationem reverentissimi Arnolfi Mettensis ecclesiae episcopi. … Hic solus de tam numerosa regum posteritate idoneus invenitur, qui imperii Francorum sceptra susciperet.* Und in der um 881 verfaßten Continuatio Erchanberti (Notkers d. St.) heißt es: *Nam Carlomannus, filius magni Ludovici* (= Kg. Karlmann v. Bayern, Sohn Ludwigs d. D.), *filios non habuit nisi tantum unum nomine Arnulfum, ex nobilissima quidem femina, sed non legaliter sibi desponsata conceptum, qui adhuc vivit, et o utinam vivat, ne extinguatur lucerna magni Ludovici de domo Domini;* MGH SS 2 S. 330. In den Gesta Karoli Magni Notkers, lib. II cap. 14, MGH SS rer. Germ. S. 78, sagt Notker ebenso ausdrücklich über Arnulf: *Hic enim solus ramusculus cum tenuissima Bennolini* (= Ks. Karls III. kleiner unehelicher Sohn Bernhard) *astula de fecundissima Hludowici radice … pullulascit.* Kg. Karlmann hatte also keine Söhne (Kinder ?) außer dem nur einen: Arnulf. Und dies wird auch bestätigt durch den Bericht der Ann. Fuldens. ad 879, MGH SS rer. Germ. S. 93, daß der durch einen Schlaganfall gelähmte und nicht mehr zu sprechen fähige Kg. Karlmann seinen jüngeren Bruder Kg. Ludwig d. J. zu sich rufen ließ und ihm *se*

ipsum et uxorem et filium universumque regnum scripto commendavit. Außer Frau und Sohn (Arnulf) hatte der sterbende Kg. Karlmann also keine weiteren Angehörigen; und damit scheiden nicht nur ein weiterer Sohn, sondern auch eine Tochter Kg. Karlmanns – neben dem späteren Ks. Arnulf – aus.

I) Man hat daher eine andere Anordnung zu suchen. Auszugehen ist davon, daß Mgf. Liutpold – als Vater des um 890 geborenen Hzg. Arnulf (vgl. oben nr. **10**) – selbst um 870/72 geboren sein dürfte. Seine bislang unbekannten Eltern werden dann wiederum um 850/52 geboren sein. Bei dieser Ausgangslage beschränkt sich die Suche nach einem karolingerblütigen, von karolingischen Königen und Kaisern abstammenden Vorfahren Hzg. Arnulfs und Mgf. Liutpolds auf einen ganz kleinen Kreis. (Der auch mögliche Weg über Liutpolds Frau Kunigunde scheidet aus, weil die oft in den Quellen genannten Geschwister Kunigundes, Gf. Erchanger u. Berthold, nie als Königsverwandte bezeichnet werden; vgl. auch bei **II : Kgn. Kunigunde** nr. **3**; außerdem bleiben bei diesem Weg die *nepos*- und *consanguinens*-Bezeugungen für Luitpold unbeachtet). Dieser kleine Kreis läßt sich bei K.F. WERNER, Nachkommen Tafel, rasch verifizieren. Er reduziert sich noch dadurch, daß die westfränkischen und aquitanischen Nachkommen Karls d. Gr. leicht auszuklammern sind, zu denen von Bayern aus überhaupt keine Familienkontakte in der Zeit des sich auflösenden karolingischen Gesamtreiches mehr wahrnehmbar sind. Betrachten wir deshalb die um 850 geborenen Nachkommen Kg. Ludwigs d. D.

1) Um 850 ist Ludwigs d. D. Enkel (durch seinen ältesten Sohn Kg. Karlmann v. Bayern, * ca. 830) Arnulf v. Kärnten geboren. Mgf. Liutpold ist indessen nicht sein Sohn, sondern sein *nepos, consanguineus* und *propinquus.* Und einen Bruder oder eine Schwester hatte Arnulf v. K. – wie soeben (unter H) festgestellt – auch nicht.

2) Kg. Ludwigs d. D. bald nach 830 geborene Töchter Hildegard, Ermengard und Berta scheiden als Mütter eines um 850 geborenen Zwischengliedes zu dem um 870/72 ins Leben getretenen Mgf. Liutpold aus, da sie im geistlichen Stand lebten und als Äbtissinnen von Schwarzach, Zürich, Buchau und Chiemsee bezeugt sind.

3) Kg. Ludwigs d. D. um 835 geborener zweitältester Sohn Kg. Ludwig d. J. hatte nur einen um 855/60 geborenen illegitimen Sohn Hugo, der – offensichtlich noch unvermählt – im Februar 880 gegen die Normannen fiel. Aus der legitimen zwischen 865 und 874 geschlossenen Ehe Ludwigs d. J. (vgl. E. DÜMMLER, Ostfränk. Reich II²

S. 279 Anm. 2 mit spätem, aber glaubhaften Zeugnis für 869) gingen lediglich der noch als Knabe im November 879 tödlich verunglückte Ludwig und die Tochter Hildegard hervor, die indessen – selbst um 870 geboren [nach K.F. WERNER, Nachkommen (Gen. V, 23), freilich erst 878/81 geboren, was mit ihrer gut bezeugten Rolle beim Sturz Ks. Karls III. 887 aber nicht vereinbar ist; vgl. E. HLAWITSCHKA, Lotharingien S. 56 Anm.95] – auch nicht die Mutter des gleichfalls ca. 870/72 geborenen Mgf. Liutpold sein kann.

4) Von Ludwigs d. D. jüngstem, 839 geborenen Sohn Ks. Karl III. wissen wir, daß er nur den illegitimen Sohn Bernhard hatte. In den um 886/87 entstandenen Gesta Karoli Magni Notkers d. Stammlers aus St. Gallen, MGH SS rer. Germ. S. 78, wird – in lib. II cap. 14 – dieser indessen als *tenuissima Bennolini astula de fecundissima Hludowici radice*, d.h. als damals noch zarter Schößling aus Ludwigs d. D. Wurzel, bezeichnet. Und dadurch ist auch er als Vater des um 870/75 geborenen Mgf. Liutpold auszuschließen.

5) So ist nur noch Ludwigs d. D. um 830/33 geborene Tochter Gisela zu betrachten. Sie ist durch einen Eintrag im St. Galler Verbrüderungsbuch (MGH Libri confrat. 1 S. 11 col. 12; Abb. in: Subsidia Sangallensia 1 S. 111) bezeugt. Schon K.F. WERNER, Nachkommen S. 451 (Gen. IV, 20), wies die Vermutung von E. DÜMMLER, Ostfränk. Reich II[2] S. 425, und E. BRANDENBURG, Nachkommen S. 2 (Gen. IV, 21), Gisela sei wohl noch als Kind bzw. jung verstorben, als unbegründet zurück und machte auf sie als mögliches Bindeglied zu Hzg. Arnulf v. Bayern aufmerksam. Allerdings zieht er sie nicht als Großmutter Liutpolds in Betracht, sondern frägt vielmehr mit Blick auf Liutpolds Gemahlin Kunigunde: „Hat Kunigund, ... die Schwester der in Alemannien tätigen Grafen Erchanger und Berthold und Gattin Liutpolds, die bis dahin im Hause nicht vorkommenden Karolingernamen eingebracht?". (Verweis hierauf bei R. SCHIEFFER, Karoling. Töchter S. 130). Werner mißachtet dabei aber, daß für Erchanger und Berthold – trotz häufiger Nennung in den Quellen des 9. und 10. Jhs. (vgl. M. BORGOLTE, Grafen Alemanniens S. 81f. und 110f.) – jeglicher Hinweis auf Verwandtschaft mit dem Königshaus fehlt. Und auch in jenem Reichenauer Gedenkeintrag, den wir oben (bei C) zitiert haben und der von Mgf. Liutpold und seiner Frau Kunigunde veranlaßt zu sein scheint und Kunigundes Herkunftsfamilie mit umfaßt, fehlen spezifisch karolingische Anklänge. – Mithin bleibt zur Erklärung der eingangs aufgezeigten Verwandtschaft Mgf. Liutpolds mit Ks. Arnulf und Kg. Ludwig d. K. und zur Verifizierung der Abstammung Hzg.

Arnulfs *de progenie imperatorum et regum* wohl nur der Weg übrig, wie ihn die nachfolgende Tafel darstellt. In diese ist zugleich mit NN die namentlich unbekannte Gemahlin Hzg. Arnulfs und damit zugleich der wahrscheinliche Hintergrund für die unruochingisch/friaulischen Namen bei den Kindern Hzg. Arnulfs, d.h. die vermutliche Herkunftslinie von Arnulfs bislang unbekannter Ehefrau (nr. **11**), integriert. Als Hypothese sei diese Tafel zur Diskussion gestellt.

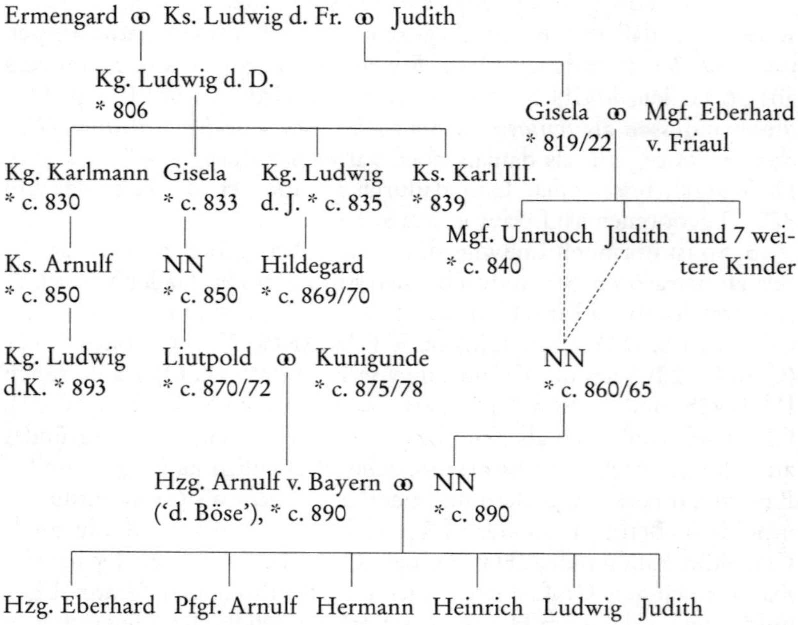

42 / 43 : Pfgf. Berthold u. NN als vermutliche Eltern Kunigundes
→ **II : Kgn. Kunigunde** nr. **2 / 3**

48 : Gf. Konrad (v. Auxerre) als Vater Kg. Rudolfs I. v. Hochburgund
→ **VIII : Ksn. Adelheid** nr. **8**

49 : Waldrada als Mutter Kg. Rudolfs I. v. Hochburgund
→ **VIII : Ksn. Adelheid** nr. **9**

50 : Kg. Boso v. d. Provence als wahrscheinlicher Vater Willas
→ **VIII : Ksn. Adelheid** nr. 10

51 : NN, Mutter Willas
→ **VIII : Ksn. Adelheid** nr. 11

52 : Gf. Burchard (I.) als Vater Hzg. Burchards (II.)
→ **VIII : Ksn. Adelheid** nr. 12

53 : NN als Mutter Hzg. Burchards (II.)
→ **VIII : Ksn. Adelheid** nr. 13

54 : Gf. Waltfred v. Verona als vermutbarer Vater Reginlinds
→ **VIII : Ksn. Adelheid** nr. 14

55 : Gisela als Mutter Reginlinds
→ **VIII : Ksn. Adelheid** nr. 15

XIII : Kgn. u. Ksn. Kunigunde (v. Luxemburg), Gemahlin Kg. u. Ks. Heinrichs II.

1 : Kgn. u. Ksn. Kunigunde

Zur Bezeichnung „v. Luxemburg“ vgl. zuletzt M. TWELLENKAMP, Luxemburger S. 475 ff.

Daß die Ehe Heinrichs II. mit Kunigunde etwa 997/1000 zustandekam, läßt sich folgendermaßen erschließen: Thietmar v. Merseburg, Chron. lib. IV cap. 51, MGH SS rer. Germ. NS 9 S. 190, berichtet, daß Heinrich im Februar / März 1002 den Leichenzug Ottos III. vom oberbayerischen Polling nach Neuburg/Donau begleitete und diesen von dort – *ab equivoco suimet Heinrico* (= Gf. Heinrich v. Luxemburg), *cuius sororem vivente imperatore iam duxerat,* dringlich gebeten – nach Aachen, seinem Bestimmungsort, weiterziehen ließ. Die Eheschließung „bereits zu Lebzeiten Ks. Ottos III.“ ließe sich noch weiter einengen, wenn man ein ‘Begrüßungsgedicht’ des Mönches Froumund v. Tegernsee (Tegernseer Briefsammlung, MGH Epp. sel. 3, S. 57 f. nr. 20), in dem Heinrich Nachkommenschaft gewünscht wird *(Dulcigenam de te cupimus quoque cernere prolem)*, auf Heinrichs Rückkehr aus Italien vom Italienzug Ottos III., die in das Frühjahr 1001 zu setzen ist, beziehen dürfte. Da es indessen dort weiter heißt: *Sit tua progenies noster te principe princeps, / possessor solii, rector et imperii,* dürfte die endgültige Fassung dieses Gedichtes m.E. aber doch wohl erst nach dem Tode Ottos III. liegen, der Heinrich die Nachfolge im Imperium erst ermöglichte. (Vgl. dazu B. SCHMEIDLER, Briefsammlung Froumunds S. 227 ff., der die Ansicht vertritt, daß Froumund eine Konzeptsammlung besaß und eine einheitliche Redaktion wahrscheinlich erst ab 1005 ff. in Reinschrift erstellte). Andererseits hat Heinrich – wie Thietmar, Chron. lib. VI cap. 30, S. 310, angibt – die *civitas Bavanberg* (= Bamberg) bei seiner Verheiratung an seine Frau als *dos* (Morgengabe) überstellt: *uxore ducta eandem [civitatem] ei in dotem dedit.* Diese Verfügungsgewalt über Bamberg konnte er freilich erst nach dem Ableben seines Vaters (= Heinrichs d. Z.) am 28. VIII. 995 innehaben, so daß die Verheiratung auf alle Fälle nach dem Herbst 995 und vor Januar 1002 erfolgt ist, evtl. auch schon vor Ende 997 (falls das Begrüßungsgedicht Froumunds dem von einem zwischen 998/April und 999/April bezeugten Italienaufenthalt im Gefolge Ottos III. zurückkehrenden Heinrich gewidmet ist). – BU S. 756 nr. 1362 b vermutet die Vermählung Heinrichs II.

und Kunigundes für den Mai 1000 in Anwesenheit Ottos III. in Aachen; danach W. GLOCKER, Verwandte der Ottonen S. 303. – BG (S. 856) nr. 1483 l gibt „(998–1000)" als Verheiratungszeit an, wie vorher schon S. HIRSCH, Jahrb. Heinrichs II., Bd. 1 S. 184. C. WAMPACH, Urkunden- u. Quellenbuch I S. 303f. nr. 214, plädierte für die Eheschließung „um 1000–1001". Die „2. Hälfte der 90er Jahre des 10. Jhs." vermutete H. RENN, Luxemburger Grafenhaus S. 82, als Vermählungszeit. Für „995/1000" auch S. PFLEFKA, Heilige u. Herrscherin S. 49. St. WEINFURTER, Heinrich II. S. 94: „Als Heinrich, noch als Herzog von Bayern, im Frühjahr [1001] aus Italien nach Bayern zurückkehrte, teilten ihm die Mönche von Tegernsee mit, sie wünschten ihm einen Nachkommen. Vielleicht nahmen sie Bezug auf eine noch nicht lange zurückliegende Eheschließung. Da sich Heinrich von Ende 997 bis Anfang 1000 in Italien aufhielt, wird man jedenfalls an das Jahr 1000 oder aber auch an den Zeitraum von 995 bis 997 denken können". (Zu den Aufenthalten Heinrichs in Italien vgl. die Nachweise bei BG nrn. 1483 m-q [29. IV. 998, Rom; 3. I. 999, Rom; 15. IV. 999, Rom] und nochmals – nach Bezeugungen in Quedlinburg [13. IV. 1000], Aachen [1. V. 1000], Tribur [30. V. 1000] und Hohentwiel [11. VI. 1000] – dann wieder BG nrn. 1483 x [4. I. 1001, Rom] – 1483 aa [Ende Januar bis Anfang Februar 1001, Rom], wonach dann Heinrich erst wieder für Februar / März 1002 beim Empfang des Leichenkondukts Ottos III. in Polling bezeugt ist [BG nr. 1483 dd]. So könnte das Begrüßungsgedicht auch für den im Frühjahr oder Sommer 1001, aber kaum erst nach dem Ableben Ottos III. aus Italien zurückgekehrten Heinrich verfaßt sein (wobei die Anspielung auf das *imperium* unbeachtet bleibt) und seine Ehe in der Zeit vom Frühjahr bis Herbst 1000 geschlossen worden sein. (Für „⚭ im Frühsommer 1000" deshalb E. HLAWITSCHKA, Ks. Heinrich II. S. 167).

Zur Geburtszeit Kunigundes meint H. RENN, Luxemburger Grafenhaus S. 82, man dürfe – da ihr Bruder Heinrich bereits 964 erwähnt werde – Kunigundes Geburt „nicht weit über 975 ansetzen". Sie werde wohl bei ihrer Vermählung „ungefähr 20 Jahre alt gewesen" sein. Da Kunigunde indessen 10 Geschwister hatte (vgl. Stammtafel bei H. RENN, a.a.O., Bandende) und ihre Stellung innerhalb dieser Kinderschar nicht bekannt ist, könnte sie auch noch etwas später geboren sein: also etwa 975/80. S. PFLEFKA, Heilige u. Herrscherin S. 36, sucht das Geburtsjahr „zwischen 975 und 985".

Das Todesdatum Kunigundes (3. März 1033) wird in den Ann. Hildesheim. ad 1033, MGH SS rer. Germ. S. 38, mitgeteilt: *Piae me-*

moriae Cunigund imperatrix 5. Non. Marcii obiit. Jahr und Tag sind desgleichen im Ranshofener Codex von Adalberts Vita S. Heinrici, MGH SS 4 S. 791, vermerkt: *Anno dominicae incarnationis 1033, indictione tertia, 5. Non. Martii domina Chunigunda imperatrix augusta dignae memoriae obiit;* auch MGH Necrol. 4 S. 424 (Necrol. geneal. Ranshofense). Weitere Belegstellen für dieses Datum sind zusammengestellt bei C. Wampach, Urkunden- u. Quellenbuch I S. 339 nr. 243 (dort – entsprechend der erst im Zusammenhang mit ihrer Heiligsprechung am 30. XII. 1199 und der Proklamation der Bulle am 3. IV. 1200 entstandenen Vita S. Cunegundis cap. 9, MGH SS 4 S. 824 – die Meinung, Kunigunde sei sogleich in Bamberg, nicht in Kaufungen, wo sie nach dem Tod ihres Gemahls lebte und wo sie auch starb, beigesetzt worden); H. Bresslau, Jahrb. Konrads II., Bd. 2 S. 79 Anm. 2; H. Renn, a.a.O. S. 101f. – Zur weiterhin offenen Frage, ob der Leichnam Kunigundes tatsächlich – vor der erstmals im Codex Udalrici aus der 1. Hälfte des 12. Jhs. erwähnten Bestattung an der Seite ihres Gemahls – von Kaufungen nach Bamberg überführt wurde, vgl. B. Schneidmüller, Kunigunde S. 24–31. Zur in Bamberg verwahrten und lange Zeit als authentisch angesehenen „Kunigundenkrone“, die aber offensichtlich erst 1063/64 angefertigt wurde, vgl. die Literaturhinweise bei St. Weinfurter, Heinrich II. S. 295 Anm. 109.

2 : Gf. Siegfried I. v. Luxemburg als Vater Ksn. Kunigundes

Am deutlichsten nennen Nekrologien den Gf. Siegfried (v. Luxemburg) als Vater der Kaiserin Kunigunde: so das Necrol. geneal. Ranshofense (zum 28. X.): *V. Kal. [Nov.] Sigefridus Kunuz com. pater Chunigundis imperatricis ob.*; MGH Necrol. 4 S. 425; auch MGH SS 4 S. 791; desgleichen J.F. Böhmer, Fontes rer. Germ. 4 S. 458. Zum 27. X. verzeichnet das Kal. necrol. canonic. Babenberg. ebd. S. 506, seinen Tod: *VI. Kal. Nov. Sifrid comes pater s(anc)te Kunegundis ob(iit).* – Zudem weist eine noch aus der 1. Hälfte des 11. Jhs. stammende genealogische Tafel in der Münchener Handschrift Clm 29093 die *Cynigund imperatrix* als Tochter von *Sigifridus comes,* als Enkelin von *Cynigund* und als Urenkelin von *Irmindrud*, Tochter Kg. Ludwigs d. Stammlers, etc. und somit als Karolingernachkommin aus; MGH SS 2 S. 314; Abbildung bei F. Geldner, Tatsachen S. 28, auch bei K. Schmid, Verlorenes Stemma Tafel 1. – Gleiches zeigen weitere karolingische Nachkommentafeln, und zwar zwei aus einem Trierer Codex, MGH SS 6 S. 32 (wobei in der 2. Tafel eine über *Sigefridus co-*

mes falsch gezogene Linie radiert wurde), und MGH SS 6 S. 176. Zu diesem ganzen Komplex der die Karolingerblütigkeit Kunigundes aufweisenden Stammtafeln vgl. K. SCHMID, Verlorenes Stemma S. 196–225 (mit 14 Bildtafeln), und R. SCHIEFFER, Familienbild S. 29–45.

Auch durch Rückschlüsse über die Vaterangabe bei Geschwistern Kunigundes ist Siegfried als Vater der Kaiserin zu sichern. So etwa wurde auf einem Regensburger Hoftag 1004 von Heinrich II. *suimet genero Heinrico,* also seinem Schwager Heinrich, das bayerische Herzogtum übertragen; Thietmar, Chron. lib. VI cap. 3, MGH SS rer. Germ. NS 9 S. 276; dazu Adalbold, Vita Heinrici II. cap. 32, MGH SS 4 S. 691, ed. H. VAN RIJ S. 78: *Rex (= Heinricus II.) … in Bavariam venit. Ibi Heinrico, fratri reginae, in festivitate S. Benedicti ducatum Bavariensem concessit,* wozu auch noch der Beleg, der oben bei nr. 1 Heinrich als Bruder Kunigundes ausweist, heranzuziehen ist. Und dieser Heinrich ist wiederum in einer Urkunde aus St. Maximin in Trier vom Spätjahr 993 als der für das luxemburgische Mersch zuständige Graf und Sohn Gf. Siegfrieds und Hadwigs ausgewiesen: *ego Sigifridus comes cum coniuge mea Hadewihc … tradimus Deo sanctoque Maximino … in valle Alsunciensi in villa Marics in comitatu Ardenensi, regimini filii nostri Heinrici comitis subiacenti, unum mansum*; C. WAMPACH, Urkunden- u. Quellenbuch I S. 288 nr. 206. Bereits am 17. IX. 964 sind *Sygifridus comes … et coniunx mea Hadewig filiusque noster Henricus* in einer Trierer Urkunde bezeugt; ebd. S. 238f. nr. 174.

Die Todeszeit Gf. Siegfrieds ist uns – was das Tages- und Monatsdatum (27./28. X.) betrifft – gut überliefert; vgl. oben; auch G. ALTHOFF, Adels- u. Königsfamilien S. 420; C. WAMPACH, Urkunden- u. Quellenbuch I S. 297 nr. 211. Das Todesjahr könnte noch 997 sein, denn am 14. X. 997 wird Gf. Siegfried noch in MGH D O III 259 erwähnt, und am 26. X. 997 wird Diedenhofen noch in der Grafschaft Siegfrieds liegend erwähnt (MGH D O III 261), während nachher weitere Bezeugungen fehlen. Eventuell starb er aber erst, was allgemein angenommen wird, im folgenden Jahr 998; vgl. z.B. die Zufügung von „c. 998“ in der oben genannten Edition J.F. BÖHMERs der Ranshofener und Bamberger Nekrologeinträge; auch C. WAMPACH, Urkunden- u. Quellenbuch I S. 297 nr. 211; H. RENN, Luxemburger Grafenhaus S. 65; M. PARISSE, Généalogie de la Maison d'Ardenne S. 23. Bei C. WAMPACH, a.a.O. S. 288 nr. 206, ist auch die Urkunde Siegfrieds und seiner Frau Hadwig vom Spätjahr 993 gedruckt, in der sie den Altar des Hl. Clemens in der Trierer St. Maximins-Abtei als ihren künftigen Bestattungsort bestimmen. Ebd. S. 297 nr. 211 Literaturhinweise zur Öffnung dieses Grabes 1608 und zu den dabei getätigten Funden.

Als mit *Hadewig* verheiratet begegnet uns Siegfried zuerst in einer Urkunde vom 17. IX. 964; C. WAMPACH, a.a.O. S. 237ff. nr. 174. Da das Ehepaar bereits einen Sohn Heinrich erwähnen läßt, wird man auf eine Verheiratungszeit spätestens 962/63 schließen dürfen; wahrscheinlich lag sie aber schon etwas früher. (Die Meinung von M. UHLIRZ, Die ersten Grafen S. 46, Gf. Siegfried müsse sich bereits „um 955 vermählt haben", denn er werde bereits 958/59 „mit seiner Gattin und seinen Söhnen" genannt – C. WAMPACH, a.a.O. S. 213 ff nr. 167 –, ist irrig; sie beruht auf einem falschen Bezug der Wendung *comes cum consensu uxoris et filiorum* auf Siegfried, statt auf den handelnden Gf. Warnar; falsch auch schon C. WAMPACH, a.a.O. S. 215 Anm. 7). Zur Verheiratungszeit vgl. weiterhin unten [bei den Abschnitten B und H sowie besonders bei J].

Die Frage nach der Geburtszeit Siegfrieds ist eng verknüpft mit dem Problem der Bestimmung seines Vaters. Da Siegfried selbst in seiner Urkunde über den Erwerb des *castellum* Luxemburg vom 17. II. 963 lediglich sagt, er sei *de nobili genere natus* (C. WAMPACH, a.a.O. S. 234 nr. 173), und da auch seine Grabschrift ihn nur allgemein als *culmen generis quondam non infimus orbis* preist (MGH Poetae Lat. 5 S. 316 nr. 2), ist eine umständliche Beweisführung notwendig. Dabei ist auf die schon vorgetragenen Ansichten näher einzugehen.

A) Um die Klärung der Herkunftsfrage für Gf. Siegfried hat sich vor allem H. RENN, Luxemburger Grafenhaus S. 12–18, bemüht. Für diese ist wichtig, daß Siegfried in einem Brief Gerberts v. Reims vom Anfang April 985 (MGH Briefe 2: Briefsammlung Gerberts S. 81 nr. 52) neben Gf. Gottfried (d. Gefangenen) v. Verdun als dessen Onkel (väterlicherseits) genannt wird; Gerbert habe die gefangenen Grafen aufgesucht: *captos comites allocutus, Godefridum patruumque eius Sigefridum* (ed. auch bei C. WAMPACH, a.a.O. S. 277f. nr. 198). Da Gottfried ein Sohn des Grafen Gozlin war (vgl. C. WAMPACH, a.a.O. S. 227ff. nr. 172: Urkunde der Witwe Gozlins, Uoda, vom 18. V. 963: *ego Voda Dei gratia comitissa tradidi ... pro remedio et absolutione peccatorum meorum seniorisque mei Gozlini necnon filiorum meorum Henrici videlicet et Reginheri, Godefridi quoque et Adalberonis ...*) und auch einen Sohn Heinrich hatte (vgl. H. BLOCH, Urkunden S. Vanne S. 402 nr. 14, wo Gf. Gottfried und sein im vorgenannten Stück erwähnter Bruder Heinrich als *fratres* bezeichnet sind), müssen also Gozlin und Siegfried Brüder gewesen sein. Eine weitere Urkunde Uodas aus Gf. Gozlins Todesjahr 943, die indessen nur abschriftlich erhalten ist (C. WAMPACH, a.a.O. S. 196 nr. 156), bestätigt dies; sie zeigt die Zeugenschaften *Friderici, Gisilberti, Sigeberti fratrum predicti Gozlini*, wobei offenbar der zweite Namensteil von *Sigeberti* eine unreflektierte Wiederholung desjenigen des voranstehenden Namens (also ein Kopistenfehler) sein dürfte, so daß der Name in *Sigefridi* zu verbessern ist. (Für einen Grafen Sigebert gibt es auch sonst keine sichere Bezeugung; zur Nennung eines Grafen Sigebert, der um 984 den Bischof Wigfried v. Verdun zu Vandresel überfiel und gefangennahm [Gesta episc. Virdun. cap. 3, MGH SS 4 S. 46] und die Missetat mit großen Geldbußen sühnte, vgl. die daran angelehnte Schilderung bei Hugo v. Flavigny, Chron. lib. I [MGH SS 8 S. 367], wo es richtig heißt, daß der Bischof *a comite Sigifrido captus est*). Da Gozlin nun wiederum als *germanus* des Bischofs Adalbero I. v. Metz genannt wird (Vita Johannis Gorziens. cap. 99 und 113, MGH SS 4 S. 365 und 369), was die Vollgeschwisterschaft durch beide Elternteile meint, und da Bischof Adalbero als Sohn des Grafen (und zuletzt auch als Pfalzgrafen bezeichneten) Wigerich und seiner Frau Kunigunde sowie als Neffe Kg. Karls d. Einf. bezeugt ist (C. WAMPACH, a.a.O. S. 198ff. nr. 158: *Adelbero beate Metensis ecclesie presul* überläßt am 6. X. 944 das Kloster Hastière, *quemadmodum mihi genitor meus nobilis comes Vigiricus fecit, qui in eodem monasterio ergastulo solutus mortis et traditus [est] sepulture,* dem Metzer St. Glodesinden-Kloster; ebd. S. 166 nr. 144: Kg. Karl d. Einf. schenkt [ca. 908–915] der Abtei Hastière, *quam comes Windricus per preceptum habebat regale … ipso consentiente et deprecante*, dazu die Abtei von Saint-Rombaut, *ipso etiam consentiente,* an die Kirche von Lüttich, *ut … diebus vite sue et uxoris eius nomine Cunegundis et unius filiorum ipsorum videlicet nostri nepotis Adelberonis possideant*; ed. auch Ph. LAUER, Rec. des actes de Charles III le Simple S. 146ff. nr. 65), hat man auch Siegfried als Sohn Wigerichs und Kunigundes anzusehen. (Daß Gozlin aus der Ehe Kunigundes mit Wigerich stammen muß und nicht erst aus der evtl. um 920/22 geschlossenen zweiten Ehe Kunigundes – zu dieser gleich mehr – stammen kann, zeigt H. RENN, Luxemburger Grafenhaus S. 17, anhand der Lebensdaten der Kinder Gozlins; Gleiches auch bei E. HLAWITSCHKA, Gf. Siegfried I. S. 58 Anm. 33).

Dieser vornehmlich von H. Renn ausgehenden Argumentationskette sind in neuerer Zeit gefolgt: K.F. WERNER, Nachkommen S. 460f. (Gen. VI, 36) und 471f. (Gen. VII, 64–68); M. TWELLEN-

KAMP, Haus d. Luxemburger S. 478; E. HLAWITSCHKA, Gf. Siegfried I. S. 53 ff.; etc. – Sie ergibt folgende Zusammenhänge, wobei freilich nicht alle verzeichneten Personen hier nachgewiesen sind:

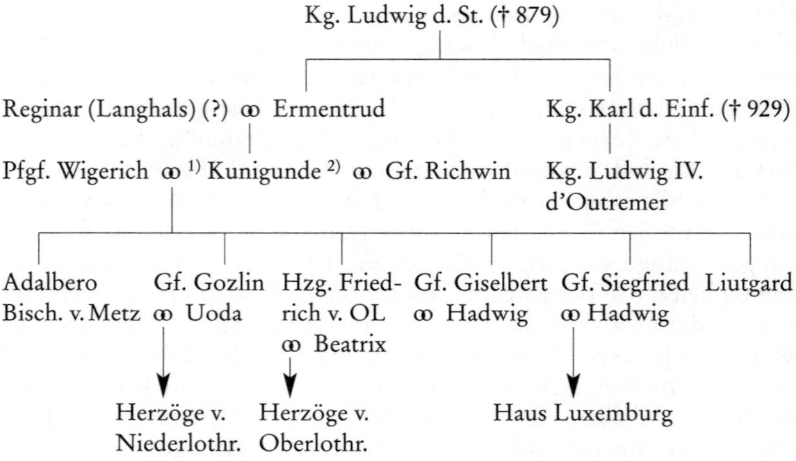

B) Gegen diese Beweisführung sind Bedenken vorgetragen worden. Sie basieren auf mehreren beachtenswerten Beobachtungen. So wissen wir – und darauf basiert das erste Gegenargument –, daß Bischof Adalbero I. v. Metz einen Stiefvater, den Grafen Richwin / Richizo, hatte und daß seine Mutter (Kunigunde) mithin ein zweites Mal verheiratet gewesen sein muß (Vita Johannis Gorziens. cap. 40, MGH SS 4 S. 348; von Adalbero heißt es dort, er habe durch *secundis matris nuptiis* Not erfahren; ebd. cap. 107 S. 367: *de vitrico quoque eius* [= Adalberos] *Richizone*). Es könnte also Siegfried auch aus der 2. Ehe Kunigundes hervorgegangen sein. Da Wigerich das letzte Mal zum 19. I. 916 als Hoftagsteilnehmer bezeugt ist (C. WAMPACH, a.a.O. S. 170 f. nr. 146; H. BEYER, Mittelrhein. UB I S. 222 f. nr. 159), beim nächsten Hoftag am 13. VI. 919 aber fehlt (H. BEYER, a.a.O. S. 223 f. nr. 160), dürfte Wigerich – so wird zumeist, auch von H. RENN, a.a.O. S. 25, gefolgert – zwischen 916 und 919 verstorben sein und Kunigunde ihre 2. Ehe mit Gf. Richwin / Richizo um diese Zeit begonnen haben. Als Sohn Wigerichs und Kunigundes müßte Siegfried demnach vor 919 (oder spätestens 919) geboren sein und bei seinem Tode (997/98) in einem doch recht hohen Lebensalter (etwa 80 Jahre) gestanden haben. Dies ist indessen keinesfalls zwingend. Wigerich kann auch durch

Krankheit o.ä. 919 an der Hoftagsteilnahme verhindert gewesen sein; so wie übrigens auch Richwin / Richizo zwar beim Hoftag von 916, nicht aber auch bei dem von 919 anwesend war. Entscheidend ist allein, daß Kunigundes 2. Gemahl Richwin / Richizo 923 erschlagen wurde (Flodoard, Annales ad 923, ed. Ph. LAUER S. 12f.) und daß aus dieser Ehe Kunigundes keine Kinder nachweisbar sind. So könnte Siegfried auch erst 920/21 geboren sein, wodurch sich das hohe Lebensalter Siegfrieds um einige Jahre reduzierte. – Gekoppelt wird dieses erste Gegenargument zumeist mit einem zweiten, das aus dem erschlossenen Datum der Verheiratung Siegfrieds hergeleitet ist. Weil für Siegfried ein Hochzeitsdatum erst „um 962/63" (oder „um 960") zu erschließen sei (vgl. dazu unten), als er – nach Renns Sicht – mindestens schon 43 Jahre alt gewesen sein müßte, was aus dem normalen Rahmen einer Verheiratungszeit gewiß herausfällt, hat man – wie angedeutet – zusätzlich gefolgert, daß Siegfried wohl erst aus der zweiten Ehe Kunigundes (mit Gf. Richwin) hervorgegangen sein werde; so z.B. W.K. Prinz v. ISENBURG, Ahnen S. 3; DERS., Stammtafeln II, 2. Aufl. Tafel 6; desgl. III (F. Baron FREYTAG V. LORINGHOVEN) Tafel 106 (mit Berichtigungen auf der vorletzten Bandseite); E. BRANDENBURG, Nachkommen Karls d. Gr. S. 10 (Gen. VII, 50), S. 89 (Gen. VI, 26); K.A. ECKHARDT, Geneal. Funde S. 54–63; etc. Weil indessen Gf. Richwin 923 von Gf. Boso (v. d. Bourgogne) erschlagen wurde und eine Zuschreibung Siegfrieds an Richwin ihn auch nur höchstens 3–4 Jahre jünger erscheinen ließe, wurde sogar schon an eine 3. Ehe Kunigundes mit einem dann völlig unbekannten Vater Siegfrieds gedacht, aus der letzterer dann um 925/30 geboren sein könnte; so etwa F. GELDNER, Tatsachen S. 40f.; M. PARISSE, Généalogie de la Maison d'Ardenne S. 19f., 22f., gefolgt von R. LE JAN, Famille S. 456, Chr. SETTIPANI, Préhistoire des Capétiens I S. 318 Anm. 865; R. KLEIN, Eltern S. 8–27. Hiergegen wiederum ist sogleich einzuwenden (was Wigerich als Vater Siegfrieds bekräftigt), daß die Kinder Siegfrieds v. Luxemburg den Namenbestand der Wigerich-Familie wiederholen, der Name Richwins und der seines ersteheliche Sohnes Otto (vgl. R. KÖPKE – E. DÜMMLER, Otto d. Gr. S. 96f. mit Anm. 2 u. 3) aber nicht wiederkehren, und daß Siegfried auch nicht in Richwins Amtsbereich nachfolgte (vgl. H. RENN, a.a.O. S. 17f.), zudem die Vita Johanns v. Gorze auch nichts von einer 3. Ehe Kunigundes bzw. einem zweiten Stiefvater Bischof Adalberos v. Metz weiß und auch Kunigunde aus den Quellen verschwindet. Vgl. dazu auch weiter unten [Abschnitte H und I].

C) K.A. Eckhardt, Geneal. Funde S. 54–63, hat die Vaterschaft Gf. Richwins damit abzustützen versucht, daß er den Namen von Richwins erstehelichem Sohn, Otto (s. o.), mit ins Spiel bringt, den Namen Siegfried in der Umgebung Kg. Heinrichs I. in Sachsen nachweist und auf die Aufgebotsliste Ks. Ottos II. von 982 mit der Nennung eines *Domnus Sicco imperatorius frater* (MGH Const. 1 S. 633 nr. 436) aufmerksam macht und auch die Erzieherstelle des Richwin-Sohnes Otto am Sohne Hzg. Giselberts und Gerbergas (Schwester Ks. Ottos I.) in den ersten Jahren nach 939 und seine kurzzeitige Herzogstellung in Lothringen (940–944) als aussagekräftig beachtet wissen will. Das alles resultiere daraus, daß Richwin ein illegitimer Sohn Hzg. Ottos d. Erlauchten (des Vaters Kg. Heinrichs I.) gewesen sein werde und daß Siegfried v. Luxemburg der Ehe Kunigundes mit eben diesem Richwin entstammt sein dürfte. Nach Lotharingien werde Richwin durch Vermittlung von Kg. Zwentibolds Gemahlin Oda, d.h. durch Fürsprache von Ottos d. Erl. legitimer Tochter, gekommen sein. – Diese These krankt aber daran, daß Richwin bereits 895 als Graf von Verdun bezeugt ist (MGH D Zw. 3), die Ehe Kg. Zwentibolds mit Oda hingegen erst 897 zustandekam (Regino, Chron. ad 897, MGH SS rer. Germ. S. 145), daß der Name Richwin nicht so sehr sächsisch als eher lotharingisch anzusehen ist (vgl. etwa dazu den gleichzeitigen Bischof Richwin v. Straßburg 913–933 [*genere Hlotariensis*]; P. Wentzcke, Reg. Straßburg I S. 243 nr. 121; Grafen namens Richwin bei R. Parisot, Royaume de Lorraine S. 137 Anm. 2, S. 663 Anm. 2; MGH Lib. mem. I: Remiremont, Reg. unter *Ricuinus / Riquinus*) und daß die *imperatorius-frater*-Bezeichnung Siegfrieds keine echte Verwandtschaftsangabe sein muß. Die *frater*-Bezeichnung würde Siegfried ja eher zu einem illegitimen Bruder Ks. Ottos II. machen; sie läßt sich vielmehr ebenso gut aus einer Taufpatenschaft Ks. Ottos I. an Siegfrieds Sohn, Siegfried II. v. Luxemburg (zu ihm vgl. im nächsten Absatz D), verstehen (W. Glocker, Verwandte der Ottonen S. 304). Auffällig ist ja doch, daß Siegfrieds I. Bruder Bisch. Adalbero I. v. Metz von Otto I. in einem Diplom aus dem Jahre 960 als *compater* des Königs bezeichnet wird (MGH D O I 210), was als gemeinsame Taufpatenschaft beider an Siegfrieds I. Sohn Siegfried II. deutbar wäre (vgl. schon E. Hlawitschka, Stammten die Grafen v. Northeim S. 277 Anm. 8), und daß 980 Siegfrieds I. Tochter Liutgard den Grafen Arnulf v. Friesland im Beisein Ottos II. heiratete (Ann. Egmundani ad 980, MGH SS 16 S. 445), was die enge persönliche Freundschaft der Ottonen mit den Luxemburgern unterstreicht. Aber noch beachtlicher ist, daß die Luxemburger, trotz vielfacher Erwähnung in den Urkunden der Ottonen, niemals mit einer Verwandtschaftsbezeichnung bedacht werden. Der nicht näher genannte sächsische Besitz, über den der Luxemburger Herzog Friedrich v. Niederlothringen um 1050 verfügte (C. WAMPACH, Urkunden- u. Quellenbuch I S. 399ff. nr. 277), läßt sich zudem auch nicht für die These der Herkunft Gf. Richwins aus Sachsen heranziehen, denn er dürfte von Hzg. Friedrichs zweiter Ehefrau Ida (Tochter Hzg. Bernhards II. v. Sachsen) herstammen (vgl. H. RENN, a.a.O. S. 121f.) oder könnte sogar Erbgut gewesen sein, das den Luxemburgern durch Gf. Siegfrieds I. Gemahlin Hadwig (nr. **3**) zufloß (vgl. bei nr. **6 / 7**). Somit dürfte K.A. Eckhardts Erklärungsversuch der Abstammung Gf. Siegfrieds I. ad acta zu legen sein.

D) Andere haben das „Problem" der langen Zeitspanne zwischen der Geburt Siegfrieds (spätestens 919, was sich allerdings um 2 Jahre hinausschieben läßt) und seiner Verheiratung erst mit 40 oder mehr Jahren dadurch zu lösen versucht, daß sie die Siegfried-Bezeugungen aufteilten in solche für einen Grafen Siegfried I. und einen gleichnamigen Sohn Siegfried II. (Einen für Ks. Otto II. *dilectissimum filium Sigefridi* erwähnte Gerbert v. Reims in seiner Briefsammlung für März / April 985 [MGH Briefe 2 S. 70 nr. 41]; *Sigefrido comitis filio* ließ Gerbert zu Anfang April 985 ein Schreiben zukommen [ebd. S. 80 nr. 51; beide Briefe auch bei C. WAMPACH, a.a.O. S. 271 nr. 194 und S. 277 nr. 197], und für das Ergänzungsaufgebot, das Ks. Otto II. 982 für seinen Kampf gegen die Sarazenen benötigte, ließ er u.a. neben dem *Domnus Sicco imperatorius frater* auch einen *filius Sicconis comitis* auflisten [MGH Const. 1 S. 633 nr. 436]). Dieser Siegfried II. wird als der Ehemann Hadwigs angesehen; die Gemahlin Siegfrieds I. bleibe namentlich unbekannt. So z.B. C. WAMPACH, Urkunden- u. Quellenbuch I (vgl. dort die Registerpositionen); bes. J. VANNÉRUS, Première dynastie S. 801–858 (als kritische Auseinandersetzung mit H. Renn); J. SCHOOS, Familie der Luxemburger S. 121, 148f., und Tafel S. 142. Der Wechsel in der Amtsstellung von Siegfried I. zu Siegfried II. sei ca. 963/64 vollzogen worden. – Doch ist an dieser These vieles widerlegbar. Schon daß der Vater zugunsten seines Sohnes 963/64 auf seine Ämter und Rechte verzichtet hätte, ist durch die aktive Verteidigung Verduns durch Siegfried I., bei der er mit Gf. Gottfried (dem Gefangenen) in französische Gefangenschaft geriet und über Gerbert v. Reims dem in Freiheit befindlichen *Sigefrido comitis filio* Nachricht von seiner Treue gegenüber Ksn. Theophanu zukommen ließ, fraglich. Und es gibt vor allem eine Urkunde vom Jahre 992 (C. WAMPACH, Grundherrschaft Echternach I,2 S. 282ff. nr. 178), in der der *Sigefridus licet indignus, honore tamen comitis sublimatus,* einen chronologischen Bericht über die Situation am Spital des Klosters Echternach gibt und dabei als derjenige erscheint, der vor 962 das Kloster als Lehen des Königs Otto I. innehatte und *per multos annos* verwaltete, auf dessen Bitten dann auch der Kaiser (973) das Mönchsleben in Echternach reformierte etc. M. UHLIRZ, Erste Grafen S. 43f., hat daraus berechtigt den Schluß gezogen: „Es ist ein und dieselbe Persönlichkeit, die von dem König – c. 950 – die Belehnung mit Echternach empfangen, ... 973 die Durchführung der Reform angeregt und 992 die Bestätigung einer früheren Schenkung vorgenommen hat. Diese Persönlichkeit kann aber nur der ältere Siegfried gewesen sein, ein Wechsel mit seinem Sohn innerhalb der Jahre c. 950–992 ist nach den Angaben dieser Urkunde ausgeschlossen". (Dieses Ergebnis von Frau Uhlirz ist völlig überzeugend, auch wenn andere Punkte ihres Aufsatzes abzulehnen sind; vgl. etwa K.A. ECKHARDT, Geneal. Funde S. 56ff.). Und ein weiteres ist zu bedenken, möchte man Siegfried II. als Vater der Ksn. Kunigunde ansehen: man müßte dann die eingangs angeführten genealogischen Tafeln, die nur einen Siegfried – nicht zwei Siegfriede – zwischen der Kaiserin Kunigunde und der älteren Kunigunde, also ihrer Großmutter, kennen, der Falschüberlieferung zeihen. Das aber dürfte kaum angebracht sein, zumal – wie K. SCHMID, Verlorenes Stemma S. 221f. gezeigt hat – die am Anfang stehende Bamberger Tafel (= Clm 29093) „zur Dokumentation der kaiserlichen Abkunft Kunigundes und Heinrichs II., d.h. im Umfeld ihrer Kaiserkrönung 1014" entstanden ist.

E) Eine von der Zweiteilung der Siegfried-Belege leicht abweichende Sicht hat bereits 1951 V. HAAG, Origines S. 16–32, vorgelegt. Er möchte den in einer nur abschriftlich überlieferten Urkunde genannten, als Bruder Gozlins, Friederichs und Giselberts bezeichneten Sigebert (vgl. oben [im Abschnitt A] dieser nr. **2**) als Vater Siegfrieds, des Gemahls der Hadwig, ansehen, was die Geburtszeit Gf. Siegfrieds in die 30er Jahre des 10. Jhs. zu setzen erlaubte. Aber eine solche Filiation Sigebert – Siegfried ist nicht bezeugt, die Nennung Sigeberts als Kopistenfehler für Siegfried aufzeigbar und mit den soeben behandelten genealogischen Tafeln, die die Abkunft der Ksn. Kunigunde aus dem Karolingergeschlecht darlegen, ebenfalls absolut unvereinbar.

F) Eine ganz andere Lösung der Herkunftsfrage für Gf. Siegfried I. v. Luxemburg hat P. BRIÈRE, Origines S. 8–22, zu erarbeiten versucht. Er geht davon aus, daß die ältere Kunigunde bereits vor ihrem Gemahl Gf. Wigerich verstarb und Wigerich als Witwer Amalrada, eine Schwester der Kgn. Mathilde (Gemahlin Kg. Heinrichs I.), geheiratet habe und daß Amalrada schließlich nach Wigerichs Tod (ca. 918/19) eine zweite Ehe mit dem Grafen Richwin / Richizo v. Verdun einging, ja nach Richwins Ermordung (923) eine dritte Ehe mit dem Grafen Eberhard II. vom Hamaland schloß, aus der dann Gf. Siegfried v. Luxemburg entstammt sei. – Daß diese These nicht tragfähig ist, zeigen bereits V. HAAG, A propos S. 511–516, und F. GELDNER, Tatsachen S. 32–35. Auf sie braucht hier deshalb nicht näher eingegangen zu werden.

G) Gleiches gilt für die ebenfalls vom späten Hochzeitsdatum Siegfrieds ausgehenden Überlegungen von E. KIMPEN, Herkunft Siegfrieds S. 111–114, bzw. 316–319, der – ohne Filiationsbelege und allein von der Namengebung her – für eine Herkunft Siegfrieds aus Sachsen, und zwar aus dem Umkreis der Familie der Kgn. Mathilde, eintritt und dafür Siegfrieds Gemahlin Hadwig aus der Nachkommenschaft Wigerichs, nämlich als dessen Enkelin durch den Sohn Giselbert, hervorgehen lassen möchte. Ausführlicher wird dies außerdem bei E. KIMPEN, Genealogie d. bayr. Herzöge S. 76 ff., dargelegt; auch DERS., Königsgenealogie S. 92 ff. So gedankenreich die These auch ist, ihr fehlt eine exakte Quellenbasis. Ihr widersprechen vornehmlich die oben angeführten karolingischen Nachkommentafeln, die nicht eine sächsische, sondern eine karolingische Abkunft Siegfrieds bezeugen. Letztlich scheitert sie auch an der unmöglichen Voraussetzung, daß Siegfried seine Grafschaft im einst von Wigerich dominierten Ardennengebiet durch seine Frau Hadwig (die ihrerseits wiederum als eine Enkelin des 906 hingerichteten Babenbergers Adalbert ausgegeben wird) erhalten haben soll; sie wird von Kimpen – wie schon angedeutet – als Tochter von Wigerichs Sohn Gf. Giselbert und seiner Frau Hadwig betrachtet. Diese beiden sind jedoch mit einem Sohn Gottfried noch bis 963/65 nachzuweisen (vgl. A. D'HERBOMEZ, Cartulaire de Gorze S. 181 f. nr. 98; zum Datum – 965 – R. PARISOT, Origines S. 98 Anm. 4; C. WAMPACH, Urkunden- u. Quellenbuch I S. 33; H. RENN, Luxemburger Grafenhaus S. 50 f.), als Siegfried bereits (seit 950) im Ardennengebiet als Graf tätig ist, so daß er in den Ardennen also gewiß nicht erst über seine als Erbtochter angesehene Frau Hadwig Fuß gefaßt hat.

H) Zuletzt ist noch auf eine Arbeit von R. KLEIN, Eltern S. 8–27, hinzuweisen, in der versucht wird, den späteren Hzg. Giselbert v. Lothringen als 3. Gemahl der älteren Kunigunde aufzufassen: „In die Spanne von 923 bis 929 [ab 929 Verheiratung Giselberts mit Kg. Heinrichs I. Tochter Gerberga und Übernahme der Herzogsherrschaft in Lotharingen] paßt ... eine Ehe Giselberts mit der zweimaligen Witwe Kunigunde aus dem Geschlecht der Karolinger. Eine bessere Gelegenheit für den ehrgeizigen Fürsten gab es wohl kaum". Siegfried werde deshalb „um 928" zur Welt gekommen sein. Kleins Hauptargument ist dabei ein Passus in der Vita Abt Johanns v. Gorze (cap. 110, MGH SS 4 S. 368), in dem Schwierigkeiten Bisch. Adalberos v. Metz angedeutet werden. Weil nämlich *fratres ei plures ex matre erant*, denen er bis zu seiner Bischofserhebung (929) nur wenig mit Rat und Tat habe beistehen können, die aber entfremdetes Kloster- und Kirchengut zurückhielten, sei der Bischof – als Gorzer Rückgabeforderungen laut wurden – zornig zwischen der Sorge für Gorze und für seine Brüder hin- und hergerissen gewesen. Wenn hier von „mehreren Brüdern [Adalberos] von der Mutter her" die Rede ist, Adalbero und Liutgard nachweislich aber der Ehe Kunigundes mit Wigerich entstammten und Gozlin als Lieblingsbruder Adalberos (*unus fratrum eius [sc. Adalberonis episcopi] carior ceteris*, Miracula S. Gorgoni cap. 10, MGH SS 4 S. 241) wohl auch aus dieser Ehe hervorgegangen sein werde, dürfe man „Friedrich, Giselbert und Sigebert/Sigfried" dieser dritten Ehe zusprechen. – Nun ist indessen in der Vita Johanns v. Gorze (cap. 40) von den *secundis nuptiis* Kunigundes die Rede (vgl. oben [Abschnitt B]), die die Notlage Adalberos um 929 bewirkt hätten, nicht von *tertiis nuptiis*! Und zudem läßt sich zeigen, daß die cap. 110–114 der Vita Johanns v. Gorze, in denen die *fratres plures ex matre* Adalberos erwähnt sind, nur eine mit wörtlichen Reden aufgeputzte Ausschmückung des cap. 15 der Miracula S. Gorgonii (MGH SS 4 S. 243) darstellen, in welchem zwar von Adalberos Zorn über die erhobene Restitutionsforderung der Gorzer Mönche gesprochen wird, jedoch nichts von einem solchen Hin- und Hergerissensein des Bischofs zwischen der Obsorge für das Kloster Gorze und seinen Geschwistern zu finden ist. Die Erwähnung der „mehreren Brüder von der Mutter her" läßt sich somit als naheliegendes Erklärungsmotiv für die bereits in cap. 40 erwähnte, aus den *secundis nuptiis* seiner Mutter resultierende Notlage Adalberos bei seiner Bischofserhebung 929 verstehen, mit dem der Vitenautor das in den Miracula S. Gorgonis vorgefundene Zögern Bischof Adalberos bei der

Güterrestitution an Gorze erhellen konnte. Es handelt sich bei dieser Nachricht also um eine erklärbare Ausschmückung der Vita Johanns v. Gorze, die keine strikte Interpretation und die Folgerung einer dritten, mit mehreren Kindern gesegneten Ehe Kunigundes verträgt. Überdies trug Bisch. Adalberos Bruder Friedrich bereits den Namen des Abtes Friedrich v. St. Hubert, der ein Bruder von Kunigundes erstem Gemahl Wigerich war (Vita Johannis Gorziens. cap. 55, MGH SS 4 S. 352), so daß ein Friedrich nicht zu den von R. Klein vorgeschlagenen Kindern Kunigundes mit Giselbert passen dürfte. Und außerdem hatte der 'Lieblingsbruder' Adalberos v. Metz, Gf. Gozlin, bereits 943 einen Sohn mit Namen Reginar, welchen er zusammen mit seiner Gemahlin Uda mit der Ausführung seines letzten Willens betraute (C. WAMPACH, Urkunden- u. Quellenbuch I S. 195f. nr. 156); das aber heißt, daß dieser Reginar schon großjährig und somit über 13 Jahre alt gewesen sein muß und sein Vater Gozlin auf alle Fälle vor 916/919 geboren wurde, also zu den Kindern Kunigundes und Wigerichs zählte. Das wiederum verweist darauf, daß der Name Reginar schon vor der von Klein vorgeschlagenen 3. Ehe Kunigundes mit Giselbert (923–929) im Umfeld Kunigundes üblich war und nicht erst von Giselberts Bruder Reginar II. – wie Klein meint – herrührt. Vgl. zu dieser Widerlegung der These Kleins bereits ausführlich E. HLAWITSCHKA, Siegfried I. v. Luxemburg S. 53–67. Aufgegriffen in Unkenntnis dieser Widerlegung ist sie bei St. WEINFURTER, Kunigunde S. 12f.

Das Auftauchen der Reginar- und Giselbert-Namen in der Nachkommenschaft Pfgf. Wigerichs und Kunigundes, erklärte H. Renn bereits damit, daß die Mutter der älteren Kunigunde, die Karolingerin Ermentrud (s. oben in der Tafel [am Ende von Abschnitt A]), die erste Gemahlin des Grafen Reginar I. (Langhals) gewesen sein werde, welcher erst nach ihrem Tode Albrada, die als Mutter des Reginar-Sohnes Hzg. Giselbert gut bezeugt ist (vgl. K.F. WERNER, Nachkommen Tafel, Gen. V, 11), heiratete. Gibt es doch auch ein Faktum, das nur über diese Verbindung erklärt werden kann, nämlich die von Bisch. Gerhard v. Cambrai angeprangerte Verbindung Gf. Reginars V. vom Hennegau mit der Gozlin-Urenkelin Mathilde von Eename. Der Bischof habe erst Ruhe gegeben, als er von anderen Mitbischöfen auf die einst von Papst Gregor (seinem in der Angelsachsenmission tätigen Schüler Augustin) mitgeteilten Verhaltensregeln hingewiesen worden war. *Cui, cum Anglos predicatione dominici verbi erudiens ad fidem christiane religionis excoleret, si virum ac mulierem seu quartae seu quintae propaginis iunctos inveniret, iunctos etiam si nollent [disiungi] pateretur, amonuit* … (Vgl. Gesta episcop. Camerac. lib. III cap. 10, MGH SS 7 S. 469; vgl. dazu ausführlich E. HLAWITSCHKA, Siegfried I. v. Luxemburg S. 62 Anm. 58. – Die Argumentation der Mitbischöfe geschah auf der Basis des zwischen 1008 und 1012 zusammengestellten Dekrets Burchards v. Worms lib. VII, cap. 19/20, ed. J.-P. MIGNE, PL 140 S. 782f.). Die vom Bischof Gerhard v. Cambrai angeprangerte und nach dem Einspruch schließlich hingenommene Verbindung muß also – sonst wäre der Hinweis der anderen Bischöfe gegenüber ihrem eifernden Mitbruder aus Cambrai unsinnig – eine solche 4:5-Verbindung gewesen sein. Und um eine solche handelte es sich, wenn Reginar I. Ermentruds Gemahl war:

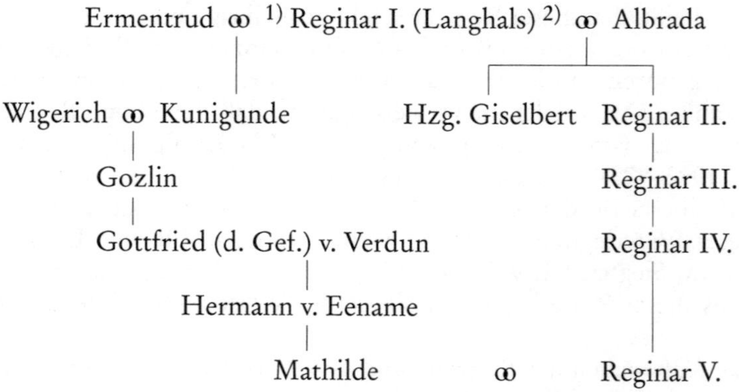

Hat aber eine solche für die Erklärung der 4:5-Nahehe Reginars V. mit Mathilde v. Eename erforderliche erste Eheverbindung zwischen Reginar I. (Langhals) und Kunigundes Muter Ermentrud bestanden, kann Giselbert niemals Kunigunde geheiratet haben, die ja dann seine Stiefschwester gewesen wäre. Dieses Indiz wirft die These Kleins, die bereits von A. WOLF, Zur Kontroverse S. 400 und 406, aufgegriffen wurde, aus allen weiteren Überlegungen. Bei E. HLAWITSCHKA, Siegfried I. v. Luxemburg S. 62 Anm. 58, auch der Hinweis, daß die von R. Klein (S. 25) vorgeschlagene anderweitige Erklärung für die angefeindete Nahehe Reginars V. und Mathildes als 5:5-Verbindung mit dem Wortlaut der Quelle nicht vereinbar ist. Vgl. auch weiter unten bei nr. **10 / 11**.

H. KLEIN, a.a.O. S. 24, hatte außerdem auch noch gemeint, einen Zusatz zur Sterbetagsnotiz für Hadwig, die Mutter der Ksn. Kunigunde, in den Ranshofener / Kaufunger Memorialaufzeichnungen (Nachweis bei nr. **3**) – *Idus Decembris domina Hedewich comitissa, mater Chunigundis imperatricis, obiit. Eodem die Agnes imperatrix eius consanguinea obiit* – über eine Abstammung Kunigundes von Hzg. Giselbert erklären zu können:

Hzg. Giselbert ∞ Kunigunde

Gf. Siegfried I. v. Lxbg. – Ksn. Kunigunde

Albrada – Ermentrud – Agnes – Ksn. Agnes

Nun ist zwar Ksn. Agnes nachweislich am 14. XII. 1077 (vgl. bei **XVIII : Ksn. Agnes (v. Poitou)** nr. **1**) gestorben, was mit dem für Gfn. Hadwig angegebenem Todestag (13. XII.) recht gut harmoniert, aber für Kleins System besagt dies gar nichts, da seine Rekonstruktion ja Ksn. Kunigunde und ihren Vater Gf. Siegfried berücksichtigt, aber nicht über Siegfrieds Gemahlin bzw. Kunigundes Mutter Hadwig läuft, zu der Ksn. Agnes eine Blutsverwandte gewesen sein soll. Deshalb entfällt auch dieses Stützargument Kleins. Zu dieser Nachricht aus Ranshofen vgl. auch unten bei nr. **6 / 7** (am Ende von Abschnitt A).

I) Eine 3. Ehe Kunigundes hatte auch schon F. GELDNER, Tatsachen S. 40f., vorgeschlagen, und zwar mit einem Adalhard, aus der Siegfried I. hervorgegangen sein könnte. Doch bleibt alles zu vage – der Adalhard-Name taucht bei den Kindern und Enkeln Siegfrieds I. auch nicht auf –, so daß schon der Hinweis auf die Vita Johanns v. Gorze, in der nichts von einer 3. Ehe Kunigundes bzw. einem zweiten Stiefvater Bisch. Adalberos I. v. Metz zu finden ist (vgl. schon oben [Abschnitt B Ende]), hier zur Zurückweisung des Vorschlags genügen dürfte.

J) Sonach wird man bei der im wesentlichen von H. Renn entwikkelten, oben dargelegten Sicht der Abkunft Gf. Siegfrieds I. von Pfgf. Wigerich bleiben dürfen. Das bedeutet, daß Siegfried wohl 918/21 geboren ist und fast 80 Jahre alt geworden ist. Daß er freilich erst als Vierzigjähriger zum ersten Mal geheiratet haben soll (vgl. oben bei B), braucht man nicht unbedingt anzunehmen. Er könnte vor seiner Ehe mit Hadwig auch schon in einer ersten (kinderlosen) Ehe gelebt haben, was den Eindruck der ungewöhnlichen Spätverheiratung beseitigen würde. Ja, es ist zu fragen, ob die übliche Datierung der Eheschließung Siegfrieds I. und Hadwigs erst auf ca. 962/63 (oder ca. 960) – und zwar weil eine Urkunde vom 17. IX. 964 Gf. Siegfried, seine Frau Hadwig und beider Sohn Heinrich erwähnt (C. WAMPACH, Urkunden- u. Quellenbuch I S. 237–240 nr. 174) – wirklich überzeugend ist. Wenn der als künftiger Nutznießer eines Tauschobjektes neben den Eltern genannte Sohn Heinrich (*sub ea scilicet ratione, utrumque datum et acceptum ego [Sygifridus comes] et coniunx mea Hadewig filiusque noster Henricus omnibus vite nostre diebus quiete teneamus …)* nicht noch ein Wickelkind, sondern vielleicht ein schon an die Grenze der Volljährigkeit (13–15 Jahre) gelangter Sohn war, dann kann die Ehe Siegfrieds I. und Hadwigs auch schon um 950 zustande gekommen sein. Übrigens hat sich Siegfrieds Bruder Friedrich auch erst 951 mit Beatrix, der Tochter Hugos v. Francien, verlobt und diese 954 geheiratet, wie Flodoard, Annales ad 951 u. 954, ed. Ph. LAUER S. 130 u. 139, bezeugt. So wäre auch eine erste Heirat Siegfrieds um 950 gar nichts Außergewöhnliches.

Zum Vorschlag von A. WOLF, Herkunft der Grafen v. Northeim S. 427–440, den Grafen Siegfried I. v. Luxemburg auch als Stammvater der Grafen v. Northeim zu betrachten, vgl. bei **XXXII : Kgn. Richenza (v. Northeim)** nr. **32 / 33**; auch E. HLAWITSCHKA, Grafen v. Northeim S. 276–289. Die Entgegnung von A. WOLF, Zur Kontroverse S. 400–406, überzeugt nicht. Im einzelnen kann dies hier nicht gezeigt werden. Nur einige Worte zu Wolfs Hinweis, ich wäre „ohnehin nicht darauf eingegangen“, daß Siegfried I. von Luxemburg als *dux Saxonum* bezeichnet werde. Die Quelle – Rodulfus Glaber, Hist. lib. III cap. 1, ed. M. PROU S. 51- vermeldet, daß Ks. Heinrich II. *potitoque decenter imperio accepit in regno suo conjugem filiam scilicet Siefredi Saxonum ducis* und daß er *edificavit quoque monasterium in Saxonie loco qui dicitur Bavoberch, id est Bavonis mons* (= Bamberg). Nun war Siegfried v. Luxemburg weder *dux,* noch heiratete Heinrich II. erst nach dem Erwerb der Kaiserkrone, noch liegt Bamberg in Sachsen! Wie steht es deshalb um die Glaubwürdigkeit der Quelle? Auch zeigt schon ein Blick auf die 20 (im Register angeführten) Stellen, an denen Rodulfus Glaber *Saxones* bzw. *Saxonia* erwähnt, daß er damit das Ostreich und seine Angehörigen im Unterschied zum

Westreich (*Francia*) bezeichnete (*Saxones* sind für ihn alle Herrscher von Heinrich I. bis Heinrich III. – also auch Konrad II. und Heinrich III. –), daß also hier überhaupt kein erwägbares Argument für die Herleitung der Northeimer aus dem Hause Luxemburg, mit dem sich eine Auseinandersetzung lohnt, vorliegt. (Zum Parallelphänomen, daß in Italien und Frankreich *Baioarii* und *Baioaria* als Bezeichnungen für das gesamte Ostreich und seine Bewohner fungierten, vgl. R. DEUTINGER, Das ostfränkische Reich und das *regnum Baioariorum* S. 581–611). Und weiterhin: Die Northeimer waren nachweislich gebürtige Sachsen (als *Sigefridus Saxo*, ja als *Sigefridus quidam Saxo* wird ja doch Siegfried II. v. Northeim zum Jahre 1003 bezeichnet (Adalbold v. Utrecht, Vita Heinrici II. cap. 27, MGH SS 2 S. 690, ed. H. VAN RIJ S. 74), während die Luxemburger Franken waren. Im Epitaph Hzg. Friedrichs I. v. Oberlothringen, des Bruders Gf. Siegfrieds I. v. Luxemburg, heißt es bezeichnenderweise: *Francorum placito nomen tulit hic Friderici, / quem proavi fudere duces a sanguine regum* (MGH Poetae Lat. 5 S. 473 nr. 3; Gerbert v. Reims, Briefsammlung S. 106 nr. 76); und Siegfrieds weiterer Bruder Bisch. Adalbero I. v. Metz rühmte sich in einer Urkunde vom 6. X. 944, *qualiter parentes mei in palatio regum suis temporibus existentium inter primores regni, qui virtute ac sapientia claruerunt, fuerunt sublimati* (C. WAMPACH, Urkunden- u. Quellenbuch I S. 199 nr. 158); zudem wurde Gf. Friedrich v. Luxemburg, der Sohn Gf. Siegfrieds I., in seiner Grabschrift als *regali stemmate pollens* gepriesen (MGH Poetae Lat. 5 S. 289); das zeigt, daß diese Leute als Karolingernachkommen selbstverständlich Franken waren! Über Otto v. Northeim, den Enkel Gf. Siegfrieds I. v. Northeim, mußte dagegen – was außerdem zu beachten ist – in dem 1070 von Kg. Heinrich IV. gegen ihn angestrengten Hochverratsprozeß das Urteil von sächsischen Urteilsfindern in Goslar gefällt werden, weil er Sachse war (Lampert v. Hersfeld, Ann. ad 1070, MGH SS rer. Germ. S. 114 f.: *rex principes Saxoniae, quod [dux Otto] ex his oriundus esset, ... sententiam super eo rogavit*). An sächsischer Gerichtsstätte von sächsischen Großen verurteilt zu werden, resultierte aus seiner geburtsmäßigen Zugehörigkeit zum Sachsenstamm. (Vgl. dazu die Notwendigkeit der Hinzuziehung von *sue condicionis Sueuorum* im landrechtlichen Verfahrensteil des Prozesses gegen Heinrich d. Löwen 1179/80, der nach der Herkunft seines Hauses als Schwabe galt; MGH D F I 795; dazu K. HEINEMEYER, Prozeß Heinrichs d. L. S. 42 ff. mit den Anm. 93 u. 94). Frutolf v. Michelsberg, Chron. ad 1071, ed. F.-J. SCHMALE u. I. SCHMALE-OTT S. 80, spricht ausdrücklich davon, daß *Otto dux Baioarie ducatum amisit*, und fährt fort: *Hic itaque Saxo genere, vir amplissime nobilitatis, prudentia rebusque bellicis … erat.* Der Annalista Saxo ad 1057, MGH SS 6 S. 692, neue Ed. MGH SS 37 S. 401, berichtet: *Pollebat isdem temporibus in Saxonia Otto dux de Northeim, genere Saxo, dux autem Bauuarie.* Und ebenso nennt ihn Albert v. Stade, Ann. Stadenses ad 1105, MGH SS 16 S. 317, bei der Behandlung der Familie der Northeimer *Otto, Saxo genere, quem … cesar ducatu privaverat Bauuarie et Welponi dederat Suevo.* Damit wird Wolfs These von der Abkunft der Northeimer von Siegfrieds I. Sohn Siegfried II. v. Luxemburg, d.h von stammesrechtlichen Franken, unhaltbar. Ausführlich dazu demnächst E. HLAWITSCHKA, Northeimer u. Luxemburger.

3 : Hadwig als Mutter Ksn. Kunigundes

Als Mutter der Ksn. Kunigunde ist Hadwig durch Kaufunger / Ranshofener Nekrologaufzeichnungen, die aus dem Umkreis Kunigundes selbst stammen, bestens bezeugt. Zum 13. XII. ist in ihnen vermerkt: *D(omin)a Hedewich com(itiss)a, mater Chunigundis imperatricis, ob(iit)*; MGH Necrol. 4 S. 425; MGH SS 4 S. 791; J.F. BÖHMER, Fontes rer. Germ. 4 S. 458; ebd. S. 507 auch das Bamberger Nekrolog zum selben Tage mit: *Hedewic comitissa, mater s(anc)te Kunegundis.* Desgleichen wird Hadwig wiederholt als Gemahlin Gf. Siegfrieds I. v. Luxemburg, des Vaters Ksn. Kunigundes, genannt – vgl. bei nr. **2** –, womit diese Filiation abgesichert erscheint.

Über ihre Geburtszeit ist nichts überliefert. Zur Zeit ihrer Verehelichung vgl. die Erwägungen bei nr. **2** (Ende von Abschnitt J).

Das Todesjahr Hadwigs ist unbekannt. Zum letzten Mal ist sie mit ihrem Gemahl in einer aus dem Spätjahr [24. IX. – 25. XII.] 993 stammenden Urkunde genannt; C. WAMPACH, Urkunden- u. Quellenbuch I S. 286ff. nr. 206. Bestattet wurde sie in St. Maximin zu Trier; vgl. bei nr. **2** (3. Absatz).

4 : Gf. / Pfgf. Wigerich als Vater Gf. Siegfrieds I. v. Luxemburg

Daß der Gf. bzw. Pfgf. Wigerich mit höchster Wahrscheinlichkeit der Vater Siegfrieds I. v. Luxemburg war, ist bei nr. **2** ausführlich dargelegt. Eine Zusammenstellung der Bezeugungen dieses Mannes bieten H. RENN, Luxemburger Grafenhaus S. 3ff., bes. S. 22–25; U. NONN, Gefälschte Urkunde Gf. Widerichs S. 56ff.

Wohl wegen der bei nr. **2** dargelegten Schwierigkeiten, den Vater Gf. Siegfrieds I. zu bestimmen, hat L. VANDERKINDERE, Formation territoriale II S. 474f. und 477, die durch die Karolinger-Genealogien unbezweifelbare Mutter Gf. Siegfrieds I., Kunigunde (Tochter Ermentruds und Enkelin Kg. Ludwigs d. St.), nicht als Gemahlin Pfgf. Wigerichs gewertet, sondern die Wigerich-Gemahlin Kunigunde als eine andere Person angesehen. Diese Sicht, in der Pfgf. Wigerich als Vater Siegfrieds ausgeschaltet wird, der aber doch durch den *frater*-Beleg für Siegfried gegenüber den nachweislichen Wigerich- und Kunigunde-Kindern Hzg. Friedrich, Gf. Giselbert und Gf. Gozlin und den *patruus*-Beleg für Siegfried gegenüber dem Gozlin-Sohn Gf. Gottfried d. Gefangenen v. Verdun der Boden entzogen wird (vgl. oben bei nr. **2** [Abschnitt A]), hat m.E. keine Anhänger gefunden.

Die Geburtszeit Wigerichs ist von H. Renn, a.a.O. S. 19, dem sich auch U. NONN, a.a.O. S. 57, anschließt, aus dem Vergleich mit den Lebensdaten des Abtes Friedrich v. St. Hubert in den Ardennen, des gut bezeugten Bruders Wigerichs (vgl. Vita Johanns v. Gorze cap. 55 u. 74, MGH SS 4 S. 352 u. 358), auf „um 870 oder später" festgelegt worden, also auf ca. 870/75.

Die Zeit seiner Verehelichung läßt sich wohl am besten aus den Lebensdaten seiner Frau Kunigunde und deren Mutter Ermentrud (nrn. **5** u. **11**) erschließen: „um 903/5"; vgl. dazu auch R. PARISOT, Origines S. 283; E. HLAWITSCHKA, Siegfried I. v. Luxemburg S. 60 Anm. 48.

Zur Todeszeit „916/19" oder wahrscheinlicher erst 918/21 vgl. oben bei nr. **2** (Abschnitte B und besonders J). – Bestattet wurde Wigerich im Kloster Hastière a. d. Maas, wie aus einer das Kloster Hastière betreffenden Urkunde seines Sohnes Bisch. Adalbero I. v. Metz ersichtlich ist; vgl. C. WAMPACH, Urkunden- u. Quellenbuch I S. 200 nr. 158: *quemadmodum mihi genitor meus nobilis comes Vigiricus fecit, qui in eodem monasterio ergastulo solutus mortis et traditus [est] sepulture.*

5 : Kunigunde als Mutter Gf. Siegfrieds I. v. Luxemburg

Als Mutter Gf. Siegfrieds I. v. Luxemburg ist Kunigunde durch mehrere karolingische Genealogien bezeugt; vgl. oben bei nr. **2** (1. Abs.), wo auch Belege dafür angeführt sind, daß Kunigunde die Gemahlin Pfgf. Wigerichs war. – Aus der Abstammung Siegfrieds von Kunigunde scheint auch sein Beiname *Kunuz* (der Kunizza/Kunigunde-Sohn) zu resultieren, der Siegfried in einer Nekrolognotiz beigegeben ist; vgl. oben bei nr. **2** (1. Abs.; zur Erklärung des Beinamens auch schon K.A. ECKHARDT, Geneal. Funde S. 59).

Kunigundes Geburtszeit – ca. 890 – und ebenso auch ihre Verehelichungszeit lassen sich in etwa aus dem erschließbaren ungefähren Geburtsdatum ihrer Mutter Ermentrud folgern sowie aus der Tatsache, daß sie in ihrer offenbar von ca. 903/05 bis ca. 920/21 dauernden Ehe mit Gf. Wigerich mindestens 6 Kinder zur Welt gebracht hat; vgl. H. RENN, Luxemburger Grafenhaus, Tafel; Stammtafel oben in nr. **2** [bei A Ende]; K.F. WERNER, Nachkommen Tafel (Gen. VI, 36 und Gen. VII, 63–68).

Daß Kunigunde an einem 2. X. verstarb, macht G. ALTHOFF, Adels- u. Königsfamilien S. 419, aus Eintragungen zum gleichen Tag in den Totenbüchern von Merseburg und St. Maximin in Trier wahrscheinlich. Daß das Todesjahr „nach 923“ (Tod ihres 2. Gemahls Richwin) liegt, dürfte aus den Darlegungen bei nr. **2** hervorgehen.

6 / 7 : Vermutungen zu den Eltern Hadwigs

Keine Quelle nennt ausdrücklich Hadwigs Eltern. Dennoch hat man schon öfters versucht, diese mittels einiger weniger Anhaltspunkte zu erschließen. Solche sind 1) das Auftauchen des Namens Heinrich bei ihrem und Siegfrieds (offenbar ältesten) Sohn und ihr eigener Name, wobei beide Namen auf eine Verwandtschaftsverbindung mit den Ottonen, speziell mit der Familie Kg. Heinrichs I., hinweisen könnten. Und auch das Auftauchen des Namens Uda bei zwei Enkelinnen Hadwigs (d. h. bei Äbtissin Uda von Luneville und Äbtissin Uda von Kaufungen; vgl. Tafel bei H. RENN, Luxemburger Grafenhaus, Bandende) sowie der Name Liutgard bei einer ihrer Töchter (vgl. ebd.) könnten diesen Eindruck verstärken. Hinzu kommt, daß in einer Aufgebotsliste aus dem Jahre 982, mit der Ks. Otto II. Verstärkungen für seinen Kampf gegen die Sarazenen in Süditalien anforderte, auch ein *Domnus Sicco [= Sigefridus] imperatorius frater* genannt wird (MGH Const. 1 S. 633 nr. 436), was wiederum enge Verbindungen zum Ottonenhaus, die durch Hadwigs Herkunft bedingt sein könnten, aufzeigt; vgl. dazu aber auch schon in nr. **2** (Abschnitt C). Und 2) läßt sich auf eine freilich in diesem Zusammenhang bislang kaum beachtete Nekrolognotiz aufmerksam machen, die die aus dem Umkreis der Ksn. Kunigunde stammenden Ranshofener / Kaufunger Memorialaufzeichnungen – diese offenbar ergänzend – abschließt. Zur Totennotiz für Ksn. Kunigundes Mutter Hadwig, die an einem 13. XII. verstarb (vgl. bei nr. **3**), ist nämlich hinzugesetzt: *Eodem die Agnes imperatrix eius consanguinea obiit*; J.F. BÖHMER, Fontes rer. Germ. 4 S. 458; MGH Necrol. 4 S. 425; MGH SS 4 S. 791.

A) Vornehmlich auf die angeführten Namen gestützt, meinte J. DEPOIN, Sifroi Kunuz S. 5ff., daß Hadwig eine Nachkommin Kg. Heinrichs I. durch dessen mit Hzg. Giselbert v. Lothringen († 939) verheiratete Tochter Gerberga gewesen sein werde. Dafür zog er nämlich – zur Ergänzung und Absicherung – einen Eintrag aus dem Liber memorialis von Remiremont fol. 6 r nr. 6 (MGH Lib. mem. Rom. S. 9) heran, in dem eine *Haduidis* als Tochter Hzg. Giselberts und seiner Frau Gerberga erwähnt wird: *Dumnus Gislibertus dux, qui pro re[me]dium anime sue et seniori sui dumni Henrici et uxori sue et infantibus suis omnes heclesias sancti Petri nobis restituit. Dumnus Gislibertus dux com om[n]ibus fidelibus suis. Dumna Girberga. Ainricus. Haduidis. Gottefridus comes cum infantibus et omnibus fidelibus suis. Ermentridis comitissa. Arnulfus comes cum omnibus suis. Rodbertus. Dumnus Adhelbero cum omnibus suis. Dumnus Gauzlinus ep. Dumnus Ruodbertus archiep.* – Diese Sicht, daß Hadwig eine Enkelin Kg. Heinrichs I. sowie eine Tochter Hzg. Giselberts und seiner Frau Gerberga gewesen sein werde, wurde aufgeriffen von V. HAAG, Origines S. 16–20, und von F. GELDNER, Tatsachen S. 40ff., obgleich sie bereits von H. RENN, Luxemburger Grafenhaus S. 62ff., widerlegt wurde. Renn betont zurecht, daß sich die Namen Heinrich und Uda sehr gut auch anderweitig erklären lassen; so war ja Gf. Siegfrieds I. (nr. **2**) Bruder Gozlin mit Uda, einer Tochter von Kg. Heinrichs I. Schwester Oda / Uota, verheiratet (vgl. hierzu E. HLAWITSCHKA, Habsburg-Lothringen S. 58–61 mit Tafel nach S. 70), so daß Hadwig diese Namen über ihre Schwägerin beziehen konnte. Und da der Name Liutgard schon bei einer Schwester Gf. Siegfrieds I. vorkommt (vgl. oben bei nr. **2** [Abschnitt A, Stammtafel]), muß er auch nicht auf Hadwig zurückgeführt werden und für eine ottonische Herkunft derselben sprechen. Zudem war Beatrix, die Gemahlin von Gf. Siegfrieds Bruder Hzg. Friedrich v. Oberlothringen, eine Ottonennachkommin (und zwar eine Enkelin Kg. Heinrichs I. durch dessen Tochter Hadwig), so daß sich die Ottonennamen der nächsten Generation auch über diesen Weg erklären lassen. Entscheidend für die Zurückweisung der These Depoins ist aber, wie schon H. Renn betonte, daß diese zu einer unstatthaften Verwandtenehe im Gradverhältnis 3:3 für Ks. Heinrich II. und seine Frau Kunigunde führen würde:

Kg. Heinrich I.

Ks. Otto I. | Hzg. Heinrich v. Bayern | Gerberga ∞ Hzg. Giselbert v. Lothr.

Hzg. Heinrich d. Z. v. Bayern | Hadwig ∞ Gf. Siegfried v. Luxbg.

Ks. Heinrich II. ∞ Kunigunde

Da aber Ks. Heinrich II. Verwandtenehen auf das strikteste bekämpfte – vgl. sein Vorgehen gegen Gf. Otto v. Hammerstein und seine ihm im Gradverhältnis 3:4 verwandte Frau Irmingard (Belege bei E. Hlawitschka, Habsburg-Lothringen S. 45 ff.; Ders., Konradiner-Genealogie S. 115 ff.) und seinen Einsatz gegen (Hzg.) Konrad v. Kärnten und seine Gemahlin Mathilde (mit der dieser im Gradverhältnis 4:4 verwandt war) auf der Synode von Diedenhofen 1003 (vgl. dazu E. Hlawitschka, Kuno u. Richlind S. 445 f.; Ders., Thronwechsel des Jahres 1002 S. 187–199; Ders., Konradiner-Genealogie S.77 ff., dazu dort auch S. 90 ff. zu Heinrichs II. grundsätzlicher Haltung gegen Verwandtenheiraten) –, kann er schlechterdings nicht selbst in einer noch schlimmeren Nahehe (nämlich 3:3) verheiratet gewesen sein. Gewiß hätten dann auch die von Heinrich II. bekämpften Gegner auf seine Nahehe hingewiesen und sich mit dem Verweis auf des Königs eigenen Eheverhältnisse gewehrt. Doch davon weiß keine Quelle etwas. Hiergegen vermag auch nicht V. Haags (S. 19 f.) und F. Geldners (S. 42) Hinweis auf eine „Josephsehe“ Heinrichs II. und Kunigundes zu verfangen, in der sie „das Problem der Verwandtenehe auf ihre Weise lösten, ohne öffentlichen Prozeß …“; denn die Josephsehe dieses Paares ist erwiesenermaßen eine erst späte, seit dem Anfang des 12. Jhs. aufkommende Deutung der Kinderlosigkeit dieses Paares. Zur von Heinrich II. und Kunigunde langezeit erhofften Nachkommenschaft vgl. oben bei nr. **1** (Tegernseer Begrüßungsgedicht) sowie Thietmar, Chron. lib. VI cap. 3, MGH SS rer. Germ. NS 9 S. 310, mit der Meldung, daß Heinrich II. 1007 das Bistum Bamberg gegründet und Christus zu seinem Erben erwählt habe, weil ihm *in sobole acquirenda nulla spes* geblieben sei; dazu MGH D H II 368 von 1017: *dilectissime coniugis nostre, qui duo sumus in carne uno, Cunigundis videlicet imperatricis auguste rogatu*; MGH D H II 411: *cum qua una caro divina existimus copulatione.* Zu weiteren Belegen gegen die

„Keuschheitsthese" vgl. bereits H. BRESSLAU in: S. HIRSCH, Jahrb. Heinrichs II., Bd. 3 S. 359–361. – Und V. Haags Vermutung, Heinrich II. und Kunigunde könnten eine Dispens für ihre Ehe eingeholt haben, die anderen von ihm bekämpften, in Verwandtenehen lebenden Paare aber nicht, überzeugt noch weniger, da Heinrich II. und der Mainzer Erzbischof ja gerade eine solche von Irmingard v. Hammerstein erstrebte Dispens ablehnten. (Zur Kinderlosigkeit Heinrichs II. und Kunigundes und zu ihrer „Josephsehe" vgl. zuletzt B. SCHNEIDMÜLLER, Ksn. Kunigunde S. 20 ff.).

Auch die oben (im 1. Absatz von nr. **6 / 7**) angeführte, aus dem Kloster Ranshofen stammende Angabe einer Konsanguinität zwischen Ksn. Kunigundes Mutter Hadwig und Ksn. Agnes kann Depoins System nicht wirklich stützen. Sie ergäbe zwar das folgende auf den ersten Blick einleuchtende Verwandtschaftsbild:

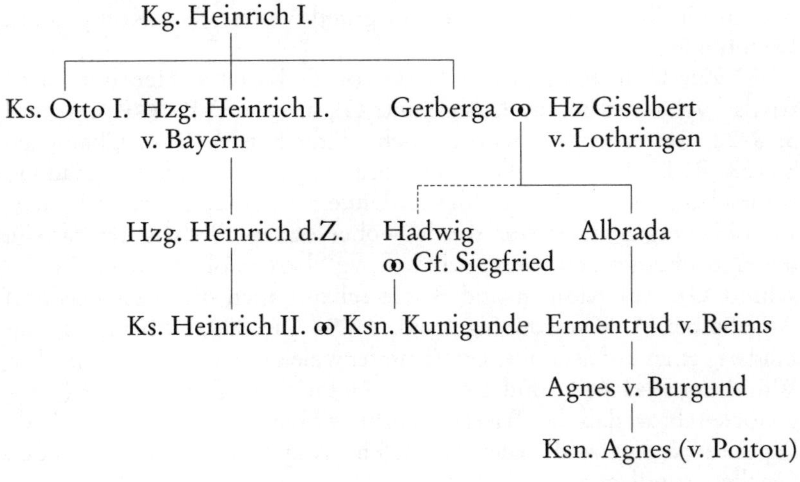

Aber sie führt weder aus der „Falle" der unerlaubten Verwandtenehe für Ks. Heinrich II. und Kunigunde heraus, noch ist sie überhaupt über den Zweifel einer Verfertigung zur bloßen Ansehenssteigerung der Familie der Ksn. Kunigunde erhaben. Denn diese Ranshofener – von einer Hand des 12./13. Jhs. überlieferten (vgl. MGH Necrol. 4 S. 424) – Nekrolognotizen stellen in der erhaltenen Form eine überarbeitete Fassung älterer Kaufunger Aufzeichnungen dar. Man erkennt dies daran, daß Ks. Heinrich II. zweimal mit dem Epitheton *sanctus* versehen ist, was erst nach seiner Heiligsprechung im Jahre 1146 möglich war. Dabei wurde nun auch der ursprünglich mit eingetragene Todestag der Ksn. Gisela, der Gemahlin Ks. Konrads II. und Mutter Ks. Heinrichs III., so umgestaltet, daß er als Todestag Giselas, der Mutter Ks. Heinrichs II., erscheinen sollte: *15. Kal. Martii Gisila imperatrix, mater sancti Heinrici imperatoris, obiit.* Angesichts dieser Überarbeitung ist auch eine Einfügung des Todestages der Ksn. Agnes, die ihre letzte Lebenszeit in Rom in der Umgebung Papst Gregors VII. verbrachte und als sehr verehrungswürdig galt, beim Todestag der am gleichen Tag verstorbenen Gfn. Hadwig und ihre Kennzeichnung als *eius consanguinea*, was Hadwig aufzuwerten vermochte, mehr als naheliegend. Wer sollte auch in Ranshofen gegen Ende des 12. Jhs. – etwa 100 Jahre nach dem Tod der Ksn. Agnes und etwa 200 Jahre nach dem Tod der Gfn. Hadwig noch über eine Verwandtschaft beider Bescheid wissen? So vermag diese Ranshofener Nachricht gewiß nichts zur Klärung der Herkunft Hadwigs, der Gemahlin Gf. Siegrieds I. v. Luxemburg und Mutter Ksn. Kunigundes, beizutragen.

B) Zur Unhaltbarkeit der These von E. KIMPEN, Herkunft Siegfrieds (vgl. oben bei nr. **2**, Abschnitt G), die von P. BRIÈRE, Origines S. 8–22, weiterverfolgt wurde, auch später bei M. BUR, Champage S. 128, R. LE JAN, Famille S. 456, u. a. aufgegriffen ist, daß Hadwig wahrscheinlich eine Tochter des Ardennengrafen Giselbert und seiner Frau Hadwig gewesen sein werde, wobei letztere Hadwig der Familie der Babenberger entstammt sein soll, vgl. bereits oben bei nr. **2** (Abschnitt G). Auf Kimpen und Brière scheint auch die (nachweislose) Angabe bei M. MARGUE, Sigefroid, S. 296 und 298, zu beruhen, daß Hadwig einer Adelsfamilie entstammte, welcher der Bisch. Poppo I. v. Würzburg (941–961) und Erzbisch. Heinrich v. Trier (956–964) angehörten, bzw. daß der Trierer Oberhirte Heinrich „frère ou oncle de l'épouse de Sigefroid“ war. Für solche Angaben fehlen alle soliden Quellengrundlagen.

C) Eine ähnliche Ansicht formulierte H. FAUSSNER, Königl. Designationsrecht S. 19–22, 68, 70. Er sieht Hadwig als Tochter des 980 verstorbenen Babenbergers Gf. Berthold (v. Schweinfurt) an, um die Vergabe des Herzogtums Bayern 1004 an Kgn. Kunigundes Bruder Heinrich v. Luxemburg auf einen Geblütsanspruch des Luxemburgers zurückführen zu können. (Nicht zurückgewiesen wird diese Hypothese bei St. WEINFURTER, Zentralisierung S. 274 mit Anm. 153 und S. 276 Anm. 157). Quellenbelege für die Existenz einer solchen Tochter Gf. Bertholds gibt es indessen ebenso wenig wie Angaben zu einer

Verwandtschaft etwa Gf. Bertholds oder seines Sohnes Mgf. Heinrich (v. Schweinfurt) mit den Luxemburgern. Hier ist also alles pure Hypothese! Und daß z. Zt. der Vermählung Gf. Siegfrieds I. v. Luxemburg mit Hadwig in Trier der Babenberger Heinrich als Erzbischof (956–964) fungierte und Hadwigs erster Sohn den Namen Heinrich erhielt, worauf Faußner hinweist, muß nicht Zeichen der behaupteten Herkunft Hadwigs aus der Babenberger-Familie sein, wie ja auch Siegfrieds und Hadwigs Heiratszeit damit nicht korrespondieren dürfte (vgl. nr. **2** [Abschnitt J]). Zum ganz unhaltbaren Ausgangspunkt von Faußners Designationsrecht-Aufsatz vgl. auch E. HLAWITSCHKA, Beiträge z. Genealogie d. Burchardinger S. 203–217.

D) Völlig aus der Luft gegriffen ist auch die Angabe bei O. Frh. v. DUNGERN, Thronfolgerecht S. 88, zu Siegfrieds I. Gemahlin: „∞ Heilwig, Tochter Gf. Eberhards im elsässischen Nordgau, † 992". Auf S. 90 bezeichnet er sie als „Hedwig vom elsässischen Nordgau". – Schon vorher hatte L. VANDERKINDERE, Formation territoriale II, Anhang IV, S. 476, Hadwig als Tochter Gf. Gerhards und Enkelin Gf. Eberhards III. († 967) vom elsässischen Nordgau angegeben, worauf wiederum W.K. Prinz v. ISENBURG, Ahnen, Tafel 3 nrn. 6 und 12/13, fußt. Zu Gf. Eberhard III., von dem gar kein Sohn Gerhard, sondern nur der Sohn Hugo III. (raucus) bekannt ist, und seiner Sippe vgl. bei F. LEGL, Dagsburg-Egisheim S. 24 ff.

E) Nur weil sie in einer seriösen Zeitschrift gedruckt ist, sei hier die Ansicht von H. FRIN, Herkunft Adalberts (Tafel), verzeichnet, daß Hadwig die Tochter Mgf. Burchards v. d. Ostmark und seiner Frau Kunigunde, die als Tochter Hzg. Arnulfs (d. Bösen) bezeichnet ist, gewesen sei. Hierbei ist alles pure Spekulation. Weder ist quellenmäßig bezeugt, daß Mgf. Burchards Gemahlin Kunigunde hieß (vgl. K. REINDEL, Luitpoldinger S. 203 f.) noch daß Mgf. Burchard – außer seinem Sohn Bisch. Heinrich v. Augsburg – noch weitere Kinder hatte (vgl. dazu unten bei **XIV : Ks. Konrad II.** nr. **10 / 11** und E. HLAWITSCHKA, Konradiner-Genealogie S. 98–100.

F) Bis jetzt ist also noch keine plausible Angabe zu den Vorfahren Hadwigs aufgezeigt worden. Den einzigen brauchbaren Hinweis, der auch die „sächsischen" Namen in der Luxemburger-Familie zu erklären vermag, dürfte das MGH D H II 441 enthalten. Heinrich II. schenkte mit diesem Diplom dem von ihm und seiner Frau Kunigunde gegründeten Nonnenkloster Kaufungen auf Bitten seiner Gemahlin Kunigunde (*devotioni ac religioni dilectissime coniugis nostre Chvnigvndae imperatricis augustae congaudentes, petitionibus etiam eius assensum prebentes*) folgendes: *quandam hereditariae proprietatis suae cortem Herleicheshuson dictam* (= Herleshausen) im sächsischen Ringgau (bei Kassel bzw. Eschwege). Da Kunigundes Vater Siegfried I. v. Luxemburg im Mittelmoselgebiet, in der Eifel und im Ardennengebiet herkunfts- und besitzmäßig verankert war (vgl. H. RENN, Luxemburger Grafenhaus; P. MARGUE, Les biens S. 299–310), kann dieser „Erbbesitz Kunigundes" nur von ihrer mütterlichen Seite her stammen. Die Eltern Hadwigs dürften also am ehesten im nordhessisch-niedersächsischen Bereich zu suchen sein; vgl. dazu E. HLAWITSCHKA, Stammten die Grafen v. Northeim S. 284. Möglicherweise gehörten sie zu dem Adelskreis, aus dem in der 2. Hälfte des 10. Jhs. die Grafen von Northeim hervorgingen. (Die Northeimer waren also nicht – wie A. WOLF, Herkunft der Grafen v. Northeim S. 427–440, und DERS., Zur Kontroverse S. 400–406, meint – Nachkommen Gf. Siegfrieds I. v. Luxemburg, sondern wahrscheinlich dürfte Siegfrieds I. Gemahlin Hadwig aus dem Northeimer Bereich gekommen sein; vgl. dazu schon oben am Ende von nr. **2**).

8 / 9 : Vermutungen zu den Eltern Gf. / Pfgf. Wigerichs

Da konkrete Quellennachrichten zur Abstammung Wigerichs fehlen, gibt es zu diesem Problem nur Hypothesen. Sie seien hier mitgeteilt:

A) Zunächst meinte J. DEPOIN, Études sur le Luxembourg, in: Ons Hémecht VII S. 38ff., eine Gorzer Urkunde (A. D'HERBOMEZ, Cart. de Gorze S. 125 nr. 69), in der eine Witwe Liutgard mit ihrem Sohn Nithard und dessen Frau Beletrud sowie mit den Enkeln Widerich und Nithard im Jahre 874 genannt ist, werde wohl Großmutter, Eltern und den späteren Pfgf. Wigerich samt Bruder überliefern. Da indessen die Besitzungen dieser Familie Liutgards im oberlothringischen Charpaigne- und Woevregau liegen, während Pfgf. Wigerichs Bruder Friedrich mit St. Hubert in den Ardennen in Verbindung trat, auch die Namen Nithard und Beletrud in der Familie Wigerichs nicht wiederkehren, dürfte hier wohl kaum der rechte Weg zur Klärung der Abstammung Wigerichs beschritten worden sein. Vgl. auch die Ablehnung bei H. RENN, Luxemburger Grafenhaus S. 19f; U. NONN, Gefälschte Urkunde Gf. Widerichs S. 58.

B) Bereits R. PARISOT, Origines S. 281 mit Anm. 3, verwarf eine ältere Auffassung, daß der zu 909 bezeugte *sanctae Treverensis aecclesiae vasallus* namens Rorich und seine Frau Ansdrude samt ihrem mitgenannten Sohn Wigerich (H. BEYER, Mittelrhein. UB I S. 218 nr.

154; C. WAMPACH, Urkunden- u. Quellenbuch I S. 159 ff. nr. 141 b und S. 155 ff. nr. 141 a) etwas mit Pfgf. Wigerich und seinen Eltern zu tun haben könnten; wird doch Wigerich in dieser Urkunde ausdrücklich als der amtierende Bidgaugraf mitgenannt, und ist doch auch seine vornehme Herkunft wiederholt bezeugt, was sich kaum mit einer Abstammung von einem Kirchenvasallen verträgt.

C) E. KIMPEN, Genealogie d. bayr. Herzöge S. 75, geht davon aus, daß Bisch. Adalbero I. v. Metz, ein Sohn Pfgf. Wigerichs und Kunigundes (vgl. bei nr. **2**), nach Angaben der Vita Johanns v. Gorze cap. 40 (MGH SS 4 S. 348) *regii quidem paterna simul ac materna stirpe longe retro usque ab hominum memoria sanguinis* gewesen sei, was nicht nur auf die gut bezeugte karolingische Blutsabkunft von Wigerichs Gemahlin Kunigunde (vgl. bei nrn. **2** u. **5**) verweist, sondern auch eine solche – wenngleich wohl weiter zurückliegende – bei Wigerich voraussetzt. Da es in der Gründungsgeschichte des 946 vom kinderlosen Grafen Eilbert errichteten Klosters Waulsort (Hist. Walciodorensis monast. cap. 1, MGH SS 14 S. 505) vom Vater Eilberts, Ebroin, heißt, er habe *filiam Wederici comitis et eius uxoris Evae, quae in nominis agnitione Berta nuncupabatur*, zur Gattin genommen, meint Kimpen – offenbar aus Gründen der Namensgleichheit Wigerich / Wederich und der unterschiedlichen Gattinnennamen (Kunigunde bzw. Eva) –, daß „Wederich und Eva als Wigerichs Eltern angesetzt werden" dürften. (Ältere Historiker – zuletzt auch noch V. HAAG, Origines I S. 21 – hatten aus dieser Quelle freilich den Schluß gezogen, Wigerich werde vor Kunigunde eine erste Ehefrau Eva gehabt haben, was indessen aus verschiedenen Gründen unmöglich ist; vgl. H. RENN, Luxemburger Grafenhaus S. 20 ff.). Und weiter meint er: „Der Name von Wigerichs Mutter Eva erinnert nun an Evesa, die Tochter von Ks. Lothars I. Tochter Helletrude; ein Sohn Wigerichs namens Giselbert weist dazu auf jenen Maasgaugrafen Giselbert hin, der 846 eine Tochter Ks. Lothars I. – man nennt sie ohne Beweise Irmgard – entführte. Eva war daher eine Enkelin des Maasgaugrafen Giselbert und wohl eine Schwester von Reginar I. Langhals, dem Vater des 939 umgekommenen lothringischen Herzogs Giselbert. ...". – So geistreich diese Kombination Kimpens auch scheinen mag, sie kann dennoch nicht überzeugen. Denn 1) gibt es keine Bezeugung für Evesa als Tochter von Lothars I. Tochter Helletrude (dies ist reine Annahme Kimpens S. 72; Evesa wurde zudem von J.M. van WINTER, Hamaländer Grafen S. 33 ff., auf der Basis von Gedenkeinträgen – ob zu Recht ? – als Tochter eines Huc angesehen); 2) ist auch eine Schwester

Reginars I. Langhals nicht bezeugt; und 3) ist die Chronik von Waulsort, der Ausgangspunkt der Konstruktion, erst in der 2. Hälfte des 12. Jhs. (also über 200 Jahre nach der Gründung des Klosters!) geschrieben worden und in vielen überprüfbaren Einzelnachrichten höchst unzuverlässig (vgl. etwa H. RENN, Luxemburger Grafenhaus S. 20f.; Chr. SETTIPANI, Préhistoire des Capetiens I S. 222 Anm. 218). Somit ist auch diese These zur Bestimmung der Vorfahren Wigerichs in keiner Weise tragfähig.

D) Auch K.A. ECKHARDT, Genealog. Funde S. 58f., geht – wie Kimpen – von der in der Vita Johanns v. Gorze bezeugten Karolingerabkunft Wigerichs aus und folgert: „Da Wigerich einen Sohn Giselbert hatte ..., liegt es nahe, seine Mutter als Tochter des Grafen Giselbert vom Maasgau und somit als Enkelin Kaiser Lothars I. anzunehmen, womit dem Erfordernis königlicher Abstammung bestens genüge getan und zugleich der Anspruch von Wigerichs Geschlecht auf das Herzogtum Lothringen [– Hzg. Friedrich I. v. Oberlothr. (959–978) ist nachweislich Wigerichs Sohn –] abstammungsmäßig substantiiert wäre. Auch ein Ehehindernis [der zu nahen Verwandtschaft] wäre nicht gegeben".

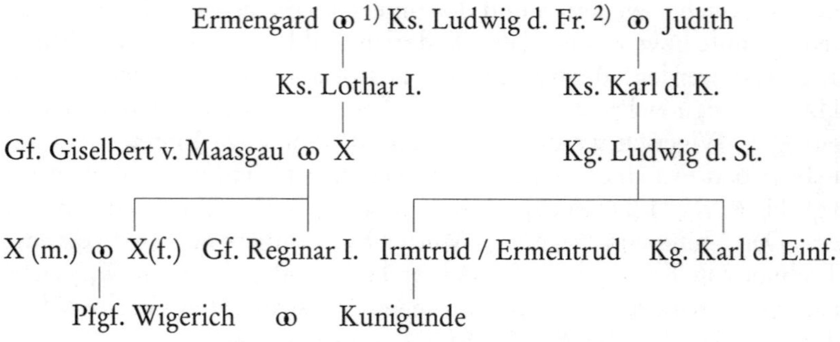

Da der Name Liutgard unter Wigerichs und Kunigundes Nachkommen wiederkehrt, meinte Eckhardt, Wigerichs so erschlossene Mutter X(f.) werde wohl den Namen Liutgard getragen haben. Ob dies zutrifft oder nicht, ist weniger wichtig; immerhin könnte diese Sicht Wigerichs Karolingerabkunft und das Auftreten der Reginar- und Giselbert-Namen in seiner Nachkommenschaft erklären. Doch scheint Kunigundes Mutter Ermentrud / Irmtrud die erste Ehefrau Reginars I. Langhals gewesen zu sein (s. oben in nr. **2** [Abschnitt H] und unten bei nr. **10 / 11**), was diese Sicht absolut ausschließt.

E) Schließlich hat U. NONN, Gefälschte Urkunde S. 59 ff., – ohne Beachtung der Ansätze Kimpens und Eckhardts – gemeint, das Problem der Herkunft Wigerichs eventuell mittels einer zu Ausgang des 12. Jhs. (oder unmittelbar vor dem November 1202 ?) gefälschten Gründungsurkunde für das Nonnenkloster Hastière (ed. G. DESPY, Chartes de Waulsort S. 412 f.) und einer für die Unabhängigkeit Hastières von Waulsort streitenden Schrift „Defensio libertatis ecclesie Hasteriensis" (MGH SS 14 S. 541 f.) lösen zu können, und zwar für den Fall, daß der Urkundenfälscher bzw. der Verfasser der Defensio für die Angabe des Vaters Wigerichs eine Vorlage benutzte. In beiden Fällen wird vom *comite Widrico filio Hoachrii ducis Lotaringie* gesprochen, wobei Hoachrius bzw. Ohacrius eine Entstellung von Odacar / Hotacher / Hodacres – so der Name eines Grafen aus der Wende vom 9. zum 10. Jh. – sein könnte. Da indessen die Fälschung auch sonst voll von „phantastischen Erfindungen" ist (z. B. sei der *Ohacrius Lothariensium dux ... a stirpe Hisperici (= Chilperici ?) Francorum regis* hervorgegangen und habe seine Gründung im Jahre 656 z. Zt. Kg. Sigeberts, des Sohnes Kg. Dagoberts, vorgenommen) und da Memorialeinträge aus Remiremont, die den Grafen Odacar betreffen, keinerlei Verbindung zu Widerich aufweisen (vgl. E. HLAWITSCHKA, Lotharingien S. 168 mit Anm. 33), dürfte diese Hypothese illusorisch sein. Vgl. auch G. DESPY, Waulsort Sp. 2079: „Die Abtei ist v.a. bekannt durch ihre Fälschungen; das Maß der Echtheit oder Verfälschung von etwa 10 um die Mitte des 12. Jhs. in Waulsort entstandenen Urkunden (mit Zuschreibung der Gründung an einen fiktiven regionalen Grafen) ist seit einem Jahrhundert Streitpunkt gelehrter Diskussion". Nonns Vorschlag ist indessen übernommen bei R. LE JAN, Famille S. 456.

F) Wenig Beachtung fand bisher der Vorschlag von M. UHLIRZ, Domnus Sicco S. 169, aus der Kennzeichnung des Mönches und Propstes Friedrich v. S. Vanne in Verdun, eines Sohnes Gf. Gottfrieds v. Verdun (– letzterer war ein Neffe Bisch. Adalberos I. v. Metz und Gf. Siegfrieds I. v. Luxemburg –), in seiner Grabschrift als *comes, magnatis regia proles* (MGH Poetae Lat. 5 S. 291 nr. 18), und bei Hugo v. Flavigny als *de imperiali sanguine procreatus* und als *consanguineus regis* (Hugo v. Flavigny, Chron., lib. II cap. 6 u. 7, MGH SS 8 S. 372) sowie aus der Nennung Gf. Siegfrieds I. v. Luxemburg als *imperatorius frater* (MGH Const. 1 S. 633 nr. 436) in einer Aufgebotsliste Ks. Ottos II. vom Jahre 982 folgendes zu erschließen: „Vielleicht ist Wigerich ein Sohn Kg. Heinrichs I., vielleicht auch sein jüngerer Bruder oder Vetter gewesen". Dem widerspricht indessen, daß Wigerich in keiner einzigen ottonischen Gedenkaufzeichnung erwähnt wird (vgl. G. ALTHOFF, Amicitiae u. Pacta). Daß der Mönch Friedrich als Mutter eine Tochter Mgf. Hermann Billungs, Mathilde, hatte, schafft auch keine Verbindung zu den Ottonen; diese ergibt sich vielmehr daraus, daß Gf. Gozlin, der Großvater Friedrichs v. S. Vanne und gleichzeitige Bruder Gf. Siegfrieds I. v. Luxemburg, in Uda eine Enkelin Hzg. Ottos d. Erlauchten v. Sachsen (Vater Kg. Heinrichs I.) geheiratet hatte (vgl. E. HLAWITSCHKA, Anfänge Habsburg-Lothringen S. 58f. mit Anm. 38 u. 39). Und die *imperatorius-frater*-Stelle ist offenbar aus einer gemeinsamen Taufpatenschaft Ks. Ottos II. und Gf. Siegfrieds I. v. Luxemburg zu erklären (vgl. oben nr. **2** [Abschnitt C]). Damit ist auch dieser Erklärungsversuch als substanzlos beiseite zu legen.

G) Zuletzt sei noch angedeutet, wie französische Mediävisten die in der Vita Abt Johanns v. Gorze angedeutete Karolingerabkunft Wigerichs (Zitat bei C) erklären möchten. – Bisch. Adalbero I. v. Metz, eindeutig ein Sohn Wigerichs und Kunigundes (vgl. oben bei nr. **2**), wird in zwei Urkunden der Gfn. Eva, Witwe Gf. Hugos (vom Chaumontois) und Mutter eines zur Ausstellungszeit bereits ums Leben gekommenen Gf. Arnulf und des Erzbisch. Odelrich v. Reims (vgl. die zahlreichen Belege zu dieser Familie bei E. HLAWITSCHKA, Lebensgeschichte Odelrichs v. Reims S. 1–20, bes. S. 2ff.), sowohl als ihr wie auch als ihres Sohnes Arnulf *consanguineus* bezeichnet (vgl. A. CALMET, Hist. de Lorr., 1. Aufl. Bd. I Preuves Sp. 356ff., 2. Aufl. Bd. II Sp. 196ff.: *Notum sit …, qualiter ego Eva comitissa et filius meus Udelricus Dei gratia Remorum archiepiscopus in elemosyna dilectissimi conjugis mei Hugonis nobilissimi comitis filiique nostri dulcissimi aeque strenui comitis Arnulphi ab impiis et inimicis sanctae ecclesiae in primaevo juventutis suae flore … impie trucidati ad Basilicam beatissimi confessoris Christi Arnulphi villam meam Layum, a praedicto seniore meo mihi datam dotis jure, sitam in pago Calvomontinse condonaverim … Forestam nihilominus, quae dicitur Heis, cum integro banno … Quam villam specialius ipsi beatissimo pontifici Arnulpho idcirco volui delegare, quod isdem venerandus antistes, de cuius germine reges Francorum strenuissimi prodiere, in eadem villa praesentis exordium suscepit vitae et quia filii mei ab ipso ducebant originem ex paterno genere. … Utque hoc efficeretur, venerabilis Adelberonis Metensium episcopi meique consanguinei devotio me provocavit …*; so die erste Urkunde. In der zweiten heißt es nach ähnlichem ersten Teil: *Et ut voluntas in augmentum boni desiderii cresceret, dedit nobis Dominus* *gratiam muneris sui, scilicet in venerabili Adelberone religioso pontifice Dei dilecto ... filii mei dilecti Arnulphi defuncti consanguineo, scilicet ut in ipso tempore sedem Metensem regeret*). Die erste Urkunde ist zudem unterzeichnet von Bisch. Adalbero v. Metz (als erstem Zeugen), danach von Hzg. Friedrich v. Oberlothringen, Gf. Siegfried v. Luxemburg und Gf. Giselbert, also den Kindern Pfgf. Wigerichs und Kunigundes. Diese Urkunden sind freilich um 1073 während eines Besitzstreites um den Wald Haye und um eine Brücke über die Meurthe gefälscht oder zumindest verfälscht worden (G. WOLFRAM, Kritische Bemerkungen S. 40ff.; E. HLAWITSCHKA, Lebensgeschichte Odelrichs v. Reims S. 2ff.). Die gegenwärtige französische Mediävistik läßt indessen die angegebene Verwandtschaft zwischen dem Metzer Bisch. Adalbero und (Erzbisch.) Odelrich wie auch zu des letzteren Mutter Gfn. Eva als ehedem tatsächlich bestehend gelten, (nachdem zuvor L. VANDERKINDERE, Formation territoriale II S. 475, die Gfn. Eva einfach als Schwester Pfgf. Wigerichs und Tante Bisch. Adalberos I. aufgefaßt hatte); vgl. etwa M. PARISSE, Notices de tradition S. 230: „Hugues, comte de Chaumontois, et Eve dont on ne connaît pas l'origine. Ce comte était un parent des comtes d'Ardenne, de l'évêque de Metz Adalberon Ier; il eut deux fils, Arnoul, mort jeune, et Odelric"; etwas anders, und dabei Gfn. Eva, nicht ihren Gemahl Gf. Hugo, als Bindeglied herausstellend, R.-H. BAUTIER, Origines de Bouxières S. 38: „Si, comme tout semble l'attester, la comtesse Eve était cousine de l'évêque de Metz Adalbéron (929–962), elle l'était aussi du duc Ferry de Lorraine et encore du fameux archevêque de Reims Adalbéron [fils d'un Gozlin, frère du duc Ferry], qui succéda précisément à Odelric sur ce siège en 969. Par conséquent Odelric devait être parent assez proche de l'évêque Adalbéron de Metz"; vgl. ebd. auch S. 56. M. BUR, Champagne S. 140, sieht in Erzb. Odelrich und seinem Bruder Gf. Arnulf Nachkommen Kg. Lothars II., und zwar durch ihren Vater Hugo, und Verwandte Bisch. Adalberos I. und Hzg. Friedrichs I. v. Oberlothringen: „Arnoul, frère de l'archevêque de Reims Odalric. Ils sont l'un et l'autre fils du comte Hugues de Chaumontois et de la comtesse Eve. Par leur père, ils descendent de Lothaire II et par conséquent tiennent aux Carolingiens, et du côté de leur mère, *consanguinea* de l'évêque Adalbéron de Metz, ils sont apparentés à la maison d'Ardenne et au duc de Haute-Lorraine Frédéric Ier". – War Gfn. Eva – wie Bautier meint – eine „cousine" Bisch. Adalberos I. v. Metz, dann war entweder Adalberos Vater Pfgf. Wigerich oder seine Mutter Kunigunde das Geschwister eines Elternteils der Gfn. Eva. Falls man nun von einem Geschwister Kunigundes ausgeht, ergäbe sich auch für Eva eine karolingische Herkunft, die indessen aus diesen Urkunden nicht hervorgeht, sondern nur für Evas Kinder (über ihren Gemahl Gf. Hugo) betont ist. Somit dürfte – legt man diese problematischen Urkunden zugrunde – Pfgf. Wigerich der Bruder eines Elternteils Evas gewesen sein. Aber das führt bei der Vorfahrenklärung Wigerichs, der nach der Vita Johanns v. Gorze karolingische Ahnen gehabt haben soll, nicht weiter, da Evas Vorfahren unbekannt sind. – Was daneben die von M. Bur erwogene Abstammung des vor 935 verstorbenen (vgl. Vita Johanns v. Gorze cap. 101, MGH SS 4 S. 366) Gf. Hugo, Gemahl Evas und Vater Erzbisch. Odelrichs, von Kg. Lothar II. anbetrift, so läuft dies auf folgende Überlegung hinaus: Gf. Hugo könnte ein Sohn jenes ca. 855/60 von Kg. Lothar II. mit seiner Friedelfrau Waldrada gezeugten Hugo gewesen sein, der 883 Friderada, die Witwe des vorher von ihm hinterhältig beseitigten Gf. Bernar geheiratet hat und 885 im Thronprätendentenstreit auf Geheiß Ks. Karls III. in Gondreville geblendet und anschließend zur Klosterhaft verurteilt wurde (vgl. Regino, Chron. ad 883 und 885, MGH SS rer. Germ. S. 121 und 125). Doch fehlen entsprechende Filiationsangaben, man ist nur auf die Weitergabe der bei den Karolingern für Bastarde oft gewählten Namen Hugo und Arnulf angewiesen. Auszuschließen ist dieser Erklärungsweg freilich nicht.

H) Bestehen indes sonst noch Möglichkeiten, die in der Vita Johanns v. Gorze (Zitat bei C) vermerkte Karolingerabkunft des Vaters Bisch. Adalberos, also Wigerichs, mit einiger Wahrscheinlichkeit zu rekonstruieren? Hier kommt zu Hilfe, daß Gf. Hugo, Gfn. Eva und ihr Sohn Odelrich in Südlothringen um Nancy, Toul, Commercy und Remiremont sowie ebenso im nordburgundischen Bereich um Langres, im Bassigny und Ornois begütert waren und daß Odelrich vor seiner Reimser Bischofszeit als *abbas* die für die religiöse Versorgung der Frauenklöster Bouxières und Remiremont benötigten Kleriker betreute wie auch als Abt von Saints-Geosmes bei Langres im Bassigny wirkte (vgl. E. HLAWITSCHKA, Lebensgeschichte Odelrichs v. Reims; R.-H. BAUTIER, Origines de Bouxières S. 37ff.). Dort stand er in engstem Kontakt mit der Familie der Bassigny-Grafen, bei denen die Namen Hugo und Gozlin / Gocelm / Gotselm sowie Widricus / Wigiricus gängig waren (vgl. E. HLAWITSCHKA, Habsburg-Lothringen S. 17–44) und die auch um 940 über weite Besitzungen im Val de Rognon (= rechter Nebenfluß am Oberlauf der Marne) und im oberen Marnetal verfügte: so über Roiffey, Forcey, Gilly, Joinville, Noncourt,

Aingoulaincourt und Thivet (E. HLAWITSCHKA, Habsburg-Lothringen S. 36f. mit Anm. 52; R.-H. BAUTIER, Origines de Bouxières S. 39ff.). Den *fundus Rodonionis*, d.h. den Großteil des Val de Rognon, hatte aber 870 ein Gf. Witbert inne, der als Sohn Gf. Lamberts II. von Nantes († 852) sowie der um 835/37 geborenen Tochter Ks. Lothars I. namens Rotrud erweisbar ist, also ca. 850 geboren sein dürfte (vgl. E. HLAWITSCHKA, Ks. Wido S. 366–385, ND in: DERS., Stirps regia S. 227–246). Diesen Besitzkomplex hatte Gf. Witbert von Kg. Lothar II. erhalten, der Witbert nach dem frühen Tode des Vaters zu sich genommen hatte; und nach Lothars II. Tod (869) wiederum hatte Witbert an Lothars II. Friedelsohn Hugo die Vatersstelle wahrgenommen, was letzterer ihm aber undankbar mit der Ermordung 883 vergalt. 895/96 ist dann ein jüngerer Witbert (* ca. 870/75) im nordburgundisch-südlotharingischen Raum nachweisbar, offenbar ein Sohn des 883 ermordeten Grafen (vgl. ebd.). Hier stellt sich die Frage: War vielleicht der ältere, 883 ermordete Gf. Witbert mit einer Dame aus der Familie der Bassigny-Grafen verheiratet, so daß die Besitzverankerung beider Familien im Val de Rognon und bei Langres auf diese Weise erklärlich ist? Und stammte vielleicht ein Elternteil des in diesem Bereich gleichfalls verankerten und dort tätigen Erzbisch. Odelrich – also Gf. Hugo (oder seine Gemahlin Eva) – aus diesem Familienkreis? Wenn man nicht nur den jüngeren (ca. 870/75 geborenen) Witbert, sondern auch den (doch wohl um 880 geborenen) Vater Erzbisch. Odelrichs, d.h. den Gf. Hugo (vom Chaumontois), oder seine Frau Eva und dazu den (ebenfalls um 875/80 geborenen) Pfgf. Wigerich und dessen Bruder Abt Friedrich v. St. Hubert als Kinder des älteren Gf. Witbert ansieht, könnte sich das Dunkel um die karolingische Herkunft Pfgf. Wigerichs und um die (in den zitierten problematischen Urkunden erwähnte) 'Blutsverwandtschaft' seines Sohnes Bisch. Adalbero I. v. Metz mit Erzbisch. Odelrich v. Reims und seinem Bruder Gf. Arnulf, auch die Frage nach der Herkunft des Namens Gozlin bei Pfgf. Wigerichs Sohn etwas lüften. Mehr als eine Hypothese kann dies freilich nicht sein.

10 / 11 : Gf. Reginar I. (Langhals) als wahrscheinlicher Vater und Ermentrud als Mutter Kunigundes

Als Mutter Kunigundes ist uns Ermentrud, eine Tochter Kg. Ludwigs d. St. von Westfranken, durch mehrere Karolingergenealogien gut bezeugt; vgl. oben ausführlich bei nr. **2**. Und dadurch, daß Kunigundes (und ihres Gemahls Pfgf. Wigerich) Sohn Bisch. Adalbero I. v. Metz von Kg. Karl d. Einf., dem aus den genannten Genealogien ersichtlichen Bruder Ermentruds, urkundlich als *nepos* (= Großneffe) bezeichnet wurde (vgl. bei nr. **2**), wird diese Filiation bestätigt.

Der Gemahl Ermentruds wird nirgendwo ausdrücklich erwähnt. Nachdem schon S. HIRSCH, Jahrb. Heinrichs II., Bd. 1 S. 531, ohne Angabe von Belegen oder Argumenten den Gf. Reginar I. (Langhals) als Ehemann Ermentruds bezeichnet hatte, wurde von H. RENN, Luxemburger Grafenhaus S. 10f. und 39f., zur Begründung dieser Ansicht auf das Auftauchen der Namen Giselbert und Reginar unter den Nachkommen Pfgf. Wigerichs und Kunigundes hingewiesen, dazu auch auf eine 1017 vorgebrachte Verwandtenehe-Reklamation aufmerksam gemacht, die eine Ururenkelin Wigerichs und Kunigundes auf der einen und einen Nachkommen Reginars I. (Langhals) auf der anderen Seite betraf. Diese Verwandtenehe (4:5) ergibt sich tatsächlich – und nur dann –, wenn Ermentrud mit Reginar I. verheiratet war. Vgl. dazu ausführlich oben bei nr. **2,** Abschnitt H; dort wurde folgende Tafel begründet:

Ermentrud ∞ 1) Reginar I. (Langhals) 2) ∞ Albrada

Pfgf. Wigerich ∞ Kunigunde Hzg. Giselbert v. Lothr. Gf. Reginar II.

Gf. Gozlin ∞ Uda Gf. Reginar III.

Gf. Gottfried ∞ Mathilde v. Sachsen

Gf. Reginar IV. ∞ Hadwig

Gf. Hermann v. Eenham

Mathilde ∞ Gf. Reginar V.

Hiergegen könnte folgendermaßen argumentiert werden: Reginar I. sei – vertraut man der Nachkommentafel Karls d. Gr. bei K.F. WERNER, Nachkommen S. 449f. und Tafel (Gen. IV, 8 u. V, 11) – ja doch, ebenso wie Ermentrud, schon ein Nachkomme Ks. Ludwigs d. Fr. gewesen, so daß eine Ehe Ermentruds mit Reginar I. eine verbotene Nahehe im Gradverhältnis 3:3 gewesen wäre, was kirchliche Kreise gewiß nicht klaglos hingenommen hätten. Es ergäbe sich folgendes Stemma:

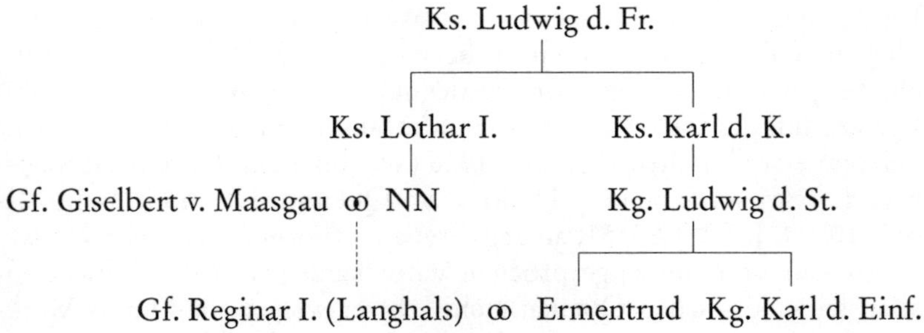

Dieses Gegenargument setzt aber voraus, daß Reginar I. tatsächlich der Verbindung des Grafen Giselbert v. Maasgau mit einer namentlich unbekannten Tochter Ks. Lothars I. entstammte. (Die Ann. Fuldens. ad 846, MGH SS rer. Germ. S. 36, berichten nämlich: *Gisalbertus vassallus Karli filiam Hluthariii imperatoris rapuit et in Aquitaniam profectus in coniugem accepit*; vgl. auch BM^2 nr. 1124 a, 1130 b, 1134 a, 1136 a; und Giselbert gilt als Vater Gf. Reginars I., vgl. bei nr. **20 / 21**). Hierfür gibt es aber nicht den geringsten Beleg. Schon E. Brandenburg, Nachkommen S. 85, hatte es zwar als „sehr wahrscheinlich, aber nicht ganz sicher“ gehalten, „daß dieser Graf Giselbert der Vater des bekannten Grafen Reginar Langhals und der Ahnherr des brabantisch-hessischen Fürstenhauses gewesen ist“, aber er hatte auch betont, daß „Reginar aus einer anderen Ehe Giselberts stammen könnte: Auffällig ist das Fehlen aller karolingischen Namen in seiner Deszendenz“. Er verwies deshalb die Nachkommen Giselberts in seinen Teil II: Wahrscheinliche Nachkommen. Zusätzlich muß darauf hingewiesen werden, daß weder Reginar I. noch sein Bruder Adalbert noch auch Reginars I. Söhne Hzg. Giselbert und Gf. Reginar II. in den Diplomen Kg. Karls d. Einf. als Nahverwandte (Vetter und Schwager bzw. als Neffen) hervorgehoben wurden und daß ebenso Reginar I. auch in den Diplomen Kg. Zwentibolds und Kg. Ludwigs d. K. nicht als Verwandter auftritt; gleichfalls sind diese Herren in den erzählenden Quellen (Ann. Vedastini, Regino v. Prüm, Folcuin, Flodoard, Richer v. Reims etc.), obwohl sie dort mehrmals erwähnt sind, niemals als Karolingerverwandte bezeichnet worden. Darüber hat sich K.F. Werner – wahrscheinlich nur weil seine „Liste keine eigene Rubrik für wahrscheinliche Fälle hat“ (S. 449) – hinweggesetzt. Dieses auffällige Fehlen aller Hinweise auf eine Karolingerverwandtschaft und desgleichen aller Karolingernamen bei den Nachkommen Reginars I. ist indessen ein deutliches Zeichen dafür, daß Reginar I. nicht aus der

Ehe seines Vaters Giselbert v. Maasgau mit der ungenannt gebliebenen Tochter Ks. Lothars I. hervorging. Dadurch ist das mögliche Gegenargument gegen die Festlegung Gf. Reginars I. als Gemahl Ermentruds und als Vater Kunigundes ausgeräumt. Daß Reginar I. bei dem erst zwischen 1015 und 1026 (also über 100 Jahre nach Reginars I. Tod) schreibenden Dudo v. St. Quentin, De moribus lib. II cap. 10, ed. J. LAIR S. 151, als *regumque et ducum atque comitum superbo satis sanguine* angesprochen wird, kann gegen das Schweigen aller zeitgenössischen Quellen nicht schwer wiegen, da Dudos Werk erzählerisch überzeugen will, aber hinsichtlich der historischen Genauigkeit nur „mit Vorsicht" zu benutzen ist (vgl. R. HOLTZMANN – F.-J. SCHMALE, Deutschlands Geschichtsquellen III S. 997).

Chr. SETTIPANI, Préhistoire des Capétiens I S. 264, hat indessen gemeint, ein positives Zeugnis für die Abkunft der Reginare von Gf. Giselbert und der Tochter Ks. Lothars I. beibringen zu können: Gf. Gozlin, der Sohn Pfgf. Wigerichs und Kunigundes (vgl. oben das Stemma bei nr. **2**, am Ende von Abschn. A), „se déclare issu de l'empereur Lothaire". Hierfür verweist er auf C. WAMPACH, Urkunden- u. Quellenbuch I S. 195 nr. 156: *Gozlinus nomine miles ex nobilissimis regni Chlotharii ducens prosapiam.* Das besagt aber nur, daß Gozlin seine Herkunft als „von den Edelsten aus dem Regnum Lotharii abstammend" angab, nicht daß er ein Nachkomme Ks. Lothars I. war. Auch dieser Rettungsversuch der These Werners trägt also nicht.

Die ungefähre Geburtszeit Reginars I. läßt sich nur schwer ermitteln. Ihm mit Sicherheit zuweisbare Bezeugungen gibt es erst für die Zeit von 895 an (vgl. R. PARISOT, Royaume de Lorraine S. 539ff.); eventuell sind Nennungen eines Reginar für die Jahre 877, 886 und 893 auch schon auf ihn zu beziehen (ebd. S. 418f., 481, 506 Anm. 1). Von seinem vermutlichen Vater Gf. Giselbert v. Maasgau weiß man, daß er 846 eine ungenannte Tochter Ks. Lothars I. entführte und heiratete und daß diese Verbindung 848/49 legalisiert wurde (ebd. S. 36–40, 540; vgl. auch schon oben). Da indessen – wie soeben gezeigt – Reginar I. nicht aus Gf. Giselberts Ehe mit der Tochter Lothars I. hervorging (von dieser gibt es nach 848 auch kein Zeugnis mehr), sondern demnach aus einer zweiten, vielleicht um 850/55 (oder auch einige Jahre später) geschlossenen Ehe Gf. Giselberts stammte, läßt sich auf eine Geburtszeit Reginars I. ca. 855/65 schließen.

Für Ermentrud ergibt sich eine Geburtszeit ca. 872/75 daraus, daß sie einerseits durch Witger, Geneal. Arnulfi, MGH SS 9 S. 302, als Tochter Kg. Ludwigs d. St. *ex Adelheidi regina* ausgewiesen wird, diese zweite Ehe des Stammlers mit Adelheid andererseits aber zwischen 867 und 875 (wahrscheinlich um 871) geschlossen wurde; zum Datum vgl. R. PARISOT, Origines S. 283 f.; E. BRANDENBURG, Nachkommen S. 86 (Gen. IV, 34); H. RENN, Luxemburger Grafenhaus S. 4; E. HLAWITSCHKA, Lotharingien S. 225 ff.; K.F. WERNER, Nachkommen S. 437 ff. mit Anm. 41; eine Spätdatierung dieser Ehe (877/78) erst nach dem Tode Ks. Karls d. K. durch C. BRÜHL, Karolingische Miszellen I S. 368 ff. (davor schon DERS., Hinkmariana II S. 55, 73 f.; dagegen E. HLAWITSCHKA, Lotharingien S. 221 ff.), widerspricht dem Zeugnis Reginos v. Prüm (zit. unten bei nr. **22 / 23**), das Brühl trotz vieler starker Worte nicht ausschalten kann.

Die Ehe Reginars I. mit Ermentrud dürfte um 888 geschlossen worden sein.

Verstorben ist Reginar I. im letzten Jahresdrittel 915. Am 25. VIII. dieses Jahres intervenierte er noch in einer Urkunde Kg. Karls d. Einf. für Lüttich (Rec. des actes de Charles III le Simple S. 180 f. nr. 81); am 19. I. 916 war er nicht mehr beim Hoftag Kg. Karls in Heristal zugegen, sondern seine beiden Söhne Giselbert und Reginar II. (ebd. S. 187 ff. nr. 84; vgl. auch R. PARISOT, Royaume de Lorraine S. 609). Er verstarb – nach Richer v. Reims, Hist. lib. I cap. 34, ed. R. LATOUCHE I S. 72, ed. H. HOFFMANN S. 69, in Meersen (nördl. Maastricht). An der Beisetzung soll Kg. Karl d. Einf. teilgenommen haben: *Ragenerus, vir consularis et nobilis cognomento Collo Longus ... finem vitae apud Marsnam palatium accepit. Cuius exequiis Karolus rex interfuisse dicitur.*

Die Todeszeit Ermentruds ist nicht überliefert. Da Reginar I. sich mit einer gewissen Albrada wiederverheiratete, die auch die Mutter seines Sohnes Hzg. Giselbert wurde, und Giselbert beim Tode des Vaters (915) noch ein junger Mann war (der 962/63 schreibende Sigehard, Miracula S. Maximini cap. 11, MGH SS 4 S. 232, nennt ihn zu diesem Zeitpunkt einen *admodum iuvenis*, und in cap. 16, S. 233, wird von einem Klosterbedrücker *Gisilberti ducatus tempore* gesprochen, der *a matre iuvenis ducis – nam pater iam obierat* – oftmals getadelt wurde; nach Richer v. Reims, Hist. lib. I cap. 34, ed. R. LATOUCHE I S. 72, ed. H. HOFFMANN S. 70, war er beim Tod des Vaters ein *iam factus iuvenis*), könnte man schließen, daß Ermentrud wahrscheinlich um 892 verstarb und Reginar I. bald darauf mit Albrada eine neue Ehe einging. (Daß Giselbert 915 noch unmündig (d.h. noch nicht 15 Jahre alt) war, braucht man aus Sigehards zitierten Worten nicht strikt zu folgern). – Ob evtl. die zum 8. I. in Reims memorierte *Ermentrudis comitissa* (vgl. bei **XVIII : Ksn. Agnes** nr. **7** [Ende]) sie meint?

20 / 21 : Gf. Giselbert (v. Maasgau) und NN als vermutliche Eltern Gf. Reginars I. (Langhals)

Bereits unter nr. **10 / 11** wurde vermerkt, daß Gf. Giselbert (v. Maasgau) in der Forschung allgemein als Vater Gf. Reginars I. (Langhals) gilt. Mangels eindeutiger Filiationsangaben stützt man sich bei dieser Aussage auf die Amtsnachfolge Reginars in jenen Gebieten, in denen sich zuvor Giselbert feststellen läßt, und auf die Wiederkehr des Giselbert-Namens bei Reginars I. älterem Sohn (Hzg. Giselbert v. Lothringen); vgl. dazu R. PARISOT, Royaume de Lorraine S. 540, 694; C. KNETSCH, Brabant I S. 1f.; L. VANDERKINDERE, Formation territoriale II S. 473; E. BRANDENBURG, Nachkommen S. 85 (Gen. IV, 6); H. SPROEMBERG, Lothring. Politik S. 8 u.ö., ND S. 119 u.ö.; K.F. WERNER, Nachkommen S. 449f. (Gen. IV, 8); U. NONN, Pagus S. 95–98, 142f., 147f., 240f.; R. BARTH, Herzog in Lothringen S. 15. (Das gelegentliche Argumentieren mit der politischen Haltung Gf. Reginars I. gegenüber Kg. Karl d. Einf. als Folge einer gemeinsamen Verwandtschaft durch Gf. Giselberts 846 erlangte Ehe mit einer ungenannten Tochter Ks. Lothars I. [vgl. bei nr. **10 / 11**] ist nicht überzeugend, denn Reginar I. suchte seine Stützen je nach politischer Opportunität. Es ist also kein genealogisches Stützargument).

Daß als Mutter Reginars I. nicht jene Tochter Ks. Lothars I. in Frage kommt, die Gf. Giselbert 846 entführte und ehelichte, ist oben bei nr. **10 / 11** gezeigt. Hier ist ein NN einzusetzen.

Gf. Giselbert ist in den Jahren von 840 – 877 nachweisbar. Ob er auch noch mit jenem *Gislebertus illustrissimus comes* identisch ist, der 885 für seinen Getreuen Theodo bei Ks. Karl III. eine Schenkung im Raum Lüttich erwirkte, ist möglich, wenn man ihm ein höheres Alter zubilligt; vgl. U. NONN, Pagus S. 95; R. PARISOT, Royaume de Lorraine S. 36 Anm. 1, S. 480 Anm. 1, S. 540f.

22 / 23 : Kg. Ludwig d. St. und seine 2. Ehefrau Adelheid als Eltern Ermentruds

Daß Kg. Ludwig d. St. der Vater Ermentruds war, wird durch die bei nr. **2** genannten Karolinger-Stammtafeln bezeugt. Desgleichen geht dies einwandfrei aus Witgers Genealogia Arnulfi (MGH SS 9 S. 303) hervor, wo zugleich Kg. Ludwigs zweite Gemahlin Adelheid als Ermentruds Mutter angegeben wird: *Hludovicus rex genuit Hludovicum et Karlomannum et Hildegardim ex Ansgardi vocata regina, Karolum quoque postumum et Irmintrudim ex Adelheid regina.* Zur unbestreitbaren Glaubwürdigkeit (nicht Vollständigkeit) der Angaben Witgers vgl. E. FREISE, Genealogia Arnulfi S. 203–243 (mit Abb.), wo auch S. 217–231 eine im Sommer 921 in Compiègne entstandene Karolingergenealogie als Vorlage für die weiter zurückliegenden Teile von Witgers Opusculum nachgewiesen wird.

Zu dieser 2. Ehe Kg. Ludwigs d. St. vgl. auch Regino, Chron. ad 878, MGH SS rer. Germ. S. 114: *Ludowicus rex, filius Caroli, qui Balbus appellabatur, eo quod impeditioris et tardioris esset eloquii, ... habuit autem, cum adhuc iuvenilis aetatis flore polleret, quandam nobilem puellam nomine Ansgard sibi coniugii foedere copulatam, ex qua duos liberos suscepit ...: horum unus Ludowicus, alter Carlomannus vocabatur. Sed quia hanc sine genitoris conscientia et voluntatis consensu suis amplexibus sociaverat, ab ipso patre postmodum est ei interdicta et interposito iurisiurandi sacramento ab eius consortio in perpetuum separata. Tradita est autem eidem ab eodem patre Adalheidis in matrimonium, quam gravidam ex se reliquit idem rex, cum obiret; quae tempore pariendi expleto enixa est puerum, cui nomen avi imposuit eumque Carolum vocitari fecit.* Zum Datum dieser 2. Ehe Ludwigs d. St. vgl. oben bei nr. **10 / 11**.

Zur Ermittlung des Geburtsdatums Ludwigs d. St. (1. XI. 846) vgl. die Eigenangabe Ludwigs in Rec. des actes de Louis II le Bègue S. 32f. nr. 12: *Volumus etiam ut jam dicti fratres diebus dum advixerimus diem nativitatis nostrae, quae est kl. novembris, et diem unctionis nostrae qua per misericordiam Dei in regio culmine sublimati sumus, id est VI idus decembris ... annis singulis observent*; auch M. BOUQUET, Rec. des Historiens IX S. 404 nr. 7; dazu Ann. Vedast. ad 879, MGH SS rer. Germ. S. 44, wo bei der Mitteilung des Todestages Ludwigs auch das Lebensalter mit ca. 33 Jahren angegeben wird, so daß sich als Geburtsjahr 846 ergibt: *Hludowicus etiam rex graviter infirmatur et die sancto parasceuen anno aetatis suae circiter XXXIII, indictione XII, diem clausit extremum, sepeliturque in ecclesia beatae Dei genetricis Mariae, quam eius pater regio cultu Compendio suo in palatio construxerat.* Ludwig verstarb also am 10. April 879 und wurde in Compiègne bestattet. Zum genauen Todestag vgl. auch Ann. Bertin. ad 879, MGH SS rer. Germ. S. 148: *Ipse autem cum magna difficultate ... Compendium venit. ... Ipse autem 4. Idus Aprilis in die parasceue iam vesperi obiit; et in crastina, scilicet in vigilia sancti paschae, in ecclesia sanctae Mariae sepultus fuit.*

Das Todesdatum Adelheids wurde von K.F. WERNER, Nachkommen S. 453 (Gen. IV, 34), aus einem Reimser Nekrologfragment in der

Vatikanischen Bibliothek (dort: Reg. lat. 863 fol. 32) ermittelt: zum 18. XI. : *Adelaidis regina.* Da Adelheid zum 9. XI. 901 noch in einem Diplom ihres Sohnes erwähnt wird (Rec. des actes de Charles III S. 90 nr. 41), ihre doch recht häufigen Interventionen (vgl. bei **XV : Ksn. Gisela** nr. **57**) damit aber abbrechen, schließt Werner, daß 901 sogar bereits das Todesjahr Adelheids sein dürfte. Sie dürfte – wie ihr Gemahl – in S. Corneille in Compiègne bestattet worden sein; dafür verweist A. ERLANDE-BRANDENBURG, Le roi est mort S. 154, auf die handschriftliche Histoire de Compiègne des Dom Bonaventure Gilleson.

Zu den Lebensdaten und einer Kurzbiographie Ludwigs d. St. vgl. auch Chr. SETTIPANI, Préhistoire des Capétiens I S. 313 ff., wo allerdings (S. 318) Ermentrud (nr. **11**) gegen den oben zitierten Quellenbefund als um 875 geborene Tochter aus Ludwigs d. St. erster Ehe (mit Ansgard) angegeben ist. – Zur weiteren Herkunft Adelheids vgl. K.F. WERNER, Nachkommen S. 429–441 (Exkurs II); davon abweichend F. VIANELLO, Unruochingi S. 351 ff.

44 / 45 : Ks. Karl d. K. und Ermentrud als Eltern Kg. Ludwigs d. St.

Zu dieser vielfach – z.B. in den Ann. Bertin., Ann. Fuldens., bei Regino v. Prüm – bezeugten Abkunft Ludwigs d. St. von Ks. Karl d. K. vgl. die Nachweise bei E. BRANDENBURG, Nachkommen S. 85 f. (Gen. III, 15 und IV, 34); K.F. WERNER, Nachkommen S. 447 (Gen. III, 16), wo auch die Nachweise für die Lebensdaten Karls d. K. (* 13. VI. 823) und Ermentruds (* 27. IX. ca. 830) zu finden sind; außerdem auch BM^2 nr. 773 a (Geburt Karls d.K.); E. DÜMMLER, Ostfränk. Reich I^2 S. 187 mit Anm. 6 (Verehelichung am 13. XII. 842); ebd. II^2 S. 285 mit Anm. 4 (Tod Ermentruds am 6. X. 869); ebd. III^2 S. 54 (Tod Karls d. K. am 6. X. 877; Bestattung zuerst in Nantua, dann in S. Denis). Lebensdaten für Karl d. K. auch bei Chr. SETTIPANI, Préhistoire des Capétiens I S. 301–307, für Ermentrud ebd. S. 307.

46 : Gf. Adalhard, Sohn Gf. Wulfhards, als Vater der Kgn. Adelheid

Diese Filiation wird in einem komplizierten, aber doch überzeugenden Beweisgang bei K.F. WERNER, Nachkommen S. 429–437, erarbeitet. Kleinere Modifikationen zum Gesamtkomplex bei E. HLAWITSCHKA, Habsburg-Lothringen S. 165 ff., und Cl. FABRE, Deux Planctus S. 228–252, bes. S. 241 ff.

XIV : Kg. u. Ks. Konrad II. (1024 bzw. 1027–1039)

1 : Kg. u. Ks. Konrad II.

Konrads II. Geburtszeit läßt sich – mit H. BRESSLAU, Jahrb. Konrads II., Bd. 1 S. 4, und ihm folgend BA S. 5 nr. a – daraus erschließen, daß seine Urgroßeltern Hzg. Konrad d. Rote (nr. **8**) und Liutgard (nr. **9**) ihre Ehe frühestens 947, wenn nicht erst 949 geschlossen haben. Sein Großvater Hzg. Otto v. Kärnten (nr. **4**) könne somit nicht vor 948 geboren sein. Wenn er und sein Sohn Heinrich (nr. **2**) jeweils mit etwa 20 Jahren geheiratet haben, ergibt sich für Konrad das Jahr 990 als ungefähre Geburtszeit. Bestärkend tritt folgendes hinzu: Die Vita Burchardi ep. Worm. cap. 7, MGH SS 4 S. 835, berichtet, daß Burchard, als er im Jahre 1000 den Wormser Bischofssitz bestieg, die Stadt in den Händen Ottos v. Kärnten (nr. **4**) und seines Sohnes Konrad vorfand: *Otto dux suusque filius Conradus intra civitatem habebant munitionem ...* In dieser Befestigung hätten viele schädliche Leute Zuflucht gefunden. *Unde et contigit, ut idem vir Dei hoc genus hominum ... exosum habuisset et quasi ecclesiae Dei invasores omnes respuisset; uno tantummodo iuvene excepto, quem parentes caeterique cognati, quia pacificus erat et innocentiam vitae diligebat, indignando respuerunt.* Bei diesem von den Verwandten Zurückgestoßenen handelt es sich, wie die weiteren Worte zeigen, um den späteren Ks. Konrad II.: *Hunc vir Dei venerabilis ad se vocatum, Dei timorem pariter et amorem docuit et quasi adoptivum nutrivit. Et quia stabilitatem animi in eo intellexit, prae ceteris multum illum dilexit.* Da nun Burchard erst im April 1000 zum Bischof erhoben wurde und Hzg. Otto v. Kärnten 1004 verstarb, der Streit Burchards mit seinen Widersachern sich erst langsam anließ und damit der Familienzwist wohl erst 1001 aufgebrochen sein dürfte, außerdem Konrad II. zu diesem Zeitpunkt ein *iuvenis* war (nach A. HOFMEISTER, Puer, iuvenis, senex S. 305, ist *iuvenis* und *adolescens* in den Quellen häufig durcheinander bzw. auch synonym gebraucht; auf S. 316 wird dann zusammenfassend festgestellt, daß ein *adolescens* mindestens 12–14 Jahre alt war), aber noch nicht volljährig (15 Jahre) gewesen ist und doch schon eigene Meinungen bekundete, dürfte er 1001/02 etwa zwölf- bis vierzehnjährig gewesen sein. Auch demnach dürfte Konrad II. wohl ca. 989/990 – allenfalls 1–2 Jahre früher – geboren sein. (Daß die Verfeindung Konrads mit seinen Verwandten in der Vita Burchardi gewiß übertrieben ist, daß sein Ausschluß von vielen Teilen des Erbes

– wenn man das überhaupt angesichts von MGH D K II 51 u. 216 behaupten kann – dem fränkischen Erbrecht entsprach, zeigt T. SCHMIDT, Ks. Konrads II. Jugend S. 325 ff.). – Daß Konrad II. am 12. Juli 990 geboren sein dürfte, kann M. BLACK-VELDTRUP, Ksn. Agnes S. 112 ff., aus Gedenkstiftungen Ks. Heinrichs III. und einer Inschriftentafel aus dem Kloster Limburg recht plausibel machen; auf diese Arbeit sei also nachdrücklich verwiesen.

Daß Konrad II. vor seiner Ehe mit Gisela schon einmal verheiratet war, vermutete G. BERTHOLD, Speierer Geschichtsbeiträge I,4 S. 81, Sonderausgabe S. 17: „Nun wird in Wormser Quellen überliefert, Ks. Konrad habe einen Sohn Wolfram gehabt. Ich glaube hieraus schließen zu dürfen, daß Konrad eine Tochter des Grafen Wolfram heimführte und daß der Sproß dieser Ehe eben der nach dem Großvater genannte Wolfram war". Wohl um 1014 sei jene Dame verstorben. Da Bertholds „Wormser Quellen" aus ganz späten und größtenteils falsifizierbaren Zusammenhängen stammen (vgl. A. U. FRIEDMANN, Beziehungen S. 107 f. Anm. 541), kann diese Ansicht unbeachtet bleiben.

Zum Zeitpunkt des Eheschlusses mit Gisela – wohl Ende 1016 (spätestens Januar 1017) – vgl. bei **XV : Ksn. Gisela** nr. **1**.

Ks. Konrad II. verstarb am 4. VI. 1039 in Utrecht und wurde im Dom zu Speyer bestattet. Die Quellenzeugnisse hierfür verzeichnen H. BRESSLAU, Jahrb. Konrads II., Bd. 2 S. 335; BA nr. 296 c; dazu W. METZ, Das älteste Nekrolog S. 202, zum 4. Juni: *Anno mill. XXXIX Cunradus imperator obiit.*

2 : Heinrich (v. Speyer) als Vater Ks. Konrads II.

Konrad II. nennt seine Eltern in einem Diplom (MGH D K II 204) vom 30. I. 1034 für die Domkirche von Worms: *sciat universitas, qualiter nos per amorem dei et sempiternam memoriam nostri et dilecte nostre coniugis Gisele imperatricis ac filii nostri Heinrici regis, filie quoque nostre Beatricis, immo etiam pro remedio parentum nostrorum defunctorum atavi nostri ducis Chuonradi, avie nostre scilicet Iudithe, patris nostri beate memorie Heinrici, patrui nostri ducis Chuonradi eiusque coniugis digne memorie Mahthildis, sororis etiam nostre Iudithe sancto Petro in Wormacia … donavimus et delegavimus predium* Affolterbach in der Wettereiba … *eo scilicet tenore, ut ad altare in eadem ecclesia, in qua corpora predictorum requiescunt, … pro animabus illorum missa singulis diebus celebretur.*– Auch Wipo, Gesta Chuonradi cap. 2, MGH SS rer. Germ. S. 15, nennt Konrads II. Vater im Bericht über die Königswahl von 1024, bei der Konrad II. als der ältere der beiden Thronbewerber (Konrad d. Ä. und sein Vetter Konrad d. J.) zum Zuge kam: *Erant ibi duo Chuonones, quorum unus, quod maioris aetatis esset, maior Chuono vocabatur, alter autem iunior Chuono dicebatur, ambo in Francia Theutonica nobilissimi, ex duobus fratribus nati, quorum alter Hezzil et alter Chuono dictus est; ipsos vero ab Ottone duce Francorum natos accepimus cum duobus aliis Brunone et Willehelmo, ex quibus Bruno … papa effectus mutato nomine Gregorius appellatus est, Willelmus factus Argentinensis ecclesiae episcopus miro modo eam sublimavit.* (Über den Namen Chuono für Cuonradus und Hezzil für Heinricus vgl. H. Bresslau, Jahrb. Konrads II., Bd. 1 S. 348). – Desgleichen berichtet Hermann v. Reichenau, Chron. ad 1024, MGH SS 5 S. 120, über das Geschehen nach Ks. Heinrichs II. Tod: *Deinde cum Counradus senior, filius Heinrici et Adalheidae, et patruelis eius Counradus, filius Counradi ducis ex Mahthilde, ad regnum praecipue adniterentur, habito apud villam Kambam principum conventu, senior Counradus rex promotus est.* – Vgl. auch unten bei nr. **17** [A]

Heinrich (v. Speyer) wurde ca. 970 (evtl. 1–2 Jahre vorher) geboren. Das ergibt sich daraus, daß er offenbar der älteste Sohn Ottos v. Kärnten (nr. **4**) war (vgl. dazu die Grevenhauser / St. Lambrechter Stiftungsurkunde von 977/78 (oder 987?) bei H. Bresslau, Jahrb. Konrads II., Bd. 1 S. 3 Anm. 1: *Otto dux … cum adsensu trium filiorum meorum Heinrici, Brunonis, Cunonis*; zu dieser Urkunde vgl. aber auch bei nr. **5**) und Otto v. Kärnten selbst frühestens 948/50 geboren worden sein kann (vgl. oben bei nr. **1**).

Die ungefähre Verheiratungszeit Heinrichs – ca. 988 – folgert aus den Geburtszeiten einerseits seines Vaters und andererseits seines Sohnes.

Verstorben ist Heinrich (v. Speyer) an einem 28. III.; vgl. Necrol. Weissenburg. ad *V. Kal. April.*, ed. E.F. Mooyer S. 11, auch ed. J.F. Böhmer, Fontes IV S. 311: *Heinricus pater imperatoris Cuonradi ob.* Zum Todesjahr – zwischen 990 und 1000 – vgl. H. Bresslau, Jahrb. Konrads II., Bd. 1 S. 3f. – Bestattet wurde Heinrich in der Bischofskirche zu Worms; vgl. oben MGH D K II 204.

In seinen (echten) Urkunden gedachte Konrad II. seines Vaters – außer im oben zitierten D K II 204 vom Jahre 1034 – nicht namentlich. Das scheint zunächst die vor einigen Jahren vorgetragene Ansicht zu bestätigen, daß Konrad nicht aus der Ehe Heinrichs (v. Speyer) mit Adelheid (v. Metz) hervorgegangen sei, sondern einem Liebesverhältnis Adelheids mit dem jungen Ks. Otto III. entstammte. Vgl. dazu M. UHLIRZ, Waren Ks. Konrad II. S. 328–333, und W. OHNSORGE, Waren die Salier S. 28–53. Aber diese These, die sich auf Angaben Hugos v. Flavigny und bei Adam v. Bremen stützt, wurde mit guten Gründen zurückgewiesen von K.A. ECKHARDT, Genealog. Funde S. 91–124 (Kap. 5: Theophanu als Ahnfrau). Sie läßt sich auch mit der bei nr. **1** ermittelten ungefähren Geburtszeit Konrads II. (ca. 990, allenfalls 1–2 Jahre früher) nicht vereinbaren, da Otto III. selbst ja erst Juni/Juli 980 geboren wurde.

Ein Titel ist für Heinrich nicht nachweisbar; vgl. BA S. 5 nr. b.

3 : Adelheid (v. Metz) als Mutter Ks. Konrads II.

Zur Nennung Adelheids als Mutter Konrads II. bei Hermann v. Reichenau vgl. oben nr. **2**. Überdies überliefert Hermann, Chron. ad 1036, MGH SS 5 S. 122: *Gebehardus secundus Ratisponensis episcopus XVI. kal. Martii* [korr. *Aprilis*, vgl. dazu H. BRESSLAU, Jahrb. Konrads II, Bd. 2 S. 162 Anm. 4] *obiit, pro quo tertius Gebehardus, Cvonradi imperatoris ex matre Adalheide frater, episcopus ordinatur.* Auch Wipo, Gesta Chuonradi cap. 2, MGH SS rer. Germ. S. 15, sagt – im Zusammenhang seiner Darlegungen zur Königswahl von 1024 –: *Maioris Chuononis mater Adelheida ex nobilissima gente Liutharingorum oriunda fuerat. Quae Adelheida soror erat comitum Gerhardi et Adalberti, qui semper cum regibus et ducibus confligentes ad extremum causae propinqui sui Chuonradi regis vix acquiescebant; quorum parentes, ut fertur, de antiquo genere Troianorum regum venerant, qui sub beato Remigio confessore iugo fidei colla supponebant.* – In der um 1230/40 kompilierten Chronik des Alberich v. Troisfontaines ad 1024 (MGH SS 23 S. 782) heißt es zu Ks. Konrad II.: *Fuit autem iste Conradus ex parte matris de genere Francorum.*- Ks. Heinrich III. bezeichnete Adelheid als seine Großmutter; vgl. MGH D H III 168 vom 7. IX. 1046: *quandam villam Lohwilare dictam* (= Lockweiler, Kr. Merzig) *in pago Bietgowe …, quam ex avia nostra domina videlicet Adelheit iure hereditario suscepimus*; auch D H III 171 vom gleichen Tage: *quasdam villas Pillvngisbach et Lvoch* (= Lug) *in pago Spirichgowe … quas ex avia nostra Adeheit dicta iure hereditario suscepimus.*

Aus den beiden zuletzt genannten Diplomen läßt sich folgern, daß Adelheid ihren Sohn Ks. Konrad II. überlebt haben muß, also zwischen dem 4. VI. 1039 und dem 7. IX. 1046 verstorben ist, sonst hätte

Heinrich III. seine Großmutter nicht direkt beerben können. – Den Todestag überliefert das Totenbuch jenes Stiftes Öhringen, welches Adelheid selbst zusammen mit ihrem zweitehelichen Sohn Gebhard (Bisch. v. Regensburg, s.o.) gestiftet hat und in dem sie auch bestattet wurde. Zum 19. V. heißt es: *domina Adelheydis regina [!], illustris et nobilis femina, fundatrix huius ecclesiae obiit … et hodie peragitur eius anniversarium in cripta, ubi ipsa sepulta est*; vgl. J.Chr. WIBEL, Hohenlohische Kirchen- u. Reformationshistorie 2, Sp. 139ff., zit. nach H. BRESSLAU, Jahrb. Konrads II., Bd. 1 S. 340 Anm. 4. – Aus der erst 1046 möglichen Weitergabe der Adelheid-Güter und aus Heinrichs III. sonst üblicher Praxis, ererbte Güter „im allgemeinen sehr schnell wieder aus der Hand zu geben", folgert M. BLACK, Töchter Ks. Heinrichs III. S. 54, daß „Adelheid … erst kurz vor der im September 1046 erfolgten Schenkung ihres Enkels verstorben sein wird", d.h. „daß sie am 19. Mai des Jahres 1046 starb". Auf dem aus der Mitte des 13. Jhs. stammenden Sarkophag Adelheids in Öhringen, der mit der Inschrift versehen ist, daß am 10. II. 1241 ihre Gebeine umgebettet wurden, soll das Jahr 1041 als ihr Todesjahr angegeben sein; vgl. M. SCHUMM, Adelheid S. 14f. Erfolgte – so frägt M. Schumm – die Umbettung anläßlich ihres 200. Todestages? Klarheit ist nicht zu gewinnen.

Zur Filiation vgl. außerdem die nicht ganz zweifelsfreie Öhringer Überlieferung im Wirtemberg. UB 1 S. 254 nr. 215 und S. 263 nr. 222.

Zur vermutlichen Geburtszeit Adelheids vgl. S. EHRHARDT, Hochadelsgräber in Öhringen S. 67, im Bericht über die Öffnung der Adelheidstumba am 17. III. 1958. Dort heißt es zum Skelett Adelheids: „Ausgeschlossen ist es nicht, daß der Kiefer von einer 70-jährigen Frau stammt". Auf S. 76 wird gesprochen vom „Skelett einer alten Frau". M. SCHUMM, Adelheid S. 16, spricht vom „Skelett einer sehr zierlichen, etwa 70jährigen Frau". – Das könnte auf eine vermutliche Geburtszeit „ca. 970/75" hindeuten. Adelheids Körpergröße war lediglich 154 cm (S. 68).

Über Adelheids 2. Ehe handelt ausführlicher H. BRESSLAU, Jahrb. Konrads II., Bd. 1 S. 2ff. und S. 339–342 (Exkurs 1: Die Stiefverwandten Konrads II.); vgl. auch E. HLAWITSCHKA, Habsburg-Lothringen S. 123 Anm. 170; H. DECKER-HAUFF, Öhringer Stiftungsbrief II S. 3–32.

4 : Hzg. Otto v. Kärnten (bzw. Worms) als Vater Heinrichs (v. Speyer)

Zur Filiation vgl. das Zitat aus Wipo, Gesta Cuonradi cap. 2, oben bei nr. **2**. – Hermann v. Reichenau, Chron. ad 1015, MGH SS 5 S. 119, überliefert zur Verehelichung Konrads II.: *Ernust dux Alamanniae … interiit …, viduam vero Giselam Counradus, filius Heinrici filii Ottonis ducis, futurus postea imperator, accepit.* – Auch nannte Ks. Konrad II. selbst Hzg. Otto seinen Großvater; MGH D K II 50: … *nostri nominis auctoritate denuo confirmaremus: hoc est tale predium, quale avus noster Otto dux Wormatie habuerat.* (Zum Sachverhalt vgl. Vita Burchardi cap. 7, MGH SS 4 S. 835). Und gleichfalls geht die Filiation aus einer Lorscher Urkunde vom 28. IX. 989 hervor; K. GLÖCKNER, Cod. Lauresham. I S. 366 nr. 83: *ad verba Willigisi archiepiscopi et domni Ottonis filiorumque eius Heinrici et Cunradi .. .*; vgl. zudem die Grevenhauser Stiftungsurkunde bei nr. **2**. – Alberich v. Troisfontaines, Chron., MGH SS 23 S. 782, faßte zusammen: *Hic inserendum, quod filia primi imperatoris Ottonis, soror vero secundi, nomine Dudica duci Wormatie Conrado … peperit ducem Ottonem. De quo Ottone nati sunt Cono dux memoratus et Henricus pater huius imperatoris Conradi.*

Da – wie hier soeben nachgewiesen – Hzg. Ottos Vater, Hzg. Konrad d. Rote v. Lothringen, die Tochter Ks. Ottos d. Gr. namens Liutgard (Dudicha) zur Gemahlin erhielt, was 947 (oder erst 949) geschah (vgl. unten nrn. **8** und **9**; W. GLOCKER, Verwandte der Ottonen S. 103, 220–225, 279), dürfte Hzg. Ottos Geburtszeit um 948/50 liegen.

Hzg. Otto verstarb am 4. XI. 1004. Das überliefern die Ann. necrol. Fuldens. ad 1004, MGH SS 13 S. 209; auch ed. K. SCHMID, Klostergemeinschaft v. Fulda I S. 350: *2. Non. Nov. obiit Otto dux.* Zum gleichen Tag findet man desgleichen im Nekrol. v. Weißenburg, ed. E.F. MOOYER S. 37: *II. Non. [Nov.] Otto dux ob.*; ebenfalls in einem Mainzer Nekrolog: *Otto dux, panis et caro Assebach* (= Ober- oder Niedereschbach b. Homburg v. d. Höhe); vgl. C. WILL, Drei Mainzer Necrologien S. 61 (Ortsidentifizierung bei W. METZ, Willigis S. 6); E. HLAWITSCHKA, Konradiner-Genealogie S. 133 Anm. 53.

Wo Hzg. Otto bestattet wurde, ist unbekannt. Zur Erklärung, weshalb er wohl seine letzte Ruhestätte nicht in der Saliergrablege in Worms fand, vgl. H. SCHREIBMÜLLER, Ahnen Ks. Konrads II. S. 213; K. SCHMID, Sorge der Salier S. 683 f.

5 : Judith als Mutter Heinrichs (v. Speyer) und Großmutter Ks. Konrads II.

Judith wird in MGH D K II 204 als Großmutter Ks. Konrads II. bezeugt; vgl. Zitat bei nr. **2**. Auch heißt es von Papst Gregor V., einem Bruder Heinrichs (v. Speyer; vgl. Wipo, Gesta Chuonradi, bei nr. **2**), in seinem Epitaphium: *Hic quem tegit humus, oculis vultuque decorum / Papa fuit quintus nomine Gregorius, / ante tamen Bruno, Francorum regia proles, / filius Ottonis de genitrice Iudith*; Lib. pontif. II, ed. L. DUCHESNE S. 262; vgl. dort auch S. 261 die Papstkataloge: *Bruno, qui et Gregorius V., ex patre Ottone duce, matre Iuditta, qui et nepotem suum III. Ottonem statim papa factus imperatorem ordinavit.* – Als Gemahlin Hzg. Ottos v. Kärnten ist Judith in der von diesem ausgestellten Stiftungsurkunde für Grevenhausen (St. Lambrecht i. d. Pfalz) genannt: *suadente Juditha contectali (*bzw. *conthorali) mea*; ältere Drucke verzeichnet H. BRESSLAU, Jahrb. Konrads II., Bd. 1 S. 2 Anm. 4; jüngere Ed.: A. STAUBER, Kloster u. Dorf St. Lambrecht S. 207–209. Zur Datierung dieses (durch spätere urbariale Einschübe verfälschten) Stückes – nicht 977, sondern 987 – vgl. F. STAAB, Reich u. Mittelrhein S. 70 mit Anm. 44; und St. WEINFURTER, Herrschaftslegitimation S. 63 Anm. 29; auch W. HAUBRICHS, Prestarievertrag S. 58f. – Neuerdings wird diese Urkunde als „Fälschung von ca. 1196" bezeichnet; vgl. Palatia sacra I,5 S. 93ff. mit Anm. 2.

Zur Bestattung Judiths in der Bischofskirche zu Worms vgl. bei nr. **2**.

6 : Gf. Richard v. Metz als Vater Adelheids

Daß Adelheid eine Schwester der lothringischen Grafen Adalbert und Gerhard (v. Saargau und Metz) war, ist durch Wipo, Gesta Chuonradi cap. 2, gut bezeugt; vgl. oben bei nr. **3**. Betreffs Gerhards zitierte nun 1704 der Père Benoit PICART, L'origine de la très illustre maison de Lorraine S. 154, offenbar aus einer spätmittelalterlichen Metzer Bürgerchronik„ die die ältere Metzer Geschichte zusammenfaßte, den Satz: *Gerhardus comes nostrae civitatis, filius Richardi potentis.* Demnach war der zwischen ca. 970 und 986 als Graf v. Metz nachweisbare Richard auch Adelheids Vater. Daß dieser früher nur auf der Basis einer Bemerkung von A. CALMET, Hist. de Lorraine 1. Aufl. I S. CXIII, 2. Aufl. I S. CXLIX, bekannte Satz, den Calmet lediglich aus einem Manuskript des Abbé de Camp von Signy kannte und der Fälschung verdächtigt hatte, unbedenklich ist, erweist E. HLAWITSCHKA, Habsburg-Lothringen S. 174–181; dort auch S. 139ff. Quellenbelege zum Leben und zur Tätigkeit Richards sowie weitere Argumente für seine genealogische Einreihung. (Ein von M. PARISSE, Lorraine S. 109–113, geäußerter Vorbehalt bezüglich dieser Quellengrundlage wird zurückgewiesen von H.-J. KRÜGER, Lothring. Adel S. 40f.). – Eine gewisse Bestätigung dürfte – was bislang kaum beachtet worden ist – die Abstammung Adelheids von Gf. Richard v. Metz dadurch finden, daß Nachkommen aus Adelheids 2. Ehe mit Gf. Poppo v. Lauffen die Namen Richard, Gebhard und Gottfried führten und somit Namen aus Adelheids dargelegter Vorfahrenschaft wiederholten; vgl. H. DECKER-HAUFF, Öhringer Stiftungsbrief II S. 7, 28f.

7 : NN, Gemahlin Gf. Richards (v. Metz), als Mutter Adelheids

Über die Mutter Adelheids ist quellenmäßig nichts bekannt. Zu einer Vermutung, sie sei die Tochter eines Arnulf gewesen, der in den 80er und 90er Jahren des 10. Jhs. Lockweiler innehatte, das man nachher in Adelheids Händen antrifft, vgl. E. HLAWITSCHKA, Habsburg-Lothringen S. 95 Anm. 65 und S. 147 Anm. 254.

8 : Hzg. Konrad d. Rote v. Lothringen als Vater Hzg. Ottos v. Kärnten (u. Worms)

Thietmar v. Merseburg, Chron. lib. V cap. 24, MGH SS rer. Germ. NS 9 S. 249, berichtet im Zusammenhang des Eingreifens Heinrichs II. in Oberitalien: *Horum necessitati* (Aufbau einer Gegnerschaft gegen den italienischen Kronprätendenten Arduin v. Ivrea) *ad succurrendum Otto, Carrentorum dux et Veronensium comes … a rege dirigitur;* cap. 25: *Quis autem ille dux Otto fuerit … breviter intimabo. Hic igitur a Conrado duce et Liudgarda, filia Ottonis maximi, procreatus …*- Die Filiation ist ebenfalls in den Ann. Weissenburg., ed. O. HOLDER-EGGER S. 47, auch MGH SS 3 S. 70, bezeugt: *Otto dux, filius Cuonradi ducis, istud cenobium, id est Wicenburg, vi invasit, loca distribuit.* Vgl. dazu auch MGH D O I 178 vom 8. III. 956: *in pago Nahgowe … in comitatu Ottonis filii Cuonradi ducis.*

Hzg. Konrads d. R. Geburtszeit läßt sich in etwa erschließen. Nach Widukind, Rer. gest. Saxon. lib. II cap. 33, MGH SS rer. Germ. S. 94, war Konrad bei seiner Vermählung mit Liutgard 947 (oder 949) ein *adolescens acer et fortis, domi militiaque optimus.* Nach dem damals viel benutzten Hrabanus Maurus, De Universo VII,1 und seiner Lebensalterlehre (J.P. MIGNE, PL 111 Sp. 179), die von Isidor v. Sevilla abhängt, war man *adolescens* vom 14. Lebensjahr *usque ad 28 annos*; vgl. auch A. HOFMEISTER, Puer, iuvenis, senex S. 289ff. Wenn die Vermählung 947 (oder 949) erfolgte – vgl. R. KÖPKE – E. DÜMMLER, Otto d. Gr. S. 158f. – und Konrad damals schon tüchtig und kriegserfahren war, also etwa 25/26 Jahre alt gewesen ist, könnte er ca. 922/23 geboren sein. Nun scheint er andererseits aber auch schon 932 als Wormsgaugraf in einer Kg. Heinrichs I. genannt zu sein (MGH D H I 34: *in pago Warmazgowe in comitatu Chunradi*); wenn er damals bereits großjährig und doch wohl mindestens 15 Jahre alt war, müßte er ca. 917/18 geboren und bei seiner Verheiratung ca. 30 Jahre alt gewesen sein. (Zum Ehedatum vgl. bei nr. **9**).

Hzg. Konrad d. R. ist am 10. VIII. 955 auf dem Lechfeld gegen die Ungarn gefallen; aus der großen Zahl der Belege, die bei R. KÖPKE – E. DÜMMLER, Otto d. Gr. S. 259 Anm. 2, und bei BO nr. 240 g angeführt sind, sei lediglich zitiert Widukind, Rer. gest. Saxon. lib. III cap. 47: *Cuonradus quippe dux fortiter pugnans ... vulnere sagittae adverso gutturis defixae cadit. Cuius corpus iuxta regis imperium honorifice collectum transportatur Wormatiam ibique sepelitur.* Zur Bestattung in Worms vgl. auch bei nr. **2**.

Zum Beinamen „der Rote“ vgl. Widukind, Rer. gest. Saxon. lib. II cap. 31, MGH SS rer. Germ. S. 92: *Cuonradus qui dictus est Rufus.*

9 : Liutgard (Dudicha) als Mutter Hzg. Ottos v. Kärnten (u. Worms)

Die Filiation ist ausdrücklich bezeugt bei Thietmar, Chron. lib. V cap. 25, vgl. bei nr. **8**; zur Nachricht bei Alberich v. Troisfontaines vgl. bei nr. **4**. Vgl. auch Constantin, Vita Adalberonis II. Mett. ep. cap. 17, MGH SS 4 S. 664: Kg. Heinrich II. klagt auf der Diedenhofener Synode über Verwandtenehen: *Domnus Otto dux, pater istius venerabilis Conradi ducis* (= Bruder Heinrichs v. Speyer, nr. **2**) *nobis consedentis, natus ex filia est magni Ottonis, cuius soror Girberga dedit filiam suam Conrado Burgundionum regi. Ex Conradi autem filia nata est domina Mathildis, huius Conradi assidentis uxor.* – Vgl. außerdem die genealogische Tafel aus einem Steinfelder Codex, MGH SS 3 S. 215, in der Liutgard unter ihrem Kosenamen Dudicha (vgl. dazu R. KÖPKE – E. DÜMMLER, Otto d. Gr. S. 149 Anm. 3) als Tochter Ottos d. Gr. und als Mutter Hzg. Ottos v. Kärnten erscheint.

Als Gemahlin Hzg. Konrads d. R. ist Liutgard mehrfach bezeugt; vgl. Widukind, Rer. gest. Saxon. lib. I cap. 37, MGH SS rer. Germ. S. 54: *Nam rex [Heinricus I.] dedit filio suo Oddoni coniugem filiam Ethmundi regis Anglorum, sororem Adalstani; quae genuit ei filium nomine Liudulfum, virum magnum meritoque omnis populis carum, filiam quoque nomine Liudgardam, quae nupserat Cuonrado Francorum duci.* Vgl. ebd. lib. II cap. 33, S. 94, und lib. II cap. 41, S. 100; auch Contin. Reginonis ad 947, MGH SS rer. Germ. S. 163: *Cuonradus dux, regi tunc temporis pene pre omnibus carus, Liutgardam filiam regis [Ottonis I.] in matrimonium sumpsit.*

Zur vermutlichen Geburtszeit Liutgards – 931 ? – vgl. R. KÖPKE – E. DÜMMLER, Otto d. Gr. S. 12; dort S. 159 auch die Quellenbelege und Argumente für die Heirat im Jahre 947 (bei gleichzeitigem Vorhandensein von Belegen für 949). Bei BO nr. 149 wird die Ehe Konrads und Liutgards mit Ottos d. Gr. Feier des Osterfestes (11. April) 947 in Aachen in Verbindung gebracht. Für 946 als Hochzeitsjahr plädiert H. SCHREIBMÜLLER, Ahnen Ks. Konrads II. S. 204 Anm. 148; auf S. 206 möchte er gar 944 als Ehejahr ansehen, kann jedoch keinen Beleg bzw. kein stichhaltiges Argument hierfür beibringen.

Verstorben ist Liutgard am 18. XI. 953. Das Jahr vermerkt der Contin. Reginonis ad 953, MGH SS rer. Germ. S. 167, als letzten Jahreseintrag: *Liutgarda filia regis obiit.* Vgl. auch Ann. Quedlinburg. ad 954, MGH SS 3 S. 58, ed. M. GIESE S. 467: *Obiit Lutgard, regia proles.* Das Merseburger Totenbuch, ed. E. DÜMMLER S. 245, Sonderausgabe S. 23, auch MGH Lib. mem. et Necrol. NS 2 Tafel 15, überliefert den Todestag: zum 18. November *Liudgard filia imperatoris Ottonis.* Bestattet wurde Liutgard in der St. Albans-Kirche in Mainz; Thietmar, Chron. lib. II cap. 39, MGH SS rer. Germ. NS. 9 S. 88: *Cum autem vitam hanc finiret, in aecclesia Christi martiris Albani in Mogoncia flebiliter est sepulta.*

Zu den Lebensdaten Liutgards vgl. auch W. GLOCKER, Verwandte der Ottonen S. 279.

10 / 11 : NN, die Eltern Judiths

Quellenaussagen zur Herkunft Judiths fehlen. In der Literatur gibt es dennoch Versuche, ihre Abstammung zu ermitteln.

A) W.K. Prinz v. ISENBURG, Ahnen Tafeln 4 u. 6, vermerkt als Vater Judiths : „?? Heinrich, Gf. v. Arlon". Er verweist dafür auf O. Frh. v. DUNGERN, Thronfolgerecht S. 76 Anm. 1: „Die Abstammung dieser Judith von den Herzögen von Lothringen aus dem Hause der Ardenner Grafen, die COHN, Stammtafeln, übernahm, ist unbelegt. Andere nennen sie ebenso ungewiß eine Tochter Gf. Heinrichs v. Arlon". Das Grafenhaus Arlon setzt jedoch erst mit dem 1052 erstmals belegten Grafen Walram ein (vgl. H.-W. HERMANN, Arlon, in: LexMA I Sp. 959); alles Ältere ist Spekulation.

B) E. KIMPEN, Genealogie d. bayr. Herzöge S. 80f., meint, „daß Judith von Kärnten blutsverwandt mit Herzog Arnulfs Familie war". Beweis ist ihm das mehrmalige Auftauchen des Namens Judith bei den sogn. Liutpoldingern. „Zeitlich war sonach Judith von Kärnten eine Tochter des Markgrafen Burchard, der gut zu ihrem Vater paßt". Burchard wird S. 79 als „babenbergischer Ostmarkgraf" bezeichnet. (Aufgenommen und erweitert ist diese These bei H. FRIN, Herkunft Adalberts S. 342ff. u. Tafel) – Gewiß: In Ottos I. Diplom vom 18. X. 972 (MGH D O I 423) werden dem Bisch. Pilgrim von Passau Besitzungen in der Wachau bestätigt: *in loco qui dicitur Vuachoua in ripa Danubii in comitatu Burchardi marchionis.* Dieser Ostmarkgraf Burchard war nach Arnold v. St. Emmeram, Libri (lib. I cap. 16, MGH SS 4 S. 553: *Erat quidam vir ingenuus, Burchardi marchicomitis et prefecti Ratisbonensis vasallus*), auch „Praefekt" von Regensburg, wo die Liudolfinger ja ihre Herzogsresidenz hatten, was schon nahe Beziehungen zu diesem Geschlecht vermuten lasse. Die Vita Udalrici cap. 28 (MGH SS 4 S. 415) berichtet nun, „daß nach dem Tod Bischof Ulrichs v. Augsburg 973 *Heinricus, filius Purchardi comitis, successor eius effectus est,* was u.a. auf Betreiben des Alemannenherzogs Burchard geschehen sei, *qui filiam materterae eius habuit uxorem.* Da Hzg. Burchard III. (954–973) Hadwig, die Tochter Hzg. Heinrichs I. v. Bayern und der Judith (einer Tochter Hzg. Arnulfs v. Bayern) zur Gattin hatte, war somit Judith [v. Bayern] die Schwester der Gemahlin Mgf. Burchards und letzterer mit einer Fürstin aus dem Haus der Liutpoldinger vermählt" (S. 69). – Daß Judith, die Gemahlin Hzg. Ottos v. Kärnten, eine Tochter Mgf. Burchards war, ist damit jedoch nicht erwiesen; alles ist lediglich auf Schlüsse aus der Verbreitung des Judith-Namens aufgebaut. Zudem scheint Mgf. Burchard nur einen Sohn, den genannten Bischof Heinrich v. Augsburg, aber sonst keine weiteren Kinder gehabt zu haben; vgl. dazu E. HLAWITSCHKA, Konradiner-Genealogie S. 98–100. Dadurch verdient diese Ansicht keine weitere Beachtung.

C) F. TYROLLER, Genealogie d. altbayer. Adels S. 79 nr. 24, meint, Judith als Tochter Heinrichs, des in MGH D O I 171 vom 10. XII.

953 bezeugten Sohnes Hzg. Arnulfs v. Bayern, auffassen zu dürfen. Da Heinrichs *predium in regno Carentino ... in loco Crapofelt nominato* lag, bevor es ihm wegen Kapitalvergehens (wohl im Zusammenhang mit der Auflehnung der Arnulf-Söhne nach dem Tode Hzg. Arnulfs) gerichtlich aberkannt worden war, Heinrich also in Kärnten besitzmäßig verankert war, und da somit auch Kärntner Besitz bei einer Ehe einer Tochter dieses Heinrich mit Otto (v. Worms) die Erlangung der Herzogswürde Ottos in Kärnten leichter erklären könne, dazu der Name Judith ebenso wie der Name Heinrich in der Liutpoldingerfamilie vorkomme, biete sich diese Herleitung geradezu an. – Diese These findet man auch schon bei F. TYROLLER, Herkunft der Babenberger Sp. 2f.; auch DERS., Ahnen zum anderen Male S. 144f. Zuspruch hat sie, zumal auch hier alles auf dem Nachbenennungsargument beruht, m.W. nicht gefunden. Da D O I 171 lediglich in Abschrift des 13. Jhs. überliefert ist, könnte es sich zudem bei dem nur hier überlieferten *Heinricus Arnolfi filius* um eine Verschreibung für den sonst bezeugten Arnulf-Sohn Hermann handeln; vgl. BO nr. 237 und K. REINDEL, Luitpoldinger S. 188, 215f.

D) Nach O. Frh. v. DUNGERN, Wie Baiern das Österreich verlor S. 69, soll Otto v. Worms u. Kärnten (nr. **4**) erst durch seine Heirat mit Judith, die – wie er meint – vielleicht eine Tochter Hzg. Bertholds v. Kärnten u. Bayern gewesen sei, außer dem Anspruch auf die Kärntner Herzogswürde auch Besitz in Kärnten gewonnen haben. So H. WERLE, Titelherzogtum S. 246. Vom Vorhandensein einer Tochter Hzg. Bertholds – neben einem Sohn Heinrich – ist indes nichts bekannt; vgl. K. REINDEL, Luitpoldinger S. 203. Da Hzg. Berthold v. Kärnten u. Bayern offensichtlich am 23. XI. 947 verstarb (K. REINDEL, a.a.O. S. 201ff.), müßte seine Tochter auch älter als der ca. 948/50 geborene Hzg. Otto v. Kärnten gewesen sein, was diese These ebenfalls nicht gerade wahrscheinlich erscheinen läßt.

So bleibt in der Frage der Herkunft Judiths alles offen.

12 : Gf. Gerhard v. Metz als Vater Gf. Richards v. Metz

Eine Filiation zwischen dem um 965 bezeugten Gf. Gerhard (v. Metz) und dem von ca. 970–986 in Metz als Gf. nachweisbaren Richard (Belege bei E. HLAWITSCHKA, Habsburg-Lothringen S. 139–153) ist nicht ausdrücklich überliefert. Indessen vermeldet die Vita der Äbtissin Adelheid v. Vilich (MGH SS 15/2 S. 757), daß einer der 4 Söhne des (von der Spätzeit Kg. Heinrichs I. bis 949 in verschiedenen Quellen genannten) Pfgf. Gottfried – sie sind dort allerdings nicht mit Namen genannt, während eine Tochter dieses Mannes mit Namen (Gerberga) erscheint – ein *attavus fuit Henrici nuper defuncti imperatoris* (= Ks. Heinrichs III., des Sohnes Ks. Konrads II.). Gerberga ist dabei als Gemahlin von Gf. Megingoz und als Mutter der Vilicher Äbtissin Adelheid vermerkt. Die Namen der 4 Pfalzgrafensöhne kennt man indes aus Gedenkaufzeichnungen aus dem Kloster Remiremont – sie hießen Hzg. Gottfried v. Lothringen († 964), Gerhard, Adalhard und Gebhard –; und als Gemahlin Pfgf. Gottfrieds ist dort eine Ermentrud erkennbar (vgl. E. HLAWITSCHKA, Habsburg-Lothringen S. 57 u. 72). Da nun für Ks. Konrads II. Mutter Adelheid (nr. **3**) durch Wipo, Gesta Chuonradi cap. 2, MGH SS rer. Germ. S. 15 (vgl. auch schon Zitat bei nr. **3**), überliefert ist, daß ihre *parentes, ut fertur, de antiquo genere Troianorum regum venerant, qui sub beato Remigio confessore iugo fidei colla supponebant,* was eine Anspielung auf die Taufe des Merowingers Chlodwig und die trojanische Abstammungssage der Franken in Verbindung mit der in karolingischen Genealogien seit der Spätzeit Karls d. Gr. vertretenen Herleitung der Karolinger von den Merowingern darstellt, ist somit eine Rückbindung Adelheids (nr. **3**) an die Karolinger gefordert. Diese läßt sich über die Pfalzgrafen-Gemahlin Ermentrud erreichen, wenn man Ermentrud als die gleichnamige ca. 908 oder 909 geborene Tochter Kg. Karls d. Einf. und Frederunas anspricht, die in Witgers Genealogia comitum Flandriae bezeugt ist. Der Kreis zu einem der 4 Söhne des Pfgf. Gottfried schließt sich gänzlich, wenn man nun den Vater Adelheids (nr. **3**), Gf. Richard v. Metz, als den Vermittler ihres bezeugten karolingischen Blutsanteils betrachtet und als einen Sohn jenes *atavus* (Ahnesahn / Vorfahre) Ks. Heinrichs III. ansieht, den die Vita Adelheids v. Vilich als Sohn Pfgf. Gottfrieds (und seiner aus den Remiremonter Einträgen ermittelten Frau Ermentrud) anführt. Da nun ein Gf. Gerhard als Amtsvorgänger Gf. Richards in Metz feststellbar ist, muß jener Gerhard der in der Vita Adelheids v. Vilich ungenannt gebliebene (aber in den Remiremonter Gedenkeinträgen namentlich vorkommende) *atavus* Ks. Heinrichs III. gewesen sein. – Zu den Einzelbelegen und zum Gesamtkomplex, der hier nicht in der erforderlichen Breite dargeboten werden kann, vgl. E. HLAWITSCHKA, Habsburg-Lothringen S. 45–153 und S. 174–181 (Kap. II–IV und Exkurs).

16 : Gf. Wern(h)er (v. Speyer-, Nahe- u. Wormsgau) als Vater Hzg. Konrads d. Roten v. Lothringen

Zum Jahre 943 berichtet der Contin. Reginonis, MGH SS rer. Germ. S. 162: *Otto dux obiit, cui Cuonradus filius Werinheri in ducatu [Lothariensi] successit.* Auch urkundlich ist Gf. Wern(h)er als Vater Hzg. Konrads d. R. bezeugt, wenngleich die Urkunde selbst nur aus einem Kopialbuch vom Ende des 13. Jhs. bekannt und ihr Rechtsinhalt sehr wahrscheinlich verfälscht ist: am 13. III. 946 übergab *Chuonradus dux Wernharii comitis filius ... pro remedio anime mee parentumque meorum* dem Bisch. Reginbald v. Speyer *quicquid hereditatis vel predii ex parentum meorum tradicione in eadem civitate* (= Speyer) *habebam et quod mihi in partem et in ius post finem vite eorum cum consensu et unanimitate fratrum meorum adveniendo ceciderat ... atque omnem potestatem intra civitatem et extra, que parentibus meis cum rebus prefatis ex regali tradicione et donacione atque michi usque ad hoc tempus in proprietatem hereditatis succubuit;* F.X. REMLING, UB Speyer I S. 11ff. nr. 13; auch A. HILGARD, Urkunden Speyer S. 3ff. nr. 4. (Die Echtheit dieser Urkunde wurde gegen ältere Zweifel verteidigt von A. DOLL, Frühgeschichte S. 159–169; neue berechtigte Zweifel wurden jedoch zuletzt von A.U. FRIEDMANN, Beziehungen S. 211–218, erhoben). Erwähnt wird diese Schenkung auch in der erst kurz vor 1500 entstandenen Chronica praesulum Spirensis civitatis des Johannes Seffried von Mutterstadt, ed. J.F. BÖHMER, Fontes rer. Germ. IV S. 329.

Geburts-, Heirats- und Sterbedaten für Gf. Wern(h)er sind nicht überliefert. Auf ihn sind offenbar Bezeugungen aus den Jahren 891, 906, (910) und 913 zu beziehen (Belege bei H. BALDES, Salier S. 32ff.; G. GRESSER, Bistum Speyer S. 79ff.). Das Zeugnis für 891 liefert ein Prestarievertrag des Bischofs Theotelach v. Worms mit dem Grafen Erenfried (ed. W. HAUBRICHS, Prestarievertrag S. 4–7); bei der Nennung des Leihegutes heißt es u.a.: *hoc est in pagis Wormatiae et Nahugae et in comitatu Werinharii comitis in villa siue marca Ignlesheim* (= Elsheim, Kr. Bingen) ..., und bei der Angabe des Urkundenausstellungsortes *in mallo publico Villa Becgelich coram Wernario comite*. Sicher auf ihn zu beziehen ist auch die Nennung *in pago Spirahgovvue in comitatu Uuerenharii* aus dem Jahre 906; MGH D LdK 51. Gleiches gilt für die beiden Nennungen zum Jahre 910 in MGH D LdK 76 (Intervention der Grafen *Isaac, Chuonradus atque Uuarnarius* bei Kg. Ludwig d. K. für eine Schenkung von 20 Mansen in Domêvre an einen Vasallen des Grafen Hugo v. Chaumontois) und in E.F.J. DRONKE, Cod. dipl. Fuld. I S. 302 nr. 654 (bei den Zeugen einer Tradition Erzbisch. Hattos v. Mainz – nach den Bischöfen v. Worms u. Speyer – : *† sig. Uuerinheri comitis*). Sehr wahrscheinlich ist Wern(h)er auch der eine der beiden Grafen, die 913 den Bisch. Einhard v. Speyer des Augenlichtes beraubten (Contin. Reginonis ad 913, MGH SS rer. Germ. S. 155: *Eodem anno Einhardus episcopus Spirensis a Beranhardo et Cuonrado comitibus caecatus est*; mit der Handschriftenvariante *Uuerinhario* für *Beranhardo*; davon abhängig Annalista Saxo ad 913, MGH SS 6 S. 593, neue Ed. in MGH SS 37 S. 131 : *Einhardus episcopus Spirensis a Uuerinhario et Conrado comitibus excaecatus est*). Und für die Zeit zwischen 913 und 918 ist er als *quidam Warnerius, pagi Vormacensis comes*, der Reimser Güter okkupiert hat, genannt (Flodoard, Hist. Rem. eccl. lib. I cap. 20, MGH SS 37 S. 111). Sein Sohn Konrad d. R. ist erstmals 932 als Wormsgaugraf erwähnt (MGH D H I 34: *in pago Warmazgowe in comitatu Chunradi*).

Wenn Wern(h)er jener Mann war, der zu 891 erwähnt wird, müßte er mindestens doch wohl schon 876 – wenn nicht gar noch einige Jahre früher – geboren sein. Und da für seinen Sohn Konrad d. R. eine Geburtszeit ca. 917/18 ermittelt wurde (vgl.bei nr. **8**), ergibt sich hier eine sehr beachtenswerte Generationsspanne von über 40 Jahren. H. SCHREIBMÜLLER, Ahnen S. 204, schreibt deshalb: „man wäre wegen des zeitlichen Abstandes fast versucht, zwischen Wernher und Konrad noch eine Generation einzuschieben“, d. h. die genannten Wern(h)er-Belege auf zwei gleichnamige Männer (wegen des gleichen Amtsbereichs evtl. Vater und Sohn) aufzuteilen. Eine Entscheidung läßt sich hier nicht treffen, da eine späte Zeugungszeit (mit 40/45 Jahren) keinesfalls ausschließbar ist. Aber einer Aufteilung käme vielleicht eine Nachricht Ekkehards IV. v. St. Gallen (Casus S. Galli cap. 11, ed. H.F. HAEFELE S. 36) entgegen, der von ‘Kammerboten’ (*camere nuntii*) zu berichten weiß, die in jener Zeit (zu Anfang des 10. Jhs.) im Königsauftrag Schwaben wie auch Franken verwalteten: *Franciam Adalpert cum Werinhere, Sueviam autem Pertolt et Erchinger fratres.* Sie hätten selbst nicht nur gegen den König gearbeitet, auch *Hattonem* (Erzbisch. Hatto v. Mainz) *Franci illi sepe perdere moliti sunt.* Doch durch Hattos List hätten sie sich von der vorgeblichen Gnade des Königs überzeugen lassen; und wie durch seinen Trug Adalpert aus der Burg Babenberg herausgeholt und dann enthauptet wurde, der andere freilich durch Krankheit gestorben sei (*alter enim morbo obierat*), sei bekannt; das Schicksal Erchangers und Bertholds wird dann anschließend geschildert. Ist aber jener in Franken tätige *Werinhere* mit Gf. Wern(h)er gleichzusetzen, so müßte dieser um 906, dem Zeitpunkt der Enthauptung des Babenbergers Adalbert, verstorben sein.

Daß der Vater Hzg. Konrads d. R., Gf. Wern(h)er, 920 verstorben sei – so W. GLOCKER, Verwandte der Ottonen S. 279, und danach M. STRATMANN, in der Kommentierung von Flodoard, Hist. Rem. eccl. lib. I cap. 20, MGH SS 36 S. 111 Anm. 49 –, ist durch keine Quellennachricht belegt, sondern eine Schlußfolgerung aus der erschlossenen Geburtszeit seines Sohnes Konrad d. R. „ca. 920 (?)“, die indessen auf ca. 917/18 zu korrigieren ist; korrekt ist deshalb doch wohl: † nach 917/18.

17 : NN, Mutter Hzg. Konrads d. Roten v. Lothringen und Gemahlin Gf. Wern(h)ers

Quellenzeugnisse über die Mutter Hzg. Konrads d. Roten gibt es nicht. Doch gibt es zwei beachtenswerte Thesen, die zudem beide in die gleiche Familie weisen.

A) H. BALDES, Salier S. 37 Anm. 1, weist auf die C(h)ronica regum Francorum (MGH SS 3 S. 214) hin, in der es von Hzg. Konrad d. R. folgendermaßen heißt: *Conradus dux, qui fuit ex progenie Conradi regis praedicti, accepit filiam Ottonis primi imperatoris, ex qua natus fuit Otto dux. Otto dux habuit filios duos; unus nomine Cono et alter Hezil. Ex isto Hezil natus fuit Cono, qui modo rex est.* Daraus folgere – wie schon F. STEIN, Konrad I. S. 282f., bemerkte –, daß die Gemahlin des Grafen Wern(h)er „sehr wahrscheinlich eine Tochter Kg. Konrads I. aus dem Hause der Konradiner gewesen“ sei. Erkläre sich damit doch auch treffend das plötzliche Auftreten des Namens Konrad in der salischen Familie. Diese Tochter müßte dann freilich einer ersten Ehe Kg. Konrads I. (vor der 913 mit Kunigunde geschlossenen; vgl. bei **II : Kgn. Kunigunde** nr. **1**) entstammt sein. Diese These hat jedoch – vor allem wenn man die wahrscheinliche Geburtszeit Kg. Konrads I. (ca. 880/85; vgl. bei **I : Kg. Konrad I.** nr. **1**) beachtet, so daß diese Tochter erst ca. 900/05 geboren sein könnte, und diese neben die ermittelte ungefähre Geburtszeit Gf. Wern(h)ers (vor 876, vgl. nr. **16**) stellt, wohl keine größere Wahrscheinlichkeit. (Es sei denn, man bezieht die für eine Geburtszeit Wern(h)ers ‘vor 876’ herangezogene Bezeugung Wern(h)ers vom Jahre 891 auf einen älteren Herrn dieses Namens, evtl. seinen Vater, vgl. bei nr. **16**, wodurch für den Vater Hzg. Konrads d. R. auch eine Geburtszeit „um 900“ möglich wäre). Außerdem dürfte ihr die Nachricht des Catal. reg. et imp. (Cod. Monac.) in MGH SS 10 S. 136, daß Kg. Konrad I. *sine filiis defunctus [est]*, widersprechen, wenn man *filii* nicht nur als ‘Söhne’, sondern als ‘Kinder’ versteht. Vgl. dazu bereits bei **II : Kgn. Kunigunde** nr. 1.

B) G. BERTHOLD, Speierer Geschichtsbeiträge I,2 (Zum Ursprung der Salier) S. 72–75, vermutete eine Heirat Gf. Wern(h)ers mit einer Tochter Walahos, der 900 und 902 als Graf im Speyergau bezeugt ist und auch Abt im Kloster Hornbach war. Er geht von der oben (bei nr. **16**) bereits einmal herangezogenen Urkunde Hzg. Konrads d. R. vom 13. III. 946 aus und erschließt aus ihr, daß die von Konrad verschenkten „Güter aber seinen Vorfahren (*parentibus*) zu Folge königlicher Verleihung zugekommen seien“. Und weiter: „Da die Rechte Konrads wesentlich Rechte der öffentlichen Gewalt (Amtsrechte) waren, so kann der Ausdruck *parentes* nicht seine Eltern betreffen, denn seiner Mutter wurden ja solche Rechte nicht verliehen, sondern nur an seinen Vater und einen seiner Großväter. Da der Vater nur mittels königlicher Verleihung diese Rechte erlangt hat, so hat er sie nicht ererbt. Hiernach hat der väterliche Großvater Konrads diese Rechte nicht besessen, vielmehr sein mütterlicher Großvater. Konrads Vater, Gf. Wernher vom Speiergau, war 940 bereits tot. … Vor Graf Wernher war aber Graf im Speiergau Walaho, der 900 und 902 bezeugt ist. Dieser dürfte somit Wernhers Schwiegervater sein. … Walaho war aber 902 zugleich Abt im Kloster Hornbach. Er und seine Vorfahren sind die von Kaiser Heinrich IV. verstandenen *parentes antiquitus fundantes*“ (vgl. diese Urkunde [MGH D H IV 489] bei nr. **32**). – Diese Argumentation kann aber nicht voll überzeugen. Bei ihr ist das Auseinanderhalten von *predium* und *potestas* zu wenig beachtet; und es läßt sich auch nicht behaupten, daß Konrad d. R. die öffentlichen Rechte erstmals ererbt habe und nicht auch bereits sein Vater. So präzise ist das damalige Latein nicht gebraucht! Vor allem bleibt aber die oben bei A zitierte Nachricht der C(h)ronica reg. Franc. ganz unbeachtet. Daß Gf. Walaho ein Verwandter Wern(h)ers war, wird allgemein angenommen, ohne daß freilich präzise Filiationen bzw. die Einreihung als Schwiegervater Gf. Wern(h)ers erkennbar sind; vgl. etwa die Arbeiten von H. BALDES (Salier), G. GRESSER (Bistum Speyer), W. HAUBRICHS (Prestarievertrag), W. METZ (Miszellen), G. TELLENBACH (Widonen), etc. – Zu beachten ist weiterhin, daß vor kurzem gegen die Echtheit der zur Grundlage genommenen Urkunde

Hzg. Konrads d.R. starke Bedenken vorgetragen wurden (vgl. bei nr. **16**), die eine Auswertung gerade der *potestas*-Teile der Urkunde nicht akzeptabel erscheinen lassen.

C) E. KIMPEN, Genealogie d. bayr. Herzöge S. 79, meint – wie bereits oben bei **II : Kgn. Kunigunde** nr. **1** ausführlich dargelegt worden ist –, daß gemäß der in Abschnitt A zitierten Stelle aus der C(h)ronica regum Francorum „Konrad d. Rote wahrscheinlich ein Schwestersohn Kg. Konrads I. war" bzw. daß „die salischen Herrscher ... durch die Ehe des Grafen Werner mit wahrscheinlich einer Schwester Kg. Konrads I. von den Altsaliern" abstammten. In diese Richtung tendierte bereits O. Frh. v. DUNGERN, Thronfolgerecht S. 73 ff.; zuletzt ebenso E. HLAWITSCHKA, Kuno u. Richlind S. 36 und 40; ND S. 457 und 460. Die in der C(h)ronica reg. Franc. überlieferte Abkunft Hzg. Konrads d.R. *ex progenie Conradi regis*, d.h. aus der Sippe Kg. Konrads I., spricht jedenfalls für eine Konradinerin als Hzg. Konrads Mutter; und bei dieser Sicht wird gleichfalls das Auftauchen des Konrad-Namens bei den Saliern erklärlich. Skeptisch hierzu bleibt G. GRESSER, Bistum Speyer S. 79–86.

18 / 19 : Kg. Otto I. und Edgith (v. England) als Eltern Liutgards

Zur Filiation vgl. – neben den oben bei nr. **9** gegebenen Belegen aus Widukind v. Corvey und Contin. Reginonis – Ann. Quedlinburg. ad 946, MGH SS 3 S. 56; ed. M. GIESE S. 463: *DCCCCXLI. Edith regina, contectalis magni Ottonis regis, amarum mortis poculum degustavit relictis post se duobus liberis Ludolfo et Lutgarde.* Auch Hrotsvith v. Gandersheim, Gesta Ottonis, MGH SS rer. Germ. S. 215 ff., v. 397 f.: *In qua praefulgens meritis regina supremis / Aedit praesentis vitae discessit ab horis* ..; v. 418 ff.: *Haec igitur puerum supra paucis memoratum / acriter orbatum dimittebat Liudulfum, / feminei dulcem sexus unam quoque prolem, / nomine Liudgardam, summa bonitate coruscam* ...; v. 444 ff.: *Necnon Liudgardam simili causa venerandam, / unica feminei quae spes sexus fuit illi, / gratiola parili coluit, provexit, amavit. / Hanc quoque Conrado vinclis sociavit amoris, / egregio strenuoque duci, nimium quoque forti.* – Vgl. auch die C(h)ronica regum Francorum bei nr. **17**.

Zu den Lebensdaten Ottos d. Gr. und Edgiths vgl. bei **VI : Ks. Otto I.** nr. **1** und **VII : Kgn. Edgith (v. England)** nr. **1**.

24 / 25 : Pfgf. Gottfried und Ermentrud als Eltern Gf. Gerhards v. Metz

Die Eltern Gf. Gerhards (v. Metz) sind durch Gedenkeinträge aus dem Lib. mem. v. Remiremont – in Verbindung mit einer Nachricht der Vita Adelheids v. Vilich bestens gesichert; vgl. dazu E. HLAWITSCHKA, Habsburg-Lothringen S. 45–78 (Kap. II u. III). – Zu den Lebensdaten vgl. ebd. S. 55 ff., 68 und 72 ff.

32 : Vermutungen zur Abstammung Gf. Wern(h)ers v. Speyer-, Nahe- und Wormsgau

Daß die Herkunft Gf. Wern(h)ers aus der alten Familie der Widonen anzunehmen und mit guten Gründen zu untermauern sei, ist die übereinstimmende Meinung fast aller Mediävisten und Genealogen, die sich mit diesem Problem befaßten. Doch sind genaue Filiationen nicht aufzustellen. Hierzu ist folgende neuere Literatur heranzuziehen: H. BALDES (Salier), A. DOLL (Pirminskloster; Salier), H. SCHREIBMÜLLER (Ahnen Konrads II.), H. BÜTTNER (Widonen), G. TELLENBACH (Widonen), M. MITTERAUER (Karol. Markgrafen), P. MORAW (Stift St. Philipp), W. METZ (Miszellen), H. WERLE (Erbe; Titelherzogtum S. 241 ff., 246, 252 f.; Staufische Hausmachtpolitik, mit etwas Skepsis auf S. 264 Anm. 73; Münster-Dreisen S. 323–332, mit Betonung der Nanthar-Familie), Th. RAACH, Mettlach (mit Skepsis bes. gegenüber Baldes u. Schreibmüller).

A) Als Vater Gf. Wern(h)ers könnte evtl. ein gleichnamiger Mann in Frage kommen; vgl. oben nr. **16.** So auch schon H. BALDES, Salier S. 32 Anm. 6, und Stammtafel (am Bandende), und H. SCHREIBMÜLLER, Ahnen Konrads II. S. 204 und 230.

B) W. METZ, Miszellen S. 25, spricht bes. vom Pfalzgrafen Erlwin (von 876, bezeugt als Graf auch sonst in der Zeit Ludwigs d. D.) als „agnatischem Vorfahren der Salier“ bzw. S. 24 vom „meines Dafürhaltens salischen Pfalzgrafen Erlwin“ und möchte diesen offensichtlich als Vater Gf. Wern(h)ers ansehen. So S. 6: „Vielleicht ist der Pfalzgraf Erluin daher auch der Vater oder Großvater des Grafen Werner, des Vaters Konrads des Roten“. Ähnlich A. DOLL, Salier S. 170.

C) Daß die Salier – blickt man weiter zurück – sich von den Widonen herleiten, bezeugt vor allem das Diplom Ks. Heinrichs IV. vom 15. II. 1105 (MGH D H IV 489). Der Kaiser bezeichnet darin *abbatiam Hornbach* als *a nostris parentibus antiquitus fundatam et privile-*

giis Pippini, Karoli, Lothuwici, Lotharii, Ottonis aliorumque imperatorum auctoritatibus confirmatam. Als Gründer Hornbachs ist wiederum ein hoher fränkischer Adliger namens Wernher durch die Vita Pirminii bezeugt, und von diesem ging Hornbach auf Wido, *unus de stirpe Wernherii*, über. Die nur mühsam zu erstellende Stammtafel der frühen Widonen braucht hier freilich nicht erarbeitet zu werden. Auch wenn Hornbach den Widonen zeitweise entglitten sein dürfte, so ist doch nicht an der Grundaussage von D H IV 489, daß Hornbach von Heinrichs IV. Vorfahren gegründet wurde, zu rütteln. Dieses Bewußtsein, in der Besitznachfolge Werinhers und Widos zu stehen, zeigte Heinrich IV. auch in seinem Diplom nr. 249 vom 1. I. 1072, in dem er dem Kloster Hornbach verbriefte, *ut nullus archidiaconus vel advocatus in predictam abbatiam Hornbach … venire presumat preter eum, qui in nostro sanguine senior nobis superstes extiterit, advocatum qui nobis viventibus alium preter nos non concedimus.* (Eine ähnliche Vorsorge für Hornbach zeigte auch schon Hzg. Otto v. Kärnten u. Worms; vgl. MGH D O II 246). Auf weitere Zusammenhänge zwischen den Widonen und den Saliern – darlegbar am saarländischen Dorf Lockweiler, an der Vogtei über das sog. Remigiusland, am Kloster Münsterdreisen und am Hornbacher Tochterkloster Zell – verweist A. Doll, Salier S. 169 ff. Beachtenswert bleibt in diesem Zusammenhang auch, daß die Salier in der Pfalz und in Kärnten Kirchen zu Ehren des Hl. Lambert und des Hl. Guido gründeten, also Hauptnamensträger der Widonen unter den Heiligen bevorzugten; vgl. H. Werle, Titelherzogtum S. 252. Außerdem ist die Nachfolge der Salier in den Grafschaften der Widonen vom Bliesgau bis zum Mittelrhein, worauf bes. H. Baldes verwiesen hat, zu beachten. Gerade gegen das letztgenannte Argument hat nun H. Werle, Staufische Hausmachtpolitik S. 264 Anm. 73, folgendes eingewandt: „Der Angelpunkt für die familiäre Zuordnung war und bleibt das widonische Eigenkloster Hornbach, über das die Salier später verfügen und die Senioratsvogtei ausüben (z.B. D H IV 396, 464 und 249). Wenn aber Hornbach in der fränkischen Zeit Königskloster geworden war, dann kann es dank königlicher Munifizenz an einen Laienabt gekommen sein, wie wir ihn um 900 aus dem Geschlecht der Walahonen in Hornbach antreffen. Da die Salier deren Nachfolger in den Grafschaften am Mittelrhein sind, dürften sie es auch in Hornbach gewesen sein. Die Salier bleiben daher die Sukzessoren der Widonen und Walahonen in dem mittel-oberrheinischen Raum als Rechtsnachfolger, ohne daß eine verwandtschaftliche Anwartschaft vorliegen muß“. Diese Argumentation sticht aber nicht gegen die Aussage von MGH D H IV 489. Heinrich IV. bezeichnet dort – ganz ohne Bezug auf den späteren Besitzstand – die Gründer von Hornbach als seine Vorfahren! Auch die wohl schärfste Ablehnung aller Bemühungen um eine Herleitung der Salier von den Widonen durch Th. Raach, Kloster Mettlach S. 34, kann diesen Tatbestand nicht aus der Welt schaffen, wenn Raach schreibt: „Die genealogisch bedingte Zusammengehörigkeit (der Widonen) ist lediglich für das 8. Jahrhundert gesichert ... Von dem Warnar aber, der 782 Mettlach mitbeansprucht und der zusammen mit seinem Bruder Wido ... allgemein als Besitzer von Hornbach gilt, bis zum Vater Herzog Konrads des Roten, Werner, ist ein weiter Weg. Um genealogisch zu diesem Werinher zu gelangen, der 906 als Graf des Speyergaues nachweisbar ist, bedarf es einer Kette von mehr oder weniger belegbaren Gliedern. Diese Kette stringent zu belegen, ist m.E. unmöglich". Was die einzelnen präzisen Glieder der „Kette" anbetrifft, ist ihm zuzustimmen, doch die Endpunkte der Kette sind durch D H IV 489 eben unbezweifelbar. Merkwürdigerweise erwähnt Raach dieses Diplom überhaupt nicht!

34 / 35 : Die vermutbaren Eltern der Gemahlin Gf. Wern(h)ers

Nimmt man die bei nr. **17** unter C angezeigte Sicht ernst, so sind als Eltern der „konradinischen" Gemahlin NN des Gf. Wern(h)er hier Gf. Konrad d. Ä. und seine Gattin Glismoda einzusetzen. Zu ihnen vgl. bei **I : Kg. Konrad I.** nrn. **2** und **3**.

36 : Kg. Heinrich I. als Vater Ks. Ottos I.
→ **VI : Ks. Otto I.** nr. **2**

37 : Mathilde als Mutter Ks. Ottos I.
→ **VI : Ks. Otto I.** nr. **3**

38 : Kg. Edward d. Ä. als Vater Edgithas (v. England)
→ **VII : Kgn. Edgitha** nr. **2**

39 : Aelfleda als Mutter Edgithas (v. England)
→ **VII : Kgn. Edgitha** nr. **3**

48 : Gf. Gerhard (Matfriedinger) als Vater Pfgf. Gottfrieds

Eine klare Quellenaussage für diese Filiation existiert nicht, doch ergibt sie sich zwingend aus der Koppelung einer genealogischen Notiz aus dem Zusammenhang des sogn. Hammersteiner Eheprozesses mit Nachrichten der Vita Adelheids v. Vilich und Gedenkeinträgen aus dem Kloster Remiremont. Dazu vgl. ausführlich E. HLAWITSCHKA, Habsburg-Lothringen S. 45–70. – Zum Todestag Gf. Gerhards – 22. Juni 910 – vgl. ebd. S. 76 Anm. 20.

49 : Oda (Liudolfingerin), Tochter Hzg. Ottos d. Erl. v. Sachsen, als Mutter Pfgf. Gottfrieds

Exakte Filiationsaussagen fehlen, doch läßt sich Oda im Zusammenhang mit den unter nr. **48** genannten Argumentationen als Mutter Pfgf. Gottfrieds aufzeigen.

Als Gemahlin Gf. Gerhards wird Oda durch Regino v. Prüm, Chron. ad 900, MGH SS rer. Germ. S. 148, bezeugt: *Eodem anno Gerardus comes Odam uxorem eiusdem Zuendibolch regis sibi in matrimonium copulat.* Die Gründe dafür, daß die Witwe Kg. Zwentibolds († 13. VIII. 900), Oda (vgl. hierzu Regino, Chron. ad 897, S. 145: Zwentibold auf Rat seines Vaters Ks. Arnulf *ad Ottonem comitem missum dirigit, cuius filiam nomine Odam in coniugium exposcit*), als Tochter des 'Sachsenherzogs' Otto d. Erl. anzusehen ist, vgl. bei E. HLAWITSCHKA, Habsburg-Lothringen S. 58 ff.

Das Todesdatum Odas ergibt sich aus folgendem: Das Necrol. Hildesheim. (ed. G.W. LEIBNIZ, Script. rer. Brunsvic. I S. 765) bringt unter *VI. Non. Jul.* (= 2. Juli) die Nachricht: *Oda regina soror nostra.* Königinnen mit dem Namen Oda kennen wir nur zwei: die Gemahlinnen Ks. Arnulfs v. K. und die Gemahlin Kg. Zwentibolds. Eine von beiden dürfte hier gemeint sein. Während wir nun von Arnulfs Gemahlin wissen, daß sie sich noch im Juni 899 gegen die Anklage eines Ehebruchs verteidigen mußte, und während die Erwähnungen dieser Oda in den Urkunden ihres Sohnes Kg. Ludwig d.K. (bis 30. XI. 903) auch keinen Klostereintritt nahelegen, wissen wir hingegen von Ottos I. *amita* Uota (MGH D O I 159), daß sie eine *Deo devota* geworden war, also den Schleier genommen hatte und als *soror* gelten konnte. Für die gebürtige Liudolfingerin Oda liegen zudem Beziehungen zu Hildesheim nahe. Außerdem ist zum 2. Juli im Totenbuch des Stiftes Xanten (ed. F.W. OEDIGER S. 52) – neben Kg. Heinrich I. – auch eine

Ouoda eingetragen. Wenn sich dieser Eintrag auf die Liudolfingerin beziehen sollte, so stützt auch er nochmals die Herleitung der Zwentibold-Gemahlin Oda von Otto d. Erl. ab. Während nun Ottos I. *amita* (D O I 159) am 30. XII. 952 Besitzungen in und um Deventer an Otto I. *tradidit*, sie also noch gelebt hat, gibt ein weiteres Diplom Ottos I. vom 28. VIII. 960 (MGH D O I 216) zu erkennen, daß eine *Vda nostra nepta* jene Besitzungen in und um Deventer an Otto *legitime hereditando permisit.* Ottos Nichte *Vda* hatte demnach als Erbin von Ottos Tante *Uota* die frühere Übergabe dieser Güter an Otto akzeptiert. Ottos Tante müßte demnach am 28. VIII. 960 schon verstorben gewesen sein. Wenn damals die Erbregelungen getroffen wurden, so kann der Tod der Tante damals auch wieder nicht zu lange zurückgelegen haben.

50 / 51 : Kg. Karl d. Einf. v. Westfranken / Frankreich und Frederuna als Eltern Ermentruds

Ermentruds Herkunft ist bezeugt in der um 955 verfaßten Genealogia comit. Flandr. des Priesters Witger, MGH SS 9 S. 303: *Karolus rex genuit ex Frederuna regina Hyrmintrudim, Frederunam, Adelheidim, Gislam, Rotrudim et Hildegardim.*

Zu den Lebens-, Ehe- und Sterbedaten Kg. Karls d. Einf. und Frederunas vgl. die Quellenangaben bei K.F. Werner, Nachkommen S. 457 (Gen. V, 38) und S. 461 (Gen. VI, 41); Chr. Settipani, Préhistoire S. 321–326. Zu Kg. Karl d. Einf. vgl. auch bei **XV : Ksn. Gisela** nr. **28**.

Dazu, daß Karls d. Einf. und Frederunas Tochter Ermentrud, also eine Karolingernachkommin, die Gemahlin des Pfalzgrafen Gottfried und damit die Ahnin Adelheids v. Metz (nr. **3**) wurde, vgl. auch den Hinweis aus Wipos Gesta Chuonradi oben bei nr. **3** mit der Erklärung in nr. **12**; außerdem E. Hlawitschka, Habsburg-Lothringen S. 65–69.

Bei K.F. Werner (wie oben) ist – auf der Basis einer Arbeit von K.A. Eckhardt, Geneal. Funde S. 24–31, Karls d. Einf. Gemahlin Frederuna als Schwester von Kg. Heinrichs I. Gemahlin Mathilde ausgegeben. Daß diese Ansicht nicht haltbar ist, wird gezeigt bei E. Hlawitschka, Kontroverses S. 45–50.

XV : Kgn. u. Ksn. Gisela (v. Schwaben), Gemahlin Kg. u. Ks. Konrads II.

1 : Ksn. Gisela

Gisela wird als Gemahlin Ks. Konrads II. in mehreren Königsdiplomen wie auch erzählenden Quellen genannt. Hier einige Beispiele: MGH D K II 4 vom 11. XI. 1024: *qualiter nos una cum manu dilectissime contectalis nostre Gisele videlicet regine* ...; ähnlich D K II 6, 8, 9, 10, usw.; Wipo, Gesta Chuonradi cap. 4, MGH SS rer. Germ. S. 24: *Super hos omnes* (= andere genannte Ratgeber Konrads II.) *dilecta regis coniunx Gisela prudentia et consilio viguit. Cui pater erat Herimannus dux Alamanniae, mater eius Kerbirga filia Chuonradi regis de Burgundia fuit*; Hermann v. Reichenau, Chron. ad 1024, MGH SS 5 S. 120, berichtet über Konrads II. Königserhebung: *Counradus senior, filius Heinrici et Adalheidae, et patruelis eius Counradus, filius Counradi ducis ex Mahthilde, ad regnum praecipue adniterentur, habito apud villam Kambam principum conventu, senior Counradus rex promotus et ab Aribone archiepiscopo Moguntiaci unctus est 6. Idus Septembr. Nec multo post uxor eius Gisela a Piligrino archiepiscopo Coloniae regina nihilominus benedicta 11. Kal. Octobr.*

Giselas Geburtsdatum ist auf einer Bleitafel, die sich in ihrem Grab befand (Öffnung der Saliergräber 1900 im Speyerer Dom), vermerkt: *Anno dom(inicae) incarn(ationis) D.CCCC.XCVIIII. III. Idus Nov(embris) felicit(er) nata Gisila imperatrix, Cuonradi imperatoris coniux* ... Über dieses Datum (11. XI. 999) gab es in der Forschung heiße Diskussionen, bei denen sich herausstellte, daß das angegebene Geburtsjahr nicht richtig sein kann. Gisela muß etwa 9–10 Jahre älter gewesen sein. In der ungeschickten Zahlenschreibweise auf der Bleitafel dürfte ein *X* ausgelassen sein, so daß man Giselas Geburtsdatum wohl mit 11. XI. 989 angeben darf. Die einzelnen Diskussionsbeiträge zu dieser Frage brauchen hier nicht mehr erwähnt zu werden. Vgl. zusammenfassend und abschließend E. HLAWITSCHKA, Bleitafelinschrift S. 439–445; und DERS., Untersuchungen zu den Thronwechseln S. 132–144 (Exkurs zum Geburtsjahr Giselas); auch H. SCHWARZMAIER, Von Speyer nach Rom S. 50–58.

Die nähere Festlegung der Verehelichungszeit Giselas mit Konrad II. – es war dies bereits Giselas 3. Ehe – hängt etwas mit der Bestimmung des Geburtsjahres Giselas und der Reihenfolge ihrer Ehen zusammen. Da Gisela zuerst mit Gf. Brun (v. Braunschweig) vermählt war († ca. 1008; vgl. dazu E. HLAWITSCHKA, Untersuchungen zu den Thronwechseln S. 127ff., bes. S. 139ff.), ihr 2. Gemahl Hzg. Ernst I. v. Schwaben am 31. V. 1015 ums Leben kam (vgl. ebd. S. 132f.) und Giselas und Konrads II. Sohn Ks. Heinrich III. nachweislich am 28. X. 1017 geboren wurde (vgl. bei **XVI : Ks. Heinrich III.** nr. **1**), dürfte diese 3. Ehe Giselas Ende 1016 (spätestens im Januar 1017) geschlossen worden sein.

Verstorben ist Gisela am 15. II. 1043 in Goslar; bestattet wurde sie – in Anwesenheit ihres Sohnes Ks. Heinrich III. – neben ihrem Gemahl in Speyer; vgl. Hermann v. Reichenau, Chron. ad 1043, MGH SS 5 S. 124: *Gisela imperatrix apud Goslare ... desinteriae morbo 16. Kal. Mart.* (= 14. II.) *decessit et Nemeti iuxta maritum imperatorem sepulta est.* Das Todesdatum Giselas ist (gewiß richtiger) auf der oben erwähnten Bleitafel aus dem Grab im Speyerer Dom überliefert: ... *ex huius vite laboribus anno dominicae incarnat(ionis) MXLIII indictione XI Kal. XV. Mart. felicius ad dominum migravit; V. enim Idus Martias sepulta ab episcopo Sigibodone Spirensi in eadem civitate presente filio suo Henrico ...*; vgl. dazu E. HLAWITSCHKA, Bleitafelinschrift S. 439. Weitere Belege aus Nekrologien bei E. STEINDORFF, Jahrb. Heinrichs III., Bd. 1 S. 173.

2 : Hzg. Hermann II. v. Schwaben als Vater Ksn. Giselas

Als Tochter Hzg. Hermanns II. ist Ksn. Gisela bezeugt bei Wipo, vgl. bei nr. **1**. Abgesichert wird dies durch Hermann v. Reichenau, der zu 1004 den Tod Hzg. Hermanns II. und die Nachfolge seines Sohnes Hermann III. berichtet und zu 1012 Gisela als Schwester Hermanns III. nennt; Hermann, Chron. ad 1004, MGH SS 5 S. 118: *Herimannus dux Alamanniae obiit, eique filius eius Herimannus puer ... in ducatu successit*; ad 1012 S. 119: *Herimannus quoque iunior dux Alamanniae defunctus, Ernustum, sororis suae Giselae maritum, successorem accepit.*- Durch Thietmar v. Merseburg, Chron. lib. VII cap. 16, MGH SS rer. Germ. NS 9 S. 416, wird dies bestätigt, indem er Hzg. Ernsts Witwe (Gisela) als Ks. Heinrichs II. *neptis* bezeichnet. Diese Verwandtschaft folgt daraus, daß sowohl Ks. Heinrichs II. Mutter Gisela (vgl. bei **XII : Ks. Heinrich II.** nr. **3**) als auch Giselas Mutter Gerberga (vgl. unten nr. **3**) Töchter Kg. Konrads v. Burgund waren, Gerberga aber eben die Gemahlin Hzg. Hermanns II. gewesen ist.

Zur Geburtszeit Hzg. Hermanns II. ist nichts überliefert. Aus einem Reichenauer Gedenkeintrag, der seinen Vater Hzg. Konrad v.

Schwaben (983–997) noch als Gf. aufweist und der demnach „um 980/83" entstanden sein dürfte, läßt sich lediglich schließen, daß Hermann der jüngste von drei Söhnen Konrads war; vgl. E. HLAWITSCHKA, Untersuchungen zu den Thronwechseln S. 100ff. Eine ungefähre Geburtszeit „ca. 945/55" läßt sich lediglich aus der Stellung Hermanns II. innerhalb der Konradinergenealogie erschließen; vgl. dazu E. HLAWITSCHKA, Habsburg-Lothringen S. 46–48; DERS., Kuno u. Richlind S. 36f.; DERS., Thronwechsel des Jahres 1002 S. 204f.; DERS., Konradiner-Genealogie S. 17.

Die Zeit der Verehelichung Hermanns II. mit Gerberga „ca. 986" (oder evtl. 986/87) ergibt sich aus dem Lebenslauf Gerbergas, die in 1. Ehe mit Gf. Hermann v. Werl († ca. 985) verheiratet war, und der erschließbaren Geburtszeit der zweitehelichen Kinder; vgl. dazu E. HLAWITSCHKA, Untersuchungen zu den Thronwechseln S. 52, 137f. mit Anm. 108; P. LEIDINGER, Untersuchungen S. 61 mit Anm. 50, wo für 986/88 plädiert wird.

Hermanns II. Todesdatum wird in den Fuldaer Totenannalen überliefert; MGH SS 13 S. 208: *Annus millesimus 3. … 4. Non. Mai* (= 4. V.) *obiit Heriman dux*; ed. auch K. SCHMID, Klostergemeinschaft v. Fulda I S. 350 und II S. 401; S. HIRSCH, Jahrb. Heinrichs II., Bd. 1 S. 272 Anm. 4. Zutreffender dürfte indessen die Überlieferung aus Einsiedeln sein, die den 2. V. als Hermanns Todestag festhält: *2. V.: Hermannus dux obiit*; H. KELLER, Kloster Einsiedeln S. 159. Zum selben Tag ein Necrol. incertum (Einsiedeln ?), MGH Necrol. 1 S. 662. In Einsiedeln wurde Hzg. Hermann II. als *benefactor* geehrt (vgl. H. KELLER, a.a.O. S. 158). Zwei Überlieferungen aus Zürich geben den 3. V. als Todestag Hzg. Hermanns II. an: MGH Necrol. 1 S. 550 und 565.

Da Hermann II. zur Zeit seiner Vermählung mit Gerberga v. Burgund zweifellos schon an die 40 Jahre alt war, besteht die Möglichkeit, daß er vorher schon einmal verheiratet gewesen ist; doch gibt es dafür keine weiteren Anhaltspunkte.

3 : Gerberga (v. Burgund) als Mutter Ksn. Giselas

Daß Gerberga (v. Burgund) mit Hzg. Hermann II. v. Schwaben verheiratet und daß die Ksn. Gisela eine Tochter Gerbergas war, überliefert Wipo, Gesta Chuonradi cap. 4; vgl. bei nr. **1**. Erschließbar ist dies auch aus Thietmars v. Merseburg Chron. lib. VII cap. 16; vgl. bei nr. **2**. Die Ehe Hermanns II. mit Gerberga wird auch bezeugt von Hermann v. Reichenau, Chron. ad 997 (MGH SS 5 S. 118): *Herimannus ducatum [Alamanniae] accepit; qui et ipse filiam Cuonradi regis Burgundiae, Gerbirgam, in matrimonio habuit; ex qua filium aequivocum* (= Hermann III.) *tresque filias reliquit.* Vgl. auch Historia mon. Marchtelan. cap. 2, MGH SS 24 S. 664: *Hic Hermannus, de egregia Francorum natus prosapia, regis Cuonradi filiam de Burgundia nomine Gerbirgam ... legitimo suscepit coniugio; ... ipsa vero ducissa eidem duci filium peperit ...* Außerdem Miracula S. Verenae, MGH SS 5 S. 460: *Secundus igitur Herimannus Alamannorum dux ... Chuonradi predicti regis filiam* (= Gerberga) *duxit uxorem. Cumque ex ea filias satis procrearet, filios autem non haberet, ...*

Gerbergas Geburtszeit ist nur erschließbar. Da sie von ca. 978/80–985 in einer ersten Ehe mit dem Grafen Hermann v. Werl verheiratet war und diesem drei Söhne gebar (vgl. dazu P. LEIDINGER, Untersuchungen S. 49f. und Tafel II), wird sie spätestens um 965 geboren sein; vgl. E. HLAWITSCHKA, Untersuchungen zu den Thronwechseln S. 138 Anm. 108. W. GLOCKER, Verwandte der Ottonen S. 300, nennt – aus gleichen Gründen –: „ca. 965/66".

Zur Zeit ihrer zweiten Verehelichung (ca. 986/87) vgl. bei nr. **2**.

Den Sterbetag Gerbergas (7. VII.) nennen die Marchtaler Nekrologfragmente (MGH Necrol. 1 S. 201: *non Jul. Gerbirc ducissa.* Nach J. WOLLASCH, Mönchtum S. 130 Anm. 384, handelt es sich bei der zum 7. VII. in den Notae necrologicae aus Lambach/Kärnten ohne jeden Titel eingetragenen *Gerbirg* um die Herzogin und bei der dort zum 29. VII. ebenso titellos eingeschriebenen *Mathildis* um Gerbergas Tochter Hzgn. Mathilde v. Kärnten; vgl. MGH Necrol. 4 S. 405. Da Gerberga letztmals zum Jahre 1018 (erste Jahreshälfte) bezeugt ist (Thietmar, Chron. lib. VIII cap. 26, MGH SS rer. Germ. NS 9 S. 522; vgl. dazu P. LEIDINGER, Untersuchungen S. 86), ist ihr Todesjahr mit „nach 1018 / erste Hälfte" festlegbar. P. LEIDINGER, a.a.O. S. 87, sagt: „Es wird um 1020 zu suchen sein". Da nun 1019 eine kriegerische Fehde zwischen Konrad d. J. v. Kärnten (dessen Mutter Mathilde eine Tochter Hzg. Hermanns II. und Gerbergas war) und Konrad d. Ä. (dem späteren Ks. Konrad II. und seit Ende 1016 Gemahl Giselas, die ebenfalls eine Tochter Hermanns II. und Gerbergas war) einerseits und Hzg. Adalbero v. Kärnten (1012–1035) aus dem Geschlecht der Eppensteiner, der mit Beatrix, einer dritten Tochter Hermanns II. und Gerbergas (vgl. E. HLAWITSCHKA, Untersuchungen zu den Thronwechseln S. 175–178; DERS., Konradiner-Genealogie S. 174–178 [gegen den Versuch von J. HEINZELMANN, Spanheimer-Späne S. 31ff.,

Beatrix als Tochter Hermanns II. zu eliminieren und durch eine Hadwig zu ersetzen]), verheiratet war, andererseits ausgefochten wurde – sie endete mit einer Niederlage Adalberos (vgl. Hermann v. Reichenau, Chron. ad 1019 (MGH SS 5 S. 119) –, wurde vor einigen Jahren (auf der Basis älterer Ansichten von S. HIRSCH, Jahrb. Heinrichs II., Bd. 3 S. 216, und H. BRESSLAU, Jahrb. Konrads II., Bd. 1 S. 9) mit gewissem Recht darauf geschlossen (P. HILSCH, Regenbach S. 58 f.), daß es damals um die Erbhinterlassenschaft Gerbergas gegangen sein werde. Demnach müßte Gerberga am 7. VII. 1018 oder 1019 verstorben sein. Dieser Sicht folgt auch D. MERTENS, Vom Rhein S. 232.

4 : Hzg. Konrad v. Schwaben als Vater Hzg. Hermanns II. v. Schwaben

Als Vater Hzg. Hermanns II. ist Hzg. Konrad v. Schwaben in den Annales Einsidlenses ad 997, MGH SS 3 S. 144, bezeugt: *Chuonradus dux obiit. Herimannus filius eius in ducatum successit.* Die Nachricht des späten Annalista Saxo ad 1002, MGH SS 6 S. 650, neue Ed. MGH SS 37 S. 289, daß Hermann II. der Sohn des 982 in Apulien gefallenen *dux* Udo II. gewesen sei, beruht auf einer falschen Kombination von Nachrichten, die er seiner Quelle, der Chronik Thietmars v. Merseburg, entnahm¸ vgl. dazu E. HLAWITSCHKA, Habsburg-Lothringen S. 48 Anm. 4. Auch ist – was die Einsiedler Nachricht absichert – Hermann in einem Reichenauer Gedenkeintrag der Familie Konrads v. Schwaben von ca. 980/83 anzutreffen; vgl. E. HLAWITSCHKA, Untersuchungen zu den Thronwechseln S. 99–110, wo außerdem auf S. 48 in Anm. 145 darauf aufmerksam gemacht wird, daß im Diplom Ks. Ottos III. vom 12. Juni 996 (MGH D O III 213), also noch zu Lebzeiten Hzg. Konrads, Hermann bereits als *dux* fungiert, was eigentlich nur dann verständlich ist, wenn er als Konrads Sohn auch schon als dessen Nachfolger feststand. (Zu einem Vergleichsfall, der Nennung des künftigen Ks. Heinrich II. als *condux* neben seinem Vater Hzg. Heinrich d. Z. v. Bayern am 23. XI. 994, vgl. MGH D O III 155). Zur Interpretation des erwähnten Reichenauer Gedenkeintrags (MGH Lib. mem. et necrol. NS 1: Reichenau Tafel 135) vgl. auch E. HLAWITSCHKA, Konradiner-Genealogie S. 35 ff.

Die Geburtszeit Hzg. Konrads – ca. 925/30 – läßt sich aus dem Gesamtzusammenhang der Konradinerfamilie erschließen; vgl. dazu E. HLAWITSCHKA, Habsburg-Lothringen S. 46 f. mit Anm. 4 (dort mit dem Datum Udos II. zu vertauschen); DERS., Kuno u. Richlind S. 37, ND S. 457; DERS., Thronwechsel des Jahres 1002 S. 205.

Über die Verehelichungszeit Hzg. Konrads läßt sich nichts Bestimmtes sagen. Da im oben angeführten Reichenauer Gedenkeintrag von ca. 980/83 auch Konrads Tochter Ita zusammen mit ihrem welfischen Gemahl (Gf.) Rudolf und 3 Kindern auftritt, läßt sich erschließen, daß Konrad seine Ehe um 945 geschlossen haben dürfte.

Das Todesjahr Hzg. Konrads überliefern – neben den Einsiedler Annales Heremi (vgl. oben) – Hermann v. Reichenau, Chron. ad 997 (MGH SS 5 S. 118: *Counradus Alamannorum dux obiit et pro eo Herimannus ducatum accepit)*, die Fuldaer Totenannalen ad 997 (MGH SS 13 S. 208: *Ob. Cuonratus dux*; ed. auch K. SCHMID, Klostergemeinschaft v. Fulda I S. 349, II S. 401), und das Chron. Suev. univ. ad 997 (MGH SS 13 S. 69: *Chǒnradus dux obiit; pro quo Heremannus*). Den genauen Todestag, den 20. August, nennen die Notae necrol. Einsiedlenses (MGH Necrol. 1 S. 360: *XIII kal. Sept. Chuonradus dux ob.*); das (fragmentarische) Jahrzeitbuch des Einsiedler Liber Heremi verzeichnet Hzg. Konrad im August (MGH Necrol. 1 S. 362, ergänzend H. KELLER, Kloster Einsiedeln S. 161: zum 20. VIII. *Cuonradus dux*), das Necrol. Sangallense, ein Züricher Nekrolog (Notae necrol. Turic.) und Fragmenta incerta (Einsiedeln ?): MGH Necrol. 1 S. 479, 551, 662.

5 : Judith als Gemahlin Hzg. Konrads v. Schwaben und Mutter Hzg. Hermanns II.

Eine Besitzbestätigungsurkunde vom Jahre 1128 für das von Erzbisch. Willigis v. Mainz (975–1011) wohl in der Mitte seiner Amtszeit als Kanonikerstift gegründete Kloster Disibodenberg (M. STIMMING, Mainzer UB I S. 461–465 nr. 553; auch H. BEYER, Mittelrhein. UB I S. 518ff. nr. 462) erwähnt, daß zu Zeiten dieses Erzbischofs ein *dux Cuno de Beckilnheim et uxor eius Jutta diviciis, potencia et nobilitate precipui,* Grundstücke in Boos (bei Bad Kreuznach) an Disibodenberg übergaben. Daß mit diesem z. Zt. des Willigis lebenden *dux Cuno* nur der Hzg. Konrad v. Schwaben gemeint sein konnte, nicht auch der Hzg. Konrad v. Kärnten (1004–1011) – wofür A. WOLF, Kuno v. Öhningen S. 52–55, plädierte –, wird nachgewiesen bei E. HLAWITSCHKA, Kuno u. Richlind S. 12–20, ND S. 432–440. Zwar versuchte Wolf seine Identifizierung aufrechtzuerhalten – vgl. A. WOLF, Königskandidatur S. 55f.; DERS., Quasi hereditatem S. 116ff.; DERS., Königswahl Heinrichs II. S. 48f., unterstützt von D.C. JACKMAN, Konradiner, S. 73–76, und J. FRIED, Prolepsis S. 105f. (die jedoch beide in *dux* Konrad und Jutta nicht den Kärntner Herzog und seine vermutete 1. Ehefrau, sondern die Eltern Hzg. Konrads v. Schwaben erblicken wollten), zuletzt auch von A. SCHÜTZ, Grafen v. Dießen S. 310–315 (der, ohne einen Identifizierungsvorschlag für *dux Cuno* und seine Frau *Jutta* vorzulegen, die Identität mit Hzg. Konrad v. Schwaben bestreitet) –, doch konnte diese Identifizierung mit guten Argumenten aufrechterhalten und abgestützt werden; vgl. E. HLAWITSCHKA, Thronwechsel des Jahres 1002 S. 166ff.; am ausführlichsten E. HLAWITSCHKA, Konradiner-Genealogie S. 30–35, 135–138, 179f., 199–203. Zudem sind in diesem Zusammenhang die ältesten, um 1000 angelegten Einsiedler Nekrolognotizen (MGH Necrol. 1 S. 361; auch H. KELLER, Kloster Einsiedeln S. 166) heranzuziehen, die zum 25. XII. den Tod einer *Domna Juditta* festhalten. Da in diesem (bei der Aufnahme der zu Kommemorierenden auf den alemannisch-süddeutschen Raum begrenzten) Nekrolog zwei weitere Damen gleichfalls mit dem *Domna*-Titel bedacht wurden, nämlich Ita († 17. V.) und Reginlinda († 19. VIII.) – für andere Frauen ist dieser Titel nicht verwendet –, und da diese beiden Damen eindeutig als die Hzgn. Ida v. Schwaben (Gemahlin Hzg. Liudolfs v. Schw.) und die Hzgn. Reginlind (Gemahlin Hzg. Hermanns I. v. Schw.) identifizierbar sind, dürfte doch wohl auch die *Domna Juditta* unter den Herzoginnen Schwabens zu suchen sein. Und da in der Reihe der Schwabenherzöge bis ca. 1000 nur für Hzg. Konrad die Gemahlin bislang unbekannt ist (der 982 verstorbene Hzg. Otto v. Schwaben war unverheiratet), kann *Juditta* eben nur ihm zugeordnet werden. So auch schon H. KELLER, Kloster Einsiedeln S. 63 mit Anm. 99, 108 mit Anm. 81, 166. Auch diese Argumentation wurde von A. WOLF, Quasi hereditatem S. 120f., DERS., Königswahl Heinrichs II. S. 52, und J. FRIED, Prolepsis S. 106 Anm. 103, S.114, angezweifelt (beide meinen, es könne auch die Gemahlin Hzg. Ottos v. Kärnten [vgl. bei **XIV : Ks. Konrad II.** nr. **5**] bzw. die Gemahlin eines von D.C. Jackman erstmals postulierten Elsaßherzogs Konrad gemeint sein). Die Anzweiflung ist aber zurückweisbar, da keine Beziehungen Hzg. Ottos v. Kärnten und der Salierfamilie zu Einsiedeln nachgewiesen werden können und die Postulierung eines Herzogs Konrad vom Elsaß ohne jedes überzeugende Quellenfundament ist; vgl. dazu E. HLAWITSCHKA, Konradiner-Genealogie S. 34f., 39f., 72, 135f. – Sonach stützen sich die Disibodenberger Urkunde und die Einsiedler Nekrolognotiz gegenseitig und darf Judith als Gemahlin Hzg. Konrads v. Schwaben und als Mutter Hzg. Hermanns II. angesehen werden.

Über das Todesjahr Judiths / Juttas ist nichts bekannt. Es muß zwischen 975 (frühestes Datum für die Gründung Disibodenbergs, das sie mitbeschenkte) und ca. 1000 (Anlage des Einsiedler Nekrologs) liegen. Der bei nr. **4** erwähnte Reichenauer Gedenkeintrag Gf./ Hzg. Konrads von ca. 980/83, der sie mit Konrad und ihren Kindern aufweist (vgl. E. HLAWITSCHKA, Konradiner-Genealogie S. 35–37), zeigt sie noch unter den Lebenden.

Die obigen Darlegungen zur Gemahlin Hzg. Konrads v. Schwaben stehen im Zusammenhang mit einer von A. WOLF, Kuno v. Öhningen, 1980 erstmals vorgetragenen These, eine in der Historia Welforum cap. 6, ed. E. KÖNIG S. 12, genannte *filia Otthonis Magni imperatoris … Richlint nomine*, Gemahlin eines mit Hzg. Konrad v. Schwaben gleichsetzbaren *nobilissimus comes Chouno* von Öhningen, sei als Mutter Hzg. Hermanns II. v. Schwaben anzusehen. Damit sollte die Thronkandidatur Hzg. Hermanns II. im Jahre 1002 als geblütsrechtlich fundiert erwiesen werden; denn mit der *filia Otthonis Magni imperatoris*, die Wolf freilich nicht als Ottos d. Gr. Tochter, sondern als Ottos I. Enkelin durch seinen Sohn Hzg. Liudolf v. Schwaben betrachtet wissen wollte, wäre ja Hermanns II. Abkunft aus der Verwandtschaft des 1002 verstorbenen Kaisers Otto III. evident gewesen. Doch hat sich diese „Richlind-These“ als unhaltbar herausgestellt; vgl. E. HLAWITSCHKA, Kuno u. Richlind. Und auch zwei weitere Versuche, die „Richlind-These“ zu retten – A. WOLF, Königskandidatur, und D.C. JACKMAN, Konradiner – scheiterten; vgl. E. HLAWITSCHKA, Thronwechsel des Jahres 1002. Und das trifft auch für die weiteren Rettungsversuche zu, die daraufhin vorgelegt wurden; vgl. A. WOLF, Quasi hereditatem (= DERS., Königswahl Heinrichs II.), D.C. JACKMAN, Eherecht, DERS., Criticism, J. FRIED, Prolepsis, A. SCHÜTZ, Grafen v. Dießen. Die ganze Kontroverse ist dargelegt und die Argumente zur völligen Widerlegung der „Richlind-These“ sind ausgebreitet bei E. HLAWITSCHKA, Konradiner-Genealogie. Vgl. dazu auch unten bei nr. **10 / 11**.

Ad acta zu legen ist auch der Versuch von H.C. FAUSSNER, Kuno v. Öhningen S. 20–139, die *filia Otthonis Magni … Richlint nomine* der Welfenüberlieferung als identisch mit Ottos d. Gr. Schwiegertochter Ida v. Schwaben zu erklären; Ida habe sich nach dem Tode Hzg. Liudolfs († 957), des Sohnes Ottos d. Gr., mit Gf. Kuno v. Öhningen = Hzg. Konrad v. Schwaben wiederverheiratet. Der Autor der Historia Welforum habe nämlich Ida mit ihrer Mutter Reginlind verwechselt, und Reginlind sei mit Richlint gleichzusetzen. Daß auch diese Auffassung gänzlich gescheitert ist, läßt sich überprüfen bei E. Hlawitschka, Richeza v. Polen S. 221–244, und Ders., Beiträge z. Genealogie d. Burchardinger S. 203–217.

6 : Kg. Konrad v. Burgund als Vater Gerbergas

Gerberga ist als Tochter Kg. Konrads v. Burgund gut bezeugt, so etwa durch den Hofkaplan Wipo (vgl. bei nr. **1**) und durch die Hist. mon. Marchtelanensis (vgl. bei nr. **3**) wie auch in einem Brief des Abtes Siegfried v. Gorze an Poppo v. Stablo vom Spätsommer 1043, aus dem – wegen der Absicherung auch anderer Filiationsschritte – hier ausführlicher zitiert sei; ed. W. v. Giesebrecht, Kaiserzeit Bd. 2, 4. Aufl. S. 702–707, 5. Aufl. S. 714–718. Die Darlegungen beginnen bei Kg. Heinrich I. († 936) und führen hin zu Ks. Heinrich III. und Agnes v. Poitou, deren Ehe wegen zu naher Verwandtschaft verhindert werden sollte: *Heinricus rex ex Mathilde genuit tres filios – Ottonem imperatorem, Brunonem archiepiscopum, Heinricum ducem – duas quoque filias – Gerbergam et Hadewidam -. Quarum altera, id est Hadewidis, Hugoni, altera, id est Gerberga, nupsit Gisleberto duci eique filiam Alberadam nomine peperit. Post obitum vero Gisleberti iuncta est in matrimonium Ludovico Francorum regi, a quo filios duos, Lotharium regem et Karolum ducem, filiamque Mathildem, postea Cuonradi regis Burgundionum uxorem, suscepit. Porro ex his sororibus, non quidem de uno patre, sed de una matre scilicet Gerberga genitis, de altera quidem, id est Alberada, Ermentrudis, de altera vero, id est Mathilde, Gepa quae et Gerberga processit. Et haec prima generatio. Sane Ermentrudis Agnetem, Gepa vero Gislam augustam sororemque eius Mathildem genuit. Et ecce secunda generatio. Gislae autem filius domnus Heinricus rex, et Agnetis filia simulque aequivoca, Agnes ipsa videlicet, de qua hoc totum agitur, in tertia genealogiae linea invenitur.* Daß Kg. Heinrichs I. Tochter Gerberga aus ihrer 2. Ehe mit Kg. Ludwig IV. v. Frankreich die Tochter Mathilde, die spätere Gemahlin Kg. Konrads v. Burgund, empfing und von letzterer (also der Gemahlin Kg. Konrads) Gepa / Gerberga hervorging, ist hier klar bezeugt. Vgl. dazu auch die Tafel bei **XVIII : Ksn. Agnes** nr. **3**.

Zur Geburtszeit Kg. Konrads, seiner ersten Ehe mit Adela(na) und zum Todesdatum sowie zum Nachweis seiner Bestattung in Vienne vgl. bei **XII : Ks. Heinrich II.** nr. **6**, zum Datum seiner 2. Ehe mit Mathilde v. Frankreich vgl. hier bei nr. **7**.

7 : Mathilde (v. Frankreich) als Mutter Gerbergas

Zur mütterlichen Abstammung Gerbergas vgl. den Brief Siegfrieds v. Gorze an Poppo v. Stablo bei nr. **6**, dazu die genealogischen Tafeln zur Ottonenfamilie aus einem Codex Steinfeldensis (MGH SS 3 S. 215) und einem Codex Trevirensis (MGH SS 6 S. 32); außerdem eine genealogische Notiz aus der Mitte des 11. Jhs. über die Verwandtschaft zwischen Gf. Wido-Gottfried v. Poitiers (= Hzg. Wilhelm VIII. v. Aquitanien, vgl. dazu W. Kienast, Herzogstitel S. 177, 218–229) und Gf. Gerald v. Genf, die einer Handschrift der Flodoard-Annalen angefügt ist; Flodoard, Annales, ed. Ph. Lauer S. 159: *Mathildis et Alberada filiae fuerunt Gerbergae; de Mathilde processit Rodulfus rex* (= Kg. Rudolf III. v. Bgd.) *et Mathildis, soror eius ...* (ausführliches Zitat bei **XVIII : Ksn. Agnes** v. Poitou nr. **14 / 15**). Auch die 1164 verfaßte und 1261 ergänzte Genealogia ex stirpe S. Arnulfi (MGH SS 25 S. 382f.) überliefert diese Filiation: *2) Hadewindis, Giberga, Bruno episcopus et dux Colonie, Otto imperator et Henricus dux fratres et sorores fuerunt ... 4) Giberga, soror Hadewindis superioris, genuit Lotharium regem Francie et Karolum ducem, Mathildem et A(l)beradam, fratres et sorores ... 5) Mathildis, soror Lotharii regis Francie et Karoli ducis, genuit Rodulphum regem Burgundie, Bertham, Guepam* (= Gerberga) *et Mathildam ... Guepa, soror Berthe et Mathildis, genuit Giselam, uxorem regis Conradi ...*

Die Ehe Mathildes (v. Frankreich) mit Kg. Konrad v. Burgund ist auch sonst gut bezeugt; z.B. Chronic. S. Benigni Divion., MGH SS 7 S. 236: *Lugdunum civitas, quam Lotharius Francorum rex dedit in dotem sorori suae Mathildi reginae, quam despondit Chonrado Burgundiae regi*; Vita Adalberonis II. Mett. ep. cap. 17, MGH SS 4 S. 664: *magni Ottonis ... soror Girbergia dedit filiam suam Conrado Burgundionum regi*; eindeutig auch die späte Vita S. Willibrordi cap. 22, MGH SS 23 S. 25, in deren (die Abstammung Ks. Heinrichs IV. darlegenden) Text hier zum leichteren Verständnis die notwendigen Erläuterungen in [ ] eingefügt sind: *Per naturales enim genealogiae ramos stemma longo ductu pervenit ad Luothowicum quendam egregium Franciae regem* [= Ludwig IV. d'Outremer], *Lotharii regis et Karoli ducis genitorem, cuius filiam* [= Mathilde] *Cuonradus dux Burgundionum duxit uxorem, de qua* [= Mathilde] *genuit patris eius* [= Heinrichs IV.] *aviam* [also Heinrichs III. Großmutter], *gloriosissimi Heinrici tertii imperatoris, Giselae videlicet divae memoriae imperatricis matrem* [= Gerberga, Gem. Hzg. Hermanns II.].

Das Geburtsjahr Mathildes – Ende 943 (oder Mitte 948) – ergibt sich daraus, daß Flodoard, Annales (ed. Ph. LAUER S. 90 bzw. S. 116) zu Ende 943 wie auch zur Jahresmitte 948 die Taufe von Töchtern des französischen Königspaares vermerkt. Da deren Namen nicht genannt werden, sind beide Daten hier ins Auge zu fassen. K.F. WERNER, Nachkommen S. 472 (Gen. VII, 69–75), erwägt wegen des Wiederaufgreifens des Namens Mathilde durch Kgn. Gerberga, die ihren eigenen Namen schon einer erstehelichen Tochter weitergegeben hatte, ob dieser von der eigenen Mutter (= der Gemahlin Kg. Heinrichs I.) herrührende Name nicht doch bei der ersten Möglichkeit vergeben worden sein dürfte, also für die 943 geborene Tochter. Mit allem Vorbehalt kann man sich dem anschließen; so auch W. GLOCKER, Verwandte der Ottonen S. 283 f.

Die Zeit der Verehelichung mit (dem verwitweten) Kg. Konrad v. Burgund ist nur erschließbar. Da Konrad – laut MGH D Burg. 38 – am 23. V. 963 noch mit Adela(na) verheiratet war, am 10. VIII. 966 dann bereits mit seiner *uxor Mattilt regina* auftritt (MGH D Burg. 39), muß ihr Heiratstermin zwischen diesen beiden Daten liegen. – Um die Ehe auf „ca. 964“ zu datieren (vgl. K.F. WERNER, Nachkommen Tafel), wird oftmals darauf verwiesen, daß Konrad und Mathilde am 10. VIII. 966 bereits mit ihrem Sohn *Cuono* genannt werden – so R. KÖPKE / E. DÜMMLER, Otto d. Gr. S. 376 Anm. 1; K.F. WERNER, Nachkommen S. 479 und Tafel, Gen. VIII, 83 (mit „?“) –, jedoch ist eine solche Argumentation brüchig: *Cuono* war ein erstehelicher Sohn Kg. Konrads (mit Adela), da er – nach Kg. Konrad und Mathilde erwähnt – als *filius eius* (nicht als *filius eorum* !) bezeichnet wird und da er doch mit dem *Conradus filius Conradus rex* (statt *Conradi regis*) identisch sein muß, der am 17. IV. 967 am Hof Ks. Ottos d. Gr. in Ravenna auftrat (MGH D O I 340; C. MANARESI, Placiti II S. 50 nr. 155), was kein Kleinkind, sondern nur ein heranwachsender Jüngling aus der 1. Ehe Kg. Konrads vermochte. So bereits Th. SCHIEFFER in der Einleitung zu MGH D Burg. 39; vgl. auch bei **XII : Ks. Heinrich II**. nr. **6** u. **7**.

Den Todestag Mathildes überliefert das Merseburger Nekrolog. Zum 25. XI. findet man dort: *Mahtild regina Burg(undiorum) obiit*; ed. E. DÜMMLER S. 245, Sonderausgabe S. 23; auch MGH Lib. mem. et Necrol. NS 2 Tafel 16; dazu G. ALTHOFF, Adels- u. Königsfamilien S. 372. Den gleichen Tag gibt auch das Weißenburger Nekrolog, ed. E.F. MOOYER S. 39, an: *VII. kal. Dec. Mahthilt regina Burgundie.* Den 26. XI. liefert Mathildes Epitaph in der Chapelle de Nôtre-Dame der Kathedrale Saint-Maurice zu Vienne; ed. R. POUPARDIN, Royaume de Provence S. 365: *VI Kal. Decemb. obiit Mathildis uxor regis Gonradi qui obiit XIV kal. Decemb.* [recte: *Nov.*]. (Die Angabe bei R. POUPARDIN, Royaume de Bourgogne S. 387 Anm. 4 – „Elle mourut le 26 janvier“ bzw. „le 27 ...“ – ist fehlerhaft). – Das Todesjahr liegt zwischen 981 (zu Ostern [27. III.] 981 weilte sie mit ihrem Gemahl bei Ks. Otto II. in Rom; Ann. Magdeburg., MGH SS 16 S. 155; BMik nr. 840 a) und 990 (spätestens in diesem Jahr ist das MGH D Burg. 53 Kg. Konrads ausgestellt, das sie als verstorben erwähnt). Ihre Bestattung in Vienne wird aus dem soeben zitierten Epitaph ersichtlich.

8 : Gf. Udo I. v. d. Wetterau u. v. Rheingau als Vater Hzg. Konrads v. Schwaben

Gf. Udo v. d. Wetterau u. v. Rheingau ist nicht ausdrücklich als der Vater Hzg. Konrads bezeugt, jedoch dadurch bestimmbar, daß einerseits der Contin. Reginonis ad 949 (MGH SS rer. Germ. S. 164) überliefert, Gf. Udo sei gestorben und habe mit königlicher Erlaubnis all das, was er an Lehen und Ämtern innehatte, wie ein Erbe unter seine Söhne aufgeteilt (*Udo comes obiit, qui permissu regis, quicquid beneficii aut prefecturarum habuit, quasi hereditatem inter filios divisit*), und daß andererseits auf den noch am 28. II. 948 urkundlich als Rheingaugrafen nachzuweisenden Udo (vgl. K. GLÖCKNER, Codex Lauresham. I S. 350 nr. 67, auch MGH D O I 95: *in pago Rinecgouue in comitatu Vdonis comitis*) vor 951 ein Graf Konrad nachfolgte (vgl. K. GLÖCKNER, a.a.O. I S. 351 nr. 68 zu 948–951: *in pago Rinechgouue in comitatu Cunradi comitis*), der dann am 5. II. 985 als Herzog bezeichnet wird (MGH D O III 8: *in Frantia et in pago Rinichgovue ac comitatu Cononis ducis*), womit allein der Schwabenherzog Konrad gemeint sein kann. In der Wetterau, wo Udo gleichfalls Grafenrechte wahrnahm (MGH D K I 19 vom 24. IV. 914; H. REIMER, UB Hanau I S. 24 nr. 41 undatiert zwischen 927 u. 956), ist zum 28. II. 976 (MGH D O II 128) Gf. Heribert, der Bruder Hzg. Konrads (vgl. Thietmar, Chron. lib. IV cap. 60, MGH SS rer. Germ. NS 9 S. 200: *Conradus, Suevorum ductor egreius, ac eiusdem frater Heribertus comes*) nachweisbar, so daß die Aussage des Contin. Reginonis über die Teilung der *beneficia aut praefecturae* des 949 verstorbenen Gf. Udo I. zumindest unter zwei Brüder einwandfrei überprüfbar ist. Der dritte Bruder, der 982 bei Cotrone gegen die Sarazenen gefallene Gf. Udo II. (vgl. R. HOLTZMANN in seiner Thietmar-Ausgabe S. X), erhielt damals offenbar die Verwaltung der Grafschaft im Mayenfeld, die sich 928 in der Hand des 939 im Aufstand gegen Otto d. Gr. ums Leben gekommenen Hzgs. Eberhard v. Franken befunden hatte, welcher ein Konradiner und gerade von seinem Vetter Gf. Udo I. in die Knie gezwungen worden war, der dann seinerseits zum Dank für seinen Einsatz von Otto I. Eberhards Grafenbereich im Mayenfeldgau erhalten haben dürfte (vgl. hierzu E. Hlawitschka, Thronwechsel des Jahres 1002 S. 214 f. mit Anm. 218 u. 219). So ist die Aussage des Contin. Reginonis als Filiationsbeleg verwendbar. Vgl. hierzu bereits E. Hlawitschka, Kuno u. Richlind S. 10 f., (ND S 430 f.), wo auf S. 45 ff. (ND S. 465 ff.) auf die Möglichkeit der Absicherung dieser Filiation durch eine genealogische Notiz aus dem Zusammenhang des sogn. Hammersteiner Eheprozesses (MGH Const. 1 S. 639 nr. 437 mit Einleitung S. 633–635) hingewiesen wird. Diese Notiz lautet: *Gebehard et Udo nepotes, filii duorum fratrum. Gebehard genuit Cunonem. Udo genuit Ottonem. Cuno genuit Cunonem. Heribertus genuit Ottonem. – Item ex alia parte Godefridus et Gerbirhc nepos et neptis. Godefridus genuit Irmingardam. Gerbirhc genuit Imizam. Imiza genuit Ottonem.* Daß hierbei die erste Nennung eines Otto (*Ottonem)* als Prolepsis des Zielpunktes, des (zweiten) *Ottonem* (= Otto v. Hammerstein), statt *Heribertum* zustandegekommen und entsprechend zu emendieren ist, damit ein sinnvoller Notizenaufbau erkennbar wird, wurde bereits von H. Bresslau, Otto v. Hammerstein S. 401–406, erkannt; ausführlicher ist hierauf nochmals einzugehen bei **XXV : (Gegen)könig Hermann (v. Salm) nr. 5**. Diese Aufstellung ergibt mithin in ihrem ersten Teil folgende Tafel:

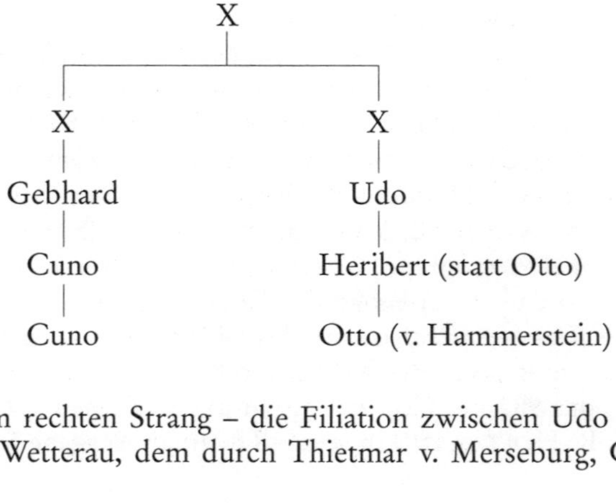

Hier wird – im rechten Strang – die Filiation zwischen Udo I. und Heribert v. d. Wetterau, dem durch Thietmar v. Merseburg, Chron.

lib. IV cap. 60, MGH SS rer. Germ. NS 9 S. 200, gesicherten Bruder Hzg. Konrads v. Schwaben und Vater Gf. Ottos v. Hammerstein (ebd. lib. V cap. 24, lib. VIII cap. 7 und 18, S. 500 und 514), bestätigt und damit nochmals Udo I. als Vater Hzg. Konrads aufgewiesen. – Zudem ist beachtenswert, daß die Gemahlin Udos I. eine Tochter Gf. Heriberts I. v. Vermandois war (vgl. bei nr. **9**). Der Heribert-Name beim Bruder Hzg. Konrads kann also die Filiation zwischen Udo I. und den Brüdern Hzg. Konrad v. Schwaben und Gf. Heribert v. d. Wetterau zusätzlich absichern.

Gegen Vorschläge, diese genealogische Notiz anders zu korrigieren und anders zu deuten – solche wurden vorgebracht von Th. ZOTZ, Breisgau S. 222ff., D.C. JACKMAN, Konradiner S. 22–27, 172f., J. FRIED, Prolepsis S. 78–105 –, vgl. E. HLAWITSCHKA, Kuno u. Richlind S. 46–48, ND S. 466–468 (gegen Th. Zotz), E. HLAWITSCHKA, Thronwechsel des Jahres 1002 S. 221–227 (gegen D.C. Jackman), E. HLAWITSCHKA, Konradiner-Genealogie S. 115–131 (gegen J. Fried); vgl. auch bei **XXV : (Gegen)könig Hermann (v. Salm)** nr. **5**. (Die Deutungen von Jackman und Fried sollten die sogn. 'Richlind-These' A. Wolfs retten; zu dieser vgl. oben am Ende von nr. **5** und unten bei nr. **10 / 11**). Zur vollständigen Interpretation dieser Notiz vgl. bereits E. HLAWITSCHKA, Habsburg-Lothringen S. 45–54.

Abzulehnen ist auch der Versuch von H. DOBBERTIN, Ksn. Gisela S. 157–161, Hzg. Konrad als Sohn des 938 vor Belecke gefallenen Konradiners Gebhard anzusehen, der durch Widukind, Rer. gest. Saxon. lib. II cap. 11, MGH SS rer. Germ. S. 75, als *Gevehardus Udonis filius, fratris Herimanni ducis,* gekennzeichnet ist. Diese Sicht scheitert schon daran, daß die (bei der Deutung der genealogischen Notiz aus dem Hammersteiner Prozeßzusammenhang für Dobbertin notwendige) Annahme, der 982 gefallene *dux* Udo II. sei ein Sohn Hzg. Hermanns I. v. Schwaben gewesen, eindeutig widerlegbar ist. Hermann I. war nach Liudprand, Antapod. lib. V cap. 1, MGH SS rer. Germ. S. 130, *absque liberis ... praeter unam parvulam gnatam,* die in der Kapitelüberschrift als *nomine Ita* (S. 128) bezeichnet wird und auch sonst als *unica filia mea* Hzg. Hermanns I. (S. 130f.) angegeben ist. Hätte Hermann I. einen Sohn gehabt, so hätte kaum Schwaben mittels der Heirat Itas mit Liudolf, dem Sohn Ottos d. Gr., in die Hand des Liudolfingers übergehen können. In der Folge hat Dobbertin seine Ansichten mehrmals modifiziert: vgl. DERS., Bruno d.Ä. S. 117ff.; DERS., Hzg. Konrad v. Schwaben S. 147–151. Dabei muß er die oben angeführte, den Hammersteiner Eheprozeß betreffende Notiz am Anfang – durch Interpolation des Wortes *filiorum* – zu *Gebehard et Udo nepotes, filii* *f i l i o r u m* *duorum fratrum* erweitern. Das aber ist unsinnig, weil damit das nachfolgende *item* (ebenso!) *ex alia parte … nepos et neptis* nicht mehr konform geht. Damit erledigt sich auch diese Hypothese.

Auch J. HEINZELMANN, Spanheimer-Späne S. 48f., 55 und Tafel S. 67, meinte, den 938 bei Belecke gefallenen Sohn Gf. Udos I., Gebhard, als Vater Hzg. Konrads v. Schwaben – und damit natürlich auch seiner nachweisbaren Geschwister Gf. Heribert, *dux* Udo II. und Judith (Gemahlin Gf. Heinrichs I. v. Stade) – erwägen zu dürfen. Er möchte dabei die vom Contin. Reginonis (s. oben) überlieferte Aufteilung der Lehen und Ämter des 949 verstorbenen Grafen Udo I. *quasi hereditatem inter filios* als Aufteilung „unter Enkel und evtl. Schwiegersöhne" deuten. Doch bedeutet dies eine unbegründete und unzulässige Veränderung des Quellenwortlauts und ist abzulehnen; vgl. dazu bereits E. HLAWITSCHKA, Konradiner-Genealogie S. 181.

Einen wiederum anderen Versuch, den Vater Hzg. Konrads v. Schwaben zu bestimmen, unternahm H.C. FAUSSNER, Kuno v. Öhningen S. 20–139. Er möchte mit „aus dem Gesamtzusammenhang einsichtig werdenden Überlegungen … die Vorfahren Kunos (= Hzg. Konrads v. Schwaben) unter den sogenannten Robertinern, den Vorfahren der Babenberger … suchen" (S. 37). Dabei kommt er auf den zwischen 912 und 934 bezeugten *illustris comes* Heinrich, den er als einen Sohn des 906 hingerichteten Gf. Adalbert (v. Babenberg) ansprechen möchte. Und Konrads Mutter sei Kunigunde, die Tochter des schwäbischen Pfgf. Berthold und Witwe Kg. Konrads I. († 918), gewesen. Daß Faußners Konstrukt gänzlich abwegig ist, läßt sich erweisen; vgl. E. HLAWITSCHKA, Kgn. Richeza S. 221–244; DERS., Beiträge z. Genealogie der Burchardinger S. 203–217. Vgl. auch schon oben bei **II : Kgn. Kunigunde** nr. **1**.

So sind nun die Lebensdaten Gf. Udos zu bestimmen. Daß er 949 verstarb, überliefert der Contin. Reginonis (s. oben). Auch die Ann. necrol. Fuldens. verzeichnen seinen Namen unter den Verstorbenen des Jahres 949, und zwar müßte er – der Stellung des Namens in der gesamten Jahresgruppe entsprechend – im Sommer (Juli – erste Augusthälfte) 949 verstorben sein; vgl. MGH SS 13 S. 197; auch K. SCHMID, Klostergemeinschaft v. Fulda I S. 331, II S. 387. Die Angabe bei K.F. WERNER, Nachkommen, Tafel (Gen. VI,5): „Udo, Gf. Wetterau (Konradiner), † 949 XII 12" (wie schon bei E. BRANDENBURG, Nachkommen, Tafel 1 [Gen. VI, 4]) ist ohne Quellennachweis und wohl nur eine Verwechslung mit dem Todesdatum seines Bruders Hzg. Hermann I. v. Schwaben; dieser verstarb am 10. XII. 949; vgl. R. KÖPKE – E. DÜMMLER, Otto d. Gr. S. 176.

Der Contin. Reginonis ad 910, MGH SS rer. Germ. S. 154, berichtet auch, daß Udo und sein Bruder Hermann (I. v. Schwaben) 910 beim Tode ihres Vaters Gf. Gebhard noch *pueri* waren: *In quo proelio* (910 bei Augsburg gegen die Ungarn) *Gebehardus comes interiit, relictis duobus filiis suis adhuc pueris, Udone et Herimanno, qui postea clari et nobiles in Francia extiterunt.* Deshalb dürfte Udo um 895/900 geboren sein. Am 24. IV. 914 ist Udo dann bereits als Wetteraugraf bezeugt; MGH D K I 19: *in comitatu Votonis in pago Wetereiba.*

Über Zeit und Umstände von Udos I. Vermählung ist nichts Näheres überliefert. K.F. WERNER, Nachkommen, Tafel (Gen. VI, 5), vermutet sie „ca. 915"; aus der Beachtung der ungefähren Geburtszeiten der Kinder Udos I. (vgl. bei E. HLAWITSCHKA, Kuno u. Richlind S. 36/37 (ND S. 457), läßt sich eher auf ca. 917 schließen.

9 : NN, Gemahlin Gf. Udos I. v. Wetterau u. Rheingau und Mutter Hzg. Konrads v. Schwaben

Flodoard v. Reims, Annales ad 946 , ed. Ph. LAUER S. 102 (gleichlautend in Flodoard, Hist. Rem. eccl. lib. IV cap. 33, MGH SS 13 S. 584, ed. M. STRATMANN S. 424f.), berichtet, daß der Erzbisch. Hugo v. Reims, ein Sohn Gf. Heriberts II. v. Vermandois, in den innerfranzösischen Auseinandersetzungen, in die auch Otto d. Gr. mit einem Heer verwickelt wurde, die Vermittlung ihm befreundeter Großer im gegnerischen Heer suchte: nämlich die des Markgrafen Arnulf v. Flandern, seines Schwagers, des Grafen Udo, der seine Tante zur Frau hatte, und Hermanns, des Bruders Udos (… *locutus est cum quibusdam principibus qui videbantur sibi esse amicis, videlicet cum Arnulfo, qui eius sororem, et Uddone, qui amitam ipsius habebat uxorem, sed et Hermanno, Uddonis fratre*). Flodoard benutzend heißt es bei Alberich v. Troisfontaines, Chron. ad 943, MGH SS 22 S. 763, zum Tod Heriberts II. v. Vermandois: *Circa hoc tempus defunctus est comes Heribertus Trecensis, pater Hugonis, Odonis, Heriberti. Sororem istorum habuit in uxorem Arnulfus Flandriae comes, et eorum amitam habuit Wido* (statt Vdo) *frater Hermanni Suevorum ducis.* – Daraus ergeben sich folgende zwei Erklärungsmöglichkeiten zur *amita*-Verwandtschaft Erzbisch. Hugos: die (a) über die Geschwisterschaft des Vaters und die (b) über die Geschwisterschaft der Mutter.

(a) Heribert I. v. Vermandois

(Liutgard ?) / Robertinerin ⚭ Heribert II v. Vermandois   NN ⚭ Udo   Hermann I.

Erzb. Hugo v. Reims

(b) Kg. Robert v. Westfranken / Frankreich († 923)

(Liutgard ?) / Robertinerin ⚭ Heribert II. v. Verm.   Hugo d. Gr. v. Neustrien   Emma ⚭ Kg. Raoul / Rudolf († 936)   NN ⚭ Udo   Hermann I.

Erzb. Hugo v. Reims

Hiervon ist die erste Möglichkeit zu bevorzugen, weil sie das Auftreten des Namens Heribert unter den Kindern Udos I. (vgl. bei nr. **8**, Heribert als Bruder Hzg. Konrads v. Schwaben bzw. Sohn Gf. Udos I.) besser erklärt. Sie wird in der Mediävistik allgemein akzeptiert; vgl. E. BRANDENBURG, Nachkommen S. 3 (Gen. VI, 4); K.F. WERNER, Nachkommen, Tafel (Gen. VI, 5); usw.

War nun NN eine Schwester Gf. Heriberts II. v. Vermandois und Tochter Gf. Heriberts I., so muß sie auch vor 900/906 geboren sein, da letzterer in dieser Zeit den Tod fand (vgl. unten bei nr. **18**; zu Gf. Heribert II. und seiner Gemahlin vgl. bei **XVIII : Ksn. Agnes (v. Poitou)** nr. **22 / 23** und nr. **44–47**.

Über die Sterbezeit der Gemahlin Gf. Udos I. ist nichts bekannt.

Zum nicht überzeugenden Versuch von D.C. JACKMAN, Konradiner S. 61 ff., 135, 179, den Namen Kunigunde für Udos I. Gemahlin aus Reichenauer Gedenkeinträgen zu erschließen (vgl. dazu – dies etwas variierend Chr. SETTIPANI – J.-P. POLY, Conradiens S. 155 f.; Chr. SETTIPANI, Préhistoire S. 222 f.), hat sich G. ALTHOFF, Amicitiae u. Pacta S. 253 ff., geäußert; er möchte (S. 255) den Namen Adela als näherliegend ins Spiel bringen. Diese Frage kann hier unentschieden bleiben.

Nichts bekannt ist darüber, ob NN die einzige Ehefrau Gf. Udos v. d. Wetterau war. Da der Contin. Reginonis ad 950, MGH SS rer. Germ. S. 164, zum Jahre 950 den Tod des Bischofs Ruodhart v. Straßburg anzeigt und anfügt: *cui Udo filius Udonis comitis in episcopatu successit*, könnte hier ein Sohn Gf. Udos I. v. Rheingau und der Wetterau gemeint sein. Da indessen als Kinder Udos I. außer dem bereits 938 gefallenen Jüngling Gebhard , dem Gf. Heribert († 992 ?), dem Hzg. Konrad v. Schwaben († 997) und der mit Gf. Heinrich v. Stade verheirateten Judith noch der 982 bei Cotrone / Süditalien gefallene *dux* Udo II. bekannt sind (vgl. etwa E. HLAWITSCHKA, Habsburg-Lothringen S. 46 ff.; DERS., Kuno u. Richlind S. 36 ff., ND in Stirps regia S. 457 ff.; DERS., Konradiner-Genealogie S. 16 f.), müßte Gf. Udo I. den Namen Udo an zwei Söhne vergeben haben, was aber wenig wahrscheinlich ist. Falls Udo I. tatsächlich der Vater des gleichnamigen Straßburger Bischofs war, könnte letzterer aus einer 2. Ehe oder aus einer illegitimen Verbindung Udos I. hervorgegangen sein, zumal es öfters bezeugt ist, daß der Vatersname auch nochmals an Söhne aus der 2. Ehe wie auch an außereheliche Kinder vergeben wurde und Außereheliche oftmals in den Kirchendienst abgeschoben wurden. Es kann aber auch ein anderer bis 964/66 bezeugter Gf. Udo als Vater des Straßburger Bischofs in Frage kommen; vgl. zu diesem Problemkreis schon E. HLAWITSCHKA, Thronwechsel des Jahres 1002 S. 207–213; DERS., Konradiner-Genealogie S. 23, 131–134.

10 / 11 : Gf. Adalbert (v. Marchtal) und NN (Tochter Gf. Udalrichs VI.) als (erschließbare) Eltern Judiths / Juttas

Zur komplizierten Beweisführung, daß Gf. Adalbert (v. Marchtal) Judiths Vater war, vgl. E. HLAWITSCHKA, Untersuchungen zu den Thronwechseln S. 43–55, zur Bestimmung von Judiths Mutter NN und deren Festlegung als Tochter Gf. Udalrichs (VI.) vgl. ebd. S. 55–75. Diese Darlegungen sollen hier nicht in extenso wiederholt werden. Eine erste Kurzfassung derselben liegt vor in E. HLAWITSCHKA, Thronkandidaturen von 1002 und 1024 S. 53–62, ND in DERS., Stirps regia S. 499–508.

Hier nur knapp die wichtigsten Argumentationsschritte; sie haben zum Ausgangspunkt, daß der Sohn Hzg. Konrads v. Schwaben und Judiths, Hzg. Hermann II., im Jahre 1002 nach dem Tode Ks. Ottos III. ein ernstzunehmender Thronkandidat war, was – gemäß der bei Thietmar v. Merseburg, Chron. lib. I cap. 19, MGH SS rer. Germ. NS 9 S. 24 f., mitgeteilten, damals gültigen Auffassung, daß beim Fehlen eines Königssohnes erst in der *consanguinitatis linea* ein für die Thronnachfolge würdiger Nachfolger zu suchen ist, bevor eine andere Persönlichkeit erhoben werden solle – besagt, daß Hzg. Hermanns II. Thronkandidatur eigentlich ebenso wie die des erfolgreicheren (späteren Kaisers) Heinrich II. blutsverwandtschaftlich begründet gewesen sein müßte und er somit sicherlich Ottonenblut in seinen Adern hatte. Gleiches ist auch daraus zu folgern, daß Heinrich II. als der in *consanguinitatis linea proximus sublimatur in regnum* (Gesta archiepisc. Magdeburg., MGH SS 14 S. 391, ähnlich Gesta episcop. Camerac. lib. I cap. 114, MGH SS 7 S. 451); denn nur dann, wenn auch sein Mitbewerber Hzg. Hermann II. der Verwandtschaft des verstorbenen Otto III. angehörte, konnte Heinrich II. der *proximus* sein. Selbst Heinrich II. hat diesen Tatbestand anerkannt, als er nach dem Ende des Thronzwistes dem Bischof der bei den Auseinandersetzungen in Mitleidenschaft gezogenen Straßburger Kirche am 15. I. 1003 ein Diplom (MGH D H II 34) ausstellte, das – von ihm selbst ausformuliert – u.a. folgendes besagte: „Nach dem Tode Ks. Ottos III. (*post tanti itaque imperatoris ab hac vita discessum*) hat die alte, von Kindheit an zwischen uns gewachsene Freundschaft (*vetus inter nos a pueris propagata familiaritas*) und diejenige Abstammungs- und Blutsverwandtschaft, die uns mit diesem Kaiser verband (*et ea quae cum tali caesare nobis erat parentelae et consanguinitatis affinitas*), den genannten Bischof und dazu auch viele andere in großer Zahl davon überzeugt (*praefato persuasit antistiti cum caeteris, quorum infinitus est numerus*), uns die Hand zur Treue zu reichen (*nostrae manus dare fidelitati*), auf daß unter Gottes Leitung einmütig uns die Wahl des Volkes und der Fürsten und die erbrechtliche Nachfolge in die Reichsregierung ohne irgendeine Teilung zuteil wurde (*ut deo praeside concors populorum et principum nobis concederetur electio et haereditaria in regnum sine aliqua divisione successio*)". Wie wäre sonst die (mit dem Demonstrativpronomen „diejenige" bewirkte) Hervorhebung seiner Blutsverwandtschaft mit Otto III., die die Großen „überzeugte", „ihm" zu huldigen, und wie auch die Abwendung einer möglichen Reichsteilung (die ja nur Ergebnis eines Erbanspruchs des Mitbewerbers, nicht Folge einer stets auf das Ganze gerichteten Wahl sein konnte) erklärbar, wenn nicht auch Heinrichs II. Konkurrent Hermann II. einen – wenn auch weniger überzeugenden – Geblüts- bzw. Erbanspruch hätte geltend machen können? Eine Blutslinie Hermanns II. muß also in die Ottonen-Familie zurückgereicht haben!

Daß dieser Blutsanschluß zurück zu den Ottonen nicht über Hzg. Hermanns II. Vater Hzg. Konrad v. Schwaben (nr. **4**) zu suchen ist, macht schon ein Blick auf dessen Vorfahren (nrn. **8, 9** und **16 – 19**) deutlich; diese hätten dann doch irgendwann einmal als Ottonenverwandte bezeichnet sein müssen; und in MGH D O III 130 ist ja auch Hzg. Konrad v. Schwaben ohne Kennzeichnung als Verwandter Ottos III. geblieben, während der vor ihm genannte Hzg. Heinrich d. Zänker v. Bayern sogar zum *carus frater* hochstilisiert und der nach ihm erwähnte Hzg. Otto v. Kärnten als *nepos et aequivocus noster* hervorgehoben sind. Hermanns II. Blutsverwandtschaft mit den Ottonen muß demnach über seine Mutter – eben über Judith – gelaufen sein. Hier sind nun zwei Quellen zu erwähnen, die diesen Sachverhalt in gleicher Weise – wenn auch stark verfremdet und vieles vereinfachend, ja mißdeutend – widerspiegeln: die ca. 1125/26 entstandene Genealogia Welforum und die von ihr abhängige, zwischen 1167 und 1174 verfaßte Historia Welforum (beide ed. E. König, S. 76ff. und S. 1ff.). In den Anfangskapiteln wird dort von einem *Chuono nobilissimus comes* berichtet, dessen Tochter Ita als *de Oningen* (= Öhningen bei Stein a. Rhein) gekennzeichnet ist und den Welfen Gf. Rudolf heiratete. Der hochedle Gf. Chuono habe eine *filia Ottonis Magni imperatoris* zur Frau gehabt; in der Historia Welforum wird ihr der Name *Richlint* gegeben. Da sich nun dieser oft als „ominös" bezeichnete *Chuono* in mehreren eindeutigen Beweisgängen mit Hzg. Konrad v. Schwaben gleichsetzen läßt (nämlich 1: Besitztümer der Rheinauer Stifterfamilie in mehr als einem Dutzend Orten, die in einem regulären Erbgang zu Hzg. Konrad v. Schwaben gelangen mußten, gehörten zum Stiftungsgut Kunos v. Öhningen; 2: Die Erbnachfolger nach Kuno im Öhninger Komplex und diejenigen nach Hzg. Konrads Sohn Hzg. Hermann II. in Marchtal sind die gleichen Personenkreise; 3: Die Namen der [in den Welfenquellen genannten] 'Öhninger' in einer Reichenauer Gedenkeintragung betreffen nachweisbare Mitglieder der Familie Hzg. Konrads v. Schw.; 4: Eine mit Kuno v. Öhningen in Verbindung gebrachte 'Schluchsee-Erbengemeinschaft' läßt sich abstammungsmäßig auf Hzg. Konrad v. Schwaben zurückführen), weisen auch diese beiden Quellen auf eine Ottonenblütigkeit der Gemahlin Hzg. Konrads v. Schwaben hin. Eine „Tochter Ottos d. Gr." war Hzg. Konrads Gemahlin freilich erweisbarerweise nicht, die Welfenquellen liefern also nur eine aufgebauschte Aussage über recht weit zurückliegende ältere Zusammenhänge!

Rückschlüsse darauf, aus welcher Familie Hzg. Konrads Gemahlin – also Judith, wie schon bei nr. **5** gezeigt – stammte, sind bei der näheren Betrachtung des oben schon kurz angesprochenen Marchtaler Besitzkomplexes zu gewinnen. In Marchtal waren Hzg. Hermann II., Hzg. Konrads und Judiths Sohn, und seine Ehefrau Gerberga reich begütert. Hermann II. stand dort in der *successio* eines früheren *dux* Berthold (so die Hist. mon. Marchtelan. cap. 2, MGH SS 24 S. 664); und nach diesem Berthold hätten die Eheleute auch einen Sohn benannt, der allerdings schon nach einem Jahr verstarb. Dieser reiche Besitz kann nicht ein Erbe Gerbergas gewesen sein, die ja aus Hochburgund kam, vor ihrer Ehe mit Hermann v. Schwaben schon einmal mit Gf. Hermann v. Werl verheiratet war und aus dieser Ehe drei gut bezeugte Söhne hatte, die nicht von einem Erbe auszuschließen und zumindest Miterben gewesen wären, aber in Marchtal nicht auftreten. Und dieser reiche Besitz kann auch nicht als Erbteil von seiten des Vaters Hermanns II. gelten, da Hzg. Konrad (als Konradiner) aus Rheinfranken stammte und Hermann in dieser Quelle auch ausdrücklich als *de egregia Francorum prosapia natus* bezeichnet ist. Er dürfte also dem Schwabenherzog Hermann II. über seine Mutter, Judith, zugekommen sein. Stand nun Hermann II. in der *successio* eines älteren, vom Marchtaler Geschichtsschreiber sogar als *dux* bezeichneten Berthold und ließ Hermann nach diesem auch einen ganz jung verstorbenen Sohn benennen, so liegt es nahe, diesen „dux Berthold" in der zweiten Hälfte des 10. Jhs. zu suchen. Der Reichenauer Chronist Gallus Öhem, Chronik S. 20, berichtet nun – auf der Basis von heute verlorenen Urkunden – von einem *Berchtold, hertzog zu Swaben, begraben in der Ow, in der cappel sant Erasmy, anno 973.* Danach folgt die Aufzählung von 30 Orten im Bereich Marchtal, Munderkingen und um den Bussen, die er an die Reichenau übertragen habe. Und wenig vorher vermerkte Gallus Öhem, daß *Hertzog Berthold, ain sun hertzog Albrechts,* eine weitere reiche Schenkung von 30 in der westlichen Baar (wie auch zum kleineren Teil im Elsaß) gelegenen Orten an das Reichenau-Kloster vorgenommen hatte. Ergänzend spricht dazu Hermann v. Reichenau, Chron. ad 953, MGH SS 5 S. 114, von *Adalperto de Marhtale comite*, der während des sogn. Liudolf-Aufstands 954 den Tod fand. Ist nun der 973 verstorbene *dux Berchtold* in etwa ein Zeitgenosse des offenbar sehr alt gewordenen, 997 verstorbenen Hzgs. Konrad v. Schwaben und seiner Frau Judith gewesen und selbst wohl kinderlos (sonst hätte er nicht diese übermäßig großen Schenkungen vorgenommen) aus dieser Welt geschieden, so kann er nicht der Vater Judiths, sondern nur deren Bruder gewesen sein. Damit läßt sich nun Gf. Adalbert (v. Marchtal) als Vater Judiths ansehen, von dem das Marchtaler Erbe Hzg. Hermanns II. letztlich herrührte.

Da nun weiterhin über Gf. Adalberts (v. Marchtal) Vorfahren die oben ermittelte Blutsverbindung Hzg. Hermanns II. zu den Ottonen nicht zu gewinnen ist (vgl. bei nr. **20 / 21**), kann diese gesuchte Blutslinie nun nur noch über Adalberts Gemahlin NN (nr. **11**) gelaufen sein. Deren Name ist freilich unbekannt. In Süddeutschland ist für die 1. Hälfte des 10. Jhs. nur eine einzige Ottonenverwandte nachzuweisen: Wendilgard, eine *Heinrici regis [de filia] neptis* (Ekkehard v. St. Gallen, Casus S. Galli cap. 82–86, ed. H.F. HAEFELE S. 170ff.), die mit dem Grafen Udalrich (VI., in älterer Zählung : V.) ehelich verbunden war: *Uodalrich ... Wendilgartam ... uxorem accipiens, Adalhardum ... de ea et filiam procreavit*, vermerkt Ekkehard. Hatte Gf. Adalbert v. Marchtal diese namentlich nicht genannte *filia* Udalrichs und Wendilgarts zur Frau, dann ist ersichtlich, wieso Hzg. Hermann II. ottonische Blutsanteile besaß, die ihn zur Thronkandidatur berechtigt erscheinen ließen. Über Wendilgard als Nichte Kg. Heinrichs I. – sie war wahrscheinlich eine Tochter eines der beiden Brüder Heinrichs I., Liudolf oder Thankmar, und damit Enkelin Hzg. Ottos d. Erl. v. Sachsen – erschließt sich also die Ottonenblütigkeit Hzg. Hermanns II.: – und dies in der (durch das MGH D H II 34) geforderten weniger engen Weise (Gradnähe) als sie Heinrich II. zu Otto III. besaß. (Wenn Wendilgart bei Ekkehard als Kg. Heinrichs I. *de filia neptis* bezeichnet ist, so sind die beiden Worte *de filia* offenbar als später eingefügte Erläuterung zu *neptis* zu streichen, da Wendilgarts Sohn Abt Burchard v. St. Gallen (958–975), der von Ekkehard insgesamt siebenmal als *nepos* oder *nepotulus* Ottos d. Gr. und zweimal als „königlichen Blutes“ bezeichnet wird, ja nicht schon als Sohn einer Enkelin Kg. Heinrichs I., also als Urenkel Heinrichs I. vor 924 geboren und 958 Abt geworden sein kann; zu Wendilgart vgl. bei nr. **22 / 23**).

Die Kritik an dieser Erklärung der ottonischen Blutsanteile Hzg. Hermanns II. als zu unsicher durch A. WOLF, Königskandidatur S. 54–62 (auch DERS., Quasi hereditatem S. 65f., und DERS., Königswahl Heinrichs II. S. 7), wird zurückgewiesen bei E. HLAWITSCHKA, Thronwechsel des Jahres 1002 S. 166–170 (auch DERS., Konradiner-Genealogie S. 26).

Gf. Adalbert fiel während des sogn. Liudolf-Aufstandes im Gefecht von Schwabmünchen am 13. II. 954 und wurde durch Bisch. Ulrich v. Augsburg in der Augsburger Marienkirche bestattet; Vita Oudalrici cap. 10, MGH SS 4 S. 398ff.: *prima die quadragesimalis temporis, quod est dies Lunae ... Egilolfus nomine fugiendo brachio Adalperti comitis modicum vulnus infecit; de quo etiam vulnere mortuus est ... Corpus vero Adalperti ... reverendus episcopus ad Augustam civitatem vexit et ... in aecclesia sanctae Mariae sepelivit.* Danach kurz zusammenfassend Hermann v. Reichenau, Chron. ad 953, MGH SS 5 S. 114, der von *Adalperto de Marhtale comite* spricht (s.o.).

Früher hatte H. DECKER-HAUFF, Ottonen u. Schwaben S. 266f., ein Ehepaar Gf. Hermann 'von Öhringen' und Gisela als Eltern Judiths, der Gemahlin Hzg. Konrads v. Schwaben, zu erschließen versucht; Hermann sei dabei ein Sohn Hzg. Arnulfs v. Bayern († 937) und Gisela sei eine Tochter Hzg. Burchards (II.) v. Schwaben († 926) gewesen. Daß dieses Konstrukt auf einer völlig verfehlten Ausdeutung eines Gedenkeintrags aus dem Kloster Pfäfers und auf vermuteten Nachbenennungen in den Namen Judith, Hermann und Gisela beruht und in keiner Weise trägt, zeigte bereits G. TELLENBACH, Kritische Studien S. 174–178.

12 : Kg. Rudolf II. v. Hochburgund als Vater Kg. Konrads v. Burgund
→ **XII : Ks. Heinrich II.** nr. **12**

13 : Berta (v. Schwaben) als Mutter Kg. Konrads v. Burgund
→ **XII : Ks. Heinrich II.** nr. **13**

14 : Kg. Ludwig IV. v. Frankreich als Vater Mathildes

Die Filiation von Kg. Ludwig IV. v. Frankreich zu Mathilde wird klar bezeugt in einem Brief des Abtes Siegfried v. Gorze an Abt Poppo v. Stablo (vgl. dazu bei nr. **6**) und in der Vita S. Willibrordi (vgl. bei nr. **7**). Auch das Chron. S. Benigni Divion. bestätigt diese Filiation, indem es Mathilde als *soror* Kg. Lothars, des Sohnes Kg. Ludwigs IV., angibt (vgl. bei nr. **7**).

Die Geburtszeit Kg. Ludwigs IV. ist folgendermaßen zu bestimmen: Richer v. Reims, Hist. lib. II cap. 4, ed. R. LATOUCHE I S. 132, ed. H. HOFFMANN S. 101, sagt, daß Ludwig als Fünfzehnjähriger zur Regierung kam (*regnandi jura quindennis accipiens*), wobei feststeht, daß Ludwig am 19. VI. 936 feierlich geweiht und gekrönt wurde (vgl. Ph. LAUER, Règne de Louis IV S. 13 und 14 mit Anm. 1; auch Rec. des actes de Louis IV S. LXXIV). Nach seinem Epitaph (MGH Poetae Lat. 5 S. 287 nr. 8, auch Ph. LAUER, Règne de Louis IV S. 231 Anm. 4) starb Ludwig IV. 33-jährig am 10. IX. 954, nachdem er das 18. Regierungsjahr hinter sich gebracht hatte: ... / *Dum sibi ter denos et tres floreret in annos / Augustum nomen, rex Loduvicus erat.* / ... /

Octavum decimum regnando subegerat annum, / Quadris september idibus exit iter. Daraus folgt, daß Ludwig zwischen dem 10. September 920 und dem 10. September 921 geboren wurde; so schon E. BRANDENBURG, Nachkommen S. 90 (zu Gen. VI, 33). Die weitere Angabe Richers, Hist. II cap. 103, ed. R. LATOUCHE I S. 294 bzw. ed. H. HOFFMANN S. 170, daß Ludwig im 36. Lebensjahr verstorben sei – sie ist in der Handschrift erst später am Rande nachgetragen worden –, läßt sich damit nicht vereinbaren. Ein Argument dafür, daß Ludwig erst im Sommer 921 geboren wurde, bringt E. FREISE, Genealogia Arnulfi S. 222–224, bei.

Der Eheschluß mit Gerberga, der Witwe Hzg. Giselberts v. Lothringen und Schwester Ottos d. Gr., fällt offenbar in die Monate November / Dezember 939, da Giselbert am 2. Oktober 939 ums Leben kam und Gerberga sich rasch einer Neuverheiratung durch ihren Bruder Otto d. Gr. entzog; vgl. dazu W. GLOCKER, Verwandte der Ottonen S. 33. Die Belege zu Giselberts Todestag (*VI. Non. Oct.*) verzeichnet E. HLAWITSCHKA, Hzg. Giselbert S. 440 Anm. 69 und S. 452 mit Anm. 114, ND in: DERS., Stirps regia S. 395 Anm. 69 und S. 407 mit Anm. 114, dazu dort Nachtrag S. 569 Anm. 118. Das Xantener Totenbuch, ed. F.W. OEDIGER S. 78, verzeichnet unter dem 5. Oktober (*III. Non. Oct.*) u.a.: *O(bierunt) Giselbertus et Euerhard et Beretheri et Regingot …*, wobei die zwei ersten titellosen Namen die beiden 939 bei Andernach ums Leben gekommenen Herzöge Giselbert v. Lothringen und Eberhard v. Franken meinen dürften. (Wegen der engen Verbindungen Giselberts zum Kloster Remiremont möchte ich den dortigen Einträgen den Vorzug geben).

Zum Todestag Kg. Ludwigs und zum Bestattungsort (Saint-Rémy de Reims) vgl. das bereits oben zitierte Epitaph, dazu das Nekrolog von Saint-Rémy zu Reims (Ph. LAUER, Règne de Louis IV S. 231 Anm. 4) mit der Angabe: *IV. id. septembris domnus Hludovicus Francorum rex*, wozu eine spätere Hand hinzufügte: *Intus quiescit in dextro choro et dedit nobis castrum istud.* Ein Diplom Kg. Lothars, des Sohnes und Nachfolgers Ludwigs IV., vom 1. I. 955 für das Kloster Saint-Rémy bestätigt dies: *in cujus sacro templo genitor noster domnus Ludovicus rex tumulatus esse dinoscitur*; Rec. des actes de Lothaire S. 8 ff. nr. 4; M. BOUQUET, Rec. des Historiens IX S. 617. Weitere Belege bei Ph. LAUER, Règne de Louis IV S. 231 f.

15 : Gerberga, Tochter Kg. Heinrichs I., als Gemahlin Kg. Ludwigs IV. v. Frankreich und als Mutter Mathildes

Mathildes Abstammung von Kg. Ludwig IV. von Frankreich und seiner Frau Gerberga geht sowohl aus dem oben (bei nr. **6**) zitierten Brief Abt Siegfrieds v. Gorze als auch aus der (bei nr. **7**) zitierten Vita Bisch. Adalberos II. v. Metz, der Genealogia ex stirpe S. Arnulfi usw. hervor. Zu ausführlichen Nennungen Gerbergas als Gemahlin Kg. Ludwigs IV. vgl. die Urkunden ihres Gemahls (Rec. des actes de Louis IV nrn. 38, 47, 53, ed. Ph. LAUER), Flodoard, Annales ad 939, 944, 945 etc., Widukind v. Corvey, Rer. gest. Saxon. lib. II cap. 26 u. 39, Contin. Reginonis ad 939 u. 965 usw. Wegen dieser großen Zahl und Bekanntheit der Quellen kann hier auf weitere Einzelnachweise verzichtet werden.

Die Geburtszeit Gerbergas ist nur erschließbar. Gerberga wurde noch vor Kg. Heinrichs I. Königszeit – und zwar in Nordhausen (vgl. Vita Mahthildis post. cap. 22, MGH SS 4 S. 298, ed. B. SCHÜTTE S. 191) – geboren. Da sie im Sommer 928 mit (Hzg.) Giselbert v. Lothringen verheiratet wurde (vgl. G. WAITZ, Jahrb. Heinrichs I. S. 121; BO nr. 22 b), dürfte sie – nachdem am 22. XI. 912 ihr Bruder Otto I. geboren war – wohl ca. 913/14 zur Welt gekommen sein. So schon R. KÖPKE – E. DÜMMLER, Otto d. Gr. S. 16; W. GLOCKER, Verwandte der Ottonen S. 272 f.

Gerbergas Todestag (5. V.) wird im Epitaphium Gerbergae in Saint-Rémy zu Reims genannt; MGH Poetae Lat. 5 S. 286 f.: *Sol quintus Maii quam vidit carne resolvi.* Das Todesjahr läßt sich nur daraus erschließen, daß Gerberga ihrer Mutter, der Kgn. Mathilde († 14. III. 968) noch ein kostbares Tuch zusandte, das aber erst nach Mathildes Tod eintraf und dann zum Einhüllen des Leichnams Mathildes diente (vgl. Vita Mahthild. ant. cap. 15, MGH SS 10 S. 581, ed. B. SCHÜTTE S. 137), und daß sie am 17. V. 968 das letzte Mal als Intervenientin für ein Diplom ihres Sohnes Kg. Lothar begegnet (Rec. des actes de Lothaire S. 74 ff. nr. 31), danach aber in keiner Quelle mehr erwähnt wird. So schon F. LOT, Derniers Carolingiens S. 63. Daher kommt der 5. V. 969 (?) als Todestag Gerbergas in Frage. – Wenn bei E. BRANDENBURG, Nachkommen Tafel (Gen. VI, 33b), K.F. WERNER, Nachkommen Tafel (Gen. VI, 12 u. 47), G. ALTHOFF, Adels- u. Königsfamilien S. 159, und vielen anderen das Jahr 984 als Sterbejahr Gerbergas vermerkt wird, so geht das offenbar auf eine weit zurückreichende, aber unbegründete Ansicht zurück; vgl. dazu W. GLOCKER, Verwandte der Ottonen S. 272.

Zum Grab Gerbergas in Saint-Rémy in Reims und dessen Schicksalen bis zur Französischen Revolution vgl. A. ERLANDE-BRANDENBURG, Le roi est mort S. 37, 62, 156. Die Bestattung Gerbergas in Saint-Rémy berichtet auch Alberich v. Troisfontaines, Chron. ad 954, MGH SS 23 S. 766: *Obiit rex Francorum Ludovicus ... et apud Sanctum Remigium sepelitur. Uxor quoque eius regina Gerberga sepulta est postmodum in eadem ecclesia, ubi multa bona de suis contulit.*

16 : Gf. / (Hzg.) Gebhard v. Lothringen als Vater Gf. Udos I. v. d. Wetterau und v. Rheingau

Durch die Contin. Reginon. ad 910, MGH SS rer. Germ. S. 154, ist der 910 im Kampf gegen die Ungarn gefallene Gf. / (Hzg.) Gebhard als Vater Gf. Udos I. gesichert; zugleich steht damit das Todesjahr Gebhards fest; Zitat bei nr. **8** (Ende). Bei Regino, Chron. ad 892, 902, 906 (ebd. S. 140, 149, 150 f.), wird Gebhard wiederholt mit seinen konradinischen Grafenbrüdern Konrad d. Ä. und Eberhard sowie Bisch. Rudolf v. Würzburg genannt; auch erscheint er dort (S. 151) als *Gebehardus in Wedereiva* (= Wetterau). Vgl. dazu E. HLAWITSCHKA, Kuno u. Richlind S. 37 ff., ND S. 457 ff., wo auch das ungefähre Geburtsdatum Gebhards – ca. 865 – aus der Generationenfolge der Konradiner erschlossen wird. – Als *dux regni quod a multis Hlotharii dicitur* ist Gebhard in MGH D LdK 20 nachgewiesen.

Den genauen Todestag – 22. VI. – überliefert ein Nekrolog des Liber memorialis v. Remiremont fol. 14 v nr. 1 (MGH Lib. mem. 1 S. 29): *X kal. ivl. migravit Gebardus dux de hac luce.* Zu seinem Tod im Ungarnkampf vgl. auch BM^2 nr. 2064 b.

17 : Ida / Hidda als Gemahlin Gf. / (Hzg.) Gebhards und Mutter Gf. Udos I. v. d. Wetterau

Der Liber memorialis v. Remiremont (MGH Libri mem. 1 S. 4) enthält auf der 'Königsseite' fol. 3v auf Rasur von einer Hand des beginnenden 10. Jhs. den Eintrag (nr. 18): *Gebardi duci, Hidda, Riquinus, Cristianus ...* Er dürfte den Hzg. Gebhard (nr. **16**) mit seiner Frau und Gefolgsleuten bezeichnen. Da die gleiche Hand, die in diesem Buch den Tod Hzg. Gebhards zum 22. VI. eintrug – sie ist auf ca. 900–920 datierbar (ebd. S. 166) –, auf fol. 18r (ebd. S. 37) zum 19. November *migravit Idda comitissa* einschrieb, liegt hier offensichtlich eine Bestätigung für diese Schlußfolgerung vor. Der Name Ida / Hidda bei Gebhards Gemahlin erklärt zudem vorzüglich, daß Gebhards Sohn Hzg. Hermann I. v. Schwaben, d.h. der Bruder Gf. Udos I., seine Tochter Ida nannte (= Gem. Hzg. Liudolfs v. Schwaben), ja daß auch Gebhards Enkel Hzg. Konrad v. Schwaben (oben nr. **4**) einer Tochter den Namen Ida gab (= Ita, Gem. des Welfen Gf. Rudolf). Vgl. dazu E. HLAWITSCHKA, Untersuchungen zu den Thronwechseln S. 48 Anm. 148, S. 99ff.; G. ALTHOFF, Amicitiae u. Pacta S. 258 und außerdem S. 251, wo im Rahmen einer Dokumentation zum Gebetsgedenken der Konradinerfamilie (S. 240–263) ein weiterer Gedenkeintrag aus dem Reichenauer Verbrüderungsbuch aufgeführt ist, der mit *Kebehart, Ita …* beginnt.

18 / 19 : Gf. Heribert I. (v. Vermandois) und NN als Eltern der Gemahlin Gf. Udos I.

Zur Bestimmung des Grafen Heribert I. (v. Vermandois) als Schwiegervater Gf. Udos I. v. d. Wetterau vgl. bei nr. **9**.

Das ungefähre Geburtsjahr Gf. Heriberts I. ergibt sich aus dem Gesamtzusammenhang der Karolingergenalogie. E. BRANDENBURG, Nachkommen Tafel I (Gen. V, 3), vermutet „ca. 840"; K.F. WERNER, Nachkommen Tafel (Gen. V, 3), schätzt „ca. 850". In den Quellen ist Heribert jedenfalls ab 877 nachweisbar; vgl. K.F. WERNER, Untersuchungen z. Frühzeit III S. 87–119, bes. S. 92ff.; H. SCHWAGER, Gf. Heribert II. S. 26–32.

Heribert I. wurde von einem Dienstmann des Grafen Balduin erschlagen, und zwar *non multum post*, nachdem er selbst Rudolf, den Sohn Balduins, am 28. VI. 896 getötet hatte; vgl. Regino, Chron. ad 818, MGH SS rer. Germ. S. 73 mit Anm. 5 (Zitat bei nr. **36 / 37**). Zuletzt bezeugt ist er für den Sommer 900; Ann. Vedast. ad 900, MGH SS rer. Germ. S. 82. Da Regino seine Angabe inmitten seiner bis 906 geführten, vielleicht 906/907 geschriebenen und dann 908 dem Bisch. Adalbero v. Augsburg übersandten Chronik bringt, ist der Tod Heriberts I. in die Jahre 900–906 einzugrenzen, wegen des *non multum post* nach 896 wohl näher bei 900 als bei 906 zu suchen. Am 6. XI. 907 ist ihm jedenfalls bereits sein Sohn Heribert II. als Laienabt von Saint-Médard de Soissons nachgefolgt, vgl. Rec. des actes de Charles le Simple S. 125f. nr. 58. Zum eventuellen Todestag vgl. bei **XVIII : Ksn. Agnes** nr. **44 / 45**.

Über die Gemahlin Gf. Heriberts I. ist nichts bekannt.

20 / 21 : Gf. Berthold und NN als Eltern Gf. Adalberts (v. Marchtal)

Der Vater des 954 bei Schwabmünchen während des Liudolf-Aufstandes gefallenen Grafen Adalbert *de Marhtale* (vgl. bei nr. **10**) wird in den älteren St. Galler Annalen (Ann. Sangall. maiores ad 954, ed. C. HENKING S. 288; auch MGH SS 1 S. 79) genannt: *Adalbertus filius Perehctolti et Arnolfus filius Arnolfi ducis* (= der Gegner Gf. Adalberts im Kampf bei Schwabmünchen) *occisi sunt.*

Dieser Gf. Berthold wird seit längerem mit dem 917 – zusammen mit seinem Bruder Gf. Erchanger – nach einem Urteilsspruch Kg. Konrads I. hingerichteten Angehörigen der Alaholfinger / Berthold-Familie identifiziert; vgl. F.L. BAUMANN, Abstammung der Kammerboten S. 31 f.; E. KRÜGER, Herkunft der Zähringer II S. 494 f. (mit Tafel 2 u. 3); H. JÄNICHEN, Bar u. Huntari Tafel 2 nach S. 148. Alle Belege für diesen Mann, die ihn zwischen 909 und 917 aktiv zeigen, sind zusammengestellt bei M. BORGOLTE, Grafen Alemanniens S. 81 f. (s.v. Bertold V.).

Zum Hinrichtungstag vgl. Hermann v. Reichenau, Chron. ad 917, MGH SS 5 S. 112: *Erchanger, qui ducatum Alamanniae invaserat, cum fratre Berhtoldo regi Counrado rebellantes eique tandem ad deditionem spe pactionis venientes, ipso iubente apud villam A(l)dingen decollantur 12. Kal. Febr.* (= 21. Januar); auch Chron. Suev. univ., MGH SS 13 S. 66: *Erchanger dux et Berthold, germani fratres, decollantur XII. kal. febr.*; vgl. zu anderen Nachrichten BM[2] nr. 2101 b.

Zur Familie Gf. Bertholds vgl. auch oben bei **II : Kgn. Kunigunde** nr. **1**.

22 / 23 : Gf. Ulrich / Udalrich (VI.) und Wendilgart als Schwiegereltern Gf. Adalberts (v. Marchtal)

Zur Ermittlung dieser Verwandtschaftsbeziehung vgl. oben bei nr. **10 / 11** mit der dort angegebenen Literatur. Hinzuweisen ist bes. auf zwei Gedenkeinträge aus den Klöstern Reichenau und Pfäfers, die Gf. Ulrich / Udalrich und Wendilgart in ihrem Familienkreis aufzeigen; MGH Libri confrat. S. 369 col. 54; MGH Lib. mem. et necrol. NS 1 Tafel 66 C1. Zusammengestellt sind diese Einträge bereits bei H. KELLER, Kloster Einsiedeln S. 83 Anm. 241; Ablichtungen derselben bei B. BILGERI, Gesch. Vorarlbergs I vor S. 97 u. 99; vgl. dort auch S. 272 f.; G. ALTHOFF, Amicitiae u. Pacta S. 325–328.

Gf. Ulrich (VI.) könnte mit jenem *Uodalrich comes* identisch sein, der zum Jahre 924 in die Totenannalen von Fulda aufgenommen wurde; vgl. Ann. necrol. Fuld. ad 924, MGH SS 13 S. 193, bes. K. SCHMID, Klostergemeinschaft v. Fulda I S. 323 und II, 1 S. 392. Die Aufnahme dieses „Süddeutschen" in das Fuldaer Totengedenken dürfte sich durch die Beziehungen seiner Gemahlin, der mit den Ottonen enger verwandten Wendilgart, nach Sachsen und Franken erklären. Nach R. RAPPMANN, Totengedenken S. 483f., der die Nekrologüberlieferung der Bodenseeklöster Reichenau und St. Gallen eindringlich untersucht hat, verstarb Udalrich (VI.) an einem 30. IX. – (Reichenau: MGH Necrol. 1 S. 279: *Uodalrih com[es]*; St. Gallen: MGH Necrol 1 S. 481: *Ob[itus] … Uodalrici comitis*, jeweils zum 30. IX.) –, d. h. bei Beachtung der Fuldaer Totenannalen: am 30. IX. 924.

Da Wendilgart – nach dem Bericht Ekkehards IV. v. St. Gallen (Casus S. Galli cap. 85, ed. H.F. HAEFELE S. 174ff.) – bei der Geburt ihres und Ulrichs Sohnes Burchard, des späteren Abtes v. St. Gallen (958–975), aus dem Leben schied und Burchard darauf vom Vater den St. Galler Mönchen zur Erziehung übergeben wurde, müßte Wendilgart vor 924 verstorben sein. Nach dem jüngeren Reichenauer Nekrolog, in dem auch *Uodalrih comes* zum 30. September eingetragen ist (s.o.), verstarb eine *Wentilgart* an einem 21. Februar (Necrol. Augiae Divitis, MGH Necrol. 1 S. 273). Daß es sich angesichts der Seltenheit dieses Namens im 9. und 10. Jh. um die Gemahlin Gf. Ulrichs (VI.) handelt, macht R. RAPPMANN, Totengedenken S. 486f., deutlich.

Zu weiteren Bezeugungen Gf. Ulrichs / Udalrichs vgl. die Prosopographie von M. BORGOLTE, Grafen Alemanniens S. 255, bes. S. 267–270, und dazu eine notwendige Korrektur bei E. HLAWITSCHKA, Untersuchungen zu den Thronwechseln S. 71 Anm. 238.

24 : Kg. Rudolf I. v. Hochburgund als Vater Kg. Rudolfs II.
→ **XII : Ks. Heinrich II.** nr. **24**

25 : Willa als Mutter Kg. Rudolfs II. v. Hochburgund
→ **XII : Ks. Heinrich II.** nr. **25**

26 : Hzg. Burchard (II.) v. Schwaben als Vater Bertas
→ **XII : Ks. Heinrich II.** nr. **26**

27 : Reginlind als Mutter Bertas (v. Schwaben)
→ **XII : Ks. Heinrich II.** nr. **27**

28 : Kg. Karl d. Einf. als Vater Kg. Ludwigs IV. d'Outremer v. Frankreich

Daß Kg. Ludwig IV. ein Sohn Kg. Karls d. Einf. war, ist bestens bezeugt; verwiesen sei hier lediglich auf die Urkunden Ludwigs IV. (Rec. des actes de Louis IV S. 11 f. nr. 4, S. 40 nr. 15, S. 41 nr. 16. Vgl. auch Rec. des actes de Lotharire S. 8 ff. nr. 4, wo Kg. Lothar (954–986) vom *genitor noster domnus Ludovicus rex* (als in Saint-Remy zu Reims bestattet) spricht, die *genetrix nostra domna Gerberga* erwähnt, aber auch den *Karolus avus meus necnon et Frederunna ipsius coniunx* nennt; außerdem Hist. Franc. Senon., MGH SS 9 S. 366: *Igitur XIII Kal. Iul. unctus est in regem Hludovicus, filius Karoli Simplicis, apud Laudunum*; Flodoard, Annales ad 936, ed. Ph. LAUER S. 63, berichtet von *Ludowico, Karoli filio, quem rex Alstanus avunculus ipsius* aus dem englischen Exil seiner Jugendzeit nach Frankreich abreisen ließ; ebd. ad 940 S. 75; Contin. Reginonis ad 939, MGH SS rer. Germ. S. 160: *Interim Ludowicus, rex Galliae Romanae, filius Karoli … Alsatiam invasit.* Zum Zeugnis Witgers (Genealogia Arnulfi comitis) vgl. bei nr. **29**.

Seinen Geburtstag nennt Karl d. Einf. in seiner Urkunde vom 28. V. 917 für St. Denis; Rec. des actes de Charles le Simple, ed. Ph. LAUER S. 201 nr. 89 (auch: M. BOUQUET, Rec. des Historiens de France IX S. 531): *ut in die nativitatis nostre, que est missa sancti Lantberti* (= 17. Sept.) *memoria nostra in monachorum refectione fiat et in die unctionis nostre in regnum, que est octavis sancte Agnetis virginis* (= 28. I.). Zum Geburtsjahr vgl. Ann. Vedast. ad 879, MGH SS rer. Germ. S. 45: *Per idem tempus* (= z. Zt. der Königskrönung der Halbbrüder Karls d. Einf., Ludwig und Karlmann, durch Erzbisch. Ansegis v. Sens) *mense Septembrio natus est Karolus frater illorum.*

Die Zeit der Verehelichung Karls d. Einf. mit Edgiva (v. England) läßt sich nur erschließen. Da Karls erste Ehefrau Frederuna am 10. / (11.) Februar 917 (oder evtl. schon 916) verstarb, Flodoard v. Reims aber, der seine Annalen im Sommer 919 beginnt, Karls zweite Verehelichung nirgends verzeichnet, diese deshalb wohl vorher liegt, läßt sich 918/19 als Verheiratungszeit Karls mit Edgiva annehmen; vgl. A. ECKEL, Charles le Simple S. 104; K.F. WERNER, Nachkommen S. 457 und Tafel (Gen. V, 38); die Angaben Werners zu Karls d. Einf. erster Frau Frederuna sind allerdings zu korrigieren (vgl. E. HLAWITSCHKA, Kontroverses S. 45–50).

Das Todesjahr Karls verzeichnet Flodoard, Annales ad 929, ed. Ph. LAUER S. 44: *Karolus quoque rex apud Perronam obiit*; vgl. auch Hist. Franc. Senon., MGH SS 9 S. 366: *Karolus Simplex post longam carceris macerationem defunctus est in ipsa custodia, et sepultus in basilica sancti Fursei, quae est in ipso Parrona castro*; eine Zusammenstellung der (oftmals falschen, mit Karls Inhaftierung verwechselten) Todeszeit bei W. LIPPERT, Kg. Rudolf S. 68 nr. 2. Den Todestag überliefert das Nekrolog Hugos v. Flavigny, MGH SS 8 S. 287: *Non. oct.* (= 7. X.) *Karolus simplex obiit.* Zu den Schicksalen des Grabes Karls vgl. A. ERLANDE-BRANDENBURG, Le roi est mort S. 154f.

29 : Edgiva (Eadgifu / Ogiva) als Mutter Kg. Ludwigs IV. v. Frankreich

Zu den verschiedenen Namensvarianten vgl. Ph. LAUER, Règne de Louis IV S. 9f. Anm. 4.

Als Sohn Kg. Karls d. Einf. und der Angelsächsin Edgiva ist Kg. Ludwig IV. in der zwischen 951 und 959 vom flandrischen Priester Witger niedergeschriebenen Genealogia Arnulfi comitis (MGH SS 9 S. 303) herausgestellt: *Karolus rex genuit ex Frederuna regina Hyrmintrudim … Denique vero, defuncta Frederuna regina, sibi sotiavit alteram in coniugium reginam nomine Otgivam, ex qua genuit filium eleganti forma Hludovicum nomine.* (Zur im Anschluß daran folgenden Textverstümmelung, deretwegen es mit *Et postea ex regina Gerberga …* weitergeht, statt mit *Qui* [= Ludwig IV.] *genuit postea ex regina Gerberga …*, vgl. E. FREISE, Genealogia Arnulfi S. 216f.). – Folcuin, Gesta abb. Sithiens. cap. 101, MGH SS 13 S. 626, berichtet: *Uxor vero eius* (= Karls d. Einf.) *regina nomine Odgeva, genere transmarina, cum et ipsa multas insecutiones fuisset sub hoc tempore* (= Gefangennahme Karls d. Einf. 923) *passa, filium suum Hludowicum puerum ad Anglos direxit tuendum.*- Bei Richer v. Reims, Hist. lib. II cap. 6, ed. R. LATOUCHE I S. 136, ed. H. HOFFMANN S. 102, heißt es, daß der junge Kg. Ludwig IV. 936 nach Laon zog *ibique matrem suam Ethgiuam reginam ad urbis custodiam deputat.* – Hugo v. Flavigny, Chron. lib. I ad 929, MGH SS 8 S. 359: *Carolus quoque apud Paronnam obiit. … Hic dum viveret, Simplex dictus est ob benignitatem animi … Hic reliquit filium Ludovicum Ultramarinum ex Eadgiva Anglorum regis filia susceptum, qui … ad Anglos Saxones maternae affinitatis gratia se contulit.* Dies fast wörtlich nach Chron. S. Benigni Divion., ed. E. BOUGAUD et J. GARNIER S. 126.

Zur Wiederverheiratung Edgivas (951), lange nach dem Tode Kg. Karls d. Einf., mit Gf. Heribert III. v. Vermandois heißt es bei Richer, Hist. lib. II cap. 101, ed. R. LATOUCHE I S. 292, ed. H. HOFFMANN S. 169: ... *cum rex* (= Ludwig IV.) *in partibus Burgundie adhuc detineretur, Aethgiua mater eius regina, eo ignorante, Heriberto comiti nupsit.* Ähnlich schon Flodoard, Annales ad 951, ed. Ph. LAUER S. 132: *Ottogeba regina, mater Ludowici regis, egressa Lauduno ... ad Heribertum proficiscitur; qui suscipiens eam, ducit in coniugem.*

Edgiva verstarb nach dem Wortlaut ihres Epitaphs – J. MABILLON, Vetera analecta, 1. Aufl. S. 427, 2. Aufl. S. 377 – an einem 26. Dezember und wurde im Kloster Saint-Médard zu Soissons bestattet: *Quae fueram quondam titulis generosa superbis, / Quae ducibus Regni regimen memorabile Francis / Hic Ethgiva premor, terrae sub pulvere pulvis, / Quod quisquis cernis, casus meminiscere mortis, / Orans ut requies detur mihi carne solutae / VII Kal. Jan.* – Mabillon (S. 378) schreibt dazu: *Ethgivae epitaphium fugientibus litteris jam paene obliteratum eruimus ex crypta subterranea Monasterii sancti Medardi apud Suessiones, ubi jacet in sacello, quod 'Sepulcri' dicitur.* Das Todesjahr ist unbekannt. Ihre letzte Bezeugung ist die oben erwähnte Wiederverheiratung (951).

30 / 31 : Kg. Heinrich I. und Mathilde als Eltern Gerbergas

Widukind v. Corvey, Rer. gest. Saxon. lib. I cap. 30, MGH SS rer. Germ. S. 43, berichtet von Giselbert (v. Lothringen) und seiner Auslieferung (während der lothringisch-westfränkischen Wirren 925) an Kg. Heinrich I., der diesen bald freundlich zu behandeln begann, *ac postremo desponsata sibi filia nomine Gerberga affinitate pariter cum amicitia iunxit eum sibi, sublegato omni ei Lotharii regno.* Daß Gerberga aus Kg. Heinrichs I. Ehe mit Mathilde stammte, wird aus dem *quoque* des anschließenden Satzes (cap. 31) über Mathilde deutlich: *Genuit quoque ei et alios filios clara et nobilissima ac singularis prudentiae regina nomine Mahthilda, primogenitum mundi amorem nomine Oddonem, secundum patris nomine insignitum, virum fortem et industrium Heinricum, tertium quoque nomine Brunonem ...* – In lib. II cap. 26 (S. 88f.) heißt es dann, daß Otto I. nach Giselberts Tod beim Aufstand des Jahres 939 für Giselberts kleinen Sohn Heinrich sorgte, dann: *Mater autem pueri* (= Gerberga) *copulata est coniugio Hluthowico regi.* Vgl. auch Contin. Reginonis ad 929 (richtig 928), MGH SS rer. Germ. S. 158: *Gisalbertus dux Gerburgam filiam Heinrici regis duxit uxorem*, und ad 939 (S. 161): *Ludowicus rex Gerbirgam viduam Gisalberti duxit uxorem.* – Zu weiteren Filiationsbelegen vgl. Vita Mahthildis ant. cap. 6, MGH SS 10 S. 577, auch ed. B. SCHÜTTE S. 120; Vita Mahthildis post. cap. 22, MGH SS 4 S. 298, ed. B. SCHÜTTE S. 191; dazu oben bei nr. **6** (Brief Abt Siegfrieds v. Gorze); Genealog. Tafeln aus dem Codex Steinfeldensis (MGH SS 3 S. 215) und dem Codex Trevirensis (MGH SS 6 S. 32).

Zu Geburtszeiten, Hochzeitsdatum und Todestagen ihrer Eltern vgl. bei **III : Kg. Heinrich I.** nr. **1** und bei **V : Kgn. Mathilde** nr. **1**.

32 : Gf. Udo v. Lahngau als Vater Hzg. Gebhards v. Lothringen.

Daß Hzg. Gebhard v. Lothringen und seine drei Brüder Gf. Konrad d. Ä., Gf. Eberhard und Bisch. Rudolf (v. Würzburg) – zu ihnen vgl. bei Regino, Chron. ad 902 u. 906, MGH SS rer. Germ. S. 149 u. S. 151 – von Gf. Udo im Lahngau (* ca. 825/30, † n. 879) (und nicht von einem seiner Brüder Berthold, Berengar und Abt Waldo) abstammen dürften, wird – obgleich kein ausdrücklicher Filiationsbeleg vorliegt – in der Forschung allgemein aus der Besitz- und Amtsnachfolge der Konradiner im Ober- und Niederlahngau bei gleichzeitiger Weitergabe des Namens Udo und Verschwinden der Namen Berengar und Berthold bei den späteren Konradinern geschlossen. Vgl. hierzu das bereits zum Bruder Hzg. Gebhards, d. h. zu Gf. Konrad d. Ä., Ausgeführte bei **I : Kg. Konrad I.** nr. **4.**

33 : (Judith ? / Welfin) als vermutbare Mutter Hzg. Gebhards v. Lothringen

Da Hzg. Gebhard ein Bruder Gf. Konrads d. Ä. war (vgl. bei nr. **32**), läßt sich hier auf das bereits bei **I : Kg. Konrad I.** nr. **5** über die Mutter dieser Geschwister Gesagte verweisen.

36 / 37 : Gf. Pippin und NN als Eltern Gf. Heriberts I. v. Vermandois

Daß Gf. Heribert I. Vermandois, der zwischen 900 und 906 in einer Familienfehde erschlagen wurde, ein Sohn Gf. Pippins gewesen ist und dieser wiederum ein Sohn des 818 geblendeten und verstorbenen Kgs. Bernhard v. Italien und seiner Frau Kunigunde war, überliefert Regino, Chron. ad 818, MGH SS rer. Germ. 73: *Bernardus filius Pippini, rex Italiae, Aquis evocatus ad imperatorem dolo capitur et primo oculis, post vita privatur. Habuit autem iste Bernardus filium nomine*

Pippinum, qui tres liberos genuit, Bernardum, Pippinum et Heribertum; qui Heribertus Rodulfum comitem filium Balduini interfecit nostris temporibus et non multum post occisus est a Balduino, satellite Balduini fratris Rodulfi, qui Balduinus hucusque in Flandris ducatum tenet.- Vgl. dazu auch die genealogischen Tafeln in einem Londoner und einem Steinfelder Codex (MGH SS 3 S. 214/215).

Pippins Lebensdaten sind kaum präzise festzulegen. E. BRANDENBURG, Nachkommen Tafel I (Gen. IV, 1), vermutete: „* 817 oder 818“; K.F. WERNER, Nachkommen Tafel (Gen. IV, 1): „* ca. 815“. In seinen Untersuchungen zur Frühzeit des französischen Fürstentums III S. 92 sagt WERNER, daß Kg. „Bernhards Sohn Pippin 834, also kaum 20jährig, zu den Rettern der Kaiserin Judith gehörte“. Die Unsicherheit rührt daher, daß Kg. Bernhards Geburtszeit (er war eventuell illegitim) und auch seine Verheiratungszeit – anders als das Todesdatum († 17. IV. 818, vgl. E. HLAWITSCHKA, Zum Nachruhm Kg. Bernhards S. 23–40) – nicht einwandfrei bestimmbar sind. (Die Illegitimität Bernhards stark in Zweifel ziehend jetzt H. HAGN, Illegitimität u. Thronfolge S. 119–128).

Zum letzten Mal wird der *Pippinus filius Bernardi regis Langobardorum* bei Nithard, Hist. lib. II cap. 3, MGH SS rer. Germ. S. 16, zum Herbst 840 bezeugt. Weiteres zu ihm vgl. bei K.F. WERNER, Untersuchungen III S. 92 f.; H. SCHWAGER, Gf. Heribert II. S. 23 ff.

Eine Ehefrau Gf. Pippins ist nicht bekannt. K.F. WERNER, Untersuchungen III S. 102 ff., bringt Gründe aus der Namengebung dafür vor, daß sie aus einer in Neustrien beheimateten Familie stammte, in der die Namen Theoderich und Heribert gängig waren.

40 / 41 : Pfgf. Berthold und NN als vermutbare Eltern des Grafen Berthold

Da Gf. Berthold ein Bruder des Pfalzgrafen Erchanger und der mit Mgf. Liutpold († 907) verheirateten Kunigunde war, ist hier auf das bei **II : Kgn. Kunigunde** nr. **2** und **3** für die Herkunftsbestimmung dieser Geschwister Ausgeführte zu verweisen.

44 / 45 : Gf. Ulrich (IV.) und NN als vermutbare Eltern Gf. Ulrichs (VI.)

Für Gf. Ulrich (VI.) gibt es keine spezielle Abstammungsangabe. Dadurch aber, daß der Gemahl Wendilgarts (nr. **23**) von Ekkehard IV. v.

St. Gallen, Casus S. Galli cap. 82, ed. H.F. HAEFELE S. 170, als *Uodalrich quidam, comes de Karoli prosapia*, gekennzeichnet wird, ist seine Zuordnung zum bekannten Udalrichingergeschlecht, dem Karls d. Gr. Gemahlin Hildegard entstammte, gesichert. Diese Kennzeichnung legt es auch nahe, in ihm einen Sohn Gf. Udelrichs (IV.) zu erkennen, der seinerseits als *nepos* Kg. Ludwigs d. D. (MGH D LdD 124) und auch als *nepos* Ks. Karls III. (MGH D K III 57) bezeugt ist. Vgl. zudem auch das Necrol. mon. S. Galli (MGH Necrol. 1 S. 471) zu Id. april.: *Ob. Uodalrici comitis regum nepotis*. Im jüngeren Reichenauer Nekrolog (Necrol. Augiae Divit., MGH Necrol. 1 S. 275) ist sein Todestag zum 14. April (*Odalrih com.)* memoriert.

Für diesen an einem 14. IV. verstorbenen Grafen ist durch die eindringlichen Nekrologanalysen von R. RAPPMANN, Totengedenken S. 482, eine Todeszeit „† zwischen 895 und 896/900“ aufgezeigt worden. Er war am Nordufer des Bodensees als Graf tätig und ist dort zwischen 854/62 – 894 bezeugt; eventuell ist er auch mit dem in der Alaholfesbaar 841/72 und 854 belegten Grafen identisch; vgl. R. RAPPMANN, a.a.O., und M. BORGOLTE, Grafen Alemanniens S. 255–266. – Mit dem an einem 26. V. gleichfalls zwischen 896 und 900 verstorbenen und mit einer gewissen Perehtheid vermählten und oft nach seiner Klostergründung Aadorf genannten Grafen Udalrich (V.) ist Ulrichs (VI.) Vater nicht identifizierbar; vgl. R. RAPPMANN, a.a.O. S. 482f.

46 / 47 : Ein Bruder (oder eine Schwester) Kg. Heinrichs I. als ein Elternteil Wendilgarts

Daß Wendilgart bei Ekkehard, Casus S. Galli c. 82, ed. H.F. HAEFELE S. 170, als *neptis* Kg. Heinrichs I. überliefert wird, ist bereits oben bei nr. **10 / 11** nachgewiesen; ebenso ist dort schon gezeigt, daß die vor *neptis* stehenden Worte *de filia* als spätere erklärende, dabei aber verschlimmbessernde Einfügung auszuscheiden sind. Als *neptis* Kg. Heinrichs I. kann Wendilgart wiederum nur von einem der beiden Brüder Heinrichs I. – Liudolf oder Thankmar, die noch vor 912 verstarben – oder von einer der nur mangelhaft bezeugten Schwestern Heinrichs geboren sein; zu diesen Kindern (Hzg.) Ottos d. Erl. vgl. die Belege bei W. GLOCKER, Verwandte der Ottonen S. 263–268. Der Name Wendilgart ist übrigens in der weiteren Ottonenfamilie nicht unbekannt, wenngleich präzise Zuordnungen nicht möglich sind; vgl. dazu E. HLAWITSCHKA, Untersuchungen zu den Thronwechseln S. 72 mit Anm. 240.

48 : Gf. Konrad (v. Auxerre) als Vater Kg. Rudolfs I. v. Hochburgund
→ **VIII : Ksn. Adelheid** nr. **8**

49 : Waldrada als Mutter Kg. Rudolfs I. v. Hochburgund
→ **VIII : Ksn. Adelheid** nr. **9**

50 : Kg. Boso v. d. Provence als Vater Willas
→ **VIII : Ksn. Adelheid** nr. 10

51 : NN, 1. Gemahlin Kg. Bosos v. d. Provence als Mutter Willas
→ **VIII : Ksn. Adelheid** nr. **11**

52 : Gf. Burchard d. Ä. (I.) als Vater Hzg. Burchards (II.) v. Schwaben
→ **VIII : Ksn. Adelheid** nr. **12**

53 : NN, Gemahlin Burchards (I.), als Mutter Hzg. Burchards (II.)
→ **VIII : Ksn. Adelheid** nr. **13**

54 : Gf. Waltfred v. Verona als vermutbarer Vater Reginlinds
→ **VIII : Ksn. Adelheid** nr. **14**

55 : Gisela als Mutter Reginlinds
→ **VIII : Ksn. Adelheid** nr. **15**

56 : Kg. Ludwig d. St. als Vater Kg. Karls d. Einf.

Die Ann. Vedastini ad 893, MGH SS rer. Germ. S. 73, berichten, daß unzufriedene westfränkische Große *Karolum regis Hludowici filium, adhuc puerulum*, zum 8. April 893 nach Reims holten, um ihn dort gegen Kg. Odo zum König zu erheben. Bereits zum Jahre 889 (S. 67) vermelden diese Annalen, daß der *dux* Ramnulf v. Aquitanien sich zu Kg. Odo begab, um ihm den Fidelitätseid zu leisten, *adducens secum Karolum puerum, filium Hludowici regis.* Und zu 879 (S. 44 f.) wird dort ausführlich über den Tod Kg. Ludwigs d. St., die Nachfolgewirren, die Thronerhebung der beiden erstehelichen Söhne Ludwigs d. St., Ludwig und Karlmann, und die danach erfolgende Geburt Karls d. Einf. von Ludwigs zweiter Ehefrau Auskunft erteilt: *Hludowicus ... rex graviter infirmatur et die sancto parasceuen* (= 10. IV.) *anno aetatis suae circiter XXXIII, indictione XII, diem clausit extremum, sepeliturque in aecclesia beatae Dei genitricis Mariae, quam eius pater regio cultu Compendio suo in palatio construxerat. ... Hugo abba memor fidelitatis, quam promisit Hludowico regi, ... filios eius Hludowicum et Karlomannum in paterno regno ... statuere volebat. ... Hugo vero Hludowicum et Karlomannum per manus Ansegisi archiepiscopi benedici fecit in reges. Per idem tempus mense Septembrio natus est Karolus frater illorum.* – Vgl. weiter auch die für Karls d. Einf. Schwester Ermentrud aufgeführten Filiationsbelege bei **XIII : Ksn. Kunigunde** nr. **11**.

Zur Ermittlung des genauen Geburtstages- und jahres sowie des Todesdatums Kg. Ludwigs d. St. wie auch der Zeit seines Eheschlusses mit Adelheid vgl. bei **XIII : Ksn. Kunigunde** nr. **22 / 23**.

57 : Adelheid als Mutter Kg. Karls d. Einf.

Karl d. Einf. nennt seine Mutter in einer ganzen Reihe seiner Diplome; so z.B. Rec. des actes de Charles III S. 6 nr. 5, S. 10 nr. 7, S. 16 nr. 10, S. 18 nr. 11, S. 25 nr. 14, S. 27 nr. 15, S. 43 nr. 22, S. 46 nr. 23, S. 57 nr. 27, S. 68 nr. 32, S. 75 nr. 35, S. 83 nr. 39, S. 90 nr. 41, S. 260 nr. 108. Ausführlich berichtet Regino, Chron. ad 878 (richtig: 879), MGH SS rer. Germ. S. 114, über das Zustandekommen der Ehe Kg. Ludwigs d. St. mit Adelheid und über Karls d. Einf. Geburt; vgl. Zitat bei **XIII : Ksn. Kunigunde** nr. **22 / 23**; vgl. dort auch bei nr. **10 / 11** zur Verheiratungszeit Adelheids mit Ludwig: ca. 871.

Zum Todesdatum und zum Bestattungsort Adelheids sowie zu ihren weiteren Vorfahren vgl. bei **XIII : Ksn. Kunigunde** nr. **22 / 23**.

58 / 59 : Kg. Edward d. Ä. v. Wessex und Aelfleda als Eltern Edgivas

Im Schreiben des Engländers Aethelweard an seine *consobrina* Mathilde, Äbtissin im Kloster Essen (974–1011) und Enkelin Ottos d. Gr., wird Kg. Edward v. Wessex als Vater Edgivas genannt; vgl. Zitat bei **VII : Kgn. Edgitha** nr. **2**. Flodoard v. Reims, Annales ad 926, ed. Ph. Lauer S. 36, verweist indirekt auf Kg. Edward als Vater Edgivas, wenn er berichtet: *Hugo, filius Rotberti* (= Hugo d. Gr. v. Francien), *filiam Eadwardi regis Anglorum, sororem conjugis Karoli, duxit uxorem.* Vgl. auch Wilhelm v. Malmesbury, De gestis regum Anglorum, ed. W. Stubbs I S. 137: *Tulit quoque (Edwardus) ex illa (= Elflede) sex filias, Edfledam, Edgivam, Ethelhildam, Ethildam, Edgitham, Elfgivam ... Edgifam dedit pater Carolo regi.*

Zur ungefähren Geburtszeit, zum Hochzeitsjahr und zum Todesdatum Kg. Edwards vgl. bei **VII : Kgn. Edgith** nr. **2**.

Zu Aelfleda als Mutter Edgivas vgl. die Belege bei Edgivas Schwester: **VII : Kgn. Edgith** nr. **3**.

60 : (Hzg.) Otto d. Erl. (i. Sachsen) als Vater Kg. Heinrichs I.
→ **III : Kg. Heinrich I.** nr. **2**

61 : Hadwig als Mutter Kg. Heinrichs I.
→ **III : Kg. Heinrich I.** nr. **3**

62 : Gf. Dietrich (i. Westfalen) als Vater Kgn. Mathildes
→ **V : Kgn. Mathilde** nr. **2**

63 : Reinhild als Mutter Kgn. Mathildes
→ **V : Kgn. Mathilde** nr. **3**

XVI : Kg. u. Ks. Heinrich III. (1039 bzw. 1046–1056)

1 : Kg. u. Ks. Heinrich III.

Das Geburtsdatum Heinrichs III. – 28. X. 1017 – läßt sich folgendermaßen bestimmen: Lampert v. Hersfeld, Annales ad 1056, MGH SS rer. Germ. S. 69, berichtet, daß Heinrich III. in Bodfeld verstarb und sein Leichnam von dort *Spiram translatum est, et celebratis regio more exequiis die natalicio apostolorum Symonis et Iudae* (= 28. X.), *quo scilicet die etiam natus fuerat, sepulturae est traditum*. Heinrich III. wurde also an einem 28. Oktober geboren. – Ähnliches findet man beim Anonymus Haserensis cap. 40, MGH SS 7 S. 265 f.: Heinrich III. *autumnali venatione ... in nemore Hart nuncupato, ultimam valitudinem incidit et ... ingravescente infirmitate 3. Non. Octobris* (= 5. X.) *rebus terrenis exemptus ... Deportatus itaque a Saxonia usque ad Renum, Spirae in monasterio sanctae Mariae iuxta patrem suum et matrem sepultus est 23º obitus sui die, 5. Kalend. Novembr., quo et natus est die, disponente hoc et egregio papa et Agnete imperatrice, dudum augusta, nunc vidua, ut, quo die exivit de utero carnalis matris, eodem reconderetur in gremium terrae communis, scilicet mortalium omnium matris.* – Weitere Angaben liefern die Ann. Augustani ad 1056, MGH SS 3 S. 127: *Idem imperator* (= Heinrich III.) *3. Non. Octobr. defunctus, anno aetatis suae 41.; in die natalis sui, hoc est 5. Kalend. Novembr., Spirae a papa sepelitur, filio eius in regnum succedente.*

Die Lebensjahrangabe der Ann. Augustani würde auf ein Geburtsjahr 1015 zurückführen. Dem widerspricht indessen die Angabe in der Chronik Bertholds ad 1056, MGH SS 5 S. 270, ed. auch I.S. ROBINSON S. 181 f., wo es von Heinrich III. heißt: *in Saxonia apud Botfeldin moraretur, morbo ingravescente infirmatus ... III. Nonas Octobris obiit anno etatis sue XXXVIIII., regni vero XVIII., imperii autem X., indictione X. Qui inde asportatus Nemetim, in ecclesia sancte Marie, quam ipse construxerat, adhuc imperfecta, iuxta patrem et matrem sepultus est a domno papa.* Das führt auf ein Geburtsjahr 1017 zurück. Dieser Sachverhalt wird bestätigt durch den mit der Herrscherfamilie sehr vertrauten Kaplan Wipo. In den Gesta Chuonradi cap. 23, MGH SS rer. Germ. S. 42, führt er für Ostern (= 14. IV.) des Jahres 1028 die Königskrönung des jungen Heinrich III. an und bezeichnet dabei Heinrich als *puerum, aetate XI annorum.* – Vgl. zum Geburtsdatum Heinrichs III. auch A. BORST, Geburtstag S. 45, und M. BLACK-VELDTRUP, Ksn. Agnes S. 103.

Zu den Daten der beiden Eheschlüsse Heinrichs III. vgl. bei **XVII : Kgn. Gunhild / Kunigunde** (v. Dänemark) nr. **1** und **XVIII : Ksn. Agnes** (v. Poitou) nr. **1.**

Zum Todesdatum und zur Bestattung in Speyer vgl. oben die Angaben bei Lampert v. Hersfeld, beim Anonymus Haserensis, bei den Ann. Augustani und der Chronik Bertholds; weitere Hinweise bei E. STEINDORFF, Jahrb. Heinrichs III., Bd. 2 S. 356 Anm. 4 und 357. – Zur Bestattung des Herzes Heinrichs III. im Goslarer Stift St. Simon und Juda vgl. M. BLACK-VELDTRUP, Ksn. Agnes S. 108 und 120, und W. BECKERMANN, Grabmal S. 87–174.

2 / 3 : Ks. Konrad II. und Gisela als Eltern Ks. Heinrichs III.

Aus der großen Zahl der Belege für diese allgemein bekannte Filiation seien hier lediglich zitiert: MGH D H III 8 vom 13. IX. 1039: *qualiter nos ob interventum dilectissime matris nostre Gisle videlicet imperatricis auguste fideli nostro Popponi archiepiscopo … comitatum Mariuelis nominatum in pago Einrichha situm cum … omnibus pertinentiis, cum quibus felicis memorie genitor noster Chvonradus Romanorum scilicet imperator augustus sibi suisque successoribus donaverat, nos donavimus …* – MGH D H III 56 vom 22. VI. 1040: *privilegia antecessorum nostrorum … Heinrici secundi nec non beate memorie patris nostri Chuonradi imperatoris … ob interventum domine matris nostre Gislae imperatricis …* – MGH D H III 68 vom 29. XII. 1040: *pro remedio animae dilectissimi genitoris nostri Chvonradi videlicet imperatoris augusti ac pro pia recordatione anime coniugis nostrae Chvnehildis regine simulque pro stabilitate vitae nostre nostreque matris Gisile imperatricis auguste.* – Zu weiteren Belegen vgl. dort im Register.

Zu Geburtsdaten, Hochzeitsdatum und Sterbedaten vgl. bei **XIV : Ks. Konrad II.** nr. 1 und **XV : Ksn. Gisela** nr. 1.

4 : Heinrich (v. Speyer) als Vater Ks. Konrads II.
→ **XIV : Ks. Konrad II.** nr. **2**

5 : Adelheid (v. Metz) als Mutter Ks. Konrads II.
→ **XIV : Ks. Konrad II.** nr. **3**

6 : Hzg. Hermann II. v. Schwaben als Vater Giselas (v. Schwaben)
→ **XV : Ksn. Gisela** nr. **2**

7 : Gerberga v. Burgund als Mutter Giselas (v. Schwaben)
→ **XV : Ksn. Gisela** nr. **3**

8 : Hzg. Otto v. Kärnten als Vater Heinrichs (v. Speyer)
→ **XIV : Ks. Konrad II.** nr. **4**

9 : Judith als Mutter Heinrichs (v. Speyer)
→ **XIV : Ks. Konrad II.** nr. **5**

10 : Gf. Richard v. Metz als Vater Adelheids (v. Metz)
→ **XIV : Ks. Konrad II.** nr. **6**

11 : NN als Mutter Adelheids (v. Metz)
→ **XIV : Ks. Konrad II.** nr. **7**

12 : Hzg. Konrad v. Schwaben als Vater Hzg. Hermanns II.
→ **XV : Ksn. Gisela** nr. **4**

13 : Judith / Jutta als Mutter Hzg. Hermanns II.
→ **XV : Ksn. Gisela** nr. **5**

14 : Kg. Konrad v. Burgund als Vater Gerbergas
→ **XV : Ksn. Gisela** nr. **6**

15 : Mathilde (v. Frankreich) als Mutter Gerbergas
→ **XV : Ksn. Gisela** nr. **7**

16 : Hzg. Konrad d. Rote v. Lothringen als Vater Hzg. Ottos v. Kärnten
→ **XIV : Ks. Konrad II.** nr. **8**

17 : Liutgard als Mutter Hzg. Ottos v. Kärnten
→ **XIV : Ks. Konrad II.** nr. **9**

18 : NN als Vater Judiths
→ **XIV : Ks. Konrad II.** nr. **10**

19 : NN als Mutter Judiths
→ **XIV : Ks. Konrad II.** nr. **11**

20 : Gf. Gerhard v. Metz als Vater Gf. Richards
→ **XIV : Ks. Konrad II.** nr. **12**

24 : Gf. Udo I. v. d. Wetterau u. v. Rheingau als Vater Hzg. Konrads v. Schwaben
→ **XV : Ksn. Gisela** nr. **8**

25 : NN als Mutter Hzg. Konrads v. Schwaben
→ **XV : Ksn. Gisela** nr. **9**

26 : Gf. Adalbert (v. Marchtal) als vermutbarer Vater Judiths
→ **XV : Ksn. Gisela** nr. **10**

27 : NN als Mutter Judiths / Juttas
→ **XV : Ksn. Gisela** nr. **11**

28 : Kg. Rudolf II. v. Hochburgund als Vater Kg. Konrads v. Burgund
→ **XII : Ks. Heinrich II.** nr. **12**

29 : Berta (v. Schwaben) als Mutter Kg. Konrads v. Burgund
→ **XII : Ks. Heinrich II.** nr. **13**

30 : Kg. Ludwig IV. v. Frankreich als Vater Mathildes
→ **XV : Ksn. Gisela** nr. **14**

31 : Gerberga als Mutter Mathildes
→ **XV : Ksn. Gisela** nr. **15**

32 : Gf. Werner v. Speyergau etc. als Vater Hzg. Konrads d. Roten
→ **XIV : Ks. Konrad II.** nr. **16**

33 : NN, eine Konradinerin (?), als Mutter Hzg. Konrads d. Roten
→ **XIV : Ks. Konrad II.** nr. **17**

34 : Ks. Otto I. als Vater Liutgards
→ **XIV : Ks. Konrad II.** nr. **18**

35 : Edgith (v. England) als Mutter Liutgards
→ **XIV : Ks. Konrad II.** nr. **19**

40 : Pfgf. Gottfried als Vater Gf. Gerhards v. Metz
→ **XIV : Ks. Konrad II.** nr. **24**

41 : Ermentrud als Mutter Gf. Gerhards v. Metz
→ **XIV : Ks. Konrad II.** nr. **25**

48 : Hzg. Gebhard v. Lothringen als Vater Gf. Udos I. v. d. Wetterau
→ **XV : Ksn. Gisela** nr. **16**

49 : Ida / Hidda als Mutter Gf. Udos I. v. d. Wetterau
→ **XV : Ksn. Gisela** nr. **17**

50 : Gf. Heribert I. v. Vermandois als Vater von NN
→ **XV : Ksn. Gisela** nr. **18**

51 : NN als Mutter von NN (= Gemahlin Gf. Udos I.)
→ **XV : Ksn. Gisela** nr. **19**

52 : Gf. Berthold als Vater Gf. Adalberts (v. Marchtal)
→ **XV : Ksn. Gisela** nr. **20**

53 : NN als Mutter Gf. Adalberts (v. Marchtal)
→ **XV : Ksn. Gisela** nr. **21**

54 / 55 : Gf. Ulrich (VI.) u. Wendilgart als Schwiegereltern Gf. Adalberts
→ **XV : Ksn. Gisela** nr. **22 / 23**

56 : Kg. Rudolf I. v. Hochburgund als Vater Kg. Rudolfs II.
→ **VIII : Ksn Adelheid** nr. **4**

57 : Willa als Mutter Kg. Rudolfs II. v. Hochburgund
→ **VIII : Ksn. Adelheid** nr. **5**

58 : Hzg. Burchard (II.) v. Schwaben als Vater Bertas (v. Schwaben)
→ **VIII : Ksn. Adelheid** nr. **6**

59 : Reginlind als Mutter Bertas (v. Schwaben)
→ **VIII : Ksn. Adelheid** nr. **7**

60 : Kg. Karl d. Einf. als Vater Kg. Ludwigs IV. v. Frankreich
→ **XV : Ksn. Gisela** nr. **28**

61 : Edgiva (v. England) als Mutter Kg. Ludwigs IV. v. Frankreich
→ **XV : Ksn. Gisela** nr. **29**

62 : Kg. Heinrich I. als Vater Gerbergas
→ **XV : Ksn. Gisela** nr. **30**

63 : Kgn. Mathilde als Mutter Gerbergas
→ **XV : Ksn. Gisela** nr. **31**

XVII : Kgn. Gunhild / Kunigunde (v. Dänemark), 1. Gemahlin Kg. Heinrichs III.

1 : Kgn. Gunhild / Kunigunde

Zu den Varianten ihres Namens (Gunhildis, Chunihildis, Chunelindis, Cunigund) vgl. G. THOMA, Namensänderungen S. 196f., auch H. BRESSLAU, Jahrb. Konrads II., Bd. 2 S. 147f.

Nachdem der Plan Ks. Konrads II. gescheitert war, seinen Sohn Heinrich III. mit einer byzantinischen Prinzessin zu vermählen, verlobte er ihn zu Pfingsten 1035 (18. Mai) während eines Hoftages in Bamberg mit der Tochter Kg. Knuts v. Dänemark und England. Vgl. dazu Ann. Hildesheim. ad 1035, MGH SS rer. Germ. S. 39: *Imperator ... pentecosten vero Bavenberg egit. ... Ibi etiam Heinricho regi, filio imperatoris, filia Chnut regis Danorum iuramento desponsatur.* Weitere Quellen hierzu bei BA S. 109 nr. 225 c; H. BRESSLAU, Jahrb. Konrads II., Bd. 2 S. 145ff.

Zur Verheiratung im Juni 1036 vgl. Ann. Hildesheim. ad 1036, MGH SS rer. Germ. S. 40: *Imperator ... peregit ... pentecosten* (= 6. VI.) *vero nativitatemque sancti Johannis* (= 24. VI.) *Niumago* (= Nimwegen), *et ibi filio imperatoris Heinrico venit regina Cunihild nomine, quae ibidem in natali apostolorum* (= 29. VI.) *regalem coronam accepit et mutato nomine in benedictione Cunigund dicta est.* – Hermann v. Reichenau, Chron. ad 1036, MGH SS 5 S. 122: *Heinricus rex filius imperatoris Chunihildem, Cnutonis Danorum et Anglorum regis filiam, regalibus sibi apud Noviomagum nuptiis copulavit uxorem.* – Bei Wipo, Gesta Chuonradi cap. 35, MGH SS rer. Germ. S. 54, heißt es: *Anno Domini MXXXVI. Heinricus rex filius imperatoris Chnutonis regis Anglorum filiam nomine Chunelindem pro regina consecratam regalibus nuptiis in coniugium duxit.* – Wenn nach den Ann. Hildesheim. die Königinnenweihe am 29. Juni erfolgte und nach Wipo die Eheschließung mit der bereits Geweihten erfolgte, müßte das Datum der Eheschließung der 29. Juni 1036 gewesen sein; so W. TRILLMICH in der Fußnote 285 zu seiner Wipo-Edition in der Frh. vom Stein-Gedächtnisausgabe S. 599; E. BOSHOF, Salier S. 74. Vorsichtig in dieser Frage K.-U. JÄSCHKE, Notwendige Gefährtinnen S. 87ff. Gunhild scheint schon einige Zeit vorher an den Hof Konrads II. und Heinrichs III. gekommen zu sein; vgl. H. SCHWARZMAIER, Von Speyer S. 75. – Zu weiteren Quellenzeugnissen BA S. 116 nr. 238 c; H. BRESSLAU, Jahrb. Konrads II., Bd. 2 S. 169f.

Da ein Wormser Kleriker in einem Brief vom Ende Juli / Anfang August 1036 an seinen Bischof Azecho *dominum H[einricum] … cum tenera coniuge Chunegunda* erwähnt (vgl. W. BULST, Wormser Briefsammlung, MGH Briefe 3, S. 20ff. nr. 5; auch H. BRESSLAU, Jahrb. Konrads II., Bd. 2 S. 532; W. v. GIESEBRECHT, Kaiserzeit 4. Aufl. Bd. 2 S. 701 nr. 9; 5. Aufl. Bd. 2 S. 713 nr. 9), dürfte Gunhild / Kunigunde damals erst etwa 16 Jahre alt gewesen und somit um 1020 geboren sein. H. SCHWARZMAIER, Von Speyer S. 74f.: „frühestens 1019 geboren". Vgl. auch *corpus tenerum* im nachfolgend zitierten Bericht Wipos.

Gunhilds / Kunigundes Tod am 18. Juli 1038 in Oberitalien beim Rückweg des kaiserlichen Herres aus dem Süden – sie starb an einer im Heer grassierenden Seuche – wird mehrmals in den Quellen verzeichnet; z.B. bei Wipo, Gesta Chuonradi cap. 37, MGH SS rer. Germ. S. 57: *Ibi regina Chunelindis, coniunx Heinrici regis, XV. kal. Augusti quasi in limine vitae ingressu mortis occubuit. Corpus reginae tenerum et delicatum ductum ad Germaniam in praepositura Lintburg* (= Limburg a.d. Haardt / Pfalz) *sepultum est.* – Ähnlich Ann. Hildesheim. ad 1038, MGH SS rer. Germ. S. 43: *Nobilis etiam nostra regina Gunhild 15. Kal. Augusti ex hoc mundo migravit.* – W. METZ, Ältestes Nekrolog S. 203; H. GRAFEN, Spuren S. 404; DERS., Forschungen S. 326, zum 18. Juli: *Cunehilt regina obiit.* – Weitere Quellen zum Todestag und zum Bestattungsort bei H. BRESSLAU, Jahrb. Konrads II., Bd. 2 S. 318 Anm. 1. Weshalb Gunhild auf der Limburg, nicht in Speyer, beigesetzt wurde, ist umstritten; vgl. M. BLACK-VELDTRUP, Agnes S. 121. Zur Graböffnung 1935 und Wiederbeisetzung der Gebeine auf der Limburg am 13. XII. 1942 vgl. H. SCHREIBMÜLLER, Ahnen Ks. Konrads II. S. 217; F. SPRATER, Grab der Kgn. Gunhild S. 364–369. – Zum sagenumwobenen Nachleben Gunhilds in englischen Geschichtsquellen vgl. H. SCHWARZMAIER, Von Speyer S. 76.

2 : Kg. Knut d. Gr. v. Dänemark, England u. Norwegen als Vater Gunhilds / Kunigundes

Zu den Belegen für die Abstammung Gunhilds von Kg. Knut vgl. bei nr. **1**.

Das Geburtsdatum Kg. Knuts „um 995/96" ergibt sich daraus, daß er aus der Ehe seines Vaters Swen Gabelbart mit der Witwe des Schwedenkönigs Erich d. Siegreichen stammte, welcher seinerseits erst um 994/95 verstarb (vgl. bei **XXI : Kgn. Eupraxia /Praxedis** nr.

20 / 21). In der 2. Ehe seiner Mutter, aus der u.a. die Kinder Knut und Harald hervorgingen (vgl. ebd. nr. **20 / 21**), war Knut der Erstgeborene, so daß nicht nur eine Wiederverheiratung der Witwe Kg. Erichs „um 995", sondern auch eine Geburtszeit Knuts „um 995/96" zu folgern sein dürfte. Vgl. dazu Cnutonis Gesta sive Encomium Emmae lib. I cap. 3, MGH SS rer. Germ. S. 6, wo es von Kg. Swen Gabelbart heißt: *accersito itaque Cnutone filio suo maiore*, und ebd. lib. II cap. 2, S. 10 und 11: Nachricht in die *Haroldi regis palatia, fratrem eius maiorem, Cnutonem scilicet, sua advenisse litora. … Cnuto, qui natu maior fuerat, sic Haroldum fratrem alloquitur*; neuere Ed. (mit englischer Übersetzung): Encomium Emmae reginae, ed. A. CAMPBELL S. 10, 16; vgl. dort auch S. LVI f. und LXIX die wegen einiger entgegenstehender nordischer Saganachrichten erforderliche Behandlung der Frage, ob Harald vielleicht doch ein älterer Bruder Knuts war.

Eine vom obigen Datum leicht abweichende Geburtszeit legt nämlich die späte, erst kurz nach der Mitte des 13. Jhs. niedergeschriebene und romanhaft gestaltete Knytlinga saga nahe. Dort heißt es in cap. 18 – übersetzt von W. BAETKE in der Sammlung Thule Bd. 19 S. 241 – nach der Mitteilung von Knuts Tod: „Er war damals siebenunddreißig Jahre alt und war siebenundzwanzig Jahre König über Dänemark gewesen; über England hatte er vierundzwanzig und über Norwegen sieben Jahre geherrscht". (Engl. Übersetzung von H. PÁLSSON und P. EDWARDS, Knytlinga Saga S. 41). Da diese Zahlenangaben bezüglich der Herrschaftszeit Knuts in den drei großen Herrschaftskomplexen jedoch nicht stimmen können – sie sind freilich so schon in Snorri Sturlusons etwa ein halbes Jahrhundert älteren Heimskringla [Die Geschichte von Magnus dem Guten cap. 5], ed. F. NIEDNER, Snorris Königsbuch (Heimskringla) Bd. 3 [= Sammlung Thule Bd. 16] S. 26, zu finden –, wird man auch die Lebensalterangabe nicht als zuverlässig – und d.h. nicht für die Rückrechnung auf die Geburtszeit Knuts geeignet – ansehen müssen.

Zur Verheiratungszeit Knuts vgl. bei nr. **3**. – Vor seiner Ehe mit Emma hatte Knut bereits in einer Verbindung mit einer Dänin (Aelfgifu v. Northampton), aus der zwei Söhne, Swen und Harold, hervorgegangen sind, gelebt; vgl. dazu E.A. FREEMAN, History of the Norman Conquest I S. 733–737; auch M. W. CAMPBELL, Queen Emma S. 66–79.

Den Tod Kg. Knuts vermelden die Ann. Hildesheim. ad 1035, MGH SS rer. Germ. S. 40: *Hiemali tempore Chnuht rex Danorum et Anglorum inmatura morte preventus obiit.* Die Ann. Dunelmenses,

MGH SS 19 S. 508, vermelden lapidar zu 1035: *Cnut rex obiit.* Das genaue Tagesdatum ist der Anglo-Saxon Chronicle ad 1035 zu entnehmen; diese berichtet – in englischer Übersetzung in: EHD I S. 256 – : „1035. In this year King Cnut died on 12 November at Shaftesbury, and he was brought from there to Winchester and buried there; and Aelfgifu , the queen, then stayed there"; andere Ed.: Anglo-Saxon Chronicle, ed. D. WHITELOCK, D.C. DOUGLAS u. S.I. TUCKER S. 102; altengl. Ed.: G.P. CUBBIN, Anglo-Saxon Chronicle (Ms. D) S. 65. – Die Ann. Cambriae ad 1035, ed. J.W. ab ITHEL S. 23, vermelden: *Cnut filius Sweyn rex Anglorum obiit.* – Der Todestag wird auch in mehreren angelsächsischen Nekrologien überliefert. Ein Eintrag aus der Mitte des 11. Jhs. im Kalendarnekrolog des Neumünsters von Winchester verzeichnet zum 12. November: *Obitus Cnud rex*; vgl. J. GERCHOW, Gedenküberlieferung S. 236 und 335. Zwei Nekrologfragmente aus Canterbury und ein Kalendarnekrolog aus Ely zeigen gleichfalls den 12. XI. als Knuts Todestag an; ebd. S. 341, 355, 349. Ein heute verlorenes Nekrolog zeigte den 13. XI. an; ebd. S. 343; ein anderes in Exeter verzeichnete unter dem 11. XI.: *Obitus Landberti piissimi regis* (ebd. S. 256 und 338) und ein Nekrolog aus Saint-Denis ebenso zum 11. XI.: *Landbertus piissimus rex* (A. DECKER-HEUER, Studien z. Memorialüberlieferung S. 183 f., worunter gleichfalls Kg. Knut (mit seinem Taufnamen) gemeint ist, wie das Scholion 37 bei Adam v. Bremen, Gesta Hammaburg. eccl. pontif., MGH SS rer. Germ. S. 112, zeigt. In der in die Heimskringla des Snorri Sturluson integrierten 'Geschichte von König Magnus dem Guten' cap. 5, übersetzt von F. NIEDNER S. 26, heißt es: „König Magnus (v. Norwegen) zog im Herbst nach Osten bis zur Landesgrenze, und man erwählte ihn zum König über das ganze Land. ... Im selben Herbst starb König Knut der Mächtige in England am 13. November. Man setzte ihn in Winchester bei". In der Knytlinga saga cap. 18 (wie oben) S. 241, engl. Übersetzung (wie oben) S. 41, findet man: „ Als König Knut nach England in sein Reich zurückkehrte, befiel ihn eine Krankheit, die zuerst in der Form auftrat, die Gelbsucht genannt wird. ... im Herbst, am 13. November, starb er in der Stadt, die Morstr heißt; das ist eine große Hauptstadt, und dort ist er beerdigt". Die Bestattung im Münster (*monasterium*) zu Winchester ist hier zu „Morstr" entstellt. Auch für das genaue Tagesdatum hält man sich besser an die Anglo-Saxon Chronicle. Zum Bestattungsort vgl. auch Cnutonis regis Gesta lib. III cap. 1, MGH SS rer. Germ. S. 29, ed. A. CAMPBELL S. 38.

3 : Kgn. Emma / Aelfgifu als Mutter der Kgn. Gunhild / Kunigunde

Zum Zweitnamen Emmas – Aelfgifu – vgl. G. THOMA, Namensänderungen S. 191 ff.

Adam v. Bremen, Gesta Hammaburg. eccl. pont. lib. II cap. 51 f., MGH SS rer. Germ. S. 112, berichtet über die Eroberung Englands durch Kg. Swen Gabelbart (v. Dänemark) und seinen Sohn Knut in den Jahren 1013–1016. In cap. 54, ebd. S. 114, heißt es dann: *Chnud regnum Adelradi* (= Aethelred II., † 23. IV. 1016) *accepit uxoremque eius Immam nomine, quae fuit soror comitis Nortmannorum Ricardi* (= Hzg. Richard II. v. d. Normandie, † 1026, Sohn Hzg. Richards I.). Und in cap. 74, S. 134, wird fortgefahren: *Post cuius* (= Knuts) *mortem … succedunt in regnum filii eius, Haroldus in Angliam, Suein in Nortmanniam, Hardechnud in Daniam. Iste cum esset filius [Imme] reginae, sororem habuit eam, quam cesar Heinricus in coniugium postea recepit. Ceterum Suein et Harold a concubina geniti erant.* So ist Heinrichs III. erste Gemahlin Gunhild eindeutig als Tochter Kg. Knuts und seiner Ehefrau Emma gesichert. – Bei Wilhelm v. Jumièges, Gesta Normannorum ducum lib. V cap. 9, ed. J. MARX S. 82 f. (= Historiae Northmannorum lib. V cap. 9, ed. J.P. MIGNE, PL 149 Sp. 828), liest man: *Rex igitur Chunutus … Emmam reginam abstractam ab urbe post aliquot dies sibi junxit christiano more … Ex qua, succedente tempore, genuit filium nomine Hardechunutum, postmodum regem Danorum, et filiam unam vocabulo Gunildem, quae nupsit Henrico Romanorum imperatori.* – Im mit Elementen der Spielmannsepik angereicherten Bericht des Wilhelm v. Malmesbury, Gesta regum Anglorum lib. II cap. 188 ff., MGH SS 10 S. 466, ed. W. STUBBS Bd. 1 S. 229 f., ed. R. MYNORS Bd. 1 S. 338, heißt es: *Hardecnutus Gunhildam sororem suam, Cnutonis ex Emma filiam, spectatissimae speciei puellam, a multis procis tempore patris suspiratam, nec impetratam, Henrico imperatori Alemannorum nuptum misit*; vgl. dazu E. STEINDORFF, Jahrb. Heinrichs III., Bd. 1 S. 515 ff.; auch Roger v. Hoveden, Chron., bei nr. **4**.

Auch in den Erzählkreis der nordischen Sagas ist Emma – samt ihren Vorfahren und Nachkommen – eingegangen. Diese vor allem im 13. Jh. entstandenen, kunstvoll gestalteten Romanerzählungen über Ereignisse des 9., 10. und 11. Jhs. sind zwar keine zuverlässigen historischen Berichte, aber auch keine puren Fiktionen; sie lassen sich sonach mit aller Vorsicht zur Ergänzung unseres Quellenstoffs heranziehen. – So wird in der bald nach der Mitte des 13. Jhs. aufgezeichneten Knytlinga saga cap. 16 (Übersetzung von W. BAETKE, Geschichte von den Dänenkönigen, in: Geschichten von den Orkaden S. 239f.) angegeben: „König Knut und die Königin Emma hatten drei Kinder: der älteste Sohn war Harald, der zweite Hardeknut und ihre Tochter Gunnhild, die später an Kaiser Heinrich den Milden verheiratet wurde, der der dritte dieses Namens in seinem Geschlechte war"; (engl. Übersetzung von H. PÁLSSON und P. EDWARDS S. 39). Harald ist hier freilich fälschlich als Nachkomme Emmas bezeichnet.

Als Zeitpunkt der Verehelichung Emmas mit Knut v. Dänemark wird gelegentlich der 2. Juli 1017 angegeben: so etwa H. BRESSLAU, Jahrb. Konrads II., Bd. 2 S. 148; wohl danach W.K. Prinz v. ISENBURG, Ahnen Tafel 7; W. TRILLMICH in den Fußnoten seiner Edition Adams v. Bremen S. 292 Anm. 210. Als Quellengrundlage scheint jedoch nur die Anglo-Saxon Chronicle ad 1017 zu dienen, die angibt, daß die Hochzeit vor dem 1. August stattfand; vgl. engl. Übersetzung in: EHD 1 S. 251: „1017 ... And King Cnut exiled the atheling Eadwig and afterwards had him killed. And then before 1 August the king ordered the widow of King Ethelred, Richard's daughter, to be fetched as his wife"; altengl. Text bei G.P. CUBBIN, Anglo-Saxon Chronicle (Ms D) S. 63. Die Chronicle-Handschrift F setzt nach „widow": „namely Aelfgifu in English, Emma in French"; ed. D. WHITELOCK, D. DOUGLAS u. S. TUCKER S. 97. Deshalb kann man mit M.K. LAWSON, Cnut S. 86, nur sagen, daß der Eheabschluß zu „mid – 1017" erfolgte, also wohl „Juli 1017".

Emma dürfte um 985 geboren sein, da sie im Jahre 1002 ihre erste Ehe mit Kg. Aethelred II. einging; vgl. dazu Anglo-Saxon Chronicle ad 1002, EHD 1 S. 238: „1002 ... And then in the spring the queen, Richard's daughter, came to this land; ed. D. WHITELOCK, D. DOUGLAS, S. TUCKER S. 86. Vgl. auch E.A. FREEMAN, History of the Norman conquest I S. 733–737. Aus ihrer 1. Ehe hatte Emma / Aelfgifu die Söhne Kg. Edward III. (1042–1066) und Alfred (ermordet 1036) sowie eine Tochter Guda.

Das Todesdatum Emmas wird u.a. im Anglo-Saxon Chronicle ad 1052 – engl. Übersetzung in EHD 2 S. 12 – überliefert: „1052. This year on 6 March the Lady Aelfgifu, the widow of King Ethelred and of King Cnut (Ms. E: Hardacnut), died"; ed. D. WHITELOCK, D. DOUGLAS u. S. TUCKER S. 122. (Altengl. Text bei G.P. CUBBIN, Anglo-Saxon Chronicle, Ms. D, S. 71). Florence v. Worcester fügt in seinem (die altenglischen Annalen ausschreibenden) Chronicon ex chronicis, ed. B. THORPE Bd. 1 S. 210f., diesem Text hinzu, daß Emma /

Aelfgifu in Winchester verstarb und auch dort beerdigt wurde. Der 6. III. als Todestag Emmas ist ebenfalls in einem kalendarischen, offenbar aus Winchester stammenden Eintrag der 2. Hälfte des 11. Jhs. überliefert; vgl. J. GERKOW, Gedenküberlieferung S. 230 und 332. Ein aus dem Neumünster von Winchester stammendes Kalendarnekrolog enthält unter den Nachträgen der 60er Jahre des 11. Jhs. unter dem 7. III. den Eintrag *Imma obiit regina*; ebd. S. 236 und 332. Den 7. III. zeigt auch ein Kalendarnekrolog aus Ely aus dem späten 12. Jh.; ebd. S. 287 und 345. Ein Nekrologfragment aus der 1. Hälfte des 13. Jhs. gibt für *Ymma regina* erst den 8. III. als Todestag an; ebd. S. 352.

4 : Swen Gabelbart, Kg. v. Dänemark, als Vater Kg. Knuts d. Gr.

Zur Filiation vgl. Cnutonis regis Gesta lib. I cap. 5, MGH SS rer. Germ. S. 9 (neue Ed. von A. CAMPBELL S. 14): *Praesciens igitur (Suein) dissolutionem sui corporis iminere, filium suum Cnutonem, quem secum habuit, advocat.* Ebd. argumentum S. 3, ed. A. CAMPBELL S. 6: *Sueinus, rex Danorum, virtute armis quoque pollens et consilio, Anglicum regnum vi suo subiugavit imperio, moriensque eiusdem regni Cnutonem filium successorem esse constituit.* – Bei Adam v. Bremen, Gesta Hammaburg. eccl. pontif. lib. II cap. 39, MGH SS rer. Germ. S. 99, liest man: *Post mortem ... Herici* (= Kg. Erich d. Siegreiche v. Schweden) *Suein ab exilio regressus optinuit regnum patrum suorum ... et accepit uxorem Herici relictam, matrem Olaph* (= Olaf Schoßkönig v. Schweden), *quae peperit ei Chnud.* – Lib. II cap. 51, S. 112: *Suein rex Danorum atque Nortmannorum ... classe magna transfretavit in Angliam, ducens secum filium suum Chnud ...* – Eine in der Chronica Rogers v. Hoveden, MGH SS 27 S. 147, überlieferte „Descriptio genealogie ducum Normannie“ enthält: *Suenus rex Danorum Angliam invasit et ... non multo post moritur et in Daciam* (= Dänemark) *fertur tumulandus ... Cnutus, filius eius, cum magna classe ... Tamisiam intravit et Edelredum regem infra Londiniam obsedit, qui obsessus infirmitate preventus moritur. Chnutus vero potitus regno, predictam Emmam reginam accepit uxorem, ex qua genuit Hardechnutum, postea regem Danorum, et filiam nomine Gunnildam, que nupsit Henrico imperatori Romanorum.*

Zur Geburtszeit Swens ist die Nachricht Adams v. Bremen zu beachten, daß sich seine Eltern Kg. Harald und Gunhild (um 965) zusammen mit ihrem *filio parvulo* Swen taufen ließen; vgl. bei nr. **8.**

Die Verheiratungszeit Swens – um 995 – ergibt sich aus dem Todesjahr Kg. Erichs d. Siegreichen; vgl. bei **XXI : Kgn. Eupraxia / Praxedis** nr. **20 / 21**.

Den Tod Swens verzeichnet die Anglo-Saxon Chronicle ad 1014; vgl. EHD I S. 246; ed. D. WHITELOCK, D. DOUGLAS u. S. TUCKER S. 93: „1014. In this year Swein ended his days at Candlemas, on 3 February, and then all the fleet elected Cnut king". (Lichtmeß ist freilich jeweils am 2. Februar, so daß mit „at Candlemas" also 'um Lichtmeß' gemeint ist). In den Ann. Dunelmenses ad 1014, MGH SS 19 S. 507, heißt es einfach: *Mortuus est Suein rex Danorum.* Die Ann. Cambriae, ed. J.W. ab ITHEL S. 22, vermelden ad 1014: *Sweyn adiit regionem Anglorum, ... sed in eodem [anno] obiit.* – Zur Beerdigung Swens in Roskilde in dem von ihm errichteten Trinitatis-Kloster vgl. Cnutonis regis Gesta lib. II cap. 3, MGH SS rer. Germ. S. 12, ed. A. CAMPBELL S. 18: *Translatio corporis Sueini in Danomarchiam. ... honorifice corpus suscipiunt, honorificentiusque illud in monasterio in honore sanctae Trinitatis ab eodem rege constructo, in sepulchro quod sibi paraverat, recondunt.*

5 : Sygrida / (Czyrada) v. Polen als Mutter Kg. Knuts d. Gr.

Zur Filiation wie auch zum Namensproblem vgl. bei **XXI : Kgn. Eupraxia / Praxedis** nr. **20 / 21**. Zudem heißt es in Cnutonis regis Gesta lib. II cap. 2, MGH SS rer. Germ. S. 12, ed. A. CAMPBELL S. 18, daß Knut und sein Bruder Harald nach dem Tode ihres Vaters Swen Gabelbart († 3. II. 1014) *Sclavoniam adierunt et matrem suam, quae illuc morabatur, reduxerunt.* In cap. 4 (S. 13) wird berichtet, daß Knut (im Sommer 1015) *valedicens matri et fratri* nach England aufbrach. (Zur Datierung der Ostfahrt Knuts nach Ostern 1014 und der Rückkehr im Sommer nach England 1015 vgl. Anglo-Saxon Chronicle ad 1014/15, EHD 1 S. 247; auch ed. D. WHITELOCK, D. DOUGLAS u. S. TUCKER S. 93f.). So starb Sigrida / (Czyrada) also „nach dem Sommer 1015".

6 : Hzg. Richard I. v. d. Normandie als Vater der Kgn. Emma

Zu zwei aus dem Anglo-Saxon Chronicle stammenden Zeugnissen für die Herkunft Emmas vgl. bei nr. **3**; außerdem vgl. dort das Zeugnis Adams v. Bremen, daß Hzg. Richard II., der Sohn Richards I., Emmas Bruder war; vgl. auch folgende Angabe der Ann. Lindisfarnenses ad 943, MGH SS 19 S. 507: *Guillelmus filius Rollonis moritur, cui Ricardus filius eius successit in ducatum Normanniae. Huius filia erat Emma, mater regis Edwardi.* (Kg. Edward III. war ein Sohn aus Emmas 1. Ehe mit Kg. Aethelred II.; zu dieser vgl. bei nr. **3**). Die ganze Abstammung wird auch dargelegt in der Knytlinga saga cap. 9, übertr. von W. BAETKE S. 231: „Der englische König Aethelred starb denselben Herbst oder Sommer [† 23. IV. 1016; vgl. Anglo-Saxon Chronicle ad 1016, EHD I S. 249] an einer Krankheit, als König Knut mit seinem Heer nach England kam. ... Königin Emma, seine Frau, schickte sich gleich nach seinem Hinscheiden an, aus dem Lande zu fahren, ... um ihre Brüder Wilhelm und Robert aufzusuchen, die Jarle in Frankreich waren. Ihr Vater war Richard, der Jarl von Rouen, der Sohn Richards, des Sohnes von Wilhelm Langspeer. Der war der Sohn Gang-Hrolfs, der die Normandie eroberte; der war der Sohn Roegnvalds, des Jarls von Moere"; (engl. Übersetzung bei H. PÁLSSON und P. EDWARDS S. 31). Der bald nach der Mitte des 13. Jhs. sein Werk kompilierende Autor hat dabei freilich Emma als Kind Hzg. Richards II. aufgefaßt, anstatt sie (richtig) als dessen Schwester einzureihen.

Die Geburtszeit Hzg. Richards I. – um 932 – ergibt sich daraus, daß er z. Zt. der Ermordung seines Vaters Wilhelm I. Langschwert (17. XII. 942) – nach der Angabe des Ordericus Vitalis, Hist. eccl. lib. VI cap. 10, ed. A. LE PRÉVOST Bd. III S. 86, ed. M. CHIBNALL Bd. III S. 306 – diesem als Zehnjähriger nachfolgte: *Anno ab incarnatione Domini DCCCC°XLIII° postquam Arnulfus Flandrensis satrapa Guillelmum ducem Normannorum cognomento Longam spatam per prodicionem occidit, et Ricardus Sprotaides filius eius decennis ducatum Normanniae suscepit ...* Dazu paßt in etwa die Mitteilung Dudos v. St. Quentin, De moribus lib. IV cap. 66, ed. J. LAIR S. 218, ed. J.P. MIGNE, PL 141 Sp. 688, daß Richard geboren wurde, als sein Vater gegen den aufrührerischen Normannen Riulfus kämpfte. Diesen Aufstand setzen die Annalen v. St. Évroul / Normandie (= Ann. Uticenses) in das Jahr 934; vgl. A. LE PRÉVOST, a.a.O. Bd. V S. 155, DERS., Bd. I S. 162 Anm. 3, und J. LAIR, a.a.O. S. 81. Bei Richer v. Reims, Hist. cap. 34, ed. R. LATOUCHE I S. 180, ed. H. HOFFMANN S. 123, ist Richard beim Tode seines Vaters ein *adolescens* bzw. *adolescentulus* gewesen.

Zum Todesjahr (996) und Bestattungsort (Fécamp) vgl. Adémar de Chabannes, Chronique lib. III cap. 33, ed. J. CHAVANON S. 155: *Obiit quoque Richardus Rotomagensis, sepulturae traditus apud Fescanum, et pro eo successit Richardus filius eius*; Wilhelm v. Jumièges, Gesta Normannorum lib. IV cap. 20, ed. J. MARX S. 72 (auch in J.P. MIGNE, PL 149 Sp. 824): *Obiit autem apud Fiscanum Richardus dux primus, flentibus populis, gaudentibus angelis, nongentesimo nonagesimo sexto anno ab incarnacione Domini*; Dudo v. St. Quentin, De moribus lib. IV cap. 129, ed. J. LAIR S. 299 (ed. J.P. MIGNE, PL 149 Sp. 756): *Dux magnus Ricardus obiit anno ab incarnacione Domini nostri Jesu Christi nongentesimo nonagesimo sexto;* dazu Vorrede LAIRS S. 93; Ordericus Vitalis, Hist. eccl. lib. III, ed. A. LE PRÉVOST Bd. II S. 10: *Deinde anno inc. dom. DCCCCXCVI° defuncto Ricardo seniore, Ricardus Gunnorides filius eius successit*; Ann. Uticenses, ed. bei A. LE PRÉVOST, a.a.O. Bd. V S. 156: *Obiit primus Ricardus dux Normannorum filius Willemi, cui successit Ricardus secundus filius eius.* – Den genauen Todestag – 20. XI. – überliefert das Nekrolog von S. Bénigne de Dijon: *XII. kal. decembris. Obiit Richardus, comes Normannorum, qui dedit nobis potestatem Sancti Alberti* (= Saint-Aubert-sur-Orne); vgl. Chartes et documents de Saint-Bénigne de Dijon, Bd. 2, ed. G. CHEVRIER – M. CHAUME S. 13 nr. 208. Der 21. XI. wurde als sein Todestag in Jumièges und in Mont-Saint-Michel gefeiert; vgl. M. BOUQUET, Rec. des Historiens XXIII S. 422: *21. Nov. Ricardus comes et dux major*; und ebd. S. 581: *21. Nov. ... Richardus I, dux Normannorum.* Dazu vgl. auch D. DOUGLAS, Some Problems S. 289, und A. DECKER-HEUER, Studien z. Memorialüberlieferung S. 185. – Zur Bestattung in Fécamp und den Schicksalen der Grabstätte vgl. L. MUSSET, Sépultures des Souverains normands S. 21 f.

7 : Gunnor als Gemahlin Hzg. Richards I. v. d. Normandie und Mutter Kgn. Emmas

In erster Ehe war Hzg. Richard I. mit Emma, der Tochter Hugos d. Gr. v. Francien und Schwester Kg. Hugo Capets, verheiratet. Die 960 geschlossene Ehe (vgl. Flodoard, Annales ad 960, ed. Ph. LAUER S. 148) blieb bis zu Emmas Tod († 968) kinderlos; vgl. Dudo, De moribus lib. IV cap. 125, ed. J. LAIR S. 288 f. (auch J.P. Migne, PL 141 Sp. 748 f.). Nach anschließendem Zusammenleben mit Konkubinen, die ihm zwei Söhne und zwei Töchter gebaren (ebd. S. 289), ging Richard eine Ehe *more Danico* mit einer edlen dänischen Adelstochter namens Gonnor bzw. Gunnor ein, die anfangs ohne kirchliche Einsegnung bestand, dann aber auf Drängen normannischer Großer den kirchlichen Segen empfing; acht Kinder sollen aus dieser Verbindung hervorgegangen sein; vgl. ebd. S. 289f.: *Denique luculentae majestatis virgini ex famosissima nobilium Dacorum prosapia exortae, Gonnor vocatae omniumque speciosissimae Northmannorum virginum, ... se connexuit; eamque prohibitae copulationis foedere sortitus est amicabiliter. Northmannorum vero optimates, nobilissimo diffamatae stirpis eam noscentes exortam semine ... ... Huic igitur consilio libenter dux sanctissimus Ricardus favens, ascitis episcopis cum clero satrapisque cum populo, eam lege maritali desponsavit, et ex ea processu temporis quinque masculinae prolis pignora, femineaeque genuit tria.* (Die ältere auf unvollständiger Erfassung der Manuskripte beruhende Ed. bei J.P. MIGNE, PL 141 S. 748f., ist in diesem Bereich lückenhaft und unbrauchbar). – Auch bei Wilhelm v. Jumièges, Gesta Normannorum, ed. J. MARX S. 322f. (Interpolations de Robert de Torigni XXXVI) wird – dies erweiternd – die Eheschließung Richards mit Gonnor dargeboten. – Ordericus Vitalis, Hist. eccl. lib. III, ed. A. LE PRÉVOST Bd. 2 S. 10, nennt Richards I. Sohn Richard II. *Gunnorides*, um ihn als Sohn der Gunnor zu kennzeichnen (vgl. Zitat bei nr. **6**). Weitere Erwähnungen Gunnors als Gemahlin Hzg. Richards I. (z. T. zusammen mit ihren Kindern) bzw. als Mutter Hzg. Richards II. verzeichnet W. KIENAST, Herzogstitel S. 111ff. mit Anm. 15–17, 19, 21, 24, 38, 39; vgl. auch M. FAUROUX, Rec. des actes S. 21, 91ff. nrn. 14 (bis) – 21, 29, 32, 43, 47, 118, 214, und J. ADIGARD DE GAUTRIES, Noms de personnes scandinaves S. 306f.; außerdem bei **XXX : Ksn. Mathilde (v. England)** nr. **33**.

Neuerdings lancierte D.C. JACKMAN, Rorgonid Right S. 143, die Auffassung, aus Hzg. Richards I. Ehe mit der Tochter Hugos d. Gr. von Francien seien doch Kinder hervorgegangen: „When Dudo wrote at the end of the tenth century for the mother of those grandchildren [d.h. für die Mutter der Enkel Hzg. Wilhelms I. Langschwert namens Richard II., Robert und Emma] Richards I's wife, the pagan-born, pagan-wed Gunnor, she apparently persuaded him to ascribe children from Richard's first marriage to herself". Jackmans Verweis allein auf fränkisch-robertinisch-kapetingisches Namengut bei drei Kindern Hzg. Richards I. – Robert, Emma und Hawisa (Hadwig) – ist angesichts der bekannten Taufpatenrolle (Kg.) Roberts I. für Rollo, den Vater Wilhelm Langschwerts, 911 – kein ausreichendes Argument. Auf Richard II. könnte eine solche behauptete Abstammung schon deshalb nicht zutreffen, da Gunnor urkundlich als Mutter Hzg. Richards II. bezeugt ist; vgl. W. KIENAST, Herzogstitel S. 114 Anm. 39. Und daß auch Richards I. Töchter Emma und Hawisa nicht von der

Robertinerin Emma geboren sein dürften, zeigt E. VAN HOUTS, Countess Gunnor S. 12 ff, anhand der Lebens- und Verheiratungs- und Gebärdaten der Richard-Tochter Emma. Seine These hatte D.C. JACKMAN bereits 1991 in einer Rezension in Ius commune 18, 1991, S. 275 erstmals vorgetragen, und R. LE JAN, Famille S. 219, 446 u. 452, hatte sich ihm angeschlossen.

Gunnor verstarb erst 1031. Vgl. die Annalen v. S. Évroul = Annales Uticenses ad 1031 bei A. LE PRÉVOST (wie oben) Bd. 5 S. 156: *Obiit Gunnoridis comitissa*; auch Ex accessionibus Roberti de Monte ad Sigibertum, in: M. BOUQUET, Rec. des Historiens X S. 270: *Anno MXXXI. Obiit Gonnor comitissa, uxor primi Richardi* (auch MGH SS 6 S. 478). Zum gleichen Jahr vermelden bisher unpublizierte Annales von St. Wandrille (vgl. E. VAN HOUTS, Countess Gunnor S. 22 Anm. 62): *Anno MXXXI Obit Gunnoridis comitissa.* – Der 4. Januar als Gunnors Todestag ist im Obituarium von Jumièges, wo auch derjenige ihres Gemahls verzeichnet ist, zu finden: *4. Jan. Gonnor comitissa* (M. BOUQUET, Rec. des Historiens XXIII S. 418). Das Obituarium von Saint-Pierre in Chartres nennt den 5. Januar als Todestag Gunnors: *Ob[iit] Gonnoridis nobilis comitissa Normanniae que multa bona sancto Petro contulit*; A. MOLINIER, Obituaires II S. 180. (Den 8. Januar gibt ein Nekrolog vom Mont-Saint-Michel an: *8. Jan. … Gognor comitissa Normanniae*; M. BOUQUET, Rec. des Historiens XXIII S. 576).

Gunnor dürfte sonach erheblich jünger als ihr schon 996 verstorbener Gatte gewesen sein. Da sie diesem 8 Kinder schenkte, müßte die Verbindung doch wohl etwa 15–20 Jahre bestanden haben und etwa 975–980 zustandegekommen sein; so auch F. CURSCHMANN, Zwei Ahnentafeln S. 56. M. FAUROUX, Recueil des actes S. 21 Anm. 12, meint: „Le mariage de Gunnor et la constitution de son douaire se situent vers 980“. Nach E. VAN HOUTS, Countess Gunnor S. 7, dürfte Gunnor „between the middle to late 950s“ geboren sein und ihr erstes Kind ca. 970 zur Welt gebracht haben (S. 9). – J. ADIGARD DE GAUTRIES, Noms de personnes scandinaves S. 306, datiert: „Gunnor, duchesse de Normandie (vers 952–1031): d'un famille d'origine ‘danoise’, probablement fixée dans le Talou [Anm.: C'est à St-Vaast-d'Equiqueville, cant. d'Envermeu, Seine-Inf., qu'elle apparait dans l'histoire: interpol. de Robert de Torigni dans Gauillaume de Jumièges, p. 323]; devient, vers 970, le maîtresse de Richard Ier, qui l'épouse en 989“. A. THIELE, Erzählende Stammtafeln II,1, Tafel 120 und 122 a, gibt – hiervon abweichend – zu Gunnor an: „Gunnor, dänische Edle … † um

1025; sie wird um 989 Konkubine / Kebsfrau des Herzogs Richard I. von Normandie († 996)".

Daß Gunnor – vielleicht erst seit ihrer Verehelichung *christiano more* (vgl. bei **XXVIII : Maximilla** nr. **24 / 25**) – auch den Namen Alberada führte, zeigt E. VAN HOUTS, Countess Gunnor S. 9 Anm. 11.

8 : Kg. Harald Blauzahn v. Dänemark als Vater Kg. Swen Gabelbarts

Die Filiation wird bezeugt von Thietmar v. Merseburg, Chron. lib. VII cap. 36, MGH SS rer. Germ. NS 9 S. 442: *Audivi ... Anglos ... ineffabilem miseriam a Sueino Haraldi filio, immiti Danorum rege, perpessos esse.* – Adam v. Bremen, Gesta Hammaburg. eccl. pontif. lib. II cap. 3, MGH SS rer. Germ. S. 63 f., berichtet von einer Kampfesniederlage Kg. Haralds gegen Otto I. und – bezüglich Ottos Teilnahme legendenhaft gestaltet – von Haralds anschließender Annahme des Christentums: *Nec mora baptizatus est ipse Haroldus cum uxore Gunhild et filio parvulo, quem rex noster a sacro fonte susceptum Sueinotto vocavit.* Ebd. lib. II cap. 27, S. 87, zum Konflikt Swens mit seinem Vater: *Nam tunc Suein Otto, filius magni Haroldi, regis Danorum, multas in patrem molitus insidias, quomodo eum iam longaevum et minus validum regno privaret, consilium habuit. ...* Nach verlorener Schlacht floh Harald per Schiff *ad civitatem Sclavorum, quae Iumne dicitur*, wo er einige Tage nach seiner Ankunft seinen erlittenen Verletzungen erlag. *Corpus eius in patriam reportatum ab exercitu apud Roscald civitatem* (= Roskilde / Seeland) *sepultum est in ecclesia, quam ipse primus construxit in honore sanctae Trinitatis.* – Swens Auflehnung gegen seinen Vater Kg. Harald wird auch in der Knytlinga saga cap. 4 (Übertragung von W. BAETKE S. 225; engl. Übersetzung durch H. PÁLSSON u. P. EDWARDS S. 25) mitgeteilt: „Svend, der Sohn des Königs Harald Gormssohn, forderte von seinem Vater, König Harald, einen Teil des Reiches ...". So bereits in der etwas älteren Heimskringla (in der 'Geschichte von König Olaf Tryggvissohn') cap. 34, übertr. von F. NIEDNER S. 236 f.

Zum Todestag Harald Blauzahns heißt es bei Adam v. Bremen, Gesta Hammaburg. eccl. pontif. lib. II cap. 28, MGH SS rer. Germ. S. 88, wobei Adam sich ausdrücklich auf Auskünfte des Urenkels Haralds, Kg. Swen Estridsohn v. Dänemark, beruft: *Regnavit autem [Haroldus] annos L. Obitus eius in festivitate omnium sanctorum. Memoria eius et uxoris Gunhilde apud nos perpetua manebit.* (Das Allerheiligenfest wird am 1. XI. gefeiert). Das Todesjahr wird zumeist auf 986 (so BU S. 466 nr. 984 a; R. HOLTZMANN, Kaiserzeit S. 308; Chr. LÜBKE, Regesten Teil III S. 42 nr. 240; etc.) oder 987 (so etwa I. SKOVGAARD-PETERSEN, Harald Blauzahn, in: LexMA IV Sp. 1929; E. ROESDAHL, Trelleborg, in: LexMA VIII Sp. 970; H.-J. HUBE, Saxo Grammaticus S. 613) festgelegt, obgleich zwei Quellen – Ann. Lundenses ad 985, MGH SS 29 S. 200, und Alberich v. Troisfontaines, Chron. ad 985, MGH SS 23 S. 773 – Haralds Tod nach der Schlacht gegen seinen Sohn zum Jahre 985 setzen. Zu weiteren Quellen vgl. BU S. 466 nr. 984 a. – S.O. BRENNER, Nachkommen Gorms S. 1, verzeichnet für Harald Blauzahn: „† Jomsburg 1. XI. (986/87), bestattet in Roskilde/Dk.“. – Nun wurde vor einigen Jahren diese Auseinandersetzung, bei der Kg. Harald seine Todeswunde empfing, nach Trelleborg lokalisiert und das dort gefundene Befestigungsmaterial dendrochronologisch auf 980/81 datiert. Kg. Harald müßte in der Folge dieser Argumentation demnach am 1. November (so Adams Tageshinweis) des Jahres 980 oder 981 verstorben sein; vgl. P. SKAANING, Harald (engl. Zusammenfassung S. 191–195). Ob die so enge Zusammengehörigkeit der Befestigungsfunde mit der genannten Schlacht wirklich gegeben ist, bedarf m.E. noch genauerer Klärung. Die Befestigung könnte doch auch schon vorher errichtet worden sein. Zuletzt schreibt E. ROESDAHL, Harald Blauzahn S. 95: „Während der 1. November als Tag [des Todes Haralds] feststeht, kann die genaue Jahreszahl nicht mit Sicherheit bestimmt werden: Vermutlich war es 987“.

Eine Geburtszeit Haralds „um 910“ gibt W.K. Prinz v. ISENBURG, Ahnen Tafel 7. Dies könnte aus den von Adam überlieferten „50 Regierungsjahren“ (s. o.) und der Annahme von etwa 15/16 Jahren als Großjährigkeits- bzw. Regierungsfähigkeitsgrenze resultieren. In der Knytlinga saga (s. o.) cap. 4 (S. 226; engl. Übersetzung S. 25) heißt es, „Harald war achtzig Winter König gewesen, dreißig Winter zu Lebzeiten seines Vaters, des Königs Gorm, fünfzig Winter danach“. Dabei handelt es sich aber offenbar um eine ergänzende Ausschmückung des Adamtextes seitens des Sagadichters.

9 : Gunhild als Mutter Kg. Swen Gabelbarts

Zu zwei Filiationsbelegen (mit dem Namen Gunhild für Swens Mutter) aus der Hamburger Kirchengeschichte Adams v. Bremen vgl. bei nr. **8**. – Wenn es in der Knytlinga saga cap. 4 (deutsche Übersetzung von W. BAETKE S. 225; engl. Übersetzung von H. PÁLSSON u. P. ED-

WARDS S. 25) heißt: „Svend, der Sohn des Königs Harald Gormssohn, forderte von seinem Vater, König Harald, einen Teil des Reiches, aber König Harald liebte ihn wenig, denn er war der Sohn einer Beischläferin, und er wollte ihm kein Reich zur Herrschaft überlassen", weswegen es zum Streit und Kampf zwischen Vater und Sohn gekommen sei, so dürfte es sich hier lediglich um die romanhafte Ausgestaltung in der Motivierung für den Aufstand Swens handeln. Die etwas ältere Heimskringla (Geschichte von Olaf Tryggvissohn) cap. 34, übertragen von F. NIEDNER S. 236, kennt dieses Begründungsmotiv (Abstammung Swen Gabelbarts von einer Beischläferin) noch nicht, sagt nur, daß „der König das Dänenreich nicht in zwei Hälften teilen wollte".

Nun enthält ein in Sønder Vissing / Jütland gefundener Grabstein folgende Runeninschrift: „Tofa ließ machen das Grab, Mistiuis Tochter, für ihre Mutter, Haralds des Guten, Gorms Sohn, Frau"; vgl. Chr. LÜBKE, Regesten Teil II S. 199 nr. 143 a. Originaledition bei L. JACOBSON, E. MOLTKE, Danmarks Runeindskrifter Bd. 1 (Textband) S. 94 nr. 55. – Chr. LÜBKE, a.a.O. S. 200, meint dazu, es werde „Tofa (es handelt sich dabei um einen nordischen Namen!) allgemein für die Tochter Mstivojs gehalten, die mit dem dänischen König Harald Blauzahn, dem Sohn Gorms des Alten, verheiratet war. Labuda [Tofa S. 99] hat zwischenzeitlich vermutet, daß Tofa die Tochter Haralds war und daß ihre Mutter die Tochter Mstivojs und Gemahlin Haralds war". Im genealogischen Stemma stellt sich Lübkes Deutung (ohne Berücksichtigung der Sicht Labudas) folgendermaßen dar:

Mistui Gorm d. Alte
| |
Tofa ∞ Harald Blauzahn

Als Tochter Mistuis / Mstivojs und Gemahlin Kg. Haralds Blauzahn ist Tofa auch in der Stammtafel der Obodritenfürsten bei H. STOOB in der Einleitung zu seiner Ausgabe von Helmolds Slawenchronik S. 24 angegeben. Und J. JESCH, Women S. 51, übersetzt den Text: „Tofa, daughter of Mistivoj and wife of Harald the Good, son of Gorm, had this monument made in memory of her mother"; ebenso O. PRITSAK, Origin S. 322. Dies widerspricht jedoch dem Wortlaut der Inschrift, da Tofa doch „für ihre Mutter, Haralds Frau", den Grabstein setzen ließ. Eine wörtliche Deutung ergibt folgendes Bild:

Mistui ⚭[1] NN [2]⚭ Harald, Sohn Gorms
|
Tofa

Aber auch diese Deutung kann nicht zutreffen, da Mistui († 990/95), dessen Witwe dann Harald zur Frau genommen hätte, doch Harald Blauzahn († 985/87) überlebt hat und da der von Tofa errichtete Stein bereits in der zweiten Hälfte des 10. Jhs. gefertigt wurde.

Bei A. THIELE, Erzählende Stammtafeln II,2 Tafel 248, ist das obige Problem anders gelöst: Als Gemahlin Kg. Haralds erscheinen „1) ⚭ Gunhild; 2) ⚭ Tove von Mecklenburg, wohl Tochter des Obodritenfürsten Mistiwoj", wobei Nachkommen nur aus der 1. Ehe angezeigt sind. Dieser auf der Basis von Lübke beruhende Vorschlag ist jedoch nicht haltbar, da Tofa den Grabstein „für ihre Mutter, Haralds Frau" setzen ließ. – S.O. BRENNER, Nachkommen Gorms S. 1, entschied sich für die Lösung: „Harald Gormsen Blåtand (Blauzahn) … ⚭ I. Gunhild, (965); ⚭ II. Tove, (970), vermutlich Tochter des Fürsten Mistivoj von Wenden, † (990)", wobei dann Swen Gabelbart (nr. **4**) als Sohn der 2. Ehe genannt wird, was aber den eingangs genannten Filiationsbelegen widerspricht.

So kann eigentlich nur Labudas Deutungsmodell bestehen: Tofa ließ machen das Grab (für) Mistiuis Tochter, [d.h.] für ihre Mutter, Haralds des Guten, Gorms Sohn, Frau:

Mistui Gorm d. Alte
| |
NN ⚭ Harald
|
Tofa

Hierbei bleibt zwar Haralds Frau namentlich ungenannt, sie wird aber als Tochter des Obodritenfürsten Mistui aufgewiesen, was letztlich auch Haralds Flucht am Ende seines Lebens *ad civitatem Sclavorum* (vgl. bei nr. **8**) Jomsburg verständlich macht. Beachtet man die eingangs genannten Hinweise aus der Hamburger Kirchengeschichte Adams v. Bremen, so müßte sie – doch wohl nach einem Namenswechsel – bei den Dänen den Namen Gunhild getragen haben. Daß solche Namenswechsel im skandinavischen Bereich vorkommen, wird gezeigt bei G. THOMA, Namensänderungen S. 36 ff.

10 / 11 : Hzg. Mieszko I. v. Polen und Dobrava / Dubravka als Eltern Sygridas / (Cziradas)

Vgl. hierzu die Filiationsbelege bei **XXI : Kgn. Eupraxia / Praxedis** nr. **42 / 43**.

12 : Hzg. Wilhelm I. (Langschwert) v. d. Normandie als Vater Hzg. Richards I.

Die Filiation ist vielfach bezeugt; so z.B. bei Flodoard, Annales ad 960, ed. Ph. LAUER S. 148: *Richardus, filius Willelmi, Nordmannorum princeps, filiam Hugonis, Transsequani quondam principis, ducit uxorem*; ebd. ad 961, S. 150: *Richardus, filius Willelmi Nordmanni, accedens* ... ; auch bereits ad 943, S. 86: *Arnulfus comes Willelmum, Nordmannorum principem, ad colloquium evocatum dolo perimi fecit. Rex Ludowicus filio ipsius Willelmi nato de concubina Brittana terram Nordmannorum dedit.* – Die Ermordung Hzg. Wilhelms ausführlich darstellend Richer v. Reims, Hist. lib. II cap. 33, ed. R. LATOUCHE I S. 178ff.; ed. H. HOFFMANN S. 122f., dann in cap. 34 mit der Überschrift fortfahrend: *Rex filio Wilelmi, Richardo, terram patris concedit*, und im Text ausführend: *Nec multo post et eius filium de Brittanna concubina, nomine Richardum, regi deducunt ... Rex ... provinciam a patre pridem possessam ei largiens.* – Auch Hugo v. Flavigny, Chron. lib. I ad 920, MGH SS 8 S. 357: *920 obiit Rollo Normannorum princeps, et Willelmus filius eius successit, qui dolo occisus est 943, et Richardus filius eius successit* (Das Todesdatum für Rollo ist dabei gewiß unrichtig; vgl. bei **XVIII : Ksn. Agnes (v. Poitou)** nr. **18**); ebd. ad 943, S. 360: *Anno ab inc. Dom. 943. Willelmus Rollonis filius occisus est, et Richardus primus successit, qui Normanniam dono regis Ludovici obtinuit.* – Ähnlich danach Hugo v. Fleury, Modern. reg. Franc. actus, MGH SS 9 S. 382: *anno videlicet incarnationis dominicae 943, Arnulfus comes Flandrensium Guillelmum, Rollonis filium, principem Normannorum, ad colloquium invitatum mala fraude peremit apud castellum Pinchiniacum* (= Picquigny-sur-Somme), *juxta fluenta Somene. Erat Guillelmo ex concubina filius nomine Richardus.*

Obgleich Flodoard, von dem die anderen zitierten Quellen abhängen, die heimtückische Ermordung Hzg. Wilhelms zum Jahresanfang 943 vermeldet, ist der genaue Todestag dennoch der 17. Dezember 942 gewesen. Vgl. dazu die Untersuchungen von Ph. LAUER, Louis IV d'Outre-Mer S. 88 Anm. 1. Den genauen Todestag überliefern Dudo

v. St. Quentin, De moribus lib. III cap. 64, ed. J. LAIR S. 209 (auch ed. J.P. MIGNE, PL 141 S. 681), Wilhelm v. Jumièges, Gesta Norman. ducum lib. III cap. 12, ed. J. MARX S. 44 (auch J.P. MIGNE, PL 149 Sp. 810), Ordericus Vitalis, Hist. eccl., ed. A. LE PRÉVOST Bd. I S. 162, ed. M. CHIBNALL Bd. I S. 154, das Nekrolog der Kathedrale von Rouen (M. BOUQUET, Rec. des Historiens XXIII S. 422) mit 16. Dezember; vgl. auch Ann. Rotomagenses ad 943, MGH SS 26 S. 498: *Occiditur Willermus dux Normannorum, filius Rolonis, 16. kal. Januar., cui succedit Ricardus, filius eius, qui Vetus dicitur.* Weitere Quellen vgl. bei Ph. LAUER, Louis IV d'Outre-Mer S. 88f. Anm. 1.

Die Bestattung Wilhelms in Notre-Dame de Rouen überliefert Dudo, De moribus lib. III cap. 64, ed. J. LAIR S. 208, ed. J.P. MIGNE, PL 141 Sp. 681: *corpus ... Rothomagensi urbi cum magno ejulatu delatum in ecclesiam B. Mariae genitricis Dei honorifice sepelierunt.* Vgl. auch L. MUSSET, Sépultures S. 21. Zur Grabinschrift vgl. bei Ph. LAUER, Louis IV d'Outre-Mer S. 88f. Anm. 3.

Geboren wurde Wilhelm in Rouen; vgl. Dudo, De moribus lib. III cap. 36, ed. J. LAIR S. 179, ed. J.P. MIGNE, PL 141 Sp. 657: *Igitur gloriosissimus dux praepotensque comes Willelmus ... ex prosapia insigni, patre Daco, scilicet Rollone, matre Francigena, videlicet Poppa, ... genitus, Rotomagensi urbe exstitit oriundus.* Nach J. LAIR, Étude sur la vie S. 6f., scheine Wilhelm nicht vor 905 oder 906 geboren zu sein. Als *adolescens* werde er bei Dudo, De moribus lib. III cap. 37, ed. J. LAIR S. 182, ed. J.P. MIGNE, PL 141 Sp. 660, anläßlich seiner Heranziehung zur Mitherrschaft durch Rollo bezeichnet, die spätestens 927 geschehen sein dürfte; vgl. Flodoard, Annales ad 927, ed. Ph. LAUER S. 39. So könne er auch nicht nach 911 geboren sein („il est evident que Guillaume, adolescent en 927, n'a pu naître après l'année 911"). Demnach dürfte Wilhelm wohl um 910/11 geboren sein.

13 : Sprota als Mutter Hzg. Richards I. v. d. Normandie

Bereits der Zeitgenosse Flodoard weiß, daß Hzg. Wilhelms Sohn Richard von einer bretonischen Konkubine geboren wurde; und Richer von Reims folgt ihm darin; vgl. bei nr. **12**. – Nach Wilhelm v. Jumièges, Gesta Norman. ducum lib. III cap. 2, ed. J. MARX S. 33 (auch J.P. MIGNE, PL 149 Sp. 804f.), hieß sie Sprota; Wilhelm (Langschwert) hätte sie *more Danico* geheiratet: Dem Hzg. Wilhelm *a prefecto Fiscannensis castri legatus dirigitur, deferens ex quadam nobilissima puella sibi Danico more juncta, nomine Sprota, filium esse natum. Qui, le-*

tus valde effectus ... episcopo Henrico mandavit, ut ... nomine vocaret eum Ricardum. (Dies basiert auf Dudo v. St. Quentin, De moribus lib. III cap. 46, ed. J. LAIR S. 191, ed. J.P. MIGNE, PL 141 Sp. 668, wo es heißt, daß *miles quidam ex Fiscanno occurrit, nuntians quod esset ei filius ex conjuge dilectissima natus*; aus einer *dilectissima* wird also – aus Gründen der Panegyrik – eine *nobilissima*). – Ordericus Vitalis, Hist. eccl. lib. VI cap. 10, ed. A. LE PRÉVOST, Bd. 3 S. 86, nennt Richard deshalb *Sprotaides* (Sprota-Sohn): *Arnulfus, Flandrensis satrapa, Guillelmum ducem Normannorum, cognomento Longam-Spatam, per proditionem occidit, et Ricardus Sprotaides, filius eius decennis, ducatum Normanniae suscepit.* Vgl. dort auch lib. V cap. 42, ed. A. LE PRÉVOST, Bd. 2 S. 362; neue Ed. M. CHIBNALL, Bd. 3 S. 80 und 306.

Nach Robert v. Torignis Zusätzen zu den Gesta Normannorum ducum Wilhelms v. Jumièges lib. VII cap. 17, ed. E. VAN HOUTS, Bd. 2 S. 175, wurde Sprota nach dem Tode Wilhelms (Langschwert) die Partnerin eines reichen Mannes namens Esperling, dem sie einen Sohn Rudolf und mehrere Töchter gebar. Sie verstarb also wahrscheinlich erst nach 950. Vgl. hierzu ausführlich E. VAN HOUTS, Robert of Torigni as Genealogist S. 215–233.

Neuerdings hat D.C. JACKMAN, Rorgonid Right S. 149–153, die These vertreten, der Name Sprota sei eine Erfindung Wilhelms v. Jumièges und die Rückprojektion der Herkunft Hzg. Richards I. auf die von Flodoard erwähnte bretonische Konkubine Wilhelms (Langschwert) lediglich eine Fiktion, die Wilhelm v. Jumièges nur aufgebracht hätte, um die Nachfolge des von einer Konkubine abstammenden Wilhelm d. Eroberers im normannischen Herzogtum als „more lawful“ erscheinen zu lassen. Der – nach Flodoards Mitteilung (vgl. bei nr. **12**) – unmittelbar auf Wilhelm (Langschwert) nach dessen Ermordung nachfolgende Sohn Wilhelms von einer bretonischen Konkubine, der sonst nirgendwo namentlich auftauche, sei jedoch bald getötet worden: „this son may have been killed within a short time of his taking office“. Der beim Tod seines Vaters noch sehr junge Richard werde – so möchte Jackman nahelegen – Wilhelms (Langschwert) legitime Gemahlin Liutgard v. Vermandois (zu ihr vgl. bei **XVIII : Ksn. Agnes (v. Poitou)** nr. **11**) zur Mutter gehabt haben. Nun hat aber bereits Richer v. Reims zwischen 991 und 995 die hier heranzuziehenden Kapitel seiner Historien geschrieben, in denen Richard I. als unmittelbarer Nachfolger Wilhelms (Langschwert) und als Sohn der bretonischen Konkubine genannt wird (vgl. bei nr. **12**), und desgleichen hat Adémar v. Chabannes um 1030 in seiner Chronik (lib. III cap. 27, ed. J. CHAVANON S. 148) Richard als unmittelbaren Nachfolger Wilhelms (Langschwert) bezeichnet, so daß nicht erst Wilhelm v. Jumièges zwischen 1050 und 1060 als Erfinder einer Legende von der unmittelbaren Nachfolge Richards auf seinen Vater in Anspruch genommen werden kann. Diese These Jackmans von einem namentlich unbekannten Sohn Hzg. Wilhelms I., den ihm eine lediglich mit dem erfundenen Namen Sprota bezeichnete bretonische Konkubine geborenen hätte und der bald nach 943 getötet worden sei, ist also wertlos und damit auch seine Annahme einer mütterlichen Herkunft Hzg. Richards aus dem Hause Vermandois.

14 : Vermutungen zur Herkunft Gunnors

D.C. DOUGLAS, Wilhelm d. Eroberer S. 43, erwähnt bei der Behandlung der Umgebung des Herzogs Robert I. v. d. Normandie „eine noch interessantere Persönlichkeit: Es handelt sich um Osbern, dessen S c h w e s t e r Gunnor Herzog Richard I. geehelicht hatte“. Auf S. 98 wird Gf. Rodulf v. Ivry, ein Halbbruder Hzg. Richards I., erwähnt, dessen Besitz teilweise „durch Emma, die Tochter des Grafen, auf deren Gemahl Osbern, den Haushofmeister Herzog Roberts I. und Vormund des jungen Wilhelm [d. Eroberers], überging. Osbern war ein typisches Beispiel der neuen Aristokratie ... Nur wenige seiner großen Güter hatten schon seinem Vater Herfast gehört, dessen magere *hereditas* schließlich auf das Kloster Saint Père von Chartres überging“. Hiernach müßte Gunnor – als Schwester Osberns – eine Tochter Herfasts gewesen sein. Auf S. 151 wird dann aber dargelegt, daß das Amt des Haushofmeisters „in der Normandie während der Herrschaft Hzg. Roberts I. von keinem Geringeren als Osbern, dem Sohn Herfasts bekleidet wurde; er war ein N e f f e der Herzogin Gunnor und heiratete Emma, die Tochter Gf. Rodulfs, der seinerseits ein Halbbruder Hzg. Richards I. war. ... Auf Grund dieses Amtes wurde er zweifellos nach 1035 zu einem der Vormünder des jungen Herzogs ernannt und um 1040 in dessen Dienst ermordet“. Vgl. auch S. 535 (Tafel 8): „Osbern, der Haushofmeister – verheiratet mit Emma, Tochter Rodulfs, des Grafen und Halbbruders Herzog Richards I. von der Normandie – nahm einen wichtigen Platz während der Herrschaft Hzg. Roberts I. ein, ... er war der Sohn von Herfast, der ein Bruder Gunnors, der Gemahlin Hzg. Richards I. von der Normandie war, wurde ca. 1040 ermordet“. Zum Nachweis dieser Zusammenhänge wird verwiesen auf G.H. WHITE, The Sisters and

Nieces of Gunnor, Duchess of Normandy, in: Genealogist, NS 37, 1920; diese Arbeit war mir nicht zugänglich. – Mit letzterer Erklärung (Herfast = Bruder Gunnors) entfällt die zunächst aufscheinende Möglichkeit, weiteren Vorfahren Gunnors auf die Spur zu kommen.

16 : Kg. Gorm d. Alte v. Dänemark als Vater Kg. Haralds Blauzahn

Adam v. Bremen, Gesta Hammaburg. eccl. pontif. lib. I cap. 59, MGH SS rer. Germ. S. 57, überliefert, daß um 935/36 Erzbisch. Unni v. Hamburg *pervenit ad Danos, ubi tunc crudelissimum Wurm diximus regnasse …; filium autem regis, Haroldum, sua dicitur predicatione lucratus (est Unni).* Vorher – in cap. 55, S. 56 – ist davon die Rede, daß *apud Danos eo tempore Hardecnudth Vurm regnavit* (Varianten in den Handschriften: *Gorm, Wrm*). Und in cap. 52, S. 53, wird bereits mitgeteilt, daß die bei den Dänen – nach der kurzen Herrschaft eines Sigerich / Sigtrygg – *Hardegon, filius Suein, veniens a Normannia,* die Macht an sich riß. Daraus wird zumeist gefolgert, daß *Hardecnudth Vurm* mit *Gorm* (*Wurm*) identisch ist und Sohn eines Swen war. – Bezeugt ist die Abstammung Kg. Haralds von Kg. Gorm d. A. auch im „großen Runenstein von Jelling“ (an der Südseite der Kirche von Jelling [a. d. Ostküste Jütlands]), den Harald Blauzahn „mit einem Christusbild auf einer Seite und einer Gedenkinschrift für seinen Vater Gorm und seine Mutter Thorwi sowie mit der Selbstnennung als Harald, ‘der ganz Dänemark und Norwegen für sich gewann und die Dänen zu Christen machte’, setzte“; K.J. KROGH, Jelling, in: LexMA V Sp. 348; L. JACOBSEN – E. MOLTKE, Danmarks Runeindskrifter Textbd. Sp. 66–81 nrn. 41–42, Atlasbd. S. 42–49, Tafeln 111–123; (Abbildung auch bei S.O. BRENNER, Nachkommen Gorms, auf dem Titelblatt, mit deutscher Übersetzung: „König Harald gebot, diese ‘Kumbl’ zu machen zum Andenken an Gorm, seinen Vater, und an Thorwi, seine Mutter, jener Harald, der ganz Dänemark, und Norwegen, für sich gewann und die Dänen zu Christen machte“). Der „kleine Runenstein von Jelling“ enthält die Inschrift: „König Gorm machte dieses Denkmal nach Thyre, seiner Frau, Dänemarks Besserung“; vgl. H. EHRHARDT, Gorm d. Alte, in: LexMA IV Sp. 1561; bei O. PRITSAK, Origin S. 321, liest man ‘Thorwi’ statt ‘Thyre’; auch die Bedeutung der letzten Wendung ist umstritten: bei S.O. BRENNER, a.a.O. S. VII, wird Thyres Kennzeichnung als „Dänemarks Gebieterin“ wiedergegeben, bei H.-J. HUBE, Saxo Grammaticus S. 563, als „Dänemarks Retterin“. – Bei E. ROESDAHL, Harald Blauzahn S. 96, werden die beiden Inschriften folgendermaßen zitiert: 1)„ König Harald ließ diese 'kumbl' (Denkmäler) machen nach Gorm, seinem Vater, und nach Thyra, seiner Mutter, jener Harald, der für sich gewann ganz Dänemark und Norwegen und der die Dänen zu Christen machte", 2) „König Gorm machte diese 'kumbl' nach Thyra, seiner Frau, Dänemarks 'bot' (Zierde)". (Hier ist der Name Thorwi jeweils in Thyra gewandelt; es scheint also eine Gleichsetzbarkeit vorzuliegen). – In der in der 2. Hälfte des 13. Jhs. geschriebenen Knytlinga saga cap. 1–4, übertr. von W. BAETKE S. 223 ff., engl. von H. PÁLSSON u. P. EDWARDS S. 23 ff., wird mehrmals von „Harald Gormssohn" gesprochen.

Die Todeszeit Gorms dürfte – so H. EHRHARDT, a.a.O. – wohl bei „936 oder bald danach" zu suchen sein, wenn man die Angabe Adams v. Bremen, daß sein Sohn Harald Blauzahn 50 Jahre geherrscht habe, ernst nimmt und von Haralds Todesjahr 986/87 zurückrechnet. – Ganz anders H.-J. HUBE, Saxo Grammaticus S. 563 mit Anm. 458 auf S. 602: „Gorm – Geboren nach 860, gestorben um 958 ..."; auch S. 612: „958 † Gorm der Alte, begraben in Jelling". S.O. BRENNER, a.a.O. S. VII: Gorm „lebte etwa 936, muß vor 950 gestorben sein und wurde in dem Königshügel in Jelling begraben, wo ihm sein Sohn Harald Gormsen (Blåtand) ein riesiges Hünengrab errichtete". O. PRITSAK, Origin S. 321, schreibt ihm eine Regierungszeit „ca. 934–945" zu. Zusammenfassend zuletzt E. ROESDAHL, Harald Blauzahn S. 95: „Harald Blauzahn war dänischer König von etwa 958 bis 987. Er folgte seinem Vater Gorm (bestattet 958/59), einem der ersten Könige einer neuen Dynastie", wobei sie sich auf „exakte dendrochronologische Datierungen" von Hölzern aus dem Nordhügel von Jelling, dem Grab Gorms, beruft. S. 98: „Die Hölzer der Grabkammerdecke wurden 958/59 geschlagen". Die Gebeine Gorms scheinen freilich durch seinen Sohn Kg. Harald „nach der Einführung des Christentums" (um 965) aus der Grabkammer in eine zwischen den beiden Jellinger Hügeln gelegene und „frühestens gegen 970" begonnene, aber wohl auch vor 974 vollendete Kirche „auf christliche Weise umbestattet" worden zu sein (S. 98 f.).

17 : Thorwi /Thyre als Mutter Kg. Haralds Blauzahn

Die in nr. **16** zitierten Runensteininschriften aus Jelling geben „Thorwi" als Mutter Haralds und „Thyre" als Gemahlin des Haraldvaters Gorm an. Es scheint, daß beide Namensformen gleichzusetzen sind. (Bei E. ROESDAHL – vgl. bei nr. **16** – steht bereits „Thyra" statt „Thorwi"). – H. EHRHARDT, Gorm d. Alte, in: LexMA IV Sp. 1561, verzeichnet zu Gorm: „∞ Thyre (Tyra), die nach einer Überlieferung Tochter des Königs Eduard d. Ä. von Wessex, des Sohnes von Alfred d. Gr., war". Bei dieser Überlieferung handelt es sich um das kurz nach 1200 verfaßte Werk des Saxo Grammaticus, Gesta Danorum, lib. IX, ed. A. HOLDER S. 318f.: *Gormo arcem obtinuit. ... Hic a maioribus coniugalia sacra celebrare permonitus, Anglorum regis Hedelradi filiam, Thiram, nupciali studio insecutus est. ... Eoque pacto intercedente, Gormoni desponsa ... petivit ...* – (S. 320) *Brevi enim Haraldi atque Kanuti felix prole mater apparuit.* In lib. X (S. 322) wird mitgeteilt, daß *defuncto Gormone, Haraldus hereditarie dominacionis fortunam* fortführte, und später (S. 325) heißt es, daß der aus Schweden vertriebene Sturbiornus *ad Haraldum, cui Thyra mater extitit, ... supplex migravit.* Schließlich wird (auf S. 329) gesagt: *Post hec Thyra, Danice maiestatis caput, absumpta est. Cuius corpus Haraldus amplissimo funere elatum magno cum omnium plangore non longe a patris tumulo sepulture mandavit.* Die Glaubwürdigkeit dieser Teile Saxos – was Thyras Herkunft und die Angabe, daß sie ihren Mann überlebte, und was die folgende Geschichte der Grabsteinsetzung durch Harald (S. 331) anbetrifft – ist bestreitbar. Weder ist unter den Kindern Kg. Eduards d. Ä. (oder – wie Saxo sagt – Aethelreds) eine Thyra sonst bezeugt, noch läßt sich das Überleben Thyras mit dem von Gorm für seine Frau Thyra gesetzten Gedenkstein von Jelling (vgl. bei nr. **16**) in Einklang bringen. – Bei S.O. BRENNER, Nachkommen Gorms S. 1, wird für Tyre (Thyra) vermerkt: „† (935), bestattet in Jelling". Ihr Grab ist freilich nicht bekannt; vgl. E. ROESDAHL, Harald Blauzahn S. 98.

18 : Mistui / Mstivoj, Obodritenfürst, als Vater Gunhilds

Zur Filiation vgl. bei nr. **9**. – Zur Person Mistuis / Mstivojs vgl. die Hinweise bei Chr. LÜBKE, Mstvoy, in: LexMA VI Sp. 884.

20 : Ziemomysl, Polenfürst, als Vater Hzg. Mieszkos I.

Diese Abstammung überliefert Gallus Anonymus, Chronicae cap. 4, ed. K. MALECZYŃSKI S. 13, (ed. MGH SS 9 S. 427): *Hic autem Semimizl magnum et memorandum Meschonem progenuit.* In cap. 2 und 3, S. 10ff. (bzw. S. 426f.) werden die weiteren Vorfahren genannt, wobei freilich die Legende das echte historische Wissen überwiegen dürfte. Die Ahnenkette geht von Piast, dem Sohne Chosiscos, und seiner Frau Repka über Samowithay / Ziemowit zu Leszek, der wiederum Ziemomysl zum Sohn hatte. Deutsche Übersetzung von H. Bujnoch, Polens Anfänge S. 50 ff.

22 : Hzg. Boleslaw I. v. Böhmen als Vater Dobravas / Dubravkas

Bei Thietmar v. Merseburg, Chron. lib. IV cap. 55, MGH SS rer. Germ. NS 9 S. 194, liest man zum Leben *Miseconis, Poloniorum incliti ducis,* folgendes: *Hic a Boemia regione nobilem sibi uxorem senioris Bolizlavi* (= Hzg. Boleslavs II.) *duxerat sororem. Quae, sicut sonuit in nomine, apparuit veraciter in re. Dobrawa enim Sclavonice dicebatur, quod Teutonico sermone Bona interpretatur.* In cap. 56, S. 196, heißt es, daß Dobrawa einen Sohn gebar, *quem fratris sui nomine Bolizlavi appelavit* (= Boleslav Chrobry). (Daß der *senior Bolizlavus* Thietmars Hzg. Boleslav II., nicht Boleslav I., meint, zeigt A. Naegle, Einführung S. 361 f. Anm. 155). Da Boleslav II. ein Sohn Hzg. Boleslavs I. war, kann Dobrava nur eine Tochter Boleslavs I. gewesen sein; vgl. dazu Cosmas v. Prag, Chron. lib. I cap. 21, MGH SS rer. Germ. NS 2 S. 41 f.: *Anno dominice incarnationis DCCCCLXVII. Id. Iulii* (= 15. VII.) *dux, cui agnomen sevus Bolezlaus* (= Boleslav I.), *male mercatum fraterno sanguine* (Hzg. Wenzel d. Hl.) *ducatum cum vita amisit. Cui filius eius equivocus in principatum successit.* – Da die Jahreschronologie des Cosmas für die Zeit bis in die Anfänge des 11. Jhs. bekanntlich sehr unzuverlässig ist, hat man in der Forschung das Todesdatum Boleslavs I. weiter nach hinten verlegt, und zwar in die Zeitspanne 972–976; vgl. dazu W. Wegener, Přemysliden S. 1–12 mit Ergänzungsseite 12 a. Für die Stimmigkeit der Cosmas-Angabe plädierte vor allem A. Naegle, Einführung S. 366 f. mit Anm. 173. Zuletzt R. Turek, Boleslav I., in: LexMA II Sp. 357 f.: „Regierungsantritt wahrscheinlich nach dem 28. Sept. 929, † 5. Juli 967 oder 973?“.

23 : Biagota, evtl. Mutter der Dobrava v. Böhmen

Schriftliche Zeugnisse über die Mutter Dobravas bzw. über die Gemahlin Hzg. Boleslavs I. existieren nicht. Es gibt aber Münzen, „die auf der Kirchenseite den Namen Boleslaus und auf der Kreuzseite die Aufschrift BIAGOTA CO(N)IVX tragen“. Seit J. Menadier, Denarfund S. 160, werden diese Denare auf Hzg. Boleslav I. und seine Frau bezogen. Die tschechische Numismatik ist ihm darin gefolgt; vgl. St. Suchodolski, Zur Frage S. 75. Dagegen hat W. Hahn, Blagota coniunx S. 65–81, von seiner eigenen Voraussetzung ausgehend, daß die böhmische Münzprägung erst 973/74 einsetze, „Biagota“ auf eine tschechische Namensform Blahota (die Gute, Glückliche) zurückgeführt und diesen Namen als Zweitnamen der bekannten Ehefrau Hzg. Boleslavs II., Emma, angesehen. Gegen Hahns Voraussetzung, d.h. gegen die grundsätzliche Spätdatierung der böhmischen Münzprägungen nach 973/74, wurden jedoch ernste Bedenken laut, und auch seine Darlegungen um Hzgn. Emma, die Gemahlin Boleslavs II., konnten nicht überzeugen; vgl. dazu die Hinweise bei E. HLAWITSCHKA, Herzogin Emma S. 91 Anm. 36.

24 : Rollo, Normannenfürst, als Vater Hzg. Wilhelms I. Langschwert

Zu einigen Filiationsbelegen vgl. bei nr. **12** und nr. **6**; außerdem auch Adémar v. Chabannes, Chron. lib. III cap. 27, ed. J. CHAVANON S. 148: *Tunc Roso* (= Rollo) *defuncto, filius ejus Willelmus loco ejus praefuit, a pericia baptizatus, omnisque eorum Normannorum, qui juxta Frantiam inhabitaverant, multitudo fidem Christi suscepit. ... Willelmo ab Arnulfo, Flandrensi comite, dolo interempto, filius ejus Richardus succedens ...*; danach fast wörtlich das Chron. Malleacense (= Chron. de Saint-Maixant), ed. J. VERDON S. 86. – Eine Genealogia Ducum Northmannorum, ed. in M. BOUQUET, Rec. des Historiens X S. 192, lautet: *Robertus igitur, Rollo dictus, eorum primus erat Dux comesque Northmanniae. Robertus iste genuit Willelmum, qui Longaspata cognominatus, quem Franci dolo occiderunt. Willelmus autem Longa-spata genuit Richardum senem. Hic genuit filiam nomine Emmam, de qua natus est Eduardus rex Anglorum. Richardus autem senex genuit Richardum. Richardus vero secundus genuit Richardum tertium et Rodbertum. Richardus autem genuit Nicolaum S. Audoeni abbatem. Robertus vero genuit Willelmum Nothum, qui post mortem Eduardi transfretavit in Angliam anno Domini MLXVI regnumque obtinuit jure hereditario: quia eius atavus Richardus senex fuerat, cuius Emma filia Eduardum regem genuerat.* – Zu weiteren Filiationsbelegen aus Dudo v. St. Quentin und Wilhelm v. Jumièges vgl. bei **XVIII : Ksn. Agnes (v. Poitou)** nr. **18**. Ebd. auch Erwägungen zu Rollos Geburtszeit, Verheiratungs- und Todesdatum sowie auch zum Bestattungsort.

25 : Popa (v. Bayeux) als Mutter Hzg. Wilhelms I. Langschwert

Zu einem Beleg für Popa als Mutter Hzg. Wilhelms vgl. schon oben bei nr. **12**; weiteres zu ihr bei **XVIII : Ksn. Agnes (v. Poitou)** nrn. **18** und **19**.

32 : Swen als Vater Gorms d. Alten

Vgl. hierzu den nicht völlig sicheren Beleg aus Adam v. Bremen bei nr. **16**. Zu seiner Abstützung durch die Nachricht im späten Chronicon Roskildense über einen *Swen quidam, Normannorum transfuga*, der mit Gorms Vater identisch sein könnte, vgl. O. PRITSAK, Origin S. 136f., wo (auf S. 134 u. 137) noch weitere Vorfahren aus der späten Epik genannt werden. Zur späteren Überlieferung in der Jomswikingersaga von etwa 1200 und bei Snorri Sturluson (1178–1241), nach der Gorm der „Sohn des Norwegers Hardeknut, von dem wir nichts wissen", gewesen sei, vgl. S.O. BRENNER, Nachkommen Gorms S. 245. – Zu Frode, Sohn Knuts, als angeblichen Vater Gorms, vgl. bei H.-J. HUBE, Saxo Grammaticus S. 561ff., und E.E. METZNER, Vil wol gelanc von Tenemarke Fruoten S. 107–133.

34 : Zum angeblichen Vater Thyras vgl. bei nr. **17**.

36 : Nakon, Obodritenfürst, als vermutlicher Vater des Füsten Mistui / Mstivoj

Vgl. hierzu bei **XXI : Kgn. Eupraxia / Praxedis** nr. **44**.

40 : Zu Leszek (Nachkomme des Piast) als Vater Hzg. Ziemomysls vgl. bei nr. **28**.

44 : Hzg. Wratislav I. v. Böhmen als Vater Hzg. Boleslavs I.

Die ältere Genealogie der böhmischen Přemysliden wird von Cosmas v. Prag, Chron. lib. I cap. 15, MGH SS rer. Germ. NS 2 S. 34f., überliefert: *Borivoy autem genuit duos filios Zpitigneum et Wratizlaum ex ea, que fuit filia Zlaviboris, comitis de castello Psov, nomine Ludmilla. Quo feliciter universe carnis viam ingresso successit paternum in principatum Zpitigneu; post cuius obitum obtinuit Wratizlau ducatum, qui accepit uxorem nomine Dragomir de durissima gente Luticensi et ip-*

sam saxis duriorem ad credendum ex provincia nomine Stodor. Hec peperit binos natos, Wencezlaum Deo et hominibus acceptabilem et Bolezlaum fraterna cede execrabilem. ... (cap. 17, S. 35): *Anno dominice incarnacionis DCCCCXXVIIII. Quarta kal. Octobris sanctus Wencezlaus, dux Boemorum, fraterna fraude martirizatus Bolezlau in urbe, intrat perpetuam celi feliciter aulam.* – In den Fußnoten zu diesem Text sagt der Editor, B. BRETHOLZ, bei Wratislav: „Unter dem Namen Witizla scheinen ihn die Ann. Fuldenses [ad 895 als *dux Boemanorum*] zu kennen. Die Passio S. Ludmilae gibt ihm eine Lebensdauer, der slawische Prolog eine Regierungszeit von 33 Jahren; vgl. J. PEKAŘ, [Die Wenzels- und Ludmilalegenden, Prag 1906] S. 205. Als Todestag nennt das Necrologium Bohemicum (G. DOBNER, [Mon. hist. Boem. III, 1774] S. 10) den 13. Februar; den gleichen Tag und das Jahr 921 ein anderes Kalendar, S. KALOUSEK in: Osvěta 1878, S. 714". Eine Neuausgabe des Necrol. Bohem. mit dem Todesdatum 13. Febr. – *Id. Februarii Wratizlaus dux, pater S. Wenceslai, obiit* – liefert F. GRAUS, Necrol. Bohem. S. 803. Bei dem „anderen Kalendar" handelt es sich um einen „Brevierkalender der Äbtissin von St. Georg (zu Prag) aus dem Anfang des 14. Jahrhunderts"; vgl. A. NAEGLE, Einführung, Bd. 2 S. 147 Anm. 754. Zur völligen Unsicherheit über die Lebens- und Todesdaten der Böhmenherzöge und ihrer Frauen im 9. und 10. Jh. vgl. ebd. S. 29–32.

45 : Drahomir(a) v. Stodor als Mutter Hzg. Boleslavs I. v. Böhmen

Zur Filiation vgl. bei nr. **44**. – Zum Eheschluß um 906/07 vgl. H. LUDAT, An Elbe u. Oder S. 14. Dort auch weiteres zu ihrer Herkunftsfamilie. Zu älteren Auffassungen vgl. A. NAEGLE, Einführung, Bd. 2 S. 76 ff.

48 : Jarl Rögnvald aus Möre als Vater Rollos
→ **XVIII : Ksn. Agnes** nr. **36**

49 : Hilda, Tochter von Rolf Nevja, als Mutter Rollos
→ **XVIII : Ksn. Agnes** nr. **37**

50 : Gf. Berengar v. Rennes als Vater Popas
→ **XVIII : Ksn. Agnes** nr. **38**

51 : NN, Tochter des Bretonenfürsten Gurvand, als Mutter Popas
→ **XVIII : Ksn. Agnes** nr. **39**

XVIII : Kgn. u. Ksn. Agnes (v. Poitou), 2. Gemahlin Kg. u. Ks. Heinrichs III.

1 : Ksn. Agnes

Als Gemahlin Ks. Heinrichs III. ist Agnes in einer Vielzahl von Diplomen Heinrichs genannt (vgl. MGH D H III Register), desgleichen bei Geschichtsschreibern der Salierzeit wie Hermann v. Reichenau, Lampert v. Hersfeld, Bernold, Berthold, den Ann. Altahenses maiores, Ann. Hildesheimenses usw.

Zur Geburtszeit der Agnes liegen lediglich Schätzungen vor. Während F. CURSCHMANN, Zwei Ahnentafeln S. 8, und W.K. Prinz v. ISENBURG, Ahnen Tafel 8, eine Geburtszeit „um 1020“ vermuten, gab E. STEINDORFF, Jahrb. Heinrichs III., Bd. 1 S. 154, an, daß Agnes 1042, als Heinrich um sie werben ließ, „höchstens achtzehnjährig“ war, weil sich aus dem Chron. S. Maxentii, ed. J. VERDON S. 110, ed. auch M. BOUQUET, Rec. des Historiens X S. 232, ergäbe, „daß Agnes frühestens 1024 oder 1025 geboren sein kann“. Dort heißt es nämlich zu 1023 hinsichtlich der Hochzeit ihrer Eltern – Hzg. Wilhelm V. und Agnes v. Burgund – : *Interea defuncta Santia* [richtig: Prisca], *conjuge Guillelmi ducis, duxit terciam nomine Agnetam, ex qua iterum suscepit geminos filios: Petrum cognomine Acerrimum et Gaufredum qui et Wido vocatus est.* Jedoch ist Wilhelms V. dritte Gemahlin Agnes (v. Burgund) schon im März 1019 urkundlich neben Wilhelm V. nachzuweisen, so daß das Jahr 1023 für den Eheschluß Wilhelms und der Agnes somit nicht zutreffend ist (vgl. unten bei nr. **3**), worauf bes. A. RICHARD, Hist. de Poitou I S. 177 Anm. 2, aufmerksam machte. Dennoch wurde allgemein eine Geburtszeit ihrer Tochter Agnes „um 1025“ angenommen; vgl. M.L. BULST-THIELE, Agnes S. 6, mit der Begründung, daß Agnes bei der Hochzeit „1043 wohl das damals übliche Heiratsalter von 16–18 Jahren erreicht hatte“. Danach LexMA I Sp. 1212 (M.L. BULST-THIELE); NDB 1 Sp. 95 (W. SCHLESINGER); W. EGGERT, Agnes S. 150. – M. BLACK, Töchter S. 46f. Anm. 68, meint dagegen: „Nach allem, was wir über die Heiratspraxis im Mittelalter wissen, lag das durchschnittliche Heiratsalter für Frauen um einige Jahre früher. Es liegt deshalb nahe, das Geburtsjahr von Agnes in den allerletzten Lebensjahren Wilhelms des Großen zu vermuten“. 1042 müsse Agnes freilich „mindestens 13 Jahre alt gewesen sein“. Da ihr Vater am 31. Januar 1030 verstarb (vgl. bei nr. **2**), rechnet M. Black also mit einer Geburtszeit um 1028/29. Zwingend ist dies jedoch nicht. Zu erwägen ist doch wohl eine etwas frühere Geburtszeit, da die Ehe ihrer Eltern schon seit 1016 bestand (vgl. bei nr. **3**). – G. Thoma, Ksn. Agnes S. 122, läßt diese Frage weitgehend offen: „* um 1020 / 1025 / 1027".

Zur Abfolge der einzelnen Schritte im Verehelichungsverfahren mit Verlöbnisabsprachen zu Pfingsten 1042 (*desponsatio*, ausgeführt durch Heinrichs III. Onkel Bisch. Bruno v. Würzburg), Entgegennahme / Annahme der Braut zur Frau in Besançon Ende Oktober 1043 (*duxit uxorem, accipiens sponsam, sponsam suam recepit*), Krönung der Agnes zur Königin in Mainz Mitte November 1043 und dem kurz darauf (Ende November 1043) erfolgten Vollzug der Ehe in Ingelheim vgl. die Quellenzusammenstellung bei E. Steindorff, Jahrb. Heinrichs III., Bd. 1 S. 153f., 187f., 192ff.; Neubewertung der einzelnen Akte in einem „dreiteiligen Eheschließungsverfahren" jetzt bei M. Black, Töchter S. 45ff. Näherhin ist hierbei auf folgende Quellenstellen zu verweisen: Ann. Altahens. maior. ad 1042, MGH SS rer. Germ. S. 31, mit der Angabe, daß Heinrich *Brunonem episcopum cum viris et feminis misit ad desponsandam sibi Wilelmi comitis Provinciae* (richtig: *Aquitaniae* bzw. auch *Pictavorum*) *filiam.* Dort wird dann zum Herbst 1043 (S. 33f.) berichtet: *Mox convocata non minori multitudine profectus est rex* (= Heinrich III.) *Vesontionum urbem* (= Besançon) *Burgundiae, et illic accipiens, quam praediximus, sponsam; duxit eam Mogonciacum ibique consecrari eam reginam curavit, consummatisque diebus ordinationis in Ingilenheim fecit nuptias regio, ut decuit, apparatu.* Hermann v. Reichenau, Chron. ad 1043, MGH SS 5 S. 124, berichtet nur knapp im Anschluß an den Ungarnfeldzug Heinrichs III. und die Konstanzer Synode der 2. Oktoberhälfte 1043: *Exin Agnetem Willehelmi Pictaviensis filiam sponsam suam accipiens et Mogontiaci reginam ungui faciens regales apud Ingelenheim nuptias celebravit.* Ausführlich berichtet auch Rodulfus Glaber, Hist. lib. V cap. 1 § 17, MGH SS 7 S. 70 (neuere Ed. von M. Prou S. 127): *Heinricus, filius Chonradi, rex Saxonum iam in re, Romanorum vero imperator in spe, duxit uxorem filiam Willelmi Pictavorum ducis, nomine Agnetem, quam etiam desponsavit in civitate Crisopolitana, que vulgo Vesontio vocatur.*

Das erste Zeugnis, das Agnes als Heinrichs III. Gemahlin ausweist, ist das MGH D H III 114 vom 29. XI. 1043 (*per interventum nostre dilecte coniugis Agnetis*). Da Heinrich indessen schon am 20. XI. 1043 in Ingelheim urkundete (MGH D H III 112), muß die offizielle Mainzer Krönungsfeierlichkeit spätestens am 19. XI. 1043 geschehen sein. So auch G. Wolf, Königinnen-Krönungen S. 75. – Der Vollzug der Ehe dürfte am 22. XI. 1043 erfolgt sein. Dies erschließt M. Black-Veldtrup, Ksn. Agnes S. 135 ff., aus der einzigen uns erhaltenen Nachricht über eine Seelgerätstiftung der Kaiserin Agnes; in ihr wollte sie den 22. XI. als Anniversarium für sich festgelegt wissen (MGH D H IV 138).

Den Todestag der Kaiserin gibt das Nekrolog Bernolds wieder: *19. Kal. Ian. Agnes imperatrix obiit*; MGH SS 5 S. 393; auch R. Kuithan u. J. Wollasch, Kalender Bernolds S. 521. Das gesamte Todesdatum enthält Bernolds Chron. ad 1077, MGH SS 5 S. 435, ed. auch I.S. Robinson S. 418: *Agnes religiosissima imperatrix iam XX annis in viduitate Deo devotissime serviens … Romae requievit in pace 19. Kal. Ianuar. Sepulta Romae in aeclesia sanctae Petronillae.* Auch Berthold, Ann. ad 1077, MGH SS 5 S. 303, ed. auch I.S. Robinson S. 418, stimmt damit überein: *Agnes imperatrix … exitu felici XVIIII. Kal. Ianuar. diem ultimum clausit …* (S. 304 bzw. ed. I.S. Robinson S. 308): *Tandem domnus apostolicus* (= Gregor VII.) *exequialibus officiis … celebratis, in aecclesia sancte Petronellae, quae Vaticanum Appollinis appellatur antiquitus, iuxta altare dominicum, ad latus scilicet sancte Petronelle, sacrum Agnetis imperatricis … corpusculum, in sarcophago consignatum … sepelivit.* Dazu vgl. auch G. Meyer v. Knonau, Jahrb. Heinrichs IV., Bd. 3 S. 93 ff. – Das Todesjahr überliefern auch die Ann. Hildesheim. ad 1077, MGH SS rer. Germ. S. 43: *Agnes imperatrix obiit.*

2 : Hzg. Wilhelm V. (d. Große) v. Aquitanien als Vater der Ksn. Agnes

Die väterliche Abstammung der Ksn. Agnes ist öfters bezeugt; so etwa bei Hermann v. Reichenau, Chron. ad 1043, Rodulfus Glaber, Hist. lib. V cap. 1, und in den Ann. Altahens. maiores ad 1042; vgl. die Zitate in nr. **1**.

Die Geburtszeit Hzg. Wilhelms V. läßt sich der Relatio des Petrus Malleacensis entnehmen: *Verum Dux [Willelmus] … sexagesimo primo, ut fertur, etatis anno, regni vero tricesimo septimo, filiis in principatu relictis, anno ab Incarnatione Salvatoris nostri millesimo tricesimo defungitur, atque in Malliacensi claustro honorifice sepelitur*; Ex Petri Malleacensis monachi Relatione lib. II § 3; ed. M. Bouquet, Rec. des Historiens X S. 183; ältere vollständige Ed.: Petri Malleac. mon. libri duo, ed. Ph. Labbé, Nova bibl. manuscript. 2 S. 237; neue vollst. Ed.: Y. Chauvin – G. Pon S. 166. Ist Wilhelm V. 1030 im 61. Lebensjahr gestorben, so müßte er etwa 969 geboren sein.

Im später – und zwar nach 1140 – kompilierten Chron. S. Maxentii, ed. M. BOUQUET, Rec. des Historiens X S. 233, neue Ed. von J. VERDON, Chron. de Saint-Maixent S. 114, findet man dagegen – im Anschluß an den Jahreseintrag von 1028 (ältere Ed.: 1027): *Sequenti anno, post multa et laudabilia facta, ipse Dux Guillelmus monacus factus apud Malliacum, plenus dierum in senectute bona obiit in pace, II. kalendas febroarii. Vixit autem septuaginta et unum annum.* Daß Hzg. Wilhelm V. – wie hier angegeben – schon am 31.I.1029 (bzw. 1028) gestorben wäre, läßt sich durch mehrere Urkunden aus den Jahren 1028 und 1029, in denen er noch firmiert, widerlegen; vgl. z.B. die Belege bei W. KIENAST, Herzogstitel S. 209 in Anm. 225 und 226. Bezüglich des Jahresdatums ist also die Relatio des bald nach 1060 schreibenden Petrus Malleacensis vorzuziehen. Der Todestag – 31. I. – könnte hingegen, da es sich bei Wilhelm V. um den Gründer von Maillezais handelte, auf eine klösterliche Nekrolognotiz zurückgehen und zutreffen. Wegen der größeren zeitlichen Nähe und Zuverlässigkeit des Petrus Malleacensis wird man seiner Relatio auch hinsichtlich des Lebensalters Wilhelms V. (61 Jahre) den Vorzug einräumen und die im Chron. S. Maxentii überlieferte Lebensalterangabe (71 Jahre), die auf eine Geburtszeit 959 zurückführen würde, verwerfen. Vgl. jetzt auch die Diskussion zum Lebensalter Hzg. Wilhelms V. in der Neued. der Chronik von J. VERDON S. 114 mit Anm. 2. Bei B. CURSENTE, Wilhelm V., d. Gr., Hzg. v. Aquitanien 995–1030, LexMa IX Sp. 137, ist vermerkt: „† 31. Jan. 1030 in der Abtei St-Maixent".

Zum Datum der Eheschließung Wilhelms V. vgl. bei nr. **3**.

3 : Agnes v. Burgund als Mutter der Ksn. Agnes

Die mütterliche Abstammung der Ksn. Agnes (v. Poitou) wird ausgiebig dargelegt in einem Brief des Abtes Siegfried v. Gorze, mit dem er noch etwa Ende September / Anfang Oktober 1043 die Eheverbindung Heinrichs III. mit Agnes – wegen zu naher Verwandtschaft beider – verhindern wollte. Zur Datierung des Schreibens (ed. bei W. GIESEBRECHT, Kaiserzeit Bd. 2, 4. Aufl. S. 702–707, 5. Aufl. S. 714–718) vgl. H. THOMAS, Zur Kritik S. 226. Die zu nahe Blutsverwandtschaft bestehe in folgender Weise: *Heinricus rex* (= Kg. Heinrich I.) *ex Mathilde genuit ... duas quoque filias: Gerbergam et Hadewidam. Quarum altera ... id est Gerberga nupsit Gisleberto duci eique filiam Alberadam nomine peperit. Post obitum vero Gisleberti iuncta est in matrimonium Ludovico Francorum regi, a quo ... filiamque Mathil-*

dem, postea Cuonradi regis Burgundionum uxorem, suscepit. Das ergibt für Siegfried: *Porro ex his sororibus* (= Alberada und Mathilde), *non quidem de uno patre, sed de una matre scilicet Gerberga genitis, de altera quidem, id est Alberada, Ermentrudis, de altera vero, id est Mathilde, Gepa quae et Gerberga processit. Et haec prima generatio. Sane Ermentrudis Agnetem, Gepa vero Gislam augustam ... genuit. Et ecce secunda generatio. Gislae autem filius domnus Heinricus rex, et Agnetis filia simulque equivoca, Agnes ipsa videlicet, de qua hoc totum agitur, in tertia genealogiae linea invenitur.* Und noch in anderer Weise seien Heinrich III. und Agnes verwandt: *Otto magnus imperator* (= Otto I.) *et soror eius saepe dicta Gerberga filias procrearunt, alter Dudicham* (= Liutgard), *altera Alberadam, cuius filia Ermentrudis peperit Agnetem, puellae Agnetis matrem. Otto autem dux* (= Hzg. Otto v. Kärnten), *Dudichae filius avi equivocus, genuit Heinricum, patrem Cuonradi caesaris, qui fuit pater huius Heinrici imperatoris.* (Zitiert auch schon bei **XV : Ksn. Gisela** nr. **6**). – Siegfried v. Gorze entwickelte also die beiden folgenden Stammbäume:

Kg. Heinrich I. ∞ Mathilde

Giselbert ∞ [1] Gerberga [2] ∞ Kg. Ludwig IV. — Otto I. — Gerberga

Alberada — Mathilde ∞ Kg. Konrad v. Bgd. — Dudicha / Liutgard — Alberada

Ermentrud — Gerberga / Gepa — Hzg. Otto — Ermentrud

Agnes — Gisela — Heinrich — Agnes

(Ksn.) Agnes — Ks. Heinrich III. — Ks. Konrad II. — (Ksn.) Agnes

Ks. Heinrich III.

Damit hängt eng zusammen die genealogische Tafel im Codex Steinfeldensis – MGH SS 3 S. 215; auch MGH SS 6 S. 32 (unten nr. 2) –, die u. a. die folgende Abstammungslinie enthält : *Gerbirch – Alfrada – Irmendrudis – Agnes – Agnes.* Die 1164 zusammengestellte (und 1261 ergänzte) Genealogia ex stirpe S. Arnulfi (MGH SS 25 S. 381 ff.) tritt bestätigend hinzu: ... 4) *Giberga, soror Hadewindis superioris* (= Schwestern Ks. Ottos I.), *genuit Lotharium regem Francie et Karo-*

lum ducem, Mathildam et A[l]beradam, fratres et sorores … (S. 383). 6) *Albrada, soror Lotharii regis, Karoli ducis et Mathildis, genuit Ermendrudam. Hec genuit Agnetem. Hec aliam Agnetem. Hec genuit Henricum quartum imperatorem ex Henrico imperatore tertio* …

Als Geburtszeit der Agnes v. Burgund vermutet E. BRANDENBURG, Nachkommen S. 9 (Gen. IX, 50): „* ca. 995"; dem folgt W. GLOCKER, Verwandte der Ottonen S. 320, während O. GUILLOT, Agnes v. Burgund, in: LexMA I Sp. 213, „* spätestens gegen 1000" angibt; I. SOULARD BERGER, Agnès de Bourgogne S. 45, meint: „née vers l'an mil"; M.L. BULST-THIELE, Ksn. Agnes S. 113, schreibt: „geb. 1000/05".

Die Festlegung der Verehelichungszeit Hzg. Wilhelms V. und der Agnes v. Bgd. ist stark davon abhängig, in welchen Jahren Wilhelm V. in seinen zwei älteren Ehen (∞ 1. mit Adelmod; ∞ 2. mit Prisca) nachzuweisen ist. Man stützte sich früher bes. auf A. RICHARD, Hist. de Poitou I S. 139–220 (cap. 10). Grundlage für ihn wiederum (vgl. dort S. 177 mit Anm. 2) war vor allem die im März 1019 (alter Stil: März 1018) ausgestellte Urkunde bei A. BERNARD – A. BRUEL, Rec. des chartes de Cluny III S. 739 nr. 2716, die Wilhelm und Agnes bereits als Paar zeigt: *Ego Guillelmus dux Aquitanorum considerans* …; bei den Unterschriften: *Ego Willelmus dux manibus meis firmavi … S. Agnetis comitissae. S. Willelmi junioris* … – W. KIENAST, Herzogstitel S. 210 Anm. 229, spricht den Sachverhalt deutlich aus: „1019 / März wird die 3. Gemahlin zuerst erwähnt, RICHARD, Hist. I, 169 nr. 4, 177".

Dazu scheint zunächst vorzüglich zu stimmen, was A. RICHARD, a.a.O. I S. 169 Anm. 4, über die Dauer der 2. Ehe Wilhelms V. mit Prisca – 1011–1018 – sagt: „L'union de Brisque avec Guillaume le Grand se fut au commencement de l'anné 1011, son frère Sanche, qui la maria, n'etant devenue duc de Gascogne que par la mort de son père, Bernard Guillaume, advenue le jour de Noel 1010. En outre, ce mariage est antérieur au 10 mars de l'année 1011 car, dans une charte de l'abbaye de Saint-Maixent portant cette date, il est question de la femme et du fils du comte [A. RICHARD, Chartes de Saint-Maixent I, 1886, p. 91]. Ce fils était Guillaume, l'enfant d'Aumode, Eudes, le fils ainé de Brisque n'étant pas encore né, autrement son père n'aurait pas manqué de le fair nommer dans l'acte. Il est question de Brisque dans quelques chartes poitevines comprises entre cette date de 1011 et 1018 [Voy L. RÉDET, Cartulaire de l'abbaye de Saint-Cyprien de Poitiers, 1874, pp. 50 nr. 49, 194 nr. 310, et 228 nr. 369]". Doch diese Argumentation ist brüchig. Erstens heißt es in der zugrunde liegenden Quellenstelle des Chron. S. Maxentii (M. BOUQUET, Rec. des Historiens X S. 232, neue Ed. durch J. VERDON S. 108) zum Jahre 1010 lediglich: *Interea defuncta conjuge Willelmi ducis Aquitanorum, ex qua susceperat Willelmum, idem dux sororem Sancii ducis Gasconiae, Briscam nomine, in uxorem copulavit sibi, quae ei duos filios genuit, Odonem et Tetbaudum* ... Es heißt also nicht, daß Priscas Bruder Sancho bei Abschluß der Ehe aktiv beteiligt war („qui la maria"!), was auf die Zeit nach dem Tode des Vaters sicher schließen ließe. Ja, es ist gar nicht sicher, daß Bernhard Wilhelm der Vater Sanchos und Priscas war. Bei W. KIENAST, Herzogstitel S. 256, ist Bernhard Wilhelm v. d. Gascogne als Priscas Bruder und dazu mit dem Todesjahr 1009 aufgeführt. (Begründung S. 268 Anm. 61). Und zweitens ist die Urkunde vom 10. März 1011 nur ganz schlecht überliefert; vgl. dazu W. KIENAST, a.a.O. S. 206f. Anm. 206, wo überdies diese Urkunde als „Notitia" vom 10. März 1010 (!) bezeichnet wird. Wir haben somit für die Datierung Priscas bzw. ihrer Ehe mit Wilhelm V. offenbar nur die eine Urkunde vom Jahre 1012 bei M. FAUROUX, Rec. des actes des ducs de Normandie S. 91f. nr. 14 (bis), die unter den Zeugen *Vuillelmus Pictavorum comes et uxor Prisca* aufweist. Dazu ergibt aber vor allem eine Überprüfung der Schlußbemerkung, nach der 3 Dokumente der Abtei S. Cyprian Hzg. Wilhelms V. Gemahlin Prisca zwischen 1011 und 1018 nachweisen sollen, daß die 3 angeführten Dokumente eigentlich undatiert und nur vom Herausgeber zwischen 1011 bzw. 1012 und 1018 eingereiht worden sind: L. RÉDET, Cartulaire (wie oben) S. 50 – nach W. KIENAST S. 210 Anm. 230 „[1012–1018]"; RÉDET, a.a.O. S. 194 – nach W. KIENAST S. 209 Anm. 228 „[1012–1018]"; RÉDET, a.a.O. S. 228 – nach W. KIENAST S. 209 Anm. 228 „[1011–1018]". 1018 als Priscas Todesjahr ist also unbezeugt.

(Zur Datierung der 1. Ehe Wilhelms V., derjenigen mit Adelmod, sei der Vollständigkeit halber noch ein Hinweis von A. RICHARD, Histoire de Poitou I S. 169 Anm. 2, nachgetragen: „La date précise de la mort d'Aumode n'est pas connue; son nom se retrouve dans les chartes poitevines de l'an 1000 à 1005").

Für den Zeitpunkt des Abschlusses der 3. Ehe Hzg. Wilhelms V. läßt sich noch folgendes anfügen: W. KIENAST, Herzogstitel S. 207 Anm. 207, macht – ohne den Widerspruch zu seiner oben zitierten Angabe zu bemerken, daß Wilhelms V. 3. Gemahlin Agnes im März 1019 zuerst erwähnt sei, und ohne seine oben erwähnten Datierungen datumsloser Urkunden zu ändern – auf eine noch ungedruckte Urkunde aus dem Jahre 1016 aufmerksam, die Agnes bereits als Wilhelms V. Gemahlin aufweist: „1016 für Kloster Ebreuil, B(ibliothèque) Nat(ionale) Coll. Estiennot, Ms. lat. 12765, p. 208–213, Abschrift Estiennots aus dem verlorenen Cartular von Ebreuil (mir liegt Photokopie vor): *Ego in nomine domini Dei et salvatoris Jesu Christi Willelmus divina dispensante clementia comes Pictavorum ac totius monarchiae Aquitaniae tenens principatum … S. domni Wi. comitis* mit seinen Söhnen Wilhelm und Odo [aus 1. und 2. Ehe], *S. Agnetis comitissa.* Datierung: *inc. MXVI ind. XIV, regnante Rotberto rege* …“. – Die Ehe Hzg. Wilhelms V. mit Agnes v. Burgund bestand demnach mindestens seit 1016. Folglich ist auch die Angabe von B. CURSENTE, Wilhelm V. d. Gr., LexMA IX Sp. 137, der Wilhelms V. dritte Ehe zu 1019 setzt, zu korrigieren.

Nach dem Tode Hzg. Wilhelms V. (31. I. 1030) verheiratete sich Agnes mit dem Grafen Gottfried II. v. Anjou, und zwar am 1. I. 1032; vgl. dazu L. HALPHEN, Comté d'Anjou S. 57; auch Rec. d'annales Angevines S. 3, 46, 107: *Kal. ianuarii. Gaufridus comes Agnetam comitissam, que fuerat consobrini sui Willelmi comitis Pictavorum uxor, incesto conjugio assumpsit anno ab incarnatione Domini MXXXII.* Vgl. auch O. GUILLOT, Comté d'Anjou I S. 45 u. ö.

Als Todeszeit der Agnes v. Burgund gibt F. CURSCHMANN, Zwei Ahnentafeln S. 12, an: „Agnes starb als Nonne im Kloster zu Vendôme nach 1067, ihr Todestag ist der 10. November (nach Stammtafel bei E. GARNIER, [Tableaux généalogiques] Tafel XXXIX)“. – Garnier stützte sich dabei offensichtlich auf das aus dem 15. Jh. stammende Nekrolog der Trinitatis-Abtei von Vendôme, ed. A. MOLINIER, Obituaires II S. 203, wo in der November-Rubrik vermerkt ist: *IIII idus. Agnes comitissa. Abbas facit. XVIII kal. decembris. Godefridus comes, hujus monasterii fondator. Abbas facit.* Die Anweisung, daß der Abt selbst das Gedächtnis zu feiern habe, hebt die *Agnes comitissa* schon stark hervor, ebenso wie den folgenden Grafen Gottfried Martell, den Klostergründer und 2. Gemahl der Agnes v. Bgd. – Nun gibt es aber auch noch zwei Urkunden vom 22. Juni und 1. August 1068 zugunsten des St. Hilarius-Klosters von Poitiers und der Abtei Maillezais, mit denen Agnes frühere Bevorzugungen von St. Nicolas in Poitiers etwas korrigierte; sie schließen 1067 als Todesjahr aus; vgl. J. SALVINI, Agnès Sp. 741–745. Außerdem ist auf einen von D. Estiennot gefertigten Auszug aus einem heute verlorenen Nekrolog von Vendôme aus dem Ende des 12. Jhs. zu verweisen; ed. A. MOLINIER, Obituaires II S. 206; dort findet man u. a.: *Willelmi comitis, filii Agnetis comitisse, XVIII kal. januarii ... Agnetis comitisse, IIII kal. nov.* Hier sind des Herzogs Wilhelm V. und der Agnes Sohn Wilhelm wie auch Agnes selbst gemeint. Wegen des höheren Alters dieser Überlieferung könnte man sich für den 29. Oktober als Todestag entscheiden. Offensichtlich liegt aber hier – wie sich gleich zeigen wird – eine Verschreibung / Verwechslung von *kal.* und *id.* vor, wobei die IIII. Iden des November auf den 10. November verweisen würden. O. GUILLOT gibt in seinem Artikel zu Agnes v. Bgd. in LexMA I Sp. 213 an: „† 9. Nov. 1068, begraben in St. Nicolas de Poitiers", womit er sich an den instruktiven, aber in der Angabe zur Verheiratungszeit und im Hinweis, daß ihre Mutter Ermentrud eine Enkelin Kg. Ludwigs IV. d'Outremer gewesen sei, fehlerhaften Artikel von J. SALVINI, Agnès Sp. 741–744, anschließt. Zugrunde liegt dieser Datumsangabe offenbar der Eintrag im Obituaire de Montierneuf (15. Jh.), auf das A. RICHARD, Histoire de Poitou I S. 306 Anm. 2, hinweist: „*V. idus novembris. Depositio domine Agnetis comitisse Pictavensis. Hec jacet apud Sanctum Nicholaum* (Arch. de la Vienne, reg. n° 205, fol. 186)". Unter dem 9. XI. ist Agnes auch im Nekrolog von S. Bénigne de Dijon verzeichnet: *Agnes comitissa et sanctimonialis (nostra amica)*; vgl. B. SCHAMPER, S. Benigne S. 232.

Letzte Arbeiten zu Agnes: P.D. JOHNSON, Agnes of Burgundy, an Eleventh-Century Woman as Monastic Patron S. 93–104; I. SOULARD-BERGER, Agnès de Bourgogne S. 45–55.

4 : Hzg. Wilhelm IV. (Eisenarm / Fierabras) v. Aquitanien als Vater Hzg. Wilhelms V. (d. Gr.)

Daß Hzg. Wilhelm V. v. Aquitanien (993/95–1030) ein Sohn seines Amtsvorgängers Hzg. Wilhelm IV. Eisenarm (963–993) und seiner Frau Emma war, geht aus einer größeren Zahl von erzählenden Quellen und Urkunden hervor. So berichtet Petrus Malleacensis im lib. I seiner Relatio (ed. Y. CHAUVIN – G. PON S. 94, ältere Ed. M. BOUQUET, Rec. des Historiens X S. 179f.), wie Maillezais beschaffen war in den *Willelmi Aquitanorum fortissimi Ducis et Pictavensium Comitis* (= Wilhelms III.) *tempora, illius Willelmi* (= Wilhelms IV.) *genitoris, cujus ope et auxilio fundata sunt moenia monasterii Malleacensis. ... Qui* (S. 96) *gloriosus Princeps ... obtimatum propriorum consiliis sororis Odonis famosissimi Comitis* (= Odo I. v. Blois), *Hemmae scilicet religionis amicae ... conjugio donatus est ...* (S. 102) *Nec multo post filium concepit, quem paterno nomine* (= Wilhelm V.) *appellavit.* (Petrus nennt diesen in einer Zwischenüberschrift, S. 102, fälschlich *Willelmus cognomento Fera-brachia,* während dieser Beiname sonst für Wilhelm IV. verwendet wird). Auf S. 116 (BOUQUET S. 181) werden dann der Eintritt Wilhelms IV. in das Kloster Saint-Maixent, sein Tod und seine Bestattung *in sinistro S. Maxentii latere* und die Verheiratung seines Sohnes Wilhelm V. mit Adelmod (in 1. Ehe) dargelegt.

Auch Adémar v. Chabannes, Chron. lib. III cap. 30, ed. J. CHAVANON S. 150, bestätigt diese Filiation: *Defuncto Willelmo Capitae stupae* (= Wilhelm III. Wergkopf) *et sepulto apud ecclesiam Sancti Cipriani, ducem pro eo filium eius Willelmum* (= Wilhelm IV.) *habuit Aquitania. Qui filiam Tetbaldi Campanensis, vocabulo Emmam, uxorem accepit, genuitque ex ea filium Willelmum* (= Wilhelm V.); lib. III cap. 34 (S. 156): *Dux vero Willelmus in monastico habitu seculum derelinquens, humatus est apud monasterium Sancti Maxentii, et principatum post eum strenuissime administravit Willelmus filius ejus.* – In der Chronique de Saint-Maixent (= Chron. Malleacense), ed. J. VERDON S. 94, die Adémars Chronik ausschreibt und ergänzt, liest man: *Interea Willelmo duce, cognomento Capud Stupe, effecto monacho apud Sanctum Ciprianum, ducem pro eo filium ejus Willelmum habuit Aquitania; qui filiam Tetbaudi Campanensis, vocabulo Emmam sive Emelinam, accepit uxorem, genuitque ex ea filium iterum nomine Willelmum.*

Für urkundliche Belege ist zu beachten J. BESLEY, Hist. des comtes de Poictou S. 264: *... ego in Dei nomine Vuilielmus Dux Aquitanorum ... pro remedio animae meae ac pro progenitoribus meis Ebulo comite ac Guillelmo patre meo et matre mea Adela et uxore mea Emma et filio meo Guillelmo ac filiis et filiabus ex nobis procreatis ad monasterium S. Iohannis Baptiste Ingeriacensis (= Angeriacense) dare deberem ... S. Willelmi ducis Aquitanorum. S. Emmae comitissae uxoris ipsius. S. Willelmi filii eius* (um 991 ?); ebd. S. 266 und 292: *Ego ... Guillelmus Aquitanorum dux ... S. Guilelmi comitis, qui hanc cartam fecit vel affirmare rogavit, Guilelmi filii eius, Hermina conjuge sua* (um 989); (auch bei L. RÉDET, Documents de Saint-Hilaire II nr. 49); ebd. S. 268: *Ego Guillelmus dux Aquitanorum et uxor mea Emma una cum filio nostro dilectissimo Guillelmo ... S. Guillelmi Aquitanorum ducis. S. Guillelmi filii eius. S. Emmae comitissae* (992? / Sept.). – Diese Belege und eine Reihe weiterer Nachweise für diese Filiation verzeichnet auch W. KIENAST, Herzogstitel S. 193–199.

Die Geburtszeit Wilhelms IV. wird gewöhnlich (vgl. etwa F. CURSCHMANN, Zwei Ahnentafeln S. 19; auch W.K. Prinz v. ISENBURG,

Ahnen Tafel 8) auf „936 oder bald nachher" festgelegt, da seine Eltern Hzg. Wilhelm III. Wergkopf und Adela 935 den Ehebund geschlossen haben und außer ihm nur noch eine Tochter (Adelheid, Gemahlin Kg. Hugo Capets) aus dieser Ehe hervorging. (Zur Bestimmung dieses Ehedatums vgl. bei nr. **8**).

Die Zeit des Eheschlusses Hzg. Wilhelms IV. und Emmas v. Blois wird man daraus erschließen dürfen, daß ihr Sohn Wilhelm V. 969 geboren wurde (vgl. bei nr. **2**): also 968 oder kurz vorher.

Gestorben ist Hzg. Wilhelm Eisenarm im Kloster Saint-Maixent, in das er sich 993 zurückzog (s. oben), nach Mai 995, nachdem er die Regierung Aquitaniens an seinen Sohn Wilhelm V. abgegeben hatte. Im Mai 995 hat er noch einmal geurkundet; L. Rédet, Cartulaire de Saint-Cyprien S. 315 nr. 521 mit Anm. 1; vgl. auch W. Kienast, Herzogstitel S. 199, der darauf hinweist, daß A. Richard die Datierung des Todes Wilhelms IV. auf „nach 995 / Mai oder auf 996" erfolgreich gegen F. Lot verteidigt hat. Y. Chauvin – G. Pon geben in ihrer Edition des Petrus-Malleacensis-Textes S. 185 Anm. 87 an: „Guillaume Fier-à-Bras est decédé après le 5 mai 995, peut-être au début de 996". Für die Angabe bei E. Garnier, Tableaux génélogiques Tafel 39: „† 3 févr. 995" ist mir kein Quellenhinweis bekannt. Unbefriedigend ist die Angabe bei G. Duchet-Suchaux, Guillaume IV d'Aquitaine Sp. 143: „Guillaume se retira ... vers 990 au monastère de S.-Maixent où il mourut vers 993".

Über Hzg. Wilhelm IV. vgl. L. Auzias, L'Aquitaine S. 508–518; A. Richard, Hist. de Poitou I S. 99–138; W. Kienast, Herzogstitel S. 192–199.

5 : Emma (v. Blois) als Mutter Hzg. Wilhelms V. v. Aquitanien

Zu Belegen dafür, daß Emma v. Blois die Mutter Hzg. Wilhelms V. v. Aquitanien war, und zur Zeit ihrer Verehelichung mit Hzg. Wilhelm IV. vgl. bei nr. **4**.

Für Emma erschließt F. Curschmann, Zwei Ahnentafeln S. 19, eine ungefähre Geburtszeit „um 950" daraus, daß sie 969, d.h. mit etwa 19 Jahren, ihren Sohn Wilhelm V. gebar. Sie kann freilich angesichts der seinerzeitigen frühen Verheiratungen der Adelstöchter aber auch jünger gewesen sein.

Zum letzten Mal wird Emma am 27. XII. 1003 urkundlich erwähnt; J. Besly, Hist. de comtes de Poictou S. 353 (*Ego Guillelmus Aquitanorum Dux, Pictavorum vero Comes* [= Hzg. Wilhelm V.] ...

condonare disposui, hortante me ac deprecante venerabili genitrice mea Emma ...); vgl. dazu auch A. RICHARD, Hist. de Poitou I S. 168, der zudem darauf aufmerksam macht, daß Emma noch die Geburt ihres Enkels Wilhelm erlebt hat (L. RÉDET, Cart. de Saint-Cyprien S. 330). Sie verstarb an einem 1. VIII., wie das Nekrolog der Trinitatis-Abtei von Vendôme zeigt; A. MOLINIER, Obituaires de la prov. de Sens 2 S. 207: *Kal. aug. ob. Emma comitissa, Burgulii.* (Die Abtei Bourgueil war von ihr 990 gegründet worden).

Wenn Petrus Malleacensis, Relatio lib. I § 6 (ed. Y. CHAUVIN – G. PON S. 120f.; ed. M. BOUQUET, Rec. des Historiens X S. 182), schreibt, Emma sei 41-jährig gestorben – *Nec multo post venerabilis Hemma, Ducis genetrix, post multiplicia sanctorum actuum exercitia quadragesimo primo etatis suae anno, regni vero filii, ut aiunt, secundo, e carnis progressa est ergastulo* –, so irrt er sicherlich; vgl. die bisher genannten Daten. Auch das 2. Amtsjahr ihres Sohnes kann nicht zutreffen. Liegt hier evtl. ein Schreibfehler – des Petrus selbst oder eines Kopisten – vor, und zwar *quadragesimo primo* statt *quinquagesimo primo*? (Und auch das 2. ist wohl in das 12. Amtsjahr ihres Sohnes zu korrigieren). In einem solchen Falle ließen sich alle Fakten gut vereinen: Geburt ca. 953, Verheiratung (mit 15 Jahren) 968, Geburt ihres Sohnes (als Sechzehnjährige) 969, Tod 1. VIII. 1004 (als Einundfünfzigjährige).

6 : Gf. Otto-Wilhelm v. Burgund als Vater der Agnes (v. Burgund)

Rodulfus Glaber, Hist. lib. III cap. 2, ed. M. PROU S. 56f., gibt folgenden Einblick in die burgundische Führungsschicht um die Jahrtausendwende: *Etiam Willelmus* (= Otto-Wilhelm, Gf. v. Mâcon), *Heinrici ducis* (= Otto-Heinrich v. Bgd., 965–1002) *privignus, Adalberti Longobardorum ducis [recte: regis] filius, eidem regi* (= Kg. Robert v. Frkr., 988/96–1031) *aliquando rebellis extitit, favente ei ... Brunone, Lingonensi episcopo, cujus habebat in matrimonio sororem. Ex qua suscepit filios et filias, de quibus prius natam Landricus* (Gf. v. Nevers), *reliquas uterque Willelmus scilicet Pictavensis et Arelatensis duxere uxores.* Ist hier die Tochter Otto-Wilhelms v. Burgund, die Wilhelm V. von Poitou und Aquitanien heimführte, nicht namentlich genannt, so schafft hierzu eine Urkunde aus Cluny (A. BERNARD – A. BRUEL, Rec. des chartes de Cluny III S. 765f. nr. 2742) völlige Klarheit: *Agnes comitissa, filia Ottonis cognomento Willelmi, comitis Matiscensis, uxor etiam ejusdem nominis Willelmi, ducis Aquitanorum, adiit presentiam domni abbatis Odilonis ...*

Auf die Geburtszeit Otto-Wilhelms läßt sich aus dem Umstand schließen, daß er noch als Kind / Knabe von einem Mönch heimlich vor den heranrückenden und die Könige Berengar II. und Adalbert angreifenden Truppen Ottos d. Gr. aus Italien herausgebracht und seiner schon vorher nach Burgund geflüchteten Mutter übergeben wurde; Rodulfus Glaber (wie oben) berichtet: *puer etiam furtim sublatus a Langobardorum patria matrique non mediocriter astutae per quendam monachum redditus in Burgundia.* Hieraus wird gefolgert: „* ca. 958/59"; so etwa K.F. WERNER, Nachkommen Tafel (Gen. VIII, 49). Otto-Wilhelm könnte aber auch 1–2 Jahre später geboren sein. Chr. SETTIPANI, Origines maternelles S. 21, nimmt sogar erst 962 als Geburtsjahr an.

Zur Zeit seiner Verheiratung vgl. bei nr. **7**.

Nach dem Tod seiner Gemahlin Ermentrud († 1003/04) hat sich Otto-Wilhelm nochmals verheiratet; zu dieser 2. Gemahlin namens Adelheid vgl. R. POUPARDIN, Bourgogne S. 418 Anm. 6.

Das Todesjahr Otto-Wilhelms – 1026 – überliefern die Ann. S. Benigni Divion. ad 1026, MGH SS 5 S. 41: *Hoc anno obiit Otto Burgundiae comes.* Im Chron. S. Benigni Divion., ed. E. BOUGAUD et J. GARNIER S. 181, wird 1027 als das Sterbejahr Gf. Otto-Wilhelms angegeben: *Eo tempore mortuus est Otto, qui et Willelmus dictus est, comes, anno videlicet MXXVII, et in hoc sancti Benigni monasterio sepultus.* Doch heißt es an anderer Stelle – ebd. s. 193 –: *Actum est hoc anno MXXVI ab incarnatione Domini post mortem Willelmi comitis, qui ipso anno obiit.* Damit ist den älteren Annalen von S. Benigne der Vorzug zu geben. – Den Todestag – 21. IX. – überliefern das bei E. BOUGAUD et J. GARNIER, a.a.O. s. 181 Anm. 2, abgedruckte jüngere Epitaph (fälschlich als Begräbnistag, s. unten) und das Totenbuch von S. Benigne (Paris, Bibl. Nat. ms. lat. 4339, fol. 67; so R. POUPARDIN, Bourgogne S. 229 Anm. 5 und S. 222 Anm. 2; bzw. Bibl. mun. de Dijon ms. 634 (379) fol. 151 v, so N. BULST, Untersuchungen S. 43 Anm. 90 und S. 289); jetzt auch B. SCHAMPER, S. Benigne S. 237: zum 21. IX.: *Otto comes cognomento Uuillelmus* (mit Epitaph auf S. 303: *Nobiliter natus Guilelmus et Otho vocatus / pausat in hac fossa, cujus lapis hic tegit ossa, / qui ducis et comitis gemino ditatus honore / artifices scelerum pacis reprimerat amore. / Anno domini 1027, XI kal. oct. sepultus est.* Vgl. auch G. CHEVRIER – M. CHAUME, Chartes et documents 2 S. 73 nr. 285: *XI kal. octobris. Otto comes cognomento Willelmus, qui dedit nobis …* Zum Begräbnisort vgl. auch bei nr. **14 / 15**.

7 : Ermentrud (v. Reims u. Roucy) als Mutter der Agnes (v. Burgund)

Daß die Großmutter (mütterlicherseits) der Ksn. Agnes (v. Poitou) Ermentrud hieß und die Mutter der Agnes v. Burgund (nr. **3**) war, ist schon bei nr. **3** aus einem Brief Abt Siegfrieds v. Gorze, auch aus der genealogischen Tafel im Codex Steinfeldensis und aus der Genealogia ex stirpe S. Arnulfi ersichtlich gewesen. Gleichfalls ist diese Filiation in einer genealogischen Aufzeichnung bezeugt, die im Anhang zu den Annalen Flodoards, ed. Ph. LAUER S. 159, überliefert ist: ... *De Ermentrude Agnes*; vgl. ausführliches Zitat bei nr. **14 / 15**. – Im Chron. S. Benigni Divion., ed. É. BOUGAUD et J. GARNIER S. 163f. (auch G. CHEVRIER – M. CHAUME, Chartes et documents S. 24f. nr. 228), wird Ermentrud als Gemahlin Gf. Otto-Wilhelms erwähnt: *Dedit idem ipse comes Otto sancto Benigno potestatem Vivariensis villae* (= Veuvey-sur-Ouche) *pro anima Heinrici ducis, qui eum loco filii adoptavit* († 12. X. 1002; vgl. Ann. S. Columbae Senon., MGH SS 1 S. 105: *1002. Idus Octobr. Heinricus dux Burgundie obiit*) *et genitricis suae Gerbergae uxoris predicti ducis, ac filii sui Widonis, et Hermintrudis coniugis proque animae suae salute. Dedit predictam potestatem ..., sicut dono predicti ducis Heinrici et uxoris ejus, suae vero genitricis Girbergae, sibi datam, legaliter tenuerat annis XXX ... Facta est hec donatio anno ab incarnatione Domini nostri Jhesu Xristi MIIII, indictione II.* (Ebd. S. 134 wird bereits vom *Otto comes cognomento Willelmus, successor Hinrici ducis et heres* gesprochen). Zum Nachweis, daß Otto-Wilhelms Gemahlin, also Ermentrud, eine Schwester Bisch. Brunos v. Langres war, der dem Grafenhaus von Reims und Roucy entstammte, vgl. bei nr. **6**.

Als Geburtszeit läßt sich für Ermentrud „ca. 955/60", dabei aus dem Gesamtzusammenhang eher ca. 960, vermuten; für „ca. 950" votierten G. CHEVRIER – M. CHAUME, Chartes et documents S. 270; auch K.F. WERNER, Nachkommen Tafel (Gen. VII, 29), und W. GLOCKER, Verwandte der Ottonen S. 297. H. MORANVILLÉ, Origine S. 17, plädierte für 944–947, was indessen wegen der frühestmöglichen Geburtszeit ihrer Mutter Albrada „ca. 934/35" gewiß zu früh angesetzt sein dürfte. Doch hängt die Beantwortung dieser Frage auch stark mit der Bestimmung der Verheiratungszeit zusammen.

Der Zeitpunkt der Verehelichung Ermentruds mit Gf. Otto-Wilhelm ist nur im Zusammenhang mit der Lösung des komplizierten Problemkreises, ob sie vor dieser Ehe bereits einmal mit Gf. Alberich II. v. Mâcon verheiratet war, einigermaßen zu bestimmen. Denn eine

Ermentrud ist uns einerseits als Gemahlin Gf. Alberichs II. namentlich bezeugt (s. unten), und andererseits liefert uns eine im 12. Jh. erstellte Grafenliste von Mâcon (sie ist bis zu Gf. Wilhelm Aleman geführt, der von 1102–1108 Graf v. Mâcon war) folgende Angaben: *Hec sunt nomina comitum Matisconensium. Primus Albericus Narbonensis, qui accipiens filiam Raculfi vicecomitis post mortem domini Bernonis Matiscensis episcopi comitem se fecit; post hunc Leotaldus filius ejus; atque post illum Albericus filius Leotaldi comitis; quo mortuo dominus Guillelmus comes uxorem illius accepit; atque post hunc Otto comes fuit;* ...; M.-C. RAGUT, Cartulaire de Mâcon S. 6 nr. 7 (mit dem Titel *Successio comitum Matiscensium* ...). Identifiziert man den *dominus Guillelmus comes* mit Gf. Otto-Wilhelm und seinen Nachfolger *Otto comes* mit Otto-Wilhelms Enkel Gf. Otto II. v. Mâcon, wie es fast durchweg in den Untersuchungen zur burgundischen Geschichte geschieht, so muß Ermentrud vor ihrer Ehe mit Otto-Wilhelm bereits einmal mit Gf. Alberich II. v. Mâcon verheiratet gewesen sein. Und dessen Grafschaft hat dann Ermentrud dem neuen Gemahl in die Ehe mitgebracht. (Seit 981/82 ist Otto-Wilhelm in der Tat als Inhaber der Grafschaft Mâcon nachzuweisen; vgl. A. BERNARD – A. BRUEL, Chartes de Cluny II S. 624f. nr. 1580, mit *S. Vuilelmi comitis* in einer den *comitatus Matisconensis* betreffenden Urkunde). Es ergibt sich somit folgender genealogischer Zusammenhang:

Alberich ∞ NN, Tochter des Vicegrafen Raculf
|
Leotald I. v. Mâcon
|
Alberich II. ∞ 1) Ermentrud 2) ∞ Otto-Wilhelm († 1026)
|
Wido († um 1005)
|
Otto (II.)

Diese Sicht wird u.a. vertreten von R. POUPARDIN, Bourgogne S. 219; H. BRESSLAU, Jahrb. Konrads II., Bd. 2 S. 38; H. MORANVILLÉ, Origine S. 27; F. CURSCHMANN, Zwei Ahnentafeln S. 21; M. CHAUME, Origines S. 444 u.ö.; K.F. WERNER, Nachkommen S. 468 (zu Gen. VII, 47); G. DUBY, Société S. 91–94, 137; W. GLOCKER, Verwandte der Ottonen S. 297; P. KLÄUI, Hochmittelalterliche Adelsherrschaften S. 9f.;

C.B. BOUCHARD, Sword S. 261ff., 306ff.; Chr. SETTIPANI, Origines maternelles S. 21; usw.

Nun wird indessen Alberich II. v. Mâcon in 3 Urkunden zum 14. I. 971 erwähnt; (a): A. BERNARD – A. BRUEL, Rec. des chartes de Cluny II S. 368 nr. 1291, (b) und (c) : P.Fr. CHIFFLET, Hist. de Tournus, pr. S. 284f.; P. JUENIN, Nouvelle hist. de Tournus II S. 116f. In allen 3 Urkunden wird auch eine Ermentrud als Alberichs II. Gemahlin genannt; zugleich unterschreiben ein Leotald und ein Alberich, die kaum anders denn als Söhne Alberichs II. aufgefaßt werden können. In (a): *S. Alberici comitis, qui elemosina ista fieri et firmare rogavit. S. Ermentrudis conjuge sua. S. Leotaldi …*; (b) *Signum Alberici comitis, qui elemosina ista fieri et firmare rogavit. Signum Leotaldi. Signum Alberici. Signum Ermentrudis conjuge sua*; (c) wie in (b). Vgl. dazu auch (d) M.-C. RAGUT, Cartulaire de Mâcon S. 86 nr. 111: *S. Alberici comitis, qui heleemosinam istam fecit. S. Leotaldi. S. Ermentrudis conjugis sue*, wo eine Datierung 936–941 vorgeschlagen wird, was aber gewiß unzutreffend ist.

Hatte jedoch Gf. Alberich II. 971 bereits zwei unterschriftsberechtigte, d.h. volljährige, über 13–15 Jahre alte Söhne, so müßte Ermentrud – war sie die Mutter dieser Söhne – spätestens 956 in die Ehe mit Alberich II. eingetreten und selbst spätestens 942/3 geboren sein. (Dazu kommen noch zwei Töchter Alberichs II., über deren Geburtszeit indessen nichts Näheres zu ermitteln ist; vgl. M. CHAUME, Origines S. 465 Anm. 2). Ermentrud hätte sich also bereits das erste Mal verheiratet, als Otto-Wilhelm, ihr zweiter Gatte, noch gar nicht geboren war; und ihre erstehelichen Kinder müßten älter gewesen sein als ihr zweiter Ehemann. Nun hatte Ermentrud aber außerdem in ihrer Ehe mit Gf. Otto-Wilhelm noch 5 Kinder – Belege bei W. GLOCKER, Verwandte der Ottonen S. 319f. –, deren Geburtszeit (wie etwa Agnes nr. **3**) bis ca. 995 reicht. Ermentrud müßte also bis über ihr 52. Lebensjahr hinaus Kinder geboren haben! Da dies im höchsten Grade unwahrscheinlich ist, muß in dieser Zusammenfügung eine Fehlerquelle liegen. Darauf hat bereits Sz. de VAJAY, A propos S. 161f., hingewiesen. Mehrere Möglichkeiten für eine solche Fehlerquelle sind da ins Auge zu fassen:

1) Die Grafenliste von Mâcon aus dem 12. Jh. könnte bei der Angabe von der Wiederverheiratung der Witwe Gf. Alberichs II. [= Ermentrud] mit Gf. Otto-Wilhelm eine Fehlüberlieferung enthalten. Der Kompilator der Liste könnte ja doch die Ermentrud genannte Witwe Alberichs II. fälschlich mit der gleichnamigen Gemahlin Gf.

Otto-Wilhelms gleichgesetzt und sich damit den Übergang der Grafenschaft Mâcon von dem einen in das andere Grafenhaus erklärt haben. Wegen des Abstandes von etwa 150 Jahren zwischen der Aufzeichnungszeit und dem berichteten Faktum könnte sich eine derartige Fehlüberlieferung leicht ergeben haben. Ein evidenter Fehler der Liste liegt ja auf alle Fälle in der Angabe vor, daß Gf. Alberich I. erst *post mortem* des Bischofs Berno v. Mâcon Graf wurde, denn als solche ist er schon vor 937, dem Todesjahr Bernos, nachweisbar (vgl. R. POUPARDIN, Bourgogne S. 214 Anm. 1). „Zur Vorsicht" bei der Heranziehung der älteren Teile der Successio comitum Matiscensium „mahnt" auch bereits J. NOSPICKEL, Gf. Leotald S. 160 Anm. 23.

2) H. BRESSLAU, Jahrb. Konrads II., Bd. 2 S. 38 Anm. 5, versucht einen Ausweg, indem er zur Nennung der Söhne Alberichs II. in den 3 Urkunden vom 14. I. 971 meint, „daß auch unmündige Kinder in Veräußerungsurkunden der Eltern genannt werden, kommt oft genug vor". Er möchte also durch Herabstufung des Lebensalters der Kinder Alberichs II. – Leotald (II.) und Alberich (III.) – zu einer späteren Geburtszeit und Ehezeit Ermentruds kommen, um die Identität Ermentruds, der Gemahlin Alberichs II., mit Ermentrud v. Reims u. Roucy aufrechterhalten zu können. Gewiß: es werden unmündige Kinder in Urkunden der Eltern mitgenannt, aber doch kaum als Zeugen! K.F. WERNER, Nachkommen S. 468 (zu Gen. VII, 47), scheint der Sicht Bresslaus zu folgen, wenn er schreibt, daß „die Söhne aus dieser 1. Ehe [Ermentruds], Alberich und Letald, jung starben". Bestehen bleibt aber bei dieser 'Verjüngung' der Alberich-Kinder das Gegenargument, daß unter ihnen kein Namengut der Reims-Roucy-Familie (etwa Rainald, Giselbert, Bruno, Albrada, Gerberga) vorkommt, was gegen die Gleichsetzung der Alberich-Gemahlin mit Ermentrud v. Reims und Roucy sprechen könnte.

3) M. CHAUME, Origines S. 454 Anm. 4, sucht eine Problemlösung, indem er zumindest Leotald (II.) als Sohn einer älteren Ehe Alberichs II. (vor der mit Ermentrud) annimmt. (Das gleiche meint er S. 465 Anm. 2 zu den beiden Töchtern Alberichs II.). Solange jedoch der weitere Sohn Alberich (III.) als Kind dieser Ehe bestehen bleibt, ändert das kaum etwas an der Situation.

4) Angesichts der Tatsache, daß 971 nicht nur ein Sohn, sondern zwei Söhne Alberichs II. (Leotald II. und Alberich III.) bereits als Zeugen fungieren und daß diese Söhne in den oben zitierten Urkunden (b), (c) und (d) v o r der Ehefrau Ermentrud genannt sind, bleibt die Möglichkeit bestehen bzw. drängt sich sogar der Eindruck auf,

daß diese beiden Söhne aus einer älteren Ehe Gf. Alberichs II. stammen dürften, Ermentrud v. Reims u. Roucy also nicht deren Mutter ist. Denn letztere müßte – wie schon weiter oben betont wurde – spätestens 942/3 geboren sein und dann nicht nur über eine Zeugungsfähigkeit bis über ihr 52. Lebensjahr hinaus verfügt haben, sie müßte auch – da ihre Eltern erst 948 heirateten bzw. ihre Mutter Albrada erst 934/35 (oder etwas später) geboren wurde (vgl. bei nr. **14 / 15**) und sie selbst demnach erst um 950, frühestens 948/49, das Licht der Welt erblickte – ihr ältestes Kind mit Alberich II., wenn dieses 971 etwa 15 Jahre alt war, mit 6 oder höchstens 8 Jahren zur Welt gebracht haben! Die Konsequenz dieser Sicht ist, daß Alberichs II. Ehefrau Ermentrud entweder nicht identisch ist mit Ermentrud v. Reims u. Roucy, der Gemahlin Otto-Wilhelms, oder daß letztere nur eine 2. Gemahlin Alberichs II. gewesen sein kann und die Kinder Alberichs II. aus einer früheren Ehe, jedenfalls nicht aus dieser 2. Ehe hervorgingen.

So gibt es also drei Lösungsvorschläge, zu denen eine Präferenz nur schwer zu gewinnen ist. D.h. aber wiederum: Waren Ermentrud v. Reims u. Roucy, Gemahlin Gf. Otto-Wilhelms, und die gleichnamige Gemahlin Gf. Alberichs II. zwei verschiedene Personen und hat man somit die Grafenliste von Mâcon außer acht zu lassen bzw. als Fehlüberlieferung zu werten? Oder haben wir ein und dieselbe Person vor uns, die entweder in erster Ehe mit Gf. Alberich II. v. Mâcon, in zweiter Ehe mit Gf. Otto-Wilhelm verheiratet war und dabei 971 die zwei Söhne ihrer Ehe mit Alberich II. als Kleinkinder in den 3 Urkunden dieses Jahres mitnennen ließ, oder war sie für die beiden mitunterzeichnenden Söhne Alberichs II. nur die Stiefmutter? In den beiden zuletzt erwogenen Möglichkeiten kann ihre Verheiratung mit Gf. Otto-Wilhelm natürlich auch erst nach dem Tode Gf. Alberichs II. erfolgt sein. Dieser ist in einer Urkunde vom 4. XI. 973 noch in aller Deutlichkeit als lebend bezeugt (A. BERNARD – A. BRUEL, Rec. des chartes de Cluny II S. 406f. nr. 1332 mit Anm. 1). R. POUPARDIN, Bourgogne S. 218, gibt sogar – allerdings ohne Beleg hierfür – an, daß Alberich II. „parait come comte de Mâcon jusqu'en 976“, ja „il devait vivre encore en 981–982“, da in der Cluny-Urkunde Bd. II S. 627 nr. 1582, die dieser Zeitspanne (12. November 981 oder 982) zuzuordnen ist, noch eine *terra Alberici comitis* erwähnt wird, ohne daß ein *quondam* oder *bonae memoriae* dazugesetzt ist (*vinea … terminatur de tribus partibus via publica, a sero terra Sancti Romani et Alberici comitis*). Nur wenn man dieses Fehlen des *quondam* als unerheblich ansieht und diese Landbesitzerwähnung somit auf einen schon Verstorbenen bezieht, könnte Ermentrud noch in der 2. Hälfte der 70er Jahre ihre zweite Ehe mit Gf. Otto-Wilhelm eingegangen sein. Oder man müßte annehmen, daß in der Urkunde von 981–982 bereits der 971 nach Alberich II. mitgenannte gleichnamige Sohn – Alberich (III.) – gemeint ist. Doch ist für diesen kein *comes*-Titel bezeugt; und er erscheint auch nicht in der sogn. Grafenliste von Mâcon, so daß man wohl kaum auf eine solche Erklärung ausweichen kann. Zudem erscheint ja 981/82 auch bereits Otto-Wilhelm als Graf im Mâconnais (s. oben)! Ermentrud müßte deshalb sofort nach dem Tod Alberichs II. ihre 2. Ehe mit Otto-Wilhelm eingegangen sein. Ob ein solches Verhalten ohne jede Trauerzeit vorstellbar ist? Und warum ist die Grafschaft Mâcon nicht auf einen der beiden Söhne Alberichs II. übergegangen, sondern über seine Witwe an deren neuen Gemahl? Hier scheinen manche Ungereimtheiten auf!

Etwas anderes ist hier aber wohl noch aussagekräftiger: Ermentruds und Otto-Wilhelms Sohn Wido tritt nämlich schon am 2. IX. 994 neben dem Vater als Zeuge auf (*S. Otto comes, S. Ermentrude comitissa, S. Vuidoni*), und er ist zu 997 als Graf neben dem Vater bezeugt (*S. Wilelmi comitis. S. Widonis comitis*); vgl. A. BERNARD – A. BRUEL, Rec. des chartes de Cluny III S. 397 bzw. 485, nrn. 2265 bzw. 2387. Widos Sohn Otto (II.) kommt zudem 1004 oder 1005 bei den Zeugen einer Urkunde als *adolescens comes* vor (*S. Ottonis adolescentis comitis*); vgl. M.-C. RAGUT, Cartulaire de Mâcon S. 283 nr. 487. In die *adolescentia* trat man im Mittelalter indessen erst mit dem 15. Lebensjahr ein (A. HOFMEISTER, Puer S. 289 ff., mit Belegen aus Isidor v. Sevilla, Honorius Augustodunensis, Bartholomäus Anglicus, Hrabanus Maurus etc.). Daraus dürfte wohl folgern, daß Gf. Otto (II.) spätestens um 992/93, sein Vater Wido indessen spätestens um 975–977, gewiß aber vor 982 geboren wurde und die Ehe Otto-Wilhelms mit Ermentrud also spätestens bereits um 975–977 bestand. (Es läßt sich somit doch wohl nicht mehr sagen, daß – wie dies oft in Beachtung der Erwähnung Gf. Alberichs II. 981/82 als Grenznachbar noch geschieht – Ermentrud um 982 den Grafen Otto-Wilhelm heiratete und diesem dabei die Grafschaft Mâcon einbrachte; so etwa R. POUPARDIN, Bourgogne S. 414–419; G. DUBY, Société S. 137 f.; N. BULST, Untersuchungen S. 75; C.B. BOUCHARD, Laymen S. 2). Gegen den Aussagewert der *adolescens*-Bezeichnung für Otto (II.) läßt sich m.E. auch nicht – mit C.B. BOUCHARD, Swort S. 268 f. Anm. 36, gefolgt von Chr. SETTIPANI, Origines maternelles S. 8 f. – angeben, daß diese

Kennzeichnung wohl nur „the younger or junior“ zur Unterscheidung vom Großvater Otto-Wilhelm meine. Denn wäre er noch minderjährig gewesen, hätte sein rüstiger Großvater Otto-Wilhelm die Funktion des Grafen im Gau von Mâcon wahrzunehmen gehabt. Doch dieser war bei dem beurkundeten Rechtsakt überhaupt nicht zugegen! Ein Kind ohne Anwesenheit und Mitwirkung seines Vormundes konnte aber gar nicht rechtsverbindlich (als Graf) handeln. Schon daraus folgt, daß Gf. Otto (II.) damals kein eigentliches Kind mehr war. Chr. SETTIPANI, a.a.O. S. S. 9, geht dessen ungeachtet davon aus, daß Otto (II.) „étant en 1004 sortit de la prime enfance, âgé, disons, de 4 ou 5 ans“ war! Ein 4–5-Jähriger als handelnder Graf wäre indessen ein Unikum in der Geschichte, das gewiß niemanden überzeugt.

Mit obiger Rückrechnung gelangt man also zu einem Hochzeitsdatum Ermentruds (v. Reims u. Roucy) und Otto-Wilhelms: ‘spätestens 975/76’, wahrscheinlich aber etwas früher. Eine erste Ehe Ermentruds (v. Reims u. Roucy) mit Gf. Alberich II. wäre dann nur noch unter zwei gravierenden Prämissen annehmbar: 1) Die Kinder Gf. Alberichs II. – Leotald (II.) und Alberich (III.) –, die 971 als Zeugen genannt sind, stammen aus einer älteren Ehe Alberichs II. Aber ist dies wahrscheinlich, wenn man sieht, daß Alberich II. in den oben zitierten Urkunden von 971 die Errettung der eigenen Seele und der *anima patris mei et matris meae* erstrebte, einer vorverstorbenen Ehefrau und Mutter der mitunterzeichnenden Söhne aber nicht gedachte? 2) Die Anrainernennung Gf. Alberichs II. von 981/82 betrifft einen längst verstorbenen Mann oder dessen Sohn Alberich (III.), für den indessen sonst kein Grafentitel bezeugt ist, für den auch in der Grafenliste von Mâcon kein Amtieren überliefert ist und der ja eigentlich in der Grafschaft seines Vaters nachgefolgt sein müßte, (welche aber doch auf Otto-Wilhelm überging). Will man alle diese Unterstellungen nicht hinnehmen, wird man die Gleichsetzung Ermentruds, der Gemahlin Gf. Alberichs II., mit Ermentrud v. Reims u. Roucy, der Ehefrau Gf. Otto-Wilhelms, wohl aufgeben müssen und die zugrunde liegende Angabe der Grafenliste von Mâcon als Fehlüberlieferung zu betrachten haben. Für eine solche Trennung bzw. Nichtidentität plädierten bereits B. RAMEAU, Comtes héréditaires S. 140; Sz. de VAJAY, A propos S. 161f.; auch E. BRANDENBURG, Nachkommen S. 91 (zu Gen. VII, 36).

K.F. WERNER, Nachkommen S. 468 (zu Gen. VII, 47), hat zwar die Gleichsetzung und die Meldung der Successio comitum Matiscensium (= Grafenliste) vehement gegen E. Brandenburgs Ablehnung verteidigt, dabei aber mit Hilfe von „Leitnamen" und Nachbenennungen nur die Identität der Gemahlin Otto-Wilhelms, Ermentrud, mit der Tochter Rainalds (v. Reims u. Roucy, nr. **14**) und Albradas (nr. **15**) abgesichert, nicht aber die Identität der Alberich-Gemahlin Ermentrud mit dieser Tochter Gf. Rainalds, deren Gleichsetzung eben nur auf der späten Nachricht der Grafenliste v. Mâcon beruht. Auch Werners Zusatzargument, daß Ermentrud die Grafschaft Mâcon von ihrem verstorbenen Gemahl erhalten und in die Ehe mit Otto-Wilhelm, in dessen Besitz sie seit 981/82 nachweisbar ist (vgl. oben vor der genealog. Skizze), eingebracht hat – was also die Gleichsetzung der beiden Ermentruden erforderlich mache – ist nicht voll stichhaltig. Denn Otto-Wilhelms und Ermentruds (v. Reims u. Roucy) Ehe bestand – wie wir schon sahen – bereits (spätestens) 975/76 (vgl. vorigen Absatz), als Alberich II. noch lebte. Otto-Wilhelm dürfte deshalb auf andere Weise diese Grafschaft erhalten haben, z.B. im Erbgang über seine Mutter Gerberga von deren Eltern, wenn Gerberga aus der Familie der bisherigen Grafen v. Mâcon stammte; vgl. dazu bei nr. **13** und nr. **26**. Die Successio comitum Matiscensium (= Grafenliste) ist folglich – wie auch an einem anderen, bereits oben vermerkten Punkte – hier als fehlerhaft zu betrachten und beiseite zu lassen, wie ja auch schon „zur Vorsicht" bei ihrer Benutzung „gemahnt" worden ist. Die Gemahlin Gf. Alberichs II. v. Mâcon namens Ermentrud und Gf. Otto-Wilhelms Gemahlin Ermentrud sind also zwei verschiedene Personen.

Ermentrud ist noch zum März 1002 mit ihrem Gemahl bezeugt; A. Bernard – A. Bruel, Rec. des chartes de Cluny III S. 617 nr. 2552: ... *ante presentiam Willelmi comitis et uxoris ejus Ermentrudis.* Sie lebte offenbar aber 1004 nicht mehr, da die einleitend zitierte *pro-anima*-Schenkung Gf. Otto-Wilhelms vom Jahre 1004 sie – wie die anderen mit ihr zusammen aufgeführten Familienangehörigen – als verstorben voraussetzen dürfte; so schon G. Chevrier – M. Chaume, Chartes et documents S. 270. – Die Angabe „† 5. III. nach 1005" bei E. Brandenburg, Nachkommen S. 66 (zu Gen. VIII, 82) – während ebd. S. 8 (zu Gen. VIII, 36) richtig „† nach 1002/III, vor 1005" vermerkt ist – scheint aus F. Curschmann, Zwei Ahnentafeln S. 21, entlehnt zu sein, wo es heißt: „Sie lebte noch 1005, ihr Todestag ist der 5. März (nach E. Garnier, [Tableaux généalogiques] Stammtafel XXVIII)". Dies korrigierend K.F. Werner, Nachkommen Tafel (Gen. VIII, 29): „† (1003/04) III 5"; danach wiederum W. Glocker,

Verwandte der Ottonen S. 297. Woher die Angabe bei Garnier stammt, ist unbekannt. Wichtig ist indessen, daß das Nekrolog von S. Bénigne de Dijon von anlegender Hand zum 4. März eine *Ermentrudis (nostra amica)* aufweist, die offenbar die Gemahlin Otto-Wilhelms, des zum 21. IX. eingetragenen Wohltäters dieses Klosters, meint; so auch B. SCHAMPER, S. Benigne S. 121 f. – Jedoch ist auch auf den Eintrag *Ermentrudis comitissa* zum 8. Januar im Reimser Domnekrolog aufmerksam zu machen (P. VARIN, Archives législatives S. 63), in das auch der Todestag von Ermentruds Vater Gf. Ragenold zum 10. V. (ebd. S. 80) eingetragen zu sein scheint (vgl. bei nr. **14 / 15**), ganz sicher aber die Todestage ihrer Brüder Bisch. Bruno v. Langres zum 27. I. (ebd. S. 66: *Bruno Lingonensis episcopus*) und Gf. Giselbert v. Roucy zum 19. IV. (ebd. S. 76 : *Gilbertus / Gislebertus comes*) vermerkt wurden. Indessen vgl. auch bei **XIII : Ksn. Kunigunde** nr. **10 / 11**.

8 : Hzg. Wilhelm III. (Wergkopf / *Caput Stupae*) als Vater Hzg. Wilhelms IV. v. Aquitanien

Zur Filiation vgl. die Belege aus der Relatio des Petrus Malleacensis, aus Adémar de Chabannes und dem Chron. S. Maxentii bei nr. **4**.

Über die Geburtszeit Hzg. Wilhelms III. ist nichts Näheres zu ermitteln. K.F. WERNER, Nachkommen Tafel (Gen. VII, 43), datiert sie – offenbar aus allgemeinen Erwägungen – auf „ca. 900“. Da sein Vater indessen 890 (evtl. 891 oder 892) noch nicht rechtsmündig war (vgl. bei nr. **16**), kommt wohl eher eine Geburtszeit ca. 905 (oder ca. 905/10) in Frage.

Daß Hzg. Wilhelm III. sich im Jahre 935 mit Adela (v. d. Normandie) verheiratete, hat A. RICHARD, Hist. de Poitou I S. 75 ff., ermittelt. Er verweist auf eine aus der Zeit Kg. Rudolfs / Raouls v. Frankreich († 14. I. 936) stammende Urkunde (L. RÉDET, Cartulaire de S. Cyprien S. 28 nr. 23), in der man Wilhelm III. und seine Frau an einer Güterschenkung für das S. Cyprian-Kloster in Poitiers beteiligt sieht. K.F. WERNER, Nachkommen S. 467 (Gen. VII, 43), zitiert dieses Stück nach Bibl. Nat. Paris, Coll. Moreau 6, fol. 27: *regnante Radulfo rege*; bei den Unterschriften: *S. Willelmi comitis, S. Alaine comitisse que fuit monacha.* Andererseits sieht man auch in der bei Dudo v. St. Quentin episch ausgemalten Brautwerbungsgeschichte (vgl. bei nr. **18**) den Bruder der Braut, Hzg. Wilhelm I. (Langschwert) v. d. Normandie, als Ansprechpartner, nicht mehr den Vater der Braut, den Hzg. Rollo, der vor 933 verstorben ist.

Am 14. Oktober 963 ist Wilhelm III. noch in einem Diplom Kg. Lothars v. Frankreich genannt (Rec. des actes de Lothaire et de Louis V, ed. L. HALPHEN – F. LOT, S. 41 ff. nr. 20: *Willelmus comes ... deprecatus est, ut nostro regali praecepto quandam curtem uxoris sue nomine Adelae firmaremus.* Da sein Sohn Wilhelm IV. im Januar 965 als sein Nachfolger fungiert (vgl. A. RICHARD, Hist. de Poitou I S. 103; auch A. RICHARD, Chartes de Saint-Maixent S. 48 f. nr. 33), dürfte Hzg. Wilhelm III. 964 (evtl. auch bereits Ende 963) verstorben sein. G. DUCHET-SUCHAUX, Guillaume III Sp. 142 f., sagt: „Il mourut en 963, l'année même de sa retraite au monastère de S.-Cyprien à Poitiers". K.F. WERNER, Nachkommen Tafel (bei Gen. VII, 43), gibt an: „† 963 / IV / 3 (als Mönch)". Auch J. VERDON, Chronique S. 94 Anm. 3, kommentiert die weiter unten zitierte Chronikangabe zu Tod und Begräbnis Wilhelms III. mit: „Il mourut le 3 avril 963"; ebenso Chr. LAURANSON-ROSAZ, L'Auvergne S. 86 mit Anm. 192. Man wiederholt dabei offenbar lediglich L. AUZIAS, L'Aquitaine S. 508, wo ohne Quellenangabe steht: „Réconcilié en 962 avec le roi, Tête d'Étoupe avait recouvré la tranquille possession du Poitou et de l'Aquitaine lorsqu'il mourut le 3 avril 963 au monastère de Saint-Cyprien de Poitiers où il était tout récemment entré dans la vie monastique". Nach Ch.-A. AUBER, Hist. du Poitou VI S. 309, starb Wilhelm III. ein Jahr später: „il mourut le 3 avril 964, à peine âgé de cinquante-cinq ans". Stand Auzias für die Tagesangabe ein Nekrolog zur Verfügung? Wegen des Diploms Kg. Lothars vom 14. X. 963 ist zumindest das Jahr 963 zurückzuweisen und Aubers Jahresangabe zu bevorzugen. B. CURSENTE, Wilhelm III. Werghaupt Sp. 136, schreibt allerdings weiterhin: „† 963 in der Abtei St.-Cyprien de Poitiers". Dieses Datum setzt er auch (Sp. 136) für den Amtsantritt seines Sohnes Wilhelm IV. (Eisenarm) voraus. Ebenso ist 963 als Todesjahr Wilhelms III. angegeben in der Stammtafel bei E.-R. LABANDE, Hist. du Poitou. – Das Nekrolog vom Mont Saint-Michel (M. BOUQUET, Rec. des Historiens XXIII S. 577) zeigt zum 10. April: *Guillelmus, comes Pictavensis.*

Zu seinem Tod als Mönch von S. Cyprian in Poitiers vgl. Adémar de Chabannes, Chron. lib. III cap. 30, ed. J. CHAVANON S. 150: *Interea defuncto Willelmo Capite stupae et sepulto apud ecclesiam Sancti Cipriani, ducem pro eo filium ejus Willelmum habuit Aquitania.* Zu diesem Begräbnisort vgl. W. KIENAST, Herzogstitel S. 185 Anm. 101. Eine Verwechslung des Begräbnisortes Wilhelms III. (Wergkopf) mit dem seines Sohnes Wilhelm IV. (Eisenarm) liegt im späten Chron. S. Maxentii, ed. J. VERDON S. 94, vor, wenn es dort (zu 961) – Adémar teilweise wiederholend – heißt: *Interea Willelmo duce, cognomento Stupe, effecto monacho apud Sanctum Ciprianum, ducem pro eo filium ejus Willelmum habuit Aquitania … Willelmus comes Caput Stupe reliquit monasterium, et veniens apud Sanctum Maxentium obiit ibi in pace. Willelmus vero filius suus, cognomento Ferabrachia, successit ei. … Anno DCCCCLXIII obiit Willelmus apud Sanctum Maxentium, ubi erat Odo abbas*; vgl. dazu ebd. S. 94 Anm. 3.

9 : Adela (Gerloc) v. d. Normandie als Mutter Hzg. Wilhelms IV. v. Aquitanien

Zum normannischen Geburtsnamen Gerloc vgl. bei nr. **18**.

Als Mutter Hzg. Wilhelms IV. ist Adela (v. d. Normandie) bezeugt im Diplom Kg. Lothars v. Frkr. vom Jahre 982 (Rec. des actes de Lothaire, ed L. HALPHEN – F. LOT, S. 108 ff. nr. 48). Mit diesem bestätigte Kg. Lothar auf Bitten Adelas / Adelheids, der Gemahlin Hzg. Hugos Capet (*consobrini ducisque nostri potentissimi Hugonis conjux illustris, Adela vocabulo*) und Tochter Hzg. Wilhelms III. und Adelas v. Aquitanien, dem *noviter in Pictavia urbe* (= Poitiers) *ab inclita genetrice sua per assensum marchionis Willelmi* (= Wilhelm IV.), *sui videlicet filii,* gegründeten Trinitatis-Kloster eine reiche Kirchenschenkung. Dabei wird zugleich von der *venerabilis matrona et fondatrix Adela* gesprochen. (Zu einem ergänzenden Beweisgang, daß die Gemahlin Hugos Capet, Adela / Adelheid, eine Tochter Hzg. Wilhelms III. v. Aquitanien war, vgl. F. LOT, Derniers Carolingines S. 358 ff.). Eine Fälschung ist hingegen die Autorisierungsurkunde Kg. Lothars, mit der er der *clara Wilelmi commitis … mater Adela, postquam suus [vir] hominem exierat,* gestattete, in Poitiers das Trinitatis-Kloster zu errichten, zumal sie *servituram se Deo obligavit* (Rec. des actes de Lothaire S. 142 ff. nr. 61). – Zu einer weiteren Bezeugung Adelas als Ehefrau Hzg. Wilhelms III. – neben den beiden bei nr. **8** zitierten – vgl. die Privaturkunde vom Februar 942 bei P. de MONSABERT, Chartes de Nouaillé S. 93 ff. nr. 54: *Ego Guillelmus comes et uxor eius Adela tractavimus …* Bei den Unterschriften: *† Guillelmi comiti. Sign. Adelane uxor eius donacionem a nos facta …*; zit. bei W. KIENAST, Herzogstitel S. 189 Anm. 113/11. Vgl. außerdem die folgende undatierte Urkunde (um 991) des Hzgs Wilhelm IV. Eisenarm (nr. **4**) für die Mönche von Saint-Jean-d'Angély bei J. BESLY, Hist. de Poictou, preuves S. 264, bzw. bei G. MUSSET, Cartulaire de Saint-Jean-d'Angély I S. 231 ff. nr. 192: *ego in Dei nomine Vuillelmus gratia Dei dux*

Aquitanorum circa me tractavi, ut ... pro remedio animae meae ac pro progenitoribus meis, Ebulo comite, ac Vuillelmo patre meo ac matre mea Addala, et uxore mea Emma et filio meo Vuillelmo ac filiis et filiabus ex nobis procreatis ... dare deberem (zit. bereits bei nr. **4**).

Über die Geburtszeit Adelas ist nichts Näheres bekannt. Zur Zeit ihrer Verehelichung vgl. bei nr. **8**.

Die letzte bekannte Erwähnung Adelas liegt im oben genannten Diplom Kg. Lothars von 982 vor. Nach J. SALVINI, Adèle Sp. 530f., zog sich Adela gegen Lebensende („avant 990") in das von ihr gegründete Trinitatis-Kloster in Poitiers zurück, wo sie dann auch beerdigt wurde. J. BESLY, Hist. de Poictou S. 45, schreibt: „Elle gist sous vn tombeau de marbre blanc dans vne chappelle pres la porte, où tous les ans on celebre son Obit auec grande ceremonie". – Ch.-A. AUBER, Hist. du Poitou S. 309, vermerkt: „A quelle époque mourut Adèle d'Angleterre? On l'ignore absolument. Le nécrologe de cette maison indiquait le jour de son décès au 5 des calendes de novembre, c'est-à-dire le 28 octobre, sans indiquer l'année".

10 : Gf. Tetbald (d. Betrüger / le Tricheur) v. Chartres als Vater Emmas (v. Blois)

Gf. Tetbald wird in der Chronik Adémars v. Chabannes und in der von ihm abhängigen Chronik v. Saint-Maixent ausdrücklich als Vater Emmas bezeugt; vgl. bei nr. **4**. Zumal Emma auch durch Petrus Malleacensis als Schwester Gf. Odos I. v. Blois u. Champagne bezeichnet ist – vgl. ebenfalls bei nr. **4** –, lassen sich auch die vielen Zeugnisse zur Abstammung Gf. Odos I., also ihres Bruders, für die Abkunft Emmas von Gf. Tetbald absichernd anführen. So berichtet Rodulfus Glaber, Hist., lib. III cap. 2 § 5, ed. M. PROU S. 56, von *Odo rebellionum maximus qui fuit filius Tetbaldi Carnotensis cognomento fallacis*; ebd. lib. III cap. 9 § 39, S. 87f., wo Niederlage und Tod Odos II. v. Blois im Kampf um die burgundische Erbfolge 1037 auf die Schuld *illius Tetbaldi Carnoti comitis, cui cognomen Tricator fuit,* zurückgeführt werden: er habe Hzg. Wilhelm (Langschwert) v. d. Normandie nach einer Unterredung hinterhältig ermordet, (was aber offenbar eine falsche Erklärung seines Beinamens darstellte, denn der Mord wurde Ende 942 von Leuten Gf. Arnulfs I. v. Flandern ausgeführt; vgl. Ph. LAUER, Louis IV d'Outremer S. 279 mit Anm. 1; auch **XVII : Kgn. Gunhild / Kunigunde** nr. **12**). Und weiter heißt es: *Tetbaldus nempe, patrato scelere, concitus perrexit ad Heribertum, Trecorum comitem* (= Gf.

Heribert III. v. Vermandois, Meaux u. Troyes), *petens ab eo sororem ipsius dari sibi in conjugium, uxorem scilicet predicti Willelmi quem interfecerat. At ille statim promisit dari, vocans eam ad colloquium sui, quae nondum genuerat prolem, ... tradidit illam Tetbaldo detestabile satis in conjugium. Ex qua genuit Odonem, patrem videlicet istius, cujus finem deterrimum supradiximus.* – Auch Hugo v. Flavigny, Chron. lib. I ad 955, MGH SS 8 S. 364, kann hier angeführt werden; er nennt Kg. Rudolfs III. v. Bgd. Schwester Berta, *quam accepit Odo Tetbaldi Carnotensis filius, ex qua genuit Odonem* (= Odo II. v. Blois), *qui apud Barrum obiit; Tetbaldus enim Carnotensis, cuius cognomen fuit Tricator, qui Willelmum Normannorum dolo interfecit, ex sorore Heriberti Trecorum comitis genuit hunc Odonem qui Bertam accepit, ex qua natus est Odo qui apud Barrum obiit.* (Dabei ist offenbar Rodulfus Glaber benutzt). – Eine weitere Bestätigung liefert schließlich eine Urkunde vom 12. II. 996, in der Gf. Odo I. auf Bitten seiner Schwester Emma die Gründung eines Klosters in Bourgueil, das beider Vater Gf. Tetbald ihr als *dos* überlassen hatte, billigt; ed. F. LOT, Règne de Hugues Capet S. 423–426 App. XIII: *ego in Dei nomine Odo comes ... percognitum fore cupio ..., quoniam adiit nostram presentiam ... dilectissima soror mea Emma Pictavensis comitissa ... postulantes, quatinus in quadam curti vocabulo Burguliensi, quam olim jam dictae sorori meae genitor utriusque nostrum bone memoriae comes Tethbaldus dotis nomine concesserat, liceret ... construere monasterium*; auch Gallia Christiana XIV Instr. col. 149 (fälschlich zu 991). Bereits zum Oktober 977 war *per largitionem dominae Emmae et fratris ejus Odonis comitis* in Bourgueil verfügt worden; vgl. J.P. BRUNTERC'H, Duché du Maine S. 110.

Zur Geburtszeit Tetbalds ist nichts überliefert; vgl. hierzu aber bei nr. 20.

Seine Ehe mit Liutgard (v. Vermandois), der Witwe des am 17. XII. 942 ermordeten Normannenherzogs Wilhelm (Langschwert), ging Tetbald ca. 943–945 ein; vgl. dazu bei nr. 11 und nr. 20.

Für das Jahr 973 ist Gf. Tetbald noch bezeugt in der Historia S. Florentii Salmurensis, ed. P. MARCHEGAY et E. MABILLE, Chroniques d'Anjou S. 246. Daß Tetbald mit hoher Wahrscheinlichkeit im Mai 974 (Erwähnung Tetbalds in einer Urkunde des Abtes Amalbert v. Saumur bezüglich der Schenkung Tetbalds von 973) noch lebte und im Februar und Oktober 977 (Auftreten Odos als Graf an Stelle Tetbalds) bereits verstorben war, hat L. LEX, Eudes S. 59, gezeigt. Seinen genauen Todestag verzeichnet das Nekrolog der Abtei Saint-Père-en-

Vallée zum 17. Januar: *XVI kal. (febr.) Ob. Teobaldus comes Carnotensium*; vgl. A. LONGNON, Obituaires II S. 181. In diesem Nekrolog finden sich auch die Todestage seiner Frau und anderer Familienangehöriger (vgl. bei nr. **11**), so daß jeder Zweifel entfallen kann. Vgl. in jenem Band auch Préface p. III–IV, wo weitere handschriftliche bzw. nicht edierte Nekrologien mit diesem Todestag Tetbalds verzeichnet sind. Die Angabe von F. LOT, Fidèles S. 141, Tetbald sei am 16. I. 975 verstorben, worauf sich E. BRANDENBURG, Nachkommen S. 90 (zu Gen. VII, 7) und ihm folgend K.F. WERNER, Nachkommen (Tafel Gen. VII, 7), berufen, ist bezüglich der Jahresangabe unbewiesen. In seinem späteren Aufsatz L'origine de Thibaud S. 171, (ND S. 105), schreibt F. LOT hingegen: „Thibaud le Tricheur mort vers 976"; auf S. 169 (ND S. 103) „mort le 16 janvier 975–977"; vgl. dort auch S. 177 Anm. 1 (ND S. 111 Anm. 1) den Hinweis auf die noch 1646 im Kloster Saint-Lomer de Blois abgehaltenen jährlichen Totenfeiern: „Tous les ans, les 17 des calendes de febvrier qui est le 16 janvier, nous faisons son [= Tetbalds] anniversel avec toutes les cérémonies requises". Zuletzt Y. SASSIER, Thibaud S. 145: „on situe sa mort autour de 975".

Zu Tetbald vgl. auch F. LESUEUR, Thibaud S. 5–242. Er plädiert auf S. 215f. – ebenso wie schon J. DEPOIN, Études préparatoires III S. 594ff. – wegen der großen Memorialstiftung Letgards / Liutgards zugunsten Tetbalds vom 5. II. 978 (vgl. bei nr. **11**), die nicht zu lange nach dem Tode Tetbalds erfolgt sein werde, für ein Todesdatum 16. I. 977. Zur politischen Bedeutung Tetbalds vgl. bes. K.F. WERNER, L'aquisition S. 265–272.

11 : Liutgard (v. Vermandois) als Mutter Emmas

Liutgard (v. Vermandois) läßt sich als Gemahlin Gf. Tetbalds (d. Betrügers) – und auf diese Weise als Mutter Emmas – vor allem durch eine Urkunde vom 5. II. 978 nachweisen; vgl. B. GUÉRARD, Cartulaire de Chartres I S. 63ff. cap. VIII; Gallia Christiana II Instr. col. 7f. nr. 11; beide Editionen nach dem Chartular aus dem 11. Jh., in das die Urkunde in einer bearbeiteten Form mit der Interpolation der Worte *Trecassini comitis* nach *Heirberti* einging. Die Fassung nach dem erhaltenen Original ist angedeutet bei K.F. WERNER, Untersuchungen III S. 108f.: *Ego Ledgardis ... proposui ..., quatinus de praediorum meorum possessionibus haereditariam facerem sanctam Dei ecclesiam. Ergo tam pro anima patris mei Heirberti, qui mihi prefatas res in he-*

reditatem dedit atque concessit, quam pro meis criminibus veniam impetrandis quam pro nobilissimi senioris mei atque gloriosi comitis Tetbaldi, ut utrisque Dominus indulgere dignetur omnium remissionem peccatorum, consentientibus omni honore dignissimis archipresule scilicet Hugone et excellentissimo comite Odone filiis meis, cedo ad locum S. Petri Carnotensis … Odo comes, Hugo sanctae Bituricensis ecclesiae archiepiscopus, Odo Carnotensis praesul, Ledgardis comitissa quae haec largita est, Emma comitissa Pictavae urbis …

Liutgard dürfte „ca. 915/20" geboren sein; so K.F. WERNER, Nachkommen (Tafel Gen. VII, 7), und H. SCHWAGER, Gf. Heribert II. S. 402. M. BUR, Formation de Champagne S. 507ff., bes. S. 511f., möchte hingegen für eine erste Verheiratung Liutgards um 936/37 und eine Geburtszeit „vor 925" plädieren; dagegen H. SCHWAGER, a.a.O. S. 403ff.

Liutgard war zunächst mit Gf. / Hzg. Wilhelm I. (Langschwert) v. d. Normandie vermählt worden (vgl. Rodulfus Glaber, Hist., bei nr. **10**). Das Bestehen diese Ehe wurde von H. ARBOIS DE JUBAINVILLE, Hist. de Champagne I S. 130 Anm. 2, bestritten; dagegen indessen mit schlagenden Beweisen A. MOLINIER, Obituaires de la province de Sens II, Préface S. VI, und F. LOT, Règne de Hugues Capet S. 398 Anm. 2. Vgl. auch Gallia Christiana IX Instr. 283 nr. 1 und M. FAUROUX, Rec. des actes des ducs de Normandie S. 92 nr. 14 (bis): *extitit nobilissimus comes Willelmus Rothomagensis civitate, qui uxorem habuit Leyardam.* – Diese 1. Ehe dürfte etwa 939/40, dabei eher 940, geschlossen worden sein; vgl. H. SCHWAGER, Gf. Heribert II. S. 196 Anm. 744 u. S. 353f. mit Anm. 1263 (mit weiteren Zeugnissen für diese Ehe). Gf. / Hzg. Wilhelm wurde am 17. XII. 942 ermordet (vgl. bei **XVII : Kgn. Gunhild / Kunigunde** nr. **12**). – Die 2. Ehe Liutgards mit Gf. Tetbald dürfte 943/45 anzusetzen sein. Gelegentlich wird erst 945 auf der Basis der politischen Konstellationen in Frankreich vermutet; so C. v. KALCKSTEIN, Franz. Königtum S. 249; H. SCHWAGER, a.a.O. S. 196 Anm. 744, S. 396; Y. SASSIER, Thibaud S. 149, setzt diese Ehe „autour de l'année 944" und meint (wegen der politischen Situation in Nordfrankreich): „il est probable, que ce mariage a eu lieu après la mort d'Herbert [II. v. Vermandois] (943)". Vgl. auch bei nr. **20**.

Die oben erwähnte Urkunde vom 5. II. 978 ist das letzte sichere Lebenszeichen Liutgards. Wahrscheinlich lebte sie auch noch um 985; vgl. die Urkunde Gf. Odos II. von „ca. 985" bei B. GUÉRARD, Cartulaire de Chartres I S. 77–80, cap. XVIII: *dominum meum utique Odo-*

nem (comitem) simul cum sua matre Ledgarde pariterque dominam meam Bertam ipsius aeque conjugem … Signum Hugonis ducis. S. Odonis comitis. S. Hugonis sanctae [ecclesiae] Bituricensis archipraesulis. S. Letgardis comitissae. S. Bertae comitissae …

Zu *VI. Kal. iun.*, also zum 27. V., überliefert das Reimser Nekrolog in der Vatican-Hs. Ottobon. lat. 2960, fol. 67 v, das Ableben einer *Legardis comitissa,* die von K.F. WERNER, Nachkommen S. 462 (zu Gen. VII, 7) als Liutgard (v. Vermandois) angesehen wird. Vgl. dagegen A. MOLINIER, Obituaire de la prov. de Sens 2 S. 376 (Nekrolog der Kollegialkirche Notre-Dame de Mantes) zum 12. Nov.: *II idus nov. … Item ipso die obiit comitissa Ligardis, que dedit huic ecclesiae Arnulphamvillam …*, wozu die Herausgeber erklären: „Ligeart de Vermandois, comtesse de Blois et de Chartres, veuve de Thibaut le Tricheur et mère du comte Eudes Ier". Das Nekrolog der Kathedralkirche von Chartres – ebd. S. 23 – zeigt zum 14. Nov.: *XVIII kal. dec. … et Letgardis comitissa*; ebenso zeigt das Nekrolog der Abbaye de Saint-Père-en-Vallée aus der Diözese Chartres zum 14. November – ebd. S. 197 – : *XVIII Kal. decembris. Obiit in Christo domna Legarda, Carnotensium nobilis comitissa bone memorie, que dedit Sancto Petro ultra Sequanam Gisecium et Fontenidum* (womit Orte der Schenkung vom 5. II. 978 – s. oben – angesprochen sind). Da dort außerdem zum 15. November *Odo comes Carnotensium interfectus* [= Odo II., † 1037] und zum 2. Januar *Ob. Hugo, Bituricensis archiepiscopus* [† 987], *filius comitisse Legardis, qui cum ea concessit nobis Gesiacum ceteraque predia* (Orte der Schenkung vom 5. II. 978) verzeichnet sind, besteht kein Zweifel, daß dieses letztgenannte November-Datum als Todeszeit Liutgards zu gelten hat, das Mai-Datum indessen eine andere Dame, nämlich ihre gleichnamige Mutter, meint; vgl. hierzu bei nr. **23**.

Bestattet wurde Liutgard in der Abtei Saint-Pierre de Chartres. Noch bis um 1700 konnte man dort die Inschrift lesen: *Hoc jacet illustris quondam comitissa Legardis, / cui Deus aeternam dat laeta sede coronam.* Vgl. Gallia Christiana II col. 37; F. LESUEUR, Thibaud S. 220.

12 : Kg. Adalbert v. Italien als Vater Gf. Otto-Wilhelms v. Burgund

Die Herkunft Gf. Otto-Wilhelms v. Bgd. aus dem 962 entmachteten italienischen Königshaus vermeldet nicht nur Rodulfus Glaber (vgl. bei nr. **6**), sie ist vor allem auch einem Diplom Ks. Heinrichs II. zu entnehmen; MGH D H II 305 von 1014 für das Kloster Fruttuaria in Piemont. Heinrich II. bestätigte dem Kloster u.a. *omnia praedia illa et cortes, quas dedit Otto qui et Willielmus comes filius Adalberti nepos Berengarii regis.*

Die Geburtszeit Kg. Adalberts erschließt K.F. WERNER, Nachkommen (Tafel Gen. VII, 47) mit „* ca. 936"; G. ARNALDI, Adalbert, in: LexMA I Sp. 95: „* 932/36". – Da Adalbert am 15. XII. 950 zusammen mit seinem Vater Kg. Berengar II. in Pavia zum König (Mitkönig) Italiens erhoben wurde, dürfte er damals bereits volljährig gewesen sein. Andererseits kam die Eheschließung seiner Eltern 931 zustande.

Über die Zeit seiner Verehelichung ist uns nichts überliefert. R. POUPARDIN, Bourgogne S. 220, vermutet sie „aux environs de l'année 960". Da Otto-Wilhelm (nr. **6**) während der Kämpfe Kg. Berengars II. und Adalberts gegen Otto d. Gr. (961–963) als Kind von einem Mönch nach Burgund gebracht wurde, könnte er auch schon ca. 958/59 geboren sein; so K.F. WERNER, Nachkommen (Tafel Gen. VIII, 49); die Ehe seiner Eltern könnte dann „ca. 957/58" geschlossen worden sein.

Nachdem Adalbert von den Truppen Ottos I. aus dem Lande vertrieben worden war und er von 962–965 von außerhalb vergeblich die Wiederaufrichtung seiner Macht versucht und auch 968 nochmals um die Hilfe der Byzantiner geworben hatte, starb er schließlich in Autun, wo er vermutlich im Bereich der Verwandten seiner Frau Zuflucht gefunden hatte. Vgl. Benzo v. Alba, Ad Heinricum IV. lib. III ca. 14 (15), MGH SS rer. Germ. S. 310ff.; auch MGH SS 11 S. 628: *Post hec filius eius* [= Kg. Berengars II.], *rex Albertus, ad varios eventus belli semper inter primos repertus, adversus eundem rebellavit atque bis acro certamine fatigavit. Quem magnus Otto exterminavit ab Italia, sed deficiente terra receperunt eum maria. Ubi per trihennium iactatus fluctibus evasit captivus, veniensque Augustidunum obiit peregrinus.* – Quellenzusammenstellung zu Adalberts vergeblichen Mühen bei R. KÖPKE – E. DÜMMLER, Otto d. Gr. S. 459f. Anm. 4.

Für die Todeszeit – „† 972/75" – so etwa G. ARNALDI und K.F. WERNER (wie oben) – gibt es nur Anhaltspunkte. Setzt man das von Benzo angegebene dreijährige Umherschweifen nach 968 an, ließe sich an ein Todesjahr 971 denken. Wenn sein Sohn Otto-Wilhelm die Domaine Veuvey-sur-Ouche im Jahre 1004 bereits 30 Jahre als Geschenk seines Stiefvaters Hzg. Heinrich v. Bgd. innehatte (vgl. bei nr. **7**), führt das auf eine Todeszeit Adalberts und Wiederverheiratung seiner Witwe Gerberga (nr. **13**) mindestens vor 974. Aber darf man beide Angaben so strikt auslegen? Eine Angabe des Catalogus regum Ambrosianus (MGH SS 3 S. 217: *Berengarius et Adalbertus … regnaverunt in pace annos 12; et viscerunt se postquam coronam acceperant annis 24 et menses 4 et dies 5*) würde – wenn man sie strikt auslegen könnte und den mitgenannten Vater Kg. Berengar II. außer acht ließe – zum 20. IV. 975 als Todestag Adalberts führen; so Chr. FIETZ, Berengar II. S. 40 Anm. 7; vgl. dagegen schon R. KÖPKE – E. DÜMMLER, Otto d. Gr. S. 459f. Anm. 4. – Wenn Sz. de VAJAY, A propos S. 157 Anm. 1, schreibt, Adalbert sei „à Autun le 30 avril 971“ gestorben und hierfür lediglich auf Benzo (s. o.) und J. RICHARD, Ducs de Bourgogne S. 4, verweist (wo allerdings lediglich von Adalbert, „mort à Autun en 971“, apodiktisch und ohne jeden Quellenhinweis gesprochen wird), so hilft das nicht weiter. Sein zweiter Hinweis auf Chr. PFISTER, Règne de Robert le Pieux S. 252f., ist insofern ein Irrweg, als dieser zwar angibt, daß Adalbert in Autun, der Heimat seiner Frau, „mourut le 30 avril, entre les années 971 et 974“, aber dabei nur (mit dem Rückverweis auf H. BRESSLAU, Jahrb. Konrads II., Bd. 2 S. 39 Anm. 4) die Jahresspanne begründet, den speziellen Todestag aber unabgesichert läßt. Hat Pfister irgendein Nekrolog für den 30. IV. zur Verfügung gehabt, oder sitzt er einer Verwechslung bzw. einem Versehen (vgl. oben: 20. IV. nach Königskatalog) auf? Zuletzt gibt Chr. SETTIPANI, Préhistoire des Capétiens S. 412 Anm. 80, an: „meurt à Autun en 971–972“.

13 : Gerberga als Mutter Gf. Otto-Wilhelms v. Burgund

Gf. Otto-Wilhelm v. Bgd. gedachte 1004 seines Stiefvaters, der ihn nach dem Tode seines Vaters und der Wiederverheiratung seiner Mutter mit Hzg. Heinrich v. Bgd. gleichsam an Sohnes Statt adoptiert hatte, und seiner Mutter in einer Schenkung für das Kloster S. Bénigne de Dijon: *pro anima Heinrici ducis, qui eum* [= Otto-Wilhelm] *loco filii adoptavit, et genitricis sue Gerberge, uxoris predicti ducis*; zit. bereits bei nr. **7**.

Über die Geburtszeit Gerbergas ist nichts Näheres bekannt. Hat Gerberga aber ihren Sohn Otto-Wilhelm bereits um 958/59 (spätestens 960/61) zu Welt gebracht, kann sie selbst wohl kaum später als 944 (bzw. 946) geboren sein. Zur wahrscheinlichen Geburtszeit „um 940“ vgl. bei nr. **26**.

Zum ungefähren Zeitpunkt ihrer 1. Vermählung (mit Kg. Adalbert v. Italien) vgl. bei nr. **12**.

Gerberga verstarb an einem 11. Dezember; vgl. das Nekrolog von Saint-Germain d'Auxerre, in: A. VIDIER – L. MIROT, Obituaires de la prov. de Sens III S. 246: *III id. Dec. Ob. Gerberga comitissa, uxor Henrici ducis.* Zum letzten Mal wird Gerberga zum April 986 bezeugt; vgl. Gallia Christiana XII Instr. col. 321 nr. 29: Zeugen: *Roclenus humilis episcopis* (v. Nevers als Aussteller), *Henricus Burgundiae dux, Erbertus Autissiodorensis pontifex, Guillelmus comes, Galterius episcopus, Girberga comitissa, Landricus gloriosus miles ...*; bessere Ed.: R. de LESPINASSE, Cartulaire de Nevers S. 49f. nr. 23. Da Hzg. Heinrich sich nach Gerbergas Tod wiederverheirate und am 10. V. 993 mit seiner 2. Frau Gersind auftritt – vgl. A. DÉLÉAGE, Rec. des actes de S. Symphorien S. 42f. nr. 17: *Ego Henricus, superne disponente nutu ducamine pollens ... cum uxore mea Gersindis*; bei den Unterschriften: *Henricus dux, Gersindis ducatrix* –, läßt sich die Todeszeit bereits eingrenzen. (Die Auffasung von K.F. WERNER, Nachkommen S. 468 (zu Gen. VII, 47), Hzg. (Otto)-Heinrich habe „nur eine Ehe geschlossen, eben mit Gerberga", ist also irrig; vgl. auch bei nr. **26**). Weil nun Abt Rudolf von Saint-Symphorien schon im Juni 992 Ländereien auf Befürwortung Gersinds hin ausgab (vgl. ebd. S. 37ff. nr. 15: *... eum cognovimus erga fidelitatem senioris nostri Henrici ducis et nostra amicitia. Ad contentum et per consensum ipsius et per exhortationem dominae Garsindis comitissae illi talem precariam fieri iussimus, ut ...*), wird Gerberga an einem 11. Dezember zwischen 986 und 991 verstorben sein.

14 / 15 : Ragenold (Rainald, Gf. v. Roucy) und Albrada (v. Lothringen) als Eltern Ermentruds

Daß die Urgroßmutter der Ksn. Agnes (v. Poitou) Albrada hieß und daß die Verbindung zur Kaiserin über Albradas Tochter Ermentrud lief, ist durch den bei nr. **3** ausführlich zitierten Brief des Abtes Siegfried v. Gorze sowie durch die genealogische Tafel aus dem Codex Steinfeldensis und die Genealogia ex stirpe S. Arnulfi descendentium nachgewiesen. Desgleichen wird durch eine im Anhang zu Flodoards Annalen überlieferte genealogische Aufzeichnung diese Filiation bezeugt; Flodoard, Annales, ed. Ph. LAUER S. 158f.: *... de genealogia seu de parentela, qua me praesente narrare volebas, quod inde novi, litteris tibi mea cura mandat: Mathildis et Alberada filiae fuerunt*

Gerbergae; de Mathilde processit Rodulfus rex et Mathildis, soror ejus, de Alberada Ermentrudis; de Mathilde, filia Mathildae, Berta. De Ermentrude Agnes; de Berta Geraldus Genevensis; de Agnete Wido. (Zur näheren Bestimmung der einzelnen Personen vgl. den aufschlüsselnden Stammbaum ebd. Anm.).

Ist damit Albrada als Ermentruds Mutter eindeutig bestimmt, so läßt sich ihr Vater – Gf. Ragenold v. Reims u. Roucy – nur auf Umwegen festlegen. Ein erster Hinweis ist, daß Albrada neben ihrer Mutter, der Kgn. Gerberga v. Frankreich (Gemahlin Kg. Ludwigs IV. d'Outremer), im Chor der Reimser Remigiuskirche bestattet wurde und am gleichen Ort auch Gf. Ragenold seine letzte Ruhe fand; vgl. MGH Poetae lat. 5 S. 287, wo das Epitaph Albradas nach der Überlieferung von A. DUCHESNE, Hist. Franc. script. 2 S. 629, vom Jahre 1636 wiedergegeben wird, und zwar mit Duchesnes Vorbemerkung: *Versus super tumbam Albradae comitissae, quae iacet in Choro S. Remigii iuxta Gerbergam reginam.* Darauf folgen noch die *Versus super tumbam Reginaldi comitis ..., qui iacet in eodem Choro S. Remigii.* So werden Albrada und Ragenold als Eheleute nahegelegt. Die beiden Epitaphe teilte 1666 auch Dom Guilelmus MARLOT, Metropolis Remensis I S. 339f., mit, und zwar mit der Vorbemerkung: *Iuxta Gerbergae tumulum Ragenoldus primus Rociacensis comes quiescit, ut sequentes versus indicant*; (folgt Epitaph, danach) *Tumulo Albradae comitissae Ludovici IV et Gerbergae filiae, Ragenoldi uxoris, hoc pariter in eadem ecclesia scribitur epitaphium* (folgt deren Epitaph). Marlot sah also bereits Ragenold und Albrada als Paar an, wobei er Albrada auch als Tochter Kg. Ludwigs IV. erachtete, was indessen erweislich falsch ist; sie war die Tochter Gerbergas aus ihrer 1. Ehe mit Hzg. Giselbert v. Lothringen (vgl. nr. **30**). M. BOUQUET, Rec. des Historiens IX S. 104 Note a, verwies bei seinem Nachdruck der Reimser Epitaphien auf Marlot, „qui putat Ragenoldum primum fuisse Comitem Rociacensem ejusque uxorem fuisse Albradam, Ludovici Regis et Gerbergae filiam“. Ohne Zweifel und auch ohne weitere Überprüfung ist Ragenold als Ehemann Albradas dann in viele neuere historische Arbeiten eingegangen.

Daß sie tatsächlich Eheleute waren, wird immerhin durch die Wiederkehr des Namens Ragenold / Rainald bei einem Sohn Ermentruds und Otto-Wilhelms und bei dessen Vetter bestätigt (vgl. E. BRANDENBURG, Nachkommen S. 9 (Gen. IX, 48) und S. 67 (Gen. IX, 95); vgl. auch Alberich v. Troisfontaines, Chron. ad 1027, MGH SS 23 S. 783: *In Burgundia moritur vir magnificus comes Otto Guillelmus et in claustro sancti Benigni Divionensis sepelitur. Filius eius comes Rainaldus et filius alterius filii eius Guidonis, alter comes Otto, terram ultra Sagonnam … inter se partiti sunt;* außerdem A. BERNARD – A. BRUEL, Chartes de Cluny III S. 759f. nr. 2736: *ego Otto cognomento Willelmus comes … pro remedio anime … filiorum etiam meorum Widonis atque Rainaldi necnon nepotis mei Ottonis …* – Außerdem weiß man, daß Bisch. Bruno v. Langres Ermentruds Bruder war (vgl. Rodulfus Glaber, Hist. lib. II cap. 6, ed. M. PROU S. 56f.: *Willemus, Heinrici ducis privignus, Adalberti Longobardorum ducis filius* (= Otto-Wilhelm, nr. **6**), *eidem regi aliquando rebellis extitit, favente ei … Brunone, Lingonensi episcopo, cujus habebat in matrimonium sororem*) und daß Bruno v. Langres auch einen Bruder Giselbert und einen Neffen Wido hatte. Vgl. dazu Brunos Äußerung im Prozeß gegen den 991 im Reimser Bischofsstreit abgesetzten Erzbisch. Arnulf, einen illegitimen Sohn des französischen Kgs. Lothar; er nennt dabei *unicum fratrem meum comitem Gislebertum meumque consobrinum comitem Guidonem*; vgl. Gerbert v. Reims, Acta concilii Remensis cap. 5–6, MGH SS 3 S. 660f. Während dieses Prozesses betonte nun Bisch. Bruno, er habe den angeklagten Arnulf zunächst wegen seiner *carnis affinitas* gefördert; er sagte auch, daß Hzg. Karl v. Niederlothringen (der jüngere Sohn Kg. Ludwigs IV. und Gerbergas, d.h. der jüngere Bruder Kg. Lothars) sein *avunculus* sei, ja daß der angeklagte Arnulf ihm *carnis affinitate conjungitur, utpote avunculi mei Lotharii regis filius,* wodurch nun nochmals seine (und damit auch seiner Schwester Ermentrud) Abstammung von Gerberga (v. Lothringen, nr. **31**) nachgewiesen wird. In cap. 30 (S. 678) der Konzilsakten wird zudem Bisch. Bruno als *consobrinus* des angeklagten Erzbisch. Arnulf v. Reims bezeichnet. Da nun auf Bisch. Brunos und Ermentruds Bruder Giselbert des letzteren Sohn als *Ebalus de Rocei* nachfolgte, Roucy als (zeitweiliger) Aufenthaltsort auch Bisch. Brunos v. Langres bezeugt ist (F. WEIGLE, Briefsammlung Gerberts v. Reims, MGH Briefe d. dt. Kaiserzeit 2 S. 198 nr. 171) und Roucy wiederum einst von Gf. Ragenold, einem Anhänger Kg. Ludwigs IV. d'Outremer, erbaut wurde (Flodoard, Annales ad 948, ed. Ph. LAUER S. 117: *… ad quandam munitionem, quam Ragenoldus, comes Ludowici, super Axonam fluvium* (= Aisne), *in loco qui dicitur Rauciacus, aedificabat, devenit ipsamque adhuc inperfectam castris vallavit*; vgl. dort auch ad 954, S. 139), läßt sich nun doch – in Anbetracht des schon erwähnten Nachbenennungsargumentes und der Bestattung des Roucy-Erbauers Gf. Ragenold neben Kgn. Gerberga und Gfn. Albrada im Chor der

Reimser Remigiuskirche – der sichere Schluß ziehen, daß dieser Gf. Ragenold (v. Roucy) Albradas Gemahl und der Vater Ermentruds, Bisch. Brunos v. Langres und Gf. Giselberts (v. Roucy) war. (Zuletzt sieht diese Zusammenhänge ebenso R. KAISER, Bischofsherrschaft S. 549–551).

Hzg. Giselbert v. Lothringen ∞ 1) Gerberga 2) ∞ Kg. Ludwig IV. d'Outremer

Ragenold v. Roucy ∞ Albrada | Kg. Lothar v. Frkr. | Hzg. Karl v. Niederlothr.

Otto-Wilhelm ∞ Ermentrud | Bisch. Bruno v. Langres | Giselbert Gf. v. Roucy | (illeg.) Erzb. Arnulf v. Reims

Bestätigend fügt sich dazu ein, daß Gf. Giselbert, der Bruder Ermentruds und Bisch. Brunos, in einem 1659 verfaßten Manuskript einer Geschichte von St. Remigius zu Reims (Auszug in P. VARIN, Archives administratives I S. 85) als Sohn Ragenolds bezeichnet ist. Es heißt dort, daß „un ancien manuscript nous apprend, qu'un certain comte nommé Gislebert, fils de Renauld, comte de Reims et de Roucy, donna du temps de l'abbé Arbodus [985–1005] la moitié de la vicomté et six étaux à bouchers, avec la justice, à l'abbaye de Saint-Remi, ou il fu inhumé ..."; zit. auch bei H. MORANVILLÉ, Origine de Roucy S. 18 Anm. 2. Der Quellenwert dieses Manuskriptes ist freilich unklar, seine „alte handschriftliche Vorlage" unbekannt.

Wenn trotz dieser Nachweise C.B. BOUCHARD, Sword S. 269, schreibt, „the name of Alberada's husband, her children's father, must remain unknown", und die Rainald-Nachbennung mit der Angabe „even Ermentrude's son Raynald may have been namend for Reginald of Lorraine, Duke Giselbert's father", beiseite zu schieben versucht, so verwechselt bzw. identifiziert sie die unterschiedlichen Namen Reginald und Regin(h)ar – diesen Namen führte Hzg. Giselberts Vater, vgl. nr. 60 – und übergeht grundlos die oben angeführten Argumente. – Bei C. TREFFORT, Le comte de Poitiers S. 443, wird Ermentrud gar als Tochter Kg. Lothars v. Frkr. (954–986) und einer Dame X (d. h. einer Konkubine, nicht seiner Ehefrau Emma) angegeben („ X ∞ Lothair IV, † 954" [!]), womit eine direkte Abkunft Ermentruds aus der Karolingerfamilie konstruiert wird. Damit würde aber Ermentrud (und mit ihr auch ihr Bruder Bisch. Bruno) zu einem direkten Geschwister Erzbisch. Arnulfs v. Reims, den Bisch. Bruno aber als seinen *consobrinus* bezeichnete (s. oben)! Damit ist aber schon der Stab über dieser Hypothese gebrochen.

Zur Geburtszeit Gf. Ragenolds / Rainalds läßt sich nichts ermitteln. In Flodoards Annalen (S. 91–158) ist er von 944–966 häufig bezeugt. H. MORANVILLÉ, Origine de Roucy S. 11 ff., möchte auch noch den dort (S. 15–27) von 923–926 erwähnten *Ragenoldus, princeps Nordmannorum, qui in fluvio Ligeri versabantur* und dabei viele Plündereien vornahmen, mit Gf. Ragenold v. Roucy identifizieren, was für diesen eine Geburtszeit um 900 nahelegen würde. Doch ist diese Hypothese in der Forschung nicht weiter beachtet worden und gewiß abzulehnen.

Die Geburtszeit Albradas fällt offensichtlich in die Zeit nach 933. Da in einem auf die Jahre zwischen 933 und 936 datierbaren Remiremonter Gedenkeintrag (MGH Libri mem. 1: Lib. mem. v. Remiremont S. 9 (fol. 6r/6); zur Datierung vgl. E. HLAWITSCHKA, Hzg. Giselbert S. 426–433, ND in DERS., Stirps regia S. 381–388) Hzg. Giselbert v. Lothringen (nr. **30**), seine Frau und die beiden Kinder Heinrich und Hadwig genannt sind, aber Albrada noch nicht erwähnt wird, dürfte Albrada frühestens 933, wahrscheinlich aber erst um 934/35, geboren sein. Die Angabe bei K.F. WERNER, Nachkommen (Tafel Gen. VII, 18): „* ca. 930, ∞ ca. 945" berücksichtigt den Remiremonter Gedenkeintrag noch nicht; W. GLOCKER, Verwandte der Ottonen S. 282, plädiert in Kenntnis der Remiremonter Quelle für „* ca. 935", eine Eheabsprache (Verlobung) 945 und eine Vermählung ca. 950.

Die Verheiratungszeit dürfte – wenn man eine Geburtszeit um 934 annimmt – (ohne daß sich Schwierigkeiten auftun) in das Jahr 948 fallen; denn in diesem Jahr wird Ragenold von Flodoard (Annales ad 948, S. 117) auffälligerweise als *comes Ludowici* apostrophiert, was erklärbar ist, wenn Ragenold damals von Kg. Ludwig IV. die von seiner Frau Gerberga (v. Lothringen) 939 in die Ehe mitgebrachte Tochter Hzg. Giselberts und Gerbergas als Ehefrau erhielt. Eine gewisse Bestätigung dieses Zeitansatzes erhält man bei Beachtung des Geburtsdatums Bisch. Brunos v. Langres, eines jüngeren Sohnes (bei bekannten 2 Söhnen und 2 Töchtern) Gf. Ragenolds und Albradas. Er wurde 956 geboren; vgl. E. BOUGAUD – J. GARNIER, Chronique de S. Bénigne S. 128 f.: *Anno ab Incarnatione Domini DCCCCLXXX … dedit idem rex [Lotharius] Brunoni Remensis ecclesie clerico, suo vero parenti propinquitate consanguinitatis existenti, episcopatum Lingonice civitatis. Ordinatus est ... viginti quatuor gerens annos.* In seinem Epitaph (Bisch. Bruno † 31. I. 1016) heißt es: *decessit e mundo 60. etatis sue anno, episcopatus autem 36.*

Verstorben ist Ragenold nach der communis opinio am „10. V. 967"; so H. MORANVILLÉ, Origine de Roucy S. 25f., 29; E. BRANDENBURG, Nachkommen S. 66 (Gen. VII, 63) mit Verweis (S. 110) auf C. KNETSCH, Haus Brabant I S. 14, wo allerdings angegeben ist, daß „Albrada wohl seit 944 Gemahlin des Renaud (oder Reginold) von Rheims" war, „der im Juni 968 gestorben ist"; nach Brandenburg dann K.F. WERNER, Nachkommen (Tafel Gen. VII, 18); W. GLOCKER, Verwandte der Ottonen S. 282; R.-H. BAUTIER et M. GILLES, Chronique de Saint-Pierre-le-Vif S. 85 Anm. 4; usw. – H. Moranvillé stützt sich dabei auf die Nekrologien der Kirche von Reims, die zu den VI. Iden des Mai (= 10. Mai) den Eintrag *Raginoldus comes* aufweisen (P. VARIN, Archives législatives 2e partie, Statuts 1 S. 80). Das Todesjahr wird aus (Clarius), Chron. S. Petri vivi Senon., in: M. BOUQUET, Rec. des Historiens IX S. 35 (ed. R. BAUTIER et M. GILLES S. 84), entnommen: *anno nono ordinationis suae* (= Erzbisch. Archenbalds v. Sens = 967) *mense Junio defunctus est Rainaldus consiliarius regis Hlotharii, cujus consilio et actu gestum est, ut ipse esset archiepiscopus.* Etwas vorher ist von *Rainaldus comes Remensis* die Rede. Die Abweichung um ca. einen Monat wird bei Moranvillé (S. 26) lediglich als „inexacte" betrachtet. Der Schluß daraus: „Il faudrait donc dire que Ragenold est mort le 10 mai 967 vers sept heures du soir". (Zur Stundenangabe wird hierbei in einer Fußnote vermerkt: „Son épitaphe porte: *Sol quinto decimo radiabat velleris auro*". Das Epitaph druckt er auf S. 26f.; auch bei M. BOUQUET, Rec. des Historiens IX S. 104. Moranvillé verstand diese Angabe also als 15. Stunde seit Anbruch des Sonnenlichtes). – Eine andere Angabe lieferte schon 1679 Dom Guilelmus MARLOT, Metropolis Remensis II S. 196: *Ragenoldus Comitum Roceiensium caput obijt 15. Martij 963. apud sanctum Remigium sepultus.* Ob er vielleicht *velleris* als „des Monats März" deutete, (weil am 18. März das Tierkreiszeichen des Widders, s. unten, beginnt), und das *quinto decimo* dann auf diesen Monat bezog? Das Jahr ist jedenfalls irrig, da Gf. Ragenold noch zu 966 in Flodoards Annalen (ed. Ph. LAUER S. 158) genannt wird. – Ph. LAUER wiederum meint in der Einleitung seiner Flodoard-Ausgabe (S. LIV) – allerdings ohne Begründung – : „Renaud de Roucy mourut le 15 mars 973". (Nach H. MORANVILLÉ, a.a.O. S. 25 mit Anm. 6, geht diese Angabe Lauers zurück auf das bei älteren französischen Genealogen viel benutzte Werk von Père Pierre ANSELME, [Histoire généalogique de la Maison royale de France, de pairs et grands officiers de la couronne ... 9 Bde., Paris 1674, 3. Aufl. Paris 1726–1733] Bd. VIII S. 821 B. Jener fußte dabei offensichtlich auf einer Falschidentifizierung Ragenolds / Rainalds v. Roucy mit jenem bei Sigebert v. Gembloux, Chron. ad 973, MGH SS 6 S. 351, genannten Gf. Rainald, Bruder eines Gf. Werner, der 973 im Kampf gegen die damals in Niederlothringen aufständischen Reginarsöhne fiel: *Raginarius et Lantbertus paulatim resumptis viribus a Francia redeunt et cum Guarnero et Rainaldo, qui comitatum patris eorum occupaverant, bello apud Perronam confligunt eosque cum multis perimunt*; und der „15. März" könnte evtl. aus dem Werk Marlots stammen. Zu diesen Grafen vgl. bei E. HLAWITSCHKA, Habsburg-Lothringen S. 97f. Wenn M.-L. BULST-THIELE, Ksn. Agnes S. 117, in ihrer Tafel der Ahnen der Ksn. Agnes für Rainald v. Roucy angibt: „† 973", so scheint sie in dieser Tradition zu stehen). – Liegt indessen in der *velleris*-Angabe des Ragenold-Epitaphs – wie auch beim Epitaph Albradas (s. unten) – die Nennung eines Tierkreiszeichens vor – *vellus, velleris* = Wolle, Schafwolle, Schaffell, Vlies; männl. Schaf = Widder –, so bedeutet die ganze Reimser Epitaphinschrift *Hic, Ragenolde, solveris in cinerem. / ... / Sol quinto decimo radiabat velleris auro / cum suprema tibi clauserat hora diem* folgendes: 'Hier, Ragenold, wirst du zu Staub. ... Die Sonne erstrahlte im 15. Goldesglanz / Tageslicht des Vlieses / Widders (= 1. April), als dir die letzte Stunde schlug'. Ob sich mit dem 1. April die Nachricht im Chron. S. Petri vivi vom Tode Rainalds 'im Juni 967' noch koordinieren läßt? Wollte Clarius (?) evtl. mit der Betonung des Monats Juni lediglich die Vollendung des 9. Amtsjahres Archembalds (er war am 27. Juni 958 in Sens nachgefolgt) unterstreichen und diese mit dem Tod desjenigen in Verbindung bringen, dem Sens das Verderben des Petersklosters zuschrieb, so wie zum August des gleichen Jahres der Tod des Vaters des Erzbischofs und der des Erzbischofs selbst († 29. VIII. 967, *expletis in episcopatu annis IX et duobus mensibus et die uno*) gemeldet wird, der als *solo nomine archiepiscopus, malis suis pejora addens,* charakterisiert ist? Oder hat man vielleicht doch den im Reimser Nekrolog zum 10. Mai eingeschriebenen *Raginoldus comes* auf eine andere Persönlichkeit zu beziehen? Letztmals ist Gf. Rainald jedenfalls zum Jahre 966 bei Flodoard (im letzten Berichtsjahr seiner Annalen) bezeugt; s. oben.

Albrada verstarb an einem 22. Januar. Wenn H. MORANVILLÉ, Origine de Roucy S. 27, schreibt „J'ignore la date de la mort d'Albrade“ und danach Albradas Reimser Epitaph abdruckt, so ist ersichtlich, daß er dieses ebenso wenig wie das Ragenolds zu verstehen vermochte; und das gilt auch für die anderen oben zitierten Autoren. Im Epitaph für Albrada heißt es ja: *Particulas sol quinque means lustrarat Aquari / Haec me cum tenebris obruit urna suis;* vgl. M. BOUQUET, Rec. des Historiens IX S. 104; jetzt auch MGH Poetae Lat. 5 S. 287 nr. 7 (mit der Auflösung „22. Jan.“ in der Fußnote). Das heißt: ‘Fünf Abschnitte (Tage) schien die Sonne während ihres Laufs im Wassermann, als dieser Sarg mich in seiner Finsternis begrub’. (Zur Berechnung nach den Tierkreiszeichen, dem Zodiakus, vgl. bei H. GROTEFEND, Taschenbuch d. Zeitrechnung S. 15). – Das Todesjahr Albradas bleibt freilich unbekannt.

16 : Gf. Ebolus (Manzer) als Vater Hzg. Wilhelms III. (Wergkopf) v. Aquitanien

Zum Beinamen Manzer, „d. h. Bänkling, da eheliche Nachkommen fehlten“, und zu seiner Tätigkeit in Aquitanien vgl. W. KIENAST, Herzogstitel S. 180–183; auch unten nr. **33**.

Adémar v. Chabannes († 1034) berichtet in seiner Chronik zum Übergang der Herzogsgewalt nach dem Aussterben des Hauses Auvergne auf das mit ihm verwandte Haus Poitou – wenn auch etwas vergröbernd – folgendes: *Willelmus quoque, dux Arvernis* (= Hzg. Wilhelm d. J. aus dem Haus Auvergne, † 926), *mortuus est, et filius Ranulfi* (= Gf. Ramnulfs II. v. Poitiers), *Eblus, Arvernis et Pictavis simul comes promotus est.* (Die kurze Zwischenregierung Hzg. Acfreds, † 927, des Bruders Hzg. Wilhelms d. J., ist von Adémar – wohl aus Unkenntnis – übergangen); Adémar, Chron. lib. III cap. 23, ed. J. CHAVANON S. 143. Und in lib. III cap. 25, S. 146, heißt es dann weiter: *Interea defuncto Eblo duce, filiorum eius alter comes, alter episcopus factus est. ... Willelmus vero cognomento Caput stupe Arvernis, Vallatis, Lemovice et Pictavis comes provectus, dux Aquitaniae extitit.* – Danach (fast wörtlich Adémar ausschreibend) die Chronique de Saint-Maixent, ed. J. VERDON S. 84: *Interea Willelmo duce mortuo, Eblus filius Ramnulfi Arvernis et Pictavis simul comes commotus est, acceptamque in conjugio Adelam, filiam Rosi Rotomagensis* (bei dieser Eheangabe verwechselt bereits Adémar den Partner Adelas: nicht Ebolus, sondern dessen Sohn Wilhelm III. Wergkopf heiratete Adela, Tochter Rollos; vgl. schon bei nr. **8**), *genuit ex ea Willelmum Capud Stupe et episcopum Ebulum. Eblo duce defuncto, filiorum eius alter* *comes, alter episcopus factus est; Willelmus vero Capud Stupe Arvernis … dux Aquitanorum et consul extitit.*

Über die Geburtszeit des Ebolus ist nichts Sicheres bekannt. Beim plötzlichen Tode des Vaters (bei einem Besuch am Hof Kg. Odos 890 oder 892; vgl. bei nr. **32**) war Ebolus noch minderjährig und wurde zur Erziehung an den Hof seines Verwandten Hzg. Wilhelm I. (d. Fr.) v. Aquitanien / Haus Auvergne gebracht. Vgl. Adémar, Chron. lib. III cap. 21, ed. J. CHAVANON S. 140: *Rannulfus quoque, comes Pictavensis, habuit filium, Eblum nomine. Qui Ranulfus consanguineus erat Willelmi nobilissimi comitis Arvernis … Et dum regalem aulam assiduaretur, veneno necatus* (dies ist nach K.F. WERNER, Ademar S. 312ff., eine Erfindung Adémars), *in extremis sancto Geraldo … parvulum filium suum Eblum commisit tutandum. … Regressusque a palatio, sanctus Geraldus clam subductus filium Ranulfi a Pictavis Willelmo, duci Aquitanie, comiti Arvernis, credidit nutriendum, cui propinquus erat.* Danach fast wörtlich die Chron. de Saint-Maixant, ed. J. VERDON S. 76. Zu einer anderen Fassung dieser Stelle Adémars vgl. bei nr. **33**. – Eine auf den 10. X. 890/892 (?) datierte Urkunde für S. Martin in Tours (J. BESLY, Hist. de Poictou S. 209) zeigt: *Ego Ebolus iuvenili adhuc aetate florens.* Die Datierung dieses Stückes ist freilich nicht völlig sicher; vgl. W. KIENAST, Herzogstitel S. 182 Anm. 85, mit Verweis auf É. MABILLE, Pancart noire S. 386 nr. XVII, der mit „892" datiere, während andere Kopien „891, ind. 9, 3. Amtsjahr Odos," angäben und L. AUZIAS, Aquitaine S. 552ff., sich für 892 entscheide, er selbst aber „890 für wahrscheinlicher" halte. – War nun Ebolus beim Tode seines Vaters (890 oder 892) noch nicht großjährig, d.h. 13 (oder 15) Jahre alt, so ist er frühestens 875–877 geboren. Das *iuvenili adhuc aetate florens* der erwähnten Urkunde von 890/892 (?) ist hier offensichtlich in einem unpräzisen Sinne verwendet worden.

Ebolus war zunächst mit einer Dame namens Aremburgis / Aremberga verlobt worden – so bereits am 10. X. 891 (Bibl. Nat. Paris, Coll. Baluze 76, fol. 158 und 161): *sponsa eius [sc. Ebali] nomine Aremburgis, quam per sponsalia iura in futuris nuptiis obarratum habet*; zit. nach K.F. WERNER, Nachkommen S. 459 (Gen. VI, 21); es handelt sich freilich um das oben nach Besly zitierte und eher zu 892 gesetzte Stück –; vor 911 hatte er dann aber eine gewisse Emillana geheiratet; vgl. K.F. WERNER, a.a.O., mit Zitat aus Bibl. Nat. Paris, Coll. Moreau 4, fol. 3–3', vom Februar 911: *tradidi ad quendam virum illustrem domnum Ebolum comitem et ad uxorem eius nomine Emillane.* Vgl. auch A. RICHARD, Hist. de Poitou I S. 73, mit Verweis auf A. RI-

CHARD, Chartes de Saint-Maixent S. 19 nr. 8, wo dieses Stück vom Februar 911 gedruckt vorliegt. Seine Ehe ist wohl um 905/10 anzusetzen.

Ebolus ist 934 oder 935 gestorben. Im Januar 934 ist er noch urkundlich bezeugt; L. RÉDET, Cartulaire de S.-Cyprien de Poitiers S. 318f. nr. 528 mit Anm. 1: *Ebolus … Pictavorum umilis comes.* Sein Sohn und Nachfolger Hzg. Wilhelm III. wird zum Dezember 935 erstmals in einer Urkunde genannt. Nach diesem Tatbestand entscheidet sich L. AUZIAS, Aquitaine S. 476 Anm. 4, für 934 als Todesjahr des Ebolus (Manzer); A. RICHARD, Hist. de Poitou I S. 72, plädiert für 935. Vgl. auch L. RÉDET, Cartulaire de S.-Cyprien S. 90 nr. 126, mit der lediglich chartularen Überlieferung: *Ipso die acta sunt hec quo reddidit Guillelmus comes potestatem S. Petri Frotherio episcopo post mortem Eboli patris sui, anno Domni DCCCCXXXII, regnante Radulfo rege.* Angesichts der noch originalen Überlieferung der zitierten Urkunde vom Januar 934 muß hier in *DCCCCXXXV* verbessert werden.

17: Emillana als Mutter Hzg. Wilhelms III. (Wergkopf) v. Aquitanien.

Vgl. zu ihr bereits bei nr. **16**. Näheres über Emillana und ihre Herkunft ist nicht bekannt.

Die Angabe bei W.K. Prinz v. ISENBURG, Ahnen S. 8: „Emilliane, † vor 929“ – mit Verweis (S. 142) auf M. v. SALIS-MARSCHLINS, Agnes v. Poitou – ist unergiebig. Dort findet man auf S. 4 und 6 als Gemahlin Ebalus’ II: „Edgiva (Adela) v. England“. Auch bei M.L. BULST-THIELE, Ksn. Agnes S. 117, wird als Gemahlin des Ebolus und Mutter Hzg. Wilhelms III. „Elgiva (Adela) v. England, Enkelin Alfreds“ dargeboten. Dies scheint letztlich zurückzugehen auf J. BESLY, Hist. de Poictou S. 39ff., und auf Versuche, die bei Wilhelm v. Malmesbury erwähnte Tochter des englischen Königs Edward d. Ä. bzw. Enkelin Kg. Alfreds, namens Edgiva, die einem *Lodovico Aquitanorum principi* zur Frau gegeben worden sei, hier anzugliedern. Daß hier nicht der *Lodovicus Aquitanorum princeps* zu *Ebolus Aquitanorum princeps* umzudeuten ist, sondern daß Gf. Ludwig, der jüngere Bruder Kg. Rudolfs II. v. Hochburgund, ein *Alamannorum princeps,* die englische Prinzessin heiratete, wird nachgewiesen bei E. HLAWITSCHKA, Verwandtschaftliche Verbindungen S. 52–55, ND in: DERS., Stirps regia S. 293–296.

18 : Rollo, Hzg. der Normandie, als Vater von Adela (Gerloc)

Dudo v. St. Quentin erzählt in seinem zwischen 1000 und 1017 verfaßten Werk De moribus (lib. III cap. 47, ed. J. LAIR S. 192, ältere Ed. J.P. MIGNE, PL 141 Sp. 668), dessen Anfangsteile lediglich auf langer mündlicher, verklärender Tradition beruhen und nur mit vielen Vorbehalten zu benutzen sind, in lyrischer Breite die Brautwerbung Hzg. Wilhelms III. v. Aquitanien u. Poitou beim Normannenfürsten Wilhelm I. (Langschwert). Dabei heißt es u. a.: *Willelmus, Pictavensis comes … dixit Guillelmo Rothomagensi* (= Wilhelm Langschwert v. Rouen), … *ut des sororem tuam uxorem mihi … Tunc Rothomagensis Guillelmus … dedit sororem suam Willelmo duci Pictavensi.* Der Name der Braut, d.h. der Schwester des Wilhelm (Langschwert), der seinerseits bekanntlich ein Sohn des Wikingerführers Rollo war (vgl. Belege bei **XVII : Kgn. Gunhild / Kunigunde** nr. **12** u. **24**), wird hier nicht genannt. Wilhelm v. Jumièges, Gesta Normannorum lib. III cap. 3, ed. E. VAN HOUTS S. 80, auch J. MARX S. 35, führt dies weiter aus und sagt dabei, daß *Guillelmus Pictavensis comes* (= Hzg. Wilhelm III. v. Aquitanien) *sororem eius* (d.h. Wilhelms I. Langschwert) *nomine Gerloc petiit, quatinus lege maritali illius connubio iungeretur.* Im Roman de Rou des Wace, Vers 1584, ed. H. ANDRESEN S. 96, heißt die Verheiratete *Elborc,* was Andresen als Fehlüberlieferung von Gerloc betrachtet. Nun trägt indessen Hzg. Wilhelms III. Gemahlin in den Diplomen Kg. Lothars (vgl. bei nr. **8** u. nr. **9**) den Namen Adela; und Adémar v. Chabannes, Chron. lib. III cap. 23, ed. J. CHAVANON S. 143 f., bezeichnete die Gemahlin Gf. Ebols v. Poitou (statt richtigerweise die seines Sohnes Wilhelm III.) als *Adelam, filiam Rosi Rotomagensis* (also Rollos v. Rouen). Deshalb scheint es nahezuliegen – wenn man Dudo und den seine Erzählungen weiter ausgestaltenden Geschichtsüberlieferern nicht alle Glaubwürdigkeit absprechen will –, daß im Namen Gerloc die ursprüngliche wikingisch-normannische Namensform, im Namen Adela hingegen der christliche Taufname dieser Dame vorliegt; so etwa H. PRENTOUT, Étude critique sur Dudon S. 302; J. ADIGARD DES GAUTRIES, Les noms S. 98, 305. Den neuen Namen dürfte sie schon vor ihrer Verheiratung geführt haben; sie hatte ja doch offensichtlich auch bereits ein Kloster- bzw. ein Nonnenleben begonnen; vgl. bei nr. **8**: *S. Alaine comitisse que fuit monacha*!

Eine weitere in diesen Zusammenhang gehörende Angabe macht Wilhelm v. Jumièges, a.a.O., in lib. II cap. 6 (12), ed. E. VAN HOUTS S. 58, ed. J. MARX S. 24: Rollo, der Normannenführer, habe sich von einer Belagerung von Paris aus nach Bayeux begeben und diese Stadt eingenommen und in ihr viele Einwohner getötet; dann: *In qua quamdam nobilissimam puellam nomine Popam, filiam scilicet Berengerii illustris uiri, capiens non multo post more Danico sibi copulauit. Ex qua Guillelmum* (= Hzg. Wilhelm I. Langschwert) *genuit filiamque nomine Gerloc ualde decoram.* (Vgl. dort auch bereits die Kapitelübersicht zu lib. II (cap. 12) S. 28ff.). Auch diese Angabe ist auf Dudo (lib. II cap. 16, ed. J. LAIR S. 157, ed. J.P. MIGNE, PL 141 S. 641) gestützt, aber wiederum ohne daß dort eine Tochter und ihr Name genannt werden: *Quin etiam quamdam Popam virginem, specie decoram, superbo sanguine concretam, praevalentis principis Berengarii filiam, secum laetus adduxit eamque sibi connubio ascivit, et ex ea filium nomine Willelmum genuit.*

Über Rollos Geburtszeit ist nichts überliefert. Die Angabe „* 846, † 931" bei W.K. Prinz v. ISENBURG, Ahnen S. 8 (nr. 18), die aus F. BRÖMMEL, Genealogische Tabellen S. 35, bzw. C. v. KALCKSTEIN, Gesch. d. franz. Königtums S. 188, stammt, ist – was die Geburtszeit betrifft – völlig ungesichert.

Gleiches gilt für die ebd. gebotene Angabe „⚭ 886" zur Eheverbindung Rollos mit Popa (v. Bayeux). Während noch A. ECKEL, Charles le Simple S. 79f., gemeint hatte, daß man diese Verbindung, die man ansonsten nach Dudos Erzählung an den großen Normannensturm auf Paris (885/86) anschließen müßte, „peut approximativement fixer à 890 ou 891", ist hingegen die jüngere Forschung der Auffassung, daß Rollo überhaupt erst um 896/97 mit Dänen aus England (so zuletzt H. ZETTEL, Bild der Normanneneinfälle S. 279 u. 286f.) bzw. gar erst im Sommer des Jahres 903, wohl aus Irland kommend, mit einer norwegischen Wikingerschar aufs Festland kam; vgl. zusammenfassend H. SCHWAGER, Gf. Heribert II. S. 336f. mit Anm. 1219. Das schließt so frühe Ansätze der Eheverbindung Rollos aus.

Auch anderes spricht gegen eine so frühe Ehezeit Rollos. Da Rollos Tochter Adela (Gerloc) um 935 verheiratet wurde (vgl. bei nr. **8**), müßte sie – wenn sie aus einer 886 geschlossenen „Ehe" stammen soll und also wohl nur wenige Jahre nach 886 geboren wurde – bei ihrer Verehelichung mindestens schon über 45 Jahre alt gewesen sein und dann auch noch zwei Kinder (außer Hzg. Wilhelm IV. noch Adela / Adelheid, Gemahlin Hugo Capets, vgl. bei nr. **9**) geboren haben, was recht unwahrscheinlich ist. Bemerkt man zudem, daß es einen fränkischen Grafen Berengar im normannisch-bretonischen Grenzgebiet von 889 an und evtl. bis vor 931 gab (vgl. A. DE LA BORDERIE, Chronologie S. 41–45; DERS., Hist. de Bretagne II S. 334, 546, 377; Stammtafel bei W. KIENAST, Herzogstitel S. 141) und daß Adelas (Gerlocs) Bruder, der Normannenfürst Wilhelm I. (Langschwert), 927 als Erwachsener handlungsfähig ist (s. unten), so wird man eher an eine „Verheiratung" Rollos mit Popa um 910 denken dürfen.

Nachzutragen ist, daß D. DOUGLAS, Rollo S. 435, an der „Ehe" Rollos mit Popa überhaupt zweifelt: „In the course of these wanderings he took to wife a Christian woman, by whom he had a daughter namend Kathleen, and his son, William Longsword, was likewise born outside Gaul. It is most improbable that later he married either 'Popa' or Gisela". Diese Zweifel sind zuletzt wieder spürbar bei F. NEVEUX, Normandie S. 38, wo auf einer kleinen Tafel der frühen Normannenherzöge als Rollos Gemahlinnen vermerkt sind: „1. Gisèle, fille de Charles le Simple (?), 2. Popa, fille de Bérenger comte de Bayeux, ou concubine irlandaise chrétienne".

Rollo hat 928 noch in der westfränkisch-französischen Innenpolitik kräftig mitgewirkt (Flodoard, Annales ad 928, ed. Ph. LAUER S. 41), nachdem er 927 seinen Sohn Wilhelm I. Langschwert bereits für seine Politik mit herangezogen hatte (ebd. ad 927, S. 39). 933 erscheint dann Wilhelm als (alleiniger) *princeps Nordmannorum* (ebd. ad 933, S. 55), was den Tod Rollos zur Voraussetzung haben dürfte. Nun habe – nach Dudo, De moribus lib. III cap. 34, 37–38, ed. J. LAIR S. 173 f., 181 ff; ed. J.P. MIGNE, PL 141 Sp. 654, 659 f. – Rollo auf seine alten Tage seine Macht seinem Sohne Wilhelm Langschwert überlassen und noch ein *lustrum* (= 5 Jahre) gelebt. Da die Heranziehung Wilhelms seit 927 feststellbar ist, freilich auch schon früher praktiziert worden sein kann, müßte Rollo spätestens 932, vielleicht aber auch schon 931 verstorben sein; so auch J. ADIGARD DE GAUTRIES, Noms de personnes scandinaves S. 310. Die Angabe bei W. KIENAST, Herzogstitel S. 108: „Hzg. Rollo, abgedankt 928, † 933", scheint auf den gleichen Erwägungen zu beruhen, allerdings scheint Kienast die Heranziehung Wilhelms bereits 927 dabei nicht zu werten. L. MUSSET, Sépultures S. 21, schreibt: „Rollon, mort vers 932". – Bestattet wurde Rollo in der Kathedrale von Rouen; so Ordericus Vitalis, Hist., ed. A. LE PRÉVOST II S. 371; ed. M. CHIBNALL III S. 90. Zu den mehrmaligen dortigen Umbettungen der Gebeine Rollos vgl. L. Musset, Sépultures S. 21.

Der gelegentlich zu findende Verweis auf die im späten Chronicon Turonense (Mitte 13. Jh.), ed. M. BOUQUET, Rec. des Historiens IX S. 51, überlieferte Lebenszeitangabe, ist unergiebig. Es heißt dort völlig verworren: *Anno Henrici IV et Caroli Regis XXXI obiit Rollo qui et Robertus, Dux Normanniae, anno Ducatus XII apud Rotomagum, et anno adventus sui LXIV et vitae LXXXVI; cui successit Guillelmus Longa-spata filius ejus, natus de Gila filia Caroli Regis …* Ganz abwegig ist auch die späte Überlieferung bei Hugo v. Flavigny, Chron., MGH SS 8 S. 357, Rollo sei 920 gestorben.

Rollo wird in den nordischen Quellen Gange-Rolv bzw. Gongu-Hrólfr genannt; vgl. die 'Heimskringla' (Saga de Harald Haarfager cap. 24) des Snorri Sturluson († 1242), ed. F. JÓNSSON S. 56 und 144; dt. Übersetzung von F. NIEDNER, (Thule Bd. 14) S. 112: „Die Geschichte von König Harald Schönhaar cap. 24: Gang-Hrolfs Ächtung, Harald und Snäfrid. – Rögnvald, der Jarl von Möre, war der größte Herzensfreund König Haralds, und der König schätzte ihn sehr hoch. Rögnvald heiratete Hild, die Tochter des Hrolf Nefja. Ihre beiden Söhne hießen Hrolf und Thorir. … Hrolf war ein großer Wiking. Er war ein Mann von so gewaltigem Wuchse, daß ihn kein Roß tragen konnte, und so ging er stets zu Fuß, wohin er auch zog. Daher nannte man ihn Gang-Hrolf. Er heerte viel in den Ostlanden. … Gang-Hrolf fuhr darauf ins Westmeer nach den Hebriden, von dort weiter nach Frankreich. Dort heerte er, eroberte sich ein mächtiges Jarlsreich und siedelte dort viele Normannen an. Daher heißt das Land Normandie. Der Sohn Gang-Hrolfs war Wilhelm, der Vater Richards. Dessen Sohn war Richard der Zweite, der Vater Robert Langschwerts. Dessen Sohn war Wilhelm der Bastard, der König von England". – Vgl. auch „Die Geschichte von den Orkaden, Dänemark und der Jomsburg, übertragen von W. BAETKE (Thule Bd.19) S. 23: „Jarl Rögnvald nahm mit Harald Schönhaar Besitz vom Lande; aber dieser gab ihm die Herrschaft über beide Mören und Raumsdal. Er hatte Ragnhild zur Frau, die Tochter von Hrolf Nefja; ihr Sohn war Hrolf, der die Normandie eroberte. Der war so groß, daß Pferde ihn nicht trugen; darum hieß er Gang-Hrolf. Von ihm stammen die Jarle von Rouen und die englischen Könige ab". – Zu Rollo vgl. auch D. DOUGLAS, Rollo S. 417–436; L. de SAINT-PIERRE, Rollon; A. RENOUX, Rollo, in: LexMA VI Sp. 966; J. ADIGARD DE GAUTRIES, Noms de personnes scandinaves S. 310f. (mit Belegen zu Rollos christlichem Taufnamen Robert).

19 : Popa (v. Bayeux) als Mutter Adelas (Gerlocs)

Zu einem Zitat aus Dudo v. St. Quentin, De moribus et actis (lib. II cap. 16, ed. J. LAIR S. 157, ed. J.P. MIGNE, PL 141 Sp. 641), das Hzg.

Wilhelm (Langschwert), den Bruder Adelas (Gerlocs), als Sohn des Normannenherzogs Rollo und Popas ausweist, vgl. bereits bei nr. **18**. Vgl. auch ebd. lib. II cap. 34, S. 173 bzw. Sp. 654. Auch heißt es in diesem Werk (lib. III cap. 36, ed. J. LAIR S. 170, ed. J.P. MIGNE, PL 141 Sp. 657), daß der *gloriosissimus dux praepotensque comes Willelmus … ex prosapia insigni, patre Daco, scilicet Rollone, matre Francigena, videlicet Poppa, … genitus, Rotomagensi urbe exstitit oriundus.* Und in lib. III cap. 37 (ed. J. LAIR S. 181, ed. J.P. MIGNE, PL 141 Sp. 659) wird noch zweimal betont, daß Wilhelm für Rollo ein *filius nobilissima Francorum stirpe progenitus* gewesen ist bzw. ein *filius Francigeno nobilissimae generositatis semine ortus.* – Von Dudo gingen die Angaben über Rollo und Popa zu Wilhelm v. Jumièges weiter; vgl. bei nr. **18**.

Über Geburts- und Sterbedaten dieser Dame ist nichts überliefert.

20 : Vicegf., dann Gf., Tetbald v. Tours als Vater Gf. Tetbalds (d. Betrügers) v. Chartres

Der am 17. I. (975)/977 verstorbene Gf. Tetbald (Tricator, le Tricheur) v. Chartres, Blois u. Tours (nr. **10**) wurde von F. LOT, Origine de Thibaud S. 169–189, mit dem bereits von 908 bis ca. 940 als Vicegraf v. Tours, danach als Graf bezeugten Tetbald gleichgesetzet. Zu den älteren Bezeugungen dieses Vicegrafen vgl. É. MABILLE, Introduction zu Chronique des comtes d'Anjou, éd. P. MARCHEGAY et A. SALMON S. XCVIII: *Signum domni Fulconis Andecavorum comitis, Signum Tedbaldi Turonorum vicecomitis, …* unter einer Urkunde für S. Martin in Tours vom 30. X. 909; zit auch bei F. LOT, Origine de Thibaud S. 170 Anm. 1 (ND S. 104 Anm. 1), wo außerdem auf eine Tourser Urkunde vom 23. VI. 908 (J. DELAVILLE-LE-ROULX, Notice S. 16f.) verwiesen ist, nach der der Vicegf. Tetbald einem Placitum präsidierte. Auch unter einer Urkunde Hugos d. Gr. für Saint-Julien de Tours vom Mai 939 (kaum 942) findet sich das *S. Theotbaldi Turonorum vicecomitis;* M. BOUQUET, Rec. des Historiens IX S. 723. – Schließlich werden von Flodoard, Annales ad 945, ed. Ph. LAUER S. 96, *Bernardus Silvanectensis comes et Tetbaldus Turonensis cum Heriberto* (= Heribert III. v. Vermandois) als Zerstörer des Kastells Montigny-en-Soissonnais erwähnt.

Lot stieß indessen mit seinem Identifizierungsvorschlag auf Ablehnung. Eine Amtsdauer von fast 70 Jahren schien zu lang für eine Person, und seine Verheiratung könnte der Tricator erst um 943/45 als ein dann mindestens Mitfünfziger (da kaum nach 890 geboren) vorgenommen haben, was aber reichlich spät wäre. Überdies müßte eine Schwester des Tricators dann wohl auch in einem ähnlichen Alter gewesen sein. Diese wurde aber – nach Ausweis des Chron. Namnetense cap. 34 ff., ed. R. MERLET, Chronique de Nantes S. 102–114 – erst um 946 auf Betreiben des *Theobaldus comes Blesensis,* d. h. Tetbalds (d. Betrügers), mit dem Bretonenfürsten Alanus II. Barbatorte verheiratet, hatte beim Tode ihres Mannes 952 einen kleinen Sohn Drogo (für dessen Erziehung Tetbald sorgen sollte, den er aber beseitigen ließ), und wurde anschließend von Tetbald an Gf. Fulco (d. Guten) v. Anjou (ca. 942 – ca. 960) als Gattin vermittelt. (Zur Unglaubwürdigkeit der Ermordung Drogos vgl. K.F. WERNER, Untersuchungen z. Frühzeit 1 S. 267 f.). Auch dies paßt nicht zu einem schon um 890 geborenen Tetbald.

Zudem machen Bezeugungen eines älteren neben einem jüngeren Tetbald deutlich, daß man die Tetbald-Nennungen auf zwei Personen aufzuteilen hat. In einer undatierten Urkunde heißt es: *Tebaudus comes, alterius videlicet Tebaudi pater, pro animae suae remedio sive parentum suorum, perdonavit omnes consuetudines, quas de terra S. Martini habebat, id est Ventiaco et Gaudiaco ... Cum vero dies mortis ejus adesset, jussit corpus suum ad beati Martini locum deferri, ubi honorifice, ut tanto dignum erat viro, sepultum esset ...*; ed. E. MARTÈNE – U. DURAND, Thesaurus I col. 89 f.; auch F. LOT, Origine de Thibaud S. 175 Anm. 2 (ND S. 109 Anm. 2). Daß dieses Stück zu Ende 940 gehört, zeigt F. LOT, a.a.O. S. 176 (ND S. 110). Sodann weist eine Aufzeichnung vom 26. III. 957 für die Abtei S. Martin in Tours zwei Tetbalde (Vater u. Sohn) nebeneinander auf: *Notitia qualiter et quemadmodum venit domnus Tetbaldus comes Turonis, castello videlicet Sancti Martini, ante sacrosanctum ipsius sepulchrum ... Signum sanctae crucis domni Tetbaldi comitis, qui hanc donationem libenti animo fieri rogavit et corroboravit. Signum Tetbaldi filii ipsius ...*; É. MABILLE, Pancart noire S. 188; DERS., Introduction (wie oben) S. CX. War dies noch das gleiche Paar wie in der Urkunde von Ende 940, in der ein älterer Gf. Tetbald für seine Beerdigung vorsorgte?

Nun überliefert Dudo v. St. Quentin in seinem zwischen 1000 und 1017 verfaßten Werk De moribus lib. IV cap. 111–113, ed. J. LAIR S. 274–276 (ed. bei J.P. MIGNE, PL 141 Sp. 734–736), daß in einem auf Anfang August 962 datierbaren Kampf bei Hermentruville (= Saint-Sever, Vorort v. Rouen), der Anführer der Franken Gf. Tetbold geschlagen wurde und nach Evreux fliehen mußte und daß sein Sohn im

Kampf gefallen ist, Chartres anschließend niedergebrannt wurde etc. Handelte es sich hierbei – wenn man Dudo eine größere Glaubwürdigkeit zubilligen will (vgl. F. LOT, Derniers Carolingiens S. 346–357, bes. S. 351) – noch um den 908 bezeugten Vicegrafen von Tours und seinen Sohn Tetbaldus Tricator? Offensichtlich nicht, da der Tricator ja noch bis 975/77 weiterlebte. Hier geht es also eher um einen Sohn desselben aus seiner Ehe mit Liutgard, der als Jüngling von 17/18 Jahren den Tod fand (woraus sich folgern ließe, daß des Tricators Ehe 943/44, kaum später, geschlossen worden sein dürfte). Insofern dürfte sich auch die oben genannte Bezeugung der beiden Tetbalde vom 26. III. 957 auf diese beiden Personen beziehen. Gewiß ist das aber nicht ebenfalls bei dem auf Ende 940 zu datierenden Stück (mit dem Beerdigungswunsch in Tours) möglich. Das vertritt auch F. LESUEUR, Thibaud S. 71 ff.

So drängt sich der Eindruck auf, daß der Vater des Tricators wohl bald nach 940 – etwa 941–43 – verstorben sein wird, zumal jener Tetbald, der ab 945 bei Flodoard, Annales, ed. Ph. LAUER S. 96 ff., auftritt und dort als *Tetbaldus Turonensis comes* bzw. als *Tetbaldus, quidam suorum* Hugos d. Gr. v. Francien, eingeführt wird, bis zum Ende des Flodoard-Werkes als einheitliche Person erscheint. (J. BOUSSARD, Origine des familles S. 309, meint freilich, daß Tetbald d. Ä. „mourut entre 957 et 960"). Geht man von solchen Überlegungen aus, wird man die Geburtszeit des älteren Tetbald, also des Vicegrafen / Grafen v. Tours, um 885/90 ansetzen müssen, die seines Sohnes Tetbald Tricator dann um 915/20.

21 : Richilde als Mutter Gf. Tetbalds (Tricator) v. Chartres

In einer undatierten, aber wohl bald nach dem Tod ihres Gemahls Tetbald (Tricator, nr. **10**) um 975/77 und vor dem Tod ihres Sohnes Erzbisch. Hugo v. Bourges 985 ausgestellten Urkunde gedachte die Gräfin Liutgard (nr. **11**) auch der Mutter ihres verstorbenen Mannes; diese wird nämlich als Mutter des Erzbischofs Richard v. Bourges und jener wiederum als Bruder des Liutgard-Gemahls Gf. Theobald / Tetbald bezeichnet: *Ego Ledgardis comitissa necnon Hugo episcopus* (v. Bourges 969–985) *et filius meus et item filius meus Odo comes … donamus …* verschiedene später namentlich genannte Güter in der Grafschaft Troyes *domino nostro Martino* (v. Tours), *suae scilicet congregationi, … tam pro anima Theobaldi comitis quondam senioris mei simulque mercede nostrae in futuro remunerationis necnon et pro anima Richildis quondam sanctimonialis ejusque filii Richardi episcopi*

(v. Bourges 955–969), *qui etiam eandem potestatem praefato sancto Martino moriens devoverat pro emendatione alterius [.......] nomine Gaudiaci, quam praefata mater ejus saepefato Martino per praeceptum devota mente dederat, sed idem praedictum, mortua matre, non valens a fratribus tantum invita sua ea impetrare, violenter per consensum jamdicti comitis et fratris sui Theobaldi in vita sua tenuit. ... Si quis autem hanc nostram eleemosynae oblationem aliquis ex haeredibus nostris vel etiam praefatae Richildis et Richardi filii ... refringere tentaverit, ...*; Gallia Christiana II, Instr. col. 8 nr. XII.

Als Geburtszeit Richildes läßt sich ca. 886/88 erschließen; vgl. dazu bei nr. **42 / 43**. Daß Richilde erst während der Bischofszeit ihres Sohnes Richard (955–969) – als *sanctimonialis* – verstarb, darf man wohl aus der oben zitierten Urkunde folgern.

22 : Gf. Heribert II. (v. Vermandois) als Vater Liutgards

Zur Filiation vgl. die bei nr. **10** und nr. **11** zitierten Belege. – Obwohl Liutgard eindeutig als Tochter Gf. Heriberts II. und als Schwester Gf. Heriberts III. (vetulus) nachweisbar ist, gibt C. TREFFORT, Le comte de Poitiers S. 444, den Grafen Albert v. Vermandois († 987) und seine Frau Gerberga als Liutgards Eltern an. Eine nähere Beschäftigung hiermit kann unterbleiben.

Die Geburtszeit Heriberts II. wird mit „ca. 880/90" – so E. BRANDENBURG, Nachkommen S. 3 (Gen. VI, 3) – bzw. „ca. 880" – so K.F. WERNER, Nachkommen (Tafel Gen. VI, 3) – vermutet.

Zur Verehelichungszeit Gf. Heriberts II. vgl. bei nr. **23**.

Für das exakte Todesdatum Heriberts II. – 23. II. 943 – beruft sich K.F. WERNER, Untersuchungen z. Frühzeit 3 S. 109 Anm. 82, auf A. LOGNON, Nouvelles recherches S. 229 (Dieser verweist auf Flodoard, Annales ad 943 (Anfang), ed. Ph. LAUER S. 87: *Heribertus comes obiit, quem sepelierunt apud Sanctum Quintinum filii sui*), sowie auf das Necrologium eccl. Remensis (ed. in: P. VARIN, Archives législatives S. 70), mit folgendem Eintrag zu den 7. Kal. des März (= 23. II.): *Heribertus comes.* – Auch das heute verlorene Nekrolog von Saint-Remy de Reims enthielt einen entsprechenden Eintrag; vgl. Abschrift in Paris, Bibl. Nat. ms. lat. 12781, fol. 177 v°; ebenso Bibliothèque municipale de Reims, Cabinet des manuscrits nr. 346. – Vgl. auch H. SCHWAGER, Heribert II. S. 228. Zu den in den späteren Quellenberichten divergierenden Umständen seines Todes vgl. Ph. LAUER, Règne de Louis IV S. 292–299.

23 : NN (Liutgard ?), Tochter Kg. Roberts I. v. Frkr., als Mutter Liutgards (v. Vermandois)

Die Mutter Liutgards (nr. **11**) und Gemahlin Gf. Heriberts II. (v. Vermandois) ist nicht namentlich bekannt. Im 1784 erschienenen Band II von L'art de verifier les dates (S. 246 u. 610) wurde sie „Hildebrante" genannt, offenbar auf der Basis des 1647 publizierten Werkes von Jean DU BOUCHET, La véritable origine de la seconde et de la troisième lignée de la maison royale de France, dessen Glaubwürdigkeit aber ganz gering ist. Noch É. GARNIER, Tableaux généalogiques Tafel 32, und H. D'ARBOIS DE JUBAINVILLE, Hist. de Champagne I S. 76, haben sich dieser Meinung angeschlossen, und auch W.K. Prinz v. ISENBURG, Ahnen S. 8 (nr. 23), ist ihr gefolgt. In neuerer Zeit wurde sie indessen fast regelmäßig verworfen; vgl. Ph. LAUER, Règne de Louis IV S. 8 Anm. 4; E. BRANDENBURG, Nachkommen S. 88 (zu Gen. VI, 3); etc.

Bekannt ist indessen, daß Gf. Heriberts II. Gemahlin eine Tochter Kg. Roberts I. v. Frankreich und Schwester Hzg. Hugos d. Gr. v. Francien gewesen sein muß. Denn 1) nennt Folcuin, Gesta abbat. S. Bertini Sith. cap. 100, MGH SS 13 S. 625, Gf. Heribert II. als Schwager Hzg. Hugos: *hinc scilicet Hugonem, jam dicti Rodberti regis filium, illinc Herebertum, ejusdem generum*; 2) bezeichnet Flodoard, Hist. Rem. eccl. lib. IV cap. 28, MGH SS 13 S. 582, jetzt MGH SS 36 S. 420, Heriberts II. Sohn, Erzbisch. Hugo v. Reims, als einen Neffen Hzg. Hugos v. Francien: *Ibi ergo Hugo princeps tunc me per manus accipiens huic Hugoni nepoti suo ad benefaciendum commisit*; 3) und in seinen Annalen ad 946, ed. Ph. LAUER S. 100, nennt Flodoard Hzg. Hugo als Onkel der Söhne Heriberts II.: *Quidam motus inter filios Heriberti comitis agitantur pro hereditatum distributione suarum; qui tamen, Hugone principe avunculo ipsorum mediante, pacantur*; 4) erscheint Gf. Heriberts II. Sohn Heribert III. in einer Urkunde Hzg. Hugos d. Gr. v. Francien vom 19. VI. 946 als dessen Neffe (M. BOUQUET, Rec. des Historiens IX S. 723: *S. Airberti nepotis sui*); 5) wird von Witger, Genealogia Arnulfi comitis, MGH SS 9 S. 303, eine Tochter Gf. Heriberts II., Adela, als *neptis* zweier Könige, nämlich Odos und Roberts, charakterisiert: *Arnulfus* (v. Flandern) *accepit coniugem nomine Adelam, domni Heriberti comitis filiam atque duorum Francorum regum, Odonis scilicet atque Rotberti, neptem*; 6) ist auch von Guido de Bazoches, den Alberich v. Troisfontaines zitiert, MGH SS 23 S. 757, klar gesagt worden, daß Heribert II. eine Schwester Hzg. Hugos v. Francien zur Frau hatte (vgl. Zitat bei nr. **44 / 45**).

K.F. WERNER, Untersuchungen z. Frühzeit 3 S. 96 Anm. 35, und DERS., Nachkommen S. 458 (zu Gen. VI, 3), hat gemeint, jene Gräfin Adela, die in einem Diplom Kg. Karls d. Einf. vom 21. V. 907 nach einem Grafen Robert genannt ist (Rec. des actes de Charles III, ed. Ph. LAUER S. 123 ff. nr. 57: *Unde interventu quorundam principum, vicinius nobis assistentium, Frederunae videlicet coniugis carissimae necnon dilectae Gislae abbatissae atque venerandi comitis Rotberti et Adele comitissae, Altmari quin etiam atque Erchengarii comitum ...*), als Tochter Roberts (I.) und Gemahlin Gf. Heriberts II. ansprechen zu können. Adela habe in diesem Rechtsakt, der sich auf die Schenkung der Abtei Rebais in der Grafschaft Meaux bezieht, den für diese Grafschaft zuständigen Gf. Heribert II., eben ihren Gemahl, vertreten. Dies wird übernommen von M. BUR, Formation de Champagne S. 88, 96, 152. – Dieser Sicht ist jedoch von H. SCHWAGER, Gf. Heribert II. S. 401 f., widersprochen worden; er sieht vielmehr in Adela eine 1. Gemahlin Roberts, die aus verschiedenen Gründen von K.F. WERNER, Nachkommen S. 458 (zu Gen. VI, 4; vgl. auch unten bei nr. **47**) propagiert worden ist. Das Gleiche meinten auch Ph. CONTAMINE, Robertiens Stammtafel S. 20 f., und C.B. BOUCHARD, Patterns S. 16 f. Anm. 27; nochmals DIES., Those of my Blood S. 111. – Aber kann Adela wirklich 907 eine 1. Gemahlin Roberts (I.) gewesen sein? Robert war nachweislich mit einer Beatrix verheiratet, die ihm den Sohn Hugo d. Gr. gebar (vgl. bei nr. **47**). Da nun Hugo d. Gr. 922 in den Annalen Flodoards (ed. Ph. LAUER S. 7 ff.) aufzutreten beginnt und dabei bereits eine Schwiegermutter (*socrus*) zu berücksichtigen hat, er also bereits verheiratet ist, dürfte er gewiß einige Zeit vor 907/08 geboren sein, d.h. sein Vater Robert war also bereits vor 907 mit Beatrix verheiratet. Das aber schließt die ansonsten mögliche Sicht aus, die 907 neben Robert genannte Adela als 1. Gemahlin Roberts zu betrachten. Ist Werners Sicht somit noch zu bejahen? Oder war Adela lediglich eine Schwester Roberts, oder gar eine nichtverwandte andere Dame? Das ist hier nicht weiter zu klären.

Es existiert indessen noch ein anderer, von Werner übersehener Vorschlag zum Namen der Gemahlin Heriberts II.: M. CHAUME, Origines I S. 392 f. Anm. 4, meinte, jene Liutgard, die ein Nekrolog von Saint-Quentin (Bibl. Nat. Paris, Nouv. acqu. lat. 1584) zum 26. V. verzeichne – *VII Kal. jun. Obiit Liewardis comitissa* –, als Tochter Kg. Roberts I. und Gemahlin Gf. Heriberts II. ansprechen zu dürfen. Damit stimmt gut überein, daß K.F. WERNER, Nachkommen S. 462 (zu Gen. VII, 7), in einem Reimser Nekrolog (Bibl. Vatic., Rom, Ottobon. lat.

2960, fol. 67 v, ed. P. VARIN, Archives législatives S. 81) zu *VI Kal. Jun.*, also lediglich mit der öfter zu konstatierenden Abweichung von einem Tag (27. V.), den Eintrag *Letgardis comitissa* fand, den er – allerdings falsch, wie sich zeigen läßt; vgl. bei nr. **11** – auf Liutgard, die Tochter Gf. Heriberts II. und Gemahlin Gf. Tetbalds v. Chartres, bezog. Könnte die Herkunft der Nekrolognachricht aus St. Quentin – zusammen mit dem Faktum, daß Gf. Heribert II. von seinen Söhnen in St. Quentin beerdigt wurde (vgl. bei nr. **22**) – nicht ein gutes Indiz dafür sein, in dieser Liutgard, deren Namen dann bei ihrer mit Gf. Tetbald verheirateten Tochter wiederkehren würde, die Gemahlin Gf. Heriberts II. zu erblicken? Dies meinte in Kenntnis jenes Nekrologs bereits J. DEPOIN, Études préparatoires III S. 595f. Merkwürdig, daß K.F. Werner auch einen solchen Hinweis in der Studie von A. LONGNON, Nouvelles recherches S. 229f. Anm. 4, übersah, auf die er selbst (Untersuchungen z. Frühzeit 3 S. 109 Anm. 82) zur Bestimmung des Todesdatums Heriberts II. aufmerksam machte! In dieser Studie gibt Longnon an, daß im Nekrolog der Reimser Kathedralkirche (ed. P. VARIN, Archives législatives 2, 1 S. 81 – ebenso wie der Tod Heriberts II. zum 23. II. – zum 27. V. auch der Tod „de la comtesse Ligeard, sa femme", vermerkt sei, nämlich *Letgardis comitissa,* so wie er sich gleichfalls in den „obituaires de Saint-Quentin et de Beauvais (cf. Joseph DEPOIN, Revue des études historiques, 74e année, p. 595–596)" finde. Durch diese Gleichzeitigkeiten der Aufnahmen Gf. Heriberts II. und einer Gfn. Liutgard in die Nekrologien der Kathedrale von Reims, von Saint-Remy in Reims, Saint-Quentin und Beauvais ist es wohl unabweisbar, daß diese Gfn. Liutgard die Gemahlin Gf. Heriberts II. war.

Als Datum der Verheiratung Gf. Heriberts II. mit der Tochter Roberts, des späteren Königs (922–923), gibt K.F. WERNER, Nachkommen (Tafel Gen. VI, 3) – in logischer Folge seiner eben genannten Deutung der Urkunde vom 21. V. 907 – an: „∞ vor 907". Doch ist diese Prämisse an die Nominierung Adelas als Gemahlin Heriberts II. gebunden und somit nicht zwingend. H. SCHWAGER, Gf. Heribert II. S. 401–406, plädiert für ca. 910 als Heiratsjahr Heriberts II., wobei er sich kritisch mit anderen Datierungsansätzen, vornehmlich dem von M. BUR, Formation de Champagne S. 507ff., auseinandersetzt.

Als Geburtszeit (Liutgards) läßt sich ca. 890/95 erwägen.

Im Herbst 931 ließ Heribert II. seine *uxor* in der belagerten Festung Laon zurück; Flodoard, Annales ad 931, ed. Ph. LAUER S. 51. Daß sie 943, bei Heriberts Tod, nicht mehr lebte, da für dessen Beerdigung nur die *filii* (vgl. bei nr. **22**) erwähnt sind, ist zu vermuten.

24 : Kg. Berengar II. v. Italien als Vater Kg. Adalberts

Die Filiation ist vielfach bezeugt; so berichtet der Contin. Reginonis ad 952, MGH SS rer. Germ. S. 166, daß bei der Augsburger Reichsversammlung jenes Jahres *Berengarius cum filio suo Adalberto* dem Könige Otto I. huldigten; vgl. ebd. ad 962 S. 171: *Berengarius in quodam monte, qui dicitur ad Sanctum Leonem, ... se munivit, et Willa in lacu Maiore in quadam insula, quae dicitur ad Sanctum Iulium, se inclusit. Filii vero eorum Adalbertus et Wido huc illucque incerti vagabantur*; ebd. ad 966 S. 177: *Udo comes coniurationem cum Adalberto Berengarii filio habens ...* – Zum Augsburger Huldigungsvorgang von 952 berichtet Widukind v. Corvey, Rer. gest. Saxon. lib. III cap. 11, MGH SS rer. Germ. S. 110: *Ubi cum conventus fieret, Bernharius manus filii sui Adalberhti suis manibus inplicans ... se cum filio subiugavit.* Vgl. auch das Diplom Kg. Adalberts vom 28. II. 961 mit der Datierung: *DCCCCLXI regnante domno Adalberto piissimo rege simul cum patre suo Berengario ...*; L. SCHIAPARELLI, Dipl. di Berengario II e Adalberto S. 345 nr. 2.

Die Geburtszeit Berengars II. läßt sich mit etwas vor 900 erschließen, da er einerseits bereits im April 918 als *Berengarius nepus et missus domni et gloriosissimi Berengarii serenissimi imperatoris, avio et senior eius,* in Mailand einen Gerichtstag abhielt (Cod. dipl. Lang. S. 282 nr. 475; C. MANARESI, Placiti I S. 484 ff. nr. 129), also bereits als Volljähriger agierte und andererseits sein Vater Mgf. Adalbert v. Ivrea sich im Jahre 900 von Kg. Berengar I. (dem Vater seiner Gemahlin Gisela) politisch abwandte, ja sogar zu den Einladern Kg. Ludwigs d. Bl. (v. d. Provence) gehörte und bis in den Sommer 902 zu dessen *dilectissimi fideles* zählte, was in dieser Zeit die Verbindungen zu Berengar I., und gar eine Werbung um dessen Tochter, ausschließt. Auch legt die Darstellungsweise Liudprands v. Cremona, Antapod. lib. II cap. 32/33, MGH SS rer. Germ. S. 52, nahe, daß die Ehe Adalberts v. Ivrea mit Berengars I. Tochter Gisela z. Zt. der Einladung Ludwigs d. Bl. im Jahre 900 bereits bestand: *Dum haec aguntur, Italienses poene omnes Hulodoicum ... invitant, ut eos adveniat regnumque Berengario auferat. ... Huius vero tam turpis sceleris auctor Adelbertus, Eporegiae civitatis marchio, erat, cui et idem Berengarius filiam suam nomine Giselam coniugio copularat; ex qua et filium genuerat, cui avi sui vocabulum dederat. Iste est, inquam, iste Berengarius ille, cuius inmensitate tyrannidis tota nunc luget Italia.*

Die Vermählung Berengars II. mit Willa (v. Tuszien) läßt sich – nach den Zusammenhängen, in denen Liudprand von ihr spricht (Antapod. lib. IV cap. 8, S. 107f.) – mit den politischen Ereignissen des Jahres 931 in Mittelitalien in Verbindung bringen; so etwa auch P. DELOGU, Berengario II, in: Dizionario biograph. ital. 9, S. 27. K.F. WERNER, Nachkommen (Tafel Gen. VII, 34 und VI, 26), vermutet: „∞ vor 936".

Von Berengars II. Tod und Bestattung in Bamberg berichtet der Contin. Reginonis ad 966, MGH SS rer. Germ. S. 177: *Eodem anno Berengarius quondam Italiae rex exul moritur et in Babenberg regio more sepelitur; cuius vidua Willa, antequam sepelitur, velum sibi sanctimoniale assumpsit.* Den genauen Todestag, zusammen mit dem Todesjahr, überliefern die Ann. necrol. Fuldens., MGH SS 13 S. 200, auch K. SCHMID, Klostergemeinschaft v. Fulda I S. 337: *Annus 966 … 2. Non. Aug. ob. Berenger rex.* Das Tagesdatum steht ebenso im Totenbuch v. Merseburg, MGH Lib. mem. et necrol. NS 2 Tafel 10, ed. E. DÜMMLER S. 238, Sonderausgabe S. 16: zum 4. VIII.: *Berengarius rex ob.* Auch das Nekrolog v. Weißenburg, ed. E.F. MOOYER S. 27, enthält ihn: *II. Non. Aug. Berengarus rex obiit.*

25 : Willa als Mutter Kg. Adalberts v. Italien

Zu Willa als Gemahlin Kg. Berengars II. und Mutter Kg. Adalberts vgl. das Zitat aus dem Contin. Reginonis ad 962 bei nr. **24**. Ebd. ad 961 (S. 171) sind auch schon *Berengarius vero et Willa filiique eorum* genannt. – Als Gemahlin Kg. Berengars II. wird Willa auch bei Liudprand v. Cremona, Antapod. lib. III cap. 1, MGH SS rer. Germ. S. 73, angegeben: *Intentio huius operis ad hoc respicit, ut Berengarii huius, qui nunc in Italia non regnat sed tyranizat, atque uxoris eius Willae … actus designet.* Vgl. ebd. lib. IV cap. 8 (S. 107f.), lib. IV cap. 11 (S. 109f.), lib. V cap. 10 (S. 135), lib. V cap. 32 (S. 150). Am 25. X. 960 schenkten zudem *Berengarius et Adelbertus divina providente clementia reges* der *Vuillae reginae nostraeque dilectae coniugi et consorti regni nostri* den Hof Obiano; L. SCHIAPARELLI, Dipl. di Berengario II e Adalberto S. 332ff. nr. 14.

Über die Geburtszeit Willas ist nichts Näheres bekannt. Zur Zeit der Verehelichung – ca. 931 – vgl. bei nr. **24**.

Willa überlebte ihren am 6. VIII. 966 verstorbenen Gemahl; vgl. bei nr. **24**. Die Angabe bei M.L. BULST-THIELE, Ksn. Agnes S. 117, Willa sei „947" verstorben, ist ganz abwegig.

26 : Gf. Leotald v. Mâcon als erschließbarer Vater Gerbergas

Zur Bestimmung der Herkunft Gerbergas (nr. **13**), der Mutter Gf. Otto-Wilhelms v. Burgund, gibt es zwei widersprüchlich erscheinende Anhaltspunkte:

(1) In einer zwischen 1017 und 1020 ausgestellten Urkunde für Cluny nennt Gf. Otto (II.) v. Mâcon seine Vorfahren, nämlich seinen Vater Wido, seinen Großvater Otto-Wilhelm und seinen *atavus* Gf. Leotald: *Ego Otto, comes Maticensis ... pro peccatorum ... meorum abolitione, animae etiam meae et patris mei Guidonis, necnon avi mei Ottonis cognomento Wilelmi ... remedio ... dono vel potius reddo Deo et Sancto Petro ad locum Cluniacum quamdam villam ... quae ex hereditate sancti Vincentii ad jus comitatus olim ab antiquis delegata obvenit, sicuti jam ante comes Leotaldus, atavus meus, per testamentum praecepti Ludovici regis ... [habuerat]*; A. BERNARD – A. BRUEL, Rec. des chartes de Cluny III S. 735 f. nr. 2712.

(2) Die Gesta pontificum Autissiodorensium cap. 49, ed. L.-M. DURU S. 387 (auch M. BOUQUET, Rec. des Historiens X S. 171, neue Ed. M. SOT u. a. I S. 247), vermelden, daß Gf. Otto-Wilhelms Stiefvater, der Hzg. Heinrich v. Bgd. (vgl. bei nr. **13**), die Schwester Bisch. Hugos I. v. Auxerre (aus dem Hause Chalon) geheiratet hatte: *Contigit etiam tunc temporis, post mortem scilicet Henrici ducis, qui ejus* (= Bisch. Hugos) *germanam uxorem duxerat, ut Burgundionum permaximi regi Roberto rebelles existerent.*

Nach der 1. Nachricht müßte Gf. Leotald I. v. Mâcon († 961, s. unten) zu Gerbergas (nr. **13**) Vorfahren gehört haben, denn Grafschaftsgut von Otto-Wilhelms Vater Kg. Adalbert v. Italien (nr. **12**) oder Großvater Kg. Berengar II. (nr. **24**) in Burgund ist doch wohl auszuschließen. Nach der 2. Nachricht müßte Hzg. Heinrich, als er Gerberga, die seit ca. 972/73 durch den Tod Kg. Adalberts verwitwete Mutter Otto-Wilhelms, heiratete, die Schwester Bisch. Hugos v. Auxerre zur Frau genommen haben, also – da letzterer als Sohn Gf. Lamberts v. Chalon s. S. bezeugt ist (vgl. Gesta pontif. Autiss. cap. 49, ed. L.-M. DURU S. 387, ed. M. SOT u. a. I S. 245: *Hugo Cabilonensis ex patre Lamberto comitum venerabilissimo et matre Adelaide generosissima*; auch Rodulfus Glaber, Hist. lib. III Cap. 2 § 6, ed. M. PROU S. 57: *Hugo, filius Lanberti Cabilonensis comitis, viri honestissimi ..., fuit enim ... episcopus Autissioderi*) – in Gerberga eine Tochter Gf. Lamberts v. Chartres geehelicht haben. Bei dieser Sachlage gibt es Befürworter der ersten und der zweiten Herkunftsangabe:

A) Daß Gerberga eine Tochter Leotalds I. v. Mâcon gewesen sei, vertreten u. a.: S. HIRSCH, Jahrb. Heinrichs II., Bd. 1 S. 383 f.; F. WAGNER, Grafen v. Burgund S. 40; Chr. PFISTER, Règne de Robert le Pieux S. 393 f.; F. LOT, Derniers Carolingiens S. 328 f. Anm. 5; W.K. Prinz v. ISENBURG, Ahnen S. 8 (nr. 26); DERS., Stammtafeln, neu hg. von F. Baron FREYTAG V. LORINGHOVEN II, Tafel 109; M. CHAUME, Origines I S. 463 f.; E. BRANDENBURG, Nachkommen S. 91 (zu Gen. VII, 36); H.-D. KAHL, Angliederung Burgunds S. 27. Diese Sicht ergibt also – bei Berücksichtigung der bei nr. 7 zitierten Aufzeichnung über die Grafenabfolge in Mâcon (= Sucessio comitum Matiscensium) und der dort gleichfalls herangezogenen Urkunden mit der Nennung der Söhne Gf. Alberichs II. v. Mâcon – folgendes Stemma:

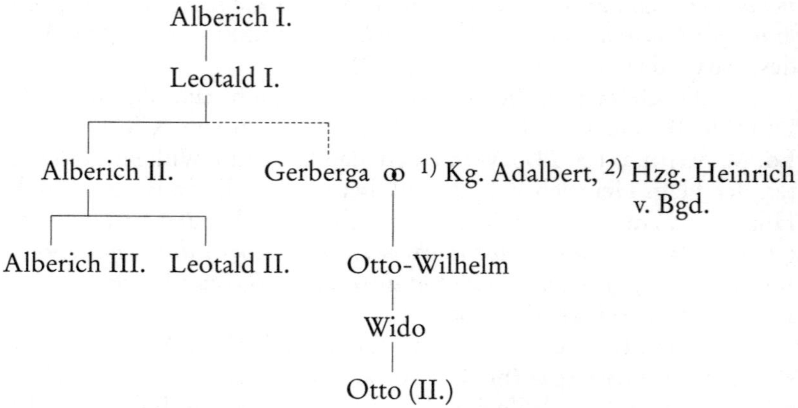

Nun war aber der in dieser Anordnung sich ergebende Bruder Gerbergas, Gf. Alberich II., nach der Auffassung vieler (die Successio comitum Matiscensium heranziehender) Historiker – wie bereits bei nr. 7 bemerkt wurde – mit Ermentrud v. Reims u. Roucy vermählt, die ihrerseits nach Alberichs II. Tod den Grafen Otto-Wilhelm geheiratet habe. Das heißt, Otto-Wilhelm müßte die Witwe seines mütterlichen Onkels (Mutterbruders) geheiratet haben, was „nach den kirchlichen Vorschriften … völlig ausgeschlossen" gewesen sei, wie E. BRANDENBURG, Nachkommen S. 91, betont; so auch schon H. BRESSLAU, Jahrb. Konrads II., Bd. 2 S. 39 Anm. 2. Der von Brandenburg vorgeschlagene Ausweg aus dieser Situation, daß Gf. Alberichs II. Gemahlin Ermentrud nicht mit der gleichnamigen Gemahlin Otto-Wilhelms identisch gewesen sein könne, wird indessen von K.F. WER-

NER, Nachkommen S. 468 (zu Gen. VII, 47), als unzutreffend abgelehnt. Doch ist dies offensichtlich unberechtigt, wie schon bei nr. 7 festgestellt worden ist. Werner erweist nämlich nur, daß Otto-Wilhelms Gemahlin Ermentrud aus dem Grafenhaus Reims/Roucy stammte, und folgert Gleiches dann auf der Basis der Grafenliste von Mâcon für die gleichnamige Gemahlin Gf. Alberichs II. Jedoch ist die Nachricht der Grafenliste keinesfalls sicher. In Beachtung Werners wurde in jüngerer Zeit freilich die von Brandenburg vorgeschlagene Problemlösung immer wieder beiseite geschoben.

B) Die andere Angabe bzw. Schlußfolgerung, daß Gerberga eine Tochter Gf. Lamberts v. Chalon s. S. und seiner Frau Adelheid war, findet man u. a. bei E. SACKUR, Cluniacenser Bd. 2 S. 469–471; C. v. KALCKSTEIN, Franz. Königtum S. 469; H. BRESSLAU, Jahrb. Konrads II., Bd. 2 S. 39 Anm. 2 (mit Vorbehalt und mehr für Unklärbarkeit der Frage); C.B. BOUCHARD, Laymen S. 2f.; DIES., Sword S. 261ff., 307ff.; M. BUR, Formation de Champagne S. 136; Chr. SETTIPANI, Origines maternelles S 5–63; Th. STASSER, Adelaide d'Anjou S. 12 Anm. 18; B. SCHILLING, Guido v. Vienne S. 17f. mit Anm. 12. – In jener 2. Sichtweise ergibt sich das folgende Verwandtschaftsbild:

Gf. Lambert v. Chalon ∞ Adelheid

Kg. Adalbert v. Italien ∞ 1) Gerberga 2) ∞ Hzg. Heinrich

Bisch. Hugo v. Auxerre

Otto-Wilhelm

Zu beachten hat man hier aber die Geburtszeiten Gerbergas und Bischof Hugos! K.F. WERNER, Nachkommen S. 468 (zu Gen. VII, 47), weist den Einwand, daß zwischen den Geburtszeiten Gerbergas – zumeist als ca. 940 angenommen – und Bisch. Hugos v. Auxerre – ca. 975, da er noch „recht jung" gewesen sei, als sein Vater Lambert 978 starb und seine Mutter sich wieder verheiratete, bevor er am 5. III. 999 zum Bischof v. Auxerre erhoben wurde (Gallia Christ. XII col. 284; F. Lot, Derniers Carolingiens S. 328) – eine zu große, die Gebärfähigkeit einer Frau übersteigende Zeitspanne liege, mit der Erklärung zurück, daß Gerberga und Hugo doch wohl von zwei verschiedenen Müttern hervorgingen; und er meint, daß andererseits die als Grundlage für die „Leotald-Lösung" dienende *atavus*-Stelle ein „Versehen" des Urkundenschreibers darstelle, indem „aus dem bloßen Vorgänger, mit dem Otto nicht blutsverwandt war, vom Hersteller der Urkunde ein Ahn gemacht" wurde. Ähnlich bereits R. POUPARDIN, Bourgogne S. 419. In dieser variierten Sicht wäre also nur Gf. Lambert (v. Chalon), aber nicht auch Adelheid (v. Chalon), als Gerbergas Mutter anzusehen. Doch ist dies – bedenkt man die erforderlichen Texterklärungen – nicht zwingend.

Da gegen beide Lösungsvorschläge somit erhebliche Einwände bestehen, bemühte sich Sz. de VAJAY, A propos S. 153–169, um eine andere Sicht. Er wies zunächst die These von der Abstammung Gerbergas von Gf. Lambert und Adelheid v. Chalon noch weiter zurück; und zwar betonte er, daß Adelheid v. Chalon, wäre sie die Mutter der spätestens 944 geborenen Gerberga (nr. **13**) gewesen, selbst wohl spätestens um 928/30, wahrscheinlich aber früher, zur Welt gekommen sein müßte. Da sich Adelheid aber nach Gf. Lamberts Tod († 22.II. 978) noch einmal verheiratete – und zwar mit Gf. Gottfried Grisegonelle v. Anjou – und in dieser um 979 geschlossenen neuen Ehe noch einen Sohn Mauritius gebar (vgl. dazu L. HALPHEN, Comté d'Anjou S. 9 nr. 3; auch A. BERNARD – A. BRUEL, Rec. des chartes de Cluny II S. 528f. nr. 1474: *ego Gausfredus comes atque uxor mea Adelaidis atque Hugo, filius Lanberti comitis, donamus … Data mense martio, anno XXIIII Hlotharii regis* (= März 979), müßte sie bei dieser Geburt – wollte man sie als Mutter der spätestens 944 geborenen Gerberga beibehalten – etwa 50 Jahre (oder mehr) alt gewesen sein. Da dies kaum akzeptabel ist, verstärkt sich einmal mehr der Eindruck, daß zumindest nicht Adelheid Gerbergas Mutter gewesen sein kann, was K.F. Werner in seiner Stellungnahme zur Lösung B schon zur Aufgabe Adelheids als Mutter Gerbergas veranlaßte. Doch auch Gf. Lambert als Vater Gerbergas wurde von Sz. de Vajay abgelehnt. Er betonte, daß die Angabe der Gesta pontif. Autiss. über die Schwester Bisch. Hugos – sie ist dabei nicht namentlich genannt – sich auf die Todeszeit Hzg. Heinrichs († 15.X.1002) bezieht (*tunc temporis*, vgl. oben), Gerberga aber schon 986/91 verstorben war, und daß Hzg. Heinrich sich nach ihrem Tode neu vermählte. Mit der ungenannt gebliebenen Schwester (*germana*) Bisch. Hugos müsse also eine spätere Frau Hzg. Heinrichs gemeint sein. So muß man sich, will man den Wert dieser Sichtweise ermessen, also nun erst mit Hzg. Heinrich näher befassen.

Nach dem Tode Gerbergas (986/91) war Hzg. Heinrich zunächst – ab 992/93 nachweisbar – mit Gersinda v. d. Gascogne vermählt; vgl. bei nr. **13**. (Zur Herkunft Gersindas, der Schwester des Herzogs Wilhelm-

Sanchez v. d. Gascogne, vgl. F. LOT, Règne de Hugues Capet S. 417–419). Gegen 996 wurde die Ehe aber ganz offensichtlich wegen Ehebruchs von seiten Gersindas getrennt; vgl. G.-A. HÜCKEL, Les poèmes S. 84, mit dem hierzu einschlägigen „Rhythmus Satyricus“, in dem es von Gf. Landri v. Nevers heißt: ... *Heinrico tollit feminam // ... // Uxor petit Vasconiam, Architophel* (= Landri v. Nevers) *malitiam;* (Abdruck auch bei M. BOUQUET, Rec. des Historiens X S. 93f.; zuletzt Cl. HOHL, Comte Landri S. 791–806; zum biblischen Architophel, dem rebellischen Verführer Absalons gegen David, und seiner Zitierung im Mittelalter vgl. G. BIDAULT, Architophel S. 57–60). Danach muß dann Hzg. Heinrich noch eine 3. Ehe eingegangen sein, wenn er – so Sz. de Vajay – z. Zt. seines Todes (*tunc temporis*) mit einer Schwester des Bischofs Hugo v. Auxerre verheiratet gewesen sein soll. Wer diese Dame war, braucht hier nicht weiter verfolgt zu werden. Zu einem Vorschlag, der freilich – zumal er in eine Nahehenproblematik führt – kritischer Überprüfung bedarf, vgl. Sz. de VAJAY, A propos S. 164f.

Scheint damit der Suche nach den Vorfahren Gerbergas bei den Grafen v. Chalon die Basis entzogen, so wurde für Sz. de Vajay der bei (1) erwähnte urkundliche Hinweis wieder interessant. Dabei ist zu beachten, daß *atavus* allgemein Ahn bedeutete, freilich auch im Vorfahrenschema der Kanonisten (*pater – avus – proavus – abavus – atavus – tritavus*) als Ururgroßvater seinen festen Platz hat. Gf. Leotald v. Mâcon muß deshalb keinesfalls – wie in der Deutung A angenommen – als Gerbergas Vater, sondern kann auch als ihr Großvater betrachtet werden. Deshalb schien es von höchstem Interesse, daß Sz. de Vajay auf ein Manuskript von Pierre Francois Chifflet (* 20. IX. 1592 in Besançon, † 5. V. 1682 als hochangesehener Gelehrter in Paris) stieß (Paris, Bibl. Nat., ms. lat. 9866), der – eventuell aus seinerzeit noch vorhandenen Urkunden schöpfend – auf fol. 46 seine Auffassung mit *Genus Gerberge matris Ottonis Willelmi* titulierte, einen Otto als *Leutaldi filius primogenitus* bezeichnete und die oben bei (1) zitierte Urkunde aus Cluny (nr. 2712) folgendermaßen kommentierte: *Otto* († 1049*); qui pater Guido, avus Otto Willelmus, proava Gerberga, abavus Otto, atavus Leotaldus scierunt; ipse maiores suos designat*; vgl. Sz. de VAJAY, A propos S. 159 Anm. 4, 160 mit Anm. 2 u. 4. Zugleich scheint der ältere Landsmann Chifflets Jacques SEVERT, Chronologia historica S. 73, im Jahre 1628 von *Otho filius maior natu Leotaldi comitis* und davon, daß *Othoni naturae satisfacienti Albericus frater eius succedere comitatui* konnte, gesprochen zu haben; zit. bei Sz. de VAJAY, a.a.O. S. 160 Anm. 4.

Lagen Chifflet und Severt – nach de Vajays Vermutung – noch Dokumente vor, die heute verschollen sind, aber Gerberga als Tochter Ottos und Enkelin Leotalds v. Mâcon bezeugten, so würden sich die bisher behandelten Schwierigkeiten lösen: der Name Otto bei Otto-Wilhelm ließe sich als Vergabe des Großvaternamens verstehen, und die Nachfolge Otto-Wilhelms in Mâcon wäre rein erbrechtlich erklärbar (nach dem Tode Gf. Alberichs II. (975/76 oder 981/82; vgl. bei nr. 7) fiel die Grafschaft Mâcon an Ottos Tochter Gerberga und deren Sohn Otto-Wilhelm zurück; die beiden Söhne Alberichs II. waren Geistliche geworden (*clero addicti*, Ms. Chifflets fol. 46), der eine, Leotald, starb als Erzbisch. v. Besançon (990–994), der andere, Alberich, als Abt von St. Paul in Besançon; vgl. Sz. de VAJAY, A propos S. 162 Anm. 3; sie seien also nicht – wie zumeist vermutet – jung verstorben.

Nun haben sich aber H. de CHIZELLE, Aperçu S. 62ff., und Chr. SETTIPANI, Origines maternelles S. 5–63, bes. S. 11–19, mit neuen Argumenten gegen die Arbeit von Sz. de Vajay gewandt und dabei gezeigt, daß Chifflets und Severts Exzerpte bzw. Angaben aus dem 1559 gedruckten Chronicon urbis Matissanae des Philibert Bugnyon stammen, wobei zu beachten ist, daß Bugnyon lediglich ein 1520 entstandenes Werk des Jean Fustailler „De urbe et antiquitatibus Matisconensibus liber" mit einigen Ergänzungen versah und unter seinem eigenen Namen publizierte. (Aus Bugnyons Veröffentlichung hat ähnliche Stellen, wie sie Chifflet und Severt übernahmen, auch bereits Nicolaus VIGNIERIUS, Rerum Burgundionum chronicon, Basel 1575, S. 98f., 105f., 111f., 117f. zitiert). Zumal dieses Opus Bugnyons / Fustaillers aber an vielen Stellen eklatante Irrtümer und zu glatten Aussagen gesteigerte falsche Schlußfolgerungen etc. enthält, dürfte es in dieser Frage keinen Beweiswert haben. Chifflet ist in seinen späteren Schriften nicht mehr auf diese (frühen) Exzerpte zurückgekommen, hat sie also doch wohl selbst als untauglich befunden. Nicht zu verkennen ist jedenfalls, daß man in den vielen Urkunden, die Gf. Leotald I. und Gf. Alberich II. in Mâcon erwähnen, nirgendwo auf einen Gf. Otto als Sohn oder Bruder – als mithandelnd oder auch als verstorben – trifft. Und kritisch ist mit Chr. Settipani gegen Sz. de Vajay außerdem anzumerken, daß die oben charakterisierte Interpretation des *tunc temporis* – d.h. der Grundlage de Vajays für eine 3. Ehe Hzg. Heinrichs v. Bgd. zur Zeit seines Todes 1002 – nicht voll tragfähig ist, da das *tunc temporis* im Hauptsatz steht und nicht im untergeordneten Nebensatz, welcher die Nachricht von einer Ehe Hzg.

Heinrichs mit einer Schwester Bisch. Hugos v. Auxerre wiedergibt. Der vielversprechende Ausweg de Vajays zur Klärung der Problemsituation existiert also nicht.

Doch auch Settipanis neuer Versuch, Gf. Lambert v. Chalon und seine Frau Adelheid als Gerbergas (nr. **13**) Eltern festzulegen, überzeugt nicht. Er geht davon aus, daß Otto-Wilhelms (nr. **6**) Gemahlin Ermentrud (nr. **7**) doch – wie es die Successio comitum Matiscensium will (vgl. bei nr. **7**) – vor der Verheiratung mit Otto-Wilhelm bereits mit dem bis 981/82 bezeugten Gf. Alberich II. v. Mâcon verheiratet war. Dabei muß er (vgl. bei nr. **7**) den 1004/1005 als Zeugen auftretenden Gf. Otto (II.) v. Mâcon, also Otto-Wilhelms Enkel, der dabei als *adolescens* bezeichnet wird (vgl. Beleg bei nr. **7**), als Knaben von 4–5 Jahren ansehen, der ohne elterliche bzw. großelterliche (als Vormund) Mitwirkung einem Rechtsvorgang präsidierte; und er muß die in den Urkunden aus dem Jahre 971 als Zeugen auftretenden Söhne Alberichs II. als Kinder unter 10 Jahren betrachten und desgleichen – was freilich nicht ins Gewicht fällt – Ermentrud mindestens 15 Jahre älter als ihren (2.) Gemahl Otto-Wilhelm annehmen. Daß vor allem den beiden ersten Annahmen nicht gefolgt werden kann, wurde bereits oben bei nr. **7** in anderem Zusammenhang betont. Auch muß Settipani – um die Chronologie nicht ganz unmöglich erscheinen zu lassen und doch in Beachtung der Gesta pontif. Autiss. (s. oben) Gerberga (nr. **13**) als Schwester Bisch. Hugos v. Auxerre und damit als Tochter Gf. Lamberts v. Chalon und seiner Frau Adelheid einführen zu können – die Geburtszeiten Gerbergas (nr. **13**) und ihres Sohnes Otto-Wilhelm (nr. **6**) möglichst spät ansetzen, also um mindestens 2 Jahre nach oben auf „ca. 947" bzw. „962" verschieben, um Adelheid – d.h. in dieser Sicht Gerbergas etwa 932 geborene Mutter – noch die bezeugte 2. Ehe mit Gf. Gottfried Grisegonelle v. Anjou und den Sohn dieser Ehe, Mauritius (s. oben), einigermaßen zu ermöglichen. Adelheid müßte dann aber, trotz engster Rechnung, noch immer bei der Geburt dieses Sohnes schon 47 Jahre alt gewesen sein, was doch höchst unwahrscheinlich ist. Und ebenso unwahrscheinlich ist, daß jener mit *S. Ottonis nepos ejus* eine Urkunde (von ca. 999 des selbst als Graf signierenden, späteren [ab 999] Bischofs Hugo v. Auxerre) titellos unterschreibende Zeuge der damals bereits hochangesehene Gf. Otto-Wilhelm gewesen sein soll (U. Chevalier, Cartulaire de Paray S. 92 nr. 184: *S. Hugonis comitis, S. Ottonis nepos ejus, S. Teudbaldi nepotis ejus, S. Matildis sororis ejus …*), wie Settipani es zur Absicherung seiner Sicht benötigt. Und schließlich muß Settipani eine

Hypothese M. CHAUMEs, Origine I S. 465 Anm. 2 und S. 533, aufgreifen und eine sonst überhaupt nicht bezeugte Urenkelin Gf. Leotalds bzw. Enkelin seines Sohnes Alberich II. v. Mâcon postulieren und als Mutter Gf. Ottos (II.) v. Mâcon einsetzen, um Gf. Leotald als *attavus* Gf. Ottos (II.) – entsprechend der eingangs (1) zitierten Cluny-Urkunde – erklären zu können.

Übergroße Unwahrscheinlichkeiten und hypothetische Postulate können aber nicht zur Grundlage von weiteren Abklärungen genommen werden, so daß man auch Settipanis Lösungsvorschlag, Gf. Lambert v. Chalon und seine Frau Adelheid als Eltern Gerbergas zu betrachten, beiseite zu lassen hat. Ist man somit wieder auf die Ausgangsposition zurückgeworfen, bleibt doch darauf hinzuweisen, daß die zunächst angesprochene „Leotald-Lösung" nur dadurch beiseite gedrängt wurde, daß Gf. Otto-Wilhelm in Ermentrud v. Reims u. Roucy (nr. **7**) doch keinesfalls die Witwe Gf. Alberichs II., seines mütterlichen Onkels (Mutterbruders) geheiratet haben könne, weil so etwas den kanonischen Gesetzen widersprach, und daß K.F. Werner die „Lambert-Lösung" als unabweisbar hinstellte. Seine Argumentation ist aber – wie bereits bei nr. **7** gezeigt worden ist – nicht aufrechtzuerhalten, da jene Ermentrud, die einst Gf. Alberich II. v. Mâcon geheiratet hatte, nicht mit Otto-Wilhelms Gemahlin Ermentrud identisch gewesen sein kann und die als einzige Quelle für die Gleichsetzung herangezogene späte Successio comitum Matiscensium folglich eine (leicht erklärbare) Fehlüberlieferung bieten dürfte. Die „Leotald-Lösung" ist somit nicht ausgeschaltet!

Doch wie ist schließlich, wenn man Gf. Leotald v. Mâcon als Vater Gerbergas anspricht, die Nachricht der Gesta pontif. Autiss. zu verstehen, daß der nachweislich mit Gerberga vermählte, 1002 verstorbene Hzg. Heinrich v. Bgd. eine Schwester Bisch. Hugos v. Auxerre, der ein Sohn Lamberts v. Chalon war, zur Ehefrau hatte? Offenbar hat schon Sz. de Vajay den richtigen Weg zur Lösung des Problems gewiesen. Wenn diese Quelle zuverlässig ist, so bleibt nur der Schluß, daß Hzg. Heinrich, nachdem Gerberga zwischen 986 und 991 gestorben war und seine 2. nachweisliche Ehe mit Gersinda (v. d. Gascogne) um 996 wieder getrennt worden war, noch eine 3. Eheverbindung – eben mit der in den Gesta pontif. Autiss. nicht namentlich genannten Schwester Bisch. Hugos – eingegangen ist. Auch wenn die strikte Interpretation des *tunc temporis*, die de Vajay gab, Bedenken erweckt (s. oben), man also das *tunc temporis* nicht auf die Ehe Hzg. Heinrichs im Jahre 1002, sondern auf die Bestimmung der Zeit des an dieser

Stelle angesprochenen Aufstandes der burgundischen Großen gegen Kg. Robert 1002 zu beziehen hat, bleibt doch die Angabe bestehen, daß sich „damals, nach dem Tode Hzg. Heinrichs, welcher die Schwester Bisch. Hugos zur Frau genommen hatte, die burgundischen Großen gegen ihren Kg. Robert erhoben“. Warum aber sollte der Autor die 1. Ehefrau Hzg. Heinrichs meinen, die damals schon 10–15 Jahre tot war und da doch Heinrich sich nachher nachweislich wiederverheiratet hatte, auch wenn diese Ehe gescheitert war? Eine 3. Ehe Heinrichs, zumal er ja nach dem Tode Gerbergas entschlossen war, nicht als Witwer weiterzuleben, ist nach der Trennung von Gersenda (v. d. Gascogne) sogar zu erwarten; und eine solche war damals im burgundischen Raum für Adlige auch nichts Seltenes: sehr genau wissen wir das ja z. B. von Gf. Leotald v. Mâcon (s. unten) und Hzg. Wilhelm V. v. Aquitanien (vgl. bei nr. **2** u. **3**).

Bei dieser Sichtweise – d.h. bei der Annahme Gerbergas als Tochter Gf. Leotalds I. und Schwester Gf. Alberichs II. v. Mâcon (s. oben bei A) – fügen sich alle Indizien zur Bestimmung der Herkunft Gerbergas ohne alle großen Unwahrscheinlichkeiten und ohne eklatante Widersprüche zusammen. Man versteht auch sofort, daß nach dem Tode Gf. Alberichs II. (981/82) dann eben mit Otto-Wilhelm der Sohn von Alberichs II. Schwester in Mâcon als Graf (981/82, vgl. bei nr. **7**) nachfolgen konnte. Denn die beiden noch zum Jahre 971 genannten Söhne Alberichs II., Leutald II. und Alberich III., scheinen in den Kirchendienst eingetreten zu sein, und zwar in Besançon (vgl. S. de VAJAY, A propos S. 162 Anm. 3; B. de VREGILLE, Royaume S. 229). Auch fügen sich die erkennbaren Lebensdaten Leotalds und Alberichs II. mit denen Gerbergas gut zusammen. Diese sind bei J. NOSPICKEL, Gf. Leotald S. 157–174, zusammengetragen. Dabei zeigt sich, daß Leotald um 930 zusammen mit seinem Vater Gf. Alberich I. in das Mâconnais kam, daß er 931 mit seinem Vater und einem Bruder Humbert auftritt, auch daß er bereits 935 mit Ermengard verheiratet war (s. unten), also um 935/40 mit dieser durchaus zwei Kinder – eben Alberich II. und Gerberga – haben konnte, ja daß er in 2. Ehe, seit März 943 (A. BERNARD – A. BRUEL, Rec. des chartes de Cluny I S. 582 f. nr. 625; vgl. auch dort S. 632 ff nr. 680 vom März 946) nachweisbar, mit einer gewissen Berta (vielleicht Tochter Gf. Hugos d. Schwarzen; so J. RICHARD, Leutald, in: LexMA V Sp. 1920) verehelicht ist und schließlich vor 948/49 noch eine gewisse Richildis geheiratet hatte (A. BERNARD – A. BRUEL, Rec. des chartes de Cluny I S. 685 nr. 729; vgl. dort auch II S. 72 f. nr. 976 vom 8. V. 955; J. RI-

CHARD, a.a.O.). Der seit 960 nachweisbare, 971 mit zwei voll handlungsfähigen Söhnen (Leotald II. und Alberich III.) bezeugte Gf. Alberich II. (vgl. bei nr. 7) wird also um 935/40, Gerberga um 940 geboren sein.

Der Todestag Leotalds wird im Nekrolog von Saint-Vincent de Mâcon (13. Jh.) zum 3. XI. vermerkt; J. LAURENT – P. GRAS, Obituaires de la prov. de Lyon 2 S. 410: ... *ob. Leotaldus comes, qui dedit beato Vincentio in pago Lugdunensi mansum de Monte Gaudini ... et in pago Matisconensi mansum de Oratorio*; dazu M.-C. RAGUT, Cart. de Mâcon S. 283f. nr. 488 u. S. 63 nr. 76. Auf eine heute nicht mehr vorhandene und somit nicht mehr kontrollierbare Überlieferung zum Todestag Leotalds macht Sz. de VAJAY, A propos S. 155 Anm. 3, aufmerksam: J. SEVERT, Chronologia S. 73, setzte Leotalds Tod in das Jahr 965 und gab dazu in Note g an: *17. sept. ex li. ms. Obituu[m] Eccl. Matiscon.* Das Todesjahr ist gewiß erst eine frühneuzeitliche Festlegung und geht wahrscheinlich auf Philibert Bugnyon zurück. Findet man doch schon bei N. VIGNERIUS (Vignier), Rer. Burg. Chron., von 1575, auf S. 111 zum Jahre 965: *Leothaldus Matisconensis comes fato concedens, Othonem et Albericum filios reliquit, quorum Otho maior natu Comitatus insignia Matissani assumpsit. Bugnonius.* Daß Bugnyon keinen Glauben verdient, wurde oben schon betont. Im übrigen läßt sich urkundlich eine genauere Festlegung treffen: Nachdem Gf. Leotald den Konvent von Luxeuil noch zu Jahresende 960 bei einer Besitzkontroverse beraten hatte, sieht man am 16. I. 961 *missi domni Leotaldi comitis cum filio suo Alberico* über Rechtsansprüche Clunys in Vinzelles verhandeln (A. BERNARD – A. BRUEL, Rec. des chartes de Cluny II S. 193f. nr. 1100). Bereits im Januar 962 schenkt sein Sohn *Albericus, gratia Dei comes ... pro remedio anime mee ac patris mei Leotaldi ac matris mee Ermengardis* Grundstücke und Hörige an das Kloster Cluny (A. BERNARD – A. BRUEL, a.a.O. II S. 215f. nr. 1124). Sonach müßte Gf. Leotald I. am 3. XI. (oder 17. IX.) 961 verstorben sein. Bestattet wurde er in Cluny, denn schon im März 943 hatte er um eine Grabstelle in diesem Kloster gebeten: *ubicumque ego vitam finiero, corpus meum monachi requirant et in eodem Cluniense monasterio sepulture tradant;* A. BERNARD – A. BRUEL, a.a.O. I S. 582f. nr. 625.

Verheiratet mit Ermengard (einer Tochter Gf. Manasses v. Chalon) war Leotald bereits im April 935; A. BERNARD – A. BRUEL, a.a.O. I S. 420f. nr. 432: *ego Leotaldus, Dei gratia comes, necnon et uxor mea Ermengardis, ... ut pius Dominus animas nostras vel parentum nostro-*

rum, Alberici atque Tolosane, Manassei et Ermengardis, necnon Geraldi amici nostri ... liberare dignetur ..., cedimus atque donamus ... Zu den beiden weiteren Ehen Gf. Leotalds – mit einer Berta seit 943 und einer Richildis vor 948/49 – vgl. bereits oben.

27 : Ermengard als erschließbare Mutter Gerbergas

Die Belege dafür, daß Ermengard die 1. Gemahlin Gf. Letalds v. Mâcon war und die Mutter Gerbergas gewesen sein dürfte, sind bei nr. **26** mitgenannt. Dort auch die Nachweise für ihre ungefähre Verehelichungs- und ihre Todeszeit.

28 : Vermutungen zum Vater Ragenolds v. Reims u. Roucy

Zum Vorschlag von H. MORANVILLÉ, Origine de la Maison de Roucy S. 15–27, der auch von E. BRANDENBURG, Nachkommen S. 66 (zu Gen. VII, 63), aufgegriffen wurde, in Ragenold einen Normannenabkömmling zu sehen, vgl. bei nr. **14 / 15**. Demgegenüber weist K.F. WERNER, Nachkommen S. 464 (zu Gen. VII, 18), darauf hin, daß der Name „Ragenaldus / Ragenoldus / Rainaldus einer der verbreiteten fränkischen Hochadelsnamen (merow. Ragnoaldus)“ war. – Dom G. MARLOT, Metropolis Remensis II S. 195, hatte bereits 1679 gemeint, daß der Erbauer der Burg Roucy, Ragenold, der *filiorum Heriberti Viromandensis octavus* gewesen sei. Diese Meinung begegnet nochmals bei N. LE LONG, Histoire de Laon S. 429. Für die Zuweisung Ragenolds zur Familie der Grafen v. Vermandois spricht indes keine Quelle und kein stichhaltiges Argument. – M. BUR, Formation de Champagne S. 138f., dem sich Chr. SETTIPANI, Comtes d'Anjou S. 222 u. 225, anschließt, vermutet einen älteren Gf. Rainald v. Soissons als Vater Gf. Rainalds v. Reims u. Roucy wie auch eines Gf. Waldricus v. Soissons. Eine größere Sicherheit ist für diesen Vorschlag nicht zu erbringen.

30 / 31 : Hzg. Giselbert v. Lothringen und Gerberga als Eltern Albradas

Während für die Filiation von Gerberga zu Albrada mehrere Quellenzeugnisse vorhanden sind (vgl. bei nr. **3**, nr. **7**, nr. **15**), läßt sich Hzg. Giselbert nur einmal klar als Vater Albradas nachweisen, und zwar durch das Schreiben Abt Siegfrieds v. Gorze vom Herbst 1043;

vgl. dieses oben bei nr. **3**. Aber auch mit Argumenten läßt sich Giselbert als Vater Albradas absichern. – So war Ottos d. Gr. Schwester Gerberga bekanntlich seit Sommer 928 mit Hzg. Giselbert verheiratet (vgl. Belege bei **XV : Ksn. Gisela** nr. **15**; G. WAITZ, Jahrb. Heinrichs I. S. 121); und nach Giselberts Tod am 2. X. 939 hat sie sich im November / Dezember 939 mit Kg. Ludwig IV. d'Outremer v. Frkr. neu vermählt (vgl. bei **XV : Ksn. Gisela** nr. **14**). Da nun ihre Tochter Albrada (oben nr. **15**) bereits ca. 948 verheiratet wurde, kann diese nur aus Gerbergas 1. Ehe mit Giselbert stammen. Auch gab Albrada einem Sohn den Namen Giselbert (vgl. bei nr. **14 / 15**), so daß ihre Abstammung vom Lothringerherzog kaum zu bezweifeln ist; zudem hieß Hzg. Giselberts Mutter Albrada; vgl. C. KNETSCH, Haus Brabant I S. 11 f.; M. BOUQUET, Rec. des Historiens IX S. 666 (Zitat bei nr. **60 / 61**).

Die Geburtszeit Giselberts – „kaum vor 890" – wurde von H. RENN, Luxemburger Grafenhaus S. 12 Anm. 44, daraus gefolgert, daß Giselbert beim Tode seines Vaters Gf. Reginar I. Langhals (915) noch ein *admodum iuvenis* bzw. ein *puer* war (so Sigehard, Miracula S. Maximini cap. 11, 12 u. 16, MGH SS 4 S. 231 ff.). K.F. WERNER, Nachkommen (Tafel Gen. VI, 12), meinte dagegen: „* ca. 880". Daß letzteres nicht zutrifft und für Giselbert eine Geburtszeit um 893/94 anzunehmen ist, dazu vgl. bei **XIII : Ksn. Kunigunde** nr. **10 / 11**.

Von der Festlegung der Geburtszeit Giselberts hängt u.a. ab, ob Giselbert, der am 19. I. 916 zusammen mit seinem (jüngeren) Bruder Reginar II. an einem Gerichtstag in Heristal teilnahm (Ph. LAUER, Rec. des actes de Charles III, Bd. II S. 187 ff. nr. 84) und dessen Bruder Reginar II. 924 bereits Söhne für die Freilassung Giselberts aus einer Gefangenschaft als Geiseln stellen konnte (Flodoard, Annales ad 924, ed. Ph. LAUER S. 21), bereits vor seiner 928 mit Gerberga geschlossenen Ehe einmal verheiratet war. Hierfür wurde eine Dame Namens Godilda namhaft gemacht (vgl. C. WAMPACH, Echternach I,2 [Quellenband] S. 264, Vorbemerkung zu nr. 170; auch H. BEYER, Mittelrhein. UB II S. 17 nr. 32). Kritisch zu dieser Vermutung E. HLAWITSCHKA, Hzg. Giselbert S. 427 Anm. 17; ND in: DERS., Stirps regia S. 382 Anm. 17. Zum mißglückten Vorschlag von R. KLEIN, Eltern S. 8–27, Giselbert eine erste Ehe mit Kunigunde, der Witwe Pfgf. Wigerichs, zuzusprechen, vgl. bei **XIII : Ksn. Kunigunde** nr. **2** (Abschnitt H).

Zu Belegen für das Todesdatum Hzg. Giselberts vgl. bei **XV : Ksn. Gisela** nr. **14**.

Zur Geburtszeit Gerbergas, zur Verheiratungszeit und zu ihrem Todestag und Bestattungsort vgl. bei **XV : Ksn. Gisela** nr. **15**.

32 : Gf. Ramnulf II. (v. Poitiers) als Vater von Gf. Ebolus (Manzer)

Daß Gf. Ramnulf II. v. Poitiers der Vater des Ebolus (Manzer) war, zeigen die bei nr. **16** zitierten Quellen.

Ramnulfs II. Geburtszeit erschließt K.F. WERNER, Nachkommen (Tafel Gen. V, 17), mit „* ca. 845/50". – Verheiratet war Ramnulf II. mit einer gewissen „Adda, † (nach 890) VII / 1" (vgl. zu ihr ebd. S. 455 Gen. V, 17, mit dem Zitat aus einem Epitaph aus S.-Hilaire de Poitiers: *Adda Deo dilecta … Ramnulfi coniunx, sed Christi sponsa fidelis … obiit in pace kalendas iulii feliciter,* und einer weiteren Absicherung); jedoch war Adda nicht die Mutter des Ebolus.

Gestorben ist Ramnulf II. offenbar 890. Dieses Jahr nennt die Chronique de Saint-Maixent, ed. J. VERDON S. 76: *Anno DCCCXC Ramnulfus obiit.* Auch eine Urkunde für S. Martin v. Tours vom 10. X. 890 (?), die bereits seinen Sohn als Aussteller aufweist (vgl. bei nr. **16**), deutet auf dieses Jahr. Der Todestag war der 5. VIII., wie das Nekrolog von Saint-Germain-des-Prés, ed. A. MOLINIER, Obituaires I,1 S. 268, zeigt: *Nonas Aug. Dep. … domni Ramnulfi comitis.* – Die Stammtafel der Herzöge von Aquitanien bei E.-R. LABANDE, Hist. du Poitou, nennt indessen „† 892".

33 : NN als Mutter von Gf. Ebolus (Manzer)

Ebolus war – wie sein Beiname Mancer (= uneheliches Kind, Bänkling, Bankert; vgl. Deutoronom. 23, 2) zu erkennen gibt – ein uneheliches Kind, wohl von einer uns unbekannten Konkubine Ramnulfs. Hierzu vgl. Adémar v. Chabannes, Chron., ed. J. CHAVANON S. 139, Fassung C, (= M. BOUQUET, Rec. des Historiens VIII S. 232): *Hic vero Ramnulfus, ex conjuge legitima cum non haberet prolem, suscepit ex concubina filium, Eblum nomine.* Vgl. auch ebd. S. 198. – A. RICHARD, Hist. de Poitou I S. 43f. Anm. 6, fand in einer Urkunde von 878 (L. RÉDET, Doc. pour Saint-Hilaire I S. 12) nach dem Grafen Ramnulf II. und seinem Bruder Gauzbert (gefallen 892 gegen Kg. Odo) eine Ermengard als Unterzeichnerin und meinte, in ihr Ramnulfs Gemahlin sehen zu dürfen, was jedoch nicht zutrifft (vgl. bei nr. **32**). Bei W.K. Prinz v. ISENBURG, Ahnen S. 8 (nr. 33), wird angegeben: „Ermengard (Konkubine)". Ob jedoch eine Konkubine als Urkundenzeugin herangezogen wurde? – In der Stammtafel der Herzöge von Aquitanien bei E.-R. LABANDE, Hist. du Poitou, ist „Adda“ als Ramnulfs II. Konkubine und Mutter des Ebolus Manzer angegeben. Begründet wurde diese Angabe nicht.

36 : Jarl Rögnvald aus Möre als Vater (Hzg.) Rollos v. d. Normandie

Aus den nordischen Quellen ergibt sich, daß Rollo / Gangerolf ein Sohn des westnorwegischen Jarls Rögnvald / Raugnvalldur von Möre und den Orkaden war; vgl. Quellen u. Literatur bei nr. **18**. – Bei Richer v. Reims, Hist. de France lib. I cap. 28, ed. R. LATOUCHE Bd. 1 S. 64, ed. H. HOFFMANN S. 65, wird von *Rollone filio Catilli* gesprochen, wobei lib. I cap. 4 u. 9 (S. 14 u. 24 ff.; bzw. ed. HOFFMANN S. 41 u. 45) ein Catillus als tyrannischer *princeps* der Normannen eingeführt wird, den ein tapferer Fahnenträger Ingo nach der Gefangennahme und Zwangstaufe erschlägt. Diese Catillus-Erwähnungen sind als nachträgliche Ergänzungen dem Richer-Original zugefügt worden und gehören zu Richers freien Erfindungen; sie verdienen keinen Glauben; vgl. R. LATOUCHE S. 24 f. Anm. 1, und Ph. LAUER, Louis IV d’Outremer S. 267 f.

Neuerdings hat D.C. JACKMAN, Rorgonid Right S. 142, gemeint: „There are reasons for believing, … that Rollo was a son of Godefrid (III.) and his Carolingian bride“. (Gemeint ist der 885 getötete Dänenführer Gottfried, der 883 Gisela, die Tochter Kg. Lothars II., geheiratet hatte; vgl. K.F. WERNER, Nachkommen Tafel (Gen. V, 14). Seine Argumente können indes angesichts der nordischen Quellen nicht überzeugen.

Über die Frage, ob Rollo Norweger oder Däne gewesen ist, gab es lange Diskussionen; vgl. dazu die Literaturhinweise bei H. SCHWAGER, Gf. Heribert II S. 336 f. mit Anm. 1.

37 : Hilda als Gemahlin des Jarls Rögnvald und Mutter (Hzg.) Rollos

W.K. Prinz v. ISENBURG, Ahnen S. 8 (nr. 37), verzeichnet – mit Hinweis (S. 156) auf F. BRÖMMEL, Genealog. Tabellen S. 35, eine „Hiltrud“ als Gemahlin Rögnvalds. – In der Heimskringla (Saga de Harold Fairhair), ed. F. JÓNSSON S. 56, heißt es, daß Rögnvald zur Frau hatte „Hilda, Tochter des Rolf Nevja“, und daß ihre Söhne Rolf und Thorir hießen; vgl. bei nr. **18**.

38 / 39 : Gf. Berengar (v. Rennes) u. NN, Tochter Gurvands (Bretonenfürst), als Eltern Popas

Daß Popa eine Tochter Gf. Berengars (v. Rennes) war, (der von 889 bis vor 931 bezeugt ist,) überliefern Dudo v. St. Quentin und – von ihm abhängend – Wilhelm v. Jumièges; vgl. bei nr. **18**. – Zur genealogischen Einordnung Berengars gibt es verschiedene Ansichten. In den Fußnoten zur 1896 edierten Chronique de Nantes, ed. R. MERLET S. 67 Anm. 3, S. 70 Anm. 4, S. 91 Anm. 2 und S. 93 Anm. 1, heißt es – gestützt auf von Pierre Le Baud zwischen 1498 und 1505 gefertigte Auszüge aus heute verlorenen Chroniken aus der Bretagne [zu P. Le Baud vgl. ebd. S. XI] –, daß Berengar ein „fils de Judicael, comte de Rennes" war; er habe 890 erfolgreich gegen die Normannen gekämpft. Judicael wiederum, der 888 gegen die Normannen gefallen war, sei „par sa mère petit-fils d'Erispoé" gewesen, so daß Gf. Berengar dem Geschlecht der Bretonenfürsten zuzurechnen wäre. – Etwas anders sind die Zusammenhänge dargestellt in der Stammtafel bei A. de LA BORDERIE, Histoire de Bretagne II (von 1898) S. 546: Dort erscheint Berengar als Bruder Judicaels und Sohn Gurvands, der seinerseits Schwiegersohn des Bretonenfürsten Erispoe war. Vgl. zudem DERS., Chronologie S. 41–45; DERS., Examen du Cartul. de Redon S. 422. – Bei W. KIENAST, Herzogstitel (1968) S. 141, erscheint Berengar hingegen als „fränkischer Graf, 889 bis vor 931", der mit einer Schwester Hzg. Judicaels († 888) bzw. Tochter Hzg. Gurvands († 877) vermählt war und selbst die Kinder „Judicael Berengar, † um 970, Gf. v. Rennes" sowie „Poppa, Gemahlin Hzg. Rollos v. d. Normandie", hatte; und Hzg. Gurvand ist dabei als Schwiegersohn des 857 verstorbenen Hzgs. Erispoe gekennzeichnet. (Vgl. dort auch S. 144 Anm. 6 u. 7). Diese Version scheint am plausibelsten, da der Name Berengar nicht zu den sonstigen bretonischen Namen in der Familie der Bretonenfürsten paßt. Zudem ist bei Dudo v. St. Quentin die fränkische Abkunft Popas zweimal ausdrücklich betont, was mit einer Zuordnung ihres Vaters zur bretonischen Herzogsfamilie nicht konveniert; vgl. bei nr. **19**. Auch weiß Dudo, De moribus et actis lib. III cap. 38 (ed. J. LAIR S. 182, ed. J.P. MIGNE, PL 141 Sp. 660), davon zu berichten, daß sogleich nach Hzg. Wilhelms Herrschaftsantritt *Berengerus comes et Alannus pariter caeterique Britones nec non Northmannorum principes*, d. h. der Vertreter der fränkischen Zentralgewalt, der Bretonenfürst und die normannischen Großen, ihre Huldigung leisteten.

Anzufügen ist, daß man im 13. Jh. im Umfeld von Rouen Annalen kompilierte und sich dabei der normannischen Frühgeschichte annahm, insbesondere auch der Person Rollos. So werden in den Annalen v. Evreux (Ann. Uticenses, ed. A. LE PREVOST S. 154) zu 898 das Auftauchen Rollos mit seinem Heer vor Chartres und sein Zurückweichen vor einer Marienreliquie erwähnt, zu 911 seine Taufe durch Bisch. Franco, zu 914 das Friedensabkommen Kg. Karls d. Einf. mit Rollo bei gleichzeitiger Verheiratung von Karls Tochter Gisela mit Rollo genannt, wobei auch vermerkt ist, daß Rollo von ihr *nullum filium habuit,* und zu 917 wird dann folgende Nachricht mitgeteilt: *Mortua Gisla accepit Rollo uxorem Popam filiam comitis, de qua genuit filium nomine Willemum. – Obiit Rollo primus dux Normannorum, cui successit Willemus filius eius.* Die damit in Verbindung stehenden Annalen von Jumièges (Ann. Gemmeticenses, ed. J. LAPORTE S. 51) bieten den gleichen Text – freilich versetzt zu 908 und zu 912 –, formulieren den Text zu 912 aber folgendermaßen: *Facta est pax etiam inter Rollonem et Karolum regem Francorum, deditque ei Karolus filiam suam nomine Gillam et totam Neustriam et minorem Brittaniam concessit. Suscepit eum de sacro fonte Robertus dux Burgundie et nomen suum imposuit. Mortua est Gilla absque omni prole, et Rollo duxit Popam uxorem, filiam Wydonis comitis Siluanectensis, sororem Bernardi, de qua genuit Willelmum.* Und zu 917 folgt dann: *Obiit Rollo primus dux Normannie, successit filius eius Willelmus.* – Hierbei ist ganz offensichtlich auf der Basis der bei Dudo v. St. Quentin (De moribus et actis lib. II cap. 25–34, ed. J. LAIR S. 166–173, ed. J.P. MIGNE, PL 141 Sp. 647–654) gebotenen Mär von der Verehelichung Giselas, der Tochter Kg. Karls d. Einf., mit Rollo, die ins Reich der Erfindungen gehört (vgl. A. ECKEL, Charles le Simple S. 80ff.; K.F. WERNER, Nachkommen S. 461 zu Gen. VI/44), normannisches Erzählgut weiterentwickelt. Auch ist manches in Vorlagen Vorgefundene chronologisch entstellt und sinnverkehrt wiedergegeben (so z.B. ad 900: *Teudebaldus / Zendebaldus rex filium Arnulfi occidit*). Die Brauchbarkeit der Herkunftsangabe Popas von einem Gf. Wido v. Senlis ist dabei schon deshalb in Zweifel zu ziehen, weil in zeitgenössischen bzw. zeitnahen Quellen ein Gf. Wido v. Senlis überhaupt nicht zu finden ist. – Dennoch ist vor einigen Jahren dieser Angabe der Vorzug vor der Mitteilung Dudos gegeben worden bei Chr. SETTIPANI, Préhistoire des Capétiens S. 219ff. (mit Verweis auf eine mir nicht zugängliche Arbeit von J. DEPOIN, Les compagnes de Rollon, in: La société de Vexin et le millénaire normand, Pontoise 1911, S. 19–48, hier S. 44f.).

40 : NN, Vater des Vicegrafen / Grafen Tetbald v. Tours

Vom 1037 im Kampf um das Königreich Burgund gefallenen Gf. Odo II. v. Blois u. Champagne, dem Enkel des Tetbald Tricator (nr. **10**) und Urenkel des Vicegf. / Gf. Tetbald v. Tours (nr. **20**), sagt Rodulfus Glaber, Hist. lib. III cap. 9 § 37, ed. M. PROU S. 86: *Erat enim isdem Odo natus ex filia Chuonradi regis Austrasiorum* (= Kg. Konrads v. Burgund), *Berta nomine, licet a patris sui proavis obscurae duxisset genus lineae.* Die väterlichen Vorfahren Gf. Odos II. hatten demnach ihren Aufstieg aus der Vasallenschicht der Robertiner angetreten, wie man am Vicegf. Tetbald (nr. **20**) deutlich sieht.

F. LOT, Origine de Thibaud S. 179–184 (ND S. 113–118), hat versucht, für Gf. Tetbald Tricator, dem er (fälschlicherweise, vgl. bei nr. **20**) die Belege für Vicegf. Tetbald v. Tours (nr. **20**) mit zuordnet, aus einer von Richer v. Reims (um 995/96) über den Liber Floridus des Lambert v. Saint-Omer (um 1120) und Andreas v. Marchiennes zu Martinus Polonus, Bernard Gui und zum Chronicon Sithiense des Jean v. Ypern anwachsenden Legende einen Gerlo, Sohn des Ingo, als Vater zu ermitteln. Zumal aber die Erzählung Richers, Hist. lib. I cap. 9–11, ed. R. LATOUCHE Bd. I S. 24–30 (ed. H. HOFFMANN S. 45ff.), wie er selbst zugesteht, „non seulement légendaire, mais encore fabriqué en grand partie" ist, trägt sie auch alle weiteren Schlüsse nicht. Vgl. zu Ingo bereits bei nr. **36**. Ablehnend in quellenkritischer Untersuchung zu Ingo und Gerlo auch bereits J. DEPOIN, Études préparatoires III S. 567–585; Ph. LAUER, Louis IV d'Outremer S. 267f.

42 / 43 : Gf. Rotger v. Maine und Rothildis, Tochter Karls d. K. u. Richildes, als erschließbare Eltern Richildes

Noch W.K. Prinz v. ISENBURG, Ahnen S. 8 (nrn. 46 u. 47), gibt als Eltern Richildes, der Mutter des Tetbaldus Tricator, den 866 gefallenen „Grafen Robert d. Tapferen v. Paris" und „N., Schwester des Gf. Adelem aus der Gegend v. Laon" an. Daß diese auf J. DU BOUCHET, Véritable origine S. 188, zurückgehende Ansicht nicht haltbar ist, haben bereits H. D'ARBOIS DE JUBAINVILLE, Hist. de Champagne I S. 134f., F. LOT, Origine de Thibaud S. 186f. (ND S. 120f.), u.a. gezeigt. Hätte doch sonst auch – wie ein Blick in Isenburgs Tafel zeigt – Tetbaldus Tricator mit Liutgard v. Vermandois in einer Nahehe 2:3 gelebt, was in der damaligen Zeit völlig undenkbar war.

F. LOT, a.a.O. S. 187f. (ND S. 121f.), macht zudem darauf aufmerksam, daß G. de MANTEYER, Origine de Savoi S. 100–103, 132f., vorschlug, Richilde, die Mutter des Tetbald Tricator, als Tochter Gf. Roberts v. Troyes († 886) anzusehen. Er bemerkte freilich auch schon dazu: „Tout cela est ingénieux, mais n'est que pure hypothèse, sans l'ombre d'une preuve à l'appui". F. LOT, a.a.O. S. 188f. (ND S. 122f.), meinte deshalb, daß die Tetbald-Tricator-Mutter „Richilde n'est autre que la veuve de Charles le Chauve, l'impératrice de ce nom. Thibaud est né des relations de Richilde avec un certain Gerlon d'origine inconnue". Doch kann er außer Argumenten aus der Namengebung (Wiederkehr des Namens Richilde) keine überzeugenden Gründe vorbringen. Daß von der verwitweten Kaiserin Richilde – Karl d. K. hatte sie Ende 869 / Anfang 870 nach dem Tod seiner 1. Gemahlin Ermentrud in 2. Ehe geheiratet – bekannt ist, sie habe nach Karls d. K. Tod den Witwenschleier genommen, aber dennoch recht weltzugewandt gelebt (vgl. das Exzerpt eines Briefes Erzbisch. Fulcos v. Reims an sie bei Flodoard, Hist. eccl. Rem. lib. IV cap. 5, MGH SS 13 S. 566; jetzt besser MGH SS 36 S. 386f.: *Richildim reginam vel imperatricem litteris commonens … pro fama non bona quae ad ipsum de vita vel actibus eiusdem reginae pervenerat … Velamen quoque Christi, quod assumpserat causa viduitatis, incorruptum servare studeret …*), und daß Liutgard, die Witwe des Grafen Tetbald Tricator, ihre Schwiegermutter Richilde, als *quondam sanctimonialis* bezeichnete (vgl. bei nr. **21**), berechtigt wohl kaum zu beider Identifizierung; denn Witwen pflegten normalerweise den Schleier zu nehmen, so daß dies kein besonderes Identitätsmerkmal darstellt. Und hätte es sich bei Gf. Tetbalds Mutter um die Kaiserwitwe gehandelt, wäre ihr doch wohl von Liutgard, ihrer Schwiegertochter, der *regina*-Titel gewiß nicht versagt worden. Auch ist darauf hinzuweisen, daß der von Lot ins Gespräch gebrachte *Gerlo* ganz unhistorisch ist (vgl. schon bei nr. **40**), ja, daß eine Wiederverheiratung der Ksn. Richilde ausschließbar erscheint, weil die Kaiserwitwe noch in zwei zwischen dem 4. II. 910 und dem 3. II. 911 einzureihenden Urkunden für das lothringische Kloster Gorze als *Richildis quondam regina* bzw. als *domna Richildis regina* auftritt, dabei keines neuen Ehemannes gedenkt, ihre Schenkung für ihre verbleibende Lebenszeit (*quamdiu vixero*) als Präkarie zurückerbittet, einen jählichen Zins zu zahlen bereit ist und alles mit Hilfe eines *Altmannus advocatus*, nicht etwa – wie in solchen Fällen üblich – mit ihrem Ehemann oder einem Sohn abwickelt; vgl. A. D'HERBOMEZ, Cartul. de Gorze S. 157–162 nrn. 87 u. 88. Sie war also doch wohl nach Karls d. K. Tod im Stand der *regina* verblieben und keine weitere Ehe eingegangen. – Lediglich ein Hinweis Lots ist wichtig:

Das Fragmentum veteris historiae S. Florentii Salmuriensis (11. Jh.) schreibt Tetbald Tricator die Abstammung aus dem Königsgeschlecht zu; vgl. P. MARCHEGAY et E. MABILLE, Chroniques des Églises d'Anjou S. 209 und S. 241: *Teutbaldum Blesis comitem, regia stirpe ortum* bzw. *Theobaudum Blesis comitem, regia stirpe progenitum.*

Nun scheinen Lots Namengebungsargument (Wiederholung des Richilde-Namens) und sein Hinweis auf königliche Abstammung des Tetbaldus Tricator im Fragmentum aus Saumur aber auch für eine jüngere These von J. DEPOIN, Études préparatoires III S. 589ff., zu sprechen, wonach ein Graf Hugo v. Bourges und seine Frau Rothildis, die Tochter aus Karls d. K. zweiter Ehe mit Richilde, die Eltern von Richilde (nr. **21**) gewesen sein dürften. Depoin stützt seine These auf eine Passage der in den Anfangsteilen oft recht verworrenen Gesta consulum Andegavorum, einer Chronik aus der Mitte des 12. Jhs. (ed. L. HALPHEN – R. POUPARDIN, Chroniques des comtes d'Anjou S. 31; vgl. auch unten), in der von einem *Hugo dux Burgundiae, filius alterius Hugonis,* die Rede ist, der für einen jungen verwaisten Karl (= Karl d. Einf.) die Regierung führte und dessen Blutsverwandter über die Muttersseite er war (*orphani illius [Caroli], ex parte matris suae consanguineus erat*). Indem Depoin den *Hugo dux Burgundiae* mit dem in einer Urkunde Karls d. Einf. vom 31. X. 900 (s. unten) zusammen mit seiner Mutter Rothilde auftretenden Grafen Hugo, Kg. Karls Blutsverwandten (*dilectus Hugo comes consanguineus noster*), identifiziert, mußte dessen Mutter Rothild die gleichnamige bekannte Tochter Karls d. K. (aus dessen 2. Ehe mit Richild) und der Vater ein Hugo gewesen sein, welcher dann seinerseits mit dem 892 ums Leben gekommenen Grafen Hugo v. Bourges (s. unten) gleichgesetzt wird und dem dann noch weitere Vorfahren erschlossen werden. – Depoins Ansicht haben sich angeschlossen M. BUR, Formation de Champagne S. 86, 151ff., 240; H. SCHWAGER, Gf. Heribert II. S. 133; R.-H. BAUTIER, Origines de Bouxières S. 19 mit Anm. 3; u.a.

K.F. WERNER, Nachkommen S. 422–428 und Tafel (Gen. IV, 42), hat sich mit Depoins These nicht auseinandergesetzt. Er hat zwar Rothilde als Tochter Karls d. K. und Richildes verzeichnet bzw. nachgewiesen, ihr aber Gf. Rotger v. Maine († vor 31. X. 900), nicht Gf. Hugo v. Bourges, als Ehemann zugeordnet; so auch schon DERS., Untersuchungen z. Frühzeit I S. 279–283. Werner geht davon aus, daß jenes (von Depoin herangezogene) Diplom vom 31. X. 900, das einen Grafen Hugo als *consanguineus* Kg. Karls d. Einf. aufweist und neben ihm seine Mutter Rothilde nennt, Güter in der Grafschaft Maine betrifft, für die ein Gf. Rotger nachweisbar ist, und daß Rothilde folglich mit Gf. Rotger v. Maine verheiratet gewesen sein wird. Die *consanguinitas* Gf. Hugos mit Kg. Karl d. Einf. muß dann über Hugos Mutter Rothilde (als Ks. Karls d. K. Tochter aus seiner 2. Ehe mit Richilde) gelaufen sein.

Die von J. Depoin ins Gespräch gebrachte These ließe sich indessen dann weitervertreten und mit Werners Nachweisen zu Rothildis und ihrem Ehemann Gf. Rotger in Verbindung bringen, wenn eine von zwei Möglichkeiten zutreffen sollte: (a) wenn Kgn. Richildes Tochter Rothild n a c h dem Tod ihres Gemahls Gf. Rotger v. Maine († vor 31. X. 900; an diesem Tag wird Rothild mit ihrem Sohn Hugo – dieser bereits als Graf v. Maine – erwähnt; vgl. Rec. des actes de Charles III le Simple, ed. Ph. LAUER I S. 75f. nr. 35) eine neue (von K.F. Werner freilich nicht erwähnte) Ehe mit Gf. Hugo v. Bourges eingegangen ist und mit diesem – bald nach 900 – Richilde, die Gemahlin Tetbalds d. Ä., des Vicegrafen v. Tours, zeugte (so H. SCHWAGER, Gf. Heribert II. S. 133; nach M. BUR, Origine de Champagne S. 86 u. 240), oder wenn (b) die Ehe Rothilds mit Gf. Hugo v. Bourges bereits v o r derjenigen mit Gf. Rotger v. Maine lag und nur recht kurz war, d.h. auch nur ein Kind – Richilde, die spätere Gemahlin Vicegraf Tetbalds v. Tours – aus ihr hervorging.

Nun wissen wir, daß Rothild etwa 871 aus der zweiten (Ende 869 / Anfang 870 geschlossenen) Ehe Karls d. K. mit Richilde hervorgegangen war (Belege bei K.F. WERNER, Nachkommen S. 447 [zu Gen. III, 16] und S. 454 [zu Gen. IV, 42]), daß Gf. Hugo v. Bourges im Kampf mit Hzg. Wilhelm d. Fr. v. Aquitanien bereits 892 ums Leben kam (Abbo, De bello Parisiaco lib. II v. 548–566, MGH SS rer. Germ. S. 44) und daß dann Gf. Rotger v. Maine nach 897 und vor Ende Oktober 900 verstorben ist (Belege bei K.F. WERNER, Nachkommen S. 423f.; DERS, Untersuchungen z. Frühzeit I S. 279–286). Es ist also – will man Werners Nachweis und Depoins These zusammenbringen – nur die 2. Möglichkeit gegeben. H. Schwagers (auf M. Burs Buch gestützter) Vorschlag einer 2. Ehe Rothilds mit (dem 892 ums Leben gekommenen) Gf. Hugo v. Bourges nach einer Erstehe mit (dem erst 897/900 verstorbenen) Gf. Rotgar I. v. Maine ist demnach an der Chronologie gescheitert. Aber auch die Möglichkeit (b) zur Aufrechterhaltung der von Depoin entwickelten und von Bur weiterverbreiteten These einer Herkunft Richildes (nr. **21**) von Gf. Hugo v. Bourges († 892) und Rothild, der Tochter Karls d. K. und seiner 2. Frau Richilde, ist nicht realistisch. Ist doch in dem schon erwähnten

Diplom Kg. Karls d. Einf. vom 31. X. 900 (s. oben) Rothilds Sohn Hugo nicht als Kind, sondern als selbständig handelnder Graf aufgeführt, was seine Geburt doch wohl spätestens um 885 voraussetzt: ... *adeuntes nostrae dignitatis excellentiam dulcissima genetrix nostra Adeleidis et dilectus comes Hugo consanguineus* ...; bestätigt werden u. a. *in comitatu quoque Coenomannico* (= Maine) *Nunniagum villam* (= Nuillé-le-Jalais, dép. Sarthe), *quam dedit Hugo comes et mater sua Rodhildis sancto Ebrulfo* ... Zumal der somit spätestens 885 geborene Rothild-Sohn Gf. Hugo aber den Gf. Rotger (v. Maine) zum Vater hatte (*S. Hugonis comitis filii Rotgeri comitis*; Quellennachweis bei K.F. WERNER, Untersuchungen z. Frühzeit I S. 280 Anm. 121, S. 285 f. nrn. 14 u.15), bleibt für eine erste (frühestens um 884 geschlossene) Ehe der 871 geborenen Tochter Karls d. K. und Richildes, Rothild, mit dem 892 gefallenen Gf. Hugo v. Bourges vor derjenigen mit 897/900 gestorbenen Gf. Rotger v. Maine kein realistischer Platz.

Damit muß doch wohl die These einer Abstammung Richildes (nr. **21**) von Gf. Hugo v. Bourges aufgegeben werden. Der Ausgangspunkt für sie – die Gesta consulum Andegavorum , deren Anfangsteile schon als recht verworren gelten – ist also nicht tragfähig. Er ist zudem – was bisher nicht bemerkt worden ist – auch deshalb abzulehnen, weil die von Depoin benutzte (Teil)-Edition in M. BOUQUET, Rec. des Historiens IX S. 29, mit der Angabe *Hugo dux Burgundiae, filius alterius Hugonis*, lediglich einen Nachdruck aus Luc D'ACHERY's Spicilegium sive collectio veterum aliquot scriptorum Bd. III, Paris 1723, S. 243 (oder aus dessen Vorgängerausgabe Veterum aliquot scriptorum ... spicilegium Bd. X, Paris 1671, S. 432) darstellt und die jetzt zu benutzende Edition von P. MARCHEGAY u. A. SALMON, Chronique des contes d'Anjou S. 64, nach *dux Burgundiae* die Anm. 2 anbringt: „Add. du Spic.: *filius alterius Hugonis*", die verschiedenen Handschriften aber, die von Marchegay – Salmon wie auch zuletzt von Halphen – Poupardin (s. oben) benutzt wurden, diesen Zusatz überhaupt nicht aufweisen. Er ist also offenbar eine moderne Erfindung.

Nimmt man indessen den oben zitierten Hinweis im Fragmentum veteris historiae S. Florentii Salmuriensis auf die Abstammung Tetbalds des Betrügers (nr. **10**) aus königlichem Geschlecht ernst und sieht man im Namen seiner Mutter Richildis (nr. **21**) eine Wiederaufnahme des Namens der 2. Gemahlin Ks. Karls d. K., so verbleibt – da Rothild offenbar die einzige aus Karls d. K. zweiter Ehe hervorgegangene Tochter war (vgl. MGH Capit. II, 2 S. 357 nr. 281 § 6 – Capitulare von Quierzy vom 14. VI. 877 zur Sicherung seiner Familie für den

Fall des Todes Karls d. K. in Italien – *De filiabus nostris, cum quo honore secundum Dei voluntatem et quali salvamento aut adiutorio consistere debeant. Quod etiam parvulae nostrae filiae datum habemus aut deinceps dederimus, cum quali securitate tenere possit. Et si Deus eam ad perfectam aetatem venire donaverit, in matris suae sit potestate, et a nullo contra ipsius voluntatem vel marito tribuatur vel sacrum ei velamen imponatur*) – nur die Annahme, daß Richild (nr. **21**) – ebenso wie Gf. Hugo v. Maine und die namentlich unbekannt gebliebene und in erster Ehe mit Hzg. Hugo v. Francien vermählte Tochter NN (zu beiden vgl. die Nachweise bei K.F. WERNER, Nachkommen S. 424 ff.) – der Ehe Rothilds mit Gf. Rotger v. Maine entstammte.

Trifft dies zu, so wird man – K.F. Werners Nachkommentafel Karls d. Gr. etwas korrigierend und erweiternd – für Rothild (nr. **43**) eine Geburt noch 870, ihre Verheiratung mit Rotger v. Maine etwa 884, die Geburt ihres Sohnes Hugo etwa 885 und die Geburt ihrer beiden Töchter NN und Richilde (nr. **21**) etwa 886 und 887/88 ansetzen können.

Während für die Todeszeit Gf. Rotgers († vor 31. X. 900) das entscheidende Argument bereits angeführt wurde (nämlich das an diesem Tage ausgestellte Diplom Karls d. Einf. mit der Erwähnung des Rotger-Sohnes Gf. Hugo und seiner verwitweten Mutter Rothild), ist für Rothild noch zu vermerken, daß sie am 22. III. 928 als Äbtissin des Frauenklosters Chelles verstarb; zum Tagesdatum vgl. die Totenbücher von Saint-Germain-des Prés, Saint-Denis und Argenteuil in: Obituaires de la prov. de Sens I, ed. A. MOLINIER S. XX f., S. 254: *XI. kal. [apr.] Dep. Rothildis, abbatissae et monachae, filiae regis magni Karoli*; ebd. S. 312 u. 345; das Jahr geht aus der Angabe bei Flodoard, Annales ad 929, ed. Ph. LAUER S. 43 f., hervor, Rothild sei *nuper defunctae*, weshalb zu Jahresanfang 929 dann der beginnende Kampf um ihre *alodes* zu vermelden war. Die Angabe bei Ph. LAUER, Robert Ier S. 8 Anm. 3, Rothild sei am 22. III. 925 verstorben (danach noch K.F. WERNER, Untersuchungen z. Frühzeit I S. 281), ist unbegründet; richtig dann K.F. WERNER, Nachkommen S. 425, 428. – Zweifel daran, daß es sich bei der zum 22. III. verstorbenen Dame nicht um die Tochter Ks. Karls d. K., sondern vielleicht um die an einem 24. III. als Äbtissin v. Faremoutiers verstorbene gleichnamige Tochter Ks. Karls d. Gr. handeln könnte, hegt A. DECKER-HEUER, Studien z. Memorialüberlieferung S. 146 f. mit Anm. 349. Vgl. aber schon K.F. WERNER, a.a.O. S. 427 f. Anm. 27.

Nachzutragen bleibt noch, daß J. BOUSSARD, Origines des familles S. 303, im Jahre 1962 die These lancierte, Richilde (nr. **21**) sei aus der Familie der mit den Karolingern verbundenen Familie der Rorgoniden und Gauzline hervorgegangen: „Tout porte à croire, d'abord que Richilde était fille de Bernard ou d'Emenon, neveux de Geoffroy comte du Maine, c'est-à-dire descendante de Rorgon et de Gauzuin, comte du Maine en 799". Diese Ansicht hat, da keine gewichtigen Argumente sie stützen, keine Anhänger gefunden.

Gänzlich ohne tiefere Kenntnis der Quellen- und Literatursituation ist die Angabe bei R. MCKITTERICK, Frankish Kingdoms S. 356, Tafel 4, zu Karls d. K. zweiter Gemahlin: „Richild, d. 910/14, m. Charles the Bald, king of west Franks – no children survived infancy".

44 / 45 : Gf. Heribert I. (v. Vermandois) und NN als Eltern Gf. Heriberts II.

Zur Filiation zwischen Gf. Heribert I. und Gf. Heribert II. v. Vermandois gibt es kein direktes Quellenzeugnis. In der historischen bzw. genealogischen Literatur wird dies kaum beachtet und die Filiation als völlig sicher vorausgesetzt; vgl. etwa A. ECKEL, Charles le Simple S. 57: „Herbert [I.] ... fut tué par un vassal du comte de Flandre. Son fils Herbert II lui succeda"; C. v. KALCKSTEIN, Französ. Königtum S. 503; E. BRANDENBURG, Nachkommen S. 87f. (zu Gen. V, 3 u. VI, 3); K.F. WERNER, Untersuchungen z. Frühzeit III S. 87ff.; DERS., Nachkommen S. 455, 458 (zu Gen. V, 3 u. VI, 3); M. BUR, Formation de Champagne S. 88f.; H. SCHWAGER, Gf. Heribert II. S. 31f.; etc.

Die Filiation läßt sich nur mit der Nachfolge Heriberts II. in die Macht- und Amtsposition Heriberts I. im Bereich Soissons, Meaux, Mézerais, Vermandois etc. begründen – vgl. dazu K.F. WERNER, Untersuchungen (wie oben) –; insbes. läßt sich auf Heriberts I. Ringen um St. Quentin und Péronne in Auseinandersetzung mit Gf. Balduin v. Flandern (vgl. Ann. Vedast. ad 895–900, MGH SS rer. Germ. S. 77ff.) verweisen, d.h. um jene beiden gut befestigten Plätze, in denen Heribert II. später Kg. Karl d. Einf. bis zu seinem Tod gefangenhielt (vgl. Flodoard, Annales ad 923, 927, 929, ed. Ph. LAUER S. 15, 39, 44) bzw. wo Heribert II. bestattet wurde (St. Quentin, vgl. bei nr. **22**). Hinzuweisen ist schließlich auf den um 1200 schreibenden Guido v. Bazoches (zit. bei Alberich v. Troisfontaines, MGH SS 23 S. 757), der über Gf. Heribert II., den Inhaftierer Kg. Karls d. Einf., folgendes schreibt: *Heribertus Campanie comes et Vermandensis, qui filius Pipini comitis, qui Bernardi, qui Pipini regis Italie, qui Karoli Magni imperatoris, ob gratiam Rodulfi Francorum regis* [= Kg. Raoul v. Frkr., 923–936] *de novo creati et Hugonis ducis, cuius sororem habebat uxorem, Karolum regem sub sacramento pacis ad colloquium fraudis invitat. Ad quod venire Karolus non evitat specie consanguinitatis et spe regni recuperandi delusus. Quem cum venisset, insidiis comes Heribertus exceptum et deceptum recludens Karolum …* Der eindeutig als Gf. Heribert II. charakterisierte Vermandoisgraf (die Champagne ist eigentlich erst von seinen Nachkommen erworben worden) wird hier als Karolingerverwandter und Nachkomme Kg. Pippins v. Italien dargestellt (zu diesem Abstammungszweig vgl. bei **XV : Ksn. Gisela** nr. **36**). Freilich ist Gf. Heribert I. ausgelassen; es muß also nach *qui filius* ein *Heriberti, qui* ergänzt werden. Daß Guido v. Bazoches nicht lediglich eine völlige Fehlüberlieferung bietet, zeigt Flodoard, Annales ad 923, ed. Ph. LAUER S. 14f., indem er überliefert, daß *Heribertus* [II.] *comes Bernardum* [v. Senlis], *consobrinum suum, … ad Karolum dirigit,* was die Verwandtschaft mit den von Kg. Bernhard v. Italien abstammenden Männern unterstreicht (vgl. dazu Ph. LAUER, Louis d'Outremer S. 5 Anm. 2). – Einen weiteren Beleg liefert die Genealogia II der Genealogiae Comitum Andegavensium (ed. L. HALPHEN et R. POUPARDIN, Chron. des Comtes d'Anjou S. 248, mit Überlieferungsbefund S. XCIV). Dort wird folgende Genealogie geboten:

Herbertus comes
|
Herbertus item
|
Leutgardis — *Robertus*

Leutgardis	*Robertus*
Emma	*Adela*
Willelmus	*Fulco*
etc.	etc.

Doch auch sie ist nicht einwandfrei. Denn hier wird zwar richtig die Filiation von Gf. Heribert I. auf Heribert II. mitgeteilt, aber fälschlich wird zum ersten, statt zum zweiten Herbert die Erklärung, die sich eindeutig auf Heribert II. bezieht, angeschlossen: *fraudulentissimus qui Karolum regem dolosa et perjura fraude apprehensum in custodia diutius apud Castellum Theodorici detinuit et ad tempus quidem pro inimicitia inter se et Radulfum regem relaxavit sed rursus in vincula retrusit.*

Die Angabe, daß Heribert II. v. Vermandois ein Sohn Heriberts I. war, findet man übrigens dann bereits im 16. Jh. in der Ergänzung einer (bei **XV : Ksn. Gisela** nr. **36 / 37** ausführlich zitierten) Stelle aus der Chronik Reginos v. Prüm bei N. Vignier, Rerum Burgundionum chronicon S. 78, zu 900/901: *Heribertus Veromanduorum Comes, recuperata auxilio Caroli Regis Perona et Atrebatensi urbe ex Balduino Flandriae Comite, ab Alduino ipsius Balduini satellite, paulo post interemptus est, relicto eiusdem nominis Heriberto filio, ad quem successio eius pervenit. Regino. Iac. Meierus.* (Mit letzterem ist Jacques Meier, Commentarii sive annales rerum Flandricarum, 1561, gemeint).

Zur erschließbaren Geburtszeit Heriberts I. vgl. bei **XV : Ksn. Gisela** nr. **18 / 19**. – Daß Gf. Heribert I. zwischen 900 und 906 sein Leben verlor, ist dort gleichfalls nachgewiesen. Das Tagesdatum könnte der 16. Februar gewesen sein, falls der Eintrag *Heribertus maior* zu *XIIII. Kal. mart.* im Reimser Domnekrolog (ed. P. Varin, Archives législatives S. 69), in dem auch der Todestag seines Sohnes Gf. Heribert II. zum 23. II. (*Heribertus comes*, ebd. S. 70) zu finden ist (vgl. bei nr. **22**), auf ihn zu beziehen sein sollte.

Über die Ehefrau Gf. Heriberts I. ist nichts bekannt.

46 : Kg. Robert I. v. Frankreich als Vater (Liutgards), der Gemahlin Gf. Heriberts II. v. Vermandois

Zu den Nachweisen, daß der *dux* und spätere (Gegen)könig Robert I. der Vater der Ehefrau Gf. Heriberts II. war, vgl. bei nr. **23**.

Robert und sein älterer Bruder Odo, Kg. in Westfranken / Frankreich (888–898), waren 866 beim Tode ihres Vaters, Gf. Roberts d. Tapferen, noch minderjährig; Regino, Chron. ad 867, MGH SS rer. Germ. S. 93: *Odo et Ruotbertus, filii Ruotberti, adhuc parvuli erant, quando pater extinctus est, et idcirco non est illis ducatus commissus.* Robert dürfte demnach um 855/860 geboren sein. – Zu seiner Verheiratungszeit vgl. bei nr. **47**.

Robert ist am 15. VI. 923 bei Soissons im Kampf gegen Karl d. Einf. gefallen; vgl. Ann. S. Columbae Senon., MGH SS 1 S. 104 f.: *922.*

Rothbertus princeps inunctus ad regem 6. Kal. Iul. contra Karolum a Gualterio archiepiscopo Senonum, et nondum anno expleto 17. Kal. Iul. peremptus est in bello ab exercitu Karoli Suessione. Zu weiteren Nachweisen vgl. Ph. LAUER, Robert Ier S. 10f. mit Anm. 1. – Zu seiner Bestattung in Sainte-Colombe de Sens vgl. ebd. S. 78f.

47 : NN (Beatrix, Gem. Kg. Roberts I. ?) als Mutter Liutgards (?), der Gemahlin Gf. Heriberts II.

Hzg. Hugo d. Gr., der Sohn des 923 gefallenen (Gegen)königs Robert I. v. Westfranken / Frankreich, urkundete am 26. III. 931 in Tours für das Kloster St. Martin *in eleemosyna domni et genitoris nostri Rotberti quondam regis ac genetricis nostrae domnae Beatricis atque nostra*; M. BOUQUET, Rec. des Historiens IX S. 719f. Eine weitere Bezeugung der Gemahlin Kg. Roberts und Mutter Hzg. Hugos d. Gr. edierte A. VIDIER, Notices S. 316f. nr. II: *Hanc … villam Willelmus comes Rotberto vice fratrum* (von S. Aignan d'Orléans) *reddiderat comiti, et Rotbertus … pro remedio anime suae et anime uxoris suae Be.* (sic) *atque pro incolumitate filii sui Hugonis concessit …* – Die Ehe Kg. Rotberts mit einer Beatrix ist damit gesichert. Daß Hzg. Hugo d. Gr. einer Tochter den Namen Beatrix (= künftige Gemahlin Hzg. Friedrichs I. v. Oberlothringen) gab, fügt sich gut in dieses Bild. K.F. WERNER, Nachkommen S. 458 (zu Gen. VI, 4), möchte aus der erstgenannten Urkunde – bes. aus der Gegenüberstellung von *quondam* beim Vater und lediglich *domna* bei der Mutter – schließen, daß Beatrix 931 noch gelebt hat.

Nun ist andererseits durch den um 1200 schreibenden Guido de Bazoche bezeugt, daß Gf. Heribert II. von Vermandois eine Schwester Hugos d. Gr. zur Frau hatte (vgl. bei nr. **44** / **45**, auch die Argumente bei nr. **23**). War nun die Mutter Hugos d. Gr., Beatrix, auch die Mutter dieser Gemahlin Heriberts II.? Gegen die Abstammung der Gemahlin Heriberts II. von Kg. Roberts Ehefrau Beatrix sprechen indessen – nach der Auffassung von K.F. WERNER, a.a.O. – gewichtige Gründe. Werner verweist nämlich auf die (erst ca. 100 Jahre nach den Ereignissen gegen Ende des 10. Jhs. geschriebene) Historia Francorum Senonensis (MGH SS 9 S. 366) und auf das von ihr abhängige Chronicon S. Petri Vivi Senonensis des Clarius (ed. L.-M. DURU S. 460; ed. R.-H. BAUTIER – M. GILLES S. 72) mit der Nachricht: *Habebat enim idem Robertus* (= der gefallene Gegenkönig) *sororem istius Herberti* (II. v. Vermandois) *in coniugio; de qua ortus est Hugo*

Magnus. Wenn nun aber Gf. Heribert II. eine Tochter Kg. Roberts zur Frau gehabt hätte, von welcher Hugo d. Gr. geboren wurde, so müßte Heribert II. – wäre Hugos d. Gr. Mutter Beatrix seine Schwester gewesen – die Tochter seiner eigenen Schwester geheiratet haben, was natürlich völlig unmöglich war. Um nicht die beiden (späten) Quellen aus Sens als Fehlüberlieferung erklären zu müssen, entschließt sich Werner für den Ausweg, Beatrix nur als 2. Ehefrau Roberts aufzufassen, die ihrem Mann lediglich den Sohn Hugo d. Gr. gebar; die anderen Kinder Roberts aber – nämlich Emma, die Gemahlin Kg. Rudolfs / Raouls v. Frkr. (†936), und NN (Liutgard ?, nr. **23**), die Gemahlin Gf. Heriberts II. v. Vermandois – seien einer früheren Ehefrau Roberts zuzuweisen. (Daß dies eine gewisse Adela gewesen sein könnte, wie H. Schwager u. a. meinten, war oben bereits bei nr. **23** zurückzuweisen). Werner verweist zudem auf eine Urkunde vom 15. April 932 aus Tours, in der die Kanoniker von St. Martin in Tours von Emma, die sie mit einer Präkarie ausstatten, als von der *gloriosae reginae domnae Immae, domni Roberti regis filiae, sororis suae* (sc. Hugos d. Gr.), sprechen und in der auch bestimmt wird, *ut ipse* (= Hugo d. Gr.) *germanae suae domnae Immae reginae successor existat*; E. Martène – U. Durand, Thesaurus novus I S. 67. Da *soror germana* oft die „Schwester vom gleichen Vater" bedeutet, müsse also – so Werner – zwischen Hugo und Emma eine Halbgeschwisterschaft vorliegen. (Die Sicht Werners ist aufgenommen bei M. Bur, Formation de Champagne S. 96; C.B. Bouchard, Patterns of women's names S. 16 Anm. 27; auch Dies., Those of my Blood S. 52 u. ö.).

Diese Sichtweise ist jedoch keineswegs sicher; denn auch die Deutung von *germana* als „leibliche, echte, rechte Schwester" – etwa im Unterschied zur geistlichen Schwester oder ebenfalls zur Betonung der Geschwisterschaft in gehobener Sprechweise – ist möglich. So bezeichnete etwa Ks. Lothar I. seinen Bruder Ludwig d. D. als *dilectissimus germanus* (MGH D Lo I 111, 128), Lothar II. seinen Bruder Karl v. d. Provence in einem Satz sowohl als *frater* wie auch als *germanus* (MGH D Lo II 20 u. 36), als *germanus* auch seinen Bruder Ks. Ludwig II. (MGH D Lo II 29); Ks. Karl III. sprach von seinem Bruder Karlmann v. Bayern als *Karlomannus rex germanus noster* (MGH D K III 15, 166), von Ludwig d. J. als vom *frater* und *germanus* im gleichen Diplom (MGH D K III 158); im Westen nannte Gf. Robert v. Francien seinen Bruder Kg. Odo *germanus* (Rec. des actes de Robert Ier, ed. R.-H. Bautier – J. Dufour S. 156 nr. 41), und umgekehrt sprach Kg. Odo von seinem *germanus* Robert (Rec. des actes d'Eudes, ed. G. Tessier – R.-H. Bautier S. 85 nr. 19, S. 165f. nr. 40, S. 174f. nr. 41; vgl. auch Ortlieb, Chronicon Zwifaltense lib. I cap. 1, ed. E. König – K.O. Müller S. 12: *Roudolfus … competentem sibi accepit uxorem …Adelheidam nomine … natique sunt eis … septem filii et tres filiae. Nomina filiorum fuerunt ista: Couno primogenitus, secundus Liutoldus … – Duo germani, qui maiores natu fuerunt, Couno scilicet ac Liutoldus.* …cap. 4, S. 20: *Ista sunt allodia, quae saepedictus piae memoriae Liutoldus comes cum germano suo Counone comite … contulerunt*; cap. 8, S. 40: *Domno Counone comite ex hac luce migrante cum frater eius Liutoldus comes solus esset superstes …*; usw. Diese Beispiele, in denen eine Stiefgeschwisterschaft völlig ausscheidet, mögen genügen.

Verwirft man unter dem Eindruck der oben genannten und noch leicht weiter vermehrbaren Belege, die *germana* als Vollschwester bezeugen, die strikte Deutung K.F. Werners von *germana* lediglich als Halbschwester (durch den gleichen Vater), so könnte die als Mutter Hzg. Hugos d. Gr. und Gemahlin Kg. Roberts bezeugte Beatrix auch die Mutter der Heribert-Gemahlin sowie Emmas, der Gemahlin Kg. Rudolfs / Raouls v. Frkr. dann gewesen sein, wenn man die späte, die Sichtweise Werners auslösende Nachricht aus Sens (daß Kg. Robert I. eine Schwester Heriberts II. zur Frau hatte) tatsächlich als Fehlüberlieferung beiseite läßt. So wurde sie schon bewertet von H. Schwager, Heribert II. S. 406–409, der zusätzlich darauf aufmerksam macht, daß die späteren Kapetinger (als Nachkommen Hugos d. Gr. und seines Sohnes Kg. Hugo Capet) karolingerblütig gewesen wären, wenn Beatrix, Hugos d. Gr. Mutter, eine Schwester Gf. Heriberts II. v. Vermandois und somit eine karolingische Blutsträgerin gewesen wäre; die Kapetinger haben aber erst im 13. Jh. mittels des „Reditus regni Francorum ad stirpem Karoli“ den Makel, nicht der karolingischen *stirps* entsprossen zu sein, abschütteln können. Beatrix als Mutter von Gf. Heriberts II. Ehefrau (Liutgard ?) dürfte dann ca. 870 geboren sein, ca. 885/90 geheiratet haben und bald darauf ihre älteren Kinder Emma und NN (Liutgard ?) geboren haben, ihren Sohn Hugo d. Gr. sodann ca. 900/905 zur Welt gebracht haben. Die sowieso nicht bezeugte Einführung einer 1. und einer 2. Ehefrau Kg. Roberts, die erstmals K.F. Werner vornahm, könnte dann unterbleiben. Welcher Familie Beatrix entstammte, bleibt freilich ungeklärt.

48 : Mgf. Adalbert v. Ivrea als Vater Kg. Berengars II. v. Italien

Am 1. V. 928 bezeichnete sich der spätere Kg. Berengar II., damals noch *marchio*, in einer in Pavia ausgestellten Kaufurkunde als *filius bone memorie Adelberti illustris marchio[nis]*; Cod. dipl. Langob. S. 894 nr. 526. Ähnlich auch in einer Gerichtsurkunde vom 13. IV. 945; C. MANARESI, Placiti I S. 551 ff. nr. 144. Zu einem weiteren Filiationsbeleg aus der Antapodosis Liudprands v. Cremona vgl. bei nr. **24**; ebd. lib. V cap. 4, MGH SS rer. Germ. S. 131, heißt es – wobei auch Kg. Berengars II. Mutter mit angesprochen wird – : *Per id tempus Berengarius atque Anscarius in Italia fratres clarebant uno quidem patre, Adelberto scilicet Eporegiae civitatis marchione, sed non una matre progeniti. Berengarium scilicet ... Gisla, Berengarii regis filia, Anscarium autem Hermengarda, Adelberti Tusciae provinciae marchionis, quam ex Berta [sorore] regis Hugonis habuerat filia, peperit.*

Die Geburtszeit Mgf. Adalberts läßt sich nur schätzen. Seinem Vater Anschar war er jedenfalls schon zwischen 898 und 900 nachgefolgt; vgl. E. HLAWITSCHKA, Franken, Alemannen S. 100 ff. u. 128 f.

Daß er bereits vor 900 geheiratet hat, ist bei nr. **24** aufgezeigt. G. FASOLI, Adalberto d'Ivrea S. 217, setzt den Eheschluß erst um 903, wobei sie aber die bei nr. **24** herangezogene Liudprand-Stelle und deren Implikationen übersieht.

Letztmalig ist Mgf. Adalbert zum 8. XII. 922 bezeugt; vgl. L. SCHIAPARELLI, Dipl. di Rodolfo II S. 100 ff. nr. 3. – *Defuncto Adelberto, Eporegiae civitatis marchione, uxor eius Hermengarda* (= 2. Gemahlin Adalberts, s.o.) *totius Italiae principatum obtinebat,* schreibt Liudprand, Antapod. lib. II cap. 66, MGH SS rer. Germ. S. 67. Wenn deshalb am 8. X. 924 bereits *Hermengarda inclyta comitissa* zusammen mit Mgf. Bonifaz von Camerino und Spoleto bei dem nach Italien gekommenen Kg. Rudolf II. v. Hochburgund intervenierte und sie am 5. XII. dieses Jahres zusammen mit ihrem Stiefsohn Berengar II. und ihrem Sohn Anskar bei Kg. Rudolf vorstellig wurde (L. SCHIAPARELLI, a.a.O. S. 111 nr. 6 u. S. 122 nr. 10), dann dürfte Mgf. Adalbert 923, eventuell auch erst in der ersten Jahreshälfte 924, verstorben sein. – Die Angabe bei M.L. BULST-THIELE, Ksn. Agnes S. 117 (in der Tafel der Ahnen der Kaiserin): „Adalbert v. Ivrea, † 914/33", ist somit ebenso mißraten wie die Bemerkung bei W.K. Prinz v. ISENBURG, Ahnen (Tafel 8 nr. 48): „Adalbert II. (!) Mgf. v. Ivrea, † 924/25".

Zu Mgf. Adalbert und seinem Vater Mgf. Anskar vgl. auch E. HLAWITSCHKA, Franken, Alemannen S. 100–104, 128–131.

49 : Gisela, Tochter Kg. / Ks. Berengars I., als Mutter Kg. Berengars II.

Zur Filiation vgl. den Beleg aus Liudprands Antapodosis bei nr. **48**. Als Schwiegersohn (*gener*) des Königs erscheint Mgf. Adalbert v. Ivrea (nr. **48**) in drei Urkunden Berengars I.; L. SCHIAPARELLI, Dipl. di Berengario I S. 192f. nr. 71 (vom 13. VI. 910), S. 232ff. nr. 87 (vom 26. I. 913), S. 247f. nr. 93 (von ca. 913). Obgleich Mgf. Adalbert also noch 913 als königlicher Schwiegersohn galt, muß doch Berengars I. Tochter Gisela schon einige Jahre vorher verstorben sein; denn am 18. VIII. 924 intervenierte bereits Anskar, Mgf. Adalberts Sohn aus seiner 2. Ehe mit Ermengard, der Tochter Mgf. Adalberts v. Tuszien (vgl. bei nr. **48**), zusammen mit seinem Halbbruder Berengar (nr. **24**) bei Kg. Rudolf II. v. Hochburgund als erwachsener, amtsfähiger Markgraf, d.h. als Mann von mehr als 15 Jahren; L. SCHIAPARELLI, Dipl. di Lodovico III e di Rodolfo II S. 103 nr. 4: *Berengarium et Anscharium illustres marchiones dilectos fideles nostros suppliciter exorasse nostram clementiam* ... Sonach dürfte Gisela schon vor 908/09 verstorben sein.

Als Geburtszeit erschließt K.F. WERNER, Nachkommen (Tafel Gen. V, 26), aus dem Familienzusammenhang „ca. 880/85".

50 / 51 : Mgf. Boso v. Tuszien als Vater und Willa (d. Ä.) als Mutter Willas (d. J.)

Die Herkunft Willas (d. J.) überliefert Liudprand v. Cremona, Antapod. lib. IV cap. 8, MGH SS rer. Germ. S. 107f.: *Eo tempore Berengarius iste, cuius tyrannide tota nunc luget Italia* (= Kg. Berengar II.), *Eporegiae civitatis marchio habebatur. Cui rex Hugo neptim suam nomine Willam, quam ex Willa uxore sua Boso Tusciae provinciae marchio, regis frater, genuerat, coniugem dedit.* Vgl. auch lib. IV cap. 11, S. 109f.

Geboren ist Boso – nach der bei K.F. WERNER, Nachkommen (Tafel Gen. VI, 16), gegebenen Generationenanordnung bei den Nachfahren Karls d. Gr. – „ca. 885". Seit 911 ist er neben seinem älteren Bruder Hugo (geb. 880/81), dem späteren Kg. Italiens, in Niederburgund nachweisbar; von dort folgte er – wohl 931 – seinem Bruder nach Italien; 932 wurde er Markgraf in Tuszien; Ende 936 wurde Boso dort nach Unstimmigkeiten mit seinem Bruder, dem König, inhaftiert, während Willa in ihre Heimat Burgund verwiesen wurde; vgl. A. HOFMEISTER, Markgrafen S. 405f. Damit verschwinden beide aus der Geschichte.

Eventuell kann man Boso noch mit jenem *inclitus comes Boso* identifizieren, der um 940 Güter im Bereich von Vienne an die Abtei St.-Barnard-de-Romans überließ; vgl. Cartulaire de Saint-Barnard, ed. U. CHEVALIER S. 14 nr. 6, S. 25 f. nr. 14. Vgl. auch H. KELLER, Bosone di Toscana S. 277–279.

52 : Gf. Alberich I. v. Mâcon als Vater Gf. Leotalds I. v. Mâcon

Die oben bei nr. **7** (3. Abs.) und nr. **26** (Ende) angeführten Zitate aus der Successio comitum Matisconensium (Grafenliste) und aus der Urkunde Gf. Leotalds liefern den Filiationsnachweis. Auch zeigen die bei M.-C. RAGUT, Cartul. de Mâcon S. 132 nr. 206 und S. 31 f. nr. 38, überlieferten Urkunden vom Jahresbeginn 931 Alberich mit seinen beiden Söhnen Leotald und Humbert bei einer Gütertransaktion mit Bisch. Berno v. Mâcon; vgl. ergänzend dazu auch ebd. S. 232 f. nr. 404 und S. 6 f. nr. 8: ... *dum resideret dominus Berno episcopus secus basilicam alme Marie Virginis ... expetiit ab eo dominus Albericus comes illustris ex rebus aliquid terrenis subtrahi Sancti Vincentii Matisconensis ... At dominus Berno ... contulit illi ecclesiam geminorum Sanctorum Amoris et Viatoris ... ut ipse Leutaldus atque et Umbertus filii prenominati Alberici temporibus vite illorum ... adaptare usibus ... valerent.* – Ebenfalls zeigt ein aus Saint-Maurice d'Agaune stammender Konsensakt Kg. Konrads v. Burgund vom 3. VII. 942 eindeutig den Grafen Alberich mit seinen beiden Söhnen: *tu, Albrice comes, petisti humiliter, ut quasdam res nostras ... tibi et filiis tuis Leutoldo et Umberto post tuum discessum ... concedere deberemus;* MGH D Burg. 64 (S. 206 ff.).

An Alberich und seine Frau Adela gingen offensichtlich am 28. III. 943 auch bestimmte Güter des Klosters Saint-Maurice d'Agaune zu zinspflichtigem Besitz; MGH D Burg. 65 (S. 208 f.). Es ist dies die letzte Bezeugung Alberichs. Elf Monate später, im Februar 944, gab bereits Gf. Leotald zusammen mit seiner 2. Ehefrau Berta und mit seinem Bruder Humbert einen Mansus im Gau von Chalon-sur-Saône für das Seelenheil seiner Eltern sowie seiner ersten Gattin Ermengard an Cluny; A. BERNARD – A. BRUEL, Rec. des chartes de Cluny I S. 609 f. nr. 655: *ego Leotaldus et uxor mea Berta ... pro salute animarum nostrarum et remedio genitoris seu genitricis meae et pro anima Ermengardis dilettae condam uxoris meae donamus.*

Gf. Alberich I. verstarb also zwischen März 943 und Februar 944. Bei B. RAMEAU, Comtes héréditaires de Mâcon S. 130, findet man zu

Alberich I: „L'obituaire de Saint-Vincent place sa mort au 24 des ides de septembre (28 sept.), sans indication d'année". Eine solche Datierung ist aber offenbar fehlerhaft oder unglaubwürdig. Denn das edierte Nekrolog der Kathedralkirche S. Vincent von Mâcon, ed. J. LAURENT – P. GRAS, Obituaires de la prov. de Lyon 2 S. 394, zeigt zwar zum 10. September den Eintrag: *Quarto id. Ipso die ob. Albericus comes,* was sich aber – nach Meinung der Herausgeber – eher auf Gf. Alberich II., den Enkel Gf. Alberichs I., beziehen dürfte. Zum 28. September oder zu einem anderen Tag gibt es dort keinen weiteren Eintrag eines Grafen Alberich. – Bestattet wurde er in Besançon. Die Chronique de l'abbaye de Saint-Bénigne de Dijon, ed. E. BOUGAUD – J. GARNIER S. 33, berichtet von einem *Albericus comes*, der von der Benignus-Abtei die *villa Cussiacus* (= Cussey) als Prästarie erhalten und sie später *iniuste ... sancto Stephano, predicte urbis patrono* (= Kathedralkirche v. Besançon), *pro sepulture sue loco* übergeben hat. Zur Identität dieses Grafen mit Alberich I. v. Mâcon vgl. J. NOSPIKKEL, Gf. Leotald S. 164. Zu den weiteren Vorfahren Gf. Alberichs vgl. bei R. POUPARDIN, Bourgogne S. 212 f.; auch bei B. RAMEAU, a.a.O.

53 : Attala (Adela, Ettola) als Mutter Gf. Leotalds I. v. Mâcon

Seine Mutter nannte Gf. Leotald in einer Urkunde von ca. 943/48: *Ego Leotaldus gratia Dei comes et uxor mea Berta* (2. Ehefrau) ..., *ut pius Dominus animam patris mei Alberici necnon et animam matris mee Ettolane seu et nostris vel Irmengardis quondam uxoris mee de penis inferni eripere dignetur ..., donamus*; M.-C. RAGUT, Cartul. de Mâcon S. 283 f. nr. 488. (Das nur kopial überlieferte Datum *sub die Mercuris, XI kal. octobris, anno VI regnante Hludovico rege* ist fehlerhaft). Ähnlich A. BERNARD – A. BRUEL, Rec. des chartes de Cluny II S. 72 f. nr. 976, vom 8. Mai 955 (?): *Ego Leotaldus comes Matisconensis ... decrevi ... aliquid donare pro salute animae meae et filii mei Alberici matrisque meae Etolanae omniumque antecessorum meorum ...* – Ein Konsensakt Kg. Konrads v. Burgund vom 28. III. 943 zeigt *Adela* zudem als Alberichs Gemahlin; vgl. MGH D Burg. 65 (mit wichtiger Vorbemerkung). Die Namensform *Tolosana* wird in einer Cluny-Urkunde vom März 935 überliefert; vgl. bei nr. **26** (Ende); zur Erklärung dieser Namensvariante vgl. R. POUPARDIN, Bourgogne S. 213 Anm. 6. Dort auch (S. 213 f.) Nachweise zu den Vorfahren Attalas.

Die Verheiratungszeit Alberichs und Attolas erschließt H. BRESSLAU, Jahrb. Konrads II., Bd. 2 S. 35 f., mit „etwa 910".

Attala / Adela verstarb nach dem 28. März 943. Im Februar 944 scheint sie – wie ihr Gemahl – bereits verstorben gewesen zu sein; vgl. bei nr. **52**.

54 / 55 : Gf. Manasse d. Ä. und Ermengard als Eltern Ermengards, der Ehefrau Leotalds v. Mâcon

Zur Filiation vgl. den Beleg bei nr. **26** (Ende). Zur Familie des Grafen Manasse v. Dijon (gen. v. Vergy) vgl. R. POUPARDIN, Provence S. 343, zu seiner Mutter auch E. HLAWITSCHKA, Textkritisches S. 253–257.

Manasse d. Ä. verstarb am 2. VI. 918. Das Nekrolog von S. Bénigne de Dijon (Bibl. de Dijon, ms. 634) weist – nach M. CHAUME, Origines I S. 389 Anm. 4 – auf fol. 141 den Eintrag auf: *IIII nonas junii, Manasses comes noster amicus*; vgl. auch B. SCHAMPER, S. Benigne S. 235f. und S. 297 mit der Angabe „1. Juni" (ein Tippfehler statt 2. Juni?). Noch lebend zeigt ihn die Urkunde vom 18. V. 918 bei A. ROSEROT, Chartes inédites S. 184f. nr. 13: *Richardus, comes et dux Burgundiae ... per deprecationem et consilium Manasse ceterorumque fidelium nostrorum ... restituimus ...* Daß Manasse am Ende dieses Jahres bereits verstorben war, zeigt eine Urkunde bei A. de CHARMASSE, Cartulaire d'Autun I S. 36ff. nr. 23: *Walo ... humilis Eduorum episcopus ... pro fratris nostri Manasse absolutione ...* (Zum Nachweis, daß Bisch. Walo und Gf. Manassse Brüder waren, vgl. E. HLAWITSCHKA, Lotharingien S. 134 Anm. 70, S. 244 Anm. 7; DERS., Textkritisches S. 253–257). Bestattet wurde Gf. Manasse in dem von ihm gegründeten Kloster S. Vivant de Vergy; vgl. B. SCHAMPER, a.a.O., und Chronicon S. Benigni, ed. E. BOUGAUD – J. GARNIER S. 116 Anm. 1.

Zur Todeszeit Ermengards ist nichts bekannt. Bezeugt ist sie noch zum 31. X. 920; A. de CHARMASSE, a.a.O. S. 42ff. nr. 26 (Unterschrift unter der Urkunde ihres Sohnes Bisch. Herveus v. Autun).

60 / 61 : Gf. Reginar I. (Langhals) und Albrada als Eltern Hzg. Giselberts v. Lothringen

Der Eltern ihres einstigen Gemahls, Hzg. Giselberts, gedachte die in 2. Ehe mit Kg. Ludwig IV. d'Outremer v. Frkr. verheiratete Gerberga (nr. **31**) am 12. II. 968. Sie schenkte das *praedium ... vocabulo Marsnam* (= Meersen) *pro ... remedio senioris nostri piae memoriae Gisleberti suique parentum, patris scilicet et matris Rageneri et Albradae*, an Saint-Rémy zu Reims; M. BOUQUET, Rec. des Historiens IX

S. 666. Vgl. auch Rec. des actes de Charles III le Simple, ed. Ph. LAUER S. 229 ff. nr. 100 und S. 243 ff. nr. 103.

Als Geburtszeit Reginars I. vermuten E. BRANDENBURG, Nachkommen S. 63 (Gen. V, 24), und ihm folgend K.F. WERNER, Nachkommen Tafel (Gen. V, 11): „* ca. 850“. Zur nicht tragfähigen Basis für diese Vermutung und zur Annahme einer etwas späteren Geburtszeit um 855/65 vgl. bei **XIII : Ksn. Kunigunde** nr. **10 / 11**.

Daß Reginar I. vor seiner Ehe mit Albrada bereits einmal verheiratet war, wird gelegentlich vermerkt; so z. B. bei R. PARISOT, Royaume de Lorraine S. 611; H. RENN, Luxemburger Grafenhaus S. 10–12, 39 f. Daß es sich bei dieser 1. Ehefrau um Ermentrud, eine Tochter Kg. Ludwigs d. St., handelte, daß diese 1. Ehe um 888 geschlossen wurde und daß Ermentrud wahrscheinlich um 892 verstarb, so daß Reginars Ehe mit Albrada erst ca. 893 geschlossen worden sein kann, dazu vgl. bei **XIII : Ksn. Kunigunde** nr. **10 / 11.** Ebd. auch die Nachweise zur Todeszeit Reginars I.; auch E. HLAWITSCHKA, Gf. Siegfried I. v. Luxemburg S. 61 f.

Über die Todeszeit Albradas ist nichts bekannt.

62 / 63 : Kg. Heinrich I. und Mathilde als Eltern Gerbergas
→ **XV : Ksn. Gisela** nr. **30 /31**

XIX : Kg. u. Ks. Heinrich IV. (1056 bzw. 1084–1105, † 1106)

1: Kg. u. Ks. Heinrich IV.

Das Geburtsjahr Heinrichs IV. – 1050 – ist u.a. bezeugt bei Hermann v. Reichenau, Chron. ad 1050, MGH SS 5 S. 129: *Ipso autumno domnus papa synodum Vercellis collegit. ... Quo etiam tempore Agnes imperatrix tandem imperatori filium peperit*; Ann. Altahenses maiores ad 1050, MGH SS rer. Germ. S. 47: *Autumno imperatrix Deo gratias filium peperit*; Ann. Augustani ad 1050, MGH SS 3 S. 126: *Imperatori filius, Heinricus postea dictus, nascitur, prius Konradus nominatus.* (Zum Namenswechsel vgl. G. Thoma, Namensänderungen S. 156–159). Das genaue Geburtsdatum – 11. XI. – überliefert, wenn auch um ein Jahr zu spät, Lampert v. Hersfeld, Ann. ad 1051, MGH SS rer. Germ. S. 63: *Natus est imperatori filius Heinricus, IIII. rex, III. Idus Novembris.*– Der Geburtsort war sehr wahrscheinlich Goslar; vgl. dazu W. v. Giesebrecht, Gesch. d. dt. Kaiserzeit II, 4. Aufl. S. 474, 5. Aufl. S. 474; G. Meyer v. Knonau, Jahrb. Heinrichs IV., Bd. 1 S. 4f.; BSt S. 3 nr. 1; K. Schmid, De regia stirpe S. 67f., ND S. 458f. (zur Deutung der Angabe Gottfrieds v. Viterbo in seinem um 1185 entstandenen Pantheon über die Geburt Heinrichs IV. in Waiblingen); M. Black-Veldtrup, Ksn. Agnes S. 103 Anm. 12.

Zur Verlobung Heinrichs IV. mit Berta v. Turin vgl. Berthold, Chron. ad 1056, MGH SS 5 S. 269, neue Ed. von I.S. Robinson S. 179: *Imperator* (= Ks. Heinrich III.) *de Italia per Baioariam rediens, natalem Domini* (= 25. XII. 1055) *apud castrum Turegum* (= Zürich) *celebravit, ibique Ottonis marchionis filiam aequivoco suo filio desponsavit*; weiter G. Meyer v. Knonau, a.a.O. I S. 9; BSt S. 15 nr. 47.

Zur Verheiratung vgl. – außer G. Meyer v. Knonau, a.a.O. I S. 526f. – besonders Ann. Weissemburgenses ad 1066, MGH SS 3 S. 71: *Eodem anno Heinricus rex Bertam reginam duxit, Ottonis marchionis filiam*; Lampert v. Hersfeld, Ann. ad 1066, MGH SS rer. Germ. S. 103f.: Heinrich IV. *pentecosten* (= 4. Juni) *Herfeldiae celebravit. Nec multo post nuptias in Triburia regio apparatu celebravit in coniunctione Berhtae reginae, filiae Ottonis marchionis Italorum*; Frutolf v. Michelsberg, Chron., ed. F.-J. Schmale, Frutolfs u. Ekkehards Chroniken S. 78: *Anno Domini MLXVII. Heinricus Berhtam Ottonis cuiusdam Italici et Adelheide filiam accepit uxorem nuptias celebrans Triburie.* Die Jahresangabe Frutolfs ist um 1 zu hoch. Das läßt sich auch daran ablesen, daß in MGH D H IV 156 vom Sommer 1065 noch von *interventu nostre dilectissime sponse Berte* gesprochen wird und am 16. November 1066 dann Heinrich IV. schon *ob interventum et petitionem coniugis nostre Berte* urkundete; MGH D H IV 183 (ähnlich nr. 184 vom 3. XII. 1066). Das DH IV 181, in dem von Heinrichs IV. Verehelichung am 13. VII. 1066 in Tribur die Rede ist, muß hier als Fälschung außer Betracht bleiben. – Nach den Ann. Altahenses maiores ad 1066, MGH SS rer. Germ. S. 72, ist der Vollzug der Ehe nicht in Tribur, sondern – nach vorangegangener Krönung Bertas zur Königin in Würzburg, was eine kurz vorher vorangegangene rechtsförmliche Eheschließung (Konsenserklärung der Partner) voraussetzt – in Ingelheim vorgenommen worden: *Cum vero sponsa illius* (= Heinrichs IV.) *iam esset adulta, quam pater eius secum adduxerat novissime regrediens de Italia, et cum ipse iam flore iuventutis vernaret et Wirziburch natale apostolorum Petri et Pauli* (= 29. Juni) *celebraret, regia benedictione eam coronari fecit, moxque in Ingilinheim celebratis nuptiis regali munificentia, ut par fuit, in consortium regni eam adsumpsit.* Doch könnte hier auch eine Verwechslung der Ortsangabe des Autors – und zwar, da er zu 1043 auch die Verheiratung Heinrichs III. in Ingelheim angibt (vgl. bei **XVIII : Ksn. Agnes** nr. 1) – vorliegen. Zu den Eheschließungsmodalitäten vgl. M. BLACK, Töchter Ks. Heinrichs III. S. 47.

Zur 2. Verehelichung Heinrichs IV. mit Eupraxia / Praxedis (von Kiew) vgl. **XXI : Kgn. Eupraxia / Praxedis** nr. 1.

Die Quellen zum Tod Heinrichs IV. am 7. August 1106 in Lüttich sind zusammengestellt bei G. MEYER V. KNONAU, Jahrb. Heinrichs IV., Bd. 5 S. 314f. Zitiert seien hier lediglich die Ann. necrol. Prumienses, MGH SS 13 S. 219: *Anno 1106. Heinricus imperator, filius Heinrici imperatoris, 7. Id. Augusti obiit*, die Ann. Blandinienses ad 1106, MGH SS 5 S. 27, ed. Ph. GRIERSON S. 34: *7. Idus Augusti pater [= Heinricus IV.] moritur Leodii*, und Sigebert v. Gembloux, Chron. MGH SS 6 S. 371 bei Note d: *Imperator Heinricus exhereditatus imperio et inreconciliatus apostolicae sedi 7. Idus Augusti Leodii moritur.* Zum Bestattungsort – zuerst in der Domkirche St. Lambert zu Lüttich, dann vom 15.–24. August 1106 auf dem Hügel Cornillon auf der rechten Maasseite sö. von Lüttich, danach (ab 3. September 1106) in einer ungeweihten Seitenkapelle im Dom zu Speyer, schließlich ab 7. August 1111 im Königschor des Domes neben dem Grab seines Vaters – vgl. G. MEYER V. KNONAU, a.a.O., Bd. 6 S. 7–11 und S. 206f.

2 / 3 : Ks. Heinrich III. und Ksn. Agnes (v. Poitou) als Eltern Ks. Heinrichs IV.

Die Belege für diese Filiation sind unzählig. Verwiesen sei lediglich auf einige Diplome Heinrichs IV.; so MGH D H IV 21 vom 17. VIII. 1057: *qualiter nos ob salutare remedium anime patris nostri Heinrici beate memorie secundi Romanorum imperatoris augusti et per interventum dilectissime matris nostrae Agnetis auguste imperatricis*; D H IV 29 vom 4. XI. 1057: *... afferens preceptum domni genitoris beate memorie Heinrici imperatoris augusti ... per interventum dilectissime matris nostre Agnetis imperatricis auguste*; D H IV 44 vom 18. X. 1058: *qualiter nos dilectissimae genitricis nostrae Agneti imperatrici augustae ecclesiam in honore sanctae Dei genitricis Mariae iuxta castrum Heimenbvrc constructum et omnia, quae genitor noster beate memoriae Heinricus imperator eidem ecclesiae ... attribuit ... dedimus.* – Vgl. auch Vita Heinrici IV. imp. cap. 2, MGH SS rer. Germ. S. 13: *Cum imperator Heinricus, de quo nobis sermo est, patri suo, gloriosissimo imperatori, tertio Heinrico, adhuc puer succederet in regnum – nam illo parvulo pater naturae concessit –, ... non bella pacem disturbabant. ... Hunc beatum regni statum Agnes imperatrix serenissima ... multum iuvit, quae una cum filio rem publicam pari iure gubernavit.* – Vgl. zudem auch oben bei nr. **1**.

Zu den Geburts-, Heirats- und Sterbedaten vgl. bei **XVI : Ks. Heinrich III.** nr. 1 und **XVIII : Ksn. Agnes (v. Poitou)** nr. **1.**

4 : Ks. Konrad II. als Vater Ks. Heinrichs III.
→ **XVI : Ks. Heinrich III.** nr. **2**

5 : Ksn. Gisela (v. Schwaben) als Mutter Ks. Heinrichs III.
→ **XVI : Ks. Heinrich III.** nr. **3**

6 : Hzg. Wilhelm V. v. Aquitanien als Vater von Ksn. Agnes
→ **XVIII : Ksn. Agnes** nr. **2**

7 : Agnes (v. Burgund) als Mutter von Ksn. Agnes
→ **XVIII : Ksn. Agnes** nr. **3**

8 : Heinrich (v. Speyer) als Vater Ks. Konrads II.
→ **XIV : Ks. Konrad II.** nr. **2**

9 : Adelheid (v. Metz) als Mutter Ks. Konrads II.
→ **XIV : Ks. Konrad II.** nr. **3**

10 : Hzg. Hermann II. v. Schwaben als Vater Ksn. Giselas
→ **XV : Ksn. Gisela** nr. **2**

11 : Gerberga (v. Burgund) als Mutter Ksn. Giselas
→ **XV : Ksn. Gisela** nr. **3**

12 : Hz. Wilhelm IV. v. Aquitanien als Vater Hzg. Wilhelms V.
→ **XVIII : Ksn. Agnes** nr. **4**

13 : Emma (v. Blois) als Mutter Hzg. Wilhelms V.
→ **XVIII : Ksn. Agnes** nr. **5**

14 : Gf. Otto-Wilhelm v. Burgund als Vater der Agnes (v. Burgund)
→ **XVIII : Ksn. Agnes** nr. **6**

15 : Ermentrud v. Reims u. Roucy als Mutter der Agnes (v. Burgund)
→ **XVIII : Ksn. Agnes** nr. **7**

16 : Hzg. Otto v. Kärnten als Vater Heinrichs (v. Speyer)
→ **XIV : Ks. Konrad II.** nr. **4**

17 : Judith als Mutter Heinrichs (v. Speyer)
→ **XIV : Ks. Konrad II.** nr. **5**

18 : Gf. Richard v. Metz als Vater Adelheids
→ **XIV : Ks. Konrad II.** nr. **6**

19 : NN als Mutter Adelheids (v. Metz)
→ **XIV : Ks. Konrad II.** nr. **7**

20 : Hzg. Konrad v. Schwaben als Vater Hzg. Hermanns II.
→ **XV : Ksn. Gisela** nr. **4**

21 : Judith / Jutta als Mutter Hzg. Hermanns II. v. Schwaben
→ **XV : Ksn. Gisela** nr. **5**

22 : Kg. Konrad v. Burgund als Vater Gerbergas
→ **XV : Ksn. Gisela** nr. **6**

23 : Mathilde (v. Frankreich) als Mutter Gerbergas
→ **XV : Ksn. Gisela** nr. **7**

24 : Hzg. Wilhelm III. v. Aquitanien als Vater Hzg. Wilhelms IV.
→ **XVIII : Ksn. Agnes** nr. **8**

25 : Adela (Gerloc) als Mutter Hzg. Wilhelms IV.
→ **XVIII : Ksn. Agnes** nr. **9**

26 : Gf. Tetbald (Tricator) v. Chartres als Vater Emmas (v. Blois)
→ **XVIII : Ksn. Agnes** nr. **10**

27 : Liutgard (v. Vermandois) als Mutter Emmas (v. Blois)
→ **XVIII : Ksn. Agnes nr. 11**

28 : Kg. Adalbert v. Italien als Vater Gf. Otto-Wilhelms
→ **XVIII : Ksn. Agnes** nr. **12**

29 : Gerberga als Mutter Gf. Otto-Wilhelms (v. Burgund)
→ **XVIII : Ksn. Agnes** nr. **13**

30 : Gf. Ragenold / Rainold v. Roucy als Vater Ermentruds
→ **XVIII : Ksn. Agnes** nr. **14**

31 : Albrada (v. Lothringen) als Mutter Ermentruds
→ **XVIII : Ksn. Agnes** nr. **15**

32 : Hzg. Konrad d. R. v. Lothringen als Vater Hzg. Ottos v. Kärnten
→ **XIV : Ks. Konrad II.** nr. **8**

33 : Liutgard als Mutter Hzg. Ottos v. Kärnten
→ **XIV : Ks. Konrad II.** nr. **9**

34 : NN als Vater Judiths
→ **XIV : Ks. Konrad II.** nr. **10**

35 : NN als Mutter Judiths
→ **XIV : Ks. Konrad II.** nr. **11**

36 : Gf. Gerhard v. Metz als Vater Gf. Richards
→ **XIV : Ks. Konrad II.** nr. **12**

40 : Gf. Udo I. v. d. Wetterau als Vater Hzg. Konrads v. Schwaben
→ **XV : Ksn. Gisela** nr. **8**

41 : NN, Tochter Gf. Heriberts I. v. Vermandois, als Mutter Hzg. Konrads v. Schwaben
→ **XV : Ksn. Gisela** nr. **9**

42 : Gf. Adalbert v. Marchtal als Vater Judiths / Juttas
→ **XV : Ksn. Gisela** nr. **10**

43 : NN als Mutter Judiths / Juttas
→ **XV : Ksn. Gisela** nr. **11**

44 : Kg. Rudolf II. v. Hochburgund als Vater Kg. Konrads v. Burgund
→ **XII : Ks. Heinrich II.** nr. **12**

45 : Berta (v. Schwaben) als Mutter Kg. Konrads v. Burgund
→ **XII : Ks. Heinrich II.** nr. **13**

46 : Kg. Ludwig IV. v. Frankreich als Vater Mathildes (v. Frankreich)
→ **XV : Ksn. Gisela** nr. **14**

47 : Gerberga als Mutter Mathildes (v. Frankreich)
→ **XV : Ksn. Gisela** nr. **15**

48 : Gf. Ebolus Manzer v. Poitou als Vater Hzg. Wilhelms III.
→ **XVIII : Ksn. Agnes** nr. **16**

49 : Emillana als Mutter Hzg. Wilhelms III. v. Aquitanien
→ **XVIII : Ksn. Agnes** nr. **17**

50 : Normannenherzog Rollo als Vater Adelas (Gerlocs)
→ **XVIII : Ksn. Agnes** nr. **18**

51 : Popa (v. Bayeux) als Mutter Adelas (Gerlocs)
→ **XVIII : Ksn. Agnes** nr. **19**

52 : Vgf. / Gf. Tetbald v. Tours als Vater Gf. Tetbalds (Tricator)
→ **XVIII : Ksn. Agnes** nr. **20**

53 : Richilde als Mutter Gf. Tetbalds (Tricator) v. Chartres
→ **XVIII : Ksn. Agnes** nr. **21**

54 : Gf. Heribert II. v. Vermandois als Vater Liutgards
→ **XVIII : Ksn. Agnes** nr. **22**

55 : NN (Liutgard ?) als Mutter Liutgards (v. Vermandois)
→ **XVIII : Ksn. Agnes** nr. **23**

56 : Kg. Berengar II. v. Italien als Vater Kg. Adalberts
→ **XVIII : Ksn. Agnes** nr. **24**

57 : Willa (d. J.) als Mutter Kg. Adalberts v. Italien
→ **XVIII : Ksn. Agnes** nr. **25**

58 : Gf. Leotald v. Mâcon als wahrscheinlicher Vater Gerbergas
→ **XVIII : Ksn. Agnes** nr. **26**

59 : Ermengard (v. Vergy) als wahrscheinliche Mutter Gerbergas
→ **XVIII : Ksn. Agnes** nr. **27**

60 : NN als Vater Gf. Ragenolds / Rainalds v. Roucy
→ **XVIII : Ksn. Agnes** nr. **28**

62 : Hzg. Giselbert v. Lothringen als Vater Albradas
→ **XVIII : Ksn. Agnes** nr. **30**

63 : Gerberga als Mutter Albradas (v. Lothringen)
→ **XVIII : Ksn. Agnes** nr. **31**

XX : Kgn. u. Ksn. Berta (v. Turin), 1. Gemahlin Ks. Heinrichs IV.

1 : Ksn. Berta (v. Turin)

Berta dürfte etwa 1054 (oder evtl. ein Jahr vorher) geboren sein, denn sie wurde einerseits 1055 – noch als Kleinkind – von Ks. Heinrich III. dem eben erst im 5. Lebensjahr stehenden Kaisersohn Heinrich IV. anverlobt und zugleich an den deutschen Herrscherhof genommen – vgl. G. MEYER V. KNONAU, Jahrb. Heinrichs IV., Bd. 1 S. 9, dazu auch den Quellenbeleg bei **XIX : Ks. Heinrich IV.** nr. **1** sowie BSt S. 15 nr. 47 –, und andererseits wurde die Ehe im Sommer 1066 geschlossen und vollzogen (vgl. bei **XIX : Ks. Heinrich IV.** nr. **1**), als Berta dann doch wohl schon das 12. Lebensjahr erreicht haben wird. H. LORENZ, Bertha S. 11, sagt: Berta war „das zweite Kind [ihrer Eltern Otto und Adelheid v. Turtin] – das erste war Petrus – und muß, da das dritte, Adelheid, bereits 1054 geboren war, etwa zwischen 1050 und 1052, wahrscheinlich 1051, geboren sein, da sie doch bei der Eheschließung 1066 wenigstens 15 Jahre alt gewesen sein wird“. Jedoch ist m.E. die hierbei unterstellte Reihenfolge der Kinder Ottos und Adelheids nicht gesichert. Fest steht nur, daß Otto und Adelheid im Mai 1057 die Kinder *Petrus et Amedeus et filiae* erwähnten (D. CARUTTI, Regesta com. Sabaud. S. 53 nr. 151) und daß sich 1069 der Gemahl von Bertas Schwester Adelheid, Hzg. Rudolf v. Schwaben, von seiner Frau unter dem Vorwurf der ehelichen Untreue trennen wollte (vgl. E. HLAWITSCHKA, Herkunft u. Seitenverwandte d. Gegenkönigs Rudolf S. 192), Adelheid damals wohl mindestens 14 Jahre (wenn nicht sogar 2–3 oder 4–5 Jahre älter) gewesen ist und damit mindestens 1055 (evtl. auch schon 1052/53 oder 1050/51) geboren war. Daß Berta die ältere der beiden Schwestern war, ist m.E. zudem nirgendwo ausdrücklich überliefert; vgl. G. MEYER V. KNONAU, a.a.O. I S. 527 Anm. 61. Es scheint sogar, daß Adelheid die ältere war; vgl. bei **XXIV : Kgn. Adelheid (v. Turin)** nr. 1.

W.K. Prinz v. ISENBURG, Ahnen S. 161, gibt unter den Nachträgen zu seinem Tafelwerk für Berta (dort Tafel 10 nr. 1) den Hinweis: „* 21. IX. 1051“. Dieses Datum hat Isenburg auch in seine Stammtafeln I/II, 2. Aufl., Tafel 4, eingeführt; danach mit diesem Datum A. NITSCHKE, Bertha, in: NDB 2 S. 150, und K. SCHNITH, Ks. Heinrich IV. S. 207. Ein Quellenbeleg hierfür ist nicht zu finden. (Ob der 21. IX. aus dem unten erwähnten Diplom Heinrichs IV. für Speyer stammt und das Jahr aus der Arbeit von Lorenz entnommen ist?).

Zum Verlobungs- und Hochzeitsdatum vgl. bei **XIX : Ks. Heinrich IV : nr. 1.**

Zum Versuch Heinrichs IV., die Ehe mit Berta 1069 aufzulösen, vgl. C. ZEY, Scheidung S. 163–183, und A. BÜHLER, Heinrich IV. u. Bertha S. 37–61.

Die Quellen zum Todesdatum Bertas (27. XII. 1087) und zur Bestattung im Speyerer Dom sind zusammengestellt bei G. MEYER V. KNONAU, Jahrb. Heinrichs IV., Bd. 4 S. 174f.; vgl. auch H. LORENZ, Bertha S. 54f. (bes. zum Grab Bertas; zu diesem vor allem H. GRAUERT, Kaisergräber S. 548, 559ff.). – An Quellen seien bes. genannt: Ann. Augustani ad 1088 (erste Jahresnotiz), MGH SS 3 S. 133: *Pertha imperatrix obiit, et Spirae sepelitur.* - Frutolf v. Michelsberg, Chron., ed. F.-J. SCHMALE S. 102: *Anno Domini MLXXXVIII. Bertha imperatrix obiit et Spirae sepulta est.* Aus Frutolf / Ekkehard sodann gleichlautend der Annalista Saxo ad 1088, MGH SS 6 S. 724, neue Ed. MGH SS 37 S. 479. Die um 1 Jahr zu hohe Zählung ergibt sich aus der Jahresumsetzung bereits zu Weihnachten! – Die Ann. S. Disibodi, MGH SS 17 S. 9, berichten zu 1087 u.a.: *Bertha imperatrix obiit, et apud Moguntiam sepulta est. Sed postea ab imperatore ad Spiram transfertur.* Mainz war demnach wohl der Sterbeort. Dies wird bestätigt durch die bisher verloren geglaubte St. Galler Annalistik, die A. Schütz entdeckt, freilich noch immer nicht publiziert hat (Staats- u. Stadtbibliothek Augsburg, 2° Cod. 254). Zu 1088 heißt es da : *Imperator Radispone natale domini … celebravit. Ibi eciam obitum sue coniugis Berthe imperatricis audivit. Que Mogontie in ipsa die natalis domini de hoc seculo feliciter migravit et postea Spire sepelitur.* Daß Bertas Leichnam erst im Jahre 1090 von Mainz nach Speyer überführt wurde – so P. AUFGEBAUER, Der tote König S. 688 – , ist m.E. nicht quellenmäßig bewiesen; aus MGH D H IV 426, einer am 21. IX. 1091 in Oberitalien ausgestellten Seelgerätstiftung Heinrichs IV. an die Bischofskirche zu Speyer, in der er – neben seiner verstorbenen Großeltern Ks. Konrad II. und Gisela und seines Vaters Ks. Heinrich III. – auch seiner Frau Berta und seines Bruders Konrad und seiner Tochter Adelheid sowie schließlich seines Sohnes Heinrich gedenken ließ, ist dies nicht ohne weiteres zu folgern. – Den genauen Todestag überliefert das Kalendarium necrol. Lauresham., ed. F. BÖHMER, Fontes III S. 152: *VI. kal. ian. Bertha imperatrix. Haec uxor Henrici quarti imperatoris*; auch in Speyer hat man ihn festgehalten, vgl. H. GRAFEN, Forschungen S. 366f.: (27. Dez.) *VI. Kal. … Bertha imperatrix obiit, pro cuius anime remedio date sunt fratribus L hube in Eschelwege.*

Vgl. auch DERS., Spuren S. 412; K. SCHMID, Sorge der Salier S. 693; Belege auch bei E. GOEZ, Kg. Konrad S. 20 Anm. 140.

2 : Otto, Gf. v. Savoyen u. Mgf. v. Turin, als Vater Bertas (v. Turin)

Zur Filiation vgl. die Quellenbelege aus der Chronik Bertholds v. Reichenau, den Annalen Lamperts v. Hersfeld und aus der Chronik Frutolfs v. Michelsberg bei **XIX : Ks. Heinrich IV.** nr. **1**, dazu auch Bonizo v. Sutri, Liber ad amicum lib. V, MGH LdL 1 S. 540: Ks. Heinrich III. *Longobardiam veniens in primis Ottonis filiam et Adalheide adhuc infantulam suo accepit filio in coniugem.* Der Name Berta ist hier freilich nicht genannt; doch erscheint er ebd. S. 596 (lib. VI): *His ita transactis rex* (= Heinrich IV.) *accepit coniugem Deo dilectam Bertam, filiam Ottonis et Adalete, quam pater suus infantulam sibi dederat infantulo.* – Vgl. auch Annalista Saxo ad 1067, MGH SS 6 S. 695, neue Ed. MGH SS 37 S. 409 : *Heinricus rex Bertam, filiam Ottonis marchionis de Italia et Adeleidis … ducens, nuptias Triburiae celebravit*; so nach fast gleichlautendem Text bei Frutolf, Chron. ad 1067, ed. F.-J. SCHMALE S. 78 (vgl. bei **XIX : Ks. Heinrich IV.** nr. **1**).

Otto wird in den zitierten und auch in anderen Quellen als *marchio* genannt; den Markgrafentitel führte er nicht durch seine Herkunft aus Savoyen, er muß ihn über seine Heirat mit Adelheid v. Turin und die kaiserliche Belehnung mit den Ämtern und Besitzungen des Turiner Markgrafenhauses erhalten haben, – ähnlich wie schon Adelheids erster Gemahl Hzg. Hermann IV. v. Schwaben († 28. VII. 1038), der urkundlich auch den Markgrafentitel führte (z.B. Mon. hist. patr., Chart. II S. 145: Schenkung an das Kloster St. Stefano in Genua: *ego Adalaida filia quondam Maginfredi marchionis bone memorie retinendo et coniux Ermanni du(cis) et marchio(nis)*; die Datierung, 4. Juli 1049, ist verderbt, wie schon H. BRESSLAU, Jahrb. Konrads II., Bd. 1 S. 376, bemerkt); vgl. hierzu S. HELLMANN, Grafen v. Savoyen S. 13.

Otto war der jüngste von vier Söhnen Gf. Humberts I. v. Savoyen. Seiner Geburtszeit könnte man vielleicht durch das Faktum näherkommen, daß sein (älterer) Bruder Aimo schon „vor 1037" zum Bischof v. Sitten ernannt wurde; vgl. H. BRESSLAU, Jahrb. Konrads II., Bd. 2 S. 64. Aber ob er dabei ein bestimmtes (kanonisches) Alter erreicht hatte, ist nicht zu erkennen.

Der Zeitpunkt der Eheschließung Ottos und Adelheids – für sie war es bereits ihre 3. Ehe (vgl. bei nr. **3**) – kann durch folgende Beobachtung annähernd eingegrenzt werden: Adelheid ist mit ihrem 2. Gemahl, dem aledramidischen Markgrafen Heinrich, noch am 14. III. 1044 und am 1. VI. 1044 nachgewiesen durch zwei Urkunden in BSSS 2,2 (= C. CIPOLLA, Il gruppo S. 316 nr. 1) und BSSS 3,1 (= B. BAUDI DI VESME, E. DURANDO e F. GABOTTO, Cartario di Cavour S. 20ff. nr. 8; diese 2. Urk. auch bei Mon. hist. patr. I, Chart. I S. 557; nach D. CARUTTI, Regesta com. Sabaud. S. 45 nr. 129, dem sich G. SERGI, Lungo la via Francigena S. 417, anschließt, stammt dieses Stück vom 28. V. 1044). Die 3. Verheiratung Adelheids mit Otto v. Savoyen kann also frühestens 1045 erfolgt sein. So auch G. SERGI, Lungo la via Francigena S. 417: „Il matrimonio fra Adelaide e Oddone si celebrò presumibilmente intorno al 1045". Als Paar treten Adelheid (mit dem Titel *comitissa*) und Otto (als *marchio*) in einer Urkunde vom Mai 1057 auf; vgl. BSSS 45 (= G. COLLINO, Le carte della prevostura d'Oulx) S. 8f. nr. 7, auch D. CARUTTI, Regesta com. Sabaud. S. 53 nr. 151: *Odo et uxor ejus Adalaisis pro remedio animarum suarum et parentum et Manfredi et uxoris ejus Bertae et pro filiis et filiabus eorum ... clericis S. Laurentii Ulciensis donant ... Hanc donationem Odo et uxor ejus Adalaisa et filii eorum Petrus et Amadeus et filiae eorum faciunt clericis ... Oddo marchio donat et firmat. Adalais comitissa firmat*; weitere Belege s. unten. Andererseits findet man am 31. VII. 1064 den *Petrus marchio filius quondam bone memorie item Oddonis marchionis simul cum domna Adheleida cometissa matre sua* bei einem Gerichtstag in Cambiano vor; vgl. C. MANARESI, Placiti III,1 S. 271 nr. 416. Wenn Petrus als Gerichtsvorsitzender damals volljährig gewesen sein muß und wohl mindestens 15 Jahre alt war, dann dürfte die Ehe seiner Eltern spätestens 1048, wahrscheinlich aber 1–2 Jahre früher, zustandegekommen sein.

F. CURSCHMANN, Zwei Ahnentafeln S. 8, meint, Mgf. Otto sei am 19. Januar 1058, 1059 oder 1060 verstorben. Die Einengung auf 1058–1060 ergibt sich daraus, daß Otto im Mai 1057 noch als *marchio* fungierte (vgl. oben) und Adelheid am 21. Mai 1060 eine Schenkung an den Johannesaltar der Turiner Kirche zum Seelenheil Ottos vornahm; D. CARUTTI, Regesta com. Sabaud. S. 54f. nr. 156: *Adalais comitissa, f(ilia) Oldrigi Magnifredi, vidua quondam Oddonis marchionis, dat altari S. Johannis Taurinensis sub titulo S. Trinitatis, ubi secus pedem altaris requiescit Magnifredus marchio, sedimen situm apud Buriades, pro victu sex presbiterorum et pro anima quondam Oddonis viri sui*; Druck auch bei S. GUICHENON, Histoire généalogique Preuves S. 14. Das Tagesdatum scheint dann das Nekrolog von S. Andreas in Turin zu überliefern, zit. bei D. CARUTTI, Regesta com. Sabaud. S. 54 nr. 155 (nach Mon. hist. patr. V, Script. III Sp. 195; Auszug auch in MGH SS 7 S. 131): *XIV. Kal. Febr. Depositio domni Oddonis marchionis.* Nach H. BRESSLAU, Jahrb. Konrads II., Bd. 1 S. 373, ist der Toteneintrag vom 19. I. im Necrol. S. Andreae Taurin., der zum gleichen Tag auch im Necrol. Novaliciense wiederkehrt (vgl. MGH SS 7 S. 130: *Otto marchio. Hic dedit Pollentiam*; neuere Ed. von C. CIPOLLA, Mon. Novalic. vetust. I S. 123 und 291), jedoch auf Mgf. Oddo I. zu deuten, den Sohn des Mgf. Arduin Glabrio. Da jener auch sonst als Schenker von Pollenzo an Breme / Novalesa genannt ist (vgl. dazu W. GRONEUER, Weltliche Gewalten S. 312f.), könnte sich der Novaleser Nekrologeintrag – und mit diesem dann auch der von S. Andreas in Turin – tatsächlich auf ihn beziehen. So muß man wohl auf die Festlegung des genauen Todestages Mgf. Ottos verzichten.

3 : Adelheid (v. Turin) als Mutter Bertas (v. Turin)

Diese Abstammung ist bezeugt bei Frutolf v. Michelsberg und bei Bonizo v. Sutri; vgl. bei **XIX : Ks. Heinrich IV.** nr. **1** und oben bei nr. **2**. – In den Ann. Altahenses maior. ad 1069, MGH SS rer. Germ. S. 78, wird Adelheid als Schwiegermutter Ks. Heinrichs IV. bezeichnet: *Adelheit, socrus regis, Laudasanis* (= Bewohner v. Lodi) *irrata fuit.*

Die Geburtszeit Adelheids – ca. 1015/18 – ergibt sich aus dem Faktum, daß sie offenbar die älteste von drei Töchtern des Ehepaares Odelrich-Manfred II. v. Turin und Berta (v. Este) gewesen ist, wobei diese Ehe 1014 bereits bestand (vgl. bei nr. **6**), und daß offenbar nur ein nicht sehr alt gewordener Bruder Adelheids, der evtl. auch das älteste Kind gewesen sein könnte, existierte; hierzu vgl. schon H. BRESSLAU, Jahrb. Konrads II., Bd. 1 S. 377f. Andererseits paßt dazu auch, daß Adelheid 1035 oder kurz vorher in erster Ehe den Schwabenherzog Hermann IV., einen Stiefsohn Ks. Konrads II., geheiratet hat. Hermann v. Reichenau, Chron. ad 1036, MGH SS 5 S. 122, berichtet ja, daß 1036 *Herimannus quoque, dux Alamanniae, marcham soceri sui Meginfridi in Italia ab imperatore accepit.* Die Ehe bestand also 1036, und da Mgf. Odelrich-Manfred II. offenbar am 29. X. 1035 verstarb (vgl. bei nr. **6**), müßte sie – wenn man nicht eine Eheschließung in der Trauerzeit um den Vater ansetzen will – wohl auch schon 1035 bestanden haben. So auch H. BRESSLAU, Jahrb. Konrads II., Bd. 1 S. 376. – Zu ergänzen ist hier noch, daß F. TYROLLER, Genealogie d. altbayer. Adels S. 192–204, auch schon DERS., Kastler Klostergründer S. 125–147, meinte, daß aus Adelheids Ehe mit Hzg. Hermann IV. v. Schwaben eine Tochter, Richwara, hervorgegangen sei, welche die Gemahlin des Herzogs Berthold I. v. Zähringen wurde. Daß diese Sicht, die viele Anhänger fand, völlig verfehlt ist, wird gezeigt bei E. HLAWITSCHKA, Abstammung Richwaras S. 7–10.

Zur 2. und 3. Ehe Adelheids vgl. bei nr. **2**. – Zu ihrer Lebensgeschichte vgl. W. GRONEUER, Weltl. Gewalten S. 165–177, F. COGNASSO, Adelaide S. 249ff., G. SERGI, Circoscrizione S. 668ff.

Für Adelheids Todesdatum gibt es eine gespaltene Überlieferung. Den 25. XII. bietet das Obituario dei SS. Solutore, Avventore ed Ottavio in BSSS 2,1 (= F. GABOTTO, Cartario di Pinerolo) S. 289 nr. 185; ältere Ed. in: Mon. hist. patr. V, Script. III Sp. 230: *VIII. Kal. ian. ADALASIA comitissa*. Den 19. XII. 1091 nennt Bernold, Chron. ad 1091, MGH SS 5 S. 453, ed. I.S. ROBINSON S. 492: *Adelheida Taurinensis comitissa XIIII. Kal. Ianuarii obiit.* Vgl. auch Bernolds Nekrolog MGH SS 5 S. 393: *14. Kal. Ian. Adelheida Taurinensis comitissa*; neuere Ed. von R. KUITHAN u. J. WOLLASCH, Kalender S. 522. Der 19. XII. erhält in der Literatur den Vorzug; vgl. G. SERGI, Adelheid, in: LexMA I Sp. 147. Im zitierten Obituario liegt möglicherweise eine Verschreibung von V statt X vor.

4 : Gf. Humbert I. v. Savoyen als Vater Ottos, Gf. v. Savoyen u. Mgf. v. Turin

Im Jahre 1051 machte Gf. Otto v. Savoyen eine Schenkung für das Seelenheil seines Vaters Gf. Humbert an die Bischofskirche v. Tarantaise; Mon. hist. patr., Chart. I S. 572 nr. 335: *Ego Odo marchio dei gratia ... pro remedio animae patris mei Humbertus comes et propter animam meam notum sit omnibus ...*; vgl. auch D. CARUTTI, Regesta com. Sabaud. S. 50 nr. 143. – Die Filiation ergibt sich auch schon aus einer Urkunde Gf. Humberts vom 11. VI. 1042; D. CARUTTI, Conte Umberto I S. 199 nr. 29; DERS., Regesta com. Sabaud. S. 44 nr. 125: *Ego Umbertus comes et filii mei Amadeus et Oddo donamus ...* an die St. Lorenz-Klosterkirche in Grenoble. Vgl. desgleichen DERS., Conte Umberto I S. 189f. nr. 18 u. 19 (undatiert), bzw. DERS., Regesta com. Sabaud. S. 21f. nr. 60 u. 61: *Ego Umbertus comes et filii mei, quorum nomina hic habentur Amedeus, Aymo et Oddo donamus ...* an Cluny unter Abt Odilo (994–1049). – Im Jahre 1040 schenkte der *Humbertus comes* den Kanonikern der Johannes- und Ursuskirche von Aosta Liegenschaften in Avisiaco und im Val Digna; Mon. hist. patr., Chart. I S. 530

nr. 312 (= D. CARUTTI, Regesta com. Sabaud. S. 42 nr. 120). Bei den Unterschriften findet man: *Signum † domni Huberti comitis qui donationem istam fecit et firmare rogavit*; dann folgen 7 Zeugenunterfertigungen und die Datierung, schließlich folgende Unterschriften – und zwar offenbar nachträglich, was ihre Beziehungen zum Schenker und ihre eventuellen Erbansprüche (auf die sie damit verzichten) beweist – : *† Oddo firmauit et laudauit. † Amedeus comes firm. † Aymo Sedunensis episcopus laudauit et firmauit. † Brochardus filius Huberti comitis laudauit et firmauit et conroborauit. † Petrus marchio filius Oddonis marchionis et comitisse Ataleldae laudans firmaui.* Von diesen Billigern der Schenkung ist Oddo schon durch das eingangs zitierte Dokument als Sohn des Schenkers bekannt. Auch Gf. Amadeus ist als Sohn Humberts I. nachzuweisen; vgl. D. CARUTTI, Regesta com. Sabaud. S. 48 nr. 139. Und da auch Burchard (zu ihm vgl. bei nr. **5**) hier ausdrüclich als Sohn Humberts bezeichnet ist, wird das auch der dazwischen erwähnte Bisch. Aymo v. Sitten gewesen sein (vgl. hierzu gleichfalls die oben angeführten beiden Urkunden an Cluny). Mit Petrus (Sohn Ottos und Adelheids) ist dann schon die nächste Generation berührt.

Verheiratet war Gf. Humbert bereits im Jahre 1023; vgl. dazu bei nr. **5**.

Nach dem Nekrolog von Talloires (b. Annecy) verstarb Gf. Humbert an einem 1. VII.; vgl. H. BRESSLAU, Aus Archiven S. 102: *Kal. Jul. obiit Upertus amicus noster*; (auch D. CARUTTI, Regesta com. Sabaud. S. 47 nr. 136). Daß damit Gf. Humbert I. (Weißhand) gemeint ist, geht daraus hervor, daß dieser an der Gründung des Klosters Talloires durch die Kgn. Ermengard v. Burgund (Gemahlin Kg. Rudolfs III. v. Bgd.) ca. 1031 beteiligt war, wobei die Gründung nämlich u.a. auch *per consilium … commitis Vmberti* geschah und das *Signum Vmberti comitis* an der 1. Stelle der Zeugenunterschriften zu finden ist; MGH D Burg. nr. 137. Er war – wie aus einer Schenkung Ermengards an Cluny hervorgeht – der *advocatus* der Königin; MGH D Burg. nr. 141: *Ego Ermengart regina cogitans deum et anime mee remedium sive senioris mei Rodulfi regis olim in Christo quiescentis … dono itaque ibi per advocatum meum comitem Humbertum …* Vgl. in diesem Zusammenhang auch Wipo, Gesta Chuonradi cap. 30 u. 32, MGH SS rer. Germ. S. 50f. – Da Gf. Humbert 1051 nicht mehr am Leben war (s. oben), am 11. VI. 1042 aber noch geurkundet hat (D. CARUTTI, Regesta com. Sabaud. S. 44 nr. 125, vgl. oben, dazu DERS., Conte Umberto I. S. 200 nr. 31), verstarb er zwischen 1042 und 1051. Vgl. dazu auch S. HELLMANN, Grafen v. Savoyen S. 10 Anm. 3.

D. CARUTTI, Regesta com. Sabaud. S. 47 nr. 136, gibt als Todesjahr Humberts 1048 an, worin ihm G. SERGI, Lungo la via Francigena S. 417 mit Anm. 68, folgt. Begründet wird dies offensichtlich damit, daß Humberts I. Sohn Amadeus I. bereits am 18. XII. 1049 als Graf v. Belley urkundete (D. CARUTTI, Regesta com. Sabaud. S. 48 nr. 138), wobei auch Erwägungen von C.W. PREVITÉ-ORTON, Early History S. 40, eine Rolle zu spielen scheinen. Als verstorben ist freilich Humbert I. in der Urkunde des Amadeus nicht erwähnt.

Bestattet wurde Humbert augenscheinlich in Maurienne. Denn von seinem Sohn Amadeus I. heißt es: *Sepultus fuit in monimento patris sui Umberti in Ecclesia Sancti Johannis (Maurianennis)*; D. CARUTTI, Regesta com. Sabaud. S. 48 nr. 139.

5 : Ancilia als Mutter Gf. Ottos v. Savoyen

Nur dadurch, daß Ancilia als Gemahlin Gf. Humberts I. (Weißhand) v. Savoyen (nr. **4**) nachzuweisen ist, läßt sie sich als Mutter Gf. Ottos v. Savoyen angeben. Diese Ehepartner unterschrieben ja doch die Urkunde, die ihr Sohn Amadeus I. v. Savoyen-Belley (zu ihm vgl. bei nr. **4**) noch zu ihren Lebzeiten am 22. Oktober 1030 zugunsten des Klosters Cluny ausstellen ließ; und diese Urkunde wurde auch vom burgundischen Königspaar Rudolf III. und Ermengard unterzeichnet, zu dem Gf. Humbert enge Beziehungen unterhielt (vgl. bei nr. **4**): *Signum Vberti comitis. Signum Ancilie uxoris eius. Signum Amedei comitis. Signum Adile uxoris eius. Hii et hae hanc donationem fecerunt et cartam istam … firmari rogaverunt. Signum Rodulfi regis. Signum regine Ermengardis …*; MGH D Burg. nr. 166; Regest bei D. CARUTTI, Regesta com. Sabaud. S. 28f. nr. 79. (Die Urkunde ist an einigen Stellen interpoliert). Zur Identifizierung des hier genannten Grafen Vbertus mit Humbert I. (Weißhand) vgl. F. CURSCHMANN, Zwei Ahnentafeln S. 13, und die dort angegebene Literatur. – Eine 2. Nennung Ancilias findet man in einer Urkunde aus dem Cartulaire de Saint-André-le-Bas, ed. C.U.J. CHEVALIER, S. 154f. nr. 211, (Regest bei C. CARUTTI, Regesta com. Sabaud. S. 18 nr. 53), vom Juni 1023: Ein Burchard und sein Sohn Aymo (zu diesen vgl. D. CARUTTI, a.a.O. S. 47 nr. 135) schenken an das St. Andreas-Kloster in Vienne eine Kirche und Land im Comitat von Belley *pro remedio animarum nostrarum et pro remedio seniorum nostrorum domni regis Gondradi et filii ejus domni Rodulfi et domnae regine Ermengardis, domnique Borchardi archiepiscopi et domni Huberti comitis et uxoris ejus Nanchile (Han-*

chillae) seu pro remedio patris et matris mee et comitisse Ermengardis uxoris mee. – Somit läßt sich Ancilia mit gutem Grund als Mutter Gf. Ottos v. Savoyen/Turin einsetzen.

Über die Geburts- und Sterbedaten Ancilias ist nichts bekannt.

6 : Mgf. Odelrich-Manfred II. v. Turin als Vater Adelheids (v. Turin)

Odelricus qui et Maginfredus – so nennt u. a. die Gründungsurkunde des Klosters S. Giusto di Susa vom 9. VII. 1029 den Vater der Gfn. Adelheid (C. CIPOLLA, Più antiche carte di S. Giusto S. 61ff. nr. 1; auch Mon. hist. patr., Chart. I S. 479ff. nr. 277), während dieser sonst meist nur *Mainfredus marchio* oder *Odelricus* bzw. *Oldericus marchio* heißt – tritt uns zum ersten Mal in MGH D O III 408 vom 31. VII. 1001 entgegen, als ihm Ks. Otto III. seine Besitzungen bestätigte und die Immunitätsrechte für diese verlieh: *noverit …, quod nos Odelrico marchioni qui Mainfredus nominatur, quia fideliter nobis deservivit … confirmamus et corroboramur preceptum.* Als Ks. Heinrich II. am 14. V. 1014 die Besitzungen des Klosters Fruttuaria bestätigte – MGH D H II 305, ausführlicher als D H II 300 (bis) in MGH D K II S. 423ff. –, wurden dabei auch *omnia illa praedia, quae dederunt Manfredus marchio et Berta uxor eius et fratres eiusdem Maginfredi, id est Alricus episcopus et Oddo comes, et Ardoinus consobrinus eorum,* genannt. Seine Ehe schloß Odelrich-Manfred deshalb schon vor 1014. Daß es sich beim *Manfredus marchio* um Odelrich-Ma(gi)nfred II. handelt, zeigen eindeutig die mitgenannten Verwandten; zu diesen vgl. H. BRESSLAU, Jahrb. Konrads II., Bd. 1 S. 362ff., und auch die oben genannte Gründungsurkunde von S. Giusto di Susa: *nos Alricus Dei gratia sancte Astensis ecclesie episcopus, et Odelricus qui et Magnifredus annuente Deo marchio germanus et filii bone memorie itemque Magnifredi similiter marchionis, et Berta Christi misericordia comitissa, jugales, filia quondam Autberti itemque marchionis …* gründen das Kloster S. Giusto, *ubi congregatio monachorum perpetualiter existat, que die noctuque tam pro nobis et genitoribus seu genitricibus atque filiis filiabusque nostris quorum supra jugalium, sive Ardoini avi nostri, atque Adalberti marchionis, cujus supra comitisse Berte fratris filiorumque ejus, necnon Oddonis, Attonis, Ugonis, Widonis fratrum nostrorum, item Ardoini et item Oddoni patruorum nostrorum seu item Ardoini consobrini nostri preces effundant.* – Die Ehe Mgf. Odelrich-Manfreds mit Berta geht auch aus der Urkunde seines Bruders Bisch. Alrich v. Asti hervor, mit der jener 1024 ein Stiftskapitel für 4

Kanoniker an der S. Aniano-Kirche in Asti einrichtete: *Maginfredus marchio cum uxore sua Berta laudauit et confirmauit* ...; F. GABOTTO, Più antiche carte di Asti S. 304 nr. 155 (= Mon. hist. patr., Chart. I S. 441 nr. 257). – An *Maginfredo marchioni clarissimo et uxori suae Bertae prudentissimae* schrieb der Hzg. Wilhelm V. v. Aquitanien u. Poitou im Oktober / November 1025 auch einen Brief bezüglich einer möglichen Thronkandidatur des Sohnes Wilhelms in Italien; M. BOUQUET, Rec. des Historiens X S. 483ff.; dazu H. BRESSLAU, Jahrb. Konrads II., Bd. 1 S. 75, 108.

Daß Adelheid v. Turin (nr. **3**) die Tochter dieses Mgf. Odelrich-Manfred II. v. Turin war, zeigt vor allem Adelheids und ihres Gemahls Otto Schenkung für Oulx vom Mai 1057; G. COLLINO, Carte della prev. d'Oulx S. 8f. nr. 7: *pro redemptio parentum nostrorum ex quorum progenie orti sumus ... Quorum nomina uocitamus Mainfredo et uxor sua Berta.* – In einer Urkunde vom 16. V. 1081 für das Kloster Pinerolo (D. CARUTTI, Regesta com. Sabaud. S. 73 nr. 205; D. MULETTI, Memorie di Saluzzo I S. 262) heißt es von Adelheid: *Adelaida Dei providentia comitissa filia quondam Magnifredi marchionis, lege vivens salica ex natione sua.* – Eine Urkunde vom 8. III. 1080 für das Kloster SS. Solutoris, Adventoris et Octavii (D. CARUTTI, Regesta com. Sabaud. S. 72 nr. 201) besagt: *Adalegida Dei nutu comitissa filia quondam Manfredi marchionis, lege vivens salica ex nacione sua, monasterio SS. Solutoris, Adventoris et Octavii ... pro mercede quondam Manfredi marchionis, quondam Bertae comitissae, patris et matris suae, et quondam Petri marchionis et quondam Amedei comitis filii sui, donat medietatem de corte Calpix* ... – Anzufügen ist schließlich noch eine Urkunde aus Adelheids 2. Ehe (vgl. bei nrn. **2** und **3**) mit Mgf. Heinrich vom 14. III. 1044, ed. C. CIPOLLA, Gruppo dei Dipl. Adelaidini S. 316 nr. 1: *nos domnus Henricus marchio filius quondam Vuilielmi itemque marchio et domna Adelaita cometissa iugales, filia quondam Odelrici qui et Magnifredi vocatur itemque marchionis ... diximus* ...; vgl. dort auch nrn. 2, 4, 5, 7, 8, 10.

Der Todestag Odelrich-Manfreds II. war ein 29. Oktober; vgl. dazu: *IV Kal. nov. ob(iit) Manfredus marchio* im Necrologium monasterii SS. Solutoris, Adventoris et Octavii in Turin in: F. GABOTTO, Cartario di Pinerolo / C. CIPOLLA, Gruppo dei Dipl. Adelaidini S. 289 nr. 185. Das gleiche Datum findet man im Nekrolog von S. Savino in Piacenza, ed. H. BRESSLAU, Handschriftliches aus Italien S. 442: *IV. Kal. Nov. Mainfredus marchio*; neue Ed. von F. NEISKE, Das ältere Necrolog S. 147 und S. 256f. (Erläuterung).

Die Bestimmung des Todesjahres Odelrich-Manfreds II. – 1035 – gelingt in folgender Weise: Am 7. III. 1033 urkundete der Markgraf nochmals an das Familienkloster S. Giusto di Susa, (wobei das Dokument zwar zweifelhaft, im Kern aber echt ist); C. CIPOLLA, Più antiche carte di S. Giusto S. 76ff. nr. 2. Auch wird der *Odolricus marchio* in einer Schenkungsurkunde vom 9. III. 1034 noch als Anrainer genannt; C. CIPOLLA, Monum. Novalic. vetust. I S. 159ff. nr. 67. Am 23. XII. 1035 bedachte sodann der Presbyter Siegfried die Bischofskirche von Turin mit der Hälfte der *curtis* von Buriasco, die er von der verwitweten Gräfin Berta gekauft hatte. Dabei wird auch Odelrich-Manfreds II. Grab vor dem Altar der Turiner Kirche erwähnt; B. BAUDI DI VESME, E. DURANDO, F. GABOTTO, Carte inedite S. 179 nr. 6 (auch in Mon. hist. patr., Chart. II S. 121) : *Ego Siifredus presbiter ... concedo et confermo a iura altario illo qui est constructum intus ecclesia S. Iohannis que colitur caput episcopii Taurinensis ... ubi secus pedem eiusdem altario b(one) m(emorie) Maginfredi marchio f(ilii) q(uon)d(am) itemque Maginfredi similiter marchioni quiescet corpus, nominatiue medietatem de cortem unam que uocata est Buriades sicuti mihi pertinet secundum uendicionis cartam et accepto precio ex parte domne Berte cometisse relicta b(one) m(emorie) suprascripti Maginfredi marchionis.* Demnach muß Mgf. Odelrich-Manfred II., beachtet man den oben ermittelten 29. X. als seinen Todestag, an einem 29. Oktober der Jahre 1034 oder 1035 verstorben sein. Während nun F. NEISKE, Das ältere Nekrolog S. 257, schreibt: „Wenn man einen angemessenen Zeitraum zwischen Tod und Grablegung in der Kirche in Rechnung setzt, muß man als Todesjahr 1034 annehmen", (wobei er älteren Autoren folgt), möchte ich mich in dieser Frage doch eher H. BRESSLAU, Jahrb. Konrads II., Bd. 1 S. 376, anschließen, der darauf hinweist, daß – nach Hermann v. Reichenau, Chron. ad 1036, MGH SS 5 S. 122 – der Ks. Konrad II. den Hzg. Hermann IV. v. Schwaben im Jahre 1036 mit der Markgrafschaft seines Schwiegervaters Odelrich-Ma(gi)nfred ausstattete (*Herimannus quoque dux Alamanniae marcham soceri sui Maginfredi in Italia ab imperatore accepit*), was einen Schluß auf das Todesjahr Odelrich-Manfreds 1035 erlaube; denn eine Markgrafschaft konnte ja wohl nicht längere Zeit (d.h. in diesem Falle: über ein Jahr) unbesetzt bleiben. – Zur Grablege Odelrich-Manfreds in Turin vgl. auch bei nr. **2** den Auszug aus einer Urkunde seiner Tochter Adelheid.

Eine Erfassung aller Nachrichten zu Odelrich-Manfred II. bietet W. GRONEUER, Weltliche Gewalten S. 302–330.

7 : Berta als Mutter Adelheids (v. Turin)

Als Mutter Adelheids (v. Turin) ist *Berta comitissa* mehrfach bezeugt. So etwa enthält die (in der Datierung auf 4. VII. 1049 verderbte) bei nr. **2** zitierte Urkunde, mit der Adelheid v. Turin (nr. **3**) in der Zeit ihrer ersten Ehe mit Hzg. Hermann v. Schwaben eine Schenkung an das St. Stephans-Kloster in Genua vornahm (Mon. hist. patr., Chart. II S. 145), bei den Unterschriften u.a. auch das *Signum manibus Berte comitisse et filie sue Adaleide, qui hanc cartam offersionis animarum suarum fieri rogauerunt et ea coram eis relecta est.*– Die bei nr. **6** zitierte Urkunde vom 8. III. 1080 für das Turiner SS. Solutoris-, Adventoris- und Octavius-Kloster ließ Adelheid ausstellen *pro mercede quondam Manfredi marchionis* und *quondam Bertae comitissae, patris et matris suae.* – Und bereits am 4. VII. 1079 überließ die *Adelagida comitissa f(ilia) q(uondam) Magnifredi marchionis et relicta q(uondam) Oddonis itemque marchionis* diesem Kloster die *medietatem de curte quae vocatur Calpix et medietatem curtis Coevaciae, de qua Adalricus Astensis episcopus, patruus, et Berta comitissa, mater ipsius Adelagidae, fecerant cartam offersionis*; D. Muletti, Memorie di Saluzzo I S. 256; D. Carutti, Regesta com. Sabaud. S. 71 nr. 199.

Berta verstarb nach dem 29. XII. 1037, dem Tag, an dem sie bei Ks. Konrad II. eine Besitzbestätigung für das Familienkloster S. Giusto in Susa erbat; MGH D K II 254: *interventu … Bertae comitissae … concedimus … omnia predia cunctasque res illas, quas olim Alricus venerabilis episcopus atque Mainfredus marchio … nec non et Berta … comitissa obtulit sanctae aecclesiae apud Segusium …* Bereits am 28. VI. 1037 hatte Berta zu ihrer eigenen Totenfürsorge eine Schenkung durch den Presbyter Siegfried an dieses Kloster veranlaßt: *Scigefredus presbiter … dono et offero in eodem monasterio post decessum Berte cometisse pro mercedem et remedium anime bone memorie Adelrici qui fuit episcopus et bone memorie Maginfredi marchio et iamdicte Berte commetisse mercedem, id est … faciendum exinde a presenti post decessum Berte commetisse*; Mon. hist. patr., Chart. I Sp. 512 nr. 299; D. Carutti, Regesta com. Sabaud. S. 38f. nr. 110. Vgl. dort weiterhin S. 39 nr. 111, S. 45 nr. 128, S. 57 nr. 161.

8 : NN, Vater Gf. Humberts (Weißhand) v. Savoyen

Der Vater Gf. Humberts ist aus keiner Quelle sicher bekannt. In vielen Kombinationen wurde dennoch versucht – da er zu den Spitzenahnen des letzten italienischen Königshauses zählt –, seine Ahnen zu ermitteln, wobei u.a. D. CARUTTI, G. de MANTEYER, W. GISI, M. CHAUME, H. BRESSLAU, S. HELLMANN, C.W. PREVIÉ-ORTON usw. (vgl. Literaturverzeichnis) wichtige Beiträge lieferten. Grundsätzlich aufgegeben sind dabei die Versuche, auf die ganz späte Familientradition Gewicht zu legen, nach der Humbert der Sohn eines Berold war, der aus Sachsen gekommen und übrigens ein Nachfahre Hzg. Widukinds gewesen sei und unter Kg. Rudolf III. als Feldhauptmann und Vizekönig im burgundischen Reich gewaltet habe; vgl. etwa D. CARUTTI, Regesta com. Sabaud. S. 16 nr. 48. Aufgegeben ist auch die Meinung, er könnte ein Sohn des Grafen Otto-Wilhelm v. Burgund gewesen sein und durch diesen von den letzten sog. „nationalitalienischen" Königen Berengar II. und Adalbert abstammen. Wenig wahrscheinlich bzw. unbewiesen ist auch die Auffassung, Humbert sei ein Nachkomme Karl Konstantins, des Sohnes Ks. Ludwigs d. Bl. und Grafen von Vienne, gewesen, der immerhin einen Sohn Namens Humbert (bezeugt zu ca. 960) hatte; vgl. D. CARUTTI, Regesta com. Sabaud. S. 3 nr. 7; G. de MANTEYER, Origines de la maison de Savoie S. 429f.; M. CHAUME, Problème des origines S. 120–161, ND S. 228–259, bes. S. 120ff. bzw. 228ff. Vertreten wird diese These noch bei E. KIMPEN, Königsgenealogie S. 73. – Ohne jeden Filiationsbeleg ist auch die These von R. POUPARDIN, Bourgogne S. 262f., Gf. Humbert I. sei der Sohn eines älteren Humbert gewesen, welcher seinerseits der Sohn eines Gf. Hugo (und dieser wiederum der Sohn Gf. Garniers / Warnerius v. Troyes) gewesen sein soll.

Eine große Rolle spielen bei diesen Hypothesen jeweils die Zeugen *Amadeus* in MGH D Burg. nr. 22 (von 926) und *Humbert* in ebd. nr. 29 (von 943) sowie besonders die Grafen Amadeus und Humbert in ebd. nr. 34 (von ca. 960: *Signum Geilini comitis. Signum Aymoni episcopi* [v. Valence]. *Signum Amedei comitis. Signum Vmberti comitis. Signum Arnaldi*), die man gern als Brüder ansehen möchte und von denen der erste als Vater Humberts (Weißhand) vermutet wird; vgl. auf der Basis von D. CARUTTI, Conto Umberto I (Biancomano), etwa S. HELLMANN, Reich und die Grafen v. Savoyen S. 3, 10; H. BRESSLAU, Jahrb. Konrads II., Bd. 2 S. 62; danach auch W.K. Prinz v. ISENBURG, Ahnen Tafel 10. – Für Abstammung dagegen von Humbert – auf der Basis der im vorigen Abschnitt erwähnten Darlegungen von G. de MANTEYER, Origines de la maison de Savoie; DERS., Notes additionelles; DERS., Origines de la maison de Savoie en Bourgogne. La paix en Viennois – besonders R. POUPARDIN, Bourgogne S. 262ff.

W. GISI, Ursprung des Hauses Rheinfelden S. 25–40, und DERS., Ursprung des Hauses Savoyen S. 121–155, versuchte, die Savoyer von einem Grafen Berthold herzuleiten, der – neben einem Grafen Rudolf – öfters in den Urkunden des letzten Burgund-Königs Rudolf III. genannt ist, dabei aber nie mit einer Herkunfts- oder Verwandtschaftsangabe versehen ist. Gisi sieht die beiden Grafen als Brüder an. Sie seien Stiefsöhne Kg. Rudolfs III. durch dessen 2. Gemahlin Ermengard gewesen; jedoch nicht wirkliche Söhne Ermengards, sondern auch für sie nur Stiefsöhne, die ihr erster Gemahl ihr zubrachte. Der Vater der beiden Grafen, von denen Berthold der Stammvater des Hauses Savoyen und Rudolf derjenige des Hauses Rheinfelden gewesen sei, sei der *dux Rudolf* gewesen, der uns als Sohn der Kgn. Berta v. Hochburgund und als Bruder Kg. Konrads v. Burgund sowie der Ksn. Adelheid bezeugt ist (vgl. MGH D Burg. nr. 35, †54, †55, 58, 59; MGH D O I 201, 249; MGH D O II 51; MGH D O III 273; MGH Lib. mem. et et necrol. 2 (Merseburg) Tafel 9 zum 26. VII.: *Rodulfus dux obiit*). Hzg. Rudolf sei wiederum kein vollbürtiger Bruder Kg. Konrads und Ksn. Adelheids gewesen, sondern ein nach dem Tod Kg. Rudolfs II. v. Hochburgund (des Vaters dieser beiden Geschwister) geborener unehelicher Sohn der Königinwitwe Berta, den diese von Gf. Liuthar v. Walbeck (in Sachsen) empfangen hätte. – Daß diese ganze Konstruktion zurückzuweisen ist, zeigen G. v. WYSS, Hzg. Rudolf S. 357–362, und E. HLAWITSCHKA, Herkunft u. Seitenverwandte Rudolfs v. Rheinfelden S. 184f.

Ob für diese Herkunftsfrage eventuell von Wichtigkeit sein könnte, daß Humbert als *advocatus* Ermengards, der Witwe Kg. Rudolfs III., fungierte (vgl. bei nr. **4**) und auch sonst in deren engerem Umkreis begegnet? Vgl. MGH Burg. nrn. 141, 127, 137, 166, 173.

10 / 11 : Gf. Anselm und Alduid als Eltern Ancilias

Die Herkunft Ancilias aus dem Hause der Grafen von Lenzburg ist vornehmlich im 19. Jh. entwickelt worden; und diese Ansicht, die auf E.F. GELPKE, Kirchengesch. d. Schweiz II S. 122, und E. SECRETAN, Observations S. 325–329, zurückgeht und von H. BRESSLAU, Jahrb. Konrads II., Bd. 2 S. 63, in der Geschichtsschreibung zu breiterer Geltung gebracht wurde (vgl. den Forschungsbericht bei H. WEIS, Grafen v. Lenzburg S. 260 Anm. 119), bestimmt noch immer die genealogisch ausgerichtete Literatur. Sie wird z. B. vertreten bei F. CURSCHMANN, Zwei Ahnentafeln S. 13f. und 22f.; W.K. Prinz v.

Isenburg, Ahnen S. 10, 14, 18, 20; A. Thiele, Erzählende geneal. Stammtafeln II,2 S. 397.

Diese Meinung hat folgende Basis: Zu den Söhnen Humberts (Weißhand) gehörte Bischof Aymo v. Sitten (vgl. bei nr. 4). Aymo wiederum schenkte 1052 an sein Domkapitel *per manum advocati mei comitis Ovdalrici* Besitzungen, *quas ab avunculo meo comite Ovdalrico habui hereditate*; J. Gremaud, Chartes Sédunoises S. 340ff. nr. 4; (D. Carutti, Regesta com. Sabaud. S. 51 nr. 145). Daß der verstorbene Onkel Aymos, Graf Udalrich, der Gf. Udalrich I. v. Lenzburg gewesen sei, zeige eine andere, wenngleich undatierte Sittener Urkunde, ebd. S. 346f. nr. 6, für *A. Dei gratia Sedun. eccl. venerabili episcopo*, gegeben von *Odalricus comes de Lenceburc*; denn der Empfängername *A* sei mit Aymo aufzulösen. War Aymos (des Sohnes Gf. Humberts und Ancilias) Onkel mütterlicherseits (*avunculus)* der Graf Udalrich I. v. Lenzburg, so war Ancilia dessen Schwester und eine Lenzburgerin, wodurch Ancilia bis auf die Hunfridinger Rhätiens am Anfang des 9. Jhs. rückführbar wäre.

Seit der Wende zum 20. Jh. hat sich indessen eine andere Sicht der Herkunft Ancilias angebahnt, und zwar vornehmlich durch die Forschungen von G. Manteyer, Origines de la maison de Savoie (1899); Ders., Origines de la maison de Savoie. Notes additionelles; C.W. Previté-Orton, Early History; M. Reymond, Origines de la maison de Savoie; F. Cognasso, Umberto Biancomano S. 25ff. Und diese Sicht beginnt sich durchzusetzen; vgl. Th. Schieffer, Einleitung zu MGH D Burg. S. 22f. mit Anm. 11. Nach ihr war Ancilia die Tochter eines Grafen Anselm und seiner Ehefrau Alduid, welche vor ihrer Ehe eine Konkubine Kg. Konrads v. Burgund war und in dieser Verbindung den illegitimen Sohn Konrads, Erzbisch. Burchard II. v. Lyon (979–1031), zur Welt gebracht hatte.

Die Grundlagen dieser Sicht sind folgende: Nach Hugo v. Flavigny, Chron. lib. I (nach dem Chron. Divion.), MGH SS 8 S. 367, war Erzbisch. Burchard II. Kg. Konrads illegitimer Sohn: *In Lugdunensi aecclesia promotus erat ad episcopatum Burchardus, Rodulfi regis frater, Conradi ex concubina filius. … Hic episcopatum Lugdunensem in infantia adeptus est.* Als *frater noster* ist deshalb der *Purchardus Luctunensis archiepiscopus* auch mehrmals in Kg. Rudolfs III. Urkunden bezeichnet worden (vgl. MGH D Burg. nrn. 76, 84, 86, 90, 93, 94, 100, 102, 107, 113, 132, 148; dazu auch MGH D H III 244); und desgleichen hat ihn Kg. Konrad als seinen *filius* genannt (MGH D Burg. nr. 49). Von Burchard selbst wird Kg. Konrad in einer Urkunde von

979 als *gloriosus genitor* bezeichnet; Gallia Christ. IV S. 78. Nun waren weiterhin Erzbisch. Burchard II. v. Lyon und Bisch. Anselm v. Aosta, die wiederholt zusammen in Urkunden genannt sind – der eine als gleichzeitiger Abt v. S. Maurice, der andere als dortiger Propst (vgl. MGH D Burg. nr. 150: *Burcardus ecclesie gracia dei archiepiscopus nec non et abbas almi Mauricii abbas … Signum Anselmi episcopi et sancti Mauricii abbacie prepositi…*; auch ebd. nrn. 151, 152, 161, 162, 163, 164) –, Brüder: *Burcardus Lugdunensis ecclesie archiepiscopus et abbacie almi Mauricii abbas nec non et Anselmus episcopus illius mercede eiusdem ecclesie humilis prepositus. Notum sit omnibus … Signum donni archipresulis Burcardi et fratris sui Anselmi episcopi, qui hanc prestariam laudaverunt*; MGH D Burg. nr. 149. Da nun als Vater Bisch. Anselms v. Aosta ein Gf. Anselm (v. Equestergau) bezeugt ist – vgl. MGH D Burg. nr. 91 : unter den Zeugen *Anselmus episcopus Augustensis … Anselmus pater Anselmi episcopi …* –, können Erzbisch. Burchard II. v. Lyon und Bisch. Anselm v. Aosta nur Halbbrüder (durch die gleiche Mutter) gewesen sein. Zudem hatte Erzbisch. Burchard II. v. Lyon, der illegitime Sohn Kg. Konrads, noch einen weiteren „Bruder" Odelrich (Gemahl einer Gireldis) – vgl. MGH D Burg. nr. 169: *Dilecto atque amabili fratri nostro Odolrico … ego in Dei nomine Burchardus Lugdunensis eclesie archiepiscopus et abbacie almi Mauricii abbas* –, der seinerseits den Erzbisch. Burchard v. Vienne (1001–1031) zum Bruder hatte; vgl. C.U.J. CHEVALIER, Cartulaire de Saint-André-le-Bas S. 256 nr. 47* vom 16. VIII. 1019 (Regest bei D. CARUTTI, Regesta com. Sabaud. S. 15 nr. 46): *Ego Burchardus S. ecclesie Viennensis archiepiscopus et Udolricus frater meus et advocatus meus cogitavimus …, ut aliquid munus offeremus Deo …* Ihre Schenkung erfolgte *pro remedio animarum nostrarum vel pro genitore nostro Anselmo sive pro genitrice nostra Aaldui … Quamobrem donamus predicte ecclesie quasdam vineas que sunt site in pago Genevensi … quantum ego Burchardus et Wuldricus frater meus in ipsa villa habemus.* Daraus folgt, daß der Erzbisch. Burchard II. v. Lyon (979–1031), der illegitime Sohn Kg. Konrads, nicht nur den Bisch. Anselm v. Aosta (994–1026), sondern auch einen Gf. Odelrich und den Erzbisch. Burchard v. Vienne (1001–1031) zu Halbbrüdern hatte. Nun wissen wir zur Bestätigung zudem, daß Bisch. Anselm v. Aosta Besitzungen in der Grafschaft Oltingen (nordwestl. Bern) *habere visus est ex parte matris sue Alduid, quod rex Chuonradus ei prebuit*; vgl. Mon. hist. patr., Chart. II S. 91 nr. 80; Exzerpt bei MGH D Burg. S. 357 nr. II. Und überdies scheint Erzbisch. Burchard v. Vienne –

nach dem in der Urkundenüberlieferung zuverlässigen N. CHORIER, Histoire générale de Dauphiné I (1661) S. 574, 581 – den Erzbisch. Burchard II. v. Lyon in mehreren, offenbar nicht erhaltenen Urkunden aus dem verlorenen Chartular von Saint-Pierre de Vienne als seinen Bruder bezeichnet zu haben (so schon W. GISI, Die Mutter von Burchard II. S. 377), aus dem die oben schon genannte Urkunde Burchards und Udalrichs stammte (vgl. C.U.J. CHEVALIER, Cartul. de Saint-André-le-Bas S. 257 und S. XIV). – Aus all dem folgt klar, daß Kg. Konrads Konkubine Alduit hieß und – nachdem sie (um 965) Konrads Illegitimus Erzbisch. Burchard II. v. Lyon zur Welt gebracht hatte, so daß dieser 979 bei seiner Erhebung zum Erzbischof in Lyon noch *in infantia* stand (s. o.) – den Grafen Anselm heiratete, dem sie die Kinder Bisch. Anselm v. Aosta, Erzbisch. Burchard v. Vienne und Gf. Odelrich gebar.

Doch wie ist nun Ancilia, Gf. Humberts I. (v. Savoyen-Belley) Gemahlin, diesem Familienkreis schlüssig zuzuordnen? Durch Rodulfus Glaber, Hist. lib. V cap. 4, 21, ed. M. PROU S. 130f., wissen wir, daß *post mortem Burcardi archipresulis Lucdunensis* (also nach dem Tode Erzbisch. Burchards II. v. Lyon, 1031) Wirren um die Nachfolge ausbrachen und verschiedene Bewerber auftraten. *Primus omnium predicti Burcardi nepos, ejusdem equivocus, supra modum superbissimus, relicta sede propria Augustane civitatis procaciter Lugdunensem arripuit.* Dieser Burchard, Bisch. v. Aosta (ab ca. 1025, im Jahre 1022 offenbar schon Coadjutor seines Vorgängers), konnte sich in Lyon bis ca. 1036 als Erzbischof behaupten, wurde dann aber vom Kaiser für einige Jahre wegen einer Fehde in Haft genommen und trat seit 1039 nur noch als Abt von S. Maurice auf (vgl. Th. SCHIEFFER, Einleitung in MGH D Burg. S. 35; H. BRESSLAU, Jahrb. Konrads II., Bd. 2 S. 56ff., 64, 421); auf seinen Titel scheint er jedoch nicht ganz verzichtet zu haben (vgl. die bei nr. **4** schon einmal zitierte Urkunde vom 11. VI. 1042 [= D. CARUTTI, Regesta com. Sabaud. S. 44 nr. 125], die u.a. das *S. Brocardi archiepiscopi* aufweist). Er wiederum ist als Sohn Gf. Humberts und Ancilias aufzufassen; denn Bisch. Lambert v. Langres schenkte ja am 8. IV. 1022 *deprecatione B[urcardi] Lugdunensis archiepiscopi* († 1031) ... *cuidam nostro amico Humberto comiti et duobus heredibus filiis eius, quorum unus dicitur Amedeus et alter Burchardus episcopus,* Besitz im Gebiet von Genf (L. CIBRARIO e D.C. PROMIS, Documenti S. 97ff.; D. CARUTTI, Conte Umberto I. S. 182f. nr. 9; DERS., Regesta com. Sabaud. S. 18 nr. 52; H. BRESSLAU, Jahrb. Konrads II., Bd. 2 S. 64 Anm. 1). Vgl. auch seine Nennung als *filius*

Huberti comitis im Zitat aus D. Carutti, Regesta com. Sabaud. S. 42 nr. 120, bzw. Mon. hist. patr., Chart. I S. 530 nr. 312, oben bei nr. **4**. Wenn aber dieser Burchard v. Aosta und dann von Lyon (dort als Burchard III. gezählt) als Sohn Humberts und Ancilias zugleich ein Neffe (*nepos*) des 1031 verstorbenen Erzischofs Burchard II. v. Lyon gewesen sein soll, so ist das nur möglich, wenn entweder sein Vater Gf. Humbert oder seine Mutter Ancilia ebenso wie Burchard II. v. Lyon von Kg. Konrads v. Bgd. Konkubine Alduit abstammte, d.h. wenn also auch Humbert oder Ancilia ein Kind Alduits und ihres späteren Ehemanns Gf. Anselm war. Bestätigend tritt hinzu, daß der unter den Söhnen Gf. Humberts und Ancilias auftretende Bisch. Aymo v. Sitten (vgl. bei nr. **4**) im Jahre 1052 einen verstorbenen *avunculus Ovdalricus* als reichen Erblasser angab – vgl. oben – und daß wir ja gerade einen Grafen Odalrich unter den Kindern Alduits und Anselms festzustellen hatten.

Somit ergeben sich die folgenden Zusammenhänge, in denen freilich Ancilia, nicht Humbert, in der engeren Verwandtschaft zu Kg. Rudolf III. gesehen wird, da Kg. Rudolf III. in MGH D Burg. nr. 93 den intervenierenden Erzbischof Burchard (II.) v. Lyon als *frater noster* kennzeichnete, den neben ihm mit als Intervenient fungierenden Grafen Humbert aber nicht als (Halb)bruder, der er im strengeren Sinne auch nicht war, oder als Familiaren hervorhob und da für Humbert auch ein gleichnamiger Vater wahrscheinlich sein dürfte (vgl. bei nr. **8**):

ill.
Mathilde v. Frkr. ∞ Konrad Kg. v. Bgd. ∞ Alduid ∞ Gf. Anselm

Rudolf III. Kg. v. Bgd. † 1032	Burchard II. Eb. v. Lyon 979–1031	Anselm B. v. Aosta 994–1026	Burchard Eb. v. Vienne 1001–1031	Gf. Udalrich ∞ Gireldis	Ancilia ∞ Humbert I. (Whd.) † 1042/51

Amadeus ∞ Adelheid/ Adila	Burchard B. v. Aosta (c. 1025–1031) Eb. v. Lyon 1031–1036, † 1046	Aymo B. v. Sitten 1037–1054	Gf. Otto ∞ Adelheid v. Turin

Diese Sicht ist der oben vorgestellten älteren Meinung, die Ancilia zu einer „Lenzburgerin" machte, unbedingt vorzuziehen. Denn überdies ist es H. WEIS, Grafen v. Lenzburg S. 66–68, gelungen aufzuzeigen, daß die in der älteren Kombination wichtige undatierte Urkunde eines *A. Dei gratia Sedun. ecclesie venerabilis episcopus* (s. oben) nicht in die Mitte des 11. Jhs. gehören kann und folglich nicht für Bisch. Aymo v. Sitten zu beanspruchen ist. Die Untersuchung der in der Urkunde genannten Zeugen ergab nämlich, daß dieses Stück ein Jahrhundert später eingereiht werden muß und auf den zwischen 1163 und 1168 als Bisch. v. Sitten bezeugten Amadeus zu beziehen ist und daß sonach auch nicht Gf. Ulrich I. (v. Lenzburg), sondern Gf. Ulrich IV. v. Lenzburg, der treue Staufergefolgsmann, hier gemeint ist. Der älteren Sicht ist damit gänzlich die Beweisbasis entzogen.

Vor einigen Jahren ist Ancilia von H.C. FAUSSNER, Kuno v. Öhningen S. 99f., als (illegitime) Tochter Kg. Konrads v. Bgd. und Alduids (d.h. als Vollschwester Erzbisch. Burchards II. v. Lyon) angesprochen worden. Zur Begründung führt er an: „Daß diese [= Ancilia] eine Tochter König Konrads war, zeigte sich nach dem Tode ihres kinderlosen Bruders, König Rudolfs (1032). Ihr Gemahl geleitete die Königin-Witwe (Ermengard) zu Konrad II., wie Wipo berichtet, und in MGH D Burg. 141 begegnet er als deren *advocatus.* Zum Vogt einer Witwe wurde aber grundsätzlich nur einer der nächsten Versippten berufen, wie eben ein Schwager des Verstorbenen, wenn dieser weder mannbare Söhne noch Brüder hinterließ. Vor allem aber weist der Besitz des so umfangreichen burgundischen Hausgutes bei den Nachkommen Ancilias und Humberts, der zum Begründer der savoyischen Dynastie, des späteren italienischen Königshauses wurde, eindeutig darauf hin, daß sie eine erbberechtigte Tochter König Konrads war, die ihr väterliches Erbe auf ihre Nachkommen weitervererbte". – Daß Ancilia nicht Gf. Anselm, sondern – wie Erzbischof Burchard II. v. Lyon – den Kg. Konrad v. Burgund zum Vater hatte, ist nicht grundsätzlich unmöglich, doch weniger wahrscheinlich; denn wenn Erzbisch. Burchard II. v. Lyon mindestens ein Dutzend mal als *frater* in Kg. Rudolfs III. Urkunden bezeugt ist, warum sollte dann dem oft genannten Humbert (Weißhand), Gemahl Ancilias, die Bezeichnung „Schwager" dort stets verwehrt worden sein? Auch spricht gegen eine solche Sicht, daß der Name Konrad bei den Nachkommen Ancilias und Humberts (Weißhand) nicht auftritt und daß bei diesen auch der Name Rudolf fehlt; vgl. die Stammtafel der frühen Savoyer bei D. CARUTTI, Regesta com. Sabaud. S. 378f. Die Angabe Faußners,

Ancilia sei eine „erbberechtigte Tochter König Konrads" gewesen, würde außerdem voraussetzen, daß Illegitime gleich wie Legitime erbten. Dem war aber keinesfalls so; vgl. zuletzt E. HLAWITSCHKA, Verwandtschaftl. Verbindungen S. 39ff.; DERS., Königsherrschaft der burgund. Rudolfinger S. 450 mit Anm. 13. Auch ist die Grundannahme, daß „zum Vogt einer Witwe ... grundsätzlich nur einer der nächsten Verwandten berufen" wurde, nicht gesichert; schließlich hat ja doch auch ein gewisser Seliger, nicht Humbert (Weißhand), die burgundischen Kroninsignien zu Konrad II. gebracht und damit gleichfalls als Vertreter des Königs und der Königin gehandelt. Der *advocatus* ist in Burgund offenbar ein Beauftragter zur Erledigung bestimmter Aufgaben; vgl. MGH D Burg. nr. 39, wo ein *Costabulus, qui per iucxione Chuondrado rege et uxore sua Mattilt et filii eius Chuono advocatus fuit,* auftritt und anschließend die vom König vorgenommene Güterübertragung durch *investitura* am Ort der Güter in Orbe vornimmt. Vgl. auch MGH D Burg. nr. 168, wo das Auftreten eines *advocatus Rodulphus ... per consensum serenissimi regis Rodulphi (III.)* in einer Tauschangelegenheit vermerkt ist. Übrigens hatte die Witwe Kg. Rudolfs III., Ermengard, zwei eigene Söhne aus einer Ehe vor derjenigen mit Kg. Rudolf III.: Hugo und Wilhelm (vgl. MGH D Burg. nr. 136). Für den „grundsätzlichen" Schutz ihrer Mutter waren an erster Stelle sie berufen. – Schließlich fehlt auch der Nachweis, daß die späteren Savoyer burgundischen Königsbesitz geerbt haben. – So bleibt Faußners Ansicht eine Hypothese ohne jede qualitätvolle Quellenbasis.

Faußners Ansicht wurde übrigens in einem anderen Zusammenhang, nämlich der versuchten Klärung der Nachkommen 'Kunos von Öhningen', vorgebracht. Zur gescheiterten Gesamtsicht Faußners vgl. schon E. HLAWITSCHKA, Königin Richeza S. 221–244; ND in: DERS., Stirps regia S. 471–494; DERS., Zur Herkunft u. zu den Seitenverwandten Rudolfs v. Rhf. S. 189–191; zur Lösung der umfassenden Problematik um 'Kuno v. Öhningen' vgl. übrigens E. HLAWITSCHKA, Untersuchungen zu den Thronwechseln; zuletzt DERS., Konradiner-Genealogie; und oben bei **XV : Ksn. Gisela** nr. **5**.

12 : Mgf. Manfred I. v. Turin als Vater Mgf. Odelrich-Manfreds II.

Die bereits bei nr. **6** zitierte Gründungsurkunde des Klosters S. Giusto in Susa vom 9. VII. 1029, die Mgf. Odelrich-Manfred II. zusammen mit seinem Bruder Bisch. Alricus v. Asti ausstellte, zeigt den Vater beider: sie waren *filii bone memorie itemque Magnifredi similiter* *marchionis.* Bei nr. **6** ist auch schon die Urkunde vom 23. XII. 1035 zitiert, aus der die Bestattung Mgf. Odelrich-Manfreds II. in der Turiner Bischofskirche ersichtlich und der Bestattete als Sohn Mgf. Manfreds I. bezeichnet ist. Einen weiteren Filiationsbeleg liefert Anselm v. Besate; vgl. bei nr. **13**.

Zum Zeitpunkt der Verehelichung Mgf. Manfreds I. mit Prangarda vgl. bei nr. **13**.

Angaben zur Todeszeit Manfreds I. sind nicht überliefert. Da am 31. VII. 1001 in MGH D O III 408 bereits dem *Odelrico marchioni qui Mainfredus nominatur, quia fideliter deservivit*, eine große Besitzbestätigung über den dritten Teil der Täler von Susa, Oulx und Bardonecchia samt Immunitätsverleihung zuteil wird, möchte man vermuten, daß Ma(gi)nfred I., der Vater des so stark Hervorgehobenen, damals schon nicht mehr lebte. Auch wenn in MGH D O III 411 vom 14. X. 1001 unter den Teilnehmern eines Gerichtstages ein *Mainfredus marchio* auftritt, wird man nicht mehr an Manfred I. denken dürfen; es wird der oftmals – aber nicht immer – mit dem Doppelnamen Odelrich-Manfred auftretende Sohn gemeint gewesen sein. 991 war Mgf. Manfred I. noch am Leben; vgl. seine bei nr. **13** zitierte Urkunde. Er verstarb demnach wohl zwischen 991 und 1001.

13 : Prangarda als Mutter Mgf. Odelrich-Manfreds II.

Die Filiation ist dadurch rekonstruierbar, daß Prangarda in einer Urkunde vom 8. III. 991 als Gemahlin Mgf. Ma(gi)nfreds (I.) nachzuweisen ist und dieser wiederum als Vater Mgf. Odelrich-Manfreds II. feststeht; vgl. bei nr. **12**. In dieser Urkunde heißt es: *Constat nos Maginfredus marchio filius bone memorie Ardoini itemque marchio et Prangarda jugalibus filia bone memorie Adelberti marchio, qui professa sum ex nacione mea lege vivere Langobardorum, set nunc pro ipse vir meus lege vivere videor Salicha …*; sie verkaufen Güter an den Diakon Raimbaldus von Borgo S. Donnino im Gebiet von Parma; ed. G. DREI, Carte degli archivi Parmensi I S. 238 nr. 78; auch I. AFFÒ, Storia di Parma I S. 369 nr. 78.

Daß die Ehe Mgf. Manfreds und Prangardas vor 951 geschlossen wurde, könnte sich aus der Mitteilung des Chron. Novaliciense lib. V cap. 11, ed. C. CIPOLLA, Bd. 2 S. 255, ergeben, nach der Gf. / Mgf. Arduin (Glabrio) III. v. Turin, der Vater Manfreds (vgl. nr. **24**), als Verbündeter Kg. Berengars II. an der Belagerung von Gf. Adalbert-Attos Burg Canossa mitwirkte. Er sei aber nicht mit vollem Eifer bei der Sache gewesen, habe sogar den Belagerten durch eine List den Abzug der Belagerungstruppen versorgt, und zwar *ob id quia Atto socer erat filii sui.* Daß es sich bei Arduins III. Sohn, welcher Adalbert-Attos Tochter (Prangarda) geheiratet hatte, um Manfred handelte, geht aus einer Stelle der Rhetorimachia Anselms v. Besate (ed. E. DÜMMLER, Anselm S. 37; M. MANITIUS, Gunzo S. 141) hervor, wo Anselm schreibt: ... *ille de Canussa Atto* (= Adelbert-Atto v. Canossa, vgl. H. BRESSLAU, Jahrb. Konrads II., Bd. 1 S. 432ff.), *cui Tedaldus ille filius, a quo marchio exivit Bonifacius. Tedaldo enim de Canussa soror prestantissima, filia erat unica, quam desponsaverat marchioni Mainfredo, a quibus Mainfredus et ipse marchio* (= Odelrich-Manfred). Da diese Belagerung Canossas mit der Verfolgung der 951 aus Kg. Berengars II. Haft entflohenen Königswitwe Adelheid, der künftigen Gemahlin Ks. Ottos I., zusammenhing, müßte also die Ehe des Arduinsohnes Manfred mit der Adalbert-Atto-Tochter Prangarda vor dem Herbst 951 geschlossen worden sein. Eventuell ließe sich aber auch an eine Strafaktion Berengars II. nach dem Abzug Adelheids und ihres neuen Gemahls Otto I. denken. Dann dürfte dieser so ermittelte Terminus ante quem vielleicht 2–3 Jahre später liegen; so R. KÖPKE – E. DÜMMLER, Ks. Otto d. Gr. S. 196, 209; vgl. auch E. HLAWITSCHKA, Franken, Alemannen S. 136f.

Über die Todeszeit Prangardas ist nichts bekannt.

14 : Otbert II. (adalbertin. Linie), Mgf. i. östlichen Ligurien, als Vater Bertas

Berta, Gemahlin Mgf. Odelrich-Manfreds II. v. Turin, bezeichnete sich wiederholt als Tochter eines Mgf. Otbert (Autbert, Obbert); vgl. bei nrn. **6** u. **7**. Hier sei nur noch auf die Gründungsurkunde des Frauenklosters Caramagna vom 28. V. 1028 verwiesen, in der es heißt: *Odelricus qui misericordia Dei Maginfredus marchio sum nominatus, filius quondam itemque Maginfredi similiterque marchionis, et Berta auxiliante Deo cometissa, iugalibus, filia quondam Autberti itemque marchionis ... fundamus ... pro nobis et (anima?) domni Adelrici sancte Astensis ecclesie episcopi seu domni Adelberti itemque marchionis confratris nostri ...*; Mon. hist. patr., Chart. I Sp. 463 nr. 272; D. CARUTTI, Regesta com. Sabaud. S. 24 nr. 68. Vgl. auch die Urkunde vom 6. VI. 1021 mit *Constat nos Odelrici qui et Maginfredi mar[c]hioni, filius condam item Maginfredi mar[c]hio, et Berta cometissa, iugales, filia condam Obberti itemque mar[c]hio, que professa sum ego que supra Berta ex nacione mea legem vivere Langobardorum sed nunc pro ipso* *viro meo legem vivere videor salica, … una cum noticia de propinquioribus parentibus meis cui supra femine, id sunt Adalbertus marchio germano et item Albertus infantulo, pater et filio nepote meo,* wobei das Ehepaar eine große Zahl von Gütern in Oberitalien an einen Priester Siegfried verkauft; B. BAUDI DI VESME, E. DURANDO, F. GABOTTO, Carte inedite e sparse S. 172ff. nr. 3; Mon. hist. patr., Chart. I Sp. 432 nr. 252; D. CARUTTI, Regesta com. Sabaud. S. 17 nr. 50.

Während die ältere Forschung in diesem Markgrafen Autbert / Obbert den Otbertiner (Estenser) Otbert II., Gemahl einer Railenda, sah – so H. BRESSLAU, Jahrb. Konrads II., Bd. 1 S. 363f., 416; F. CURSCHMANN, Zwei Ahnentafeln S. 14, 23f.; W.K. Prinz v. ISENBURG, Ahnen Tafeln 10, 14, 17, 18 – , hat F. GABOTTO, Marchesi Obertenghi S. 157ff., gezeigt, daß es sich bei Bertas Vater Mgf. Otbert um den vor 996 verstorbenen Sohn des Mkgf. Adalbert I. v. östlichen Ligurien handelte (zu seiner genealogischen Einordnung und Benennung vgl. bei nr. **29**). Denn Berta hatte ja einen Bruder Adalbert (s. o.), der in der oben zitierten Urkunde vom 6. VI. 1021 sowie in der bei nr. **6** herangezogenen Gründungsurkunde von S. Giusto di Susa vom 9. VII. 1029 genannt ist. Und da mit dem (als *infantulus* gekennzeichneten *nepos* Bertas) Adalbert von 1021 der bereits 997 geborene Mgf. Adalbert-Azzo II. v. Este (vgl. Bernold v. Konstanz, Chron. ad 1097, MGH SS 5 S. 465, ed. I.S. ROBINSON S. 531: *Azzo marchio de Longobardia … iam maior centenario, ut aiunt, viam universae terrae arripuit*; M.G. BERTOLINI, Alberto Azzo II. S. 753ff.) nicht mehr gemeint sein kann und somit dessen Vater Mgf. Adalbert, der ein Bruder Bertas sein soll, auch nicht Adalbert-Azzo I. v. Este betreffen kann, ist man auf den am 24. IX. 996 in der Urkunde seines Vaters Mgf. Adalbert bereits als verstorben genannten Sohn Otbert, der damals schon Kinder gehabt hatte, als Vater Bertas und ihres Bruders Adalbert verwiesen: *Ego Adelbertus marchio filius bone memorie Otberti item marchio et comes palacii, qui professus sum ex nacione mea lege vivere Langobardorum, presentibus presens dixi: Manifesta causa est mihi quod Otbertus filio meo instituit me esse suum erogatorem ad distribuendum cortem unam … ubi dicitur Tune, iuxta fluvio Taro …, canonicis sancte Parmensis ecclesie … Modo vero considerante me Dei misericordia seu mercedem et remedium anime mee seu et predicti quondam Oberti filio meo … Et si illum fuerit quod ego qui supra Adalbertus marchio vel nepotibus [meis seu] aliquis de propinquioribus meis qui eandem cortem regere [et] gubernare deberent …*; I. AFFÒ, Storia di Parma I S. 372 nr. 82; G. DREI, Carte degli archivi Parmensi I S. 251 nr. 84.

Die Geburtszeit dieses Mgf. Otbert II. (adalbertin. Linie) vom östl. Ligurien ist von F. GABOTTO (Genealog. Tafel am Ende seines oben zitierten Aufsatzes) auf „ca. 950–960" erschlossen worden.

Wenn Otberts II. Vater am 24. IX. 996 (als Beauftragter seines verstorbenen Sohnes) die zitierte Schenkung vornahm, dürfte Otberts II. Tod nicht allzu weit vor diesem Datum zurückliegen.

F. NEISKE, Älteres Nekrolg S. 255 ff., hält Berta für eine Schwester der Markgrafen Adalbert († 1034) und Hugo († 1039/40) und weist ihr noch eine gleichnamige Halbschwester (Gemahlin Kg. Arduins) zu; er macht sie alle zu Kindern des Otbertiners (Estensers) Otbert II., indem er hier dem unzutreffenden Grundmuster H. Bresslaus (s. o.) folgt. Daß dieses aber an der Urkunde vom 6. VI. 1021 scheitert, ist deutlich. Vgl. zu diesem Problemkreis auch E. HLAWITSCHKA, Zur Otbertinergenealogie S. 461 ff.

15 : NN als Mutter Bertas (vom östl. Ligurien)

Die ältere Forschung, die den Otbertiner (Estenser) Mgf. Otbert II. als Vater Bertas ansah (vgl. bei nr. **14**), konnte die Gemahlin dieses Otbert II., Railenda, als Bertas Mutter betrachten. Mit der Neubestimmung des Vaters Bertas als Mgf. Otbert II. (adalbertin. Linie) v. östlichen Ligurien (= Bruderssohn des Estenser Mgf. Otbert II.) entfällt diese Angabe. Der Name der Gemahlin dieses vor dem 24. IX. 996 verstorbenen Mannes ist nicht überliefert. (Zur Otbertinergenealogie und ihrer Aufteilung in zwei Linien vgl. bei nr. **29**).

Jüngst hat A. PALLAVICINO, Politica, alleanze matrimoniali S. 23, die Meinung vertreten, daß Mgf. Otbert II. (adalbertin. Linie) vom östl. Ligurien (Pallavicino zählt ihn in der Otbertinergenealogie – abweichend von der hier beibehaltenen Zählweise Gabottos [vgl. bei nr. **29**] – als Otbert III.) „dovrebbe essersi sposato, pure lui intorno al 980, con una figlia del marchese Alerano a sua volta imparentato col conte di Acqui Gaidaldo, attestato tra il 991 e il 1017". Diese „Verschwägerung" Mgf. Aledrams mit Gf. Gaidald und die Verbindung mit den Otbertinern läßt sich freilich nur sehr hypothetisch aus späteren Besitznachbarschaften und einer gemeinsamen Aktion Mgf. Aledrams und eines Mgf. Otbert gegen Sarazenen (972) erschließen, wobei zur Erklärung jedoch ebenso die gut bezeugte Ehe von Aledrams Sohn Anselm I. mit Gisela, der Schwester Mgf. Otberts II. adalb. Linie (bei Pallavicino: Otberts III.) dienen könnte (vgl. H. BRESSLAU,

Jahrb. Konrads II., Bd. 1 S. 391ff.; R. MERLONE, Aleramici S. 66ff., zu Gf. Gaidald ebd. S. 247ff.).

20 : Vermutungen zum Vater Gf. Anselms

Ein Zeugnis zur Herkunft Gf. Anselms liegt nicht vor. R. POUPARDIN, Bourgogne S. 270, vermutet in ihm einen Sohn des gleichnamigen, 926 im *pagus Equestris* (zwischen Jura und Genfer See) bezeugten Gf. Anselm (A. BERNARD – A. BRUEL, Rec. des chartes de Cluny I S. 247 nr. 256; MGH D Burg. nr. 22), der auch bei der Wahl und Weihe des Bisch. Libo v. Lausanne zugegen war (vgl. Ch. ROTH, Cartul. de Lausanne I S. 50 nr. 17f.; MGH D Burg. nr. 25). Auch P. DUPARC, Comté de Genève S. 83f., sagt: „un deuxième Anselme, probablement fils du précedent, s'en distingue assez mal; il épousa vers 970 Aldiud, ancienne concubine du roi Conrad de Bourgogne".

24 : Mgf. Arduin III. (Glabrio) v. Turin als Vater Mgf. Manfreds I. v. Turin

Diese Filiation geht aus einer am 8. III. 991 ausgestellten Urkunde – vgl. bei nr. **13** – hervor. Zudem wird Arduin III. in der Gründungsurkunde von S. Giusto di Susa als Großvater (*avus*) Mgf. Odelrich-Manfreds genannt; vgl. Zitat bei nr. **6**. Und auch das Chron. Novaliciense lib. V cap. 8 sagt, daß Arduin Glabrio den Sohn Ma(gi)nfred zeugte; vgl. bei nr. **48**. (Zum Beinamen Glabrio, der Kahle, vgl. Chron. Novalic. lib. V cap. 11, ed. C. CIPOLLA, Bd. II S. 255, und lib. V cap. 21, S. 263).

Arduin III. Glabrio ist zum 13. IV. 945 das erste Mal sicher bezeugt; vgl. L. SCHIAPARELLI, Dipl. di Ugo S. 232 nr. 80; C. MANARESI, Placiti I S. 551 nr. 144. Die letzte ihn als Lebenden ausweisende Nachricht stammt vom 4. IV. 976; Cod. dipl. Langob. S. 1357 nr. 772. Die Belege zu seinem Leben und Wirken sind zusammengestellt bei E. HLAWITSCHKA, Franken, Alemannen S. 136- 138; vgl. auch M.G. BERTOLINI, Arduino S. 49–52; G. SERGI, Una grande circoscrizione S. 655–661.

25 : NN als Mutter Mgf. Manfreds I. v. Turin und Gemahlin Mgf. Arduins III.

Über die Mutter Mgf. Manfreds I. v. Turin sind keine Quellenzeugnisse bekannt. Um das Auftreten des Namens Mag(in)fred bei den Nachkommen Arduins III. Glabrio (nr. **24**) zu erklären, wurde vermutet – vgl. Enciclopaedia Italiana Bd. IV S. 142 (s.v. Arduinici) –, daß Arduins Gemahlin eine Tochter des Grafen Maginfred v. Mosezzo (bzw. Lomello) war. In der neueren italienischen Literatur, in der man ein Aufgreifen des Hinweises erwarten könnte – so etwa bei G. SERGI, Una grande circoscrizione S. 655 ff. –, wird diese Frage nicht behandelt.

26 : Gf. Adalbert-Atto v. Canossa als Vater Prangardas

In der bereits bei nr. **13** zitierten Urkunde vom 8. III. 991 wird Prangarda, die Gemahlin Mgf. Manfreds I. v. Turin, als Tochter Mgf. Adalberts, der nach langobardischem Recht lebte, ausgewiesen. Daß es sich bei ihm um den öfter mit dem Doppelnamen Adalbert-Atto bezeichneten Inhaber der Burg Canossa handelte, wird durch die dort gleichfalls zitierte Nachricht des Chron. Novaliciense deutlich. Auch das langobardische Rechtsbekenntnis verweist eindeutig auf diesen Mann, der als einer der Ersten in die bis dahin aus nordalpinen (nach fränkischem, alemannischem, burgundischem oder bayerischem Recht lebenden) Zuwanderergeschlechtern bestehende Führungsschicht Oberitaliens aufzusteigen vermochte.

Als Graf von Reggio/Em., Modena und Mantua ist dieser Mann zwischen 958 und 988 gut bezeugt; 951 begann er seinen Aufstieg als *miles* des Bischofs Adalhard v. Reggio bei der Beschützung der vor Mgf. Berengar II. geflüchteten Königin Adelheid, Witwe Kg. Lothars v. Italien (u. spätere 2. Gemahlin Ottos d. Gr.); Belege bei E. HLAWITSCHKA, Franken, Alemannen S. 107 ff.; M.G. BERTOLINI, Adalbert-Azzo di Canossa S. 221–223; V. FUMAGALLI, Origini.

Das Todesdatum Adalbert-Attos ist in einer Marginalnotiz im Missale (saec. IX.) der Kathedralkirche von Modena überliefert: *Id. Febr. obiit Ato marchio qui et Adelbertus de hoc seculo ad vitam per indic. I*; A.P. BORTOLOTTI, Antiche vite S. 119. Die Indictio I deutet auf das Jahr 988. Der Todestag (13. II.) wird auch von Donizo, Vita Mathildis, überliefert; vgl. bei nr. **27**. Da Donizo (lib. I cap. 7, MGH SS 12 S. 363 f., bzw. ed L. SIMEONI S. 26) unter der Überschrift *Quot marchiones sunt sepulti apud Canossam* als erste Adalbert-Attos Frau

Ildegarda und dann Adalbert-Atto aufführt, ist beider Bestattung in Canossa gesichert.

27 : Ildegarda, Gemahlin Gf. Adalbert-Attos, als Mutter Prangardas

Nicht direkt als Mutter Prangardas, jedoch als Gemahlin Adalbert-Attos v. Canossa, ist uns eine Ildegarda durch Donizo, Vita Mathildis (lib. I cap. 3), v. 430ff., MGH SS 12 S. 360; auch ed. L. SIMEONI S. 21, bezeugt: *Coniugis Attonis non fiat oblivio nobis. / Ildegarda quidem fuit huius nomen amicae.* (Vgl. auch die der MGH-Edition beigefügte Bildillustration IV im Codex Canusinus – Vaticanus 4922, die *Atto* und *Ildegarda* zusammen mit ihren drei Söhnen Rudolf, Bisch. Gottfried und Tedald aufzeigt).

Bei Donizo (lib. I cap. 7) v. 589f., MGH SS 12 S. 363, ed. L. SIMEONI S. 26, wird auch der Todestag Ildegardas und der ihres Gemahls festgehalten: *Mors Ildegardam rapit Idus tercio Sabát./ Idus Attonis animam Februi tulit olim.* – Zur Bestimmung des Todesjahres Ildegardas – wohl schon sechs Jahre vor dem ihres Gemahls – vgl. A.P. BORTOLOTTI, Antiche vite S. 35. Da das Totengedenken bei Donizo kalendarisch angeordnet ist, kommen für die 3. Iden nur die Monate Januar und Februar in Betracht. Ein Samstag fällt im Jahre 982 auf die 3. Iden (11. Februar). – Zur Bestattung Ildegardas in Canossa vgl. bei nr. **26**.

28 : Adalbert I., Mgf. im östl. Ligurien, als Vater Mgf. Otberts II.

Daß der kurz vor dem 24. IX. 996 verstorbene Mgf. Otbert II. ein Sohn Mgf. Adalberts (aus dem östl. Ligurien) war, ist bei nr. **14** gezeigt worden. Adalbert ist – nach einer Abwägung von F. GABOTTO, Marchesi Obertenghi S. 155 u. Stammtafel, auf der Basis aller bekannten Personaldaten der Otbertinerfamilie – etwa „925–930“ geboren. Zusammen mit seinem Bruder Otbert ist dieser Mgf. Adalbert I. mehrmals zwischen 975 und 996 bezeugt; vgl. F. GABOTTO, a.a.O. S. 155–157. So findet man z.B. zum 15. X. 975: *Adalbertus et Opertus germani filii bone memorie Oberti marchionis comitis palacio* in einer Urkunde des Bischofs Alberich v. Pisa; vgl. L.A. MURATORI, Antiquitates Italiae I S. 373; Regest bei N. CATUREGLI, Regesto della chiesa di Pisa S. 35 nr. 62. Am 4. IX. 996 wurde eine Schenkung des Kastells und Hofes Caresana an die Kirche von Vercelli ausgestellt *per data licentia Adalberti et Otberti marchionibus et comites istius comitatu*

Tertonensis (= Tortona); vgl. D. ARNOLDI, G.C. FACCIO, F. GABOTTO e G. ROCCHI, Carte di Vercelli S. 25 nr. 18.

Nach einer Urkunde vom 13. III. 1002, die vom Bruder Bertas (v. Ligurien, nr. 7), Mgf. Adalbert (vgl. bei nr. **14**), stammt, waren sein (und somit auch Bertas) Vater Otbert II. (adalbertin. Linie) und Großvater Adalbert – wobei es auf den letzteren hier ankommt – bereits verstorben: *Adalbertus marchio, filio bone memorie Auberti et nepus bone memorie Adalberti qui fuit marchio*, verkauft Güter in Ciscario und Vico (Pisano) an den Judex Leo; L.A. MURATORI, Antichità Estensi I S. 200; zur Erklärung dazu ebd. I S. 195, vom 9. VII. 1011: Weitergabe dieser Güter durch den Judex Leo, die *mihi per cartula ... ex comparatione advenit ad Adalbertus marchio filio bone memorie Obberti et nepus bone memorie Adalberti qui fuit similiter marchio.* - Der genaue Todestag Mgf. Adalberts vor dem 13. III. 1002 ist unbekannt. Wahrscheinlich ist Adalbert bereits 997 verstorben; vgl. bei nr. **29** (Ende).

Zu diesem Mann vgl. U. FORMENTINI, Adalberto (Obertengo) S. 212f.; A. PALLAVICINO, Politica, alleanze matrimoniali S. 21–32.

29 : Bertrada als Mutter Mgf. Otberts II. (adalbertin. Linie) im östl. Ligurien

Zur Mutter Mgf. Otberts II. (adalbertin. Linie) bzw. Gemahlin Mgf. Adalberts (nr. **28**) scheinen zunächst Hinweise zu fehlen. Die Arbeiten von H. BRESSLAU, Jahrb. Konrads II., Bd. 1, S. 414–430, F. GABOTTO, Marchesi Obertenghi, und von C. VIOLANTE, Alcune caratteristiche S. 64f. (Tafel 5, auf der Basis von unveröffentlichten Untersuchungen von M. Nobili) liefern in diesem Punkt jedenfalls keine Erkenntnisse, desgleichen auch nicht der Personenartikel zu Adalberto (Obertengo) von U. FORMENTINI (S. 213f.). – Aufschluß scheint jedoch eine Gerichtsurkunde vom 1. VI. 1021 – ed. C. MANARESI, Pergamene S. 336f.; auch DERS., Placiti II,2 S. 615ff. nr. 306 – zu bieten, laut der ein *domnus Ade[l]bertus itemque marchio filius bone memorie Ottberti qui fuit vocatus Opico et fuit similiter marchio* erklärt, keine Rechte an genannten (im Gebiet von Lodi gelegenen) Besitzungen des Paveser Bartholomäusklosters zu haben. Diese Rechte *fuerunt iuris Adelberti marchionis et Berterade coniux sue et Ricardi comitis seu Waldeberdem atque Petri episcopus et predicti Aginulfi* [– dieser wird einleitend als Gründer des Bartholomäusklosters bezeichnet: *monasterium sancti Bartholomei, qui est constructum in civi-*

tate Papie a bone memorie Aginulfus qui fuit filius bone memorie Cuniberti comitis –] et ab eorum fuerunt possessis et defensatis. Da solche Verzichtserklärungen von den erbberechtigten Verwandten und Nachkommen der ursprünglichen Besitzer und Schenker eingeholt wurden, gehören die Vorbesitzer zu den Vorfahren des *Ade[l]bertus marchio filius bone memorie Ottberti qui fuit vocatus Opico et fuit similiter marchio.* Eine Dorsualnotiz (C. MANARESI, Pergamene S. 301) besagt zudem, daß diese Urkunde u.a. *nominat Aginulfum filium Cuniberti comitis qui habuit privilegium ab imperatore de loco Parpanese factum 999.* Die Klostergründung des Aginulf fällt also offenbar in das ausgehende 10. Jh. Zudem ist Aginulfs Vater Gf. Cunibert zu 996 und 997 urkundlich bezeugt (vgl. E. HLAWITSCHKA, Franken, Alemannen S. 166 Anm. 5), und *Petrus episcopus* war entweder der Bisch. Petrus v. Pavia (970–983) oder der Bisch. Petrus von Como (980–1005); freilich ist auch auf die Bischöfe Petrus v. Asti (992–1005/08), Petrus v. Novara (993–1032), Petrus v. Vercelli († 997) und Petrus v. Fiesole (bez. 982) zu achten. Überdies ist ein Gf. Richard mit Gemahlin Waldrada in den 90er Jahren des 10. Jhs. wie auch in den ersten beiden Jahrzehnten des 11. Jhs. in Oberitalien nachweisbar (vgl. H. KELLER, Adelsherrschaft S. 277–281; auch G. ANDENNA, Grandi patrimoni S. 213ff.; U. BRUNHOFER, Arduin v. Ivrea S. 352–372), was nahelegt, daß in der nur abschriftlich (vom Ende des 12. Jhs.) erhaltenen Gerichtsurkunde vom 1. VI. 1021 das *Waldeberdem* eine Verlesung von *Walderadam* sein dürfte. Der mit einer Bertrada verheiratete Mgf. Adalbert muß also ebenfalls in den 980/990er Jahren bzw. um die Jahrtausendwende gelebt haben. (C. MANARESI, Pergamene S. 324ff., hatte gemeint, in ihm und seiner Frau Bertrada den Mgf. Adalbert den Reichen v. Tuszien († 915) und seine Frau Berta erkennen zu können und sie als Vorfahren der Otbertiner auffassen zu dürfen; vgl. dagegen schon E. HLAWITSCHKA, Franken, Alemannen S. 166 Anm. 5). Da ist es nicht schwierig, diesen Mgf. Adalbert in der von F. GABOTTO entwickelten und auch von C. VIOLANTE und A. PALLAVICINO, Politica, alleanze matrimoniali (mit neuerer Zählweise der Adalberte und Otberte, in der z.B. Otbert II. [adalbertin. Linie] als Otbert III. erscheint) vorgetragenen Otbertinergenealogie zu ermitteln. Diese Genealogie sei hier in den Grundzügen dargestellt (s. rechts):

Man sieht sogleich, daß für den gesuchten, 1021 Verzicht leistenden Mgf. Adalbert, Sohn eines verstorbenen Otbert-Opizo, vornehmlich Mgf. Adalbert (II.) aus der adalbertinischen Linie in Betracht kommt.

Otbert I., * c. 905, Gf. v. Luni 945,
Mgf. in Ostligurien ab 950, † v. 975

Adalbertinische Linie

Adalbert I., * c. 925/30
Mgf. in Ostligurien, † v. 1002

- Berta
  ∞ Gf. Lanfranc v. Piacenza
- Otbert II.
  * c. 950/60
  † v. 996
  - Mgf. Adalbert II.
    * c. 980, † 6.I.1034
    ∞ Adelheid
    T. Gf. Bosos
    - Adalbert III.,
      infantulus 1021
      † v. 1080
      ∞ Gisela
  - Berta
    * c. 985, † n. 1037
    ∞ Mgf. Odelrich-Manfred v. Turin
    - Adelheid v. Turin
      ∞ 1) Hermann IV. v. Schw.
      2) Mgf. Heinrich
      3) Gf. Otto v. Savoyen
    - Immula
      ∞ 1) Otto v. Schweinfurt
      2) Mgf. Ekbert I. v. M.
  - Otbert III.
    * c. 985/90
    † n. 1045
- Gisela
  ∞ Anselm
  Mgf. i. westl.-Oberitalien

Otbertinische Linie

Otbert II., * c. 932/35, Mgf. i. Ostligur.
u. Lombardei, † n. 1014

∞ 1) NN

- (Berta
  ∞ Kg. Arduin v. Ivrea)
- Adalbert-Azzo I.
  * c. 965/70,
  † v. 1050
  ∞ Adela
  - Adela
    ∞ Anselm II.
    Mgf. i. Ostligurien
  - Adalbert-Azzo II.
    * 997, † 1097
    ∞ 1) Kunizza v. Altdorf
    2) Garsenda v. Maine
    - Welf IV.
      Hzg. v. Bayern
      * c. 1030
      † 1101
    - Fulco
    - Hugo II.
- Hugo
  * c. 970/80,
  † v. 1040
  ∞ Gisela
- NN
  ∞ Hubert
  Gf. v. Vercelli

∞ 2) Railenda

- Otbert-Opizo III.
  * c. 990/95,
  † 1061
  ∞ Ermengard
  - Albert I.
    * c. 1020/25
    † 1097
    ∞ Adela

Denn dessen Vater Otbert II. ist urkundlich auch mit seinem Kosenamen Opizo bezeugt; heißt es doch in einer Urkunde vom 9. VII. 1011 (L.A. MURATORI, Antichità Estensi I S. 194f.), daß ein Iudex Leo an einen gewissen Hugo jene Besitzungen in Ciscario und Vico weiterverkauft, die *mihi per cartula … ex comparationem obvenit ad Adalbertus marchio filio bone memorie Obberti et nepus bone memorie Adalberti qui fuit similiter marchio*, womit ganz eindeutig die drei Hauptpersonen der 'adalbertinischen Linie' gemeint sind; und dann heißt es ja weiter: *si ego qui supra Leo … aut Adalbertus marchio filio bone memorie Obberti qui Oppitio vel suorum missi tibi qui supra Ugo …* den Besitz verweigern, sind 100 Pfund zu entrichten. Für Otbert II. aus der 'otbertinischen Linie' ist hingegen eine solche Koseform nicht sicher bezeugt (so nur in der Fälschung MGH D O II 322 von angeblich 7. IV. 977: *Adelbertus et Opizo marchiones*), so daß er und sein Sohn Adalbert-Azzo I. wohl kaum in Frage kommen dürften. Hat man deshalb nun den als Besitzvorgänger Mgf. Adalberts II. und seines Vaters Otbert II. (der adalbertin. Linie) in der Gerichtsurkunde des Paveser Bartholomäusklosters vom 1. VI. 1021 erkennbaren Vorfahren *Adelbertus marchio* samt *Berterada coniux sua*, die in den 90er Jahren des 10. Jhs. gelebt haben, zu bestimmen, so kommt nur Mgf. Adalbert I. (adalbertin. Linie) in Frage; und seine Frau ist damit als Bertrada ermittelt.

Des Zusammenhanges wegen sei hier schon ein Blick auf die eigentlich erst unter nr. **58** anstehende Klärung der Abstammung Bertradas geworfen. Deren Herkunftsfamilie scheint sich in den einstigen Mitbesitzern jener Orte, auf die der (aus der adalbertin. Linie stammende) Mgf. Adalbert II., Sohn Otberts II. (Opizos) (nr. **14**), 1021 verzichtete, wiederzuspiegeln. Von diesen Mitbesitzern gibt eine weitere Gerichtsurkunde aus Pavia vom 4. V. 1014 erste nähere Kenntnis: *Dum in Dei nomine civitate Pavia in curte Aginulfi et Ottoni comiti palacii seu Petri episcopi, iermanis filii bone memorie Cuniberti qui fuit comes, pater suprascriptorum Aginulfi, [Ottoni comiti seu Petri episcopi iermanorum], in iudicio residebat suprascriptus Otto comes palacii et comes huius comitatu Ticinensi …*; C. MANARESI, Placiti II,2 S. 528 nr. 282. Aginulf, der Gründer des oben genannten Bartholomäusklosters in Pavia und Sohn eines Grafen Cunibert, hatte also den Pfgf. Otto v. Pavia (u. Lomello) und einen Bisch. Petrus zu Brüdern. Eine Urkunde Ks. Ottos III. (MGH D O III 398) vom 20. IV. 1001 zeigt uns weiter, daß der Pfgf. Otto eine Schwester Waldrada, Äbtissin von S. Maria Theodota zu Pavia, hatte und selbst *nepos* des Bischofs Petrus v. Como (*Petrus Cumanae sedis episcopus*) war. Da der 1014 als Bruder des Pfgf. Otto genannte Bischof Petrus nicht zugleich der 1001 als Onkel desselben Pfgf. Otto angeführte Bisch. Petrus v. Como (980–1005) gewesen sein kann, wegen der originalen Überlieferung beider Urkunden auch keine Verschreibung vorliegen dürfte, muß man bei ihm an einen anderen oberitalienischen Bischof dieses Namens denken: vielleicht an Bisch. Petrus v. Asti (992–1005/08, Todeszeit nach seiner Absetzung unbekannt) oder an Petrus v. Novara (993–1032), kaum hingegen an den länger lebenden Bisch. Petrus v. Tortona (1014–1068). Dazu fügt sich wiederum, daß eine Verkaufsurkunde vom Jahre 967 (A. BERNARD – A. BRUEL, Rec. des chartes de Cluny II S. 310 u. 316 nrn. 1228 u. 1229) einen *iudex* Cunibert und seinen Bruder Petrus, Subdiacon der Kirche von Pavia, als Grundbesitzer in Pavia aufweist und – da Gf. Cunibert als *Cunibertus comes et iudex domni imperatoris* bezeugt ist (Cod. dipl. Langob. S. 1613 nr. 917; C. MANARESI, Placiti II, 1 S. 352 nr. 231) – ein deutliches Licht auf die Anfänge des späteren Gf. Cunibert und des Bisch. Petrus v. Como wirft, die also Brüder waren.

Diese Quellenstellen – im Verein mit weiteren Nachweisen bei B. DRAGONI, Conti di Lomello S. 32–49; DIES., Ancora sui conti palatini S. 155–170; R. PAULER, Conti di Lomello S. 187–199 – ergeben die folgende Tafel, in die zugleich die aus der Urkunde vom 1. VI. 1021 erschließbaren Verwandten vermutungsweise ergänzt sind. (Als Verwandte sind sie schon deshalb anzusprechen, weil sie eine Besitzergemeinschaft bildeten, die normalerweise bei der Aufteilung eines Erbes unter mehrere Kinder eines Verstorbenen entsteht). Und – da als Vater Waldradas, der Gemahlin des Grafen Richard, ein Rudolf feststeht (vgl. F. GABOTTO, A. LIZIER, A. LEONE u. a., Carte di Novara I S. 223 nr. 134, vom 15. III. 1013: *Constat nos Richardus filius quondam Ildeprandi et Uualderada iugalibus filia quondam Rodulfi seu item Richardus filio eorum ... professa sum ego ipsa Uualderada ex nacione mea legem vivere Langobardorum, et nos Richardus et item Richardus pater et filio ... professi sumus ex nacione nostra lege vivere salicha*) – ist sie auch noch um diese Personen zusätzlich erweitert:

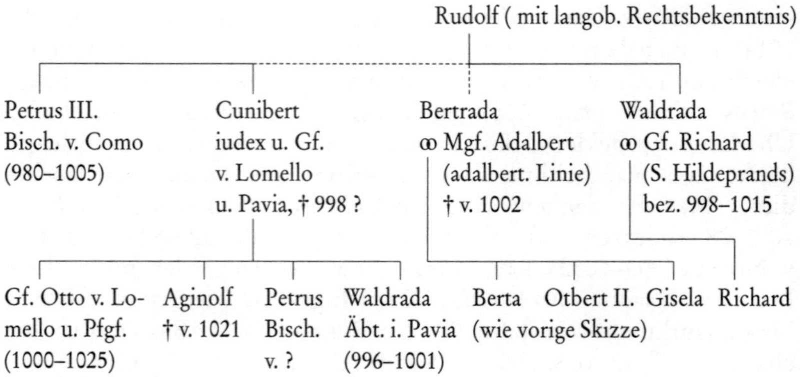

In der eingangs zitierten Urkunde vom 1. VI. 1021 waren also die genannten gemeinsamen Vorbesitzer nach dem Rang und Ansehen (Markgraf, Graf, [abgesetzter ?] Bischof und Ämterloser) angeordnet; zudem war der letztere schon an die Stelle seines verstorbenen Vaters in einer größeren Erbengemeinschaft getreten. Und die Frauen – Bertrada und Waldrada – wurden offenbar deshalb neben ihren Männern erwähnt, weil sie die eigentlichen Vermittler der Besitzrechte an den an das Bartholomäuskloster geschenkten Gütern waren. (Als Vorfahren Gf. Cuniberts und seines Bruders Bischof Petrus III. v. Como sah B. DRAGONI, Ancora sui conti palatini S. 155–170, einen *iudex domni regis Petrus* an, der 907 ein Lehen vom Kloster Nonantola erhielt. Doch wurde dieser Hinweis bereits als zu vage empfunden; vgl. R. PAULER, Conti di Lomello S. 190f.). – Zu diesem ganzen Komplex vgl. ausführlich E. HLAWITSCHKA, Otbertinergenealogie S. 459–475.

30 / 31 : Vermutung zu den Eltern von Mgf. Otberts II. (adalbertin. Linie) Gemahlin NN

Zu einer von A. Pallavicino vorgetragenen Vermutung hinsichtlich der Herkunft der Gemahlin Mgf. Otberts II. (adalbertin. Linie) vgl. bei nr. **15**.

48 : Gf. Roger I. v. Auriate als Vater Mgf. Arduins III. v. Turin

Das Chron. Novaliciense lib. V cap. 8, ed. C. CIPOLLA, Bd. II S. 249ff., berichtet über *Arduini infelicem prolem.* Von den Alten erfahre man von *duo fratres Rogerius et Arduinus*; sie seien mit einem *cliens nomine Alienus* über die rauhen Gebirge nach Italien gekommen und hier in die Dienste großer Herren getreten. Der eine, Roger, habe geschickt die Grafschaft Auriate an sich bringen können, nachdem der kranke und alternde Graf Rudolf ihn zum Nachfolger ausersehen habe und der in Pavia residierende König mit dem Vorschlag einverstanden gewesen sei und Roger auch die Witwe des bald verstorbenen Rudolf geheiratet hätte. *Uxorem illius Rogerius accepit et sic arripit potestatem illius terrae. De qua genuit duos filios, vocans uni nomen suum, alteri nomen fratris, Rogerium et Arduinum. Hic enim Maginfredum genuit.*

Allgemein wird angenommen, daß die beiden Brüder mit Wido v. Spoleto nach dessen mißglückter westfränkischer Thronkandidatur 888 nach Italien kamen, daß sie – weil sie als *Arduini proles* bezeichnet sind – einen Vater Arduin (I.) hatten und daß Roger I. sein Amt zwischen 902 und 915 erhielt; vgl. E. HLAWITSCHKA, Franken, Alemannen S. 253f. (mit weiteren Literaturhinweisen). Freilich könnten die beiden Brüder auch erst im Gefolge Ludwigs d. Bl. 900 aus der Provence bzw. Niederburgund oder einem anderen transalpinen Bereich nach Italien gekommen sein.

49 : NN, Witwe Gf. Rudolfs v. Auriate, als Mutter Mgf. Arduins III.

Einzige Quelle für diese Filiation ist das Chron. Novaliciense; vgl. bei nr. **48**. – Da Gf. Rudolf noch zum 21. IV. 902 bezeugt sein dürfte – vgl. E. HLAWITSCHKA, Franken, Alemannen S. 259 – , wird man wohl die Zeit der Verehelichung Rogers I. mit der Witwe Rudolfs um 905 ansetzen dürfen.

50 / 51 : Gf. Maginfred (v. Mosezzo u. Lomello) und Guntilda als vermutete Eltern der Ehefrau Mgf. Arduins III.

Falls die in der neueren italienischen Forschung nicht weiter verfolgte, bei nr. **25** mitgeteilte Vermutung doch zu beachten sein sollte, daß Gf. Maginfred v. Mosezzo der Vater der Gemahlin Mgf. Arduins III. Glabrio gewesen sein dürfte, sei hier ein Literaturhinweis zu dieser (in den 40er Jahren des 10. Jahs. bezeugten und zwischen 955 und 959 verstorbenen) Persönlichkeit und seiner Ehefrau Guntilda genannt: E. HLAWITSCHKA, Franken, Alemannen S. 233f.

52 : Sigefred *de comitatu Lucense* als Vater Gf. Adalbert-Attos v. Canossa

Seit November 958 ist *Adalbertus qui et Atto ..., filius quondam Sigefredi de comitatu Lucensi,* als Graf in oberitalienischen Urkunden nachweisbar; vgl. z.B. L.A. MURATORI, Antiquitates Italicae II S. 776ff. Wiederholt ließ Adalbert-Atto dabei zusätzlich zur Vatersnennung vermerken: *qui profitebatur lege vivere langobardorum*; z.B. Cod. dipl. Langob. S. 1112 nr. 646; auch G. TIRABOSCHI, Memorie stor. Modenesi I S. 122 nr. 102. – Auch in Donizos Vita Mathildis v. 96ff., MGH SS 12 S. 354, ed. L. SIMEONI S. 10f., heißt es fast gleichlautend: *Atto fuit primus princeps, astutus ut idrus. / Nobiliter vero fuit ortus de Sigefredo / Principe preclaro, Lucensi de comitatu, / Quique duos natos alios genuit bene claros. / Est primus dictus Sigefredus, et Atto secundus / Filius et parvus vocitatur quippe Gerardus. / Amplificare volens proprium Sigefredus honorem, / Longobardiam cum natis venit in istam.*

Daß Sigefred als Vasall Kg. Hugos bald nach der Ausschaltung Gf. Anskars II. (939), durch welchen Hugo offensichtlich seine Herrschaft bedroht gefühlt hatte, aus dem Gebiet von Lucca in das Gebiet von Reggio/Em. kam, hat V. FUMAGALLI, Origini S. 35ff., bes. S. 46ff., wahrscheinlich gemacht. Die weitere Zurückverfolgung der Ahnen Sigefreds im Gebiet von Lucca ist bisher jedoch nicht geglückt.

Verstorben war Sigefred schon vor dem November 958, wie die oben zitierte Urkunde zeigt. Wahrscheinlich war er bereits 951 nicht mehr am Leben, da ja doch in diesem Jahr sein Sohn Adalbert-Atto, nicht mehr er selbst, bei der Beschützung der vor Kg. Berengar II., dem Halbbruder Anskars II., geflohenen Adelheid (Witwe Kg. Lothars, des Sohnes Kg. Hugos) aktiv wurde; vgl. bei nr. **26**.

54 : Bertald als vermutlicher Vater Ildegardas v. Canossa

Daß Ildegarda v. Canossa aus der Familie der Supponiden (zu dieser vgl. E. HLAWITSCHKA, Franken, Alemannen S. 299–309) hervorging, ist eine oft zu findende Vermutung, die allerdings keine feste Grundlage in den Quellen hat. Zum Ausgangspunkt dieser Sicht und zu ihrer Zurückweisbarkeit vgl. ausführlich M.G. BERTOLINI, Note di genealogia S. 132–135; auch schon knapp DIES., Adalberto-Azzo S. 222. – Jüngst hat A. PALLAVICINO, Parentele del marchese Almerico II. S. 276ff., im Zusammenhang besitzgeschichtlicher Abklärungen die

These vorgetragen, daß Ildegarda aus der Familie jenes Grafen Bertald von Reggio/Em. stamme, der in den ersten beiden Jahrzehnten des 10. Jhs. nachweisbar ist (zu ihm vgl. E. HLAWITSCHKA, Franken, Alemannen S. 151–154). Von Gf. Wido, einem 944 bereits verstorbenen Sohn dieses Grafen Bertald, und dessen Frau Anna stamme wiederum jener Bertald ab (A. GLORIA, Cod. dipl. Padovano S. 57 nr. 37, vom März 944: *Constat me Anna cometissa relicta boni viri [= Vidi] comes per legem Francorum vivere visa sum sic equidem bonus Vividoni comes vivere visus fuit ... et una per consensum et voluntatem Bertaldum filio atque mundualdo meo ... tradidi*), der als Vater Ildegardas anzusprechen sei. Die Darlegungen sind schlüssig; Stellungnahmen zu ihnen liegen freilich noch nicht vor.

56 : Pfgf. Otbert I. als Vater Mgf. Adalberts (I.) vom östl. Ligurien

Daß Mgf. Adalbert, der mit seinem Bruder Otbert am 15. X. 975 in einer Urkunde Bisch. Alberichs v. Pisa genannt wird, ein Sohn des damals schon verstorbenen Mgf. und Pfgf. Otbert war, ist oben bei nr. **28** nachgewiesen worden. Auch die bei nr. **14** zitierte Urkunde vom 24. IX. 996 zeigt Mgf. / Pfgf. Otbert I. als Adalberts Vater.

Die Belege für Otbert I. reichen vom 13. IV. 945 bis zum 20. VIII. 972; vgl. F. GABOTTO, Marchesi Obertenghi S. 152–154; auch E. HLAWITSCHKA, Franken, Alemannen S. 188f. Nachfolger Otberts im Pfalzgrafenamt wurde Giselbert II. (vgl. E. HLAWITSCHKA, a.a.O. S. 188f.), der im April 975 noch als Graf von Bergamo amtierte (vgl. Cod. dipl. Langob. S. 1336 nr. 761), im August 976 dann aber das Pfalzgrafenamt innehat (Cod. dipl. Langob. S. 1363 nr. 775). Otbert scheint demnach – da ihn seine Söhne am 15. X. 975 als verstorben bezeichneten (s. o.) – im Sommer 975 verstorben zu sein.

Zur Mark im östlichen Ligurien, die die Grafschaften von Luni, Genua, Tortona und auch Mailand umfaßt zu haben scheint, aber mehr eine moderne Begriffsbildung als eine quellennahe Bezeichnung ist, vgl. M. NOBILI, Alcune considerazioni S. 71f.

H. BRESSLAU, Jahrb. Konrads II., Bd. 1 S. 414, hatte gemeint, Otbert I. als Sohn eines Mgf. Adalbert bezeichnen zu können. Doch beruht diese Angabe auf einer Falschzuweisung jener Urkunden vom 13. III. 1002 und 9. VII. 1011, die oben bei nr. **28** zitiert sind. (Otbert ist in ihnen keinesfalls als Pfalzgraf bezeichnet, wie es in Bresslaus Kombination erforderlich wäre).

57 : NN als Mutter Mgf. Adalberts (I.) im östl. Ligurien bzw. als Gemahlin Pfgf. Otberts I.

Über die Gemahlin Pfgf. Otberts I. berichtet keine Quelle. Die Angabe bei W.K. Prinz v. ISENBURG, Ahnen Tafel 10 (nr. 29), „Otbert I., Mgf. v. Este, † vor 15. X. 975" sei in erster Ehe mit einer „Alda", in zweiter Ehe mit „Guilla di St. Bonifacio, Mgf. von Spoleto", verheiratet gewesen, wofür er sich auf H. BRESSLAU, Jahrb. Konrads II., Bd. 1 S. 415, und K. v. BEHR, Genealogie der Fürstenhäuser S. 33, beruft, ist nicht weiter ernst zu nehmen. Sie beruht offenbar auf einer Verwechslung des Pfgf. Otbert I. mit Pfgf. Hubert, einem natürlichen Sohn Kg. Hugos v. Italien (aus seiner Verbindung mit einer gewissen Wandelmoda), der noch vor Hugos rechtmäßiger Ehe mit „Alda" in der Provence gezeugt wurde und ca. 968/69 verstorben ist. Dieser Pfgf. Hubert (ab ca. 939), der 942 das Herzogtum Spoleto übernahm und bis 945 verwaltete, danach bis zu seinem Tode die bereits 935 erhaltene Mark Tuszien innehatte, war mit Willa, der Tochter des Gf. / Mgf. Bonifaz v. Bologna und von 945 bis zu seinem Tode 953 Mgf. / Hzg. v. Spoleto, verheiratet. So urkundete ja Willa z.B. am 15. IX. 967 als *Uuilla excellentissima marchionissa coniux Ubberti gloriosi marchioni et filia bone memorie Bonefatii, qui fuit marchio*; L. SCHIAPARELLI, Carte di S. Maria in Firenze S. 3 nr. 1. Aus diesen Elementen dürfte also die obige Aussage entstanden sein. Zu Pfgf. Hubert vgl. E. HLAWITSCHKA, Franken, Alemannen S. 156 ff. u. 201 ff.

Nach neueren Forschungen von A. PALLAVICINO, Parentele del marchese Almerico II S. 258–261 (vgl. auch DERS., Politica, alleanze matrimoniali S. 12), war Pfgf. Otberts I. Gemahlin eine Schwester des (zum Jahr 961 bezeugten) Mgf. Hugo v. Tuszien. Dieser Mgf. Hugo wiederum war offensichtlich – wie zwei Arbeiten von J.P. DELUMEAU, Equilibri S. 87–110, und DERS., Suppone il Nero S. 272 ff., gezeigt haben – ein Sohn Gf. Suppos des Schwarzen v. Arezzo, wodurch Otberts Gemahlin der weitverzweigten Supponiden-Familie zuzuweisen ist; zu dieser vgl. E. HLAWITSCHKA, Franken S. 268–274, 299–309).

58 : (Gf.?) Rudolf als Vater Bertradas

Zur Ermittlung Rudolfs als Vater Bertradas vgl. bei nr. **29**. Da seine Kinder mit Markgrafen und Grafen verheiratet waren bzw. selbst das Bischofs- wie das Grafenamt innehatten, liegt es nahe, daß Rudolf selbst einer gräflichen Familie entstammte. Zumal seine Tochter Waldrada (Gemahlin Gf. Richards) als *filia quondam Rodulfi* bezeugt ist (vgl. bei nr. **29**) und angab, *que professa sum ego ipsa Uualdrada ex nacione mea legem vivere langobardorum*, während ihr Mann und ihr Sohn das salfränkische Recht für sich verbindlich erklärten, muß Rudolf aus einer das langobardische Recht bekennenden Adelsfamilie gestammt haben. Ob er vielleicht der Adalbert-Atto-Familie von Canossa angehörte, die nach langobardischem Recht lebte und in der ein Rudolf zum Jahre 973 bezeugt sowie als vor dem Vater Adalbert-Atto († 988) (vgl. oben nr. **26** u. **27**) verstorben gut überliefert ist? Vgl. zu dieser Familie H. BRESSLAU, Jahrb. Konrads II., Bd. 1 S. 432–435; bes. V. FUMAGALLI, Origini S. 33, 49; M.G. BERTOLINI, Note di genealogia S. 114 Anm. 7. Das ist indes wenig wahrscheinlich, weil Adalbert-Atto v. Canossa an jüngerer Stelle unserer Tafel (nr. **26**) schon zu finden ist, die Chronologie des Gesamtzusammenhangs also nicht überzeugt, und weil dann die Ehe Odelrich-Manfreds (nr. **6**) mit Berta (nr. **7**) eine verbotene Nahehe 4:2 gewesen sein müßte. Ob man an Gf. Rudolf v. Pisa oder Gf. Rudolf v. Volterra denken darf, die in den 980/90er Jahren bezeugt sind und nach langobardischem Recht lebten (vgl. H. SCHWARZMAIER, Lucca S. 211 ff.), sei hier dahingestellt.

59 : NN als Gemahlin Rudolfs und Mutter Bertradas

Daß Bertradas Vater Rudolf mit einer Tochter eines 967 bereits verstorbenen Paveser *iudex* Walpert vermählt gewesen sein dürfte, zeigt in eindringlicher Quellenuntersuchung U. BRUNHOFER, Arduin v. Ivrea S. 370 f., 381.

XXI : Kgn. Eupraxia / Praxedis (v. Kiew), 2. Gemahlin Kg. u. Ks. Heinrichs IV.

1 : Kgn. Eupraxia / Praxedis (Adelheid)

Zu den verschiedenen Namensformen vgl. G. THOMA, Namensänderungen S. 194ff.

Nach dem Tod seiner Gemahlin Berta am 27. XII. 1087 verlobte sich Ks. Heinrich IV. im Sommer 1088 mit Eupraxia, der Witwe des 1087 verstorbenen Mgf. Heinrich v. d. Nordmark (aus dem Geschlecht der Grafen v. Stade). Im Liber de unitate eccl. conserv. lib. II cap. 35, ed. I. SCHMALE-OTT S. 529 (ältere Ed. in: MGH LdL 2 S. 262), wird mitgeteilt, daß sich des Kaisers *sponsa* zur Zeit der Belagerung Quedlinburgs durch Mgf. Ekbert II. v. Meißen im Sommer 1088 in dieser Burg befand. (Zur chronologischen Einordnung vgl. G. MEYER V. KNONAU, Jahrb. Heinrichs IV., Bd. 4 S. 217ff.). Im lib. II cap. 26, S. 486, heißt es außerdem, daß *post illos autem dies, quibus haec quae diximus facta sunt Moguntiae* (= Anhängerversammlung zu Weihnachten 1089), *concelebrata est etiam Coloniae per eundem Hartvigum* (= Erzbisch. v. Magdeburg) *ordinatio Adalheidae reginae.* Diese Kölner Königinnenweihe (im Zusammenhang der Hochzeit) erfolgte indes nicht erst nach Weihnachten 1089 – hierin erliegt der Liber-Verfasser einem „chronologischen Irrtum“, so bereits G. MEYER V. KNONAU, a.a.O. Bd. 4 S. 261 Anm. 25 –, sondern schon im Sommer 1089. Wahrscheinlich fiel die Hochzeit in die Zeit zwischen dem 1. VI. und dem 20./25. VII. 1089; vgl. H. LORENZ, Bertha u. Praxedis S. 66; danach K.-U. JÄSCHKE, Notwendige Gefährtinnen S. 150.

Bereits am 14. VIII. 1089 stellte Heinrich IV. in Bamberg einem Bamberger Ministerialen ein Diplom aus *ob interventum et petitionem coniugis nostre Adalheit regine*; MGH D H IV 407. – Von der Kölner Vermählung sprechen auch Frutolf v. Michelsberg, Chron. ad 1089, ed. F.-J. SCHMALE u. I. SCHMALE-OTT S. 104: *Imperator nuptias Colonie celebravit, quondam Utonis marchionis viduam, Ruscorum regis filiam, ducens uxorem*; die Angabe des 1. Ehemanns ist fehlerhaft, vgl. unten. Vgl. auch Ann. Augustani ad 1089, MGH SS 3 S. 133: *Imperator Praxedem, Rutenorum regis filiam, sibi in matrimonium sociavit*; Ann. S. Jacobi Leodiensis ad 1089, MGH SS 16 S. 639: *Imperator Heinricus uxorem duxit filiam regis Ruthenorum.* Beim Annalista Saxo ad 1082, MGH SS 6 S. 721, neue Ed. MGH SS 37 S. 471, heißt es: *Hic* (= Mgf. Heinrich v. d. Nordmark) *habuit uxorem Eu-*

pracciam, filiam regis Ruscie, que in nostra lingua vocabatur Adelheid, quam postea duxit Heinricus inperator; ebd. ad 1089, S. 726 bzw. neue Ed. S. 482: *Heinricus imperator Colonie nuptias celebravit, Heinrici supradicti marchionis de Stadhe viduam, filiam regis Ruzorum, ducens uxorem.* Daß die Kölner Eheschließung am 14. VIII. 1089 erfolgte – so M. KIRCHNER, Dt. Kaiserinnen S. 44; danach ebenso R. BLOCH, Verwandtschaftl. Beziehungen S. 203; A. NITSCHKE, Adelheid S. 58; u. a. –, ist irrig; vgl. die oben zitierte Urkunde Heinrichs von diesem Tag bereits aus Bamberg. – Die Ehe Eupraxias mit Mgf. Heinrich war kinderlos geblieben; vgl. G. MEYER V. KNONAU, Jahrb. Heinrichs IV., Bd. 4 S. 187 f. Anm. 27; R. HUCKE, Grafen v. Stade S. 32 f., 69 f.

Die ungefähre Geburtszeit Eupraxias „vers 1071" erschließt N. de BAUMGARTEN, Généalogies S. 22, daraus, daß sie aus der zweiten, erst 1067 geschlossenen Ehe ihres Vaters Vsevolod hervorgegangen und wahrscheinlich das 3. Kind dieser Ehe gewesen sein dürfte. Zu dieser 2. Ehe Vsevolods vgl. bei nr. **3**. Falls Eupraxia etwas früher – als 1. oder 2. Kind dieser Ehe – geboren sein sollte, war sie beim Abschluß ihrer Ehe mit Heinrich IV. zwar nicht mehr nur 18 Jahre, sondern bereits 20/21 Jahre alt. Zur fast gänzlich ausschließbaren Möglichkeit, daß Eupraxia bereits aus Vsevolods erster Ehe hervorging und damit noch etwas älter war, vgl. bei nr. **2 / 3**.

Nach der Zerrüttung ihrer Ehe zu Anfang der 90er Jahre (vgl. Annalista Saxo ad 1094, MGH SS 6 S. 728, neue Ed. MGH SS 37 S. 486: *Discessio facta est inter inperatorem Heinricum et uxorem eius Adhelheidam*) floh Eupraxia Mitte 1094 zu Heinrichs IV. italienischen Gegnern und wandte sich auf der Synode v. Piacenza (März 1095) offen gegen ihren Gemahl, wobei sie ihn schwerer sittlicher Verfehlungen beschuldigte. Hernach kehrte sie nach Rußland zurück und ging dort ins Kloster; vgl. Ann. S. Disibodi ad 1093, MGH SS 17 S. 14: *Henricus rex Adelheidam reginam, quam duxerat uxorem, odio cepit habere, ita ut maius esset odium quam dilectio, qua prius eam dilexerat. … Regina autem reversa est in regionem suam, et ingressa monasterium, facta est abbatissa, ut quidam dicunt*; ebd. ad 1097, S. 16: *Praxedis regina discessit ab imperatore;* Bernold v. Konstanz, Chron. ad 1094, MGH SS 5 S. 457, ed. I.S. ROBINSON S. 508: *Uxor huius imperatoris iam diu multis iniuriis lacessita … ad Welfonem ducem Italiae aufugit*; ebd. S. 458 bzw. S. 512: *Querimonia Praxedis reginae, quae dudum ad Welfonem ducem Italiae a marito suo discessit, ad Constantiensem sinodum pervenit*; ebd. ad 1095, S. 462 bzw. 519: *In hac sinodo* (= in Piacenza) *Praxedis regina, iam dudum a Heinrico separata, super ma-*

ritum suum domno apostolico et sanctae sinodo conquesta est ...; Ann. Stadenses ad 1093, MGH SS 16 S. 316f.: *Imperator Heinricus ... cepit persequi uxorem suam ... Regina tandem a custodia elapsa, venit in Ytaliam ... Regina vero reversa est in Ruciam et monasterio se mancipavit et facta est tandem abbatissa.*

Nach russischen Quellen trat Eupraxia im Dezember 1106 in ein Kiewer Kloster ein, wo sie am 10. VII. 1109 verstarb. Vgl. dazu „Die altrussische Nestor-Chronik Povest' vremennych let" [Erzählung der vergangenen Jahre] in der Übersetzung von R. TRAUTMANN S. 190, zu 1106: „In eben diesem Jahre am 6. Dezember wurde Eupraksi, Vsevolods Tochter, Nonne". Ebd. zu 1109, S. 192: „Am 10. Juli verstarb Vsevolods Tochter Eupraksi; sie ward im Höhlenkloster an der Türe, die nach Süden liegt, beigesetzt. Und man errichtete über ihr eine Kapelle, wo ihr Körper ruht". Russische Originalausgabe dieser Quelle in der „Vollständigen Sammlung Russischer Quellen"[Polnoje Sobranie Russkich Letopisej], Bd. 1 (Laurentius-Chronik [= älteste überlieferte Redaktion der Povest' vremennych let]), Bd. 2 (Hypathios-Chronik [= etwas jüngere Redaktion]).

Zur weiteren Orientierung sei verwiesen auf Ph. KRUG, Eupraxia S. 579–618; Th. EDIGER, Rußlands älteste Beziehungen S. 57–63; S.P. ROZANOV, Evpraksija S. 617–646. Zusammenfassung bei J. KORPELA, Beiträge S. 146 nr. 184.

2 : Großfürst Vsevolod I. v. Kiew als Vater Eupraxias / Praxedis (Adelheids)

Vsevolods Taufname: Andrej; sein Beiname: Tichij (= der Stille, Friedfertige).

Zur Filiation vgl. bei nr. **1** (Ende). Die deutschen Quellen (vgl. bei nr. **1**) bezeichnen Eupraxias Vater als *rex*, was die übliche Übertragung des russischen Titels eines Großfürsten war.

Daß Vsevolod, der von 1078–1093 in Kiew regierte, ein Bruder der Großfürsten Wladimir, Svjatoslav II. und Izjaslav I. war und als solcher ein Sohn des Großfürsten Jaroslav I. gewesen ist sowie daß er zweimal verheiratet war, zeigte S.P. ROZANOV, Eupraxia-Adelheid; vgl. auch K. BRÜGGEMANN, Vsevolod Jaroslavič Sp. 1876f. – Zur Genealogie zuletzt J. FORSSMAN, Beziehungen altruss. Fürstengeschlechter Tafel 1 u. 7; A. POPPE in G. PODSKALSKY, Christentum S. 320 und Tafel S. 322f.

Als Geburts- und als Todeszeit Vsevolods gibt N. de BAUMGARTEN, Généalogies S. 7, an: „* 1030, † 13. IV. 1093"; ebenso A. POPPE, a.a.O. Zur Bezeugung der Geburtszeit vgl. bei nr. **4**. – Die Zeit des Todes von Vsevolods erster Gemahlin, einer Tochter Ks. Konstantins IX. Monomachos v. Byzanz, scheint zwischen 1067 und 1068 zu schwanken; vgl. bei nr. **3**. Demnach kann Vsevolod seine 2. Ehe, aus der Eupraxia hervorging, auch erst frühestens 1067/68 geschlossen haben.

Als Quellenzitat zur Todeszeit und Bestattung Vsevolods sei hier verwiesen auf „Die altrussische Nestor-Chronik", übersetzt von R. TRAUTMANN S. 155, zu 1093: „Der Großfürst Vsevolod, Jaroslavs Sohn, starb am 13. April und wurde am 14., in der Karwoche am Gründonnerstag, begraben; an diesem Tage wurde er in der großen Kirche der Hl. Sophia beigesetzt". – Weitere Quellen: Polnoje sobranije russkich letopisej I, II, St. Petersburg 1841ff., ND 1962. – Letzte Zusammenfassung der Nachrichten über ihn bei J. KORPELA, Beiträge S. 226f. nr. 988, und A. POPPE, a.a.O.

3 : Anna (?) als Mutter Eupraxias / Praxedis (Adelheids)

Als 2. Gemahlin Vsevolods I. v. Kiew und Mutter Eupraxias verzeichnet N. de BAUMGARTEN, Généalogies S. 7 Tafel I: „Anne NN, † 7. X. 1111" (ebenso S. 22 Tafel V). Als Quelle gibt er an: „Chron. Russes II, 3; II, 289" [= Vollständige Sammlung Russischer Chroniken]. – W.K. Prinz v. ISENBURG, Ahnen S. 11, verzeichnet als Vsevolods 2. Gemahlin „N. Tochter eines polowzischen Khans" unter Hinweis auf F. BRÖMMEL, Genealog. Tabellen S. 59. – Ähnliche Angabe bei J. FORSSMAN, Beziehungen altruss. Fürstengeschlechter Tafel 1 u. 7: „Polovcische Prinzessin Anna"; bei K. BRÜGGEMANN, Vsevolod Sp. 1876f.: 2. Gemahlin „eine Polovcerin"; und bei A. THIELE, Erzählende genealog. Stammtafeln II,2 Tafel 307, zu Vsevolod I.: „1067 ∞ Anna von Polowzen, † 1111"!

Großfürst Vsevolod war in erster Ehe mit einer byzantinischen Kaisertochter (Maria, Tochter Ks. Konstantins IX. Monomachos) vermählt. Er hatte sie offenbar 1045 – im Zusammenhang des Friedensschlusses zur Beendigung des 1043 begonnenen Krieges Großfürst Jaroslavs, des Vaters Vsevolods, mit Byzanz geheiratet; vgl. K. TRAUTMANN, Nestor-Chronik ad 1043, S. 110f.: „1043. Jaroslav schickte seinen Sohn Volodimer gegen die Griechen und gab ihm ein großes Heer mit … Als aber nach drei Jahren Frieden geschlossen wurde ...). Zum Jahre 1053 vermeldet jedenfalls die altrussische Nestor-Chronik (S. 115): „Vsevolod wurde von der griechischen Kaisertochter ein Sohn geboren, den nannte er Volodimer". Die Tochter Ks. Konstantins IX. Monomachos (vgl. auch ebd. S. 194) soll 1067 verstorben sein. Dieses Todesdatum fände man – laut N. de BAUMGARTEN, a.a.O. S. 9 (nr. 26) – bei „KARAMZINE Tom. II". In diesem 12-bändige Werk „Histoire de Russie" (in Russisch 1816–1829; deutsch: [Nikolai M.] KARAMSIN, Geschichte des russischen Reiches, 1820–1835, das Baumgarten (S. 5) als „essai ... loin d'etre suffisant" bezeichnet, ist freilich diese Jahresangabe nicht zu finden. N. de Baumgarten sagt indessen weiter, „TATYSZCZEW, L'Histoire de Russie [Bd. II, 1773], setze den Tod der Griechin zu 1068. Wenn nun dieses Todesdatum für die griechische Kaisertochter zutrifft, muß die in der Nestor-Chronik (S. 125) zu 1070 gegebene Nachricht „Vsevolod ward ein Sohn geboren, den nannte man Rostislav", aus einer Neuvermählung des Großfürsten resultieren. Bestätigt wird diese Schlußfolgerung, wenn man in der Nestor-Chronik zum Jahre 1097 (S. 177) liest: „Vsevolods Witwe und der Metropolit kamen zu Volodimer [= Wladimir II. Monomach, Sohn Vsevolods aus seiner 1. Ehe, s. oben] und baten ihn ..., Frieden zu schließen [mit seinem Vetter Svjatopolk] ... Und er schenkte der Bitte der Fürstin Gehör, denn er ehrte sie um seines Vaters willen wie eine Mutter [d.h. sie kann also nur Volodimers/Wladimirs II. Stiefmutter gewesen sein], war er doch seinem Vater sehr lieb gewesen. ... Darum auch hörte er auf sie wie auf eine Mutter. ... Nachdem die Fürstin bei Volodimer gewesen war, ging sie nach Kijev zurück und berichtete Svjatopolk und den Kijevern alle seine Worte, daß Friede sein solle". – Ist nun Eupraxia / Praxedis (nr. **1**) bei ihrer ersten Verheiratung mit dem ca. 1065 geborenen und 1087 verstorbenen Mgf. Heinrich v. d. Nordmark (ca. 1085, vgl. R. HUCKE, Grafen v. Stade S. 32f.) – entsprechend den seinerzeitigen Gewohnheiten – noch recht jung gewesen, kann sie nur der 2. Ehe Vsevolods entstammen. Bejaht wird dies zuletzt bei J. KORPELA, Beiträge S. 226 nr. 988.

Das Todesdatum der 2. Gemahlin Vsevolods – 7. X. 1111 – wird in der Hypathios-Chronik (= Ipatjevskaja letopis, in: Polnoje sobranije II S. 273) überliefert; vgl. auch J. KORPELA, Beiträge S. 129 nr. 35.

Daß Vsevolods 2. Gemahlin die Tochter eines polovzischen Khans gewesen ist und Anna geheißen haben soll, scheint letztlich auf W.N. TATIŠČEV, Istorija Rossijskaja II, zurückzugehen, wo S. 85 der Tod der griechischen Kaisertochter vermerkt ist und wo es S. 128 zu 1111 heißt: „In diesem Jahre am 7. Oktober ist die Fürstin Anna, Gemahlin Vsevolods, die Stiefmutter Wladimirs und Mutter Rostislavs, gestorben und wurde im Kloster des Hl. Andreas begraben“. Ähnliche Angaben in Bd. I S. 374 sowie Bd. II S. 114 und 254. Zu Tatiščev (* 27. IV. 1686, † 26. VII. 1750) und seinem wertvollen Werk, dessen Quellenwert aber nicht völlig gesichert ist, vgl. bei nr. **16 / 17**. Näheres muß vorerst offenbleiben. – Mit den Polovcen, einem reiternomadischen Turkvolk, meist auch Kumanen genannt, hat Vsevolod seit 1055, bes. aber ab 1061, viele Kriege ausgefochten.

K.-U. JÄSCHKE, Notwendige Gefährtinnen S. 221, bezeichnet – wahrscheinlich versehentlich – in seiner Tafel IV „Heiraten der späten Salierinnen und Salier“ als Mutter Eupraxias die offenbar 1067 verstorbene 1. Gemahlin Vsevolods I., „Irene-Marija († 1067)“. Auf S. 150 gibt er richtig an, daß Eupraxia „eine Tochter des Kiewer Großfürsten Vsevolod I. Jaroslavič (1030–93) aus dessen zweiter Ehe mit einer gewissen Anna“ war. – Letzte Zusammenfassung unseres Wissens über Anna bei J. KORPELA, Beiträge S. 129 nr. 35.

4 : Großfürst Jaroslav I. v. Kiew als Vater Großfürst Vsevolods I.

Die Abstammung Vsevolods von Großfürst Jaroslav und des letzteren Geburts- und Todesdatum sind in russischen Quellen mehrfach bezeugt; vgl. etwa die altrussische Nestor-Chronik zum Jahre 1030 in der Übersetzung von R. TRAUTMANN S. 107: „Und Jaroslav wurde der vierte Sohn geboren, den er Vsevolod nannte“. Zu 1054 (S. 115): „Der russische Großfürst Jaroslav starb. Als er noch am Leben war, unterwies er seine Söhne ... ‘Liebet euch untereinander, weil ihr Brüder Eines Vaters und Einer Mutter seid. ... Sehet, ich übertrage an meiner Statt meinem ältesten Sohn und eurem Bruder Izjaslav meinen Fürstensitz in Kiew, ... Svjatoslav aber gebe ich Černigov, Vsevolod Perejaslavl’, Vjačeslav Smolensk’ ... Da er nun schon hinsiechte, kam er nach Vyšegorod, und dort erkrankte er sehr ... Und für Jaroslav kam das Lebensende heran, und er gab seine Seele Gott am ersten Samstag der Fastenzeit, am Tage des Hl. Theodoros. Vsevolod richtete die Leiche seines Vaters her; dann legte man sie auf den Schlitten und brachte sie nach Kijev ...; man setzte ihn in einem Marmorsarg in der Kirche der Hl. Sophia bei. ... Seiner Jahre aber waren insgesamt 76“. Hieraus folgt zugleich eine Geburtszeit um 978. – Weitere Quellen in der Sammlung Polnoje sobranije I u. II.

Vgl. zu Jaroslavs Einordnung auch N. de Baumgarten, Généalogies des Rurikides Tafel 1 (mit Nachweisanmerkungen); J. Forssman, Beziehungen Tafel 1; auch A. Poppe, Jaroslav I. der Weise (Mudryi; Taufname Georg), in: LexMA V Sp. 306; Ders. in: G. Podskalsky, Christentum S. 309f. und Tafel S. 322; J. Korpela, Beiträge S. 171f. nr. 420. – Bei M. Hellmann, Heiratspolitik Jaroslavs S. 13, wird u.a. auch auf (russische) Arbeiten verwiesen, die anthropologische Untersuchungen an den erhaltenen Skeletten Jaroslavs und seiner Frau Ingegerd beinhalten.

5 : Ingegerd v. Schweden als Mutter des Großfürsten Vsevolod I. v. Kiew

Im älteren Teil der Nestor-Chronik-Kompilation, und zwar in der „Erzählung von den vergangenen Jahren" (Povest' vremennych let po Lavrent'evskoj letopisi 1377 g., ed. D.S. Lichačev u. V.P. Adrianova-Peretc, Bd. 1 S. 104) heißt es zum Jahre 1050: „Die Fürstin, Jaroslavs Gattin, verschied" (Prestavisja zena Jaroslava knjaginy); dt. Übersetzung von R. Trautmann S. 111. Aus anderen Quellen kennen wir ihren Namen.

So findet man bei Adam v. Bremen, Gesta Hammaburg. eccl. pontif. lib. II cap. 39, MGH SS rer. Germ. S. 99: *Olaph rex Sueonum christianissimus erat filiamque Sclavorum Estred nomine de Obodritis accepit uxorem. Ex qua genitus est filius Iacobus et filia Ingrad, quam rex sanctus Gerzlef* [= Jaroslav; vgl. dazu bei **XXX : Ksn. Mathilde** nr. **30** (Ende)] *de Ruzzia duxit in coniugium.* Ingrad (= Ingegerd) ist hier also als Gemahlin Großfürst Jaroslavs I. v. Kiew bezeugt. Daß sie als solche auch Vsevolods Mutter war, zeigt Snorri Sturlusons Heimskringla – deutsche Übersetzung von F. Niedner, Snorris Königsbuch, 2. Bd. S. 148 – : Nachdem dort in den cap. 87–92 zunächst die Verlobung der Tochter des Schwedenkönigs Olaf, namens Ingegerd, mit dem Norwegerkönig Olaf dem Dicken und dann die Verhinderung dieses Eheabschlusses ausgiebig behandelt worden sind, heißt es schließlich zu Beginn des cap. 93: „Im nächsten Frühjahr kamen nach Schweden Boten vom König Jaroslav aus Novgorod im Osten, und die sollten das Versprechen einlösen, das König Olaf (v. Schweden) im vergangenen Sommer gegeben hatte, nämlich, König Jaroslav seine Tochter Ingigerd zur Frau zu geben. König Olaf trug die Sache Ingigerd vor und erklärte, es sei sein Wunsch, daß sie König Jaroslav heirate … (S. 149): Im Sommer fuhren sie dann allesamt nach Rußland, und Ingigerd wurde dem König Jaroslav vermählt. Ihrer beider Söhne hießen Wladimir, Wsevolod und Holti der Kühne".

Diese nicht mit der „Historiker-Elle" zu vermessende „Saga"-Schilderung wird – außer durch die Bestätigung im schon zitierten Bericht Adams v. Bremen – noch insofern erweitert, als die altrussische Chronistik zum Jahre 1020 berichtet, daß Jaroslav ein Sohn geboren wurde, den er Vladimir genannt habe (Übersetzung bei R. TRAUTMANN S. 104); und da dies der Name des Großvaters gewesen ist, ergibt sich nicht nur, daß dies der Erstgeborene gewesen sein dürfte (wie es auch aus Snorris Heimskringla zu entnehmen ist), sondern auch als Eheschließungszeit etwa 1015/19; vgl. M. HELLMANN, Heiratspolitik Jaroslavs S. 13f.; W. DWORZACZEK, Genealogia Tafel 21; u.a.; A. POPPE, Jaroslav I. Sp. 306, setzt die Verheiratung Jaroslavs I. mit Ingegerd-Irene „um 1019". – Zusammenfassend J. KORPELA, Beiträge S. 161f. nr. 336.

8 : Großfürst Wladimir d. Hl. v. Kiew als Vater Großfürst Jaroslavs I.

Die Filiation ist in den Quellen der Sammlung Polnoje sobranije russkich letopisij (Bde. 1 u. 2) mehrfach bezeugt. Hier sei lediglich aus der von R. TRAUTMANN vorgelegten Übersetzung der Nestor-Chronik zu 988 (S. 86) zitiert: „Volodimer (= Wladimir d. Hl.) ... hatte nämlich zwölf Söhne: Vyšeslav, Izjaslav, Jaroslav, Svjatopolk, Vsevolod, Svjatoslav, Mistislav, Boris, Gleb, Stanislav, Pozvizd, Sudislav. Und er setzte Vyšeslav in Novgorod ein, Izjaslav in Polock, Svjatoslav in Turov, Jaroslav in Rostov. Als der Älteste, Vyšeslav, in Novgorod starb, setzte er Jaroslav in Novgorod ein, Boris in Rostov ...". Zu 1014 (S. 93): „Während Jaroslav in Novgorod war, zahlte er vertragsgemäß in jedem Jahr nach Kiew 2000 Grivnen ... Und so gaben alle Novgoroder Posadnike, Jaroslav aber gab dies nicht seinem Vater nach Kiew. Da sprach Volodimer: 'Setzt den Weg instand und richtet die Brücken her!' Denn er wollte wider Jaroslav, wider seinen Sohn, ziehen: doch da erkrankte er". Zu 1015 (S. 93): „Als Volodimer gegen Jaroslav ziehen wollte ...; aber er selbst war sehr krank, und an dieser Krankheit starb er auch am 15. Juli. Er verschied in Berestovoje ...". Vgl. auch zu 1037 (S. 109) über Jaroslav: „Sein Vater Volodimer pflügte die Erde ..., d.h. er erleuchtete sie durch die Taufe". – Auch aus Thietmar v. Merseburg, der nur in Chron. lib. VIII cap. 32 u. 33 Jaroslav namentlich nennt (MGH SS rer. Germ. NS 9 S. 530), ist durch die wiederholte Erwähnung (lib. VII cap. 72–74, S. 486ff.) des Großfürsten

(Königs) Wladimir für die vorangegangene Zeit diese Filiation erkennbar.

Zu Wladimir, der den Taufnamen Vasilij trug, vgl. H. RÜSS, Vladimir I. Svjatoslavič d. Hl. Sp. 1792f. Dort werden seine Geburtszeit mit „* nach 962 (?)" und sein Todestag – wie aus der Nestor-Chronik bereits zitiert – mit „15. Juli 1015 in Berestovo" bei Kiew angegeben. E. HÖSCH, Vladimir d. Hl. S. 81, nennt als Geburtszeit „um 954". J. KORPELA, Beiträge S. 223 nr. 959, verweist in seinem Personenartikel über Wladimir d. Hl. auch auf A. POPPE, Vladimir S. 51, wo die Jahre 955–960 als vermutliche Geburtszeit genannt werden.

Wladimirs Tod und Bestattung neben seiner Frau in der Clemens-Kirche in Kiew vermeldet auch Thietmar v. Merseburg, Chron. lib. VII cap. 74, MGH SS rer. Germ. NS 9 S. 488: *Hic (= rex Wladimir) cum iam decrepitae aetatis esset regnumque diu haberet predictum, obiit, sepultus in Cuiewa iuxta predictam coniugem suam, sarcofagis eorundem in medio templi palam stantibus.*

9 : Rogneda v. Polock als Partnerin Wladimirs d. Hl. und als Mutter Großfürst Jaroslavs I.

Auf dem Rückweg von seinem Exil in Schweden, bei dem er mit angeworbenen warägischen Söldnern 979 oder 980 zunächst Novgorod, dann Polock (Polozk) eroberte, erschlug Wladimir in Polock den dort herrschenden (skandinavischen) Fürsten Rogvolod und seine beiden Söhne und zwang Rogvolods Tochter Rogneda (altnordisch: Ragnheidr), ihm zur Verfügung zu stehen; vgl. das Quellenzitat aus der Nestor-Chronik bei nr. **18**; dazu aus derselben Quelle zu 980 (übersetzt von R. TRAUTMANN S. 55): „Volodimer aber war von Begierde zum Weibe besiegt, und seine Frauen waren: Rogned', die er an die Lybed' (Bach zum Dnjpr südl. von Kiew) setzte, wo jetzt das Dorf Předslavino ist, mit der zeugte er vier Söhne: Izjaslav, Mistislav, Jaroslav, Vsevolod, und zwei Töchter, mit der Griechin [den] Svjatopolk; mit der Čechin Vyšeslav ...". Zu 1000 (S. 92) wird überliefert: „Im selben Jahre starb auch Rogned', Jaroslavs Mutter". (Bei A. THIELE, Erzählende genealog. Stammtafeln II,2 Tafel 299, liest man, daß „Rodnega ... als Nonne 1002" verstarb). – Vgl. auch die Artikel von H. RÜSS zu Vladimir I. und von K. BRÜGGEMANN zu Rogvolod in LexMA VIII Sp. 1792f. bzw. VII Sp. 947 (jeweils mit weiterführender Literatur); zusammenfassend J. KORPELA, Beiträge S. 203.

Trotz dieser eindeutigen Quellenlage findet man bei D.C. JACKMAN, Greco-Roman Onomastic Fund S. 47 (Tafel 6), daß Jaroslavs Mutter die Byzantinerin Anna gewesen sei.

10 / 11 : Kg. Olaf 'Schoßkönig' v. Schweden und Estrid (Obodritin) als Eltern Ingegerds

Die Herkunft Ingegerds ist bezeugt bei Adam v. Bremen, Gesta Hammaburg. eccl. pont. lib. II cap. 39, MGH SS rer. Germ. S. 99: *Olaph rex Sueonum christianissimus erat filiamque Sclavorum Estred nomine de Obodritis accepit uxorem. Ex qua genitus est filius Iacobus et filia Ingrad, quam rex sanctus Gerzlef* [= Jaroslav; zum Namen vgl. bei **XXX : Ksn. Mathilde** nr. 30 (Ende)] *de Ruzzia duxit in coniugium.* – Auch Snorri Sturluson berichtet in cap. 88 seiner Saga-Erzählung, der Heimskringla (Übersetzung von F. NIEDNER Bd. 2 S. 135), daß der Schwedenkönig Olaf „zuerst eine Beischläferin namens Edla, die Tochter eines Jarls in Wendenland", hatte, die er als Kriegsbeute mit nach Hause genommen hatte. Von ihr habe er drei Kinder (Emund, Astrid, Holmfried) empfangen. „Dann bekam er von seiner Gemahlin einen Sohn, der am Jakobstage geboren wurde, und als dieser Knabe getauft wurde, gab ihm der Bischof den Namen Jakob … Die Königin war hoffärtigen Sinnes und nicht gut zu ihren Stiefkindern". Der Name der „Königin" wird hier nicht genannt. Dann wird weiter von Kg. Olafs „Tochter Ingigerd" bzw. der „Königstochter Ingigerd" gesprochen, die nicht vorher bei den Kindern der Beischläferin aufgeführt ist. Als Tochter der „Königin" war demnach Ingigerd – wie der Sohn Jakob – in der Sicht Snorris ein Sohn Estrids.

Vgl. auch A. POPPE, Jaroslav I. d. Weise, in LexMA V Sp. 306, und H. EHRHARDT, Olaf Eriksson 'Schoßkönig', ebd. VI Sp. 1386f.; bei letzterem auch die Lebensdaten Kg. Olafs „ca. 980–1021/22". F. CURSCHMANN, Zwei Ahnentafeln S. 60, vermerkt: „gestorben ist König Olaf Schoßkönig im Winter 1021/22, d.h. im siebenten Jahr König Olafs II. von Norwegen (Jüngere Olafssaga cap. 109 = Saga Olafs konungs hins helga cap. 109, von Snorri Sturluson; J.P.F. KØNIGSFELDT, Genealogiske-historiske tabeller S. 150f. nr. 12)".

Zum Eheabschluß Kg. Olafs „vor Sommer 1000" vgl. Chr. LÜBKE, Regesten III S. 183 nr. 344, mit der dort angegebenen weiterführenden Literatur.

16 / 17 : Svjatoslav, Fürst v. Kiew, und Maluša als Eltern Wladimirs I. d. Hl.

In der „Erzählung von den vergangenen Jahren" (Povest' vremennych let = Nestor-Chronik, übersetzt von R. TRAUTMANN S. 47) heißt es zum Jahre 970: „Svjatoslav setzte Jaropolk [er ist als Sohn Svjatoslavs zu 977, S. 52, ausdrücklich bezeugt] in Kijev und Oleg [= Bruder Jaropolks, vgl. ebd. zu 975–977, S. 51 f.] bei den Derevljanen ein. Zu der Zeit kamen die Novgoroder, einen Fürsten sich zu erbitten ... Und Svjatoslav sagte zu ihnen: 'Wenn nur einer zu euch gehen wollte!' Und Jaropolk weigerte sich und auch Oleg. Und Dobrynja sprach: 'Bittet um Volodimer' [als Bruder Jaropolks zu 980, S. 52 f., bezeugt]. Volodimer nämlich war von der Maluša, Olgas [= nr. **33**] Schaffnerin, die war eine Schwester des Dobrynja; ihr beider Vater aber war Malko aus Ljubeč, und Dobrynja war Volodimers Oheim".

Zum Jahre 972 heißt es in dieser Quelle (S. 51): „Als aber der Frühling gekommen war, zog Svjatoslav zu den Stromschnellen [des Dnjepr]. Da überfiel ihn Kurja, der Fürst der Pečenegen. Und sie erschlugen Svjatoslav und nahmen seinen Kopf und machten aus seinem Schädel einen Becher ... Und aller Jahre der Herrschaft Svjatoslavs waren 28".

Die Angabe, daß Maluša im Jahre 1000 verstarb, beruht auf einer Identifizierung mit der in der altrussischen Chronistik zum Jahre 1000 als verstorben gemeldeten Malfrid'; vgl. Nestor-Chronik, übersetzt von R. TRAUTMANN S. 92, zu „1000: Im Jahre 6508. Malfrid' verschied". Im Register ebd. S. 259 wird zu Malfrid' vermerkt: „vermutlich Frau [richtig doch wohl: Mutter] von Volodimer Svjatoslavs Sohn".

Zu Svjatoslavs Herkunft, Geburts- und Todeszeit sowie seinem Wirken vgl. auch A. NAZARENKO, Svjatoslav Igorovič, in LexMA VIII Sp. 347 f. (mit weiterführender Literatur); auch J. KORPELA, Beiträge S. 214 nr. 858. Zu Maluša vgl. ebd. S. 182 nr. 525 und S. 181 nr. 522 (Malfrida).

Gelegentlich stößt man auf die Angabe, daß Svjatoslavs Gemahlin und Mutter Wladimirs d. Hl. „Předslava v. Ungarn" gewesen sei; so bei W. TRILLMICH, Ks. Konrad II. S. 436 (Stammtafel der Rurikiden), A. THIELE, Erzählende genealog. Stammtafeln II,2 Tafel 298, mit dem Zusatz „Tochter des Arpadenfürsten Zerind", und Tafel 352: „Koppánys Schwester Předslawa heiratet Großfürst Swjatoslav I. v. Kiew, † 973". Předslawa war offenbar – im Gegensatz zur 'Beischläferin'

Maluša – die aus Ungarn stammende Ehefrau Svjatoslavs, die in Kiew mit dem russischen Namen Předslawa bezeichnet wurde, deren ungarischer Herkunftsname indessen unbekannt ist. Die Quelle hierfür ist V. TATIŠČEV, Istorija Rossijskaja I S. 36 und S. 49 Anm. 37. Tatiščev benutzte offensichtlich Quellen, die heute nicht mehr existieren, vermutlich ein Opfer der großen Moskauer Feuersbrunst von 1812 wurden. Vgl. Sz. de VAJAY, Großfürst Geysa S. 85 Anm. 61. Die Angabe der Nestor-Chronik ist damit freilich nicht auszuschalten.

18 / 19 : Rogvolod, Fürst v. Polock, als Vater und Ingeborg (?) als vermutbare Mutter Rognedas

Im Anfangsteil der altrussischen Nestor-Chronik heißt es zum Jahre 980 (in der Übersetzung von R. TRAUTMANN S. 52): „Volodimer [= Wladimir d. Hl., nr. **8**] kam [aus seinem im Bruderzwist mit Jaropolk nach Großfürst Svjatoslavs (nr. **16**) Tod aufgesuchten Zufluchtsort in Schweden] mit den Warägern nach Novgorod. ... Und er sandte zu Rogvolod nach Polock, sprechend: ‘Ich will deine Tochter zur Frau nehmen’. Der fragte seine Tochter: ‘Willst du Volodimer zum Mann?’. Sie antwortete: ‘Einer Sklavin Sohn will ich nicht entschuhen, aber Jaropolk [v. Kiew] will ich’. Rogvolod war über das Meer gekommen [also Skandinavier] und hatte in Polock seine Herrschaft ... Und die Jungmannen Volodimers kehrten zurück und erzählten ihm alles, was Rogned’, die Tochter Rogvolods, des Fürsten von Polock, gesagt hatte. Da sammelte Volodimer ein großes Heer ... und zog gegen Rogvolod. Zu der Zeit wollte man Rogned’ dem Jaropolk zuführen. Und Volodimer kam nach Polock, tötete Rogvolod und seine beiden Söhne, und seine Tochter Rogned’ nahm er zum Weibe. Und er zog gegen Jaropolk ...“. – Vgl. dazu K. BRÜGGEMANN, Rogvolod Sp. 947f..; auch J. KORPELA, Beiträge S. 204 nr. 753 und S. 203 nr. 749.

Ein Reflex zu diesen Begebenheiten scheint in die Saga-Erzählung „Heimskringla“ des Snorri Sturluson eingeflossen zu sein. In cap. 93 (übertragen von F. NIEDNER in: Thule XV S. 148f.) wird erzählt, daß die nach Rußland verheiratete Tochter Kg. Olaf Schoßkönigs (nr. **10**), Ingegerd (nr. **5**), den Jarl Rögnvald Ulfssohn v. Schweden mit nach Rußland nahm. Und „Königin Ingigerd gab dem Jarl Rögnvald Alt-Ladoga mit dem zugehörigen Jarltum, und dort blieb Jarl Rögnvald lange Zeit und wurde ein berühmter Mann. Die Söhne Jarl Rögnvalds aber und der Ingibjörg hießen Jarl Ulf und Jarl Eilif“. Ob hier – da doch der skandinavische Name Rognvaldr dem altrussischen Rogvolod entspricht – ein älterer Überlieferungsstoff in eine jüngere Zeit projiziert ist? Dann erführe man hier nicht nur den Namen der Mutter Rognedas, sondern auch die Namen ihrer beiden umgebrachten Brüder, dazu ebenfalls den Namen des Vaters Rogvolods: Ulf.

20 / 21 : Kg. Erich d. Siegreiche v. Schweden und Sygrida (Czirada) v. Polen als Eltern Olaf Schoßkönigs

Bei Adam v. Bremen, Gesta Hammaburg. eccl. pontif. lib. II cap. 38, MGH SS rer. Germ. S. 98, liest man, daß der Schwedenkönig Erich (*Hericus igitur rex Suedorum*) in Dänemark zum Christentum bekehrt worden ist. In cap. 39 (S. 99) heißt es, daß *post mortem … Herici* sein Rivale Sven Gabelbart nach 14-jährigem Exil nach Schweden zurückkehrte, *et accepit uxorem Herici relictam, matrem Olaph, quae peperit Chnud* (= Knut d. Gr.). … *Olaph sane, qui post obitum patris Herici regnum super Suevos accepit, cum exercitu superveniens infelicem Suein a regno expulit.* In cap. 52 (S. 112f.) wird sodann erwähnt, daß Knut d. Gr. *pactum iniit cum fratre Olaph, filio Herici, qui regnavit in Suedia.* – Im Scholion 24 zu Adams Werk (S. 95) heißt es: *Hericus rex Sueonum cum potentissimo rege Polanorum Bolizlao* (= Boleslav Chrobry, 992–1025) *fedus iniit. Bolizlaus filiam vel sororem Herico dedit.*

Die Unsicherheit bezüglich *filia* oder *soror* Boleslavs behebt Thietmar, Chron. lib. II cap. 39, MGH SS rer. Germ. NS 9 S. 446. Er berichtet über die beiden Söhne Sven (Gabelbarts), Harald und Knut, die Stiefbrüder Kg. Olafs: *De filiis Suenni persecutoris pauca edissero. Hos peperit ei* (= Sven Gabelbart) *Miseconis filia ducis, soror Bolizlavi successoris eius et nati …* Cap. 40: *MXVI … predicti fratres Harald et Cnut … Lundunum … circumdant.* – Das genealogische Gerüst ist somit folgendes:

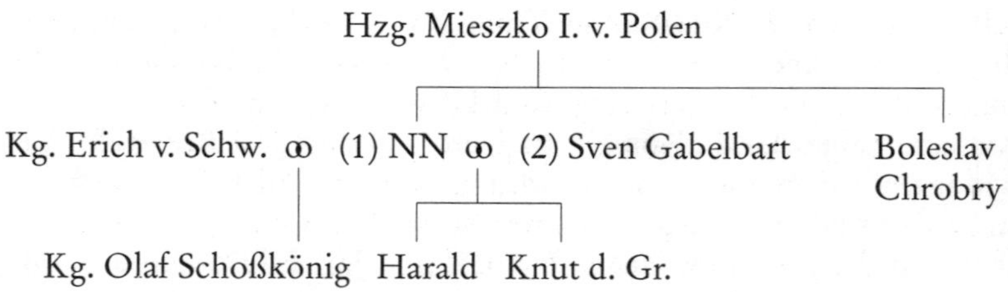

Einen Hinweis auf den Namen der (bei Adam v. Bremen und auch bei Thietmar v. Merseburg nicht namentlich genannten) Tochter Hzg. Mieszkos I. v. Polen bzw. Schwester Boleslav Chrobrys liefert der kurz vor 1200 schreibende Saxo Grammaticus, Gesta Danorum lib. X, ed. A. HOLDER S. 337; dort liest man: *Nam Erici filius Olavus cum matre Syritha Suetiam repetivit.* Auf S. 339 wird angedeutet, daß der Norwegerkönig Olaf I. (Krähenbein) Syritha zu heiraten trachtete, was sich indessen zerschlug; und auf S. 340 wird schließlich gesagt, daß Syritha einen gütigeren Freier als Olaf I. erhielt und daß dieser *Kanutum ex Syritha suscepit.*

Wird hier eine *Syritha* als Mutter Kg. Olafs (Schoßkönig) wie auch Kg. Knuts d. Gr. genannt, so weicht der in der 1. Hälfte des 13. Jhs. schreibende Snorri Sturluson davon ab; vgl. Snorris Königsbuch (Heimskringla), übertragen von F. NIEDNER, Bd. 1 S. 295 (= Die Geschichte von König Olaf Trygvissohn cap. 91): „Der Dänenkönig Svend Gabelbart hatte die Gunnhild, die Tochter des Wendenkönigs Burislav [richtig entsprechend der oben zitierten Nachricht Thietmars v. Merseburg: Schwester Boleslavs], zur Gemahlin. In der Zeit aber, von der wir eben handelten, geschah es, daß die Königin Gunnhild eine Krankheit befiel und sie starb. Kurze Zeit darauf aber heiratete König Svend Sigrid die Stolze, Skögul-Tostis Tochter, die Mutter des Schwedenkönigs Olaf des Schwedischen. Durch diese Verschwägerung entstand eine große Freundschaft zwischen den Königen ...“. Fast wörtlich ist dies in der bald nach der Mitte des 13. Jhs. verfaßten Knytlinga Saga wiederzufinden. Dort heißt es in cap. 5 (Die Geschichte von den Dänenkönigen, in: Die Geschichte von den Orkaden ... übertragen von W. BAETKE S. 226): „König Svend hatte Gunnhild, die Tochter des Wendenkönigs Burislaf [richtig: Schwester Boleslavs, s. oben] zur Frau, und ihre Söhne waren Knut und Harald. Später hatte König Svend Sigrid die Stolze zur Frau, die Tochter Skögul-Tostis, die Mutter des Schwedenkönigs Olaf; sie war vorher mit dem Schwedenkönig Erich dem Siegreichen verheiratet gewesen. Die Tochter König Svends und Sigrids war Astrid, die Jarl Ulf, der Sohn von Thorgils Sprakalegg, zum Weibe hatte. ... Gyda hieß eine andere Tochter des Königs Svend Gabelbart; sie hatte Jarl Erich Hakonssohn in Norwegen zur Frau ...“. (Englische Übertragung von H. PÁLSSON u. P. EDWARDS S. 26). In cap. 21, S. 244 (engl. S. 44), heißt es zu Sven Ulfson, einem weiteren Angehörigen dieser Familie: „Svends [Ulfsons] Mutter war Astrid, die Tochter König Svend Gabelbarts; sie war die Schwester König Knuts des Alten, die Mutter Astrids aber war

Sigrid die Stolze, Skögul-Tostis Tochter, die auch die Mutter Olafs des Schwedischen war".

Hier wird Sven Gabelbart eine erste Ehe – vor der mit der Witwe seines Vorgängers Kg. Erich – zugesprochen: und zwar eine 1. Ehe mit Gunhild, der Boleslav-Tochter bzw. -Schwester, dann eine 2. mit einer „Sigrid der Stolzen" (altisländ.: Sigrid Storrada), ihrerseits Witwe Kg. Erichs. Zu einer 1. Ehe Sven Gabelbarts paßt, daß Sven Gabelbart bereits als erwachsener Mann nach dem Krieg gegen seinen Vater Kg. Harald Blauzahn und mehreren Gefangenschaften bei den Slawen über 14 Jahre im schottischen Exil gelebt hatte, bevor er nach Kg. Erichs Tod nach Schweden zurückkehren und dort Erichs Witwe heiraten konnte (vgl. Adam v. Bremen, Gesta Hammaburg. eccl. pontif. lib. II cap. 27–34, MGH SS rer. Germ. S. 87–95). Offensichtlich ist hier vom Saga-Dichter nicht nur Boleslav Chrobry – entsprechend der ersten Möglichkeit im (vom Autor der Knytlinga-saga benutzten) Scholion 24 bei Adam v. Bremen – fälschlich als Vater, statt als Bruder, der polnischen Gemahlin Kg. Erichs angesehen worden, sondern es sind hier auch die Partner der 1. und der 2. Ehe Sven Gabelbarts miteinander vertauscht.

Aus diesen Quellenstellen und ihrer berichtigenden Umstellung ergibt sich somit folgende Verwandtschaftstafel, wenn man dazu auch noch Sven Gabelbarts Vater Harald Blauzahn (vgl. Thietmar v. Merseburg, Chron. lib. VII cap. 36, MGH SS rer. Germ. NS 9 S. 442: *Audivi ... Anglos ... ineffabilem miseriam a Sueino Haraldi filio, immiti Danorum rege, perpessos esse*) mitbeachtet:

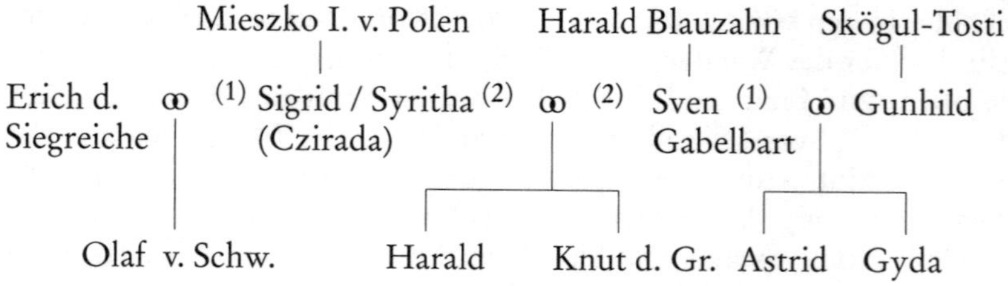

Nachzutragen ist, daß die aufgezeigte Verwechslung innerhalb der späten nordischen Quellen in der neueren Literatur nicht immer beachtet wurde. Deshalb gibt es in der Frage des Namens der Gemahlin Kg. Erichs d. Siegreichen manche Irritation, die auch noch dadurch vermehrt worden ist, daß Namenkundler im Namen Syritha / Sigrida Storrada, bes. im Beinamen Storrada, den slawischen Namen Czirada (als Geburtsname der Dame) zu erkennen meinten und andere wiederum aus dem Namen Svjatoslava, den eine Schwester Kg. Knuts, d.h. eine Tochter Kg. Sven Gabelbarts, führte (vgl. Liber vitae abb. New Minster a. Hyde, ed. W. de GRAY, London 1892, S. 58: *Santslaue soror Canuti regis*; Neuedition bei J. GERCHOW, Gedenküberlieferung S. 325 unter *Nomina feminarum illustrium* nr. 30), geschlossen haben, daß sich in ihm der Name der Mutter wiederhole. Andererseits wurde aber auch dagegen argumentiert, daß dieser Name eher derjenige der Großmutter gewesen sein könnte, weil nach nordischer Sitte nur Namen von Verstorbenen an Neugeborene gegeben worden seien. Vor allem gegen die Hypothese der Wiederholung des Mutternamens wird man große Skepsis bewahren müssen.

All dies erzeugte eine allgemeine Unsicherheit zum Namen dieser Tochter Hzg. Mieszkos I. Hier seien einige Äußerungen zusammengestellt:

A) B. SCHMEIDLER kommentierte in seiner Ausgabe Adams v. Bremen (S. 95 Anm. 6) die Boleslav-Schwester und Gemahlin Kg. Erichs folgendermaßen: „Die Späteren nennen sie Sigrid Storrada, doch ist diese nach L. WEIBULL, Kritiska Undersökingen S. 106ff., eine späte Sagenfigur".

B) W. TRILLMICH vermerkt – was mit obiger Rekonstruktion übereinstimmt – in den Fußnoten seiner Ausgabe Adams v. Bremen, S. 266 Anm. 136: „Erik Saegersell [d. Siegreiche] (um 957–995) ... Gemahlin Eriks: Sigrid (Storrada), wohl Tochter Mieszkos von Polen"; S. 270 Anm. P 1 nach Anm. 146: „Sigrid Storrada müßte Schwester des Boleslav Chrobry (992–1025) sein"; S. 275 Anm. 159: „Sigrid Storrada ... Mutter des Olaf Schoßkönig (Steuerkönig), 995 bis um 1020/22 ... Kinder Sven Gabelbarts: Harald, Knut d. Gr., Estrid".

C) Bei H. LUDAT, An Elbe u. Oder S. 121, liest man, daß „Mieszko (v. Polen) damals Pommern beherrschte und zwischen 983 und 986 seine Tochter Sigrid-Storråda – mit slavischem Namen Czcirada (Czcibor, Mieszkos Bruder !), nicht Swietoslawa (vgl. K. AXNÄS, Slavisch-Baltisches in altnordischen Beinamen, in: Nomina Germanica Nr. 2, Uppsala 1937, S. 44–61, bes. S. 56f.) – Erik von Schweden heiratete, um dem Bündnis der Dänen mit Obodriten und Liutizen gegen das deutsche Reich und den Piastenstaat zu begegnen". Und in der diesem Buch beigegebenen Stammtafel wird dem Ehepaar „Mieszko I. ∞ Dobrava" (v. Böhmen) die Tochter „(?) Czcirada (Sigrid Storrada), † n. 1014" beigegeben.

D) A. THIELE, Erzählende genealog. Stammtafeln II,2 Tafel 283, setzt zu „Erich VIII. d. Siegesfrohe“: 1) ⚭ Sigrid d. Stolze, Tochter des Skoglar-Toste; 2) ⚭ Gunhild-Swjatoslawa von Polen, Tochter des Herzogs Mieszko I., † nach 1014“.

E) St. TRAWKOWSKI, Dobrawa, in LexMA III Sp. 1149, nennt unter den Kindern Dobrawas und Mieszkos I. v. Polen neben Boleslav Chrobry: „Sigrid Storråda (poln. Czcirada ?, Swietoslawa ?, † nach 2. Febr. 1014, ⚭ 1. Erich, Kg. v. Schweden um 984, 2. Sven Gabelbart, Kg. v. Dänemark)“.

F) H. EHRHARDT, Olaf Schoßkönig, in LexMA VI Sp. 1386f., nennt als Eltern Kg. Olafs: „Erik Segersäll (d. Siegreiche) und Gunhild, Schwester Boleslavs I. v. Polen“.

G) P.H. SAWYER, Knut d. Gr., Kg. v. England, Dänemark u. Norwegen, in LexMA V Sp. 1238f., sagt von Knut: „Sohn von Sven Gabelbart und einer Tochter des polnischen Fürsten Mieszko (bei Adam v. Bremen Gunhild genannt)“, wobei aber Adam nur zwei andere Gunhilden kennt, die Lexikon-Angabe also falsch ist.

H) Chr. LÜBKE, Regesten III S. 70f. nr. 257, gibt zur Schwester Boleslav Chrobrys an: „Swietoslawa (eigentlich: Czirada) Sygryda, nach Kg. Eriks Tod Gemahlin Sven Gabelbarts …“. Dabei verweist er besonders auf O. BALZER, Genealogia Piastów S. 44ff., und G. LABUDA, Swietoslawa (Sygryda Storrada, Syritha) S. 588f., mit weiterer Literatur. Die Ehe Kg. Erichs und der Boleslav-Schwester werde „wohl schon in den Jahren 980–985 geschlossen“ worden sein.

I) S.O. BRENNER, Nachkommen Gorms S. 1, verzeichnet als Gemahlinnen Sven Gabelbarts: „⚭ I. Gunhild, † frühestens 1014, verstoßen (⚭ I. Kg. Erik Segersäll von Schweden, † (995)), Tochter des Herzogs Miecsyslaw I. von Polen (931–992) und Dubrawsky von Böhmen, † (977); vermutl. ⚭ II. Sigrid Storråda, – 1000 –, Tochter des schwedischen Häuptlings Skogar-Toste“. Auf S. 245 heißt es dann bei den Quellenhinweisen: „Über die Gemahlinnen des Svend Tveskaeg (= Gabelbart) sind die Angaben äußerst variierend, und in den Sagen kommen verschiedene Auffassungen zum Ausdruck, je nachdem sie nationalen (entweder dän., norweg. oder isländischen) Stimmungen angepaßt wurden. Der Name Storråda dürfte ‘die Reiche’ bedeuten. … Was man über Sigrid Storråda weiß, ist historisch ganz wertlos; vgl. L. WEIBULL, Kritiska undersökningar S. 90–110. … Nach älteren Angaben war Gunhild eine Tochter des Fürsten Burislav ‘von Wenden’ …“.

J) M. HARE, Cnut and Lotharingia S. 265f. Anm. 23, schlägt, ohne Rückschlüsse auf Sygrida / Czirada anzudeuten, andere onomastische Erklärungen für den Namen von Kg. Knuts Schwester *Santslaue* vor.

K) Weitere Diskussionshinweise bei J. KORPELA, Beiträge S. 161f. nr. 336 (Ingegerd).

Die Todeszeit Kg. Erichs d. Siegreichen wird aus der allgemeinen Geschichte erschlossen und auf ca. 994/95 festgelegt; vgl. etwa K. WÜHRER, Die skandinav. Königreiche S. 956; W. TRILLMICH in seiner Ausgabe Adams v. Bremen S. 266 Anm. 134, S. 269 Anm. 144.

Zur Todeszeit Sygridas (Cziradas) – nach dem Sommer 1015 – vgl. den Nachweis bei **XVII : Kgn. Gunhild (v. Dänemark) nr. 5**.

22 : Obodritenfürst Mistui als wahrscheinlicher Vater Estrids

War die *de Obodritis* stammende Gemahlin Kg. Olafs v. Schweden, Estrid (vgl. bei nr. **10 / 11**), eine obodritische Fürstentochter, so kann sie eigentlich nur eine Tochter des Obodritenfürsten Mistui (ca. 967–990/95 ?) und Schwester des um 1022 verstorbenen Fürsten Mistislav (ca. 990/95–1018) gewesen sein. – Zu Mistui und Mistislav vgl. die beiden ihnen gewidmeten Artikel von Chr. LÜBKE in LexMA VI Sp. 884 (Mstivoy) und Sp. 882f. (Mstislav).

Chr. LÜBKE, Regesten III S. 183f. nr. 344 und 344a, meint allerdings, als Vater Estrids „evtl. Sederich (Mstidrag ?)“, einen Wagrierfürsten, angeben zu sollen, der seinerseits wiederum wahrscheinlich ein Sohn des Wagrierfürsten Selibur gewesen sein könnte. Vgl. ebd. II S. 238f. nr. 169, S. 197f. nr. 143, ebd. III S. 66ff. nr. 256 und 256 b mit viel dort angeführter Literatur. Indessen scheint mir Adam v. Bremen, der Estrid *de Obodritis* bezeichnet, die Wagrier und die Obodriten durchaus auseinanderzuhalten; vgl. Adam, Gesta Hammaburg. eccl. pontif. lib. II cap. 21, MGH SS rer. Germ. S. 76f.: *Populi Sclavorum multi, quorum primi sunt ab occidente confines Transalbianis Waigri; eorum civitas Aldinburg* (= Oldenburg i. Holstein) *maritima. Deinde secuntur Obodriti, qui nunc Reregi vocantur, et civitas eorum Magnopolis* (= Mecklenburg). *Item versus nos Polabingi, quorum civitas Razispurg* (= Ratzeburg) ... usw. Deshalb wird diese Vermutung Lübkes wohl weniger zutreffen. Zu den Fürsten bei den Obodriten und den Wagriern vgl. auch B. SCHMEIDLER, Hamburg-Bremen S. 318–330 (mit Stammbaum S. 330).

32 / 33 : Igor, Fürst v. Kiew, und seine Frau Olga (aus Pskov) als Eltern Svjatoslavs I.

In der „Erzählung von den vergangenen Tagen" (= Nestor-Chronik, übersetzt von R. TRAUTMANN S. 11), findet man zu 862, daß drei warägische Brüder mit ihren Sippen von den slavischen Bewohnern zum Herrschaftsaufbau eingeladen wurden: „Rjurik, der ältere, ließ sich in Novgorod nieder, der zweite Sineus am Beloozero, der dritte Truvor in Izborsk. Und nach diesen Warägern wurde das russische Land Novgorod genannt ...". Zu 879 (S. 12) heißt es: „Als Rjurik starb, übergab er seine Herrschaft Oleg, der von seiner Sippe war, und gab ihm seinen Sohn Igor in die Obhut; er war nämlich sehr jung". Zu 903 (S. 17): „Als Igor herangewachsen war, folgte er Oleg auf seinen Zügen und gehorchte ihm. Und man führte ihm eine Frau aus Pskov namens Olga zu". Zu 913 (S. 26): „Igor begann nach Oleg zu herrschen". Zu 945 (S. 29) wird ein „Gesandter Svjatoslavs, des Sohnes Igors", erwähnt; (S. 35): „Igor zog ins Gebiet der Derevljanen um Tribut und gedachte, noch mehr als den früheren Tribut einzuziehen ..."; (S. 36) „Da zogen die Derevljanen aus der Stadt Iskorosten' (heute Iskorost' an der Usa, Nebenfluß des Pripjet) heraus und erschlugen Igor und seine Družina (= Gefolgschaft): denn ihrer waren wenige. Und Igor ward begraben. Und sein Grabhügel ist bei der Stadt Iskorosten' im Gebiet der Derevljanen bis auf diesen Tag. Olga aber war in Kijev mit ihrem Sohne, dem jungen Svjatoslav ... Sprachen die Derevljanen: 'Den russischen Fürsten haben wir erschlagen; laßt uns sein Weib Olga für unseren Fürsten Mal zum Weib nehmen ...'". Zu 946 (S. 38): „Olga und ihr Sohn Svjatoslav sammelten zahlreiche Krieger und Recken und zogen gegen das Land der Derevljanen ...". Zu 968 (S. 44f.) wird Olga als Mutter Svjatoslavs und Großmutter der Svjatoslav-Söhne Jaropolk, Oleg und Volodimer (= Wladimir d. Hl. nr. **8**) mehrfach genannt.

Igors Lebensdaten nach der Nestorchronik (Geburt kurz vor 879, seine Heirat mit Olga 903 und sein Regierungsantritt 913) sind – nach A. POPPE (Anhang in: G. PODSKALSKY, Christentum S. 307) – „unglaubwürdig", die Todeszeit 945 hingegen annehmbar.

Olgas Tod wird in der Nestorchronik zu 969 (S. 46) mitgeteilt: „Und nach drei Tagen (Kranksein) starb Olga, und ihr Sohn [= Svjatoslav] weinte um sie und ihre Enkel ...; und man trug und begrub sie an Ort und Stelle [in Kiew]". Zum Todestag 11. VII. 969 vgl. G. LAEHR, Anfänge d. russ. Reiches S. 65 u. S. 139f. Anm. 16; bes. J.-P.

ARRIGNON, Relations internationales S. 169; bei G. PODSKALSKY, Christentum S. 314 (Anhang von A. POPPE), wird darauf hingewiesen, daß der 11. Juli als Gedenktag mit der Heiligsprechung Olgas in der ersten Hälfte des 13. Jhs. zusammenhängt. – A. DECKER-HEUER, Studien z. Memorialüberlieferung S. 186f., erwägt, ob der im Nekrolog v. Saint-Denis zum 15. II. überlieferte Eintrag *Helena Ruforum* bzw. *Inforum regina* (A. MOLINIER, Obituaires I/1 S. 310) evtl. mit der auf den Namen Helena getauften russischen Prinzessin Olga zu identifizieren ist.

Zu Igor und Olga vgl. auch die beiden Personenartikel von H. RÜSS in LexMA V Sp. 368 und VI Sp. 1395f. (mit weiterführenden Quellen- und Literaturangaben); auch J. KORPELA, Beiträge S. 159 nr. 322, wo ebenfalls darauf hingewiesen wird, daß die spät bezeugten Daten zur Geburt Igors (865), zum Tod des Vaters Rurik (879), zur Ehe Igors mit Olga (903) und zur Geburt des Sohnes Svjatoslav (40er Jahre des 10. Jhs.) sowie zu Igors Tod (945) sich „nicht leicht zeitlich miteinander verbinden“ lassen; dazu S. 194 nr. 647, wo Olga als „aufgrund der übrigen Chronologie wohl um 903 in Pskov geboren“ angegeben wird, „obwohl Chroniken und auch einige Forscher die Geburt früher datieren“.

34 : Malko (aus Ljubeč) als Vater von Maluša

Zum Filiationsbeleg vgl. oben bei nr. **16 / 17**, zur Person J. KORPELA, Beiträge S. 181 nr. 524 und S. 141 nr. 142.

40 : Emund (II.) Eriksson als vermutlicher Vater des Schwedenkönigs Erich d. Siegreichen

Diese Filiation – so bei A. THIELE, Erzählende genealog. Stammtafeln II,2 Tafel 283 – hat lediglich Vermutungswert; vgl. K. WÜHRER, Die skandinav. Königreiche S. 956: „Verschwommene späte Nachrichten über Könige [in Schweden] namens Emund und Erich reichen nicht entfernt zur Aufstellung einer Königsreihe. Festen Boden betreten wir erst mit Erich dem Siegreichen († 994/95), der mit einer Angehörigen des polnischen Piastenhauses vermählt war“. – Bei W. DWORZACZEK, Genealogia 2: Tablice, Tafel 1, ist für Erich d. Siegreichen hingegen ein Björn d. Alte, † um 950, als Vater angegeben; und als Großvater wird Erich, † um 900, Sohn Emunds v. Birka, angeführt.

42 / 43 : Hzg. Mieszko v. Polen und seine Frau Dobrava als Eltern der Gemahlin Kg. Erichs v. Schweden Sygrida (Czirada)

Zu den von Adam v. Bremen und Thietmar v. Merseburg gelieferten Filiationshinweisen vgl. bei nr. **20 / 21**. Die Ehe Hzg. Mieszkos mit Dobrava (Doubrava, Dubrovka) bezeugt Gallus Anonymus, Chron. et Gesta cap. 5f., ed. K. MALECZYŃSKI S. 15; ältere Ed. MGH SS 9 S. 427f.: *Quomodo Mesco recepit Dobrowcam sibi in uxorem. At Mescho ducatum adeptus … in tanto gentilitatis errore involvebatur, quod sua consuetudine VII uxoribus abutebatur. Postremo unam christianissimam de Bohemia Dubroucam nomine in matrimonium requisivit. … Illa domina cum magno seculari et ecclesiastico religionis apparatu Poloniam introivit, necdum tamen thoro sese maritali federavit, donec … errori gentilium abnegavit …* Cap. 6: *Primus igitur Polonorum dux Mescho per fidelem uxorem ad baptismi graciam pervenit … De hac namque benedicta femina gloriosum Boleslavum generavit …* – Vgl. auch Thietmar v. Merseburg, Chron. lib. IV cap. 55, MGH SS rer. Germ. NS 9 S. 194: *Unde Miseconis, Poleniorum incliti ducis … explico factum. Hic a Boemia regione nobilem sibi uxorem, senioris Bolizlavi duxerat sororem … Dobrawa enim Sclavonice dicebatur, quod Teutonico sermone Bona interpretatur.* – Auch Cosmas v. Prag, Chronica Boemorum lib. I cap. 27, MGH SS rer. Germ. NS 2 S. 49: *Anno dominice incarnationis DCCCCLXXVII. Obiit Dubrauca …, iam mulier provecte etatis, cum nupsisset Poloniensi duci, peplum capitis sui deposuit et puellarum coronam sibi imposuit …*

Zum Ableben Mieszkos am 25. V. 992 vgl. Thietmar, Chron. lib. IV cap. 58, MGH SS rer. Germ. NS 9 S. 196ff.: *Anno dominicae incarnationis DCCCCXCII, regni autem tercii Ottonis X° et VIII. Kal. Junii prefatus dux* [Mieszko] *iam senex et febricitans ab exilio hoc ad patriam transit, relinquens regnum …* – Weitere Quellen zum Tod Hzg. Mieszkos – dabei auch die Fuldaer Totenannalen ad 992 – bei BU S. 541 nr. 1060 a; auch Chr. LÜBKE, Regesten III S. 89 nr. 269.

Zur Zeit des Eheschlusses Mieszkos und Dobravas vgl. die Hinweise bei H. LUDAT, An Elbe u. Oder S. 137 Anm. 266: „zwischen Ostern 963 und dem Anfang des folgenden Jahres". Diese Ehe war das Ergebnis eines von Mgf. Gero herbeigeführten Interessenausgleichs zwischen dem Reich, Polen und Böhmen.

Daß die Gemahlin Kg. Erichs d. Siegreichen nicht erst aus der zweiten, frühestens 977 geschlossenen Ehe Mieszkos mit Oda (Tochter Mgf. Dietrichs v. d. Sächs. Nordmark) stammte, legen die Lebensdaten der Beteiligten nahe. Eine nicht völlig ausschließbare Möglichkeit wäre freilich, daß Kg. Erichs Gemahlin aus einem der 7 Konkubinenverhältnisse Mieszkos hervorging, die Gallus Anonymus erwähnt (s. oben). Dann ließe sich freilich auch die bei nr. **20 / 21** erwähnte These, daß sich im Namen der Schwester Kg. Knuts, Svjatoslawa, der Name der Großmutter widerspiegele, leichter vertreten. Doch ermuntert Thietmars Kennzeichnung der mit Kg. Sven Gabelbart verheiraten Mieszko-Tochter als *soror Bolizlavi* (vgl. bei nr. **20 / 21**) nicht besonders zu einer solchen Sicht.

44 : Nacco (Nakon), Obodritenfürst, als vermutbarer Vater des Obodritenfürsten Mistui

Zur nicht direkt bezeugten, aber durch die Nachfolge bei den Obodriten erschließbaren Filiation vgl. Chr. LÜBKE, Nakon Sp. 1009; DERS., Regesten (Teil V) unter den Stichworten Nakon und Mstivoy.

Die Todeszeit Naccos „vor Sommer 967“ ergibt sich – ebenso wie schon die Filiation – daraus, daß Widukind v. Corvey, Rer. gest. Saxon. lib. III cap. 68, MGH SS rer. Germ. S. 142, von zwei Slavenfürsten, die unter Hzg. Hermann Billung standen, berichtet: sie hätten ihre *inimicitiae vicariae a patribus* geerbt. *Alter vocabatur Selibur, alter Mistav* (= Mstivoj). *Selibur preerat Waaris (= Wagris), Mistav Abdritis.* Ihr Streit eskalierte im Sommer 967; vgl. R. KÖPKE – E. DÜMMLER, Otto d. Gr. S. 433ff. Da vorher (um 965/66) *Nacco* als Obodritenfürst in seiner Feste Mecklenburg *(Veli)grad* bezeugt ist – so vor allem durch den Reisebericht des Ibrahim ibn Ja'qub (deutsch: G. JACOB, Arabische Berichte S. 11f.; vgl auch Widukind, a.a.O. lib. III cap. 50, S. 130, zu 954/55) – , müßte der ab 967 hervortretende Mstislav / Mistui Naccos Sohn gewesen sein, und Nacco müßte gewiß vorher verstorben sein.

XXII : (Gegen)könig Rudolf (v. Rheinfelden / Schwaben) (1077–1080)

1: Kg. Rudolf (v. Rheinfelden / Schwaben)

Die Geburtszeit des (Gegen)königs Rudolf v. Rheinfelden – ca. 1025/30 – ist nur erschließbar; vgl. hierzu die Argumente bei E. HLAWITSCHKA, Herkunft u. Seitenverwandte S. 179–182. Anhaltspunkte hierfür sind Rudolfs erstmalige Verlobung mit der Kaisertochter Mathilde 1057 und Heirat 1059/60 (vgl. bei **XXIII : Kgn. Mathilde** nr. **1**), seine erste (?) Bezeugung als Graf *in pago Sysgowe* bei Rheinfelden 1048 (MGH D H III 219), die Nachfolge seines Bruders Adalbero auf dem Wormser Bischofsstuhl 1065 (Lampert v. Hersfeld, Annales ad 1065, MGH SS rer. Germ. S. 100), was für diesen normalerweise ein Alter von 30 Jahren und somit eine Geburtszeit um bzw. vor 1035 voraussetzt, sein eigener Schlachtentod 1080 als ein *provectae aetatis vir* (Lib. de unitate eccl. conserv. II cap. 16, ed. I. SCHMALE-OTT S. 436). Wäre Rudolf vor 1020 geboren, müßte er sich erst als Über-Vierzigjähriger erstmals verheiratet und als ein Über-Sechzigjähriger in die Schlacht gegen Heinrich IV. begeben haben. So dürfte seine Geburtszeit eher gegen 1025/30 gelegen und er seine erste Ehe als ein Anfang- bis Mitdreißiger geschlossen haben.

Seine erste Ehe mit Mathilde, der noch sehr jungen Schwester Kg. Heinrichs IV., ging Rudolf – nach vorangegangener Verlobung bei der Übernahme des Herzogtums Schwaben im Jahre 1057 – wohl 1059 ein; vgl. Lampert v. Hersfeld, Annales ad 1058 (richtig 1057), MGH SS rer. Germ. S. 73: *Otto de Suinfurde dux Suevorum obiit. Ducatum eius Rudolfus optinuit, et ut regi in dubiis tunc rebus ex affinitate devinctior fideliorque in rem publicam foret, soror quoque regis ei desponsata est, tenera adhuc aetate, traditaque est episcopo Constantiensi nutrienda, dum thoro coniugali maturesceret.* Evtl. kam es erst anfangs 1060 zur Heirat mit der Kaisertochter Mathilde, die bereits am 12. V. 1060 verstarb; vgl. bei **XXIII : Mathilde** nr. **1**. In den frühen 60er Jahren, wahrscheinlich 1062/63, vermählte sich Rudolf sodann zum zweiten Male, und zwar mit Adelheid, der Schwester von Kg. Heinrichs IV. Gemahlin Berta; vgl. die Belege bei **XXIV : Kgn. Adelheid** nr. **1**; auch bei E. HLAWITSCHKA, Herkunft u. Seitenverwandte S. 180 Anm. 19 und 20.

Zum Tod Kg. Rudolfs vgl. besonders Bruno, De bello Saxonico cap. 124, ed. F.-J. SCHMALE S. 394, wo es – nach der Erwähnung der in der Schlacht an der Elster empfangenen Wunden Rudolfs – schließlich heißt: *felici est morte resolutus. Factum est autem hoc proelium quartum anno ab incarnatione Domini MLXXX, Idibus Octobris, feria V.*, also Donnerstag, den 15. Oktober 1080. Diese präzise Angabe dürfte – zumal auch Bernold v. St. Blasien in seiner Chronik sie kennt (MGH SS rer. Germ. NS 14 S. 426; ältere Ed. MGH SS 5 S. 436): *ad Dominum migrasse non dubitatur Idibus Octobris*; auch R. KUITHAN u. J. WOLLASCH, Kalender Bernolds S. 517 (ältere Ed. MGH Necrol. 1 S. 659): *Rŏdolfus rex sancti Petri miles migrauit ad dominum* – den Vorzug verdienen vor einigen Nekrologangaben aus Reichenau, Zwiefalten, St. Blasien, St. Peter im Schwarzwald, die den 16. Oktober als Rudolfs Todestag verzeichen; vgl. MGH Necrol. 1 S. 151, 263, 324, 337, dazu auch weitere Quellenhinweise – desgleichen für Rudolfs Beisetzung im Merseburger Dom – bei G. MEYER V. KNONAU, Jahrb. Heinrichs IV., Bd. 3 S. 339 u. 644–652.

2 : Gf. Kuno (v. Rheinfelden) als Vater des (Gegen)königs Rudolf (v. Rheinfelden / Schwaben)

Die Frage der Herkunft Kg. Rudolfs wurde zuletzt umfassend beleuchtet bei E. HLAWITSCHKA, Herkunft u. Seitenverwandte S. 175–220. Dort sind auch die wichtigsten vorherigen Versuche, Rudolfs Abstammung zu ergründen, abgehandelt und deren Brüchigkeit dargelegt.

Die einzigen Quellen zur Filiation stammen aus dem Kloster Muri; sie sind ediert in: Kloster Muri, ed. M. KIEM. Die „Genealogia nostrorum principum“ aus Muri – ebd. S. 3 – teilt nach einem erweislich unzuverlässigen Anfangsteil u.a. mit: *Chŏno comes de Rinfelden genuit Růdolfum regem* ... Die am Beginn nicht weniger problematischen „Acta Murensia“ – ebd. S. 16ff. – sprechen davon, daß die Gräfin Ita (Gemahlin Gf. Radpots v. Habsburg) und ihr Bruder Bisch. Werner v. Straßburg den *comitem Chŏno, fratrem suum de matre, patrem autem Růdolfi regis*, als Treuhänder für eine Grundstücksübertragung vorsahen. – Die Filiationsangabe von Gf. Kuno zu Kg. Rudolf wird bei aller Umstrittenheit der Muri-Quellen von keinem Historiker oder Genealogen in Zweifel gezogen. (Zur Umstrittenheit der Muri-Quellen vgl. bei E. HLAWITSCHKA, Herkunft u. Seitenverwandte S. 176 Anm. 1, 193–201).

Zur erschließbaren Geburtszeit Gf. Kunos – ca. 995/1000 – vgl. ebd. S. 182.

Für die Todeszeitangabe bei W.K. Prinz v. ISENBURG, Ahnen Tafel 12: „Kuno, Gf. v. Rheinfelden, Gf. im Albgau, † 1026", ist mir kein Beleg bekannt. Sie wiederholt lediglich die zu den Eltern Kg. Rudolfs bei L.A. COHN, Stammtafeln Tafel 19, gelieferte Aufstellung: „Kuno, Graf von Rheinfelden, † 1026. Gem.: Richwaria, Graf Kunos von Öhningen Tochter (?)". (Zur äußerst problematischen kritiklosen Heranziehung der Nachrichten der Genealogia Welforum und der von ihr abhängigen Historia Welforum über Kuno v. Öhningen und seine Familie vgl. E. HLAWITSCHKA, Untersuchungen zu den Thronwechseln S. 58–68, 171–175; und DERS., Konradiner-Genealogie S. 220 Register (Welfenquellen). – Eventuell lebte Gf. Kuno noch 1052; vgl. E. HLAWITSCHKA, Herkunft u. Seitenverwandte S. 202.

3 : NN als Mutter des (Gegen)königs Rudolf (v. Reinfelden / Schwaben)

Über die Mutter Kg. Rudolfs gibt es keine Quellennachricht. Daß ihre Herkunft – wie ebenso die des Vaters Rudolfs – nicht im unmittelbaren Verwandtenumfeld einer Königsfamilie zu vermuten ist, zeigt die Nachricht bei Frutolf, Chron. ad 1077, ed. F.-J. SCHMALE u. I. SCHMALE-OTT S. 88, ältere Ed. MGH SS 6 S. 202, daß *Ruodolfus indigena Suevie, que regalis omnino stemmatis est aliena, ... apud Forhcheim in regem elevatur.* Ein Anhaltspunkt könnte allenfalls aus den Namen der 5 (zweitehelichen) Kinder Kg. Rudolfs und aus dem Namen des Bruders Rudolfs, Adalbero (Bisch. v. Worms; zu ihm vgl. E. HLAWITSCHKA, Herkunft u. Seitenverwandte S. 179, und oben bei nr. **1**), gewonnen werden. Die Kinder Rudolfs hießen: Berthold, Otto, Agnes, Adelheid und Berta (vgl. ebd. S. 180 Anm. 20 und S. 182 Anm. 30). Von diesen Namen lassen sich mehrere leicht als Nachbenennungen aus der näheren Verwandtschaft erklären: Berta hieß die Schwester von Kg. Rudolfs 2. Ehefrau (vgl. oben bei nr. **1**), Adelheid hieß sowohl Kg. Rudolfs 2. Ehefrau wie auch deren Mutter (vgl. bei **XXIV : Adelheid** nr. **3**), Agnes ist der Name der Kaiserin, die an Rudolf – zusammen mit dem Herzogtum Schwaben – auch ihre Tochter für dessen (kurze) 1. Ehe überließ; und Otto hieß der Vater von Rudolfs 2. Ehefrau (vgl. **XXIV : Kgn. Adelheid** nr. **2**). Aussagekräftig bezüglich der hier anstehenden Frage – d.h. hinsichtlich der Möglichkeit, daß sich in diesen Namen diejenigen der Vorfahren wiederholen könnten – sind also doch wohl nur die beiden Namen Berthold und Adalbero. Beide Namen kommen in der 2. Hälfte des 10. und in den ersten Jahrzehnten des 11. Jhs. in der Familie der Breisgaugrafen vor. Vgl. hierzu bes. K. LIST, Zur Frage der Stifter S. 268–283; Th. ZOTZ, Breisgau S. 179–200; A. ZETTLER, Sulzburg S. 294–299; H. KELLER, Kloster Einsiedeln S. 119, 121. Sollte Kg. Rudolfs Mutter aus diesem Familienkreis stammen? Man wäre damit in den Umkreis der frühen Zähringer verwiesen.

D.C. JACKMAN, Konradiner S. 57, wollte aus den Namen eines Gedenkeintrags der Stifterfamilie von Busendorf eine Gisela als Ehefrau Kunos v. Rheinfelden erschließen; zuvor so schon E. KLEBEL, Alemannischer Hochadel S. 214f. Daß diese Deutung nicht zutreffen kann, zeigt E. HLAWITSCHKA, Thronwechsel des Jahres 1002 S. 239–242.

A. WOLF, Rezension von 'Die Salier' S. 180f., und DERS., Kampf um Genf S. 64ff., hat gemeint, die Mutter Rudolfs v. Rheinfelden durch eine Neuinterpretation einer von mir erstmals 1991 bekanntgemachten, die Chronik Hermanns v. Reichenau gleichsam fortsetzenden Quelle erschließen zu können. Diese Nachricht aus St. Galler Annalen (Staats- u. Stadtbibl. Augsburg, 2° Cod. 254; vgl. auch schon bei **XX : Kgn. Berta** nr. **1**), zum Jahre 1064 überliefert, aber offenbar zu 1063 gehörig, lautet: *His diebus Ruodolfus dux contra Burgundiones [exercitum] movens multa insignia viriliter egit et Genevam, sui sororini sibi valde rebellis Geroldi civitatem, antea regibus inexpugnatam, fortiter expugnavit*; E. HLAWITSCHKA, Herkunft u. Seitenverwandte Rudolfs v. Rheinfelden S. 210. Den hier als *sororinus* Rudolfs v. Rheinfelden gekennzeichneten Grafen Gerold v. Genf hatte ich als „Gemahl einer Schwester" Rudolfs aufgefaßt und danach die Familie Gerolds v. Genf weiter beleuchtet. Denn von den drei möglichen Bedeutungen von *sororinus* (gemäß C. DU CANGE, Glossarium VII S. 531f.) als *sororis maritus* (Ehemann der Schwester) oder *uxoris frater* (Bruder der Ehefrau) oder *filiolus sororis* (Sohn der Schwester) kam ernsthaft nur die erste in Betracht. Die zweite scheidet ja dadurch aus, daß Rudolfs erste Ehefrau, Mathilde, Tochter Ks. Heinrichs III., nachweislich keinen Bruder Gf. Gerold v. Genf hatte und auch die zweite Ehefrau Rudolfs, die aus einer erst 1045/48 geschlossenen Ehe stammende Adelheid v. Savoyen u. Turin, keinen schon 1043 als Graf in Genf agierenden Bruder Gerold haben konnte. Und die dritte Bedeutung kam deshalb nicht in Betracht, weil der Schwestersohn (Gerold) des selbst erst 1025/30 geborenen Rudolf v. Rheinfelden (vgl. oben bei nr. **1**) kaum schon 1034 als Graf v. Genf und Umgebung und Gefolgsmann Odos v. Blois (vgl. Wipo, Gesta Chuonradi cap. 32, MGH SS rer. Germ. S. 51: *Augustus* [= Konrad II.] *veniens ad Genevensem civitatem Geroldum principem regionis illius … subegit*; H. BRESSLAU, Jahrb. Konrads II., Bd. 2 S. 111) auftreten konnte. (Gerold müßte dann doch wohl selbst mindestens schon 1018 und seine Mutter spätestens bald nach 1000 geboren sein, wodurch zwischen den Geburtszeiten der letzteren und ihres Bruders Rudolf etwa 25–30 Jahre liegen müßten). Hier ist offenbar ein Generationsunterschied zu berücksichtigen. – Ausgehend von dieser Sachlage meinte nun A. WOLF, Kampf um Genf – gestützt auf A. ERNOUT / A. MEILLET, Dictionnaire étymologique de la langue latine, Paris 2. Aufl. 1985, S. 637 –, eine vierte Übersetzungsmöglichkeit vortragen und *sororinus* als *consobrinus* deuten zu sollen. S. 66: „*Sororinus* ist die etymologische Grundbedeutung von *sobrinus* bzw. *consobrinus*". *Sororini* seien in diesem Fall also Cousins. Deshalb seien „die *sororini* Rudolf v. Rheinfelden und Gerold von Genf als Söhne zweier Schwestern anzusehen. Die bislang unbekannte Mutter Rudolfs war also eine Schwester von Gerolds bekannter Mutter Bertha. Deren Mutter, die Königstochter Mathilde von Burgund [= Tochter Kg. Konrads v. Bgd.], war folglich auch die Großmutter Rudolfs v. Rheinfelden". – Aber dagegen gibt es Bedenken. Diese bestehen nicht im dann noch immer feststellbaren Altersunterschied von etwa 10 Jahren zwischen den beiden *sororini*, sondern in der Frage, warum der St. Galler Annalist nicht eine der beiden gängigen Bezeichnungen für Vettern – nämlich *consobrinus* oder *nepos* – verwendet hat, wenn der Sachverhalt so einfach lag. Inakzeptabel aber wird der Vorschlag Wolfs dann, wenn man feststellt, daß in einem solchen Falle der Gegenkönig Rudolf v. Rheinfelden bei seiner ersten Verheiratung eine unstatthafte Nahehe im Verwandtschaftsgradverhältnis 3:4 eingegangen sein müßte und daß sein Vater Gf. Kuno v. Rheinfelden sogar in einer unerlaubten Nahehe der Grade 3:3 gelebt haben müßte. Es ergäben sich – bei Berücksichtigung der bei nr. **4 / 5 / 8** dargebotenen Ermittlungen zu den Vorfahren Gf. Kunos v. Rheinfelden – folgende Zusammenhänge:

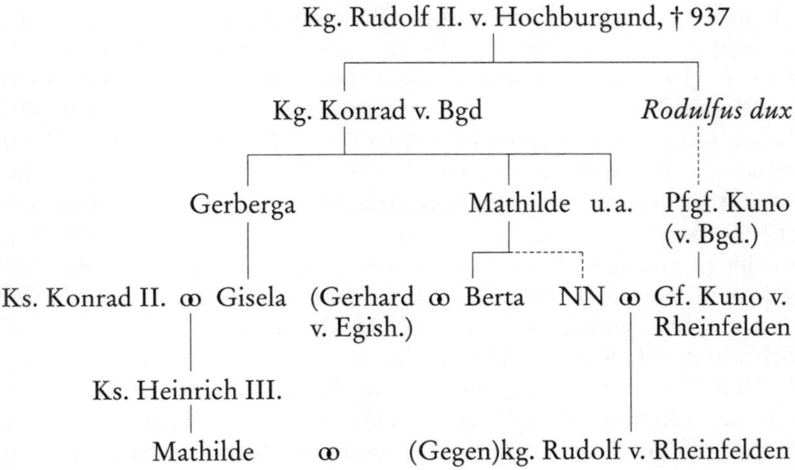

Im Anbetracht der konsequenten Verfolgung von Nahehen in der Zeit Ks. Heinrichs II., wie nicht nur die bekannten Maßnahmen gegen die in einer 3:4-Nahehe lebenden Otto und Irmingard v. Hammerstein beweisen, sondern auch andere Eingriffe Heinrichs II. gegen Verwandtenehen der Gradverhältnisse 3:3, 3:4, 4:4 und sogar 4:5 zeigen (vgl. E. Hlawitschka, Konradiner-Genealogie S. 77–112), aber nirgendwo Klagen oder Anfeindungen dieser beiden Ehen überliefert sind, ist es nicht hinnehmbar, daß eine Nahehe 3:3 Gf. Kunos v. Rheinfelden in der Zeit Heinrichs II. bestanden haben soll. Wolf sieht diese Schwierigkeit, versucht sie aber zu überspielen mit der Bemerkung: „Solche Ehen wurden um 1000 zwar bekämpft, muß es daher aber gegeben haben“ (S. 72). Eine tragfähige Rekonstruktion liegt hier also nicht vor.

Grundsätzlich ist hier noch hinzuzufügen, daß (wie verschiedene Etymologische Wörterbücher der lateinischen Sprache kundtun) das höchst seltene Wort *sororinus* eine Ableitung von *soror* - wie ebenso auch *sororius* oder *sobrinus* – ist und (als Substantiv) eine Grundbedeutung ‘der Schwesterliche, der von der Schwester’ hat und dabei die Stellung der Bezugsperson zur Schwester nicht deutlich präzisiert. So kommen die Bedeutungen (a) ‘Gemahl der Schwester’, (b) ‘Sohn der Schwester’ und (c) ‘Enkel der Schwester’, vielleicht auch (d) ‘Schwiegervater der Schwester’, sowie – falls ein Ehemann sich mit seiner Frau zusammensieht – auch (e) ‘Bruder der Ehefrau’ und (f) ‘Sohn (evtl. auch Enkel) des Bruders oder der Schwester der eigenen

Gemahlin' in Frage. Zudem ist die Bedeutung (g) 'Sohn (oder Nachkomme) der Schwester der Mutter (oder des Vaters)', also Vetter/-Cousin (bzw. Vetterssohn), zu bedenken. Überprüft man nochmals auf dieser Basis, welche Bedeutung *sororinus* im obigen Falle gehabt haben könnte, so scheiden bei einem etwa 1025/30 geborenen Mann (Rudolf v. Rheinfelden) und einem 1034 schon besonders aktiv in der Politik hervorgetretenen *sororinus* (Gerold v. Genf) die Bedeutungen (b) 'Schwestersohn' und (c) 'Schwesterenkel' aus chronologischen Gründen aus. (Die Schwester müßte dann ja mindestens etwa 1004 geboren und somit etwa 20–25 Jahre älter als Rudolf v. Rheinfelden gewesen sein, wobei aber wiederum für den Vater Rudolfs und seiner Schwester, Gf. Kuno v. Rheinfelden selbst erst eine Geburtszeit "ca. 995/1000" ermittelbar ist, vgl. oben nr. **2**). Die Bedeutungen (e) 'Bruder der Ehefrau' und (f) 'Sohn oder Enkel des Bruders oder der Schwester der eigenen Gemahlin' kommen schon deshalb nicht in Frage, weil der schon 1043 politisch aktive Gf. Gerold v. Genf nachweisbar kein Bruder weder von Rudolfs 1. Ehefrau Mathilde (der Tochter Ks. Heinrichs III.) war noch ein Bruder von Rudolfs 2. Ehefrau Adelheid (der Tochter aus der erst ca. 1045/48 geschlossenen Ehe Gf. Ottos und Adelheids v. Savoyen/Turin, vgl. **XXIII : Mathilde** nr. **2 / 3** und **XXIV : Adelheid** nr. **2 / 3**) gewesen sein kann. Die Bedeutung (g) 'Vetter/Cousin' (bzw. Nachkomme desselben) scheidet – wie oben schon dargelegt – aus den bei dieser Sicht sich ergebenden eherechtlichen Problemen aus. So bleiben also nur die Möglichkeiten (a) 'Gemahl der Schwester (= Schwager)' und (d) 'Schwiegervater der Schwester' übrig, wobei zu beachten ist, daß zum Jahre 1061 ein *Cono, Geraldi comitis filius,* bezeugt ist, der damals *consensu Geraldi comitis patris sui* sowohl die Kirche Saint-Marcel (b. Annecy, Haute-Savoie) *in pago Gebennensi vocato Albanensi* als auch anderes Gut an die Abtei Ainay im Lyonnais schenkte und im Jahre 1080 schon verstorben war; vgl. die Belege bei E. HLAWITSCHKA, Herkunft u. Seitenverwandte S. 212f. Wenn nun Rudolf v. Rheinfelden 1063 gegen Gerald v. Genf vorging, so könnte es – was für die Bedeutung (d) sprechen könnte – damit zusammenhängen, daß damals Cono (also dann der Gemahl seiner Schwester) verstorben war und Conos Vater Gf. Gerald evtl. die Mitgift seiner Schwiegertochter (also der Schwester Rudolfs) einzog und Rudolf sich dagegen zur Wehr setzte. Aber auch im Falle der Bedeutung (a) 'Schwager' könnte – nach einem frühen Tod der Schwester Rudolfs – eine vergleichbare Erbauseinandersetzung angestanden haben; denn Gf. Gerald verheiratete sich ja –

was diese Sicht plausibler als (d) erscheinen läßt – (um 960) neu mit einer damals verwitweten und bereits mit drei Söhnen lebenden Dame namens Tetberga und hatte mit dieser einen von 1080–1124/28 bezeugten, also wohl bald nach 960 geborenen Sohn: Gf. Aymo v. Genf; vgl. die Belege bei E. HLAWITSCHKA, a.a.O. S. 212–215. Eine aufgestaute Erbauseinandersetzung stand sonach 1063/64 auf alle Fälle an. Bezieht man nun noch den Namen des Gerald-Sohnes *Cono* in die Überlegungen mit ein, dann kann man – da er ja aus einer Nachbenennung nach dem Vater Hzg. Rudolfs und seiner Schwester, d.h. nach Cuno v. Rheinfelden, resultieren dürfte – der Lösung (a) doch wohl den Vorzug geben. Die nachfolgende Tafeln, in die die Angehörigen der 2. Ehe Gf. Geralds mit aufgenommen sind, mögen dies verdeutlichen:

(d)

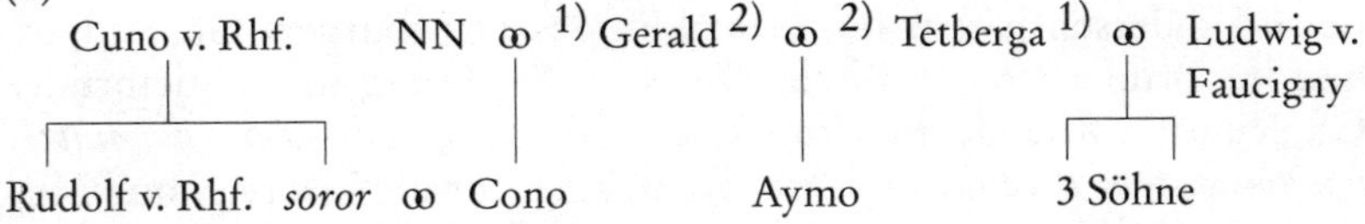

(a)

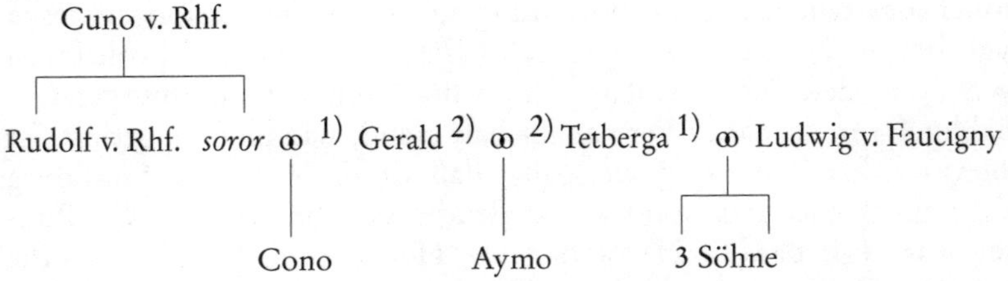

In beiden verbliebenen Fällen ist nun, worauf es hier allein ankommt, nur die Verwandtschaft Rudolfs v. Rheinfelden selbst, nicht aber die seiner unbekannten Ehefrau, abklärbar. – Bei C. DU CANGE, Glossarium VII S. 531, ist weiterhin – was hier vielleicht ebenfalls zu berücksichtigen ist – *sororgius, sororge, serorge, serourge, serurge* als mittellateinisches und altfranzösisches Äquivalent von *sororinus* aufgeführt und in der Bedeutung *sororis maritus* / Schwager nachgewiesen, was nochmals für die Bedeutung (a) spricht.

4 / 5 / 8 : Pfgf. Kuno (v. Bgd.), Liutgard u. *dux* Rudolf als vermutliche Vorfahren Gf. Kunos (v. Rheinfelden)

Durch eine neu aufgefundene Quelle (vgl. E. HLAWITSCHKA, Herkunft u. Seitenverwandte S. 192, zur Quelle vgl. bei nr. **3**) wird der frühe Habsburger Gf. Werner († 1096) als *cognatus* Rudolfs v. Rheinfelden nachgewiesen. Bereits die unzuverlässigen Anfangsteile der Muri-Quellen (vgl. bei nr. **2**) kennen eine Verwandtschaft zwischen Habsburgern und Rheinfeldenern, die bisher nur mit großer Skepsis zur Kenntnis zu nehmen war: und zwar soll – nach der „Genealogia fundatorum" von Muri – Ita v. Habsburg nicht nur eine Schwester Hzg. Dietrichs v. Lothringen, sondern auch Gf. Kunos v. Rheinfelden (nr. **2**) gewesen sein: *Theodricus dux Lotharingorum et Chǒno comes de Rinfelden fratres fuerunt. Horum soror [erat] Ita comitissa de Habsburg, reparatrix huius Murensis cenobii.* Nach den „Acta Murensia" indessen hätten Ita, Gemahlin des Habsburgers Gf. Radpot, und ihr Bruder (*frater*) Bisch. Werner v. Straßburg ihren Stiefbruder Gf. Kuno v. Rheinfelden (*comitem Chŏno, fratrem suum de matre, patrem autem Růdolfi regis*) als Treuhänder für die Übereignung Muris an den Hl. Petrus ausersehen gehabt. Daß die Muri-Quellen innere Unstimmigkeiten aufweisen und Produkte bestimmter Manipulationen darstellen, hat die Forschung in langer Diskussion erwiesen (vgl. bei nr. **2**). Daß Hzg. Dietrich (*Theodericus dux*) v. Lothringen weder mit dem Rheinfeldener Kuno noch mit der Habsburger-Gemahlin Ita in so naher Verwandtschaft stand, wie hier suggeriert, ist ebenso sicher wie der Beweisgang, daß Bisch. Werner v. Straßburg nicht ein Bruder Itas, sondern ein Bruder von Itas Gemahl Gf. Radpot war (vgl. bes. E. HLAWITSCHKA, Herkunft u. Seitenverwandte S. 197f.). Da Kuno demnach ein *frater de matre* (d. h. ein Stiefbruder durch die gemeinsame Mutter) Bisch. Werners v. Straßburg und seines Bruders Gf. Radpot (nicht also von Radpots Gemahlin Ita) war, müßte die neu bekanntgewordene *cognatus*-Verwandtschaft zwischen Rudolf v. Rheinfelden (= Sohn Kunos v. Rheinfelden) und dem Habsburger Gf. Werner (= nachweislich Sohn Gf. Radpots und Itas) über Gf. Radpots nachweisbare Mutter gelaufen sein. Diese hieß Liutgard; und ihr Gemahl, d. h. der Vater Gf. Radpots und Bisch. Werners, Gf. Lanzelin / Landolt, war 991 verstorben; vgl. E. HLAWITSCHKA, a.a.O. S. 190 mit Anm. 54, S. 197f., 202f. Die Frage, wen Lanzelins / Landolts Witwe Liutgard nach 991 heiratete und wer somit Gf. Kunos Vater war, läßt sich über eine schon öfter (vgl. etwa G. MEYER v.

KNONAU, Jahrb. Heinrichs IV., Bd. 1 S. 655) getroffene Feststellung einer Lösung näher bringen: nämlich daß Kg. Rudolf v. Rheinfelden nicht nur über Allodialbesitz im Gebiet „zwischen dem Fluß Saane, dem Großen St. Bernhard, der Brücke von Genf, dem Jura und den Alpen“, also im Wallis und dem Waadtland (vgl. MGH D H IV 311), sondern auch über eine *hereditas paterna* bzw. über *allodia* im oberen Aargau (= Herzogenbuchsee, Seeberg, Huttwil) und im Emmental (= Burgdorf, Münsingen) verfügte (vgl. E. HLAWITSCHKA, Herkunft u. Seitenverwandte S. 204f.). Seine Vorfahren müssen somit im einstigen hochburgundischen Bereich zu den mächtigsten Leuten gehört haben. Diese Güter – und das gilt besonders für Münsingen – wurden vom Burgunderkönig Rudolf III. um das Jahr 1000 seinem offensichtlichen Verwandten Pfgf. Kuno überlassen; (sogar die Königsgemahlin, an die Münsingen bereits gegangen war, mußte dem Wunsch Pfgf. Kunos nachstehen, was nur durch eine nahe Verwandtschaft dieses Mannes mit Kg. Rudolf III. verständlich ist; vgl. MGH D Burg. 89). War Pfgf. Kuno nun der 2. Gemahl Liutgards und hatte er mit ihr den Sohn Kuno v. Rheinfelden, so löst sich das Problem der *Cognatus*-Verwandtschaft der Rheinfeldener mit den Habsburgern bei gleichzeitiger Erklärung der großen burgundischen Erbbesitzungen Rudolfs v. Rheinfelden. Die Frage ist nur, wie Pfgf. Kuno in die Verwandtschaft Kg. Rudolfs III. v. Burgund einzugliedern ist. Da er und auch sein damit sich so ergebender Sohn Kuno v. Rheinfelden nicht zum Personenkreis zählten, der in Burgund nach dem Tode des 1032 ohne legitime Nachkommen verstorbenen Königs Rudolf III. v. Burgund Thronansprüche stellte, kann er auch nicht zu den Abkömmlingen von Kg. Rudolfs III. Vater Kg. Konrad († 993) gehört haben. Er wird also von einem der Geschwister Kg. Konrads herzuleiten sein. Da Kg. Konrads Bruder Erzbisch. Burchard I. v. Lyon (949–958) doch wohl kinderlos war und seine Schwester Adelheid als 2. Gemahlin Ks. Ottos d. Gr. in die Geschichte einging und nachweislich keinen Sohn Konrad / Kuno hatte, bleibt nur Kg. Konrads jüngster, um 936/37 geborener Bruder *dux Rudolfus* (bis 962 öfter bezeugt; vgl. MGH D Burg. 35, 55, 58, 59; MGH D O I 201, 249) als derjenige übrig, der die Verwandtschaft zwischen Pfgf. Kuno und König Rudolf III. vermittelte. (Zu den Familienverhältnissen im burgundischen Königshaus vgl. E. DIENER, Könige v. Burgund S. 74–82; E. HLAWITSCHKA, Königsherrschaft S. 446f., 452ff.; ND in: DERS., Stirps regia S. 301f., 307ff.). Vom *dux Rudolfus* – als Bruder Kg. Konrads v. Bgd. und der Kaiserin Adelheid – sind die Ahnen dann wieder bestens bekannt.

Eine solche Abstammungsmöglichkeit Kg. Rudolfs v. Rheinfelden – zurück über Gf. Kuno v. Rheinfelden und den burgundischen Pfgf. Kuno zum *dux* Rudolf, allerdings über einen Rudolf, statt über Pfgf. Kuno – hatte übrigens früher schon einmal E. KIMPEN, Königsgenealogie S. 75, ins Auge gefaßt, freilich ohne irgendeine Begründung beizubringen; und für diesen älteren Rudolf hatte er (S. 92) außerdem noch eine Tochter des Etichonen Gf. Hugo III. raucus als Ehefrau vermutet. Über eine solche ist indes nirgendwo etwas überliefert.

H.C. FAUSSNER, Kuno v. Öhningen S. 98ff. und S. 133, konstruierte aus der Intervention eines Gf. Rudolf bei Kg. Rudolf III. am 6. VI. 1009 für eine Schenkung an Bisch. Humbert v. Grenoble (MGH D Burg. 93: *qualiter petente Agiltrude regina coniuge nostra nec non archiepiscopo Burchardo fratre nostro et comitibus Rodulpho et Uberto damus … medietatem castelli de Moras …, quam pater noster Gondradus rex et nos visi sumus habere …*), daß dieser Gf. Rudolf der Schwager des Königs gewesen sein werde, weil Kg. Rudolf zur Veräußerung von königlichem Hausbesitz „neben der Zustimmung seiner Gemahlin auch der seiner Geschwister als Miterben dieses Besitzes" bedurft hätte und weil die Schwestern des Königs „durch ihre Ehemänner vertreten wurden". Bei Gf. *Ubertus* werde es sich um Gf. Humbert, den Begründer der savoyischen Dynastie gehandelt haben, der mit Ancilia verheiratet war, und Ancilia werde eine Schwester Kg. Konrads v. Burgund gewesen sein. Und Gf. Rudolf werde Rudolfs III. Schwester Mathilde (zu ihr vgl. bei E. DIENER, Könige v. Burgund S. 80f. nr. 17) zur Frau gehabt haben. Und aus Gf. Rudolfs und Mathildes Ehe werde u.a. ein Sohn Rudolf hervorgegangen sein, der der Vater Gf. Kunos v. Rheinfelden und Großvater Kg. Rudolfs v. Rheinfelden wurde. (Bei H.C. FAUSSNER, Rechtsgrundlage S. 141, ist diese Sicht wiederholt). Doch fragt man sich nicht nur, weshalb dann die Mitwirkung der Erben von Rudolfs III. Schwestern Berta, Gerberga und Gisela nicht gleichfalls zu bemerken ist, sondern auch, ob Ancilia tatsächlich als Tochter Kg. Konrads und Schwester Kg. Rudolfs III. v. Burgund angesehen werden darf. Letzteres ist zu verneinen; vgl. bei **XX : Ksn. Berta (v. Turin)** nrn. **5, 10** u. **11**. Das macht Faußners These schon brüchig. Außerdem zeigt Rudolfs III. nächstes Diplom (MGH D Burg. 94) die folgenden Interventionen: *petitiones Agaldrudis regine coniugis nostre dilectissime nec non et petitiones Burcardi archiepiscopi fratris nostri cari devotasque petitiones episcoporum Hugonis et Anselmi comitumque Ruodulfi et Bertulfi interventumque Henrici episcopi nobis per omnia fidelissimi*; mit gleichem

Recht müßte dann auch Gf. Bertulf als ein Schwager Kg. Rudolfs betrachtet werden. So ist letztlich diese These Faußners ein Konstrukt ohne Wert.

Zur Unbrauchbarkeit älterer Versuche (von H. JAKOBS, H. DOBBERTIN, A. WOLF, u. a.), Judith, die gut bezeugte Gemahlin des Grafen Adalbert vom Saargau († 25. XII. 1033), als Mutter Gf. Kunos v. Rheinfelden zu erweisen – und zwar soll Judith in einer 1. Ehe (vor der mit Gf. Adalbert v. Saargau) mit einem unbekannten Rheinfeldener vermählt gewesen sein und Kuno v. Rheinfelden geboren haben, und sie soll eine Tochter ‘Kunos von Öhningen’, der als Hzg. Konrad v. Schwaben inzwischen ermittelt ist, gewesen sein –, vgl. E. HLAWITSCHKA, Untersuchungen zu den Thronwechseln S. 117ff., 147, 150f. Gleichwohl hält A. WOLF, Kampf um Genf S. 70f., an der Hypothese von H. JAKOBS, Adel in der Klosterreform S. 167, 182f., fest.

9 : NN, Gemahlin des *dux* Rudolf

Keiner Quelle läßt sich etwas über die Gemahlin des *dux Rudolfus* entnehmen. Es läßt sich lediglich vermuten, daß sie aus dem Geschlecht der Etichonen stammte. Denn nicht nur ist ein den etichonischen ‘Leitnamen’ Hugo tragender Sohn des *dux* Rudolf zu erschließen – nämlich Bisch. Hugo v. Genf (990–1020/25); vgl. E. HLAWITSCHKA, Herkunft u. Seitenverwandte S. 207 –, dessen Name aus der Herkunftsfamilie seiner Mutter stammen könnte, sondern der *dux* Rudolf hat 959 auch wichtige Besitztümer – wie etwa Kolmar und Hüttenheim – aus dem Konfiskationsgut des 952 durch Otto d. Gr. gestürzten (BO nr. 217 a, MGH D O I 201) Gf. Guntram, eines Etichonen, erhalten, die er freilich an das Kloster Peterlingen / Payerne weitergab (MGH D O II 51; D O III 273). Wenn nämlich die öfter zu konstatierende Beobachtung auch hier zutreffen sollte, daß der durch Konfiskation seiner Güter Bestrafte selbst – nach einer gewissen Zeit der Demütigung – oder öfter auch einer seiner Verwandten in die eingezogenen Besitzungen restituiert zu werden pflegte (vgl. A. KRAH, Absetzungsverfahren S. 458 (Stichwort Restitution), so könnte die sieben Jahre nach dem Guntram-Sturz vorgenommene Übertragung von Teilen der dem Fiskus zugeschlagenen Güter Guntrams an den *dux* Rudolf auf eine Eheverbindung Rudolfs mit einer Etichonin hindeuten. Doch sei dies lediglich als Hypothese angeführt.

Zum ganz abwegigen Versuch von W. GREINER, Richlind S. 31, den *dux* Rudolf als zweiten Ehemann der 978 verwitweten Herzogin

Beatrix (Witwe Hzg. Friedrichs I. v. Oberlothringen) und beide als Eltern Gf. Kunos v. Rheinfelden (nr. **2**) zu betrachten, vgl. E. HLAWITSCHKA, Konradiner-Genealogie S. 188.

16 / 17 / 32 / 33 / 34 / 35 : Vorfahren des *dux Rodulfus*

Da der *dux* Rudolf als jüngerer Bruder der Kaiserin Adelheid nachzuweisen ist (vgl. MGH D H III 244 mit der Bestätigung der Orte Hüttenheim und Kolmar, *quas Rodulfus dux frater supra dictae imperatricis [Adelheidis] a primo et maximo Ottone adquisivit*; auch E. DIENER, Könige v. Burgund S. 77f.), läßt sich hier auf die Tafel mit den Vorfahren Adelheids verweisen; vgl. **VIII : Ksn. Adelheid** nrn. **2, 3, 4, 5, 6, 7.**

XXIII : Mathilde, 1. Gemahlin des (Gegen)königs Rudolf (v. Rheinfelden / Schwaben)

1: Mathilde

Rudolf v. Rheinfelden erhielt 1057 von Ksn. Agnes, die nach dem Tode ihres Gemahls Heinrich III. († 5. X. 1056) für ihren jungen Sohn Heinrich IV. die Verwaltung des Reiches leitete, das durch den Tod Hzg. Ottos (v. Schweinfurt) frei gewordene Herzogtum Schwaben; und zudem wurde er mit Heinrichs IV. Schwester verlobt, um ihn fest an die Königsfamilie zu binden; vgl. hierzu das Zitat aus den Annalen Lamperts v. Hersfeld bei **XXII : (Gegen)könig Rudolf v. Rheinfelden** nr. **1**. Ebenso ist dem Liber de unitate ecclesiae conservanda cap. 16, MGH LdL 2 S. 232, auch ed. von I. SCHMALE-OTT S. 436, zu entnehmen, daß *Ruodolfus dux Suevorum* von *Hagna imperatrix cum regno Burgundiae filiam suam in coniugium* erhalten hatte, *ut regi Henricho, filio suo, esset tanto fidelior, quanto affinitate simul et beneficiis coniunctior.* Auch Frutolf v. Michelsberg, Chron. ad 1057, ed. F.-J. SCHMALE und I. SCHMALE-OTT S. 74, vermeldet, daß *predictus Ruodolfus mox post imperatoris obitum filiam eius Rumoldo Constantiensi episcopo commendatam* zur Frau nahm. – Den Namen der Schwester Heinrichs IV. und zugleich 1059 als Jahr ihrer Eheschließung mit Rudolf v. Rheinfelden überliefert Berthold, Chron. ad 1059, MGH SS rer. Germ. NS 14 S. 186: *Rodulphus Alemannorum dux Mathildam, Henrici regis sororem, duxit uxorem.* (Hiernach die Ann. S. Blasii ad 1059, MGH SS 17 S. 277: *Roudolfus dux Mathildam regis sororem duxit uxorem*). Wahrscheinlich liegt aber hierbei ein Versehen um ein Jahr vor; vgl. unten.

Da Mathilde 1057 – wie Lampert v. Hersfeld sagt – noch *tenera adhuc aetate* war und beim Bischof von Konstanz erst noch für die Ehe heranreifen sollte (*maturesceret*), das ehefähige Alter also noch nicht erreicht hatte, damals somit noch jünger als 12 Jahre gewesen ist, wurde sie gewiß erst nach 1045 geboren. Weil aber Lampert v. Hersfeld (Annales ad 1072, S. 137f.) auch berichtet, daß Rudolfs Gemahlin *intra paucos dies celebratae coniunctionis decesserat*, und weil der 12. V. 1060 als ihr Todesdatum feststeht (s. u.) und die Hochzeitsfeierlichkeiten sonach im zeitigen Frühjahr 1060 stattgefunden haben dürften, läßt sich folgern, daß Mathilde die Ehefähigkeit etwa in den ersten Monaten des Jahres 1060 erreicht haben wird, d.h. daß für sie wohl eine Geburtszeit ca. 1047 oder 1048 in Frage kommt. Vgl. dazu ausführlich M. Black, Töchter Ks. Heinrichs III. S. 48ff., die zudem die bei Hermann v. Reichenau, Chron. ad 1047 und ad 1048, MGH SS 5 S. 127 u. 128, überlieferten Mitteilungen von der Geburt einer *filia* Heinrichs III. und seiner Frau Agnes beachtet und aus der Situation Rudolfs heraus wahrscheinlich machen kann, daß Mathilde erst im Oktober 1048 geboren sein dürfte.

Daß Mathilde 1060 verstarb, ist vermerkt bei Berthold v. Reichenau, Chron. ad 1060, MGH SS rer. Germ. NS 14 S. 188, ältere Ed. MGH SS 5 S. 271: *Mathildas, soror regis, obiit* bzw. *Mahthilt, uxor ducis Ruodolfi, obiit.* So auch die Ann. S. Blasii ad 1060, MGH SS 17 S. 277: *Mahtilt uxor Roudolfi ducis obiit.* Den Todestag – 12. Mai – überliefert das Speyerer Nekrolog: *IV. Idus Maii. Mathilt Agnetis imperatricis filia obiit*; H.Grafen, Spuren S. 402; J.F. Böhmer, Fontes IV S. 317; W. Metz, Ältestes Nekrolog S. 198.

2 – 63 : Engere und weitere Vorfahren Mathildes

Da Mathilde eine Schwester Kg. / Ks. Heinrichs IV. war (vgl. bei nr. 1), läßt sich hier für alle Vorfahrenbelege auf **XIX : Ks. Heinrich IV.** nrn. **2 – 63** verweisen.

XXIV : Kgn. Adelheid (v. Turin), 2. Gemahlin des (Gegen)königs Rudolf (v. Rheinfelden / Schwaben)

1 : Kgn. Adelheid (v. Turin)

Die 2. Ehe Rudolfs (v. Rheinfelden / Schwaben) mit Adelheid, der Schwester von Kg. / Ks. Heinrichs IV. Gemahlin Berta (v. Turin), ist deutlich bezeugt bei Berthold, Chron. (bzw. Ann.) ad 1079, MGH SS 5 S. 319; ed. I.S. ROBINSON S. 358. Ihr Tod und ihre Bestattung im Schwarzwaldkloster St. Blasien werden dort folgendermaßen vermerkt: *Uxor vero regis Ruodolfi nomine Adelheit, filia Adelheide marchionisse, soror Berhte regine uxoris Heinrici, ... moriens spiritum suum commendavit, et ad monasterium sancti Blasii cum omnifario exequiali debito officiose satis sepeliebatur.* Dies geschah vor Ostern (24. III.) 1079, da Rudolf – *iam viduus factus* – das Osterfest in Goslar feierte. – Auch ein spätes Wohltäterverzeichnis der Abtei St. Peter im Schwarzwald zeigt Adelheid als Gemahlin Rudolfs; vgl. N. GÄDEKE, Ausgewählte Quellen, in: H. SCHADEK u. K. SCHMID, Zähringer S. 16 (mit Faksimile) u. S. 463 nr. 17b: *Růdolfus rex de Arle, Adelheidis vxor.*

Die Zeit der Eheschließung ist nicht überliefert; sie läßt sich nur aus einigen Lebensdaten der Kinder Rudolfs und Adelheids in etwa erschließen. Da beider Tochter Adelheid vielleicht schon 1078 mit dem Ungarnkönig Ladislaus verheiratet wurde (vgl. G. MEYER V. KNONAU, Jahrb. Heinrichs IV., Bd. 3 S. 133f. Anm. 53), die Tochter Agnes im Jahr 1079 den Zähringer Berthold II. ehelichte (vgl. ebd. S. 199) und der Sohn Berthold ebenfalls 1079 zum Herzog v. Schwaben erhoben wurde, er also wohl soeben großjährig (d.h. 13–15 Jahre alt) geworden war, ist es recht wahrscheinlich, daß die Ehe bereits 1062/63 geschlossen wurde (vgl. ebd. S. 199 auf der Basis von Berthold, Chron. ad 1079, MGH SS 5 S. 319, ed. I.S. ROBINSON S. 359: *Filium vero illius* [= Rudolfs v. Rheinfelden], *cui iam parvulo adhuc ducatus Alemannie a rege Heinrico delegatus est, dux Welf cum nonnullis senioribus, qui ad eum pertinebant, assumptum Ulmam perduxerunt, eique se cum civibus iure solito subdiderunt, communique suffragio et laudamento dominum sibi et ducem nunc denuo confirmaverunt.* Ebd. S. 320 bzw. 360: *His quoque postpascalibus diebus Berhtoldus marchio, ducis Berhtoldi* [v. Zähringen] *filius, spectabilis multumque liberalis adolescens ... et satis virtuose agens, uxorem sibi accepit Agnetem,*

Ruodolfi regis filiam, et ipsam admodum in suis omnibus non minus marito virtuosam). Hieraus ergibt sich wiederum, daß Adelheid ca. 1050 (wenn nicht gar ein wenig früher) geboren sein dürfte und somit wohl älter war als ihre Schwester Berta. Als Ks. Heinrich III. 1055 für seinen im Spätjahr 1050 geborenen Sohn Heinrich IV. in Turin Berta, die Tochter Mgf. Ottos und seiner Frau Adelheid, als künftige Gemahlin erbat und über die Alpen mitnahm (vgl. bei **XIX : Ks. Heinrich IV.** nr. **1**), kam Adelheid hierfür wohl deshalb nicht in Frage, weil sie dann älter als ihr künftiger Gemahl gewesen wäre.

Adelheid verstarb am 19. II. 1079. Das Todesjahr überliefert Bertholds Chron. (s. oben), desgleichen Ann. S. Blasii ad 1079, MGH SS 17 S. 277 (*1079: Adelheit uxor Roudolfi regis obiit, et apud Sanctum Blasium sepulta iacet*); den Todestag vermerkt das Nekrolog v. Isny – MGH Necrol. 1 S. 327 – zum 19. II.: *Adelheidis regina, benefactrix.* Das Kloster Isny war eine Gründung der Gfn. Berta v. Kellmünz, einer Tochter Kg. Rudolfs und Adelheids; vgl. dazu E. HLAWITSCHKA, Untersuchungen zu den Thronwechseln S. 114 Anm. 12.

2 – 59 : Engere und weitere Vorfahren Adelheids (v. Turin)

Da Adelheid eine Schwester von Ks. Heinrichs IV. Gemahlin Berta war (vgl. bei nr. **1**), gelten für sie alle bereits bei **XX : Ksn. Berta** nr. **2 – 59** ermittelten Vorfahrenbelege.

XXV : (Gegen)könig Hermann (v. Luxemburg / Salm) (1081–1088)

1 : (Gegen)könig Hermann v. Luxemburg / Salm

Der in den ersten Augusttagen 1081 in Ochsenfurt zum Gegenkönig gegen Heinrich IV. erhobene Hermann (zum Datum und Ort vgl. die Belege bei G. MEYER V. KNONAU, Jahrb. Heinrichs IV., Bd. 3 S. 417f.; sowie bei C. WAMPACH, Urkunden- u. Quellenbuch I S. 441ff. nr. 299; M. TWELLENKAMP, Haus der Luxemburger S. 492ff.; U. SCHMIDT, Wahl Hermanns S. 477–491) stammte aus Lotharingien, gehörte zur großen Luxemburger-Familie und war ein Sohn Gf. Giselberts v. Luxemburg u. Salm (= Vielsalm, südl. von Stablo). Die Ann. Brunwilarenses ad 1080, MGH SS 16 S. 725, vermelden: *Hoc anno apud Saxoniam rex Ruodolvus commisso prelio cum rege Heinrico occiditur. In eius locum Saxones Herimannum filium Giselberti de Luocelenburch substituunt* ...; bei Marianus Scottus, Chron. ad 1103 (= 1081), MGH SS 5 S. 562, wird er als Bruder Gf. Konrads v. Luxemburg und Neffe (statt richtig Cousin) des lothringischen Pfalzgrafen Heinrich v. Laach bezeichnet: *Suevi in autumno Cuonradi fratrem Herimannum, Heinrici de Lacha fratris filium, pro Rodulfo faciunt regem, et in nativitate Domini in Saxonia ungitur in regem.* (Zur genealogischen Einordnung Heinrichs v. Laach in die Luxemburger-Familie vgl. H. RENN, Luxemburger in der lothr. Pfalzgrafschaft S. 110–113 u. Tafel S. 118). Bei Bernold v. Konstanz, Chron. ad 1086, MGH SS 5 S. 445, neue Ed. I.S. ROBINSON S. 461, wird Hermann gleichfalls als Bruder Gf. Konrads v. Luxemburg bezeichnet: *Chonradus comes, frater Hermanni regis sed indefessus fautor Heinrici, ... obiit.* In den Ann. Patherbrunnenses (Yburgenses) ad 1081, MGH SS 16 S. 437, auch P. SCHEFFER-BOICHORST S. 98, heißt es lediglich: *Electio Herimanni comitis de Lucelinburg in Osinvuort a Suevis et a Saxonibus*; ähnlich die Continuatio casuum S. Galli, MGH SS 2 S. 158, die Casus monast. Petrishusensis lib. II cap. 39, MGH SS 20 S. 647 (neuere Ed. von O. FEGER, Chronik des Klosters Petershausen S. 116), usw.

Über die Geburtszeit Hermanns ist nichts bekannt. Offenbar ist er seit 1056 als Graf nachzuweisen (MGH D H III 372 B; C. WAMPACH, Urkunden- u. Quellenbuch I S. 402 nr. 279).

Auch über das Datum seines Eheschlusses mit Sophie (vgl. bei **XXVI : Kgn. Sophie** nr. **1**) ist nichts überliefert.

Seinen Tod im Jahre 1088 und den Bestattungsort überliefert Bernold v. Konstanz, Chron. ad 1088, MGH SS 5 S. 448, auch I.S. RO-

BINSON S. 472: *Heremannus rex catholicus ab eis (= Saxonibus) in Lothringiam secessit, ibique nun multo post viam universae terrae arripuit, anno dominicae incarnationis M°LXXX°VIII°, regni vero eius VII°, indictione XII[a], et in patria sua Metis honorifice sepelitur.* Das genaue Datum – Donnerstag, 28. September – liefern die Ann. Brunwilar. (ad 1087), MGH SS 16 S. 725: *Hoc anno, 9. Kal. Octobris, nocte quae dominica habebatur, terribilibus flammis celum flagravit. Et quinta feria eiusdem ebdomadis, sed sequentis indictionis, Herimannus, rex Saxonum, insidias imperatori parans, divinitus ictu lapillo occubuit.* Vgl. weiterhin G. MEYER V. KNONAU, Jahrb. Heinrichs IV., Bd. 4 S. 226ff. mit Anm. 50; C. WAMPACH, Urkunden- u. Quellenbuch I S. 457f. nr. 307; H. MÜLLER, Hermann v. Luxemburg S. 50ff.

2 : Gf. Giselbert v. Luxemburg u. Salm als Vater des (Gegen)königs Hermann

Zu einem präzisen Filiationsbeleg aus den Ann. Brunwilarenses vgl. bei nr. **1**. Wenn Marianus Scottus Hermann als Bruder Gf. Konrads v. Luxemburg bezeichnete (vgl. bei nr. **1**), so führt auch dieser Hinweis zu Gf. Giselbert v. Luxemburg als Hermanns Vater; denn die Continuatio der Gesta Treverorum cap. 4, MGH SS 8 S. 177, spricht eindeutig von *Giselbertus quidam comes de castello Lucelenburc nominato cum filio suo Cuonrado*, was Alberich v. Troisfontaines, Chron., MGH SS 23 S. 782, mit seiner Angabe *Gislebertus comes de Luscelenburch, pater comitis Conradi,* bestätigt.

In der Genealogia comitum Flandriae (Flandria generosa cap. 6), MGH SS 9 S. 318, wird Giselbert im Zusammenhang der Luxemburger Familie bereits als Graf v. Salm genannt: *Balduinus* [IV., d. Bärtige, Gf. v. Flandern] ... *uxorem accepit Ogivam, filiam Gisleberti* [richtig: Friderici] *comitis de Lizelenborg, cuius fratres fuerunt hi: Adalbero Metensis episcopus, Fredericus dux Lotharingie, Henricus dux Baioarie, Gislebertus comes de Salinis* [= Salm], *Theodericus de Luzelenburch.* (Zur Grundlage dieser Genealogia vgl. bei nr. **4**). Vgl. auch *Gisilbertus de Salmo* als Zeuge in einer Urkunde vom April 1036 bei C. WAMPACH, Urkunden- u. Quellenbuch I S. 352 nr. 248a.

Zur Geburtszeit Giselberts gibt es keine Zeugnisse oder Hinweise. Bei einer Trierer Generalsynode vom Sommer 1030 wird er offenbar zum 1. Mal bezeugt; C. WAMPACH, a.a.O. I S. 331f. nr. 237; H. WOLTER, Synoden S. 348f.

Gf. Giselbert verstarb an einem 14. August in der Zeitspanne 1056–1059. Das Tagesdatum wird im Nekrolog von St. Maximin in Trier überliefert; C. WAMPACH, a.a.O. I S. 414 nr. 281; auch F.X. KRAUS, Necrologium v. St. Maximin S. 115: *XVIII. Kal. Sept. ... Giselbertus comes, qui dedit Suepesinge et Lezeniche* [= Schwebsingen u. Lechenich]. Das Jahr 1056 als Terminus post quem ergibt sich aus Giselberts letzter Nennung im Frühsommer 1056 in MGH D H III 372 B. Das Jahr 1059 als Terminus ante quem wird lediglich daraus geschlossen, daß vermutlich in diesem Jahr (es ist also unsicher) Giselberts Sohn Gf. Konrad ohne seinen Vater den Erzbischof von Trier überfiel. Dazu vgl. C. WAMPACH, Urkunden- u. Quellenbuch I S. 414 nr. 282; H. RENN, Luxemburger Grafenhaus S. 128.

3 : NN als Mutter des (Gegen)königs Hermann (v. Salm) und Gemahlin Gf. Giselberts v. Luxemburg

Der Name der Mutter des (Gegen)königs Hermann bzw. der Gemahlin Gf. Giselberts v. Luxemburg ist in keiner Quelle überliefert. Zur Herkunft dieser Dame gibt es in der Literatur verschiedene Meinungen:

A) H. RENN, Luxemburger Grafenhaus S. 128, vermutet, daß Salm (i. d. Eifel) dem Grafen Giselbert „durch seine Gemahlin" zugefallen sein könnte und daß „die Namen ihrer Söhne Hermann und Konrad, die bisher im Hause Luxemburg nicht vorgekommen sind", dafür sprechen dürften, die Herkunft der Giselbert-Gemahlin bei den Ezzonen zu suchen, „wo diese Namen geläufig sind". Näher hat er seine Meinung nicht präzisiert. Das Vorkommen des Namens Hermann ist indes hierbei nicht aussagekräftig, da bereits ein Onkel Hermanns v. Salm bzw. Bruder von Gf. Giselbert diesen Namen trug (Hermann v. Gleiberg; vgl. M. PARISSE, Généalogie de la Maison d'Ardenne S. 33 nr. 49).

B) E. KIMPEN, Königsgenealogie S. 93f., meint: „Giselberts unbekannte Gemahlin war eine Tochter Kunos von Rheinfelden. Das erweist vor allem der auf Kuno von Rheinfelden zurückgehende Name von Hermanns Bruder Konrad, der bisher unter den Luxemburgern noch niemals vorgekommen war. ...". Giselberts Frau sei also – wie auch in einer Tafel auf S. 96 aufgezeigt wird – eine Schwester des Gegenkönigs Rudolf v. Rheinfelden gewesen. Da neben dem „Namensargument" echte genealogische Quellen nicht angeführt werden können, bleibt dies reine Hypothese.

C) Ohne die Anregung von H. Renn zu kennen, hat 1955 auch E. Klebel, Alemannischer Hochadel S. 235, die Namen der Brüder Hermann und Konrad zum Ausgangspunkt für seine Vermutung genommen, daß Gf. Giselbert, geboren „wohl um 1000, … eine Tochter Herzog Konrads von Kärnten († 1011) oder eher eine Schwester des späteren Herzogs Konrad III. von Kärnten († 1061) zu Frau" genommen haben könnte. Dabei ist wichtig zu wissen, daß Hzg. Konrad III. v. Kärnten (1056–1061) der Sohn Gf. Hezelins (d.h. des nach 1033 verstorbenen Bruders des Pfgf. Ezzo) und einer nicht genannten Salierin war, in der man oftmals eine Tochter Hzg. Konrads I. v. Kärnten (1004–1011) erkennen will (vgl. hierzu bes. unten bei nr. **14 / 15**); denn die Ann. Altahenses ad 1056, MGH SS rer. Germ. S. 53, kennzeichnen ja Hzg. Konrad III. als *nepos* Ks. Heinrichs III. (*Chuononem nepotem suum poenitentem pro rebellione suscepit*); und ad 1057, S. 53, vermelden sie die Verleihung Kärntens durch den jungen Kg. Heinrich IV. an ihn als einen Kognaten (*Chuononi cuidam cognato suo ducatum, quem Welf habuerat* (= Kärnten), *tradidit.* Und auch Lampert v. Hersfeld, Annales ad 1057, MGH SS rer. Germ. S. 72, sagt: *Cuono cognatus regis dux factus est Carentinorum. Frater eius Heinricus palatinus comes Luthariorum …* In der Vita S. Willibrordi cap. 33, MGH SS 23 S. 26, heißt es zudem: *Summae dignitatis et generositatis proceres, regum progenies, Cuono dux Carendinorum et adelphus eius Heinricus palacii comes …* (Daß die im Vorschlag a als Gemahlin und im favorisierten Vorschlag b als Mutter Gf. Giselberts v. Luxemburg, d.h. als Mutter bzw. als Großmutter des Gegenkönigs Hermann v. Salm, in Erwägung gezogene Tochter Hzg. Konrads I. v. Kärnten Adelheid geheißen haben könnte, versucht H. Kluger, Propter claritatem S. 242–245, mittels eines Reichenauer Gedenkeintrags zu erweisen; doch ist ihm dabei kaum zu folgen. Es dürfte wahrscheinlicher sein, daß die Adelheid dieses Eintrags gar nicht aus der Ehe Hzg. Konrads I. v. Kärnten mit Mathilde, der Tochter Hzg. Hermanns II. v. Schwaben, hervorging, sondern aus Mathildes zweiter Ehe mit Hzg. Friedrich II. v. Oberlothringen stammte und früh verstarb. Zu diesem Gedenkbucheintrag – MGH Libri mem. et necrol. NS 1 Tafel 158: *Cvonradus Dvx. Herimannvs Dvx. Gerbirch. Mathilth. Friderich Dvx. Cuonradvs Dux. Brvn. Friderich. Rvodolf. Adalheid* – und seiner Deutung vgl. E. Hlawitschka, Sophie v. Bar S. 97 ff.). Klebel erwägt damit also die Einordnung der Gemahlin Gf. Giselberts entweder in die Salierfamilie- oder in die der Ezzonen/Hezeliniden:

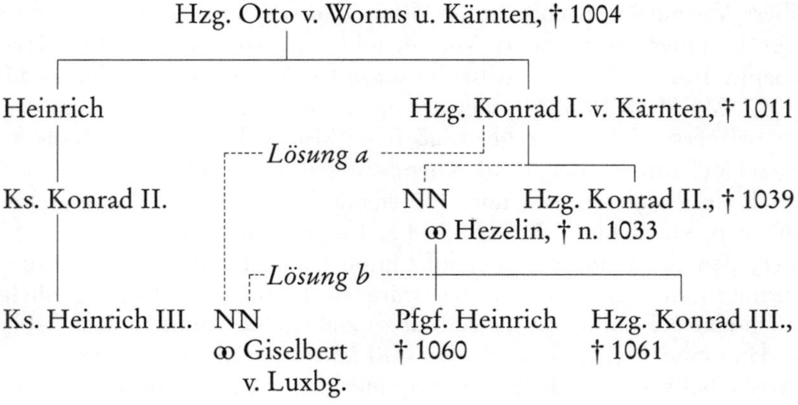

Doch beide Vorschläge können nicht überzeugen. Wäre Gf. Giselberts Gemahlin aus dem Saliergeschlecht hervorgegangen, dann müßte auch für Kg. Hermanns Gemahlin Sophie ein Weg zurück in die Salierfamilie bestanden haben, denn 1085 wurden – wie zuverlässig bezeugt ist – Beschuldigungen laut, Kg. Hermann *legitimum non habeat coniugium, sed ex consanguinitate sociatum*, so daß diese Ehe zu trennen sei (*inter eum et uxorem eius fieri divortium*; Liber de unitate eccl. conserv. lib. II cap. 22, ed. I. SCHMALE-OTT S. 456ff.; auch MGH Const. 1 S. 653 § 13: *mota est quaestio de consanguinitate ipsius regis et uxoris suae*; auch Bernold v. Konstanz, Chron. ad 1085, MGH SS 5 S. 443; ed. I.S. ROBINSON S. 451); einen solchen Weg zu den Saliern gibt es aber auf Sophies Seite nicht, wie bei **XXVI : Kgn. Sophie** zu zeigen ist. Und ordnete man – mit Klebel – zusätzlich Gf. Giselberts Gemahlin der Ezzonen/Hezeliniden-Familie in der Weise zu, daß sie eine Tochter Gf. Hezelins (aus dessen Ehe mit einer von Hzg. Konrad I. v. Kärnten abstammenden Frau) gewesen sein soll, so muß man unterstellen, daß diese Frau Giselberts dann etwa 25 Jahre jünger als ihr Gemahl war und daß Gf. Hezelin in der Tochter Hzg. Konrads I. v. Kärnten eine mindestens 35 Jahre jüngere Frau geheiratet haben müßte, was nicht unmöglich, aber doch sehr auffällig wäre. Vgl. hierzu unten bei nr. **14 / 15** und ausführlich bei E. HLAWITSCHKA, Verwandtenehe Hermanns v. Salm S. 23–26.

D) Um für alle Könige und Königskandidaten des Mittelalters – und dabei auch für Hermann v. Salm – Blutsverbindungen zurück zu Kg. Heinrich I. aufweisen zu können, wie es seine Kernthese verlangt, hat A. WOLF, Königskandidatur u. Königsverwandtschaft S. 106–108, diese Vermutung Klebels aufgegriffen, daneben aber auch ein wichtiges Argument beigesteuert. Vor allem könne – so meint er – Kg. Hermanns Tod vor Cochem (*castrum suum Cocheme*, Ann. Palidenses ad 1087, MGH SS 16 S. 71), welches ezzonischer Altbesitz war und das er belagerte, dafür sprechen, daß seine Mutter Ezzonin war, falls er sich Cochems aus Erbgründen bemächtigen wollte. Da Hermann aber nach einer anderen, erst um 1140 entstandenen Quelle (Gesta archiepiscop. Magdeburg., MGH SS 14 S. 404) *in obsidione castri sui Lintberg* den Tod fand, was man auf Limburg a. d. Lahn, den alten Konradinerbesitz, beziehen könne, wäre als Hermanns Mutter freilich auch eine Konradinerin ins Kalkül zu ziehen. Sie könnte – nach Wolf – dann eine Tochter jenes *Cuonradus laicus,* der als Sohn Hzg. Konrads v. Schwaben und Bruder Hzg. Hermanns II. v. Schwaben ermittelt werden kann (zu diesem *Cuonradus laicus* vgl. E. HLAWITSCHKA, Untersuchungen zu den Thronwechseln S. 100–110; DERS., Konradiner-Genealogie S. 35ff.), gewesen sein. Diese 2. Möglichkeit scheidet aber aus, weil dann Hermann v. Salm und sein Bruder Konrad zu jener großen Erbengemeinschaft gehört haben müßten, die zwischen 1071 und 1077 *communi voto* weite, am Schluchsee (im Schwarzwald) gelegene Areale an das Kloster St. Blasien übertrugen, was aber nicht der Fall war (vgl. hierzu E. HLAWITSCHKA, Untersuchungen zu den Thronwechseln S. 111ff.; DERS., Verwandtenehe Hermanns v. Salm S. 28 Anm. 43). Auch ist zu beachten, daß Hermann 1088 aus Sachsen *in Lotharingiam secessit, ibique non multo post viam universae terrae arripuit* (Bernold v. Konstanz, Chron. ad 1088, MGH SS 5 S. 447f., ed. I.S. Robinson S. 472; auch Sigebert v. Gembloux, Chron. ad 1090 [!]), MGH SS 6 S. 366: *Herimannus tyrannus e Saxonia Lotharingiam repetens …*) bzw. *in patriam suam* zurückkehrte, wo er zu Tode kam (Vita Heinrici IV. cap. 4, MGH SS rer. Germ. S. 19; weitere Quellen bei C. WAMPACH, Urkunden- u. Quellenbuch I S. 458 nr. 307)), was gewiß mit Cochem a. d. Mosel, kaum aber mit Limburg a. d. Lahn vereinbar ist, (auch wenn Hermanns Großmutter NN [vgl. unten bei nr. **5**] aus einem mit Gleiberg b. Gießen verbundenen Geschlecht stammte und somit Beziehungen nach Limburg/Lahn nicht ganz auszuschließen sind). In noch ungedruckten St. Galler Annalen (Staats- u. Stadtbibl. Augsburg, 2° Cod. 254, Einsicht in eine Fotokopie gewährte mir Herr Dr. D. Jasper, MGH München) heißt es gleichfalls zum Jahre 1088, nachdem zum Jahre 1081 die Königswahl des *Hermannus de Luzelinburc* berichtet ist: *Hermannus interpositus rex … in nativam terram suam Lotaringiam fugiens per insidias est inter-*

emptus. Weiter im Blick zu behalten ist somit vor allem das Argument aus der Geschichte Cochems. (Dem Autor der Gesta archiep. Magdeburg. könnte evtl. eine Verwechslung mit der Belagerung und Einnahme der Limburg (östl. Lüttich) 1101, die vom aufständischen Gf. Heinrich v. Limburg gegen Ks. Heinrich IV. verteidigt wurde, unterlaufen sein; vgl. G. MEYER V. KNONAU, Jahrb. Heinrichs IV./V., Bd. 5 S. 115f.).

E) Schließlich ist noch auf K.H. MAY, Grafschaft an der mittl. Lahn S. 61f., hinzuweisen, der auf einer „Stammtafel der Grafen von Luxemburg-Gleiberg und ihrer Erben im 11. und 12. Jahrhundert" bei Gf. Giselbert v. Luxemburg u. Salm vermerkt: „∞ NN, Witwe Burkards, Gf. v. Oltingen (1088 †)". Quellen oder Literatur zu dieser Angabe werden nicht angeführt. Ob hier Verwechslungen in jenem Komplex zugrunde liegen, den H. RENN, Luxemburger Grafenhaus S. 162–164, bezüglich einer mit Cuno v. Oltingen verheirateten Tochter Gf. Giselberts behandelte?

F) Wägt man diese Sichtweisen ab, so bleiben letztlich als erstes beachtenswertes Argument nur das erstmalige Auftauchen des Namens Konrad in der Luxemburger-Familie und als zweites der Kampf (Kg.) Hermanns v. Salm um das *castrum suum Cocheme,* das bis um 1060 wiederholt als Besitztum des ezzonisch-hezelinidischen Pfalzgrafen Heinrich nachweisbar ist. Gerade letzteres hilft weiter. Die Polenkönigin Richeza, eine Tochter Pfgf. Erenfried / Ezzos und seiner Frau Mathilde (Tochter Ks. Ottos II.), hatte nämlich lange vor ihrem Tode (1063) testamentarisch festgelegt, daß das *castrum* Cochem zusammen mit der Vogtei über das bei Cochem gelegene Klotten an Pfgf. Heinrich, den Sohn ihres Vaterbruders (*Heinrico palatino comiti, filio patrui sui*), d.h. an den Sohn Gf. Hezelins, kommen solle und daß im Falle des erbenlosen Todes Heinrichs die Vogtei über beide Güter dem *proximus heres domne Richize regine* zufallen möge; Rhein. UB. Ältere Urkunden I, ed. E. WISPLINGHOFF, S. 138–141 nr. 96 (verfälscht). Wenn Hermann v. Salm kurz vor seinem Tode Cochem als seinen rechtmäßigen Besitz ansah und um ihn focht, kann er auf Cochem nur Ansprüche geltend gemacht haben, wenn seine Mutter eine Tochter oder eine Schwester Pfgf. Heinrichs war. Dieser hatte 1060 in einem Wutanfall seine Frau Mathilde (Tochter Hzg. Gozelos I. v. Lothringen) erschlagen und einen Sohn, Pfgf. Hermann II. (bez. 1064–1085), hinterlassen. Daß freilich Kg. Hermanns Mutter eine Tochter Pfgf. Heinrichs gewesen sein könnte, dürfte aus chronologischen Gründen ausscheiden, da ja Pfgf. Hermann II., Pfgf. Heinrichs Sohn, 1060/61 noch unmündig war und sonach erst 1048/49 geboren sein wird (vgl. U. LEWALD, Ezzonen S. 164) und eine Tochter Pfgf. Heinrichs auch kaum wesentlich älter gewesen sein dürfte. Eine um 1050 oder einige wenige Jahre früher Geborene kann aber unmöglich einen Sohn (Hermann v. Salm) gehabt haben, der offenbar 1056 bereits als Graf nachzuweisen ist (vgl. bei nr. 1) und den man 1081 schon für fähig hielt, eine Königsherrschaft gegen den erfahrenen Politiker Heinrich IV. aufzubauen. So bleibt die 2. Möglichkeit, daß Hermanns Mutter eine Schwester Pfgf. Heinrichs war. Über seine Mutter konnte Hermann dann Erbansprüche auf die Hinterlassenschaft Pfgf. Heinrichs anmelden. Da nun der zur Zeit der Bluttat und des Todes seines Vaters (1060/61) noch minderjährige Pfgf. Hermann II. im Frühjahr 1085 aus dem Leben schied (Ann. Brunwilarenses ad 1085, MGH SS 16 S. 725; Bernold v. Konstanz, Chron. ad 1086, MGH SS rer. Germ. NS 14 S. 457) und Kg. Hermanns eigener Bruder Gf. Konrad v. Luxemburg 1086 verstarb, betrachtete Hermann v. Salm offenbar den Weg frei für die Verwirklichung seiner Ansprüche. (Schon G. MEYER V. KNONAU, Jahrb. Heinrichs IV., Bd. 4 S. 226–229, hat dafür plädiert, den Tod Hermanns v. Salm im Zusammenhang mit Erbstreitigkeiten innerhalb der Luxemburger-Familie zu betrachten). – So bietet sich die nachfolgende Sichtmöglichkeit an, die außerdem auch noch das Auftreten der Namen Konrad, Hermann und Otto in der Nachkommenschaft Gf. Giselberts erklären könnte. Zudem wird das Interesse, das man in Brauweiler, der Familienstiftung der Ezzonen, an Hermann v. Salm nahm, hierbei verständlich: allein aus Brauweiler kennen wir die Vatersangabe für Hermann v. Salm und ebenso seinen genauen Todestag.

- Pfgf. Hermann I. ∞ Heilwig
  - Pfgf. Erenfried/Ezzo, * 955, † 1034 ∞ ca. 991 Mathilde, T. Ks. Ottos II., † 1025
    - Hermann Eb. v. Köln † 1056
    - Ludolf † 1031
      - Hzg. Konrad v. Bay. (1049–53)
    - Otto, Hzg. v. Schw. † 1047
    - Richeza ∞ Miesko II. v. Polen
    - 6 Schw.
  - Hezelin (Hermann), * ca. 970, † n. 1033 ∞ NN (Salierin)
    - Pfgf. Heinrich, i. Lothr. *ca. 1005, † 1061 ∞ Mathilde
      - Pfgf. Hermann II. (1064–85), * ca.1049/50
    - Hzg. Konrad (Kuno) III. v. K. † 1061
    - NN *ca. 1010 ∞ Giselbert v. L. * ca. 995 (Abstammung unsicher, gestrichelte Linie)
      - Gf. Konrad v. Luxbg.
      - Kg. Hermann v. S. ∞ Sophie
        - Hermann
        - Pfgf. Otto v. Rheineck

Die Nachweise für den ezzonisch-hezelinidisch geprägten Grundstock dieser Tafel sind zu finden bei R. GERSTNER, Gesch. d. lothring. u. Rhein. Pfalzgrafschaft, und U. LEWALD, Ezzonen; vgl. auch bei **XXVI : Kgn. Sophie** nr. **6 / 7**.

4 : Gf. Friedrich v. Moselgau als Vater Gf. Giselberts v. Luxemburg

Daß Gf. Friedrich v. Moselgau der Vater Gf. Giselberts v. Luxemburg war, läßt sich nur umständlich erweisen. – Die bei nr. **2** zitierte Angabe der Genealogia comitum Flandriae (Flandria generosa) ist nämlich verderbt, indem dort Otgiva als *filia Giselberti,* statt richtig als *filia Friderici,* angegeben ist. (Der Fehler findet sich bereits in der Vorlage, der Genealogia comitum Flandriae Bertiniana bzw. der Lamberti Genealogia comitum Flandriae von 1120; MGH SS 9 S. 306: *Balduinus Barbatus duxit filiam Gisleberti comitis Odgivam, ex qua suscepit Balduinum Insulanum* bzw. ebd. S. 309: *Balduinus autem Barbatus Gandavi sepultus, accepit Otgivam filiam Gisleberti comitis de Lizelenbors, ex qua suscepit Balduinum Insulanum*. Daß es *sororem* statt *filiam* heißen müßte, zeigte bereits der Editor L.C. BETHMANN S. 306 Anm. 12; und S. HIRSCH, Jahrb. Heinrichs II., Bd. 1 S. 538 Anm. 8, begründete diesen Sachverhalt). Korrigiert werden muß, weil es ja doch in der Flandria generosa nach *Ogivam filiam Gisleberti comitis de Lizelenborg* erläuternd und die Genealogie fortsetzend weiterhin heißt: *cuius fratres fuerunt hi: Adalbero Metensis episcopus, Fredericus dux Lotharingie, Henricus dux Baioarie, Gislebertus comes de Salinis, Theodericus de Luzelenburch.* Das *cuius* kann sich dabei nicht auf *Gisleberti comitis* beziehen, weil jener dann noch einen gleichnamigen Bruder gehabt haben müßte und weil als Giselberts Brüder nachweislich auch Hzg. Heinrich V. v. Bayern († 1026), Gf. Siegfried II. v. Luxemburg († n. 985), Gf. Friedrich († 1019), Bisch. Dietrich v. Metz (1006–1047) und Erzbisch. Adalbero v. Trier (1004–1015) bekannt sind; vgl. H. RENN, Luxemburger Grafenhaus (mit Stammtafel); M. PARISSE, Généalogie de la Maison d'Ardenne (mit Stammtafel). *Cuius* kann sich also nur auf Otgiva beziehen, und deren Brüder waren somit Bisch. Adalbero III. v. Metz (1047–1072), Hzg. Friedrich v. (Nieder-)Lothringen (1046–1065), Hzg. Heinrich (VII.) v. Bayern (1042–1047) etc. Letztere werden auch anderweitig als Brüder bezeugt; so etwa in der Vita der Äbtissin Adelheid v. Vilich cap. 3, MGH SS 15/2 S. 757. Von Äbtissin Adelheids Schwester Irmintrud heißt es da: *Irminthrudis avia erat Henrici magnifici ducis et Adhelberonis Metensis episcopi, Friderici* *ducis fratrumque suorum, magnorum scilicet huius temporis virorum.* In der Genealogia Welforum cap. 7 (und fast wörtlich in der von ihr abhängigen Historia Welforum cap. 8) liest man, daß Gf. Welf II. *uxorem duxit Salicae (gentis) de Glizperch Imizam nomine, Heinrici Noricorum ducis sororem et Friderici ducis Lotharingorum et Alberonis Metensis episcopi*; Hist. Welforum ed. E. König S. 78 (und S. 14). In der Chronik Hermanns v. Reichenau ad 1047, MGH SS 5 S. 127, findet man überdies, daß Ks. Heinrich III. 1047 *Adalberonem, ducum videlicet Heinrici et Friderici fratrem, Metensis aecclesiae episcopum post Theodericum nuper defunctum constituit.* Von diesen drei so gut bezeugten Brüdern ist nun wiederum Hzg. Heinrich zum 28. I. 1026, als er noch Graf im Moselgau war, als Sohn Gf. Friedrichs bezeugt; C. Wampach, Urkunden- u. Quellenbuch I S. 327f. nr. 234: *in pago Mueslechowe in comitatu vero Henrici filii Friderici.* Durch die Ann. Altahenses maiores ad 1042, MGH SS rer. Germ. S. 31, wird weiterhin bezeugt, daß *traditus est principatus Baioariae in civitate Basilea Henrico duci, fratrueli Henrici ducis et dominae Chunigundae imperatricis, uxoris Henrici piissimi et dignissimi imperatoris,* wodurch der Bayernherzog Heinrich (VII.) als Bruderssohn der Ksn. Kunigunde, Gemahlin Ks. Heinrichs II., erwiesen wird. Ebd. ad 1046, S. 41: Niederlothringen *Friderico, Baioarie ducis fratre, est datus.* – Wenn somit Gf. Giselbert (v. Luxemburg u. Salm) ein Bruder Hzg. Heinrichs (VII.) v. Bayern war und dieser wiederum ein Sohn Gf. Friedrichs v. Moselgau sowie ein Bruderssohn der Kaiserin Kunigunde gewesen ist, so ist die Filiation von Gf. Friedrich zu Gf. Giselbert gesichert (und Otgiva kann nur eine *soror*, nicht *filia*, Giselberts gewesen sein).

Die Geburtszeit Gf. Friedrichs meint H. Renn, Luxemburger Grafenhaus S. 106, nach ausgiebiger Beschäftigung mit dieser Familie in die „60er Jahre des 10. Jahrhunderts“ datieren zu können. Bei K.F. Werner, Nachkommen Karls d.Gr., Tafel Gen. VIII, 71, und bei E. Hlawitschka, Grafen v. Northeim S. 278, wird eine Einreihung zu „ca. 965“ vorgeschlagen.

Zur Zeit der Verehelichung Gf. Friedrichs vgl. bei nr. **5**.

Den Tod Gf. Friedrichs vermelden die Ann. Quedlinburg. ad 1019, MGH SS 3 S. 84; ed. M. Giese S. 553: *Hoc ipso anno Fridericus, frater Cunigundae imperatricis, defunctus est.* Daraus mit gleichem Wortlaut der Annalista Saxo ad 1019, MGH SS 6 S. 674, neue Ed. MGH SS 37 S. 355. – Als Todestag Gf. Friedrichs ist der 6. Oktober in einem Manuskript des 11. Jhs. aus Stablo festgehalten, das Friedrichs Epitaph überliefert; vgl. J. Vannérus, Première dynastie S. 819

Anm. 1, auch MGH Poetae Lat. 5 S. 289 nr. 14: *Libertate potens, regali stemmate pollens, / Conditur hoc tumulo Fredericus funere mesto: / Qui comes insignis, titulis preclarus et altis, / Justiciae gazas et rerum rexit habenas. / Hic fuit ecclesie provisor hujus honeste; / Armis protexit temerataque jura resolvit. / Nonis octobris pridiae vitalibus auris / Cessit …* – Daß Gf. Friedrich Obervogt von Stablo (*ecclesie provisor huius*) war, ist gut bezeugt; vgl. C. WAMPACH, Urkunden- u. Quellenbuch I S. 307 nr. 217. Durch das Epitaph in einer Handschrift aus Stablo ist doch wohl auch Stablo als Bestattungsort sicher.

Bei W.K. Prinz v. ISENBURG, Ahnen S. 13, findet man die Angabe, daß „Graf Giselbert von Salm und Luxemburg" (nicht Gf. Friedrich) der Vater des „Giselbert von Luxemburg, † 1056/9" gewesen sei; so auch bei G. Frh. v. SCHENK ZU SCHWEINSBERG, Alt-Gießen S. 225 ff., und bei P. VOLK, Stifter v. Maria Laach S. 262 ff. Dies beruht z.T. auf der oben behandelten Fehlangabe der flandrischen Genealogie wie auch auf der völlig unkritischen und nachweislosen Tafel XII bei O. Frh. v. DUNGERN, Thronfolgerecht S. 88, wo der (Gegen)könig Hermann v. Salm als Sohn eines Grafen Giselbert, Enkel wiederum eines Grafen Giselbert und erst als Urenkel Gf. Friedrichs v. Moselgau erscheint, Giselbert also verdoppelt ist. Hierzu hat bereits H. RENN, Luxemburger in der lothr. Pfalzgrafschaft S. 111 f., alles Nötige gesagt. – Auch J. VANNERUS, Première dynastie S. 825–829, nimmt eine Doppelung in einen Giselbert I. 1004–1034/35 und einen zweiten Grafen Giselbert v. Luxemburg, gestorben zwischen 1056 und 1065, vor, gefolgt von V. HAAG, Origines S. 49 f., während M. PARISSE, Généalogie de la Maison d'Ardenne S. 33 nr. 47, diese Verdoppelung ablehnt. Daß eine solche Aufspaltung unhaltbar ist, wird durch die ausführlichen voranstehenden Darlegungen deutlich.

5 : NN als Mutter Gf. Giselberts und Gemahlin Gf. Friedrichs v. Moselgau

Der Name der Mutter Gf. Giselberts bzw. Gemahlin Gf. Friedrichs v. Moselgau ist nicht überliefert. Jedoch läßt sich aus der Vita Adelheids v. Vilich die Herkunftsfamilie erkennen. In der Vita Adelheidis cap. 3, MGH SS 15/2 S. 757, heißt es: *Pater eius* (= Äbt. Adelheids) *comes illustris Megengoz cognominatus sapientia, nobilitate, divitiis … magnus inter principes habebatur. … Mater vero Gerbirg nuncupata, eque illi nobilissimo germine propagata, filia exstitit ducis cuiusdam nomine Godefridi. … Huic enim nobili matronae* (= Gerbirg) *fuerunt quattuor fratres ..., quorum unus paterno nomine et honore sublimatus* (= Gottfried), *obiit heu legitimae uxoris et liberorum iucunditate nunquam letatus. Alter vero donatus posteritate nobilissimae prolis, attavus fuit Henrici nuper defuncti imperatoris. Et universos perspicuos primates, quibus adhuc Theutonica Frantia nobilitatur, a duobus reliquis fratribus lineam nobilitatis traxisse vero testimonio comprobatur. Duo vero prenominati* (= Gf. Megingoz und Gerberga) ... *donati sunt adoptione unius masculae prolis, cui humanitus impositio avitii nominis et divinitus collata est dignitas eiusdem virtutis et ominis. Quattuor enim filias genuerunt, quarum binas spe posteritatis nuptum tradiderunt. ... Ex quibus una nomine Irminthrudis avia erat Henrici magnifici ducis et Adhelberonis Metensis episcopi, Friderici ducis fratrumque suorum magnorum scilicet huius temporis virorum. Altera vero Alverad nominata similiter suae posteritatis praeclaris incrementis erat donata. Reliquae vero binae Coloniae mancipatae sunt et legi divinae ...* – Diese Quellenstelle, in der uns der lothringische Pfgf. Gottfried der Zeit Kg. Heinrichs I. und Ottos d. Gr. sowie sein 964 als Herzog von Niederlothringen bei einem Italienzug Ottos d. Gr. verstorbener gleichnamiger Sohn entgegentreten, läßt sich im folgenden Bild zusammenfassen:

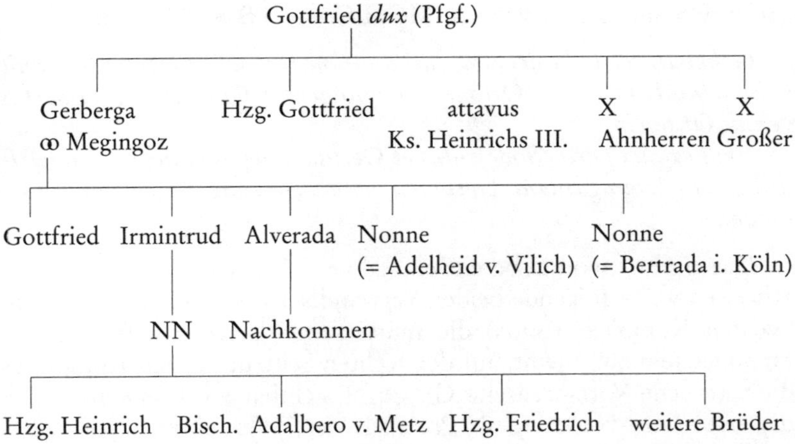

Indem bereits bei nr. **4** der Gf. Friedrich v. Moselgau als Vater der zuletzt genannten Brüder Hzg. Heinrich (v. Bayern), Bisch. Adalbero v. Metz und Hzg. Friedrich (v. Niederlothringen) nachgewiesen wurde, der wiederum Gf. Siegfried I. v. Luxemburg und seine Frau Hadwig zu Eltern hatte, nicht aber eine Irmintrud als Mutter, kann das ungenannte Bindeglied NN zwischen diesen drei Brüdern und Irmintrud nur eine Frau, also die Mutter der drei Brüder und Gemahlin Gf. Friedrichs v. Moselgau, gewesen sein. Vgl. hierzu bereits E. HLAWITSCHKA, Habsburg-Lothringen S. 512 ff.

Weitere Fragen stellen sich danach; vor allem die, wer wohl der Vater dieser namenlosen Frau NN und Gemahl Irmintruds war. Ihn ermittelt man, wenn man die in der Adelheid-Vita genannte Gerberga und ihre Tochter Irmintrud mit den in einer genealogischen Notiz aus dem sog. „Hammersteiner Eheprozeß" (sie ist im Zusammenhang mit den Beschlüssen der Seligenstädter Synode vom August 1023 zur Hammersteiner Eheangelegenheit überliefert) genannten und dabei als Mutter und Tochter angegebenen *Gerbirhc* und *Imiza* (als Kurzform von Irmintrud) identifiziert, wodurch Imiza (Irmintrud) zugleich als Mutter Gf. Ottos v. Hammerstein erscheint und ein anderer Teil dieser Notiz den Grafen Heribert v. d. Wetterau als Vater Ottos v. Hammerstein zu erkennen gibt. (Überdies ist Otto v. Hammerstein auch bei Thietmar v. Merseburg, Chron. lib. V cap. 24, MGH SS rer. Germ. NS 9 S. 249, als Sohn Gf. Heriberts bezeugt; vgl. weitere Belege in nr. **10**). Diese Notiz, die die Verwandtschaft der beiden (einer verbotenen Verwandtenehe beschuldigten) Eheleute Otto und Irmingard v. Hammerstein darbietet (MGH Const. 1 S. 639), lautet:

Gebehard et Udo nepotes, filii duorum fratrum. Gebehard genuit Cunonem. Udo genuit Ottonem. Cuno genuit Cunonem. Heribertus genuit Ottonem.

Item ex alia parte Godefridus et Gerbirhc nepos et neptis. Godefridus genuit Irmingardam. Gerberga genuit Imizam. Imiza genuit Ottonem.

Das ergibt – worauf bereits einmal bei **XV : Ksn. Gisela** nr. **8** hinzuweisen war – folgende beiden Verwandtschaftsreihen, bei denen im zweiten Komplex (rechts) die mütterliche Vorfahrenseite Ottos v. Hammerstein aufscheint, auf der rechten Seite des ersten Komplexes die väterliche Vorfahrenseite Gf. Ottos sichtbar wird, indem freilich die erste *Otto*-Nennung als Prolepsis des Zielpunktes Otto zu betrachten und in *Heribertum* zu emendieren ist:

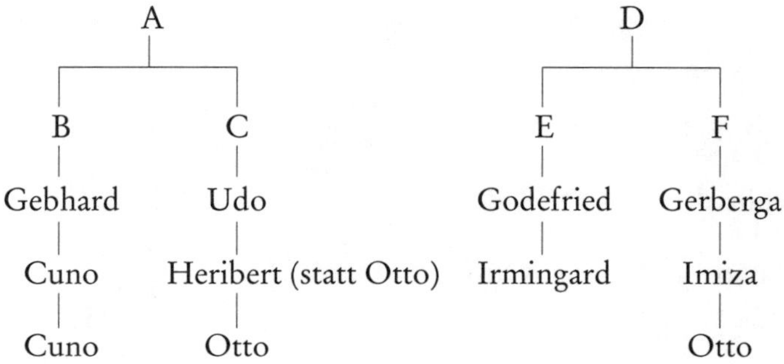

Zur Notwendigkeit der Emendation, um einen der Notiz zugrunde liegenden sinnvollen Aufbau herzustellen, vgl. bereits H. BRESSLAU, Gf. Otto v. Hammerstein S. 401 f. Er schlug (schon 1881) – weil in der aufgeführten Reihe von Zeugungen (*genuit*) ein Bruch zu bemerken ist, da ja der erstgenannte *Otto* nicht wieder als *genitor* erscheint bzw. da *Heribertus* seinerseits unvermittelt ohne *genitor* auftritt – diesen hier vorgenommenen Texteingriff vor. Der Schreibfehler sei „entstanden durch Prolepsis des folgenden *Ottonem*, an den, als Hauptperson, der Schreiber vorzugsweise dachte". Und die Forschung der nächsten 100 Jahre ist ihm darin gefolgt.

1990 hat jedoch D.C. JACKMAN, Konradiner S. 20 ff., 171 ff. – zur Stützung einer These A. Wolfs (vgl. zu Wolfs sog. 'Richlind-These' bei **VIII : Ksn. Adelheid** nr. **7** ([Ende], **XV : Ksn. Gisela** nr. **5** [Ende] und nr. **8,** auch unten bei nr. **20**) bei der Suche nach einem geblütsrechtlichen Hintergrund der Thronkandidatur Hzg. Hermanns II. v. Schwaben 1002 – diese Emendation verworfen. Insofern muß hier exkursartig auf das Emendationsproblem eingegangen werden, bevor Schlüsse über die Sicherheit der hier betrachteten Filiation gezogen werden. – Jackman will eine „literary interpretation" des überlieferten Wortlauts vornehmen (Ermahnung Ottos v. Hammerstein zu besserer Lebensweise durch Nennung eines vermutlichen Namengebers), muß aber dabei den Ausfall der Worte *cuius frater* vor *Heribertus genuit Ottonem* postulieren. (Vergleichbar hatte vorher Th. ZOTZ, Breisgau S. 222 ff., erwogen, es sei – nach dem ersten *Ottonem* – das Zwischenstück *Otto genuit Heribertum* ausgefallen und zu ergänzen; doch konnte dieser Vorschlag bei E. HLAWITSCHKA, Kuno u. Richlind S. 46 ff., ND S. 466 ff., als Irrweg aufgezeigt werden). Für Jackman ergibt sich deshalb folgendes Stemma des ersten (linken) Komplexes:

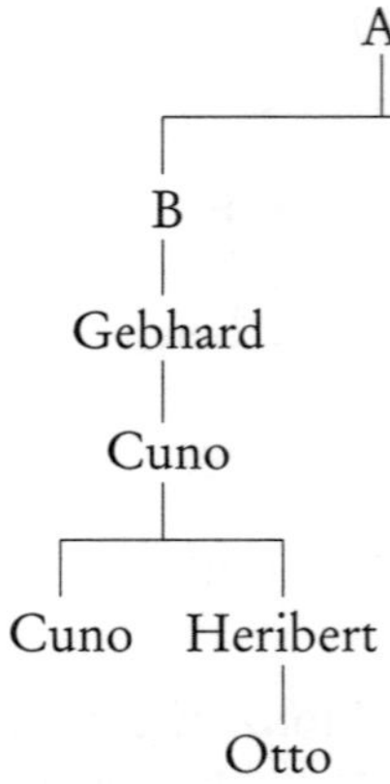

Eine solche sich hier ergebende, in diesem Bereich letztlich schiefe Genealogie sei nur das ideale Vehikel für einen „so schrägen historischen Kommentar" in der schlimmen Situation des Hammersteinprozesses im Jahre 1023 gewesen. Da alles andere der Aufzeichnung indessen – in Jackmans Sicht – spezifisch richtig und historisch korrekt sei, verwundert eine so konstruierte Mischung von Rechtserheblichem und vermuteten literarischen Absichten sehr. Zudem ist diese Sicht vor allem durch die Interpolation der Worte *cuius frater* um keinen Deut besser als die Emendation H. Bresslaus. Durch sie wird vornehmlich der konsequente Aufbau der Notiz, der nur die nötigen Blutsvermittler nennt, aber keine Abschweifungen in andere Bereiche bzw. zu anderen Personen benötigt, vernichtet. (Daß Abschweifungen von der klaren Nennung der in Ehetrennungsfragen relevanten Zwischenglieder völlig überflüssig und nur störend sind, betonte später ausdrücklich Petrus Damiani; vgl. K. REINDEL, Briefe I S. 182: *Porro satis otiosum esset atque superfluum in genealogie gradibus describendis illas extrinsecus adhibere personas, quae nullas inter se affinitatis obtinent consequentias*). Dennoch hat J. FRIED, der bereits einige Thesen Jackmans in sein Buch „Der Weg in die Geschichte" (S. 507f., 510, 553, 579, 602, 623) aufgenommen hatte, in einer eigenen Arbeit (J. FRIED, Prolepsis S. 74ff., 100ff.) die Grundauffassung Jackmans übernommen und betont, daß der Wortlaut der genealogischen Notiz „unverändert" zu akzeptieren sei. Statt Jackmans „literary purpose" wird hier allerdings eine Memorialintention im ersten Komplex unterstellt. Und dabei muß Fried dennoch einen „scheinbar" (vor *Heribertus*) „sich öffnenden Hiatus" anerkennen (S. 105) und – soll die Notiz verständlich sein – eigentlich nach der letzten Nennung von *Cunonem* ein *et Heribertum* voraussetzen, womit aber auch er eine Emendation benötigt. Dadurch soll die oben dargebotene, von Bresslaus Emendation herkommende und dabei die bisher übliche Sicht des Konradiner-Stammbaums stützende Aussage (nämlich Gf. Heribert v. d. Wetterau war ein Sohn Gf. Udos I. vom Rheingau) außer Kraft gesetzt werden. Daß die Grundvoraussetzung Jackmans und Frieds, in Ehetrennungsprozessen verwendete genealogische Vorfahrenauflistungen (wie die zur Illustrierung der Verwandtschaft des Hammersteiner Ehepaares) würden zwei verschiedene Aufbau- und Deutungsprinzipien nebeneinander enthalten – man habe es also sowohl mit Ehescheidungsgrundlagen als auch gleichzeitigen Erbauungs- bzw. Memorialquellen aus der Gebetsdienstsphäre zu tun –, nicht zutrifft, wird ausführlich nachgewiesen bei E. HLAWITSCHKA, Konradiner-Genealogie S. 115–131, (wie z.T. schon vorher in DERS., Thronwechsel des Jahres 1002 S. 221–226). Dort auch S. 156–172 Zurückweisung der Beibehaltung der Konradiner-Hypothesen bei D.C. JACKMAN, Criticism (von 1997), und DERS., Counts of Sponheim (von 2002).

Ist aber nun auf diese Weise Otto v. Hammerstein als Sohn des Konradiners Heribert v. d. Wetterau und seiner Frau Imiza (Irmintrud) aufgezeigt und gesichert, so hat man dieses Ehepaar auch als Eltern für die als Schwester Ottos nachgewiesene NN (Gemahlin Gf. Friedrichs v. Moselgau) einzusetzen.

Gestützt wird diese Rekonstruktion dadurch, daß die Tochter Gf. Friedrichs v. Moselgau, Imiza, in den Welfenquellen nach der ihrem Vater offenbar durch seine Ehe mit NN im konradinischen Hessen zugefallenen Burg Gleiberg (nw. von Gießen) als *de Glizberch* benannt wurde (vgl. bei nr. **4** und zur weiteren Erklärung E. HLAWITSCHKA, Thronwechsel des Jahres 1002 S. 194–199; DERS., Konradiner-Genealogie S. 80–88), daß Gf. Friedrichs Sohn Hermann als *comes de Glizberg* bezeichnet worden ist (vgl. H. RENN, Luxemburger Grafenhaus S. 130ff.) und daß die Casus monast. Petrishusensis lib. II cap. 39 (MGH SS 20 S. 647, bzw. ed. O. FEGER S. 116) auch Friedrichs Enkel Kg. Hermann v. Salm (nr. **1**) als *Herimannum regem, genere Francum de Glicberg* erwähnten.

Zu diesem Gesamtkomplex vgl. besonders E. HLAWITSCHKA, Habsburg-Lothringen S. 45–70 (zur Vita Adelheids v. Vilich und zur Bestimmung der dort erwähnten Personen; dazu auch schon H. RENN, Luxemburger Grafenhaus S. 106–116); E. HLAWITSCHKA,

Thronwechsel des Jahres 1002 S. 194–199 (zur Frage, ob die mit Gf. Welf II. verheiratete Tochter Friedrichs v. Moselgau, Imiza, aus der Ehe Friedrichs mit NN stammte und somit – wie A. Wolf, Königskandidatur S. 89f., meint – eine verbotene Nahehe eingegangen wäre) und S. 221–226 (gegen eine Mißdeutung der 'Hammersteiner Notiz' durch D.C. Jackman, Konradiner S. 20ff.); zuletzt Ders., Konradiner-Genealogie S. 80–88 (nochmals zur Frage, ob Friedrichs Tochter Imiza aus seiner Ehe mit NN stammte, und zur Begründung, daß Friedrich – in früherer oder späterer Ehe – mit einer Adligen aus dem oberitalienischen Etschmündungsgebiet vermählt war, die den Welfen die reichen Besitzungen um Este einbrachte und die Mutter der mit Welf II. verheirateten Imiza wurde, [gegen D.C. Jackman, Eherecht S. 162ff.], und S. 115–131 [gegen die Umdeutung der 'Hammersteiner Notiz' bei J. Fried, Prolepsis S. 74ff.]).

Aus diesen allgemeinen Zusammenhängen erschloß H. Renn, Luxemburger Grafenhaus S. 111, für NN eine Verehelichungszeit „985–990"; vgl. auch Ders., Luxemburger in der lothr. Pfalzgrafschaft S. 106.

Bei H.C. Faussner, Königliches Designationsrecht S. 35 Anm. 61, liest man zur Erklärung der in den Ann. Altahenses maiores ad 1042 (vgl. bei nr. **4**) mitgeteilten Einsetzung des Luxemburgers Heinrich 1042 in das Herzogtum Bayern: „Herzog Heinrichs [VII.] Mutter (oder Stiefmutter) Irmtrud vermittelte als Tochter Herzog Ottos von Kärnten und damit als Urenkelin Ottos des Großen ihrem Enkel Hermann von Salm die geblütsrechtliche Voraussetzung für sein Gegenkönigtum …". Dazu gibt er folgende Tafel:

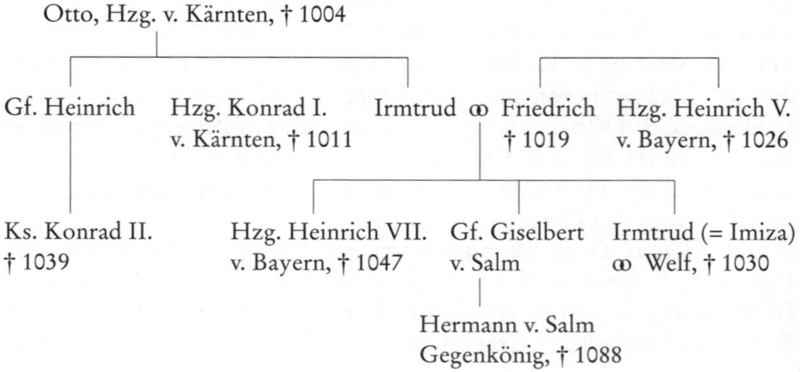

Wiederholt ist diese Sicht in H.C. FAUSSNER, Rechtsgrundlage S. 141. Dort soll „die geblütsmäßige Voraussetzung" für die Königswahl Hermanns v. Salm aufgezeigt werden. – Die Gemahlin Gf. Friedrichs (NN) erhält bei Faußner also den Namen Irmtrud, und sie sei eine Tochter Hzg. Ottos v. Kärnten gewesen. Eine Tochter Ottos v. Kärnten dieses Namens ist aber gänzlich unbezeugt (vgl. die Aufstellung bei W. GLOCKER, Verwandte der Ottonen S. 316f.); vor allem wird diese Sicht durch die Angaben der Vita Adelheids v. Vilich, die uns zur Konradinerfamilie, nicht zu den Saliern, zurückführen, widerlegt. Daß bei der Königserhebung Hermanns v. Salm geblütsrechtliche Voraussetzungen überhaupt keine Rolle spielten, Faußners Ansatz also ganz abwegig ist, zeigt zuletzt U. SCHMIDT, Wahl Hermanns v. Salm S. 477–491, bes. S. 486.

6 / 7 : Gf. Hezelin (Hermann) (v. Zülpichgau) und NN (Salierin) als Eltern von NN (Gemahlin Gf. Giselberts)

Zur Begründung dieser Filiationserwägung vgl. bei nr. **3** (Abschnitt F).

Zu den Lebens- und Sterbedaten Gf. Hezelins vgl. vor allem R. GERSTNER, Geschichte d. lothr. u. rhein. Pfalzgrafschaft; U. LEWALD, Ezzonen S. 120–168; H. KLUGER, Propter claritatem generis S. 223–258. – Das Todesjahr Gf. Hezelins – nach 1033 – folgert man aus seiner letzten Nennung in einer verunechteten, aber doch wohl auf historischer Grundlage beruhenden Urkunde dieses Jahres über die Schenkung von Lövenich b. Köln an das Kölner Stift St. Gereon (Th. J. LACOMBLET, Niederrhein. UB 1 S. 105 nr. 169; P. JOERRES, UB St. Gereon S. 8f. nr. 4). – Der genaue Todestag für Gf. Hezelin (20./21. November) ist ersichtlich in zwei Kalendaren des Memorienbuches von St. Gereon bei P. HEUSGEN, Ältestes Memorienbuch S. 17, wo Hezelin mit seinem Vollnamen erscheint: *XII. Kal. Dec. o(biit) Herimannus palatinus comes* (zur Identifizierung vgl. dort Anm. 80), bzw. S. 24: *XI. Kal. Dec. o(biit) Herimannus palatinus comes. Huius beneficio habemus Lovenich.*

8 / 9 : Gf. Siegfried I. v. Luxemburg und seine Frau Hadwig als Eltern Gf. Friedrichs v. Luxemburg

Die Abstammung Gf. Friedrichs von Gf. Siegfried von Luxemburg und seiner Frau Hadwig ergibt sich aus dem Nachweis, daß er als Bruder der Ksn. Kunigunde (Gemahlin Ks. Heinrichs II.) bezeugt ist (vgl. Zitat aus den Ann. Quedlinburg. bei nr. **4**; auch Hermann v. Reichenau, Chron. ad 1008, MGH SS 5 S. 119: *Adalbero clericus, reginae Cunigundis germanus, ... cum fratribus suis Theoderico Metense episcopo et Heinrico Baioariae duce Fridericoque comite ... contra regem rebellavit*) und daß Kunigunde einwandfrei als Tochter Gf. Siegfrieds und Hadwigs v. Luxemburg nachweisbar ist; vgl. bei **XIII : Ksn. Kunigunde** nrn. **2** und **3**. Dort auch die Nachweise zu den Lebensdaten Siegfrieds und Hadwigs.

10 / 11 : Gf. Heribert v. d. Wetterau und Irmintrud/Imiza als Eltern von NN (= Gem. Gf. Friedrichs)

Indem bei nr. **5** Gf. Otto v. Hammerstein als Bruder von NN und als Schwager Gf. Friedrichs v. Moselgau aufgezeigt werden konnte, ist die Verifizierung der Eltern von NN möglich geworden. Denn der Vater Gf. Ottos war – wie bei nr. **5** schon knapp angezeigt – der Konradiner Gf. Heribert v. d. Wetterau, wie wir vornehmlich durch die Angaben Thietmars v. Merseburg über seine weitläufige Verwandtschaft erfahren. So spricht Thietmar, Chron. lib. IV cap. 60, MGH SS rer. Germ. NS 9 S. 200, davon, daß z. Zt. Kaiser Ottos III. *Conradus, Suevorum ductor egreius, ac eiusdem frater Heribertus comes* verstarben; in Chron. lib. V cap. 22, S. 247, bezeichnet er den Schwabenherzog Hermann II., der durch die Ann. Einsidlenses ad 997, MGH SS 3 S. 144, als Sohn seines Amtsvorgängers Hzg. Konrad v. Schwaben nachgewiesen wird (*Chuonradus dux obiit. Herimannus filius eius in ducatum successit*), als *matris meae avunculi filius*; in Chron. lib. V cap. 24, S. 249, spricht Thietmar davon, daß Kg. Heinrich II. 1002 den Herzog Otto v. Kärnten *cum Heriberti comitis filio Ottone* und anderen gegen Arduin v. Ivrea entsandte; in Chron. lib. VII cap. 49, S. 458, berichtet er vom Tod des *Gevehardus, Heriberti comitis filius, nepos meus,* während des Burgundunternehmens Heinrichs II. im Jahre 1016; und in Chron. lib. VIII. cap. 7, S. 500, liest man von der am 16. III. 1018 in Nimwegen abgehaltenen Synode, bei der *nepos meus Oddo et uxor eius Irmirgerd, consanguinitate proxima iniuste diu coniuncti, ob inobedienciam continuae vocationis excommunicati sunt.*– Zum Stammbaum der Konradiner, der sich aus Thietmars Mitteilungen ergibt, vgl. bereits R. HOLTZMANN in seiner Thietmar-Edition S. IX f.; E. HLAWITSCHKA, Habsburg-Lothringen S. 45 ff.; zum mit Nachweisen versehenen Gesamtstemma der Konradiner E. HLAWITSCHKA, Kuno u. Richlind S. 36–49, ND in: DERS., Stirps regia S. 457–469, 571 f. (Nachträge).

Bei E. Hlawitschka, Habsburg-Lothringen S. 47 Anm. 4, wird auch als ungefähre Geburtszeit Gf. Heriberts „ca. 930“ ermittelt, evtl. lag diese schon einige Jahre früher.

Heriberts Todeszeit wurde zumeist aus der oben zitierten Angabe Thietmars, daß *in temporibus suis* (= Ks. Ottos III.) *Conradus, Suevorum ductor egreius, ac eiusdem frater Heribertus comes* verstorben sind, für 997 oder „um 997“ gefolgert, da Hzg. Konrad v. Schwaben am 20. VIII. 997 verstarb (Belege bei BU S. 661 nr. 1234a); so etwa S. Hirsch, Jahrb. Heinrichs II., Bd. 2 S. 25 Anm. 1, und Bd. 3 S. 72. Indes weisen die Ann. necrol. Fuldens. ad 992 (MGH SS 13 S. 207; zuletzt K. Schmid, Klostergemeinschaft v. Fulda Bd. 1 S. 346) zum Jahre 992 einen *Heribraht comes* auf, bei dem es sich „möglicherweise um den Konradiner Heribert, Graf vom Kinziggau“ bzw. v. d. Wetterau handelt (so K. Schmid, a.a.O. Bd. 2,1 S. 390). Die recht unbestimmte Angabe Thietmars (*in temporibus suis*) läßt sich – bei gleichzeitiger Seltenheit des Namens Heribert im ottonischen Reichsverband – schwerlich gegen die vorgeschlagene Identifizierung ins Feld führen.

Zur Bestattung Irmintruds/Imizas – gewiß erst im 1. Jahrzehnt des 11. Jhs., und zwar erst einige Zeit nach dem Tod ihres Vaters Megingoz – in Vilich vgl. den Hinweis bei nr. **22**.

12 / 13 : Pfgf. Hermann I. (Pusillus) und Heilwig als Eltern Gf. Hezelins (Hermanns)

Dadurch, daß die Fundatio mon. Brunwilarensis cap. 12 (ed. H. Pabst S. 167), vom *palatinus comes* Erenfried / Ezzo, der um 991 die Tochter Ks. Ottos II., Mathilde, geheiratet hat, sagt, er habe im Juli 1011 *maxime fratris germani Hezelini comitis filiorumque* Unterstützung bei einer Auseinandersetzung mit Kg. Heinrich II. und Hzg. Theoderich / Dietrich v. Oberlothringen erhalten und mit ihr obsiegt, und dadurch, daß es dort in cap. 18 (S. 172) heißt, Mathilde habe 1025 bei *Hezelinus comes, frater Erenfridi*, ihrem Schwager, in Echtz (Kr. Düren) geweilt, als sie vom Tod überrascht wurde, ist Hezelin eindeutig als Bruder des Pfgf. Erenfrid / Ezzo nachgewiesen. Da indessen für Gf. *Herenfridus primum, sed Ezo postmodum ... appelatus* (ebd. Prologus S. 148f.) ein *Herimannus comes cognomento Pusillus ... pater extitit* mit *matre Helywiga* (cap. 3, S. 152), sind auch für Erenfrieds / Ezzos Bruder Hezelin die Eltern bestimmt: Pfgf. Hermann I. und seine Gemahlin Heilwig. (Vgl. auch cap. 35, S. 189: *Erat in diebus Herimanni comitis palatini, patris memorabilis scilicet He-*

renfridi, qui … nomine mutato Ezo appellatus est …). Zudem liefert die Handschrift 2 der Fundatio – gewisse Teile von cap. 2 und 3 weglassend bzw. zusammenfassend (S. 151 Anm. e) – die klare Version: *Generosissimus heros Hermannus, comes palatinus, cognomento Pusillus, … duos autem filios ex Helywiga uxore genuit, videlicet Erenfridum et Ezelinum.*

Zu den Bezeugungen für Pfgf. Hermann I. – von 970 bis 996 – vgl. bei R. GERSTNER, Gesch. d. lothring. u. rhein. Pfalzgrafschaft S. 14ff. und Tafel am Bandende; auch U. LEWALD, Ezzonen S. 121. Zur letzten Bezeugung vom Jahre 996, das wahrscheinlich auch Pfgf. Hermanns I. Todesjahr gewesen sein dürfte, vgl. Th. J. LACOMBLET, UB Niederrhein I S. 77 nr. 126.

Den genauen Todestag Pfgf. Hermanns überliefert das älteste Memorienbuch des Kölner St. Gereonstiftes in seinen zwei Kalendaren, ed. P. HEUSGEN S. 12 bzw. 22, zum 16. Juli: *XVII. Kal. Aug. o(biit) Herimannus palatinus comes* bzw. *XVII. Kal. Aug. o(biit) Herimannus palatinus comes, pro quo habemus Grineswilere* (= Gereonsweiler, Kr. Düren). Indem dort S. 16 bzw. 24 zum 12. November eingetragen ist: *II. ID. Nov. o(biit) Heilewihc comitissa* bzw. *II. Id. Nov. o(biit) Heilewihc comitissa uxor palatini. Horum beneficio habemus Grineswilere*, sind eindeutig die Todestage der Eltern Hezelins und Erenfrieds / Ezzos gemeint.

14 / 15 : Heinrich (v. Speyer) und Adelheid als wahrscheinl. Eltern von NN (Gemahlin Gf. Hezelins)

Aus den bei nr. **3** gelieferten Hinweisen auf eine nahe Verwandtschaft Hzg. Konrads / Kunos III. v. Kärnten, eines Sohnes des nach 1033 verstorbenen Grafen Hezelin (nr. **6**), mit den Salierkaisern Heinrich III. und Heinrich IV. hat E. KIMPEN, Ezzonische Verwandtschaft S. 192f., geschlossen (womit er seine frühere andere Erklärung in DERS., Ezzonen u. Hezeliniden S. 52f., widerrief), daß Hzg. Konrads III. Mutter bzw. Gf. Hezelins Gemahlin doch wohl eine Tochter des 1011 verstorbenen Herzogs Konrad I. v. Kärnten und seiner Ehefrau Mathilde (einer Tochter Hzg. Hermanns II. v. Schwaben und seiner Frau Gerberga) gewesen sein dürfte. Indem Hzg. Hermanns II. Gemahlin Gerberga durch ihre Mutter Mathilde (v. Frkr.) eine Enkelin von Ottos d. Gr. Schwester Gerberga und somit eine Enkelin Kg. Heinrichs I. war, ließe sich ja ein Hinweis der Vita Willibrordi cap. 33 (MGH SS 23 S. 26) auf hochedle, ja königliche Abkunft Hzg. Konrads / Kunos III. und seines Bruders Pfgf. Heinrich erklären (*Summae dignitatis et generositatis proceres, regum progenies, Cuono dux Karendinorum et adelphus* [= Bruder] *eius Heinricus palacii comes … aecclesiam in villa Crovia* [= Kröv a.d. Mosel] *iuris sancti Willibrordi invaserunt, nec Heinrici tertii imperatoris rogatu, iussu … evinci potuerunt*). Auch könne man auf diese Weise Aufschluß darüber erhalten, weshalb Konrad / Kuno gerade in Kärnten Herzog wurde. (Auch wenn der Echternacher Vitenverfasser statt Hzg. Kuno v. Kärnten [1056–1061] dessen Verwandten Hzg. Konrad v. Bayern [1049–1053] gemeint haben sollte [vgl. bei nr. **3**] – vgl. C. WAMPACH, Grundherrschaft Echternach I,1 [Textband] S. 233f. mit Anm. 4 –, so ändert das nichts für Pfgf. Heinrich und dessen hiermit angesprochene Herkunft). Eine gewisse Bestätigung scheint diese Festlegung der „Salierin“ als Tochter Hzg. Konrads I. v. Kärnten [1004–1011] dadurch zu erhalten, daß die Witwe dieses 1011 verstorbenen Hzg. Konrad I., Mathilde, nach ihrer Wiederverheiratung mit Hzg. Friedrich II. v. Oberlothringen († 1027) einer erst um 1025 nachgeborenen Tochter den Namen Sophie gab, der dann über die Verwandten ihres Schwiegersohnes Hezelin, d.h. aus der Ezzonen-Hezeliniden-Familie, vermittelt sein könnte. (Zur Geburtszeit von Mathildes und Hzg. Friedrichs II. Tochter Sophie vgl. zuletzt E. HLAWITSCHKA, Oberlothring. Herzogstochter Sophie S. 96ff.; DERS., Herkunft u. Namen Sophies S. 26ff.). So scheint sich folgendes System zu ergeben:

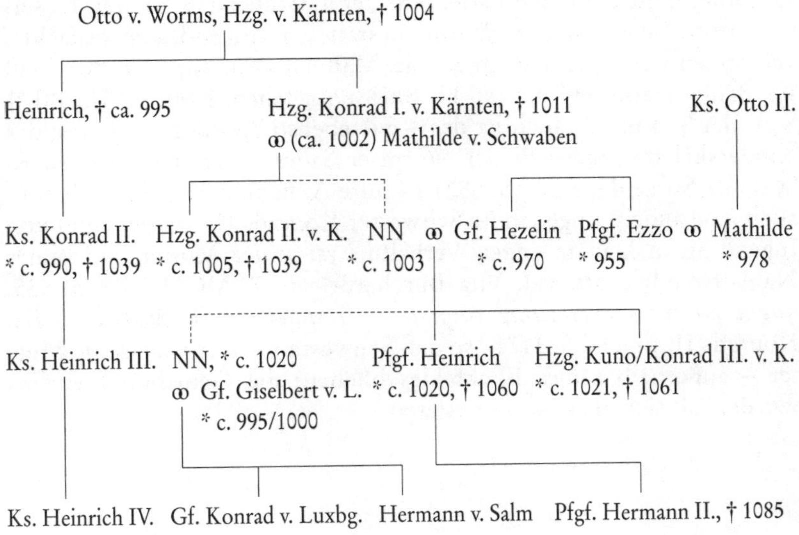

Doch sieht man sogleich die großen Lebensalterunterschiede bei Gf. Hezelin und seiner Gemahlin NN (fast 35 Jahre) und bei Gf. Giselbert v. Luxemburg und seiner Ehefrau NN (20–25 Jahre). Derartiges ist zwar nicht unmöglich, hinterläßt aber doch Zweifel an der Richtigkeit der Rekonstruktion. Die großen Unterschiede kommen vornehmlich dadurch zustande, daß sich das Geburtsdatum Gf. Hezelins kaum später als 970 ansetzen läßt und seine (hier eingesetzte) Ehefrau NN als Tochter aus einer erst ca. 1002 geschlossenen Ehe nicht früher als 1003 geboren sein kann. Dennoch wurde Kimpens Sicht erwogen von U. LEWALD, Ezzonen S. 153; H. KLUGER, Propter claritatem S. 242; und A. WOLF, Königskandidatur S. 98f.

Es bietet sich indessen eine etwas andere Sicht zur Erklärung der bei nr. **3** (Abschnitt C) nachgewiesenen *nepos*- bzw. *cognatus*-Verwandtschaft zwischen Hzg. Konrad III. v. Kärnten und Ks. Heinrich III. bzw. Ks. Heinrich IV. an. Diese ist möglich, wenn die Gemahlin Gf. Hezelins nicht aus der erst ca. 1002 geschlossenen Ehe Hzg. Konrads I. v. Kärnten mit Mathilde v. Schwaben hervorging, sondern wenn Hezelins Gemahlin von Hzg. Konrads I. früh (schon ca. 995) verstorbenen Bruder Heinrich und dessen Gemahlin Adelheid (v. Metz) abstammte, d. h. wenn sie eine Schwester Ks. Konrads II. war. – Man weiß aus MGH D K II 204 vom 30. I. 1034 für die Kirche von Worms, daß Konrad II. eine Schwester Judith hatte, die z. Zt. der Urkundenausstellung schon verstorben war und ihr Grab in der Wormser Domkirche gefunden hatte. Nur der Tatsache, daß Konrad II. seiner verstorbenen und in Worms bestatteten Angehörigen gedachte, verdanken wir unser Wissen um sie. Man hat zwar angenommen, daß sie „früh verstorben" sei (so H. BRESSLAU, Jahrb. Konrads II., Bd. 1 S. 4; BA S. 5 nr. c), doch ist das – wie ebenso die Identifizierung des Kinderskeletts innerhalb der Wormser Saliergräber mit ihr (vgl. K. SCHMID, Sorge der Salier S. 682f.) – pure Annahme. Wenn Judith oder auch eine andere ungenannte Schwester Konrads II. (dieser stand von Jugend an in keinem engen Verhältnis zu seiner Mutter und seiner Nahverwandtschaft; vgl. Vita Burchardi cap. 7, MGH SS 4 S. 835: *quem parentes caeterique cognati … respuerunt*; T. SCHMIDT, Ks. Konrads II. Jugend S. 317f., so daß Schwestern – wie auch seine Mutter – außerhalb seines Blickfeldes blieben) die Gemahlin Hezelins wurde, läßt sich alles besser erklären:

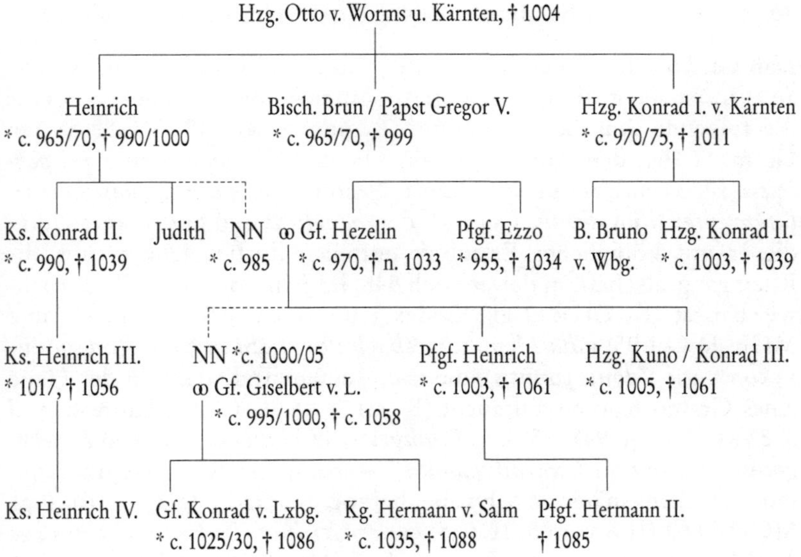

Eine ausführliche Darlegung dieser Zusammenhänge ist zu finden bei E. HLAWITSCHKA, Verwandtenehe Hermanns v. Salm S. 23–30.

Für Heinrich (v. Speyer) und seine Frau Adelheid (v. Metz), die Eltern Ks. Konrads II., sind die Lebensdaten zusammengestellt bei **XIV : Ks. Konrad II.** nrn. **2** und **3**. – Sollte man an der Sicht Kimpens festhalten wollen, so wäre für Hzg. Konrad I. v. Kärnten (* ca. 970/75, † 12. oder 15. XII. 1011) und seine ca. 1002 geehelichte Frau Mathilde (* ca. 988, † .. VII. 1031/32; Tochter Hzg. Hermanns II.) auf die Filiationsbelege bei W. GLOCKER, Verwandte der Ottonen S. 316f. und S. 322, zu verweisen.

16 : Gf. / Pfgf. Wigerich als Vater Gf. Siegfrieds I. v. Luxembg.
→ **XIII : Ksn. Kunigunde** nr. **4**

17 : Kunigunde als Mutter Gf. Siegfrieds I. v. Luxemburg
→ **XIII : Ksn. Kunigunde** nr. **5**

18 / 19 : Vermutung zur Herkunft Hadwigs
→ **XIII : Ksn. Kunigunde** nr. **6/7**

20 : Gf. Udo I. in Rheinfranken als Vater Gf. Heriberts v. d. Wetterau

Daß Gf. Udo I. v. Rheinfranken der Vater Gf. Heriberts v. d. Wetterau war, ist nicht direkt überliefert, läßt sich aber erschließen, wobei die folgende Angabe des Contin. Reginonis ad 949, MGH SS rer. Germ. S. 164, den Ausgangspunkt bildet: *Udo comes obiit, qui permissu regis quicquid beneficii aut prefecturarum habuit, quasi hereditatem inter filios divisit.* Denn zu den *beneficia* und *prefecturae* Udos, die er mit königlicher Erlaubnis aufteilen durfte, gehörte u.a. die Rheingaugrafschaft, in der er noch 948, im Jahr vor seinem Tod, nachweisbar ist (K. GLÖCKNER, Codex Lauresham. I S. 350 nr. 67, und MGH D O I 95: *uilla Hemmingesbach nominata in pago Rinecgouue in comitatu Vdonis comitis*), die nach seinem Tode dann in der Hand eines Grafen Konrad auftaucht (K. GLÖCKNER, Codex Lauresham. I S. 351 nr. 68 [zu 948–951]: *in Phungestat et Heberstat in pago Rinechgouue in comitatu Cunradi comitis*), wobei dieser Rheingaugraf Konrad mit dem späteren Schwabenherzog Konrad identisch ist (vgl. MGH D O III 8 vom 5. II. 985: *curtem Triburis in Frantia et in pago Rinichgovue ac comitatu Cononis ducis*; MGH D O III 166 vom 12. VI. 995: *in quodam loco Steine dicto iuxta Rheni fluvium sito in pago Rinichgowe vocato et in comitatu Cunradi ducis*). Da nun Hzg. Konrad v. Schwaben und Gf. Heribert Brüder waren (vgl. Beleg aus der Chronik Thietmars v. Merseburg bei nr. **10 / 11**), ist Gf. Heribert – neben Hzg. Konrad – als einer der beim Contin. Reginonis nicht namentlich genannten Söhne Gf. Udos I. aufzufassen. (Auf diesen Sachverhalt war bereits bei **XV : Ksn. Gisela** nr. **8** einzugehen). Aber auch für Gf. Heribert läßt sich die direkte Nachfolge in einem Amtsbereich Udos I., nämlich in der Wetterau, nachweisen. MGH D K I 19 vom 24. IV. 914, zeigt: *in comitatu Oͦtonis in pago Wetereiba.* Bei H. REIMER, UB Herren v. Hanau I S. 24 nr. 41, findet man den nur auf die Jahre 927–956 eingrenzbaren Beleg *in Wetareibu in comitatu Utonis comitis.* Danach bietet MGH D O II 128 vom 28. II. 976: *in pago Kinzechewes* [= Kinziggau i. d. Wetterau] *et in comitatu Heriberti comitis.*

Sehr gut fügt sich in diese Rekonstruktion, daß Gf. Heribert I. v. Vermandois als Vater der Gemahlin Gf. Udos I. nachweisbar ist (vgl. bei nr. **21**), daß also für Udos I. Sohn Heribert v. d. Wetterau somit eine Nachbenennung nach dem (mütterlichen) Großvater sichtbar wird. – Eine volle Bestätigung der Filiation von Gf. Udo I. zu Gf. Heribert dürfte indessen in jener genealogischen Notiz aus dem Umfeld des sog. Hammersteiner Eheprozesses vorliegen, die bereits oben in nr. **5** herangezogen wurde.

Gegen diese Interpretation der Continuator-Reginonis-Nachricht wie auch gegen die Aussage der Hammersteiner genealogischen Notiz hat sich D.C. JACKMAN, Konradiner S. 29f. und S. 175, im Zusammenhang der Verteidigung der sog. 'Richlind-These' von A. Wolf (vgl. zu ihr bereits bei nr. **5**) gewandt. Er meint, beim Continuator Reginonis sei ausgedrückt, daß Udo seinen Lehens- und Ämterbesitz mit königlicher Erlaubnis so teilte, wie man ein Erbe unter Söhne aufteile. Damit stürze der bisher geltende Konradiner-Stammbaum in sich zusammen. Jackmans Gedanke ist, daß der Continuator hier nur einen mit königlicher Erlaubnis durchgeführten Teilungsmodus Gf. Udos I. mitgeteilt hätte: Erlaubnis zur Teilung wie unter Söhne. Die Erlaubnis Ottos d. Gr. war indessen nicht für einen Teilungsmodus, sondern für eine Teilung (und Weitergabe) der Königslehen und Staatsämter erforderlich, da die Verfügungsgewalt über diese dem König zustand und Erblichkeit der Lehen und Ämter noch nicht als Rechtszustand bzw. als Selbstverständlichkeit galt. Und für den König war es wichtig zu wissen, an wen die Lehen und Ämter kamen. Es ging daher um die Erlaubnis an Gf. Udo, die Lehen und Ämter wie Erbbesitz zu behandeln, d.h. zu teilen; denn in seiner Familie, die ihm bisher treue Dienste geleistet hatte, wußte Otto I. sie in besten Händen. (Vgl. hierzu E. HLAWITSCHKA, Thronwechsel des Jahres 1002 S. 215–218; DERS., Konradiner-Genealogie S. 48–54 mit Anm. 102 zur Fortdauer des königlichen Verfügungsrechtes über Grafschaften; zwei weitere Beispiele hierfür bei Thietmar, Chron. lib. V cap. 21 und lib. VII cap. 46). Jackmans Sicht sucht indessen J. FRIED, Prolepsis S. 96–100, zu verteidigen, indem er die Bestrebungen Ottos d. Gr. nach stärkerer Staatlichkeit und fester Verwaltungsordnung negiert und auf einem vom König an Udo verliehenen Recht, seine Lehen und Ämter „gleichsam wie das Erbe unter Söhne“ zu verteilen, beharrt. An wen, bleibt dabei offen. Wollte aber Otto seinem Freund und Helfer Udo das Recht einräumen, die „sonst zur freien Disposition an den König heimfallenden Lehen und Grafschaften nach eigenem Gutdünken zu verteilen“ (so S. 99), dann hätte es doch – da ein Erbe ja sowieso in erster Linie an die Söhne bzw. Kinder fällt – der Worte *inter filios* gar nicht bedurft, sondern der Satz hätte *Udo comes obiit, qui permissu regis, quicquid beneficii aut praefecturarum habuit, quasi hereditatem suam divisit* heißen können. Wenn aber *inter filios* vermerkt ist, wird es seinen Sinn gehabt haben!

Auch A. Wolf, dem an der Auflösung des Konradiner-Stammbaumes an der einzig möglichen Stelle – nämlich der Filiation zwischen Udo I. und Hzg. Konrad v. Schwaben bzw. Gf. Heribert v. d. Wetterau (vgl. die Belegsituation zum Konradiner-Stammbaum bei E. HLAWITSCHKA, Kuno u. Richlind S. 36–49; ND in: DERS., Stirps regia S. 457–469) – besonders gelegen ist, um einen Thronanspruch Hzg. Hermanns II. über seine (angebliche) Mutter Richlind (als Tochter Hzg. Liudolfs v. Schwaben und Enkelin Ottos d. Gr.) vertreten zu können (vgl. A. WOLF, Kuno v. Öhningen S. 25–83; DERS., Königskandidatur S. 62–73), hat Jackmans Interpretation zu stützen versucht; vgl. A. WOLF, Quasi hereditatem S. 125–132 (= DERS., Königswahl Heinrichs II. S. 60–67). Er möchte das mit drei Vergleichsbeispielen tun: 1) Im Laufenburger Vertrag vom 27. IV. 1271 einigten sich drei verwandte Parteien darauf, daß sie das Erbe des letzten Kyburger Grafen *als bruoder teilen mit ein ander suln.* Hier einigten sich 3 namentlich genannte, in ihrem Verwandtschaftsgrad zum Erblasser und somit in ihren Erbansprüchen nachweislich ungleiche Adlige, die Teilung *als bruoder* (= quasi fratres) vorzunehmen, d.h. indes lediglich das Erbe zu gleichen Anteilen zu teilen. 2) Nach dem kinderlosen Tode Gf. Siegfrieds IV. von Northeim 1144 verkauften dessen drei Neffen die Kirche von Northeim, die sie *quasi hereditario sibi iure vendicabant*, an ihren weitläufigen Verwandten Hzg. Heinrich d. Löwen. Ihre Anspruchserhebung *quasi hereditario iure* bedeutete indes lediglich ihr Eintreten in das direkte Erbrecht ihrer Mutter, der Schwester des Erblassers, gegenüber ihrem Vater. 3) Der späte, erst um 1082 schreibende Sigebert v. Gembloux faßt in seiner Chron. ad 1002, MGH SS 6 S. 354, die Ereignisse nach dem Tod Ottos III. zusammen und sagt, daß Heinrich v. Bayern, der spätere Ks. Heinrich II., dem Kölner Erzbischof die *insignia regni* gewaltsam abpreßte (*violenter extorsit*), und zwar *quasi iure hereditario sibi competentia.* Erklärend fügt er selbst hinzu: *Fuit quippe filius Heinrici ducis, qui fuit genitus de Heinrico fratre primi Ottonis imperatoris.* Der Gewaltakt wird über das *quasi* mit einer Rechtfertigung verbunden: ... wie wenn bzw. als ob die Insignien ihm zustünden. (Für Sigebert war der Erbrechtsanspruch seit der Gegenkönigserhebung Rudolfs v. Rheinfelden eben keine Selbstverständlichkeit mehr). „Ähnliche Fälle" – obgleich Wolf S. 131 dies meint – wie 949 beim Tode Udos I. sind dies wirklich nicht. Sie mit der Aufteilung von Lehen und Ämtern kraft königlicher Erlaubnis zu parallelisieren, nur weil das Wort *quasi* in Verbindung mit *hereditarium ius* (nicht *hereditas*) vorkommt, geht an der Sache vorbei. Wollte man – mit Jackman, Fried und Wolf – den Continuator-Reginonis-Satz lediglich als Mitteilung eines Teilungsmodus verstehen, fehlte dann jeder Hinweis auf die Begünstigten des königlichen Zugeständnisses an Gf. Udo. (In den „Vergleichsfällen" Wolfs sind solche hingegen jeweils ausdrücklich erkennbar). Daß Udo die Lehen und Ämter „an Verwandte" geben durfte, ist lediglich eine Interpolation Jackmans in diesen Satz. Eine mit königlicher Erlaubnis erfolgte Behandlung der Hinterlassenschaft Udos als *hereditas* mußte zudem, wenn Udo I. keine Kinder gehabt hätte, bedeuten, daß seine Ämter und Lehen an seinen damals noch lebenden Bruder Hzg. Hermann I. v. Schwaben gefallen wären, was zugleich bedeutet hätte, daß es eines Teilens (*divisit*) gar nicht bedurft hätte und das *divisit* des Continuators somit eine Fehlangabe wäre. So steht hier also ein klarer Quellentext gegen eine offensichtlich unhaltbare, zu Eingriffen in den Quellentext zwingende, zweckgesteuerte Interpretation. Wenn man hingegen eine wirkliche Parallele zu Ottos d. Gr. Verhalten gegenüber Udo I. sucht, so wird man auf sein Zugeständnis gegenüber dem Sohn des in der Lechfeldschlacht 955 gefallenen Grafen Dietbald aufmerksam, nachdem Otto am Abend der Schlacht in Augsburg eingetroffen war: „Hier verbrachte er die Nacht zusammen mit Bischof (Ulrich), tröstete ihn wegen des Todes Dietbalds, seines Bruders, in der Schlacht ... und übertrug Ri(ch)win, dem Sohn Dietbalds, die Grafschaften des Vaters" (Gerhardi Vita Udalrici cap. 12, MGH SS 4 S. 402; ed. H. KALLFELZ S. 108). Hier zeigt sich zudem eindeutig, daß Otto I. die Grafschaftsvergabe als Königsrecht betrachtete, daß sie noch nicht dem Erbrecht unterlag. – Zu diesem gesamten Komplex der Interpretation der Continuator-Reginonis-Stelle vgl. zuletzt E. HLAWITSCHKA, Konradiner-Genealogie S. 48–54.

Daß die Jackman-Fried-Wolf-Interpretation der Continuator-Reginonis-Stelle nicht überzeugt, betonten inzwischen auch Chr. SETTIPANI – J.-P. POLY, Les Conradiens S. 158: „Finalment, on ne peut exclure que les hérétiers d'Odo (= Udo) n'aint pas été ses fils ...".

Gf. Udo I. dürfte – wie schon bei **XV : Ksn. Gisela** nr. **8** dargelegt – ca. 895/900 geboren sein und sich um 915 verheiratet haben. Ebd. auch die Belege zu seiner Todeszeit (Sommer 949); sein Bruder Hzg. Hermann verstarb erst am 10. XII. 949.

21 : NN, Tochter Gf. Heriberts I. v. Vermandois, als Mutter Gf. Heriberts v. d. Wetterau

Daß Gf. Heribert v. d. Wetterau eine Tochter des Grafen Heribert I. v. Vermandois zur Mutter hatte, ist bereits nachgewiesen worden bei **XV : Ksn. Gisela** nr. **9**. Ebd. auch alles Ermittelbare über deren Lebensdaten.

22 / 23 : Gf. Megingoz und Gerberga als Eltern Irmintruds / Imizas

Zu den Quellenbelegen für die Abstammung Irmintruds / Imizas von Gf. Megingoz und seiner Frau Gerberga vgl. bei nr. **5**.

Eine Geburtszeit für Megingoz „um 920" erschließt S. CORSTEN, Megingoz S. 15.

Die Vita Adelheids v. Vilich cap. 4, MGH SS 15/2 S. 759, überliefert, daß *Domnus itaque Megengoz post obitum coniugis supervixit trium annorum spatia* und daß er *in loco qui dicitur Gelere* (= Geldern) *migravit ex hac luce,* schließlich auch, daß er *in proprio monasterio* (= Vilich) *una cum coniuge est honorifice sepulturae mandatus.* Da Papst Gregor V. in seiner Bestätigungsurkunde für Vilich vom 24. V. 996 Gf. Megingoz als lebend, seine Gemahlin Gerberga als bereits verstorben aufzeigt (Th. J. LACOMBLET, UB Niederrhein I S. 77 nr. 126: *monasterium ancillarum Dei … a comite Migingozo diueque memoriae coniuge eius Gerburga nouiter constructum … in loco Filiche situm*), dürfte Gerberga um 994/95, Megingoz um 997/98 verstorben sein. Nach der erhaltenen Grabinschrift war ein 14. Januar der genaue Todestag des Megingoz (MGH Poetae Lat. 5,1–2 S. 306f. nr. 47). Zur Bestattung ihrer Tochter Irmintrud / Imiza im Kloster Vilich vgl. K. STRECKER, Grabschrift S. 444f.

24 / 25 : Gf. Erenfried und Richwara als vermutbare Eltern Gf. Hermanns I. (Pusillus)

Die Abstammung des Grafen und (seit ca. 985) auch Pfalzgrafen Hermann vom (vornehmlich im Gebiet zwischen Köln und Aachen von 942–966? nachweisbaren) Grafen Erenfried ist durch keinen schriftlichen Filiationsbeleg gesichert, sondern nur durch die Nachfolge in den Amtsbereichen erschließbar. Vgl. dazu E. KIMPEN, Ezzonen u. Hezeliniden S. 1ff.; R. GERSTNER, Gesch. d. lothring. u. rhein. Pfalzgrafschaft S. 14ff.; U. LEWALD, Ezzonen S. 125f.; H. KLUGER, Propter claritatem S. 226–239. Eine gewisse Absicherung ergibt sich dann, wenn man jenen Gf. Hermann, der 963 für das Seelenheil seiner Mutter Richwara (*pro remedio animae nostrae matris Richuuarae*) einen Weinberg im Bereich der *villa Eilba* an das Stift Münstermaifeld (im Maiengau) übergab (H. BEYER, Mittelrhein. UB I S. 272f. nr. 213), mit Gf. Hermann (Pusillus) (nr. **12**) identifiziert; denn in jener Gegend findet man später die Ezzonen begütert wieder, und der Name Richwara tritt in der Koseform Richeza bei der ältesten Tochter des Pfgf. Erenfried / Ezzo (vgl. Tafel bei nr. **3** [Ende]) wieder auf, so daß dort eine verwandtschaftsbedingte Nachbenennung vorliegen könnte.

26 / 27 : Vermutbare Vorfahren Heilwigs

Der Fundatio monast. Brunwilarensis cap. 22, ed. H. PABST S. 175, ist zu entnehmen, daß Pfgf. Erenfried / Ezzo (nr. **24**, vgl. auch bei nr. **12** und Tafel bei nr. **3**) in seiner Knabenzeit dem Augsburger Bischof Ulrich als einem Blutsverwandten zur Erziehung übergeben worden war: *florens adhuc primeva iuvenilis aetatis lanugine sancti Udalrici episcopi – propter quod eius erat consanguineus – familiari dulcedine miraculorum ipsius frequenter est iucundatus.* Die Blutsverwandtschaft dürfte dabei, da die des Vaters soeben in anderer Weise bestimmt wurde (nr. **24 / 25**), über Erenfried / Ezzos Mutter Heilwig gelaufen sein, die demnach aus dem Verwandtschaftsumkreis Bisch. Ulrichs v. Augsburg († 4. VII. 973) hervorging. Näheres ist freilich nicht ermittelbar. Der Hinweis bei U. LEWALD, Ezzonen S. 125: „Gedenkbucheintragungen im Reichenauer Verbrüderungsbuch, in dem der Name Heilwig im Verwandtenkreis der Dietpirch (= Mutter Bisch. Ulrichs) begegnet, bestätigen das“ (mit Verweis auf MGH Libri confrat. S. 260 col. 377 und S. 262 col. 383), trägt freilich nicht; zu Gedenkeintragungen aus dem Umfeld Bisch. Ulrichs vgl. hingegen G. ALTHOFF, Amicitiae u. Pacta S. 295–306.

Wenn die Ann. Hildesheim. ad 1034, MGH SS rer. Germ. S. 39, das folgende Gerücht über Pfgf. Ezzo, den Sohn Pfgf. Hermanns I. und Heilwigs (nrn. **12 / 13**), wiedergeben: *Hezo palatinus comes a sua concubina nomine Tiethburga veneni poculo, ut fertur, defraudatus, periit flebiliter mortuus, et ad Augustam transportatus et in aecclesia sancti Ůdalrici est sepultus 16. kal. Junii,* so verweist dies – unabhängig vom Wahrheitsgehalt der Nachricht – auch auf die Augsburg-Beziehungen, die offenbar durch Ezzos Mutter Heilwig vermittelt sind.

28 : Hzg. Otto v. Worms u. Kärnten als Vater Heinrichs (v. Speyer)
→ **XIV : Ks. Konrad II.** nr. **4**

29 : Judith als Mutter Heinrichs (v. Speyer)
→ **XIV : Ks. Konrad II.** nr. **5**

30 : Gf. Richard v. Metz als Vater Adelheids
→ **XIV : Ks. Konrad II.** nr. **6**

31 : Vermutungen zur Mutter Adelheids (v. Metz)
→ **XIV : Ks. Konrad II.** nr. **7**

32 / 33 : Vermutungen zu den Eltern Gf. / Pfgf. Wigerichs
→ **XIII : Ksn. Kunigunde** nr. **8 / 9**

34 : Gf. Reginar I. Langhals als vermutlicher Vater Kunigundes
→ **XIII : Ksn. Kunigunde** nr. **10**

35 : Ermentrud als Mutter Kunigundes
→ **XIII : Ksn. Kunigunde** nr. **11**

40 : Gf./Hzg. Gebhard als Vater Gf. Udos I. v. Rheinfranken u. Wetterau
→ **XV : Ksn. Gisela** nr. **16**

41 : Hidda / Ida als Mutter Gf. Udos I. v. Rheinfranken u. Wetterau
→ **XV : Ksn. Gisela** nr. **17**

42 : Gf. Heribert I. v. Vermandois als Vater von NN (Gem. Gf. Udos I.)
→ **XV : Ksn. Gisela** nr. **18**

44 : Vermutliche Vorfahren des Gf. Megingoz

Eine Vermutung hierzu gibt S. CORSTEN, Megingoz S. 7–25.

46 / 47 : Pfgf. Gottfried und Ermentrud als Eltern Gerbergas

Zur Abstammung Gerbergas von Pfgf. Gottfried vgl. die Angaben der Vita Adelheids v. Vilich oben bei nr. **5**. – Zu Pfgf. Gottfried und seiner Familie, bes. zur Ermittlung der Gemahlin Gottfrieds, Ermentrud

(Tochter Kg. Karls d. Einf.), vgl. E. Hlawitschka, Habsburg-Lothringen S. 51–70. Dort ist auch S. 56 die letzte Bezeugung Gottfrieds (1. VI. 949) verzeichnet und S. 68 die Ermittlung der Geburtszeit Ermentruds – 908/09 – vorgenommen.

48 : Vorfahren Gf. Erenfrieds

Zu den vermutbaren Vorfahren des Grafen Erenfried vgl. die Literaturhinweise bei nr. **24 / 25**.

56 : Hzg. Konrad d. Rote v. Lothringen als Vater Hzg. Ottos v. Kärnten
→ **XIV : Ks. Konrad II.** nr. 8

57 : Liutgard, Tochter Ks. Ottos I., als Mutter Hzg. Ottos v. Kärnten
→ **XIV : Ks. Konrad II.** nr. 9

58 / 59 : Vermutungen zu den Eltern Judiths
→ **XIV : Ks. Konrad II.** nr. 10 / 11

60 : Gf. Gerhard v. Metz als vermutlicher Vater Gf. Richards
→ **XIV : Ks. Konrad II.** nr. 12

XXVI : Kgn. Sophie (v. Formbach), Gemahlin des (Gegen)kgs. Hermann (v. Luxemburg / Salm)

1 : Kgn. Sophie

Der Name der Gemahlin des (Gegen)königs Hermann (v. Salm) ist uns nur durch eine zwischen 1088 und 1106 abgefaßte Traditionsnotiz des (zwischen 1070 und 1083 durch Bisch. Altmann v. Passau errichteten) Klosters Göttweig (bei Krems / Niederösterreich) bekannt: *Domna Sophia Herimanni regis relicta tradidit ad altare sancte Marie predium quoddam Meginoldi dictum habens trium quantitatem mansorum tam pro sue anime quam pro remedio animarum parentum utrorumque.* Erster Zeuge: *Domnus Otto filius eiusdem regine*; A. FUCHS, Traditionsbücher Göttweig S. 398f. nr. 259; auch Monumenta Boica XXIX/2 S. 55.

Die Geburts- und Verehelichungszeiten Sophies (* ca. 1050/52; ∞ ca. 1065/70) sind nur in etwa erschließbar. Aus ihrer Ehe mit dem am 28. IX. 1088 ums Leben gekommenen Hermann (v. Salm) gingen die beiden Söhne Hermann und Otto (v. Rheineck) hervor, die ab 1104 urkundlich nachweisbar sind (vgl. H. RENN, Luxemburger Grafenhaus S. 159). Gestorben ist Sophie, da sie als Witwe bezeugt ist, „nach 1088". Die Angabe bei W.K. Prinz v. ISENBURG, Ahnen Tafel 13: „† 1056/9", ist unsinnig.

D.C. JACKMAN, Position of Counts of Sponheim S. 276–279, glaubt, daß Sophie nach dem Tode ihres Mannes (1088) eine zweite Ehe einging, und zwar mit Gf. Stephan (II.) v. Sponheim, wobei er Sophie als Tochter Gf. Tiemos II. v. Formbach betrachtet. Auch J. HEINZELMANN, Der Name Sophia II S. 290f., erwägt die Identität Sophies, der Gemahlin Stephans v. Sponheim, mit der Witwe Hermanns v. Salm, sieht aber auch Gegenargumente. Diese Sicht hätte auf alle Fälle zur Folge, daß die Söhne der Kgn. Sophie, Hermann und Otto, dann noch zwei Stiefgeschwister, nämlich die Inklusin Jutta v. Disibodenberg und ihren Bruder Meginhard, gehabt haben müßten (vgl. F. STAAB, Reform u. Reformgruppen S. 164 u. 175f.). Dazu gibt es aber kein einziges Zeugnis. Zur genealogischen Einreihung jener Sophie, die mit Gf. Stephan v. Sponheim verheiratet war, in die Seitenverwandtschaft der Königin Sophie vgl. E. HLAWITSCHKA, Verwandtenehe Hermanns v. Salm S. 50 Anm. 123.

2 / 3 : Gf. Meginhard (V.) (v. Formbach) und Mathilde (v. Reinhausen) als wahrscheinliche Eltern Sophies

Da keine direkten Quellenaussagen zur Herkunft Sophies überliefert sind, kann nur aus Argumenten auf ihre Herkunftsfamilie geschlossen werden. Solche Argumente sind: a) Sophies Auftreten in Niederösterreich in einer Gründung Bisch. Altmanns v. Passau, für welche die Grafen von Formbach die Vögte stellten; b) ihr auffälliger und im 11. Jh. noch seltener Name; c) die Beschuldigung, die auf einer am 20. April 1085 in Quedlinburg abgehaltenen Synode gegen Kg. Hermann v. Salm vorgebracht wurde, mit seiner Frau in kanonisch nicht gestatteter Nahehe zu leben; vgl. Liber de unitate eccl. conserv. lib. II cap. 22, MGH LdL 2 S. 239; ed. I. SCHMALE-OTT S. 458: Der päpstliche Legat Bisch. Odo v. Ostia [= der spätere Papst Urban II.] sagte: *Audiens ego …, quod rex vester* [= Kg. Hermann] *legitimum non habeat coniugium, sed ex consanguinitate sociatum, iudico inter eum et uxorem eius fieri divortium.* Die Angelegenheit wird auf Bitten der anwesenden Bischöfe – da in der politischen Lage andere Entscheidungen wichtiger wären – nicht weiter behandelt. Bernold v. Konstanz, Chron. ad 1085, MGH SS 5 S. 443; neue Ed. I.S. ROBINSON S. 451 f. : *Item ibi mota est quaestio de consanguinitate ipsius regis et uxoris suae. Unde et rex in media synodo surrexit, seque de hac re iudicium sanctae sinodi per omnia observaturum professus est*; ganz wörtlich nach den Synodalakten in MGH Const. 1 S. 653 nr. 443 cap. 13.

Folgende Vorschläge zur Lösung der Herkunftsfrage für Sophie wurden bisher vorgetragen:

A) W. v. GIESEBRECHT, Kaiserzeit III/2 4. Aufl. S. 1169, 5. Aufl. S. 1179, der 1877 auf die Göttweiger Notiz aufmerksam geworden war, meinte, daß Sophie „vielleicht von Heinrich V., Herzog von Baiern, dem Bruder der Kaiserin Kunigunde", abstammte. Das führte freilich in die Irre, da Hzg. Heinrich V. keine Nachkommen hatte und Sophie als seine Enkelin dann auch mit Hermann v. Salm in einer ganz spektakulären Nahehe 3:3 gelebt haben müßte; vgl. dazu E. HLAWITSCHKA, Verwandtenehe Hermanns v. Salm S. 21 f.

B) H. WITTE, Genealog. Untersuchungen S. 446 f., sah in Sophie „eine Tochter aus dem Hause Formbach", nahm aber keine nähere Zuordnung vor.

C) H. RENN, Luxemburger Grafenhaus S. 128, schlug – auf der Basis der in der Familie Hermanns v. Salm und seiner Frau vorkommenden Namen – vor, die Herkunft Sophies bei den Ezzonen, dem „mächtigen Geschlecht der lothringischen Pfalzgrafen", zu suchen.

D) E. KIMPEN, Königsgenealogie S. 94f., nahm Wittes Vorschlag auf und meinte: „Rein zeitlich könnte sie [= Sophie] als eine Tochter des 1066 getöteten Grafen Meginhard [v. Formbach] und Schwester seiner beiden Söhne Ulrich und Hermann v. Windberg angesetzt werden". Weil indessen eine Nichte Gf. Meginhards (= Tochter von Meginhards Bruder Heinrich) Tuta hieß und (in späteren Quellen) als *regina* bezeichnet werde, könne es „keinem Zweifel unterliegen, daß sie die Gattin König Hermanns und ihr Name Tuta nur ein Kosename für Sophie war". Meginhard und Heinrich werden sodann – entsprechend der Hausgenealogie der Formbacher – als Söhne Gf. Tiemos II. v. Formbach angesprochen, und dessen Vater Tiemo I. wiederum wird mit einem Grafen Dietmar identifiziert, der eine Schwester der Ksn. Kunigunde zur Frau hatte. Und bei den Eltern der letzteren, Gf. Siegfried I. v. Luxemburg und Hadwig, seien die Ahnen gefunden, die den Luxemburger Hermann v. Salm und seine Frau Sophie verwandtschaftlich (3:4) verbanden. Doch scheitert diese Konstruktion daran, daß Tuta schwerlich ein Kosename von Sophie war und daß der Schwager der Kaiserin Kunigunde, Dietmar, nachweislich „nicht mit einem der Vornbacher Tiemos" (= Gf. Tiemo I. oder Tiemo II. v. Formbach) gleichgesetzt werden kann (vgl. dazu R. LOIBL, Vornbach S. 137, auch S. 369f. mit Anm. 46).

E) E. KLEBEL, Alemannischer Hochadel S. 232f., ging davon aus, daß der Name des jüngeren Sohnes Sophies, Otto, dafür spräche, „daß Sophie die Tochter eines Otto gewesen sei". Seine „Vermutung" ist: „Sophie … war die Tochter [Hzg.] Ottos v. Olmütz". Über dessen Mutter Judith und deren Mutter Gerberga komme man zu Gf. Heribert v. d. Wetterau zurück, der seinerseits wieder der Vater von Gf. Friedrichs v. Luxemburg Gemahlin NN war, so daß sich in ihm der gemeinsame Stammvater für Hermann v. Salm und seine Frau Sophie ergäbe. – Von Otto v. Olmütz ist aber keine Tochter des Namens Sophie bekannt bzw. bezeugt; und über Otto v. Olmütz ist auch keine Möglichkeit zur Erklärung des Namens Sophie selbst zu gewinnen. Desgleichen sind keinerlei Beziehungen Ottos v. Olmütz und seines Bruders Hzg. Wratislav II. v. Böhmen (1061–1085, König 1085–1092), der sogar zu den treuesten Stützen Ks. Heinrichs IV. zählte und Gegner der kirchlichen Reformpartei war, zum Reformkloster Göttweig bekannt. So bleibt Klebels Vorschlag eine reine Hypothese.

F) Eine Lösung des Herkunftproblems für Sophie scheint hingegen die in nr. **1** zitierte Göttweiger Traditionsnotiz selbst zu enthalten. In ihr heißt es ja, daß Sophie ihre Schenkung *tam pro sue anime* *quam pro remedio animarum parentum utrorumque* vornahm. Die Betonung der *parentum utrorumque* – statt wie gewöhnlich *parentum suarum* – setzt eigentlich die Nennung bereits eines Elternteils im Schenkvorgang unbewußt voraus, (dessen Andenken nicht allein gepflegt werden sollte)! Von diesem Ansatz her läßt sich auf die Schenkgutbezeichnung *predium quoddam Meginoldi dictum* verweisen, die den Namen des einen Elternteils demnach beinhaltet. Geschenkt wurde also ein 'Meginolds-Besitztum'. Da ein Ort 'Meginoldsdorf / Meinoldsdorf' o. ä. „weder in Ober- noch in Niederösterreich nachweisbar ist" und unter diesem Namen auch kein Göttweiger Besitz in späteren Göttweiger Besitzbestätigungen und Urbaren auftaucht (vgl. A.F. FUCHS, Traditionsbücher S. 398f., Vorbemerkung zu nr. 259), liegt die Deutung nahe, hier sei das Gut einer Meginold genannten Schenkerpersönlichkeit gemeint. Da das Kloster Göttweig von der Familie der Grafen von Formbach / Vornbach bevogtet und nachweislich reich beschenkt wurde (vgl. R. LOIBL, Vornbach S. 134, 141, 374ff., 378, 380f., 385; Cl. LASHOFER, Formbacher S. 233ff.) und in dieser Familie der Name Meginhard vorkam, darf man erwägen, daß es sich bei *Meginold* um Gf. Meginhard (V. – nach der Zählung von F. TYROLLER, Genealogie d. altbayer. Adels S. 135 u. 140; nach R. LOIBL, Vornbach S. 385, Meginhard III.) von Formbach / Vornbach handelte. (Ein Kopistenversehen ?). Sophie wäre demnach als eine Tochter Gf. Meginhards (V.) und damit auch als Schwester der Grafen Udalrich V. (v. Windberg u. Radlberg) und Hermann I. (v. Radlberg u. Winzenburg) aufzufassen. (Zur Filiation von Meginhard (V.) zu den Grafen Udalrich und Hermann vgl. die Belege bei R. LOIBL, Vornbach S. 374f.; F. TYROLLER, Genealogie d. altbayer. Adels S. 140 nr. 22 und S. 143 nrn. 33 u. 35: z.B. die Schärdinger Zollregelung: *plures comparticipes eiusdem transitus, videlicet filios Meginhardi comitis Oudalricum et Hermannum, ac filios Tiemonis … habentes, definierunt …*; ed. UB Land ob der Enns I S. 729 nr. 358). – Nun ist seit längerem bekannt, daß Gf. Meginhard (V.) eine Mathilde, Tochter eines Grafen Elle, zur Frau hatte; denn dem Bericht des Abtes Reinhard v. Reinhausen (b. Göttingen) über die Gründung seines Klosters ist u. a. zu entnehmen: *Mathild vero nupsit cuidam Bav[a]ro principi et genuit Hermannum de Winzenburch. Hic quia patre Bav[a]rus fuit, domui suae, quam extruxit, nomen de se indidit …*; E. Frh. v. USLAR-GLEICHEN, Grafen v. Winzenburg S. 308ff.; neue Ed. in: M. HAMANN, UB Reinhausen S. 34ff. nr. 11; zu einem ausführlicheren Zitat vgl. auch unten nr. **6 / 7**. Da Hermann v. Winzenburg als Sohn Meginhards (V.)

bezeugt ist, ist der *Bavarus princeps* des Reinhausener Gründungsberichtes auf Meginhard (V.) von Formbach / Vornbach zu beziehen und Mathilde als seine Frau erwiesen. Da es weiterhin über Mathilde möglich ist, einen Weg zurück zu den Ezzonen / Hezeliniden aufzuzeigen (vgl. bei nr. **6** / **7**), bei denen die fortan bei den Formbachern auftretenden Namen Sophie, Otto, und Richeza gängig waren, wird auch ersichtlich, daß sich auf diese Weise die 'Nahverwandtschaft' zwischen dem – wie gezeigt werden konnte – ezzonisch-hezelinidische Ahnen aufweisenden (Gegen)könig Hermann v. Salm und seiner Frau aufhellen läßt.

Zur Rekonstruktion dieser Verwandtschaftsverhältnisse vgl. die ausführlichen Darlegungen bei E. HLAWITSCHKA, Verwandtenehe Hermanns v. Salm S. 30–48. Eine Geburtszeit Mathildes „ca. 1028/30" ergibt sich aus dem Gesamtzusammenhang; vgl. unten bei nr. **6** / **7**. Auf die ungefähre Geburtszeit Gf. Meginhards (V.) „ca. 1010/20" läßt sich nur aus seinen Bezeugungen als Graf im niederbayerischen Raum zwischen 1060 und 1066 und aus der Todeszeit seines Vaters (Gf. Tiemo) um 1049/50 schließen (vgl. bei nr. **4**). Cl. LASHOFER, Formbacher S. 240 u. 244, vermutet als Lebenszeit Meginhards (V.) „um 998–1066", wobei das Geburtsdatum gewiß um 1–2 Jahrzehnte zu früh angesetzt ist.

Daß Gf. Meginhard am 27. II. 1066 getötet wurde, wird oftmals aus der Nachricht des Necrol. S. Rudberti Salisburg. (MGH Necrol. 2 S. 110): *3. kal. mart. Meginhart comes et frater eius Piligrim occisi sunt*, die mit der Meldung von der Ermordung des Grafen Meginhard zum Jahre 1066 in den Ann. Mellicenses (MGH SS 9 S. 499: *Meginhardus comes occiditur)* gekoppelt wird, gefolgert; so etwa K. TROTTER, Grafen v. Lambach S. 43; F. JUNGMANN-STADLER, Hedwig S. 250, 252, 254, 287; R. LOIBL, Vornbach S. 233, 261, 365, 371. Doch ist die Identität des 1066 ermordeten Meginhart mit Meginhard (V.) nicht gesichert und wird bezweifelt; so etwa bei F.-J. SCHMALE in W. WATTENBACH – F.J. SCHMALE, Deutschlands Geschichtsquellen I S. 211 Anm. 1. Nicht akzeptiert wird sie bei F. TYROLLER, Genealogie S. 131 f., wo dieses Brüderpaar den sog. Pilgrimiden zugewiesen wird. Außerdem weiß der Abt Reinhard in seinem Gründungsbericht des Klosters Reinhausen, daß Heinrich, der Bruder der oben als Gemahlin eines Bayern (= Meginhard V.) erwähnten Mathilde, die Söhne Meginhard und Pilgrim hatte und daß diese in Würzburg am Kaiserhof getötet wurden (*Henricus autem genuit Meinehardum et Piligrimum … – Henrico autem comite viam universae carnis ingresso, et filiis suis,*

Meinhardo scilicet et Piligrimo, Wirceburche ad curiam Imperialem occisis et inde in coenobium nostrum translatis et sepultis ...). Bei diesen handelt es sich also um Vettern Mathildes, nicht um ihren Gemahl und einen Bruder desselben. Dazu kommt, daß Kg. Heinrich IV. mit einem in Würzburg im Jahre 1066 (ohne Tages- und Monatsdatum) ausgestellten Diplom, das wegen des für den 29. Juni anderweitig bezeugten Würzburger Aufenthaltes Heinrichs IV. in den Juni 1066 gesetzt werden muß (MGH D H IV 180), dem Nonnenkloster Gurk die *villam quandam Geroltisdorf dictam in pago Bunnaha in comitatu Meginhardi comitis sitam* schenkte, wobei es sich offenbar um Geratsdorf bei Ganghofen an der Bina beim niederbayerischen Eggenfelden handelte. Das alles dürfte bedeuten, daß Meginhard V. nicht schon am 27. II. 1066, sondern erst nach dem Sommer 1066 ums Leben kam. Trennt man die beiden Nachrichten aus Salzburg und Melk, so könnte man vermuten, daß Gf. Meginhard (V.) an einem 27. II. "nach 1066", also 1067ff., aus dem Leben schied. Beachtlich ist immerhin, daß Meginhards Name für den Reinhauser Gründungsbericht offenbar nicht mehr gewußt wurde und bei der Reinhauser Kanonikatseinrichtung (1079, s.u.) auch nur Mathilde (ohne Gemahl) agiert.

Das Todesdatum für Mathilde „nach 1079/80“ ergibt sich aus ihrer durch den Reinhausener Gründungsbericht bezeugten Mitwirkung an der Stiftung eines Kanonikates in Reinhausen im Jahre 1079. Zur Einrichtung des Kanonikerstiftes Reinhausen vgl. H. PATZE, Landesherrschaft Thüringen I S. 584 Anm. 17: Beatrix, die Schwester Bisch. Udos v. Hildesheim, sprach in einem Brief vom Herbst 1079 – 1080 an ihren bischöflichen Bruder (vgl. bei nr. **6 / 7**) vom *frater meus beate memorie domnus H.* und bat um Berücksichtigung ihres Erbteils, so daß der Bruder H. wohl nicht allzu lange vorher verstorben war. Das Kanonikerstift Reinhausen wurde indessen – laut Gründungsbericht des Abtes Reinhard (vgl. bei nr. **6 / 7**) – nur noch von *tribus fratribus comitibus et Mathildi, communicato consilio*, errichtet, und zwar offensichtlich als Memorialstiftung für den verstorbenen Bruder H. (Hermann oder Heinrich?). Sonach dürfte die Stiftserrichtung um 1079/80 fallen. – Bei M. HAMANN, UB Reinhausen S. 6, wird in der „Einleitung“ 1079 als Todesjahr Gf. Hermanns, des Bruders Bisch. Udos und Mathildes, und die Stiftsgründung „in den späten siebziger Jahren“ vorausgesetzt, jedoch nicht begründet.

4 : Gf. Tiemo I. v. Formbach als Vater Gf. Meginhards (V.)

In einer nicht vor 1204 entstandenen, in einem Kodex des 15. Jhs. abschriftlich erhaltenen 'Hausgenealogie' der Formbacher (= heute: Vornbacher) Klostergründer (Genealogia comit. Neuburg. sive Formbac., MGH SS 24 S. 76f.) wird ein Meginhard unter den Söhnen Gf. Tiemos d. Ä. nicht erwähnt; er erscheint vielmehr bereits eine Generation vorher als Sohn des *Udalricus senex* und Bruder Gf. Tiemos d. Ä.: *Hec est genealogia fundatorum nostrorum. Udalricus senex comes genuit sex filios: Arnoldum, Piligrimum, Brunonem, Tyemonem, Chounradum clericum Salzburgensem prepositum, Meginhardum. Tiemo senior genuit iuniorem Tiemonem, Hermannum Bambergensem prepositum, Dietricum clericum, Fridericum, Heinricum. Tiemo iunior genuit Ekkebertum, Heinricum. ... Meginhardus vero, frater senioris Tiemonis, genuit Oudalricum, Hermannum provincie comitem et Chunradum ...* (Daß in diesem Anfangsteil der Formbacher 'Hausgenealogie' Filiationsfehler vorhanden sind, die aus der Benutzung einer lediglich die Familie umfassenden, aber keine präzisen Filiationsvermerke enthaltenden Memorialquelle, wohl eines Nekrologs, resultieren dürften, zeigt R. LOIBL, Vornbach S. 363ff.). Eine zur Ergänzung heranzuziehende Aufschreibung zu Zollregelungen in Schärding aus dem 12. Jh. (UB Land ob der Enns I S. 729 nr. 358) nennt als Errichter des Formbacher Klosters u.a. die Brüder Gf. Udalrich/Ulrich und Gf. Hermann als Söhne Gf. Meginhards (zit. bei nr. **2 / 3** [Abschnitt F]). Dadurch aber, daß Gf. Ulrich, Hermanns Bruder, bei der Schenkung eines Teils seines Eigentums an das Kloster Formbach auch den Zehntanteil erwähnt, den sein Großvater Tiemo (*Tiemo avus suus*) vom Passauer Bisch. Egilbert (1045/46–1065) zu Eholfing eingetauscht hatte (UB Land ob der Enns I S. 627f. nr. 2; E. CHRAMBACH, Traditionen Formbach S. 181 Trad. nr. 2), wird deutlich, daß das Brüderpaar Gf. Udalrich und Gf. Hermann den Grafen Tiemo d. Ä. zum Großvater hatte und daß somit Gf. Meginhard der Sohn des älteren Tiemo war, d.h. daß die 'Hausgenealogie' Meginhard eine Generation zu früh eingeordnet hat. Vgl. dazu bereits F. TYROLLER, Genealogie d. altbayer. Adels S. 140 nr. 22; F. JUNGMANN-STADLER, Hedwig S. 254f.; R. LOIBL, Vornbach S. 371.

Da Tiemo das erste Mal im November 1005 als Graf im Schweinachgau (nördl. der Donau um Hengersberg) sicher bezeugt ist (MGH D H II 103), dürfte seine Geburt um (oder schon vor) 985 anzusetzen sein.

Zum letzten Mal wird Tiemo um 1050 genannt; zu seinen Nennungen vgl. F. TYROLLER, Genealogie d. altbayer. Adels S. 138 nr. 11; F. CURSCHMANN, Zwei Ahnentafeln S. 74; H. WANDERWITZ, Reichsstifte Nieder- u. Obermünster S. 71–74, 77–80; R. LOIBL, Vornbach S. 369–71. – Da er gleichfalls als Gf. Dietmar bezeugt ist (MGH D H III 25), sei auch – nach der Ansicht F. Tyrollers – der Eintrag in den Notae necrol. von Regensburg-Niedermünster (MGH Necrol. III S. 290) zum 7. III. auf ihn zu beziehen: *Diemar comes et conversus*. Doch bietet dieses Totenbuch ebenso zum 25. III. (S. 290) einen Eintrag *Tiemo comes obiit* sowie zum 19. V. (S. 291) den Eintrag *Timo advocatus obiit.* Den in der 'Hausgenealogie' genannten und auch sonst gut bezeugten Tiemo II. (vgl. etwa P. ACHT, Traditionen Tegernsee S. 9 nr. 8, zum Jahre 1034: *Tietmarus filius Tietmari presidis*) hält F. TYROLLER, a.a.O. S. 139 nr. 16, für einen am 23. VIII. 1040 bei einem mißglückten Böhmenfeldzug Kg. Heinrichs III. unter den Gefallenen bezeugten *Thietmarus* (ohne Titel). Zu diesem Kampf vgl. ausführlich E. STEINDORFF, Jahrb. Heinrichs III., Bd. 1 S. 94ff. – Nun ist es aber H. WANDERWITZ, Reichsstifte Nieder- u. Obermünster S. 78ff., gelungen, den zum 25. III. im Niedermünster-Nekrolog eingetragenen *Tiemo comes* mit dem im Bamberger Domnekrolog (MGH Necrol. 4 S. 790) zum 26. III. eingetragenen *Dietmarus comes* vom Volkfeldgau zu identifizieren und zugleich mit jenem im Ranshofener / Kaufunger Nekrolog (MGH Necrol 4 S. 424) zum 29. III. vermerkten *Dietmarus, pater abbatissae Uotae*, der eine Schwester der Kaiserin Kunigunde zur Frau hatte (vgl. ebd. S. 425 zum 19. IX.), gleichzusetzen. Und außerdem vermochte er wahrscheinlich zu machen (S. 72f.), daß es sich bei dem zum 19. V. im Niedermünster-Nekrolog eingeschriebenen *Timo advocatus* um Gf. Tiemo d. Ä. von Formbach gehandelt haben wird.

Bei Cl. LASHOFER, Formbacher S. 224f., wird gesagt, daß Tiemo I. „mehrmals verheiratet war". Eine sichere Quellenbasis hierfür gibt es nicht.

5 : Vermutungen zur Gemahlin Gf. Tiemos I. (v. Formbach)

Die aus der Gleichsetzbarkeit der Namen Tiemo und Dietmar und aus der Nachricht des Kaufunger / Ranshofener Nekrologfragmentes, daß ein Gf. Dietmar eine Schwester der Kaiserin Kunigunde zur Frau hatte (MGH Necrol 4 S. 424f.; MGH SS 4 S. 791), eventuell zu erschließende Ansicht, daß der Formbacher Graf Tiemo / Dietmar jener in diesem Nekrologfragment zum 29. III. vermerkte Schwager der Ksn. Kunigunde war, seine Frau mithin eine Luxemburgerin gewesen ist, läßt sich nicht vertreten. Wie H. WANDERWITZ, Reichsstifte Nieder- u. Obermünster S. 72–81, gezeigt hat, handelte es sich bei jenem Grafen Dietmar um den Grafen des Volkfeldgaues, nicht um Tiemo I. (v. Formbach).

6 / 7 : Gf. Elle (v. Reinhausen) und Mathilde als Eltern Mathildes (v. Reinhausen u. Formbach)

Zur Filiation vgl. den bereits bei nr. **2 / 3** (Abschnitt F) knapp erwähnten Bericht des Abtes Reinhard über die Gründung seines Klosters Reinhausen. Dieser beginnt folgendermaßen: *Ezike et Elle fratres et comites nobiles et predivites erant, qui Reinehuson et Lichen habitabant. Sed Ezike cum esset immature suo destitutus herede, beatum Petrum in Helmwardishuson sibi constituit heredem. Elle genuit IIII*[or] *filios Conradum, Heinricum, Hermannum et Udonem Hildeneshemensem [episcopum] et duas filias: Mathild et Rikence. Quam Geroldus de Immenhuson clam rapiens, predia multa cum ea obtinuit; sed cum ex ea non haberet heredem, Reinhardus prepositus, qui et postea Halberstadensis episcopus, omnia coemit … Porro Conradus genuit Beatricem, que nupsit Ocgero comiti de Wartbike et genuit Olricum. Heinricus autem genuit Meinhardum et Piligrimum et Eilikam et Adilheid abbatissas. Mathild vero nupsit cuidam Bau[a]ro principi et genuit Hermannum de Winzinburch.*- Den Kindern Gf. Elles ist übrigens noch eine Beatrix anzufügen; vgl. MGH Briefsammlungen der Zeit Heinrichs IV. S. 64–67 nr. 29: *Domino et fratri dilectissimo U[doni] Domini gratia episcopo Beatrix non fortuna sed solo nomine felix … Nam predia, que filio meo Herim[anno] in partem cedere debuerunt, tum regia potestas tum hostilis violentia pene omnia sibi usurpavit … Filiam vero meam Sophiam, que quasi furtum absconditum latet, quilibet ad hoc longe impar uxorem sibi sperare audet … – Sophiam autem meam iam viro maturam, … ubi sit honestum et idoneum, matrimonio iungere temptate.* Beatrix erwähnt auch, daß *filii mei vagi et exules in terra vivunt non sua*, weiterhin – wie schon zitiert –, daß Güter, die *filio meo Herim[anno] in partem cedere debuerunt*, beschlagnahmt seien *et apud regem filio meo fratres habuisse nocuit.* Und sie nennt schließlich auch noch einen Sohn Konrad und eine Tochter Burtgarda, dazu einen bereits verstorbenen Bruder *domnus H.* – Daraus ergibt sich folgender tabellarischer Überblick über diese Familie, in den noch – entsprechend den Darlegungen bei nr. **2 / 3** – an der Seite Hermanns v. Winzenburg dessen Geschwister Gf. Udalrich und Kgn. Sophie eingefügt sind und in dem auch die Kinder der Kgn. Sophie (Hermann und Otto) und eine Tochter Hermanns v. Winzenburg (Sophie, Gemahlin Albrechts des Bären, vgl. E. HLAWITSCHKA, Verwandtenehe Hermanns v. Salm S. 41 ff. mit Anm. 92) berücksichtigt wird:

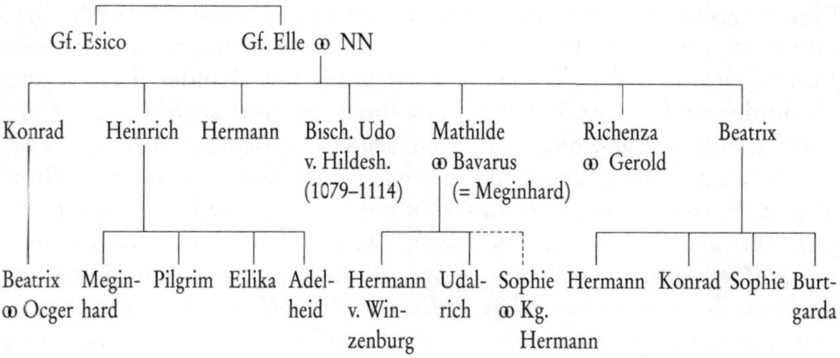

Die Frage, mit wem Gf. Elle verheiratet war und mit wem er die mit dem *bavarus princeps* vermählte Tochter Mathilde zeugte, ist zu lösen, wenn man die seit der Ehe Gf. Elles mit NN und besonders seit der Ehe Mathildes mit dem *Bavarus* (Meginhard) in der Formbacher Familie auftretenden Namen Sophie und Otto und auch die Namen Mathilde und Riche(n)za beachtet und dazu die auf der Quedlinburger Synode von 1085 inkriminierte 'Nahverwandtschaft' Kg. Hermanns v. Salm mit seiner Frau Sophie (vgl. Belege bei nr. **2 / 3**) in die Überlegungen einbezieht. Einerseits deuten nämlich die Namen Sophie, Mathilde und Richeza – vor allem wegen der Seltenheit des Namens Sophie und dessen Auftreten im Abendland erst seit der Ehe Ks. Ottos II. mit der Byzantinerin Theophanu (= Tochter einer Sophie) – auf die Ezzonen-Familie hin, weil Pfgf. Ezzo ja ca. 991 die Otto-Theophanu-Tochter Mathilde geheiratet hatte und sich von hier der Sophie-Name ausbreiten konnte. (Theophanu hatte sowohl eine Tochter Sophie, die 1039 als Äbtissin v. Gandersheim verstorben ist, als auch – durch ihre mit Pfgf. Ezzo verheiratete Tochter Mathilde – eine Enkelin Sophie, die 1031/38 als Kanonisse in Mainz verstarb; vgl. die Belege bei W. GLOCKER, Verwandte der Ottonen S. 206–211, 294 f., 319; K.G. BEUCKERS, Ezzonen S. 39–44). Und andererseits hatte doch auch bereits Kg. Hermann v. Salm – wie bei **XXV : (Gegen)kg. Hermann v. Salm** nr. **3** darzulegen war – ezzonisch-hezelinidische Ahnen.

Wie aber ist Gf. Elles Gemahlin NN in die Ezzonen-Familie einzugliedern? Um die Möglichkeiten festzustellen, ist hier zunächst die Ezzo-Hezelin-Familie nochmals – wie schon bei **XXV : (Gegen)kg. Hermann v. Salm** nr. **3** – zu betrachten: Durch die Fundatio mon. Brunwilar. cap. 1 u. 6, ed. H. PABST S. 150f. u. 158f., erfährt man, daß Pfgf. Ezzo die Tochter Ks. Ottos II. und Theophanus, Mathilde, heiratete, in cap. 12 (S. 167), daß sich Ezzo der Unterstützung *maxime fratris germani Hezelini comitis* erfreute. Die Kinder Ezzos und Mathildes sind in cap. 7 (S. 160) erwähnt: *nati sunt eis filii tres – Hermannus, Otto, Ludolphus – et filiae septem – Richeza, Adelheit, Ida, Mathilt, Theophanu, Heylewig, Sophia –.* Von diesen Kindern heißt es (cap. 8, S. 161): *Ludolphus autem maior natu … comitatum seu praefecturam adeptus est. … Hic filiam Ottonis comitis de Sudveno nomine Mathildim in coniugem accipiens, duos aeque per omnia sibi simillimos ex ea generavit filios, Heinricum videlicet et Cunonem: quorum alter suam post mortem eius [= Ludolphi] comitatum, alter vero Baioariae meruit ducatum; verum e vita excessit uterque sine ulla stirpis successione. …* – Cap. 9 (S. 162): *Porro Adelheit in Nivella monasterio, Theophanu in Asnide, Heylwig in Nussia, Mathilt in Didinkirica atque Vylica, Ida in monasterio sanctae Mariae Coloniae, Sophia similiter in monasterio sanctae Mariae Moguntiae atque Gandersheim sanctimonialibus feminis sunt praelatae loco regiminis. … De Herimanno vero, Ottone etiam et Richeza aliis in locis est dicendum.* In cap. 13 (S. 168) wird berichtet, daß *Poliniorum rex nomine Misecho … filiae eius* [= Pfgf. Ezzos] *quae primogenita erat Richezae petit consortium.* Das Cap. 18 (S. 172) beinhaltet den Tod der Ezzo-Gemahlin Mathilde im Herbst 1025, während eines Besuches beim *Hezelinus comes, frater Erenfridi,* also beim Schwager, und in cap. 23 (S. 176) wird mitgeteilt, daß Pfgf. Erenfrid/Ezzo *post obitum religiosissimae coniugis suae, cum iam decimus annus instaret,* in Saalfeld verstarb, *80 prope annos aetatis habens.* Im cap. 24 (S. 177) wird vom Tod des Ezzo-Sohnes Ludolf drei Jahre vor dem Vater berichtet; dazu, daß *Otto igitur filius eius* [= Ezzos] *… patriis rebus et honore dignus heres substitutus est. Et non multo post etiam frater eius Herimannus, Piligrimo archiepiscopo transmigrante … sanctae Coloniae archipontificatum … adeptus est.* Cap. 25 (S. 177f.) vermeldet sodann das Scheitern der Ehe Kgn. Richezas, obgleich sie ihrem Gemahl Mieszko v.

Polen *iam peperisset Gazimerum*, und Richezas Rückkehr nach Deutschland; und in cap. 27 (S. 180) heißt es, daß der Kaiser dem Pfgf. Otto *Suevorum committit ducatum, Henrico, patrui eius filio, ad palatii officium substituto*, und daß Otto bereits im 3. Amtsjahr auf der Tomburg plötzlich verstarb etc. – Das ergibt folgendes Stemma, in das auch noch – entsprechend den Nachweisen bei **XXV : (Gegen)kg. Hermann v. Salm** nr. **12 / 13** – die Eltern Pfgf. Ezzos und Gf. Hezelins sowie des letzteren Nachkommen und dazu auch eine bislang unerwähnte Adelheid (Erbin von Alzey u. Gemahlin Gf. Gottschalks) als Tochter Gf. Ludolfs, und zwei ansonsten gut bezeugte Töchter Richezas (Richeza? und Gertrud) mit aufgenommen sind (Nachweise zur Erbin von Alzey und zu Richezas Töchtern bei E. HLAWITSCHKA, Verwandtenehe Hermanns v. Salm S. 41 Anm. 89 und S. 39 Anm. 84), außerdem ein Sohn des Pfgf. Heinrich, Pfgf. Hermann II., den die Fundatio verschweigt, der aber nachweisbar ist und im Jahre 1060 noch nicht volljährig war, für den sich dabei eine Geburtszeit ca. 1048 ergibt (vgl. U. LEWALD, Ezzonen S. 156–164):

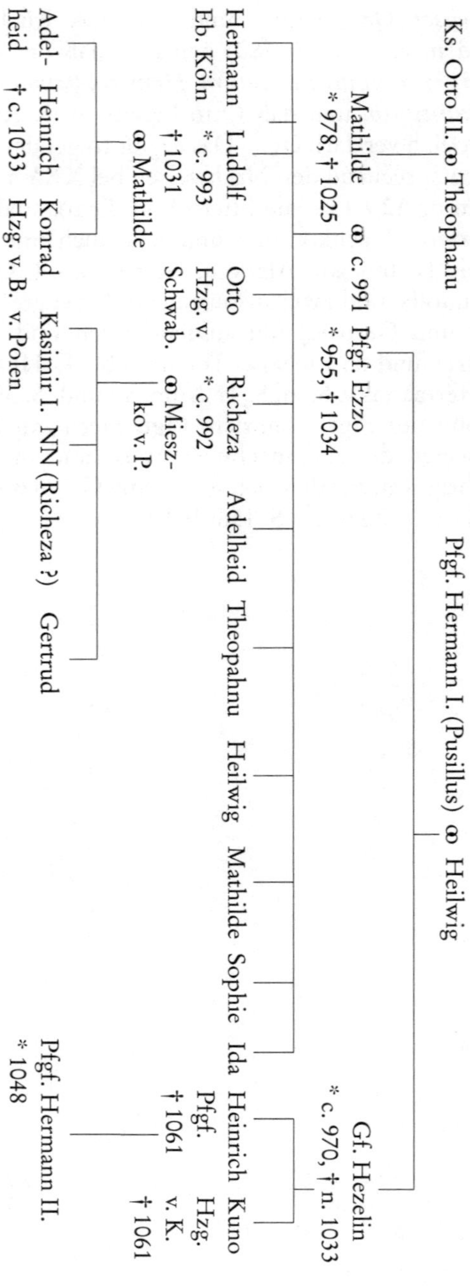
Ks. Otto II. ∞ Theophanu
Pfgf. Hermann I. (Pusillus) ∞ Heilwig
Mathilde
* 978, † 1025
∞ c. 991 Pfgf. Ezzo
* 955, † 1034
Gf. Hezelin
* c. 970, † n. 1033
Hermann
Eb. Köln
Ludolf
* c. 993
† 1031
∞ Mathilde
Otto
Hzg. v.
Schwab.
Richeza
* c. 992
∞ Miesz-
ko v. P.
Adelheid
Theopahnu
Heilwig
Mathilde
Sophie
Ida
Heinrich
Pfgf.
† 1061
Kuno
Hzg.
v. K.
† 1061
Adel-
heid
Heinrich
† c. 1033
Konrad
Hzg. v. B.
Kasimir I.
v. Polen
NN (Richeza ?)
Gertrud
Pfgf. Hermann II.
* 1048

Die Möglichkeiten, Gf. Elles Gemahlin NN nun in diese Ezzonen-Familie einzugliedern, sind äußerst begrenzt. Das rührt daher, daß einerseits Gf. Elle für die Jahre 1021 und 1022 urkundlich als Graf nachgewiesen werden kann (MGH DH II 446 u. 453), er also kaum später als 1005 geboren sein wird, wahrscheinlich sogar vor 1000 zur Welt gekommen sein dürfte, und vielleicht um 1020 geheiratet hat, und daß andererseits zu einem um 1000 oder eher noch vor 1000 geborenen Ehemann am wahrscheinlichsten eine um 1000/05 geborene 'Ezzonin' in Frage kommen dürfte. Unter die Kinder Gf. Hezelins läßt sich NN kaum einordnen, da die Namen Mathilde, Otto und Sophie nicht auf eine hezelinidische Verbindung, sondern auf eine solche Ezzos verweisen und weil bereits die Mutter Kg. Hermanns v. Salm als Tochter Gf. Hezelins aufgezeigt werden konnte (vgl. bei **XXV : (Gegen)kg. Hermann v. Salm** nr. **3**), wodurch eine Heirat Kg. Hermanns und Sophies eine strikt untersagte Nahehe der Grade 2:2 gewesen wäre und nie hätte zustandekommen können. Und von den 10 Kindern Pfgf. Ezzos und Mathildes, die zwischen 992 und ca. 1015/20 geboren sein dürften, scheiden eigentlich alle 7 Damen bei der Suche nach der Ehepartnerin Gf. Elles aus, weil die eine (Richeza) mit dem Polenfürsten (Kg.) Mieszko II. verheiratet wurde und die anderen 6 in der Brauweiler Fundatio als Klosterfrauen bzw. Äbtissinnen bezeichnet sind. Falls indessen Gf. Elles Gemahlin NN nicht in etwa gleichaltrig mit ihrem Ehemann gewesen sein sollte, könnte man sie evtl. als weiteres (4.) Kind des 38-jährig verstorbenen Ludolf und seiner Frau Mathilde betrachten, denn die Fundatio scheint ja doch bei den Ludolf-Nachkommen nur die Söhne berücksichtigt zu haben (wie ja doch auch die Erbin von Alzey und Gottschalk-Gemahlin Adelheid weggelassen wurde). Denn als Kind Erzbisch. Hermanns v. Köln oder des 1047 nachweislich kinderlos verstorbenen Hzg. Otto (Nachweis bei E. HLAWITSCHKA, Verwandtenehe Hermanns v. Salm S. 39f. mit Anm. 83–87) ist NN ja nicht zu erwägen. Hält man diese Problemlösung für möglich, ergäbe sich für die Erklärung der angreifbaren Nahverwandtschaft Kg. Hermanns und seiner Frau Sophie folgendes Stemma A, in das die Ergebnisse zur Klärung der Vorfahren Kg. Hermanns v. Salm integriert sind:

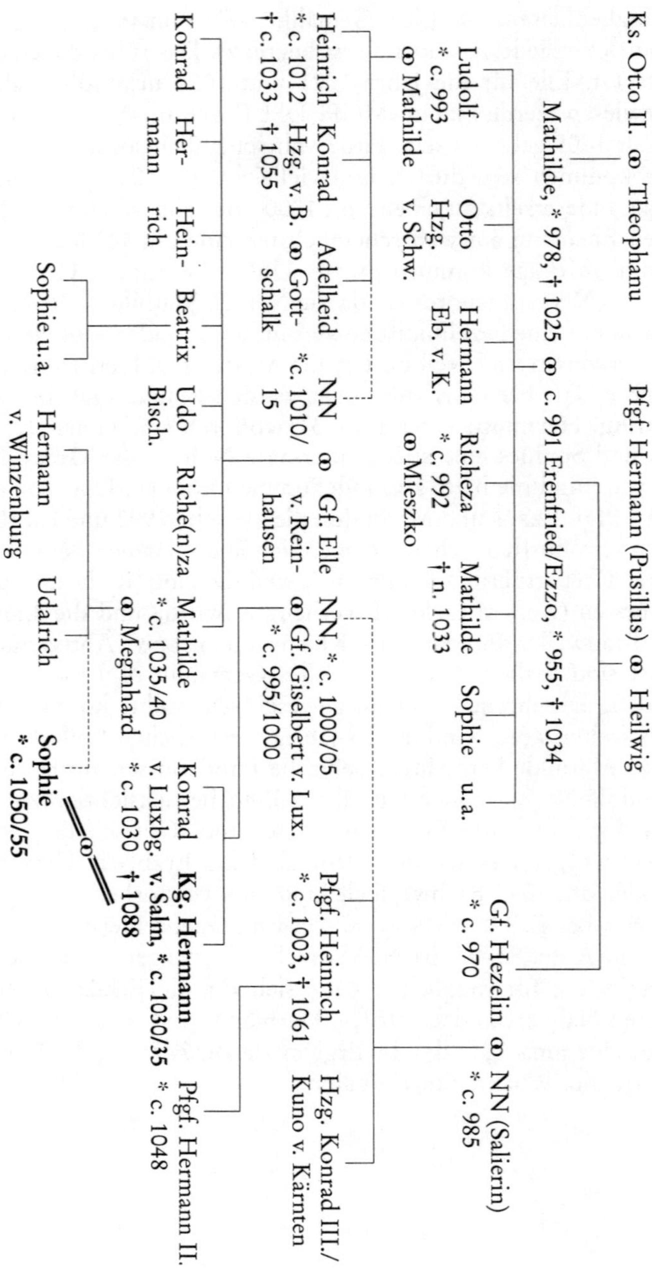
Ks. Otto II. ∞ Theophanu
Pfgf. Hermann (Pusillus) ∞ Heilwig
Mathilde, * 978, † 1025 ∞ c. 991 Erenfried/Ezzo, * 955, † 1034
Gf. Hezelin ∞ NN (Salierin)
* c. 970
* c. 985
Ludolf * c. 993 ∞ Mathilde v. Schw.
Otto Hzg.
Hermann Eb. v. K.
Richeza * c. 992 ∞ Mieszko
Mathilde † n. 1033
Sophie u.a.
Heinrich * c. 1012 † c. 1033
Konrad Hzg. v. B. † 1055
Adelheid ∞ Gottschalk
NN * c. 1010/15 ∞ Gf. Elle v. Reinhausen
NN, * c. 1000/05 ∞ Gf. Giselbert v. Lux. * c. 995/1000
Pfgf. Heinrich * c. 1003, † 1061
Hzg. Konrad III./Kuno v. Kärnten
Konrad
Hermann
Heinrich
Beatrix
Udo Bisch.
Riche(n)za
Mathilde * c. 1035/40 ∞ Meginhard * c. 1030
Konrad v. Luxbg.
Kg. Hermann v. Salm, * c. 1030/35 † 1088
Pfgf. Hermann II. * c. 1048
Sophie u.a.
Hermann v. Winzenburg
Udalrich
Sophie * c. 1050/55
∞

Der (Gegen)könig Hermann v. Salm und seine Ehefrau Sophie dürften demnach in einer angreifbaren Verwandtenehe der Grade 5:3 gelebt haben. Eine solche Verbindung war freilich nur von der einen Gradseite (von der Linie Hermanns) her angreifbar, von der anderen (derjenigen Sophies) nicht mehr. War sie dann nicht doch noch zu dulden?

Wenn man indessen für den 1021/22 als Graf nachweisbaren und evtl. schon vor 1000 geborenen Elle v. Reinhausen eine nicht ca. 15 Jahre jüngere, sondern eine in etwa gleichaltrige Gattin NN für wahrscheinlicher hält, muß man diese NN eine Generation höher, d. h. bei den Kindern Erenfried / Ezzos selbst suchen. Es könnte ja eine der Ezzo-Mathilde-Töchter verheiratet gewesen sein, bevor sie – als Witwe – ins Kloster ging und Äbtissin wurde. Der Brauweiler Bericht ist ja doch – wie schon festzustellen war – keinesfalls erschöpfend. Da man für die Ezzo-Mathilde-Töchter Adelheid, Theophanu, Sophie und Ida genügend Anhaltspunkte dafür aufzeigen kann, daß sie sich von vornherein für ein Klosterleben entschieden hatten (vgl. E. HLAWITSCHKA, Verwandtenehe Hermanns v. Salm S. 43 ff.) und da auch Richezas Schicksal bestens bezeugt ist, kommen für eine solche Möglichkeit nur Heilwig und Mathilde in Frage. Zumal aber der Name Heilwig in der Nachkommenschaft Gf. Elles nicht mehr auftaucht – im Gegensatz zum Namen Mathilde –, könnte hier sehr wohl an die Ezzo-Tochter Mathilde gedacht werden. Sie wird in der Fundatio mon. Brunwilar. cap. 9 (S. 162) als Klostervorsteherin von Dietkirchen (b. Bonn) und Vilich angegeben (s. oben). In Dietkirchen ist zum Jahre 1021 eine Äbtissin Bertsvinda bezeugt (MGH D H II 346), und in Vilich amtierte vor 1021 eine Nichte der ersten Äbtissin Adelheid (vgl. Vita Adelheidis cap. 7, MGH SS 15/2 S. 762). Seit Mitte der 30er bis in die 50er Jahre des 11. Jhs. könnte Mathilde hier als Äbtissin fungiert haben. Es könnte also die als 4. oder 5. Kind ihrer Eltern kurz vor 1000 geborene Mathilde um 1015 den Grafen Elle geheiratet und anschließend ihre 4 Söhne und 3 Töchter (vgl. oben bei nr. **6 / 7**, [1. Abschnitt]) geboren haben und nach dem Tode Elles (evtl. anfangs der 30er Jahre) die Klosterleitung in Dietkirchen und in Vilich übernommen haben. (Gf. Elle ist für 1021 und 1022 in MGH D H II 446 u. 453 als Graf im Engersgau bezeugt; 1034 ist ihm dort bereits ein Gf. Wigger nachgefolgt; H. GENSICKE, Landesgesch. Westerwald S. 49. Ist dies ein Zeichen dafür, daß Gf. Elle damals schon verstorben war?). So ergibt sich das mögliche Stemma B:

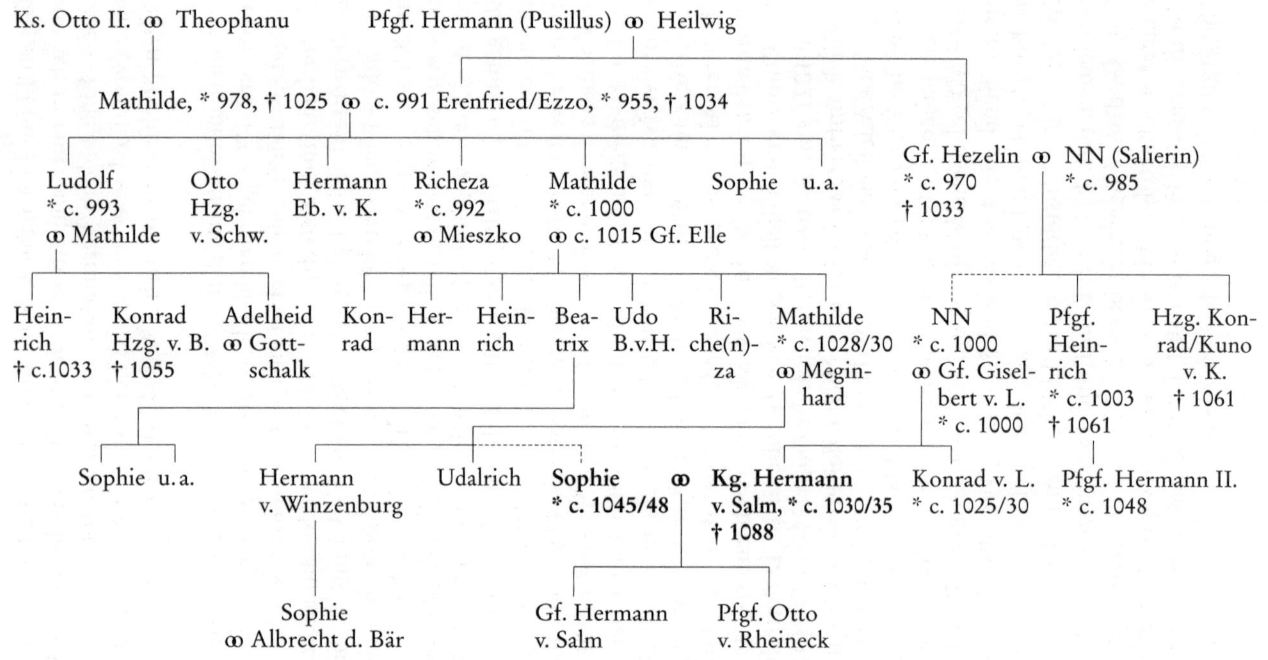
Ks. Otto II. ∞ Theophanu
Pfgf. Hermann (Pusillus) ∞ Heilwig
Mathilde, * 978, † 1025 ∞ c. 991 Erenfried/Ezzo, * 955, † 1034
Gf. Hezelin ∞ NN (Salierin)
* c. 970
† 1033
* c. 985
Ludolf
* c. 993
∞ Mathilde
Otto
Hzg.
v. Schw.
Hermann
Eb. v. K.
Richeza
* c. 992
∞ Mieszko
Mathilde
* c. 1000
∞ c. 1015 Gf. Elle
Sophie u. a.
Hein-
rich
† c.1033
Konrad
Hzg. v. B.
† 1055
Adelheid
∞ Gott-
schalk
Kon-
rad
Her-
mann
Hein-
rich
Bea-
trix
Udo
B.v.H.
Ri-
che(n)-
za
Mathilde
* c. 1028/30
∞ Megin-
hard
NN
* c. 1000
∞ Gf. Gisel-
bert v. L.
* c. 1000
Pfgf.
Hein-
rich
* c. 1003
† 1061
Hzg. Kon-
rad/Kuno
v. K.
† 1061
Sophie u. a.
Hermann
v. Winzenburg
Udalrich
Sophie
* c. 1045/48
∞
Kg. Hermann
v. Salm, * c. 1030/35
† 1088
Konrad v. L.
* c. 1025/30
Pfgf. Hermann II.
* c. 1048
Sophie
∞ Albrecht d. Bär
Gf. Hermann
v. Salm
Pfgf. Otto
v. Rheineck

Diese Möglichkeit B erklärt ebenso wie die Sichtweise A, weshalb wohl die Namen Mathilde, Sophie, Riche(n)za und Otto in der Grafenfamilie der 'Formbacher' aufzutreten beginnen und weshalb Hermann v. Salm und seine Gemahlin Sophie in einer tatsächlich unstatthaften Verwandtenehe lebten. Es handelte sich in diesem Falle um eine Nahehe der Grade 3:4, wie sie kanonisch nicht gestattet war. Insofern dürfte die Problemlösung B, bei der zudem die Altersrelationen bei Gf. Elle und seiner Frau (also der Ezzo-Mathilde-Tochter Mathilde) wie auch bei Hermann v. Salm und Sophie natürlicher erscheinen, der Sichtweise A vorzuziehen sein.

Als ungefähre Geburtszeit Gf. Elles, des Grafen im Engersgau, wird man somit wohl einige Jahre vor 1000 annehmen dürfen, als ungefähre Geburtszeit seiner Frau (Mathilde) ca. 1000, da sie – gemäß der Aufzählung der Ezzo-Mathilde-Kinder (s. oben) – das 5. oder 6. Kind ihrer Eltern gewesen zu sein scheint. (Zur Festlegung der Hochzeitszeit der Eltern auf 991 vgl. bei nr. **14 / 15**).

Zur Todeszeit Gf. Elles und auch Mathildes ist nichts Präzises überliefert. „Da sie [= Mathilde] in der Vita Adelheidis [von Vilich, wo Mathilde die Äbtissinenfunktion wahrnahm] nicht namentlich genannt wird, hat man angenommen, daß sie zur Zeit der Abfassung dieser Schrift (um 1056) die Vilicher Äbtissinnenwürde noch innehatte"; so I. ACHTER, Stiftskirche St. Peter S. 184.

Hinzuweisen ist hier noch kurz auf R. WENSKUS, Sächs. Stammesadel S. 402 Anm.3498, wo die ganz unhaltbare Meinung vertreten wird: „Dieser Elle war wahrscheinlich mit einer Katlenburgerin verheiratet", was allein mit dem Auftreten der Namen Beatrix, Konrad, Heinrich und Udo begründet wird.

8 : Gf. Berthold (v. Schweinachgau) als Vater Gf. Tiemos I. (v. Formbach)

Die bei nr. **4** zitierten Anfangsteile der Formbacher 'Hausgenealogie' nennen einen *Udalricus senex comes* als Vater Gf. Tiemos I. Da diese in einer Handschrift des 15. Jhs. überlieferte Aufzeichnung eher auf einer summarisch angelegten älteren Memorialquelle als auf Urkunden und Traditionsbüchern zu beruhen scheint (vgl. R. LOIBL, Vornbach S. 363f.), müssen die Einzelangaben an anderen Quellen überprüft werden. Wichtig ist dabei, daß Hermann v. Niederaltaich um die Mitte des 13. Jhs. in einem Niederaltaicher Traditionscodex für die Zeit um 950 einen Vogt Meginhard zusammen mit seinem Bruder Gf.

Ulrich genannt fand: *tempore Heinrici ducis* († 955) *Meinhardus comes fuit advocatus; hic habuit fratrem Ulricum comitem*; Hermann v. Niederaltaich, Series advocatorum monast. Nideraltacens., MGH SS 17 S. 373f. Setzt man diesen Grafen Ulrich mit dem *Udalricus senex comes* der Formbacher 'Hausgenealogie' gleich, fügt sich eine Passauer Traditionsnotiz von ca. 947/70 dazu, in der die Adligen Odalrich, Heriman und Meginhard einen Tausch von Gütern im Schweinachgau und Rottgau bezeugen; Trad. Hochstift Passau, ed. M. HEUWIESER S. 78f. nr. 91. Eine weitere Passauer Traditionsnotiz, die um 1013/45 anzusetzen ist, zeigt einen Gf. Berthold, Sohn Gf. Oudalrichs, der sterbend seine Hörige Rihgart in die Hand des Grafen Tiemo zur weiteren Verfügung nach dem Willen der Rihgart überantwortet, wodurch diese schließlich an die Passauer Kirche übergeben wird; ebd. S. 85f. nr. 99: (a) … *comes Berhtaldus filius comitis Ŏdalrici imminente sue ex hoc seculo transmigrationis tempore quandam sui proprii iuris ancillam nomine Rihgart … tradidit in manum Tiemonis comitis eo videlicet tenore, ut ipse eam potestative absque cunctorum contradictione aut in mundiburdium alicuius ecclesiae … aut cuilibet libertati eidem Richgardae placuisset aut ipse tradendo mancipatet aut ad alias manus … traderet. Huius vero traditionis testium nomina inferius sunt subnotata. Tiemo comes eiusdem traditoris filius, Gerolt comes, Papo …* (b) *Postea vero aliquanto temporis intervallo transacto prefata Richgarda rogante prescriptus comes Tiemo illam sub antedicta ratione in manu comitis tradidit Ratpoti, ut ipse huiusmodi libertatis concessionem ad effectum perduceret … et iam dicti prime traditionis testes in testimonium huius secundae ritu Baioarico sunt per aures tracti.* – Die Frage ist nun, ob es sich bei diesen Tiemo-Nennungen stets um ein und dieselbe Person handelt, oder ob hier Tiemo I. und Tiemo II. auftreten. Zuletzt argumentierte R. LOIBL, Vornbach S. 366 und S. 369, folgendermaßen: Gf. Tiemo d.Ä. fungierte hier als Salmann (= Treuhänder) – eine Aufgabe, die zumeist von den engsten Verwandten und Vertrauten eines Erblassers übernommen zu werden pflegte (also vom Bruder oder vom Sohn) –, während sein Sohn (Tiemo d.J.) als *Tiemo comes eiusdem traditoris filius* den Rechtsakt bezeugt. Diese Nachrichten ergeben für ihn das folgende genealogische Grundgerüst (vgl. auch ebd. S. 368), das die zentralen Angaben der 'Hausgenealogie' bestätigt:

Gf. Meginhard — Gf. Udalrich

- Gf. Udalrich
  - Gf. Berthold
  - Gf. Tiemo I.
    - Gf. Tiemo II.

Da Gf. Tiemo I. aber nicht eigens als Bruder des sterbenden Grafen Berthold bezeichnet ist, hatte F. TYROLLER, Genealogie d. altbayer. Adels S. 138, schon früher eine andere Deutung jener Notiz vorgenommen. Indem er den Salmann Gf. Tiemo mit dem *Tiemo comes eiusdem traditoris filius* gleichsetzte (als *traditor* also den sterbenden Grafen Berthold, nicht den Treuhänder Tiemo, ansah), schob er den Grafen Berthold zwischen Gf. Tiemo I. und Gf. Udalrich ein.

Gf. Meginhard — Gf. Udalrich

- Gf. Udalrich
  - Gf. Berthold
    - Gf. Tiemo I.
      - Gf. Tiemo II.

Dieser Sicht folgte u.a. H. WANDERWITZ, Reichsstifte Nieder- u. Obermünster S. 74, 77. Da der Text nicht ausdrücklich zwischen zwei Grafen namens Tiemo unterscheidet und im Teil (b) wiederum nur vom *prescriptus comes Tiemo* die Rede ist, dürfte – gegen R. Loibl, der davon auszugehen scheint, daß ein Salmann nicht gleichzeitig Urkundenzeuge sein kann – doch die ältere Auffassung von Tyroller und Wanderwitz überzeugender sein. Auch chronologische Erwägungen sprechen dafür; denn *Udalricus senex* ist um 950 nachgewiesen, Tiemos I. Todeszeit liegt hingegen erst etwa 100 Jahre später. Eine direkte Aufeinanderfolge – ohne Zwischenglied – würde für Tiemo I. ein außerordentlich hohes Lebensalter bedingen.

Die Grafen von Formbach wurden – wie H. WANDERWITZ, Reichsstifte Nieder- u. Obermünster S. 74, zeigen konnte – im Regensburg-Niedermünsterer Nekrolog verzeichnet. Aus dieser Beobachtung heraus ist es möglich, den dort (MGH Necrol. III S. 291) zum 8. August eingetragenen *Berhtold comes* auf den hier behandelten Grafen zu beziehen.

12 : Vermutungen zu den Vorfahren Gf. Elles (v. Reinhausen)

Für die Mitte des 10. Jhs. begegnen im Leinegau und im benachbarten Hessengau wiederholt Bezeugungen eines Grafen *Allio* (MGH D O I 48 vom 22. VI. 942), *Albo* (statt Allo ?, MGH D O I 123 vom 15. IV. 950), und *Elli* (MGH D O I 282 vom 12. IV. 965). Daß dieser Mann zu den Vorfahren Gf. Elles (v. Reinhausen) gehört haben dürfte, ist wahrscheinlich, doch nicht präzise erweisbar. Vgl. dazu R. SCHÖLKOPF, Sächs. Grafen S. 133f. – Wie vorher schon A. COHN, Beiträge, diese Lücke mit verschiedenen Kombinationen zu schließen versuchte, so zuletzt auch wieder R. WENSKUS, Sächs. Stammesadel S. 372f., 401ff.

14 / 15 : Pfgf. Erenfried / Ezzo und Mathilde als Eltern Mathildes

Zur Filiation vgl. die Fundatio mon. Brunwilar., prolog., ed. H. PABST S. 148: *Herenfridus primum, sed Ezo postmodum est appallatus*; ebd. S. 150: *Vir itaque praeclarissimi generis Ezo comes palatinus, tum propria virtutum actione tum etiam gloriosissimae coniugis suae Mathildis ac Deo devota religione venerandus et praedicandus …* Weiterhin ebd. cap. 7, S. 160: *… nati sunt eis* [= Ezzo u. Mathilde] *filii tres – Hermannus, Otto Ludolphus – et filiae septem: Richeza, Adelheit, Ida, Mathilt, Theophanu, Heylewig, Sophia.* In cap. 9, S. 162, heißt es: *Porro Adelheit in Nivella monasterio, Theophanu in Asnide, Heylewig in Nussia, Mathilt in Didinkirica atque Vylica, Ida in monasterio sanctae Mariae Coloniae, Sophia similiter in monasterio sanctae Mariae Moguntiae atque Gandersheim sanctimonialibus feminis sunt praelatae loco regiminis.* Vgl. auch schon bei nr. **6 / 7**. Zu den stark verfälschten Brauweiler Urkunden, die Pfgf. Ezzo und die Kaisertochter Mathilde als Ehepaar zeigen, vgl. MGH D H II 272 (mit Vorbemerkung).

Die Hochzeit Erenfried / Ezzos und Mathildes kam – nach der Fundatio cap. 6, S. 159 – bezüglich Mathildes, *fratre* [= Otto III.] *iubente*, *matre* [= Theophanu] *volente*, zustande. Da indessen Mathilde im Sommer 978 geboren wurde (vgl. O. PERST, Reihenfolge S. 230–236, bes. S. 235; auch W. GLOCKER, Verwandte der Ottonen S. 294f.), dürfte sie die kurz vor dem Tode Theophanus († 15. VI. 991) ausgehandelte Heiratszusage als knapp Dreizehnjährige erhalten haben.

Da Ezzo am 21. Mai 1034 – fast 80 Jahre alt – in Saalfeld verstarb und sein Leichnam anschließend zur Bestattung nach Brauweiler überführt wurde (Quellenzusammenstellung bei F.W. OEDIGER, Regesten d. Erzbischöfe v. Köln I S. 221 nr. 750, und bei H. BRESSLAU, Jahrb. Konrads II., Bd. 2 S. 127 Anm. 2), dürfte er um 955 geboren sein. In der Fundatio cap. 23, S. 176, heißt es nämlich: *Post obitum religiosissimae coniugis suae cum iam decimus annus instaret, ... ad suam provinciam Salaveld profectus et prolixiore tempore ibidem commoratus et infirmatus, 80 prope annos aetatis habens, ... defunctus ... est. Corpus vero eius ad dilectum sibi locum ... delatum et ... iuxta corpus consortis suae, devotissimae Deo Mathildis, sepultum est.* – Das Todesjahr ist in den Ann. Brunwilar. ad 1034, MGH SS 16 S. 725, verzeichnet: *Hic Erenfridus comes palatinus moritur.* Der Todestag Ezzos wird in den Totenbüchern von St. Gereon zu Köln (ed. P. HEUSGEN, Ältestes Memorienbuch S.10) und Brauweiler wie auch im Nekrolog v. Weißenburg (ed. E.F. MOOYER S. 17) zum 21. Mai überliefert: *XII Kl. [iun.] Ezzo palatinus comes obiit.* Im Brauweiler Epitaph (MGH Poetae Lat. 5 S. 289 nr. 12; auch ed. H. PABST, Fundatio S. 177; H.E. STIENE, Carmina Brauweilerensia S. 42f.) heißt es: *Quem sub bis senis Gemini misere Kalendis.* Zur abweichenden Angabe des Todestages Pfgf. Ezzos (17. Mai) und des Bestattungsortes (Augsburg) in den Ann. Hildesheim. vgl. bei **XXV : (Gegen)kg. Hermann v. Salm** nr. **26 /27**.

Mathilde verstarb am 20. November 1025 in Echtz (b. Düren) und wurde am 24. November in Brauweiler beigesetzt; vgl. zum Todesjahr die Ann. Brunwilar. ad 1025, MGH SS 16 S. 724 (auch J.F. BÖHMER, Fontes III S. 382): *MXXV. Domina nostra Mathild, pro dolor! obiit.* Zum genauen Sterbetag vgl. den Eintrag im Brauweiler Totenbuch bei F.W. OEDIGER, Regesten d. Erzbischöfe v. Köln I S. 212 nr. 722: Dort ist für Mathildes Todestag angegeben : *XII. Kal. Dec.* Ihre Grabschrift, die auch auf ihre ottonische Abstammung Bezug nimmt, ist gedruckt bei MGH Poetae Lat. 5 S. 288 nr. 11; auch Fundatio mon. Brunwilar. cap. 18, ed. H. PABST S. 173; H.E. STIENE, Carmina Brauweilerensia S. 39f.: *Otto avus, Otto pater fuerant huic Ottoque frater / ... / Machtilth nobilius suscipit inde genus / Arcitenens ipsam quarto sub lumine fixam / transtulit ad vitam lucis in arce sitam.* Hieraus und aus dem Bericht der Fundatio cap. 18 (S. 172) meinte man früher, den 4. November 1025 als Todestag erschließen zu können. Vgl. dazu indes schon E. HLAWITSCHKA, Oberlothring. Herzogstochter Sophie S. 99 mit Anm. 74.

16 : Udalrich, Gf. an der Donau, als Vater Gf. Bertholds (v. Schweinachgau)

Zur Begründung der Filiation vgl. oben bei nr. **8**. – Über die Lebenszeit Gf. Udalrichs – seine aktive Zeit ist um die Mitte und das dritte Viertel des 10. Jhs. anzusetzen – läßt sich nichts Präzises ermitteln.

17 : Kunigunde als Mutter Gf. Bertholds (v. Schweinachgau)

Nach einer bei J. WIDEMANN, Traditionen Hochstift Regensburg S. 217 nr. 260, gedruckten Quelle von ca. 1000 hatte Mathilde, die Gemahlin des Regensburger Burggrafen Pabo, eine Mutter Kunigunde und einen Bruder Berthold: *Papo quidem urbis prefectus una cum coniuge sua Mahthilda* schenkt dem Regensburger Kloster St. Emmeram Gundelshausen, *quod fuit eidem Mahthildae de largitione matris eius Chunigundae contraditum, ... pro remedio animarum videlicet Pabonis et Mahthildae ac fratris eius Perahtoldi.* Bei einer Identifizierung dieses *Perahtold* mit Gf. Berthold, die z. B. schon von F. TYROLLER, Ahnen d. Wittelsbacher zum anderen Male S. 144, vorgenommen wird, weil es sich „nach dem vorhandenen dürftigen Quellenmaterial nur um den Grafen Berthold im Schweinachgau (spätere Grafschaft Windberg), den Sohn des Grafen Ulrich I. und Vater des Grafen Tiemo aus dem später nach Vornbach benannten Geschlecht gehandelt" haben kann, muß auch des letzteren Mutter eine Kunigunde gewesen sein.

28 / 29 : Pfgf. Hermann I. (Pusillus) v. Lothringen und Heilwig als Eltern Pfgf. Erenfried / Ezzos

Zu den Bezeugungen Pfgf. Hermanns I. (Pusillus) und Heilwigs als Eltern Pfgf. Erenfried / Ezzos und seines Bruders Gf. Hezelin wie auch zu den ermittelbaren Lebens- bzw. Todesdaten vgl. bei **XXV : (Gegen)kg. Hermann v. Salm** nr. **12 / 13.**

30 / 31 : Ks. Otto II. und Theophanu als Eltern Mathildes

Zur Abstammung Mathildes vgl. die Fundatio mon. Brunwilarensis cap. 1, ed. H. PABST S. 151: Pfgf. Erenfried / Ezzo *claruit uxoris generositate liberorumque honestate fortunatior. Quod enim ingenium ... explicabit gloriam Romanorum, quanta excrevit terra marique Otto-*

num temporibus augustorum, quorum praedicta Mathildis, clarissima scilicet faemina, primum habuit avum, alterum patrem, germanum alterum? Dies fußt auf dem Epitaph Mathildes ebd. cap. 18, S. 173, (vgl. auch bei nr. **14 / 15**): *Otto avus, Otto pater fuerant huic Ottoque frater, / sub quis Roma potens subdidit omne nocens. / Haec huius tecti structrix, 'dux femina facti', / Machtilth suscipit inde genus.* Im cap. 5 der Fundatio (S. 156) heißt es, daß Ottos d. G. Sohn Otto II. *pater adhuc vivens filiam Ioannis Grecorum regis Theophanu nomine in coniugium desponsaverat, simulque cum ipso nuptias eius Papiae celebraverat. A qua iam filium nomine suo, scilicet Otto, insignem clarissimique sui sanguinis normam propemodum exprimentem filiamque vocabulo Mathilt procreaverat...*

Zum Hochzeitsdatum sowie zu den Geburts- und Sterbedaten Ks. Ottos II. und Theophanus vgl. bei **IX : Ks. Otto II.** nr. **1** und **X : Ksn. Theophanu** nr. **1**.

32 : Vermutbare Vorfahren Gf. Udalrichs

Zu den erschließbaren weiteren Vorfahren Gf. Udalrichs vgl. bei R. LOIBL, Vornbach S. 363–369; F. TYROLLER, Genealogie d. altbayer. Adels S. 134–137.

34 : Vermutbare Vorfahren Kunigundes

Daß Kunigunde – wie F. TYROLLER, Genealogie d. altbayer. Adels S. 137 nr. 5 und S. 165 nr. 1, angibt – „eine Tochter des Herzogs Berthold († 947)" gewesen sein müsse, ist lediglich eine Hypothese, die davon ausgeht, daß Hzg. Berthold eine Mutter Kunigunde (Gemahlin des 907 gefallenen Grafen Liutpold, in 2. Ehe verheiratet mit Kg. Konrad I.), hatte. Vgl. auch E. KIMPEN, Genealogie d. bayr. Herzöge S. 71.

56 / 57 : Gf. Erenfried und Richwara als Eltern Pfgf. Hermanns I. (Pusillus) i. Lothringen

Vgl. hierzu bei **XXV : (Gegen)kg. Hermann v. Salm** nr. **24 / 25**.

58 / 59 : Vermutbare Vorfahren Heilwigs

Vgl. hierzu bei **XXV : (Gegen)kg. Hermann v. Salm** nr. **26 / 27**.

60 : Ks. Otto I. als Vater Ks. Ottos II.

Vgl. hierzu bei **IX : Ks. Otto II.** nr. **2** und zum Nachweis der Lebensdaten Ks. Ottos I. bei **VI : Ks. Otto I.** nr. 1.

61 : Adelheid als Mutter Ks. Ottos II.

Vgl. hierzu bei **IX : Ks. Otto II.** nr. **3** und zu den Lebensdaten Adelheids bei **VIII : Ksn. Adelheid** nr. 1.

62 / 63 : Konstantinos Skleros und Sophia Phokaina als Eltern Theophanus

Vgl. hierzu bei **X : Ksn. Theophanu** nr. **2 / 3**.

XXVII : Kg. Konrad (III.), Sohn Ks. Heinrichs IV., (1087–1093, † 1101)

I : Kg. Konrad (III.)

Über die Geburt Konrads am 12. II. 1074 in Hersfeld berichtet Lampert v. Hersfeld, Annales ad 1074, MGH SS rer. Germ. S. 174: *Et quia regina* [= Berta] *in eo* [= Burg Vockenrode] *tempore belli huius servabatur, iussu regis profectus eo abbas Herveldensis ... eam inde accepit atque Herveldiam adduxit pregnantem et iam de partus vicinitate in dies anxiantem. Cumque ibi diebus multis moraretur ... II. Idus Februarii, feria IIII. peperit filium. Is quoniam infirmari et iamiam expiraturus putabatur, tercio die baptizatus est ... et nomine atavi sui Cuonradi est vocatus.* – Die Ann. Patherbrunn. ad 1074, ed. P. Scheffer-Boichorst S. 95, ziehen den Geburts- zum Tauftag hin: *Filius regis Cuonradus 16. Kal. Mart. Herveldiae natus est et baptizatus.* – Weitere Zeugnisse bei E. Goez, Thronerbe S. 3 Anm. 15.

Zum König wurde Konrad am 30. V. 1087 in Aachen erhoben und geweiht. Vgl. Ann. Weissemburg. ad 1087, MGH SS 3 S. 72: *Cuonradus filius imperatoris a Sigewino Coloniensi archiepiscopo consecratur in regem Aquisgrani.* – Weitere Belege bei G. Meyer v. Knonau, Jahrb. Heinrichs IV., Bd. 4 S. 160 mit Anm. 6, und E. Goez, Thronerbe S. 16 mit Anm. 107. Zur Krönung zum Gegenkönig gegen seinen Vater in S. Ambrogio zu Mailand (vor dem 4. XII. 1093) vgl. ebd. S. 28.

Verheiratet hat sich Konrad im Frühsommer 1095 mit der nach Pisa gekommenen jungen Tochter Hzg. Rogers I. v. Sizilien; vgl. Bernold v. Konstanz, Chron. ad 1095, MGH SS 5 S. 463, ed. I.S. Robinson S. 524: *Chonradus rex cum regio apparatu in Tusciam Pisas perrexit, ibique sponsam suam, filiam Rogerii ducis de Sicilia, adhuc admodum parvulam, cum inaudita pecunia sibi oblatam accepit.* – Ekkehard v. Aura, Chron. ad 1099, ed. F.-J. Schmale S. 128f.: *Chůnradus ... filiam Růtkeri ducis Sicilie, famosissimi pene nostrorum temporum viri, duxit uxorem, cuius tam caste usus est coniunctione, ut vix crederetur eam umquam cognovisse*; Donizo, Vita Mathildis lib. II cap. 11, v. 855–860, MGH SS 12 S. 396, ed. L. Simeoni S. 84: *Chonradus ... Siculam duxit mulierem, Rogerii natam ducis.* – Sehr ausführlich berichtet über das Zustandekommen dieser Ehe Gaufredus Malaterra, De rebus gestis Rogerii lib. IV cap. 23, ed. E. Pontieri S. 101: Konrad – unter Vermittlung Mathildes v. Tuszien und Papst Urbans II. – *filiam Siculorum Calabriensiumve comitis sibi in matrimonium conceden-*

dam expetiit … Comes autem hac legatione percepta … concedit. … Porro comes Rogerius … filiam multis thesaurorum euxeniis ditatam Pisam usque conducere facit, ubi filius regis obvius cum omni honorificentia suscipiens, auctentice dispensata sollemnes nuptias celebravit anno verbi incarnati MXCV. – Vgl. außerdem G. MEYER V. KNONAU, Jahrb. Heinrichs IV., Bd. 4 S. 450–452 mit Anm. 20; auch E. GOEZ, Thronerbe S. 35.

Konrad verstarb am 27. VII. 1101 in Florenz und wurde dort auch bestattet. Vgl. Ekkehard v. Aura, Chron., ed. F.-J. SCHMALE S. 162: *Anno Domini MCI Cůnradus rex adolescens VIIII. postquam a patris palatio discesserat anno … immaturo preventus occasu plena fide et bona confessione a regno transitorio ad eternum creditur regnum migrasse.* – Donizo, Vita Mathildis lib. II v. 925–928, MGH SS 12 S. 397; ed. L. SIMEONI S. 86f.: *Post istam pacem* (= Ausgleich mit Mathilde v. Tuszien) *febre tactus – Julius autem / mensis erat – magnus moritur Chonradus, et annus / tercius, Urbanus quod transierat memoratus. / Eius habet corpus Florentia florida prorsus.* – Die Chronik des Klosters Petershausen lib. II cap. 45, ed. O. FEGER S. 120: *Deinde post sex ferme annos Counradus filius Heinrici regis, patris, ut ipse fatebatur, scelera fugiens ad Italiam transivit ibique pauco tempore regnavit et veneno vitam finivit atque apud Florentiam civitatem sepultus quiescit.* – Die Contin. I des Chron. des Marianus Scottus, MGH SS 5 S. 562, berichtet zu 1101: *Cuonradus, filius imperatoris, in Longobardia veneno periit.* – Der Todestag – 27. Juli – wurde in Aachen (Chr. QUIX, Necrol. Aquens. S. 43: *VI. Kl. [Aug.] … o[biit] Conradus filius Henrici imperatoris*) und in Speyer (H. GRAFEN, Spuren S. 425: *27. 7. Cuonradus miles Heinrici tertii imperatoris filius*; W. METZ, Ältestes Nekrolog S. 199, 203) festgehalten. Zu späteren Gerüchten über die Todesart vgl. E. GOEZ, Thronerbe S. 48f. Vgl. auch G. MEYER V. KNONAU, Jahrb. Heinrichs IV., Bd. 5 S. 147f. Anm. 66.

2 / 3 : Ks. Heinrich IV. und Berta (v. Savoyen u. Turin) als Eltern Kg. Konrads (III.)

Zur Filiation vgl. bei nr. **1**; zu den Lebensdaten der Eltern vgl. **XIX : Ks. Heinrich IV.** nr. **1** und **XX : Ksn. Berta** nr. **1**.

4 : Ks. Heinrich III. als Vater Ks. Heinrichs IV.
→ **XIX : Ks. Heinrich IV.** nr. **2**

5 : Ksn. Agnes (v. Poitou) als Mutter Ks. Heinrichs IV.
→ **XIX : Ks. Heinrich IV.** nr. **3**

6 : Otto, Mgf. v. Turin u. Savoyen, als Vater Bertas v. Turin
→ **XX : Ksn. Berta** nr. **2**

7 : Adelheid (v. Turin) als Mutter Bertas (v. Turin)
→ **XX : Ksn. Berta** nr. **3**

8 : Ks. Konrad II. als Vater Ks. Heinrichs III.
→ **XVI : Ks. Heinrich III.** nr. **2**

9 : Gisela (v. Schwaben) als Mutter Ks. Heinrichs III.
→ **XVI : Ks. Heinrich III.** nr. **3**

10 : Hzg. Wilhelm (V.) v. Aquitanien als Vater der Ksn. Agnes
→ **XVIII : Ksn. Agnes** nr. **2**

11 : Agnes (v. Burgund) als Mutter der Ksn. Agnes (v. Poitou)
→ **XVIII : Ksn. Agnes** nr. **3**

12 : Gf. Humbert I. v. Savoyen als Vater Gf. Ottos v. Savoyen/Turin
→ **XX : Ksn. Berta** nr. **4**

13 : Ancilia als Mutter Gf. Ottos v. Savoyen / Turin
→ **XX : Ksn. Berta** nr. **5**

14 : Mgf. Odelrich-Manfred II. v. Turin als Vater Adelheids (v. Turin)
→ **XX : Ksn. Berta** nr. **6**

15 : Berta als Mutter Adelheids (v. Turin)
→ **XX : Ksn. Berta** nr. **7**

16 : Heinrich (v. Speyer) als Vater Ks. Konrads II.
→ **XIV : Ks. Konrad II.** nr. **2**

17 : Adelheid (v. Metz) als Mutter Ks. Konrads II.
→ **XIV : Ks. Konrad II.** nr. **3**

18 : Hzg. Hermann II. v. Schwaben als Vater Ksn. Giselas
→ **XV : Ksn. Gisela** nr. **2**

19 : Gerberga (v. Burgund) als Mutter Ksn. Giselas
→ **XV : Ksn. Gisela** nr. **3**

20 : Hzg. Wilhelm (IV.) v. Aquitanien als Vater Hzg. Wilhelms (V.)
→ **XVIII : Ksn. Agnes** nr. **4**

21 : Emma (v. Blois) als Mutter Hzg. Wilhelms (V.) v. Aquitanien
→ **XVIII : Ksn. Agnes** nr. **5**

22 : Gf. Otto-Wilhelm v. Burgund als Vater der Agnes (v. Burgund)
→ **XVIII : Ksn. Agnes** nr. **6**

23 : Ermentrud (v. Reims u. Roucy) als Mutter der Agnes (v. Burgund)
→ **XVIII : Ksn. Agnes** nr. **7**

24 : Vermutungen zum Vater Gf. Humberts I. v. Savoyen
→ **XX : Ksn. Berta** nr. **8**

26 : Gf. Anselm (v. Equestergau) als Vater Ancilias
→ **XX : Ksn. Berta** nr. **10**

27 : Alduid als Mutter Ancilias
→ **XX : Ksn. Berta** nr. **11**

28 : Mgf. Manfred I. v. Turin als Vater Mgf. Odelrich-Manfreds II.
→ **XX : Ksn. Berta** nr. **12**

29 : Prangarda (v. Canossa) als Mutter Mgf. Odelrich-Manfreds II.
→ **XX : Ksn. Berta** nr. **13**

30 : Mgf. Otbert II. (i. östl. Ligurien) als Vater Bertas
→ **XX : Ksn. Berta** nr. **14**

31 : Vermutungen zum Vater Bertas
→ **XX : Ksn. Berta** nr. **15**

32 : Hzg. Otto v. Kärnten als Vater Heinrichs (v. Speyer)
→ **XIV : Ks. Konrad II.** nr. **4**

33 : Judith als Mutter Heinrichs (v. Speyer)
→ **XIV : Ks. Konrad II.** nr. **5**

34 : Gf. Richard v. Metz als Vater Adelheids
→ **XIV : Ks. Konrad II.** nr. **6**

35 : Vermutungen zur Mutter Adelheids (v. Metz)
→ **XIV : Ks. Konrad II.** nr. **7**

36 : Hzg. Konrad v. Schwaben als Vater Hzg. Hermanns II.
→ **XV : Ksn. Gisela** nr. **4**

37 : Judith / Jutta als Mutter Hzg. Hermanns II. v. Schwaben
→ **XV : Ksn. Gisela** nr. **5**

38 : Kg. Konrad v. Burgund als Vater Gerbergas
→ **XV : Ksn. Gisela** nr. **6**

39 : Mathilde (v. Frankreich) als Mutter Gerbergas
→ **XV : Ksn. Gisela** nr. **7**

40 : Hzg. Wilhelm (III.) v. Aquitanien als Vater Hzg. Wilhelms (IV.)
→ **XVIII : Ksn. Agnes** nr. **8**

41 : Adela (Gerloc) als Mutter Hzg. Wilhelms (IV.) v. Aquitanien
→ **XVIII : Ksn. Agnes** nr. **9**

42 : Gf. Tetbald (Tricator) v. Chartres als Vater Emmas (v. Blois)
→ **XVIII : Ksn. Agnes** nr. **10**

43 : Liutgard (v. Vermandois) als Mutter Emmas (v. Blois)
→ **XVIII : Ksn. Agnes** nr. **11**

44 : Kg. Adalbert v. Italien als Vater Gf. Otto-Wilhelms v. Burgund
→ **XVIII : Ksn. Agnes** nr. **12**

45 : Gerberga als Mutter Gf. Otto-Wilhelms v. Burgund
→ **XVIII : Ksn. Agnes** nr. **13**

46 : Gf. Ragenold v. Reims u. Roucy als Vater Ermentruds
→ **XVIII : Ksn. Agnes** nr. **14**

47 : Albrada (v. Lothringen) als Mutter Ermentruds
→ **XVIII : Ksn. Agnes** nr. **15**

56 : Mgf. Arduin III. Glabrio v. Turin als Vater Mgf. Manfreds I.
→ **XX : Ksn. Berta** nr. **24**

57 : Vermutungen zur Mutter Mgf. Manfreds I. v. Turin
→ **XX : Ksn. Berta** nr. **25**

58 : Gf. Adalbert-Atto v. Canossa als Vater Prangardas
→ **XX : Ksn. Berta** nr. **26**

59 : Ildegarda als Mutter Prangardas
→ **XX : Ksn. Berta** nr. **27**

60 : Adalbert, Mgf. i. östl. Ligurien, als Vater Mgf. Otberts II.
→ **XX : Ksn. Berta** nr. **28**

61 : Bertrada als Mutter Mgf. Otberts II. i. östl. Ligurien
→ **XX : Ksn. Berta** nr. **29**

XXVIII : Kgn. Maximilla (v. Calabrien u. Sizilien), Gemahlin Kg. Konrads (III.)

1 : Kgn. Maximilla

Die im Frühsommer 1095 in Pisa dem jungen Kg. Konrad (III.) angetraute Tochter des Großgrafen von Sizilien und Calabrien Roger I. (aus dem Hause Hauteville) wird in keiner erzählenden Quelle mit Namen genannt; vgl. bei **XXVII : Kg. Konrad (III.)** nr. **1**. Nun hat W. HOLTZMANN, Maximilla S. 149–167, auf vier süditalienische Urkunden (3 griechische, 1 lateinische) aus den Jahren zwischen 1130 und 1138 aufmerksam gemacht, in denen eine *Maximilla regina, soror Rogerii regis* bzw. *Maximilla b(onae) m(emoriae) Rogerii Siciliae atque Calabriae piissimi ac Deo dilecti comitis filia* kleinere Schenkungen im Bereich von Oppido Mamertino (Region Reggio/Calabria) vornimmt; und er hat diese Dame mit der Gemahlin Kg. Konrads (III.) identifiziert. Da diese durch die Betonung der Geschwisterschaft mit Kg. Roger II. v. Sizilien eine Vollschwester desselben gewesen zu sein scheine, werde sie – wie Kg. Roger II. – aus Rogers I. dritter, 1089 geschlossener Ehe mit Adelheid v. Vasto hervorgegangen sein und könne sonach auch erst 1089/90 geboren sein. Dazu scheint gut die bei **XXVII : Kg. Konrad (III.)** nr. **1** zitierte Nachricht des Bernold v. Konstanz, Chron. ad 1095, zu passen, daß *Chuonradus rex* in Pisa *sponsam suam, filiam Rogerii ducis de Sicilia, adhuc admodum parvulam, ... accepit.* In dieser Sicht könnte Maximilla bei ihrer Verheiratung etwa 5 Jahre alt gewesen sein; es müßte sich 1095 also um die Verheiratung eines Kindes gehandelt haben, was damals nicht unmöglich war, wie das Beispiel zeigt, daß Friedrich v. Schwaben 1079 von Heinrich IV. mit dem Herzogtum Schwaben zugleich Heinrichs damals etwa siebenjährige Tochter Agnes als Ehefrau erhielt. (Vgl. Otto v. Freising, Gesta Frederici lib. I cap. 8, ed. F.-J. SCHMALE S. 144: *Filiam quippe, quam habeo unicam, tibi in matrimonio sortiendam tradam ducatumque Suevie ... concedam. Sic itaque predictus Fredericus dux simul Suevorum et gener regis factus [est]*). Daß Maximilla bei ihrer Verehelichung noch nicht ehereif war, die Ehe also nur aus politischen und finanziellen Erwägungen geschlossen wurde, ist desgleichen aus den Worten Ekkehards v. Aura (vgl. bei **XXVII : Kg. Konrad (III.)** nr. 1) zu erschließen, man könne kaum glauben, daß Kg. Konrad (III.) seine Frau jemals „erkannt" habe. – Dem hat W.H. RUDT COLLENBERG, Maximilla S. 5–49, den (beachtenswerten) Hinweis hinzugefügt, daß die Ehe offenbar vom in die Heiratsabsprachen involvierten Papst Urban II. – nach dem Bericht des ganz zeitgenössischen Gaufredus Malaterra (vgl. bei **XXVII : Kg. Konrad (III.)** nr. **1**) – *auctentice dispensata* worden sei und daß deshalb – wie er meint – ein eigentlich zu naher Verwandtschaftsgrad der beiden Brautleute vorgelegen haben müsse, was wiederum nur im Falle der Abstammung der Braut aus Rogers I. dritter Ehe mit Adelheid v. Vasto gegeben sei. (Rogers I. erste Gemahlin Judith, Tochter Gf. Wilhelms v. Evreux, starb vor 1080; seine zweite Frau war Eremburg, Tochter Gf. Wilhelms v. Mortain). Denn dann lag folgende Verwandtschaft vor:

Mgf. Odelrich-Manfred v. Turin ∞ Berta v. östl. Ligurien

Mgf. Theto v. Vasto ∞ Berta   Adelheid v. Turin ∞ Gf. Otto v. Savoyen u. Turin

Manfred † 1079   Berta v. Turin ∞ Ks. Heinrich IV.

Roger I. v. Sizilien ∞ Adelheid v. Vasto

Maximilla ∞ Kg. Konrad (III.)

[Filiationsnachweise zum linken Stemma-Ast bei R. MERLONE, Aleramici S. 160, zum rechten Ast bei **XXVII : Kg. Konrad (III.)**].

H. HOUBEN, Adelaide del Vasto S. 89, hält diese Sicht für zu hypothetisch und möchte Maximilla lieber als Tochter von Rogers I. zweiter Frau Eremburg ansehen und die päpstliche Dispens auf das Alter der Braut beziehen. Malaterra habe zudem die zu 1089 gesetzte Ehe Rogers I. mit Adelheid v. Vasto ganz offensichtlich – wie nachweislich andere Nachrichten auch – um ein Jahr zu früh angesetzt. Maximilla könnte deshalb auch erst frühestens 1090/91 geboren sein. Und sonach könne es sich auch – wegen der nötigen Dispensierung bei Verheiratungen von Kindern unter 7 Jahren – eher um eine 1095 etwa 6–7jährige und dann eben von Eremburga geborene Tochter Rogers I. gehandelt haben. Diese könne aber ebenso schon um die Mitte der 80er Jahre des 11. Jahrhunderts geboren sein (S. 89 Anm. 39). Die Altersangabe Bernolds v. Konstanz – *adhuc admodum parvulam* – sei dann noch immer zutreffend.

Skeptisch gegenüber der Deutung der genannten Malaterra-Stelle als Aufhebung eines Ehehindernisses wegen zu naher Verwandtschaft wird man indessen vor allem bei einer genauen Betrachtung des Wortlautes bei Malaterra, der keine Minderjährigkeit der Braut und auch keine zu nahe Verwandtschaft ausdrücklich als Problem erwähnt, sondern eigentlich nur besagt, daß der junge Konrad (III.) – nachdem er die Braut „mit aller glaubwürdig vorgenommenen (bzw. rechtsgültig angeordneten) Ehrerbietung empfangen hatte" (*omni honorificentia suscipiens auctentice dispensata*) festlich die Hochzeit feierte (*solemnes nuptias celebravit*). Wichtig war es den 'Süditalienern' offenbar, daß die Rogertochter, das Kind eigentlich eines zu außerordentlicher Macht und zu hohem Ansehen gelangten Parvenues, 'wirklich standesgemäß' verheiratet worden ist. Und auffällig wäre es schon, wenn Papst Urban II., der 1085 als damaliger Legat Odo v. Ostia in Quedlinburg den immerhin politisch auf seiner Seite stehenden (Gegen)könig Hermann v. Salm wegen zu naher Verwandtschaft mit seiner Frau angriff (vgl. bei **XXVI : Sophie** nr. **2 / 3**) und die Ehetrennung verlangte, in gleicher Situation eine Dispens gewährt haben sollte! Deshalb ist der Skepsis Houbens beizupflichten und – da es sich um eine noch 'recht junge Braut' gehandelt hat – sowohl die Verheiratung Kg. Konrads (III.) mit einem (fast noch) 'Wickelkind' (aus der 3. Ehe Rogers I.) als auch mit einer bereits vor 1080 geborenen und somit 1095 schon nicht mehr als *adhuc admodum parvula* bezeichenbaren Tochter Rogers (aus dessen 1. Ehe mit der vor 1080 verstorbenen Judith v. Evreux) mit großer Wahrscheinlichkeit auszuschließen. Und dementsprechend ist wohl auch die von T. WELLER erstellte Tafel „Hauteville (Altavilla)" im LexMA IX (Anhang: Stammtafeln), in der für Maximilla eine Abstammung 'aus 1. oder 2. Ehe Rogers I.' angegeben ist, einzugrenzen.

Über Maximillas Leben nach dem Tod ihres Gemahls (1101) war bis zu den genannten Arbeiten von W. Holtzmann und W.H. Rudt Collenberg nichts bekannt. Während durch Holtzmanns Nachweis der süditalienischen Urkunden eine Todeszeit Maximillas „nach April 1138" feststeht, hat Rudt Collenberg die Zwischenzeit zu erhellen versucht. Er stützt sich dabei auf die Tilgung eines Satzes Ekkehards v. Aura – er nahm diese Streichung selbst zwischen 1106 und 1116 vor (vgl. dazu die Einleitung von F.-J. SCHMALE und I. SCHMALE-OTT zu ihrer Ekkehard-Edition S. 26f.) –, in welchem von einer „taubenhaften Treue" der Witwe Kg. Konrads (III.) die Rede war, weil sie nämlich „eine zweite Ehe so sehr verschmähte, daß sie, nachdem ihrem Leib ein solches Haupt genommen war, den Rest ihres Lebens der Arbeit 'sechzigfältiger Frucht' (Matth. 13, 8. 23; Marc. 4, 8. 20; Luc. 8, 8 zur Virginität in der Witwenschaft) weihte". Ekkehard, Chron. ad 1099, ed. F.-J. SCHMALE u. I. SCHMALE-OTT S. 130: *Quae tamen turturina nihilominus predita fide secundos ultra detestabatur amplexus adeo, ut post ablatum tantum corpori suo caput reliquum vitae suae tempus labori consecraverit sexagesimi fructus.* Resultierte die Tilgung dieses Satzes aus einer Wiederverheiratung der Witwe Kg. Konrads? Dann – so hat es Rudt Collenberg plausibel gemacht – dürfte sich Maximilla nach 1106 wiederverheiratet haben. Er verweist auf jene *Mathildis regina,* die in der Zeit zwischen 1106 und 1110 als *uxor* des Grafen Guigo v. Albon aufzutreten beginnt, mit jenem die drei Kinder Mathilde v. Albon, Guigo 'Delphinus' v. Albon und Humbert (später Bisch. v. Le Puy, dann Erzbisch. v. Vienne) hatte und nach dem Tod ihres Gemahls († 21. XII. 1125) noch einige Jahre (bis ca. 1129/30 ?) im einst niederburgundischen Alpenbereich nachweisbar ist. Sie könne mit Maximilla identisch sein. Auffällig sei dabei folgendes: „Mathilda est le seul membre de la famille des Comtes d'Albon, dont l'anniversaire mortuaire ne se trouve pas mentionné dans le Nécrologue de St. Robert de Cornillon, fondation, couvent et sépulture des Albon"; W.H. RUDT COLLENBERG, a.a.O. S. 36. Dieses Fehlen des Gedächtnistages im Nekrolog von Cornillon könnte – nach Rudt Collenberg – eine Folge davon sein, daß Mathilde ihren Lebensabend nicht im Gebiet von Albon verbrachte, ihr Todestag deshalb dort unbekannt blieb. Dies wiederum – und hier fügen sich auch die Geburtsdaten ihrer drei Kinder ein: nämlich nach 1110/12 – dürfte einer Identifizierung der als *Maximilla regina* bestimmten Tochter Rogers I. v. Sizilien und Gemahlin Kg. Konrads (III.) mit der *Mathildis regina* aus der Dauphiné den Weg weisen. Diese Gleichsetzung impliziert freilich, daß die Tochter Rogers I. in der durch Heirat erlangten neuen Heimat – der Dauphiné – einen anderen Namen führte als in der alten – in Süditalien –. Solches ist aber nicht ungewöhnlich. Bei G. THOMA, Namensänderungen S. 169–200, ist eine große Zahl solcher Fälle zusammengestellt und behandelt worden. Zu erinnern ist hier etwa an Eupraxia v. Kiew / Adelheid (2. Gemahlin Ks. Heinrichs IV.), Gunhild / Kunigunde (1. Gemahlin Ks. Heinrichs III.) und an Aelfgifu / Emma (Tochter Hzg. Richards I. v. d. Normandie, Gem. Kg. Knuts d. Gr. v. Dänemark u. England) oder an Irene / Maria (Gem. Kg. Philipps v. Schwaben). Zur Namensänderung bestand vor allem dann Anlaß, wenn Namen als außergewöhnlich und heikel galten, was bei dem an die montanistische Häretikerin Maximilla (vgl. LThK 7, Sp. 579) erinnernden Namen der Roger-Tochter der Fall sein konnte. Daß die nach Süditalien gekommenen Normannen nicht nur bewährte normannische Namensformen für ihre Kinder wählten, sondern auch ganz ausgefallene, zeigt die von Gf. Rogers I. Bruder Gf. Robert Guiskard geübte Praxis: Nach Ordericus Vitalis, Hist. eccl. lib. XI cap. 12, ed. M. CHIBNALL, Bd. 6, S. 70, ließ Robert seinen ältesten Sohn auf den Namen Markus taufen, gab ihm dann aber den Namen des Riesen Boemund: *Marcus quippe in baptismate nominatus est, sed a patre suo, audita in conuiuio ioculari fabula de Buamundo gigante, puero iocunde impositum est.* – So könnte sich also auch das Rätsel um die *Mathildis Regina* in der Frühgeschichte der Dauphiné lösen. Doch hat H. HOUBEN, a.a.O. S. 100 mit Anm. 96, auch hiergegen Bedenken angemeldet. Auf dieses Identifizierungsproblem ist hier indessen nicht kritisch einzugehen. Zu beachten ist jedoch vor allem, daß Ekkehard v. Aura seine Streichung nicht aus einem Wissen um eine Wiederverheiratung Maximillas mit einem Großen der Dauphiné vornahm, sondern – wie F.-J. SCHMALE und I. SCHMALE-OTT in ihrer Ekkehard-Ausgabe (S. 131 Anm. 5) vermerken – „weil er der irrtümlichen Meinung war, die Witwe Konrads habe König Balduin I. von Jerusalem geheiratet, wie er in seiner Hierosolymita berichtet". Vgl. dazu Ekkehards Hierosolimita ebd. S. 328: *Nonnulli … narrant. Inter que et regem Balduvinum Ruotgeri ducis Sicilie filiam, Cuonradi regis viduam, in matrimonium duxisse commemorant.* (In Wirklichkeit handelte es sich freilich bei Balduins Gemahlin um Rogers Witwe).

Keine genealogischen Ergänzungen, sondern lediglich Beobachtungen zu Maximillas Verwaltungstätigkeit in Oppido, gibt V. v. FALKENHAUSEN, Maximilla S. 361–377. Auch E. GOEZ, Thronerbe S. 35, geht auf die genauere Herkunft und das Lebensalter Maximillas nicht ein. Einen zustimmenden Hinweis auf Rudt Collenbergs (m.E. nicht überzeugende) Überlegungen gibt G. WUNDER, Die letzten Prinzen S. 87ff.

Zu früheren Versuchen, den Namen der Gemahlin Kg. Konrads (III.) zu ermitteln, und zu den ins Spiel gebrachten Namen – Constanze, Violanta, Mathilde, Constantia alias Iole – vgl. W. HOLTZMANN, Maximilla S. 159f.

2 : Großgraf Roger I. v. Calabrien u. Sizilien als Vater der Kgn. Maximilla

Zu Quellenzeugnissen dafür, daß Maximilla eine Tochter Großgraf Rogers I. v. Calabrien und Sizilien war, vgl. bei **XXVII : Kg. Konrad (III.)** nr. 1.

Roger war das jüngste von 12 Kindern und dabei der siebente Sohn des Grafen Tankred v. Hauteville (vgl. dazu bei nr. **4 / 5**) und dürfte ca. 1031 geboren sein; vgl. S. TRAMONTANA, Roger I. v. Sizilien in LexMA VII Sp. 936. Als er 1056 nach Apulien kam, stand er in der *juvenilis aetas*; Gaufredus Malaterra, De rebus gestis Rogerii lib. I cap. 19, ed. E. PONTIERI S. 18. H. HOUBEN, Adelaide 'del Vasto' S. 87, meint, daß „Ruggero I sarebbe nato nel 1040 diventando conte nel 1060". Ganz sicher in Teilen unrichtig ist die Nachricht bei Romuald v. Salerno, Annales ad 1101, MGH SS 3 S. 191: *Anno ab incarnatione Domini 1101, indictione 9, mense Iunii, Rogerius Sicilie comes defunctus est anno vite sue quinquagesimo primo, comitatus autem eius anno 41*, was auf ein Geburtsjahr Rogers 1050 und die Übernahme seiner Grafschaft im Alter von nur 10 Jahren führen würde. Seine militärischen Aktivitäten in Süditalien begann Roger I. jedenfalls 1061; vgl. E. CASPAR, Roger II. S. 4; nach ihm (S. 24) verstarb Roger I. „am 22. Juni 1101 ... siebzigjährig zu Mileto ...".

Rogers erste Gemahlin, Judith v. Evreux, ist ihm aus der Normandie nach Kalabrien gefolgt. Wann sie verstarb und wann Rogers zweite Ehe mit Eremburga begann, ist ganz unsicher. L.-R. MÉNAGER, Inventaire S. 330, hat gemeint, daß die Ehe mit Judith 1061 geschlossen wurde und bis um 1080 währte, was H. HOUBEN, Adelaide 'del Vasto' S. 84 Anm. 11, aber dahingehend korrigiert, daß gemäß Gaufredus Malaterra (lib. II cap. 19, S. 35) Roger sich in einem der ersten Monate des Jahres 1062 mit Judith vermählte, daß aber deren auf 1080 gesetzte Todeszeit „una pura supposizione" Pontieris sei.

Auf alle Fälle ging Rogers zweite Ehe (mit Eremburga) dann vor 1089 zu Ende; denn Gaufredus Malaterra, De rebus gestis Rogerii lib. IV cap. 14, ed. E. PONTIERI S. 93, berichtet: *Anno igitur incarnati Salvatoris MLXXXIX comes Rogerius, uxore Eremburga, filia Guillelmi comitis Mortensis, defuncta, aliam duxit Adelaydem nomine, neptem Bonifacii famosissimi Italorum marchionis.*

Roger verstarb wahrscheinlich am 22. (23.) Juni 1101 in Mileto/Calabrien und wurde dort auch begraben. Zum genauen Todestag – 14., 22., 23. Juni bzw. 15. Juli – schwanken die Quellenangaben; vgl. dazu zuletzt H. HOUBEN, Libro del capitolo S. 141. Vgl. bes. das Necrologium Cassinense, in L.A. MURATORI, Rer. Ital. Script., Bd. V Sp. 76: *X. Kal. Julii ob. Rogerius comes Siciliae* (auch H. HOUBEN, Libro S. 84 u. 141); Lupus protospatarius, Chron. ad 1101, MGH SS 5 S. 63: *1101 ... Hoc anno obiit ... et Rogerius comes Siciliae in mense Junii.* – Zum Todesjahr und zur Beerdigung im Dom zu Mileto vgl. Ann. Siculi, in L.A. MURATORI, Rer. Ital. Script., NS Bd. V/1 (1927) S. 115 (auch in MGH SS 19 S. 495 : *Anno Domini 1101 indictionis nonae mense Julii (!) obiit maximus comes Rogerius, pater regis Rogerii*; Ann. Casinenses ad 1101, MGH SS 19 S. 308: *1101. Obiit Roggerius comes*; Ann. Cavenses ad 1101, MGH SS 3 S. 191: *1101: Roggerius comes Siciliae obiit*; Necrol. Panormitanum, ed. E. WINKELMANN, Reisefrüchte aus Italien S. 474: *9. Kal. Junii (!) 1101 obiit Rogerius maximus comes Sicilie et Calabrie mense junii.*

3 : Eremburga (v. Mortain) als Gemahlin Rogers I. und vermutbare Mutter der Kgn. Maximilla

Zur Bezeugung Eremburgas als 2. Gemahlin Großgraf Rogers I. vgl. bei nr. **2**. Daß sie (und nicht Rogers 3. Gemahlin Adelheid v. Vasto) als Mutter Maximillas anzusprechen sein dürfte, wurde in nr. **1** deutlich gemacht. – Sie verstarb offenbar vor 1089/90.

4 / 5 : Tankred v. Hauteville und Fredesendis (Frensendis) als Eltern Großgraf Rogers I. v. Sizilien u. Calabrien

Gaufredus Malaterra, De rebus gestis Rogerii lib. I cap. 3f., ed. E. PONTIERI S. 8f., berichtet zunächst über die Normandie: *In qua quidem provincia civitas est, quae Constantinum dicitur* (= Coutance im Cotentin), *in cuius territorio villa est, quae Altavilla nuncupatur* (= Hauteville bei Narigny). ... *Erat miles quidem praeclari admodum generis, qui, ab antecessoribus suis haereditario jure sibi hanc villam relictam possidens, Tancredus nomine, duxit uxorem, nomine [Moriellam], ex qua ... quinque filios, postea futuros comites, suscepit. ... Horum matre defuncta ... secundas nuptias celebravit. ... Ducta vero Frensendis vocabatur, generositate et moribus priore non inferior, quae legitimis terminis marito septem peperit filios ... septimus Rogerius minor, postea Siciliae debellator et comes.* – Auch Ordericus Vitalis, Hist. eccl. lib. XIII cap. 15, ed. A. LE PREVOST Bd. 5 S. 32, ed. M. CHIBNALL Bd. 6 S. 428, (auch J.P. MIGNE, PL 188 Sp. 936), nennt Rogers I.

Vater: *Circa haec tempora turbatio ingens facta est in Apulia … Postquam Rogerius senex, Siciliae comes, Tancredi de Altavilla filius, obiit, uxor eius Adeles cum parvulo filio regere se non posse magnas possessiones perspexit …*

6 / 7 : Gf. Wilhelm (Werlenc) v. Mortain und NN als Eltern Eremburgas

Daß Großgraf Rogers I. von Sizilien und Calabrien 2. Ehefrau Eremburga eine Tochter Gf. Wilhelms v. Mortain war und daß sie vor 1089 verstorben ist, überliefert Gaufredus Malaterra; vgl. Zitat bei nr. **2**.

Zu dieser Grafenfamilie – Wilhelm war mit der Familie des Herzogs der Normandie verwandt, war offenbar (1056) in eine Revolte verwickelt, wurde abgesetzt und ging ins Exil nach Apulien (vgl. J.-M. BOUVRIS, Mortain, in LexMA VI Sp. 846f.) – vgl. D.C. DOUGLAS, Earliest Norman Counts S. 141–145; J. BOUSSARD, Comté de Mortain S. 253–279; L. MUSSET, Autour des origines de Mortain S. 99–102. Als Enkel Hzg. Richards I. dürfte er – so schätzt J. BOUSSARD, a.a.O. S. 255, seine Grafschaft „vers 1020, peut-être plut tôt," erhalten haben. Als Graf in der Normandie ist Wilhelm (Werlenc) um 1055 bezeugt; vgl. D. DOUGLAS, Earliest Norman counts S. 141, DERS., Wilhelm S. 106 mit Anm. 88 auf S. 442.

12 : Gf. Malger (?) als Vater Gf. Wilhelms (Werlenc) v. Mortain

Durch Ordericus Vitalis, Hist. eccl. lib. IV cap. 13 bzw. lib. VII cap. 16 (ed. A. LE PREVOST II S. 259 bzw. III S. 246; ed. M. CHIBNALL II S. 312 bzw. IV S. 98), ist bekannt, daß der ins Exil nach Apulien gegangene Gf. Wilhelm (Guerlenc) v. Mortain ein Sohn jenes Gf. Malger war, der offenbar über seine Ehe die Grafschaft Corbeil erworben hatte und selbst ein Sohn Hzg. Richards I. v. d. Normandie war: … *Nam ipse Guillelmum Guarlengum Moritolii comitem pro uno verbo exhaereditavit*, bzw. *Nam* [Wilhelm d. Eroberer] *postquam Guillelmum cognomentum Werlengum, Moritolii comitem, filium Malgerii comitis, pro minimis occasionibus de Neustria propulsaverat, Rodberto, Herluini filio, fratri suo, comitatum Moritolii dederat.* (A. LE PREVOST, a.a.O. II S. 259, vermutet in einer Fußnote zu diesem Text, daß evtl. eine Generation zwischen Gf. Malger und Gf. Wilhelm (Werlenc) einzuschieben ist, begründet dies aber nicht. Stichhaltige Argumente hierfür sind nicht ersichtlich). Auch Robert v. Torigni nennt in einer Interpolation zu Wilhelm v. Jumièges, Gesta Normann. ducum lib. VII cap. 19, ed. J. MARX S. 171, wo von Gf. Wilhelm als *de stirpe Ricardi Magni* gesprochen wird (*Eadem tempestate Willelmus cognomento Werlencus de stirpe Ricardi, comes erat Moritonii*; nochmals S. 250), Gf. Wilhelm Warlenc als Sohn Gf. Malgers: *Eadem tempestate Willelmus cognomento Warlencus scilicet filius Malgerii comitis de stirpe Ricardi magni comes erat Moritolii.*

Ohne Grafentitel ist Malger seit 1012 bezeugt, als Graf seit 1015 (vgl. die Belege bei D. DOUGLAS, Earliest Norman Counts S. 142; dort wird auch gezeigt, daß er zwischen 1012 und 1015 die Grafschaft Corbeil erhielt). Erwähnt wird er noch zu 1031/32 wegen seiner Unterstützung des vor seiner Mutter Kgn. Constanze zu den Normannen geflohenen Königs Heinrich I. v. Frkr.; Wilhelm v. Jumièges, Gesta Normann. ducum lib. VI cap. 7, ed. J. MARX S. 105: *Quem* [= Kg. Heinrich] *dux* [= Hzg. Robert] *honorifice suscipiens, non longo post multis honoratum donis instructumque decenter equis et armis patruo suo Malgerio, comiti Corbuliensi, destinavit* ... – Malger verstarb zwischen Juli 1031 und 1040, wie D. DOUGLAS, a.a.O. S. 143, aufgezeigt hat.

24 / 25 : Hzg. Richard I. v. d. Normandie und Gunnor als Eltern Gf. Malgers

Die Abstamnmung Gf. Malgers von Hzg. Richard I. und Gunnor ist bezeugt bei Wilhelm v. Jumièges, Gesta Normann. ducum lib. IV cap. 18, ed. J. MARX S. 68: *Qua tempestate Emma, uxor eius* (= Hzg. Richards I.), *filia Magni Hugonis, moritur absque liberis. Ipse vero non multo post quamdam speciosissimam virginem, nomine Gunnor, ex nobilissima Danorum prosapia ortam, sibi in matrimonium christiano more desponsavit, ex qua filios genuit, Richardum videlicet et Rodbertum atque Malgerium et duos alios, necnon filias tres* ... – Vgl. auch das Zitat über die Aufnahme Kg. Heinrichs I. v. Frkr. bei Hzg. Robert, wobei Gf. Malger als *patruus* Hzg. Roberts bezeichnet ist, bei nr. **12**.

Zu den Lebensdaten Hzg. Richards I. und Gunnors vgl. bei **XVII : Kgn. Gunhild / Kunigunde** nrn. **6** und **7**, auch bei **XXX : Ksn. Mathilde** nr. **32 / 33**.

48 / 49 : Hzg. Wilhelm I. (Langschwert) v. d. Normandie und Sprota als Eltern Hzg. Richards I.

Vgl. hierzu bei **XVII : Kgn. Gunhild / Kunigunde** nrn. **12** und **13**.

XXIX : Kg. u. Ks. Heinrich V. (1099 / 1106 bzw. 1111–1125)

1 : Kg. u. Ks. Heinrich V.

Daß Heinrich V. schon im Jahre 1081 geboren worden sei, ist die einhellige Ansicht der älteren Historiker. Man konnte sich darauf stützen, daß die Ann. Hildesheim. (MGH SS rer. Germ. S. 48), die Ann. Wirziburg. (MGH SS 2 S. 245) und die Ann. Magdeburg. (MGH SS 16 S. 176) völlig gleichlautend am Ende des Jahresberichtes zu 1081 die Nachricht bringen *Heinricus rex natus est, junior filius,* daß beim Annalista Saxo (MGH SS 6 S. 720, neue Ed. MGH SS 37 S. 470) zu 1081 *Heinrico regi filius Heinricus junior natus est* zu finden ist, in den Ann. Palid. (MGH SS 16 S. 70) zu 1082 (Anfang) *Heinrico regi natus est filius junior Heinricus* steht und daß in den Ann. S. Petri Erphesfurt. ant. (Monumenta Erphesfurt., MGH SS rer. Germ. S. 15; auch MGH SS 16 S. 16) am Schluß des Jahresberichtes zu 1081 *Heinricus rex natus est, qui vivente adhuc patre suo regnare coepit,* berichtet ist. Zudem war in den jüngeren Erfurter Quellen, die wiederum von den Ann. S. Petri Erphesfurt. ant. abhängen, zu lesen: *Heinricus nominis huius quintus, qui patrem regno privavit, natus est,* bzw. *Heinricus rex natus est, qui vivente adhuc patre regnare cepit,* wie auch *Heinricus rex natus est, ille qui patrem suum de regno expulit;* Monumenta Erphesfurt. (wie oben S. 34, 48, 49, 154).

1962 ist indessen von R. GAETTENS, Geburtsjahr S. 52–71, gezeigt worden, daß diese Nachrichten allesamt – direkt oder indirekt – auf die uns nur schlecht und unvollständig sowie in überarbeiteter Gestalt überkommenen Ann. S. Albani (aus dem frühen 12. Jh.) zurückgehen (diese sind am deutlichsten in den Ann. Wirziburg. erhalten) und daß jene mit ihrer diesbezüglichen Meldung wiederum auch nicht eine zeitgleiche Eintragung zu 1081 beinhalteten, sondern daß ihre Nachricht – wegen der Beigabe des *rex*-Titels für Heinrich V. – auch erst nach 1099 (Königskrönung am 6. I. 1099; vgl. Nachweise bei nr. **2 / 3**) niedergeschrieben sein kann. Sie wurde offensichtlich dort als Nachtrag angefügt. Ob diese Zufügung aber an der richtigen Stelle erfolgte?

Daß Heinrich V. erst 1086 geboren sein dürfte und daß die Interpolation zu den Ann. S. Albani bei 1081 an falscher Stelle erfolgte, hat R. Gaettens vornehmlich aus cap. 19 der 1. Fortsetzung der Gesta Treverorum, die um 1132 niedergeschrieben worden ist und dabei Briefe und Dokumente als Vorlagen verwendete (MGH SS 8 S. 193; dazu W. WATTENBACH – R. HOLTZMANN, Deutschlands Geschichtsquellen I Heft 4 S. 622f.), gefolgert. Dort heißt es, Heinrich V. sei beim Tod seines Vaters (= 1106) ein *adolescens* von *circiter annos viginti* gewesen und Erzbisch. Bruno v. Trier sei auf gemeinsamen Beschluß der Fürsten damals zum *vicedominus regiae curiae* eingesetzt worden: Erzbisch. Bruno, *defuncto imperatore, communi consilio principum vicedominus regiae curiae effectus est, et regnum regnique heres, Heinricus videlicet nominis huius quintus rex, adhuc adolescens circiter annos viginti, ei committitur, ut et regnum sua prudentia disponeret et heredem regni morum suorum honestate et disciplina ... informaret.* Der sonst nicht bezeugte Vicedominat Erzbisch. Brunos, der diese Quelle als wenig vertrauenerweckend erscheinen ließ, weshalb die von G. MEYER V. KNONAU, Jahrb. Heinrichs IV./V., Bd. 6 S. 20 mit Anm. 3, geäußerte Skepsis gegen ihre Verwendbarkeit langezeit vorherrschte, ist nun aber durch einen 1911 in Bébange in Belgien getätigten Münzfund bestätigt worden. Denare dieses Fundes wiesen die Umschrift auf: *BRVN VIC REG ARCHIEPS* (so R. GAETTENS, a.a.O. S. 53, was er mit *Vicedominus regiae [curiae]* oder *Vicedominus regni* auflöste) bzw. *BRSMVICEREGARCIHERBS* (so P. NEUMEISTER, Daten S. 92, wo – nach R. WEILLER, Münzen von Trier I,1 S. 172, 379ff. nr. 95 ff., bes. S. 383 nr. 104a und S. 388f., und B. KLUGE, Conspectus Nummorum T. 5, S. 193ff. – eine Auflösung mit *Bruno sacre maiestatis vicedominus regni Archiepiscopus* erfolgt). Diese Quelle, die für Heinrich V. zum Jahre 1106 ein Lebensalter von ca. 20 Jahren nennt und somit auf ein Geburtsjahr 1086 schließen läßt, ist also nicht zu verwerfen! Auch hat R. GAETTENS (a.a.O. S. 65ff.) darauf aufmerksam gemacht, daß Heinrich V. am 6. I. 1099 in Aachen zum König gekrönt wurde (vgl. Frutolf v. Michelsberg, Chron. ad 1099, ed. F.-J. SCHMALE u. I. SCHMALE-OTT S. 118; Zitat bei nr. **2 / 3**) und am 21. IV. 1101 (Ostern) in Lüttich seine Wehrhaftmachung empfing (vgl. G. BUCHHOLZ, Würzburger Chronik S. 57: *Imperator Leodio pascha celebravit; filius eius junior gladium accepit*), als er, wenn man am Geburtsjahr 1081 festhält, schon 18 bzw. 20 Jahre alt gewesen sein müßte. Das aber würde – gerade bei Beachtung der üblichen Altersfestsetzungen zur Wehrhaftmachung und Mündigkeit: nämlich mit 15 Jahren, wie ja doch auch Heinrichs IV. eigene Schwertleite für Ende März / Anfang April 1065, als er die 15-Jahrs-Grenze erreicht hatte, erfolgt war (vgl. BSt nr. 360; Lampert v. Hersfeld, Annales ad 1065, MGH SS rer. Germ. S. 93: *primum se rex arma bellica succinxit*) – bei einem Festhalten an 1081 als Heinrichs V. Geburtsjahr ganz aus dem Gewöhnlichen herausfallen. Er kommt deshalb (S. 70) zum Ergebnis: „Heinrich V. ist also nicht 1081, sondern erst 1086 geboren".

Dieser Argumentation habe ich 1990 noch die Beobachtungen angefügt (E. HLAWITSCHKA, Geburtsdatum S. 473f. Anm. 14), daß Heinrich V. in einem an Ks. Heinrich IV. gerichteten Schreiben zur Feier der Wehrhaftmachung seines Sohnes Heinrich V. zu Ostern 1101 in Lüttich als *eximie adolescens* - ebenso wie in der oben zitierten Trierer Quelle – bezeichnet wird (E. DÜMMLER, Brief S. 205f.: *dominum imperatorem filiumque eius regem, indolis eximie adolescentem*) und daß die Vita Heinrici IV. cap. 7, MGH SS rer. Germ. S. 27, mitteilt, Heinrich IV. habe nach seiner Rückkunft aus Italien (im Mai 1097) erwogen (*cogitabat*), seinen ältesten und bereits zur Königsnachfolge bestimmten Sohn Konrad (III.) wegen dessen Verrates und Übertritts zur päpstlichen Partei zu enterben *et fratrem eius H[einricum] adhuc puerum in regnum promovere.* Da man nach mittelalterlichem Brauch mit 15 Jahren aus der *pueritia* in die *adolescentia* überwechselte (vgl. A. HOFMEISTER, Puer S. 289ff.), durfte ein 1081 Geborener im Jahre 1097 doch wohl nicht mehr als *adhuc puer* bezeichnet, ein 1086 zur Welt Gekommener aber 1101 bereits als *adolescens* angesehen werden.

Dieser Neufestlegung des Geburtsjahres Heinrichs V. auf 1086 sind inzwischen mehrere Mediävisten gefolgt – hingeweisen sei lediglich auf Th. SCHIEFFER, Heinrich V. S. 320f.; C. SERVATIUS, Heinrich V. S. 135; E. BOSHOF, Salier S. 259; K. SCHNITH, Heinrich V. S. 233; G. TELLENBACH, La questione S. 944; DERS., Frage nach dem Charakter S. 136; St. WEINFURTER, Reformidee S. 3 Anm. 7; G. ALTHOFF, Heinrich V. S. 181 –, doch gab es auch einen Widerspruch: P. NEUMEISTER, Daten S. 89–97. Er möchte (S. 93) das *adhuc adolescens circiter annos viginti* der Trierer Quelle nicht mit „ein Jüngling von ca. 20 Jahren" verstanden wissen, sondern mit „ein junger Mann ungefähr in den zwanziger Jahren" übersetzen, die Mündigkeitserklärung und Wehrhaftmachung Heinrichs V. „auf ein Altersspektrum von 15 bis 20 Jahren" (nicht vornehmlich auf eine Durchführung bei ca.15 Jahren) festlegen und folglich für Heinrichs V. Geburt „bei dem Jahr 1081 bleiben, das die Quellen, auch wenn sie von einem verlorenen Annalenwerk abhängen, einhellig überliefern". – Dabei wird indessen, wenn von „Quellen ... einhellig" gesprochen wird, der alleinige Ursprung der Nachricht von Heinrichs V. Geburt im Jahre 1081 in den Ann. S. Albani etwas übertüncht, das *circiter annos viginti* der Trierer Quelle in kaum nachvollziehbarer Weise interpretatorisch ausgedehnt, damit es zur Jahresangabe 1081 in den Ann. S. Albani paßt; auch wird die seit der Merowinger- und Karolingerzeit nachweisbare Wehrhaftmachung mit der seit dem 12. Jh. auftretenden Ritterweihe zusammengebracht, welche seit dieser Zeit indessen wegen des zunehmend in den Vordergrund gerückten Festcharakters dieser Handlung auch öfter hinausgeschoben, ja sogar wiederholt werden konnte (vgl. A. HOFMEISTER, Puer S. 299 Anm. 3); und es wird der wichtige Altershinweis *adhuc puer*, den die Vita Heinrici IV. für Heinrich V. zum Jahre 1097 liefert und der eine Geburtszeit Heinrichs V. bereits 1081 illusorisch macht, gänzlich beiseite gelassen. Und nicht beachtet ist ebenso die Frage, weshalb wohl Heinrich V. 1099 zwar zum König gekrönt werden konnte, die Wehrhaftmachung mit Schwertübergabe aber erst 1001 erfolgte. Da Ks. Heinrich IV. nach 1093 in einer sehr mißlichen Auseinandersetzung mit seinem älteren Sohn Konrad (III.) stand und nach seiner Rückkehr aus Italien 1097 auf Fürstenversammlungen die Einsetzung des jüngeren Sohnes, Heinrichs V., zum Erben seines Reiches erwog (*cogitabat*, s.o.), bliebe es ja doch – wenn Heinrich V. 1097 schon 16 (und nicht erst 11) Jahre gewesen wäre – ganz unverständlich, daß dieser nicht schon damals, sondern erst 1099 zum König erklärt und vor allem erst im Jahre 1001 (als er bei einem Geburtsjahr 1081 schon 20 Jahre alt sein mußte) als mündig und wehrhaft betrachtet wurde und sein Schwert erhielt. In Heinrichs IV. Notsituation hätte ein solches Hinauszögern einen unvorstellbaren Fehler dargestellt. – Heinrich IV. ließ auch am 23. Juni 1081 und zu einem nicht genau bestimmbaren Zeitpunkt zwischen 1081 und 1084 (MGH D H IV 334 u. 357) festlegen, daß in Lucca ein langobardischer Richter nur in seiner, seines Sohnes (Singular!) oder seines Kanzlers Gegenwart Gericht halten dürfe *(ut Longobardicus iudex iuditium … non exerceat, nisi nostra aut filii nostri regni presente persona vel etiam cancellarii nostri);* und am 17. Juni 1084 wurde von Heinrich IV. eine Urkunde (D 363) für das Kloster S. Zeno in Verona ausgestellt *ob interventum dilectissime coniugis nostre imperatricis Berte atque ob incrementum karissimi filii nostri Chuonradi*, wobei also des Heranwachsens auch nur eines Sohnes, eben Konrads, gedacht und ein zweiter Sohn noch nicht erwähnt wird. Auch dieser Befund spricht eher gegen als für eine Geburtszeit Heinrichs V. im Jahre 1081. – Zur Wehrhaftmachung von Königssöhnen mit durchschnittlich 15 Jahren vgl. übrigens außer den bei E. HLAWITSCHKA, Geburtsdatum S. 473, gegebenen Belegen auch das gut bezeugte Beispiel für den 1052 geborenen Kg. Philipp I. v. Frankreich, für den „bis

1067", d.h. bis in dessen 15. Lebensjahr, Gf. Balduin V. v. Flandern die Regentschaft ausübte (B. SCHNEIDMÜLLER, Philipp I., in LexMA VI Sp. 2057), wonach *Balduinus ... Philippum Francorum regem regalis insignivit militiae armis* bzw. *dedit arma Philippo regi Francorum* (G. MEYER V. KNONAU, Jahr. Heinrichs IV./V., Bd. II S. 59 Anm. 42). Der im Frühsommer 778 geborene Ludwig d. Fr. empfing im Spätsommer / Frühherbst 791, als er in das 14. Lebensjahr eingetreten war, seine Wehrhaftmachung; vgl. Astronomus, Vita Hludowici cap. 6, MGH SS 2 S. 609f., ed. E. TREMP S. 300; (BM^2 nr. 515 q und x): *rex Hludowicus ... Hrenesburg cum eo* [= nach Regensburg mit seinem Vater Karl d. Gr.] *abiit. Ibique ense, iam appellans adolescentiae tempora, accinctus est.* Und für den am 13. Juni 823 geborenen Karl d. K. ist bezeugt, daß sein Vater Ks. Ludwig d. Fr. ihn bei der im September 838 in Quierzy abgehaltenen Reichsversammlung *armis virilibus i.e. ense cinxit, corona regali caput insignivit* (BM^2 nr. 982 a). Zu Ottos III. (geb. Sommer 980) Wehrhaftmachung Ende September 994 beim Reichstag von Sohlingen im Solling vgl. BU S. 579 nr. 1117 a. Mit diesen Beispielen wird zugleich die Ansicht Neumeisters (S. 95) widerlegt, daß Heinrichs IV. Schwertumgürtig im Jahre 1065 „eine der frühesten bekannten Wehrhaftmachungen im nordalpinen Reich gewesen sein" dürfte. Daß ab etwa der Mitte des 12. Jhs. die Wehrhaftmachung mit der damals neu aufkommenden Ritterweihe verschmolz (vgl. z.B. die Ereignisse beim Hoftag Friedrich Barbarossas vom Ende September 1157 in der Schilderung Rahewins, Gesta Frederici lib. III cap. 6, ed. F.-J. SCHMALE S. 404: ... *Fredericum ducem Suevie, filium Conradi regis, adhuc adolescentulum, ... gladio accingi et militem profiteri postulant;* Friedrich war damals 12 Jahre alt) und dadurch solche Festhandlungen für Heranwachsende auch erst in etwas fortgeschrittenerem Alter stattfinden konnten, wie es die bei A. HOFMEISTER, a.a.O., vermerkten Beispiele zeigen, besagt indessen nichts für das Lebensalter Heinrichs V. im Jahre 1101. – So läßt sich doch wohl mit guten Gründen an 1086 als Geburtsjahr Ks. Heinrichs V. festhalten.

Nun hat R. GAETTENS, a.a.O. S. 62 u. 71, über die oben dargelegte Umdatierung des Geburtsjahres Heinrichs V. hinaus gemeint, auch Heinrichs präzisen Geburtstag auf den 11. VIII. 1086 festlegen zu können. Er stützt sich dabei auf die Ann. Hildesheim., die dieses Datum angäben: „Wir haben in diesem Datum wahrscheinlich die ursprüngliche Fassung der Annales S. Albani. Die falsche Interpolierung in das Jahr 1081 statt 1086 spricht nicht gegen die Richtigkeit dieses Teils der Nachricht". In dieser Argumentation sind ihm inzwischen auch mehrere Mediävisten gefolgt; so z. B. Th. SCHIEFFER, Heinrich V. S. 320; K. BOSL, G. FRANZ, H.H. HOFFMANN (Hg.), Biograph. Wörterbuch I Sp. 1074; C. SERVATIUS, Heinrich V. S. 135; T. STRUVE, Heinrich V. Sp. 2043; K.-U. JÄSCHKE, Notwendige Gefährtinnen S. 145; E. GOEZ, Thronerbe S. 15; H. SCHWARZMAIER, Mathilde v. Tuszien S. 55 Anm. 25 (mit Fragezeichen); bei DERS., Von Speyer nach Rom S. 17 (Stammtafel), wird, ohne daß Argumente hierfür irgendwo ersichtlich wären, der „8. I. 1086" als Heinrichs V. Geburtstag angegeben.

Ein Blick auf die Ann. Hildesheim. ad 1081, MGH SS rer. Germ. S. 48, zeigt uns indessen für das Jahr 1081 folgenden Befund: *Ind. 3, 1081. Heinricus rex Romam obsedit. Bellum inter Liupoldum marchionem et Cůnradum, fratrem ducis Boemiae, 4. Id. Maii. Item bellum inter Suevos et Baioarios iuxta Danubium loco qui vocatur Hohstetin 3. Idus Aug. Heinricus rex natus est, iunior filius.* Die dritten Iden des August (= 11. August) beziehen sich hier, wie der Herausgeber G. WAITZ schon richtig gesehen und mit seiner Interpunktion verdeutlicht hat, was aber R. Gaettens – durch Beachtung des Textes nur ab *3. Idus Aug.* – verzerrt hat, auf den voran erwähnten Kampf bei Höchstädt a. d. Donau (zwischen Donauwörth u. Dillingen). Heißt es doch in Frutolfs v. Michelsberg Chronik ad 1081 (ed. F.-J. SCHMALE u. I. SCHMALE-OTT S. 94): *Bellum in orientali Baioaria inter Chuonradum ducis Boemiae fratrem et Luitpoldum marchionem commissum est IIII. Idus Mai. Item aliud inter Alamannos et Baioarios III. Idus Augusti iuxta Danubium apud Hohstein, ubi palatini comitis Chuononis filius Chuono occisus est.* Bernold v. St. Blasien, Chron. ad 1081, MGH SS 5 S. 437; auch ed. I.S. ROBINSON S. 428, bestätigt dies: *Electus est autem* [Hermann v. Salm] *ante festivitatem sancti Laurentii* [= 10. VIII.] *et in sequenti die post festivitatem eiusdem sancti* [= 11. VIII.] *de inimicis triumphavit in confinio Baioariae, in loco qui dicitur Hostete.* Das gleiche Datum zeigen auch die Ann. Mellicenses ad 1081, MGH SS 9 S. 500: *Quintum bellum Heinrici regis contra Suevos juxta Danubium apud villam quae dicitur Hohestetin, feria 4, 3. Idus Augusti.* – Mit diesem Nachweis entfällt die Kenntnis des genauen Geburtstages Ks. Heinrichs V.; vgl. dazu bereits E. HLAWITSCHKA, Geburtsdatum S. 474 f.

Verheiratet hat sich Heinrich V. am 7. Januar 1014 in Mainz mit Mathilde, der Tochter Kg. Heinrichs I. v. England; vgl. hierzu bei **XXX : Ksn. Mathilde** nr. 1.

Verstorben ist Ks. Heinrich V. am 23. V. 1125 in Utrecht, bestattet wurde er im Dom zu Speyer; vgl. Ekkehard v. Aura, Chron. ad 1125, ed. F.-J. SCHMALE u. I. SCHMALE-OTT S. 374: *Heinricus imperator huius vocabuli quintus apud Traiectum civitatem pentecosten celebraturus, aegritudine … superatus ad extrema coepit propinquare … diem clausit extremum X Kalendas Iunii. Cuius corpus more regio curatum Spiram est delatum et … iuxta maiorum suorum mausolea honorifice conditur.* – Eine große Zahl weiterer Quellen zum Tod und zur Bestattung Heinrichs V. ist zusammengestellt bei G. MEYER V. KNONAU, Jahrb. Heinrichs IV./ V., Bd. 7 S. 323f. mit Anm. 19 u. 20; zuletzt W. METZ, Das älteste Nekrolog S. 202. Zum Grab vgl. H. GRAUERT, Kaisergräber S. 548f.

2 / 3 : Ks. Heinrich IV. u. Berta (v. Turin) als Eltern Ks. Heinrichs V.

Daß Ks. Heinrich V. ein Sohn Ks. Heinrichs IV. war, ist oftmals bezeugt. Vgl. etwa MGH D H IV 458 (vom 10. II. 1098): *ob interventum dilecti filii nostri Heinrici regis …*; D H IV 463 (vom 30. IV. 1099): *quod … filii nostri Heinrici regis salute … pro nobis et pro filio nostro rege Heinrico*; D H IV 468 (vom 16. V. 1101): *pro eterna anime nostre seu progenitorum nostrorum remuneracione, Cuonradi videlicet imperatoris avi nostri, Gisile imperatricis ave nostre, Heinrici imperatoris patris nostri, Agnetis imperatricis matris nostre, Berte imperatricis coniugis nostre, tum pro stabilitate regni et imperii nostri ac Heinrici regis dilectissimi filii nostri …*; auch D H IV 475 (vom 15. II. 1002), 477 (vom 4. III. 1103), 479 (vom 15. VII. 1103). – Aus der großen Zahl der erzählenden Quellen seien angeführt: Frutolf v. Michelsberg, Chron. ad 1099, ed. F.-J. SCHMALE u. I. SCHMALE-OTT S. 118: *Anno Domini MXCVIIII. Heinricus imperator natale Domini Colonie celebravit, in epiphania vero Aquisgrani filium suum iuniorem Heinricum quintum regem fecit, reprobato maiore filio Chuonrado, quem prius coronavit.* – Daraus mit gleichem Wortlaut Ekkehardi Chron. ad 1099, ed. F.-J. SCHMALE u. I. SCHMALE-OTT S. 128. – Otto v. Freising, Chron. lib. VII cap. 8, MGH SS rer. Germ. S. 318: *Anno ab incarnatione Domini M°C°III° imperator Heinricus nativitatem Domini Moguntiae celebravit ibique Heinrico filio suo rege post se designato* (was freilich schon am 6. I. 1099 in Aachen geschah); DERS., Gesta Frederici lib. I cap. 10, ed. F.-J. SCHMALE S. 148: *Mortuo Alemannorum duce Frederico, Agnetem ab ipso viduatam frater suus Heinricus, imperatoris Heinrici filius, in sua suscepit eamque Leopaldo Orientali marchioni … in uxorem dedit.*

Zu den Geburts-, Heirats- und Todesdaten Heinrichs IV. und Bertas vgl. bei **XIX : Ks. Heinrich IV.** nr. **1** und **XX : Ksn. Berta** nr. **1.**

4 : Ks. Heinrich III. als Vater Ks. Heinrichs IV.
→ **XIX : Ks. Heinrich IV.** nr. **2**

5 : Ksn. Agnes (v. Poitou) als Mutter Ks. Heinrichs IV.
→ **XIX : Ks. Heinrich IV.** nr. **3**

6 : Otto, Mgf. v. Turin u. Savoyen, als Vater Bertas (v. Turin)
→ **XX : Ksn. Berta** nr. **2**

7 : Adelheid (v. Turin) als Mutter Bertas (v. Turin)
→ **XX : Ksn. Berta** nr. **3**

8 : Ks. Konrad II. als Vater Ks. Heinrichs III.
→ **XVI : Ks. Heinrich III.** nr. **2**

9 : Gisela (v. Schwaben) als Mutter Ks. Heinrichs III.
→ **XVI : Ks. Heinrich III.** nr. **3**

10 : Hzg. Wilhelm (V.) v. Aquitanien als Vater der Ksn. Agnes (v. Poitou)
→ **XVIII : Ksn. Agnes** nr. **2**

11 : Agnes (v. Burgund) als Mutter der Ksn. Agnes (v. Poitou)
→ **XVIII : Ksn. Agnes** nr. **3**

12 : Gf. Humbert I. v. Savoyen als Vater Gf. Ottos v. Savoyen/Turin
→ **XX : Ksn. Berta** nr. **4**

13 : Ancilia als Mutter Gf. Ottos v. Savoyen / Turin
→ **XX : Ksn. Berta** nr. **5**

14 : Mgf. Odelrich-Manfred II. v. Turin als Vater Adelheids (v. Turin)
→ **XX : Ksn. Berta** nr. **6**

15 : Berta als Mutter Adelheids (v. Turin)
→ **XX : Ksn. Berta** nr. **7**

16 : Heinrich (v. Speyer) als Vater Ks. Konrads II.
→ **XIV : Ks. Konrad II.** nr. **2**

17 : Adelheid (v. Metz) als Mutter Ks. Konrads II.
→ **XIV : Ks. Konrad II.** nr. **3**

18 : Hzg. Hermann II. v. Schwaben als Vater Ksn. Giselas
→ **XV : Ksn. Gisela** nr. **2**

19 : Gerberga (v. Burgund) als Mutter Ksn. Giselas
→ **XV : Ksn. Gisela** nr. **3**

20 : Hzg. Wilhelm (IV.) v. Aquitanien als Vater Hzg. Wilhelms (V.)
→ **XVIII : Ksn. Agnes** nr. **4**

21 : Emma (v. Blois) als Mutter Hzg. Wilhelms (V.) v. Aquitanien
→ **XVIII : Ksn. Agnes** nr. **5**

22 : Gf. Otto-Wilhelm v. Burgund als Vater der Agnes (v. Burgund)
→ **XVIII : Ksn. Agnes** nr. **6**

23 : Ermentrud (v. Reims u. Roucy) als Mutter der Agnes (v. Burgund)
→ **XVIII : Ksn. Agnes** nr. **7**

24 : Vermutungen zum Vater Gf. Humberts I. v. Savoyen
→ **XX : Ksn. Berta** nr. **8**

26 : Gf. Anselm (v. Equestergau) als Vater Ancilias
→ **XX : Ksn. Berta** nr. **10**

27 : Alduid als Mutter Ancilias
→ **XX : Ksn. Berta** nr. **11**

28 : Mgf. Manfred I. v. Turin als Vater Mgf. Odelrich-Manfreds II.
→ **XX : Ksn. Berta** nr. **12**

29 : Prangarda (v. Canossa) als Mutter Mgf. Odelrich-Manfreds II.
→ **XX : Ksn. Berta** nr. **13**

30 : Mgf. Otbert II. (i. östl. Ligurien) als Vater Bertas
→ **XX : Ksn. Berta** nr. **14**

31 : Vermutungen zur Mutter Bertas
→ **XX : Ksn. Berta** nr. **15**

32 : Hzg. Otto v. Kärnten als Vater Heinrichs (v. Speyer)
→ **XIV : Ks. Konrad II.** nr. **4**

33 : Judith als Mutter Heinrichs (v. Speyer)
→ **XIV : Ks. Konrad II.** nr. **5**

34 : Gf. Richard v. Metz als Vater Adelheids
→ **XIV : Ks. Konrad II.** nr. **6**

35 : Vermutungen zur Mutter Adelheids (v. Metz)
→ **XIV : Ks. Konrad II.** nr. **7**

36 : Hzg. Konrad v. Schwaben als Vater Hzg. Hermanns II.
→ **XV : Ksn. Gisela** nr. **4**

37 : Judith / Jutta als Mutter Hzg. Hermanns II. v. Schwaben
→ **XV : Ksn. Gisela** nr. **5**

38 : Kg. Konrad v. Burgund als Vater Gerbergas
→ **XV : Ksn. Gisela** nr. **6**

39 : Mathilde (v. Frankreich) als Mutter Gerbergas
→ **XV : Ksn. Gisela** nr. **7**

40 : Hzg. Wilhelm III. v. Aquitanien als Vater Hzg. Wilhelms (IV.)
→ **XVIII : Ksn. Agnes** nr. **8**

41 : Adela (Gerloc) als Mutter Hzg. Wilhelms (IV.) v. Aquitanien
→ **XVIII : Ksn. Agnes** nr. **9**

42 : Gf. Tetbald (Tricator) v. Chartres als Vater Emmas (v. Blois)
→ **XVIII : Ksn. Agnes** nr. **10**

43 : Liutgard (v. Vermandois) als Mutter Emmas (v. Blois)
→ **XVIII : Ksn. Agnes** nr. **11**

44 : Kg. Adalbert v. Italien als Vater Gf. Otto-Wilhelms v. Burgund
→ **XVIII : Ksn. Agnes** nr. **12**

45 : Gerberga als Mutter Gf. Otto-Wilhelms v. Burgund
→ **XVIII : Ksn. Agnes** nr. **13**

46 : Gf. Ragenold v. Reims u. Roucy als Vater Ermentruds
→ **XVIII : Ksn. Agnes** nr. **14**

47 : Albrada (v. Lothringen) als Mutter Ermentruds
→ **XVIII : Ksn. Agnes** nr. **15**

56 : Mgf. Arduin III. Glabrio v. Turin als Vater Mgf. Manfreds I.
→ **XX : Ksn. Berta** nr. **24**

57 : Vermutungen zur Mutter Mgf. Manfreds I. v. Turin
→ **XX : Ksn. Berta** nr. **25**

58 : Gf. Adalbert-Atto v. Canossa als Vater Prangardas
→ **XX : Ksn. Berta** nr. **26**

59 : Ildegarda als Mutter Prangardas
→ **XX : Ksn. Berta** nr. **27**

60 : Adalbert, Mgf. i. östl. Ligurien, als Vater Mgf. Otberts II.
→ **XX : Ksn. Berta** nr. **28**

61 : Bertrada als Mutter Mgf. Otberts II. i. östl. Ligurien
→ **XX : Ksn. Berta** nr. **29**

XXX : Kgn. u. Ksn. Mathilde (v. England), Gemahlin Ks. Heinrichs V.

1 : Ksn. Mathilde (v. England)

Mathildes Ehe mit Ks. Heinrich V. kam – nach einigen 1108/09 geführten Vorgesprächen und einer zu Pfingsten 1109 geschlossenen Übereinkunft sowie nach der ersten Begegnung der beiden im März 1110 in Lüttich, der gemeinsamen Feier des Osterfestes in Utrecht (10. IV. 1110), wo die offizielle Verlobung mit Übergabe der Morgengabe stattfand, und nach der Krönung Mathildes zur Königin am 12. VI. 1110 in Mainz – schließlich am Tage nach Epiphanias (= 7. I.) 1114 zustande. Vgl. hierzu die Quellenzusammenstellung bei G. MEYER V. KNONAU, Jahrb. Heinrichs IV./ V., Bd. 6 S. 116–125, 285f.; zu Fragen der einzelnen Vollzugsakte auch M. BLACK, Töchter Ks. Heinrichs III. S. 42–45. – Hier einige Quellen in Auswahl zur Filiation und zum Eheschluß Mathildes.

Anonyme Kaiserchronik ad 1114, ed. F.-J. SCHMALE u. I. SCHMALE-OTT S. 262: *Anno Domini MCXIIII. Imperator Henricus natalem Domini Babenberg celebravit dispositis nuptiis suis Maguntiae in proxima epiphania. Desponsaverat enim ante triennium Mahtildem filiam Henrici regis Anglorum, virginem moribus nobilem … Erat enim progenita ex utraque parte ex longa linea magnificae nobilitatis et regalis prosapiae …* – Die Ann. Patherbrunn. ad 1014, ed. P. SCHEFFER-BOICHORST S. 127, bestimmen den Tag genauer: *Altera die post epiphaniam, collectis totius regni principibus, nuptias filiae regis Anglici ingenti cum gloria consummat.* – Vgl. auch Chron. S. Petri Erfordens. mod., in: Monumenta Erphesfordensia, MGH SS rer. Germ. S. 161: *proxima die post epiphaniam Domini nupcias suas Mogoncie constituit, in quibus sibi filiam regis Anglorum Machthildam nomine copulavit, cui copule multi de principibus regni sine leticia interfuerunt.* – Symeon v. Durham, Historia regum ad 1110, ed. Th. ARNOLD S. 241; auch MGH SS 13 S. 157: *Anno MCX. Rex Anglorum Henricus filiam suam Henrico imperatori in conjugem dedit, et misit filiam suam Henrico imperatori a Dovere usque ad Witsand in initio quadragesimae (sc. Paschae), quod fuit 4. Idus Aprilis …* – Ann. Cameracens. ad 1110, MGH SS 16 S. 512: *Henricus filius Henrici imperatoris filiam Henrici regis Anglorum duxit uxorem, nomine Mahtildam, puellulam circiter octo annorum …* – Weitere Quellenstellen bei G. MEYER V. KNONAU, Jahrb. Heinrichs IV./ V., Bd. 6 S. 285f. Anm. 1.

Zum Nachweis, daß Mathilde – als Zwilling mit ihrem 1120 verstorbenen Bruder Wilhelm – am 7. Februar 1102 geboren wurde, vgl. bereits O. RÖSSLER, Ksn. Mathilde S. 418–420. Dieses Datum ergibt sich aus der Meldung der Ann. Cameracens. ad 1110 (s. o.), daß Heinrichs V. Braut eine *puellula circiter octo annorum* war, und aus der Nachricht der Ann. Wintoniens. ad 1110, MGH SS 27 S. 452, auch ed. H.R. LUARD S. 43, daß *Hoc anno misit rex* [= Heinrich I. v. England] *filiam suam Matildem imperatori Henrico desponsandam ... cum esset puella octo annorum et quindecim dierum.* Hat nun Mathilde ihre Reise nach Deutschland im Alter von 8 Jahren und 15 Tagen angetreten und ist diese Abreise – nach Symeon v. Durham (s. o.) und nach der Anglo-Saxon Chronicle ad 1110 (MGH SS 13 S. 118: *Hoc anno misit rex ante quadragesimam suam filiam cum multiplicibus divitiis trans mare eamque imperatori dedit*; auch ed. D.C. DOUGLAS – G.W. GREENAWAY, EHD II S. 190) – am 22. Februar erfolgt (= Tag vor dem Beginn der sechswöchigen Fasten vor Ostern, beginnend mit Aschermittwoch, 23. II. 1110), so ergibt sich – bei einem Alter Mathildes von 8 Jahren im Jahre 1110 – als der gesuchte Geburtstag Mathildes der 7. Februar 1102. (Zum Nachweis der Zwillingsgeschwisterschaft mit Prinz Wilhelm vgl. bei O. RÖSSLER, a.a.O. S. 419, und unten bei nr. **3**).

Zum Lebensgang Mathildes nach dem Tod Ks. Heinrichs V. – Rückkehr über die Normandie nach England (1126), Wiederverheiratung mit Gf. Gottfried v. Anjou (1128), dem sie auch drei Kinder schenkte, und Durchsetzung der Erbansprüche auf das Normannenreich für sich und ihren Sohn Kg. Heinrich II. v. England – vgl. K.R. SCHNITH, Ksn. Mathilde S. 189–213; M. CHIBNALL, Empress Mathilda.

Das Todesjahr Mathildes verzeichnen die Ann. v. Southwark ad 1167, MGH SS 27 S. 431: *1167. Obiit Matildis imperatrix*; vgl. auch Annalium Angliae excerpta in MGH SS 16 S. 484: *1167. Obiit Matildis imperatrix.* – Im Draco Normannicus Stephans v. Rouen, lib. III cap. 1, ed. R. HOWLETT S. 711, heißt es einleitend: *De Mathildis imperatricis obitu, quodque anno ab incarnatione Domini MCLXVII apud Rothomagum defuncta sit, decima die mensis Septembris, die dominica, tertia ipsius diei hora, Henrico rege ejusdem filio tunc in Britannia morante; quodque antea ut apud Beccum tumularetur eidem concessit, idque olim, de partu Gaufridi filii sui infirmata, apud Rothomagum a patre impetraverat.* – Auch zwei von Arnulf v. Lisieux stammende Epitaphien nennen Mathildes Todestag; vgl. J.P. MIGNE, PL 201 Sp. 199, jetzt auch ed. E. Könsgen S. 63f.

I. *Regia progenies, stirps regia, Cesaris uxor,*
Hic est magna brevi clausa Matilda loco.
… … …
Septembris decima regno post regna recepto,
Creditur eternum continuasse diem.

II. *Regis mater erat, et regibus orta Matildis,*
Extuleratque thoro nobiliore genus.
… … …
Septembris decimo sub prima transiit hora,
De nostra ad verum nocte revecta diem.

Ihr Todestag wurde zudem im Nekrolog von St. Bénigne de Dijon als *Matildis imperatrix* und in gleicher Form in den Nekrologien von St. Martin-des-Champs und Moissac vermerkt; vgl. Synopse der cluniac. Necrologien, ed. J. WOLLASCH u. a. S. 507, 509.

Zur Beisetzung Mathildes in der Abtei Bec (Normandie), zum Schicksal ihrer Grabstätte und zur Überführung des Leichnams 1871 nach Rouen vgl. auch L. MUSSET, Sépultures S. 27f.

2 : Kg. Heinrich I. v. England als Vater der Ksn. Mathilde

Zu drei Filiationsbelegen vgl. bereits bei nr. **1**. Weiterhin: Otto v. Freising, Chron. lib. VII cap. 15, MGH SS rer. Germ. S. 329: *Imperator … post haec* (= Rückkehr aus Rom und Eroberung von Bar-le-Duc) *Moguntiae regio apparatu coniuncta sibi filia Heinrici regis Anglorum Mahtilda magnifice nuptias celebravit.* Ebd. lib. VII cap. 21, S. 340f. (zu Todesfällen der 30er Jahre): *Rex etiam Francorum Lodewicus et Anglorum Heinricus … obierunt. Et exhinc Anglia … tantis malis subiacere cepit … Prefato enim rege mortuo principes Stephanum, sororis suae filium, ex Gallia invitaverunt ad regnum. Porro uxor comitis Andegavensis* (= Gf. Gottfried v. Anjou, Mathildes 2. Gemahl ab 1128) *Mahtildis, quondam imperatoris Heinrici quinti coniux, illius vero Heinrici regis filia, hereditario iure paternum regnum reposcens usque in presens illud affligere non desistit.* – Otto v. Freising, Gesta Frederici lib. I cap. 16, ed. F.-J. SCHMALE S. 156 (ältere Ed. MGH SS rer. Germ. S. 30): *At imperatrix Mathildis, Heinrici regis Anglorum filia, regalia in potestate sua habebat.*

Das Geburtsjahr Kg. Heinrichs I. – 1068 – ist aus der weiter unten zitierten Lebensdauerangabe zu folgern.

Zum Hochzeitsdatum vgl. Anglo-Saxon Chronicle (Ms. E), ad 1100: „And presently thereafter the king (= Heinrich I.) took to himself as wife Matilda, daughter of Malcolm, king of Scotland, and of the good queen Margaret, king Edward's kinswoman, of the true royal kin of England. And she was given to him with much honour on St. Martin's mass day [= 11. November 1100], at Westminster; and the archbishop Anselm wedded her to him, and thereafter consecrated her as queen"; vgl. A.O. ANDERSON, Scottish Annals S. 125; altengl. Text bei C. CLARK, Peterborough Chronicle S. 28f. – Wilhelm v. Malmsbury, Gesta regum Anglorum lib. V § 393, ed. W. STUBBS, Bd. 2 S. 470: Nach der Königskrönung Heinrichs I. am 5. August 1016 schließlich *die sancti Martini accepit Mathildem filiam Malcolmi regis Scottorum.* – Nach Ordericus Vitalis, Hist. eccl. lib. VIII cap. 22, ed. M. CHIBNALL, Bd. 4 S. 272; ed. A. LE PREVOST, Bd. 3 S. 400, heiratete *Heinricus vero, adepto Anglorum regno* (= 5. VIII. 1100), *praefatam virginem* (= Mathilde), was keine präzise Angabe sein will. Zum Zustandekommen dieser Ehe vgl. zuletzt L. HUNEYCUTT, Matilda of Scottland S. 27–30.

Zum Tod Kg. Heinrichs I. am 1. XII. 1135 bei einem Jagdaufenthalt im Walde von Lyons-la-Forêt (östl. von Rouen) und zur Überbringung des Leichnams über Rouen und Caen nach England in die Abtei Reading vgl. Wilhelm v. Malmesbury, Historia Novella lib. I cap. 8, ed. W. STUBBS, Bd. II S. 536f.: *et kalendas Decembris, qua nocte decessit … Apud Liuns exercitio venationis intentus, valitudine adversa correptus decubuit …*; S. 539: *Anno Dominicae incarnationis millesimo centesimo tricesimo sexto … regis Henrici corpus … post Natale Domini impositum navi Angliam devectum est; et apud Radingense coenobium … humatum est.* – In der Historia de gestis regis Stephani Richards v. Hexham, ed. R. HOWLETT S. 139, heißt es: *Anno verbi incarnati MCXXXV., ab adventu vero Normannorum in Angliam LXIX, Henricus rex Angliae, anno aetatis suae LXVIII., de quadam muraena comedens aegrotavit, et mortuus est in quadam foresta Normanniae, quae Leuns dicitur, apud sanctum Dionisium, IV*^{to} *nonas Decembris, feria II. … Corpus vero ipsius, sicut praeceperat, in Angliam transvectum, apud Radingas sepultum est.* – Ausführlich über Kg. Heinrichs I. letzte Tage und die Bestattung berichtet Ordericus Vitalis, Hist. eccl. lib. XIII cap. 19, ed. M. CHIBNALL, Bd. 6 S. 448ff.; ed. A. LE PREVOST, Bd. 5 S. 49ff.: *sicque kalendis Decembris, dominico, incipiente nocte, hominem excessit.* – Vgl. auch den Brief des Petrus Venerabilis an Gräfin Adela v. Blois, Kg. Heinrichs I.

Schwester, bei G. CONSTABLE, Letters of Peter the Venerable I S. 22 nr. 15: ... *quarto nonas decembris de seculo migrasse. Corpus eius sicut disposuerat Rothomagum delatum, et inde a Roberto comite filio suo apud Radingas tumulandum versus Angliam deportatum est.* – Knapp berichten die Ann. Anglosaxoni breves, ed. F. LIEBERMANN, Ungedruckte anglo-norm. Geschichtsquellen S. 5: *1135. Hic obiit Henricus rex Anglorum k[al.] Decemb.*

Epitaphien lieferten u.a. Ordericus Vitalis, Robert v. Torigni und Arnulf v. Lisieux.

Ordericus:	*Occidit Henricus rex prima luce Decembris,* *Lugubris incumbit patriae contritio membris.*
Robert v. Torigni:	*Occidis, Henrice, tunc pax, nunc luctus utrique.* *Quo dum dura febris prima sub nocte Decembris* *Mundum nudavit, mundo mala multiplicavit.*
Arnulf v. Lisieux:	*Henrici cuius celebrat uox publica nomen,* *Hoc pro parte iacent membra sepulta loco* ... ... *Quem decedentem cum nox extrema Nouembris* *Soluisset, secuit prima Decembris eum.*

Vgl. die Zusammenstellung bei D. LOHRMANN, Tod Kg. Heinrichs I. S. 90–107; Arnulfs Verse auch bei E. KÖNSGEN, Gedichte Arnulfs S. 56; zu Todesumständen und Grablegung vgl. auch L. MUSSET, Sépultures S. 26f.

3 : Mathilde (Edith) v. (Schottland), Gem. Kg. Heinrichs I. v. England, als Mutter der Ksn. Mathilde

Bis zu ihrer Verehelichung trug Mathilde den Namen Edith; vgl. G. THOMA, Namensänderungen S. 193f.; L. HUNEYCUTT, Matilda of Scotland S. 2, 5, 26.

Bei Wilhelm v. Newburgh (Yorkshire), Historia Anglicana lib. I cap. 3, MGH SS 27 S. 227, heißt es: *Idem autem rex* (= Kg. Heinrich I. v. England) *ex Matilda religiosa regina geminam in sexu dispari suscepit sobolem. Et filiam materni nominis iam nubilem Henrico imperatori Romano petenti despondit, filium vero aviti nominis, qui successor sperabatur, iam puberem sinister casus abstulit, cum turba nobilium iuvenum marinis beluis escam datum.* – Wilhelm v. Malmesbury, Gesta regum Anglorum lib. V cap. 420, ed. W. STUBBS, Bd. 2 S. 498, vermeldet: *Filiam Matildam ex Mathilde susceptam dedit rex Henricus Henrico imperatori Alemanniae.* – In den Gesta Henrici II. et Ricardi I., MGH SS 27 S. 106, findet man bei der Erläuterung der Verwandtschaft Kg. Davids v. Schottland mit Mathilde, der Tochter Kg. Heinrichs II. v. England und Gemahlin Hzg. Heinrichs d. Löwen: *Matildis regina Anglie fuit mater Matildis imperatricis Rome.* – Eine lange Genealogie (bis zurück zu den mythischen Vorfahren Wodan und weiter zurück bis zu Adam) entwarf der Abt Aelred v. Rievaulx um 1150 für den *dux Normannorum et Aquitanorum et comes Andegavensium Henricus,* den späteren Kg. Heinrich II. v. England, also für den Sohn der „Ksn. Mathilde" (nr. **1**) aus ihrer 2. Ehe mit Gottfried v. Anjou. Dort heißt es (J.P. MIGNE, PL 195 Sp. 716f.): *Tu igitur, vir optime, filius es gloriosissimae imperatricis Mathildis, cujus fuit mater christianissima et excellentissima Anglorum regina Mathildis, filia sanctissimae feminae reginae Scotorum Margaretae, quae nominis sui splendori morum sanctitatem praeferebat. Huis pater Edwardus [erat], qui fuit filius Edmundi regis invictissimi, cujus pater Edelred, cujus pater Aedgarus pacificus, cujus pater Eadmundus, cujus pater Edwardus senior, cujus pater nobilis Alfredus* …usw. Diese hier herangezogenen Filiationsschritte sind auch anderweitig belegbar. Zu den angelsächsischen Genealogien vgl. bereits bei **VII : Kgn. Edgitha** nr. **16**.

In einem im Winter 1126/27 entstandenen Begleitbrief zu den Gesta regum Anglorum des Wilhelm v. Malmesbury, welcher der nach dem Tode ihres Gemahls Ks. Heinrich V. nach England zurückgekehrten Ksn. Mathilde, der *gloriosissime imperatrici et domine sue Mathildi,* vom Konvent von Malmesbury zugegangen ist, wird das Wirken der verstorbenen Kgn. Mathilde, der Mutter der Kaiserin und Anregerin der *Gesta regum Anglorum,* gepriesen: *Regalis pietas et vere pietatis sancta religio reverendissime matris vestre, Mathildis regine, iamdudum post eius discessum nos premonuere, nil minus de vestra quam de ipsius bonitate sperare;* vgl. E. KÖNSGEN, Zwei unbekannte Briefe S. 213.

Mathilde wurde sehr wahrscheinlich im Spätsommer oder Frühherbst des Jahres 1080 geboren; zur Bestimmung dieses Datums vgl. L. HUNEYCUTT, Matilda od Scotland S. 10 mit Anm. 1.

Zur Zeit der Verheiratung Mathildes – 11. XI. 1100 – vgl. bei nr. **2**.

Den Todestag Mathildes überliefert Ordericus Vitalis, Hist. eccl., unter den Ereignissen von 1118; ed. M. CHIBNALL, Bd. 6 S. 188, ed. A. LE PREVOST, Bd. 4 S. 313: *Deinde Mathildis regina quae in baptismate Edit dicta fuit, kalendis Maii obiit et in basilica sancti Petri Westmonasterio tumulata quiescit.* Der Bestattungsort ist auch bei Wilhelm

v. Malmesbury, Gesta regum Anglorum lib. V cap. 418, ed. W. STUBBS II S. 495, vermerkt. – In der Anglo-Saxon Chronicle aus Peterborough (Ms. E), ed. M.J. SWANTON S. 248, heißt es zu 1118: „And the queen Maud passed away in Westminster on the day of 1 May, and was buried there“; Originaltext bei C. CLARK, Peterborough Chronicle S. 39. – Gleiches Datum im Chronicle of the Kings of Scotland, version E; vgl. A.O. ANDERSON, Early sources, Bd. 2 S. 55: „Queen Matilda departed from this life on the Kalends of May, in the year from the Lord's Incarnation 1118; and she was buried with honour in the church of St. Peter ... at Westminster, near London, the most noble city of the English“. – Henry of Huntingdon, Historia Anglorum lib. VII cap. 30, ed. Th. ARNOLD S. 241, überliefert dies gleichfalls zu 1118: *Maii prima dies, nostrarum nocte dierum, / Raptam, perpetua fecit inesse die.* – Vgl. auch L. MUSSET, Sépultures S. 27.

4 : Kg. Wilhelm I. (d. Eroberer) v. England als Vater Kg. Heinrichs I.

Zu drei Filiationsbelegen aus der Genealogia com. Flandr. und ähnlichen Quellen vgl. bei nr. **5**. – Ann. Rotomagenses ad 1087, MGH SS 26 S. 46: *Obiit rex Willelmus primus 6 idus Septembr[is]. Successit Willelmus filius ejus*; ad 1100, ebd. S. 47: *Willelmus rex occiditur 3. N[on]. Aug. Successit Henricus frater ejus.* – Aus dem angelsächsischen Bereich ebenso die Ann. Anglosaxonici breves ad 1087 und ad 1100, ed. F. LIEBERMANN, Ungedruckte anglo-norman. Geschichtsquellen S. 4f.

Zum vermutlichen Geburtsdatum Kg. Wilhelms I. vgl. E.A. FREEMAN, History of the Norman Conquest, Bd. 2 S. 630f., der für 1027 plädiert, und H. PRENTOUT, Études sur quelques points S. 73–89, der sich für 1028 ausspricht. Unentschieden E. BRANDENBURG, Nachkommen S. 16 (Gen. XII, 22): „* 1027/28“; auch D.C. DOUGLAS, Wilhelm S. 25, 385ff.; ebenso K.R. SCHNITH, Wilhelm I. d. Eroberer, in LexMA IX Sp. 127: „* 1027/28 in Falaise“. Vgl. auch bei nr. **8**. Zum Geburtsort vgl. bei nr. **9**. – Ein Chron. alterum Montis S. Michaelis in periculo maris, ed. M. BOUQUET, Rec. des Historiens XI S. 255, vermeldet zu 1035: *Obiit Robertus dux Normannorum* [nr. **8**], *rediens ad Jerusalem; cui successit Willelmus filius ejus nothus, adhuc puer, ut pote septennis.*

Zur Verheiratungszeit Wilhelms vgl. bei nr. **5**.

Zur Todeszeit und zum Sterbe- sowie Bestattungsort vgl. Ordericus Vitalis, Hist. eccl. lib. VII cap. 16, ed. M. CHIBNALL, Bd. 4 S. 100–104; ed. A. LE PREVOST, Bd. 3 S. 248: *Denique quinto idus Septembris, feria quinta, iam Phebo per orbem spargente clara radiorum spicula excitus rex ... Et his dictis, protinus exspiravit. ... Rotomagi defunctus est. ... Tunc Herluinus quidam pagensis eques ... cadaver regis ad portum Sequanae devexit, impositumque navi usque Cadomum per aquam et aridam perduxit. ... Omnes hi ad exequias famosi baronis convenerunt, ipsumque in presbiterio inter chorum et altare sepelierunt.* DERS., lib. VIII cap. 1 (ed. M. CHIBNALL, Bd. 4 S. 110; ed. A. LE PREVOST, Bd. 3 S. 256): *Anno ab incarnatione Domini millesimo octogesimo septimo, indictione decima, Guillelmus nothus, rex Anglorum, quinto idus Septembris Rotomagi defunctus est; et corpus eius in aecclesia sancti Stephani prothomartiris Cadomi sepultum est.* Vgl. auch Two of the Saxon Chronicles parallel, ed. Ch. PLUMMER, Bd. 1 S. 218f.; auch C. CLARK, Peterborough Chronicle S. 11; Übersetzung in M.J. SWANTON, Anglo-Saxon Chronicle S. 218f.: „This thus done, the King William turned back to Normandy. ... He died in Normandy on the day immidiately after the Nativity of St. Mary, and was buried in Caen at St. Stephen's minster". – Zur Todeszeit vgl. auch Ann. Blandin. ad 1087, MGH SS 5 S. 26: *Hoc anno ... Willelmus rex Anglorum obiit.* – Contin. II Mariani Scotti Chronici ad 1109 (= 1087), MGH SS 5 S. 564: *Wilelmus rex Anglorum obiit 5. Idus Septembris.* – Ann. Radingenses ad 1087, ed. F. LIEBERMANN, Ungedruckte anglonorm. Geschichtsquellen S. 10: *Obiit Willelmus rex senior VII id. Sept. et Willelmus filius ejus regnavit.* – Ann. Rotomagenses ad 1087, ebd. S. 46: *Obiit rex Willelmus primus 6. idus Septembris.* – L. MUSSET, Sépultures S. 24f.

5 : Mathilde (v. Flandern) als Mutter Kg. Heinrichs I. v. England

Daß Mathilde v. Flandern vor ihrer Ehe mit Hzg. Wilhelm (d. Eroberer) mit einem gewissen Gerbod verheiratet war, meinte E.A. FREEMAN, History of the Norman Conquest III S. 651–660, nachweisen zu können. Dagegen argumentiert zurecht E. BRANDENBURG, Nachkommen S. 98 (zu Gen. X, 60) und S. 100 (zu Gen. XI, 103). – Mathildes Ehe mit Wilhelm d. Eroberer und ebenso, daß sie die Mutter Kg. Heinrichs I. v. England war, wie auch weitere Ahnen Mathildes bezeugt die um 1164 kompilierte Genealogia com. Flandr. (Flandria generosa) cap. 5–7, MGH SS 9 S. 318: *5. Arnulfus iunior* (= Gf. Arnulf II. v. Flandern, unten nr. **40**) *duxit uxorem Susannam, filiam Berengeri regis Longobardiae et Italiae; genuitque ex ea Balduinum cognomento Pulcher barba, qui in Blandinio sepultus est. 6. Iste Balduinus vir pulcher ... uxorem accepit Ogivam, filiam Gisleberti* (richtig: Friderici; zur Korrektur vgl. H. RENN, Luxemburger Grafenhaus S. 125; auch **XXV: (Gegen)kg. Hermann v. Salm** nr. 4) *comitis de Lizelenborg, cuius fratres fuerunt hi: Adalbero Metensis episcopus, Fredericus dux Lotharingie, Henricus dux Baioarie, Gislebertus comes de Salinis* (= Salm), *Theodericus de Luzelenburch. 7. De tante nobilitatis coniuge genuit Balduinum pium, qui prudens et fortis comes suo tempore ... inventus est. Qui duxit Athelam, filiam Roberti regis Francorum, quae peperit ei duos filios, Balduinum Montensem et Robertum Frisonem et filiam Mathildem nomine. Haec autem nupsit Guillelmo comiti Normannie et conquistatori Anglie, peperitque ei Guillelmum, post patrem regem Anglie, et Robertum comitem Normannie, et Henricum, post fratrem Guillelmum in venatione cervorum sagitta occisum regem Anglie et ducem Normannie ...* – Ähnlich bereits in der etwa ein halbes Jahrhundert älteren Genealogia comitum Flandriae (Bertin.), MGH SS 9 S. 306: *Arnulfus ... duxit filiam Berengeri regis Langobardorum, Ruzelam quae et Susanna, ex qua suscepit Balduinum Barbatum. Balduinus Barbatus duxit filiam Gisleberti* (richtig: Friderici) *comitis Odgivam, ex qua suscepit Balduinum Insulanum, qui duxit filiam Rodberti regis Francorum Adelam. Balduinus Insulanus genuit Balduinum Hasnoniensem et Rodbertum cognomento postea Iherosolimitanum et Matildem uxorem Guillelmi regis Anglorum.* – Im Anhang zur Sächs. Weltchronik ist eine Genealogie der Grafen v. Flandern überliefert; MGH Dt. Chron. 2 S. 277: ... *Arnulf gewan Baldewine mit dem barde. De gewan Baldewine vamme werdere, de vader was Baldewines Hasinoniensis unde Robertes, de getonamet was Jherusalemische, unde Mechtilde des koning Willehelmes wif van Engelant....*

Mathildes Geburtszeit wird bei E. BRANDENBURG, Nachkommen S. 9 (Gen. X, 60), mit „ca. 1032" erschlossen.

Der Eheabschluß mit Wilhelm d. Eroberer wird im Chron. Turonense (M. BOUQUET, Rec. des Historiens XI S. 348) zum Jahre 1056 genannt, freilich in einem etwas legendären Zusammenhang: *Anno Henrici Imper[atoris] XVII et Henrici regis [Francorum] XXVI ... Imperator moritur et apud Spiram sepelitur, cui successit Henricus filius eius. Tunc Guillelmus Dux Normanniae Mathildem filiam Balduini comitis Flandriae duxit in uxorem in hunc modum ...* Gegen dieses Zeugnis setzt die neuere Literatur die Verheiratungszeit „um 1052"; vgl. K.R. SCHNITH, Wilhelm I. d. Eroberer, in LexMA IX Sp. 127. D.C. DOUGLAS, Wilhelm S. 82f., vermerkt, daß die schon „vor 1049" geplante Verheiratung Wilhelms mit Mathilde von Papst Leo IX. auf dem Konzil zu Reims im Oktober 1049 (wegen zu naher Verwandtschaft der Partner?) untersagt wurde, die Hochzeit aber dennoch „vielleicht schon im Jahre 1050, wahrscheinlich aber im Jahre 1051 und keinesfalls nach 1052“ in Eu stattfand. „Papst Nikolaus II. genehmigte diese Verbindung erst auf dem 2. lateranischen Konzil im Jahre 1059“. Dort auch Abhandlung der Vermutungen, die als Grund für den Einspruch Papst Leos IX. bisher vorgebracht wurden.

Den Tod Mathildes vermelden die Ann. Dorenses ad 1083, MGH SS 27 S. 521: *1083: Obiit Matildis regina prima de Normannis.* Ausführlich berichtet Ordericus Vitalis, Hist. eccl. lib. VII cap. 9, ed. M. Chibnall, Bd. 4 S. 44; ed. A. Le Prevost, Bd. 3 S. 192f.: *His temporibus indictione septima Mathildis regina Anglorum egrotavit ..., III° non. Novembris obiit. Deinde corpus eius ad coenobium sanctae Trinitatis ... apud Cadomum ... delatum est et ... inter chorum et altare venerabiliter tumulatum est.* Dort auch das Epitaph:

Egregie pulchri tegit haec structura sepulchri,
Moribus insignem germen regale Mathildem.
Dux Flandrita pater huic extitit, Hadela mater,
Francorum gentis Roberti filia regis,
Et soror Henrici regali sede potiti.
Regi magnifico Guillelmo iuncta marito.
... ...
Sic infinitae petiit consortia vitae,
In prima mensis post primam luce Novembris.

Zum präzisen Todestag vgl. auch die Anglo-Saxon Chronicle ad 1083 (ed. Ch. Plummer, Two of the Saxon Chronicles S. 215, ed. C. Clark, Peterborough Chronicle S. 8), die den Tag nach Allerheiligen, also den 2. XI., als Todestag nennt, sowie das Nekrolog v. Saint-Évroul (= *Uticensis monasterium*) in M. Bouquet, Rec. des Historiens XXIII S. 490: *3. Nov. : Matildis regina.* Das Obituaire von Mont Saint Michel in M. Bouquet, Rec. des Historiens XXIII S. 581, gibt zum 2. November: *Mathildis, regina Anglorum.* Das Obituarium v. Jumièges (ebd. S. 422) zeigt zum 1. November: *Mathildis, regina Anglorum.* – Florence v. Worcester, Chron., ed. B. Thorpe, Bd. 2 S. 17, gibt an: *Regina Mathilda IV. nonas Novembris, feria V., decessit in Normannia, et Cadomi est sepulta.* – Vgl. auch L. Musset, Sépultures S. 25.

6 : Kg. Malcolm III. (Canmore) v. Schottland als Vater der Kgn. Mathilde v. England

Zu zwei Filiationsangaben in der Anglo-Saxon Chronicle und bei Wilhelm v. Malmesbury vgl. bereits bei nr. **2**. – Bei Richard v. Hexham, Historia de gestis regis Stephani, ed. R. HOWLETT S. 141, auch in MGH SS 27 S. 12, heißt es: *Rex autem nobilis Henricus* (= Kg. Heinrich I. v. England, oben nr. **2**) … *duas reginas habuit, primam nomine Mactildam, filiam Malcolmi regis Scotiae, ex qua unam filiam genuit* (= Ksn. Mathilde, nr. **1**), *quae primo imperatori Henrico Alemanniae ac deinde Gaufrido Andegavensium comiti in conjugium data est.* – Die Ann. Dorenses ad 1100, MGH SS 27 S. 522, vermelden zum Jahre 1100 den Tod Kg. Wilhelms II. (Rufus) v. England (= Sohn Kg. Wilhelms I. d. Eroberers); dann: *cui successit Henricus I, frater eius, pacificus, qui filiam Malcolmi regis Scotie accepit uxorem.* – Symeon v. Durham, Historia regum § 156, ed. Th. ARNOLD S. 192, berichtet: *Cuius Eadgari sororem Margaretam rex Malcolmus, consensu propinquorum illius, matrimonio sibi junxit, foeminam regali prosapia nobilem. … Ex qua sex filios suscepit – Eadwardum, Eadmundum, Eadgarum regem, et Alexandrum regem, Ethelredum, David regem, et duas filias, Mathildam Anglorum reginam, et Mariam, quam Eustachius comes Bononiae in conjugium accepit.* – Im Chronicle of the Canons of Huntingdon – in englischer Übersetzung bei A.O. ANDERSON, Early sources II S. 28 – findet man: „(In 1070) Malcolm, Duncan's son, … [took] in [marriage] Margaret, the said Edwards's daughter; … [and he had] by her six sons, namely … Of the aforesaid Malcolm [III.] and Margaret came Matilda and Marry. And Matilda married Henry I, king of England … And of them came Matilda, who married firstly the emperor Henry, an afterwards Geoffrey, count of Anjou". Vgl. auch Heinrich v. Huntingdon, Hist. Anglorum, ed. Th. ARNOLD S. 296 f.: *Hac occasione ortum est ut Margareta regis Malculmi nuptiis traderetur. … Nati sunt reginae Margaretae sex filii et duo filiae. Quorum tres – Edgarus, Alexander et David – reges fuerunt. Horum soror Matildis gloriosissimo regi nupsit Henrico. De hac igitur excellentissima et christianissima regina nata est Matildis, quae primum imperatori Romano nupsit, deinde Gaufrido Andegavensium comite.*

Die bei W.K. Prinz v. ISENBURG, Ahnen Tafel 15, für Malcolm III. vermerkte Geburtszeit „*1057" ist ein Anachronismus, da sein Vater Kg. Duncan I. doch bereits 1040 ums Leben kam; vgl. bei nr. **12**. Man muß sie wohl kurz vor 1040 ansetzen.

Bezüglich der Verheiratungszeit findet man im Chronicle of Melrose (Exzerpt in englischer Übersetzung bei A.O. ANDERSON, Early sources II S. 23ff.), daß „in the year 1070, king Malcolm wasted England as far as Cleveland; and then, on his return, at Wearmouth, he granted his peace to the prince Edgar and his sisters Margaret and Christina, whom he found there fleeing from the king of England, and [intending] to go to Scotland. And afterwards he united Margaret to himself in marriage". – Die Anglo-Saxon Chronicle, Version D, überliefert 1067 als Verheiratungsjahr, doch paßt dies kaum zur Gesamtsituation; vgl. auch A.O. ANDERSON, Scottish Annals S. 88 Anm. 4 und S. 93f. – Nach L. HUNEYCUTT, Matilda of Scotland S. 9, war Margarete (nr. 7) Malcolms III. „second wife"; und diese Ehe sei „by 1070 or 1071" zustandegekommen.

Der Todestag Kg. Malcolms III. wird mehrmals überliefert. Symeon v. Durham, Historia regum § 174, ed. Th. ARNOLD S. 221f., berichtet: *Rex Scottorum Malcolmus et primogenitus filius ejus Eadwardus cum multis aliis in Northymbria die festivitatis sancti Bricii* (= 13. XI.) *a militibus Rodberti Northymbrorum comitis occisi sunt … sed iuxta flumen Alne cum primogenito suo Eadwardo (perimitur).* Dies wörtlich nach Florence v. Worcester, Chronicon ex chronicis, ed. B. THORPE II S. 31f. – Dieser Tag wird auch in einem Insert in der Chronicle of Melrose genannt; vgl. bei nr. **7**. – Das Jahr 1093 für Malcolms III. Tod überliefert die Anglo-Saxon Chronicle; vgl. A.O. ANDERSON, Scottish Annals S. 110f.: „But soon as (Malcolm) came home, he gathered his army. … And then Robert, the earl of the Northumbrians, with his men … slew him". – Auch der Continuator des ersten irischen Annalisten, des 1088 verstorbenen Abtes Tigernach von Clonmacnoise, berichtet zum Jahre 1093: „Malcolm, Duncan's son, the king of Scotland, was slain by Frenchmen, along with Edward his son; and Margaret, Malcolm's wife, died of grief for him"; vgl. A.O. ANDERSON, Early sources II S. 50; weitere Hinweise ebd. S. 50–53.

Malcolm III. wurde zunächst in Tynemouth beerdigt, doch zwischen 1107 und 1124 nach St. Triniti in Dunfermline (nw. Edinburgh) überführt; vgl. A.O. ANDERSON, Early sources II S. 86 Anm. 1. Dort auch Quellenhinweise zu einer Umbettung im Jahre 1250. Hinzuweisen ist hier vor allem auf Wilhelm v. Malmesbury, Gesta regum Anglorum § 250, ed. W. STUBBS II S. 309: *De Malcolmo rege Scottorum. … humatusque multis annis apud Tinemuthe, nuper ab Alexandro filio Scotiam ad Dunfermelin portatus est.* Vgl. auch bei nr. **12**.

7 : (Hl.) Margarete als Mutter der Kgn. Mathilde v. England

Die Vita S. Margaritae reginae Scotiae des Turgot, ed. in Acta Sanctorum Juni II S. 324, die (im Prolog) der *honorabili et honorabiliter excellenti Reginae Anglorum Mathildi* gewidmet ist, will *venerandae memoriae matris vestrae placitam Deo conversationem* behandeln, wie diese es gewünscht habe. Cap. 3: *Assumpta est, inquam, Margarita de mundi hujus sterquilinio* ... Cap. 4: *Ejus avus extiterat Rex Eadmundus, qui pro eo quod pugnandi strenuus et invincibilis erat hostibus, ab excellentia virtutis contraxerat insigne nominis: nam quod Latine dicitur Ferreum latus, Anglorum lingua est appellatus* (= 'Ironside') ... Cap. 6: *Suorum magis quam sua voluntate, imo Dei ordinatione, potentissimo Regi Scotorum Malcolmo, Regis Dunecani filio, in conjugium copulatur.* ... Cap. 7: *Mox in loco ubi ejus nuptiae fuerant celebratae, aeternum sui nominis et religiositatis erexit monumentum. Triplici enim salutis intentione nobilem ibi ecclesiam in Sanctae Trinitatis aedificavit honorem* (= St. Triniti in Dunfermline, nw. Edinburgh, vgl. ebd. S. 331 Note d); Englische Übersetzung der Vita bei A.O. ANDERSON, Early sources II S. 59–88 (mit Hinweisen auf die Translation des Jahres 1250 auf S. 86–88); auch bei L. HUNEYCUTT, Matilda of Scotland S. 161–178. – Zur Filiation vgl. weiter die Genealogie der englischen Könige des Aelred v. Rievaulx bei nr. **3** und die Anglo-Saxon Chronicle bei nr. **2**.

Als Geburtszeit Margaretes wird „um 1044“ und als Geburtsort „Reska [= Rékavár] bei Nádasd (Ungarn) (laut Überlieferung) oder Kiew (so G. Ronay [Lost King S. 99–101])“ vermutet; vgl. P. JOHANEK, Margarete, in LThK 6 Sp. 1315f. – L. HUNEYCUTT, Matilda of Scotland S. 14: Margaret, evidently born and reared in the newly-Christian Hungarian kingdom...“; vgl. dazu unten bei nr. **15** und nr. 30.

Zur Verheiratungszeit vgl. bei nr. **6**.

Der Todestag Margaretes ergibt sich daraus, daß sie *quarto ante suum obitum die, cum Rex* (= Malcolm III.) *in expeditione esset,* die Niederlage des Schottenheeres vorausgesehen haben soll. Cap. 29 der Vita S. Margaritae (S. 330): *'Forte hodie tantum mali Regnis Scotorum accidit quantum multis retro temporibus non provenit'. Nos vero haec audientes, ejus dicta tunc quidem negligenter accipimus; sed post aliquot dies veniente nuntio, eodem die quo haec Regina dixerat, Regem fuisse occisum, intelleximus.* ... Cap. 30: *Cum ergo quartus post Regis occisionem dies instaret* ... (Cap. 32) ... *migravit.* ... *Igitur corpus ip-*

sius honorabiliter, ut Reginam decebat, involutum, ad Sanctae Trinitatis, quam ipse construxerat, ecclesiam deportavimus; ibique, sicut ipsa jusserat, contra altare … sepulturae tradidimus. Da Malcolm III. am S. Bricciustag (= 13. November) 1093 den Tod fand (vgl. nr. **6**), starb Margarete am 17. November 1093 (= 4. Tag nach dem 13. XI.), bzw. falls der Todestag Malcolms als 1. Tag gezählt wird, am 16. November 1093. Dieser Tag wird auch im „Inserted folio 13 in the Chronicle of Melrose" genannt; vgl. A.O. ANDERSON, Early sources II S. 52f.: „In the thirty-seventh year of his reign, [king Malcolm] was killed in England, on the Ides of November. And in the same place his eldest son, Edward, was pierced through with a lance. … When the blessed queen Margaret heard this … she received absolution and the sacrament; and commending herself with prayers to God rendered her holy soul to heaven, on the sixteenth day before the Kalends of December" (= 16. November).

8 : Hzg. Robert I. v. d. Normandie als Vater Kg. Wilhelms I. (d. Eroberers) v. England

Ego Willelmus comes Normannorum, filius Roberti comitis, oder *Signum Willielmi comitis filii Roberti gloriosissimi ducis Normannorum* – so findet man es in vielen Urkunden Wilhelms d. Eroberers aus seiner Herzogszeit, die M. FAUROUX, Rec. des actes des ducs de Normandie, gesammelt hat; so z.B. S. 213 nr. 73, S. 246 nr. 94, S. 272 nr. 111, S. 261 nr. 103. – Bei Rodulfus Glaber, Hist. lib. IV cap. 6 § 20, ed. M. PROU S. 108, liest man, daß *Robertus, Normannorum dux, cum ingenti multitudine sue gentis Iherosolimam proficiscens … dum rediret, apud Niceam obiit urbem, ibidemque sepultus quievit,* und daß *non fuerat ei proles ex matrimonio aliqua ad regimen suscipiendum provintie; quamlibet sororem Anglorum regis Canuc manifestum est duxisse uxorem … ex concubina tamen filium genuerat, Willelmi nomen atavi ei imponens; cui, antequam proficisceretur, universos sui ducaminis principes militaribus adstrinxit sacramentis, qualiter illum in principem pro se, si non rediret, eligerent.*

Den Tod Hzg. Roberts berichten die Ann. Dorenses ad 1035; MGH SS 27 S. 520: *Obiit Robertus dux Normannorum, cui successit Willelmus, filius ejus, in puerili etate, qui postea Angliam conquisivit.* – Gleichlautend Ann. Uticenses ad 1035, ed. A. LE PREVOST S. 156: *1035. Obiit Rotbertus dux Normannorum, cui successit Willehelmus filius ejus in puerili etate.* – Wilhelm v. Jumièges, Gesta Norman. ducum lib. VI cap. 12, ed. J. MARX S. 114, überliefert als Sterbeort – ebenso wie Rodulfus Glaber – Nicaea (vollständiger mit Todestag in J.P. MIGNE, PL 149 Sp. 846): *Quod idem dux Robertus rediens ab Hierosolymis apud urbem Nicaenam obiit in Christo ... ad Nicaenam regressus est urbem. In qua correptus aegrimonia corpus millesimo tricesimo quinto ab incarnatione Domini anno ... occubuit VI Nonas Julii ... Sepultus est etiam in basilica sanctae Mariae a suis, intra moenia Nicaenae civitatis.* – Der Sterbe- und Bestattungsort Nicaea wird bestätigt durch die bald nach 1053 entstandenen Miracula S. Wulframni; J. MABILLON, Acta Sanctorum ord. S. Benedicti III S. 353; Exzerpt auch bei Ch. H. HASKINS, Norman Institutions S. 266: *Rotbertus ... profectus Hierosolimam ... in redeundo malignorum perpessus insidias, ... veneficio, ut didicimus, apud urbem Niceam occubuit ibique intra sanctam civitatis illius basilicam ... honorifica donari sepultura promeruit.* – Vgl. auch L. MUSSET, Sépultures S. 24.

Die Angaben zum präzisen Todestag schwanken zwischen 1., 2. und 3. Juli; vgl. die Nekrologien von Saint-Évroul (1. Juli: *Robertus comes Normanniae*), Mont-Saint-Michel (2. Juli: *Robertus dux Normannorum quartus*) und Jumièges (3. Juli: *Robertus comes*) bei M. BOUQUET, Rec. des Historiens XXIII S. 487, 579 und 420. – Die Todeszeitangabe bei W.K. Prinz v. ISENBURG, Ahnen Tafel 15 nr. 8, für Robert: „† 22. VII. 1035“ scheint einer älteren fälschlichen Angabe wie etwa in MGH SS 7 S. 325 Anm. 95 zu entstammen.

9 : Herleva als Mutter Kg. Wilhelms I. (d. Eroberers) v. England

Die älteste Nachricht über Herleva befindet sich in einer Ordericus Vitalis zugeschriebenen (ca. 1109–1113 entstandenen) Interpolation der Gesta Normannorum Ducum des Wilhelm v. Jumièges, ed. J. MARX S. 157: *Willelmus enim ex concubina Rodberti ducis nomine Herleua, Fulberti cubicularii ducis filia, natus ...*; zu den Interpolationen vgl. E.M.C. VAN HOUTS, Quelques remarques S. 215–222; DIES., Origines of Herleva S. 399–404. – Die Accessiones Roberti de Monte (= Robert v. Torigni) ad Sigibertum ad 1026, ed. M. BOUQUET, Rec. des Historiens X S. 270, überliefern: *Mortuo Richardo II, Duce Normannorum, filio primi Richardi, successit ei filius ejus Richardus III. ... Hic tertius Richardus primo anno Ducatus sui mortuus est; et successit ei Robertus frater ejus, qui genuit Willelmum de Herleva non sponsata, qui postea Angliam conquisivit.*

Wie D.C. DOUGLAS, William the Conquerer S. 32 Anm. 1, DERS., Wilhelm S. 385 ff., wahrscheinlich macht, ist Hzg. Robert der Konkubine Herleva 1026/27 begegnet. Herleva lebte damals in Falaise, wie aus einem im 1. Jahrzehnt des 12. Jhs. bearbeiteten Exzerpt der Gesta Normannorum Ducum hervorgeht: *Willelmum, quem genuerat [scil. Robertus dux] de quadam puella castri Falesie*; vgl. auch E.M.C. VAN HOUTS, Origines of Herleva S. 403 Anm. 5.

Zur späteren Verheiratung Herlevas mit Herluin de Conteville und zu den Nachkommen dieser Ehe vgl. D.R. BATES, Notes II S. 21–38; auch D.C. DOUGLAS, Wilhelm S. 25 u. 388, wo auch als Todeszeit Herlevas „vermutlich um 1050" vermerkt ist und aus den Daten einer Neuverheiratung Herluins gefolgert wird.

10 : Gf. Balduin V. v. Flandern (Insulanus) als Vater Mathildes (v. Flandern)

Die De genere comitum Flandr. notae Parisienses, MGH SS 13 S. 257, überliefern: *Balduinus Pius comes Flandrie duxit Adelam, filiam Roberti regis Francie, ex qua suscepit Balduinum Montensem et Robertum Frisonem et Mantildam filiam, que nupsit Wilhelmo comiti Normannie, qui Angliam acquisivit.* Vgl. auch die Genealogia comit. Flandr. und weitere Quellen bei nr. **5**.

Zu den Erwägungen um Balduins V. Geburtszeit – um 1015 – vgl. bei E. BRANDENBURG, Nachkommen S. 96 (zu Gen. IX, 51).

Zur Verheiratung – Anfang 1028 in Paris – vgl. L. VANDERKINDERE, Formation territoriale I S. 298, und Chr. PFISTER, Robert le Pieux S. 70, 78 ff.

Balduin V. verstarb am 1. IX. 1067 und wurde in Lille beerdigt; vgl. Ann. Blandin. ad 1067, MGH SS 5 S. 26: *Obiit Baldwinus potentissimus marchisus*; neuere Ed. von Ph. GRIERSON, Annales S. 28; dort auch S. 93 Ann. Elmarenses ad 1067: *Obiit Balduinus potentissimus marchisus, qui Insule sepultus est*; ebd. S. 158 Ann. Elnonenses ad 1067: *Obiit Balduinus comes kal. Septembris; Insule sepelitur.* – Die Ann. Formoselenses, ebd. S. 127, berichten (in Abhängigkeit von den Ann. Blandin.) fälschlich zu 1069: *Obiit Baldwinus potentissimus marchisus.* – Vgl. auch L. VANDERKINDERE, Formation territoriale I S. 298 f.

11 : Adela (Adelheid) (v. Frankreich) als Mutter Mathildes v. (Flandern)

Zur Filiation vgl. die Genealogia comit. Flandr. cap. 7 und eine andere flandrische Genealogie bei nr. **5**, zu einer weiteren bei nr. **10**. – Als Gemahlin Gf. Balduins V. wird Adela auch in der Fortsetzung der Chronik Sigeberts v. Gembloux, dem Auctarium Affligemense, MGH SS 6 S. 399, genannt: *Hoc in anno cenobium Eihamense a Balduino comite et Athala comitissa constructum est.* Vgl. auch Sigeberti continuatio Aquicinctina ad 1195, MGH SS 6 S. 433: *Balduinus Insulanus comes Flandrie, ortus de genere Karoli Calvi imperatoris Romanorum et regis Francorum, duxit uxorem Adelam, filiam Roberti regis Francorum ...* – Roberti de Monte Cronica ad 1027, MGH SS 6 S. 478: *Mortuo Balduino comite Flandrensi, successit ei Balduinus filius eius cum barba[!]; qui duxit filiam Roberti regis Francorum, ex qua genuit Balduinum et Robertum Frisionem et Mathildem, quam Willermus dux Normannie duxit.* – Zu einem weiteren Beleg vgl. bei nr. **47**.

Daß Adela zur Zeit ihrer „Verheiratung" noch sehr jung war, geht aus dem Bericht Wilhelms v. Jumièges, Gesta Normannorum ducum lib. VI cap. 4, ed. E.M.C. van Houts S. 52 (auch ed. J. Marx S. 103; M. Bouquet, Rec. des Historiens X S. 192), hervor: *Sub eodem tempore Balduinus satrapa Flandrensis sobolem suam cupiens innormare prosapia regali, Robertum regem Francorum expetiit, et filiam eius Balduino filio suo dari poposcit; a palatinis vero tricliniis adeptam tulit ac ad domum propriam in cunis asportavit eamque usque ad annos nubiles diligenti cura nutrivit. Filius autem ipsius mox, ut nobilis puellae amplexibus coepit frui, affinitate fretus regali, patrem a proprio solo pepulit. ...* Daß dabei das Lebensalter Adelas kräftig untertrieben ist und daß Adela etwa um 1015 geboren wurde, 1026/27 dem Normannenherzog Richard III. anverlobt worden war, der aber noch im gleichen Jahr verstarb, zeigt E. Hlawitschka (mit H. Cleve), Herkunft der Hzgn. Judith v. Bayern S. 17–21; ND in Ders., Stirps regia S. 513–517.

Adela verstarb als Witwe im (von ihr errichteten) Frauenkloster Messines (zw. Ypern u. Lille); vgl. Flandria generosa cap. 11, MGH SS 9 S. 320: *Venerabilis autem comitissa, scilicet Athela, ... apud Mescinas sanctimonialium feminarum construxit cenobium. ... Apud Mescinas novissima tuba excitanda in Christi pace obdormivit.* Sie lebte offenbar bis 1079; vgl. Ann. Formoselenses ad 1079, ed. Ph. Grierson S. 127: *Adela comitissa Mecenensis* (= v. Messines) *obiit VI id. Ianuarii.* Zur Richtigkeit des Datums vgl. ebd. S. 127f. Anm. 3. Nach einer

Wundergeschichte, die der 1234 gestorbene Wilhelm v. Andrenne in seiner Chronik cap. 9 (MGH SS 24 S. 194 mit Note 3) mitteilt, hätte Adela bis 1084, ja bis nach 1093 gelebt.

12 : Kg. Duncan I. v. Schottland als Vater Kg. Malcolms III.

Daß Kg. Malcolm III. v. Schottland den Kg. Duncan I. zum Vater hatte, geht aus drei bei nrn. **6** und **7** zitierten Filiationsbelegen – aus der Chronicle of the Canons of Huntingdon, dem Continuator Tigernachs und der Vita S. Margaritae – hervor. Auch bei Marianus Scottus, Chron. ad 1057, MGH SS 5 S. 558, findet man: *Moelcoluim, filius Donchaed, regit Scottiam.* Wilhelm v. Malmesbury, De gestis regum Anglorum lib. II cap. 196, ed. W. STUBBS I S. 237, nennt *Malcolmum filium regis Cumbrorum.* – In der schottischen Regentenliste K (14. Jh.) heißt es: *Malcolm Kenmour mac Duncan regna XXXVII aunz et VI moys, et fust tue a Alnewyk, et enterrez a Tynmoth*; vgl. M.O. ANDERSON, Kings and Kingship S. 289.

Den Tod Duncans vermeldet Marianus Scottus ad 1062 (= 1040), MGH SS 5 S. 557: *Donnchad rex Scotiae in autumno occiditur* (Randnachtrag im Ms.: *19. Kal. Sept.*) *a duce Macbethad mac Finnloech*; vgl. auch bei nr. **25**. – Symeon v. Durham, Hist. Dunelmensis eccl., ed. Th. ARNOLD S. 90f., überliefert: *Anno ab incarnatione Dom. MXXXV. defuncto Cnut* [† 12. XI. 1035], *cum filius ejus Haroldus jam quintum annum in regno, … Dunecanus rex Scottorum … Dunhelmum obsedit et ad eam expugnandum multum quidem sed frustra laboravit. … Nec multo post ipse rex, cum jam in Scotiam rediisset, a suis interiit.* – Zum Bestattungsort Yona vgl. bei nr. **25**.

Übersichtliche Information zu Duncan I. bietet The Dictionary of National Biographie VI S. 157f.

13 : Suthen als Mutter Kg. Malcolms III. v. Schottland

Der Name von Malcolms III. Mutter ist m.E. nur in der schottischen Königsliste I überliefert; vgl. M.O. ANDERSON, Kings and Kingship S. 284: *Malcolin filius Doncath* (im Ms. über Doncath: *mater eius Suthen vocatur*) *XXXVII annis et VIII mensibus et interfectus in Inveralden et sepultus in Dunfermelin.*

Bei W.K. Prinz v. ISENBURG, Ahnen Tafel 15, ist – in direkter Übernahme aus Stammtafelzusammenstellungen von A. HOFMEISTER, Ahnentafel d. Markgrafen v. Brandenburg I S. 83 – als Kg. Duncans I.

(nr. **12**) Ehefrau und somit als Mutter Kg. Malcolms III. angegeben: „13 : (Sibylle ?) von Northumberland", ihrerseits Tochter von „26 : Siweard Digera, Gf. v. Northumberland, † 1055" und „27: Aelfflaed v. Northumberland, (Tochter d. Gf. Ealdred v. Northumberland beyond the Tyne)". – A. THIELE, Erzählende genealog. Stammtafeln II/1 S. 223, gibt als Gemahlin Kg. Duncans I. an: „NN. eventuell Cousine des Wikingers Gf. Siward v. Huntingdon".

Daß Duncans I. Frau eine namentlich unbekannte Tochter Siwards v. Northumberland gewesen sei, geht auf den Humanisten Hector Boethius, The Chronicle of Scotland, 1526, zurück; vgl. The Dictionary of National Biographie VI S. 158. Nun war indessen – nach dem um 1385 schreibenden John of Fordun, Chronica lib. IV cap. 44, ed. W.F. SKENE – Duncan I. mit einer Verwandten Siwards („kinswoman of Siward") verheiratet, weshalb auch Siward 1054 die Söhne Duncans unterstützte (vgl. A.O. ANDERSON, Early sources I S. 596). Und Ordericus Vitalis, Hist. eccl. lib. VIII cap. 20, ed. M. CHIBNALL, Bd. 4 S. 276; ed. A. LE PREVOST, Bd. 3 S. 404, bezeichnet „Edward, Siwards Sohn", Kommandant einer schottischen Truppe im Jahre 1130, als *consobrinus* des Schottenkönigs David, des Sohnes Malcolms III. (nr. **6**) und Margaretes (nr. **7**): *Porro Eduardus Siwardi filius qui sub Eduardo rege tribunus Merciorum fuit, princeps militiae et consobrinus Dauid regis exercitum aggregauit.* Doch welcher Siward ist hier gemeint? Da David seinerseits mit Mathilde, einer Tochter des englischen Earl Waltheof (Sohn von Siward Digera) verheiratet war, legen die zwischen Eduard und David (nicht Davids Frau) bestehende *consobrinus*-Bezeichnung und Forduns Angabe zu Duncans I. Frau die Annahme nahe, daß „Duncan's wife was a sister of Siward"; so A.O. ANDERSON, Early sources I S. 596f.

14 : Prinz Eduard (d. Exilierte) v. England als Vater der Kgn. Margarete

Zur Abstammungsangabe vgl. die Genealogia regum Anglorum des Aelred v. Rievaulx bei nr. **3**. – Die um 1120 angelegte, auf Vorlagen der Zeit Wilhelms d. Eroberers fußende Sammlung der *Leges Edwardi Confessoris*, ed. F. LIEBERMANN, Gesetze der Angelsachsen I S. 664f., enthält folgende Nachricht: *Iste supradictus Eadmundus* [Ironside] *habuit filium quendam, qui uocatus est Eadwardus. Qui, mortuo patre, timore regis Cnuti aufugit de ista terra usque ad terram Rugorum, quam nos uocamus Russeiam. Quem rex ipsius terre, Ma-*

lesclodus nomine, ut audiuit et intellexit, quis et unde esset, honeste retinuit eum. Et ipse Aedwardus accepit ibi uxorem ex nobili genere, de qua ortus est Eadgarus atheling et Margareta regina Scotie et Cristina soror eius. – Hierauf fußt – fast wörtlich – Roger v. Hoveden, Chronica, MGH SS 27 S. 147. – Die bald nach 1100 entstandene Version D der Anglo-Saxon Chronicle (= Worcester-Chronik) berichtet zum Jahre 1067 (vgl. A.O. ANDERSON, Scottish Annals S. 94; auch D.C. DOUGLAS – G. W. GREENAWAY, EHD II S. 152) bezüglich Margaretes: „From a believing and noble race was she descended. Her father was Edward Etheling, son of king Edmund. Edmund was son of Ethelred, Ethelred son of Edgar ... – Florence v. Worcester, Chronicon ex chronicis ad 1017, ed. B. THORPE I S. 181, schreibt über die Verbannung Eduards als Kleinkind und schließt an: *Eadwardus vero Agatham ... in matrimonium accepit, ex qua Margaretam Scottorum reginam et Christinam sanctimonialem virginem et clitonem Eadgarum suscepit.* – Fast gleichlautend Symeon v. Durham, Hist. regum § 130 ad 1017, ed. Th. ARNOLD II S. 155.

Da die Hochzeit der Eltern des Prinzen Eduard im Sommer 1015 erfolgte – vgl. bei nr. **29** – und die Exilierung des jungen Prinzen durch Kg. Knut 1017 geschah, kann Eduard aetheling nur 1016 (spätestens zu Anfang 1017) geboren sein.

Zur Verheiratungszeit und zum Land, in dem sich Eduard der Exilierte ehelich verband, vgl. bei nr. **30**; zuletzt E. HLAWITSCHKA, Lebensweg Eduards d. Exilierten S. 201 ff.

Nach Florence v. Worcester (vgl. bei nr. **28**) verstarb Eduard kurz nach seiner Rückkehr aus dem Exil nach England in London. Im Anglo-Saxon Chronicle steht Eduards Rückkehr, sein Tod und seine Beerdigung in London vor der Nachricht vom Tode Papst Viktors II. († 28. VII. 1057) etc., so daß sein Tod vor Ende Juli 1057 zu setzen ist; vgl. Ch. PLUMMER, Two of the Saxon Chronicles I S. 187 f., Übersetzung von D. WHITELOCK in EHD I S. 137: (Version E): „1057: In this year the atheling Edward, son of King Edmund, came to the country, and soon after died, and his body is buried in St Paul's minster in London. And Pope Victor died, and Stephen was elected ...". (Version D): „1057: This year the atheling Edward came to England who was the son of King Edward's brother, King Edmund who was called Ironside because of his valour. ... We do not know for what reason it was brought about that he was not allowed to see [the face] of his kinsman King Edward. Alas, that was a miserable fate ... that he so speedily ended his life after he came to England". – Das genaue

Todesdatum ist durch einen Kalendareintrag im Crowland-Psalter der Londoner Bodleian-Bibliothek gesichert: *19 April: Obiit Eaduuardus clitus anglorum*; vgl. S. KEYNES, Crowland Psalter S. 359.

15 : Agatha als Mutter Kgn. Margaretes

Einen Beleg aus dem Chronicon ex chronicis des Florence v. Worcester zur Abstammung Kgn. Margaretes von der mit Kg. Malcolm III. verheirateten Tochter des Prinzen Eduard des Exilierten und seiner Frau Agatha vgl. bei nr. **14**; dazu gehört auch die Meldung des Florence zu 1068, ed. B. THORPE II S. 2: *Post haec Marleswein et Gospatric ... sumptis secum clitone Eadgaro et matre sua Agatha duabusque sororibus suis Margareta et Christina navigio Scottiam adierunt.* – Im Anglo-Saxon Chronicle (Version D) ad 1067 heißt es: „And in the course of the sommer, Edgar Cild went abroad with his mother Agatha and his two sisters, Margaret and Christina, and Maerleswein and many good men with them, and came to Scotland under the protection of King Malcolm, and he received them all; vgl. D.C. DOUGLAS – G.W. GREENAWAY, EHD II S. 151; auch A.O. ANDERSON, Scottish Annals S. 88 Anm. 4; auch M.J. SWANTON, Anglo-Saxon Chronicle S. 201; altengl. Text bei Ch. PLUMMER, Two of the Saxon Chronicles S. 201. – Symeon v. Durham, Hist. regum § 155, ed. Th. ARNOLD II S. 190: *Fuerant ibidem ... naves nonnullae, quarum ductores erant Clito Eadgarus cum matre Agatha et duobus sororibus Margareta et Cristina.*

Über die Geburtszeit Agathas ist nichts überliefert; wenn sie als „Hungarian wife“ apostrophiert wird (so z.B. bei L. HUNEYCUTT, Matilda of Scotland S. 9), so ist dies daraus gefolgert, daß Eduard d. Exilierte (nr. **14**) mit Frau und Kindern aus dem Exil in Ungarn nach England zurückkehrte; vgl. hierzu bei nr. **30**.

Zur vermutbaren Zeit der Verehelichung Agathas vgl. bei nrn. **30** u. **31**.

Wann Agatha nach 1067/8 verstarb, ist aus keiner Quelle ersichtlich.

Die Darlegungen von Sz. de VAJAY, Agatha, mother of Saint Margaret S. 81–87, in denen es speziell um die Widerlegung der Ansicht von einer Abstammung Agathas von Kg. Stephan v. Ungarn und um die Lancierung einer Abstammung Agathas von Ks. Heinrichs III. Halbbruder Gf. Liudolf v. Braunschweig geht, sind widerlegt von E. HLAWITSCHKA, Lebensweg d. engl. Prinzen Eduard S. 185–206. Einen

Weg zur Klärung der Ahnen Agathas, zu Agathas Geburts- und Heiratszeit, vermag auch die Bestandsaufnahme bei R.L.G. RITCHIE, Normans in Scotland S. 389–392, nicht zu weisen. Ohne wissenschaftlichen Wert für die Klärung der Abstammung Agathas sind die Darlegungen von A.J. WILSON, St. Margaret.

16 : Hzg. Richard II. v. d. Normandie als Vater Hzg. Roberts I. v. d. Normandie

Aus der Menge der urkundlichen Belege zur Abstammung Hzg. Roberts I. von Hzg. Richard II. sei hier lediglich zitiert: M. FAUROUX, Rec. des actes des ducs de Normandie S. 131–134 nr. 35 (für das Kloster Bernay im Jahre 1025): *ego Richardus Normannorum dux ... Qua spe et devotione subnixa mihi a Deo conjux concessa quae Judith suo est nomine appellata ... annuentibus filiis et heredibus nostris Ricardo atque Roberto.* Dort noch viele weitere Filiationsbelege. – Wilhelm v. Jumièges, Gesta Norman. ducum lib. V cap. 17, ed. J. MARX S. 96f., ed. J.P. MIGNE, PL 149 Sp. 833f., überliefert: *Richardus dux ... coepit vehementer aggravari aegritudine corporis ... Novissime autem ascitum Richardum filium suum consultu sapientium praefecit suo ducatui, et Robertum fratrem ejus comitatui Oximensi. ... Denique ... millesimo vicesimo sexto anno ab incarnatione Domini hominem exivit.* Ebd. lib. VI cap. 1 und 2 (Streit der Brüder und Tod Richards III.), cap. 3: *Descendente igitur duce Richardo a mundani principatus culmine, ... Robertus frater ejus totius monarchiae comitatus ab omnibus subrogatur.* – Zur Filiation vgl. auch bei nrn. **17** und **32**.

Zur Verehelichungszeit Hzg. Richards II. vgl. bei nr. **17**.

In den Ann. Dorenses ad 1026, MGH SS 27 S. 520, findet man: *Obiit Ricardus secundus dux Normannorum. Successit Ricardus tertius, qui eodem anno mortuus est; cui successit Robertus, frater eius.* Fast gleichlautend die Ann. Gemmeticenses, ed. J. LAPORTE S. 55. – Auch Wilhelm v. Jumièges, Gesta Norman. ducum lib. V cap. 17, nennt 1026 als Richards Todesjahr; s. oben. Das gleiche Jahr nennen die Ann. S. Stephani Cadomensis, ed. A. DUCHESNE, Hist. Norm. Scriptores S. 1017, und Ordericus Vitalis, Hist. eccl. lib. I, ed. M. CHIBNALL I S. 156; ed . A. LE PREVOST I S. 175: *Dein MXXIV^{o} Cono augustus imperavit. Cuius III° anno Ricardus II^{us} obiit.* – Weitere Nachweise zum Tod Hzg. Richards II. bei D. DOUGLAS, Some Problems S. 296ff., wo – gegenüber der von H. PRENTOUT, Quelques chartes de Richard II S. 208–255, geäußerten Ansicht, Hzg. Richard II.

habe bis 1027 gelebt, was von F. CURSCHMANN, Zwei Ahnentafeln S. 44, übernommen wurde und danach auch bei W.K. Prinz v. ISENBURG, Ahnen Tafel 15, zu finden ist – aus der literarischen Überlieferung 1026 als das wahrscheinlichere Todesjahr Richards II. aufgezeigt ist.

Den präzisen Todestag – 23. August – überliefern das Totenbuch v. Jumièges (Obituarium Gemmeticense), ed. M. BOUQUET, Rec. des Historiens XXIII S. 421: *23. Aug. ... Ricardus comes II*, das Nekrolog des Klosters Mont-Saint-Michel, ebd. S. 579: *23. Aug. ... Richardus II, comes Normannorum,* und das Nekrolog von Chartres (E. de LÉPINOIS et L. MERLET, Cartul. de Chartres III S. 159) zu *X. kal. Septembris. ... Obiit Richardus comes, qui dedit Sanctae Mariae Carnotensi ecclesiae ...* mit Verweis auf Richards II. Schenkung, ebd. I S. 85f. nr. 12.

Zur Bestattung Hzg. Richards II. in Fécamp vgl. L. MUSSET, Sépultures S. 23.

17 : Judith v. d. Bretagne als Mutter Hzg. Roberts II. v. d. Normandie

Wilhelm v. Jumièges, Gesta Norman. Ducum lib. V cap. 13, ed. J. MARX S. 88; (auch J.P. MIGNE, PL 149 Sp. 831); neue Ed. von E.M.C. VAN HOUTS Bd. 2 S. 28, berichtet: *Porro dux Richardus* (nr. **16**) *de successione prolis sollicitus, Goiffredum Britannorum comitem quamdam habere sororem nomine Judith audiens, ... hanc per legatos petiit in connubium. Goiffredus ... eam illi deduxit usque ad limina archangeli Michaelis. Ibi dux illam competenti honore suscepit sibique legitimo jure junxit. De qua, profluentibus annis, tres filios genuit, Richardum siquidem atque Rodbertum necnon Willelmum ... totidemque filias.* – Zu einem Filiationsbeleg aus den Annalen vom Mont-Saint-Michel vgl. bei nr. **32**. Einen weiteren Beleg liefert Ordericus Vitalis, Hist. eccl. lib. III cap. 1, ed. M. CHIBNALL, Bd. 2 S. 8ff.; ed. A. LE PREVOST, Bd. 2 S. 10f.: *Deinde anno incarnationis dominicae DCCCCXCVI defuncto Ricardo seniore* [= nr. **32**], *Ricardus Gunnorides filius eius* [= nr. **16**] *successit et ducatum Normanniae triginta annis religiose tenuit ... et Judith uxor eius soror Gaufredi Britonum comitis coenobium apud Bernaicum ... condidit. Defuncto autem Ricardo Gunnoridae Ricardus iuvenis filius eius successit, et vix anno uno et dimidio ducatu potitus obiit. Deinde Rotbertus frater eius principatum Normanniae suscepit.* – Die Accessiones Roberti de Monte (= Robert v. Torigni) ad Sigebertum (ed. M. BOUQUET, Rec. des Historiens X S. 270) zeigen gleichfalls: *Richardus Dux Normannorum, qui secundus dicitur, hoc tempore duxit uxorem, Judith nomine, sororem Goiffridi Ducis Britannorum, ... de qua profluentibus annis tres filios genuit, Richardum siquidem et Robertum, necnon Willelmum ... totidemque filias*.

Die Verehelichungszeit Judiths mit Hzg. Robert II. hat D. DOUGLAS, Some Problems S. 290f., auf „vor 1008" bestimmt. A. RENOUX, Richard II., Hzg. v. Normandie, in LexMa VII S. 816f., gibt 996 als Heiratsdatum an.

Judith verstarb 1017, und zwar offensichtlich am 28. Juni. Das Jahr wird überliefert in den Ann. S. Stephani Cadomensis, ed. A. DUCHESNE, Hist. Norm. Script. S. 1017: *Obiit Judith comitissa.* – Auch die Annalen von St. Évroul (= Ann. Uticenses) geben dieses Jahr an, ed. bei A. LE PREVOST, Ordericus Vitalis, Hist. eccl., Bd. 5 (App.) S. 156: *1017. Obiit Juditta comitissa.* Ebenso die Ann. Gemmeticenses, ed. J. LAPORTE S. 55: *MXVII: ... Judith comitissa obiit.* – Dazu die Überlieferung aus Mont-Saint-Michel (= Accessiones Roberti de Monte, wie oben, S. 270): *Anno MXVIII.* [recte 1017]. *Obiit Judith Comitissa Normanniae, quae fecit Abbatiam de Bernay, uxor Ducis Richardi.* - A. RENOUX, Richard II. (wie oben) S. 816, gibt 1008 als Todesjahr Judiths an, was auf einem Irrtum beruhen dürfte.

Der Sterbetag ist verzeichnet im Obituarium Gemmeticense (= Jumièges), ed. M. BOUQUET, Rec. des Historiens XXIII S. 420: *28. Juni. Judith comitissa*; auch im Nekrolog vom Mont-Saint-Michel (ebd. S. 579): *28. Juni. Judita comitissa Normanniae.*

Judith wurde – nach Ansicht der Historiker des 19. Jhs. – in der Abtei Bernay, ihrer Gründung, bestattet. Zu einem 1827 dort gefundenen Epitaphbruchstück – beginnend mit *Hic sepulta est anno MXVII ...* – vgl. D. DOUGLAS, Some Problems S. 291 Anm. 8. Dem steht die Nachricht gegenüber, daß noch im 17. Jh. in Fécamp das Epitaph einer Judith (freilich ohne Nennung ihres Gemahls) vorhanden war, weshalb wohl auch an eine Bestattung Judiths in Fécamp gedacht werden darf; vgl. dazu – mit Nachweisen – L. MUSSET, Sépultures S. 23.

18 : Fulbert als Vater Herlevas und Großvater Kg. Wilhelms d. Eroberers

Zum Filiationsnachweis vgl. bei nr. **9**. – Fulbert war Leichenwäscher und -balsamierer und erhielt die Funktion eines Kämmerers am Herzogshof Roberts v. d. Normandie. Zu der auf Ordericus Vitalis zurückgehenden Interpolation, nach der die Leute von Alençon Hzg. Wilhelm (d. Eroberer) 1051/52 bei der Belagerung ihres Ortes verhöhnten – *Pelles enim et renones ad iniuriam ducis uerberauerant ipsumque pelliciarium despectiue uocauerunt, eo quod parentes matris eius pollinctores extiterant* (Wilhelm v. Jumièges, Gesta Norm. ducum, ed. J. MARX S. 171) – , woraus in der späteren Geschichtsschreibung der „Kürschner" Fulbert, statt der „Leichenwäscher" wurde, vgl. E.M.C. VAN HOUTS, Origins of Herleva S. 399–404.

19 : Vermutungen zur Herkunft der Mutter Herlevas

Zu unhaltbaren Thesen über die Abstammung der Mutter Wilhelms d. Eroberers, Herleva, aus dem angelsächsischen Königshaus vgl. E. FREEMAN, History of the Norman Conquest II S. 628–630.

Bei W.K. Prinz v. ISENBURG, Ahnen Tafel 15, wird als Mutter Herlevas – unter Verweis auf E. GARNIER, Tableaux généalogiques Tafel 48, und auf A. HOFMEISTER, Ahnentafeln der Markgrafen v. Brandenburg S. 83 – „Doda (Duwa)" genannt. Eine Quellenbasis hierfür ist nicht erkennbar.

20 : Gf. Balduin IV. (Barbatus) v. Flandern als Vater Gf. Balduins V. (Insulanus)

Zu drei Filiationsbelegen aus dem Bereich der flandrischen Genealogien vgl. oben bei nr. **5**.

Als Geburtszeit Balduins IV. vermutet K.F. WERNER, Nachkommen Tafel (Gen. VIII nr. 51), „ca. 980". – Zu seiner Verheiratungszeit vgl. bei nr. **21**.

Das Todesjahr Gf. Balduins IV. überliefern die Ann. Blandinienses, ed. Ph. GRIERSON S. 25 (ältere Ed. MGH SS 5 S. 26): *1035. ... Obiit Balduinus, gloriosus marchisus*. Auch die Ann. Elmarenses nennen es; ed. Ph. GRIERSON S. 90: *1035. Obiit comes Baldwinus Barbatus, gloriosus marchysus; in Blandinio sepultus est, et filius eius Baldwinus regnare cepit.* Ebenso die Ann. Elnonenses, ebd. S. 154 (ältere Ed. MGH SS 5 S. 20): *1035. Obiit Balduinus comes, filius Susannae.* Desgleichen findet man es in den Ann. S. Martini Tornacensis, MGH XV/2 S. 1297: *1035. Balduinus Barbatus comes Flandriae obiit et Balduinus, filius eius, succedit.*

Den präzisen Todestag vermerkt u.a. das Totenbuch v. Lüneburg zum 29. Mai; vgl. A.Chr. WEDEKIND, Noten, Bd. 3 S. 39: *IV. Kal. Jun.*

... *Balduuinus comes*; dazu vgl. G. ALTHOFF, Adels- u. Königsfamilien S. 399. – Eine Genter Handschrift aus dem 14. Jh. mit den Epitaphien aus dem St. Peterskloster von Blandinium (Gent) – abgeschrieben von Adrien de Budt, Chronicon Flandriae inde a Liderico I usque ad mortem Joannis ducis Burgundiae et comitis Flandriae a. 1419 (verfaßt um 1466), ediert von L.A. Warnkönig bei J.J. de SMET, Corpus chronicorum Flandriae I, Brüssel 1837, S. 275 – überliefert den 30. Mai als Todestag: *Junius ante suas triduo cecidisse kalendas Balduinum deflet*; vgl. L. VANDERKINDERE, Formation territoriale I S. 297.

Zum Bestattungsort – Kloster Blandigni zu Gent – vgl. oben sowie bei nr. **5**.

21 : Otgiva v. Luxemburg als Mutter Gf. Balduins V. (Insulanus) v. Flandern

Drei Filiationsbelege aus den flandrischen Genalogien sind oben bei nr. **5** zitiert. – Otgiva dürfte eines der älteren Kinder Gf. Friedrichs v. Luxemburg gewesen und bald nach 985 – etwa 985/90 – geboren sein, da sie sich bereits um 1005 mit Gf. Balduin IV. verheiratete; denn einer ihrer Söhne, Balduin V. (nr. **10**), wurde bereits 1028 mit Adela, der Tochter Kg. Roberts II. v. Frkr. und seiner 3. Gemahlin Constanze, verheiratet; vgl. H. RENN, Luxemburger Grafenhaus S. 115f., 125, 136; auch M. PARISSE, Généalogie de la Maison d'Ardenne S. 33.

Die Verheiratung Otgivas erschloß H. RENN (wie oben) für die Zeit „um 1005". Von K.F. WERNER, Nachkommen Tafel (Gen. VIII, 51), wird sie hingegen – bei bloßem Verweis auf E. BRANDENBURG, Nachkommen (Gen. VIII, 38 und IX, 51), jedoch ohne Kenntnisnahme der Argumentation Renns – mit „ca. 1012" angegeben und von W. GLOCKER, Verwandte der Ottonen S. 348, mit „vor 1015" vermerkt.

Das Todesjahr Otgivas ist in den Ann. Blandinienses zu 1030, ed. Ph. GRIERSON, Annales de Saint-Pierre S. 25 (auch MGH SS 5 S. 26), überliefert: *1030. Obiit Odgiva comitissa.* Desgleichen vermerken die Ann. Elmarenses, ed. Ph. GRIERSON S. 90, zu 1030: *Obiit Ogiva comitissa*, während die Ann. Formoselenses, ed. Ph. GRIERSON S. 126, zum Jahre 1031 mitteilen: *Obitus in hoc anno Otgivae comitissae.* – Den 21. Februar als Todestag Otgivas nennt ihr Genter Epitaph; vgl. MGH Poetae Lat. 5 S. 300: ... *Nona dies Martis me sustulit ante kalendas, / Odgiva iuncta fui Balduino domino.* – Wenn im Lüneburger Totenbuch, ed. A. Chr. WEDEKIND, Noten, Bd. 3 S. 14, zum 21. II.

eine *Gera com.* verzeichnet ist, so hat man diese Nennung in *Geva comitissa* zu korrigieren und auf Odgiva zu beziehen; vgl. G. ALTHOFF, Adels- u. Königsfamilien S. 390.

Der Bestattungsort – Kirche St. Peter auf dem Blandinischen Berg in Gent – ergibt sich aus dem einstigen Vorhandensein ihres Epitaphs in Gent.

22 : Kg. Robert II. v. Frankreich als Vater Adelas (Adelheids) v. Frkr.

Zu drei Filiationsbelegen aus den flandrischen Genealogien vgl. bei nr. **5** und nr. **10**. – Die Genealogiae scriptoris Fusniacensis cap. 2, MGH SS 13 S. 252f., vermerken: *Hugo pius rex* (= Kg. Hugo Capet) *genuit Robertum regem et filiam Hadevidem nomine comitissam Hainonensium. Robertus rex genuit Henricum regem et Robertum ducem Burgundie et Alam comitissam Flandrensem*; cap. 5: *Prima filiarum predicte Ale Ala* (richtig: Mathild) *dicta, nupta Guilelmo Bastardo comiti Normannie, qui conquisivit Angliam, peperit Guilermum Ruffum, regem Anglie; cui successit frater eius Henricus rex … Henricus rex Anglie genuit filiam, quam duxit Henricus imperator …* – Die Contin. Leidensis et Divionensis der Genealogia comit. Flandr. (MGH SS 9 S. 307) enthält – auf der Basis der bei nr. **5** zitierten Genealogia comit. Flandr. (Bertin.) – u.a.: *Balduinus Barbatus genuit Balduinum Insulanum, qui duxit Adelam filiam regis Francorum.* – Im lib. II der Miracula S. Adalhardi, in M. BOUQUET, Rec. des Historiens XI S. 480, heißt es: *Henricus igitur rex Francorum, qui patri suo Roberto successerat in regnum, sororem nomine Adelam habuit, quam Flandrensium marchioni, Balduino scilicet seniori, nuptiali copula conjunxit, et ei Corbeiam … concessit.*

Kg. Roberts Geburtsjahr ergibt sich aus der Aussage Richers v. Reims, Hist. lib. IV cap. 87, MGH SS 38 S. 290, (auch ed. R. LATOUCHE II S. 286), daß *Rotbertus rex, cum in XVIIII aetatis anno iuventutis flore vernaret,* sich von seiner ersten Gemahlin Susanna/Rozala (Tochter Kg. Berengars II. v. Italien) trennte (= 991–992) und daß er beim Tode – nach Helgaud v. Fleury, Vita Roberti regis cap. 29, ed. R.-H. BAUTIER et G. LABORY S. 134 – ungefähr 60 Jahre alt war (*sexagenarius, ut credimus, opperiebat mortem*). Vgl. dazu schon F. LOT, Derniers Carolingiens S. 74 Anm. 4, der für eine Geburtszeit zwischen 972 und 973 plädiert; vgl. bes. DERS., Date de naissance S. 149–156. R.-H. BAUTIER, a.a.O., gibt in seinen Fußnoten auf S. 87 Anm. 4 eine Geburtszeit „vers 973–974“ an.

Der Zeitpunkt der Verehelichung Kg. Roberts mit Constanze v. Arles, seiner 3. Gemahlin nach Susanna/Rozala und Berta v. Burgund, ist aus den Geburtsdaten der Kinder des Paares von J. DHONDT, Sept femmes S. 48 Anm. 34, auf ca. 1005/06 ermittelt worden. So auch übernommen von W. GLOCKER, Verwandte der Ottonen S. 308. Vgl. dazu auch bei nr. **23**.

Den Tod Kg. Roberts II. verzeichnen die Ann. Blandinienses (ed. Ph. GRIERSON S. 25, auch MGH SS 5 S. 26) und die Ann. Elnonenses (ed. Ph. GRIERSON S. 154, auch MGH SS 5 S. 19) jeweils zum Jahre 1031: *Obiit Rotbertus rex.* Ähnlich die Annales de Saint-Denis, ed. E. BERGER S. 275: *1031. Obiit domnus Rotbertus piissimus rex Francorum, et Henricus regnat.* – Helgaudus, Vita Roberti regis cap. 29 (wie oben) S. 134f., mit 20. VII. als Todestag: *Obdormivit autem … decimo tertio Kal. Augusti, lucescente aurora diei tertiae Sabbati, Miliduno castro* (= Melun)*; et Parisius deportatus apud S. Dionysium juxta patrem suum sepelitur ante altare sanctae Trinitatis.* – Eine Urkunde Hzg. Otto-Wilhelms v. Burgund für Cluny (A. BERNARD – A. BRUEL, Rec. des chartes de Cluny IV S. 52f. nr. 2852; auch M. BOUQUET, Rec. des Historiens X S. 571) erwähnt gleichfalls den Todestag Kg. Roberts: *Actum Cluniaco, in mense augusto, III° idus ejusdem mensis, anno ab incarnatione Domini MXXXI, indictione XIIII, vicesimo V. die post transitum domni Rotberti gloriosi regis Francorum, anno XL regni ipsius.* – Rodulfus Glaber, Hist. lib. III cap. 9 nr. 37, ed. M. PROU S. 85: *Anno quoque sequenti* (= 1031), *mense Julio, Rotbertus rex apud castrum Meledunense diem clausit extremum; delatumque est corpus ejus ad ecclesiam Sancti Dionisi martyris ac in eadem sepultum.*

23 : Constanze (v. Arles u. Provence) als Mutter Adelas (v. Frankreich)

Rodulfus Glaber, Hist. lib. III cap. 7, ed. M. PROU S. 57f., berichtet: *Accepit autem supradictus rex* (= Robert II. v. Frkr.) … *Constantiam, inclitam reginam, filiam videlicet prioris Willelmi Aquitanie ducis, ex qua etiam suscepit filios quatuor et filias duas.* Daß es sich bei dem „Aquitanierdux" Wilhelm nicht um Hzg. Wilhelm V. v. Aquitanien, sondern um Gf. Wilhelm (II.) v. Arles handelte, zeigt F. LOT, Derniers Carolingiens S. 361–366. Den Namen der einen Constanze-Tochter, *Advisa* (= Hadwig), ermittelte W. S. JESSEE (s. u.), den der anderen, Adela (Adelheid), offenbart die Flandria generosa cap. 25, MGH SS 9 S. 323 (bei der Darlegung einer zu nahen Verwandtschaft Balduins VII. und Havisas v. d. Bretagne): *Constantia regina Francorum et Er-*

mengardis comitissa Arvernensis sorores fuerunt. De Constantia nata est Athela comitissa, et de Ermengarde Arvernensi altera Ermengardis comitissa ... Vgl. E. HLAWITSCHKA, Konradiner-Genealogie S. 125 ff.

Constanzes Geburtszeit wird von F. LOT, Derniers Carolingiens S. 362 Anm. 1, auf „nicht nach 988/89" festgelegt. Wahrscheinlich sei sie bereits um 986 geboren.

Daß die Hochzeit Kg. Roberts II. mit Constanze spätestens 1004 zustandekam, zeigt W. S. JESSEE, A missing Capetian Princess S. 1–16, bes. S. 7 ff.; danach Th. STASSER, Adélaide d'Anjou S. 35; Chr. SETTIPANI, Nos ancêtres S. 1 f. (mit Forschungsbericht über die früheren Versuche, die Zeit der Trennung Roberts II. von seiner 2. Frau Berta v. Burgund und den Zeitpunkt der Verheiratung mit Constanze festzulegen). Bei C. WOLL, Königinnen S. 64 Anm. 2, wird Jesses Beweisgang als nicht zwingend aufgezeigt; und so heißt es zuletzt abwägend in seinem langen, der Königin Constanze gewidmeten Artikel: „Zwischen 1004, dem frühestmöglichen Jahr der Auflösung von des Königs [Robert II.] zweiter Ehe, und 1007, dem Jahr der Geburt des ersten Kindes des Königspaares, hat die Heirat zwischen Robert und Konstanze stattgefunden. ... Zum Zeitpunkt ihrer Eheschließung dürfte Konstanze 18–21 Jahre alt gewesen sein".

Rodulfus Glaber, Hist. lib. III cap. 9 nr. 36, ed. M. PROU S. 85, schreibt zunächst vom Tod Kg. Roberts II. in Melun im Monat Juli [1031] und seiner Bestattung in Saint-Denis (vgl. nr. **22**); dann: *Sequenti vero anno eodem mense atque in eodem castro, quo rex obierat, et ipsa* (= Constanze) *obiit, indeque portata est ad sancti Dionysi basilicam, ac juxta regem sepulta.* Vgl. dazu aber J. DHONDT, Une crise S. 143 Anm. 15 u. S. 147 mit Anm. 25, wo 1034 als Todesjahr Constanzes aufgezeigt wird; ihm folgen B. SCHNEIDMÜLLER, Konstanze v. Arles, LexMA V Sp. 1407, u.a. Der (22.)/25. VII. als Todestag ist in den Nekrologien von Saint-Denis und Argenteuil verzeichnet; vgl. A. DECKER-HEUER, Studien z. Memorialüberlieferung S. 149 Anm. 358 u. S. 180 Anm. 73. Sonach läßt sich mit C. WOLL, Königinnen S. 94, zusammenfassen, daß Constanze sich „in ein Kloster nach Melun oder Senlis zurückzog, wo sie am 25. Juli 1034 starb".

24 : 'Abt' Crinan v. Dunkeld als Vater von Kg. Duncan I. v. Schottland

Der irische Abt Tigernach v. Clonmacnoise († 1088) berichtet in seinen Annalen zum Jahre 1040 (ed. W. STOCKES, in: Revue Celtique 17, 1896, S. 379), was A.O. ANDERSON, Early sources I S. 581, ins Englische übersetzt: „Duncan, Crinan's son, sovereign of Scotland, was slain by his subjects, at an immature age". Vgl. auch bei nr. **25**.

Crinans Ehe mit Bethoc wird von A. THIELE, Erzählende genealog. Stammtafeln II/1 S. 223, zu „um 1000" gesetzt; W.F. Skene, der bekannte Erforscher und Editor irischer und schottischer Geschichtsquellen, setzte diese Ehe zu „before 1008"; vgl. Dictionary of National Biography VI S. 157.

Crinans Tod vermeldet Tigernach in seinen Annalen (Revue Celtique 17 S. 385) zum Jahre 1045; A.O. ANDERSON, Early sources I S. 583: „A battle [was fought] between Scots upon a united expedition; and Crinan, abbot of Dunkeld, was killed in it ...". „Abt" wird dort S. 576 von „Abthanus = chief of the thanes" erläutert; „his function being that of a steward or chamberlain". Bei Symeon v. Durham, Hist. eccl. Dunhelm., ed. Th. ARNOLD, Bd. 1 S. 216, heißt er „Crinan the thane" (*Crinan tein*).

25 : Bethoc, Tochter Kg. Malcolms II. v. Schottland, als Mutter Kg. Duncans I.

Bei Marianus Scottus, Chron., MGH SS 5 S. 556, findet man zum Jahre 1056 (= 1034): *Moelcoluin* (= nr. **50**) *rex Scotiae obiit 7. Kal. Decembr.; Donchad* (= nr. **12**), *filius filiae eius, sibi successit annis 5, mensibus 9.* Den Namen der Tochter Malcolms II. und Mutter Duncans I., Bethoc, überliefern u.a. die schottischen Königslisten bei M.O. ANDERSON, Kings and Kingship S. 268. Liste D: *Donchat mac Crau Abbatis de Dunkeldin et Bethoc filiae Malcalm mac Kynnet VI annis reg., et interfectus est a Maketh mac Fyngel in Bothirgouane et sepultus in Yona insula.* Liste F (S. 276): *Donchat-Mac-Trini abbatis de Dunkeld et Bethoc filiae Malcolm-Mac-Kinat 6 an. Interfectus a Macbeth-Mac-Finleg in Bothgouanan et sep. in Iona.* Liste I (S. 284): *Item Donchat filius Crini abbatis de Dunkeldin et Betoc filiae Malcolin filii Kinet VI annis et interfectus a Macbeth filio Finled in Bothgouanan et sepultus in Iona insula.* Ähnlich auch Liste K (S. 288) sowie Chronicle of the Kings of Scotland, Version D, bei A.O. ANDERSON, Early sources I S. 581, und in Zusätzen zur Chronicle of Melrose ad 1003 und ad 1034 (ebd. S. 576): „The daughter of the above-named king (= Malcolm II.) was the wife of abbot Crinan: Bethoc, worthy of her name" bzw. „This Malcolm had no son; but a daughter, who was the wife of Crin[an], the abbot of Dunkeld. And by her he begot a son, Duncan by name; who for six years was king of Scotland. ...".

26 / 27 : Eltern Suthens, der Gemahlin Kg. Duncans I. v. Schottland

W.K. Prinz v. Isenburg, Ahnen Tafel 15, gibt als Eltern der Gemahlin Kg. Duncans I. von Schottland – unter Verweis auf A. Hofmeister, Ahnentafeln der Markgrafen v. Brandenburg S. 83, an: „26. Siweard Digera, Gf. v. Northumberland, † 1055. – 27. Aelfflaed v. Northumberland, Tochter von Ealdred, Gf. v. Northumberland“. – Zur unsicheren Quellengrundlage für diese Angabe vgl. bei nr. **13**.

Falls indessen die etwas ansprechendere Problemlösung aus nr. **13**, nach der Duncans I. Gemahlin eine Schwester Siward Digeras war, zutreffen sollte, dann hat man hier eine Dänin vor sich. Denn – wie A.O. Anderson, Early sources I S. 597, schreibt – „Earl Siward was a Dane (Epitaph of Waltheof, in O[rdericus] V[italis, Hist. eccl. lib. IV cap. 16, ed. A. Le Prevost] II, 289). He was surnamend with a Danish word, *Digara* (Life of Edward [Confess.], R[olls] S[eries] 3, 401; *Digera* W[ilhelm v.] M[almesbury] II, 312; *Diera* (Life of Waltheof, [ed. F. Michel, Chroniques Anglo-Normandes] II, 112); i.e. *hin digerae* ‘the stout’. The Life of Waltheof says that Siward’s father was Biorn, Ulf’s son ([F. Michel, Chron. Anglo-Norm.] II, 111, 104–105; etc.) ... The biographer spells Ulf’s name *Ulsius*, which ought to stand for Wulfsige). This Biorn was a brother of Sven [Estrithson], the king of Denmark ...“. – Zu Jarl Björn († 1049) und seinem Vater Jarl Ulf vgl. Adam v. Bremen, Gesta Hammaburg. eccl. lib. II cap. 54 und lib. III cap. 14 mit Scholion 64, MGH SS rer. Germ. S. 115 f. und S. 154 f. – Zur Herkunft Siwards – und damit auch zu derjenigen der Gemahlin Kg. Duncans I. und Mutter Suthens – gibt A.O. Anderson, Early sources I S. 598, folgende Tafel:

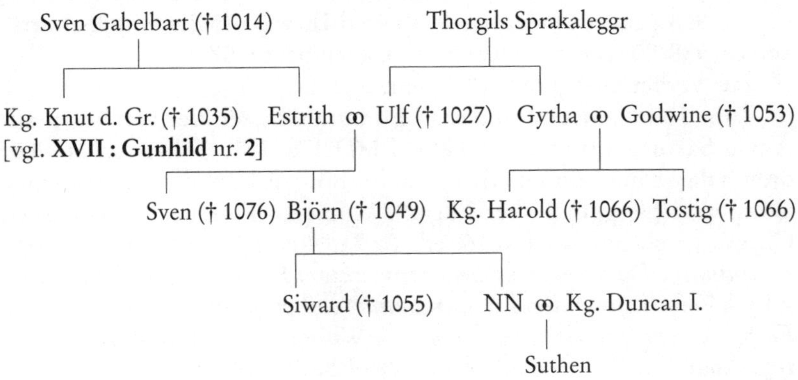

Zu einer frühen Legende bezüglich der Herkunft Suthens vgl. zuletzt auch B.T. HUDSON, Kings of Keltic Scotland S. 122f.: „a legend repeated by Andrew of Wyntoun claims that the mother of his [= Duncans I.] son Máel Coluim [= Malcolm III.] was the daughter of the miller of Forteviot. She may be the Suithen whose name is found in an interpolation in king list I; it seems more a form of the Gaelic name 'Suithcern', than a Germanic name". Dafür verweist er auf The Original Chronicle of Andrew of Wyntoun, ed. F.J. AMOURS, (6 Bde, Edinburgh, Scottish Text Society, 1903–14) VI, 16, und seine eigene Arbeit „From Senchus to Histore: Traditions of King Duncan I, in: Studies in Scottish Literature 25, 1990, S. 100–120 (bes. S. 113–116); beide Arbeiten waren mir nicht zugänglich.

28 : Kg. Edmund II. 'Ironside' v. England als Vater des Prinzen Eduard (des Exilierten)

Zur Filiation vgl. die Zitate aus der Vita S. Margaritae des Bischofs Turgot v. St. Andrews bei nr. **7** und aus der Genealogia reg. Angl. des Aelred v. Rievaulx bei nr. **3** sowie aus der Chronica Rogers v. Hoveden bei nr. **14**. Dazu Florence v. Worcester, Chron. ex chronicis ad 1057, ed. B. THORPE I S. 215: *Clito Eadwardus, regis Eadmundi Ferrei Lateris filius, ... de Ungaria, quo multo ante ... in exilium missus fuerat, Angliam venit. Decreverat enim rex* (= Kg. Eduard d. Bekenner) *illum post se regni haeredem constituere; sed ex quo venit parvo post tempore vita decessit Lundoniae.* Vgl. auch bei nr. **29**.

Nach einem Compilator aus St. Albans wurde Edmund Ironside „981" geboren; vgl. W. HUNT, Edmund S. 403, der dieses Datum freilich als „certainly too early" betrachtet. Da Edmund der 3. Sohn seines ca. 968 geborenen Vaters Aethelred II. war, dürfte eine Geburtszeit ca. 988/90 realistischer sein. Vgl. auch bei nr. **57**.

Zur Verheiratungszeit vgl. bei nr. **29**.

Zum Todesjahr und Todestag Edmunds II. sei hier verwiesen auf Anglo-Saxon Chronicle ad 1016, EHD I S. 251: „Then on St. Andrew's day King Edmund died, and his body is buried in Glastonbury along with his grandfather Edgar". Vgl. auch Florence v. Worcester, Chron. ex chronicis ad 1016, ed. B. THORPE I S. 179: *Post haec rex Eadmundus Ferreum latus circa festivitatem S. Andreae apostoli* (= 30. XI.) *XV. indictione decessit Lundoniae, sed cum avo suo rege pacifico Eadgaro sepultus est Gleastoniae.* – Wilhelm v. Malmesbury, Gesta reg. Angl. lib. II § 180, ed. W. STUBBS I S. 217, überliefert: *Nec multo post, in festo sancti Andreae* (= 30. XI.), *ambiguum quo casu [Edmundus] extinctus, Glastoniae juxta Edgarum avum suum sepultus est.* – Ein bei G. RONAY, Lost King S. 192, zitierter Text aus einem Cotton Library Ms., p. 30, lautet: *Nocte siquidem sequentis diei festivitatis sancti Andreae Lundoniae perimitur insidiis Edrici Strioni.* – Aelred v. Rievaulx, Geneal. reg. Angl., J.P. MIGNE, PL 195 Sp. 733, gibt ebenfalls als Begräbnisort Glastonbury an: *Mortuus est itaque strenuissimus rex Edmundus et in Clastingebiri cum avo suo Edgaro sepelitur.*

29 : Aldgitha als Mutter des Prinzen Eduard (d. Exilierten)

Florence v. Worcester, Chron. ex chronicis, ed. B. THORPE I S. 170, berichtet: *MXV. Hoc anno ... perfidus dux Edricus Streona ... Sigeferthum et Morkerum ... necari iussit; quorum facultates rex Aegelredus* (= nr. **56**) *accepit, et derelictam Sigeferthi, Aldgitham, ad Maidulfi urbem deduci praecepit. Quae cum ibi custodiretur, venit illuc Eadmundus clito, et contra voluntatem sui patris illam sibi uxorem accepit; et inter Assumptionem et Nativitatem S. Mariae ... terram Sigeferthi et Morkeri invasit.* Dies beruht auf dem Anglo-Saxon Chronicle ad 1015, übersetzt v. D. WHITELOCK in EHD I S. 247: „In this year ... Ealdorman Eadric betrayed Sigeferth and Morcar ... and they were basely killed ... And the king then seized alltheir property and ordered Sigeferth's widow to be seized and brought to Malmesbury. Then after a short interval, the atheling Edmund went and took the woman against the king's will and married her. Then before the Nativity of St. Mary the atheling ... took possession of all Sigeferth's estates and Morcar's"; Originaltext ed. G.P. CUBBIN S. 62. - Wahrscheinlich dürfte die Gütereinziehung kaum vor der Hochzeit Edmunds stattgefunden haben, sondern mit ihr zusammenhängen (indem Edmund die Rechte Aldgithas, seiner nunmehrigen Frau, einforderte); die Hochzeit dürfte also kurz vor der angegebenen Zeitspanne (= 15. VIII. – 8. IX. 1015) liegen. – Bei Florence S. 275 heißt es außerdem: *Eadmundus* (Eisenseite) *successit, qui duos filios, Eadmundum et Eadwardum, ex quadam nobilis prosapiae foemina habuit.*

30 : Großfürst Jaroslav I. (d. Weise) v. Kiew als vermutbarer Vater Agathas

Die Hinweise zur Herkunft Agathas, der Gemahlin Prinz Eduards d. Exilierten und Mutter der Kgn. Margarete v. Schottland, sind widersprüchlich. Sie wurden vor kurzem einer genauen Prüfung unterzogen – vgl. E. HLAWITSCHKA, Lebensweg des engl. Prinzen Eduard S. 185–206 –, sollen aber dennoch hier angesprochen werden. Auszugehen ist vom Lebensweg Eduards d. Exilierten, denn nur dort, wo er sich aufhielt, kann er seine Ehefrau geheiratet haben.

1) Der über die Geschehnisse im Norden Europas gut unterrichtete Kanonikus Adam v. Bremen, Gesta Hammaburg. eccl. lib. II cap. 53, MGH SS rer. Germ. S. 114, berichtet (um 1074), über das Ende Kg. Edmunds II. Eisenseite (nr. **28**), des letzten Gegners Knuts d. Gr. beim Kampf um die Macht in England, und das Schicksal seiner Söhne (Edmund und Eduard): *E[d]mund, vir bellicosus, in gratiam victoris veneno sublatus est; filii eius in Ruzziam exilio dampnati.*

2) Auch die Leges Edwardi confessoris, deren Autor gute Kontakte zum Umkreis der Kgn. Margarete v. Schottland und ihrer Schwester Christina (vgl. bei nr. **15**) hatte und somit über deren Abstammung unterrichtet sein konnte, überliefern (um 1120), daß der junge Eduard d. Exilierte auf der Flucht vor Kg. Knut *usque ad terram Rugorum, quam nos uocamus Russeiam*, kam und daß *Aedwardus accepit ibi uxorem ex nobili genere, de qua ortus est ei Eadgarus atheling et Margareta regina Scotie et Cristina soror eius*; vgl. ausführliches Zitat bei nr. **14**.

2a) Eine Interpolation aus dem 13. Jh. fügt dazu, daß *predicta Margareta ... ex parte patris ex nobili genere et sanguine regum Anglorum-Britonum, ex parte uero matris ex genere et sanguine regum Rugorum* hervorgegangen sei; F. LIEBERMANN, Gesetze der Angelsachsen I S. 664.

3) Die um 1100 bearbeitete Textversion D des Anglo-Saxon Chronicle (zur Bearbeitung vgl. D.C. DOUGLAS – G.W. GREENAWAY in EHD II S. 103) enthält zu 1054: *Eodem anno Aldredus episcopus transiit mare Coloniam regis nuntius, ibique susceptus est cum magna dignitate ab imperatore, ibique commorabatur prope unum annum*; MGH SS 13 S. 114; altengl. Text bei Ch. PLUMMER, Two of the Saxon Chronicles 185; G.B. CUBBIN, Anglo-Saxon Chronicle (MS D) S. 74; engl. Übersetzung bei D.C. DOUGLAS – G.W. GREENAWAY, EHD II S. 132.

3a) Dann wird in dieser Chronicle-Version D zu 1057 berichtet: *Hic venit Eadwardus clito in Anglorum terram / qui erat filius fratris Eadwardi regis, / Eadmundus rex Ferreum-latus fuerat nominatus / propter valorem. / Illum clitonem Canutus rex amoverat / in Hungarorum terram ad perdendum. / Verum ibi adolevit in bonum virum, / sicut ei Deus annuebat et eum bene decebat, / ita ut obtineret impera-*

toris cognatam in uxorem / et ex ea pulchram prolem procreavit; / cui nomen Agatha erat; MGH SS 13 S. 115; Ch. PLUMMER S. 201 f.; G.P. CUBBIN S. 83; D.C. DOUGLAS – G.W. GREENAWAY, EHD II S. 137; A.O. ANDERSON, Scottish Annals S. 94.

3b) Bezüglich Kgn. Margaretes heißt es zum Jahre 1067 in der gleichen Quelle: *Ex pia et nobili stirpe orta erat. Pater eius erat Eadwardus clito, Eadmundi filius regis, Eadmundus Aethelredi, Aethelredus Eadgari, Eadgarus Eadredi [recte: Eadmundi], et qui sunt reliqui stirpis regalis; et materna stirps ascendit ad Henricum imperatorem, qui habuit potestatem Romae*; MGH SS 13 S. 116; altengl.: Ch. PLUMMER S. 201 f.; G.P. CUBBIN S. 83; engl. Übersetzung: EHD II S. 151 f.; A.O. ANDERSON S. 94.

4) Florence v. Worcester, Chron. ex chronicis ad 1017, ed. B. THORPE I S. 181; auch MGH SS 13 S. 125 f. – basierend offensichtlich auf einer Version des Anglo-Saxon Chronicle, doch diese erweiternd – schrieb kurz vor seinem Tode († 1118): *Dedit etiam consilium [dux] Edricus, ut [rex Canutus] clitunculos, Eadwardum et Eadmundum, regis Eadmundi filios, necaret; sed quia magnum dedecus sibi videbatur ut in Anglia perimerentur, parvo elapso tempore, ad regem Suanorum occidendos misit; qui, licet foedus esset inter eos, precibus illius nullatenus voluit acquiescere, sed illos ad regem Ungariorum, Salomonum nomine, misit nutriendos, vitaeque reservandos: quorum unus, scilicet Eadmundus, processu temporis ibidem vitam finivit; Eadwardus vero Agatham, filiam germani imperatoris Henrici, in matrimonium accepit, ex qua Margaretam Scottorum reginam et Christinam sanctimonialem virginem et clitonem Eadgarum suscepit.*

4a) Zum Jahre 1054 überliefert Florence – basierend auf der oben nr. 3 genannten Anglo-Saxon-Chronicle-Nachricht – eine durch Bischof Aldred v. Worcester überbrachte Bitte Kg. Eduards III. v. England an Ks. Heinrich III., er möge bei der Kontaktaufnahme mit dem Prinzen Eduard d. Exilierten behilflich sein: *Aldredus ... imperatori suggessit, ut legatis Ungariam missis, inde fratruelem suum Eadwardum, regis videlicet Eadmundi Ferrei Lateris filium, reduceret Angliamque venire faceret*; ed. B. THORPE I S. 212; MGH SS 13 S. 128 f.

4b) Zum Jahre 1057 setzt Florence die wiederum eindeutig dem Anglo-Saxon Chronicle entlehnte Nachricht: *Clito Eadwardus, regis Eadmndi Ferrei Lateris filius, ut ei mandarat suus patruus rex Eadwardus, de Ungaria, quo multo ante, ut praediximus, in exilium missus fuerat, Angliam venit. Decreverat enim rex illum post se regni haeredem constituere*; ed. B. THORPE I S. 215.

4c) Weitgehend die schon bei 4) zitierten Angaben wiederholend, berichtet Florence bei der Darlegung der englischen Königsgenealogie: *Eadmundus* [Eisenseite] *successit, qui duos filios, Eadmundum et Edwardum, ex quadam nobilis prosapiae foemina habuit; sed eodem anno dolis Edrici Streonae perimitur. Cujus post mortem Canutus, Suani regis Danorum filius, ... regimen regni suscepit et praedictos filios regis Eadmundi in exilium misit; quorum unus, scilicet Eadmundus, in adolescentia mortuus est in Ungaria; Eadwardus vero Agatham, filiam germani imperatoris Henrici III., in matrimonium accepit, ex qua Margaretam reginam Scottorum et Christianam virginem et clitonem Eadgarum suscepit*; ed. B. THORPE I S. 275.

5) Im frühen 12. Jh. verfaßte Ordericus Vitalis im Kloster Saint-Évroul seine Historia ecclesiastica (wobei er entsprechend seiner klassischen Bildung spätantike Länder- und Völkernamen verwendete): *Cunutus totam Angliam obtinuit et usque ad mortem possedit. Eduardum vero et Edmundum filios Edmundi, elegantes albeolos, in Daciam* [statt: Daniam] *relegavit, et Sueno regi Danorum fratri suo, ut eos interficeret, mandavit. At ille generosos et innocentes pueros nequiter necare contempsit, sed orta occasione regi Hunorum* [statt: Hungarorum] *illos quasi nepotes suos obsides dedit. Ibi Edmundus clito immatura morte obiit. Eduardus vero Dei nutu filiam regis in matrimonium accepit et super Hunos regnavit. Edgarum vero adelinum et Margaritam reginam Scotorum et Christianam sanctimonialem genuit; quos Eduardus Edelredi regis filius, postquam patrium jus adeptus est, accersiit et veluti propriam prolem in Anglia benigniter educavit*; Ordericus Vitalis, Hist. eccl. lib. I, ed. M. CHIBNALL II S. 157; ed. A. LE PREVOST I S. 178; ed. J.P. MIGNE, PL 188 Sp. 95.

5a) Inmitten seiner Schilderung der Ereignisse des Jahres 1066 erwähnt Ordericus: *Interempto Heraldo, Stigandus Cantuariensis archiepiscopus et praeclari comites ... Edgarum clitonem filium Eduardi regis Hunorum, filii Edmundi Irneside, id est Ferrei-Lateris, regem statuerunt*; Ordericus Vitalis, Hist. eccl. lib. III, ed. M. CHIBNALL II S. 180; ed. A. LE PREVOST II S. 154; ed. J.P. MIGNE, PL 188 Sp. 300.

5b) Später schreibt Ordericus zur Charakterisierung Kgn. Margaretes v. Schottland: *Haec nimirum filia fuit Eduardi, regis Hunorum, qui fuit filius Edmundi cognomento Irnesidae, fratris Eduardi regis Anglorum, et exul conjugem accepit cum regno filiam Salomonis regis Hunorum. Generosa quippe mulier de sanguine regum a proavis orta pollebat*; lib. VIII, cap. 22, ed. M. CHIBNALL IV S. 272; ed. A. LE PREVOST III S. 398; ed. J.P. MIGNE, PL 188 Sp. 620.

6) In der Mitte der ersten Hälfte des 12. Jhs. schrieb Wilhelm v. Malmesbury, Gesta regum Angl. lib. II § 180, ed. W. STUBBS I S. 218; auch J.P. MIGNE, PL 179 Sp. 1157; zuletzt R. MYNORS u.a. I S. 318, über die Söhne Kg. Edmund Eisenseites: *Filii eius Edwius et Edwardus, missi ad regem Swevorum ut perimerentur, sed miseratione eius conservati, Hunorum regem petierunt; ubi, dum benigne aliquo tempore habiti essent, maior diem obiit, minor Agatham reginae sororem in matrimonium accepit.* Und ebd. in lib. II § 228, ed. W. STUBBS I S. 228; J.P. MIGNE Sp. 1207; R. MYNORS I S. 416, ist zu lesen: *Rex Edwardus* [III. d. Bekenner v. England] *pronus in senium, quod ipse non susceperat liberos ... misit ad regem Hunorum, ut filium fratris Edmundi, Eduardum cum omni familia sua mitteret: futurum, ut aut ille aut filii sui succedant regno hereditario Angliae.*

7) Auch Aelred v. Rievaulx, Genealogia reg. Angl., ed. J.P. MIGNE, PL 195 Sp. 715, äußerte sich zur Herkunft der Hl. Margarete v. Schottland: *Hanc [crucem] religiosa regina Margareta ... quae de semine regio Anglorum et Hungariorum exstitit oriunda, allatam in Scotia quasi munus haereditarium transmisit ad filios.* Später (Sp. 733) schreibt er zur Exilierung der Söhne Edmunds II. Eisenseite durch Kg. Knut: *At puerulos filios Edmundi ferire metuens prae pudore ... ad regem Suavorum eos interficere transmisit. Rex vero Suavorum nobilium puerorum miseratus est aerumnam, ad Hungariorum regem eos destinat nutriendos. Quos ipse benigne accepit, benignius fovit, benignissime sibi in filios adoptavit. Porro Edmundo filiam suam dedit uxorem; Edwardo filiam germani sui Henrici imperatoris in matrimonium junxit.* Darauf folgt (Sp. 734): Kg. Eduard d. Bekenner (1042–1066) *dirigit nuntions ad Romanum imperatorem, rogans, ut nepotem suum, scilicet filium fratris sui Edmundi Ferrei Lateris, debiti sibi regni futurum haeredem mittere dignaretur. Imperator autem regis nuntios gratanter excipiens, non parvo tempore summo cum honore detinuit. Tandem paratis navibus et omnibus quae navigaturis necessaria videbantur allatis, Edwardum cum uxore Agatha germani sui filia liberisque ejus, Edgaro Edeling, Margareta atque Christina, cum magna gloria ... ad Angliam mittit.*

8) Spätere englische bzw. anglo-normannische Autoren wie etwa Symeon v. Durham, Roger v. Hoveden, Roger v. Wendover, die Annales de ecclesiis et regnis Anglorum, aber auch Helinand v. Froidmont, Alberich v. Troisfontaines etc. schreiben mehr oder weniger wörtlich aus einer oder mehreren der oben genannten Quellen ab, so daß sie für eine Klärung der Frage, wo der Prinz Eduard d. Exi-

lierte seine Frau heiratete und welche Ahnen diese hatte, nichts hergeben.

Aus diesen Quellenstellen hatte die ältere Forschung bes. die Texte des Florence v. Worcester (oben 4 – 4c) herangezogen und aus ihnen gefolgert, daß Agatha eine Tochter Kg. Stephans I. v. Ungarn und seiner Frau Gisela, einer Schwester Ks. Heinrichs II., gewesen sein werde. Andere nahmen an, sie stamme von Bruno, dem Bruder Ks. Heinrichs II. und späteren Bischof v. Augsburg, ab. In jüngerer Zeit meinte man, Agatha werde eine Nichte Ks. Heinrichs III. (über dessen Stiefbruder Gf. Liudolf v. Braunschweig) gewesen sein. Eine Blütenlese solcher Meinungen, die hier nicht weiter dargeboten werden sollen, vgl. bei E. HLAWITSCHKA, Lebensweg des engl. Prinzen Eduard d. Exilierten S. 188ff. mit Anm. 9 u. 10, S. 201f. mit Anm. 52 u. 53, wo alle diese Hypothesen schlüssig widerlegt werden.

Ein Blick auf obige Quellenstellen zeigt freilich schon, daß auch bereits einige der an späterer Stelle stehenden Quellen aus den früheren ihr Wissen bezogen und folglich keinen primären Quellenwert besitzen; so etwa fußten Aelred v. Rievaulx und Ordericus Vitalis auf Florence und schmückten dessen Darlegungen aus. Florence wiederum hing seinerseits von einer (heute nicht mehr erhaltenen, dem aus Worcester stammenden Ms. D ähnlichen) Version der Anglo-Saxon Chronicle ab (vielleicht einer leicht überarbeiteten D-Version) und stellte dort Vorgefundenes um, versah es mit Datierungen und Querverbindungen, lieferte Erklärungen zu Beziehungen von Personen und unterlegte den Geschehnissen so einen ihm richtig scheinenden Sinn etc. (Zur Arbeitsweise des Florence vgl. bes. R.R. DARLINGTON – P. MCGURK, The Chron. ex chron. of Florence S. 185–196). Aus dem Bestreben des Florence, ein verstehbares Geschichtsbild zu schaffen, ist vor allem verständlich, wie er zu Ungarn als Exilort des Prinzen Eduard und zum Ungarnkönig Salomon kam. Denn hatte er (oben 4 a) im Anglo-Saxon Chronicle die Nachricht zu 1054 (oben 3) vorgefunden, der Kaiser (Heinrich III.) sei von Bisch. Aldred im Auftrag Kg. Eduards III. v. England aufgesucht worden, und hatte er zu 1057 (oben 3a) gelesen, daß der exilierte Eduard, Kg. Edmund Eisenseites Sohn, von Knut zur Tötung nach Ungarn abgeschoben worden war, ja daß jener – dort heranwachsend – eine kaiserliche Verwandte namens Agatha zur Gemahlin (*imperatoris cognatam in uxorem – caseres mága to wife*) erhalten hatte, und zudem zu 1067 (oben 3 b) gefunden, daß Eduards d. Exilierten Tochter Kgn. Margarete v. Schottland mütterlicherseits, d.h. mit ihrer *materna stirps (hire modor cynn) ascendit ad Henricum imperatorem, qui habuit potestatem Romae*, so war es für ihn nur logisch, daß Heinrich III. vom englischen König als ein Verwandter des exilierten Prinzen Eduard um Mithilfe bei dessen Rückkehr gebeten worden sein dürfte, daß der im Anglo-Saxon Chronicle genannte Kaiser, dessen Verwandte der Exilierte zur Frau erhalten hatte, eben nur Ks. Heinrich III. gewesen sein kann. Und war ihm andererseits bekannt, daß der Ungarnkönig Salomon eine Tochter Ks. Heinrichs III. geheiratet hatte (Bisch. Aldred v. Worcester war 1058 über Ungarn nach Jerusalem gezogen und hatte dort von der Verlobung Salomos mit Heinrichs III. Tochter Judith erfahren können, vgl. Florence v. Worcester, Chron. ex chronicis, ed. THORPE I S. 217), war es bei seiner Arbeitsweise nur naheliegend, den Ungarnkönig Salomon als den Beschützer des jungen Exilierten anzusehen und die *imperatoris cognata* bzw. *caseres mága*, die der exilierte Prinz nach der Chronicle-Nachricht zur Frau erhalten hatte, als Nichte Ks. Heinrichs III., als *filia germani imperatoris Heinrici III.*, zu konkretisieren. Daß er dabei falsch kombinierte, ergibt sich schon daraus, daß Salomon erst 1053 geboren und 1058, als Heinrich III. schon gar nicht mehr lebte, als Kind mit Heinrichs III. Tochter Judith verlobt worden war und diese 1063 *in coniugium* erhalten hatte, deshalb auch bald nach 1017 gar nicht die exilierten Kinder Edmund Eisenseites aufgenommen haben kann.

Doch was ist von den (von Florence benutzten und seiner Kombination zugrundegelegten) Chronicle-Nachrichten zu 1057 und 1067 (oben 3a und 3b) zu halten, die von der Verheiratung Eduards d. Exilierten mit einer *imperatoris cognata (caseres mága)* berichten und davon, daß Kgn. Margaretes *materna stirps (her modor cynn) ascendit ad Henricum imperatorem, qui habet potestatem Romae (to Heinrice casere the haefde anwald ofer Rome)*, was Florence dahingehend konkretisierte, daß Agatha die *filia germani imperatoris Heinrici* bzw. die *filia germani imperatoris Heinrici III.* gewesen sei? Bieten diese beiden Chronicle-Nachrichten Zuverlässiges? Hier ist zu beachten, daß der Autor der um 1100 verfaßten Version D nachweisbar etwas nachlässig arbeitete, mehrere Eintragungen zu falschen Jahreszahlen setzte, einmal *Eadred* statt *Eadmund* schrieb und zum Jahre 1056 (wie ebenfalls in der Version C) – unmittelbar vor dem oben (bei 3a) zitierten Satz zum Jahre 1057 – den Tod Kaiser Konrads II. (statt Ks. Heinrichs III.) erwähnt: *Et Cona imperator obiit (And Cóna se casere forthferde)*, während in der Version E richtig das Ableben Ks. Heinrichs III. vermerkt ist. Wenn bei der Abfassung dieser Chronicle-Version D bzw. der in die Hände des Florence gelangten ähnlichen Vorlage schludrig gearbeitet wurde, wenn Namen verwechselt wurden, könnten dann nicht auch Titel – nämlich *imperator (casere)* statt *rex (cyning/cyng)* – vertauscht bzw. falsch vergeben sein? Hält man dies für möglich, dann muß man beachten, daß es damals auch noch einen anderen Herrscher namens Heinrich gab: Kg. Heinrich I. v. Frankreich (1031–1060). Vor allem ist zu bedenken, daß letzterer seit etwa 1050 mit Anna, der Tochter des russischen Großfürsten Jaroslav I. (des Weisen) von Kiew verheiratet war und daß Agatha vom Chronicle-Autor D vielleicht als (angeheiratete) Verwandte des französischen Kgs. Heinrich, nicht Ks. Heinrichs III., bezeichnet werden sollte; und es ist daran zu erinnern, daß nach (dem mit der Familie Margaretes v. Schottland in engem Kontakt stehenden) Wilhelm v. Malmesbury (zu diesen engen Kontakten vgl. oben bei nr. **3**) Agatha eine *soror reginae [Hunorum]*, also eine Schwester der Ungarnkönigin, war (oben 6) und daß der Ungarnkönig Andreas auch (wie Eduard d. Exilierte) längere Zeit bei Jaroslav v. Kiew im Exil lebte und dort Jaroslavs Tochter Anastasia geheiratet hatte, bevor er von 1046–1060 in Ungarn das Königtum übernehmen konnte, wobei Wilhelms Text nicht von Florence und einer Angelsachsen-Chronicle-Version abhängt, und daß überdies die beiden erstgenannten, d.h. die ältesten Quellenstücke aus Adam v. Bremen (oben 1) und den Leges Edwardi confessoris (oben 2) nach Rußland weisen, ja daß es in der Leges-Nachricht ausdrücklich heißt, der *ad terram Rugorum, quam nos uocamus Russeiam,* gelangte Eduard d. Exilierte habe dort (*ibi*) *uxorem ex nobili genere* geheiratet. (Zum Ungarnkönig Andreas und seiner Frau Anastasia vgl. Sz. de VAJAY, Großfürst Geysa S. 71, auch Th. v. BOGYAY, Grundzüge S. 39f.; zu Kg. Heinrich I. v. Frkr. und seiner Frau Anna vgl. Th. EDIGER, Rußlands ält. Beziehungen S. 66ff., auch R.-H. BAUTHIER, Anne S. 548f.). Berücksichtigt man, daß sowohl der Autor der Leges Edwardi als auch Wilhelm v. Malmesbury in besten Kontakten zu den Nachkommen Eduards d. Exilierten und seiner Frau Agatha standen, dürften kaum noch Zweifel daran bestehen, daß ihre Nachrichten den Vorzug vor denen der Anglo-Saxon-Chronicle-Version D und den auf ihnen (oder einer verlorenen ähnlichen Version) beruhenden Kombinationen des Florence v. Worcester und seiner Ausschreiber verdienen. Deshalb ist es wohl auch beachtenswert, daß der im 13. Jh. schreibende Roger v. Wendover, Flores Historiarum, MGH SS 28 S. 26, seinen größtenteils von Florence v. Worcester abhängigen Bericht (ad 1017) dergestalt abänderte, daß er seine Angaben zur Abstammung Agathas auf der Basis von Wilhelm v. Malmesbury gestaltete (*Eadwardus accepit uxorem regine Hungarie sororem nomine Agatham*). Ob Agatha dabei – wie es Wilhelm v. Malmesbury nahelegt – eine Schwester (oder Halbschwester) der Ungarnkönigin Anastasia war und auch – wenn man die verderbte Nachricht der Anglo-Saxon-Chronicle-Version D in dieser Weise berichtigt – eine Schwester der mit Kg. Heinrich I. v. Frkr. verheirateten Jaroslav-Tochter Anna war, ja ob damit die (oben 2a) zitierte Interpolation des 13. Jhs. zu den Leges Edwardi als zusätzliche Quelle heranziehbar wird, wonach die Hl. Margarete v. Schottland über ihre Mutter Agatha *ex genere et sanguine regum Rugorum* stammte, kann nicht weiter erhärtet werden, obgleich sich eine solche Sicht nunmehr geradezu anbietet. – Eduard d. Exilierte dürfte also zunächst nach Dänemark und von dort nach Rußland an den Hof Großfürst Jaroslavs d. Weisen gebracht worden sein, wo er offenbar – ebenso wie sein Mitexulant Andreas v. Ungarn – eine Tochter Jaroslavs heiratete, dann mit seiner Familie seinen Schwager Andreas 1046 nach Ungarn begleitet haben, von wo er dann 1057 nach England zurückkehrte.

Historiker und Genealogen, die stark auf die Namenvererbung in den Hochadelsfamilien achten, werden dazu bemerken, daß die Namen Agatha, Margarete und Christina, dazu besonders auch die von zwei Söhnen Margaretes geführten Namen Alexander und David (vgl. bei nr. **6**, **7**, **14** u. **15**), nicht im Umkreis Ks. Heinrichs II. und seiner Schwester Gisela, auch nicht im Umfeld Kg. Stephans v. Ungarn (des Gemahls Giselas) und ebenso nicht im Familienumfeld Ks. Heinrichs III. und seines Halbbruders Gf. Liudolf v. Braunschweig auftreten, David und Alexander auch nicht aus dem schottischen Familienclan Malcolms III. und Duncans I. stammen. Hingegen sind sie im Umfeld der russischen und skandinavischen Herrscherhäuser geläufig; vgl. die Belege bei J. KORPELA, Beiträge S. 125 nrn. 5 u. 6, S. 223 nr. 957 (zu Agatha/Agafja), S. 145 nr. 180 (zu Margarete), S. 137 nr. 96 u. S. 145 nr. 335 (zu Christina), S. 125 nrn. 10 u. 11 (zu Alexander), S. 138f. nrn. 108–114 (zu David; zu ihm vgl. auch bei G. PODSKALSKY, Christentum S. 332). Auch die nach Ungarn verheiratete Tochter Jaroslavs I. v. Kiew und wahrscheinliche Schwester Agathas, Anastasia, gab einem Sohn den Namen David; vgl. LexMA IX Anhang Tafeln: Arpaden I. Diese Beobachtung dürfte die Abkunft Agathas von Großfürst Jaroslav I. v. Kiew ein weiteres Mal nahelegen.

Jaroslav I. d. Weise (Mudryi) trug den Taufnamen Georg; in westeuropäischen Quellen wird er auch Malesclodus (vgl. bei nr. **14**), Julius Claudius, Juriscloht, Bullesclot, Gersclo, Jeresclauus, Georgius sclauus und auch Gerzlef genannt; vgl. die Belege bei F. LIEBERMANN, Gesetze I S. 664, Th. EDIGER, Rußlands ält. Beziehungen S. 66f. Anm. 3, J. KORPELA, Beiträge S. 172 nr. 420 u. S. 142 nr. 154.

Zu Jaroslavs ermittelbarer ungefährer Geburtszeit (ca. 979/80), seiner Verheiratung mit Ingegerd v. Schweden (ca.1019), zu seiner Todeszeit (20. II. 1054) und seiner Bestattung in Kiew vgl. bei **XXI : Eupraxia** nr. **4.**

31 : Ingegerd (v. Schweden) als mögliche Mutter Agathas

Zumal keine direkten Quellenzeugnisse über die Mutter Agathas vorliegen, läßt sich nur vermuten, daß diese aus der Ehe von Agathas (bei nr. **30** mit guten Gründen erschlossenen) Vater Großfürst Jaroslav I. v. Kiew mit der Schwedin Ingegerd hervorging. Zu dieser vgl. bei **XXI : Eupraxia** nr. **5.** Nicht ganz auszuschließen ist freilich auch, daß Agatha aus einer früheren Ehe Jaroslavs I. – mit Anna ?; vgl. Tafel ‘Rjurikiden I’ in LexMA IX von A. NAZARENKO, auch N. de BAUMGARTEN, Généalogies des Rurikides Tafel I und S. 8 – stammte.

32 : Hzg. Richard I. v. d. Normandie als Vater Hzg. Richards II.

Die Filiation von Hzg. Richard I. zu Hzg. Richard II. ist vielfach bezeugt; vgl. etwa die Chronik vom Mont-Saint-Michel, ed. M. BOUQUET, Rec. des Historiens X S. 247: *DCCCCXCI. Obiit primus Richardus Dux Normannorum, cui successit secundus Richardus filius eius. Hic Richardus duxit Judith sororem Gaufridi comitis Britanniae, ex qua genuit duos filios, Ricardum et Robertum. ...* – Die Chronik v. Tours (M. BOUQUET, Rec. des Historiens X S. 284) überliefert: *Anno Conradi III. et Roberti XXX. ... obiit Richardus dux Normanniae filius Richardi anno ducatus XXIX., relinquens duos filios, quos de Judith filia Conani, regis Britanniae, genuerat, scilicet Richardum et Robertum ...* Dabei währte das 30. Jahr der Regierung Kg. Roberts v. Frkr. vom 14. X. 1025 bis zum 13. X. 1026. – Auch in einer größeren Zahl von Urkunden bezeichnete sich Richard II. als Sohn Richards I., und zwar im Text wie desgleichen bei der Unterschrift, wozu schließlich noch ähnliche Angaben in der jeweiligen Datierungszeile treten; so z. B.: *ad me, qui noncupor Ricardus, felicissimi comitis Ricardi filius* (vom 8. IX. 1015), oder: *Ego Ricardus marchio, filius Richardi marchionis* (von 1012–1026), oder: *Testes ... Ricardus comes inclitus ... fi-*

lius Ricardi principis magni, mit Sohn Richard (III., † 1027/28), *mater Ricardi comitis Gunnor ... et uxor comitis Ricardi Judith* (von 1012), oder: *Normannorum duce Ricardo, primi Ricardi optimi ducis filio ...* (von 1017–1024), oder: *Ego Ricardus princeps et dux Normannorum, filius Ricardi senioris*; vgl. dazu die Edition dieser Urkunden bei M. FAUROUX, Receuil des actes S. 101 nr. 18, S. 146 nr. 41, S. 92 nr. 14 bis, S. 151 nr. 44, S. 118 nr. 30. Zu den variierenden Titeln vgl. W. KIENAST, Herzogstitel S. 107–139. – Im Prolog zu seinem um 1115 abgefaßten und der *Matildi gloriosae imperatrici* (nr. **1**) gewidmeten Liber qui modernorum regum Franc. continet actus faßte Hugo v. Fleury (MGH SS 9 S. 376) die Abstammungslinie der Ksn. Mathilde folgendermaßen zusammen: *Rollo igitur, de cuius sanguine processistis, Danorum dux inclitus extitit; qui Karoli Calvi regis Francorum temporibus post imperatoris Lugdovici decessum per Sequanam intravit in Galliam; et ingressus in eam, totam sibi vindicavit Neustriam, quae nunc Normannia vocitatur. Rolloni vero successit filius nomine Guillelmus, et Guillelmo Richardus* (nr. **32**), *princeps nobilis atque magnificus. Hic quoque Richardus genuit alterum Richardum* (nr. **16**), *virum Deo carum atque sanctissimum. Et iste Richardus genuit Rotbertum* (nr. **8**), *et Rotbertus Guillelmum Anglorum regem inclitum* (nr. **4**) *... Huius quoque heres ac filius Henricus* (nr. **2**), *Anglorum rex magnificus, pater vester* (nr. **1**).

Zur Zeit der Verehelichung Hzg. Richards I. mit Gunnor – um 975/80 – vgl. bei **XVII : Gunhild** nr. **7**; zu seiner Geburtszeit – um 932 –, den Nachweisen über seine Todeszeit und den Bestattungsort vgl. ebd. nr. **6**. Weitere Hinweise zum Todesjahr bei D. DOUGLAS, Some Problems S. 289.

33 : Gunnor aus Dänemark als Mutter Hzg. Richards II. v. d. Normandie

Zu Belegen für die Abstammung Hzg. Richards II. von Gunnor, zu deren erschließbarer Geburts- und Verheiratungszeit und zum Todesdatum Gunnors vgl. bei **XVII : Gunhild** nr. **7**. – Zusätzlich sei hier auf einen Brief Bisch. Ivos v. Chartres (1090–1115/16) hingwiesen, der die ganze Vorfahrenlinie Kg. Heinrichs I. von England zurück bis zu Gunnor im Zusammenhang einer geplanten Verwandtenehe, die es zu verhindern galt, aufzählt; vgl. J.P. MIGNE, PL 162 Sp. 266: *Gonnors et Seufria sorores fuerunt. Ex Gonnors exivit Richardus. Ex Richardo Robertus. Ex Roberto Gulielmus rex. Ex Gulielmo Henricus rex.* –

Zur Benennung Hzg. Richards II. als *Gunnorides* (Gunnor-Sohn) vgl. bei nr. **17**.

34 : Gf. Conan v. Rennes, Hzg. d. Bretagne, als Vater Judiths

Als Schwester Gf. Gaufrieds v. d. Bretagne ist Judith, die Gemahlin Hzg. Richards II. v. d. Normandie, mehrmals bezeugt – vgl. bei nr. **17** – und als solche auch als Tochter Gf. Conans v. Rennes anzusehen, denn Gf. Gaufried ist als Sohn Gf. Conans bestens überliefert. Vgl. z.B. die Chronique de Saint-Brieuc, zit. bei R. MERLET, Chron. de Nantes S. XLV Anm.: *... excepto comitatu Namnetensi, quem Gedecaelus comes ... contra ipsum Conanum et contra Gaufridum, filium dicti Conani, defendit.* Auch ebd. S. 132: *Mais Conan, le prince des Bretons, ... fut illec navré et occis. ... Après que Geffroy fut par les Bretons receu duc de Bretagne, il assambla son exercite pour venger la mort de son père ...* – Ganz eindeutig wird der Sachverhalt angesprochen in der Chronica de gestis Consulum Andegavorum, ed. L. HALPHEN – R. POUPARDIN, Chron. des comtes d'Anjou S. 49: *Deflet Conanus casum suorum, coram rege lamentatur, ab episcopis pax queritur et mediante Roberto rege et Ricardo Normannorum duce, qui Juditham filiam Conani habebat uxorem, concordia efficitur.* – Ebd. S. 50 heißt es: *Ricardus namque dux Normannorum ex Juditha, filia Conani comitis Britannie, duos filios, Ricardum et Robertum habuit. ...* – Vgl. außerdem das Zitat aus der Chronik v. Tours bei nr. **32**.

Conan fiel in der Schlacht von Conquereuil am 27. Juni 992. Vgl. Chron. Britann., zit. bei R. MERLET, Chron. de Nantes S. 132 Anm. 2: *Anno DCCCCLXXXXII secundum bellum Britannorum et Andegavorum in Concruz, ubi occisus est Conanus Britanniae consul, V kalendas julii.* – Im Chron. Montis sancti Michaelis, M. BOUQUET, Rec. des Historiens X S. 175, heißt es: *DCCCCXCII. Secundum bellum fuit in Concurrum ... et Conanus Brito occisus est V Kal. Julii filius Juhelli Berengarii.*

35 : Ermengard, Tochter Gf. Gottfrieds v. Anjou, als Mutter Judiths

Zur Herkunft Judiths vgl. die Genealogie der Grafen v. Anjou Nr. 4 bei L. HALPHEN – R. POUPARDIN, Chron. des comtes d'Anjou S. 249: *Gosfridus comes genuit Fulconem et Ermengardam uxorem Conani comitis Britannie. Fulco genuit Gosfridum et Ermengardim; de Ermengarda* [Gemahlin Conans] *nata est Judith uxor Richardi comitis*

Normannie. De Hermengarde [Tochter Fulcos] *nati sunt Gaufredus et Fulco; de Judihit natus est Robertus; de Roberto Willelmus ...*

E. BRANDENBURG, Nachkommen S. 5 (Gen. IX, 8), vermutet als Verehelichungszeit Ermengards und Conans „wohl ca. 980". Eine Datierung auf ca. 975–80 legen auch die Argumente bei Chr. SETTIPANI, Contes d'Anjou S. 248 Anm. 186, nahe.

40 : Gf. Arnulf II. v. Flandern als Vater Gf. Balduins IV. (Barbatus) v. Flandern

Zu drei Filiationsbelegen aus dem Bereich der flandrischen Genealogien, die Gf. Arnulf II. v. Flandern als Sohn Gf. Balduins d. Bärtigen aufzeigen, vgl. bei nr. **5**. – In der Vita Bertulfi Rentic. cap. 33, MGH SS 15/2 S. 638, heißt es: *Post immaturam Arnulfi iunioris marchionis mortem* (= 987) ... *Balduinus filius eius cum matre Rozala derelictus est parvulus. Hic enim est qui postea prolixae barbae dictus est Balduinus, cuius mater Rozala filia fuit Berengarii, regis Italiae, quae post mortem Arnulfi principis Roberto regi Francorum nupsit et Susanna dicta mutato nomine regina regnavit.* Dazu cap. 34, S. 639: *His agnitis, Rozala, quae et Susanna, divae memoriae domina, cum Balduino filio adolescentulo marchione advenit ...*

Gf. Arnulf II. verstarb 987 – nicht 988, wie viele unten zitierte Quellen angeben –, da seine Witwe Rozala (nr. **41**) bereits am 1. IV. 988 urkundlich als *regina* (d.h. als Ehefrau bereits Kg. Roberts II. v. Frkr.) auftritt und dabei außerdem auch Gf. Arnulf II. als verstorben angegeben ist (vgl. bei nr. **41**); so auch K.F. WERNER, Nachkommen S. 469 nr. 52. Daß Rozala als Tochter Kg. Berengars II. den *regina*-Titel führte und damals noch nicht mit Kg. Robert verbunden war, ist kaum anzunehmen. – Zu 988 wird Arnulfs II. Tod überliefert in den Ann. Elnonenses minores, MGH SS 5 S. 19: *988. Obiit Arnulfus iunior*; neuere Ed. Ph. GRIERSON, Annales de Saint-Pierre de Gand S. 152; dort S. 87 auch Ann. Elmarenses ad 988: *Obiit Arnulfus, nepos magni Arnulfi. Sepultus est in Blandinio*; dort S. 22 auch Ann. Blandin. ad 989: *Obiit Arnulfus marchysus, nepos magni Arnulfi* (mit Beleg zur notwendigen Umdatierung zu 988); Ann. S. Martini Tornacensis, MGH SS 15/2 S. 1296: *988. Obiit Arnulfus iunior Barbatus, et Balduinus Barbatus, filius eius, succedit.*

Das Genter Epitaph für Arnulf II. nennt den 30. März als Todestag – *terdena luce cum Martius esset in axe* (in der um 1466 gefertigten Abschrift des Adrian de Budt, ed. L.A. Warnkönig bei J.-J. de SMET,

Corpus chron. Flandriae I S. 293 –, wozu L. VANDERKINDERE, Formation territoriale I S. 295, jedoch bemerkt: „Toute-fois, cette date parait douteuse". Ähnlich Ph. GRIERSON, Annales de Saint-Pierre de Gand S. 22 Anm. 2.

41 : Rozala / Susanna, Tochter Kg. Berengars II. v. Italien, als Mutter Gf. Balduins IV. (Barbatus)

Aus dem Bereich der flandrischen Genealogien stammen zwei hier einschlägige Filiationsbelege; vgl. bei nr. **5**. – Die Ann. Elnonenses, ed. Ph. GRIERSON, Ann. de Saint-Pierre de Gand S. 152, (ältere Ed. MGH SS 5 S. 19), überliefern (zu 950–968): *Arnulfus iunior uxorem ducit filiam Beregeri regis Susannam.* – In einer am 1. IV. 988 ausgestellten und bereits bei nr. **40** erwähnten Urkunde für das Kloster Blandigny findet man: *ego Balduinus marchisus cum matre mea Susanna regina post excessum vitae patris mei Arnulphi marchisi …*; A. v. LOKEREN, Chartes et Documents S. 56f. nr. 64; zit. auch bei R. KÖPKE – E. DÜMMLER, Otto d. Gr. S. 380 Anm. 2. Und in den Ann. Elnonenses, ed. Ph. GRIERSON (wie oben) S. 154, auch MGH SS 5 A. 20, heißt es zum Jahre 1035: *Obiit Balduinus comes, filius Susannae.*

Als Geburtszeit Rozalas vermutet K.F. WERNER, Nachkommen (Tafel Gen. VII, 52): „* 950/60"; ebd. Verheiratungszeit: „ca. 968". – Die Verheiratung erfolgte keinesfalls vor 968, da ihr Gemahl Gf. Arnulf II. bei seinem Tode (987) noch recht jung (*immatura mors*) und der Sohn Balduin IV. noch ein *parvulus* gewesen sein soll (vgl. bei nr. **40**); so R. KÖPKE – E. DÜMMLER, Otto d. Gr. S. 380 Anm. 2.

Den Tod Rozalas / Susannas melden zum Jahre 1003 die Ann. Blandinienses und die Ann. Elnonenses; ed. Ph. GRIERSON, Ann. de Saint-Pierre de Gand S. 23 u. S. 153 (ältere Ed. MGH SS 5 S. 19 u. S. 25). Der genaue Todestag wird im Necrol. v. Lüneburg, ed. A.C. WEDEKIND, Noten III S. 95, zum 13. Dezember vermerkt: *Id. Dec. … Susanna regina.* (Zu den Hintergründen ihrer Bekanntheit in Lüneburg vgl. G. ALTHOFF, Adels- u. Königsfamilien S. 58 u. 373). Abweichend hiervon vermeldet das im 14. Jh. abgeschriebene Epitaph aus dem St. Peterskloster von Blandinium in Gent: *Hoc conditorio regina Susanna quiescit, / … / Occidit ante dies septem mensis Februarii /…*; vgl. MGH Poetae Lat. 5 S. 299; dazu jedoch mit dem Nachweis der Unrichtigkeit Ph. GRIERSON, Ann. (wie oben) S. 23 Anm. 2. – Am Bestattungsort – Gent, Kirche St. Peter auf dem Blandinusberg – ist kaum zu zweifeln, da man ihr später dort sicher nicht ohne Grund das zitierte Epitaph schuf.

Rozala / Susanna hatte nach dem Tode ihres Gemahls Gf. Arnulf etwa Anfang 988 den Kg. Robert v. Frankreich geheiratet; diese Ehe wurde jedoch 991/92 wieder gelöst; vgl. Richer v. Reims, Hist. lib. IV cap. 87, MGH SS 38 S. 290; ed. R. LATOUCHE II S. 286f.: *R[otbertus] r[ex] cum in XVIIII aetatis anno juventutis flore vernaret, Susannam uxorem genere Italicam, eo quod anus esset, facto divortio repudiavit*; vgl. auch die bei K.F. WERNER, Nachkommen S. 469 nr. 52, vermerkte Literatur sowie G. THOMA, Namensänderungen S. 206.

42 : Gf. Friedrich v. Luxemburg bzw. Moselgau als Vater Otgivas

Zu zwei Filiationsbelegen aus den flandrischen Genealogien, die Gf. Friedrich als Vater Otgivas nahelegen, vgl. bei nr. **5**, und zur unbestreitbaren Notwendigkeit, dort den Namen Giselbert in Friedrich zu korrigieren vgl. H. RENN, Luxemburger Grafenhaus S. 136, außerdem ausführlich auch bei **XXV : (Gegen)kg. Hermann v. Salm** nr. **4**.

Zu Geburts-, Verheiratungs- und Todeszeit Gf. Friedrichs vgl. ebd. nr. **4**.

43 : NN, Tochter Gf. Heriberts v. d. Wetterau u. Gleiberg, als Mutter Otgivas

Zum Nachweis – auf der Basis der Vita Adelheids v. Vilich (MGH SS 15/2 S. 757) und einer genealogischen Notiz aus dem Zusammenhang des Hammersteiner Eheprozesses (MGH Const. 1 S. 631) –, daß eine namentlich unbekannte Tochter Gf. Heriberts v. d. Wetterau die Gemahlin Gf. Friedrichs v. Moselgau (Luxemburg) und somit auch die Mutter Otgivas gewesen ist, vgl. bei **XXV : (Gegen)kg. Hermann v. Salm** nr. **5**.

44 : Kg. Hugo (Capet) v. Frankreich als Vater Kg. Roberts II.

Daß Kg. Robert II. v. Frankreich ein Sohn Kg. Hugos (Capet) war, wird in den Diplomen Roberts II. mehrmals bezeugt; vgl. M. BOUQUET, Rec. des Historiens X S. 578 nr. 6 (von ca. 1000): … *temporibus antecessorum nostrorum regum … videlicet … et genitoris nostri Hugonis*; ebd. S. 582 nr. 10 (von 1003): *Regis regum nutu Francorum rex Robertus … Precibus etenim nostrae genitricis scilicet Adhelaidis Reginae insignis … promoti … ob animae suae patris quoque nostri videlicet Hugonis beatae memoriae … curavimus*; ebd. S. 587 nr. 15 (von

1006): ... *pro remedio animae pii genitoris nostri Domini Hugonis Regis ac genitricis nostrae Adelaidae Reginae.* – Richer v. Reims, Hist. lib. IV cap. 12, MGH SS 38 S. 240; ed. R. LATOUCHE II S. 164, berichtet, daß Kg. Hugo (Capet) gleich nach seiner eigenen Königsweihe den Reimser Erzbischof *de promotione filii sui Roberti in regnum* anging. In cap. 13 (S. 240f. bzw. II S. 166) schreibt er, daß der Erzbischof *dictis regiis cessit et ... eius filium Rotbertum Francis laudantibus accepta purpura sollempniter coronavit.* – Helgaud v. Fleury, Vita regis Roberti cap. 2, ed. R.-H. BAUTIER et G. LABORY S. 58: *Fuit rex Francorum Robertus origine natus nobilissima, patre illustri Hugone, matre Adelaida vocitata*; ältere Ed. M. BOUQUET, Rec. des Historiens X S. 99.

Zum Geburtsjahr Kg. Hugos – ca. 940 – vgl. C. v. KALCKSTEIN, Geschichte S. 255 Anm. 2; W. GLOCKER, Verwandte der Ottonen S. 288. – H.-W. GOETZ, Hugo Capet S. 75f., vermerkt: „geb. zwischen 939 und 941".

Auf die Verehelichungszeit – ca. 970, eventuell ein oder höchstens zwei Jahre später – läßt sich aus dem Geburtsjahr seines Sohnes Kg. Robert II. (ca. 973, vgl. bei nr. **22**) zurückschließen; vgl. auch F. LOT, Derniers Carolingiens S. 74. H.-W. GOETZ, Hugo Capet, in LexMA V Sp. 157, entscheidet sich für „∞ 970, Adelheid, Tochter Hzg. Wilhelms (Werghaupt) v. Aquitanien".

Belege für Hugos Todestag und Todesjahr sowie für den Bestattungsort – S. Denis – hat F. LOT, Études sur le règne de Hugues Capet S. 106, 184f., 298–393, zusammengestellt. Aus den verschiedenen divergierenden Nachrichten hat er den 23., 24., oder 25. Oktober – mit größter Wahrscheinlichkeit den 24. Oktober – des Jahres 996 ermittelt. Ihm folgen u.a. H.-W. GOETZ, Hugo Capet, in LexMA V Sp. 157f.; K.F. WERNER, Westfranken-Frankreich S. 757 u. 764 Anm. 3; W. GLOCKER, Verwandte der Ottonen S. 288. Vgl. auch A. DECKER-HEUER, Studien z. Memorialüberlieferung S. 34f. mit Anm. 76, 77 u. 80, S. 179 mit Anm. 68.

45 : Adelheid (v. Poitou bzw. Aquitanien) als Mutter Kg. Roberts II. v. Frankreich

Zu drei Belegen, die Kgn. Adelheid als Mutter Kg. Roberts II. ausweisen, vgl. bei nr. **44**. Zusätzlich sei hier hingewiesen auf zwei Urkunden Kg. Roberts vom 19. IV. 997 bzw. 26. X. 999 für das Kloster Saint-Maur-des-Fossés, die *suggerentibus itaque ac intervenientibus* *dilectis nostris videlicet dulcissima genetrice nostra Adelaide atque conjuge nostra Berta* ausgestellt wurden (vgl. dazu bei C. WOLL, Königinnen S. 39) und auf Roberts Bestätigungsdiplom für das Kloster Argenteuil (b. Paris) von Ostern (28. III.) 1003, das *precibus etenim nostrae genitricis scilicet Adhelaidis reginae insignis ... ob animae suae, patris quoque nostri videlicet Hugonis beatae memoriae* ausgestellt wurde; M. BOUQUET, Rec. des Historiens X S. 582f. nr. 10. Vgl. dort auch die Urkunde nr. 3 von 998. Zu nennen ist hier ebenfalls eine Urkunde Hugos (Capet) – *Ego Hugo, Dei gratia comes et dux Francorum* – vom Jahre 981, die F. LOT, Derniers Carolingiens S. 402ff. nr. 4, publiziert hat; sie weist folgende Unterschriften auf: *Signum gloriosi Hugonis ducis †. Signum Adlaidis uxoris ejus. S. Roberti filii ipsius.*

Zur Abstammung Adelheids (v. Poitou bzw. Aquitanien) vgl. F. LOT, Derniers Carolingiens S. 358–361; dagegen aber bezweifelnd C.B. BOUCHARD, Those of my Blood S. 114f, was wiederum C. WOLL, Königinnen S. 16 u. 16ff., zu entkräften vermag.

Als Lebensdaten Adelheids gibt E. BRANDENBURG, Nachkommen S. 67 (Gen. IX, 101) an: „* ca. 945/60, † 1004"; K.F. WERNER, Nachkommen (Tafel Gen. VIII, 48) vermerkt (ohne weitere Quellen- und Literaturangabe und lediglich auf E. Brandenburg verweisend): *ca. 950/55, † ca. 1004, ∞ ca. 970 Hugo, Hzg., später Kg. v. Frankreich"; W. KIENAST, Herzogstitel S. 56, gibt hingegen in einer Stammtafel der Robertiner zu Adelheid an: „∞ um 969, † 1006"; zuletzt ausführlich über Adelheid handelnd und ihre Lebensdaten kritisch überprüfend C. WOLL, Königinnen S. 13: „Um 970 ... heiratete der ungefähr schon 30-jährige Herzog von Franzien Hugo Capet in einziger Ehe die ungefähr 5–6 Jahre jüngere Adelheid von Poitou"; S. 44: „Für Adelheids Ableben in Paris oder Umgebung spricht, daß dort der Tod der Königin in einem anspruchlosen Annalenwerk und drei Necrologien festgehalten wird. In Saint-Denis entstandene Annalen berichten wohl in zeitgenössischem Eintrag zum Jahre 1006 vom Tod Königin Adelheids [Annales de Saint-Denis ad 1006, ed. E. BERGER S. 275: *Obiit Adela ...*]. Necrologien der Abteien Saint-Denis, Argenteuil und Saint-Magloire belegen den 15. Juni als ihren Todestag", (ed. A. MOLINIER, Obituaires I/1 S. 319, 347, 390). Vgl. auch A. DECKER-HEUER, Studien z. Memorialüberlieferung S. 180 mit Anm. 72.

46 : Gf. Wilhelm (II.) v. Arles u. Provence als Vater Constanzes

Zur Abstammung der Kgn. Constanze von Gf. Wilhelm von Arles-Provence vgl. das Zitat aus Rodulfus Glaber, Hist. lib. III cap. 7 bei nr. **23**. Auch überliefert Helgaud v. Fleury, Vita Roberti pii, ed. R.-H. BAUTIER et G. LABORY S. 74f., ältere Ed. M. BOUQUET, Rec. des Historiens X S. 102: *Pervenit hoc ad aures Constantiae Reginae ejus* (= Kg. Roberts II.) *conjugis ... Haec accensa furore iurat per animam Willelmi sui genitoris ...* – Daß Kg. Robert II. seine (3.) Frau aus der Provence holte, geht aus den Miracula S. Benedicti (lib. III cap. 8) des (nach ?) 1008 verstorbenen Aimoin v. Fleury hervor; ed. E. de CERTAIN S. 148f.: *Hugonides Rotbertus uxoriam inire copulam jamdudum mente tractans et ab Arelatensium partibus assumere sibi conjugem volens, exercitum congregat sponsae jamjamque occursurus. Dum ergo iter agens exercitus ulteriorem Ligeris ripam teneret, ...*; auch MGH SS 9 S. 376.

Zur Herkunft Constanzes und ihres Vaters Gf. Wilhelm v. d. Provence vgl. zuletzt Chr. SETTIPANI, Nos ancêtres S. 2f., und Th. STASSER, Adélaide d'Anjou S. 21–24 u. Tafel S. 52. Weitere Literaturhinweise bei C. WOLL, Königinnen S. 64.

Als Gf. Wilhelm (II.) v. d. Provence (nr. **46**) Adelheid (v. Anjou) heiratete, war er bereits Witwer aus einer vor April 972 geschlossenen Ehe mit einer Dame namens Arsinde, mit der zusammen er noch im Juni 981 eine Schenkung an die Abtei Montmajour (b. Arles) vorgenommen hatte. Im Januar 984 ist er dann schon mit Adelheid (v. Anjou) bezeugt; vgl. bei Th. STASSER, Adélaide d'Anjou S. 21f. Für Adelheid war dies bereits ihre 4. Ehe (vgl. ebd.).

Da Wilhelm seit 970 als *comes Provinciae* und seit 979 als *marchio* nachweisbar ist und sich im Jahre 972 durch die Vertreibung der Sarazenen aus Fraxinetum hervorgetan hat (vgl. Th. STASSER, a.a.O.), dürfte sein Geburtsdatum „um 950" (so Chr. SETTIPANI, Nos ancêtres Tafel S. 9) oder etwas vorher liegen.

Gf. Wilhelm verstarb zwischen dem 29. VIII. 993 und dem 11. V. 994 in Avignon, wo er sich kurz vor seinem Tod mit dem Mönchsgewand bekleiden ließ. Er wurde in der Kirche Sainte-Croix in Sarrians (bei Carpentras) begraben; Belege bei Th. STASSER, a.a.O. S. 22; Chr. SETTIPANI, Préhistoire des Capétiens S. 336 Anm. 998.

47 : Adelheid / Blanca (v. Anjou) als Mutter der Kgn. Constanze

Adelheid (v. Anjou) war vor ihrer Ehe mit Gf. Wilhelm (II.) v. Arles u. Provence bereits dreimal verheiratet: 1) mit Gf. Stephan v. Brioude, und zwar seit 960/65, als sie wahrscheinlich erst 12–15 Jahre alt war. (Stephan war vorher, seit 937/943, schon mit einer Dame namens Anna vermählt gewesen). Adelheids Ehe mit Stephan währte etwa ein Dutzend Jahre (d.h. bis etwa 972/73). 2) mit Gf. Raimund v. Toulouse seit ca. 975, als dessen Witwe sie auch von Richer v. Reims, Hist. lib. III cap. 92 (MGH SS 38 S. 220; ed. R. LATOUCHE II S. 116) anläßlich der Verehelichung mit 3) Kg. Ludwig V. v. Frankreich erwähnt wird (*... optimum dixerunt, Ludovico regi assciscendam conjugem Adelaidem, Ragemundi nuper defuncti ducis Gothorum olim uxorem*). Nach etwa zweijähriger, von ca. 980–982 dauernder Ehe wurde diese (offenbar rein unter politischen Aspekten geschlossene) Verbindung zwischen der inzwischen schon gereiften, etwas über 30 Jahre alten Frau und dem 15- bis 17-jährigen Jüngling Ludwig wieder getrennt (Richer, Hist. lib. III cap. 94f., MGH SS 38 S. 221f.; ed. R. LATOUCHE II S. 120; zu diesen Anfangsjahren Adelheids vgl. zuletzt ausführlich Th. STASSER, Adélaide d'Anjou S. 9–52, bes. S. 14–20): *Regina, sese viduatam dolens et verita majoris incommodi injuriam, Wilelmum Arelatensem adiit eique nupsit.*

Daß Kgn. Constanze eine Tochter der oft als Blanca bezeichneten Adelheid v. Anjou war, überliefern die Genealogiae comitum Andegavensium, ed. L. HALPHEN – R. POUPARDIN, Chronique des Comtes d'Anjou S. 248 nr. III: *Fulco comes Andegavensis, qui cognominatus Bonus fuit, genuit Gosfridum et Blancam. Gosfridus genuit Fulconem Hierosolimitanum, de Blanca nata est Constantia regina. Fulco genuit Gosfridum et Ermingardim, de Constantia regina nata est uxor Balduini comitis Flandrensis. De Hermengarde nati sunt Gaufridus et Fulco, de illis* [= von Constanzes Tochter Adela (nr. **11**) u. Balduin V.] *nata est Mahildis uxor Willelmi comitis Normannie. ...* Vgl. dort auch S. 247 nr. I. Zum Beinamen Blanca vgl. Rodulfus Glaber, Hist. lib. III cap. 2 nr. 7, ed. M. PROU S. 57f. mit Anm. 11: *Accepit autem supradictus rex* [= Robert II., nr. **22**] *illius cognatam* [Ergänzung Ende 12. Jh.: *neptem predicti Fulconis*] *nomine et anima Constantiam, inclitam reginam, filiam videlicet prioris Willemi Aquitanie ducis* [Ergänzung 12. Jh. über der Zeile: *Guillelmi comitis Arelatensis natam de Blanca sorore [!] eius*], *ex qua etiam suscepit filios quattuor et filias duas.* Auch Hugo v. Fleury, Modernorum regum Franc. actus cap. 9 (MGH SS 9

S. 385; auch M. Bouquet, Rec. des Historiens X S. 215) überliefert: *duxit autem [Robertus] Constanciam filiam Guillelmi comitis Arelatensis natam de Blanca sorore Gaufridi comitis Andegavensis.* In der Chronique de Saint-Maixent ad 986, ed. J. Verdon S. 96, liest man bezüglich der Verheiratung Kg. Ludwigs V.: *Iste, puer adhuc, Blanchiam accepit uxorem.* In einem Brief Ivos v. Chartres vom Jahre 1115 – die drei leicht divergierenden Editionen bei M. Bouquet, Rec. des Historiens XV S. 150 und S. 177 sowie J.P. Migne, PL 162 S. 215f. sind koordiniert bei E. Hlawitschka, Konradiner-Genealogie S. 126f. – ist zu finden:

Consanguinitatem quae dicitur esse inter filium Flandrensis comitis et filiam comitis Redonensis didici, cum essem in curia papae Urbani … Genealogia autem sic est:

Gaufridus Grisagonella et Blanca Arelatensis comitissa frater et soror	
Fulco [Nerra comes] Andegavensis	*et Constantia [Franc.] regina*
Comitissa Vastinensis [= Ermengardis]	*et Adela Flandrensis comitissa*
Fulco Richinus [comes Andegavensis]	*et Rotbertus Friso*
Comitissa Redonensis [= Ermengardis]	*et Rotbertus Frisonis filius*
Filia ejus [= Havisia]	*et sexto gradu [Balduinus] hujus Roberti filius.*

Aus dem von Th. Stasser, a.a.O., nachgezeichneten Lebensgang ergibt sich, daß Adelheid / Blanca ca. 948/50 geboren sein dürfte und daß sie ihre 4. Ehe mit Wilhelm II. v. d. Provence etwa 983 schloß; vgl. dazu auch bei nr. **46**.

Adelheid / Blanca verstarb 1026, wahrscheinlich in Avignon. Dieses Datum überliefert der Mönch Arnulf v. Saint-André-les-Avignon, aus dessen unediertem Manuskript in der Nationalbibliothek zu Madrid (Ms. 9605) Th. Stasser, a.a.O. S 24 Anm. 78, zitiert: *a quibus annis usque ad presentem annum in que […] felix Adalax comitissa dormivit in pace […] a nativitate Christi millesimum vicesimum sextum presentum annum efficiunt in quo iste libellus conscriptus est a quodam fragili monacho Arnulfo nomine …* Adelheid/Blanca wurde in Montmajour (b. Arles) bestattet, wie ein Untersuchungsbericht vom 2. Januar 1215 angibt: *comitissa Blanca quae sepulta est apud Monte Majorem;* vgl. G. de Mantayer, Provence I S. 274.

Nachzutragen bleibt noch, daß Chr. Settipani, Comtes d'Anjou S. 248–250, noch eine fünfte, aus rein politischen Erwägungen geschlossene Ehe Adelheids mit Gf. Otto Wilhelm v. Burgund für möglich hält. Darauf ist hier nicht einzugehen.

48 : Duncan, 'Abt' v. Dunkeld, als vermuteter Vater 'Abt' Crinans

A.O. ANDERSON, Early sources I S. 577, vermerkt auf der Basis seiner Belege zur schottischen Frühgeschichte: „Crinan may have been the son of Duncan, the abbot of Dunkeld, who died in 965". – Auf S. 471 vermerkt er zum Jahre 965 in englischer Übersetzung den Auszug aus den Annals of Ulster, einer Kompilation älterer irisch-keltischer Quellen aus dem Ende des 15. Jhs.: „A battle [took place] among the men of Scotland themselves, and there many were slain, including Duncan, the abbot of Dunkeld". – Ebd. S. 472f. zu 962–966 ein Auszug (in engl. Übersetzung) aus der vor dem Jahre 1000 entstandenen Version A des Chronicle of the Kings of Scotland: „[A battle was fought] between Dub and Culen … and there fell Duncan, abbot of Dunkeld".

50 : Kg. Malcolm II. v. Schottland als Vater Bethocs

Zur Filiation vgl. die Belege bei nr. **25**.

Den Tod Kg. Malcolms II. vermeldet die Anglo-Saxon Chronicle, Ms. D, zum Jahre 1034; vgl. A.O. ANDERSON, Scottish Annals S. 83: „In the same year died king Malcolm in Scotland"; auch Übersetzung bei M.J. SWANTON S. 159; altengl. Text bei Ch. PLUMMER, Two of the Saxon Chronicles S. 159, auch ed. G.P. CUBBIN S. 65. – Desgleichen Florence v. Worcester, Chron. ex chronicis (in der chronologischen Reihung bei Ereignissen von 1034), ed. B. THORPE I S. 189: *Malcolm rex Scottorum obiit.* – Vgl. auch Symeon v. Durham, Hist. regum, ed. Th. ARNOLD II S. 158: *Anno MXXXIV. … Malcolm rex Scottorum obiit.* – Marianus Scottus, Chron. ad 1056 (= 1034), MGH SS 5 S. 556: *Moelcoluim rex Scotiae obiit 7. Kal. Decembr., Donchad, filius filiae eius, sibi successit annis 5, mensibus 9.*

Der Bestattungsort Malcolms II. wird im Chronicle of the Kings of Scotland mitgeteilt; vgl. A.O. ANDERSON, Early sources I S. 573: „Malcolm, Kenneth's son, a most victorious king, reigned for thirty years. And he died in Glammis, and was buried in Iona". So auch die schottischen Königslisten bei M.O. ANDERSON, Kings and Kingship S. 267, Liste D: *Malcolm mac Kynnat Rex victoriosissimus XXX a[nnos] reg[navit], et mortuus est in Glamuernes et sepultus in Yona.* Fast gleichlautend Liste F (S. 276) und Liste I (S. 284).

52 / 53 / 54 : Hinweise zu den Großeltern von Suthen
→ nr. **26 / 27**

56 : Kg. Aethelred II. v. England als Vater Kg. Edmunds II. (Eisenseite)

Die Filiationsangabe aus der Genealogia regum Anglorum des Aelred v. Rievaulx ist zitiert bei nr. **3**; desgleichen ist Kg. Edmund II. als Sohn Kg. Aethelreds nachweisbar im Anglo-Saxon Chronicle und bei Florence v. Worcester; vgl. bei nr. **29**. – Wilhelm v. Malmesbury, Gesta regum Anglorum lib. II § 179, ed. W. STUBBS I S. 212, berichtet von Kg. Aethelreds II. Rückberufung aus der Normandie (*Angli ... e Normannia Edelredum accesserunt)* und dessen Herrschaftsbeginn (*Ita rex regressus);* sodann erzählt er die Tötung der beiden hochedlen Dänen Sigeferd und Morcar und die Gefangensetzung der Witwe Sigeferds in Malmesbury, wo diese dann vom *Edmundus regis filius* aufgesucht und geheiratet wird; vgl. bei nr. **29**. – Florence v. Worcester, Chron. ex chronicis ad 1015, ed. B. THORPE I S. 171, überliefert überdies: *quia rex Aegelredus apud Cossham aegrotavit, Eadmundus clito, filius ejus ... congrega(vit) exercitum ...*

Als Geburtszeit Kg. Aethelreds II. darf „ca. 968“ vermutet werden; vgl. C.P. WORMALD, Ethelred II., in LexMA IV Sp. 53.

Der Tod Aethelreds II. wurde im Anglo-Saxon Chronicle zum Jahre 1016 vermerkt: „Then it happened that King Ethelred died before the ships arrived. He ended his days on St. George's day [= 23. IV.]; D. Whitelock in EHD I S. 249, altengl. Originaltext ed. C.P. CUBBIN S. 60. – Bei Florence v. Worcester, Chron. ex chronicis ad 1016, ed. B. THORPE I S. 172f., heißt es: *Eo tempore rex Anglorum Aegelredus XIV. indictione, nono kal. Mai, feria II., Lundoniae defunctus est. ... Corpus autem illius in ecclesia S. Pauli apostoli honorifice sepultum est.* – Wilhelm v. Malmesbury, Gesta regum Anglorum lib. II § 180, ed. W. STUBBS I S. 215, (ad 1016): *Sed praevenit conatum ejus mors Ethelredi; nam in initio Quadragesimae, die sancti Gregorii, animam ... efflavit; jacet apud sanctum Paulum Londoniae.* Da der Gregorstag der 12. März ist, dürfte hier ein Schreibfehler aus *die sancti Georgii* (= 23. April) vorliegen.

57 : Aelfgifu (?), Tochter Thoreds, als Mutter Kg. Edmunds II. (Eisenseite) v. England

Wilhelm v. Malmesbury, Gesta regum Anglorum lib II § 179, ed. W. STUBBS I S. 213f., berichtet bezüglich der Herkunft Kg. Edmunds II., daß *erat iste Edmundus non ex Emma* [= Gemahlin Kg. Aethelreds II.] *natus, sed ex quadam alia, quam fama obscura recondit.* Und im

Anschluß daran spricht er von der *patris ignavia, matris ignobilitas.* – Aelred v. Rievaulx, Genealogia regum Anglorum, ed. J.P. MIGNE, PL 195 Sp. 730, sagt, daß Kg. Aethelred (nr. **56**) um die Hand der normannischen Herzogstochter Emma anhielt, *cum jam de filia Torethi nobilissimi comitis filium suscepisset Edmundum.* Und in seiner Vita Edwardi regis et conf., ed. J.P. MIGNE, PL 195 Sp. 741, sagt Aelred, daß *gloriosus rex Ethelredus ex filia praeclarissimi comitis Thoreti filium suscepisset Eadmundum, cognomento Ferreum latus, ex regina autem Emma Alvredum ...* – Florence v. Worcester bietet in seiner dem Chron. ex chronicis inserierten Genealogia regum West-Saxonum, ed. B. THORPE I S. 275, folgendes: *in regnum successit ... Aegelredus. Hic ex Aelfgiva, comitis Aegelberhti filia, III filios habuit, Eadmundum, Eadwinum et Aethelstanum, ac Eadgitham filiam, ex Emma vero* (= 2. Gemahlin), *Ricardi comitis Normannorum filia, duos filios suscepit.*

Der Name von Kg. Edmunds II. Mutter wäre demnach Aelfgifu / Aelfgiva. Bei W.K. Prinz v. Isenburg, Ahnen Tafel 15, findet man freilich als Gemahlin Kg. Aethelreds II. und Mutter Kg. Edmunds Eisenseite: „I. Aelflede, T[ochter] d. Ealdormans Thored"; er verweist dafür auf das Tafelwerk von F. BRÖMMEL, Genealog. Tabellen. Auch die Genealogical Tables illustrative of Modern History by H.B. GEORGE kennen in Tafel I „Aethelred II. ∞ Aelflaed, daughter of Thored". Ebenso kommentiert R. HOLTZMANN, Thietmar, Chron. lib. VII cap. 40, MGH SS rer. Germ. NS 9 S. 446f., bei Aethelreds II. Söhnen Aethelstan und Edmund: „Söhne aus Aethelreds erster Ehe mit Aelfleda, also Stiefsöhne Emmas", was schon in der (auf J.M. Lappenbergs Thietmar-Ausgabe (MGH SS 3) von 1839 beruhenden Thietmar-Ausgabe F. KURZES (MGH SS rer. Germ., Hannover 1889, S. 217 Anm. 4) vermerkt war. – A. THIELE, Erzählende geneal. Stammtafeln II/1 S. 197, gibt gleichfalls als 1. Gemahlin Aethelreds II. „des Unberatenen", an: „Aelflede v. Northumbrien, T[ochter] des Ealdorman Thored, † 1002".

Neuere englische Arbeiten bieten anderes: Die in der Übersetzung der Anglo-Saxon Chronicle von D. WHITELOCK von 1961 beigegebene Tafel 3 gibt für Aethelred II. zwei Ehen an: „(1) Aelfgifu, ? d[aughter] of Thored, c[ount] of Northumbria" und „(2) Aelfgifu (Emma), d[aughter] of Richard I, duke of Normandy", wobei Kg. Edmund Eisenseite unter den Kindern der 1. Ehe aufgeführt ist. Bei P. STAFFORD, Queens, Concubines and Dowagers S. 2, liest man: „The parentage of the first wife of Aethelred the Unready is unknown. Was she the daughter of the shadowy ealdorman Ordmaer, or of the obscure Thored of York? How many of Aethelred's many children did she bear? When was she born? How, why, and where did she die? The only fact which has survived to give her a place in history is her name, Aelfgifu". Vgl. auch DIES., Queen Emma S. 66 Anm. 3: „We cannot be certain whether Aethelred married twice or three times. His first wife was daughter of ealdorman Thored of York according to the twelfth-century Aelred, Vita S. Edwardi regis col. 741. Thored's prominence in the mid 980s and disgrace and disappearence c. 993 would date this marriage to the king's coming of age c. 985, coinciding with the temporary disappearence of Aelfthryth from court. The first wife's name is Aelfgifu, daughter of the otherwise unknown comes Aethelberht; thus Florence of W., ed. B. THORPE I p. 275, Genealogia regum West-Saxonum. This may simply be error ..., but the confusion may mask two marriages".

Der Name „Aelfgifu / Aelfgiva" ist also zumeist der Überlieferung bei Florence übernommen, nicht jedoch wird der von Florence angegebene Name des Vaters dieser Namensträgerin akzeptiert, während man sonst Aelred v. Rievaulx folgt.

Woher aber rührt die „Aelfleda"-Angabe in der zitierten Literatur? Möglicherweise geht dies – wenn E.A. FREEMAN, History of the Norman Conquest I S. 687, recht hat – auf eine mißverstandene und auf eine falsche Person bezogene Stelle bei Adam v. Bremen, Gesta Hammaburg. eccl. pontif., in der Ausgabe von J.M. LAPPENBERG, MGH SS 7 (1846) S. 324, Scholion 39, zurück, wo der Name „Afficud" statt „Afilrud" gelesen und von Lappenberg als „Aelfled" verstanden worden ist; vgl. J.M. LAPPENBERG, Geschichte v. England I, Hamburg 1834, S. 431: „Äthelred hatte in seinem siebzehnten Jahre Älflede, die Tochter des durch den von Eadgar und seinem Schwiegersohne ihm übertragnen Kriegsbefehl bekannten Ealdormanes Thored, Gunnors Sohnes, geheirathet. Diese hatte ihm mehrere Söhne, seinen Nachfolger Eadmund, Eadwi und Äthelstan ... geboren". Dazu in Anm. 2: „Malmesb. 71 kennt ihren Namen nicht; er sagt von ihrem Sohn Eadward [!]: non ex Emma natus, sed ex quadam alia, quam fama recondit. – Scholion 33 ad Adam Bremens., 37, hat unter der Lesart Afficud (al. affiluit) wohl nur den Namen Älflede versteckt. Den Namen des Schwiegervaters des Königs, Thored, hat Ailred abbas Rievall. apud Twysden p. 362 et 372". – Da es im Scholion 39 (neue Ed.: 38) um *Afilrud* (= Aelftrud), die Mutter Kg. Aethelreds II., geht, welche (als Stiefmutter [*noverca*]) ihren Stiefsohn Kg. Eduard 'd. Märtyrer' (975–978), den Sohn Kg. Edgars aus seiner 1. Ehe mit Aethelfled, umbringen ließ und ihren eigenen mit Kg. Edgar in dessen 2. Ehe gezeugten Sohn Aethelred II. zum Königsthron verhalf, steht hinter der Zuweisung „Aelfledas" als Gemahlin Aethelreds II. sowohl die Falschauflösung des *Afilrud*-Namens (zu Aelfleda, statt Aelftrud) als auch die Falschzuordnung des aus *Afilrud* gefolgerten Aelfleda-Namens zur Gemahlin Aethelreds II., statt zu seiner Mutter Aelftrud.

Nachzutragen ist, daß sich G. RONAY, Lost king of England S. 8, auf „La Estoire de Seint Aedward le Rei, Ms. Cantab. Ee III 59 from Bishop Moore's Library", für folgende Angabe beruft:

> ... „Edmund Ironside
> Was the son of the daughter of Count Torin [Theodoric]
> The third son of King Aethelred,
> Eldest of the three ...".

In dieser späten Überlieferung könnte „Torin" aus „Thored" verderbt sein und letztlich alles auf Aelred v. Rievaulx zurückgehen.

58 / 59 : Earngrim u. Elfthruth als wahrscheinliche Eltern Aldgithas

Im Versepos des anglonormannischen Chronisten Geffrei Gaimar, Lestorie des Engleis, ed. Th. HARDY – Ch.T. MARTIN II S. 134 v. 4212ff.; neuere Ed. A. BELL S. 134, heißt es, daß Kg. Edmunds II. (Eisenseite) Frau Aldgitha (nr. **29**) die Schwester eines walisischen Königs war und daß ihm, Edmund, dadurch die Hilfe ihrer Landsleute zuteil wurde; (engl. Übersetzung: „With him [= Edmund] the Welsh held. He took [to wife] the sister of one of their Kings"). Aldgithas angelsächsischer Name muß nicht unbedingt gegen die walisische Herkunft sprechen, da im angelsächsischen Königshaus Namenswechsel vorkommen; vgl. z.B. Emma = Aelfgiva (bei **XVII : Gunhild** nr. **3**). Freilich ist der Quellenwert des Geffrei Gaimar äußerst gering. A. BELL, L'Estoire S. 254, schreibt hierzu in einer Erklärungsanmerkung: „The marriage is quite unhistorical. Edmund Ironside married the widow of Siferth, a thane of the Seven Boroughs, whose name, according to Florence of Worcester, was Ealdgyth; Plummer (II, 194) suspects that 'Gaimar confused her with Ealdgyth, widow of Gruffydd [king of N. Wales] and wife of Harold II'. The mistake may have originated in some such way, but I doubt whether Gaimar made it; he is using here a source which stresses Edmund's Welsh associations and I suggest the mistake was already in that source".

Aldgithas Vater könnte hingegen Earngrim geheißen haben und mit Elfthruth, Tochter Wulfrun(a)s, (einer Dame aus Mercien), verheiratet gewesen sein; vgl. hierzu D. WHITELOCK, Anglo-Saxon wills S. 47–51 nr. XVII (The will of Wulfric) mit den zugehörigen Erläuterungen S. 151–160, bes. S. 152f. u. S. 155; auch I. HOWARD, Swein Forkbeard's invasions S. 69.

60 : Großfürst Wladimir I. (d. Heilige) als Vater Großfürst Jaroslavs I.
→ **XXI : Eupraxia** nr. **8**

61 : Rogneda als Mutter Großfürst Jaroslavs I.
→ **XXI : Eupraxia** nr. **9**

62 : Olaf Schoßkönig als möglicher Großvater Agathas (mütterlicherseits)

Da Agatha (nr. **15**) zwar aus der engeren Familie Großfürst Jaroslavs I. (d. Weisen) v. Kiew hervorgegangen ist, aber unklar blieb, ob sie der Ehe Jaroslavs mit Ingegerd entstammte oder vielleicht doch ein Kind aus einer früheren Verbindung des Großfürsten (mit Anna?, vgl. bei nr. **31**) war, läßt sich hier nur mit äußerstem Vorbehalt auf Ingegerds Eltern – Kg. Olaf (Schoßkönig) v. Schweden und die Obodritin Estrid (vgl. bei **XXI : Eupraxia** nr. **10 / 11**) – verweisen.

63 : Estrid (Obodritin) als mögliche Großmutter Agathas (mütterlicherseits)

Für den Fall, daß Agatha (nr. **15**) nicht aus der 1. Ehe des Großfürsten Jaroslav I. v. Kiew mit einer unbekannten Dame, für die der Namen Anna vermutet wurde (vgl. bei nr. **31**), sondern aus der 2. Ehe Jaroslavs mit Ingegerd (v. Schweden) hervorging, sei hier vorbehaltlich verwiesen auf **XXI : Eupraxia** nr. **10 / 11**.

XXXI : Kg. u. Ks. Lothar III. (v. Süpplingenburg) (1125 bzw. 1133–1137)

1 : Kg. u. Ks. Lothar (v. Süpplingenburg)

Daß Ks. Lothar in den Quellen auch unter den Namensformen Lutger / Liutger und Luder zu finden ist, dazu vgl. G. THOMA, Namensänderungen S. 102–109.

Die Geburtszeit Ks. Lothars III. ergibt sich aus der Nachricht der Ann. S. Disibodi ad 1075, MGH SS 17 S. 7, daß Gf. Gebhard, Lothars Vater, in der Schlacht bei Homburg a.d. Unstrut (9. VI. 1075) sein Leben verlor, wenige Tage nachdem sein Sohn geboren war: *iuxta fluvium, qui dicitur Unstruth ..., interiit ... comes Gevehardus, pater Lutgeri, qui postmodum imperium assumpsit, qui etiam paucis diebus ante hoc praelium natus fuit. ... Hoc bellum consummatum est V. idus iunii.* Vgl. dazu H.W. VOGT, Herzogtum Lothars S. 148; W. PETKE, Regesten Lothars III. S. 3ff. nr. 1, gegen die Bedenken von W. BERNHARDI, Lothar v. Supplinburg S. 811, bezüglich der Zuverlässigkeit der Disibodenberger Annalen-Nachricht. Bernhardi plädierte für eine Geburtszeit „zwischen 1060 und 1065“, da „Lothar unmöglich im Alter von 13 oder 14 Jahren“ im Jahre 1088 – einer Angabe Alberts v. Stade entsprechend – im Kampf gegen Heinrich IV. den Erzbisch. Liemar v. Bremen habe gefangennehmen können. Doch wird von Petke u.a. die Identität jenes *comes Luderus* mit dem späteren Kaiser bezweifelt. Vgl. dazu bereits F. CURSCHMANN, Wann wurde Lothar v. S. geboren? S. 83ff., und bes. die Hinweise bei H. STOOB, Sächs. Herzogswahl S. 506 Anm. 41. – A. HOFMEISTER, Rez. von F. Curschmann, Zwei Ahnentafeln S. 482, meinte bei grundsätzlicher Zustimmung zum Wert der Ann. S. Disibodi, daß man das *paucis diebus ante* nicht pressen und als Lothars Geburtszeit lieber '1074/75 (vor 9. Juni)' statt bestimmt 'Anfang Juni 1075' ansetzen sollte. – Eine 1976–1978 erfolgte Untersuchung der Grablege Lothars und seines Skelettes erbrachte keine Aufschlüsse über Lothars genaues Alter: Lothar wurde „mindestens 60, wahrscheinlich aber über 70 Jahre alt“; W. PETKE, Regesten Lothars III. S. 410 (mit weiteren Literaturhinweisen).

Zu Richenza als Gemahlin Ks. Lothars III. vgl. die vielen Bezeugungen als *dilectissima coniunx* bzw. *consors* in Lothars Diplomen, MGH D Lo III. In den Ann. Stadenses, MGH SS 16 S. 321, heißt es ad 1113: *Luderus dux Saxonie accepit filiam Heinrici Crassi et Gertru-*

dis comitisse Rikensam … Indessen läßt auf eine frühere Zeit der Hochzeit Lothars mit Richenza, der Tochter Gf. Heinrichs d. Fetten v. Northeim, – und zwar um 1100 – der Annalista Saxo ad 1115, MGH SS 6 S. 751, jetzt MGH SS 37 S. 552, mit seiner Bemerkung schließen: *Richeza ductrix XV annos sterilis manens duci Liudero filiam in festivitate paschali genuit.* Ähnlich Annalium S. Aegidii Brunsvic. excerpta, MGH SS 30/1 S. 11: *Rikenza ductrix seu ducissa XV annis sterilis duci Lothario filiam genuit.* Danach setzt auch W. PETKE, Regesten Lothars III. S. 6 nr. 3, die Ehe Lothars und Richenzas zu „um 1100". Aus der Nachricht der Ann. Stadenses wird gelegentlich (so etwa von F. CURSCHMANN, Zwei Ahnentafeln S. 64) geschlossen, daß die Ehe erst 1113 vollzogen wurde. Vgl. dazu bei **XXXII : Ksn. Richenza** nr. 1.

Auch die Todeszeit und der Sterbeort Ks. Lothars III. sind beim Annalista Saxo überliefert: MGH SS 6 S. 775, neue Ed. MGH SS 37 S. 611 ad 1137: *apud Breduwan villam* (= Breitenwang b. Reutte in Tirol) *in faucibus Alpium constitutam … III° non. Decembris a seculo migravit*; so auch die Annalium S. Aegidii excerpta, MGH SS 30/1 S. 14. Statt *III. Nonas dec.* ist oftmals auch – bes. in sächsischen Quellen – *II. non. dec.* als Todestag überliefert. Die Entscheidung für die letztere Angabe (= 4. Dezember) gibt die Bleitafel aus Lothars Sarg mit *II. nonas Decembr.* Vgl. dazu die ausführliche Erfassung aller Nachrichten bei W. PETKE, Regesten Lothars III. S. 404–408 nr. 654; MGH Lib. mem. et necrol. NS 6 (Necrol. Michelsberg) S. 288, 467; auch O. KRUGGEL, Wann starb Ks. Lothar III. ? S. 427–434 (mit Abbildung der Bleitafel).

Zur Bestattung Lothars in Königslutter vgl. Ann. Hildesheim. ad 1137, MGH SS rer. Germ. S. 69: *Imperator, rebus in Italia compositis, in ipso reditu 2. Non. Decembris obiit; corpusque eius delatum in patriam, sepelitur regio more in hereditate paterna, in loco qui dicitur Lutheron.* Zum Bestattungstag (31. XII. 1137) vgl. Ann. Palid. ad 1137, MGH SS 16 S. 79f.: *corpus autem ipsius ad monasterium Lutheren, quod a fundamentis ipse construi fecerat, delatum debito honore terre est commendatum in hereditate paterna II. kal. ianuarii.* – Weitere Belege in großer Zahl bei W. PETKE, Regesten Lothars III. S. 408f. nr. 655f.; W. BERNHARDI, Lothar S. 786ff. – Zur Bestattungsart *more regio* vgl. P. AUFGEBAUER, Der tote König S. 690ff.

2 : Gf. Gebhard v. Süpplingenburg als Vater Ks. Lothars III.

Zu einer Angabe des Vaters Ks. Lothars III. in den Ann. S. Disibodi ad 1075 vgl. bei nr. **1**. Auch Otto v. Freising, Chron. lib. VI cap. 24, MGH SS rer. Germ. S. 304, bezeugt sie mit seiner Nachricht über die Schlacht bei Homburg/Unstrut (1075): *Ceciderunt in hoc conflictu Gebihardus Lotharii, qui postmodum rex fuit, pater et Ernestus marchio …* (v. Österreich). Beim Annalista Saxo ad 1009, MGH SS 6 S. 658, neue Ed. MGH SS 37 S. 311, liest man zu Ks. Lothars III. Querfurter Vorfahren u.a.: *Ida peperit Gebehardum, patrem Lotharii imperatoris.* Ebd. ad 1106, S. 745, bzw. neue Ed. S. 531: … *Ida peperit Gebehardum, patrem Lotharii sive Liuderi ducis, postea inperatoris.* Vgl. auch W. PETKE, Regesten Lothars III. S. 3 nr. 1.

Über die Geburtszeit Gf. Gebhards ist nichts Sicheres zu ermitteln. F. CURSCHMANN, Zwei Ahnentafeln S. 65f., schließt daraus, daß sein einziges Kind (Lothar III.) kurz vor seinem Tode geboren wurde, „daß Gf. Gebhard jedenfalls kein hohes Alter erreicht hat". Er könne aber auch nicht mehr sehr jung gewesen sein, da sein mütterlicher Großvater, Gebhard v. Querfurt (nr. **10**), ziemlich genau 100 Jahre vor dem Tod Gebhards geboren wurde. Er werde also „in mittleren Jahren" den Schlachtentod gefunden haben.

Zur Verehelichungszeit gibt es keine Anhaltspunkte. Die Synode von Halberstadt, bei der Bisch. Burchard II. v. Halberstadt (1059–1088) die Trennung der frisch geschlossenen Ehe durchsetzte, was Gebhard indessen nicht hinnahm (vgl. Sächs. Weltchron. Rec. C, MGH Dt. Chron. 2 S. 199; vgl. auch bei nr. **3**), ist bislang nicht datiert. P. CORBET, Autour de Burchard S. 163, setzt sie „aux environs de 1070".

Das Datum der Schlacht bei Homburg a.d. Unstrut (9. VI. 1075), in der Gf. Gebhard fiel, ist vielfach bezeugt; vgl. bei nr. **1**; auch W. PETKE, Regesten S. 3f. nr. 1; G. MEYER V. KNONAU, Jahrb. Heinrichs IV., Bd. 2 S. 499–507 u. Exkurs V: Der Verlauf der Schlacht bei Homburg, 9. Juni 1075, ebd. S. 874–884.

3 : Hedwig v. Formbach als Mutter Ks. Lothars III.

Die Herkunft von Lothars III. Mutter wird in der Sächsischen Weltchronik, Rec. C, cap. 237, MGH Dt. Chron. 2 S. 199, ausführlich mitgeteilt: *Greve Conrad* (= nr. **14**) *gewan ene Gertrude* (= nr. **7**), *de nam to wive Frideric van Beieren van Vorenbach* (= nr. **6**) *unde gewan van ere Hadewige* (= nr. **3**)*; diu nam greven Gevebarde van Suplinge-*

burch (= nr. **2**)*; de gewan greven Ludere ere Lotharium* (= nr. **1**)*; darna ward he hertoge, to jungest ward he keisere.* Danach folgt die Nachricht, daß Hedwigs und Gebhards Ehe wegen zu naher Verwandtschaft auf einer Synode zu Halberstadt angefochten und getrennt wurde (*worden se wrocht an deme senede to Halverstat, dat se sibbe weren. ... Aldar versworen se sic beide*), daß aber Gebhard bald darauf die geliebte Gattin entführte und trotz der dem Bisch. Burchard II. v. Halberstadt (1059–1088) gegebenen Eide weiter mit ihr zusammenblieb. Deshalb sei er exkommuniziert worden und habe danach jämmerlich sein Leben verloren in der Schlacht bei Homburg an der Unstrut: *Also ward he vermensamet unde verlos darna sin lif jamerlike. He ward geslagen bi der Unstrote bi Hamburch.* – Die Genealogia comitum Neuburg. sive Formbac., MGH SS 24 S. 77, bestätigt diese Mitteilung über Hedwig als Mutter Ks. Lothars III.: *que Hadewic mater fuit Lotharii regis ...* Ähnlich die Nota Formbac. ex cod. saec. XV, UB des Landes ob der Enns I S. 778: *Item Fridericus* (= nr. **6**)*, pater Hedwigis, matris Lotharii regis, occisus, huc videlicet ad Fornbach eciam locatus est ad ceteros.*

Zur Geburtszeit Hedwigs vgl. bei nr. **6**.

Nach dem Tode ihres Gemahls Gf. Gebhard v. Süpplingenburg (1075) verheiratete sich Hedwig in 2. Ehe mit Hzg. Dietrich II. v. Lothringen († 1115). Vgl. G. POULL, Maison ducale de Lorraine S. 10; dort wird (S. 11) Hedwigs 1. Ehe mit „vers 1060“ angegeben und Lothars III. Geburt zwischen 1060 und 1065 vermutet, indem dabei die Ansicht von É. DUVERNOY, Catalogue des actes S. 56, wiederholt wird, die wiederum auf der Meinung von W. Bernhardi [vgl. bei nr. **1**] beruht. In der Neubearbeitung seines Werkes (S. 25) hat Poull diese Angaben gestrichen; dafür findet man die folgende Ansicht: „Avant de devenir duchesse de Lorraine, elle [= Hedwig] a été mariée deux fois. Vers 1070 elle est devenue la femme d'un comte Henri, qui meurt rapidement. Une fille, Adelaide est née de cette union. Hedwige se remarie peu de temps après, suivant l'usage de cette époque. Gebhard comte de Querfurt et de Supplinburg, son nouvel époux soulève bientôt toute la Saxe afin de lutter contre l'empereur Henri IV. Il trouve la mort au cours de la bataille de l'Unstrutt le 9 juin 1075“. Und auf S. 28 wird schließlich ausgeführt – um eine sich bei dieser Sicht ergebende, strikt verbotene Verwandtenehe zu vermeiden, bei der Hzg. Dietrichs II. Sohn Hzg. Simon seine eigene Halbschwester geheiratet haben müßte –, daß Hzg. Dietrichs II. Sohn „Simon n'est pas le fils d'Hedwige de Formbach“ und „Simon n'est pas le demi-frère de l'empereur Lothaire de Supplinburg. Il devient cependent son beau-frère lorsq'il épouse Adelaide, c'est à dire la fille que sa marâtre (Hedwige de Formbach) a eu d'un comte Henri, son premier mari". Als Quelle für diese Meinung fungiert eine als Anhang zur Sächs. Weltchronik überlieferte späte "Genealogie der Grafen von Flandern", MGH Dt. Chron. 2 S. 277, die allerdings nur in ihrem Anfangsteil der „Genealogia comitum Flandriae Bertiniana" entnommen ist und in der Fortsetzung keine gesicherte Grundlage hat (vgl. ebd. S. 277 Anm. 1). In jener heißt es von Hzg. Dietrichs II. Sohn Dietrich: *De Dideric nam siner stefmůder dochter, de su hadde van greven Heinrike dem ersten manne.* Von Dietrich II. selbst heißt es vorher: *Deme selven Dideriko hadde sic gebrudet Hadewich, Luderes můder, de hertoge was unde keiser, unde gewan ime den hertogen Symonne.* Die angegebene vorherige Ehe Hedwigs mit einem Grafen Heinrich ist indessen durch keine andere Quelle gedeckt; auch muß *De Dideric* in *Simon* umgewandelt werden; und Poulls Folgerung, daß Hzg. Simon v. Lothringen kein Halbbruder Ks. Lothars III. war, findet nicht einmal in dieser Quelle selbst eine Stütze, weil ja doch ausdrücklich gesagt ist, daß Hedwig (*Hadewich*) ihrem Gemahl *Diderico … den hertogen Symonne* gebar; ja sie wird zudem durch zwei Urkunden, die Lothar III. und Hzg. Simon als *fratres* erweisen, widerlegt; vgl. schon die Randnoten 9 und 10 auf S. 28 in G. Poulls Neubearbeitung; auch É. DUVERNOY, Catalogue des actes S. 69. Damit ist die angegebene 1. Ehe Hedwigs vor der mit Gf. Gebhard als Chimäre zu streichen.

Die 2. Ehe Hedwigs mit Hzg. Dietrich II. kann erst nach dem 3. März 1079 zustande gekommen sein, da Hzg. Dietrich II. (Theodericus II.) zu diesem Datum noch unverheiratet war; vgl. den ihn betreffenden Brief Papst Gregors VII. in: Gregorii VII. Registrum, ed. E. CASPAR, Bd. 2 S. 434 nr. VI, 22. Diese 2. Ehe dürfte aber noch 1079/80 geschlossen worden sein, da ein Enkel aus dieser Verbindung (durch Hedwigs 3. Kind dieser 2. Ehe, Oda / Ida) bereits im Februar 1104 vorhanden war; vgl. F. CURSCHMANN, Zwei Ahnentafeln S. 66; W. BERNHARDI, Lothar S. 813.

Die Todeszeit Hedwigs ist unbekannt, dürfte aber um 1090–95 liegen, denn ihr zweiter Gatte verheiratete sich nach ihrem Tod nochmals, und zwar mit Gertrud, der Witwe des im Februar 1095 verstorbenen Gf. Heinrich III. v. Löwen; vgl. F. CURSCHMANN, Zwei Ahnentafeln S. 66f.; G. POULL, Maison ducale S. 11, setzt ihren Tod bereits „aux alentours de 1085–1090", in der Neubearbeitung S. 25 zu „vers 1090/1093".- R. LOIBL, Herrschaftsraum der Grafen v. Vornbach S. 384, vermerkt als Todesdatum Hedwigs „† um 1138“, was ganz abwegig ist.

4 : Gf. Bernhard (im Harzgau) als Vater Gf. Gebhards v. Süpplingenburg

Am 7. August 1063 bestätigte der junge Kg. Heinrich IV. der Halberstädter Kirche *duos comitatus, unum Bernhardi sive filii eius Gevehardi comitum, alterum vero Livtherii comitis, quos pater noster piae memoriae Heinricus imperator praefatae aecclesiae tradidit*; MGH D H IV 108. Dadurch, daß die angesprochene Verleihung durch Ks. Heinrich III. vorliegt (MGH D H III 281 vom 17. I. 1052), ist ersichtlich, daß Gf. Bernhards Komitat im Harz-, Derlin- und z.T. auch im Nordthüring- und Balsamgau lag. Es ist dies der gleiche Bereich, in dem später auch Lothar v. Süpplingenburg als Graf wirkte; UB Hochstift Halberstadt I S. 90 nr. 130 (von 1108), S. 100 nr. 136 (von 1112), S. 103f. nrn. 137 u. 138 (von 1114); vgl. dazu H.W. VOGT, Herzogtum Lothars S. 32f., 136ff.; davor schon W. GROSSE, Lothar v. Süpplingenburg S. 87–90, bes. S. 89 der Hinweis auf das Diplom Heinrichs IV. von 1063.

Bernhard begegnet als Graf schon am 2. VII. 1043 (MGH D H III 107), 17. I. 1052 (D H III 281), dann wieder am 7. II. 1058 (D H IV 32) und am 19. III. 1062 (D H IV 85), eventuell auch noch (als ehemals) am 15. VIII. 1069 (D H IV 218). Daraus läßt sich auf die ungefähre Lebenszeit schließen. Genaue Angaben zu Geburts-, Heirats- und Todeszeit fehlen.

5 : Ida (v. Querfurt) als Mutter Gf. Gebhards v. Süpplingenburg

Zwei Stellen beim Annalista Saxo ad 1009 und ad 1106, MGH SS 6 S. 658 u. S. 745, neue Ed. MGH SS 37 S. 311 u. S. 531, geben uns – fast gleichlautend – über die Mutter Gf. Gebhards Auskunft. Über den Hl. Brun v. Querfurt, der 1009 den Märtyrertod erlitt, heißt es: *Pater huius episcopi et martiris Bruno dicebatur, mater Ida, frater Gebehardus. Gebehardus genuit Burchardum et Idam. Burchardus genuit Gebehardum, patrem Conradi Magedaburgensis episcopi* [1134–1142] *et … Magdaburgensis comitis. Ida peperit Gebehardum, patrem Lotharii sive Liuderi ducis, postea inperatoris.* In der späten, aber doch ordentlich unterrichteten Fundacio ecclesie collegiate Quernfurtensis cap. 2, ed. St. PÄTZOLD S. 140f., ed. H. LÖTZKE S. 282f., wird dies bestätigt: *Temporibus magni Ottonis imperatoris fuit vir quidam Brotz* (= Bruno) *nomine, genere ac nobilitate sublimis, de prefato castro* (= Querfurt) *oriundus … Hic quandam matronam nobilissimam Idam nomine suo copulavit consorcio … Predicti itaque thoro legitimo fruentes …, plurimam genuere sobolem … Horum quidam presules, alii duces magnifici atque alii marchiones in locis subscriptis Magdeborg, Brandenburg et Brunswich multisque aliis provinciis … famosi extiterunt. …* Cap. 3: *Hunc* (= Brotz) *siquidem quatuor habuisse filios preter eos, quos immaturata mors subtraxit, indubitanter scimus: primogenitum Brunonem, qui postea pontifex et martir factus est, secundum Gevehardum, cuius posteritas dominium predicti loci optinuit, tercium Theodericum, cuius filii et nepotes alias urbes et habitaciones incoluerunt, quartum Willelmum, de cuius posteritate nihil meminimus. Gevehardus vero … filium suum Borchardum pium agnomine heredem reliquit.* Cap. 4: *Hic* (= Gevehardus) *inter ceteras, quas in diversis locis filias viris magnificis nuptui tradidit, cuidam principi de Brunswich unam desponsavit, que postea Luderi imperatoris avia facta fuit.* Diese beiden Quellen liefern folgende Stammtafel:

Bruno / Brotz ∞ Ida

Bisch. Bruno († 1009) | Gebhard v. Querfurt | Theoderich | Wilhelm

(Gebhard v. Querfurt:) Burchard | Ida ∞ *princeps de Brunswich*

(Burchard:) Gebhard — (Ida:) Gebhard

(Gebhard:) Bisch. Konrad v. Magdeburg — (Gebhard:) Ks. Lothar III.

Die Stelle des ungenannt gebliebenen *princeps de Brunswich* ist, nachdem Gf. Bernhard (nr. 4) bereits als Großvater Ks. Lothars (väterlicherseits) festgestellt ist, mit dem Namen Bernhard zu verifizieren. Gf. Bernhard war indessen kein „Fürst von Braunschweig“. Wie ist es wohl zu dieser Bezeichnung gekommen? Das *princeps de Brunswich* dürfte wahrscheinlich aus dem Wissen des Fundacio-Verfassers entstanden sein, daß Ks. Lothar III. – wenngleich erst durch seine Frau – im Besitz von Braunschweig war, was er indes als eigenes Erbe Lothars (durch seinen Vater Gf. Gebhard) deuten zu dürfen glaubte.

Diese unpräzise Angabe beruht also offensichtlich auf einer falschen Schlußfolgerung des Fundacio-Autors.

Zu Idas Lebenszeit sagt F. CURSCHMANN, Zwei Stammtafeln S. 69: „Nähere Angaben über Ida v. Querfurt sind nicht bekannt. Nach dem, was über die Geburtszeit ihres Vaters zu sagen ist [vgl. bei nr. 10], könnte Ida frühestens um das Jahr 1000 geboren sein, vielleicht aber auch bis zwei Jahrzehnte später. Ihre Geburt nicht zu früh anzusetzen, rät der Umstand, daß ihr Sohn Graf Gebhard von Supplinburg 1075 in der Schlacht fiel und offenbar kein sehr hohes Alter erreicht hat".

6 : Gf. Friedrich (v. Formbach) als Vater Hedwigs

Zur Abstammung Hedwigs von Gf. Friedrich v. Formbach vgl. die Belege aus der Sächs. Weltchronik und der Nota Formbacensis bei nr. **3**. Die teilweise schon bei **XXVI : Kgn. Sophie** nr. **4** herangezogene Genealogia comitum Neuburg. sive Fombac., MGH SS 24 S. 77, bezeugt zudem: *Hec est genealogia fundatorum nostrorum. Udalricus senex comes genuit sex filios: Arnoldum, Piligrimum, Brunonem, Tyemonem, Chounradum clericum Salzburgensem prepositum, Meginhardum. Tiemo senior genuit iuniorem Tiemonem, Hermannum Bambergensem prepositum, Dietricum clericum, Fridericum, Heinricum. Tiemo iunior genuit Ekkebertum, Heinricum ... Fridericus, senioris Tiemonis filius, cum in curia regis moraretur, neptem ipsius regis Gertrudem nomine clam accipiens coniugem, aufugit, et postea rediens gratiam imperatoris recepit, sed cum rediret, optimates regis eum insequentes pro eadem iniuria interfecerunt, cum unam tantum filiam Hadewic nuncupatam ex eadem Gerdrude genuisset; que Hadewic mater fuit Lotharii regis et Ite comitisse de Purchausen. Huius autem Friderici corpus Fornpach delatum et ante ecclesiam sancte Marie cum reliquis fratribus suis sepultum est.* – Der in der Fußnote der Edition zu Friedrich gegebene Datierungshinweis „a. 1059 interfectus dicitur, cf. [Ph.] JAFFÉ, Lothar [= Geschichte des Deutschen Reiches unter Lothar dem Sachsen, 1843] p. 226", der sich ähnlich auch bei W. BERNHARDI, Lothar S. 810, findet: „Friedrich wurde nach dem Codex traditionum coenobii S. Mariae Formbac. (Chr. L. SCHEID, Orig. Guelf. III, Hannover 1752, praef. 14) im Jahre 1059 ermordet ...", ist – nach W. PETKE, Regesten Lothars III. S. 4 – zu streichen: „Die betreffende Überlieferung lautet richtig gelesen 1159 und spricht von Ekbert von Formbach († 1158 vor Mailand), vgl. F. CURSCHMANN,

Lothar S. 90 Anm. 34". Vgl. auch H. STOOB, Sächs. Herzogswahl S. 506 Anm. 41. Sonach läßt sich lediglich aus der Angabe, daß Friedrich nach der Entführung Hedwigs die *gratia imperatoris* wiedergewann, schließen, daß die Entführungsszene und Friedrichs Tötung in die Kaiserjahre Heinrichs III., die Tötung allenfalls danach, also in die „Mitte des 11. Jahrhunderts", fallen. Und da sein Vater – wie es scheint – „um die Mitte des 11. Jahrhunderts ein älterer Mann war, muß Friedrich um dieselbe Zeit in mittleren Jahren gestanden haben"; so F. CURSCHMANN, Zwei Ahnentafeln S. 69 (mit weiteren Anhaltspunkten für die Ermittlung der Lebenszeit Friedrichs).

Zur Bestattung Gf. Friedrichs in Vornbach / Formbach vgl. auch bei nr. **3**.

7 : Gertrud (v. Haldensleben) als Mutter Hedwigs (v. Formbach)

Zur Filiation ist bes. die Sächs. Weltchronik cap. 237, MGH Dt. Chron. 2 S. 199, zu beachten. Dort heißt es bei der Darlegung der Ahnen Ks. Lothars III.: *En edele vorste, de was geheten Ezerd, gewan enen Diteriken; Dideric gewan Bernarde, de was vader Bennen; Benne gewan Diderike, den hertogen unde marcgreven, de was vader Bernardes; de wan marcgreven Bernarde; dese gewan marcgreven Willehelme unde greven Conrade unde ene dochter Odam unde enen Otten, des můder was van Ruzen. De marcgreve Willehelm ne hadde nene kindere … Greve Conrad gewan ene Gertrude, de nam to wive Frideric van Beieren van Vorenbach unde gewan van ere Hadewige; diu nam greven Geveharde van Suplingeburch; de gewan greven Ludere ere Lotharium; darna ward he hertoge, to jungest ward he keisere …* (Vgl. dazu bereits oben bei nr. **3**). Das ergibt folgende Ahnenreihe:

Ezerd

Dietrich

Bernhard

Benno

Markgraf Dietrich, (bezeugt zwischen 955 u. 985, † 985)

Markgraf Bernhard I., (bezeugt 1010–1018)

Markgraf Bernhard II. v. d. Nordmark, († zwischen 1044 u. 1051)

Markgraf Wilhelm († kinderlos 1056) | Graf Konrad | Oda | Otto

Gertrud ∞ Friedrich v. Formbach

Hedwig ∞ Graf Gebhard v. Süpplingenburg

Kaiser Lothar III.

Die Angaben der wohl eher um 1229 als zwischen 1260–1275 entstandenen Sächs. Weltchronik (E. SCHUBERT, Sächs. Weltchronik S. 1242) sind – nach einer Vermutung des Herausgebers (S. 32) – einem verlorenen älteren Chronicon S. Michaelis Luneburgensis maius entnommen. Zu den in Klammern der Ahnenreihe beigefügten Bezeugungszeiten vgl. R. SCHÖLKOPF, Sächs. Grafen S. 93–98.

Die jüngeren Teile dieser Ahnenreihe werden insofern etwas abgesichert, als die Ann. Magdeburg. ad 1116, MGH SS 16 S. 182, berichten: *Gertrudis duxtrix obiit, avia Lotharii imperatoris*, und in der C(h)ronica ducum de Brunswick cap. 11, MGH Dt. Chron. 2 S. 581, sowie im Chronicae principum Brunsvic. fragmentum cap. 4, MGH SS 30/1 S. 23, gleichlautend steht, daß auf Lothar III. *devoluta est tota hereditas nobilium de Haldesleve morientibus Bernardo comite et filio eius Bernardo, qui primo conventum canonicorum in Luttere fundaverunt.* – Die Benennung des Geschlechtes, aus dem Gertrud hervorging, nach „Haldensleben" findet man auch in der Braunschweiger

Reimchronik aus dem ausgehenden 13. Jh.; MGH Dt. Chron. 2 S. 486, zum Erbe Lothars: *Haldesleve dhe graphscaph / im eyn angevelle gaph, / dhe greven Bernartes was / von Haldesleve, als ich las, / unde sines sones.*

Wann Gertrud geboren wurde, ist nicht zu ermitteln. Ihr Todesjahr (1116; Ann. Magdeburg., MGH SS 16 S. 182) und ihre 1. Verehelichung (um 1050) legen eine Geburtszeit um 1030/35 nahe.

Nach dem Tode ihres Gemahls Friedrich v. Formbach ging Gertrud eine 2. Ehe ein mit dem Hzg. Ordulf v. Sachsen († 28. III. 1072); vgl. G. ALTHOFF, Adels- u. Königsfamilien S. 376f.; R. BORK, Billunger S. 148ff. Aus dieser Verbindung ist noch ein früh verstorbener Sohn Bernhard hervorgegangen, über dessen Geburts- und Todeszeit allerdings nichts Näheres bekannt ist; vgl. G. ALTHOFF, a.a.O. S. 380; R. BORK, a.a.O. S. 161 mit Anm. 6.

Über das oben (aus den Ann. Magdeburg.) nachgewiesene Todesjahr 1116 hinaus teilt K. TROTTER, Grafen v. Lambach, in: O. DUNGERN, Geneal. Handbuch S. 43, mit: „Gertrud ... starb am 21. II. 1116“. Dies beruht ganz offensichtlich auf der Fußnote 78 zur Ausgabe des Annalista Saxo in MGH SS 6 S. 754, wo es zur Angabe ad 1116: *Gertrudis ductrix, avia Liuderi ducis, obiit* heißt: „Die 21. Febr., Wedekind Noten II, p. 95“. Bei A. Chr. WEDEKIND, Noten zu einigen Geschichtsschreibern III S. 14, findet man zum 21. II. u.a.: *Gera com(itissa)*, was als Kurzform von Gertrudis comitissa aufgefaßt ist. Doch ist hier augenscheinlich ein *v* als *r* verlesen und die am 21. II. 1030 verstorbene Otgiva (Kurzform *Geva*), Gemahlin Gf. Balduins IV. v. Flandern, gemeint; vgl. dazu G. ALTHOFF, Adels- u. Königsfamilien S. 390; auch oben bei **XXX : Ksn. Mathilde** nr. **21**.

Zur Kennzeichnung Gertruds als *neptis regis* (vgl. bei nr. **6**) vgl. die Erklärungsversuche bei nr. **15** Abschnitt B) und bei nr. **57**.

Um Gertrud gibt es indessen ein weiteres Problem: H.C. FAUSSNER, Rechtsgrundlagen des passiven Königswahlrechtes S. 144–147, verwirft – um seine Prämisse von der notwendigen Voraussetzung einer blutsmäßigen Abstammung aller Königskandidaten im mittelalterlichen Deutschen Reich von Kg. Heinrich I. zu erweisen – die Aussage der Sächs. Weltchonik cap. 237 über die Herkunft Hedwigs aus der ersten Ehe Gertruds (v. Haldensleben) mit Gf. Friedrich v. Formbach als etwas „Unrichtiges“. Um in „rechtsgeschichtlicher Beweisführung“ die für die Königskandidatur Lothars III. postulierte „geblütsmäßige Voraussetzung“ (S. 144) zu schaffen, wird von ihm ein „genealogisches Durcheinander“ in dem (der Recension A und B zugehörenden) cap. 237 vorausgesetzt und gefolgert (S. 146), „daß Lothars Mutter entgegen der Sächsischen Weltchronik nicht eine Tochter aus der Erstehe Gertruds mit Graf Friedrich, sondern aus deren Zweitehe mit Herzog Ordulf war". Vgl. auch DERS., Thronerhebung des dt. Königs S. 60 (Stammtafel). – Hiergegen spricht aber nicht nur, daß die Verwerfung der Nachricht der Sächs. Weltchronik cap. 237 „willkürlich" erfolgt (so W. PETKE, Regesten Lothars S. 4 nr. 1), sondern auch die in Faußners These entstehende Nahehe 3:3 Hzg. Heinrichs d. Stolzen und Gertruds v. Süpplingenburg:

Wulfhild ∞ Hzg. Ordulf/Otto ∞ Gertrud v. Haldensleben

Hzg. Magnus — Hedwig ∞ Gf. Gebhard v. Süpplingenburg

Hzg. Heinrich d. Schw. ∞ Wulfhild — Ks. Lothar III.

Hzg. Heinrich d. St. ∞ Gertrud

Eine solche Nahehe war damals verboten und wäre von den politischen Gegnern beanstandet worden, was aber ganz offensichtlich nicht geschah und wohl eben nicht möglich war. – Widerlegt wird Faußners These vor allem aber auch durch Ks. Lothars III. Bestätigungsdiplom für die Abtei Formbach vom 14. III. 1136 (MGH D Lo III 83), in dem Lothar Formbach zu jenen *ecclesias et claustra* zählte, *quae a parentibus nostris fundata sunt, in quibus cottidie nostri et ipsorum aput deum memoria fit.* Diese Formulierung wäre bei einer Abstammung Lothars III. nicht von Gf. Friedrich, sondern von Hzg. Ordulf, nicht möglich gewesen.

8 : Gf. Liutger als vermutlicher Vater Gf. Bernhards (v. Harzgau)

Da Ks. Heinrich III. am 17. I. 1052 der Halberstädter Kirche nicht nur den bei nr. **4** erwähnten Komitat Bernhards im Harz-, Derlin- und zum Teil im Nordthüring- und Balsamgau überließ, was dann Heinrich IV. am 7. VIII. 1063 bestätigte, sondern auch den Komitat eines Grafen *Lutherus in pago Nordthuringon et in pago Derlingon* (MGH D H III 280), den Heinrich IV. am 7. VIII. 1063 in die gleiche Bestätigung einschloß (MGH D H IV 108), und da beide Herrschaftsbereiche benachbart sind, schloß H.W. VOGT, Herzogtum Lothars S. 138, auf die engere Zusammengehörigkeit der beiden Grafen Bernhard und Luther. Letzterer ist mehrfach zwischen 1049 und 1063 bezeugt (ebd. S. 138 Anm. 9; vgl. auch H. STOOB, Sächs. Herzogswahl S. 503 Anm. 24). Und da im Herrschaftsbereich beider Grafen früher – zwischen 1013 und 1031 – ein Gf. Liutger auftritt (ebd. S. 138 Anm. 10), liegt es nahe, mit Vogt auch anzunehmen, daß Gf. Liutger der Vater der beiden Grafen Bernhard und Luther war.

Daß Liutger „möglicherweise auf dem Wendenzuge 1033 gefallen" ist, vermutet H. STOOB, Sächs. Herzogswahl S. 503 Anm. 24, auf der Basis der Ann. Hildesheim. ad 1033, MGH SS rer. Germ. S. 37f.: *Eodem etiam anno ad castellum Wirbine* (= Werben a. d. Elbe) *Liudgerus comes et Thiedof et Wolveradus cum aliis 40 occisi sunt.* Doch ist die Identifizierung unsicher; vgl. dazu bereits H. BRESSLAU, Jahrb. Konrads II., Bd. 2 S. 95 Anm. 6.

9 : Vermutung zu Mutter Gf. Bernhards (i. Harzgau)

Da sich für Gf. Bernhard mit gutem Grund ein Luther/Liuthar als Bruder erschließen läßt (vgl. bei nr. **8**), meint R. WENSKUS, Sächs. Stammesadel S. 208 Anm. 1846, daß „wahrscheinlich über die uns unbekannte Mutter Bernhards", also über Gf. Liutgers Gemahlin NN, dieser Name, der im Walbecker Haus gängig ist, in diese Familie gelangte. Präzises ist nicht ermittelbar.

10 : Gf. Gebhard (v. Querfurt) als Vater Idas (v. Querfurt)

Die Quellen zur Abstammung Idas von Gf. Gebhard (v. Querfurt) sind bei nr. **5** zitiert.

Zur Geburtszeit Gf. Gebhards läßt sich – mit F. CURSCHMANN, Zwei Ahnentafeln S. 73 – folgende Überlegung anstellen: Der in der Fundacio v. Querfurt als zweiter Sohn Gf. Bruns genannte Gebhard dürfte – da das Elternpaar eine größere Kinderzahl hatte – nicht lange nach der um 974 anzusetzenden Geburt seines als Märtyrer verehrten Bruders Brun liegen. (975 ist das Geburtsjahr Bisch. Thietmars v. Merseburg [vgl. dessen Chron. lib. III cap. 6, MGH SS rer. Germ. NS 9 S. 104], und Brun war Thietmars *contemporalis et conscolasticus* [ebd. lib. VI cap. 54, S. 386]). Und hat Brun 1004 die Bischofsweihe empfangen und war er dabei – entsprechend den kanonischen Regeln – 30 Jahre alt, so müßte er 974 geboren sein; Gebhard wird also um 975/76 zur Welt gekommen sein.

Über Gebhards Gemahlin und über seine Todeszeit ist nichts bekannt.

12 / 13 : Gf. Tiemo I. (v. Formbach) und NN als Eltern Gf. Friedrichs (v. Formbach)

Zur Abstammung Gf. Friedrichs vgl. die Genealogia comitum Neuburg. sive Formbac. bei nr. **6** und bereits bei **XXVI : Kgn. Sophie** nr. **4**. Dort auch schon das Ermittelbare zu Tiemos I. Lebensdaten und bei **XXVI : Sophie** nr. **5** die Zurückweisung einer Vermutung hinsichtlich der Gemahlin Tiemos.

14 : Gf. Konrad als Vater Gertruds (v. Haldensleben)

Den Filiationsbeleg liefert die Sächs. Weltchronik cap. 237; vgl. bei nr. **7**. – Über Konrad ist nichts Näheres bekannt. Er muß vor seinem am 10. IX. 1056 (vgl. E. STEINDORFF, Jahrb. Heinrichs III., Bd. 2 S. 352) kinderlos beim Kampf gegen die slawischen Liutizen gefallenen (älteren) Bruder Wilhelm, Markgraf der sächsischen Nordmark, verstorben sein. Denn Lampert v. Hersfeld, Annales ad 1057, MGH SS rer. Germ. S. 71, berichtet, daß Otto, ein Halbbruder Wilhelms (von einer slawischen Mutter), als er vom Tod Wilhelms erfuhr, aus seinem böhmischen Verbannungsort *magna spe obtinendae hereditatis* nach Sachsen zurückkehrte und dort *non modo marcham, quae sibi iure hereditario competeret*, zu erhalten suchte, sondern im sächsischen Adel sogar Anhänger zur Gewinnung der Königsherrschaft zu finden trachtete. Otto, der 1057 bei diesen Versuchen den Tod fand, hätte keine Erbansprüche stellen können, wäre damals Wilhelms Vollbruder Konrad noch am Leben gewesen; so bereits F. CURSCHMANN, Zwei Ahnentafeln S. 74.

15 : Vermutungen zur Gemahlin Gf. Konrads (v. Haldensleben)

Die Angabe der Genealogia comitum Neuburg. sive Formbac. (vgl. bei nr. **6**), daß Gertrud (nr. **7**) eine *neptis regis* (Heinrichs III.) gewesen sei, wurde mehrmals dazu genutzt, die Mutter Gertruds bzw. Gemahlin Gf. Konrads in der Königsverwandtschaft zu suchen.

A) O. Frh. v. DUNGERN, Thronfolgerecht S. 93, hat die Vermutung vorgetragen, daß Gf. Konrads Gemahlin eine Tochter Gf. Hermanns II. v. Werl gewesen sein könnte. Da dieser als Bruder der Ksn. Gisela

(Mutter Ks. Heinrichs III.) angesehen wird, wäre in einem solchen Falle Gf. Konrads Gemahlin tatsächlich eine Cousine 1. Grades Ks. Heinrichs III. gewesen. Doch ist hierbei für Ksn. Gisela und Gf. Hermann II. v. Werl der Gf. Hermann I. v. Werl als Vater vorausgesetzt, was nicht zutrifft. Gisela war eine Tochter Hzg. Hermanns II. v. Schwaben; vgl. bei **XV : Ksn. Gisela** nr. **2**. Diese Hypothese ist also zu verwerfen.

B) A. WOLF, Königskandidatur S. 109, meint: „Die Bezeichnung *neptis regis* für Ks. Lothars III. Großmutter Gertrud v. Haldensleben wird am ehesten so zu deuten sein, daß diese eine Enkelin Liudolfs v. Braunschweig und damit tatsächlich eine Nichte Ks. Heinrichs III. war". Denn Liudolf v. Braunschweig ist ja doch als erstehelicher Sohn der Ksn. Gisela gut bezeugt; vgl. E. HLAWITSCHKA, Untersuchungen zu den Thronwechseln S. 127f. So ergäbe sich folgendes Verwandtschaftsbild:

Gf. Brun v. Braunschweig ∞^1 Gisela $^3\infty$ Ks. Konrad II.

Gf. Liudolf Ks. Heinrich III.

Gf. Konrad (v. Haldensleben) ∞ NN

Gertrud (v. Haldensleben)

Diese Erklärungsweise hatte vorher schon E. KLEBEL, Alemannischer Hochadel S. 237f. und Tafel II nach S. 243, für möglich gehalten. Dies erwägend auch H. STOOB, Sächs. Herzogswahl S. 508 Anm. 51; zurückhaltend aber dann DERS., Königswahl Lothars S. 460. – Wolfs Hypothese ist aufgegriffen von G. PISCHKE, Brunonen u. Welfen S. 16f.; auch D.C. JACKMAN, Greco-Roman Onomastic Fund S. 23 und S. 50 (Tafel 9). – Drei Argumente sprechen indessen gegen diese Sicht:

1) In dieser Rekonstruktion müßte Ks. Lothar in Richenza v. Northeim eine Verwandte im kirchlich verbotenen Gradverhältnis 3:4 geheiratet haben, was nicht zu einem Kirchenreformanhänger wie Lothar paßt. Ihre Ehe würde sich folgendermaßen darbieten, (wobei die Vorfahren Richenzas bei **XXXII : Ksn. Richenza** nachgewiesen sind):

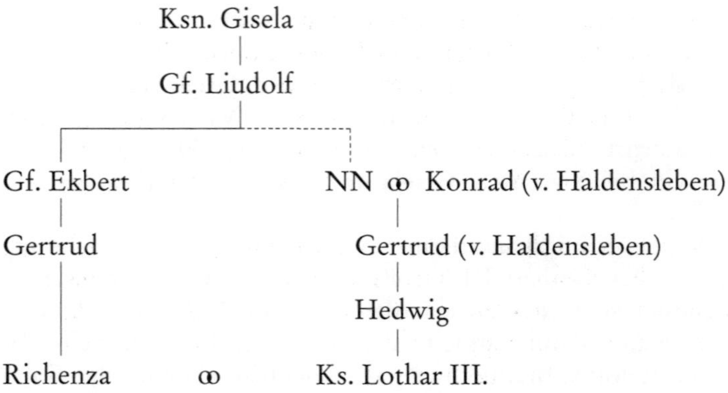

Eine solche Nahehe wäre durch Lothars III. Gegner anfechtbar gewesen; doch ist über eine solche Eheanfechtung wegen zu naher Verwandtschaft der beiden Partner nichts bekannt. Daß Nahehen damals angegriffen wurden, zeigt die in der Sächs. Weltchronik cap. 237, MGH Dt. Chron. 2 S. 199, überlieferte Nachricht, daß Lothars Eltern beschuldigt wurden, zu nahe miteinander verwandt zu sein: *Darna worden se wrocht an dem senede to Halverstat, dat se sibbe weren*; vgl. bei nr. **3**.

2) Bei Sigebert v. Gembloux, Chron. – Continuatio Gemblacensis –, MGH SS 6 S. 386, liest man, daß die deutschen Großen es nach dem Tode Ks. Lothars nicht länger ertrugen, von einem nicht der *stirps regia* Angehörenden beherrscht zu werden, und daß sie sich deshalb den königsblütigen Konrad, den Neffen Ks. Heinrichs V., zum König setzten: *Post mortem regis Lotharii, non ferentes principes Teutonici regni, aliquem extraneum a stirpe regia sibi dominari, regem constituerunt sibi Cunradum, virum regii generis. Erat quippe ex sorore nepos Heinrici quinti regis.* Das spricht gegen eine Herkunft Lothars III. aus der Königsverwandtschaft. – Desgleichen sagen die Gesta Ludovici VII regis, ed. A. DUCHESNE, Hist. Franc. Script. IV S. 390f., daß Ks. Heinrich V. *sine haerede legitimo* verstarb, daß *Fredericus Dux Alemanniae nepos praedicti Henrici Imperatoris volebat sibi Imperium quasi iure haereditario vendicare*, daß aber von einem Großteil der Großen des Reiches *Lotharius ... ad regendum Imperium electus fuerat, quod sibi nec iure haereditario nec aliqua successione generis attingebat;* (Nachdruck bei W. BÖHME, Königserhebung II S. 18f.). Und auch in der Historia gloriosi regis Ludovici, ed. ebd. IV S. 412, bzw. ed. A. MOLINIER S. 148, wird betont, daß *Lotha-*

rius … regnum Alemannorum nullo hereditatis iure sortitus strenue amministravit. Daß Lothar auf nähere oder fernere Vorfahren aus königlichem Geblüt bzw. als Königsverwandte verweisen konnte, dürfte deshalb abwegig sein.

3) Dem entspricht, daß Ks. Lothar III. in seinen Urkunden seine ottonischen und salischen Amtsvorgänger, deren Diplome er bestätigte und deren Verfügungen er guthieß, jeweils nur als *antecessores* oder *praedecessores* bezeichnete, sie aber niemals *consanguinei* o.ä. nannte. Die Verwandtschaft Gertruds v. Haldensleben mit Ks. Heinrich III. wird somit wohl in anderer, jedenfalls in wesentlich fernerer und den Zeitgenossen nicht mehr bewußter und bislang noch nicht aufgedeckter Weise bestanden haben.

C) Schließlich wurde in Betracht gezogen, die ungenannte Gemahlin Gf. Konrads v. Haldensleben unter den Nachkommen der Ezzonen / Hezeliniden zu suchen. Es läßt sich ja doch auf eine Nachricht bei Alberich v. Troisfontaines, Chron. ad 1037, MGH SS 23 S. 785, verweisen, in der es heißt, daß der aus der Ezzonenfamilie hervorgegangene Erzbisch. Hermann v. Köln (1036–1056) *habuit fratres Ludolphum et Ottonem ducem Suevie, de cuius linea descendit ille Lotharius dux Saxonum, qui fuit imperator tempore secundi Innocentii pape.* Während einige Historiker meinten, Alberich habe sich geirrt und nicht Lothar selbst, sondern seine Gemahlin Richenza gemeint, die demnach von Hzg. Otto v. Schwaben (1045–1047) abstammen soll – vgl. hierzu bei **XXXII : Ksn. Richenza** nr. **10 / 11** – , argumentierte A. Hofmeister, Studien zu Theophanu S. 260 Anm. 1, grundsätzlicher: Für eine Abstammung Ks. Lothars von Hzg. Otto v. Schwaben seien „schon die zeitlichen Schwierigkeiten fast unüberwindlich, da hier frühestens eine der vier unbekannten Urgroßmütter Lothars als Tochter Ottos in Frage käme. Am ersten wäre das vielleicht bei der mütterlichen Großmutter von Lothars Mutter [also nr. **15**] nicht von vornherein absolut unmöglich. Lothars Mutter Hedwig von Formbach [= nr. **3**] war das einzige und offenbar bald geborene Kind ihrer Eltern …, sie braucht, da Lothar ihr erstes Kind und wohl in der 1. Hälfte 1075 geboren war, theoretisch selber nicht vor 1055/60 geboren zu sein, deren Mutter Gertrud [= nr. **7**], Tochter des sächsischen Grafen Konrad [= nr. **14**], also – wieder rein theoretisch – nicht vor rund 1040 (allenfalls sogar noch etwas später) und deren unbekannte Mutter [= nr. **15**] wieder – ebenfalls nur theoretisch – nicht vor 1020/25 (oder noch etwas später): diese letzte könnte also rein rechnungsmäßig vielleicht allenfalls eine Tochter [Hzg.] Ottos sein, wenn dessen Geburt – was an sich unter Umständen nicht ganz ausgeschlossen ist – um 1000 oder ein wenig früher liegen sollte". Hofmeister sagte schon selbst, daß man dieser Sicht „eine, wenn auch nur geringe, Wahrscheinlichkeit ... nicht zumessen" sollte. „Man wird also diesen Weg nicht übersehen, aber doch Bedenken tragen, ihn zu betreten". – Die Vorsicht Hofmeisters war gewiß berechtigt. Spricht doch gegen eine solche bedenkbare Sicht, daß Hzg. Otto v. Schwaben überhaupt keine Kinder gehabt zu haben scheint. Bereits U. LEWALD, Ezzonen S. 143, betonte: „Nachkommen hat der Herzog jedenfalls nicht gehabt, sonst hätte er die Nutznießung seines *praedium* Brauweiler nicht seiner Schwester Richeza [= Witwe Kg. Mieszkos II. v. Polen] übertragen, um dann später diesen Besitz zu seinem Seelenheil und dem seiner Eltern – andere Familienangehörige werden nicht genannt – dem Hauskloster zu übereignen". (Vgl. dazu E. WISPLINGHOFF, Rhein. UB, Ältere Urkunden I S. 135ff. nr. 95). Auch erhält keine gemutmaßte Tochter Hzg. Ottos dessen Stammburg Tomburg (sw. Bonn), nachdem er 1047 auf dieser plötzlich verstorben war, sondern sein Bruder Erzbisch. Hermann v. Köln, der diese Burg an seine Kölner Kirche übertrug und sich dies 1052 vom Papst bestätigen ließ. (Vgl. H. WOLTER, Privileg Leos IX. S. 114: ... *corroboramus ecclesiae praedia, quae ipse dedisti, videlicet monasterium Brunwilare et castrum nomine Tomburg cum omnis suis pertinentiis).* Daraus hat bereits H. KLUGER, Propter claritatem S. 253, zurecht den Schluß gezogen, daß Erzbisch. Hermann „Alleinerbe" Hzg. Ottos war, Kinder seines Bruders Otto also nicht vorhanden waren. Die Kinderlosigkeit Hzg. Ottos geht zudem – was man bislang noch nicht beachtet hat – aus einer Würzburger Urkunde hervor: *felicis memorie dux Oddo et soror eius Richeza alios heredes non habentes* (Richezas Sohn Kasimir I. v. Polen hatte auf sein mütterliches Erbe verzichtet, um die 1034 verlorene väterliche Machtstellung in Polen wiedergewinnen zu können; vgl. U. LEWALD, Ezzonen S. 145f.) ... *omnia predia sua in Salze ... tradiderunt ecclesie sancti Kyliani martiris in Wirceburc*; (Mon. Boica 37 S. 40f. nr. 78; vgl. dazu E. HLAWITSCHKA, Königin Richeza S. 241ff.). Auch die genealogischen Tafeln in verschiedenen Prümer, Steinfelder etc. Codices verzeichnen für den *dux Otto*, Sohn von Ks. Ottos II. Tochter Mathilde, keine Kinder; vgl. die Tafel 3 b bei K. SCHMID, Verlorenes Stemma Abb. III; außerdem MGH SS 3 S. 215; MGH SS 6 S. 32; N. GÄDEKE, Zeugnisse bildl. Darstellung Tafeln 1, 3, 4, 5, 7, 8. Einen die Kinderlosigkeit, ja das Unverheiratetsein Hzg. Ottos bestätigenden Hinweis liefert schließlich auch noch indirekt sein Brauweiler Epitaph (ed. H.E. STIENE, Carmina Brauweilerensia S. 43, auch Fundatio mon. Brunwilar. cap. 28, ed. H. PABST S. 181), indem es in diesem heißt, daß „die Blüte der glanzvollen Ottonenkönige, denen die Kaiserwürde auf Erden zufiel, herabgefallen ist, daß diese Blüte den edlen Namen Otto trug, seine Mutter Mathilde war und sein Vater Ezzo. Als Herzog der Schwaben sterbend, beweinen sie ihn jetzt. Gott vergelte ihm den Tod mit einem besseren Leben" (... *Heu! ruit Ottonum flos regum magnificorum, / Imperiale quibus cessit in orbe decus. / Flos hic eorundem tulit Otto nobile nomen: Cui Mathilt mater, cui fuit Ezo pater. / Dux qui Sueuorum moriens fit planctus eorum! / Sed de morte, Deus, hunc repara melius!*). Die (längst verstorbenen) Eltern beweinen ihn, nicht aber Frau und Kinder! – Zur Kinderlosigkeit Hzg. Ottos v. Schwaben vgl. bereits E. HLAWITSCHKA, Verwandtenehe Hermanns v. Salm S. 39f.

Nachgetragen sei, daß – ausgehend von E. KIMPEN, Ezzonen u. Hezeliniden S. 30, 39, 84–89 – dem Hzg. Otto v. Schwaben immer wieder weibliche Nachkommenschaft zugeschrieben wird: so bei E. MASCHKE, Geschlecht der Staufer S. 15; R.G. HUCKE, Grafen v. Stade S. 31, 60f.; K.-H. LANGE, Grafen v. Northeim S. 10; P. LEIDINGER, Untersuchungen zu Grafen v. Werl S. 117; H. JAKOBS, Adel in der Klosterreform S. 191 Anm. 13; G. WOLF, Könige u. Kaiser S. 192–196; DERS., Wer war Ks. Friedrich I. S. 80; H. v. HINDTE, Otto v. Northeim, in LexMA VI Sp. 1578; usw.

16 : Vermutungen zur Herkunft des Grafen Liutger

Über die Identifizierung und die Abstammung Gf. Liutgers besteht in der Forschung bisher keine Einigkeit.

A) H.W. VOGT, Herzogtum Lothars S. 138–142, vertritt die Auffassung, Liutger sei mit jenem *Liudgero, Arnulfi presulis* (v. Halberstadt) *militi*, identisch, dem Ks. Otto III. den Komitat des abgesetzten Grafen Richbert verliehen hatte, was aber Heinrich II. 1002 nach einer Intervention Mgf. Liuthars (v. Walbeck), d.h. des Onkels Bisch. Thietmars v. Merseburg, wieder zugunsten Richberts rückgängig machte; vgl. Thietmar v. Merseburg, Chron. lib. V cap. 3, MGH SS rer. Germ. NS 9 S. 222: *Interim patruus meus* (= Mgf. Liuthar v.d. sächs. Nordmark) ... *profectus ad Bavanberg* (= Bamberg) *cum avunculo suo Ricberto, quem a comitatu suo imperator deposuit Liudgeroque, Arnulfi presulis militi, dedit ...* Und deshalb glaubt Vogt, daß „der *miles* Liudger einer der uns bekannten Grafenfamilien nicht angehört haben wird", also ein Aufsteiger war, dessen Ahnen unbekannt bleiben.

B) H. STOOB, Sächs. Herzogswahl S. 502 ff., hält diese von der *miles*-Bezeichnung ausgehende Interpretation für „weniger schlüssig". Hatten doch – nach Thietmar, Chron. lib. V cap. 18, S. 241 – *omnes* (= Große Sachsens), *qui priori imperatori* (= Otto III.) *servierant, Liudgero solo remanente,* 1002 in Merseburg gehuldigt, was Liutger immerhin als respektable, erwähnenswerte Persönlichkeit ausweist. Da sein 1013–1031 nachweisbarer Machtbereich im Harzgau, Derlingau und Nordthüringgau lag – also „um Walbeck herum, den Stammsitz der bekannten ostfälischen Grafenfamilie" – , möchte er die schon ältere Ansicht weiter offenhalten, daß nämlich Liutger den Walbecker Grafen zuzuzählen ist. Jene Auffassung wurde dargelegt bei G. BODE, Die Grafschaften und Grafen im Harzgau, im westlichen Nordthüringgau und östlichen Derlingau, Ms. im Staatsarchiv Wolfenbüttel (um 1900) S. 102 ff., 132 ff.; danach W. GROSSE, Lothar S. 87. Wäre nun – mit Bode und Grosse – Gf. Liutger als Walbecker und speziell als ein Bruder des 1014 ums Leben gekommenen Gf. Werner anzusehen, so ließen sich leicht die weiteren Vorfahren benennen. Abgelehnt wird indessen eine solche Einreihung Liutgers in die Walbecker Grafenfamilie von R. SCHÖLKOPF, Sächs. Grafen S. 89. Spricht doch auch das bei A zitierte distanzierte Verhalten Liuthars v. Walbeck gegenüber Gf. Liutger nicht für dessen Einreihung unter die Walbecker.

C) H. BRESSLAU, Jahrb. Konrads II., Bd. 2 S. 95, hatte früher schon Liutgers „Zugehörigkeit zum Haus der Billunger" erwogen. Er meinte: „Sollte er etwa der Sohn des aus Adam v. Bremen bekannten, 1011 gestorbenen gleichnamigen Grafen, des Bruders Herzog Bernhards I. von Sachsen, gewesen sein …?". (Adam v. Bremen, Gesta Hammaburg. eccl. pont. lib. II cap. 46, MGH SS rer. Germ. S. 106: *Anno archiepiscopi XXII. Benno dux Saxonum obiit, et Liudgerus, frater eius, qui cum uxore sua venerabili Emma Bremensi ecclesiae plurima fecerunt bona*). Dagegen spricht aber das Fehlen jeden weiteren Quellenhinweises auf einen solchen Sohn und desgleichen die Nichtexistenz einer billungischen Besitz- und Amtskontinuität im nordöstlichen Harzvorland. Eine solche genealogische These findet deshalb keinen Zuspruch; vgl. H.-J. FREYTAG, Herrschaft der Billunger S. 54 mit Karte; R. BORK, Billunger S. 95–100 (Familie Hzg. Bernhards I.), S. 105–109 (Familie Gf. Liutgers); H. STOOB, Sächs. Herzogswahl S. 504.

D) H. STOOB, Sächs. Herzogswahl S. 505, macht auf eine Passage der um 1195–1198 entstandenen Fundacio eccl. colleg. Quernfurtensis, ed. St. PÄTZOLD S. 140f., ed. H. LÖTZKE S. 283f., aufmerksam, in der es in cap. 4 heißt: *Hic* (= Gebhard, Bruder des 1009 umgekommenen Heidenmissionars Brun v. Querfurt) *inter ceteras, quas in diversis locis filias viris magnificis nuptui tradidit, cuidam principi de Brunswich unam desponsavit, que postea Luderi imperatoris avia facta fuit.* (Gemeint ist dabei Ida v. Querfurt, oben nr. **5**). Damit stimme die Behauptung der freilich viel späteren Braunschweiger Reimchronik (MGH Dt. Chron. 2 S. 491) über Ks. Lothars Abstammung überein: *her was eyn wurzele und eyn zvich, // dher edelen vrucht van Bruneswich.* Sonach müsse „zumindest die Möglichkeit überlegt werden, ob der oben behandelte, von Ks. Otto III. geförderte Gf. Liudger ein Sohn erster Ehe des brunonischen Prätendenten bei der umstrittenen Königswahl des Jahres 1002 gewesen sein könnte". Es geht hier um Gf. Brun, von dem bekannt ist, daß er der erste Gemahl der späteren Ksn. Gisela (Gemahlin Ks. Konrads II.) war. Vor Gisela „könnte er durchaus eine Walbekerin" zur Frau gehabt haben, „wodurch der Leitname Liudger in das brunonische Haus Eingang gefunden hätte". Aber zu einer 1. Ehe Gf. Bruns gibt es überhaupt kein Quellenzeugnis und auch sonst keinen Hinweis.

E) Der Gedankengang Stoobs ist auch bei A. WOLF, Königskandidatur S. 110ff., aufgeworfen, jedoch auch eine Abkunft Liutgers aus der Ehe Gf. Bruns mit Gisela selbst als „Möglichkeit" erwogen worden. Ähnlich auch DERS., Quasi hereditatem S. 101 Anm. 143 (= DERS., Königswahl Heinrichs II. S. 36 Anm. 143); danach ebenso G. PISCHKE, Brunonen u. Welfen S. 127. Es wird also folgende Herkunft Liutgers angenommen, um letztlich die Ottonenblütigkeit Lothars v. Süpplingenburg wahrscheinlich zu machen:

Gf. Brun v. Braunschweig ∞ Gisela, Tochter Hzg. Hermanns II. v. Schwaben

Gf. Liudolf Gf. Liutger

Diese Herleitung Liutgers von Brun v. Braunschweig und von der (über ihre Mutter Gerberga v. Burgund ottonenblütigen) Gisela hat zur Folge, daß – wie schon in Wolfs Vorschlag der Herleitung Gertruds (v. Haldensleben) von Brun und Gisela (vgl. bei nr. **15**) – Ks. Lothars III. Eltern, nämlich Gf. Gebhard v. Süpplingenburg und Hedwig v. Formbach, in einer Nahehe 3:4 gelebt haben müßten, was indessen in der damaligen Zeit verboten war:

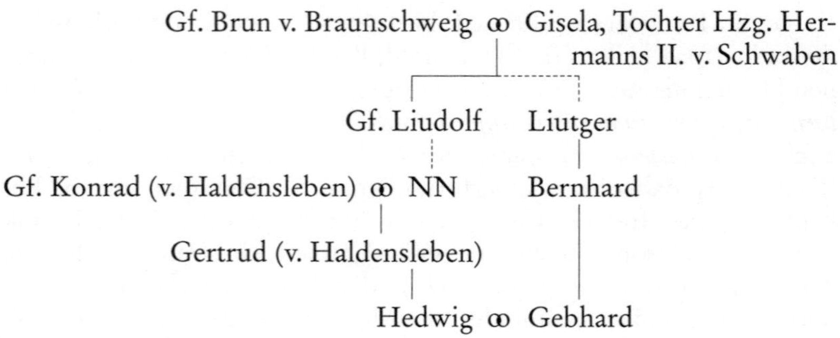

Hierfür ließe sich freilich als Bestätigung auf die Rec. C. der Sächs. Weltchronik (MGH Dt. Chron. 2 S. 199) verweisen, wo nachzulesen ist, daß die Ehe Gebhards und Hedwigs vor einem Halberstädter Synodalgericht angefochten worden ist, weil *se sibbe weren* (vgl. bereits bei nr. **3**). Zumal aber in dieser Konstruktion gleich zwei lediglich erschlossene Filiationen vorkommen, die beide nicht weiter abzusichern sind, ist Vorsicht geboten. Es müßten dann ja doch nicht nur Gf. Gebhard und Hedwig eine verbotene Verwandtenehe im Gradververhältnis 3:4 eingegangen sein, sondern es wäre daneben höchst auffällig, daß die Grafen Liutger, Bernhard und Gebhard trotz häufiger Nennung in den Diplomen Heinrichs III. und Heinrichs IV. nie als (Halb)bruder oder Neffe bzw. als *consanguineus* des Königs / Kaisers bezeichnet wurden. Auch die von Wolf (S. 111) zur Stützung einer königlichen Abstammung Ks. Lothars III. angeführte Stelle aus der Sächs. Weltchronik cap. 254 (MGH Dt. Chron. 2 S. 205), daß Lothar III. „der Erbe Ottos d. Gr." war, zeigt bei genauer Betrachtung eigentlich das Gegenteil. Zur Kennzeichnung Lothars III. heißt es dort nicht etwa, daß er aus königlichem Geblüt hervorging, sondern lediglich: *He was geboren van den edelesten Sassen. Sine edelicheit cirede he wol mit meniger vromicheit unde mit gůder dât. … Ime was recht lief, dat helt he vaste; he volgede wol mit dogenden sinen vorevaren Constantino, Karle dem groten unde Otten dem groten, des erve he was. He vorderede wol dat godesdienest …* Ganz abgesehen davon, daß im Vorschlag Wolfs Lothar gar nicht von Otto d. Gr., sondern (wegen der Abstammung der Mutter Giselas, Gerberga, von Mathilde v. Frkr., vgl. bei nr. **XV : Ksn. Gisela** nrn. **1, 3, 7, 15**) von dessen Schwester Gerberga abstammt, was ihm gar kein Erbe Ottos d.Gr. eingebracht haben kann, geht es hier lediglich um eine allgemeine Rühmung Lothars, die ihn in die Nachfolge der tugendreichen Vorgänger Konstantin d. Gr., Karl d. Gr. und Otto d. Gr. stellt. Hätte der Verfasser Lothar III. als Nachkomme im Königsgeblüt bezeichnen wollen, hätte schon der erste Satz anders gelautet! – So ist auch dieser Vorschlag, für Gf. Liutger die Ahnen zu ermitteln und dabei zugleich für Ks. Lothar III. ottonisch-salische Vorfahren aufzuzeigen, nicht überzeugend. Vgl. auch schon bei nr. **15** (Abschnitt B / 2 u. 3) die Argumente gegen eine Ottonenblütigkeit Lothars v. Süpplingenburg.

20 : Gf. Brun v. Querfurt als Vater Gf. Gebhards v. Querfurt

Die Belege zur Abstammung Gf. Gebhards v. Querfurt von Gf. Brun v. Querfurt sind bei nr. **5** vermerkt. Daß Gf. Brun/*Brotz* – wie es die Fundacio v. Querfurt angibt – *temporibus magni Ottonis imperatoris fuit*, kann nur auf seine Jugendjahre bezogen werden, da seine beiden Söhne Bisch. Brun und Gf. Gebhard bestenfalls um das Todesjahr Ottos d. Gr. (973) geboren wurden; vgl. bei nr. **10**.

Gf. Brun hat seinen gleichnamigen Sohn, der am 9. III. 1009 als Missionar bei noch heidnischen Slawen den Märtyrertod erlitt, überlebt; vgl. Thietmar v. Merseburg, Chron. lib. VI cap. 95, MGH SS rer. Germ. NS 9 S. 388: *Pater autem predicti antistitis longe post infirmatus et, ut ipse mihi narravit, precepto filii monachicum suscepit habitum et XIIII. Kal. Novembris* (= 19. Oktober) *in pace quievit.* Zum 19. X. wird im Merseburger Totenbuch *Brun conversus obiit* festgehalten; MGH Libri mem. et necrol. NS 2 Tafel 14; E. DÜMMLER, Das alte Merseburger Todtenbuch S. 243 u. 254, Sonderausgabe S. 21 u. 32. Das Jahr des Todes Gf. Bruns (v. Querfurt) steht nicht fest, lag aber – da Brun nach dem Tod seines Sohnes Bisch. Brun und vor dem Zeitpunkt der Niederschrift des Buches VI von Thietmars Chronik verstarb – zwischen 1009 und 1014. (Zur Abfassungszeit von lib. VI der Thietmar-Chronik vgl. die Einleitung zur oben zitierten MGH-Edition R. HOLTZMANNs S. XXIX).

Die prophylaktische Identifizierung Gf. Bruns, des Vaters Gf. Gebhards und des Ostmissionars Bisch. Brun, mit einem Abt Brun v. Lüneburg (vgl. Series abb. S. Michaelis Luneburg., MGH SS 13 S. 344) bei G. ALTHOFF, Adels- u. Königsfamilien S. 356 u. S. 418f., bleibt problematisch, obwohl auch für diesen ein 19. Oktober als Todestag überliefert ist, weil für ihn 994 als Todesjahr in Frage kommen dürfte; so auch D.C. JACKMAN, Greco-Roman Onomastic Fund S. 35 Anm. 145.

21 : Ida als Mutter Gf. Gebhards v. Querfurt

Als Mutter Gf. Gebhards v. Querfurt ist Ida nachgewiesen bei nr. **5**.

Idas Todestag war vielleicht ein 27. Mai. Unter diesem Datum ist im Merseburger Totenbuch *Obitus Ide comitissae* vermerkt; MGH Libri mem. et necrol. NS 2 Tafel 6, auch ed. E. DÜMMLER S. 234, Sonderausgabe S. 12. Die Identität mit der Mutter des Slawenmissionars ist jedoch nicht weiter zu sichern; vgl. G. ALTHOFF, Adels- u. Königsfamilien S. 399. Das Todesjahr Idas dürfte vor 1009 liegen, da ihr Gemahl nach dem Tode des in der Slawenmission umgekommenen Sohnes Mönchskonverse wurde (vgl. bei nr. **20**), was nur denkbar gewesen sein dürfte, wenn er schon Witwer war; so auch F. CURSCHMANN, Zwei Ahnentafeln S. 78.

24 : Gf. Berthold (v. Schweinachgau) als Vater Gf. Tiemos I. (v. Formbach)
→ **XXVI : Sophie** nr. **8**

28 : Mgf. Bernhard II. v. d. sächsischen Nordmark als Vater Gf. Konrads

Zum Filiationsnachweis aus der Sächs. Weltchronik cap. 237 vgl. bei nr. **7**.

Der bis 1044 bezeugte Mgf. Bernhard II. (MGH D H III 125 vom 16. IV. 1044) wird oftmals – indem man die späte Sächs. Weltchronik wegen ihres weiten Vorfahrenrückgriffs (vgl. bei nr. **7**) als unglaubwürdig ansieht – mit seinem von 1009 an als Markgrafen bezeugten Vater Bernhard I. zu einer Person vereint; vgl. etwa S. LÜPKE, Markgrafen S. 17f. u. S. 70 Anm. 134; S. HIRSCH, Jahrb. Heinrichs II., Bd. 3 S. 95 Anm. 1; R. SCHÖLKOPF, Sächs. Grafen S. 97f.; K.J. LEYSER, Rule and Conflict S. 118; W. PETKE, Haldensleben, in LexMA IV Sp. 1873: „Dietrichs Sohn Bernhard († 1044/45) wurde erst 1009 Markgraf"; usw. Doch übersehen alle diese Autoren – und auch schon F. CURSCHMANN, Zwei Ahnentafeln S. 79, der sich aber gegen die Vereinigung der Bezeugungen zu einem einzigen Markgrafen dieses Namens ausspricht – den Hinweis des Chronicae princ. Brunsvic. fragmentum cap. 4 und im C(h)ron. ducum de Brunswick cap. 11 (vgl. bei nr. **7**) auf Lothar III. als denjenigen, auf den *devoluta est tota hereditas nobilium de Haldesleve, morientibus Bernardo comite et filio eius Bernardo, qui primo conventum canonicarum in Luttere fun-*

daverunt, wodurch die beiden Bernharde (v. Haldensleben) gesichert sein dürften. Vgl. ebd. auch die Braunschweiger Reimchronik.

W. PETKE, Herzogserhebung Lothars S. 82, ordnet dem – nach seiner Meinung (s. o.) von 1009–1044/45 bezeugten – Mgf. Bernhard in Berücksichtigung der eben zitierten „Fragmentum-Nachricht" zwar einen gleichnamigen Sohn zu, der mit seinem Vater das Kanonissenstift Königslutter gegründet hätte, doch sagt er nichts weiter über diesen Sohn: „Die zwischen 1269 und 1277 entstandene Braunschweiger Fürstenchronik überliefert, daß es sich bei diesen Vorfahren [Ks. Lothars] um den Markgrafen Bernhard († 1044/1045) und dessen gleichnamigen Sohn aus dem Geschlecht derer von Haldensleben gehandelt hat". Da das cap. 237 der Sächs. Weltchronik (MGH Dt. Chron. 2 S. 199) nur die Abfolge Mgf. Dietrich – Bernhard (I.) – Bernhard (II.) – Mgf. Wilhelm mit Geschwistern Gf. Konrad und Oda und Halbbruder Otto (vgl. nr. **7** und auch bei nr. **29**) kennt, müßte der jüngere Bernhard nach 1044/45 verstorbenen sein. Soll man dessen Ableben auf den bei Lampert v. Hersfeld, Ann. ad 1057, MGH SS rer. Germ. S. 72, berichteten Tod eines namentlich ungenannt gebliebenen *Bernhardi comitis filius* 1057 im Kampf gegen die Brunonen Ekbert und Brun um das Erbe des Mgf. Wilhelm beziehen? Das ist indessen kaum möglich. Denn jenen Gefallenen bezeichnet Lampert einerseits als *egregium adolescentem, sed vixdum miliciae maturum*, also als einen wohl erst 15/16 Jahre zählenden Jüngling, der demnach erst um 1041/42 geboren war und kaum der Sohn eines schon von 1009 an aktiv als Markgraf in der Politik tätigen sowie 1044/45 gestorbenen Mannes gewesen sein dürfte; und andererseits nennt Lampert diesen Jüngling als einen Unterstützer der Ansprüche des erschlagenen slawisch-blütigen Otto, des Halbbruders Mgf. Wilhelms († 10. IX. 1056). Ein 1057 gefallener Sohn eines 1044/45 verstorbenen Gf. Bernhard, wäre aber ein legitimer Erbe Mgf. Wilhelms gewesen, da er ja dann dessen Bruder gewesen wäre, und er hätte – als Wilhelms Bruder – niemals den eben dieses Erbe beanspruchenden illegitimen Otto unterstützt. Bei Gf. Bernhard, dem Vater des 1057 gefallenen Jünglings, hat man also gewiß keinen Haldenslebener vor sich. So läßt sich auch diese Quellenstelle nicht zur Erklärung der beiden als Vater und Sohn sowie als Klostergründer von Königslutter im Chron. princ. Brunsvic. fragmentum bezeugten beiden Bernharde heranziehen und zur Entkräftung des Zeugnisses der Sächs. Weltchronik verwenden. Man hat somit von einem 1044/45 verstorbenen Mgf. Bernhard II. und einem Mgf. Bernhard I., der wahrscheinlich um 1025 verstarb, als des ersteren Vater auszugehen. – Bei W. PETKE, Lothar III., Stifter der Abtei Königslutter S. 13, hatte es – mit Verweis auf die C(h)ronica ducum de Brunswick cap. 11 und die Sächs. Weltchronik cap. 237 – noch geheißen: „Erzählenden Quellen des 13. Jahrhunderts gelten die Markgrafen der Nordmark Bernhard (I.) (1010–18) und dessen Sohn Bernhard (II.) († 1044/51) aus dem Hause der sogenannten Grafen von Haldensleben als Gründer". Warum er später den nach 1044 verstorbenen Mgf. Bernhard als Sohn des 985 verstorbenen Mgf. Dietrich bezeichnete (so LexMA VI, wie oben), ist nicht ersichtlich.

Die Todeszeit Bernhards II. liegt ganz sicher zwischen dem 16. VI. 1044 (MGH D H III 125) und dem 4. III. 1051. Denn an jenem zweitgenannten Tage griff Heinrich III. mit seinem Diplom D H III 264 das D H III 125 auf, wobei in der Gau- und Komitatsangabe der Ort Rodensleben nicht mehr *in pago Nordturingun et in comitatu Berenhardi marchionis* erscheint, sondern *in pago Nortduringun in comitatu Liutheri comitis.* 1051 amtierte also bereits sein Nachfolger. Da D H III 229 vom 2. I. 1049 den Ort Üplingen bereits *in pago Nortvringon in comitatu Liutharii comitis* bezeichnet, dürfte Bernhards II. nachweisliche Todeszeit wahrscheinlich sogar schon zwischen dem 16. IV. 1044 und dem 2. I. 1049 liegen. Die übliche Angabe „† 1044/45" weicht davon also nicht allzu weit ab. Wenn man sich W. METZ, Genealogisch-verfassungsgeschichtl. Probleme S. 106f., anschließt, der für den Todestag Mgf. Bernhards II. auf das ältere Nekrolog des Bamberger S. Michaelsklosters (ed. Ph. JAFFÉ, Bibl. rer. Germ. V S. 562) mit dem Eintrag *Bernhardus marchio obiit* bei 5. Id. Sept. verweist, dann war der 9. September sein Todestag.

29 : Vermutungen zur Gemahlin Mgf. Bernhards II. bzw. Mutter Gf. Konrads (v. Haldensleben)

Aus der Sächs. Weltchronik cap. 237, MGH Dt. Chron. 2 S. 199, geht lediglich hervor, daß Mgf. Bernhard II. als Kinder den 1056 nachkommenlos ums Leben gekommenen Markgrafen Wilhelm, den als Vater Gertruds (v. Haldensleben, nr. **7**) vermerkten Grafen Konrad (nr. **14**) und eine Tochter Oda hatte, dazu *enen Otten, des můder was van Ruzen.* Bei Lampert v. Hersfeld, Ann. ad 1057, MGH SS rer. Germ. S. 71, heißt es von letzterem: *Otto, frater Willehelmi marchionis, sed matrimonio impari, matre scilicet Sclavica, natus*; danach Annalista Saxo ad 1057, MGH SS 6, S. 692, neue Ed. MGH SS 37 S. 400: *matre scilicet Slavica.* Der aus einer unebenbürtigen (*impari*) Verbindung stammende Otto wird also eindeutig von den ehelichen Kindern abgesondert; vgl. auch bei nrn. **14** und **57**. Über die legitime Ehefrau Mgf. Bernhards II. und Mutter Gf. Konrads ist nichts überliefert. H. BÖTTGER, Brunonen, S. 382, bezeichnete sie – ohne triftigen Grund – als „dem Hause Orlamünde angehörig".

Hinweise von H. LUDAT, An Elbe u. Oder S. 142 Anm. 321, S. 144 Anm. 335, S. 146 Anm. 353, auf N. de BAUMGARTEN, Généalogies et mariages S. 7f. (auch DERS., Saint Vladimir S. 127 u. 129; DERS., Le dernier marriage S. 165–168) aufgreifend, hat A. WOLF, Königskandidatur S. 100–103, eine zweite normale „Ehe" Mgf. Bernhards II. etabliert, aus welcher der 1057 ums Leben gekommene „Otto v. Haldensleben" hervorgegangen sei. Er setzt „die Ehe Bernhards [II.] mit der russischen Prinzessin um 1035/40" an und läßt die „um 1015 geborene Russin aus der letzten, (nach dem Tode der um 1011 im Alter von 48 Jahren verstorbenen Anna Porphyrogeneta) um 1012 geschlossenen Ehe Vladimirs stammen". Quelle hierfür ist ihm die Genealogia Welforum cap. 4 (ed. E. KÖNIG, Historia Welforum S. 76), wo es vom Grafen Cuno v. Öhningen heißt, er habe mit einer Tochter Ks. Ottos d. Gr. vier Söhne und vier Töchter gezeugt, von denen die *tertia regi Rugorum … nupsit.* Mgf. Bernhard II. v. Haldensleben bzw. v. d. Sächs. Nordmark werde eine Tochter Großfürst Wladimirs d. Hl. v. Kiew mit NN, einer um 1012 in die Ehe geführten Tochter Hzg. Konrads v. Schwaben (als solcher ist Gf. Cuno v. Öhningen identifizierbar; vgl. E. HLAWITSCHKA, Untersuchungen zu den Thronwechseln S. 43–78, 111–176) geheiratet haben und mit dieser Dame den 1057 umgekommenen Otto v. Haldensleben gezeugt haben. Es konnte aber gezeigt werden – vgl. E. HLAWITSCHKA, Untersuchungen zu den Thronwechseln S. 68, 171–175; DERS., Konradiner-Genealogie S. 29f. – , daß das um 1125/26 entstandene cap. 4 der Genealogia Welforum (S. 76) und das auf ihm beruhende cap. 6 der Historia Welforum (S. 12) keine verläßliche Grundlage für die 100 Jahre und noch mehr älteren genealogischen Verbindungen bei den Welfen darstellen und daß der Genealogie-Verfasser nur unklare Vorstellungen solcher Verbindungen hatte. Was den angegebenen Eheschluß einer Cuno-Tochter mit einem *rex Rugorum* betrifft, spiegelt dieser offensichtlich erst die Erörterungen um Ida v. Elsdorf, deren Tochter mit einem russischen Großfürsten, Swjatoslav II., vermählt war, am Welfenhofe wider; vgl. E. HLAWITSCHKA, Untersuchungen zu den Thronwechseln S. 173. Damit ist der Hypothese Wolfs der Boden entzogen. Ganz abgesehen davon hätte eine zweite Ehe Bernhards II.

mit einer russischen „Prinzessin“ niemals als *matrimonium impar* (s. oben) gelten können, und einem Sproß dieser Ehe hätte niemals die ihm zustehende *hereditas* verweigert werden können; vgl. bei nr. **14**.

40 : Brun (?) als vermuteter Vater Gf. Bruns v. Querfurt

Thietmar v. Merseburg, Chron. lib. VI cap. 94, MGH SS rer. Germ. NS 9 S. 386, gibt bei seiner Charakterisierung des 1009 ums Leben gekommenen Slawenmissionars Brun v. Querfurt an: *Huius pater erat Brun, senior egregius et per cuncta laudabilis; amicus mihi consanguinitate et omnibus erat proximus familiaritate.* Diese „nahe Blutsverwandtschaft“ Thietmars mit Gf. Brun v. Querfurt „ließe sich am ehesten über seine (= Thietmars) Großmutter Mathilde erklären“; so R. Schölkopf, Sächs. Grafen S. 89. Bereits R. Holtzmann hat in der Einleitung zu seiner oben zitierten Thietmar-Ausgabe S. VIII-X hierfür die Grundlage geliefert: „Der Vater von Mathilde hieß [dann] Bruno, wenn nämlich ihre [= Mathildes] Schwester Emnilde (vgl. Thietmar IV cap. 16, S. 150) mit der *Emnild filia Brunonis,* deren Tod die Ann. Quedlinburg. zu 991 buchen (MGH SS 3 S. 68 [neue Ed. von M. Giese S. 479]) und die also wohl eine Quedlinburger Nonne war, identisch ist. Dieser Bruno ist schwerlich der 978 gestorbene Graf von Arneburg (Thietmar, Chron. lib. III cap. 8, S. 106) ..., dagegen vielleicht der Vater (Graf) Bruns v. Querfurt, eines Blutsverwandten Thietmars, dessen gleichnamiger Sohn als Missions-Erzbischof, Heiliger und Märtyrer († 1009) berühmt ist. Dann hätten Mathilde und Emnilde, von denen Thietmar lib. V cap. 3 (S. 222) einen Bruder Ricbert nennt, noch einen zweiten ... Bruder gehabt, den edlen Herrn Brun v. Querfurt, der von seiner Gemahlin Ida (lib. VI cap. 94, S. 386) vier Söhne hatte ...“. R. Holtzmann (S. X) spricht sich also für folgende Zusammenhänge in Thietmars Vorfahrenschaft aus:

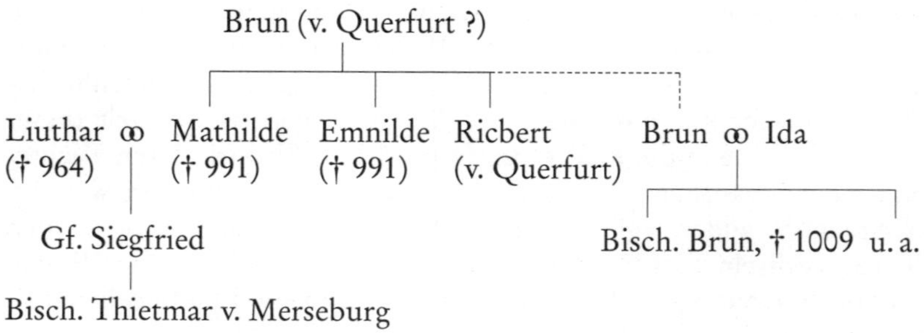

Diese Sicht wird u.a. akzeptiert von R. SCHÖLKOPF, Sächs. Grafen S. 87ff. Die von R. Holtzmann zurückgewiesene Ansicht, daß es sich bei Bruno, dem Vater der Emnilde, um den am 30. XI. 978 beim Frankreichfeldzug Ks. Ottos II. verstorbenen Gf. Bruno v. Arneburg (Thietmar, Chron. lib. III cap. 8, MGH SS rer. Germ. NS 9 S. 106) handeln könnte, war u.a. vertreten worden von S. HIRSCH, Jahrb. Heinrichs II., Bd. 1 S. 456. Sie wurde neuerdings wieder aufgegriffen von D.C. JACKMAN, Greco-Roman Onomastic Fund S. 35f. u. S. 56 (Tafel 15). Dort wird zudem über die Mutter Brunos v. Arneburg eine genealogische Verbindung zu Ks. Ludwig d. Bl. v. d. Provence konstruiert, die indes in keiner Weise überzeugen kann, was hier nicht weiter darzulegen ist.

41 : Vermutungen zur Mutter Gf. Bruns v. Querfurt

Hätte man in Brun (nr. **40**), dem vermutlichen Vater Gf. Bruns v. Querfurt, nicht einen frühen Querfurter, sondern den am 30. XI. 978 verstorbenen Gf. Bruno v. Arneburg vor sich (vgl. bei nr. **40**), so ließe sich als nr. **41** auch dessen gut bezeugte Ehefrau Frederuna hier einsetzen; zu dieser vgl. S. HIRSCH, Jahrb. Heinrichs II., Bd. 1 S. 456; R. SCHÖLKOPF, Sächs. Grafen S. 87; G. ALTHOFF, Adels- u. Königsfamilien S. 424.

42 : Vermutung zum Vater Idas, der Gemahlin Gf. Bruns v. Querfurt

Der Name Ida, der in der Familie der Ecbertiner vorkommt – (Ida hieß ja die Gemahlin des *Ecbertus dux* in der Zeit Karls d. Gr., vgl. oben **III : Kg. Heinrich I.** nrn. **28** u. **29**; E. HLAWITSCHKA, Herkunft der Liudolfinger S. 147ff., ND in: DERS., Stirps regia S. 336ff.) –, wird von R. SCHÖLKOPF, Sächs. Grafen S. 89, zum Anlaß einer Vermutung genommen: „Bruns (v. Querfurt) Gattin Ida war vermutlich ein Mitglied der vornehmen ecbertinischen Sippe".

48 : Gf. Udalrich (a. d. Donau) als Vater Gf. Bertholds
→ **XXVI : Kgn. Sophie** nr. **16**

49 : Kunigunde als Mutter Gf. Bertholds
→ **XXVI : Kgn. Sophie** nr. **17**

56 : Mgf. Bernhard I. v. d. sächsischen Nordmark als Vater Mgf. Bernhards II.

Zum Filiationsbeleg aus der Sächs. Weltchronik vgl. bei nr. **7**, und zu dessen Absicherung aus Braunschweiger Quellen vgl. bei nr. **28**.

Daß Bernhard I. 1009 nach der Absetzung Gf. Werners v. Walbeck von Kg. Heinrich II. die sächsische Nordmark zugesprochen erhielt, meldet Thietmar v. Merseburg, Chron. lib. VI cap. 50, MGH SS rer. Germ. NS 9 S. 338. Die bei diesem Autor bis zum Jahre 1018 (lib. VIII cap. 17, S. 514) zu findenden Bezeugungen eines Mgf. Bernhard scheinen sich allesamt auf ihn, nicht auf seinen Sohn Mgf. Bernhard II. (nr. **28**), zu beziehen. Da 1) Thietmar, Chron. lib VI cap. 49, S. 338, eine *Thiedburgam, Thiedrici* (vgl. bei nr. **7**) *marchionis filiam*, somit Mgf. Bernhards I. Schwester, als Gemahlin Gf. Dedis nachweist, welcher 1009 den Tod in einer Privatfehde gefunden hat, da 2) eine weitere Schwester Mgf. Bernhards I. und Tochter Mgf. Dietrichs (Theoderichs), Oda, bereits 977/78 den polnischen Fürsten Mieszko I. heiraten konnte (vgl. H. LUDAT, An Elbe u. Oder S. 24 und S. 117f. Anm. 149), und da 3) weiterhin der von 955–983 als Markgraf bezeugte Dietrich (*Thiedricus*), Bernhards I. Vater, bereits 985 verstarb (Belege bei R. SCHÖLKOPF, Sächs. Grafen S. 93ff.; S. LÜPKE, Markgrafen S. 10f., 64), und da 4) schließlich die Ann. Quedlinburg. ad 1018 (MGH SS 3 S. 84; neue Ed. von M. GIESE S. 553) den Tod einer Thietburg, Tochter Mgf. Bernhards und *pie conversa*, vermelden (*Thiatburg Bernhardi marchionis filia, seculi onere abiecto pie conversa, coelesti locatur in aura*), wird man Mgf. Bernhards I. Lebenszeit nicht allzu weit über die 1018 endenden Bezeugungen bei Thietmar v. Merseburg hinaus verlängern dürfen. D. CLAUDE, Gesch. d. Erzbistums Magdeburg, gibt deshalb im Register seines zweibändigen Werkes (I S. 443 bzw. II S. 515) „† um 1025“ als Todeszeit Mgf. Bernhards I. an, wobei er sich der Ansicht R. HOLTZMANNs im Register seiner Thietmar-Edition S. 538f. anschließt; ebenso R. HOLTZMANN, Gesch. d. Sächs. Kaiserzeit S. 542.

57 : Vermutungen zur Gemahlin Mgf. Bernhards I. v. d. sächsischen Nordmark

Bei H. LUDAT, An Elbe u. Oder S. 142 Anm. 321, S. 144 Anm. 335, S. 146 Anm. 353, und Stammtafelbeilage zum „Haldenslebener-Geschlecht“, wird zur Erklärung politischer Situationen die Meinung vertreten, daß Mgf. Bernhard „991/992 eine Ehe mit einer Tochter Vladimirs" v. Kiew eingegangen sei. Als Quelle hierfür verweist er auf N. de BAUMGARTEN, Généalogies et mariages S. 7f., wo sich unter der Auflistung der Kinder Wladimirs „N.N. fille ∞ Markgrave Bernhard de Nordmark" mit der Quellenangabe „Eccardus, Origines sereniss. fam. Anhaltinae, p. 496" findet. Eine diesbezügliche Angabe sucht man aber bei Joh. Georg ECCARD, Historia genealogica principum Saxoniae superioris, Leipzig 1722, die von Sp. 491–572 die Origines serenissimae familiae Anhaltinae enthält, vergebens. (Vgl. auch J. KORPELA, Beiträge S. 234 nr. 1077, zu Eccard: „Die Quelle und die Auskunft ist sehr fraglich"). Wahrscheinlich hat N. de Baumgarten irgendwo anders einen die Nachricht der Sächs. Weltchronik cap. 237 (MGH Dt. Chron. 2 S. 199) paraphrasierenden Hinweis gefunden, in der es – vgl. schon bei nr. **7** – nach der Erwähnung des 985 verstorbenen Mgf. Dietrich heißt: *de was vader Bernardes; de wan marcgreven Bernarde; dese gewan marcgreven Willehelme unde greven Conrade unde ene dochter Odam unde enen Otten, des můder was van Ruzen. De marcgreve Willehelm ne hadde nene kindere ...* Es geht hier um den 1057 im Kampf um Mgf. Wilhelms Erbe erschlagenen Halbbruder Otto, den Mgf. Bernhard II. (nicht Bernhard I.) in einer illegitimen Verbindung mit einer „Russin" gezeugt hatte. (Vgl. dazu bereits bei nr. **29**). Ein wirklicher Hinweis auf die Gemahlin Mgf. Bernhards I. liegt hier also nicht vor.

Ob Mgf. Bernhards I. Gemahlin aus der Königsverwandtschaft kam? Die Frage stellt sich, da Mgf. Bernhards II. mit einer slawischen Mutter gezeugter Sohn Otto sogar nach der Königsherrschaft gestrebt haben soll (vgl. bei nr. **14;** Lampert v. Hersfeld, Annales ad 1057: *magnisque omnium adhortationibus instigatur non modo marcham, quae sibi iure hereditario competeret, sed ipsum quoque regnum affectare*), was vornehmlich durch Ansprüche über Bernhards II. Mutter (nicht über seine unbekannte Gemahlin nr. **29**) erklärt werden könnte, und weil auch Gertrud (nr. **7**), die Urenkelin Mgf. Bernhards I. (durch seinen Sohn Mgf. Bernhard II. [nr. **28**] und seinen Enkel Gf. Konrad [nr. **14**]), als *neptis regis* bezeichnet worden ist (vgl. Zitat aus der Genealogia comitum Neuburg. sive Formbac. bei nr. **6**), diese weit zurückliegende Verwandtschaft mit dem Königshaus aber noch nicht ermittelt werden konnte (vgl. bei nr. **15** [B]). Eine Lösung dieser Frage ist nicht abzusehen.

XXXII : Kgn. u. Ksn. Richenza (v. Northeim), Gemahlin Kg. u. Ks. Lothars III. (v. Süpplingenburg)

I : Richenza (v. Northeim)

Die Ehe Ks. Lothars III. mit Richenza, der Tochter Gf. Heinrichs d. Fetten v. Northeim und der Gertrud v. Braunschweig, wird bezeugt u.a. in den Ann. Stadenses ad 1113, MGH SS 16 S. 321: *Luderus dux accepit filiam Heinrici Crassi et Gertrudis comitisse nomine Rikensam, que peperit ei filiam Gertrudem.* Im Chron. princip. Brunsvic. fragmentum cap. 4, MGH SS 30/1 S. 23, heißt es: *Domina Gerthrudis de Henrico Pingui genuit Rikinzam, que tradita est Ludero qui fuerat filius comitis Gevehardi de Suppelingeburch.* Als Lothars III. Gemahlin ist Richenza häufig in dessen Urkunden bezeugt; vgl. MGH D Lo III 16, 18, 25, 29, 31, 35 usw.

Zur Verheiratungszeit vgl. bei **XXXI : Ks. Lothar III.** nr. 1.

Über die Geburtszeit Richenzas läßt sich nichts Sicheres ermitteln. F. Curschmann, Zwei Ahnentafeln S. 65, meinte, man könne ihre Geburtszeit „am sichersten noch aus dem Geburtsdatum ihrer Tochter Gertrud [= später Gemahlin Hzg. Heinrichs d. Stolzen v. Bayern und Großmutter Heinrichs d. Löwen] erschließen"; denn „kam diese 1115 zur Welt [vgl. Annalista Saxo ad 1115; zit. bei **XXXI : Lothar** nr. 1], so muß die Mutter wohl spätestens einige Jahre vor 1100 geboren sein". Er bezog in seine Ansicht dann auch die Nachricht Alberts v. Stade ein, der in seinen Ann. Stadenses die Eheschließung Lothars III. und Richenzas zu 1113 setzt, was er – wegen der Mitteilung des Annalista Saxo über eine 15-jährige Unfruchtbarkeit Richenzas vor der Geburt ihrer Tochter Gertrud – als 'Ehevollzug' interpretierte (vgl. bei **XXXI : Lothar III.** nr. 1); und er folgerte daraus näherhin eine Geburtszeit „etwa um 1095" mit dem Ergebnis: „Sehr jung, etwa fünf Jahre alt, wurde Richenza, schon um 1100, mit Lothar von Supplinburg verheiratet". – Anders sieht dies H. Stoob, Sächs. Herzogswahl S. 501 Anm. 16. Er schreibt: „Aus der Reihenfolge in den Quellen, die stets Richenza vor [ihrer Schwester] Gertrud nennen, ist zu schließen, daß Richenza älter und wahrscheinlich um 1088/89 geboren war. ... Bei der Heirat mit Lothar kann sie höchstens 12–14 Jahre gezählt haben". Er verweist dabei auf eine gleiche Ansicht bei K.-H. Lange, Grafen v. Northeim (Diss.) S. 120ff. Beachtet man die Ergebnisse der 1976–1978 und 1982 erfolgten Untersuchungen der Grablege Lothars und Richenzas in Königslutter und die damals gewonnenen Skelettbefunde, so war Richenza bei ihrem Tode (1141) „zwischen 50 bis 65 Jahre alt"; vgl. W. PETKE, Regesten Lothars III. S. 410 nr. 656. Dadurch ist zumindest Curschmanns Sicht nicht weiter vertretbar.

Das Todesjahr Richenzas findet man überliefert in den Annalium S. Aegidii Brunsvic. excerpta, MGH SS 30/1 S. 14: *Anno Domini MCXXXXI imperatrix Rikenza pie memorie obiit.* Ebenso Annalium S. Blasii Brunvic. maior. fragmenta, MGH SS 30/1 S. 19: *MCXLI. Imperatrix Rikza obiit uxor Lotharii.* Ihr Todestag war der 10. oder 11. Juni; vgl. dazu das Lüneburger Totenbuch, ed. A. Chr. WEDEKIND, Noten III S. 43, zum 11. Juni: *Rikinza imperatrix*; dazu G. ALTHOFF, Adels- u. Königsfamilien S. 367; MGH Lib. mem. et necrol. NS 2 S. 21. H. DÜRRE, Register der Memorien S. 31, zum 11. 6: *Ricktze imperatrix obiit.* Bamberger Nekrologien verzeichnen *Richiza imperatrix* zum 9. und auch zum 10. Juni; vgl. MGH Lib. mem. et necrol. NS 6 (Michelsberg) S. 467 u. Tafel 82r.; J.F. BOEHMER, Fontes rer. Germ. IV S. 502 und S. 505. Ebenso zum 10. VI. das Nekrolog von Fischbeck, ed. J.F. BOEHMER, Fontes rer. Germ. IV S. 497. Unter dem 9. VI. ist *O(biit) Rikence imperatrix* in Essen verzeichnet worden; K. RIBBECK, Essener Necrologium S. 90.

Zur Bestattung Richenzas in Königslutter neben ihrem Gemahl vgl. Chron. princip. Brunsvic. fragmentum cap. 4, MGH SS 30/1 S. 23: Ks. Lothar … *in Luttere in predio suo est sepultus; ubi eciam postmodum apud ipsum sepulti sunt Ricza imperatrix et Henricus dux, gener regis.* – Weitere Hinweise zur Todeszeit und zur Bestattung Richenzas in Königslutter vgl. bei W. BERNHARDI, Konrad III. S. 224; auch bei W. METZ, Nekrologische Quellen S. 284f.

2 : Gf. Heinrich (d. Fette) v. Northeim als Vater Ksn. Richenzas

Der Annalista Saxo ad 1082, MGH SS 6 S. 720f., neue Ed. MGH SS 37 S. 470, berichtet, daß der sächsische Markgraf Udo d. Ä. am 4. Mai 1082 verstarb und daß seine Gattin Oda aus dem Werler Grafenhaus stammte, daß Odas Mutter Richenza nach dem Tode ihres ersten Gemahls Hermann v. Werl den Hzg. Otto v. Northeim heiratete, dem sie u.a. Heinrich d. Fetten, den Vater der Ksn. Richenza gebar: *Udo senior Saxonicus marchio defunctus est IIII° non. Mai. Uxor eius Oda dicebatur, cuius paternum genus tale fuit. Rodulfus comes natus de Uuestfalia ex loco qui dicitur Uuerla … genuit filium nomine Herimannum, qui duxit uxorem nomine Richenzam, genuitque ex illa predictam Odam. Hec genuit predicto Udoni Heinricum, Udonem, Sigi-*

fridum, Rodulfum, et filiam que Adelheidis dicebatur. ... Matrem autem predicte Ode post obitum comitis Herimanni [= Gf. Hermann (III.) v. Werl] *duxerat uxorem Otto de Northeim quondam dux, genuitque ex ea preclarissimos viros Heinricum Crassum comitem, patrem Richinze inperatricis et Gertrudis palatine comitisse* [= Gemahlin des rhein. Pfgf. Siegfried v. Ballenstedt], *et comitem Sifridum de Boumeneburh* [= Boyneburg], *et Cononem comitem de Bichlinge* [= Beichlingen], *et tres filias ...* Zum Jahre 1101 überliefert dieselbe Quelle (S. 734 bzw. neue Ed. S. 503f.): *Heinricus Crassus, potentissimus comes Saxonie, ... marchyam Fresie ab inperatore in beneficium suscepit. ... Qui profectus in Fresiam ... a militibus Traiectensis episcopi et a vulgaribus Fresonibus ... vulneratur, a nautis simul et suffocatur. Uxor autem ipsius Gertrudis, soror Ecberti marchionis iunioris, vix evasit. Habuit autem duas filias, Richenzam postea inperatricem et Gertrudem palatinam comitissam.* – Auch in den Ann. Stadenses ad 1113, MGH SS 16 S. 321, ist die Filiation bezeugt: *Luderus dux Saxonie* [= Ks. Lothar III.] *accepit filiam Heinrici Crassi et Gertrudis comitisse nomine Rinkensam, que peperit ei filiam Gertrudem.* Und im Chron. princip. Brunsvic. fragmentum cap. 4, MGH SS 30/1 S. 23, liest man: *Domina Gerthrudis de Heinrico Pingui genuit Rikinzam, que tradita est Ludero, qui fuerat filius comitis Gevehardi de Suppelingeburch ...*; so auch in der C(h)ronica ducum de Brunswick cap. 11, MGH Dt. Chron. 2 S. 581.

Über die Geburtszeit Gf. Heinrichs ist nichts überliefert. Er war offenbar – beachtet man die oben zitierte Nachricht des Annalista Saxo ad 1082 und die Kennzeichnung Heinrichs gegenüber seinem Bruder Cuno als *natu senior* in der Chronik Ekkehards v. Aura und in der Anonymen Kaiserchronik, ed. F.-J. SCHMALE u. I. SCHMALE-OTT S. 184 und 224 – der älteste Sohn Ottos v. Northeim. Da er im Diplom MGH D H IV 277 von 1075 als Graf genannt wird (*Eschinewage* [= Eschwege] ... *in comitatu Heinrici comitis*; vgl. dazu K.-H. LANGE, Stellung der Grafen v. Northeim S. 59f., 82), wird er auf alle Fälle vor 1060 geboren sein. Vgl. auch F. CURSCHMANN, Zwei Ahnentafeln S. 67.

Seine Verheiratung mit Gertrud (aus dem Haus der Brunonen v. Braunschweig), der Witwe des am 21. I. 1085 in Gerstungen erschlagenen Gf. Dietrich v. Katlenburg (vgl. G. MEYER V. KNONAU, Jahrb. Heinrichs IV./V., Bd. 4 S. 3, 8f.), kann wohl frühestens im Sommer 1085 erfolgt sein. Und da Heinrichs d. Fetten und Gertruds Sohn Otto (III.) nach Heinrichs Tod im Frühjahr 1101 im väterlichen Komitatsbereich nachfolgen konnte, er also mindestens 12/13 Jahre alt war, kann die Ehe der Eltern auch nicht später als 1088 geschlossen worden sein. Näheres bei K.-H. LANGE, Grafen v. Northeim (Diss.) I S. 118f., II S. 140f.; und DERS., Stellung der Grafen v. Northeim S. 88f., auch S. 82: Heirat „in den Jahren 1085–1087“.

Heinrichs (d. Fetten) Tod wird nicht nur beim Annalista Saxo ad 1101 (s. oben) mitgeteilt, sondern auch in den Ann. Hildesheim. ad 1101, MGH SS rer. Germ. S. 50: *Comes Heinricus gratiam imperatoris acquisivit, et ipse imperator marchyam Fresonum sibi tradidit. Qui statim illuc pergens cum uxore sua, ipse interfectus est, et illa vix evasit.* – Zum Jahre 1103 – mit dem Hinweis *ante triennium* – wird Heinrichs Tod angezeigt in der Chronik Ekkehards v. Aura und in der Anonymen Kaiserchronik, ed. F.-J. SCHMALE u. I. SCHMALE-OTT S. 184 und 224.

Heinrich wurde am 10. IV. 1101 in dem von ihm gegründeten Kloster Bursfelde begraben: *Anno MCI, IV. Idus April., sepultus est hic generosus comes Henricus, filius Ottonis ducis, fundator huius coenobii*; nach J.G. LEUCKFELDT, Antiquitates Bursfeldenses S. 13, zitiert bei G. MEYER V. KNONAU, Jahrb. Heinrichs IV./V., Bd. 5 S. 121 Anm. 11. Beachtet man dazu die Angabe der Ann. et notae S. Mariae Ultraiect. ad 1101, MGH SS 15/2 S. 1302 – *Heinricus Crassus comes Fresiae interfectus apud Nagel et submersus in aquis, non comparuit per septem ebdomadas* –, so wird man Heinrichs Tod etwa auf Mitte bis Ende Februar 1101 ansetzen dürfen.

3 : Gertrud (v. Braunschweig) als Mutter der Ksn. Richenza

Zu den Belegen für Gertruds Ehe mit Gf. Heinrich (d. Fetten) v. Northeim und zu den Argumenten für die Bestimmung der Eheschließungszeit vgl. bei nr. **2**.

Hinsichtlich der ersten Ehe Gertruds mit Gf. Dietrich v. Katlenburg und ihrer Herkunft liest man beim Annalista Saxo ad 1056, MGH SS 6 S. 691, neue Ed. MGH SS 37 S. 398: *Idem Theodericus accepit uxorem Gertrudem, filiam Ekberti marchionis senioris, matrem Richenze inperatricis …*; ebd. ad 1101 S. 734 bzw. neue Ed. S. 503, wird Gertrud als Schwester des jüngeren Ekbert (v. Braunschweig) bezeichnet: *Uxor autem ipsius* [= Gf. Heinrichs d. Fetten, nr. **2**], *soror Ecberti marchionis iunioris, vix evasit.* Da Mgf. Ekbert II. vielmals als Sohn Mgf. Ekberts I. von der Mark Meißen bezeugt ist (vgl. MGH D H IV 246; Liber de unitate lib. II cap. 33, ed. F.-J. SCHMALE S. 519:

convenerunt principes Saxoniae [1088] ..., *ubi primus erat de principibus Egbertus marchio, filius Egberti senioris*; ebd. S. 522: *hereditavit ille senior Egbertus super iuniorem Egbertum, filium suum*), ist Gertrud als Tochter des Brunonen Mgf. Ekbert I. v. Meißen also gut gesichert.

Gertruds Geburtszeit ist unbekannt. Es ist nur auf die Verehelichungszeit ihres Vaters (1058–1068) hinzuweisen, aus der Schlüsse gezogen werden könnten; vgl. bei nr. **7**.

Nach dem Tode ihres zweiten Gemahls Gf. Heinrich d. F. ging Gertrud noch eine dritte Ehe ein (um 1102), und zwar mit Gf. Heinrich I. v. Eilenburg, der aber bereits 1103 verstarb; vgl. G. MEYER V. KNONAU, Jahrbücher Heinrichs IV./V., Bd. 5 S. 184f.

Gertrud ist am 9. Dezember 1117 verstorben; vgl. Ann. Patherbrunn. ad 1117, ed. P. SCHEFFER-BOICHORST S. 134: *Gertrudis marchionissa Saxonica nobilissima et potentissima obiit.*; auch Translatio S. Auctoris, MGH SS 12 S. 316: *emerita marchionissa Gerthrudis viam universae carnis feliciter ingressa 5. Idus Decembris, toti Saxoniae regioni ... memorabile nomen reliquit*; H. DÜRRE, Register der Memorien S. 62: *9. XII. Anno Dom. MCXVII obiit domina Ghertrudis marchionissa junior.*

Gertrud wurde in der Braunschweiger St. Blasiuskirche, dem heutigen Dom, bestattet; vgl. Annalium S. Aegidii Brunsvic. excerpta, MGH SS 30/1 S. 11: *Anno Domini MCXVII. Gertrud marchionissa Saxonie, soror* (richtig: *socrus*) *Lotharii ducis, obiit, que fundavit monasterium sancti Egidii in Brunswik, sepulta ad Sanctum Blasium.*

4 : Otto v. Northeim, Hzg. v. Bayern, als Vater Gf. Heinrichs (d. Fetten)

Ein Beleg aus dem Annalista Saxo dafür, daß Otto v. Northeim der Vater Gf. Heinrichs d. Fetten war, wurde bereits bei nr. **2** zitiert. Bei Ekkehard v. Aura und in der Anonymen Kaiserchronik wird (ad 1003) Gf. Konrad / Kuno v. Beichlingen als Sohn Hzg. Ottos bezeichnet – *Cuno filius Ottonis ducis de magnis principibus unus* – und im nächsten Absatz Heinrich d. Fette als Bruder Kunos angegeben – *Heinricus Crassus, eiusdem Cuononis germanus et natu senior* –, woraus sich ein weiterer Filiationsbeleg ergibt; Frutolfs u. Ekkehards Chroniken u. die Anonyme Kaiserchronik, ed. F.-J. SCHMALE u. I. SCHMALE-OTT S. 184 u. S. 224. In den Ann. Stadenses des Albert v. Stade ad 1105, MGH SS 16 S. 317, liest man: *Otto, Saxo genere, quem*

... cesar ducatu privaverat Bawarie et Welponi dederat Suevo, obiit. ... Hic sepultus est Northeim, et habuit tres filios, Heinricum Crassum, qui fuit lantgravius, patrem Rikencen imperatricis, qui occisus est Norden in Fresia; et Cononem, comitem de Bichelinc, qui etiam occisus est; et Sifridum de Bomeneburgh, patrem iunioris Sifridi. Habuit etiam 4 filias ...

Die erste sichere Erwähnung Ottos ist die seiner Ernennung zum Herzog v. Bayern durch Ksn. Agnes im Jahre 1061; G. MEYER V. KNONAU, Jahrb. Heinrichs IV./V., Bd. 1 S. 210. Wahrscheinlich ist er aber auch schon zu Mitte Oktober 1049 bei einer Mainzer Synode nachweisbar; S. BORCHERT, Hzg. Otto S. 35. Dort (S. 36) auch die Einschätzung, daß Otto am wahrscheinlichsten „zwischen 1020 und 1025" geboren sein dürfte.

Zur Zeit der Verehelichung Ottos vgl. bei nr. **5**.

Den 11. Januar 1083 als Ottos Todestag – *3. Id. Januarii* – nennen die Ann. Patherbrunnenses ad 1083, ed. P. SCHEFFER-BOICHORST S. 99; auch Annalista Saxo ad 1083, MGH SS 6 S. 721, neue Ed. MGH SS 37 S. 471: *Otto de Northeim, vir prudens et nobilissimus, dux quondam Bawarie, sed per Heinricum regem iniuste deiectus, defunctus est III° idus Ianuarii.* Vgl. auch Bernold v. Konstanz, Chron. ad 1083, MGH SS 5 S. 437; neue Ed. I.S. ROBINSON S. 430. Weitere Angaben bei K.-H. LANGE, Stellung der Grafen v. Northeim S. 76f. Anm. 371, wo auch hinsichtlich des oben von Albert v. Stade genannten Bestattungsortes Northeim auf die von Otto ebenda errichtete Nikolaikapelle als wahrscheinliche Begräbnisstelle – gemäß G. LEUKFELDT, Antiquitates Northeimenses (im Anhang zu dessen Antiquitates Bursfeldenses, Leipzig u. Wolfenbüttel 1713, S. 233f.) – hingewiesen wird. – Bereits in einer ungedruckten Northeimer Chronik des 14. Jhs. wird Hzg. Ottos Bestattung in der Northeimer S. Nikolaikapelle erwähnt; S. BORCHERT, Hzg. Otto S. 213 Anm. 103: *In huius Monasterii capella ante S. Nicolai altare in occidentalis medio partis, sepultus est Otto dux, fundator Monasterii ac sacri loci Anno 1083. A dextris Sigefridus comes ... A sinistris Rixensa Imperatrix*; zur Bestattung Richenzas vgl. jedoch bei nr. **5**.

5 : Richenza, Witwe Gf. Hermanns III. v. Werl, als Mutter Gf. Heinrichs (d. Fetten)

Zum Jahre 1082 schreibt der Annalista Saxo, MGH SS 6 S. 720f., neue Ed. MGH SS 37 S. 470, daß *Rodulfus comes, natus de Uuestfalia ex loco qui dicitur Uuerla, … genuit filium nomine Herimannum, qui duxit uxorem nomine Richenzam, genuitque ex illa … Odam* (= Gemahlin Mgf. Udos v. Stade). … *Matrem autem predicte Ode post obitum comitis Herimanni duxerat uxorem Otto de Northeim quondam dux, genuitque ex ea preclarissimos viros Heinricum Crassum comitem, patrem Richinze inperatricis et Gertrudis palatine comitisse* (= Gemahlin des rhein. Pfalzgrafen Siegfried v. Ballenstedt), *et comitem Sifridum de Boumeneburh, et Cononem comitem de Bichlinge, et tres filias* … Dort heißt es auch ad 1083, S. 721 bzw. neue Ed. S. 471, zum Tode Ottos v. Northeim: *Reliquit et ipse filios ac filias, quos ei Richeza ductrix genuit.*

Die Zeit der Wiederverheiratung Richenzas nach ihrer 1. Ehe (mit Gf. Hermann III. v. Werl) ist nur annähernd festlegbar, da weder das Todesdatum ihres 1. Gemahls bekannt ist, noch andere Anhaltspunkte für eine Datierung vorliegen. Da der 2. Ehe Richenzas mit Otto v. Northeim mindestens 6 oder 7 Kinder entstammten (vgl. oben [Annalista Saxo] und nr. **4** [Albert v. Stade]) und offenbar auch noch ein 8. frühverstorbener Sohn (Otto) anzureihen ist (F. CURSCHMANN, Zwei Ahnentafeln S. 67), muß diese Ehe viele Jahre bestanden haben. Aus der Sicht der Generationenfolgen in der Werler Grafenfamilie schätzt P. LEIDINGER, Untersuchungen S. 117, daß Gf. Hermann III. v. Werl „etwa seit 1040 mit Richenza … vermählt“ war und daß die „Wiederverheiratung Richenzas um 1050 mit Otto v. Northeim“ erfolgte (S. 118: „bald nach 1050“). Ähnlich schon H. BOLLNOW, Grafen v. Werl S. 18; jetzt so auch S. BORCHERT, Hzg. Otto S. 36.

Richenzas Todestag lag – nach K.-H. LANGE, Stellung der Grafen S. 77 Anm. 371, und F. CURSCHMANN, Zwei Ahnentafeln S. 71, wo auf das Memorienregister der St. Blasiuskirche v. Braunschweig, ed. A. Chr. WEDEKIND, Noten I S. 428: *Rikce ducissa,* verwiesen wird – im März. Nun bietet indessen die vollständige Edition dieses Memorienregisters bei H. DÜRRE, Register der Memorien S. 20, zum 27. III. den Eintrag *Rikze ducissa in Brunswich obiit, uxor ducis,* wozu in einer Fußnote (auf S. 75) die Erläuterung folgt: „Rikze war die Gemahlin Herzog Albrechts des Feisten von Göttingen; sie starb vor 1329 (SUDENHOF, UB 1 S. XIII)“. Damit dürfte Langes und Curschmanns Angabe wohl nicht mehr vertretbar sein. Diese Folgerung jetzt auch bei S. BORCHERT, Hzg. Otto S. 213 Anm. 101.

Zum Todesjahr Richenzas vermerkt K.-H. LANGE, a.a.O. S. 77 Anm. 371: „Im Jahre 1083 [d.h. als Otto verstarb] war sie gewiß schon tot, da Otto 1082 frei über ihr in der Grafschaft Stade gelegenes

Allodialerbe zugunsten des Klosters Harsefeld verfügen konnte; s. K.-H. LANGE, [Grafen v. Northeim (Diss.)] I S. 50ff. Wahrscheinlich wurde sie ebenfalls [wie ihr Gemahl] in der Nikolaikapelle zu Northeim begraben, da die Quellenangabe bei Leuckfeldt [wie bei nr. **4**] *Richensa Imperatrix* auf eine Verwechslung mit der gleichnamigen Gemahlin Ks. Lothars III. hinauslaufen dürfte, die in Königslutter bestattet ist". Daß Richenza nicht an der Seite ihres Gemahls in Northeim bestattet wurde, zeigt S. BORCHERT, Hzg. Otto S. 213f., indem sie auf neuere Ausgrabungen in Northeim und auf die anthropologische Untersuchung der vorgefundenen Skelette verweist. Unter den aufgefundenen Bestatteten befand sich nämlich keine weibliche Person. Sie bringt nunmehr einleuchtende Argumente bei (S. 214f.), daß Richenza wahrscheinlich in der Nikolaikapelle des Stiftes Harsefeld beerdigt wurde.

6 : Gf. Ekbert I. (v. Braunschweig), Mgf. v. Meißen, als Vater Gertruds

Als Vater Gertruds ist Gf. Ekbert I. v. Braunschweig bereits bei nr. **3** nachgewiesen worden.

Geboren dürfte Ekbert I. um 1022/24 sein; vgl. dazu ausführlich bei E. HLAWITSCHKA, Untersuchungen zu den Thronwechseln S. 144 (als Bruder Idas v. Elsdorf, geb. ca. 1023; zum Nachweis der Geschwisterschaft Ekberts I. und Idas vgl. ebd. S. 128–144). Bei T. BRÜSCH, Brunonen, werden die Probleme der Geburts-, Verheiratungs- und Todeszeit der einzelnen Brunonen nicht behandelt.

Zur Zeit der Verehelichung Ekberts mit Irmgard / Immula v. Turin vgl. bei nr. **7**.

Zu Ekberts I. Tod schreibt Lampert v. Hersfeld, Annales ad 1068, MGH SS rer. Germ. S. 105, daß Kg. Heinrich IV. das Weihnachtsfest (1067) in Goslar feierte; *a quo Egbertus marchio exactis diebus festis digressus, cum se in sua recepisset, modica febre pulsatus terminum vitae accepit. Sed marcham* (= Mark Meißen) *adhuc vivens adquisierat filio suo* (= Ekbert II.), *tenerrimae aetatis infantulo, quem ei vidua ducis Ottonis de Swinefurt* (= Immula / Irmgard v. Turin) *pepererat.* Den genauen Todestag, den 10./11. Januar, überliefert das Memorienregister des Blasius-Stiftes zu Braunschweig, ed. H. DÜRRE, Register der Memorien S. 11: (nach dem 10. I.): *Anno Domini M°LXVIII° obiit Eghbertus marchio.* Die Braunschweiger Reimchronik v. 1716f., MGH Dt. Chron. 2 S. 481, vermeldet: *sin* (= Ekberts I.) *jarzit ist, als ich sach / nach zvelften* (= 6. Januar, Epiphanias) *uph den vunften tach*; das führt auf den 11. Januar. – Wahrscheinlich wurde er in Braunschweig begraben, wie man aus Lamperts Bemerkung (s. oben), daß er sich *in sua recepisset* und verstarb, schließen darf.

7 : Irmgard / Immula (v. Turin), Witwe Hzg. Ottos (v. Schweinfurt), als Mutter Gertruds

Als Mutter Gertruds (v. Braunschweig) ist Irmgard / Immula nur ermittelbar, weil sie als Gemahlin Mgf. Ekberts I. v. Meißen bekannt ist, der seinerseits als Vater Gertruds erwiesen werden kann. Diese Eheverbindung Ekberts I. und Irmgard / Immulas überliefert der Annalista Saxo ad 1067, MGH SS 6 S. 695, neue Ed. MGH SS 37 S. 409, im Zusammenhang mit dem Bericht über die Verheiratung Kg. Heinrichs IV.: *Heinricus rex Bertam, filiam Ottonis marchionis de Italia et Adelheidis, quae soror erat … Immule seu Irmingardis, quam post mortem Ottonis ducis de Suinforde Ekbertus marchio senior de Brunesuuic uxorem tunc habebat, uxorem ducens nuptias Triburi celebravit.* Ebd. S. 698 bzw. neue Ed. S. 418 liest man bezüglich der Einweihung der nach einem Brand neu aufgebauten Halberstädter Kirche im Juni 1071: *Adfuit eciam preclara regina Berta cum matertera sua Immula seu Irmingarda marchionissa.* Zum Jahre 1036, ebd. S. 679 bzw. neue Ed. S. 371, heißt es beim Annalista Saxo weiterhin: *Otto de Suinforde … accepit uxorem, que Emilias vel Immula seu Irmingardis dicta fuit, sororque illius, Adelas dicta, nupserat Ottoni marchioni de Italia.*

Da Otto v. Schweinfurt (= Hzg. Otto III. v. Schwaben, 1048–1057) am 28. September 1057 verstarb (vgl. Belege bei G. MEYER V. KNONAU, Jahrb. Heinrichs IV./V., Bd. 1 S. 46f.), kann Irmgard / Immulas Wiederverheiratung mit Mgf. Ekbert I. wohl erst 1058 erfolgt sein, eventuell auch noch ein bis zwei Jahre später liegen. Die Ehe endete mit Ekberts Tod am 11. I. 1068; vgl. bei nr. **6**.

Danach zog sich Irmgard / Immula nach Italien zurück, wo sie bereits 1073 über einen Teil ihres Erbgutes verfügte; vgl. G. TERRANEO, Principessa Adelaide II S. 321. Ihre letzte Urkunde ist vom 3. XII. 1077; vgl. ebd. II S. 328. Bereits am 29. IV. 1078 urkundete ihre Schwester Adelheid *pro remedio animae Immillae quondam germanae meae*; vgl. ebd. II S. 331. Belege auch bei H. BRESSLAU, Jahrb. Konrads II., Bd. 1 S. 378, und D. CARUTTI, Regesta com. Sabaud. S. 58 nr. 168, S. 63 nr. 177, S. 66 nr. 185, S. 68 nr. 191. Irmgard / Immula ist am 21. Januar 1078 verstorben. Das Necrologium prioratus S. Andreae Taurinensis, Mon. hist. patr. Script. III col. 195, verzeichnet *XII Kal. Feb. Ob[itus] Immillae comitissae monachae*; vgl. auch D. CARUTTI, Regesta com. Sabaud. S. 67 nr. 188.

8 : Gf. Benno v. Northeim als Vater des Grafen u. zeitweiligen Bayernherzogs Otto v. Northeim

Die Abstammung Ottos v. Northeim überliefert der Annalista Saxo ad 1057, MGH SS 6 S. 692, neue Ed. MGH SS 37 S. 401: *Pollebat isdem temporibus in Saxonia Otto dux de Northeim, genere Saxo, dux autem Bauuarie, vir amplissime nobilitatis, filius Bennonis de Northeim, cuius frater nomine Sigefridus cum Heinrico et Udone fratribus de Catelenburh Ekkihardum marchionem, Guntari filium, [anno 1002] interfecit.* Ebd. ad 1083, S. 721, neue Ed. S. 471, heißt es zur Charakterisierung Hzg. Ottos: *Huius avus fuit Sigefridus comes de Northeim, qui genuit ex comitissa Machtilde Sigefridum interfectorem magni illius Ekkehardi marchionis, et Bennonem, qui ex comitissa Eilica genuit hunc, de quo loquimur, Ottonem. Reliquit et ipse filios et filias, quos ei Richeza ductrix genuit.*

Da Thietmar v. Merseburg, Chron. lib. V cap. 5, MGH SS rer. Germ. NS 9 S. 224ff., berichtet, daß Mgf. Ekkehard v. Meißen (1002), *cum ad Northeim, Sigifredi comitis curtem, veniret, diligenter susceptus [est]*, jedoch von des Grafen (zweiter) Ehefrau Ethelinde erfuhr, *quod Sigifrith et Benno, senioris suimet filii, cum confratribus Heinrico et Udone aliisque conspiratoribus suis* ihn zu töten beabsichtigten, was dann auch in der folgenden Nacht zu Pöhlde geschah, muß Benno 1002 bereits erwachsen gewesen sein bzw. im Jünglingsalter gestanden haben. Er dürfte also spätestens um 985/87, evtl. auch früher, geboren sein. Da Bennos Bruder Siegfried von Thietmar, Chron. lib. V cap. 38, S. 262, zum Jahre 1003 noch als *iuvenis* bezeichnet wird (*Sifridum, filium comitis Sigifridi iuvenem … inveniens*), hat E. Frh. v. USLAR-GLEICHEN, Abstammung der Grafen v. Northeim S. 55 (danach ebenso R. SCHÖLKOPF, Sächs. Grafen S. 123), gemeint, die Nennung eines 984 bei der Versammlung der sächsischen Großen auf der Asselburg anwesenden *Sifrith eiusque filius* (vgl. Thietmar, Chron. lib. IV cap. 2, S. 132ff.) auf Gf. Siegfried v. Northeim (nr. **16**) und seinen älteren Sohn Siegfried II. beziehen zu dürfen. Siegfried II. (nicht aber sein Bruder Benno) müßte dann schon um 970 oder kurz nachher geboren sein. (Ein anderer Gf. Siegfried – etwa aus dem Hause Walbeck oder Stade – kommt für eine Identifizierung wohl nicht in Frage). Daher wird man mit A. HOFMEISTER, Puer, iuvenis, senex S. 287–316, darauf hinzuweisen haben, daß die *iuvenis*-Bezeichnung im Mittelalter sehr variabel gebraucht wurde, auch oft Leute zwischen 21 und 50 Jahren betraf, zuweilen auch solche unter 21 bezeichnen konnte. Ein 984 etwa 14-jähriger Siegfried II. konnte 1003 also sehr wohl noch als *iuvenis* gelten; sein Bruder Benno könnte sogar 5–10 Jahre jünger gewesen sein.

Die erhalten gebliebenen, zumeist aus der Vita Meinwerci stammenden Nachrichten zu Bennos Leben stellt E. Frh. v. USLAR-GLEICHEN, Abstammung der Grafen v. Northeim S. 59ff., zusammen, vgl. ebenfalls R. SCHÖLKOPF, Sächs. Grafen S. 124f. Die Bezeugungen reichen mit Sicherheit bis in das Jahr 1024. K.-H. LANGE, Stellung der Grafen v. Northeim S. 7–9, hat indessen verdeutlicht, daß Bezeugungen eines Grafen Benno aus den Jahren 1033 und 1040 auf ihn zu beziehen sind und daß auch der in MGH D H III 206 vom 2. September 1047 genannte Gf. Benno (Eberschütz *in pago Hessi in comitatu Bennonis comitis*) den Northeimer meint. Da in MGH D H III 243 vom 20. November 1049 bereits sein Sohn Otto unter den Zeugen auftritt, folgert Lange (S. 9): „Benno von Northeim ist wahrscheinlich in den Jahren 1047 bis 1049 gestorben". G. PISCHKE, Grafen v. Northeim im Land an der Werra S. 10, gibt in einer Stammtafel der Northeimer – ohne dies näher zu begründen – für Benno an: „† 1045/47". – Daß die bis 1047 reichenden Belege für Benno / Bernhard nicht auf zwei Personen aufzuteilen sind, zeigt jetzt auch S. BORCHERT, Hzg. Otto S. 23–33.

9 : Eilica als Mutter Gf. / Hzg. Ottos v. Northeim

Eilica ist lediglich durch die oben bei nr. **8** zitierte Nachricht des Annalista Saxo ad 1083 als Mutter Ottos v. Northeim bekannt. Nähere Daten zu ihr fehlen. Zu einem Vorschlag, sie mit der gleichnamigen Gemahlin Hzg. Bernhards II. v. Sachsen zu identifizieren, vgl. bei nr. **18 / 19** (C).

10 / 11 : Vermutungen zur Abstammung Richenzas

Über die Herkunft Richenzas ist nichts überliefert. Doch liest man wiederholt – wie z.B. bei R.G. HUCKE, Grafen v. Stade S. 31 – folgende Meinung: E. KIMPEN, Ezzonen u. Hezeliniden S. 29ff., habe „wahrscheinlich gemacht, daß sie eine Tochter Ottos, des Pfalzgrafen von Lothringen und späteren Herzogs von Schwaben († 1047), also eine Ezzonin, gewesen ist und damit als Enkelin Mathildes, der Tochter Kaiser Ottos II., auch mit den sächsischen Liudolfingern verwandt war". Ähnlich auch K.-H. LANGE, Stellung der Grafen v. Northeim S. 10–14. Und so jetzt auch D. SCHWENNICKE, Europ. Stammtafeln NF I,3, Tafel 334. – Als „Ezzonin" ist Richenza deshalb vielfach bezeichnet; so u.a. bei P. LEIDINGER, Untersuchungen S. 99, 117; L. FENSKE, Adelsopposition S. 348; F.-J. HEYEN, Simeon u. Burchard-Poppo S. 202; G. WOLF, Könige u. Kaiser S. 193–196; DERS., Wer war Ks. Friedrich I. S. 80; H.v. HINDTE, Otto v. Northeim, in LexMA VI Sp. 1578; usw.

Daß die als Ausgangspunkt fungierende These Kimpens von drei Töchtern Hzg. Ottos II. v. Schwaben unhaltbar ist, weil jener gar keine Nachkommen hatte, wurde bereits bei **XXXI : Ks. Lothar III.** nr. **15** (C) nachgewiesen. Daß übrigens die von Kimpen (ebd. S. 39) – neben Richenza (v. Northeim) – als Tochter Hzg. Ottos v. Schwaben angesehene Ida v. Elsdorf keine Tochter Ottos war, wird gezeigt bei E. HLAWITSCHKA, Untersuchungen zu den Thronwechseln S. 128–155; und daß die von Kimpen (ebd. S. 84ff.) ebenfalls als Tochter Hzg. Ottos in Anspruch genommene Hildegard v. Schlettstadt, Gemahlin des frühen Staufers Friedrich v. Büren, nicht den Hzg. Otto v. Schwaben, sondern den Grafen Gerhard v. Egisheim zum Vater hatte, ist dargelegt bei E. HLAWITSCHKA, Grundlagen der staufischen Stellung im Elsaß; ergänzend jetzt DERS., Hildegard S. 15–19. (Diese These hatte E. KIMPEN, Königsgenealogie S. 105, überdies zugunsten einer anderen Hypothese auch schon selbst wieder zurückgezogen).

Wenig beachtet ist, daß Kimpen seine Auffassung von weiblichen Nachkommen Hzg. Ottos II. v. Schwaben 1956 modifiziert hat; E. KIMPEN, Ezzonische Verwandtschaft S. 184–216. Dort wird Richenza v. Northeim zwar weiterhin als Tochter Hzg. Ottos II. v. Schwaben belassen, als ihre Schwester aber eine ungenannte Dame angesehen, die mit einem fränkischen Grafen Goswin vermählt und u.a. die Mutter Pfgf. Heinrichs v. Laach gewesen sein soll (S. 196–205). Auf S. 205 wird schließlich auch eine namentlich unbekannte und unbezeugte Tochter des in der Zeit Ks. Heinrichs II. besonders aktiven „Gerhardus Mosellensis" (Gf. v. Metz) – eines Bruders von Ks. Konrads II. Mutter Adelheid, der 1017 in der großen Mittelmoselfehde seinen einzigen Sohn Siegfried verlor – und seiner Frau Eva (v. Luxemburg) in Anspruch genommen. Überzeugen kann auch diese Hypothese nicht, zumal Gf. Goswin in mehreren Urkunden Kgn. Richezas v. Polen (= Schwester Hzg. Ottos II. v. Schwaben) genannt wird, ohne daß er als Verwandter der Königin bzw. ihres Bruders bezeichnet ist; vgl. F.J. BENDEL, Schenkungen Richizas S. 65–70, und Rhein. UB, Ältere Urkunden I, ed. E. WISPLINGHOFF S. 121–144, nrn. 91–97. Durch den oben erwähnten Nachweis, daß Hzg. Otto II. v. Schwaben kinderlos war, ist solchen Thesen grundsätzlich der Boden entzogen.

D. RIEMER, Harsefeld S. 44, vermutet neuerdings: „Herzog Ottos Frau Richenza war höchstwahrscheinlich Abkömmling von Ekbert dem Einäugigen aus der gräflichen Billunger Linie. Ihr Erbgut lag in und um Harsefeld, wie die drei großen Gutshöfe ihrer Söhne Heinrich der Fette, Kuno von Beichlingen und Siegfried von Boyneburg mit jeweils gut 50 Hufen beweisen. Vermutlich hatte sich Richenza während der Fehden ihres Mannes mit Heinrich IV. nach Harsefeld zurückgezogen, zumal ihre Tochter Oda (aus erster Ehe mit Graf Hermann von Werl) seit ca. 1065 mit Markgraf Udo II. († 1082) verheiratet war". Als „Abkömmling" des 894 verstorbenen Gf. Ekbert d. Einäugigen könnte Richenza, wenn sie um 1025 geboren war (vgl. bei nr. **5**, wo eine 1. Ehe Richenzas „um 1040" [evtl. auch 5 Jahre später] angesetzt ist), dann freilich nur eine Enkelin oder Urenkelin dieses Mannes gewesen sein. (Zu den – mit Vorbehalt rekonstruierbaren – Kindern Ekberts d. Einäugigen vgl. bei E. HLAWITSCHKA, Brunonen S. 153–160).

Zuletzt hat S. BORCHERT, Hzg. Otto S. 209 f. u. 222–225, gemeint, Richenza dürfte „dem adligen Umfeld" der Grafen v. Stade bzw. einer „nordsächsischen Adelsfamilie" entstammt sein. – Die Abstammung Richenzas bleibt somit vorerst ungeklärt.

12 : Gf. Liudolf (v. Braunschweig) als Vater Gf. / Mgf. Ekberts I.

Von Kg. Heinrich IV. ist Gf. Ekbert I. in einer Urkunde vom 3. VII. 1057 für die Kirche von Hildesheim als Sohn Gf. Liudolfs und als Enkel Gf. Bruns (v. Braunschweig) bezeichnet worden; MGH D H IV 22: *notum esse volumus, qualiter nos ... comitatum, quem Brvn eiusque filius, scilicet patruus noster Livtolfus, nec non et eius filius Echbreht comites ex imperiali donatione in beneficium habuerunt, ... in proprium dedimus.* In einem Diplom bereits Ks. Heinrichs III. von 1051 für die Hildesheimer Kirche, in dem der gleiche Sachverhalt angesprochen worden ist – MGH D H III 279 – , heißt es entsprechend: *notum esse volumus, qualiter nos ... comitatum, quem Brvn eiusque filius, scilicet noster frater Livtolfus, nec non et eius filius Echbrecht comites ex imperiali auctoritate in beneficium habuerunt, ... in proprium dedimus.* (Die Verwandtschaft zu Heinrich IV. bzw. Heinrich III. lief über Liudolfs Mutter, Gisela [nr. **25**], die zunächst mit Gf. Brun, dann mit Hzg. Ernst I. v. Schwaben und in 3. Ehe mit Ks. Konrad II., dem Vater Ks. Heinrichs III., vermählt war). In MGH D K II 124 vom Jahre 1028 wird ausdrücklich der *Liudulfus comes* als *privignus imperatoris* erwähnt. – Beim Annalista Saxo ad 1057, MGH SS 6 S. 692, neue Ed. MGH SS 37 S. 400, wird berichtet, daß Otto, der illegitime Bruder Mgf. Wilhelms von der sächsischen Nordmark, *a Brunone et Ecberto comitibus, filiis Liudolfi de Brunesuuic, qui fuerat patruus regis, circumventus est iuxta villam que dicitur Nienthorp secus fluvium Salicam* und erschlagen wurde, wobei freilich auch Bruno den Tod fand.

Gf. Liudolf ist etwa 1005 geboren; vgl. dazu die entsprechenden Ermittlungen bei E. HLAWITSCHKA, Untersuchungen zu den Thronwechseln S. 144. Seine Verehelichung dürfte etwa 1022 erfolgt sein.

Liudolf verstarb im April 1038. Die Ann. Hildesheim. ad 1038, MGH SS rer. Germ. S. 43, vermelden: *Liudolfus comes, privignus imperatoris, 9. Kal. Maii* (= 23. April) *inmatura morte obiit*; ebenso der Annalista Saxo ad 1038, MGH SS 6 S. 682, neue Ed. MGH SS 37 S. 377: *Eo anno Liudolfus comes Saxonicus, filius Brunonis de Brunsuuic et Gisle inperatricis, VIIII. Kal. Maii inmatura morte … obiit.* Das Weißenburger Nekrolog gibt hingegen Liudolfs Tod zum 15. April an: *Liutolfus filius Gisile imperatricis*; J.F. BÖHMER, Fontes rer. Germ. IV S. 311; E.F. MOOYER, Nekrologium Weißenburg. S. 14. – F. CURSCHMANN, Zwei Ahnentafeln S. 76, gibt zu bedenken, ob evtl. im Weißenburger Nekrolog der Todestag, in den Ann. Hildesheim. (und bei dem von ihnen abhängigen Annalista Saxo) hingegen der Tag des Begräbnisses überliefert sein könnte.

13 : Gertrud als Mutter Gf. / Mgf. Ekberts I. (v. Braunschweig)

Beim Annalista Saxo ad 1038, MGH SS 6 S. 682, neue Ed. MGH SS 37 S. 377, liest man: *Genuit autem Liudolfus ex Gertrude comitissa Brunonem, qui iuxta villam Niethorp occisus est* (vgl. bei nr. **12**), *et Ekbertum seniorem marchionem.* Des weiteren verlautet in einer im Plenarium der Braunschweiger St. Blasius-Stiftskirche überlieferten Urkunde: *Notum sit … qualiter praepositus hujus ecclesiae Thoncguarderoth Atheloldus tradidit patronis nostris S. Johanni Baptiste et S. Blasio martyri praedia subscripta [per manum dominae nostrae Gertrudis et* = späterer Zusatz*] per manus domini marchionis Egberti majoris et filii sui*; H. DÜRRE, Gesch. d. Stadt Braunschweig S. 49f. Anm. 8. Auch wenn das Plenarium „spätestens dem dreizehnten Jahrhundert angehört" und der Nachtrag noch etwas später angefertigt wurde, so hält er doch das lokale Wissen über die Stiftsgründer fest. – Als Gemahlin bzw. Witwe Gf. Liudolfs ist Gertrud auch durch die Inschrift eines an die Braunschweiger Blasiuskirche gestifteten Kreuzes bekannt: *Hoc iussit Gertrudis fabricari pro anima Liudolfi comitis*; vgl. P. CORBET, L'autel portatif S. 97–120, bes. S. 101.

Gertruds Todesdatum ist im Memorienregister des Braunschweiger Blasiusstiftes überliefert: *21. VII. Anno Dom. MLXXVII obiit Ghertrudis marchionissa senior ...*; H. DÜRRE, Register der Memorien S. 37. Den Todestag, 21. Juli, weist auch die Bleitafel auf, die man 1668 im Sarg Gertruds vor einem Altar in der Krypta der Stiftskirche fand: *Hic requiescit Gerdrudis devota Christi famula. XII Kal. Augusti*; H. DÜRRE, Gesch. d. Stadt Braunschweig S. 51; H. BÖTTGER, Brunonen-Welfen S. 167; P. CORBET, L'autel portatif S. 102; L.C. BETHMANN, Grab d. Gräfin Gertrud S. 133–136; E. DÖLL, Kollegiatstifte St. Blasius u. St. Cyriacus S. 27.

14 / 15 : Mgf. Odelrich-Manfred II. v. Turin und Berta als Eltern Irmgards/Immulas

Beim Annalista Saxo ad 1067 (MGH SS 6 S. 695, neue Ed. MGH SS 37 S. 409) wird Irmgard / Immula als Schwester jener Adelheid bezeichnet, deren Tochter Berta Kg. Heinrich IV. zur Gemahlin nahm; vgl. bei nr. **7**. Ebd. ad 1071 (S. 698, neue Ed. S. 418) wird Irmgard / Immula als *matertera* (Tante, Muttersschwester) der Königin Berta bezeichnet; vgl. bei nr. **7**. Und ebd. ad 1036 (S. 679, neue Ed. S. 371) wird sie als *soror* der Markgräfin Adelheid v. Turin angegeben; vgl. ebenfalls bei nr. **7**. – Als Schwester Adelheids v. Turin und Tante der Kgn. Berta war Irmingard / Immula eine Tochter Mgf. Odelrich-Manfreds II. v. Turin und seiner Gemahlin Berta; vgl. die Belege zu den Eltern Adelheids v. Turin bei **XX : Ksn. Berta (v. Turin)** nr. **6** u. **7**. – Außerdem Hist. patr. Mon., Chartae I S. 655 nr. 390 vom 3. Dez. 1077: *Ego Immilla ducissa vocata, filia quondam Odelrici qui Maginfredo vocatur marchio, que professa sum ex nacione mea lege vivere salica ... dono et offero ...*

16 : Gf. Siegfried v. Northeim als Vater Gf. Bennos v. Northeim

Zur Filiation vgl. die beiden Belege aus der Chronik Thietmars v. Merseburg und dem Annalista Saxo bei nr. **8**. In der späten C(h)ronica ducum de Brunswick cap. 4, MGH Dt. Chron. 2 S. 578, liest man: *Et cum tractaretur de Ekehardo, Ekehardi* (richtig: Guntheri) *marchionis Orientalis filio, qui erat dives et prepotens et marchio Orientalis, Sifridus et Benno, filii comitis Sifridi de Burnenborch* [richtig: de Northeim], *cum comite Thiderico* (richtig: Heinrico) *de Katelingheborch ipsum Ekehardum ibidem in Polede occiderunt.*

Das Diplom Ks. Ottos II. 274 vom 18. V. 982, das den um Northeim gelegenen Rittigau als Komitatsbezirk eines Gf. Siegfried ausweist (*villa Medenheim dicta in pago Rietdega vocato et in comitatu Sigefridi comitis sita*), scheint die erste Bezeugung Siegfrieds darzustellen. Zumal Siegfried 1002 bereits zwei erwachsene Söhne (Siegfried und Benno) hatte, die an der Ermordung des Thronprätendenten Mgf. Ekkehard v. Meißen beteiligt waren, muß er sicherlich um 980 schon verheiratet gewesen sein. „Seine Geburt dürfen wir dann" – so F. CURSCHMANN, Zwei Ahnentafeln S. 80 – „um die Mitte des Jahrhunderts ansetzen". Doch könnte er auch schon mit jenem 984 (zur Ablehnung der Bestrebungen Heinrichs d. Zänkers) auf der Asselburg mit einem nicht namentlich genannten, aber doch wohl schon handlungsfähigen Sohn erschienenen Gf. Siegfried (*Sifrith eiusque filius*) identisch sein (vgl. bei nr. **8**), was dann – bei einem um 970 geborenen Sohn – auf eine Verehelichungszeit kurz vor 970 und auf eine eigene Geburtszeit vielleicht schon kurz vor 950 schließen lassen dürfte.

Die Ann. necrol. Fuldens., MGH SS 13 S. 209, auch ed. K. SCHMID, Klostergemeinschaft v. Fulda I S. 350, verzeichnen zum Jahre 1004 *obiit Sigifridus comes.* Mit großer Wahrscheinlichkeit bezieht sich diese Nachricht auf den Northeimer; so E. Frh. v. USLAR-GLEICHEN, Abstammung d. Grafen v. Northeim S. 55; R. SCHÖLKOPF, Sächs. Grafen S. 124; K.-H. LANGE, Stellung der Grafen v. Northeim S. 3 u. 6; K. SCHMID, Klostergemeinschaft v. Fulda Bd. 2, 1–3 S. 392. Da der Eintrag Siegfrieds in diesen im wesentlichen chronologisch geführten Totenannalen zwischen Eintragungen vom 20. Februar (*10. Kal. Mar. ob. Adaling pr. mon.*) und 18. Mai (*Gisilbraht occisus est*; vgl. dazu *15. kal. Junii Giselbertus, frater Chunigundis imperatricis Papiae occisus obiit*, MGH SS 4 S. 791, weiterhin bei C. WAMPACH, Urkunden- u. Quellenbuch I S. 308f. nr. 219) steht, ist der Todestag Gf. Siegfrieds in diese Spanne einzugrenzen. (Zum Versuch von A. WOLF, Herkunft der Grafen v. Northeim, diesen 1004 verstorbenen Gf. Siegfried mit Siegfried II. v. Luxemburg zu identifizieren, vgl. E. HLAWITSCHKA, Grafen v. Northeim S. 286ff., DERS., Northeimer u.

Luxemburger, und bei **XIII : Ksn. Kunigunde** nr. **2** [Ende], sowie unten bei nr. **32** [E]).

17 : Mathilde als Mutter Gf. Bennos v. Northeim

Als Mutter Gf. Bennos v. Northeim ist Mathilde lediglich durch die bei nr. **8** zitierte Passage des Annalista Saxo ad 1083, MGH SS 6 S. 721, neue Ed. MGH SS 37 S. 471, bekannt. Da Thietmar v. Merseburg – wie ebenfalls bei nr. **8** zitiert – zum Jahre 1002 eine Ethelinde als Gemahlin Gf. Siegfrieds I. v. Northeim nennt und Siegfried II. und Benno ausdrücklich nur als Söhne Siegfrieds I. kennzeichnet, muß Ethelinde Siegfrieds I. zweite Gemahlin gewesen sein und seine erste Ehefrau Mathilde demnach vor 1001/02 verstorben sein.

18 / 19 : Vermutungen zu den Eltern Eilikas

Zur Abstammung Eilikas liegen nur Vermutungen vor:

A) E. Frh. v. USLAR-GLEICHEN, Abstammung der Grafen v. Northeim S. 62, meinte, Eilika sei „die Tochter der Gräfin Gerburg II. von Stade aus deren zweiter Ehe mit dem Grafen Bruno VI. von Braunschweig“ gewesen. Vgl. dort auch S. 24f. Als Vermutung wurde dies bereits von L. SCHRADER, Ältere Dynastenstämme S. 35f., erstmals vorgetragen; und A. COHN, Gesch. der Grafen v. Reinhausen S. 556f., hatte danach versucht, jene Ansicht weiter zu stützen, wenngleich ohne überzeugende Argumente. – Diese These ist jedoch mit guten Gründen als „völlig phantastisch“ abgelehnt worden: vgl. z.B. H. BOLLNOW, Grafen v. Werl S. 72. Er macht darauf aufmerksam, daß diese Ansicht zwei Nahehen 3:3 ergäbe, deren Duldung in der damaligen Zeit sehr unwahrscheinlich gewesen wäre:

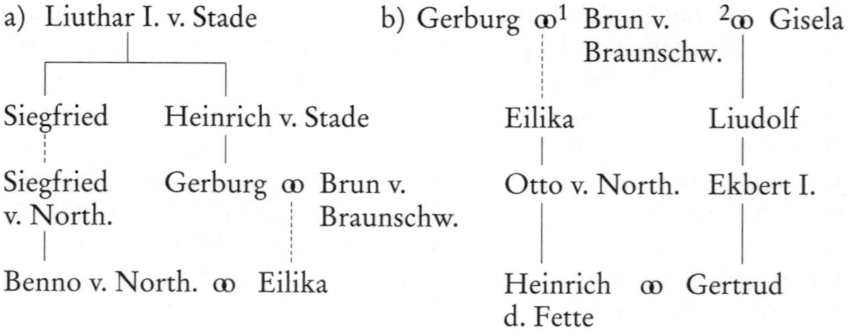

Es gibt zudem keinerlei Hinweis darauf, daß Gf. Brun v. Braunschweig vor seiner Ehe mit Gisela schon einmal verheiratet war. Abgelehnt wird diese Sicht auch bei F. CURSCHMANN, Zwei Ahnentafeln S. 75; R.G. HUCKE, Grafen v. Stade S. 23; R. SCHÖLKOPF, Sächs. Grafen S. 125f.; K.-H. LANGE, Stellung d. Grafen v. Northeim S. 2.

Offenbar in Unkenntnis dieser Widerlegung ist die These, daß Eilika eine Tochter Gf. Bruns v. Braunschweig mit Gerburga v. Stade war, wieder aufgegriffen bei H.C. FAUSSNER, Kuno v. Öhningen S. 136 (Tafel IX); DERS., Königl. Designationsrecht S. 40 und 69 (Tafel III). Faußners Darlegungen stehen im Zusammenhang mit seinen Bemühungen um die Klärung der Person 'Kunos v. Öhningen' – H.C. FAUSSNER, Kuno v. Öhningen S. 20–139 –, die von mir bereits vor längerem als völlige Fehlkonstruktion zurückgewiesen werden mußten; vgl. E. HLAWITSCHKA, Kgn. Richeza S. 221–244; DERS., Beiträge z. Genealogie der Burchardinger S. 203–217. (Auf Faußners Entgegnung hierauf – H.C. FAUSSNER, Rechtsgrundlagen des passiven Königswahlrechtes S. 133–154 – lohnt eine ausführliche Erwiderung nicht. Mit seiner maßlosen Polemik versucht er zwar zu brillieren, vermag aber meine nach wie vor gültigen Argumente und Beweise gegen seine Elaborate nicht auszuschalten; vgl. zu Teilen dieser Arbeit bereits bei **XXXI : Ks. Lothar III.** nr. **7**).

B) E. KIMPEN, Genealogie der bayr. Herzöge S. 80–82, hielt es für geboten, die Betrauung Ottos v. Northeim (nr. **4**) mit dem bayerischen Herzogtum über die Herkunft seiner Mutter Eilika aus der Verwandtschaft mit dem salischen Kaiserhause zu erklären. Begründung: Die Northeimer waren, „wie aus der bedeutsamen Stellung hervorgeht, die Otto von Northeim nach dem Tod Ks. Heinrichs III. ausübte, Verwandte des salischen Kaiserhauses". Und zwar sei Eilika wohl eine Tochter Hzg. Konrads I. v. Kärnten (1004–1011), eines Sohnes des 1004 verstorbenen Saliers und zeitweiligen Kärntenherzogs Otto, gewesen. Genealogisch verwertbare Quellenzeugnisse hierfür gibt es aber nicht, so daß alles ein reines (von einer vorgefaßten Meinung über die fortdauernde Besetzung des Herzogtums Bayern mit „liutpoldingischen Blutslinien" ausgehendes) Postulat bleibt. Gegen Kimpens Herleitung Eilikas von Hzg. Konrad I. v. Kärnten spricht indessen, daß uns überhaupt kein Zeugnis über eine Tochter Hzg. Konrads I. in den Quellen vorliegt. Auch ein Reichenauer Gedenkeintrag, der uns Mathilde, Konrads I. Gemahlin und nachher Ehefrau Hzg. Friedrichs II. v. Oberlothringen, zeigt, kennt keine Eilika; vgl. H. SCHWARZMAIER, Reichenauer Gedenkbucheinträge S. 19–

28; E. Hlawitschka, Oberlothr. Herzogstochter Sophie S. 97ff.; Ders., Herkunft u. Namen Sophies S. 28.

C) A. Wolf, Herkunft d. Grafen v. Northeim S. 433 Anm. 39 (ähnlich Ders., Zur Kontroverse S. 404 Anm. 24) meint bezüglich der Abkunft Eilikas: „Plausibel erscheint ... die Identität Eilicas mit der gleichnamigen Frau des Billunger Sachsenherzogs Bernhard II. und ihrer Herkunft aus dem Hause Schweinfurt, vgl. K.A. Eckhardt, Eschwege als Brennpunkt ... S. 104–106. Hierfür spricht u.a. die – sonst schwer zu erklärende – Angabe Lamperts [Annales ad 1073, MGH SS rer. Germ. S. 149] zum Jahre 1073, daß Otto von Northeim den gefangenen Herzog Magnus von Sachsen *propinquum suum* nannte:

Benno v. Northeim ∞^1 Eilica v. Schweinfurt $^2\infty$ Bernhard II. v. Sachsen

Otto v. Northeim, † 1083 — Ordulf v. Sachsen

Magnus v. Sachsen, † 1106

propinqui 1073

Außerdem würde der Name Ottos von Northeim dann eine Erklärung in dem seines Mutterbruders Otto von Schweinfurt finden". Vgl. auch Wolfs Stammtafel nach S. 438.

Dadurch müßten Hzg. Ordulf (Otto) und Otto v. Northeim (nr. **4**) Halbbrüder gewesen sein. Nun berichtet zwar Lampert v. Hersfeld, Annales ad 1073, MGH SS rer. Germ. S. 149, daß sich Otto v. Northeim als Geisel für den von Kg. Heinrich IV. gefangen gehaltenen Hzg. Magnus v. Sachsen (den Sohn Hzg. Ordulfs), *propinquum suum*, anbot, daß jedoch *propinquus* hier den Bruderssohn / Neffen meinen sollte, scheint ganz abwegig, wenn man die Nebeneinandererwähnungen der beiden bei Lampert, Annales ad 1070 (S. 117), ansieht. Dort heißt es, daß Hzg. Otto (v. Northeim) seine Truppen entließ und seinen Lebensunterhalt *ex possessionibus Magni comitis*, an dem er einen ergebenen Verfechter seiner Ansichten hatte, bestritt. Nichts steht da, daß Magnus etwa sein Neffe war, sondern: *Is filius erat Ottonis ducis Saxoniae* [= Ordulfs], *egregius adolescens, boni et equi in pace supra annos suos servantissimus et in bello audacia et virtute militari nulli secundo.* Ebd. ad 1075 (S. 238) wird die Inhaftierung der sächsischen Großen durch Heinrich IV. berichtet, wobei unter anderem aufgezählt werden: ...*Otto dux Baioariae, Magnus dux Saxoniae, Hermannus comes patruus eius, Fridericus palatinus comes* ... Gf. Hermann wird also als Onkel (väterlicherseits) des Magnus kenntlich gemacht, nicht aber gleichfalls auch Otto v. Northeim. Daraus dürfte deutlich hervorgehen, daß eine so nahe Verwandtschaft, wie Wolf sie (über Eilica) konstruiert, nicht bestand. Vgl. dazu auch E. HLAWITSCHKA, Northeimer u. Luxemburger Anm. 23.

Diese Sichtweise scheitert vor allem aber daran, daß Hzg. Ordulf v. Sachsen sich bereits 1042 vermählte und 1042/43 kriegerisch hervortrat, also doch wohl spätestens um 1025 geboren sein wird; vgl. dazu R. BORK, Billunger S. 118f., 148ff. Die Ehe seiner Eltern – Hzg. Bernhard II. und Eilika – könnte dann spätestens um 1024, vielleicht auch schon um 1020 (so A. Wolf in der Stammtafel nach S. 438), geschlossen worden sein. Nun ist aber Gf. Benno v. Northeim, der in Wolfs Sicht als 1. Gemahl Eilikas (vor ihrer Ehe mit Hzg. Bernhard II.) figuriert, erst „in den Jahren 1047 bis 1049" gestorben (vgl. oben bei nr. **8**, außerdem K.-H. LANGE, Herrschaftsbereich der Grafen v. Northeim S. 12, 16f. mit Anm. 59; auch S. BORCHERT, Hzg. Otto S. 34), so daß seine Frau Eilica nicht schon um 1024 eine zweite Ehe mit Hzg. Bernhard II. eingehen konnte. Das macht eine Identifizierung völlig illusorisch.

So bleibt die Frage der Herkunft Eilikas weiterhin offen.

24 : Gf. Brun v. Braunschweig als Vater Gf. Liudolfs v. Braunschweig

Zu den Belegen aus Diplomen Ks. Heinrichs III., Ks. Heinrichs IV. und dem Annalista Saxo, die Gf. Brun v. Braunschweig als Vater Gf. Liudolfs nachweisen, vgl. bei nr. **12**.

Zu Gf. Bruns (um 1004 geschlossener) Ehe mit Gisela, der Tochter Hzg. Hermanns II. v. Schwaben, vgl. bei nr. **25**.

Die Todeszeit Bruns ist nicht genau bekannt. Da sich jedoch Ks. Heinrich II. – wie Thietmar v. Merseburg, Chron. lib. VII cap. 6, MGH SS rer. Germ. NS 9 S. 404f., berichtet – anläßlich der Notwendigkeit einer Bestrafung eines 1014 begangenen Frauenraubs an die Tötung des im eigenen Hause von seinem Feind Milo getöteten Brun erinnerte, was allgemein auf Gf. Brun v. Braunschweig bezogen wird, dürfte Gf. Brun v. Braunschweig auf alle Fälle vor 1014 den Tod gefunden haben. Ja, da Gisela ihrem 2. Gemahl, dem am 31. Mai 1015 bei einem Jagdunfall ums Leben gekommenen Hzg. Ernst I. v. Schwaben (1012–1015), zwei Söhne – Ernst II. und Hermann IV. v. Schwaben – gebar, also doch etwa 3–4 Jahre mit Ernst I. vermählt gewesen sein wird, läßt sich Bruns Tod wohl noch vor 1010, vielleicht um 1008, ansetzen. Vgl. dazu E. HLAWITSCHKA, Untersuchungen zu den Thronwechseln S. 127–144; zusammenfassend DERS., Familiäre Verbindungen der Brunonen S. 136. (Gelegentlich wurde das Jahr 1008 oder auch 1009 als gesicherte Todeszeit Gf. Bruns angeführt; vgl. H. BÖTTGER, Brunonen S. 457 Anm. 627 u. 628. Dies beruhte auf Fälschungen J.F. Falkes und entbehrte somit einer tragfähigen Quellenbasis. Auch der Versuch von K.A. ECKHARDT, Studia Corbeiensia II S. 386, eine von Falke erfundene Traditionsnotiz eines *Bruno comes pro patre suo Luidolfo* von 990/93 als echt zu retten, ist verfehlt; vgl. K. HONSELMANN, Alte Mönchslisten I S. 149). Im Jahre 1002 hat Brun jedenfalls gelebt; damals war er Thronkandidat nach dem Tode Ks. Ottos III.; vgl. E. HLAWITSCHKA, Familiäre Verbindungen der Brunonen S. 141 f. Und seine Ehe mit Gisela kann er auch erst frühestens 1002, wahrscheinlich aber erst 1003/04 eingegangen sein.

25 : Gisela (v. Schwaben) als Mutter Gf. Liudolfs (v. Braunschweig)

Der Annalista Saxo ad 1026, MGH SS 6 S. 676, neue Ed. MGH SS 37 S. 363, berichtet: *Gisla nupsit primum Ernesto, filio Liuppaldi marchionis, genuitque illi Herimannum ducem Sueuorum* (Hermanns älterer Bruder Hzg. Ernst II. ist dabei vergessen). *Duce Ernesto defuncto, accepit eam uxorem comes Bruno de Brunesuuic, peperitque illi Liudolfum comitem. Comite Brunone etiam defuncto duxit eam violenter Conradus suus cognatus genuitque ex ea hunc, de quo loquimur, Henricum* (= Ks. Heinrich III.). Ebd. ad 1038, S. 682, neue Ed. S. 377: *Eo anno Liudolfus comes Saxonicus, filius Brunonis de Brunesuuic et Gisle inperatricis, VIIII. kal. Maii* (= 23. April) *inmatura morte … obiit.* Vgl. auch bei nr. **12** das Filiationszeugnis aus dem Weißenburger Nekrolog.

Daß der Annalista Saxo die Reihenfolge der drei Ehen Giselas falsch wiedergibt und daß Giselas Ehe mit Brun v. Braunschweig vor die mit Hzg. Ernst I. v. Schwaben zu stellen ist, wird – in langer Auseinandersetzung mit älterer Literatur, die die beim Annalista Saxo überlieferte Reihenfolge der Ehen Giselas (auf der Geburtsangabe 999 in der Bleitafelinschrift in ihrem 1900 geöffneten Sarg im Speyerer Dom basierend) verteidigte – gezeigt bei E. HLAWITSCHKA, Untersuchungen zu den Thronwechseln S. 126–155. In dieser Arbeit wird auch das Geburtsjahr der Kaiserin Gisela – 11. XI. 989 – bestimmt, wodurch zugleich als ungefährer Zeitpunkt ihrer ersten Verehelichung frühestens etwa 1002 (eher wohl 1003/04) feststehen dürfte.

Zu Giselas Geburtsdatum, Verheiratungszeit und zum Todesdatum (3. II. 1043) vgl. auch bereits bei **XV : Ksn. Gisela** nr. **1**.

26 / 27 : Ekbert, Sohn Gf. Ekberts d. Einäugigen, und NN als vermutliche Eltern Gertruds (v. Braunschweig)

Über die Abstammung Gertruds gibt es keine Quellenzeugnisse, dafür mehrere Vermutungen:

A) H. Böttger, Brunonen S. 472ff., auch Ders., Brunonen-Welfen S. 164, und P. Rockrohr, Letzte Brunonen S. 8, bezeichnen Gertrud als Tochter Gf. Arnulfs v. Holland / Westfriesland. Die Ann. Egmundani ad 1162, MGH SS 16 S. 462, erwähnen zwar, daß Gf. Arnulf und seine Ehefrau Liutgard (= Schwester von Ks. Heinrichs II. Gemahlin Kunigunde v. Luxemburg) außer dem Sohn Gf. Dietrich III. auch mehrere Töchter hinterließen (… *quondam Arnulfus comes cum filiabus suis*), sie überliefern aber nicht expressis verbis eine Tochter Gertrud. Man weiß jedoch weiterhin, daß der um 993/94 im Kampf gegen aufständische Friesen gefallene Gf. Arnulf auch einen Bruder Ekbert hatte, nämlich den Erzbisch. Ekbert v. Trier (977–993), was bei der vorgeschlagenen Filiation das Auftreten des Ekbert-Namens bei Gertruds und Liudolfs v. Braunschweig Sohn Gf. Ekbert I. (nr. **6**) gut erklären könnte. Als Erbe nach dem Tode Gf. Dietrichs III. († 1039) könnte dann auch Westfriesland (mit den Gauen Stavergo, Ostergo, Westergo und Isselgo) über Gertrud – war sie eine Tochter Gf. Arnulfs – an die Braunschweiger bzw. in deren Anspruchsbereich gelangt sein. – Diese Auffassung wird von H. Bollnow, Grafen v. Werl S. 35, als „völlig aus der Luft gegriffen“ bezeichnet und zurückgewiesen. Dem schließt sich R. Schölkopf, Sächs. Grafen S. 109, an.

B) H. Jäkel, Grafen v. Mittelfriesland S. 70ff., sieht in Gertrud die Erbin, vermutlich die Tochter, des Grafen Rednat von Mittelfriesland. Er geht davon aus, daß Gf. Brun (nr. **24**), der Vater Gf. Liudolfs v. Braunschweig, keine erkennbaren Beziehungen zu friesischen Bereichen hatte und daß Bruns Gemahlin Gisela v. Schwaben, die spätere Kaiserin, erst recht keine Verbindungen nach Friesland gehabt haben kann. Es bleibe „somit nur die Möglichkeit übrig, daß er (= Liudolf) sich diese Grafschaft erheiratet hat. … Da sie (= Gertrud) ihrem Gemahle die Grafschaft Mittelfriesland zubrachte, werden wir sie als … Gertrud von Mittelfriesland zu bezeichnen haben. Sie gehörte demselben Hause wie Reginhilde, die Mutter der Königin Mathilde, an und muß die Erbin, also die Tochter des letzten einheimischen Grafen von Mittelfriesland (Rednat) gewesen sein". – Hierzu bemerkt H. BOLLNOW, Grafen v. Werl S. 36: „Auch diese Beweisführung hat nichts Überzeugendes an sich. So ist vorläufig alles, was Gertruds Abstammung betrifft, unbegründete Vermutung".

C) H. BOLLNOW, Grafen v. Werl S. 41, kam seinerseits zu der Auffassung, daß aus der Ehe Liudolfs v. Braunschweig und Gertruds nicht nur die beiden Söhne Brun († 1057) und Ekbert I. († 1068) – vgl. oben bei nr. **12** – hervorgingen, sondern auch eine Tochter: Ida v. Elsdorf. Von dieser Dame heißt es nämlich bei dem um 1240 schreibenden Albert v. Stade, Annales ad 1112, MGH SS 16 S. 319, sie sei eine *filia fratris imperatoris Heinrici III., filia quoque sororis Leonis pape qui et Bruno* gewesen. Wenn ihr Vater ein Bruder Ks. Heinrichs III. war, so komme dafür nur Gf. Liudolf v. Braunschweig, der Sohn Gf. Bruns v. Braunschweig und der künftigen Ksn. Gisela (Mutter Ks. Heinrichs III.) in Frage. Und wenn Ida eine Tochter von einer Schwester Papst Leos IX. gewesen sein soll, dann müsse Gertrud „eine Gräfin von Egisheim sein".

Diese Frage war nun seinerseits engstens mit dem Problem der Geburtszeit der Ksn. Gisela verbunden; denn war Gisela – wie es die in ihrem Grab gefundene Bleitafel besagt (vgl. bei **XV : Ksn. Gisela** nr. **1**) – erst 999 geboren, so konnte Liudolf erst etwa 1016 geboren sein, was nicht zu der weiteren Angabe paßt, daß Ida (die dann etwa 1032 das Licht der Welt erblickt haben konnte) vor 1054 (Tod Papst Leos IX.) schon einen erwachsenen Sohn gehabt haben soll, nach dessen gewaltsamem Tod Ida zu ihrem Onkel nach Rom gereist sein soll. Deshalb wurde die Nachricht Alberts v. Stade als unbrauchbar verworfen. Es sei „völlig vergebliche Mühe, auf Grund seiner Angaben die Abkunft der Ida bestimmen zu wollen"; so E. BRANDENBURG, Probleme um Ksn. Gisela S. 36–38 (Exkurs II, Ida v. Elsthorpe).

Um den chronologischen Schwierigkeiten auszuweichen, hat H. DOBBERTIN, Verwandtschaftsverhältnis S. 44–76, gemeint, Ida v. Elsdorf werde „eine Stieftochter des Kaiser(stief)bruders Ludolf IV. von Braunschweig" gewesen sein. Bei ihr müsse es sich aber auch nur um „eine Stiefschwesterntochter des besagten Papstes" Leo IX. gehandelt haben, da er – einen Hinweis von J. SCHAUKEGEL, Spicilegium S. 136f., aus dem Jahre 1796 aufgreifend – in Liudolfs Gemahlin Gertrud jene (in den Ann. Hildesheim. ad 1019 genannte) *Gerdrud*, Tochter eines Grafen Ekbert, erblicken zu dürfen meinte, die im Jahre

1019 auf einer in Goslar abgehaltenen Synode von ihrem Ehemann (wohl wegen zu naher Verwandtschaft) geschieden wurde und sich danach eben mit Liudolf verheiratet haben konnte. Vgl. Ann. Hildesheim. ad 1018 (nach dem Itinerar Heinrichs II. richtig zu 1019), MGH SS rer. Germ. S. 32: *Eo anno domnus Bernwardus episcopus tempore quadragesimae Goslare, presente imperatore cum episcopis ceterisque regni primoribus sinodo habita, Godescalcum, Eggihardi presidis filium, et Gerdrudam, Egberhdi comitis filiam, separavit.* Da nun hierdurch für Gertrud ein Vater Ekbert feststand, konnte die (von Albert v. Stade angegebene) Verbindung zu Papst Leo IX. eben nur noch über Leos IX. Mutter Heilwig (und nicht etwa über Leos IX. Vater Gf. Hugo IV. v. Dagsburg/Egisheim) laufen. – Diese Sicht ist auf Widerspruch wie auch auf Zustimmung gestoßen. H. Jakobs, Adel in der Klostereform S. 184–188, 197–204, läßt mehr oder weniger offen, ob Gertrud eine Schwester oder Halbschwester Leos IX. gewesen sei.

Nun hing dieses Problem aber auch mit der Klärung vielfältiger Fragen um den in der Adelsgeschichtsforschung heftig umstrittenen Grafen 'Kuno v. Öhningen' zusammen. Bei der Lösung dieser Fragen konnte das Ergebnis erzielt werden, daß Ida v. Elsdorf als etwa 1023 geborene Tochter des ca. 1005 zur Welt gekommenen Grafen Liudolf v. Braunschweig und als Enkelin der wohl 989 geborenen (Kaiserin) Gisela anzusehen ist. Idas eigener Sohn Ekbert, etwa 1040 geboren, fand 1053, als er die Schwelle zur Mündigkeit und Wehrhaftigkeit bereits erreicht hatte, den Tod, so daß sich Ida um 1053/54 an Papst Leo IX. wenden konnte. Vgl. hierzu E. Hlawitschka, Untersuchungen zu den Thronwechseln S. 128–155. Die Nachricht der Ann. Hildesheimenses bleibt dabei verwertbar und die Weitergabe des Ekbert-Namens in Gertruds und Liudolfs Nachkommenschaft bleibt so auch ein Indiz für die Richtigkeit des eingeschlagenen Weges.

D) Wer aber war dieser Gertrud-Vater Ekbert? Und wer war dessen Ehefrau? Sieht man Ekbert als einen jener *filii Ekbrahti comitis et nepotis nostri* Ks. Ottos III. an, die 1001 ihren Komitat im ostfälischen Ambergau (bei der Burg Dahlum zwischen Goslar und Hildesheim) hatten (MGH D O III 390), so handelt es sich bei ihm um einen Sohn Gf. Ekberts d. Einäugigen († 994). Dieser wiederum war ein Sohn Gf. Wichmanns d. Ä., der mit Bia, einer Schwester von Kg. Heinrichs I. Gemahlin Mathilde, vermählt gewesen ist. Da nun Mathilde – wie Widukind v. Corvey, Rer. gest. Saxon. lib. I cap. 31, MGH SS rer. Germ. S. 44, überliefert – *stirpis magni ducis Widukindi* war, *qui bellum potens gessit contra Magnum Karolum per triginta ferme annos,* wäre es, wenn man diese Sichtweise akzeptiert, erklärlich, daß in der späten Braunschweiger Hofpanegyrik (Verlorene, aber gut erschließbare Braunschweiger Fürstenchronik – C(h)ronica ducum de Brunswick – Braunschweiger Reimchronik) ein starker Kern widukindischen Herkunftsbewußtseins gepflegt worden ist. Und es wäre weiterhin erklärlich, daß noch ein Sohn Hzg. Heinrichs d. Löwen, der Pfgf. Heinrich, also ein Nachkomme Gertruds, 1215 erklären konnte, er handle *patrum nostrorum, qui Wildeshusensem ecclesiam fundaverunt et prediis suis dotaverunt, vestigiis inherendo*; vgl. R. WILMANS, Kaiserurkunden Westfalens I S. 536f. (aus dem Wildeshausener Kopialbuch). Als Stifter Wildeshausens steht dabei Waltbert, der Enkel Hzg. Widukinds, fest; vgl. K. SCHMID, Nachfahren Widukinds S. 1–47. Für diesen Traditionsstrang im Bewußtsein der Braunschweiger Landesherren bedarf es einer Erklärung, die durch die obige Rekonstruktion geliefert wird; vgl. hierzu E. HLAWITSCHKA, Untersuchungen zu den Thronwechseln S. 146–148, und DERS., Familiäre Verbindungen der Brunonen S. 151–160.

Während so ein Teil der Nachricht Alberts v. Stade – nämlich derjenige über die Abstammung der Elsdorferin Ida von einem *frater imperatoris Heinrici III.* – akzeptabel erscheint, ist hingegen der andere Teil – Abstammung Idas von einer *soror* Papst Leos IX. – als bewußte literarische Zuspitzung des (auch damals allgemein bekannten) Verwandtschaftsverhältnisses zwischen den Saliern und den Dagsburg/Egisheimern durch Albert v. Stade aufzufassen; eine solche Zuspitzung konnte ihm – als Vertreter der Interessen der Bremer Kirche – beim Streit um das Erbe Idas v. Elsdorf sehr nützlich sein; vgl. E. HLAWITSCHKA, Untersuchungen zu den Thronwechseln S. 147f. Daß Idas – und damit auch Ekberts I. – Mutter, also Gf. Liudolfs v. Braunschweig Gemahlin Gertrud, auch nicht nur eine Halbschwester Papst Leos IX. (aus einer ersten Ehe Heilwigs vor derjenigen mit Leos IX. Vater Gf. Hugo IV. v. Dagsburg/Egisheim) gewesen sein kann, resultiert im übrigen schon daraus, daß in einem solchen Falle ja Ida am Erbe ihrer (postulierten) Mutter Heilwig v. Dagsburg (nach dem Tode von Heilwigs Vater Gf. Ludwig v. Dagsburg) hätte beteiligt werden müssen und daß dieses Erbe nicht komplett an Gf. Hugo IV. und seine und Heilwigs Nachkommen gefallen wäre. Auch von eventuellem Streit, bei dem sich allein die Hugo-Seite durchgesetzt hätte, ist in den Quellen nicht das geringste zu finden. So ist also die Nachricht Alberts v. Stade über Idas Mutter als Schwester Papst Leos IX. auch in der von Dobbertin zur Stiefschwester Leos IX. gewandelten und in dieser Form von anderen (wie etwa H. Jakobs) für erwägbar befundenen Weise nicht hinnehmbar. Vgl. auch F. LEGL, Grafen v. Dagsburg-Egisheim S. 141–144. – Gertruds Mutter bleibt uns also weiterhin unbekannt.

28 : Mgf. Manfred I. v. Turin als Vater Mgf. Odelrich-Manfreds II.
→ **XX : Ksn. Berta** nr. **12**

29 : Prangarda (v. Canossa) als Mutter Mgf. Odelrich-Manfreds II.
→ **XX : Ksn. Berta** nr. **13**

30 : Mgf. Otbert II. vom östl. Ligurien als Vater Bertas
→ **XX : Ksn. Berta** nr. **14**

31 : NN als Mutter Bertas
→ **XX : Ksn. Berta** nr. **15**

32 : Vermutungen zu den Vorfahren Gf. Siegfrieds I. v. Northeim

Zu Gf. Siegfrieds I. Eltern und weiteren Vorfahren existieren nur Vermutungen, die hier mitzuteilen sind:

A) E. Frh. v. USLAR-GLEICHEN, Abstammung der Grafen v. Northeim S. 15ff. u. 53, meinte, für Siegfried I. v. Northeim einen gleichnamigen Vater angeben zu können, den er zugleich als Bruder Gf. Heinrichs v. Stade ansieht. Seine Hypothese beruht auf einer Angabe Widukinds v. Corvey, Rer. gest. Saxon. lib. III cap. 51, MGH SS rer. Germ. S. 131, nach der im Jahre 955 dem Hzg. Hermann Billung bei dessen Slawenkämpfen *Heinricus preses cum fratre Sigifrido, viri eminentes et fortes, domi militiaque optimi,* Hilfe leisteten. Dieser Bruder Gf. Heinrichs sei als Vater Siegfrieds I. v. Northeim aufzufassen. F. CURSCHMANN, Zwei Ahnentafeln S. 80, äußerte sich dazu: „Die Annahme hat nicht ganz geringe Wahrscheinlichkeit für sich, ein strikter Beweis ist aber nicht zu erbringen". Abgelehnt wird hingegen diese These bei R.G. HUCKE, Grafen v. Stade S. 12; K.-H. LANGE, Grafen v. Northeim (Diss.) I S. 17f., 50ff.; DERS., Stellung der Grafen v. Northeim S. 2.

B) Nach K.-H. LANGE, Grafen v. Northeim (Diss.) I S. 9ff.; auch R. SCHÖLKOPF, Sächs. Grafen S. 122f., ist es möglich, daß sich die Bezeugung der *villa Northeim in pago Salzgowe* (!) *in comitatu Ottonis comitis, fidelis nostri,* in einem Diplom Ottos I. für Fulda aus der Zeit um 950 (MGH D O I 132) auf Northeim (im Rittigau !) und einen Vorfahren (Vater ?) Gf. Siegfrieds I. (nr. **16**) beziehen könnte. Da die Gauangabe differiert, bestehen aber auch Bedenken gegen eine solche Vorfahrensuche. Mit Fragezeichen deshalb K.-H. LANGE, Herrschaftsbereich S. 10 und Stammtafel (als Beilage). Zu beachten ist dabei immerhin, daß *Northeim* wie auch *Salzgowe* in der uns erhaltenen Abschrift im Fuldaer Codex Eberhardi auf Rasur stehen und eine Fehlverbesserung sein könnten. Neuerdings wurde sogar deutlich gemacht, daß sich diese undatierte Urkunde auf Nordheim/Rhön bezieht und Ende 945 entstanden sein dürfte; ja, sie betraf einen Grafen Otto im Grabfeld; vgl. H. WAGNER, Zum undatierten Diplom S. 441–449. Damit scheidet D O I 132 als Quelle bei der Vorfahrensuche für die Northeimer aus.

C) K.A. ECKHARDT, Eschwege S. 42–46, erwog, den 963 gestorbenen Gf. Wilhelm v. Weimar als Vater Siegfrieds I. v. Northeim anzusehen. Da die – nach diesem Vorschlag – dann anzunehmenden Vorfahren- bzw. Verwandtennamen Wilhelm, Erpo und Wigger bei den Northeimern indes nicht wieder auftauchen, spricht kaum etwas für diesen Vorschlag.

D) R. WENSKUS, Sächs. Stammesadel S. 455–463 (mit Rückverweis auf S. 384f. und S. 379), möchte – in Ausdeutung einer St. Galler Gedenkliste – einem Grafen Siegfried (II.) vom südlichen Hassegau eine Christina als Gemahlin zuordnen und beide als Eltern Siegfrieds I. v. Northeim betrachten. Doch sind diese Darlegungen an keiner Stelle zwingend; und dazu ist der Ausgangspunkt, die St. Galler Liste, keine Familien-Gedenkeintragung, sondern – wie G. ALTHOFF, Unerkannte Zeugnisse S. 372–381, 400–406, gezeigt hat – die Wiedergabe der Namen eines um 932 angelegten Nekrologs aus dem Umfeld Kg. Heinrichs I. Die Namen Siegfried und Christina stehen in dieser Liste nur deshalb nebeneinander, weil deren Träger an nahe beieinander liegenden Kalendertagen verstorben waren. So ist dieser Rekonstruktionsversuch ganz abwegig.

E) Erst vor wenigen Jahren wurde ein neuer Vorschlag zu den Ahnen der Northeimer vorgelegt: A. WOLF, Herkunft der Grafen v. Northeim S. 427–440, meint, den ältesten bekannten Northeimer, Gf. Siegfried I. v. Northeim († 1004), mit Siegfried II. von Luxemburg, d.h. mit dem zu 983 und 985 bezeugten gleichnamigen Sohn jenes Gf. Siegfried I. v. Luxemburg, gleichsetzen zu dürfen, welcher 963 das Kastell Luxemburg errichtete und als Stammvater der Luxemburger Dynastie gilt. Er macht dafür 12 Indizien aus dem Bereich der Politik und der Chronologie geltend. Doch gibt es auch einige gewichtige Gegenargumente, von denen hier nur vier vermerkt seien:

1) In der Chronik Thietmars v. Merseburg wird der Northeimer Siegfried mit seinen Söhnen Siegfried und Benno mehrmals genannt – so lib. IV cap. 2, MGH SS rer. Germ. NS 9 S. 132ff. (zu 984); lib. IV cap. 11, ebd. S. 144 (zu 990); lib. V cap. 5, ebd. S. 224ff. (zu 1002); lib. V cap. 6, ebd. S. 226 (zu 1002); lib. V cap. 38, ebd. S. 262 (zu 1003) –, ohne daß Thietmar auch nur eine Andeutung auf eine Verwandtschaft (Geschwisterschaft) der Northeimer mit der Ksn. Kunigunde, einer Luxemburgerin, beigibt, obwohl er Geschwister und Neffen der Kaiserin mehrmals ausdrücklich als solche kennzeichnete: – so in lib. IV cap. 51, ebd. S. 190; lib. VI cap. 8, ebd. S. 282; lib. VI cap. 19, ebd. S. 296; lib. VI cap. 35, ebd. S. 316; lib. VII cap. 57, ebd. S. 470; lib. VIII cap. 18, ebd. S. 514ff.; lib. VIII cap. 27, ebd. S. 524. Das spricht schon sehr gegen diese These.

2) Dazu kommt, daß der zu 982 und 984 bezeugte Gf. Siegfried v. Northeim (vgl. bei nrn. **16** und **8**) bereits 984 mit einem Sohn (*Sifrith eiusque filius*) bei der sich gegen Hzg. Heinrichs d. Zänkers Thronabsichten wendenden Versammlung der sächsischen Großen (*ex oriente hii comites*) auf der Asselburg (südl. Burgdorf/Hann.) erschien, was anzeigt, daß der Sohn (wohl Siegfried II. v. Northeim, nicht sein jüngerer Bruder Benno) bereits mündig und wehrhaft, also mindestens 13–15 Jahre alt war. In A. Wolfs Rekonstruktion (s. dessen Tafel nach S. 438) sind Siegfried II. und Benno aber erst „ca. 985“ geboren. Wolf muß deshalb den (namentlich nicht genannten) *filius* des *Sifrith* von 984 mit dem zu 983 und 985 bezeugten Siegfried II., Sohn Siegfrieds I. v. Luxemburg, gleichsetzen und diesen Luxemburger Siegfried II. mit dem 1002 in seiner *curtis* in Northeim bezeugten, 1004 gestorbenen Grafen Siegfried identifizieren. Siegfried I. v. Luxemburg, der Gründer des dortigen Kastells, ist nun in mehreren Urkunden des Trierer und Luxemburger Raumes zwischen 950 und 998 mit reichem dortigen Grundbesitz bezeugt; vgl. C. WAMPACH, Urkunden- u. Quellenbuch I S. 205–299, nrn. 161–211; dazu H. RENN, Luxemburger Grafenhaus S. 57–65. Dieser Mann und sein Sohn jedoch, die so fundamental im Westen des Reiches verankert waren, konnten gewiß nicht zu den Großen *ex oriente,* d. h. Sachsens, gezählt werden. Zudem waren in jenen Tagen die *Lothariensis regni primates* in Verhandlungen mit Kg. Lothar v. Frankreich, wie ein Brief Gerberts v. Reims zeigt (Briefsammlung Gerberts, ed. F. WEIGLE S. 63 nr. 35), und nicht auf der Asselburg.

3) Eine weitere Unstimmigkeit ergibt sich daraus, daß Gf. Siegfried II. v. Luxemburg wahrscheinlich an einem 15. August verstarb (vgl. das Nekrologium S. Maximini, ed. F.X. KRAUS S. 115: *XVIII kl. [Sept.] ob. Sigifridus comes, qui dedit isti ecclesie Mersche cum appendiciis suis*), was auch A. Wolf (Tafel nach S. 438) vermerkt, während doch der von ihm mit diesem identifizierte, im Jahre 1004 verstorbene Gf. Siegfried I. v. Northeim zwischen dem 20. II. und 18. V. verschied; vgl. bei nr. **16**.

4) Gänzlich verbietet sich jedoch die Gleichsetzung Gf. Siegfrieds I. v. Northeim mit Gf. Siegfried II. v. Luxemburg deswegen, weil der Enkel des Northeimer Siegfried, Gf. / Hzg. Otto v. Northeim (nr. **4**), mehrmals ausdrücklich als *genere Saxo* bezeugt ist, sein Großvater also (wegen der Vererbung des Stammesrechtes) ebenfalls ein gebürtiger Sachse war, während die Luxemburger dem fränkischen Stammes- und Volksrechtskreis zugehörten; vgl. hierzu schon bei **XIII : Ksn. Kunigunde** nr. **2** (Ende).

Damit dürfte auch dieser Vorschlag als verfehlt zu betrachten sein. Vgl. dazu ausführlich E. HLAWITSCHKA, Grafen v. Northeim S. 276–289, und jetzt auch DERS., Northeimer u. Luxemburger. Bereits aufgegriffen wurde freilich dieser Vorschlag Wolfs zur Erklärung der politischen Situation im Jahre 1002 von St. WEINFURTER, Kunigunde S. 17, 22.

33 : Vermutungen zur Mutter Gf. Siegfrieds I. v. Northeim

Nach dem bei nr. **32** (E) erwähnten Vorschlag von A. WOLF, Herkunft der Grafen v. Northeim S. 427–440, Gf. Siegfried I. v. Northeim sei mit Gf. Siegfried II. v. Luxemburg zu identifizieren, ergäbe sich Hadwig, die Gemahlin Gf. Siegfrieds I. v. Luxemburg, als Mutter des ersten Northeimers. Daß dieser Vorschlag nicht trägt, ist bei nr. **32** dargelegt.

48 : Vermutungen zu den Vorfahren Gf. Bruns v. Braunschweig

Direkte Quellenzeugnisse über Ahnen Gf. Bruns existieren nicht. Einen beachtenswerten ersten Anhaltspunkt liefert aber das Faktum, daß sich Gf. Brun nach dem Tode Ks. Ottos III. († 24. I. 1002) um die Nachfolge in der Reichsführung bemühte. Vita Meinwerci cap. 7, MGH SS rer. Germ. S. 13f.: *Quidam etiam princeps Bruno nomine regni fastigium optinere voluit; sed effectu carens, multis votis eius non faventibus et precipue beatae memoriae Bernwardo Hildinesheimensis ecclesiae episcopo, in hominibus et bonis eius multa mala intulit.* Dies beruht offenbar auf der Schilderung von Thankmar(?), Vita Bernwardi cap. 38, MGH SS 4 S. 775: *Interea vota principum in diversa rapiuntur, plerisque regni fastigium sine respectu timoris Dei usurpare nitentibus. Unde princeps quidam Bruno nomine, sciens venerabilem Bernwardum episcopum domno Heinrico duci reverentissimo esse fidissimum, timens ne coeptis eius adversaretur si quid inciperet, quoscumque in exicium illius vel in dampnum Hildenesheimensis aecclesiae armare poterat, pro viribus institit, hinc praedis et rapinis passim bachatus in loca et homines episcopi.* (Zur Zuverlässigkeit des Thangmar-Berichtes vgl. M. STUMPF, Quellenwert S. 461–496). Da um die Jahrtausendwende für alle Thronkandidaten Verwandtschaft mit dem bisher regierenden Königshaus erforderlich war (vgl. die Meinung über die Thronfolgeprinzipien bei Thietmar v. Merseburg und anderen Geschichtsschreibern bei E. HLAWITSCHKA, Untersuchungen zu den Thronwechseln S. 84–87, und DERS., Rechtsgrundlagen u. Verhaltensweisen S. 52ff., 67–70) und da sich tatsächlich auch die Ottonenblütigkeit der anderen Thronkandidaten des Jahres 1002 (Heinrich II., Hermann II. v. Schwaben u. Ekkehard v. Meißen) nachweisen läßt (vgl. E. HLAWITSCHKA, Untersuchungen zu den Thronwechseln S. 20–79), ist Bruns Kandidatur ein deutliches Zeugnis für seine Ottonenabstammung. Diese wird auch in der späten Braunschweiger Hofpanegyrik behauptet: – und zwar als Abstammung von jenem Hzg. Brun, der 880 gegen die Normannen gefallen ist, wodurch die Führung im Sachsenstamm damals auf Bruns jüngeren Bruder Otto d. Erlauchten, d.h. den Vater Kg. Heinrichs I., überging. Da nun Gf. Bruns Kandidatur im Jahre 1002 dadurch, daß (auf die Vorfahren zurückblickend) erst der 866 verstorbene Gf. Liudolf, der Vater des 880 gefallenen Brun und Ottos d. Erl., der erste gemeinsame Vorfahr mit dem verstorbenen Ks. Otto III. war, weniger Erfolgsaussicht hatte als jene Bewerbungen Ekkehards v. Meißen und Hermanns II. v. Schwaben, die beide immerhin in Kg. Heinrichs I. Vater Hzg. Otto d. Erl. den ersten mit dem verstorbenen Ks. Otto III. gemeinsamen Vorfahren hatten (während für Heinrich v. Bayern dies bereits Kg. Heinrich I. war), und schon in den ersten Anfängen scheiterte, stützen sich der rechtsgeschichtliche Befund und die späte Braunschweiger Hofüberlieferung gegenseitig. Während somit die allgemeine Richtung der Vorfahrensuche bestimmt sein dürfte, lassen sich für eine genauere Verifizierung einzelner Filiationen nur Vorschläge unterbreiten; zu diesen vgl. E. HLAWITSCHKA, Familiäre Verbindungen der Brunonen S. 140–151. Ähnlich argumentierend A. WOLF, Quasi hereditatem S. 90–101 (= DERS., Königswahl Heinrichs II. S. 26–36). Die Skepsis gegen die Beachtung der späten Braunschweiger Überlieferung bei C. EHLERS, Brun u. Dankward S. 10f., ist übertrieben.

50 / 51 : Hzg. Hermann II. v. Schwaben u. Gerberga als Eltern Giselas
→ **XV : Ksn. Gisela** nrn. **2 / 3**

52 : Gf. Ekbert d. Einäugige als vermutlicher Vater Gf. Ekberts

Zu den Überlegungen, die auf Gf. Ekbert d. Einäugigen als Vater Gf. Ekberts (nr. **26**) und als Großvater der Gräfin Gertrud (v. Braunschweig) (nr. **13**) hinführen, vgl. bei nr. **26 / 27**.

Da Ekbert d. Einäugige beim Tode seines Vaters, des Billungers Gf. Wichmann d. Ä. († 944), noch unmündig war und zusammen mit seinem älteren Bruder Wichmann d. J. *destitutus a patre et matre* von seinem Vetter Otto d. Gr. 'an Sohnes Statt' (*loco filiorum*) aufgenommen wurde und dabei zeitweise an den Königshof kam (Widukind v. Corvey, Rer. gest. Saxon. lib. III cap. 50, MGH SS rer. Germ. S. 129), dürfte er um 935 (oder einige Jahre früher) geboren sein. Daß seine Mutter offensichtlich die Schwester von Kg. Heinrichs I. Gemahlin Mathilde, namens Bia, war und daß Bia schon in einer zwischen 932 und 936 in Gandersheim konzipierten und im St. Galler Verbrüderungsbuch überlieferten Totenliste (vgl. G. ALTHOFF, Unerkannte Zeugnisse S. 402) memoriert wurde, sie also vor 936 verstorben sein muß, und daß folglich Ekbert d. Einäugige – berücksichtigt man weitere Bezeugungen, die Ekbert und seinen Bruder Wichmann d. J. zu 953/54 als *iuvenes* und *adolescentes* aufweisen – auch schon um 930 geboren sein könnte, zeigt E. HLAWITSCHKA, Kontroverses S. 50–54.

Seinen Tod am 5. April 994 vermelden die Ann. Quedlinburg. ad 994, MGH SS 3 S. 72; ed. M. GIESE S. 485: *Egbertus comes, prudentibus sapientior et fortibus audacior, Non. Aprilis e medio excessit.* Auch in den Ann. necrol. Fuldens., MGH SS 13 S. 207, auch ed. K. SCHMID, Klostergemeinschaft I S. 347, findet man unter den Einträgen des Jahres 994: *Ob. Ecbraht comes.* Weitere Zeugnisse bei R. BORK, Billunger S. 77f.

56 : Mgf. Arduin Glabrio als Vater Mgf. Manfreds I. v. Turin
→ **XX : Ksn. Berta** nr. **24**

57 : NN als Mutter Mgf. Manfreds I. v. Turin
→ **XX : Ksn. Berta** nr. **25**

58 : Gf. Adalbert-Atto v. Canossa als Vater Prangardas
→ **XX : Ksn. Berta** nr. **26**

59 : Ildegarda als Mutter Prangardas
→ **XX : Ksn. Berta** nr. **27**

60 : Mgf. Adalbert im östl. Ligurien als Vater Mgf. Otberts II.
→ **XX : Ksn. Berta** nr. **28**

61 : Bertrada als Mutter Mgf. Otberts II.
→ **XX : Ksn. Berta** nr. **29**